Martin Luther, Joachim Knaake

Die Genesisvorlesung

Verlag
der
Wissenschaften

Martin Luther, Joachim Knaake

Die Genesisvorlesung

ISBN/EAN: 9783957008473

Auflage: 1

Erscheinungsjahr: 2016

Erscheinungsort: Norderstedt, Deutschland

Hergestellt in Europa, USA, Kanada, Australien, Japan
Verlag der Wissenschaften in Hansebooks GmbH, Norderstedt
Cover: Sandro Botticelli "Die Geburt der Venus"

D. Martin Luthers

Werke

Kritische Gesamtausgabe

42. Band

Weimar

Hermann Böhlaus Nachfolger

1911

Vorwort.

Mit diesem 42. Bande unsrer Ausgabe beginnt die auf drei Bände berechnete Veröffentlichung von Luthers großer Genesisvorlesung, die sich über zehn Jahre, von 1535—45, erstreckt. Es ist die letzte und längste aller Vorlesungen Luthers, trotzdem ist aber zu besonderen begleitenden Bemerkungen wenig Anlaß gegeben. Die Herausgeber sind Superintendent D. Koffmane und Lic. O. Reichert, und zwar rührt von D. Koffmane die Einleitung (S. VII—X) sowie die Bearbeitung der handschriftlichen Vorbereitung (S. XIX—XXV) und der ersten 25 Bogen her, von da an hat Lic. O. Reichert die Arbeit übernommen, der sie auch durch die beiden andern Bände durchführen und die Gesamteinleitung im letzten Bande liefern wird. Professor O. Brenner hat in gewohnter Weise den Text auf etwaige germanistische Zusätze, Erklärungen, Sprichwörter, die sich bei Luther auch gelegentlich in lateinische Texte verstecken, durchgesehen, die Bibliographie hat wie immer Oberbibliothekar J. Luther geliefert. Von Bogen 10—20 hat Professor Baesecke-Charlottenburg die Korrekturen mitgelesen.

Berlin, November 1911.

Karl Drescher.

Inhalt.

Bibliographie von J. Luther.

Einleitung.

Am 31. Mai 1535 schloß Luther die Vorlesung über Psalm 90 mit den Worten: Postea suscipiam praelegendum Genesin, ut operemur quidquam et ita in verbo et opere dei moriamur usw.[1] Nach dieser Ankündigung begann er noch in derselben Woche am 3. Juni die letzte und längste Vorlesung seines Lebens, die er unter dem Druck der Zeitverhältnisse jener Jahre so oft unterbrechen mußte, aber immer wieder aufnahm. Schon am Anfang trat eine unliebsame Störung ein, da der Pest wegen die Universität am 18. Juli nach Jena verlegt wurde.[2] Während dieser Unterbrechung scheint Luther nicht gelesen zu haben. Doch kam er in diesem Jahre[3] immerhin bis Kap. 4.

Aus 1536 sind uns zwei Angaben über lectiones Luthers erhalten in Bos. q. 24ᵐ fol. 187ª und 188ª (Unsre Ausg. Bd. 25, 52, 14 — 53, 21). Hier heißt es: vide lectionem, quam habuit 25. die Ianuarii Anni 36. fol. 1 und 10. Augusti 36.

Bei der ersten Anführung ist freilich fol. 1 schwierig; man wird annehmen müssen, Rörer habe ein neues Heft sich angelegt. Von Vorlesungen über andere Bücher ist uns aus 1536 doch nichts bekannt. — In einer Tischrede, die man auf Anfang November 1536 setzen kann, sagt Luther: er müsse morgen in der Vorlesung die Trunkenheit Noahs behandeln = 1. Mose 9, 21 (Kroker Nr. 711ᵇ).

Aus 1537 hören wir nur, daß Luther nach Unterbrechungen die Vorlesungen Anfang Juli (an Bugenhagen vom 5. Juli = Vogt Nr. 64ª) und September wieder aufnahm (Kolde, Analecta S. 309).

So stand er am 3. Februar 1535 vor 1. Mose 17 (Lauterbachs Tageb. v. Seidemann S. 23) und am 27. April wohl bei Vers 17 (ebenda S. 72). Aus einer Äußerung gegen Jonas vom 12. Mai: me esse diebus Sabbathi, Dominicae, feriae secundae, tertiae, quartae concionibus et lectionibus occupatum (Enders, Briefw. 11, 360) kann man entnehmen, daß die Vorlesungen damals auf Montag und Dienstag fielen, da die andern genannten Tage mit Predigen besetzt waren.

Am 2. März 1539 berichtet Luther an Melanchthon (Enders, Briefw. 12, 103): mixtae valetudinis coepi hodie resumptum in Genesi, und der Universitätsbericht

---

[1] Nach Bos. q. 24ᵏ Bl. 255ᵇ (Jena).   [2] Corp. Ref. 2, 890.   [3] Dietrich schrieb nach, was er bis Herbst 1535 hören konnte, dies reicht bis ins vierte Kapitel (s. u.). — Einige Nachweise zur Vorlesung bei Köstlin-Kawerau, T. B. 12. Kap. in den Anmerkungen.

lautet: D. Martinus hat das erst quartal wenig Lektion unterlassen (Hartfelder, Melanchth. paedag. S. 92). So begann er laut einer in den Urdruck der Vorlesungen aufgenommenen Randbemerkung[1] am 27. Oktober das 22. Kapitel.

Bei zunehmenden Altersbeschwerden lag es Luther schwer an, daß er mit den Lektionen so langsam vorwärts kam. Anfang Juni 1540 wollte er mit dem 24. Kapitel seine Vorlesungen überhaupt schließen: postea volo esse miles emeritus, nam non amplius loqui possum (Kroker, Tischreden Nr. 102). Damals wird Rörer ihm zugeredet haben: vos debetis legere; worauf der Alte erwiderte: Ego non lego vobis et aliis doctis, sed novitiis theologis, ut possint dicere se audisse Lutherum praelegentem (ebenda Nr. 105). So setzte er denn die Vorlesung fort und konnte am 24. November Melanchthon berichten (Enders, Briefw. 13, 219), er stehe bei der Geschichte von Jakob und Esau. Wir werden eher an Kap. 25, 20f. als an Kap. 27 zu denken haben.

Denn im Juni 1542 steht er erst beim 28. Kapitel. D. Mart. propter capitis infirmitatem in templis amplius non concionatur, pergit tamen in Genesi praelectione atque ad vigesimum octavum usque perduxit schreibt Forster an Schradin am 29. Juni 1542 (Förstemann, Neue Mitteil. II, 92). In der Folgezeit aber kam Luther, zumal er das Predigen einschränkte, doch schneller vorwärts. Im Briefe an Linck, den wir auf den 18. Januar 1544 setzen[2], bemerkt Luther: Sum prope finem Genesis, scilicet in cap. 45.

Die durch zehn Jahre hingezogene Vorlesung beschloß Luther am 17. November 1545 mit den 'sehnlichen' Worten, die Mathesius offenbar dem Schlusse der gedruckten praelectiones entnommen hat (Pred. XIV).

Wir haben eine Reihe von Anspielungen auf Zeitereignisse nicht aus den gedruckten Vorlesungen herausheben und zur Datierung der einzelnen Vorlesungstage verwenden wollen, weil die Herausgeber, namentlich Veit Dietrich, von sich aus dergleichen hinzugetan, ja dabei auch Anachronismen geschaffen haben, wie wir dies z. B. in diesem Bande S. 213, 4; 357, 34 feststellen.

Luther hatte recht, wenn er sich sagte, er wolle die Vorlesung weiterführen, damit die jungen Theologen die Erinnerung hätten, den alten Reformator doch auch noch gehört zu haben. Auf das exegetische Verständnis des biblischen Buches im heutigen Sinne legte es Luther nicht so sehr an. Seine Kenntnisse im Hebräischen hatten freilich inzwischen zugenommen, und die Benützung der Werke jüdischer[3] und christlicher Gelehrten beschränkt sich keineswegs auf das Nennen von Namen. Die Einwände Sebastian Münsters gegen Stellen in Luthers Bibelübersetzungen werden in den Tischreden oft besprochen, und dieser Gelehrte hat auch in der Genesis oft Berücksichtigung gefunden.[4]

---

[1]) Diese hat noch Veit Dietrich selbst gearbeitet und dabei einen Brief Melanchthons an ihn selbst vom 26. Oktober 1539 benützt. Luthers Brief an Linck vom selben Tage weicht in den Mitteilungen etwas ab (f. Enders, Briefw. 12, 271/2). [2]) Die Abschrift trägt das Jahr 1543, De Wette 5, 713—715 bringt ihn unter 1545. Aber der eben erschienene Druck des ersten Teils der praelectiones konnte nur 1544 als Neuigkeit an Linck gehen. [3]) Über den Gerundensis (unten S. 195, 22) f. jetzt Löwenthal, R. Jona Gerundi, Berlin, 1910 S. 2f. [4]) Weiteres bei Zöckler, Luther als Ausleger des A. Test. auf Grund seines Genesis-Komm. 1884. Siegfried in (Merx) Archiv f. wiss. Erforschung des A. T. 2, 39 (Halle 1870).

Viel wichtiger sind die oft sehr langen dogmatischen Erörterungen. Er hat
die Hörer oft auf die Wichtigkeit einer Stelle für Predigt und Seelsorge aufmerksam
gemacht. Die religiösen und ethischen Wahrheiten der Schrift aus der Fülle seiner
Erfahrungen heraus den Jüngeren ans Herz zu legen, wird er nicht milde.

Die Herausgeber haben gewisse Beispiele Luthers und persönliche Erinnerungen
in den Kommentar aufgenommen. Veit Dietrichs Kolloquien und später Besolds
Aufzeichnungen sind oft als Einschübe erkennbar. Wir haben einige Nachweise in
den Anmerkungen beigebracht (s. S. 125, 9; 167, 18; 178, 1 und 11).

Die Nachschriften.

Wieviel Studenten mögen in den zehn Jahren diese Vorlesung gehört haben!
Trotzdem sind nur wenige Nachrichten über Nachschriften vorhanden. Luther selbst
erwähnt in seinem Vorwort zum ersten Teile der praelectiones (unten S. 1 Z. 14 f.)
nur zwei collectores: Cruciger und Rörer. Wenn er fortfährt: Quorum operam
secutus M. Vitus Theodorus etiam suam [operam] adiecit, so bezieht er dies offenbar
auf die opera colligendi, die Mühe, Nachschriften druckfertig zu machen[1], sagt zu-
nächst nichts von Nachschriften Dietrichs. Solche sind aber vom Anfange der Vorlesungen (Kap. 1—4) vorhanden in Dietrichs Kolloquienhandschrift (Ms. Cent. V
append. Nr. 75 fol. 2—18ᵃ der Stadtbibliothek Nürnberg). Sie sind dürftig und
am Schluß verworren. Dietrich mußte abbrechen, da er Ende 1535 Wittenberg
verließ.

Cruciger und der treue Rörer stellten also ihre Nachschriften für die Heraus-
gabe Dietrich zur Verfügung. Bei dem zweiten Bande kamen weitere Nachschriften
nicht hinzu; Rotings Vorrede schweigt auch hiervon. Bei dem dritten Teile trat
am Ende Besolds Nachschrift hinzu, für den vierten obendrein noch ein Heft von
Johann Stolz. Aber erhalten hat sich außer dem genannten Stück Dietrichs, das
obendrein aus den Blättern eines Heftes umgeschrieben ist, nichts mehr.

Luthers Präparation.

Wie zur Vorlesung über das Hohelied, so machte Luther sich auch zu den
Lehrvorträgen über die Genesis eine Präparation. Während aber in den ersten
Jahren seiner Lehrtätigkeit eine solche Vorbereitung bis ins einzelne ging und
darum mit Abänderungen vorgelesen werden konnte, ist hier nur eine Disposition
mit Stichworten und kurzen zum Anhalt für die Gedankenentwickelung dienenden
Sätzen unter reicher Anwendung von Strichen, die Unterordnung und Gegenüber-
stellung bedeuten, gegeben. Ähnliches finden wir bei den Predigtvorbereitungen.
Ein Vergleich mit dem auf Nachschriften ruhenden Drucke zeigt, daß der Professor
sich nicht streng an diese Vorbereitung hielt, manches vorwegnahm, anderes weg-
ließ usw. Luther trug eben frei vor und bediente sich zeitweise der Muttersprache.
Manch wuchtiges deutsche Wort ist dann selbst im Drucke beibehalten worden.
Extemporaliter enim et populariter omnia dicta sunt, prout in buccam venerunt
verba, crebro et mixtim etiam Germanica sagt Luther im Vorwort (unten S. 1 Z. 27).

---

[1] Colligere wird hiervon oft gebraucht, s. Buchwald, Wittenb. Stadt= u. Univ. Nr. 22.

Diese Präparation von Luthers eigener Hand steht in Bos. o. 17^C Bl. 1^a bis 9^a der Univ.-Bibl. Jena. Sie enthält die Einleitung und die ersten drei Kapitel. Wir geben sie vor dem Text der Ausgabe und verweisen in Anmerkungen auf die Stellen des Druckes, wo die Sache verhandelt wird.

Die Herausgabe

der Vorlesungen wurde schon 1538 begehrt; Luther wehrte ab: est tumultuaria et imperfecta lectio, qua aliis do ansam cogitandi (Lauterbachs Tageb. S. 88 vom 29. Mai). Die Bitten wiederholen sich. Nicht Cruciger, sondern Veit Dietrich übernahm das Werk. Am 24. November 1540 schreibt er an Menius: instat Georgius cum Genesi, satis me exercet (Cod. boruss. fol. 201 Nr. 25 Bibl. Berlin).

Am 14. Juli 1543: M. Rorer obtulit D. Martino primum sexternionem in Genesin (Bindseil, Colloqu. 3, 193), woraus hervorgeht, daß Luther um das Unternehmen wußte. Der Druck schritt so schnell vorwärts, daß Rörer an Roth am 11. November meldete: Brevi dabimus vobis enarrationem D. D. in 11 priora capita Geneseos (Archiv f. Gesch. d. Buchh. 16 Nr. 722). Man wollte also bei dem elften Kapitel abbrechen. Luther schrieb die Vorrede nach Beendigung des Druckes und datierte sie Die natali Chr. Anno 1544, nach unsrer Rechnung 1543. Veit Dietrich hatte am 16. Dezember an Menius geschrieben: videbis hisce nundinis partem Genesis, quae ut absolvam ipse Lutherus me hortatus est. Itaque etsi ingens labor sit, tamen propter ecclesiam exhauriam (Kolde, Analecta S. 387 berichtigt nach cod. boruss. fol. 201 Nr. 16). Am 17. Januar 1544 legte Luther den Band einem Briefe an Linck bei: Mitto tibi meas Lecturas in Genesin 41. cap., wofür also 11. capita zu lesen ist.

Im eben erwähnten Briefe Dietrichs an Menius spricht der Herausgeber die Absicht aus, unter Luthers Gutheißung an die weitere Arbeit zu gehen. Er traf auch mit den Buchhändlern Moritz Golz, Barthel Vogel und Christof Schramm Freitags nach Luciä 1544 die Verabredung, den Bogen für einen Gulden zu liefern; die Korrektur solle Rörer lesen, könne und wolle er nicht, so müsse Dietrich Rat schaffen (Bos. qu. 24^r VII fol. 3^a). Auch Melanchthon ermahnte zur weiteren Arbeit. Bei Dietrichs Kränklichkeit zog sie sich aber hin, die Verleger in Wittenberg verloren die Lust, und so war bei Dietrichs Tode im Frühjahr 1549 noch kein weiterer Band erschienen. Doch waren die Vorarbeiten gewiß so gefördert, daß der neue Herausgeber, Rektor Roting, nicht viel mehr daran zu tun hatte. Er schweigt auch in der sehr allgemein gehaltenen Vorrede hiervon. Dieser zweite Band erschien bei Johann Montan (Berg) und Ulrich Neuber in Nürnberg 1550.

Dieselben Verleger betrieben nun die Fortsetzung des Werkes. Der dritte Folioband, Genesis Kap. 25—36 umfassend, erschien mit einer Vorrede Melanchthons 1552. Wohl schon hier hatte die Arbeit des Hieronymus Besold eingesetzt. Jedenfalls war er der geeignetste Herausgeber für den letzten Teil, hatte er doch hier seine eignen Nachschriften und das Heft des Johann Stolz zur Hilfe, wo etwa Rörer und Cruciger versagten. Der Schlußband mit Besolds inhaltsreicher Vorrede erschien bei denselben Verlegern in Nürnberg 1554.

G. Koffmane.

Drucke.

1: Tomus I.

A. Wittenberg 1544.

„IN PRIMVM ‖ LIBRVM MOSE ‖ ENARRATIONES ‖ Reuerendi Patris D. D. Mar= ‖ tini Lutheri, plenæ faluta- ‖ ris & Chriſtianę eru- ‖ ditionis, ‖ Bona fide & diligen- ‖ ter collectæ. ‖ VVITENBERGÆ. ‖ M.D.XLIIII. ‖" Mit Titeleinfaſſung. Titelrückſeite leer. 180 Blätter in Folio (= Bogen * u. A—Z u. Aa—Ff; 9 unbezifferte Blätter u. Blatt III u. III—V u. VII—CLXXII u. 1 unbeziffertes leeres Blatt), Blatt * 8 und die drei letzten Seiten leer. Am Ende (Blatt CLXXII [= Ff 5]ª Z. 42): „IMPRESSVM VVITTEM= ‖ BERGAE per Petrum ‖ Seitz Anno 1. 5. 44. ‖"

Vorhanden: Knaakeſche Sammlung; Berlin (Luth. 7701), Dresden, Greifs= wald U., München U., Stuttgart, Wernigerobe.

B. Frankfurt a. M. 1545.

„IN I· LIB· ‖ MOSE ENARRATIONES RE‖*VERENDI PATRIS D. D. MAR*‖TINI Lutheri, plenæ falutaris & ‖ Chriſtianæ eruditionis: ‖ Bona fide & diligen ‖ ter collectæ. ‖ Cum INDICE rerum me- ‖ morabilium. ‖ *ROM. V.* ‖ *Sicut per unius delictum propagatum eſt malum in* ‖ *omnes homines ad condemnationem, ita & per unius iu=* ‖ *ſtificationem propagatur bonum in omnes homi* ‖ *nes ad iuſtificationem uitæ.* ‖ *FRANCOFVRTI EX OF* ‖ ficina Petri Brubacchij, ‖ *ANNO XLV* ‖" Titelrückſeite bedruckt. 520 Blätter in Ottav (= Bogen Æ u. & u. ꝶ u. ct u. A—Z u. a—z u. Aa—Qq; 28 unbezifferte und 492 bezifferte Blätter), letzte Seite leer. Am Ende (Blatt 492 [= Qq 4]ª Z. 28): „*FRANCOFVRTI EX OF* ‖ ficina Petri Brubacchij, ‖ Anno M. D. XLV. ‖" Titel Z. 1—5, 8 (nur „INDICE"), 10 u. 1 v. u. in Rotdruck.

Vorhanden: Knaakeſche Sammlung; München U.

C. Nürnberg 1550.

a. „IN PRIMVM ‖ LIBRVM MOSE ENAR- ‖ *RATIONES REVERENDI PA=* ‖ tris D. D. Martini Lutheri, plenæ falu- ‖ taris & Chriſtianæ eruditionis, bo= ‖ na fide & diligenter collectæ. ‖ *HAEBRE. XI.* ‖ Fide Abel præſtantiorem hoſtiam quàm ‖ Cain obtulit Deo, per quam teſtimoni= ‖ um confequutus eſt, quòd eſſet iuſtus, ‖ teſtimonium perhibente eius muneribus ‖ Deo, & per illam defunctus adhuc lo= ‖ quitur. ‖ M. D. L. ‖" Mit Titeleinfaſſung. Titelrückſeite leer. 180 Blätter in Folio (= Bogen α u. A—Z u. Aa—Ff; 8 unbezifferte Blätter u. Blatt II u. III u. III—V u. VII—CLXIX u. CLXVI u. CLXXII u. CLXVII u. 1 unbeziffertes leeres Blatt), Blatt A 2 und die drei letzten Seiten leer. Am Ende (Blatt CLXVII [= Ff 5]ª Z. 41): „Impreſſum Norimbergæ per Iohannem Mon- ‖

tanum, & Vlricum Neuberum. ‖" Blatt a 2ª Z. 1 v. u. „ulla requiri. ‖ [Kuſtos] Quid ‖"

Vorhanden: Knaakeſche Sammlung; Dresden, Stuttgart.

h. Titel wie vorſtehend, nur Z. 7 „*HEBRE. XI.*" Mit Titeleinfaſſung. Titelrückſeite leer. 180 Blätter in Folio (= Bogen a u. A—Z u. Aa—Ff; 9 unbezifferte Blätter u. Blatt III u. III u. IIII u. VI—CLXXII u. 1 unbeziffertes leeres Blatt), Blatt A 2 und die drei letzten Seiten leer. Am Ende kein Impreſſum. Blatt a 2ª Z. 1 v. u. „Spiritus ‖ [Kuſtos] ſancti ‖" Völlig anderer Satz wie *a.*

Vorhanden: Knaakeſche Sammlung; Hamburg, München H.

D. Frankfurt a. M. 1552.

„IN I· LIB· MOSE ENARRATIONES *REVERENDI PATRIS D. D. MARTINI Lutheri, plenæ ſalutaris & Chriſtianæ eruditionis:* Bona fide & diligenter collectæ. Cum INDICE rerum memorabilium. *ROM. V. Sicut per unius delictum propagatum eſt malum in omnes homines ad condemnationem, ita & per unius iuſtificationem propagatur bonum in omnes homines ad iuſtificationē uitæ. FRANCOFORTI EX OF*ficina Petri Brubachij, ‾ANNO LII. ‖" 520 Blätter in Oktav (= Bogen Æ u. & u. ℞ u. et u. A—Z u. a—z u. Aa—Qq; 28 unbezifferte und 492 bezifferte Blätter), letzte Seite leer.

Vorhanden: Berlin (Luth. 7705), Stuttgart.

E. Nürnberg 1555.

„IN PRIMVM LIBRVM MOSE ENAR*RATIONES REVERENDI PA*tris D. D. Martini Lutheri, plenę ſalutaris & Chriſtianæ eruditionis, bona fide & diligenter collectæ. CVM INDICE RErum memorabilium. *HAEBRAE. XI.* Fide Abel præſtantiorem hoſtiam quàm Cain obtulit Deo, per quam teſtimonium conſequutus eſt, quòd eſſet iuſtus, teſtimonium perhibente eius muneribus Deo, & per illam defunctus adhuc loquitur. M. D. LV." Mit Titeleinfaſſung. Titelrückſeite leer. 188 Blätter in Folio (= Bogen a u. * u. ?? u. A—Z u. Aa—Ff; 16 unbezifferte Blätter u. Blatt I u. III—CLXX u. CLXXII u. CLXVII u. 1 unbeziffertes leeres Blatt), die drei letzten Seiten leer. Am Ende (Blatt CLXVII [= Ff 5]ª Z. 41 f.): „Impreſſum Noribergæ per Iohannem Montanum, & Vlricum Neuberum." Titel Z. 1, 2, 3, 7, 8, 9 u. 1 v. u. in Rotdruck.

Vorhanden: Knaakeſche Sammlung; Berlin (Luth. 7708), Greifswald ll., Hamburg, München H., Wernigerode.

F. Nürnberg 1563.

„IN PRIMVM LIBRVM MOSE ENAR*RATIONES REVERENDI PA-TRIS* D. D. Martini Lutheri, plenæ ſalutaris & Chriſtianæ eruditionis, bona fide & diligenter collectæ. CVM INDICE RERVM memorabilium. *HEBRAE. XI.* Fide Abel præſtantiorem hoſtiam quàm Cain obtulit

Deo, per quam teſtimonium conſequutus eſt, quòd eſſet iuſtus, teſtimonium perhibente eius muneribus Deo, & per illam defunctus adhuc
loquitur. M. D. LXIII." Mit Titeleinfaſſung. Titelrückſeite leer.
188 Blätter in Folio (= Bogen a u. * u. ✠ u. A—Z u. Aa—Ff;
16 unbezifferte Blätter u. Blatt I u. III—CLXX u. CLXXII u. CLXVII
u. 1 unbeziffertes leeres Blatt), die drei letzten Seiten leer. Am Ende
(Blatt CLXVII [= Ff 5]ᵃ Z. 41f.): „Impreſſum Noribergæ per Iohannem Montanum, & Vlricum Neuberum." Titel Z. 1, 2, 3, 7, 8, 9 u.
1 v. u. in Rotdruck.

Zur Herſtellung dieſer Ausgabe ſind auch Reſtbogen früherer Ausgaben,
namentlich *E*, benutzt.

Vorhanden: Knaakeſche Sammlung; Stuttgart.

2: Tomus II.

G. Nürnberg 1550.

„IN GENESIN ‖ ENARRATIONVM ‖ REVERENDI PATRIS, DOMINI DO=‖
CTORIS MARTINI LVTHERI, BONA FIDE ‖ & diligenter
collectarum, per Vitum Theodorum. ‖ TOMVS SECVNDVS ‖ NVNC
PRIMVM IN ‖ *LVCEM AEDITVS.* ‖ *ROMANOR. XIIII* ‖ Credidit Abraham Deo, & reputatum eſt illi ad iuſtitiam. ‖ *HEBRE. XI.* ‖
Fide & ipſa Sara ſterilis uirtutem in conceptione ſeminis ‖ accepit, &
præter tempus ætatis peperit: Quoniam ſidelem ‖ credidit eſſe eum,
qui promiſerat. ‖ NORIMBERGÆ, M. D. L. ‖" Über Z. 1 ein Bild,
Z. 1 in einer als Fortſetzung des Bildrandes gedachten rot gedruckten
Stricheinfaſſung mit je einem Zierblättchen zu Seiten des Textes. Titel-
rückſeite leer. 262 Blätter in Folio (= Bogen Θ u. A—Z u. Aa—Vu;
4 unbezifferte und CCLVI bezifferte und 2 unbezifferte leere Blätter),
Blatt Θ 4ᵇ und die zwei letzten Blätter leer. Am Ende (Blatt
CCLVI [= Vu 4]ᵇ Z. 1): „Impreſſum Norimbergæ in officina Ioannis ‖
Montani, & Vlrici Neuber, Anno ‖ Domini M. D. L. ‖ [Druckerzeichen] ‖
Pſalm. LXXXIX. ‖ Beatus populus: qui ſcit iubilationem. ‖" Titel
Z. 1, 2, 3, 6, 9 u. 1 v. u. in Rotdruck.

Vorhanden: Knaakeſche Sammlung; Berlin (Luth. 7701), Dresden, Greifswald U., Hamburg, München H., Wernigerode.

H. Frankfurt a. M. 1550.

„❦ IN GENE‖SIN ENARRATIO-‖*NVM REVERENDI PATRIS,*
DOMINI ‖ Doctoris Martini Lutheri, bona ſide & ‖ diligenter col-
lectarum, per Vitum ‖ Theodorum: ‖ TOMVS SECVNDVS ‖ *NVNC*
PRIMVM IN LVCEM ‖ *EDITVS.* ‖ [Bild: Opfer Abrahams] ‖
FRANCOFORTI, M. D. L. ‖" 732 Blätter in Oktav (= Bogen &
u. A—Z u. Aa—Zz u. a—z u. aa—yy; 8 unbezifferte Blätter u. 1420
Seiten u. 14 unbezifferte Blätter), Blatt & 8 und e 4 leer, letzteres in
die Seitenzählung einberechnet.

Druck von Peter Brubach in Frankfurt a. M.
Vorhanden: Berlin (Luth. 7705), Stuttgart.

I. Nürnberg 1552.

„IN GENESIN ENARRATIONVM REVERENDI PATRIS, DOMINI DO
CTORIS MARTINI LVTHERI, BONA FIDE & diligenter
collectarum, per Vitum Theodorum. TOMVS SECVNDVS CONTINENS
HISTORIAM S. Patriarchæ Abrahæ. *ROMANO. XIIII.* Credidit
Abraham Deo, & reputatum eſt illi ad iuſtitiam. *HEBREO. XI.*
Fide & ipſa Sara ſterilis uirtutem in conceptione ſeminis accepit, &
præter tempus ætatis peperit: Quoniam fidelem credidit eſſe eum,
qui promiſerat. NORIMBERGÆ, M. D. LII.“ Über Z. 1 ein Bild,
Z. 1 in einer als Fortſetzung des Bildrandes gedachten rot gedruckten
Stricheinfaſſung mit je einem Zierblättchen zu Seiten des Textes.
Titelrückſeite leer. 260 Blätter in Folio (= Bogen Θ u. A—Z u.
Aa—Vu; 4 unbezifferte u. CCLVI bezifferte Blätter). Blatt Θ 4 leer.
Am Ende (Blatt CCLVI [= Vu 4]ᵇ Z. 3ff.): „Impreſſum Noribergæ
in officina Ioannis Montani, & Vlrici Neuberi, Anno Domini M. D. LII.“
Titel Z. 1, 2, 3, 6, 9, 11 u. 1 v. u. in Rotdruck.

         Vorhanden: Knaakeſche Sammlung; Hamburg, Wernigerode.

K. Nürnberg 1556.

„IN GENESIN ENARRATIONVM REVERENDI PATRIS, DOMINI *DOCTO-
RIS MARTINI LVTHERI, BONA FIDE ET* diligenter collectarum, per Vitum Theodorum. TOMVS SECVNDVS CONTINENS
HISTORIAM S. Patriarchæ Abrahæ. Cum Indice rerum memorabilium. *ROMANO. XIIII.* Credidit Abraham Deo, & reputatum
eſt illi ad iuſtitiam. *HEBREO. XI.* Fide & ipſa Sara ſterilis uirtutem
in conceptione ſeminis accepit, & præter tempus ætatis peperit: Quo-
niam fidelem credidit eſſe eum, qui promiſerat. NORIBERGÆ,
M. D. LVI.“ Über Z. 1 ein Bild, Z. 1 in einer als Fortſetzung des
Bildrandes gedachten rot gedruckten Stricheinfaſſung mit je einem Zier-
blättchen zu Seiten des Textes. Titelrückſeite leer. 276 Blätter in Folio
(= Bogen Θ u. α—γ u. A—Z u. Aa—Vu; 20 unbezifferte Blätter u.
Blatt I—CLII u. CCLII u. CLIII—CCLIIII u. 1 unbeziffertes Blatt),
Blatt γ 3ᵇ γ 4 u. die letzte Seite leer. Am Ende (Blatt Vu 4ᵃ Z. 3ff.):
„Impreſſum Noribergæ in officina Ioannis Montani, & Vlrici Neuberi,
Anno Domini M. D. LVI.“ Titel Z. 1, 2, 3, 6, 9, 10, 12 u. 1 v. u.
in Rotdruck.

         Vorhanden: Knaakeſche Sammlung; Greifswald U., München H., Stuttgart.

3: Tomus III.

L. Nürnberg 1552.

„IN GENESIN ENARRATIONVM REVERENDI PATRIS, DOMINI DOCTO-
RIS MARTINI LVTHERI, BONA FIde & diligenter collectarum,
per Hieronymum Beſoldum Noribergenſem TOMVS TERTIVS CON-
TINENS HISTORIAM DVORVM PATRIARCHARVM ISAAC ET
IACOB: Nunc primum in lucem æditus. CVM PRAEFATIONE

PHILIPPI MELANTHONIS. ROMANORVM IX. Non folum autem
hoc, fed & Rebecca, quæ ex uno conceperat Ifaac patre noftro.
Nondum enim natis pueris, quum neœ boni quippiam feciffent, neœ
mali, ut fecundum electionem propofitum Dei maneret, non ex
operibus, fed ex uocante dictum eft illi: Maior feruiet Minori. Sicut
fcriptum eft: Iacob dilexi, Efau uero odio habui. NORIMBERGÆ."
Über 3. 1 ein Bild, 3. 1 in einer als Fortſeßung des Bilbrandes
gedachten rot gedruckten Stricheinfaffung mit je einem Zierblättchen zu
Seiten des Tertes. Titelrückſeite leer. 224 Blätter in Folio (= Bogen
A—Z u. Aa—Oo; 6 unbezifferte Blätter u. Blatt I—CCVIII u. CCVIII
u. CCVI u. CCX—CCXVI u. 1 unbeziffertes Blatt), Blatt A 6ᵇ u. die
leßte Seite leer. Am Ende (Blatt Oo 8ᵃ 3. 3ff.): „Impreſſum Noribergæ in officina Ioannis Montani, & Vlrici Neuber, Anno Domini
M. D. LII." Titel 3. 1, 2, 3, 7, 8, 11, 13 u. 1 b. u. in Rotdruck.

Einige Exemplare (Knaakeſche Sammlung; München H.) leſen Titel 3. 13
„ROMAN: IX." u. 3. 1 b. u. „NORIBERGÆ." Der Saß iſt aber der gleiche.

Vorhanden: Knaakeſche Sammlung; Berlin(Luth. 7701), Dresden, München H.

M. Frankfurt a. M. 1553.

„IN GENESIN ENARRATIONVM REVERENDI PATRIS, DOMINI
D. MARTINI Lutheri, bona fide & diligenter collectarum, per
Hieronymum Befoldum Noribergenſem Tomus tertius CONTINENS
HISTORIAM Duorum Patriarcharum ISAAC & IACOB.
Cum Præfatione Philippi Melanthonis. Romanorum 9. Non
folum autem hoc, fed & Rebecca, quæ ex uno conceperat Ifaac
patre noftro. Nondum enim natis pueris, quum neq; boni quippiã
feciffent, ncq; mali, ut fecundum electionem propofitum Dei ma-
neret, &c. FRANCOFORTI ANNO 1553." 616 Blätter in
Ottav (= Bogen & u. A—Z u. a—z u. Aa—Zz u. aaa—ggg; 8 un-
bezifferte Blätter u. Seite 1—192 u. 195—642 u. 645—1027 u. 1048
—1235 u. 2 unbezifferte Blätter, deren leßtes leer), die drei leßten
Seiten leer. Am Ende (Blatt ggg 7ᵃ 3. 1ff.): „FRANCOFORTI
EX OFFICINA PETRI BRVBACHII, ANNO DOMINI
M. D. LIII. MENSE MARTIO."

Vorhanden: Berlin (Luth. 7705), Stuttgart.

N. Nürnberg 1555.

„IN GENESIN ENARRATIONVM REVERENDI PATRIS, DOMINI DOCTO-
RIS MARTINI LVTERI, BONA fide & diligenter collectarum, per
Hieronymum Befoldum Noribergenſem TOMVS TERTIVS, CONTI-
NENS HISTORIAM DVORVM PATRIARCHARVM ISAAC ET IACOB.
Cui additus eſt index rerum memorabilium. CVM PRÆFATIONE
PHILIPPI MELANCHTONIS. AD ROMANOS IX. Non folum
autem hoc, fed & Rebecca, quæ ex uno conceperat Ifaac patre noftro.
Nondum enim natis pueris, quum neœ boni quippiam feciffent, neœ

mali, ut fecundum electionem propofituin Dei maneret, non ex operibus, fed ex uocante dictum eſt illi: Maior feruiet Minori. Sicut fcriptum eſt: Iacob dilexi, Efau uero odio habui. NORIBERGÆ, M. D. LV." über Z. 1 ein Bild, Z. 1 in einer als Fortſeßung des Bildrandes gedachten rot gedruckten Stricheinfaſſung mit je einem Zierblättchen zu Seiten des Textes. Titelrückſeite leer. 236 Blätter in Folio (= Bogen A u. * u. 🙰 u. B—Z u. Aa—Oo; 18 unbezifferte Blätter u. Blatt I— CCVII u. CCVIIII u. CCVIII u. CCLV u. CCX—CCXVI u. 1 unbeziffertes Blatt), Blatt A 6ᵇ u. 🙰 6 u. die leßte Seite leer. Am Ende (Blatt Oo 8ᵃ Z. 3 f.): „Norinbergæ excudebant Ioannes Montanus, & Vlricus Neuber." Titel Z. 1, 2, 3, 4, 7, 8, 11, 13 u. 1 v. u. in Rotdruck.

Einige Exemplare (München H.) leſen Titel Z. 1 v. u. „NORIBERGÆ, LV.", der Saß iſt aber der gleiche.

Vorhanden: Knaakeſche Sammlung; Berlin (Luth. 7708), Greifswald U., Hamburg, München H. (fälſchlich mit dem Schlußblatt von L), Wernigerode.

O. **Nürnberg 1563.**

„IN GENESIN ENARRATIONVM REVERENDI PATRIS, DOMINI DOCTO-RIS MARTINI LVTHERI, BONA fide & diligenter collectarum, per Hieronymum Befoldum Noribergenfem TOMVS TERTIVS, CONTI-NENS HISTORIAM DVORVM PATRIARCHARVM ISAAC ET IACOB. Cui additus eſt index rerum memorabilium. CVM PRAEFATIONE PHIL*LIPPI MELANCHTONIS*. AD ROMANOS IX. Non folum autem hoc, fed & Rebecca, quæ ex uno conceperat Ifaac patre noſtro. Nondum enim natis pueris, quum neᶜ boni quippiam feciſſent, neᶜ mali, ut fecundum electionem propoſitum Dei maneret, non ex operi-bus, fed ex uocante dictum eſt illi: Maior feruiet Minori. Sicut fcriptum eſt: Iacob dilexi, Efau uero odio habui. NORIBERGAE, M. D. LXIII." über Z. 1 ein Bild, Z. 1 in einer als Fortſeßung des Bildrandes gedachten rot gedruckten Stricheinfaſſung mit je einem Zier= blättchen zu Seiten des Textes. Titelrückſeite leer. 236 Blätter in Folio (= Bogen A u. * u. 🙰 u. B—Z u. Aa—Oo; 18 unbezifferte u. CCXVII bezifferte Blätter u. 1 unbeziffertes leeres Blatt), Blatt A 6 u. 🙰 6 u. das leßte Blatt leer. Am Ende (Blatt CCXVII [= Oo 7]ᵇ Z. 10 f.): „*NORINBERGÆ EXCVDEbant Ioannes Montanus, & Vlricus Neuberus.*" Titel Z. 1, 2, 3, 4, 7, 8, 11, 13 u, 1 v. u. in Rotdruck.

Vorhanden: Stuttgart.

4: Tomus IV.

P. **Nürnberg 1554.**

a. „IN GENESIN ENARRATIONVM REVERENDI PATRIS, DOMINI *DOCTORIS MARTINI LVTHERI, BONA FI*de & diligenter collectarum, per Hieronymum Befoldum Noribergenfem. TOMVS QVARTVS CONTINENS HISTORIAM *SANCTISSIMI PATRI-*

ARCHAE IOSEPH. Nunc primum in lucem editus. HEBRÆ-
ORVM XI. Per fidem Iacob moriens fingulis filijs Iofeph benedixit,
& adorauit faftigium uirgæ illius. Per fidem Ioseph moriens egref-
fionis filiorum Ifrael meminit, deq̃ offibus fuis mandauit. NORI-
BERGAE Excudebant Ioannes Montanus & Vlricus Neuberus. *ANNO
M. D. LIIII.*" Über 3. 1 ein Bild, 3. 1 in einer als Fortſeßung
des Bildrandes gedachten rot gedruckten Stricheinfaſſung mit je einem
Zierblättchen zu Seiten des Textes. Titelrückſeite leer. 246 Blätter in
Folio (= Bogen A—Z u. Aa—Ss; 6 unbezifferte Blätter u. Blatt
I—CLXXXIII u. CLXXX u. CLXXX u. CLXXXII—CC u. CCXVII—
CCLI u. 1 unbeziffertes leeres Blatt), leßtes Blatt leer. Am Ende
(Blatt CCLI [= Ss 5]ᵇ 3. 3ff.): „NORIBERGAE. Excudebant Ioannes
Montanus & Vlricus Neuberus. *ANNO M. D. LIIII.*" Titel 3. 1,
2, 3, 7, 8, 11, 16 u. 1 v. u. in Rotdruck.

Vorhanden: Knaakeſche Sammlung; Berlin (Luth. 7701), Greifswald U.

b. Derſelbe Druck. Beſchreibung wie vorſtehend. Nachdem der Druck voll-
endet und das Buch ſchon ausgegeben war, wurde noch ein Blatt
„EMENDATIONES ERRATOrum quorundam .." gedruckt und in
den noch nicht ausgegebenen Exemplaren mit Falz dem leßten Bogen
am Ende oder zwiſchen dem vorleßten und leßten (leeren) Blatte
angeheftet. Dieſe Exemplare zählen alſo am Ende nach dem leeren
Blatt Ss 6 noch 1 unbeziffertes Blatt mehr.

Vorhanden: Knaakeſche Sammlung; Berlin (Luth. 7708), Dresden, München H.,
Wernigerode.

Q. Frankfurt a. M. 1555.

„IN GENESIN ENARRATIONVM RE*VERENDI PATRIS D, DOCTO*ris
Martini Lutheri, Bona fide & diligenter collectarum, per Hieronymum
Befoldum Noribergenfem, Tomus Quartus Continens Hiftoriam
Sanctifsimi Patriarchæ Iofeph, Nunc primum in lucem editus. *HE-
BRAEORVM XI. Per fidem Iacob moriens fingulis filijs
Iofeph benedixit, & adorauit faftigium uirgæ illius. Per fidem
Iofeph moriens egreßionis filiorum Ifrael meminit, deq̃; ofibus
fuis mandauit. FRANCOFORTI 1555.*" Titelrückſeite leer.
616 Blätter in Oktav (= Bogen aa u. A—Z u. a—z u. Aa—Zz u.
Aaa—Ggg; 16 unbezifferte Blätter u. Seite 1--864 u. 857—1192),
Blatt *A* 8 leer. Titel 3. 1, 2, 3, 8, 12 u. 2 u. 1 v. u. in Rotdruck.

Druck von Peter Brubach in Frankfurt a. M.
Vorhanden: Berlin (Luth. 7705), Stuttgart.

R. Nürnberg 1560.

„IN GENESIN ENARRATIONVM REVERENDI PATRIS, DOMINI DO*CTO-
RIS MARTINI LVTHERI, BONA FIDE* & diligenter collecta-
rum, per Hieronymum Befoldum Noribergenfem, TOMVS QVARTVS
CONTINENS HISTORIAM SAN*CTISSIMI PATRIARCHAE*

IOSEPH. Nunc primum in lucem editus. HEBRAEORVM XI. Per fidem Iacob moriens fingulis filijs Iofeph benedixit, & adorauit faftigium uirgæ illius. Per fidem Iofeph moriens egreffionis filiorum Ifrael meminit, deép ofsibus fuis mandauit. NORIBERGÆ Excudebant Ioannes Montanus & Vlricus Neuberus. ANNO M. D. LX." Über З. 1 ein Bild, З. 1 in einer als Fortfeßung des Bildrandes gedachten rot gedruckten Stricheinfaffung mit je einem Zierblättchen zu Seiten des Textes. Titelrückfeite leer. 260 Blätter in Folio (= Bogen Λ u. *α—β* u. B—Z u. Aa—Ss; 20 unbezifferte Blätter u. Blatt I—CLXXXIII u. CLXXX u. CLXXX u. CLXXXII—CC u. CCXVII—CCLI u. 1 un= beziffertes leeres Blatt), Blatt *β* 8ᵇ und das leßte Blatt leer. Am Ende (Blatt CCLI [= Ss 5]ᵇ З. 3 ff.): „NORIBERGÆ. Excudebant Ioannes Montanus & Vlricus Neuberus. *ANNO M. D. LX.*"

Vorhanden: Stuttgart.

5: Auszüge, Deutfch.

S. „⁂ Chriftliche, tröftliche Auslegung, D. Mart. Luthers, über die Wort Genefis am 25. Capit. Vom Tod Abrahe. Aus der newen leßten Auslegung, über daffelbige Buch, durch Vitum Dietrich, feligen, ausgangen. Ver= beutfcht, durch Stephanum Agricolam, Diener Göttlichs Worts, in der Herrfchafft Mansfelt. M. D. LI." Titelrückfeite leer. 20 Blätter in Oktav (= Bogen A—C). Am Ende: „Gedruckt zu Leipzig, durch Wolff Günter." Titel З. 1, 3, 6, 9 (nur „Vitum Dietrich,") 12 u. 1 v. u. (ohne den Strich darüber) in Rotdruck.

Vorhanden: Knaakefche Sammlung; München U.

T. *a.* „Der thewre fchöne Spruch Mofi. Gene. XV. Abraham gleubete bem HERRN, vnd das rechent er yhm zur Gerechtigkeit. Aufsgelegt Durch D. Marti. Luth. vber Genefin. Tom. 2. Verdeubfcht durch Antonium Otho Prediger zu Northaufen. Jeremiae. 5. HERR deine augen fehen nach dem Glauben. Anno 1552." 10 Blätter in Quart (= Bogen A—C), leßte Seite leer.

Druck von Michel Lotther in Magdeburg.

Vorhanden: Knaakefche Sammlung; Berlin (Luth. 8411), Hamburg.

b. Derfelbe Druck. Befchreibung wie oben. Nur am Ende ift hinzugefügt (Blatt C 2ᵃ З. 33 f.): „Gedruckt zu Magdeburgk durch Michel Lotther."

Vorhanden: Berlin (Luth. 8411ᵃ), München H. u. U.

6: In den Gefamtausgaben.

Lateinifch: Wittenberg T. VI (1555); Erlangen, Exegetica opera latina, T. I—XI; Deutfch: (von Bafilius Faber und Johannes Gudenus) Wittenberg Bb. 10 (1558) u. 11 (1558); Altenburg Bb. 9; Leipzig Bb. 1, 283 ff. u. Bb. 2 u. Bb. 3, 1—470; Walch¹ Bb. 1 u. 2; Walch² Bb. 1 u. 2.

Luthers Entwurf.

[Bl. 1ᵃ] 1. Necesse imaginatione pro discenda tota creatura.

2. necesse disponi sic: 4 elementa, ut rudem cognitionem elementorum, Sicut in grammatica regulae sunt fundamentum orationis, Sed exceptiones sunt ornatus.

5 [Bl. 1ᵇ] 1. 'Congregatur'. Ergo condensatam significat ab istis raris aquis supernis sicut fex aquarum.

2. Nudatur terra et mari ponuntur termini, ut lux etiam in terra regnet. Videatur, ait (i. e. cedant tenebrae, abyssus).

3. in locum unum i. e. in singula loca et terminos suos et sinus.

10 4 Arida, quia tohu et Bohu sine $\Big\{$ herbis aquis.

1. Quinto Ubi flumina et fontes Ex mari per montes ceu saccos colantur et refluunt in mare.

2. Quinto, unde mare salsum et flumina dulcia. Ex sale et piscibus ipsis

15 3. Quinto: an in vere sit mundus creatus vel in autumno.

4. Quinto: ubi arbores non fructiferi.

5 Quinto: quomodo hic terra ornatur, quod ad 6. diem pertinet.

[Bl. 2ᵃ] Ante principium nihil $\Big\{$ Nullum tempus nullum opus

20 1. Quid fecit? Nihil. Ratio non potest comprehendere deum aut spiritum aut animam. Ideo verbo hic niti oportet.

2. Damnati Anthrophormitae. Sed involucrum necessarium est, ut propitiat|orium, Columna ignis quae et ideo facies dei dicuntur i. e. apparitiones

Igitur

25 'In principio' cum tempus inciperet non in filio. Alioqui quomodo numerabimus annos mundi

Deus Elohim non adonaj

4 Attributa tria $\begin{cases} \text{potentia} & \text{Memoria} \\ \text{sapientia} & \text{intellectus} \\ \text{bonitas} & \text{voluntas} \end{cases}$

30

---

1 tota] tanta *möglich*   *3 orationis]* omnium *liest Buchwald*   *7* terra (ut lacus) et
12 (ac sac) ceu saccos

zu 15 s. S. 28, 12   22 zu Anthrop. *und* involucrum *s. S. 12, 22   25* filio *s. S. 8, 36*
27 zu adonaj   *vgl. unten S. 10, 16*

5 .Sic {
Dixit   factum sic est
fecit
vidit bonum,   probavit.

6. Ordo distinctio est quaesita sed non est ordo rationis verum Dei sicut est in stellis arboribus fluminibus lapidibus animalibus hominibus metallis.   5

[Bl. 2ᵇ]   Quaestio de Aquis supra celum

Opinio

Aristoteles

Cleomedes

Moses {
1. glaciale coelum   10
2. firmamentum
3. regio aeris.   celum a fundamento dicto et retento nomine
8 speras:

Philosophi   1. speram ignis et alii quintam essentiam
3 regiones   15
4 elementa

Theologi   decem speras

Astronomi   12 speras

Aristoteles primum movens ponit

Avicenna   tot, quot sperae, intelligentias   20

[Bl. 3ᵃ]   1. Non dicit 'producat terra' sed 'faciamus'

Augustinus: consilio praehabito, ut singularem ab aliis.

                              Argumentum contra Iudaeos fortis|simum

2. 'Praesit': Dominium in coelo, sic in terra

Et vir sol, Mulier Luna, Animalia stellae etiam terrestres.   25

'Faciamus' 'Et creavit': unus.

3 Imago   Similitudo {
substantia
officio
} originalis

quia infra dicit, Sed et vita, sapientia, in veritate, bonitate intus erga deum, foris sanctitate et obedientia membrorum, prudentia, notitia rerum super   30 omnes, securitate, pace et maiestate gubernandi. Nunc vita, sapientia, iusticia, bonitate sunt leprosa omnia, sicut et corpus leprosum est et vincitur animalibus in sensu et notitia rerum.

4. Placet referri ad tria, modo omnia   intelligas

5. Copulat tamen hominem in sexto die   35

[Bl. 3ᵇ leer, 4ᵃ]   1. Lux primi diei permanet sed obscuratur claritate solis et lunae, quae ex illa prima ceu rudiore facta sunt.

---

4 ⟨ordinatio⟩ ordo   verum *oder* verbum   29 in veritate o   *zu* 31 Diabolus habet voluntatem, sapientiam, non est tamen imago dei *r*   34/35 . . . .] *abgerissen*

    zu 14 s. S. 21, 5   *zu 20 Avicenna ist in der Ausführung im Kolleg übergangen*
 22 Augustinus *s. S. 15, 2*   *zu 27/33 s. S. 46, 16—27*

2. Diem et noctem artificiales.

3. 'Signa' pluviarum
        Eclypsium' , quia portendit iram dei sic et coniunctioues
planetarum i. e. 'virtutes coelorum'.

5   4. Tempora i. e. stata festa $\Bigl\langle$ fixa
                                     mobilia etiam civiliter.

5. Dies naturalis, quia dicitur über drissig tage tacitis noctibus.
Tempus est numcrus motus.

Recogitet quisquam infantiam suam, Et coguoscet se vixisse vel duos
10 annos sine annis et sine tempore, quod non numeravit motum. Infans non
meminit temporis et tamen est in tempore, sicut omnes pecudes, dormientes,
mente capti.

Ergo sicut a principio rudia sunt opera dei, ita et in homine et in
omnibus rebus, quia procedit homo a vita embrionis ad intellectivam. Hoc
15 nulli alii contingit, quia omnes manent citra hanc metam.

[Bl. 4ᵇ] De astrologia dicant alii. Cur ego non credam, sunt istae rationes:

1. Demonstratio nulla, ideo non libet credere.

2. Experientiae fallaces, Quia ipsi arguunt ab experientiis sed tantum
iis, quae pro eis faciunt. Has signant, Sed quae fefellerunt, sinunt praeter-
20 fluere et non signant.

3. Si aliqua esset, nolim eam mihi dari, Quia nihil nisi mala prophe-
tant et crucem praematuram inferunt.

Sol plus lucet quam omnes stellae simul, quia stellae non faciunt diem,
neque luna.

25   [Bl. 5ᵃ] Dominamini:

1. Consilio $\Big\rangle$ Dei.
2. Mandato

3. Ergo necesse fuit cognitionem omnium rerum fuisse: dei, celi, Terrae
et animalium, o Sapientia f[aciens Regem, dominum. Vere Imago dei, Quia
30 nulla creatura alia cognoscit creatorem nec scit, unde sit aut cur facta sit,
Sed homo novit, unde, Sicut Heua testatur, dum nominat dominum et praeceptum eius.

Repetit 'ad Imaginem dei', Similitudinem tacet, ut idem esse significet.
Sed delectatur deus tam pulchro suo opere. Absque dubio ita delectatur et
35 de restituendo. Sicut consilio etiam de redimendo.

4. Locus iste contra Augustinum, quia 6ᵗᵒ die creata mulier et peccatum factum.

---

7 Dies (artificialis) naturalis   zu 9 imo non vixisse . ita omnes animantes [aves
möglich] nesciunt sese vivere aut vixisse r   16 über dicant steht teneant me non prohibente
istae] iste   21 esset] esse

9 Recogit = Sic nos recogitamus S. 33, 14

3. Ceteris non dixit 'Masculum et feminam', cum tamen sint in illis sexus. Quia hoc opus diligitur, Et ut Mulier quoque pro homine et Dei imagine intelligeretur.

5. Omnem herbam totius terrae, ergo non solum paradisum.

[Bl. 5ᵇ] formavit

Inspiravit } Ita moverunt prophetas.   5

'Anima vivens' Epitasis est, Quasi dicat: Etiam homo est animal, quia futurus erat Adam secundum spiritum vivificantem, Sed quod alia vita nititur in istis verbis secundum oculum Pauli, qui Antitheses observat.

Nota: Adam extra paradisum creatur, Eua intra.   10

de Agro Damasceno.

de Paradiso.

[Bl. 6ᵃ] Operari — neeren

Custodire — weeren } reliquiae adhuc

Sed longe aliter tunc quam nunc, Quia custodire a pecudibus, optimas 15 arbores pro sua vita. Alii: a diabolo. Sed hoc non placet.

2. Theologia et Ecclesia incipitur ab uno homine ante Euam et filios, ut paradisus sit Arx et templum hominis. Cetera sunt Atrium: Agri, campi, in quo cum bestiis exercerentur.

3. Politia adhuc nulla est, Sed sequenti capitulo in Cain incipitur, 20 Quia politia non fuisset opus, sicut nec medicina aut artibus. Omnia sana fuissent, omnia recta sub dominio hominis.

Politia est Cauterium lapsae naturae.

Oeconomia reliquum naturae

Ecclesia redemptio et reparatio naturae.   25

Alioqui tantum Ecclesia et oeconomia fuissent.

                                   Dominamini

[Bl. 6ᵇ] Praedicatio in Ecclesia fuisset ista Comedite

                                   Non comedite

Id est beneficia dei infinita, gratiarum actio   30

prohibitio addita ad signum praedicationis

Sed quaeritur: Iusto non est lex posita.

[Bl. 7ᵃ] Descriptio iustitiae amissae

1. Vident se nudos

2 Construunt cinctoria   35

3 pavent ad ventum ipso claro die, a folio sonante

4 abscondunt se et fugiunt a facie dei, non ferunt Deum, est absconsio.

---

1 3] ob *Fragezeichen oder* Cur?   4 paradisum] paradum   25 Ecclesia *vor* redemptio *ist ergänzt*

5/6 *s. S. 65, 9*   zu 9 *s. S. 65, 25*   *zu 32 s. S. 81, 26*

2.

Peccatum addunt peccato: excusant, desperant, quia nondum est verbum promissae poenitentiae. Non penitent nec petunt gratiam. Nolunt peccatum videri, vellent Deum non pro peccato habere.

Hic habes, quomodo peccatum lege augescit

Multi loci prophetarum ex hac historia:

Ut 'pavor et confusio iis, qui operantur malum'

'Impius sicut mare fervet' 2c. 'Qui credit, Non pavet'.

1. Vocatur, ut suo ipsius indicio condemnetur. Hic in exemplum erit, cum similiter libri aperientur omnium et abscondita.

Iudicium non factum est, Sed revelatur quoque.

2. Ubi tu? Quare fugis me et absconderis a me? Non sic ante fecisti.

3. Respondit stulte, sicut stulte fecit fugiendo, Scilicet: Audivi vocem tuam. O stulte, Cur non ante etiam fugiebas, cum similiter audires, metuis non tantum ventum sed et loquentem, utsupra c. 2. De omni ligno. Ibi letus et securus stabas.

[Bl. 7ᵇ] Cur praecepit?

1. כִּי אַף Wie? folt Gott folchs fagen

2. Retoricatur hic breviter. Deus est ⟨ bonus / favens vobis omnia, ergo hoc non praecepit.

3. Adam non est seductus scilicet a serpente sed a muliere tantum, quia non credidit verbo dei, quod esset moriturus.

4. 'Scit Deus vel { ad Invidiam Dei / persuasionem hominis } Scilicet: Deus invidet vobis / Deus vult vobis aperiri oculos et sui similem esse

Fuit praeceptum illud supra Adam nec intelligebat, quare praeceptum. Ideo in fide tamen vixisset

Et cultus et templum ista arbor

Nota:

Historiam de { penitente in arbutis / Muliere balneatrice / Muliere canem equitante

Peccatum.

'Nitimur in vetitum'. Lex occasio peccati. Quid facit natura corrupta, cum Satan naturam bonam traxerit contra praeceptum. Falsum 'oderunt peccare boni virtutis amore' i. e. maiore vitio, scilicet trabe quam festucam. Unde misere perierunt summi viri et bonis est male. Ignorantia est in illis.

---

zu 3 Nudus sum, absconderunt Non dicit: peccavi r 4 haberi 14 metuis
unleserlich 31 penitente] pendente?

'Aperti sunt', scilicet peccatum dum fit, non sentitur, sed post.

[Bl. 8ᵃ] Exemplum hoc celebratur per scripturam et iura: Adam, ubi es. Exemplum est provocati cuiusque in conscientia sua per legem examinati.

Apophthegimata:

Adam vocandus est

Iudex omittit male: ubi es?

Agens malum odit lucem

Reus est pavidus

Fugit impius neminem persequentem   10

Pavor et confusio iis, qui operantur malum

Impius sicut mare fervet

Qui credit, non festinabit, pudefiet

Non propter diabolum ista dicuntur, Sed propter Adam, Quia Diabolus non vocatur ad iudicium. Ergo peccatum Angelicum necesse est fuisse sine 15 deceptione horribiliter magna, quod ita Deus irascitur.

Locus iste ad nostra secula iacuit tam opulentus et potens.

Omne de Maria. Et Lyram miror, qui masculum genus transiit cum tanti reser . . . .

Semen mulieris est naturale   20

ergo semen serpentis debet esse naturale

[Bl. 8ᵇ] 4. 'Nudus sum', quasi hoc nesciret Deus, qui nudum creaverit. Hoc ipsum peccatum est scire te esse nudum, antea non sciebas. Unde ista scientia? Quis docuit te istam scientiam. In iis verbis nondum dicit: peccavi. Sed fere accusat Deum, Qui nudum eum condidit. At Nuditas tua 25 est mea creatura. Sed notitia nuditatis, quod sentis te coram me esse nudum, Unde ista scientia et conscientia? Eras nudus antea, sine conscientia et timore seu erubescentia. Nudum esse erat bonum, Sed pavere de nuditate coram me et te: malum.

Extorquet dictum Quia certum est te esse aversum a me et 30 peccasse.

At nullum erat praeceptum nisi istud, ergo hoc fecisti.

Perstat in sui defensione et dei accusatione. Feci quod potui. Sed culpa est quod 'dedisti' circa me mulierem. Et ipsa quoque peccavit, quia 'dedit'. Ego nihil feci, nisi quod comedi. Non decerpsi, non tuli non 35 audivi diabolum. Eh du fromichen.

---

3 provocati] p̄uati   9/10 Sermo de prolix: Sine lege, Mera promissio r
19 reser . . . . . . Lücke

3/4 s. S. 129, 35   zu 8 S. 135, 40   zu 10/12 S. 135, 36—39   zu 22 S. 130, 11
25/26 Nuditas bis creatura wörtlich S. 131, 27   34 = S. 132, 29

Mulier etiam excusat fassa quidem quod $\Big\langle$ audivit / decerpsit / dedit $\Big\rangle$ Sed non malo animo, quia decepta sum. Serpens est peccator, non ego.

Et quid facerent? Nondum erat promissio poenitentiae, Sed certa damnatio. Sicut Diabolus ineternum non agnoscit peccatum suum sed iustificat sese et Deum iniurie odit. Omne peccatum natura sua vult esse impunitum et odit ac damnat poenam seu iustitiam.

[Bl. 9ᵃ] Serpens non interrogatur sed iam iudicatus.

---

9 Mit dieser einen Zeile brechen die Aufzeichnungen ab

2 = S. 133, 28   9 zu iudicatus S. 139, 29

Doctor Martinus Lutherus Pio Lectori.

ectiones meas in Genesin non in hoc institui, ut
cogitarem aliquando edendas et invulgandas esse,
sed ut praesenti Scholae pro tempore inservirem
et tum auditorium tum meipsum in verbo Dei
5 exercerem, ne desidiosa et prorsus inutili senectute
mortem corporis huius finirem, sicut Psalmus me Pf. 146, 2
excitavit: 'Psallam Deo meo, quamdiu fuero'.
Simul, ut decessurus invenirer in grege illo par-
10 vulo et parvulorum, ex quorum ore Deus perficit
laudem, qua destruat inimicum et ultorem. Abunde enim satis alias mundus Pf. 8, 3
habet monstrorum et Diabolorum, qui Verbum Dei blasphemant, depravant
et pervertunt, ne Deus gloria sua ornetur, sed Satan adoretur.

Inciderunt autem Lectiones istae in duos Collectores, bonos quidem et
15 pios homines, Doctorem Casparum Crucigerum, quem sua ipsius opera satis
testantur, quanto Dei spiritu et studio feratur, et M. Georgium Rorarium,
nostrae Ecclesiae Presbyterum. Quorum operam secutus M. Vitus Theodorus,
Ecclesiae Norinbergensis Concionator, etiam suam adiecit. Omnes sane fideles
et studiosi verbi Dei ministri, qui omnino iudicaverunt eas edendas esse.
20 Quos equidem sino abundare sensu suo, ut Pauli verbo utar, et video eos Eph. 5, 19
pio studio moveri ad Ecclesias Dei iuvandas, eorumque voluntatem valde
probo, precorque eis benedictionem largam Dei.

Mallem tamen tam pias operas et bonas horas in meliorem Autorem
collocatas esse. Neque enim ego is sum, de quo dici possit: fecit, neque is,
25 de quo dicere possis: faciebat. In ultimo consisto ordine, qui vix dicere
audet: Volui facere. Et utinam essem dignus in hoc ordine ultimo ultimus
esse. Extemporaliter enim et populariter omnia dicta sunt, prout in buccam
venerunt verba, crebro et mixtim etiam Germanica, verbosius certe, quam
vellem.

30 Non quod falsa me dixisse mihi conscius sim; unum hoc spectavi, ut
quantum possem, vitarem obscuritatem, et pro ingenii viribus perspicue

Dr] traderem, quae intelligi volebam. Sentio quidem satis superque, res tantas a me tenuius esse tractatas, quam decuit aut oportuit. Sed consolor me trito proverbio: Infelix esto, qui meliora facit, quam possit.[1] Et illo: Ultra posse viri non vult Deus ulla requiri.[2]

Quid opus verbis? Scriptura est, scriptura, inquam, Spiritus sancti, quam tractamus? Ad quam (teste Paulo) quis idoneus? Fluvius est, ut Gregorius[3] dixit, in quo agnus pedit, et Elephas natat. Sapientia Dei est, quae stultos facit sapientes mundi, et ipsum Principem mundi, quae infantes facit disertos et eloquentes facit infantes.

Denique non ille optimus est, qui omnia comprehendit aut nusquam defecit (nullus enim talis fuit, est aut erit), sed qui maxime dilexerit, ut Psal. 1. dicit: 'Beatus, qui amat, et meditatur Legem Domini.' Sufficit abunde nimis hanc sapientiam nobis placere, amari et meditatam haberi die ac nocte.

Videmus Patrum Commentarios: certe et ipsis velle non defuit, sed perficere non invenerunt. Et quam ridiculi sunt hodie, qui egregia, seu, ut volunt, pura latinitate res scripturae, seu paraphrases tentaverunt, ipsi spiritu et intellectu prorsus inanes, et, ut dicitur, Asini ad Lyram!

Recte dixit S. Hieronymus: Unusquisque offert ad tabernaculum Domini, quod potest, alius aurum, argentum, gemmas, alius pelles aut pilos caprarum. Omnibus enim his opus habet Dominus, et placet voluntas aequaliter eorum, qui inaequaliter offerunt.

Quare et hos pilos exiguos caprarum mearum edi permitto in offertorium et sacrificium Dei. Quem rogo in Christo Domino nostro, ut per me occasionem datam velit aliis, meliora vel saltem melius omnia faciendi. Nam adversariis et Diabolo, eorum Deo, spero superbus et gloriabundus in Domino, me occasiones satis multas (sicut ab initio feci semper et libenter) calumniandi et cavillandi dedisse, sicuti merentur et digni sunt facere, dum boni aliquid facere neque volunt neque possunt, ut Paulus Tit. 1. ait: 'Mente corrupti, et ad omne opus bonum reprobi.'

Dominus noster Ihesus Christus perficiat opus suum, quod incepit in nobis, et acceleret diem illum redemptionis nostrae, quem (Dei gratia) levatis capitibus petimus, suspiramus et expectamus fide pura, et conscientia bona, qua servivimus mundo ingrato et hosti incorrigibili etiam propriae, nedum nostrae salutis. Veni Domine Ihesu. Et qui te amat, dicat: Veni Domine Ihesu, Amen.

Die Natali Christi Anno MDXLIIII.[4]

---

[1] 'Gott gebe dem den ritten, der besser macht denn er kann' Unsre Ausg. Bd. 20, 115, 5; Thiele nr. 209.   [2] In diese Form bringt Luther das 'Ultra posse nemo tenetur' später oft, z. B. Unsre Ausg. Bd. 40¹, 18, 9.   [3] So auch in einer Predigt von 1542: Kirchenpostille, Erl. Ausg.² 12, 83.   [4] D. h. 1543 nach unsrer Rechnung; s. Einleitung.

D]   [Bl. 2ª] *Eἰς Γένεσιν.*

De creatione fere sic sonat textus: deum creasse principio densam quandam et obscuram nebulam seu aerem, ex illa post coelum et terram fecisse. Fuisse autem terram incultam et vacuam. Deinde lumen quoddam
5 creavit. Id lumen postea cessasse credo, cum solem lunam ac stellas creavit. 'Spiritus domini ferebatur super aquas', da kan spiritus nit heyssen ventum, quia venti nondum erant creati.[1] Et verbum significat incubare quasi cale-facturus et foturus, Sicut in sequencia canitur.[2]

Divisam aquam ab aquis Firmamentum, quod nos coelum dicimus.
10 Aquae inferiores quid sint scimus, de superioribus libenter sic cogitarem, quod simpliciter esset aer (quia aer est aqua et scriptura nusquam alias

---

[1] *Darum Luther bei der Revision 1539 eine Glosse setzt:* 'Winb. ist dazumal noch nicht gewest', *s. Unsre Ausg. Bibelübers. 3, 169.*   [2] *Vgl. Sequentia de S. Spiritu v. 8:* Fove quod est frigidum *(Wackernagel, Das deutsche Kirchenlied. 1841 S. 18).*

Dr]   E n a r r a t i o
in I. Cap. Genesis per reverendum Patrem dominum D. Mart. Lutherum in Schola Wittembergensi.

15 **P**rimum caput simplicissimis quidem verbis est scriptum, sed res continet maximas et obscurissimas. Quare apud Ebraeos (sicut D. Hieronymus testatur) prohibitum fuit, ne quis ante annum aetatis trigesimum illud legeret aut enarraret aliis. Voluerunt enim, prius totam Scripturam bene cognitam esse, quam ad hoc. Caput perveniretur. Sed neque ista ratione aliquid pro-
20 moverunt Iudaeorum Rabini; nam etiam bis triginta annos et amplius nati pueriliter in suis commentariis de his gravissimis rebus nugantur.

Neque in Ecclesia hactenus quisquam extitit, qui satis dextre ubique omnia explicaret. Adeo enim variis, diversis et infinitis questionibus omnia miscuerunt Interpretes, ut satis appareat, Deum hanc sapientiae maiestatem
25 et sanum intellectum huius Capitis sibi soli reservasse, relicta ista generali notitia nobis, quod scimus, mundum cepisse et conditum esse per Deum ex nihilo. Haec generalis noticia ex textu clare sumitur. In particularibus autem sunt plurima, de quibus ambigitur, et infinitae questiones hinc inde moventur.

30 Nos ex Mose scimus mundum ante sex millia annorum nondum extitisse. Id Philosopho homini nullo modo poterit persuaderi, quia secun-dum Aristotelem primus homo et ultimus non potest dari. Quanquam autem Aristoteles relinquit dubium Problema hoc esse: An sit mundus aeternus,

1*

D] nominat aerem). Sed textus est evidens coelum esse medium inter aquas, Quid ergo sit, nescio.

[Bl. 2ᵇ] Non sentio cum astronomis tota esse spheras vel coelos. Aer est aqua, terra igitur detinet crassum aerem seu aquam crassam, subtilis autem est sub coelo. Sicut scriptura vocat volucres coeli i. e. aeris. Non ₅ puto alia esse elementa quam coelum, aquam et terram. Aqua autem alia subtilis alia crassa. supra coelum autem esse subtilissimum aerem, quod vocant cristallinum coelum. Existimo astronomiam simpliciter esse revelationem divinam.

---

3 totā Hs

Dr] tamen in eam sententiam inclinat, quod sit aeternus. Neque enim humana ₁₀ ratio altius potest ascendere, quam ut statuat mundum esse aeternum et infinitos homines praecessisse nos ac sequi; hic cogitur subsistere. Sed ex hac ipsa sententia sequitur periculosissima opinio: Quod anima sit mortalis, quia Philosophia nescit plura infinita. Necesse enim est rationem humanam maiestate harum rerum obrui et impingere. ₁₅

Plato fortasse, ut videtur, collegit in Aegypto scintillas, quasi ex Patrum ac Prophetarum sermonibus, Ideoque accessit propius. Is materiam quidem ponit et ideam aeternam; mundum autem dicit cepisse, et factum esse ex materia. Sed desino Philosophorum opiniones allegare, nam istas Lyra recitat, quanquam non explicat. ₂₀

Ita neque inter Ebraeos, neque Latinos, nec Graecos dux est, quem in hoc spatio tuto possimus sequi. Quare nos quoque merebimur veniam, si, quantum possumus, fecerimus. Nam praeter istam generalem sententiam: Quod mundus ex nihilo coeperit esse, nihil fere est, de quo pariter inter omnes Theologos constet. ₂₅

Hilarius et Augustinus, quasi duo maxima Ecclesiae Lumina, sentiunt mundum creatum subito et simul non successive per sex dies. Ac Augustinus mirabiliter ludit in tractatione sex dierum, quos facit mysticos dies cognitionis in Angelis, non naturales. Hinc in Scholis et Ecclesiis usitatae sunt disputationes de cognitione vespertina et matutina, quas Augustinus invexit, et ₃₀ a Lyra diligenter recitantur: qui volet eas scire, petat ex Lyra.

Haec etsi subtiliter disputantur, tamen nihil faciunt ad rem. Quid enim opus est facere duplicem cognitionem? Nec etiam utile est, Mosen in principio tam facere mysticum et allegoricum. Quia enim nos vult docere, non de creaturis allegoricis, et mundo allegorico, sed de creaturis essentialibus ₃₅ et mundo visibili ac exposito sensibus, appellat, ut Proverbio dicitur[1], Schapham scapham, hoc est, diem et vesperam vocat, sicut nos solemus, sine

---

[1] *Ein Schulwitz.* Scapha (= *Nachen) wird als Schaf gedeutet, s. Unsre Ausg. Bd. 25, 181, 1.*

D] Puto coelum non esse vacuum sed plenum angelis. Sicut enim terram voluit habitari deus, sic eciam coelum credo et sicut nos bestiis dominamur, ita fortasse angeli regunt et gubernant stellas, werden auch rectores Sein. Diaboli sind unter dem himel, die farzen unterwehl gegen eim engel hinauff, 5 der schlegt in wider hernieder ꝛc.

Secunda lectio.

Verba haec de creatione mundi [Bl. 3ᵃ] essent valde facilia, nisi nos ea cogitatione nostra obscuraremus et cogitaremus aliquid aliud esse quam

Dr] allegoria. Sicut Euangelista Matthaeus capite ultimo hanc phrasin quoque 10 retinet, cum scribit, Christum resurrexisse vespera Sabbatorum, quae in unam Sabbatorum illucescebat. Quodsi non satis assequimur rationem dierum, nec intelligimus, cur intervallis his temporis Deus voluerit uti, fateamur potius ignorantiam nostram, quam ut verba praeter rem ad alienum sensum torqueamus.

15 Quod igitur ad hanc Augustini sententiam attinet, statuimus Mosen proprie locutum, non allegorice aut figurate, hoc est, mundum cum omnibus Creaturis intra sex dies, ut verba sonant, creatum esse. Quodsi causam non adsequimur, maneamus discipuli et relinquamus magisterium Spiritui sancto. Hi autem dies sic sunt distincti, quod primo die creata est massa rudis 20 coeli et terrae, cui postea addita lux est, Secundo firmamentum, Tertio Terra producta ex aquis cum fructibus suis, Quarto ornatum coelum creatione solis, lunae, et stellarum, Quinto pisces maris, et volucres coeli, Sexto animalia terrae et Homo est conditus. Omitto autem illud quoque, quod ista distinguunt in opus creationis, distinctionis et ornatus, quia haud scio, an 25 ubique belle ista quadrent. Et tamen, si quem ista delectant, Lyram consulat.

Quod autem Lyra putat necessariam cognitionem sententiae Philosophorum de materia, quod ex ea dependeat intellectus operationis sex dierum, nescio, an Lyra intellexerit, quid Aristoteles vocaverit materiam. Neque enim Aristoteles, sicut Ovidius[1], materiam vocat informe et rude illud chaos. 30 Quare omissis istis non necessariis accedamus ad Mosen tanquam meliorem Doctorem, quem tutius possimus sequi, quam Philosophos sine verbo de rebus ignotis disputantes.

Opus primi diei.

In principio creavit Deus coelum et terram.

35 Hic necessaria movetur et satis obscura questio: Quod Moses meminit creationis coeli et terrae, et tamen neque diei neque Verbi, quo creata sunt, mentionem facit. Dubitatur enim, cur non potius sic posuerit verba Moses, sicut in reliquis, ubi fit mentio Verbi in hunc modum: In principio dixit

---

[1]) Ovid. metam. 1, 6.

D] sunt. Dicit 'in principio creavit deus coelum et terram', id non sic accipiendum est, quod coelum et terra tum steterint, sicut nunc, sed fuit tantum
semen coeli et terrae, sicut nos dicimus de pregnanti: bie tregt ein Kinb,
cum adhuc sit materia rudis et informis. Dicit quoque abissum fuisse
tenebricosum, ergo et terra quoque fuit tenebricosa latens sub terra i. e. 5
Deus creavit massam quandam rudem sine lumine et forma et specie, Dennoch

Dr] Deus: Fiat coelum et terra. Nam prius ponit coelum et terram creatam,
quam Deus aliquid dixerit, cum tamen Decalogus et tota scriptura testetur
Deum sex diebus fecisse coelum et terram et omnia, quae in eis sunt. Dixi
autem antea nos hoc iter sine Duce ingredi; quare relinquemus hic aliis 10
suum iudicium, et nos, quid nobis videatur, exponemus.

Coelum et terram vocat, non qualia nunc sunt, sed rudia adhuc et
informia corpora. Aqua fuit tenebrosa, et quia natura levior est, quasi
lutum seu densa nebula circumdedit terram informem ipsam quoque. Hanc
quasi primam materiam, ut sic vocem, futuri operis Deus condidit secundum 15
Decalogi manifesta verba non extra sex dies sed in principio primi diei.

Ideo autem, quantum ego video, primum diem Moses adhuc tacet,
quia postea formata et quasi perpolita et distincta sunt ista confusa corpora
rudis coeli et terrae. Nam quod post abyssum vocat et aquam, nempe
informem et rudem aquam, nondum digestam, nondum certa forma exornatam, 20
id hic coelum dicit. Quodsi aliter locutus esset Moses et dixisset: In
principio dixit Deus: Fiat coelum etc. non fuisset postea locus repetendi
verbi Dixit, cum hae informes aquae sunt illuminatae et lux creata est.

Mosis igitur simplicissima est sententia haec: Omnia, quae sunt, esse
creata a Deo, ac principio primi diei creatam esse rudem molem luti seu 25
terrae, et nebulae seu aquae, quibus postea per reliquum primi diei spacium
infuderit Deus lumen, et fecerit apparere diem, quae ostenderet istam rudem
molem coeli et terrae, non dissimilem rudi semini, sed tamen apto ad pro-
ducendum aliquid.

1, 2   Terra autem erat inanis et vacua.   30

Maior significantia est in Hebraicis vocabulis *Tohu* et *Bohu* quam
reddi possit. Usurpantur autem saepe in sacris literis; *Tohu* pro nihilo
ponitur, ut terra *Tohu* sit, quae simpliciter in se inanis sit, ubi nulla via,
nulla locorum distinctio, non collis, non vallis, non gramina, non herbae,
non animalia, non homines sunt. Talis enim fuit prima terrae incultae 35
facies, quia enim admixtum aquae lutum fuit, nulla potuerunt discrimina
notari, quae nunc, postquam exculta est, notantur.

Jes. 34, 11   Sic Esaias inquit cap. 34. ubi minatur vastitatem orbi terrarum: 'Ex-
tendetur super eam regula *tohu* et perpendiculum *bohu*', hoc est, ita vastabitur,
ut neque homines, neque iumenta relinquantur, ut domus sint vastae et 40

D] hats terra geheyssen, post autem coluit eam primo luce data deinde germine. Hic fuit primus mundi iactus, Sicut Paulus eciam loquitur: 'priusquam iacerentur fundamenta'. Coelum et terra ligt noch auff eim kleinsten, Sicut Eph. 1, 4 adhuc videmus in seminibus, quae cum seruntur, nihil habent simile fructus:
5 ibi nec culmus nec spica videtur et tamen culmus et spica inde fit.

Dr] omnia confusa et perturbata. Sicut Ierusalem postea per Romanos et Roma per Gothos vastata est, adeo ut non possint celeberrimae veteris urbis vestigia ostendi.

Sicut igitur nunc vides terram extantem super aquas, coelum ornatum
10 stellis, agros arboribus, civitates domibus etc., ita his omnibus demptis et confusis quasi in rudem molem, quod postea reliquum fuerit, vocat *tohu* et *bohu*.

Sicut autem terra fuit circumfusa tenebris seu aquis, in quibus tenebrae erant, sic coelum etiam fuit rude, et fuit *Tohu*, non solum, quia caruit
15 ornamento stellarum, et *Bohu*, quia nondum fuit distinctum a terra, sed quia adhuc fuit sine luce, et obscura ac alta abyssus, quae ceu densissima nebula circumfudit terram, seu lutum illud. Nam de distinctione aquarum etiam post sequetur.

Ergo hoc primum iam habemus, quod Moses docet, primo die coelum
20 et terram esse conditam, Sed rude coelum, hoc est, sine discrimine aquarum, sine luminaribus, et nondum elevatum, Item rudem terram, sine animalibus, fluminibus, montibus.

Quae Lyra disputat, quod materia sit pura potentia et substantietur per suum posse, Item, quod Augustinus[1] dicit in libro confessionum:
25 Materiam esse prope nihil, nec posse excogitari intermedium, haec nullo modo probo. Quomodo enim hoc merum nihil appellaveris, quod iam eiusmodi res est et substantia, quam Moses vocat coelum et terram? Nisi artificialiter velis materiam dicere, sicut lignum, quod nondum est cista aut scamnum: sed eam secundam materiam vocant Philosophi.
30 Id potius considerandum est, quod sanctus Petrus 2. Petri 3. dicit, ubi de impiis loquitur: 'Volentes, inquit, nesciunt, quod coeli iam olim fuerint ac terra, ex aqua et per aquam consistentes Dei sermone, per quae is, qui tum erat mundus, aqua inundatus, periit.' Nam Petrus eo videtur 2. Petri 3, 5 alludere, quod terra sit ex aqua, et per aquam constituta, et post ex aqua
35 producta, et quasi in lumine collocata, sicut adhuc innatare mari videtur. Hoc, inquit, impii sciebant, et ideo fiducia huius conditionis nullum metuebant ab aqua periculum, quam sciebant esse fundamentum terrae. Et tamen aqua terram, quam conservabat et portabat, perdidit, sicut ad extremum etiam igni peribit. Sic videtur S. Petrus ad id alludere, quod terra in aqua, et

---

[1] *Augustin. Confess. XII, 27—32 (I, 222—25 Bened.).*

D]   [Bl. 3ᵇ] Patres faciunt sex dies non rem sed cogitationem angelorum, quod Deus simul omnia creaverit, sed angeli eo ordine cognoverint creaturam, 4, 30 et dicunt agnitionem vespertinam esse agnitionem Creaturae et Matutinam Creatoris: ut sint sex dies non reipsa sed cognitione angelorum. Ist ein laussige cogitatio. Nam Sentencia in ecclesiastico 'Creavit omnia Simul' szt 5

Dr] ex aqua producta sit. Haec de materia sint satis, Nam haud scio, an si quis aliquid disputet subtilius, id etiam cum fructu aliquo faciat.

Et tenebrae erant super faciem abyssi.

Aqua et abyssus et coelum hoc loco pro eadem re ponuntur, nempe pro tenebroso illo et rudi corpore, quod postea illuminatum et distinctum 10 est verbo. Istae enim alterius Personae, hoc est, Christi filii Dei, partes sunt, ornare et distinguere rudem molem ex nihilo productam. Atque hoc etiam potest videri Mosi in consilio fuisse, cur non posuerit primo loco verbum 'dixit'. Nam hoc etiam quidam pro ratione allegant.

Et Spiritus Domini ferebatur super aquas.   15

Spiritum Domini quidam interpretantur simpliciter pro vento. Ego vero, si quid materiale esset hic per Spiritum intelligendum, mallem id eo referri, quod illa rudis materia coeli et terrae, quam abyssum etiam vocat, coeperit moveri, sicut hodie movetur. Aqua enim non stat quieta, sed semper in superficie movetur.   20

Sed mihi magis placet, ut intelligamus Spiritum sanctum; ventus enim est creatura, quae tum nondum fuit, cum adhuc confusa ista corpora coeli et terrae iacerent. Et magnus Ecclesiae consensus est de mysterio Trinitatis hic prodito. Pater per Filium, quem verbum Mose vocat, creat coelum et terram ex nihilo. His Spiritus sanctus incubat; sicut enim gallina incubat 25 ovis, ut pullos excludat ova calefaciens et calore quasi animans: Ita scriptura dicit Spiritum sanctum quasi incubasse aquis, ut ista corpora, quae animanda et ornanda erant, vivificaret. Nam Spiritus sancti officium est vivificare.

Haec, quantum ego video, de re praesenti satis sunt, ut aliis opini- 30 onibus abiectis hoc statuamus: Deum ex nihilo condidisse coelum et terram quasi rudem massam, ita ut terra rudis rudi coelo ceu nebula fuerit circumfusa.

Restat autem, ut de vocabulis etiam quaedam disputemus. Atque hic statim inventi sunt, qui varie et subtiliter disputarunt de vocabulo 'in prin- 35 cipio'. Exposuerunt enim 'in principio', hoc est, 'in Filio' propter locum Joh. 8, 25 Iohannis, cum Christus respondet Iudaeis interrogantibus, quis esset? cap. 8. Ps. 110, 3 'Principium quod et loquor.' Item propter Psal. 110.: 'Tecum principium in die virtutis tuae.' Hunc locum fere omnes sic exponunt: Tecum Filius

D] Deum omnia creasse, ut 'simul' habeat significationem facti et non temporis,
Item quod dicunt dei perfecta opera, referunt ad verbum et aeque falsum est.

'Spiritus domini vehebatur super aquas' i. e. super coelum et terram
rudem inclusam mari in una massa. Significat autem hoc verbo, das unser
⁵ herr got hab ettwas draus wollen machen.

Dr] in divina potentia. Sed notum est graece doctis apud Ioannem τὴν ἀρχήν
pro adverbio exponi debere, figura sermonis passim obvia apud Graecos.
Quare ludant hic, qui volent, mihi placent, quae simplicissima sunt et a rudi-
oribus possunt intelligi.

¹⁰   Igitur sentio Mosen voluisse significare initium temporis, ut sit in
principio idem, ac si dicat: Eo tempore, cum nullum esset tempus, seu cum
inciperet mundus, sic incepit, ut coelum et terra primum a Deo crearentur
ex nihilo in forma rudi, non sic exculta, ut nunc sunt. Quanquam non ita
diu iacuerunt inculta, sed statim primo die cepta sunt ornari luce.

¹⁵   Ariani imaginati sunt ante initium conditos fuisse Angelos et filium
Dei. Sed haec blasphema omittamus. Omittamus etiam aliam questionem,
quid Deus ante principium mundi fecerit, quieverit ne, an non? Ad quam
sic respondisse quendam refert in confessione Augustinus: Deum praeparasse
infernum curiosa scrutantibus, scilicet, ut eluderet (ait Augustinus) violentiam
²⁰ questionis.

    Placet ergo Augustini modestia, qui profecto candide dicit se in huius-
modi questionibus contrahere sui ingenii vela: Quia etiamsi in infinitum
speculemur et disputemus, tamen manent haec incomprehensibilia. Quod si
etiam illa, quae videmus et gerimus, non satis plane intelligimus quanto
²⁵ minus haec assequemur? Quid enim extra tempus et ante tempus fuisse
statues? aut, quid Deum, antequam tempus esset, fecisse cogitabis? Quare
abiiciamus ista et sentiamus Deum ante conditionem mundi fuisse incomprehensibilem in sua essentiali quiete, Nunc autem post creationem esse intra,
extra et supra omnes creaturas, hoc est, etiam esse incomprehensibilem.
³⁰ Aliud dici non potest, quia noster intellectus, quid extra tempus sit, non
intelligit.

    Ideo Deus quoque se non manifestat nisi in operibus et verbo, quia
haec aliquo modo capiuntur; reliqua, quae propria divinitatis sunt, capi aut
intelligi non possunt, ut sunt: esse extra tempus ante mundum, etc. Forte
³⁵ Adae apparuit nudus, sed post peccatum in sibilo apparuit, quo ceu involucro fuit involutus. Sic postea involutus fuit in tabernaculo propiciatorio,
in deserto nube et igni. Quare Moses ista etiam vocat Dei 'facies', per
quae se Deus manifestavit. Et Cain vocat faciem Dei locum, in quo immo- 1. Mose 4, 14
laverat antea. Haec enim natura sic est peccato deformata, imo corrupta

6 graece] grecae A

Dr] et perdita, ut non possit Deum nudum cognoscere seu comprehendere, qualis sit. Ideo involucra ista necessaria sunt.

Et insania est disputare multa de Deo extra et ante tempus, quia id est velle comprehendere nudam divinitatem, seu nudam essentiam divinam. Hoc quia impossibile est, ideo involvit se Deus in opera et certas species, sicut hodie se involvit in Baptismum, in Absolutionem etc. Ab his si discedas, tunc abis extra mensuram, locum, tempus et in merissimum nihil, de' quo secundum Philosophum non potest esse scientia. Ergo merito omittimus hanc questionem, et hac simplici explicatione vocabuli 'in Principio' contenti sumus.

Sed dignius observatione est, quod Moses non dicit: In principio creavit Adoni coelum et terram, sed utitur vocabulo pluralis numeri *Elohim*, quo nomine in Mose et alibi tum Angeli, tum Iudices seu magistratus Psi. 82,6 appellantur, sicut in Psalmo 82: 'Ego dixi, Dii estis.' Hic autem certum est significare Deum unum et verum, a quo creata sunt omnia. Cur igitur utitur plurali nomine?

Iudaei varie cavillantur Mosen: Sed nobis clarum est, voluisse cum Trinitatem seu personarum pluralitatem in una divina natura tecte ostendere. Quia enim dicit de opere creationis, manifeste sequitur, quod excludit Angelos. Manet igitur illa contradictio, quod unus est Deus, et tamen illa unissima unitas verissima etiam est pluralitas, quorsum enim alioqui attinet Mosen plurali numero uti?

Explodenda igitur est Iudaeorum frigida cavillatio, quod reverentiae causa plurali numero sit usus. Quis enim hic locus est reverentiae? praesertim cum id non sit omnibus linguis commune, quod nobis Germanis usitatum est, ut reverentia sit plurali numero uti, cum de uno aliquo loquimur.

Deinde, ut multum clamitent vocabulum hoc tribui Angelis etiam et hominibus, Tamen et hoc loco plurale est, et non nisi de uno vero Deo potest accipi, quia agitur de creatione. Et fuere alia multa vocabula singularia, quibus potuisset Moses uti, nisi voluisset certo consilio spiritualibus significare, quod in natura divina extra creaturam sit personarum pluralitas. Non quidem apertis verbis dicit esse Patrem, esse Filium, esse Spiritum sanctum unum et verum Deum, Id enim Euangelii doctrinae reservandum fuit. Sed satis ei fuit vocabulo plurali, quod postea hominibus quoque tribuitur, istam pluralitatem Personarum ostendere.

Nec nos offendere debet, quod idem vocabulum postea creaturis tribuitur. Quidni etiam nomen suum nobis communicaret Deus, cum potestatem et officium communicat? Nam remittere peccata, retinere peccata, vivificare etc. sunt opera solius Maiestatis divinae, et tamen eadem tribuuntur hominibus Röm. 11, 14 et fiunt per verbum, quod homines docent. Sicut Paulus dicit: 'Ut multos 1. Kor. 9, 22 salvos faciam de carne mea'. Item: 'Omnibus omnia factus sum, ut omnes facerem salvos'. Sicut igitur haec opera vere sunt opera Dei, licet hominibus

Dr] quoque tribuantur et per homines fiant, Ita Dei nomen vere significat Deum, licet hominibus etiam tribuatur.

Arius non potuit negare, Christum fuisse ante mundum conditum, quia et Christus dicit: 'Antequam Abraham erat, ego sum.' Et in Proverbiis Joh. 8, 58
5 scribitur: 'Antequam coeli fuerunt, ego sum.' Ideo eo se convertit, ut Christum Spr. 8, 22 seu verbum creatum diceret ante omnia et postea creasse omnia et fuisse creaturam perfectissimam, licet non fuerit semper. Sed huic fanaticae et impiae opinioni opponi debet, quod Moses breviter dicit: 'in principio', nec ponit aliud quippiam ante principium quam Deum, quem plurali numero
10 appellat.

In has absurdas opiniones delabuntur animi, cum sine verbo de tantis rebus volunt cogitare. Atqui nos ipsos nescimus, sicut Lucretius ait: 'Nescitur adhuc, quae sit natura animai.'[1] Sentimus nos posse iudicare, numerare, discernere quantitates et spirituales creaturas, ut sic vocem, verum
15 et falsum, et tamen nondum possumus definire, quid sit anima, quanto minus divinam naturam intelligemus? Nescimus, qualis voluntatis nostrae sit motus; non enim qualitatis, non quantitatis motus est, et tamen est motus quidam. Quid igitur in divinis sciremus?

Ergo fanaticum est, sine verbo et involucro aliquo de Deo et divina
20 natura disputare, sicut solent omnes Haeretici; ea securitate de Deo cogitant, qua de porco aut vacca disputant. Ideo etiam ferunt dignum premium temeritatis, ut sic periculose impingant. Nam qui vult tutus esse et sine periculo in tantis rebus versari, is simpliciter se intra species, signa et involucra ista divinitatis contineat, qualia sunt verbum eius et opera eius.
25 Nam in verbo et operibus se nobis ostendit. Haec igitur qui attingunt, isti quemadmodum muliercula sanguinis profluvio laborans contactu vestimenti Matth. 9, 20 sanantur.

Qui autem extra ista involucra Deum attingere volunt, isti sine scalis (hoc est verbo) nituntur ad coelum ascendere, ruunt igitur oppressi maiestate,
30 quam nudam conantur amplecti, et pereunt. Sicut Ario accidit. Hic cogitavit esse medium quiddam inter Creatorem et creaturam et ab illo medio condita esse cuncta. Huc necessario delabitur, postquam contra scripturam pluralitatem Personarum in divinitate negavit. Sed, quia sine et extra verbum Dei ista disputat et sola sua cogitatione nititur, non potest non impingere.
35 Sic Monachus, quia verbum non sequitur, cogitat talem Deum in coelo sedere, qui salvaturus sit indutum cucullo et observantem certam vitae regulam. ·Hic etiam extra apparentiam seu facie Dei non praeeunte in coelum conscendit. Sic Iudaei idola sua et lucos habebant. Par omnium lapsus est et ruina, in eo enim impingunt, quod relicto verbo singuli suas
40 cogitationes sequuntur.

---

[1]) *Lucret. Carus de rerum nat. I, 113.*

Dr]   Igitur si tuto ambulare volumus, ea amplectamur, quae verbum monet et quae ipse Deus nos scire voluit. Alia, quae non sunt verbo ostensa, omittamus. Quid enim ad me, aut quomodo ego id apprehendere possum, quid fecerit ante mundum conditum Deus? Hae sunt cogitationes nudae divinitatis, Eiusmodi etiam illae sunt, quibus Iudaei se ab hoc textu abduci 5 patiuntur, ne credant plures Personas, cum tamen Mosen plurali nomine usum constet.

    Decretum damnat ἀνθρωπομορφήτας, quod de Deo loquerentur tanquam de homine, tribuerent ei oculos, aures, brachia, etc. Iniusta vero damnationis causa. Quomodo enim aliter homines inter homines de Deo loquantur? 10 Quodsi hoc modo de Deo sentire haeresis est, profecto actum est de salute puerorum omnium ita pueriliter de Deo cogitantium et loquentium. Sed mitte pueros, et da mihi Doctorem doctissimum, quomodo is aliter de Deo docebit aut loquetur?

    Iniuria igitur bonis hominibus facta est, quod, cum crederent Deum 15 omnipotentem et Salvatorem, ideo tamen damnati sunt, quod dicerent Deum habere oculos, quibus aspiciat egenos, habere aures, quibus audiat orantes etc. Quomodo enim substantiam spiritualem haec nostra natura potest intelligere? Et scriptura passim hoc ipso genere sermonis utitur. Igitur immerito sunt damnati, et laudandum potius est studium simplicitatis, quod in doctrina 20 maxime necessarium est. Necesse enim est, ut Deus, cùm se nobis revelat, id faciat per velamen et involucrum quoddam et dicat: Ecce sub hoc involucro me certo apprehendes. Id involucrum cum amplectimur, cum ibi adoramus, invocamus, sacrificamus, Deum invocasse, Deo sacrificasse recte dicimur. 25

    Sic non dubium est, primos Parentes adorasse Deum mane, cum sol oriretur, admirantes Creatorem in creatura, vel, ut clarius dicam, per creaturam admoniti. Posteri morem retinuerunt, sed sine intellectu, Ita in idolatriam iste mos abiit. Causa huius non est sol ipse, qui est bona Dei creatura, sed quod doctrina paulatim exstincta est, quam Satan non potest ferre. Sic 30 cum Henam abduxit Satan a verbo, statim in peccatum prolapsa est.

    Ut igitur redeam ad Anthropomorphitas, nequaquam eos damnandos censeo, quia etiam Prophetae pingunt Deum sedentem in solio. Hoc cum audiunt simplices, statim cogitant de solio aureo mire ornato, quanquam Jej.6,1 sciunt nihil tale materiale esse in coelo. Sic Esaias dicit se vidisse Dominum 35 in amplissima veste, quia Deus in absoluta seu intuitiva visione non potest pingi nec cerni. Ideo tales figurae Spiritui sancto placent et opera Dei proponuntur, quae apprehendamus. Talia sunt, quod condidit coelum et terram, quod misit Filium, quod per Filium loquitur, quod baptisat, quod

---

9 Iniusta] Iusta *A (doch das Summarium am Rande:* Anthropomorphitae immerito damnati*)*

D] 'Fiat lux'. Hic primum coelum et terra sunt illuminata unb finb tenebrae getweft, creavit igitur lucem. \
sic ostendit fuisse quod inicium mundi et tocius creaturae.

[Bl. 4ᵃ] 'Vidit quod erant valde bona' quod postea dicit ad hominem
5 'benedixit eis', Idem hic significat aliis verbis. Est igitur idem 'vidit bona

---

1 unb] uns Hs

Dr] per verbum a peccatis absolvit. Haec qui non apprehendit, is Deum nunquam apprehendet. Sed desino, cum haec saepe copiose a me sint disputata. Nunc tamen attingenda fuere propter Mosen, quem ita misere Iudaei flagellant in hoc loco, ex quo probamus plures esse Personas in divinitate. Nunc
10 pergamus in textu.

Dixitque Deus: Fiat lux, et facta est lux.   1, 3

Dixi, initio conditam esse per verbum rudem illam molem terrae et coeli (quam aquas, item abyssum quoque vocat) ac debet id referri ad primi diei opus, licet Moses nunc primum sic loquatur: 'Deus dixit: Fiat lux' etc.
15 Mira autem profecto phrasis, et incognita omnium aliarum linguarum scriptoribus, quod Deus dicendo id, quod non erat, facit, ut esset aliquid. Atque hic primum ponit Moses medium et instrumentum, quo Deus Pater in operando est usus, nempe Verbum.

Notanda autem diligenter est differentia, quae apud Ebraeos est inter
20 *Amar* et *Dabar*. Nos utrunque reddimus per verbum 'dicere' seu 'loqui', sed apud Ebraeos haec differentia est: *Amar* tantum et proprie significat verbum prolatum: Sed *Dabar* etiam rem significat, sicut cum Prophetae dicunt: Hoc est verbum Domini, utuntur nomine *Dabar*, non *Amar*. Iam hodie novi Ariani imperitis Ebraicae linguae sic fucum faciunt: verbum
25 significare rem creatam, et hoc modo dici etiam Christum verbum. Contra hanc impiam et simul insulsam depravationem recte admonetur hic Lector, Mosen uti verbo *Amar*, quod simpliciter et proprie significat prolatum verbum, ut sit verbum quiddam distinctum ab eo, qui dicit, sicut distinctio est inter dicentem et id, quod dicitur.
30 Quemadmodum igitur supra probavimus ex textu pluralitatem personarum, Ita hic manifesta est distinctio personarum. Dicit enim Deum esse, ut sic loquar, Dictorem, qui creat, et tamen non utitur materia, sed solo verbo, quod profert, ex nihilo facit coelum et terram.

Iam huc adhibe Euangelium Ioannis: 'In principio erat verbum' (nam Joh. 1, 1
35 probe facit cum Mose). Dicit: ante mundum conditum nihil erat creaturarum, Deus tamen habebat verbum. Hoc verbum quid est, aut quid facit? Audi Mosen. Lux, inquit, nondum erat, Sed tenebrae ex suo nihili esse vertuntur in illam praestantissimam creaturam, quae est lux. Per quid? per verbum.

D] esse', ac si dicat 'Deus bene dixit eis', quod velit illam creaturam conservare, hoc est, εὐδοκίαν habent. ⸗ Tenebras kan er nit lieb haben, quia nihil sunt.

'Vespere et mane unus dies'. Pulcherrima allegoria. Quod consolatio est ultima et quod aeterna vita sequetur post hanc vitam.   5

Dr] Ergo in principio et ante omnem creaturam est verbum, et est tam potens verbum, quod ex nihilo facit omnia. Hinc sequitur irrefragabiliter, quod Ioannes diserte addit: Hoc verbum esse Deum et tamen esse distinctam personam a Deo patre, sicut distinctae res sunt verbum et is, qui verbum profert. Et tamen haec distinctio eiusmodi est, ut unissima, ut sic dicam, 10 unitas essentiae maneat.

Haec sunt ardua neque tutum est ultra progredi, quam Spiritus sanctus nos ducit. Quare hic resistamus, quod, cum ex nihilo rude coelum et rudis terra, utrumque caligine et tenebris deformatum, per verbum extitisset, Lux per verbum etiam ex nihilo, hoc est, ex ipsis tenebris extitit. Hoc primum 15 2.Ror.4,6 opus Creatoris Paulus tanquam singulare opus allegat: 'Qui iussit e tenebris lucem illucescere' etc. Iussio, inquit, fecit lucem istam. Hoc igitur nobis pro confirmatione fidei nostrae satis est, quod Christus sit verus Deus, qui est cum Patre ab aeterno, antequam mundus fieret, et quod per eum, qui est sapientia et verbum Patris, Pater fecerit omnia. Notandum tamen est 20 in isto loco Pauli hoc quoque, quod novum creationis opus facit conversionem impiorum, quae etiam fit per verbum.

Sed hic ratio stultis questionibus impie ineptit. Si, inquit, verbum semper fuit, Quare non prius creavit Deus per id verbum coelum et terram? Item: Quia tum primum, cum Deus incipit dicere, coelum et terra fiunt, 25 videtur sequi: Verbum tum primum cepisse, cum Creatura cepit etc. Sed hae impiae cogitationes sunt excutiendae. Neque enim de his possumus aliquid statuere aut cogitare: Quia extra illud initium creaturae nihil est quam nuda essentia divina et nudus Deus. Is autem quia est incomprehensibilis, illud etiam incomprehensibile est, quod fuit ante mundum, quia nihil 30 est nisi Deus.

Nobis videtur, quod incipiat dicere, quia non possumus progredi ultra principium temporis. Sed quia Ioannes et Moses dicunt, esse Verbum in principio et ante omnem creaturam, necesse est, semper id fuisse in Creatore et in nuda essentia Dei. Ergo est verus Deus, sic tamen, ut Pater generet, 35 et Filius generetur. Nam hanc differentiam Mose ponit, cum nominat Deum, qui dixit, et Verbum, quod dictum est. Atque hoc Mosi satis fuit. Nam clarior explicatio huius mysterii proprie pertinebat ad novum Testamentum et ad Filium, qui in sinu Patris est. Ibi audimus etiam certa nomina Personarum, quod sit Pater, Filius et Spiritus sanctus, sicut etiam tum in 40 Psalmis quibusdam, tum Prophetis, sed subtilissime, indicantur.

Dr]　　Augustinus paulo aliter exponit verbum 'dixit', sic enim interpretatur: 'Dixit' hoc est. fuit ab aeterno in verbo Patris ita definitum, ita apud Deum fuit constitutum, Quia Filius est ratio, imago et sapientia Patris. Sed retinenda est simplex sententia et vera: Deus dixit, id est, per Verbum
5 condidit et fecit res omnes, sicut Apostolus comprobat, cum dicit: 'Per quem Hebr. 1, 2 condita sunt secula.' Item: 'Omnia per ipsum et in ipsum sunt condita.' Kol. 1, 16 Atque inter hos limites debet consistere cogitatio creationis, non debemus longius evagari, quia tum in tenebras certas et exitiales prolabimur.

　　Ergo satis nobis sint ista, cum de mundo et eius conditione queritur:
10 Quod ad materiam mundi attinet, ex nihilo esse factum, sic ex non luce factam esse lucem, ex nihilo factum coelum et terram. Sicut Paulus dicit: 'Vocat ea, quae non sunt, ut sint.' Instrumentum autem seu medium, quo Röm. 4, 17 Deus·usus est, est eius omnipotens Verbum, quod cum Deo fuit ab initio, et sicut Paulus loquitur, ante constitutionem mundi. Ergo quod dicit Paulus: Eph. 1, 4
15 'Per ipsum sunt condita omnia' (utitur enim praepositione 'in' Ebraeorum Kol. 1, 16 more pro 'per'; sic enim Ebrei usurpant literam Beth) et similia loca ex hoc Mosi loco sunt desumpta, qui loquitur de verbo prolato, quo iubetur et praecipitur aliquid.

　　Id Verbum est Deus, et est omnipotens Verbum, prolatum in divina
20 essentia. Hoc proferre nemo audivit, nisi Deus ipse, hoc est, Deus pater, Deus filius, et Deus spiritus sanctus. Ac dum prolatum est, generata est Lux, non ex materia verbi, nec ex natura dicentis, sed ex tenebris ipsis, sic ut Pater intus diceret, et foris fieret statim atque exsisteret Lux. Hoc modo etiam alia creata sunt postea. Haec, inquam, nobis de modo creationis
25 satis sunt.

　　Sed hic celebris agitatur questio: Qualis nam illa fuerit Lux, qua illa rudis moles coeli et terrae fuit illuminata, cum tamen neque sol nec stellae essent conditae, et tamen textus veram et corporalem hanc lucem fuisse ostendat. Haec res quibusdam occasionem dedit, ut Allegoriam quererent,
30 et exponerent 'Fiat lux', hoc est, angelica creatura. Item 'separavit lucem a tenebris', hoc est, separavit Angelos bonos a malis. Sed hoc est ludere intempestivis allegoriis (Moses enim Historiam narrat), non est interpretari scripturam. Praeterea Moses scripsit hominibus rudibus, ut haberent testimonia aperta de Creatione. Igitur tam absurda huc non sunt
35 afferenda.

　　Secundo etiam hoc queritur: An ista lux se moverit motu circulari? Ego quidem fateor me verum nescire. Si quis tamen scire cupiat, quid mihi similimum veri videatur, existimo istam lucem fuisse mobilem, ita ut lux illa fecerit naturalem diem, ab ortu in occasum. Qualis autem lux fuerit,
40 etsi difficile sit dicere, tamen mihi non placet, ut sine causa discedamus a Grammatica aut torqueamus violenter vocabula. Moses enim diserte dicit fuisse lucem et numerat hunc primum diem creationis.

Dr]   Ergo sic sentio fuisse illam lucem veram, quae motu circumferretur, sicut solis lumen circumfertur. Quanquam non fuit tam clara et splendida lux, qualis postea fuit, cum lumine solis aucta, ornata et perpolita est. Sicut etiam sacrae literae testantur in novissimo die Deum hodiernum lumen solis ceu malignum lumen respectu futurae claritatis splendidius et clarius 5 facturum esse. Quemadmodum igitur hodierna lux quasi rudis et crassa luminis massa est, si conferatur ad futuram lucem, Ita illa prima lux ad hanc praesentem collata rudis fuit. Haec mea sententia est de his duabus questionibus. Iam pergit Moses.

1, 5   **Factumque est vespere et mane dies unus.**   10

Hic notandum est, quod Iudaei aliter diem auspicantur quam nos. Ipsis enim incipit dies a vespera et a sole occidente ac finitur in vesperam sequentem. Nos cum sole oriente diem auspicamur. Ac placet, quod deducunt nomen vesperae, quae Ebraeis *Aref* appellatur, ab *Araf*, quod significat miscere, confundere, sicut ab hac appellatione vocant *Arof*, quam noster 15 Cynomyam vocat, quasi dicas confusam muscam, quod scilicet vesperi confusae sint facies rerum, neque remoto lumine res liquide discerni possint.

Haec nunc de primo die Mose nos edocuit, videbimus autem, quod Moses hanc phrasin etiam in aliarum rerum conditione retinet: 'Dixit Deus: Fiat firmamentum' etc. Haec ipsa repetitio nobis debet gratissima esse, 20 quod, ut supra dixi, magnum affert testimonium fidei nostrae, quod Filius in divinis sit verus Deus, et quod in unitate divinitatis sit quaedam personarum pluralitas, quia alia persona est Dicentis, et alia Verbum seu λόγος.

Pſ. 33, 6   Ad hunc modum Psalmus quoque dicit: 'Verbo Domini coeli sunt firmati.' Et Salomo hanc mirabilem Mosi phrasin indicat, ubi scribit 25 Spr.8,22u.27 sapientiam divinam fuisse quasi administram creationis: 'Antequam quidquam faceret a principio, ab aeterno ordinata sum' etc. 'Quando praeparabat coelos, aderam, quando certa lege et gyro vallabat abyssos' etc. Hic ostendit Salomo se istam doctrinam nostrae religionis intellexisse a Mose ostensam, sed ita, ut populus rudis ista audiret et legeret et tamen non intelligeret. 30 Nisi enim intellexisset Salomo hoc mysterium, non potuisset sic loqui. Sed Spr.30,4 ex Mose hausit omnia, ut et illud Proverb. 30. 'Quod est nomen eius aut nomen Filii eius, si nosti.'

Existimo autem fuisse aliorum quoque sanctorum hominum similia scripta, ut Enoch, Eliae, in quibus huiusmodi testimonia multa extiterunt. 35 Sicut autem ista adhuc hodie, quantumvis manifeste in novo Testamento revelata sunt, in abscondito manent et a plerisque non accipiuntur sed impugnantur, Ita multo magis idem in populo Iudaeorum accidit, cum sancti Patres ista non crassissime tradita, etiam subtilius proponerent eruditis.

---

17 liquide] liquidae *A*

Dr]   Nobis autem magna consolatio est scire ista ab initio mundi sic significata esse, quod in divinis personalis sit pluralitas et tamen divinae naturae ac essentiae unitas. Quodsi qui haec non credunt aut impugnant, quid ad nos? Abraham vidit tres et unum adorat. Item Spiritus sanctus dicit in
5 Gen.: 'Et pluit Dominus ignem de coelo a Domino.' Haec verba etiam si 1. Mose 19, 24 fanatici non intelligunt nec observant, tamen scimus esse verba non hominis temulenti, sed Dei.

  Huiusmodi testimonia plurima passim extant, quae optimus vir Hilarius diligenter collegit. Quodsi sunt obscura aut parum firma videntur, impiis
10 et incredulis sic videntur, Piis firma et satis clara sunt, quae divinis literis prodita et ostensa sunt. Sciunt enim aliam Personam dicentis Dei esse, et aliud non natura sed persona esse Verbum, per quod condita sunt omnia, et adhuc hodie conservantur, sicut dicit autor ad Ebre.: 'Omnia portans in Ebr. 1, 3 verbo potentiae suae.'

15   Sed monendum hic etiam illud est: Illa verba 'Fiat lux' Dei, non Mosi verba esse, hoc est, esse res. Deus enim vocat ea, quae non sunt, ut sint, et loquitur non grammatica vocabula, sed veras et subsistentes res, Ut quod aput nos vox sonat, id apud Deum res est. Sic Sol, Luna, Coelum, terra, Petrus, Paulus, Ego, tu, etc. sumus vocabula Dei, Imo una syllaba
20 vel litera comparatione totius creaturae. Nos etiam loquimur, sed tantum grammatice, hoc est, iam creatis rebus tribuimus appellationes. Sed Grammatica divina est alia, nempe ut, cum dicit: Sol splende, statim adsit sol et splendeat. Sic verba Dei res sunt, non nuda vocabula.

  Atque hic fecerunt discrimen verbi increati a verbo creato. Verbum
25 creatum est factum per Verbum increatum. Nam quid est aliud tota creatura quam verbum Dei a Deo prolatum, seu productum foras. Verbum autem increatum est divina cogitatio, iussio interna, manens in Deo, et idem cum Deo, et tamen distincta Persona. Sic Deus se nobis revelat, quod sit Dictor, habens apud se Verbum increatum, per quod mundum et omnia creavit
30 facilimo opere, dicendo scilicet, ut non plus negocii Deo sit in creatione quam nobis in appellatione. Huiusmodi cogitationibus boni Patres Augustinus et Hilarius quoque se oblectarunt.

Opus secundi diei.

Dixitque Deus: fiat firmamentum in medio aquarum, et dividat 1, 6
35   aquas ab aquis.

  Hic videtur Moses sui oblitus, quod de duabus maximis rebus nihil agit, nempe de Creatione et lapsu Angelorum, ac tantum corporalium rerum conditionem persequitur, Cum tamen non dubium sit Angelos esse creatos. De creatione autem, de pugna et lapsu eorum nihil omnino extat in scriptura,
40 nisi quod Christus dicit: 'In veritate non stetit', et Mose infra, cap. 3. com- Joh. 8, 44

D]   Firmamentum ein feste, tentorium, ein fest gewelb. Vellem sic intelligi, quod coelum esset extensum in certam formam, das der blow himel sey zwischen dem lufft, der hie unden ist, und oben uber dem selben blowen himel, das aqua hies aerem, quia vocant coelum aquam םימש. Sic Petrus: Terra

2. Petri 3, 5 u. 12 consistens in aqua per verbum, per ignem wurdt ers wider zureissen.   5

Dr] memorat miserabilem historiam de serpente. Mirum igitur est tacere de his tantis rebus Mosen.

Hinc factum est, cum nihil certi haberent homines, ut aliquid fingerent, nempe quod novem fuerint Angelorum chori ac tanta multitudo, ut novem totos dies ceciderint. Finxerunt etiam de pugna maxima, quomodo boni 10 Angeli restiterint malis. Hoc puto sumptum esse ex pugna Ecclesiae, quod sicut pii Doctores pugnant contra malos et fanaticos, Ita etiam somniant inter Angelos fuisse pugnam contra malos, qui voluerunt usurpare Divinitatem. Sed ita fit, ubi nulla clara testimonia extant, ita plerumque existimant homines temerarii sibi licere fingere quaelibet.   15

Hinc etiam de periculo et metu Angelorum meditantur, ex loco Esaiae,

Jes. 14, 13 ubi Lucifer dixerit: 'Ascendam in coelum, super astra Dei ponam solium meum' etc., Etsi Propheta ibi de superbia regis Babyloniorum vaticinetur. Et Bernhardus cogitat Luciferum vidisse in Deo, fore ut homo super Angelorum naturam elevaretur, Hanc homini foelicitatem superbum spiritum 20 invidisse ac sic esse lapsum. Sed valeant ista, quantum merentur, Ego neminem coëgerim talibus opinionibus assentiri. Haec tamen sunt certa et lapsos esse Angelos et Diabolum ex angelo lucis esse factum angelum tenebrarum. Forte etiam inter ipsos Angelos bonos et malos concertatio fuit.

Sed Mose quia scripsit rudi et novo populo, quae scitu erant neces- 25 saria et utilia, scribere voluit. Alia, quae non erant necessaria, de Angelorum natura et similibus praeteriit. Quare a nobis quoque de hac tota re nihil debet expectari amplius, praesertim cum novum quoque Testamentum partius de hoc loco agat, nihil enim addit, quam quod sint damnati et teneantur quasi in carcere vincti usque ad iudicii diem. Igitur satis nobis ista scire 30 esse angelos bonos et malos, Deum autem creasse omnes pariter bonos. Hinc sequitur necessario Malos Angelos esse lapsos et non stetisse in veritate. Quomodo autem id sit factum, nescitur, verisimile tamen est, ex superbia esse lapsos, quod Verbum seu Filium Dei contempserunt et se ei voluerunt anteferre; plura non habeo. Nunc veniamus ad Mosen.   35

Primi diei opus audivimus id fuisse: Rude coelum et terram, quae ambo illuminavit quodam crasso et rudi lumine. Hoc nunc secundi diei opus est, quomodo ex ista rudi nebula, quam coelum appellavit, produxerit coelum formosum et elegans, quale nunc est, si stellas et lumina maiora adimas. Et Ebraei satis commode coeli nomen *Schamaim* deducunt a *Maim* 40 quod significat aquas; nam litera *Schin* saepe in compositionibus usurpatur

D]   [Bl. 4ᵇ] Sicut in terra wurd semen zum erſten sicut cor post indurescit
in carnem Sanguinem ꝛc., So wurdt unſer ḣ g auch successive mit der erden
und ḣimel ſein umbgangen.

'Separavit aquas'. Hic primum emersit terra (da wurd elb und rein
5 und thunaw von kommen), ut haberet terra locum. Homerus ḣat ein guten
praeceptorem geḣabt, qui vocat Oceanum patrem, quia coelum et terra ex
aqua sunt facta. Accepit hoc ab egipciis sine dubio, qui didicerunt id ex
Iosepho, Abrahamo ꝛc. Aegipcii muſſen ſeine leut geweſen ſein.

Dr]pro relativo, ut *Schamaim* sit aqueum, seu quod aqueam naturam habeat.
10 Sicut id etiam ex colore apparet et experientia docet aërem esse natura
humidum. Et dicunt Philosophi, nisi sol esset, aërem perpetuum humorem
esse. Esse quidem humidum et calidum, sed humidum esse ex sua natura,
quia coelum ex aqua est factum. Ideo pluit, et habet salutiferum humorem.
Quia autem lux solis est addita, sic temperatur ista natura humida, ut aër
15 etiam calidus sit.

Istam rudem massam nebulae primo die ex nihilo conditae apprehendit
Deus per verbum et iubet, ut extendatur in modum spherae. Nam vocabulum *Rakia* Ebraeis extensum quiddam significat a verbo *Raka*, quod
expandere et explicare significat. Nam coelum ita factum est, ut extenderetur
20 ista massa rudis, sicut vesica suis circulari forma extenditur, cum inflatur,
utar enim rustica similitudine, quo res fiat planior.

Quod igitur Hiob dicit Coelos firmatos esse ferro, non ad materiam Ḣiob 37, 18
respicit sed ad verbum, quod etiam mollissimam rem natura facit firmissimam.
Quid enim mollius est aqua, quid aëre ·est tenuius aut subtilius? Et tamen
25 istae res subtilissimae et mollissimae, quia sic verbo sunt conditae, servant
suam figuram et motum suum perfectissime et firmissime. Quodsi ex Adamante aut materia infinito duriore coelum esset aedificatum, tamen isto tam
rapido et longo ac continuo motu frangeretur et liquesceret. Sic sol uno
die liquesceret ex rapido motu, si esset ex durissima materia. Motus enim
30 valde calefacit, sicut Aristoteles plumbum in sagitta dicit liquescere propter
rapidum motum.

Haec igitur sunt miracula Dei, in quibus omnipotentia verbi cernitur,
quod coelum, cum mollius et subtilius sit aqua, tamen rapidissimo motu
agitatum, in tanta corporum et motuum varietate, iam tot millibus annorum
35 in nulla sui parte corruptum aut debilitatum sit. Hoc est, quod Hiob dicit,
Coelos quasi ex aere fusos, cum tamen sint natura mollissimi. Quanta aëris,
in quo vivimus, sit subtilitas, novimus; nam non solum non tangitur, sed
ne cernitur quidem. At coelum etiam subtilius et tenuius est natura, quam
iste aër. Nam quod apparet caeruleum esse, non est argumentum densitatis,
40 sed longinquitatis et tenuitatis potius. Ad quam si nubium corpora conferas,
sunt quasi ligni humidi fumus, quod accenditur. Hanc subtilitatem et tamen

2*

Dr] constantem durabilitatem Hiob notat. Nam Philosophi quoque celebrem sententiam habent, Humidum non terminari termino proprio.

Igitur coelum, quod suo termino non potest consistere (est enim aqueum), consistit verbo Dei, quod hic audimus: 'Fiat firmamentum.' Hinc, qui diligentiores fuere inter Philosophos, profecto non leve argumentum sumpsere, non temere sed divina providentia omnia geri et administrari. Siquidem tam certi et proprii superiorum corporum et coeli motus sunt. Quis enim haec fortuita aut pure naturalia dixerit? Cum ista, quae ab artificibus corpora fiunt, non sint fortuita, sed ex certo consilio et arte profecta: ut sunt columnae teretes, trigonae, hexagonae etc.

Ergo vere Maiestatis ista opera sunt, quod sol tam accurate et certissima ratione suum cursum habet, ut ne latum unguem a rectissima linea in ulla coeli parte deflectat. Atque hunc cursum tenet in subtilissimo aëre non suffultus solidis corporibus, sed sicut folium in aëre fertur. Quanquam haec comparatio minus propria est, quia folii motus irregularis et incertus est, solis autem certissimus, idque in aëre longe subtiliore, quam iste aër est, in quo nos imus, et vivimus.

Haec admirabilis istius crassae nebulae extensio Firmamentum a Mose appellatur, in quo Sol cum reliquis Planetis suum motum habet circum terram in illa subtilissima materia. Sed hanc firmitatem isti fluxili et vagae substantiae quis Autor addit? Profecto Natura non facit, quae in levioribus id praestare non potest. Igitur istius hoc opus est, qui ad coelum et lubricam istam substantiam dicit: Sis Firmamentum, ac verbo ista omnia firmat et conservat pro sua omnipotentia. Hoc verbum facit, ut tenuissimus aër sit durior omni Adamante utque terminum proprium habeat, e contra ut Adamas sit mollior aqua, ut ex talibus operibus cognoscamus, qualis sit noster Deus: nempe Deus omnipotens, qui admirabile coelum ex rudi coelo fecerit, et omnia pro sua voluntate sit operatus.

Porro dixi, Firmamentum apud Ebraeos nomen habere ab extensione, Sicut ad vocabulum egregie alludit similitudo militaris pellium seu castrorum, qua utitur Psalmus 104.: 'Extendens coelum sicut pellem.' Sicut enim castrum complicatum explicatur et figitur in agro, Ita, inquit, tu expandis et quasi evolvis verbo tuo rude coelum, ubi in tota creatura ceu in sphaera sedes invisibiliter intra omnia et extra omnia etc.

Sed hoc maxime mirabile est, quod Moses manifeste tres partes facit et firmamentum collocat medium inter aquas. Ego quidem libenter imaginarer Firmamentum esse supremum corpus omnium et aquas non supra sed sub coelis pendentes et volantes esse nubes, quas cernimus, ut sic aquae ab aquis distinctae intelligerentur nubes divisae a nostris aquis in terra. Sed Moses manifestis verbis aquas supra et infra Firmamentum esse dicit. Quare captivo hic sensum meum et assentior verbo, etiamsi id non assequar.

Psl. 104, 2

Dr]   Queritur autem hic: Quae sint illae aquae et quomodo corpora superiora sint distincta? Philosophorum partitio non est ignota. Ponunt enim quatuor elementa eaque secundum qualitates collocant et distinguunt. Infimum locum terrae, secundum aquae, tertium aëri, postremum et summum igni
5 assignant. Alii his annumerant aethera quintam essentiam. Postea numerantur spherae seu orbes septem Planetarum, et octava sphera stellarum fixarum. Ac convenit fere de his inter omnes, ut sint quatuor sphaerae generabilium et corruptibilium, Deinde octo aliae ingenerabilium et incorruptibilium.

    Ac Aristoteles de coeli natura disputat: Quod non sit composita ex
10 elementis, sed suam propriam naturam habeat, Quia, si ex elementis esset, esset corruptibile, quod ista corpora inter se mixta agant et patiantur inter se invicem ad corruptionem. Adimit igitur omnibus superioribus corporibus qualitates primas et dicit esse simplices naturas habentes lucem coaeternam et simul natam qualitatem.

15   Haec etsi non certa sunt, tamen, quia principia pulcherrimarum artium ex verisimilibus rationibus collecta continent, ad docendum utilia, barbarum est, si quis ea negligere aut aspernari velit, praesertim cum aliquo modo cum experientia conveniant. Nam verum esse experimur, quod ignis natura sursum fertur, sicut fulmina ac reliqua superiora meteora ignita apparent.
20 His quasi principiis experientia notis moti sunt, ut ignem supremo in loco collocarent. Deinde aërem, tertio aquam, et in infimo loco terram, gravitate praevalentem.

    Haec valent tanquam rudimenta, quae, etsi quis contendat non esse universaliter vera, tamen communiter sunt vera et prosunt ad artes istas
25 rite tractandas et tradendas. Etsi enim ex silice elicitur ignis, tamen non ideo negandum est supremam regionem obtinere ignem. Quare Theologia his artibus hanc addit Regulam, Philosophis non satis notam: Quod, etsi Deus ista omnia verbo suo ordinarit et creaverit, tamen non ideo alligatus sit ad istas Regulas, quin eas pro sua voluntate mutare possit. Videmus
30 enim neque grammaticam nec alias artes sic regulatas esse, quin habeant suas exceptiones, sic leges rerumpublicarum temperat ἐπιείκεια. Quanto magis hoc in divinis actionibus fieri potest, ut, etsi ista quatuor elementa sic ordinata et disposita esse experiamur, tamen Deus contra hanc dispositionem etiam in medio mari ignem habere et servare possit, sicut eum in
35 silice absconditum videmus.

    Sic sphaerarum numerus certus a Mathematicis annotatus est, non quod ita esse necesse sit, sed quod harum rerum aliqualis noticia tradi non potest, nisi sic distinguantur spherae propter diversos motus, ad quos tradendos tali, ut dicam, imaginatione opus est. Sic enim ipsi artifices dicunt: Exempla
40 damus, non quod ita sint, sed quod aliter ista doceri non possunt. Stulticia igitur insignis esset, haec ridere, sicut quidam faciunt, quod non ita certa sint, quin aliter esse non possint. Nam faciunt ad tradendas artes, quod satis est.

Dr]   Haec tradunt in genere fere Philosophi, ad quos Theologi recentiores accedunt, et addunt supra istas octo spheras adhuc duas: coelum cristallinum seu glaciale seu aqueum, et coelum empyreum. Sed Graeci multo de his rebus disputarunt elegantius et prudentius, quam nostri. Nam Ambrosius et Augustinus satis pueriles cogitationes habent. Quare Hieronymum laudo, 5 qui plane de his tacet. Ac coelum cristallinum quidam ideo aqueum dicunt, quod putant id esse aquas, de quibus Mose hic loquitur, Ideo additas octavae spherae, ne nimio motu conflagrent. Sed sunt ista puerilia. Ego potius fatebor me Mosen in hoc loco non intelligere, quam ut ista inerudita probem. 10

     Decimum coelum empyreum ita vocant, non quod sit igneum et ardens, sed a luce, quod sit lucidum et splendidum. Hoc coelum faciunt habitaculum Dei et Beatorum, quod statim a creatione sit impletum Angelis, ac Luciferum de hoc coelo lapsum affirmant. Haec fere Theologi adiiciunt ad Philosophorum opiniones. 15

     Qui autem apud nos artifices fuerunt et astronomica tractarunt, hi copiosiores in spheris fuerunt. Nam ponunt duodecim spheras, atque triplicem motum octavae spherae: motum raptum, motum proprium, et motum trepidationis. Neque enim haec, nisi singulis motibus sua sphera tribuatur, doceri possunt. 20

     Averrois alias magis absurdas et nimis rationi consentaneas cogitationes habuit. Iste enim sentit, singulas spheras esse intelligentias seu intelligentes naturas. Huius stultae cogitationis hanc occasionem habuit, quia vidit motum infallibilem et regulatissimum superiorum corporum. Igitur sensit esse spheras intelligentes substantias, quarum singulae moveant se certa et 25 perpetua ratione. Sed probant haec summam ignorantiam Dei; quare Averroim repudiamus. Reliqua autem, quae recitavi, eo usque probamus, quod sunt apta ad docendum. Est enim omni laude dignissima ista qualisqualis cognitio motuum superiorum corporum.

     Moses de simplici et plano, ut vocant, procedit et ponit tres partes: 30 aquas supra et infra, et in medio firmamentum. Ac vocabulo coeli complectitur totum id corpus, quod Philosophi octo spheris igni et aëre distinguunt. Nam in tertio die primum meminit aquarum fluentium. Et manifestum est aërem, in quo vivimus, appellari in scriptura sancta coelum, quia scriptura vocat volucres coeli. Item dicit claudi coelum, cum non 35 pluit; Item dicit coelum pluere, quae omnia fiunt in aëre, non in spheris Lunae aut reliquorum Planetarum. Igitur distinctio ista sphaerarum non est Mosaica nec sacrae scripturae, sed est ab hominibus eruditis excogitata ad docendum, id quod magni beneficii loco debemus agnoscere.

     An recte dicantur elementa corruptibilia, etiam dubito, video enim, 40 quod maneant. Nam etiamsi pars aliqua mutatur, non ideo sequitur, mutari totum. Sunt autem tantum partiales illae mutationes elementorum. Sic

Dr] manet aër, in quo vivunt et volitant volucres, manet terra, in qua proveniunt arbores et alia, etiam si quae partes commutantur.

Quod igitur Aristoteles causam omnium horum facit primum Motorem, Averrois autem formas assistentes a foris motuum causas dicit, nos secuti
5 Mosen dicimus omnia ista geri et regi simpliciter verbo Dei. Ipse dixit, et factum est. Non mandavit corpora ista regenda Angelis, sicut nec nos ab Angelis gubernamur, quanquam custodimur ab Angelis.

Sic quod Planetarum motus est retrogradus, est opus Dei creatum per verbum, quod opus ad ipsum Deum pertinet, et longe maius est, quam ut
10 Angelis possit tribui. Deus ista sic distinxit, gubernat et conservat, et idem, qui iussit currere solem, Firmamentum autem stare, dixit etiam ad Mercurii stellam: Tu stella movere sic etc. Hoc facit verbum, ut incertissimus motus sit certissimus, etiamsi in vago coelo, non in parte aliqua, aut linea aliqua materiali corpora illa ferantur. Sicut enim piscis in medio mari, volucris in
15 aperto coelo, Ita stellae in suo loco moventur, sed motu certissimo et vere admirabili. Sic eadem plane est causa, cur Albis hoc in loco et ad hanc plagam cursu suo perenni feratur nec defatigetur. Omnia talia opera sunt opera verbi, quod hic celebrat Mose: 'Ipse dixit' etc.

Ergo de causis istarum rerum nos Christiani aliter sentire debemus
20 quam Philosophi, et si quaedam sunt supra captum nostrum (sicut ista hic de aquis supra coelos) ea potius sunt cum nostrae ignorantiae confessione credenda, quam aut impie neganda, aut arroganter pro nostro captu interpretanda. Oportet enim nos servare phrasin scripturae sanctae, et manere in verbis Spiritus sancti, cui ad hunc modum placuit distribuere Creaturas,
25 ut in medio esset Firmamentum productum ex isto informi coelo et terra informi ac per verbum extensum, Deinde supra et infra firmamentum ut essent aquae etiam ex ista informi massa desumptae. Hoc totum Spiritus sanctus appellat coelum cum septem spheris et regione aëris tota, in qua fiunt impressiones, et in qua volucres errant.

30 Quare ista communia non negamus, quod dicunt: Omne grave deorsum et omne leve sursum (quanquam etiam vapores densos sursum ferri videmus, sed raptu caloris). Hoc tantum dicimus ista sic creata esse et conservari verbo, verbo tamen etiam adhuc hodie mutari posse, sicut illa tota natura tandem immutabitur. Sicut etiam contra citatam Regulam est,
35 quod sint adhuc supra coelos seu firmamentum aquae, et tamen textus id affirmat.

Ut igitur ad propositam questionem redeam, cum quaeritur de natura istarum aquarum, negari non potest, quin, ut Mose dicit, aquae sint supra coelos, Cuiusmodi autem aquae illae sint, libere fateor me ignorare. Nam
40 neque scriptura earum meminit usquam, praeterquam in hoc loco et in Cantico trium puerorum, et nos de similibus rebus omnibus nihil certi possumus Dan. 3, 61 praedicare, Sicut nec de coelo, in quo Angeli et Deus habitat cum Beatis,

Dr] nec de aliis, quae in novissimo die, cum alia carne induti erimus, revelabuntur, nunc certi aliquid dicere possumus.

Sed addam hoc quoque propter rudiores: In scriptura saepe appellatione coeli venire, quem nos dicimus horizontem. Hinc coelum coelorum firmamentum totum appellatur, in quo congregantur omnium hominum cocli, hoc est, horizontes.   5 Hoc modo nos hic aliud coclum habemus, quam qui in Gallia aut Italia sunt. Sed haec appellatio nihil facit ad huius loci interpretationem. Quare maxima pars Theologorum aquas istas, ut supra etiam ostendimus, interpretati sunt coelum glaciale, ideo in illa parte positum, ut inferiores sphaeras in tanta pernicitate motus humectet et quasi refrigeret, ne consumantur ex 10 nimio ardore. Sed an recte ita colligant, non definio. Ego libenter fatebor me aquas istas, quid sint, nescire. Siquidem etiam veteres Ecclesiastici ista non curarunt admodum, sicut videmus Augustinum Astrologiam totam contemnere. Sed etiamsi ea multa superstitiosa habet, tamen non plane contemnenda est, versatur enim tota in observatione et consideratione divinorum 15 operum, quae dignissima cura est homine. Quare summa ingenia in ea se exercuerunt et oblectarunt.

Haec de praesenti loco satis sint dicta, quod scilicet secundo die coelum sit distinctum, ut esset medium inter aquas.

Sed hic alia questio nascitur: Quod, cum in operibus aliorum dierum 20 omnium additur: 'Et vidit Deus, quod esset valde bonum', Cur id etiam hoc in loco non sit additum, cum maxima et pulcherrima pars totius creaturae esset condita? Potest autem ad hanc questionem sic responderi: Quod ea clausula in fine conditionis omnium rerum sit addita sexto die, ubi dicit scriptura: 'Et vidit Deus cuncta, quae fecerat, et erant valde bona.' 25 Ibi etiam coelum complectitur.

Lyrae placet sententia Rabi Salomonis, qui dicit in tertio die hanc sententiam bis poni: 'Et vidit Deus, quod erant valde bona.' Referri igitur alterum ad opus secundi diei, quod tertio die perfectum est, cum aquae sub coelo sunt aptius distinctae.   30

Alii Philosophantur hic ex nescio quibus rationibus: Quod binarius numerus sit mali ominis, quia primus numerus est, qui ab unitate discedit, Deum autem odisse illam discessionem, et probare concordiam, Ideo non addidisse hoc elogium de secundo die. Sed Lyra recte appellat trufaticam glosam, quia eadem ratione omnes numeri ab unitate discedunt.   35

Et tutissimum est hic non esse nimium curiosos, quia sunt ista posita supra nostrum captum. Quomodo enim nos possumus intelligere eum ordinem, quem Deus approbat? Imo confundi necesse est rationem; quod enim Deo ordo est, hoc nos confusionem ordinis iudicamus. Sic confusae temere videntur stellae, quod clarae obscurioribus, minores maioribus sunt 40 mixtae. Quis enim hic ordinem esse iudicat? et tamen summus est ordo, ex sapientissima mente constitutus. Sic de aliis iudicamus: videtur esse

Dr] confusio, quod Albis noster, imo omnia flumina tam obliquo cursu ad ostia sua feruntur. Sic confundi videntur arbores; sic confundi videtur masculus et foemina nec apparet hic ordo aliquis. Sed haec omnia probant Deum habere et iudicare aliter de ordine quam nos.

5   Quare omittamus curiosius ista persequi, Cur addat ad tertium diem bis: 'Et vidit Deus' etc., in secundo autem omittat? Nec iudicemus temere: An opus secundi diei in tertio die absolutum sit vel non. Philosophi rudimenta tradiderunt artium; ideo distinxerunt coelum in spheras suas. Sed nos simpliciorem habemus rationem, qui Deum immediate constituimus 10 Creatorem omnium per verbum 'Dixit'.

Opus tertii diei.

Dixitque Deus: Congregentur aquae, quae sub coelo sunt,   1, 9
in locum unum, et appareat arida.

Supra dixi nos non intelligere ordinem operum Dei. Igitur si hic nos 15 in consilium adhibuisset, suasissemus eum ordinem, ut hanc particulam adderet secundo diei. Sed vult ipse esse magister ordinis et arbiter orbis. Quare non debemus hic valde esse curiosi. Textus dicit clare Deum iussisse aquas sub coelo congregari. Non dicit 'sub firmamento' ut supra: 'Fiat divisio aquarum ab aquis supra et infra firmamentum.' Coelum igitur 20 phrasi sacrae scripturae dicitur tota superior machina cum toto aëre et omnibus spheris, et habet nomen Ebraeum a materia, hoc est a confusa ista aqua, ex qua factum est per extensionem seu multiplicationem. Neque enim aqua ista prima et informis tam fuit ampla, sed est verbo extensa. Sicut Christus benedictione sua in Euangelio paucos panes multiplicat, ut ingenti 25 hominum numero sufficiant.

Quod igitur philosophice vocamus aërem cum omnibus spheris, id hic coelum vocat. Aquas autem vocat istas nostras aquas, maria et flumina, quae etiam sunt ex ista prima et rudi aqua et ceu feces, quae relictae sunt, postquam coelum ex ea verbo productum est. Credo autem, hanc longe 30 minorem aquae vim esse, quam illa sit supernarum aquarum. Hae enim nostrae aquae ceu feces sunt, ut non loco solum sed corpore etiam congregatae dicantur, quia crassiores sunt aquae quam istae aëris. In aëre enim spiramus, in aqua non possumus spirare.

Quod dicit: 'In unum locum' collective, potius pluraliter et distributive 35 intelligi debet, Quasi dicas: In singula loca seu varia loca, ne tota vis in unum oceanum uno loco congregetur, Sed ut maria et flumina sint multa, aliud inferius, aliud superius, aliud maius, aliud minus etc.

Et appareat arida.

Haec verba sunt observanda, quia supra dixit, terram fuisse *Tohu* et 40 *Bohu*, hoc est, incultam, rudem et informem, undique circumfusam et per-

Dr] mixtam aquis. Ergo hic quoque significat massam istam terrae acquis submersam et obrutam esse. Cur enim alioqui diceret: 'Appareat', nisi fuisset circundata abysso, et aquis istis primis et nebulosis plane tecta? Confirmatur enim hic iterum, quod supra aliquoties ostendimus: Quod mundus principio conditus nihil fuerit quam rudis aqua et terra, ac tertio die primum 5 terra producitur, ut appareat. Sicut igitur antea lux aquis inducta est, ita hic decus lucis etiam inducitur terrae. Utrunque enim ad habitandum fuit necessarium, ut esset sicca et ut esset in luce seu illuminata.

Vocat autem terram aridam propter aquas remotas. Sic videmus mare mirabiliter aestuare, quasi absorpturum sit omnem terram. Nam altius 10 terris extat mare. Sed non potest transire terminos suos. Hic enim locus primae creationis circumscribit terram, et ponit mari obicem firmissimum, Hiob 38, 10 Sicut Hiob et Psal. testantur, ut quanquam mare sit altius nec terminetur Pf. 104, 9 proprio termino, tamen non possit vagari ultra, quam debeat. Terra enim pro suo centro deberet esse inclusa et tecta mari, Sed Deus mare verbo suo 15 repellit et facit planiciem illam extare, quantum ad habitationem et ad vitam opus est.

Ergo virtute divina fit, ne aquae in nos grassentur, et adhuc hodie usque in finem mundi miraculum illud nobiscum Deus facit, quod in rubro mari fecit cum populo Israel. Ideo autem tum singulariter revelavit eam 20 potentiam manifesto miraculo, ut a parvo populo coleretur diligentius. Quid enim est tota nostra vita super hanc terram quam transitus per rubrum mare, ubi utrinque mare stabat ceu muri alti. Quia verissimum est, longe altius esse mare quam terram, Deus igitur adhuc hodie aquas pendere iubet et verbo tenet, ne in nos erumpant, sicut eruperc in diluvio. Nonnunquam 25 autem eduntur signa divinitus, ut Insulae totae aquis pereant, ut ostendat Deus mare esse in manu sua, quod et tenere possit et in ingratos et malos immittere.

Disputant Philosophi quoque de centro mundi et aqua circumflua. Et sane mirum est eo usque progressos, ut terram constituerent centrum totius 30 creationis. Hinc enim colligitur non posse terram cadere, quia undique a reliquis spheris continetur ab intra. Sic coelum et reliquae spherae nituntur centro, ut ipsae quoque sint durabiles. Haec sunt digna cognitione. Sed hoc Philosophi nesciunt, quod illa stabilitas tota est ex vi verbi Dei. Igitur aqua etsi altior sit, non tamen potest egredi fines et terram obtegere. Sed 35 vivimus et spiramus sicut filii Israel in medio maris rubri.

1, 10

Et vidit Deus, quod esset bonum.

Hic addit commendationem hanc, cum tamen nihil sit factum praeter illam aquarum distinctionem et productionem exiguae particulae terrae. Supra ad pulcherrimam partem operum Dei non addidit hanc particulam: 40 Fortasse ideo, ut significaret nobis Deus se plus solicitum esse de nostra

D] 　'Fiat herba.' Hoc ponit contra terram rudem et informem et ornat eam iam bestiis omnibus et gramine, Merck hie, wie unser herr got pflugt, Nempe er sagt nur ein wort, Hat ein grossen pflug, der heist DIXIT. So gehts und wechst alles. Sic ipse colit terram. [Bl. 5ᵃ] 'Nach seiner art'. Aus

Dr] ₅ habitatione quam de sua, ut eo magis accenderemur ad gratiarum actionem. Non enim eramus victuri in aëre aut coelo sed in terra, ubi cibo et potu eramus toleraturi vitam.

　　　Postquam igitur tectum huius habitationis adornavit, coelum scilicet, et addidit lucem, Nunc etiam aream instruit et producit terram aptam habi-
₁₀ tationi et ministerio hominum. Hoc opus sibi placere bis dicit propter nos, qui sic ei sumus curae, ut etiam confirmet nos futurum, ut huius operis, quod tam sollicite aedificavit, etiam posthac magnam sit habiturus curam et affuturus ac prohibiturus sit hostem et mortem certissimam, nempe aquam. Belle igitur cepit huius domus fundamenta et tectum. Nunc videamus,
₁₅ quomodo eam exornet etiam.

　　Et dixit Deus: Germinet terra herbam virentem et facientem　　1, 11
　　　　　　semen et lignum pomi etc.

　　　Primas domus partes exstruxit: Tectum habet elegantissimum, licet nondum exornatum plane: coelum, Fundamentum est terra, Parietes ex omni
₂₀ parte sunt maria. Nunc etiam de victu nobis providet, ut terra ferat herbas et arbores omnis generis. Hic iterum vides, cur terram supra dixerit *Tohu* et *Bohu*, quod non solum tenebrosa et permixta aquis fuerit, sed etiam sine omni fructu et sterilis.

　　　Vides autem, quem nobis cibum paret, nempe herbas et fruges arborum.
₂₅ Credo igitur nostra corpora longe fuisse durabiliora, si ista polyphagia, praesertim autem carnium esus post diluvium non esset introductus. Nam etsi terra post peccatum Adae maledicta et postea diluvio etiam valde cor- rupta sit, tamen longe subtilior hodie victus esset herbarum quam carnis. Initio sane mundi apparet herbas fuisse cibos et conditas in eum usum, ut
₃₀ essent homini cibus.

　　　Quod igitur terra profert frumentum, arbores et omnis generis herbas, huius diei opus est. Nunc quidem omnia nascuntur ex sui generis semine. Sed prima creatio sine semine simpliciter ex virtute verbi est facta. Quod autem nunc semina proveniunt, Id quoque est creationis opus plenum ad-
₃₅ miratione. Nam singularis virtus est, quod granum in terram cadens suo tempore surgit, et fert fructum secundum speciem suam. Illud autem certum est indicium non fortuitam creationem, sed praecipuum divinae providentiae opus esse, quod similia a similibus perpetuo ordine enascuntur. Sic ex tritico non fit nisi triticum, ex ordeo non nisi ordeum, ex siligine siligo.
₄₀ Perpetuo eadem singularum specierum ratio, ordo, conditio servatur.

D] keinem apfel wurdt kein birn. qui Deus conservat: es heist vidit, quod essent bona, ist nit ein schelm wie wir, der eins bings bald sat wurdt. Delectatur omnibus operibus suis sicut scriptura dicit, quia er wehs, das yhms keiner kan nach thun nisi pictores.

kraut puto significare alles, quod surgit in altum, das hoch wechst, als tyll, 5 quae sunt grandiora, Gras: herba minora, als ruben.

Dr]   Philosophia causam ignorat et naturae tribuit ista. Sed nos naturam scimus verbo ita conditam, ut semina et species rerum conservarentur. Sic non solum multiplicatae sunt aquae in coelo, sed etiam prima semina multiplicata sunt, et servant speciem suam accurate.   10

Hic queritur de tempore anni, quo mundus creatus est: In vere ne an autumno sit creatus? Et quanquam varient sententiae, tamen utraque pars habet suas coniecturas. Qui enim autumnum malunt, illi suam sententiam probant per hoc, quod arbores produxerunt fructus. Nam Adam et Heua poma comederunt. Ad hoc comprobandum etiam illud afferunt: Dei perfecta 15 sunt opera. Alii malunt tempus veris, quia tum est formosissimus annus et mundi quasi infantia seu puericia. Hinc Poëta quoque ver nascentis mundi originem fuisse scribit.[1]

Sed neutra pars sufficientes rationes habet, utrunque enim textus confirmat, et quod terra germinaverit (id profecto non est autumni, sed veris), 20 et quod fructus tum extiterint. Quare illud dicimus miraculum primi mundi fuisse, quod subito ista omnia extiterunt, ut et germinaret terra ac florerent arbores, et subito etiam subsequerentur fructus. Id miraculum tum cessavit. Nam species istae sicut tum creatae sunt, propagantur per semina sua. Ergo male arguunt ab effectu naturali ad supernaturalem. Hoc enim 25 Creatori tribuendum est, et primo creationis operi, quod maturaverit partes veris et autumni, quo ad herbas et fructus arborum.

Porro haec causa est, quae movit Hilarium et alios, ut statuerent, mundum subito extitisse perfectum nec sex dierum naturalium intervallo ad creationis opus Deum usum esse. Cogit enim nos textus, ut fateamur 30 arbores una cum fructibus eo die, quo Adam conditus est, stetisse. Hoc etsi sit citius factum, quam hodie solet (nam semestri fere apud nos opus est), tamen non solum verbo fructificandi sed germinandi etiam verbo textus utitur.

Quod igitur attinet ad questionem supra propositam, maxime verisimile est veris id fuisse tempus, quo mundus cepit. Sicut Iudaei quoque suum annum incipiunt, et primum mensem veris tempus faciunt, cum terra quasi aperitur et omnia pullulant.

---

[1] Vere natus orbis est: *Pervigil. Veneris v. 2* = *Riese Antholog. Lat. nr. 200, 2.*

Dr] 　　Queritur etiam hoc loco: Quando sint conditae arbores infrugiferae
seu steriles, item herbae steriles? Ego etsi nihil definio, tamen sententiam
meam ostendam. Sentio autem omnes arbores initio fuisse bonas et foecundas
et bestias agri cum Adamo quasi communem habuisse mensam, ac siligine,
5 tritico et aliis nobilioribus fructibus pastas esse. Fuit etiam maxima opulentia
omnium creaturarum.

　　Post peccatum autem Adae primum ad terram dictum est, ut ferat
spinas et tribulos. Quare non dubium est eam quoque peccati esse poenam,
quod habemus tam multas arbores et herbas, quarum nullus sit usus ad
10 pabulum. Atque hinc accidit, quod quidam Paradisum dixerunt totam
terram propter primae creationis benedictionem et opulentiam. Expulsionem
autem ex Paradiso dixerunt esse, quod Adam ex felici mundo inter spinas
positus sit, ubi etiam post multum laborem saepe nullum operae pretium
fiat. Sed de hac re infra disputabitur. Ego, quod ad praesentem que-
15 stionem attinet, libenter in eam sententiam inclino omnes arbores initio fuisse
frugiferas.

　　Odiosa[1] est curiositas nostrorum hominum. Disputarunt hic etiam de
causa: Quare terram ornarit Deus fructibus tertio die, antequam ornaret
coelum stellis? pertinere id magis ad opus sexti diei, et convenientius esse,
20 ut sicut prius coelum cepit extendi, quam terra produci, Ita etiam coelum
prius, quam terra ornaretur, et ornatum terrae magis pertinere ad sextum
diem. Ac Lyra subtiliter distinguit non hunc ornatum, sed formam esse.
Sed an id sufficiat, nec ne, dubito. Mihi, sicut ante dixi, rectius videtur
ordinem istarum rerum non intuendum ex nostro iudicio. Deinde, an non
25 ornatum est coelum luce, quae condita est primo die? ornamento certe
pulcherrimo totius creaturae.

　　Igitur mihi magis hoc loco placet, ut consideremus curam et benignitatem divinam pro nobis, quod domicilium tam elegans futuro homini
instruit, priusquam homo sit conditus, ut cum postea homo creatur, paratam
30 et instructam domum inveniat, in quam a Deo deducitur et iubetur frui
omnibus diviciis tam amplae domus. In tertia die instruitur culina et victus,
In quarta homini dantur in ministerium et servitutem Sol et Luna, In quinta
traditur Dominium in pisces et volucres, In sexta traditur Dominium in
omnes bestias, ut istis omnibus opibus fruatur pro necessitate sua gratis,
35 tantum ut homo ex ista liberalitate agnoscat Dei bonitatem, et vivat in
timore Dei. Haec cura et solicitudo Dei pro nobis, etiam antequam sumus
conditi, recte et cum fructu hoc in loco consideratur, reliqua sine fructu, et
etiam incerta sunt.

　　Similis beneficentia Dei erga nos est in spiritualibus donis. Antequam
40 enim nos convertimur ad fidem, sursum est Christus redemptor noster in

---

¹) Otiosa, *wie die Erl. Ausg. vermutet, läge näher. Doch läßt das folgende* hic
etiam *auch* odiosa *ertragen.*

Dr] domo Patris, et parat mansiones, ut cum venerimus, inveniamus coelum omni genere gaudii instructum. Adam igitur nondum creatus multo minus de suo futuro bono cogitare potuit quam nos; ipse enim nondum fuit. Nos autem ista audimus verbo Dei nobis promitti. Quare intueamur conditionem huius mundi primam, tanquam typum et figuram futuri mundi, atque ita 5 Dei benignitatem discamus prius ditantis et locupletantis nos, quam nos cogitare de nobis possumus. Hanc solicitudinem, curam, liberalitatem, beneficentiam Dei tam in hac quam futura vita considerare et admirari, longe melior cogitatio est, quam illa: Cur tertia die ceperit terram ornare.

Haec de opere tertii diei sint satis, in quo homini domus parata est. 10 Nunc sequuntur alii dies, in quibus etiam Domini constituimur totius creaturae.

Opus quarti diei.

I, 14 Dixit autem Deus: Fiant luminaria in coelo, et dividant diem ac noctem etc.   15

Hoc est quarti diei opus, in quo istae pulcherrimae creaturae sunt verbo creatae, scilicet Sol et Luna cum reliquis stellis omnibus, nec solum sunt creatae ipsae quoad substantiam et corpora sua, sed quoad benedictionem, hoc est, quoad effectus, vim et vires.

Audivistis autem supra in primo die creatam esse lucem. Haec lux 20 ad quartum usque diem fuit vice Solis et Lunae ac reliquarum stellarum, donec quarto die ipsi autores et principes diei et noctis sunt conditi.

Queritur igitur hoc in loco de ista prima luce: An creato sole et luna evanuerit iterum an vero cum sole manserit? Atque hic magna sententiarum et opinionum varietas est. Ego vero simpliciter credo omnium operum Dei 25 esse eandem rationem. Quare sicut primo die rude coelum et rudis terra est condita, ac deinde exculta et perpolita, sic ut coelum extenderetur et ornaretur lumine, terra autem ex aquis producta vestiretur arboribus et herbis, Ita inchoatam et quasi rudem lucem primi diei credo quarto die perfectam esse additis novis creaturis: sole, luna, stellis etc.   30

Alii dicunt istam lucem primam adhuc durare, Sed obscurari claritate solis, Sicut luna et stellae interdiu obscurantur a sole. Potest utrunque esse verum, quod et illa lux prima manserit, et tamen fuerit semen quasi Solis et Lunae.

Facit autem Mose discrimen et vocat Solem et Lunam Lumina maiora. 35 Quod igitur Astronomi de magnitudine horum corporum disputant, ad hunc locum proprie nihil facit. Hoc autem ad hunc locum facit, ut observemus scripturam ista corpora praedicare non a magnitudine corporum sed a magnitudine Luminis, quia, etsi solem cum stellis compares, et in unum corpus omnes stellas redigas, corpus quidem longe maius efficietur, quam solis sit, 40 sed lumen solis nullo modo aequabunt. E contra si Sol in minutissimas

Dr] partes dissecaretur, longe tamen vincerent illae minutae partes stellas claritate. Nam sunt ista corpora sic condita cum differentia, sicut Paulus dicit Aliam 1. Kor. 15,41 esse claritatem Solis, aliam Lunae, aliam stellarum inter se etc. Haec differentia est non ratione corporum sed ratione creationis, ut eo sit admirabilius

5 creationis opus. Sicut profecto res admiratione dignissima est, sic spargi in tantam longitudinem et latitudinem radios solis cum tanta motus velocitate, item cum tanta vi fovendi et calefaciendi subiecta corpora.

Astronomi quoque dicunt, stellas velut a sole accendi, ut luceant. Sic lunam dicunt lumen a sole mutuari. Et sane non inepte id probatur in

10 Ecclipsi lunae, cum terra e diametro interiecta inter Solem et Lunam solis lumen non transmittit ad Lunam. Ego haec non nego nec damno, sed tamen hoc ipsum divinae virtutis esse statuo, quod soli ea vis est addita, ut suo Lumine etiam lunam et stellas accendat, Item, quod luna et stellae sic sunt conditae, ut sint capaces luminis, quod a sole proiicitur.

15 Augustinus de luna recitat duas opiniones in initio Psalmi duodecimi[1], et querit ex iis disputationibus allegoriam ad Ecclesiam, quanquam ipse nihil definit. Sed ego relinquo ista, nam ab Astronomis tanquam ab artificibus commodissime petuntur, quae de hac re disputari possunt. Mihi satis est, ut in istis corporibus tam elegantibus et nostrae vitae utilibus

20 cognoscamus et benignitatem Dei et potentiam, quod tantas res verbo condidit, et adhuc hodie conservat ad nostrum usum. Haec nostrae professionis, hoc est, theologica sunt, et valent ad animos confirmandos.

Quae disputantur de natura istarum creaturarum, etsi plaeraque verisimiliter dicuntur et cum fructu discuntur, Tamen video rationem longe esse

25 infirmiorem, quam ut ista possit perfecte cognoscere. Ideo summa ingenia dignitate istarum creaturarum victa non potuerunt aliter statuere, quam quod essent aeterna et quasi numina quaedam. Quod igitur Philosophi definiunt, stellam esse densiorem partem sui orbis, Nos multo tutius definimus, esse lucem creatam a Deo per verbum. Et sane verisimilius est stellarum

30 corpora, sicut solis, esse rotunda, et tanquam globos esse affixos firmamento, ut luceant noctu singulae secundum suum donum et creationem suam.

Et sint in signa et tempora et dies et annos.

Quod addit Moses et dicit: 'Ut dividant diem et noctem', significat discrimen etiam apud Astronomos celebre diei naturalis et artificialis. Supra

35 enim dixit: 'Factum est vespere et mane dies unus.' Ibi loquitur de die naturali, qui constat horis viginti quatuor, quibus circumvolvitur primum mobile ab oriente in occidentem. Hic cum dicit: 'Ut dividant diem et noctem', loquitur de die artificiali, quo sol est supra horisontem.

---

[1] *Enarr. in ps. IV, 62 ed. Bened.*

Dr]   Igitur hoc primum est officium Solis et Lunae, ut sint ceu reges et
praefecti noctis et diei. Ad hoc opus non adhibentur stellae. Sed sol, cum
oritur, etiam sine aliis stellis tum orientibus diem affert. Sic luna etiam
sine stellis noctis dux est, et noctem facit. Sic enim est divinitus condita.
Quod autem vices sunt noctis et diei, fit propter corpora quiete reficienda. 5
Sol enim lucet ad faciendum opus, Luna obscurum lumen habet, ideo somno
aptior est quam operi.

Sed quid est, quod dicit: 'Ut sint in signa'? Lyra exponit esse signa
pluviarum et tempestatum, Id quod non valde pugno, quanquam etiam
Matth. 16, 2 dubito, an ita certo praesignificare ista possint, sicut Virgilius[1] et alii 10
scribunt. Euangelium notas pluviarum facit auroram rubentem, e contra
serenitatis serenum vesperum. Quod igitur dicunt, Pleiadum ortum significare pluvias, et similia, neque revello anxie neque simpliciter confirmo, quod
videam, non usquequaque certa esse.

Huius autem loci hanc simplicissimam sententiam esse duco, quod non 15
loquatur de talibus signis levioribus, sed de signis potioribus, qualia sunt
eclipsium et magnarum coniunctionum, Ut signum sit idem, quod monstrum,
portentum aut miraculum aliquod, quo Deus vel iram vel miseriam mundo
significat. Quod si hoc crassius videtur, meminerimus Mosen rudi populo
scripsisse. 20

Huc pertinent meteora et impressiones, quae fiunt in aëre, cum videntur
stellae cadere, cum halones[2], cum irides et his similia in aëre fiunt etc.
Moses enim vocat coelum totam illam aqueam massam, in qua astra et
Planetae feruntur, etiam illam supremam aëris regionem. Nam illa spherarum
ratio excogitata est a posterioribus ad docendum. Scriptura enim eas nescit 25
et simpliciter lunam cum sole et stellis non in singulis spheris, sed in
firmamento coeli (infra et supra quod coelum aquae sunt) dicit positas, ut
essent signa futurorum eventuum, sicut experientia de eclipsibus, magnis
coniunctionibus et aliis quibusdam meteoris docet.

Sed observanda etiam est vox: 'In tempora', *Lemoedim*. Significat enim 30
Moed statum, fixum et certum tempus, hinc commune nomen in Bibliis est
tabernaculo foederis, quod istic certae festivitates in certo loco, certo tempore, et certis ritibus fierent. Ad hunc modum dicit, Solem et Lunam esse
in tempora, non ideo solum, quod tempora reguntur et notabiliter a sole
mutantur, (Sicut videmus, corpora inferiora solis vel accessu vel recessu 35
mutari; Alia enim in hyeme, alia in aestate, alia in autumno, alia in vere
qualitas est aëris, ad quam nostra quoque corpora mutantur), Sed quod alias
quoque differentias et notas temporum in civili vita usurpamus sumptas a
motu istorum corporum. Sic certo tempore anni locantur aedes, conducuntur

---

[1] *Virgil. Aen. 3, 516.*   [2] *Seneca nat. quaest. 1, 2, 1. Luther scheint diese Schrift
gekannt zu haben.*

D]   'Fiant luminaria.' Quia scriptum 'esse in signa', Ideo Astrologi inde vaticinantur. Sed respondemus: in bibliis non esse scriptum: ut gubernent hominem. Quando opponunt tam praeclara corpora non frustra esse creata,

Dr] operae serviles, exiguntur reditus etc. Haec omnia sunt ministeria, quae sol
5 et luna nobis praebent, ut sic partiamur tempora secundum operas et alias commoditates. Sic septenas, menses, angarias, ut vocant, numeramus etc.

Quod sequitur: 'Et in dies', significat naturalem diem, cum sol fertur circum terram. Quod igitur dies numeramus, item annos, beneficia sunt creationis et ordinationis divinae. Hinc autem venit etiam tempus, quod
10 Philosophi definiunt esse numerationem motus. Non enim posset numerus iste iniri, si non moverentur ita certa lege superiora corpora, sed starent eodem loco fixa. Ubi autem nullus est numerus, ibi nec tempus est. Sic aliquis somno oppressus, quia numeratio desiit, nescit, quamdiu dormiat.

Sic nos recogitamus infantiam aliquo modo, sed hoc nescimus, suxisse
15 nos ubera matrum, cum tamen tum habuerimus vitam. Ratio est, quia numeratio defuit. Hinc etiam fit, quod bestiae tempus non norunt, sicut nec infantes id norunt. Ergo numerus ostendit, hominem esse singularem creaturam Dei. Sicut Augustinum videmus libenter hoc naturae nostrae donum prae- dicare, et ex eo probare animorum immortalitatem, siquidem solus homo
20 tempus numerat et intelligit.

De futura vita hic querunt: An haec corporum coelestium ministeria cessatura sint? Sed ea erit sine tempore. Pii enim aeternum diem, impii aeternam habituri sunt noctem et tenebras etc. Ergo Sol non tantum clari- tate et luce sua diem facit sed motu, quo movetur ab oriente in occidentem,
25 dum iterum post horas 24. oritur sicque alium diem facit. Hinc Astronomi quoque tres solis numerant utilitates: influentiam, motum et lumen. De influentia non disputo subtilius. Nam mihi satis est scire, quod ista cor- pora sint nobis ad nostrum usum condita, ut sint nobis in signa sive irae sive gratiae, et in tempora, ut discrimina temporum certa observemus etc.
30 Haec quia sacris literis prodita sunt, certa sunt. Reliqua, etsi experientia nituntur, tamen, quia ea interdum fallit, non sunt tam certa.

Sed hic queri solet de astrologicis[1] praedictionibus, quas ex hoc loco confirmant et probant. Ego, si quis eas defendat minus pertinaciter, non valde repugno. Oportet enim ingeniis suos lusus concedi. Igitur si super-
35 stitionem tollas, non valde offendit me, si quis ingenii causa istis prae- dictionibus ludat.

Quod tamen ad rem attinet, mihi nunquam persuadebitur. Astrologiam inter scientias numerandam esse. Sequar autem hanc rationem, quod nullam plane demonstrationem habet. Nam quod allegant experientiam, nihil me

---

[1]) Im folgenden ist wohl eine Tischrede aus Veit Dietrichs Sammlung verarbeitet.

D] Respondeo: sunt creata principio, ut illuminent, Secundo, ut calefaciant creaturas.

In Mose heÿßt ber himel, quod in infinitum circumdat terram et mare. Nam aer medius, ist wie ber treck, ber am [Bl. 5ᵇ] rabe hangt.[1]

---

1) *Vgl. Unsre Ausg. Bd. 6, 286, 21; Bd. 15, 579, 23 [O. B.].*

Dr] movet. Omnes enim astrologicae experientiae sunt mere particulares. Nam istas tantum artifices notarunt et retulerunt in literas, quae non fefellerunt; reliquas experientias, ubi falsi sunt nec secuti sunt effectus, quos praedixerunt certe futuros, non notarunt. Sicut autem Aristoteles dicit, unam hirundinem non facere ver, Ita ego ex talibus particularibus observationibus non puto scientiam constitui. Sicut enim venatorum dictum est: Quotidie venationes exerceri posse, sed non quotidie secundas venationes esse, Idem plane de astrologis et eorum praedictionibus dici potest, quia saepissime fallunt.

Sed etiam si quid certi haberent ista, quae stultitia est valde de futuris esse anxium? Nam fac, futura posse sciri per astrologicas praedictiones, si mala sunt, profecto multis modis eorum ignoratio melior est, quam scientia, Sicut Cicero quoque disputat. Et praestat esse semper in timore Dei, ac orare, quam discruciari metu futurorum eventuum. Sed haec alias.

Quare existimo astrologicas praedictiones non satis tuto hoc in loco fundari, sunt enim signa rationalia, ut sic vocem, hoc est, per rationem collecta. Magis autem proprium est, si intelligamus Mosen de signis, quae Deus ostendit, ut homines in genere vel admoneantur vel terreantur.

Atque haec de quarto die satis sint. Hic autem incipit se aperire et nobis ostendere immortalitas animorum, siquidem nulla creatura praeter hominem aut intelligere coeli motum aut metiri corpora coelestia potest. Sus, vacca et canis aquam, quam bibunt, non possunt metiri et homo coelum et omnia coeli corpora metitur. Quare hic emicat scintilla aeternae vitae, quod homo naturaliter exercetur in illa naturae cognitione. Significat enim cura illa homines non eo conditos, ut in hac infima orbis parte semper vivant, sed ut coelum possideant, quod in hac vita admirantur et occupantur studio et cura coelestium rerum.

Et nisi hoc esset, quid profuisset aut quid omnino fuisset opus hanc cognitionem tam opulenter homini dari, quem ipse corporis status et forma arguit pertinere ad coelestia, quanquam eius origo valde est misera et humilis. Primus homo ex gleba factus est a Deo, Deinde propagari cepit genus humanum ex semine masculi et foeminae. Inde paulatim in utero formatur embrio per singula membra, et crescit, donec tandem per partum ad hoc coeli lumen producatur, Postea sensitiva vita, mox operativa et motiva incipit.

Tandem, cum confirmatum est corpus et animus ac ratio in sano corpore viget, tum primum emicat illa vita intellectus, quae in aliis creaturis terrestribus non est, ut Mathematicarum disciplinarum adminiculo, quas

Dr] divinitus ostensas esse nemo potest negare, homo ex terra in altum animo subvolet, et omissis, quae in terra sunt, coelestia curet et investiget. Hoc non vaccae, non sues, non aliae bestiae faciunt; solus homo facit. Ergo est homo creatura condita, ut relicta aliquando terra coelestia habitet et aeternam

5 vivat vitam. Hoc enim est, quod non solum loqui et iudicare possit (quae ad Dialecticam et Rhetoricam pertinent), sed quod etiam Mathemata omnia perdiscit.

Igitur nunc ab hoc quarto die incipit manifestari gloria nostra, quod Deus de tali creatura cogitat facienda, quae intelligat motus istorum cor-

10 porum, quae quarto die creantur, et quae illa cognitione delectetur, tanquam quae propria sit suae naturae. Debent autem nos haec excitare ad gratiarum actionem, quod tanquam cives pertineamus ad illam patriam, quam nunc adspicimus, miramur et intelligimus. Sed tanquam peregrini et exules, quoniam post hanc vitam propius ea aspiciemus et perfecte intelligemus.

15 Atque hactenus de creaturis non viventibus, nec sentientibus audivimus. Quanquam quidam ex Philosophis de stellis et superioribus corporibus ita locuti sunt, ac si essent animata et rationalia. Sed existimo id factum propter motum rationalem et tam certum, cuius simile nihil est in reliquis naturis. Dixerunt igitur composita esse ex corpore et intellectu et tamen

20 corpus ipsorum non esse elementale. Ac Plato in Timeo ad hunc modum disputat.

Sed haec sententia plane est explodenda et accommodandus intellectus noster ad verbum Dei et ad scripturam sanctam, quae clare docet Deum ista omnia condidisse, ut futuro homini pararet ceu domum et hospicium, ac

25 gubernari et conservari ista virtute verbi, quo sunt condita. Ideo tandem omnibus paratis, quae ad substantiam domus pertinent, introducitur homo ceu in possessionem suam, Ut discamus divinam providentiam pro nobis maiorem esse omni nostra sollicitudine et cura. Alia, quae sine autoritate scripturae afferuntur, repudianda sunt.

30 Sed hic repetendum duxi praeceptum, quod supra aliquoties proposui, quod scilicet assuescendum etiam est ad phrasin Spiritus sancti, Sicut etiam in aliis artibus nemo feliciter versabitur nisi prius recte cognito genere sermonis. Sic Iureconsulti suos habent terminos ignotos medico et philosophis. Contra hi quoque habent suam quandam quasi linguam ignotam aliis pro-

35 fessionibus. Iam non debet ars artem impedire, sed unaquaeque debet retinere suum quasi cursum et uti suis terminis.

Ad hunc modum igitur videmus Spiritum sanctum suam habere linguam et phrasin, nempe quod Deus dicendo creaverit omnia et per verbum operatus est, et omnia eius opera sunt verba quaedam Dei, per verbum increatum

40 creata. Sicut igitur Philosophus suis terminis utitur, ita etiam Spiritus sanctus utitur suis. Quod igitur Astronomus sphaeras, auges, epiciclos appellat, recte facit, licet enim id in sua professione, ut commodius alios

D]   Dicit Mose aves et pisces ex mari factos, quia apud ipsum aer et coelum idem sunt quod aqua, das das wasser gibt alles was fleugt. Nam piscis, qui natat in mari, der fleugt auch.

Dr] doceat. Econtra Spiritus sanctus et scriptura sacra illas appellationes nesciunt et totum hoc, quod supra nos est, vocant coelum. Nec debet id reprehendi ab Astronomo, sed uterque loquatur suis terminis.

Sic etiam accipiendum est vocabulum temporis in hoc loco. Neque enim Ebraeo et Philosopho idem est tempus sed vocabulum temporis Ebraeis significat theologice statuta festa, item intervalla dierum, quae in annum concurrunt. Quare fere ubique redditur per nomen festum seu festivitas, nisi cum de tabernaculo dicitur. Hoc admonendum duxi, priusquam pergeremus, et puto non inutile esse praeceptum, ut unaquaeque ars utatur suis terminis neque alia aliam ideo damnet aut rideat, sed iuvet potius alia aliam et praebeant mutuas operas. Sicut artifices faciunt, ut conservetur tota civitas, quae (sicut Aristoteles inquit) non potest constitui ex medico et medico, sed ex medico et agricola.

Opus quinti diei.

1, 20   **Dixit etiam Deus: Producant aquae reptile animae viventis, et volatile volans etc.**

Videmus Mosen retinere suam phrasin constanter in verbo 'dicere'. Hactenus igitur commemoravit superiores creaturas, coelum cum toto agmine planetarum et stellarum reliquarum, quas ex aqua verbo produxit Deus, et admiscuit lucem, sicut videmus hunc aërem nativa luce perspicuum.

Nunc addit de nova creatura producta ex aquis, nempe de volucribus et piscibus. Coniungit autem haec duo genera propter naturam non dissimilem. Sicut enim piscis in aqua natat, sic avis volat in aëre, et quanquam carnem habent diversam, tamen eandem habent originem; Sicut manifestus textus hic est volucres ex aqua productas petiisse aërem, in quo vivunt. Retinet autem Moses phrasin suam, quod coelum vocat omne hoc, quod sursum est.

Atque hoc primum admiratione dignum est, quod etiamsi ex eadem materia aves et pisces sint conditi, tamen, sicut avis non potest in aqua vivere, ita pisces, si in aëre sint, durare non possunt. Ac medici recte disputant carnem volucrum salubriorem esse quam sit piscium (quanquam volucres etiam sint aqueae naturae), quod in subtiliore aëre vivunt, cuius quasi feces crassiores sunt aquae, in quibus pisces generantur et vivunt. Sed Philosophi hoc non credunt. Nobis autem potior est fides sacrae scripturae, quae eandem originem utriusque naturae affirmat.

Dr]   Pertinet igitur hoc quoque ad dignitatem huius libri, qui tam varie Dei potentiam nobis ostendit, qua omnia creavit super omnem rationem et intellectum. Quis enim cogitet ex aqua produci posse naturam, quae aquam ferre plane non possit? Solum Verbum dicit Deus et statim ex aqua pro-
5 ducuntur volucres. Verbum igitur si sonet, omnia possibilia sunt, ut ex aqua fiant vel pisces vel volucres. Quaelibet igitur avis, piscis quilibet sunt nihil nisi nomina divinae Grammaticae, per quam grammaticam, quae sunt impossibilia, fiunt facillima, et quae plane sunt pugnantia, fiunt simillima, et econtra.

10   Scribuntur autem haec et debent cognosci diligenter, ut admirari discamus potentiam maiestatis divinae et aedificemus fidem nostram ex istis admirabilibus factis. Nihil est, etiam si quis mortuos excitare possit, ad hoc mirabile opus, quod ex aqua fit volucris. Sed ideo non admiramur ista, quia usu quotidiano amiserunt admirationem. Si quis autem credit illa
15 et intuetur diligentius, is cogitur admirari et admiratio paulatim fidem con-firmat. Nam cum possit Deus ex aqua coelum producere et stellas, quarum singulae terram magnitudine aut aequant aut superant, Item cum possit ex guttula aquae condere solem et lunam: An non posset etiam corpus meum aut contra hostes et Satanam defendere, aut postquam in sepulchrum positum
20 est, ad novam vitam resuscitare? Ergo Dei potentia hic est cognoscenda, ut plane nihil dubitemus de iis, quae Deus promittit in verbo suo. Hic enim plena confirmatio omnium promissionum posita est, quod nihil aut tam difficile aut impossibile sit, quod non possit suo verbo conficere, Sicut com-probant id coelum, terra, mare et quicquid in eis est.

25   Sed hic id quoque attingendum est, quod sancti Patres et Augustinus praecipue observarunt, quod Moses his tribus verbis utitur: 'Deus dixit, fecit, vidit', quasi hoc modo tres divinae maiestatis personas voluerit ostende-re. Verbo 'dicit' significatur Pater. Ille generat verbum in aeternum et in tempore constituit per illud Verbum hunc mundum. Ideo accommodarunt
30 Filii personae verbum 'fecit'. Filius enim in se habet exemplar non solum maiestatis divinae, sed etiam exemplar omnium rerum creatarum. Ideo dat esse rebus. Et sicut a Patre res dicuntur, ita per Filium et Verbum illud Patres res omnes subsistunt. Adiungitur autem his tertia persona Spiritus sancti, qui res creatas 'Videt' et probat.

35   Haec dicuntur per pulchram et aptam attributionem ad articulum Trinitatis clarius intelligendum. Nam ea unica causa fuit, cur haec adminicula a sanctis Patribus religiose excogitarentur, ut aliquo modo comprehendi res per se incomprehensibilis posset. Quare non reprobo istas cogitationes, cum et analogae sint fidei ac commodae et utiles ad confirmandam et docen-
40 dam fidem.

        Ad hunc modum D. Hilarius distinguit aliis attributis. Aeternitas est in Patre, species in imagine, usus in munere. Dicit Spiritum sanctum esse

Dr] donum in usu, quod dat usum rerum, ne pereant, et gubernat res ac conservat. Sic dicunt: Pater est mens, Filius intellectus, Spiritus sanctus
voluntas. Non quod Pater sit sine intellectu, aut Filius sine voluntate, sed
sunt attributa, hoc est, dicta, quae distincta non tribuuntur singulis personis sed diversis, non, quod Pater sit sine sapientia, sed quod nobis ista 5
ita pingimus ad retinendum et explicandum articulum Trinitatis.

Ergo, quando textus dicit: 'Et vidit Deus, quod esset valde bonum',
significat ipsam conservationem, quia creatura non posset stare, nisi Spiritus
sanctus diligeret eam, et ista complacentia Dei in suo opere conservaret
opus. Neque enim Deus ita creavit res, ut creatas deserat, sed amat eas 10
et approbat. Igitur simul est: agitat, movet, et conservat singula pro suo
modo. Hoc existimavi brevibus attingendum. Dignae enim sunt cognitu
tam piae cogitationes eorum, qui nos praecesserunt in eodem stadio, in quo
nos currimus.

Quod Hieronymus vertit 'Reptile animae viventis', Ebraeis est *Nephesch* 15
et significat animam seu vivum quiddam. Appellat autem hoc nomine pisces.
De volucribus notum est: sunt ceu ἀμφίβια, quod in terra et in aëre vivunt.

1, 21   Creavitque Deus cete grandia.

Potest hic queri, cur tantum cete nominatim appellet? Sicut fere
tantum maiorum piscium scriptura meminit. Notus est Leviathan et Dra- 20
cones in Hiob et aliis locis scripturae. Certum autem est sic appellari
balenas, orcas, et alios grandiores pisces, quorum alii quasi alas habent
additas, ut delphinus, qui ceu Rex ponti est, Non quod magnitudine
superet. Nam neque aquila avium Rex nec leo quadrupedum magnitudine
excellunt.   25

Credo autem rationem huius esse, ut sciremus, tam magna corpora
esse opera Dei, ne territi magnitudine crederemus ea spectra esse. Et facilis
postea est coniectura, cum tam magna corpora a Deo creata sint, etiam
minores pisces (ut sunt corvi, auratae, lucii et alii) esse a Deo creatos. Qui
volet, legat caput 41. Hiob. Ibi satis cernitur, quomodo Spiritus sanctus 30
per illum Poëtam laudarit mirabile monstrum Leviathan, cuius tantum robur
et fiducia tanta est, ut etiam sagittas contemnat. Huiusmodi descriptiones
aperiunt nostros oculos et fidem erigunt, ut facilius Deo credamus, quod nos
quoque servare possit, quanquam longe simus minores.

Queritur etiam hic de muribus et gliribus, unde nascantur, et quo- 35
modo? Si quidem usu comperimus ne naves quidem, quae perpetuo in mari
natant, a muribus esse tutas. Sic nulla domus ita potest perpurgari, quin
mures generentur. Sic queri etiam potest de generatione muscarum. Item,
quo aves abeant tempore autumni?

---

18 Coete A   19 coete A

Dr]   Sed de muribus Aristoteles sic disputat, quaedam animalia esse ὁμοιογενῆ, quaedam ἑτερογενῆ. Sicut mures sunt ex genere ἑτερογενέων, quia mures non nascuntur ex muribus tantum, sed etiam ex putredine, quae consumitur et paulatim in murem vertitur.

5   Si queras, qua virtute ista fiat generatio? Respondet Aristoteles foveri humorem istum putrefactum calore solis ac sic produci vivum animal, Sicut videmus scarabeos generari ex equino stercore. Sed an haec sufficiens ratio sit, dubito. Sol enim calefacit, nec generaret quicquam, nisi Deus diceret divina virtute: Veniat mus ex putredine. Ergo mus quoque est divina 10 creatura, et ut ego iudico, aqueae naturae ac quasi terrestris volucris alioqui haberet monstrosam formam nec conservaretur species. Habet autem formam pulcherrimam pro suo genere: Pedes ita bellos, et ita comptos pilos, ut appareat, certa ratione per Dei verbum creari. Igitur admiramur hic quoque Dei creaturam et opus. Atque idem de muscis dici potest.

15   De avibus sane nescio, nam non est verisimile ire eas in partes magis ad austrum positas, siquidem hoc miraculum de hirundinibus usu notum est, quod hirundines in aquis per hiemem mortuae iacent et sub aestatem reviviscunt. Quod sane magnum nostrae resurrectionis argumentum est. Quare existimo conservari eas vel in arboribus vel aquis. Sunt enim ista opera 20 divinae maiestatis plane admirabilia, quare videmus ea, et tamen non intelligimus. Existimo autem, etiam si intercidat nonnunquam species aliqua (quod tamen an fieri possit, dubito), tamen eam a Deo restitui.

     Pertinent igitur ad Creationem quinti diei omnia repentia, serpentia et volantia, et quoquo alio modo vel in aëre vel aqua se moventia.

25   **Et vidit Deus, quod esset bonum, ac benedixit eis.**   1, 22

     Quare non est usus Deus verbo benedicendi etiam ad illa corpora inanimata? Ibi tantum dixit sibi placere illa, non etiam benedixit eis. Cum autem ad vivorum corporum generationem ventum est, ibi instituit novum modum crescendi et augendi. Sol igitur et stellae non generant, 30 sicut videmus, ex se similia corpora. Herbae autem et arbores benedictionem hanc habent, ut crescant et fructus ferant. Sed nihil est simile ad hanc praesentem vivorum corporum benedictionem.

     Igitur Mose verbo benedicendi separat corpora supra creata a vivis corporibus creatis quinto die, quia hic novus generationis modus est. Nam 35 ex vivo corpore fiunt proles separatae, quae etiam vivunt. Hoc certe non fit in arboribus, neque in herbis, nisi enim rursus serantur, fructum non ferunt nec semen simpliciter ex semine nascitur sed ex herba. Hic autem fit generatio ex corpore vivo in vivum corpus. Hoc igitur novum opus est, ut crescat et multiplicetur corpus animale ex suo corpore. Quod pirus pro-

---

38 novum] nouum A

Dr] ducit, non est pirus sed est pirum. Sed hic, quod avis producit, est avis, et quod piscis producit, est piscis. Ac sane mirabilis et numerosa multiplicatio est utriusque speciei ac infinita foecunditas, maxime autem in marinis et aquaticis.

Quae igitur huius admirabilis generationis est causa? Gallina parit ovum, id fovet, donec vivum corpus in ovo fiat, quod postea mater excludit. Philosophi allegant causam: fieri ista sole operante et ventre. Concedo hoc. Sed Theologi magis proprie loquuntur fieri illa operante verbo, quod hic dicitur: 'Benedixit eis, et dixit: Crescite et multiplicamini.' Hoc verbum gallinae et omnibus animantibus in ipso corpore praesens est, et calor, quo 10 fovet ova gallina, est ex verbo divino, quia, si absque verbo esset, calor ille esset inutilis et inefficax.

Ergo propter istam admirabilem creationem addit Deus etiam benedictionem, ut sint ista corpora fructifera. Atque hic cernitur, quid proprie sit benedictio, nempe multiplicatio. Nos quando benedicimus, nihil facimus, 15 nisi quod bene precamur, hoc autem, quod precamur, non possumus praestare. Sed Dei benedictio sonat in multiplicationem et statim est efficax. Sicut e contra maledictio est diminutio, quae etiam est efficax.

Hic igitur iterum observanda est phrasis Mosi. Quod enim benedictionem vocat, Philosophi vocant foecunditatem, cum scilicet corpora 20 integra et viva a corporibus integris et vivis producuntur. Cuius nihil simile est in arboribus neque enim arbor generat simile sibi sed semen generat etc. Magnum hoc miraculum est, sed sicut cetera ita hoc quoque usu viluit.

Sed hic queritur de nocentibus vel vermibus vel bestiolis, sicut sunt 25 bufones, muscae, papiliones, in quibus admirabilis est foecunditas, et fere accidit, ut, quanto quaeque est nocentior, tanto etiam sit fecundior. Sed reiicienda est haec questio in tertium caput. Ego enim credo eo tempore istas molestas et noxias creaturas nondum extitisse. Sed postea in poenam peccati ex maledicta terra esse procreatas, ut nos affligerent et cogerent ad 30 invocandum Deum. Sed haec alias.

Iam igitur habemus, quae quinto die viva corpora sint creata. Videmus autem, verbum huius diei adhuc esse efficax, quod simpliciter ex ipsa aqua generantur pisces. Nam piscinae et lacus gignunt pisces, sicut videmus lucios in piscinis natos, in quibus antea nulli fuerunt. Nam mihi non fit 35 verisimile, quod nugantur pisces ab avibus captos, cum in aëre vehuntur, ex sublimi semen in piscinas et lacus demittere, id postea in aquis concrescere. Haec autem sola et vera causa est, quod iubetur hic aqua producere pisces. Hoc verbum adhuc est efficax et operatur ista.

Dr]   **Dies sextus.**

Et dixit Deus: Producat terra animam viventem in genere suo etc.1,24

Habemus iam coelum cum suis exercitibus, Sole, Luna, Stellis, Item
mare cum piscibus et volucribus. Sicut enim pisces in aqua natant, ita
5 quasi natant aves in aëre. Terrae quoque addita sunt ornamenta fructuum,
arborum, herbarum, etc. Iam priusquam in hanc quasi domum introducatur
homo, adduntur bestiae terrestres, iumenta et reptilia, post quae etiam Homo
creatur. Neque enim est natus, ut volaret cum avibus aut cum piscibus
nataret, Sed habet communem naturam, quod ad hanc partem attinet, cum
10 aliis animantibus, ut vivat super terram. Nam navium usus artificialis est,
ubi homo pisces et aves imitari nititur. Nam utrunque facit navis: volat
in aëre et natat in aqua. Nos autem hic de naturalibus, non de artificialibus
loquimur.

Ebraei appellationum discrimen faciunt: *Behemah* vocant, quae nos
15 iumenta, item minores bestias silvestres, ut sunt cervi, capreae, lepores, et
si quae utuntur communi cibo nobiscum et vescuntur herbis ac fructibus
arborum. *Haieso erez* autem (quod recte vertitur 'bestiae terrae') dicunt
esse carnivoras bestias, ut sunt lupi, leones, ursi. Sed an haec constans
differentia sit, nescio. Mihi quidem non videtur ubique observari. Hoc
20 tamen certum est Mosen hic comprehendere voluisse omnia animalia terrestria, sive carnibus sive herbis vescerentur. Horum omnium matrem dicit
esse terram, quae eas ex se per verbum produxit, sicut mare pisces.

Audivimus autem supra, Deum ad aquam dixisse: 'Moveatur aqua' etc.,
ut isto motu suo impleretur mare piscibus et aër volucribus, ac postea
25 primum additam generationem. Hic de animalibus terrestribus alio verbo
utitur, et dicit: 'Producat terra', non dicit: 'moveatur.' Est enim terra
corpus quiescens. Ideo in quarto die etiam dixit: 'Herbificet terra', vult
enim, ut sine motu emittat animalia et herbas.

An autem ista animalia similitudine hominis ex gleba sunt formata,
30 an eruperint subito, etsi nihil definiat scriptura, tamen quia formationem
hominis singulari consilio celebrat Moses, sentio extitisse animalia terrae,
sicut pisces subito natos in mari. Quod autem hic non addit benedictionem,
patet. Infra enim una cum homine ea complectitur, et nunc satis fuit dicere:
'Vidit Deus, et erat valde bonum.' Sed accedamus iam ad ultimum et pul-
35 cherrimum opus Dei, ad hominis creationem.

Faciamus hominem ad imaginem et similitudinem nostram.   1, 26

Hic iterum nova Phrasi Moses utitur. Non dicit: Mare agitetur,
herbescat aut producat terra, sed 'Faciamus'. Ergo includit manifestam

―――――――――

29 sunt] *ob Druckfehler für* siut

Dr) deliberationem et consilium, cuius nihil simile fecit in prioribus creaturis. Ibi enim sine deliberatione et consilio dixit: 'Agitetur mare, producat terra' etc. Hic autem Deus se ad consilium vocat, et indicit quasi deliberationem, cum hominem creare vellet.

Primum igitur significatur hic insignis differentia hominis ab omnibus aliis creaturis. Magnam similitudinem cum homine habent bestiae: simul habitant, simul aluntur, simul comedunt et iisdem vescuntur, dormiunt et quiescunt apud nos. Si igitur conversationem, victum et alimoniam consideres, magna est similitudo.

Sed insignem differentiam inter ista animalia et hominem Moses hic ostendit, cum dicit singulari Dei consilio et providentia hominem esse conditum. Ac significat hominem esse creaturam longe excellentem reliqua animalia, quae vivunt corporalem vitam, praesertim cum adhuc natura esset incorrupta. Epicurus sentit hominem tantum procreatum ad edendum et bibendum. Hoc autem est hominem non separare ab aliis bestiis, quae etiam suas voluptates habent et sequuntur. Textus autem hic potenter separat hominem, cum dicit Deum certo consilio de homine faciendo cogitasse, nec id solum, sed de homine faciendo ad imaginem Dei. Haec imago longe aliud est, quam cura ventris, cibus et potus, quae bestiae etiam intelligunt et appetunt.

Mose igitur spiritualibus significat nos ad excellentiorem vitam esse conditos, quam haec corporalis esset futura in natura etiam integra. Bene autem dicunt Doctores: Si Adam non esset lapsus per peccatum, tum finito certo numero Sanctorum ab animali vita ad spiritualem vitam Deum translaturum fuisse. Nam Adam non erat sine cibo, potu et generatione victurus. Cessassent autem ista corporalia praefinito tempore post impletum numerum Sanctorum, et Adam cum posteritate sua esset translatus ad aeternam et spiritualem vitam. Ista autem opera corporalis vitae: edere, bibere, procreare etc. fuissent quaedam servitus Deo grata, quam etiam Deo sine vitio concupiscentiae, quae nunc post peccatum est, praestitissemus sine omni peccato et sine metu mortis. Haec profecto iucunda et suavis fuisset vita, de qua cogitare quidem licet, assequi autem in hac vita eam non licet. Hoc tamen habemus, quod spiritualem vitam et finem vitae in paradiso cogitatum et destinatum a Deo post hanc vitam credimus et certo exspectamus per meritum Christi.

Observandus igitur est praesens textus, quo ita magnifice ornat et ab omnibus aliis creaturis separat Spiritus sanctus humanam naturam. Corporalis quidem seu animalis vita similis erat futura bestiarum vitae. Nam sicut bestiae cibo, potu, quiete indigent ad reficienda corpora, Ita Adam quoque in innocentia his usurus erat. Sed quod additur: conditum esse hominem

---

3 indicit] inducit *gemeint?*

D] 'Faciamus hominem'. Argumeutum insigne pro triuitatis articulo. Nam infra dicit: faciam ei adiutorium. Iudei dicunt, quod dignitatis causa utatur plurali numero, sed is non est mos hebraicae linguae. Solus Moses habet in usu, das er von unserm herr gott sagt 'uns'. Iudei calumniantur

Dr] 5 ita in animalem vitam, ut esset tamen factus ad imaginem Dei et simili-tudinem, haec est significatio alterius et melioris vitae, quam animalis.

Habuit igitur Adam duplicem vitam: animalem et immortalem, sed nondum revelatam plane sed in spe. Interim edisset, bibisset, laborasset, generasset etc. Haec paucis admonere volui de differentia ista, quam Deus 10 facit per suum consilium, quo discernit nos ab aliis animalibus, cum quibus nos sinit vivere. Infra repetemus haec pluribus.

Secundo verbum 'faciamus' pertinet ad mysterium fidei nostrae con-firmandum, qua credimus ab aeterno unum Deum et distinctas tres personas in una divinitate, Patrem, Filium et Spiritum sanctum. Iudaei quidem varie 15 couantur hunc locum eludere sed nihil solide contra afferunt. Molestat enim eos hic locus usque ad mortem, ut utar verbo Occae, qui ita appellat molestas et taediosas rationes, quas non potest solvere.

Dicunt autem Iudaei Deum sic loqui cum Angelis, Item cum terra et aliis creaturis. Sed quero ego: Cur id non antea quoque fecit? Secundo: 20 Quid pertinet ad Angelos hominum creatio? Tertio: Non nominat Angelos, sed simpliciter 'nos' dicit. Igitur de factoribus et creatoribus loquitur. Hoc certe non potest dici de Angelis.

Quarto etiam hoc certum est: Nullo modo dici posse nos ad Ange-lorum imaginem creatos esse. Quinto: Utrunque hic ponitur 'faciamus' et 25 'fecit', in plurali et singulari, ideo clare et potenter significat nobis Moses intus et in ipsa divinitate et creatrice essentia inseparabilem et aeternam pluralitatem esse. Hoc ne portae quidem inferorum nobis adiment.

Deinde quod de terra Iudaei dicunt Deum cum terra loqui, etiam fri-volum est. Terra enim non est factrix nostra. Deinde cur non potius ad 30 solem loqueretur, cum Aristoteles dicat: Homo et sol generant hominem. Sed ne hoc quidem convenit, quia non sumus facti ad imaginem terrae, Sed sumus facti ad illorum Factorum imaginem, qui dicunt 'faciamus'. Hi factores sunt tres distinctae personae in una divina essentia. Harum trium personarum nos sumus imago, sicut post audiemus.

35 Hoc autem extreme ridiculum est, quod Iudaei dicunt Deum sequi principum consuetudinem, qui reverentiae causa de se in plurali numero loquuntur. Sed hanc cancellariam (ut sic dicam) Spiritus sanctus non imi-tatur nec agnoscit scriptura sancta hunc loquendi modum. Quare est hic certo significata Trinitas, quod in una essentia divina sunt tres personae, 40 Pater, Filius et Spiritus sanctus, ita ut ne active quidem Deus separetur, quia omnes tres personae hic concurrunt et dicunt, 'faciamus'. Nec Pater

D] referri ad angelos et Deum. Sed wenn er die angelos auch mit einzeucht, Jcf. 42, 8 so sinds auch Creatores. Sed dicitur 'Non dabo gloriam meam alteri'.

Particula autem vos includit ettliche aequales אלהים in plurali. Accipio de trinitate.

Dr] facit alium hominem, quam Filius, nec Filius alium quam Spiritus sanctus, 5 sed Pater, Filius, Spiritus sanctus, unus et idem Deus, autor et creator est eiusdem operis.

Ad hunc modum neque obiective Deus potest separari. Neque enim Pater cognoscitur, nisi in Filio, et per Spiritum sanctum. Quare sicut active ita quoque obiective unus Deus est, qui tamen intra se substantive seu 10 essentialiter est Pater, Filius, Spiritus sanctus, tres distinctae personae in una divinitate.

Haec testimonia debent nobis cara esse et grata. Etsi enim tum Iudaci, tum Turcae nos rident, quod sentimus unum Deum et tres personas esse, tamen, nisi scripturae autoritatem impudenter negare volent, cogentur 15 hoc loco sicut etiam superius citatis nostram sententiam sequi. Eludere possunt haec, sicut Iudaei studiose faciunt, sed interim manet in eorum cordibus ille aculeus: Cur dicat 'faciamus', Item, cur Moses utatur plurali nomine *Elohim*. Has cogitationes non possunt excludere ex animo, etsi varia conari et querere possunt. Si autem sapientia esset talia testimonia eludere, 20 num nobis ingenium deesse putas, ut non possimus eadem facere? Sed maior apud nos est scripturae autoritas, praesertim cum novum Testamentum id clarius ostendat et Filius, qui in sinu Patris est, nos eadem doceat multo clarius, cui non credere summa blasphemia et aeterna mors est. Quare valeant isti excecati depravatores divinorum dogmatum usque ad suum iudicium. 25

Sed, inquies, ista sunt obscuriora, quam ut per ea probari debeat tam magnus articulus fidei. Respondeo: Oportuit eo tempore ista ita obscure dici divino consilio vel saltem ob hanc causam, quia omnia erant reposita in illum futurum Dominum, ad cuius adventum restitutio omnium reservabatur, omnis cognitionis et omnium revelationum. Quae igitur antea per aenigmata 30 quasi erant proposita, ea Christus evolvit et clare iussit praedicari. Et tamen sancti Patres hanc cognitionem per Spiritum sanctum habuerunt, quanquam non ita clare, ut nunc, cum audimus in novo Testamento nominari Patrem, Filium et Spiritum sanctum. Veniente enim Christo oportuit illa siguacula solvi et clare predicari, quae obscuris verbis antea erant tradita, tantum 35 propter reverentiam futuri magistri. Ac nisi Spiritus sanctus hanc cognitionem claram distulisset in novum Testamentum, longe ante Christum natum extitissent Ariani. Quare ultimis temporibus voluit Spiritus sanctus hunc solem cognitionis Diabolo obiicere, ut praestringerentur eius oculi, et ipse magis invideret hanc tam claram cognitionem hominibus, atque ita vehe- 40 mentius torqueretur.

Dr]   Tertio agitatur hic quasi mare questionum: Quid sit imago illa Dei, ad quam Moses hominem dicit factum esse? Ac Augustinus in hoc loco explicando multus est, praesertim in libro de Trinitate. Doctores autem reliqui fere Augustinum sequuntur, qui Aristotelis divisionem retinet, quod
5   imago Dei sint potentiae animae, memoria, mens vel intellectus, et voluntas; in his tribus dicunt consistere imaginem Dei, quae in omnibus hominibus est. Sicut enim in divinis, inquiunt, verbum nascitur ex substantia Patris, et Spiritus sanctus est complacentia patris: Ita in homine ex memoria procedit verbum cordis, quod est mens; Eo producto prodit voluntas, quae videt
10 mentem et ea delectatur.

Similitudinem autem dicunt esse in donis gratuitis. Sicut enim similitudo est quaedam perfectio imaginis, ita dicunt naturam perfici per gratiam. Itaque similitudo Dei est, quod memoria ornatur spe, intellectus fide, et voluntas caritate. Ad hunc modum, inquiunt, homo est creatus ad imaginem
15 Dei, hoc est, homo habet mentem, memoriam et voluntatem. Item, homo est creatus ad similitudinem Dei, hoc est, intellectus est illuminatus fide, memoria confirmata spe ac constantia, et voluntas ornata caritate.

Tertio faciunt etiam alias divisiones, memoriam esse imaginem potentiae Dei, mentem sapientiae, et voluntatem iustitiae, etc. Ad hunc modum
20 Augustinus praecipue et post eum alii eo incubuerunt, ut diversas trinitates in homine excogitarent; putaverunt enim hoc modo imaginem Dei facilius posse conspici. Sicut autem hae non iniucundae speculationes arguunt acuta et otiosa ingenia, ita minime faciunt ad imaginem Dei recte explicandam.

Quare etsi istam diligentiam et cogitationes has non damno nec reprobo,
25 quibus omnia rediguntur ad Trinitatem, tamen haud scio, an sint valde utiles, praesertim cum ea postea longius ducantur. Nam huc quoque affertur disputatio de libero arbitrio, quae ex imagine ista nascitur. Ita enim dicunt: Deus est liber, ergo cum homo ad imaginem Dei sit conditus, habet etiam liberam memoriam, mentem et voluntatem. Ad hunc modum multa excidunt,
30 quae aut improprie dicuntur, aut postea impie accipiuntur. Ita nata est hinc periculosa sententia, qua pronuntiant Deum ita gubernare homines, ut eos proprio motu sinat agere. Ex hoc dicto multae incommodae opiniones enatae sunt. Simile est, quod citatur: Deus, qui creavit te sine te, non salvabit te sine te. Hinc conclusum est: liberum arbitrium concurrere tanquam
35 causam praecedentem et efficientem salutis. Non dissimile est Dionysii dictum, periculosius superioribus, ubi dicit: Quanquam daemones et homo ceciderunt, inquit, tamen naturalia manserunt integra, ut sunt mens, memoria, voluntas etc. Sed si hoc verum est, sequitur, quod homo viribus naturae possit facere, ut salvus fiat.

40 Hae tam periculosae Patrum sententiae in omnibus Ecclesiis et Scholis agitatae sunt, neque sane video, quid Patres voluerint per eas efficere. Quare consulo, ut cum iudicio legantur. Saepe loquuntur ex affectu et proprio

Dr] sensu, quem nos non habemus nec habere possumus, cum occasiones similes
non habeamus. Imperiti igitur sine iudicio omnia arripiunt in suo sensu
et non in eo, quem Patres habuerunt. Sed omitto haec et ad rem venio.

Vereor autem, ne, postquam haec imago per peccatum amissa est, non
satis eam possimus intelligere. Memoriam, voluntatem et mentem habemus 5
quidem, sed corruptissima et gravissime debilitata, imo, ut clarius dicam,
prorsus leprosa et immunda. Si enim istae potentiae sunt imago Dei,
sequetur etiam Satanam ad imaginem Dei conditum esse, qui profecto illa
naturalia longe habet validiora, quam nos habemus, sicut est memoria et
intellectus summus et voluntas obstinatissima.   10

Ergo est imago Dei longe aliud, nempe opus Dei singulare. Si qui
tamen contendunt has potentias esse imaginem istam, fateantur eas quasi
leprosas et immundas esse. Sicut leprosum hominem tamen hominem
appellamus, quanquam in carne leprosi omnia paene mortua sunt et stupent,
nisi quod ad libidinem commoventur vehementius.   15

Quare imago Dei, ad quam Adam fuit conditus, fuit res longe praestantissima et nobilissima, cum scilicet nulla lepra peccati neque in ratione
neque voluntate haesit. Sed et interiores et exteriores sensus omnes fuere
mundissimi. Intellectus fuit purissimus, memoria optima, et voluntas sin-
cerissima in pulcherrima securitate sine omni metu mortis et sine solicitudine 20
ulla. Ad haec interiora accessit etiam illa corporis et omnium membrorum
pulcherrima et excellentissima virtus, qua omnes reliquas naturas animatas
vicit. Plane enim existimo ante peccatum Adae oculos ita fuisse acutos et
claros, ut lincem et aquilam superaret. Leones autem et ursos, quorum
maximum robur est, ipse fortior tractavit non aliter, quam nos catulos 25
tractamus. Fructuum quoque, quibus usus est cibo, longe maior fuit tum
suavitas tum virtus quam nunc.[1]

Sed post lapsum irrepsit mors tanquam lepra in omnes sensus, ita ut
ne intellectu quidem imaginem istam possimus assequi. Adam non cogno-
visset suam Heuam, nisi securissimo animo erga Deum, et voluntate obe- 30
diente Deo sine omni viciosa cogitatione. Nunc post peccatum norunt omnes,
quantus sit furor in carne, quae non solum furiosa est in concupiscendo sed

---

[1] *Hierzu fügen wir einen kleinen Aufsatz, den Rörer abschrieb. Überschrift:* De
imag͵ine et similitudine dei. Similitudo et imago dei est vera et perfecta dei
noticia, summa dei dilectio, aeterna vita, aeterna leticia, eterna securitas. Ut enim in
deum non potest cadere timor mortis aut tristicia, Sic nec in hominem, si non lapsus
fuisset, ullus timor mortis aut tristicia cadere potuisset. Sed si timor in eo [non]
fuisset, vitae securitas, summa laeticia, summa dilectio, praeterea nec peccatum nec
morbum nec bestiarum saeviciam timuisset, omnibus etiam immanissimis bestiis ut
mansuetissimis. In summa: sicut ipse regeretur a deo, ita caetera animalia omnia
regere potuisset, Sicque haec est vera similitudo et imago dei: aeterna vita, aeterna
securitate et voluptate perfrui atque in omnes creaturas imperium exercere *[Aus Bos.*
q. 24ᵘ Bl. 53ᵃ].

Dr] etiam in fastidiendo, postquam nacta est, quod voluit. Utriuque igitur nec
ratio nec voluntas integra cernitur, sed furor plus quam beluinus. Haec
an non gravis et noxia lepra est, qua Adam caruit ante peccatum? Praeterquam quod habuit maiores vires et acriores sensus, quam reliqua animantia.
5 Apri quantum hodie auditu, aquilae quantum visu, leo quantum viribus
hominem antecellit? Quare nemo cogitare potest, quanto melior natura tum
fuerit, quam nunc est.

Ergo imaginem Dei sic intelligo: Quod Adam eam in sua substantia
habuerit, quod non solum Deum cognovit et credidit eum esse bonum, sed
10 quod etiam vitam vixerit plane divinam, hoc est, quod fuerit sine pavore
mortis et omnium periculorum, contentus gratia Dei. Sicut in Heua apparet,
quae cum serpente sine omni metu loquitur sicut nos cum agno aut cane.
Ideo etiam istam poenam proponit Deus, si transgrediantur praeceptum:
'Quacunque die comederis ex ligno hoc, morte morieris', quasi dicat: Adam
15 et Heua, vos nunc vivitis securi, mortem non sentitis nec videtis. Haec
est imago mea, qua vivitis, sicut Deus vivit. Si autem peccaveritis, amittetis
hanc imaginem et moriemini.

Nunc igitur videmus, quanta pericula, quot mortes et mortis occasiones
misera haec natura cogatur experiri et sustinere praeter foedam concupiscentiam
20 et alios furores peccati ac inordinatos motus, qui in omnium animis fiunt.
Nunquam sumus securi in Deo, terror et pavor etiam in somnis nos exercent.
Haec et similia mala sunt imago Diaboli, qui ea nobis impressit. Adam
autem in summa voluptate et securitate vixit: Non ignem, non aqaam metuit,
non metuit alia incommoda, quibus haec vita infestatur, et nos nimium
25 metuimus.

Extenuent igitur peccatum originis, qui volent, profecto apparet tum
in peccatis tum in poenis, longe esse maximum. Inspice solam libidinem,
au non est vastissima tum concupiscendo tum fastidiendo? Quid autem de
odio erga Deum et blasphemiis dicemus? Hi enim sunt lapsus illi insignes,
30 qui vere arguunt imaginem Dei amissam esse.

Ergo cum de imagine illa loquimur, loquimur de re incognita, quam
non solum non sumus experti, sed perpetuo contraria experimur, et nihil
praeter nuda vocabula audimus. Fuit enim in Adam ratio illuminata, vera
noticia Dei et voluntas rectissima ad diligendum Deum et proximum, sicut
35 Adam Heuam suam complexus est et statim agnovit ut suam carnem. Ad
hacc accesserunt alia leviora sed longe maxima, si cum nostra infirmitate
conferas, nempe cognitio naturae perfecta animalium, herbarum, fructuum,
arborum et aliarum creaturarum.

⌐ Haec omnia simul coniuncta an non talem virum constituunt et faciunt,
40 in quo imaginem Dei relucere sentias? Maxime cum addas etiam imperium
in creaturas, ut sicut Adam et Heua Deum agnoverunt Dominum, ita postea
ipsi reliquis creaturis in aëre, aqua, terra dominati sunt. Hanc maiestatem

Dr] quis poterit verbis assequi? Nam ego credo Adam ita potuisse uno verbo imperare Leoni, sicut nos imperamus assuefacto cani. Ac liberum ei fuit terram colere ad proferenda ea, quae vellet. Nam spinas et tribulos tum non fuisse sequentia probabunt, Sicut neque bestias tam immanes tum fuisse puto, ut nunc sunt.

Sed peccati originalis ista culpa est, quo vitium contraxit tota reliqua creatura, ut solem ante peccatum clariorem, aquam puriorem, arbores fertiliores, agros foecundiores esse existimem. Per peccatum autem et illum horribilem lapsum non solum caro lepra peccati deformata est, sed omnia, quibus haec vita utitur, corrupta sunt, sicut infra clarius dicemus.

Hoc autem nunc per Euangelium agitur, ut imago illa reparetur. Manserunt quidem intellectus et voluntas, sed valde viciata utraque. Euangelium igitur hoc agit, ut ad illam et quidem meliorem imaginem reformemur, quia in vitam aeternam vel potius in spem vitae aeternae renascimur per fidem, ut vivamus in Deo et cum Deo, et unum cum ipso sumus, sicut Christus dicit.

Neque vero ad vitam solum renascimur sed etiam ad iusticiam, quia fides arripit meritum Christi et statuit nos per Christi mortem liberatos esse. Inde alia iusticia nostra oritur, nempe illa vitae novitas, qua studemus obtemperare Deo edocti verbo et adiuti per Spiritum sanctum. Sed haec iusticia in hac vita incipitur tantum, neque potest in hac carne esse perfecta. Placet autem Deo non tanquam perfecta iustitia aut tanquam precium pro peccatis, Sed quia proficiscitur ex corde, quod nititur fiducia misericordiae Dei per Christum. Deinde hoc quoque fit per Euangelium, ut conferatur nobis Spiritus sanctus, qui resistit in nobis incredulitati, invidiae et aliis vitiis, ut serio optemus ornare nomen Domini et verbum eius etc.

Ad hunc modum incipit imago ista novae creaturae reparari per Euangelium in hac vita, sed non perficitur in hac vita. Cum autem perficietur in regno Patris, tunc erit voluntas vere libera et bona, mens vere erit illuminata et memoria constans, Tunc fiet etiam, ut omnes creaturae aliae magis nobis sint subiectae, quam in Paradiso Adae fuerunt.

Antequam hoc in nobis compleatur, non possumus satis scire, quid illa imago Dei per peccatum in Paradiso amissa fuerit. Hoc autem, quod dicimus, fides et verbum docent, quae tanquam ex longinquo ostendunt illam gloriam divinae imaginis. Sicut autem coelum et terra initio quasi rudia corpora fuerunt, priusquam lux esset addita, Ita pii illam imaginem rudem intra se habent, quam Deus perficiet in novissimo die in iis, qui verbo crediderunt.

Ergo fuit praestantissimum quiddam illa imago Dei, in quam inclusa fuit vita aeterna et securitas aeterna et omnia bona. Ita autem per peccatum haec imago obscurata et viciata est, ut eam ne quidem intellectu possimus

---

14 quia] qua *bessert Erl. Ausg.*

Dr] assequi. Nam etsi vocabula sonamus, Quis est, qui possit intelligere, quid sit esse in vita secura sine pavoribus et periculis, sapientem, rectum, bonum et liberum ab omnibus calamitatibus tum spiritualibus tum corporalibus? His autem maius fuit, quod etiam aeternae vitae fuit capax. Nam ita fuit
5 conditus, ut, quamdiu in hac corporali vita viveret, terram coleret non tanquam opus molestum faciens aut labore defatigans corpus, sed cum summa voluptate non tempus fallens sed Deo obediens et eius voluntati parens.

Hanc corporalem vitam exceptura erat spiritualis vita, in qua nec uteretur cibis corporalibus nec alia, quae in hac vita solent, faceret, sed
10 viveret angelicam et spiritualem vitam. Nam ita pingitur nobis futura vita in scriptura sancta, quod nec bibemus, nec comedemus, neque alias corporales actiones exercebimus. Ideo Paulus dicit: 'Primus homo factus est in animam 1. Kor. 15, 45 viventem', hoc est, vivit vitam animalem, quae indiget cibo, potu, somno etc. Sed 'secundus renovabitur in spiritum vivificantem', hoc est, erit spiritualis
15 homo, ubi redibit ad imaginem Dei. Erit enim similis Deo in vita, iusticia, sanctitate, sapientia etc. Nunc sequitur:

Dominetur piscibus maris etc.

Hic pulcherrimae creaturae, quae cognoscit Deum et est imago Dei, in qua lucet similitudo divinae naturae per rationem illuminatam, per iusticiam
20 et sapientiam, tribuitur regnum et fiunt Adam et Heua rectores terrae, maris et aëris. Committitur autem eis hoc dominium non solum consilio, sed etiam expresso mandato. Ubi primum exclusivam hanc diligenter consideremus, quod nulli bestiae dicitur, ut dominetur, sed simpliciter omnia animalia, imo terra cum omnibus terra nascentibus subiicitur Adae, quem Deus vocali
25 mandato et expresso constituit regem super totam creaturam animalem. Nam ista verba auribus audierunt Adam et Heua, cum diceret Deus: 'Domina- mini'. Ergo nudus homo sine armis et muris, imo etiam sine vestitu omni in sola sua nuda carne dominatus est omnibus volucribus, feris et piscibus.

Hanc imaginis divinae particulam etiam amisimus, ita ut ne intelli-
30 gamus quidem illam plenitudinem leticiae et voluptatis, quam ex totius creaturae animalis inspectione Adam habuit. Sed omnia leprosa, imo stupida et plane mortua hodie sunt. Quis enim potest cogitare istam quasi portionem divinae naturae, quod Adam et Heua omnes omnium animalium affectus, sensus et vires omnes intellexerunt? Qale enim regnum fuisset, nisi hoc
35 scivissent? Atque in sanctis in hac vita aliqua Dei cognitio ex verbo et Spiritu sancto cernitur. Sed illa naturae cognitio, ut omnes vires arborum, herbarum, naturas omnes bestiarum perspiciamus, haec in hac vita plane est irreparabilis.

Si igitur volumus praedicare insignem Philosophum, praedicemus primos
40 nostros Parentes, cum adhuc essent a peccato puri. Hi enim cognitionem Dei perfectissimam habuerunt, quomodo enim nescirent eum, cuius simili-

D] 'Hominem.' Habet nomen a terra. Hoc loco est homo constitutus dominus super omnes bestias, sed nondum super hominem sed magistratus [Bl. 6ᵃ] tantum super divisionem bonorum.

Dr] tudinem in se habebant et sentiebant? Deinde etiam stellarum et totius Astronomiae rationem certissimam habuerunt.

 Haec fuerunt in Heua aeque atque in Adamo, sicut ostendit oratio Heuae, cum serpenti respondet de ligno in medio Paradisi. Ibi satis apparet novisse eam suum finem, ad quem esset condita, et autorem ostendit, per quem id sciat. Ait enim: 'Dominus dixit'. Igitur non ex solo Adamo haec audivit, sed ipsa natura adeo fuit pura et plena cognitione Dei, ut verbum 10 Dei per se intelligeret et videret.

 Huius cognitionis nos hebetes et quasi emortuas reliquias habemus. Animalia autem caetera omnino hac cognitione carent, nesciunt creatorem, originem et finem suum, unde et cur creata sint. Ergo prorsus carent illa simili-
Pf. 32, 9 tudine Dei. Ideo Psalmus quoque hortatur: 'Nolite fieri sicut equus et mulus'. 15

 Etsi igitur imago ista pene tota sit amissa, tamen maxima est diffe-rentia hominis et coeterorum animalium. Tum autem ante peccatum longe maior et illustrior fuit differentia, cum cognoscerent Adam et Heua Deum et omnes creaturas et quasi absorpti essent toti in bonitate et iusticia Dei. Hinc inter ipsos quoque insignis animorum et voluntatum coniunctio fuit. 20 Nec alia species in toto mundo Adae suavior et venustior est visa quam Heua sua. Nunc uxor est, sicut gentes dicunt, necessarium malum. Ac cur malum vocent, satis manifeste cernitur, sed causam mali nesciunt, Satanam scilicet, qui hanc naturam sic depravavit et corrupit.

 Quae autem efficimus in vita, ea non fiunt per dominium, quod Adam 25 habuit, sed per industriam et artem. Sicut videmus dolo et fraude capi aves et pisces, sic arte cicurantur bestiae. Nam quae maxime domestica sunt, ut anseres, gallinae, tamen per se et sua natura fera sunt. Ergo leprosum hoc corpus habet adhuc Dei beneficio speciem aliquam dominii in alias creaturas. Sed id perexiguum est et longe inferius illo primo dominio, 30 ubi non arte, non dolis opus fuit, sed simpliciter divinae voci paruit creatura, cum iuberentur Adam et Heua dominari eis.

 Ergo nomen et vocabulum dominii retinemus ceu nudum titulum, Ipsa autem res fere tota amissa est. Et tamen bonum est ista scire et cogitare, ut suspiremus illum venturum diem, in quo haec nobis restituentur, quae in 35 Paradiso per peccatum amisimus. Exspectamus enim eam vitam, quam exspectasset quoque Adam. Atque hoc recte miramur et Deo ob id gratias agimus, quod nos peccato sic deformati, sic hebetes, stupidi et mortui quasi, per beneficium Christi exspectamus eandem gloriam vitae spiritualis, quam Adam exspectaturus erat, si mansisset in sua animali vita, quae imaginem 40 Dei habebat.

D] 'Ad imaginem similem nobis.' Duplex est similitudo: publica et privata. 1. Kor. 15, 49
Paulus loquitur de similitudine privata, sed textus videtur sonare de publica:
'similem nobis' i. e. scil. in gubernandis rebus. Haec similitudo manet sub
peccato adhuc, non abstulit eam similitudinem ab Adam. Sed Paulus geht
5 höher: eam similitudinem abstulit peccatum, scil. bonitatem, iusticiam. Ego
autem proprie puto loqui Mosen de similitudine publica. Ein fron ist unserm
h. got ehnlich, ehnlich non mit den zuzen oder nabel sed quod habet dominium
in familiam. De hac imagine loquitur Paulus in Cor. 'vir est gloria et imago 1. Kor. 11, 7
Dei'. In suma hic locus hoc vult, visch, vogel ꝛc. sol ein herrn haben, der
10 selb sol nit ein vissch oder vogel sein sed homo, Sicut ego sum deus et
dominus hominum et nihil habeo illarum rerum, quas ipsi habent, hab kein
nasen augen ꝛc.

Dr] Et creavit Deus hominem ad imaginem suam, ad imaginem Dei 1, 27
creavit illum.

15 Hic non utitur vocabulo similitudinis, sed tantum imaginis. Forte
autem voluit vitare ἀμφιβολίαν et ideo repetivit nomen imaginis. Aliam
causam repetitionis nullam video, nisi eam accipiamus pro emphasi, ut sit
significatio creatoris gaudentis et triumphantis in isto pulcherrimo opere,
quod fecit: Ut significet Moses, Deum non sic delectatum in aliis creaturis
20 sicut in homine, quem ad suam similitudinem creavit. Coetera animalia
dicuntur vestigia Dei, solus autem homo est imago Dei, sicut est in sententiis.
Nam in coeteris creaturis cognoscitur Deus ceu in vestigio, in homine autem,
praesertim in Adamo, vere cognoscitur, quia in eo est sapientia illa, iusticia
et omnium rerum cognitio, ut recte dicatur μικρόκοσμος. Intelligit enim
25 coelum, terram et totam creaturam. Hoc igitur delectat Deum, quod sic
pulchram fecerit creaturam.

Sine dubio autem, sicut tum Deus oblectatus est in isto consilio et
opere hominis creati, Ita hodie quoque delectatur in restituendo hoc suo
opere per Filium suum et nostrum liberatorem Christum. Haec utile est
30 cogitare, quod scilicet Deus optima de nobis cogitat et delectatur in ista
cogitatione et consilio suo de restitutione in spiritualem vitam per resurrectionem mortuorum, qui crediderunt in Christum.

Masculum et foeminam creavit eos.

Ne videretur mulier excludi ab omni gloria futurae vitae, comprehendit
35 Moses utrunque sexum, videtur enim mulier quoddam diversum esse animal
a viro, quod et membra habet dissimilia et ingenium longe infirmius. Ac
quamvis Heua fuerit praestantissima creatura, similis Adae, quod ad imaginem
Dei attinet, hoc est, ad iusticiam, sapientiam et salutem, tamen fuit mulier.
Sicut enim sol praestantior est luna (quanquam luna quoque sit praestantis-

D]   [Bl. 6ᵇ] **Questio:**

Moses scribit mundum in principio creatum esse a deo, postea dicit
14, 22 alia creata esse per verbum, ergo mundus fuit prius quam verbum.

Potest primum responderi: Primam paragraphum esse tanquam titulum
libri, q. dicat Moses: Summa est: sum dicturus de creatione coeli et terrae,   5
quomodo fuerit coelum obscurum et terra rudis, Da gieng es so zu: Deus
dixit 'fiat lux'.

Sed hoc non concludit. Ego existimo cum propter Iudeos sic locutum
esse, ne offenderentur in verbo, Hat Si lassen bleiben in intellectu puerili et

-----

zu 3 'creavit' prius est quam 'dixit', ergo terra et coelum prius fuerunt et non sunt
creata per verbum r

Dr] simum corpus), Ita mulier etsi esset pulcherrimum opus Dei, tamen non   10
aequabat gloriam et dignitatem masculi.

Ideo autem coniungit hic Moses utrunque sexum et dicit Deum creasse
masculum et foeminam, ut significet Heuam quoque a Deo factam fuisse, con-
sortem imaginis et similitudinis divinae, item imperii super omnia. Sic adhuc hodie est mulier consors futurae vitae, sicut Petrus dicit, quod sint   15
1. Petri 3, 7 cohaeredes eiusdem gratiae. Et in oeconomia est uxor Dominii consors et
habet communem possessionem prolis, substantiae, et tamen magna differentia
est sexus. Mas est ceu sol in coelo, Foemina velut Luna, animalia sunt
ceu stellae, quibus sol et luna dominantur. Ergo primum hoc ex sententia
hac observemus, quod scripta sit, ne ille sexus excludatur ab omni gloria   20
humanae naturae, quamvis inferior sit masculino sexu. De Coniugio iufra
dicemus.

Secundo: Est hic Argumentum contra Hilarium et alios, qui constituerunt Deum omnia creasse simul. Confirmatur enim hic nostra sententia,
quod isti sex dies fuerint vere sex dies naturales, quia hic dicit, quod Adam   25
et Heua sint creati sexto die. Hunc textum non licet cavillari. De ordine
autem creationis hominis dicet in sequenti capite, quod Heua aliquanto post
Adamum non ex gleba terrae, sicut Adam, sed ex costa eius sit facta, quam
Deus ex latere dormientis Adae exemit. Haec omnia sunt temporalia opera,
hoc est, quae tempus requirunt, nec simul uno momento facta sunt, sicut illa   30
quoque, quod adducit Deus omne animal ad Adamum, et non invenitur
simile ei etc. Haec sunt temporalia et gesta in sexto die, quae breviter per
anticipationem Moses hic attingit, et postea explicabit latius.

Multi Doctores hoc quoque putant Adamum sexto die peccasse et
celebrant sextum diem duplici nomine, quod, sicut Adam sexto die peccavit,   35
ita Christus quoque sexto die passus sit. Haec an vera sint, ipsi viderint.
Hoc Moses manifeste dicit, hominem in sexto die creatum et ei uxorem
additam esse. Mihi, sicut infra dicam, similius vero videtur, quod Adam

D] simplici et tamen propter spirituales viros dixit postea de verbo. Potest autem responderi alio modo: Quia wer das Schöne macht ut lucem et [Bl. 7ª] fructus, der kan das vile auch machen. Est igitur bene dictum dicere pro puerilibus et laicis. Nam quod omnia constant per verbum, ist zu hoch
5 und ist aller erst in novo testamento revelirt sicut Paulus dicit Omnia, etiam angeli verbo eius facti sunt. Moses aber hat nit so hoch dran gewollt, significat tamen Moses verbum esse Creatorem. Quia autem in principio id non potuit dicere propter ruditatem Iudeorum, tamen post admonet.

---

3 vide *Hs*

Dr] peccaverit septimo die, hoc est in Sabbato, sicut adhuc Sabbatum ecclesiae
10 infestat Satan, cum docetur verbum, sed ne hoc quidem ex Mose manifesto ostendi potest. Sunt igitur utrinque rationes contra rationes, sicut Caesar Maximilianus solebat dicere. Quare relinquo ista dubia, ita ut sint in unius-cuiusque arbitrio.

Lyra quoque recitat Iudaicam fabulam, cuius in Platone etiam alicubi
15 fit mentio: Hominem principio creatum cum utroque sexu et postea virtute divina quasi discissum ceu dissectum, sicut dorsi et spinae forma videntur testari. Haec alii obscenioribus nugis auxere. Sed secundum caput hos nugatores redarguit. Nam hoc si verum est, quomodo constabit sumpsisse Deum unam de costis Adae et ex ea aedificasse mulierem? Talmudica haec
20 sunt, et tamen attingenda fuere, ut videamus Diaboli malitiam, qui tam ab-surda suggerit hominibus.

Cum hac fabula convenit, quod Aristoteles appellat mulierem virum occasionatum, et alii monstrum dicunt. Sed sint ipsi monstra et monstrorum filii, qui sic calumniantur et rident creaturam Dei, in qua ipse Deus delectatus
25 est, tanquam in nobilissimo opere, Item quam videmus singulari consilio Dei conditam esse. Sed arguunt ista gentilia, quam ratio nihil possit certi de Deo et operibus Dei statuere sed tantum rationes contra rationes fingit neque quicquam perfecte aut solide docet.

Et benedixit.   1, 28
30 Hoc de animalibus non dixit, Igitur ea hic includit.

Fructificate.
Hoc est mandatum Dei additum creaturae. Sed, bone Deus, quid hic nobis per peccatum periit? Quam enim ille status hominis beatus fuit, in quo generatio sobolis fuit coniuncta cum summa reverentia et sapientia,
35 Item cum cognitione Dei! Nunc ita oppressa est caro lepra libidinis, ut corpus in usu generationis plane brutescat nec possit generare in cogni-tione Dei.

D]   Novi haeretici faciunt ex verbo רבד, quod rem significat et accipiunt verbum in Ioanne pro re. Moses autem clare significat verbum prolativum Dixit, fiat 2c. Hoc sprechen non est res. wenn man das hat quod verbum est prolativum, so ist genug, quia deus producit tale verbum [Bl. 7ᵇ] quod non est Creatura sed creat alia. אמר igitur prolativum verbum significat,   5

zu 2 quo Iohannes utitur ca. 1. *r*

Dr]   Mansit igitur generatio in humana natura, sed valde infirmata, imo plane oppressa lepra illa libidinis, ut paulo quam brutorum generatio sit moderatior. Huc accedunt pericula gestationis et partus, difficultas alendae prolis et alia infinita mala, quae omnia nos de magnitudine peccati originis docent. Ergo benedictio, quae in natura adhuc restat, quasi maledicta et   10 humiliata est benedictio, si ad illam primam conferas, et tamen Deus eam condidit et conservat. Quare agnoscamus cum gratiarum actione illam quasi deformatam benedictionem et incvitabilem carnis lepram, quae mera inobedientia est et foeditas annexa corporibus et animis, sentiamus esse peccati poenam. Exspectemus autem in spe mortem huius carnis, ut liberemur ab   15 his foeditatibus et restituamur etiam supra illam primam Adae creationem.

Et dominamini piscibus maris.

Quis in ista prima creatione et integritate fuisset iumentorum, piscium et aliorum animalium usus, statuere liquido non possumus, adeo sumus obruti ignorantia Dei et creaturae. Hoc nunc videmus nos vesci carnibus,   20 leguminibus etc. Haec nisi in hoc usu essent, nesciremus, cur essent condita, nullum enim alium videmus aut habemus harum creaturarum usum. Sed Adae praeter victum, quem ex aliis et longe nobilioribus fructibus habuisset, non fuisset tales creaturarum usus, qualis hodie est, non enim vestitu, non pecunia indiguit, cui omnia subiecta essent. Nec erat avaricia   25 in eius posteritate futura, sed praeter victum, tantum ad admirationem Dei et voluptatem sanctam nobis in hac naturae corruptione ignotam, creaturis usuri erant, ubi contra hodie et omnibus temporibus fere omnes creaturae vix satis sunt ad hominem alendum et iuvandum. Quare quid hoc dominium fuerit, non possumus ne cogitare quidem.   30

I, 29   **Dixitque Deus: Ecce dedi vobis omnem herbam afferentem semen etc.**

Hic vides, quantam curam Deus suscipiat pro homine creato. Primum condidit terram ceu domum, in qua viveret: Deinde alia, quae necessaria iudicabat ad vitam, ordinavit: Tandem condito homini dedit donum genera-   35 tionis: Nunc etiam cibum dat, ne quid ad vitam facillime degendam desit. Credo autem, si in ista innocentia mansisset Adam, pueros statim a partu

D] ברא creatum verbum Quanquam in voce 'creavit' mansit verbum, creavit dicendo.[1]

Nota: unfer hierr Glott ift ein feiner hauswirt, der fchafft allen haus= rat, ee er den wirt einfezt, Da folt man bey fehen, das u. h. g. uns nit wolt 5 verlaffen: er zundt bor ein liecht an, parat cibum, potum 2c.

Dr] procursuros fuisse ad illas voluptates fruendas, quas prima creatura attulit. Sed frustra commemoramus haec, quae neque cogitatione attingi possunt et irrecuperabilia sunt in hac vita.

Et universa ligna.

10 Videtur Moses facere differentiam seminum et virescentis herbae, forte quod haec bestiarum, illa hominis usui servitura erant. Nam hoc mihi non est dubium, quin semina, quibus hodie ad victum utimur, longe fuerint praestantiora quam nunc. Deinde quod Adam carnes, quibus nos nihil habemus lautius, tanquam minus suavem cibum, non fuerit prae aliorum 15 fructuum terra natorum suavitate gustaturus. Ex quorum fructuum usu non leprosa illa pinguedo sed corporis pulchritudo et sanitas proventura erat et sana humorum temperatura.

Nunc carnes non sufficiunt, non sufficiunt legumina, non frumenta, et saepius incommodiore victu valetudinis pericula incurrimus. Taceo illa plus 20 quam pecuina peccata in immoderato usu cibi et potus, quae quotidie in- gravescunt. Ergo manifesta maledictio est, quae propter peccatum secuta est. Nam etiam maledictas et noxias bestiolas ex terra, propter peccatum hominis maledicta, primum enata esse verisimile est.

Sed hic questio incidit, quomodo conveniat, quod Adae omnia ligna 25 agri fruenda conceduntur, et tamen postea singularis terrae pars, quam Para- disum vocat, ei colenda tribuitur? Item queritur: An Paradisus vocetur tota terra? etc. Sed haec differemus in secundum caput.

Viditque Deus cuncta, quae fecerat, et erant valde bona.   1, 31
Factumque est vespere et mane dies sextus.

30 Postquam absolvit Deus opera, loquitur more fatigati, quasi dicat: Ecce omnia optime paravi, coelum paravi ceu tectum, pavimentum terra est, possessio et opes sunt animalia cum omni apparatu terrae, maris et aëris, Cibus: semina, radices, herbae. Ipse autem Dominus horum Homo est con- ditus, ut habeat cognitionem Dei et usum creaturarum, quem volet pro suo 35 arbitrio, cum summa securitate, iusticia, sapientia. Nihil deest: omnia sunt abundantissime creata, ad animalem vitam, Igitur agam Sabbatum etc.

---

10 virescentes A

D]

II. caput Gen.

'Igitur perfecti sunt' q. d. es war ruditer angefangen Omnia sunt per verbum facta, ante verbum nihil fuit.

De sabbathisante deo tantum est historia hoc loco, non est praeceptum.

---

4 sabbathasante *IIs*

Dr]　　　Haec bona maxima ex parte omnia amissa sunt per peccatum et sumus ₅ hodie ceu cadaver quoddam illius primi hominis, qui vix umbram istius regni retinemus. An non eum dicemus omnia amisisse, qui ex immortali factus est mortalis, ex iusto peccator, ex accepto et grato homine homo damnatus? Quia iam homo est mortalis et peccator. Si autem haec non exsuscitant nos ad spem et expectationem venturi diei et futurae vitae, ₁₀ nihil est, quod nos possit excitare. Haec pro explicatione primi capitis sufficiant. In sequenti docebit de opere sexti diei, Quomodo homo sit conditus.

Secundum Caput.

2, 1　　　Et perfecti sunt coeli et terra et omnis exercitus eorum.　　₁₅

Noster textus habet 'Et omnis ornatus eorum', sed in Ebraco est 'exercitus' vel 'milicia eorum' *Zebaam*. Ac Prophetae hunc loquendi modum Jer. 19, 13 retinuerunt, ut stellas et planetas appellarent miliciam coeli. Sicut Iere. 19 est, quod Iudaei adoraverunt 'universam militiam coelestem', hoc est, solem, Zeph. 1, 5 lunam et alias stellas, et Zoph. 1: 'Disperdam eos, qui adorant super tecta ₂₀ Apg. 7, 42 miliciam coeli'. Et Stephanus Act. 7. 'Servierunt, inquit, miliciae coeli'.

Huiusmodi Phrases a Mose Prophetae mutuati sunt, qui hoc in loco militari verbo stellas et luminaria coeli vocat exercitum seu miliciam coeli, Homines autem, bestias et arbores vocat miliciam terrae. Fortasse in futurum eventum, quia Deus postea se vocat Deum exercituum seu miliciarum, hoc ₂₅ est, non tantum Angelorum seu spirituum, sed totius creaturae, quae ei militat et servit. Nam Satan postquam propter peccatum a Deo abiectus est, tanto odio Dei et hominum impletus est, ut, si posset, uno momento mare piscibus, aërem volucribus, terram omnis generis fructibus orbaret et omnia perderet. Sed Deus creavit istas creaturas omnes, ut stent in milicia ₃₀ et sine fine pugnent contra Diabolum pro nobis, et contra homines, dum nobis serviunt ac nobis prosunt.

2, 2 Consummavitque Deus in die septimo opus suum, quod fecerat, et quievit in die septimo ab omni opere suo, quod fecerat.

Hic questio oritur. Moses dicit quievisse Dominum die septimo ab ₃₅ opere, quod fecerat, hoc est, cessasse operari in septimo die. Contra Christus

Dt] Ioh. 5. dicit: 'Pater meus operatur usque modo, et ego operor'. Facit autem ꝛꝛ.5,17 ad hunc locum, quod Epistola ad Ebraeos cap. 3. et 4. disputat de requie: ꝛꝛr.3,18;4,3 'Si introibunt', non quidem in terram promissionis, sed 'in requiem meam' etc.

Sed nos simpliciter sic respondemus: Solutionem afferri ab ipso textu, 5 cum dicit: 'Perfecti sunt coeli et terra'. Sabbatum enim seu quies sabbati hoc significat, quod Deus sic cessaverit, ne conderet aliud coelum et aliam terram, non hoc significat, quod Deus coelum et terram tum conditam desierit conservare et gubernare. Nam de modo creationis superiore capite satis clare nos docuit Moses Deum per verbum condidisse omnia: 'Producat 10 mare pisces, terra herbam, bestias' etc., Item: 'Crescite, replete terram, mare'. Haec verba usque hodie durant. Ideo videmus multiplicationem sine fine. Itaque si mundus consisteret infinitis annis, virtus horum verborum non interiret, sed esset perpetua multiplicatio vi istius verbi seu primae, ut sic loquar, fundationis.

15 Facilis itaque est solutio. Quievit Deus ab opere suo, hoc est, contentus fuit illo coelo et terra tum condita per verbum, non creavit novos coelos, non novam terram, non novas stellas, non arbores novas. Et tamen operatur Deus adhuc, si quidem semel conditam naturam non deseruit, sed gubernat et conservat virtute verbi sui. Cessavit igitur a conditione, sed 20 non cessavit a gubernatione. In Adamo cepit genus humanum, in terra cepit per verbum genus animale, ut sic dicam, in mari cepit piscale et volatile. Sed in Adamo et primis bestiolis seu animalibus non desierunt ista. Manet adhuc hodie verbum super genus humanum dictum: 'Crescite et multiplicamini', manet verbum: 'Producat mare pisces et aves coeli'. 25 Omnipotens igitur verbi vis et virtus est, quod totam creaturam sic conservat et gubernat.

Clare igitur constituit Moses, quod Verbum in principio fuerit. Quia autem crescunt, multiplicantur, conservantur et reguntur adhuc omnia eodem modo quo a principio mundi, Manifeste sequitur verbum adhuc durare nec 30 esse mortuum. Quod igitur dicit: 'Quievit Deus ab opere', non est referendum ad istum cursum rerum, quomodo conservantur et gubernantur, sed simpliciter ad initium, quod cessaverit Deus ab ordinibus condendis, ut vulgo loquuntur, et a novis speciebus seu novis creaturis.

Ego, si meam personam spectes, sum quiddam novum, quia ante annos 35 sexaginta nihil fui, sic mundus iudicat. Sed Dei aliud est iudicium, nam coram Deo sum generatus et multiplicatus statim in principio mundi, quia hoc verbum, 'Et dixit Deus: Faciamus hominem' me quoque creavit. Quidquid enim Deus voluit condere, hoc tum, cum diceret, condidit. Non subito nostris oculis apparuerunt omnia. Sicut enim sagitta, aut globus, qui ex 40 bombarda mittitur (nam in hoc maior celeritas est), uno quasi momento ad metam dirigitur et tamen per certum intervallum mittitur: Ita Deus per verbum suum currit ab initio usque ad finem mundi. Non enim apud Deum

Dr] sunt prius et posterius, citius aut tardius, sed omnia sunt eius oculis praesentia. Est enim simpliciter extra temporis rationem.

Ergo verba illa 'Dixit Deus: Fiat, crescite, multiplicamini' sic constituunt creaturas, ut nunc sunt et erunt usque ad finem mundi. Cessavit
autem a condendis novis. Non enim condidit novam terram, non coelum   5
novum, sed sicut solem et lunam voluit currere, ita adhuc currunt. Sicut
tum replevit mare piscibus, coelum volatilibus, terram pecudibus, ita sunt
ista consummata, et manent adhuc ac conservantur. Sicut Christus dicit:
'Pater operatur usque modo, et ego operor'. Verbum enim, quod in prin-
Psl. 33, 9 cipio dixit, adhuc est. Sicut Psal. 32. ait: 'Ipse dixit et facta sunt'.   10

Sed hic opponitur aliud, nempe: Quomodo verum sit Deum nihil
novi condidisse, cum tamen constet, arcum seu iridem tempore Noha
conditam. Item post Adae lapsum minatur Dominus futurum, ut terra
producat tribulos et sentes, quos non fuerat productura, si Adam non
peccasset. Item de serpente dicitur, quod debeat repere pronus humi,   15
qui procul dubio, sicut initio conditus fuit, rectus incessit, sicut hodie
cervi et pavones incedunt? Haec certe est nova conditio facta per novum
verbum. Item nisi Adam non esset lapsus in peccatum, non fuisset
ista luporum, leonum, ursorum ferocitas. Plane nihil in tota creatura
homini aut molestum aut noxium fuisset. Nam textus clare dicit: Omnia   20
a Deo condita fuisse bona. Nunc, quaeso, quantae molestiae sunt?
Ipsum corpus quot et quantis incommodis morborum saltem est obnoxium?
Omittam pulices, muscas, araneos, quantum periculorum est a reliquis trucu-
lentis et venenatis bestiis? Sed ut nihil horum sit, certe hoc maximo est
novum, quod virgo parit filium Dei. Ergo Deus septimo die non cessavit,   25
sed operatur non tantum conservando creaturam, sed etiam mutando et
novando creaturam. Nec est verum, quod supra posuimus, abstinuisse Deum
a novis ordinibus condendis.

Respondeo: Moses hic loquitur de natura incorrupta; si igitur homo
stetisset in ea innocentia, qua erat conditus, non extitissent spinae, non   30
tribuli, non morbi, non vis bestiarum ulla. Sicut ex eo satis apparet, quod
Heua sine metu non aliter cum serpente loquitur, quam nos cum delicata
avicula aut blando catello. Nec mihi dubium est serpentem fuisse pulcherrimam creaturam cum singulari hoc dono ornatam, ut inter reliquas bestias
haberet primam laudem calliditatis, sicut calliditatis laudem habent vulpeculae,   35
mustelae etc.

Ergo cum Adam adhuc esset sanctus et innocens, omnia animantia
cum summa voluptate ei cohabitarunt parata ad omnis generis officia. Nec
fuisset, si ita permansisset, metus a diluvio et per consequens neque iris seu
arcus extitisset. Sed peccatum causa extitit, cur multa Deus aliter faceret.   40
Ac in extremo die longe maior totius creaturae mutatio et renovatio erit,
Röm. 8, 20 quae, sicut Paulus dicit, Rom. 8. propter peccata nunc vanitati est subiecta.

Dr]   Quod igitur Moses dicit: Quievisse Dominum, loquitur de conditione originalis mundi. In eo, quia non fuit peccatum, ideo nihil novi creatum est, non fuerunt tribuli, non spinae serpentes et bufones, etsi erant, tamen erant sine veneno, et sine cupiditate nocendi. Ad hunc modum loquitur de creatione mundi in sua perfectione. Erat tum mundus purus et innocens propter hominem purum et innocentem. Nunc, cum alius sit homo propter peccatum, etiam mundus cepit esse alius, hoc est, ad lapsum hominis secuta est corruptio et maledictio creaturae. 'Maledicta terra, ait Deus ad Adam, propter te; spinas et tribulos germinabit tibi'. Et ad peccatum unius maledicti Cain maledicitur terra, ut etiam culta non reddat virtutem suam. Postea ad peccatum totius mundi venit diluvium, et deletur universum genus humanum paucis iustis servatis, ne promissio de Christo non impleretur. Sicut autem apparet, terram deformatam esse per peccatum, Ita credo ego, solis quoque lumen clarius et pulchrius fuisse, cum crearetur, ante peccatum hominis.

     Est usitatum verbum in scholis Theologorum: Distingue tempora et concordabis scripturas. Quare multo aliter loquendum nobis est de mundo post illam miseram corruptionem, quae per peccatum secuta est, quam de illo originali puro et integro mundo. Consideremus exemplum, quod ante oculos est. Terram promissionis qui viderunt hodie, dicunt nihil simile esse illi commendationi, quae extat in sacris literis. Itaque cum eam Comes Stolbergensis singulari diligentia perlustrasset, dixit sibi suum agrum, quem in Germania haberet, esse gratiorem. Nam propter peccatum, propter impietatem et maliciam hominum terra in salsuginem est posita, ut ait Psal. 107. Pſ. 107, 34 Sic Sodoma, antequam igni de coelo periit, fuit ceu Paradisus quaedam Gen. 13. 1. Moſe 13, 10

     Sic in genere peccatum sequitur maledictio, maledictio autem mutat res, ut ex optimis fiant pessima. Loquitur itaque Moses de creaturarum consummatione, qualis fuit ante peccatum. Si enim homo non peccasset, omnes bestiae mansissent in obedientia, donec Deus hominem transtulisset de Paradiso seu terra: sed post peccatum omnia sunt mutata in deterius.

     Ad hunc modum manet solutio supra posita: Quod Deus in sex diebus consummavit opus suum, hoc est, quod desiit a constituendis ordinibus, et quicquid facere voluit, tum fecit. Non dixit denuo: Fiat nova terra, novum mare etc. Quod autem virgo Maria peperit filium Dei, manifestum est, cius quoque beneficii causam fuisse calamitatem nostram, in quam per peccatum incidimus. Sic autem Deus illud mirabile et ingens opus fecit, ut prius id per verbum suum se ostenderet facturum esse. Sicut etiam alia miracula per verbum Deus significavit futura esse.

     Haec iam est prima questio de eo, quod consummaverit Deus coelum et terram, et nihil novi fecerit. Nunc etiam hoc explicandum est, ut discamus, quid sit Sabbatum, seu quies Dei, Item, quomodo sanctificaverit Sabbatum Deus, sicut textus dicit.

^{Dr]}Et benedixit Deus diei septimo, et sanctificavit eum, eo quod in
^{2, 3}eo quievisset ab omni opere suo, quod creavit Deus, ut faceret.

Matthaei XII. dicit Christus: Sabbatum esse factum propter hominem,
non hominem propter Sabbatum. Sed Moses hic de homine tacet, non enim
dicit diserte homini mandatum esse Sabbatum, sed hoc dicit, Deum sabbato   5
benedixisse et id sibi sanctificasse. Porro hoc in nulla creatura alia fecit,
Non sanctificavit sibi coelum, non terram, non ullam creaturam aliam, sed
septimum diem sibi sanctificavit. Hoc eo proprie pertinet, ut intelligamus,
septimum diem praecipue divino cultui esse applicandum. Sanctum enim
est, quod Deo est appropriatum et ab omnibus profanis usibus separatum,   10
hinc sanctificare: deligere ad sacros usus, seu ad cultum Dei, sicut Moses
hac phrasi saepius utitur, etiam de vasis sacris.

Sequitur igitur ex hoc loco: Si Adam in innocentia stetisset, tamen
habuisset septimum diem sacrum, hoc est, eo die docuisset posteros de
voluntate et cultu Dei, laudasset Deum, gratias egisset, obtulisset etc. Aliis   15
diebus coluisset agrum, curasset pecora. Imo etiam post lapsum habuit
sacrum diem illum septimum, hoc est, docuit eo die suos, id quod testatur
oblatio filiorum Cain et Habel. Igitur Sabbatum ab initio mundi destinatum
est ad cultum Dei.

Ad hunc modum innocens natura praedicasset gloriam et beneficia   20
Dei: confabulati essent die Sabbato de inaestimabili bonitate creatoris, ob-
tulissent, orassent etc. Haec enim significat verbum sanctificandi.

Porro includitur hic quoque immortalitas humani generis, sicut Epistola
Hebr. 3, 16
Ps. 95, 11ad Ebre. erudite disputat de requie Dei, ex Psalmo 95. 'Si introibunt in
requiem meam'. Est enim requies Dei aeterna. Nam Adam vixisset ad   25
certum tempus in Paradiso secundum placitum Dei; postea esset raptus ad
illam requiem Dei, quam voluit Deus hominibus non solum significare, sed
commendare quoque per sanctificationem Sabbati. Ita tum animalis vita
felix et sancta fuisset, tum spiritualis et aeterna. Nunc miseri istam felicitatem animalis vitae amisimus per peccatum, et dum vivimus, in media   30
morte sumus.[1] Et tamen, quia Ecclesiae relinquitur mandatum de Sabbato,
significatur, quod etiam spiritualis illa vita per Christum nobis restituenda
sit. Sicut Prophetae istos locos diligenter excusserunt, in quibus Moses
latenter ostendit resurrectionem carnis et immortalem vitam.

Deinde ostenditur hic quoque hominem praecipue esse conditum ad   35
noticiam et cultum Dei. Non enim Sabbatum propter oves et boves, sed
propter homines institutum est, ut in eis noticia Dei exerceretur et cresceret.
Etsi igitur per peccatum homo noticiam Dei amisit, tamen Deus mandatum
de sanctificando sabbato voluit manere, voluit die septimo exerceri tum
verbum, tum alios cultus ab ipso institutos, ut primum cogitaremus de   40

---

¹) *Anspielung an das* 'Media vita in morte sumus'.

Dr] conditione nostra, quod potissimum ad agnitionem et glorificationem Dei natura haec sit condita.

Deinde, ut etiam certam spem futurae et aeternae vitae animo retineremus. Nam omnia, quae in Sabbato Deus voluit agi, sunt evidentia signa alterius vitae post hanc vitam. Quid enim necesse est, Deum per verbum suum nobiscum loqui, si non vivendum est in futura et aeterna vita? Nam si non est speranda futura vita, cur non vivimus, sicut quibuscum Deus non loquitur, et qui Deum non agnoscunt? Sed quia divina maiestas cum solo homine loquitur, et solus homo agnoscit et appraehendit Deum, necessario sequitur: esse aliam vitam post hanc vitam, ad quam consequendam nobis opus sit verbo et cognitione Dei. Nam haec temporalis et praesens vita est vita animalis, qualem vivunt omnes bestiae, quae verbum et Deum non norunt.

Hoc significat Sabbatum seu quies Dei, in quo Deus nobiscum loquitur per verbum suum et nos vicissim cum eo per invocationem et fidem. Bestiae quidem audire et intelligere quoque vocem hominis discunt, sicut canes; equi, oves, boves, et conservantur quoque ab homine ac aluntur. Sed nostra melior conditio est, qui Deum audimus et scimus voluntatem eius ac vocamur in certam spem immortalitatis. Sicut testantur manifestae promissiones de vita aeterna, quas Deus·nobis post illas obscuras significationes, qualis haec de requie Dei et sanctificatione sabbati est, per verbum suum revelavit. Quanquam haec de sabbato satis clara sunt. Finge enim nullam esse vitam post hanc vitam, An non sequitur nos non opus habere Deo, non verbo eius? Nam hoc, quod in hac vita requirimus aut agimus, etiam sine verbo habere possumus. Sicut bestiae pascuntur, vivunt, saginantur, licet verbum Dei non habeant, nec audiant. Quid enim verbo ad cibum et potum iam antea creatum est opus?

Quod igitur Deus dat verbum, quod praecipit exercitium verbi, quod mandat sabbati sanctificationem, et cultum suum, Haec omnia arguunt, restare vitam post hanc vitam, et hominem esse conditum non ad corporalem tantum vitam sicut reliquas bestias, sed ad aeternam vitam, sicut Deus, qui haec mandat et instituit, aeternus est.

Sed hic alia questio oritur, quam supra quoque attigimus, de lapsu Adae, quando ceciderit, septimo ne die, an alio? Etsi autem nihil certi possit afferri in medium, tamen libenter imaginor eum septimo die esse lapsum. Sexto die creatus est; Heua quoque sub vesperam seu finem sexti diei est condita, dum Adam dormiret. Septimo die, qui sanctificatus erat per Dominum, mane Deus cum Adam loquitur, mandat de cultu suo et interdicit pomum seu lignum scientiae boni et mali. Nam hoc proprium est munus septimi diei, praedicari et audiri verbum Dei. Hinc tum in scriptura tum in usu mansit, ut matutinum tempus orationi et concionibus destinaretur, sicut Psalmus 5. inquit: 'Mane astabo tibi, et videbo'.   Ps. 5, 4

Dr]   Ita septimo die mane videtur Adam audivisse Dominum mandantem
curam oeconomicam et politicam cum prohibitione pomi. Satan itaque impatiens huius pulcherrimae tum creationis tum ordinationis ac invidens homini
tantam felicitatem, quod et in terra omnia abundanter ei suppeterent, et post
tam felicem vitam corporalem certa spes esset aeternae vitae, quam ipse 5
amiserat, forte sub duodecimam horam, post concionem Dei, concionatur ipse
quoque Heuae. Sicut adhuc solet: ubi verbum Dei est, ibi ipse quoque
nititur mendacium serere et haereses dolet enim ei, nos per verbum, sicut
Adamum in Paradiso, fieri cives coelorum. Heuam itaque solicitat ad peccatum et vincit. Ac textus clare dicit, cum iam calor diei cessasset, venisse 10
Dominum et damnasse Adamum cum omni posteritate ad mortem. Haec
omnia facile mihi persuadeo ipso die Sabbato accidisse, quo uno eoque non
integro Adam in Paradiso vixit et eius fructibus se oblectavit.

    Itaque per peccatum hanc felicitatem amisit homo. Neque autem
Adam in Paradiso, si in innocentia mansisset, vixisset ociosus: sabbato die 15
docuisset filios, ornasset Deum meritis laudibus publica praedicatione et se
et alios contemplatione operum Dei excitasset ad gratiarum actionem. Aliis
diebus fecisset opus aut colendo agrum aut venando, Sed longe alia ratione,
quam nunc fit: Nobis enim labor est molestia, Adae fuisset summa voluptas,
gratior omni otio. Quare sicut aliae vitae huius calamitates nos admonent 20
peccati et irae Dei, Ita labor quoque et illa difficultas parandi victus nos
peccati admonere et ad poenitentiam invitare debet.

    Nunc pergit Moses hominem clarius describere repetitis prius iis, quae
in primo Capite dixit. Etsi autem videntur haec verba otiosa esse, tamen,
quia commode Historiam continuare vult, non est plane otiosa repetitio. 25

2, 4. 5 Istae sunt generationes coelorum et terrae, cum crearentur, in
    die, cum faceret Dominus Deus terram et coelos, antequam
    oriretur ullum virgultum in terra, aut ulla herba in agro
                   germinaret.

    'In die', accipiendum est pro tempore infinito, acsi dicat: In illo 30
tempore fuit pulcherrimus status omnium rerum. Sed nunc aliud mihi
dicendum est. Non autem necesse est superstitiosius inquirere: Cur Moses
rustica hac loquendi figura de virgultis et herbis voluerit uti? Nam in eo
est, ut conditionem hominis diligentius persequatur.

2, 5. 6 Non enim pluerat Dominus Deus super terram, neque erat homo, 35
    qui operaretur terram, sed vapor ascendebat e terra, irrigans
           universam superficiem terrae.

    Nondum, inquiet, erat pluvia, quae rigaret terram, Sed vapor quidam
ceu ros elevabatur, qui fecundabat terram, ut germinaret postea felicius.
Pertinent autem haec proprie ad tertium diem. 40

D]   'Antequam oriretur ullum virgultum' [Bl. 8ᵃ] es hett nit ein Sträuchlin gestanden, non fuit terra culta. Hic vapor est, quod supra abyssum vocavit, unde factum est coelum et terra et aqua. Q. d. Deus omnia creavit, zuvor war gar nichts da. Post dedit pluviam, da ist ein ander erden worden,
5 qualem hodie videmus, aber so ists nit allweg gewest.

    'Formavit igitur dominus.' Prius format, post vivificat hominem, Sicut adhuc hodie in utero prius formatur massa, post vivificatur

    'Et inspiravit.' Was darff Mose der phrasi, het wol mugen sagen creavit in eo spiritum Sed dicit 'Inspiravit', ut significet spiritum f., quo
10 vivificavit hominem. Idem igitur [Bl. 8ᵇ] est ac si dicat: vivificavit hominem spiritu sancto. Est igitur hec definitio animae verior et clarior quam in

_____

2 vapor] sapor Hs

Dr] Formavit igitur Dominus Deus Hominem de pulvere terrae, et 2,7
inspiravit in faciem eius spiraculum vitae, et factus est homo
in animam viventem.

15   Hic redit Moses ad opus sexti diei, et ostendit, unde cultor terrae venerit. Nempe, quod Deus eum finxerit ex gleba, sicut figulus manu ex luto fingit ollam. Ideo supra non dixit, sicut de aliis creaturis: Producat terra hominem, Sed: 'faciamus hominem', ut ostendat excellentiam generis humani, et revelet Dei consilium singulare, quo usus est in condendo homine,
20 etsi posthac homo crescit et multiplicatur eodem modo, quo reliquae bestiae. Nam semen in matrice coagulatur et formatur eadem ratione. Hic nulla dissimilitudo est inter vaccam foetam et gravidam mulierculam. Sed in prima conditione ostendit Moses maximam esse dissimilitudinem, siquidem singulari tum consilio tum sapientia humana natura condita et digito Dei formata est.

25   Haec dissimilitudo, quae inter originem Hominis et pecudum est, etiam ostendit immortalitatem animae, de qua paulo ante diximus. Etsi enim omnia reliqua opera Dei plena admirationis et valde magnifica sunt, tamen hominem hoc arguit esse praestantissimam creaturam, siquidem Deus in eo condendo consilium adhibet et novo modo utitur. Non relinquit eum fingendum terrae,
30 sicut bestias et arbores. Sed ipse eum format ad imaginem sui, tanquam participem Dei et qui fruiturus sit requie Dei. Itaque Adam, antequam a Domino formatur, est mortua et iacens gleba eam apprehendit Deus et format inde pulcherrimam creaturam participem immortalitatis.

    Haec si Aristoteles audiret, solveretur in cachinnum et iudicaret esse
35 etsi non insuavem tamen absurdissimam fabulam, Quod homo quoad originem suam primam fuisset gleba, formatus autem sit divina sapientia et sic conditus, ut esset capax immortalitatis. Nam etiamsi qui ex Philosophis, ut Socrates et alii, asseruerunt immortalitatem animorum, tamen a reliquis Philosophis irrisi et tantum non explosi sunt. Sed an non magna est fatuitas

D] Aristotele Quod anima est spiritus creatus et infusus corpori. Nam ante
hanc inspirationem ist Adam gelegen wie ein tod mensch. Supra de animalibus non hoc dixit de spiritu. Sed creavit ea viva corpora, in homine
1. Kor. 15,45 aber ist ein sunders. Paulus eciam dicit spiritum vivificantem fuisse ab
inicio, so mus er in novissimo die auch das leben geben.   5

    Queritur de anima post mortem, quo feratur. Id ego nescio. Corpus
videmus quiescere, Anima fidelium kompt in gotts hand, da schlefft sie auff
das aller best. Non [Bl. 9ᵃ] tamen debet defendi hoc sed tantum dici man
konne es nit beschliessen. Scriptura dicit dormire mit leyb und sel. Ob sie
nu so schlaffen, quod pii iucunda, impii horrenda somnia habent, hoc nescio. 10
Jes. 57,2 Ich bleyb bei dem Text Esaiae: 'Iusti ambulant in quiete'.

Dr] sic offendi rationem, cum videat adhuc hodie plenam admirationis esse
hominis generationem? An enim non absurdum iudicabis hominem, qui in
aeternum victurus est, nasci quasi ex una guttula seminis in lumbis patris?
Maior in hoc fere absurditas est, quam quod Moses dicit de gleba digitis 15
Dei formatum. Sed ratio hoc modo ostendit se plane nihil scire de Deo,
qui sola cogitatione ex gleba facit non semen hominis sed ipsum hominem,
et, quod postea Moses dicit, ex costa viri facit foeminam. Haec prima
hominis origo est.

    Creato autem sic masculo et femina postea ex eorum sanguine divina 20
benedictione generatur homo. Quanquam autem haec cum brutis communis
generatio est, non tollit tamen illam gloriam originis nostrae primae, quod
sumus vascula Dei ab ipso Deo ficta, quod ipse est figulus noster, nos autem
lutum eius, sicut Iesaias 64. loquitur. Idque non solum ad originem nostram
attinet, sed per omnem vitam et usque ad mortem et in sepulchrum mane- 25
mus lutum huius Figuli.

    Pertinet autem hoc etiam eo, ut discamus virtutem liberi arbitrii, quod
adversarii tantopere iactant. Habemus quidem liberum quodam modo arbitrium in iis, quae infra nos sunt. Sumus enim constituti mandato divino
domini piscium maris, volatilium coeli et bestiarum agri. Haec interficimus, 30
cum libet, fruimur cibis, quos suppeditant, et aliis commodis. Sed in iis,
quae ad Deum attinent, et sunt supra nos, homo nullum habet liberum
arbitrium, Sed vere est sicut lutum in manu figuli, positus in mera potentia
passiva, et non activa. Ibi enim non eligimus, non facimus aliquid, sed
Jes. 64,8 eligimur, paramur, regeneramur, accipimus, sicut Iesaias dicit: 'Tu Figulus, 35
nos lutum tuum'.

    Sed hic nova questio oritur. Sicut enim Moses nova Phrasi hic de
homine loquitur 'Formavit Deus hominem de limo terrae', de aliis autem
animantibus supra non sic loquutus est, Ita quoque hic peculiare quiddam

---

Dr] de homine dicit: Inspirasse Deum in faciem eius spiraculum, quod de reliquis bestiis non dixit, cum tamen omnibus bestiis, sicut homini, insit spiritus in naribus. Queritur igitur, cur hoc Moses sic voluerit dicere? Secundo queritur id quoque (quanquam eodem pertinet): Cum per totam scripturam
5 omnia animalia vocentur animae viventes, cur tantum de homine hoc in loco dicatur Factum eum esse in animam viventem? Supra quidem dixit: 'Producat terra animam viventem, unumquodque in suo genere'. Sed hic multum mutat, et dicit: 'Homo factus est in animam viventem'.

Haec absque dubio moverunt Patriarchas, sanctos Patres et Prophetas,
10 ut huiusmodi locos diligentius excuterent, quod ista singularis loquendi ratio significat Mosen insigne quiddam voluisse ostendere. Nam si animalem vitam, de qua hic Moses loquitur, respicias, nulla differentia est inter hominem et asinum. Habet enim animalis vita opus cibo et potu, habet opus somno et quiete, corpora pariter cibo et potu saginantur et crescunt, inedia mar-
15 cescunt et pereunt. Stomachus cibum accipit, et coctum transmittit ad hepar, quod sanguinem gignit, quo restaurantur omnia membra. Haec cum consideramus, nulla inter hominem et bestiam est differentia. Et tamen hominis vitam Moses ornat hoc modo, quod de eo solo dicit: Esse eum factum in animam viventem, non simpliciter, sicut alias bestias, sed in animam excel-
20 lenter viventem, propterea quod ad imaginem Dei est conditus, quae imago procul dubio in statu innocentiae singulariter reluxit in facie Adae et Heuae, Sicut post peccatum tamen Gentes ex positu corporis, quod solus homo erectus incedit et attollit oculos ad coelum, collegerunt hominem praestantiorem esse creaturam inter omnes reliquas creaturas.

25 Huc respexit Paulus, cum hunc locum citat, 1. Corin. 15. 'Scriptum 1. Kor. 15, 45 est: Primus homo Adam factus est in animam viventem, ultimus autem Adam in spiritum vivificantem'. Animam viventem vocat vitam animalem, quae est edere, bibere, generare, augescere, quae omnia etiam in brutis sunt. Per antithesin autem dicit, ultimum Adam factum esse in spiritum vivificantem,
30 hoc est, talem vitam, quae istis animalis vitae conditionibus non indigeat. Docet etiam Paulus, etiam si Adam non peccasset, tamen victurum fuisse corporalem vitam, indigam cibi, potus, quietis, crescentem, generantem etc., donec per Deum ad vitam spiritualem esset translatus, in qua vixisset sine animalitate, ut sic dicam, nempe ab intra, ex solo Deo, et non ab extra,
35 sicut antea ex herbis et fructibus, Idque sic, ut tamen homo habeat carnem et ossa, et non sit mere spiritus, sicut Angeli sunt.

Respondeo igitur ad questionem: Deum per os Mosi etiam hoc in loco voluisse ostendere spem futurae et aeternae vitae, quam Adam, si in innocentia perstitisset, post animalem hanc vitam habiturus fuerat. Quasi dicat
40 Moses: Factus est homo in animam viventem, non simpliciter, sicut bestiae

---

15 hepar] epar A

D]   'Plantaverat autem dominus' Eden loci nomen: voluptatis, ἡδονή Eden
Puto fuisse locum in terra, der nu lengſt zerſtoret iſt der heyße eben. Existimo
enim, das er yhn post lapsum zurißen hab. Fluvii enim sunt magnum
argumentum, das Eden terra ſey. Existimo eciam er ſey nit weyt geweſt von
dem ort, da Chriſtus creuzigt iſt.   5

Dr] vivunt, sed quam Deus posthac vivificaturus erat, etiam sine animali vita.
Hanc spem immortalitatis per Christum habemus nos quoque, quanquam
propter peccatum morti et omnibus calamitatibus sumus subiecti. Adae
melior fuerat futura conditio. In terra suaviter et cum summa voluptate
vixisset, Deinde sine ulla molestia esset translatus de animali vita in spiri- 10
tualem. Nos ex animali vita ad spiritualem non nisi per mortem et post
infinita pericula ac cruces transferimur.

    Ad hunc modum cum sanctis Prophetis debemus Mosen diligenter
inspicere et observare, cur singulari consilio de homine dicat, quod aliter de
reliquis animantibus dixit: Ut scilicet confirmetur in nobis fides et spes 15
immortalitatis, quod, etsi homo secundum animalem vitam similis est coeteris
animantibus brutis, tamen habet spem immortalitatis, quam coetera animantia
non habent: Gerit imaginem et similitudinem Dei, quam coetera animantia
non gerunt.

    Atque hic per pulcherrimam allegoriam, seu potius Anagogiam Moses 20
obscure significare voluit Deum esse incarnandum. Nam quod homo creatus
ad similitudinem Dei secundum animalem vitam nihil differt a pecude, haec
plane est disparata praedicatio, seu ut in scholis vocant, oppositum in adiecto. Et tamen, quia est conditus ad imaginem invisibilis Dei, occulte per
hoc significatur, sicut audiemus, Deum se revelaturum mundo in homine 25
Christo. Haec semina quasi maximarum rerum Prophetae in Mose diligenter
collegerunt et observarunt.

2,8 Et plantavit Dominus Deus hortum in Eden versus orientem, in
        quo posuit hominem, quem formarat.

    Hic mare questionum nascitur de Paradiso. Primum ipsa vox sive 30
Ebraea, sive Chaldaea, seu Persica est (nam Graecam esse non puto, quanquam Suidas Graecam originem querat), significat latine hortum. Hunc
dicit Moses plantatum *Be Eden*, in Eden: Nam loci nomen est, non est
appellativum, sicut nostra translatio habet, quae vertit 'Paradisum voluptatis'.
Significat quidem *Eden* voluptatem seu delicias, et sine dubio hinc est facta 35
graeca vox ἡδονή. Sed praepositio addita satis arguit, *Eden* hic accipi pro
nomine proprio loci, sicut etiam huc facit circumscriptio loci, quod ad orientem
fuerit sita. Nam quod translatio nostra habet 'a principio', etiam male
redditum est. Est enim *Mikedem*, quod non proprie significat 'a principio',

D]   [Bl. 9ᵇ] Locus paradysi ante fuit sed das neu getvechs macht ein garten, ut sit sentencia, quod post creationem novum hortum fecit. In eo autem conveniunt omnes fere hominem creatum in agro Damasceno, da vurdt hortus nit vevt von getveſt ſein.

Dr] ₅ sed 'ab ante', hoc est, quod nos dicimus, versus orientem. Est enim adverbium loci, quod situm Paradisi ostendit, non tempus.

Hic disputatur: Ubi sit Paradisus? Et miris modis torquent se interpretes. Quibusdam placet esse intra duos tropicos sub aequinoctiali. Alii temperatiorem aërem requirunt ad tantam loci foecunditatem. Quid multis? ₁₀ opinionum non est numerus.

Ego breviter sic respondeo: Ociosam esse questionem de re, quae amplius non est. Nam Moses scribit res gestas ante peccatum et diluvium. Nos autem cogimur de rebus loqui, sicut sunt post peccatum et post diluvium. Credo igitur vel ab Adam, vel tempore Adae hunc locum fuisse ₁₅ appellatum Eden, a foecunditate et ingenti amoenitate, quam Adam in ea vidit. Ac mansit nomen amissae rei apud posteros, sicut hodie Romae, Athenarum, Carthaginis nomina extant, sed tantarum rerumpublicarum vix vestigia quaedam conspiciuntur. Nam tempus et maledictio, quam peccata merentur, consumunt omnia. Cum igitur mundus per diluvium una cum ₂₀ hominibus et pecudibus aboleretur, hic tam nobilis hortus etiam est abolitus et periit. Frustra igitur Origenes et alii tam absurda disputant. Deinde textus quoque dicit, Custoditum esse ab Angelo, ne quis ingrederetur. Igitur etsi per maledictionem istam sequentem non periisset ille hortus, tamen simpliciter homini praeclusa ad eum via est, hoc est, locus eius non potest ₂₅ inveniri. Hoc etiam responderi posset, quanquam prima sententia de diluvio mihi magis probatur.

Sed quid respondebimus ad locum novi Testamenti 'Hodie eris mecum Lut. 23, 43 in Paradiso'? Et 2. Cor. 12. 'Sum raptus in Paradisum'? Ego quidem non 2. Cor. 12, 4 dubito affirmare, quin Christus cum Latrone non venerit in aliquem corpo- ₃₀ ralem locum. Nam de Paulo res clara est, qui dicit: Nescire se, fuerit ne in corpore, an extra corpus. Quare sic sentio Paradisum utrinque vocari conditionem, in qua Adam in Paradiso fuit, plenus pace, securitate et omnibus donis, quae sunt, ubi non est peccatum. Quasi dicat Christus: Eris hodie mecum in Paradiso, liber a peccato, et securus a morte (Nisi ₃₅ quod illa extrema dies exspectanda est, cum revelabuntur ista), Sicut Adam in Paradiso a peccato, morte et omni maledictione securus erat, et tamen vivebat in spe futurae et aeternae vitae spiritualis. Ut sit quasi allegorica Paradisus, sicut scriptura etiam appellat Sinum Abrahae non pallium Abrahae, sed allegorice illam vitam, quae est in defunctis animabus in fide. Habent ₄₀ enim pacem et quiescunt, et expectant in illa quiete futuram vitam et gloriam.

5*

Dr]   Ergo sic respondeo, quod Moses nunc est in descriptione Historiae, ac dicit, Fuisse quendam locum versus Orientem, in quo fuerit amaenissimus hortus. Nam sicut supra dixi, vocula *Mikedem* proprie locum significat, et non tempus, sicut noster textus habet. Hinc usitatum est, ventum Orientalem vocari *Kadim*: siccum et frigidum ventum, qui urit agros. In ea mundi 5 plaga Paradisus seu hortus fuit, in quo non tiliae, non quercus, non ilices, et si quae aliae sunt steriles arbores fuere, sed omnis generis nobilissimi fructus, sicut nos hodie inter nobiliores habemus, proferentes cinnama, chariophylla, etc. Etsi igitur reliqua terra culta fuit, (nondum enim tribuli, nondum spinae erant), tamen hic locus habuit suum meliorem cultum, ut 10 Eden esset delectus hortus prae cultu totius terrae, quae ipsa quoque, si ad hodiernam miseriam conferas, Paradisus fuit.

    In hunc hortum, quem ipse Dominus sic peculiari cultu plantaverat, posuit hominem. Omnia haec, inquam, sunt historica. Frustra itaque hodie querimus, ubi aut quid fuerit hortus ille? Flumina, de quibus Moses post 15 dicet, arguunt fuisse Syriam, Mesopotamiam, Damascum, Aegyptum, in quarum quasi medio Hierusalem est. Quia enim homini cum posteritate sua erat destinatus, frustra est, ut imaginemur angustum hortum, aliquot milliarium spatio. Fuit potior et melior pars terrae. Et ego iudico, mansisse hunc hortum usque ad diluvium; ante diluvium autem fuisse munitum a 20 Deo, sicut Moses dicit, custodia Angelorum, Ita ut notus fuerit locus posteris Adae, sed tamen inaccessibilis, donec per diluvium postea dissipatus et abolitus est. Haec mea est sententia, sicque respondeo ad omnes questiones, quas movent homines curiosi de re, quae post peccatum et diluvium nusquam est.   25

    Origenem offendit distantia fluviorum, cogitat enim spacium horti, qualia fere apud nos sunt. Ideo vertitur ad Allegoriam. Paradisum fingit coelum, arbores Angelos, flumina sapientiam. Sed istae nugae Theologo indignae sunt; Poëtam lascivientem fortasse non dedecerent ista. Non vidit Origenes Mosen historiam scribere atque eam de rebus iam olim praeteritis. 30

    Ad hunc modum stulte disputant adversarii hodie: Imaginem et similitudinem Dei manere etiam in homine impio. Mihi multo rectius viderentur dicere, si dicerent: Imaginem Dei in homine ita post peccatum periisse, sicut originalis mundus et Paradisus perierunt. Homo enim ab initio fuit iustus, mundus ab initio fuit pulcherrimus, Eden vere fuit hortus deliciarum et 35 voluptatis. Haec omnia post peccatum deformata sunt, ita ut creaturae omnes, etiam Sol et Luna quasi saccum induisse videantur, et quae prius bonae fuerunt, postea sint factae noxiae propter peccatum. Post autem accessit maior maledictio per diluvium, quod evertit penitus Paradisum et universum genus humanum. Nam si hodie flumina cum tanta calamitate 40 hominum, iumentorum, agrorum exundant, quid non faceret universale diluvium? Quando igitur nunc post diluvium de Paradiso disputandum est,

D] 'Produxerat enim dominus deus'. Hic exponit, quomodo Deus plantaverit, scil. bas ers hat laffen wachfen, fo plantiret er, holet nit famen zubor bon Calecut, tantum dicit wachs, hie heraus ein folch baum ic.

Dr] loquamur de ea ceu de historica Paradiso, quae fuit, et amplius non est. 5 Sicut etiam cogimur disputare de innocentia hominis: eam amissam possumus cum gemitu meminisse, reparare in hac vita non possumus.

Porro sicut Moses supra varie hominem (qui tamen eandem cum brutis ex terra originem habet) a brutis distinxit, ita hoc in loco distinguit hominem singulari loco et mansione, quam Dominus homini plantavit, et 10 quasi aedificavit maiore splendore, et diligentiore cultu, quam totam reliquam terram. Nam Mosi in eo plurimum positum est, ut clare intelligatur hominem longe nobiliorem et meliorem esse creaturam quam alias. Habebant bruta animalia terram, ex qua pascerentur. Homini nobilius domicilium ipse Dominus parat, in quo colendo et ornando cum voluptate operam sumat, in 15 quo victum suum habeat, separatus a bestiis, quas tamen in tota terra habebat subiectas suo imperio. Ineptus igitur est Origenes et Hieronymus cum aliis Allegoristis. Quia enim Paradisum non amplius in terra inveniunt, putant aliam sententiam querendam esse. Sed aliud est, fuisse Paradisum, et esse Paradisum. Moses, sicut in narrationibus solet, commemorat hoc tantum, 20 quod Paradisus fuerit. Ita fuit ista in omnes bestias dominatio, quod Adam Leonem vocare, et pro arbitrio ei mandare potuit: hodie non est. Perierunt ista, a Mose autem commemorantur, quod fuerint.

Sed agitata quoque haec questio est: In quo loco terrae Deus condiderit hominem? Ac sunt, qui magno conatu defendant eum in agro 25 Damasceno esse conditum, eo quod audiverunt glebam Damascenam esse rutilam ac fertilem. Sed ego huiusmodi vere inanes et ociosas questiones omitto. Nobis enim satis est scire: Quod homo sexto die post alia animalia ex terra conditus et in hortum Eden positus sit. Ubi autem conditus sit, quid necesse est scire? Extra Paradisum est conditus, sic enim dicit textus: 30 Eum in Paradisum esse translatum seu positum, antequam Heua esset condita, quam in Paradiso conditam esse Moses hic ostendit. Haec scire satis est. Nunc transeamus ad sequentia.

Produxerat enim Dominus Deus de humo omne lignum pulchrum 2, 9 visu, et suave ad vescendum.

35 Haec proprie pertinent ad descriptionem Paradisi. Quanquam enim tota terra sic erat condita, ut produceret arbores cum fructibus, herbis et seminibus, tamen iste locus Eden habuit suum peculiarem cultum. Sicut similitudinem quandam possumus mutuari a nostris rebus: Silvae et agri proferunt arbores suas, sed cum desumimus locum peculiariter colendum, 40 semper hortenses fructus praestant silvestribus. Ita Paradisus singulari cultu

DJ   Lignum vitae puto fuisse, quo Adam sustinuisset vitam sicut nos
sustinemus vitam pane, hoc est, quotidianum cibum, da mit er sich erhallten
solt [Bl. 10ᵃ] haben, daß das ander getvechß nur ein genesch¹ gewesen wer.
Arbor vitae s. corporalis.

---

¹) *Nicht bei Dietz; = Näscherei s. DWtb., wo noch ein Beleg aus Luther [O. B.].*

Dr] condita, et prae terra reliqua ornata fuit arboribus et adspectu iucundis et 5
usu suavibus. Quod igitur in primo capite dixit: 'Dedi vobis omnem herbam
et arborem', fuit is victus pro necessitate. Sed Paradisus etiam pro voluptate cibos suppeditavit delicatiores, meliores et suaviores, quam arbores in
reliqua terra proferebant, quibus bruta quoque vescebantur.

Lignum etiam vitae in medio Paradisi, et lignum scientiae boni 10 et mali.

Describit Moses Paradisum ita, ut ex Deo hortulanum faciat, qui cum
hortum pro arbitrio cum magna diligentia plantavit, unam et alteram arborem
deligit, quas prae reliquis colit et amat. Quarum una fuit arbor vitae, ad
hoc condita, ut homo ea vescens servaretur integro corpore, sine morbis, 15
sine fatigatione.

Atque hic iterum distinguitur homo non solum loco a brutis, sed etiam
illo privilegio vitae longioris, et semper manentis in eodem statu, cum reliquorum animantium corpora in iuventa augentur et validiora sunt, sed in
senio languent et pereunt. Hominis alia fuerat futura conditio: edisset, 20
bibisset, fuisset mutatio ciborum in corporibus facta, sed non ita foeda, ut
nunc. Haec autem arbor vitae conservasset perpetuam iuventam, neque
homo ulla unquam senectutis sensisset incommoda, non rugas contraxisset
frons, non pedes, non manus, non alia corporis pars infirmior esset facta
aut languidior. Mansissent homini beneficio huius fructus integrae vires ad 25
generationem, ad labores omnes, Donec tandem translatus esset ex corporali
vita ad spiritualem. Ergo reliquae arbores suppeditassent victum delicatum
et optimum, haec autem fuisset ceu Pharmacum, quo vita et vires conservarentur perpetuo in summo vigore.

Hic iterum movetur questio: Quomodo cibus corporalis seu pomum 30
potuerit hoc modo servare corpus, ut non tempore redderetur languidius
aut imbecillius? Sed facilis est responsio: 'Ipse dixit et facta sunt'. Nam
cum possit Deus ex lapide panem facere, cur non etiam per pomum posset
conservare vires? Tamen post peccatum videmus, quantae vires etiam
minutissimis herbis et seminibus insint.   35

Sed videamus corpora nostra. Unde est ea vis, ut panis comestus
calore naturali coquatur et vertatur in sanguinem, unde postea totum corpus
confirmatur et augetur? ˉ Affer totos caminos ignis, hoc tamen non poteris,

D]   Arborem scientiae puto arborem obedientiae, da hat er legem angeschriben. Et puto vocatam arborem scientiae boni et mali propter futurum eventum, q. d. wurdst du von dem baum essen, so wurdst wol lernen, was bos ist, izt wehst du es noch nit, wehst nur was gut ist, Ergo hut dich dafur, sonst

5   wurdst auch malum versuchen mußen. Impegit autem Adam in hanc arborem sicut nos in legem. Quare per allegoriam lex est.

Dr] ut ex pane sanguis fiat, quod tenuis calor, qui est in nostris corporibus, potest. Nihil igitur miremur hanc arborem, arborem vitae fuisse, sic volente, plantante et faciente Domino. Habuit Adam corpus naturale et mobile,

10 quod generabat, edebat, laborabat. Haec corruptionem iudicantur afferre, aut saltem mutationem aliquam, qua tandem homo naturaliter esset corruptus. Sed huic naturali ordinationi Deus curavit remedium per arborem vitae, ut homo sine ullo virium decremento longam et sanam vitam viveret in perpetua iuventa.

15   Sic omnia haec sunt historica, Id quod diligenter admoneo, ne incautus lector offendatur autoritate Patrum, qui historiam relinquunt, et allegorias querunt. Ego Lyram ideo amo et inter optimos pono, quod ubique diligenter retinet et persequitur historiam, Quanquam autoritate Patrum se vinci patitur, et nonnunquam illorum exemplo deflectit a proprietate sententiae

20 ad ineptas Allegorias.

    Sed mirabilius est, quod dicitur de arbore scientiae boni et mali. Hic enim queritur: Qualis ea arbor fuerit? cur sic dicta sit, et quid futurum fuerit, si haec arbor in Paradiso non fuisset? Augustinus et qui eum secuti sunt, recte dicunt: Sic esse nominatam a futuro eventu. Adam enim sic erat

25 conditus, ut, si quod naturae incommodum obtigisset, praesidium contra id haberet in arbore vitae, quae vires et perfectam sanitatem omni tempore servaret. Itaque absorptus totus in bonitate creatoris, si sic permansisset in innocentia, agnovisset Deum conditorem suum, et gubernasset bestias pro arbitrio suo sine omni molestia, imo cum summa voluptate. Omnia enim

30 eiusmodi erant, ut non nocere sed extreme oblectare hominem possent.

    Cum itaque sic esset conditus Adam, ut quasi ebrius esset leticia erga Deum et gauderet quoque in omnibus aliis creaturis, Nunc conditur nova arbor ad discrimen boni et mali, ut haberet Adam certum signum cultus et reverentiae erga Deum. Nam cum omnia ei tradita essent, ut iis

35 pro arbitrio frueretur, seu ad necessitatem seu voluptatem vellet, Requirit tandem Deus ab Adamo, ut in hac arbore scientiae boni et mali reverentiam et obedientiam praestaret erga Deum, et hoc quasi exercitium cultus Dei retineret, ne ex ea quicquam gustaret.

    Quae igitur hactenus a Mose dicta sunt, sunt vel naturalia, vel oeco-

40 nomica, vel politica seu iuridica, vel medica. Hoc autem Theologicum est, quod Adae hic proponitur verbum de arbore hac, ut etiam secundum ani-

Dr] malitatem haberet quoddam externum signum colendi Dei et praestandae obedientiae in externo opere. Sicut Sabbatum, de quo supra diximus, potissimum pertinet ad interiores et spirituales cultus praestandos, ad fidem, dilectionem, invocationem etc.

Sed recte instituta ratio huius obedientiae externae, proh dolor, pessime 5 cessit, sicut adhuc hodie videmus verbum, quo nihil sanctius nec melius est, impiis esse scandalo. Baptismum instituit Christus, ut esset lavacrum regenerationis. Sed an non magnum scandalum inde excitatum est per sectas? An non misere tota doctrina de Baptismo depravata est? et tamen quid nobis magis necessarium fuit hac ipsa institutione? Sic necessarium fuit, 10 ut animalis homo etiam cultum animalem seu externum haberet, quo secundum corpus exerceretur in obedientia erga Deum.

Ita hic textus vere ad Ecclesiam seu Theologiam pertinet. Postquam enim Deus homini dedit politiam et oeconomiam, ac constituit eum in Regem creaturarum addito etiam praesidio ad hanc corporalem vitam conservandam 15 arbore vitae, Nunc ei quasi templum aedificat, ut colat Deum, ut Deo gratias agat, qui ista omnia sic benigne largitus est. Hodie in templis habemus altare, propter communionem Eucharistiae, habemus suggesta seu cathedras ad docendum populum. Haec non necessitatis tantum causa, sed etiam solennitatis facta sunt. Sed templum, altare et suggestum Adae fuit arbor 20 haec scientiae boni et mali, in qua praestaret Deo debitam obedientiam, in qua agnosceret verbum et voluntatem Dei, ac Deo ageret gratias, imo etiam, ad quam invocaret Deum contra tentationem.

Ratio irascitur quidem, quod ista arbor est condita, quia in ea peccavimus et incidimus in iram Dei et mortem. Sed cur non eadem ratione 25 irascitur, quod per Deum ostensa lex, et patefactum deinde per Filium Dei Euangelium est? An non enim infinita scandala errorum et haeresium inde secuta sunt? Discamus itaque, necesse fuisse homini sic condito, ut omnes reliquas creaturas viventes in manu haberet, ut agnosceret creatorem suum, ut ageret creatori suo gratias, ut etiam externum aliquem cultum et certum 30 opus obedientiae haberet. Si itaque Adam non esset lapsus, fuisset haec arbor ceu commune templum et basilica quaedam, ad quam homines confluxissent, Sicut postea in corrupta natura certus locus cultui divino destinatus est: tabernaculum et Hierusalem. Nunc postquam haec arbor occasio fuit tam horrendi lapsus, vocatur recte a Mose arbor scientiae boni et mali 35 propter infelicem et miserabilem eventum.

Potest autem hic queri: An una tantum fuerit arbor, an vero plures, et an scripturae modo singulare accipiatur pro plurali, sicut nos collective vocamus pirum, pomum, notantes speciem, et non individua? Mihi sane non valde absurdum videtur, ut intelligamus arborem vitae certum spatium 40 in medio Paradisi, et ceu nemus quoddam, in quo positae plures arbores eiusdem speciei arbor vitae dictae sint. Sic arborem scientiae boni et mali

Dr] etiam possibile est collective dici lucum seu nemus, quod fuit tauquam Sacellum quoddam, iu quo fuerunt arbores multae eiusdem speciei, nempe arbores scientiae boni et mali, ex quibus Dominus prohibuit, ne quid comederet Adam, alioqui futurum, ut morte moreretur. Non quod natura huius arboris fuerit occidere, sed quod per verbum Dei sic pronuntiatum erat, quod verbum omnibus creaturis tribuit suam efficaciam, et conservat etiam omnes creaturas, ne degencrent, sed ut certae serventur species iu infinita propagatione.

Sic verbo factum est, ut Petra in deserto daret largissimas aquas, ut aëncus serpens aspicientes sanaret etc. Ad hunc modum haec una arbor, seu ista certa species plurium arborum in medio Paradisi occidit Adamum, non parentem verbo Dei, non quidem sua natura, sed quia per verbum Dei sic erat definitum. Idem sentiamus de ligno vitae quoque, quo iussit Deus Adamum vesci, quoties vellet restaurari vires, virtute verbi id praestabat arbor.

Rationi valde videtur ridiculum, Quomodo unum pomum sic potuerit esse noxium, ut totum genus humanum per infinitam quasi successionem perdiderit, idque aeterna morte. Sed pomi haec non fuit virtus; Adam quidem in pomum figit dentes; Revera tamen figit dentes in aculeum, qui erat prohibitio Dei et inobedientia erga Deum. Haec est vera causa mali, scilicet, quod contra Deum peccat, eius mandatum negligit, et paret Satanae. Fuit arbor scientiae boni et mali bona arbor, quae nobilissimos protulit fructus. Sed quia prohibitio accedit et homo prohibitioni non paret, fit quovis veneno magis noxia.

Sic quia verbo Dei sancitum est 'Ne fureris', peccat, quisquis alienam rcm attrectat. In Aegypto cum Iudaei argentum a vicinis petere, et id secum auferre iuberentur, non fuit id peccatum, excusantur enim mandato Dei, cui in omnem eventum debetur obedientia. Procus cum amat puellam et concupiscit eam in uxorem ac ducit, non committit adulterium, cum tamen lex prohibeat concupiscentiam. Nam matrimonium divinitus institutum est et mandatum iis, qui sine matrimonio non possunt caste vivere. Eadem plane ratio est harum arborum: Arbor vitae vivificat virtute verbi promittentis, et sic ordinantis, Arbor scientiae boni et mali occidit virtute verbi prohibentis.

Habet autem nomen scientiae boni ct mali, sicut Augustinus dicit, quia, postquam in ea peccavit Adam, non solum vidit et expertus est, quid boni amiserit, sed etiam, in quantam miseriam per inobedientiam suam coniectus sit. Fuit itaque per sc bona arbor, sicut etiam mandatum, quod additum est, bonum fuit, ut esset Adae arbor cultus divini, in qua probarct Dco etiam externo opere obedientiam. Sed propter peccatum sequens fit arbor` maledictionis. Iam quadam digressione Moses latius describit hortum.

D] 　　'Et fluvius egrediebatur.' Phrat ist der nachbaur, den kennet er.
[Bl. 10ᵇ] Qualis terra prima fuit respectu praesentis, talis est praesens

Dr]
2, 10 Et fluvius egrediebatur de Eden ad irrigandum Hortum, qui inde
dividitur in quatuor capita.

Iterum erravit noster Interpres, cum ex proprio nomine Eden facit ⁵
appellativum, sicut etiam hic iterum reprehendendi sunt Origenes et eius
sequaces, qui Allegorias fingunt. Nam revera sic accidit, ut habuerit Eden
magnum flumen, quo irrigatus est hortus. Id flumen ab Oriente exiens
divisit se in quatuor partes, ne qua pars horti esset non irrigua. Nam
cogitandum est de amplissimo spatio terrae, quod hic hortus sic erat con- ¹⁰
ditus, ut Adae et toti eius posteritati, quae maxima futura erat, esset propria
et perpetua habitatio.

2, 11. 12 Nomen uni Pison; ipse est, qui circuit omnem terram Hevila,
ubi nascitur aurum, et aurum terrae illius optimum est, Ibique
invenitur bdellium et lapis onychinus. ¹⁵

Hoc est unum de maximis scandalis in Mose. Neque enim res, quae
ad oculum sunt, negari possunt. Nam haec descriptio ad Indiam pertinet
proprie, quam Hevilam vocat, ubi est Pison seu Ganges. Reliqui tres fluvii
Gyhon, Hidekel et Phrath, hoc est, Nilus, Tygris et Euphrates quoque noti
sunt, quod longissime distent fontibus. Questio igitur est: Cum constet, ²⁰
longissime inter se remotos esse hos fluvios, toti mundo notissimos, quomodo verum sit, quod Moses dicit, ab uno fonte eos manare, hoc est, in
Eden horto ad Orientem scaturire? Nam de Nilo, etsi origo eius nescitur,
tamen certa argumenta sunt, eum oriri in plaga meridionali. Ganges autem,
Tygris et Euphrates ab aquilone fluunt, et contrarium habent ortum. ²⁵
Ergo Moses evidentissime contra sensum pugnat. Atque haec res
multis occasionem dedit, ut fingerent Eden fuisse totum orbem terrarum.
Sed hoc cum palam falsum sit, tamen nec sic quidem salvatur Mosi sententia,
qui dicit: Horum fluviorum eundem fontem esse. Etsi autem verisimile sit,
si Adam mansisset in innocentia, post multiplicatam eius posteritatem Deum ³⁰
hortum hunc fuisse amplificaturum, tamen nullo modo hoc potest dici, quod
tota terra fuerit Eden. Textus enim diserte separat hortum Eden a reliqua
terra. Quid igitur dicemus ad hunc Mosi locum, pugnantem cum sensu et
experientia, atque ideo plenissimum scandali, unde Origeni et aliis praebita
occasio est mirabilia fabulandi? Quidam Interpretes hoc scandalum dissi- ³⁵
mulant, et quasi sicco pede per mare hoc ambulant. Sed debet hoc quoque
ab Interprete abesse.
Mea igitur haec sententia est, quam etiam supra ostendi: Quod primum Paradisus per peccatum homini clausa, Deinde per diluvium tota

D] respectu futurae. Videtis hic, daß man das parabis fo weyt muß machen, daß dife fluvii heraus oder hinein kommen, Quanquam potest fieri, quod diluvio sint mutati alvei.

Dr] vastata sit et disiecta, ut iam nullum eius appareat vestigium. Nam sicut
5 supra quoque dixi, omnino existimo, Paradisum post Adae lapsum extitisse, et notam fuisse posteritati eius, sed tamen inaccessibilem propter custodiam Angeli, qui cum gladio flammeo hortum custodivit, ut textus dicit. Sed diluvium omnia vastavit, sicut scriptum est: ruptos esse omnes fontes et abyssos. Quis igitur dubitet, etiam hos fontes ruptos et confusos esse?
10 Sicut itaque post diluvium montes sunt, ubi antea agri in amoena planicie fuerunt, ita quoque non est dubium nunc esse fontes, ubi antea nulli fuerunt, et e contra. Tota enim terrae facies mutata est. Nec dubito ego reliquias diluvii esse, quod, ubi fodinae metallicae nunc sunt, ibi non raro reperiuntur ligna durata in saxum.[1] In ipsis saxis conspiciuntur formae variae piscium
15 et aliarum bestiarum. Sic credo, mare mediterraneum ante diluvium non fuisse intra terram, sed per diluvium ei esse factam viam hanc, in qua nunc consistit. Sic spatium rubri maris sine dubio antea fuit fecundus ager, et, ut verisimile est, portio aliqua huius horti. Sic reliqui sinus, Persicus, Arabicus, etc. existunt ex reliquiis Diluvii.

20 Non igitur existimandum est fluviorum horum esse hodie eundem fontem, qui tum fuit, sed, sicut terra adhuc est et profert arbores, herbas etc. Haec si ad incorruptam naturam referas, sunt quasi reliquiae miserabiles illarum opum, quas terra tum condita habuit. Ita hi fluvii tanquam reliquiae manent, sed non in eodem plane loco, multo minus ex iisdem fontibus. De
25 nostris corporibus quantum per peccatum periit? Loquendum itaque de tota natura post corruptionem est tanquam de nova facie rerum, quam natura primum per peccatum, deinde per universale diluvium induit.

Ac adhuc ita solet Deus: cum peccata punit, simul etiam maledicit terram. Itaque apud Zophoniam minatur se congregaturum pisces maris et Zeph. 1, 3
30 volatilia coeli. Sicut nostro seculo multi amnes minus piscium habent quam maiorum memoria. Minus frequentes sunt aviculae etc. Sic apud Esaiam cap. 13. est de Babylone quoque. Quando enim homines auferuntur, etiam bestiae agri discedunt, nec quidquam remanet, praeter monstra et infaustas feras. Sic terra Canaan olim fertilissima, nunc dicitur plena esse salsuginis,
35 sicut Psalmus 107. minatur. Si hoc accidit in particularibus poenis, quid Pf. 107, 34 putabimus illam universalem poenam fecisse?

Nemo ergo offendatur hoc scandalo, quod audit Mosen dicere: Ex eodem fonte flumina quatuor oriri, quae hodie longissime inter se distant et diversos fontes habent. Neque enim cogitandum est mundi eandem formam

---

[1]) *Der Bergmannssohn kennt die Petrefakten.*

Dr] esse hodie, quae fuit ante peccatum. In ea opinione cum esset Origenes, ad ineptissimas allegorias se convertit.

Est quidem Nilus adhuc, est adhuc Ganges, sed sicut Virgilius de eversa Troia dicit: 'Et campus, ubi Troia fuit'.[1] Si quis enim Nilum et alios fluvios vidisset in sua prima conditione et gloria, longe vidisset esse [5] alios. Iam non solum non est origo eadem, nec qualitas, sed nec cursus idem. Sicut aliae quoque creaturae omnes deformatae et corruptae sunt.

Apg. 3, 21 Ideo Petrus Act. 3. dicit: 'Oportet Christum coelum accipere usque ad Röm. 8, 20 tempus restitutionis omnium'. Significat enim, sicut Paulus quoque dicit, totam creaturam vanitati subiectam esse, et sperari restitutionem omnium, [10] non solum hominis, sed coeli, terrae, solis, lunae etc.

Sic igitur respondeo ad hunc locum: Esse Nilum, Gangem et coeteros fluvios, sed non tales, quales fuerunt. Neque enim fontes solum confusi, sed etiam qualitas mutata est, sicut homo habet quidem pedes, oculos, aures, sicut in Paradiso hac forma est conditus, sed haec ipsa membra miserrime corrupta et [15] deformata sunt post peccatum. Habuit Adam ante peccatum clarissimos oculos, tenerrimum et subtilissimum odoratum, corpus ad generandum aptissimum et obedientissimum. Sed hodie quantum absunt membra nostra ab isto vigore? Eadem ratio est istorum fluminum, si ad primam eorum originem respicias, et totius creaturae. [20]

Expectamus igitur iam restitutionem omnium rerum, non solum animae, sed corporis quoque, quod ipsum melius et nobilius in illa die habituri sumus, quam in Paradiso fuit. Non enim collocabimur in animalem vitam, sua natura alterationi obnoxiam, sed in spiritualem, in quam Adam quoque fuerat transferendus, si sine peccato vixisset. Ad hanc spem nos deducit [25] Christus, qui innocentiam restituit nobis per remissionem peccatorum et facit nostram meliorem conditionem, quam Adae conditio in Paradiso fuit.

Verbum 'Sabab', quo hic Moses utitur, habet plenam significationem, significat enim circuire, sicut vigiles circumeunt in civitate. Pison itaque seu Ganges adhuc hodie est, si nomen spectes; sin amoenitatem, fecunditatem [30] vires et cursum, vix reliquiae sunt istius generosi fluminis.

Terra Hevila est India, sita ad orientalem plagam. Hanc scriptura tum hoc in loco, tum alibi celebrat propter opulentiam. Sicut adhuc hodie gemmae et aurum Indicum habentur pro nobilissimis. Existimo autem, sicut Moses hic loquitur, includi in appellationem Hevila, quam hodie vocamus [35] felicem Arabiam et alia vicina loca.

Quod de Bdellio et Onychino lapide dicit, accipio speciem pro genere. Nam adhuc hodie videmus non istis tantum gemmis, sed aliis quoque abundare: Smaragdis, Rubinis, Saphiris, Turcis, Adamantibus. (Nam vulgares appellationes retineo.) Sed hic iterum revoco vos ad id, quod ante dixi. [40]

---

[1] *Vergil. Aen. 3 v. 11:* Et campos, ubi Troia fuit.

D]   'Tulit ergo dominus Deus hominem'.   Adam est extra hortum factus sicut apparet hic.   Gart ist sein schloß, Eden ist sein hof gewest.
'Custodiret', ne vastaretur a bestiis.

Dr] Siquidem enim tanta opulentia divinitus huic terrae donata adhuc est, quanto
5 putabimus eam feliciorem et opulentiorem fuisse ante peccatum?   Nam quae hodie habemus, vix reliquiae merentur dici.

Nomen secundi fluvii Gihon; ipse est, qui circuit omnem terram 2,13.14
Aethiopiae.   Nomen fluminis tertii Hidekel.   Quartus autem fluvius ipse est Phrath.

10   Reliqua tria flumina tantum nominat.   Gihon est Nilus.   Is quia per Aegyptum labitur, complectitur Moses nomine Chus seu Aethiopiae Aegyptum quoque.   Hidaekel est Tygris, omnium rapidissimus fluvius.   Quartus, inquit, est ipse Phrath, scilicet vicinus nobis.
Ita hoc in loco habemus Paradisum descriptam cum suis fluminibus,
15 sed iam penitus amissam, de qua nihil amplius extat, nisi quatuor haec flumina corrupta et quasi leprosa, primo per peccatum hominis, deinde per diluvium.
Iam perget Moses exponere, quomodo, antequam Heua esset condita, Adae data lex sit, ut haberet etiam externum cultum, quo declararet obe-
20 dientiam et gratitudinem erga Deum.

Tulit ergo Dominus Deus hominem, et posuit eum in hortum Eden, 2, 15
ut operaretur et custodiret eum.

Postquam Deus universum orbem terrarum varie ornavit, deinde etiam paravit hortum Eden, quem voluit esse habitationem et sedem regiam hominis,
25 cui imperium in omnes bestias demandaverat, Nunc hominem in hortum illum collocat, tanquam in arcem et templum, ex quo liberum fuit egredi, et in reliqua terra, quae et ipsa fecundissima fuit et amoenissima, spaciari, et cum animalibus ludere, quoties vellet.
Mandat autem Adae duplicem curam, ut operetur seu colat hortum
30 hunc, et etiam, ut tueatur ac custodiat.   Huius mandati in miseris reliquiis, quas nos habemus, quaedam vestigia manent.   Nam adhuc hodie haec con-iuncta esse debent, ut terra non tantum colatur, sed ut, quae culta sunt, defendantur quoque.   Sed infinitis modis utrunque deformatum est.   Non enim cultus solum, sed defensio quoque plenissima est omnis generis mole-
35 stiarum et miseriarum.   Quae autem eius rei causa sit, infra in 3. Cap. satis ostendetur.   Ibi enim videbimus operationem hanc terrae perturbatam et defoedatam esse spinis, tribulis, sudore vultus et infinita miseria.   Nam

Dr] ut de victu parando taceam, quantum difficultatis, laborum et molestiarum in eo est, ut infantem educes?

Si igitur Adam mansisset in inuocentia, coluisset terram, plantasset areolas aromatum, non solum sine molestia sed quasi per lusum et cum summa voluptate. Nati liberi non ita diu usi lacte materno, forte statim, 5 sicut in gallinarum pullis videmus, se coniecissent in pedes, et quesivissent victum sine parentum labore ullo. Nunc videtis, quanta sit miseria nostrae originis.

Si de victu disputes, non solum eum communem nobiscum habent bestiae, sed homines hominibus eum subducunt et per fraudem furantur. 10 Ideo muris, sepibus et aliis munitionibus opus est, et tamen aegre servari possunt, quae magno labore coluisti. Ita reliquam habemus operationem, sed longe dissimillimam illi priori: Non solum, quod cum summa molestia coniuncta est, sed etiam, quod terra quasi invita et parce dat, quae Adamo cum summa voluntate dedisset, et in maxima copia, sive intra hortum, sive 15 extra in reliqua terra seminasset. Nullum fuisset periculum a furibus et homicidis, omnia fuissent in tuto.

Videmus igitur etiam hac in parte, quantum malum sit peccatum originis, cum inspicimus spinas, sentes, sudorem vultus, etc.· Sicut enim homo per peccatum in spiritu cecidit, sic etiam in corpore cecidit in poena. 20 Nam labor est poena, qui in statu innocentiae fuisset ludus et voluptas. Ac nunc in ista naturae miseria experimur, si quis amoenum hortum habet, quod neque serere, nec plantare, nec fodere labor est, sed fit cum studio et voluptate quadam. Quanto id in horto isto in statu innocentiae fuisset perfectius? 25

Prodest autem hic quoque admonere, quod homo non ad otium, sed ad laborem, etiam in innocentiae statu, conditus est. Quare merito ociosum vitae genus damnatur, quale Monachorum et Monialium est.

Sicut autem de labore seu operatione diximus, eam sine molestia futuram fuisse, Ita quoque defensio seu custodia fuisset iucundissima, quae nunc 30 plenissima periculi est. Uno verbo, imo nutu etiam ursos et leones fugasset Adam. Hodie habemus quidem defensionem, sed plane horribilem. Opus enim est ad eam gladiis, hastis, bombardis, muris, sepibus, fossis, et tamen vix possumus cum nostris in tuto esse. Obscura igitur et pene evanida vestigia extant tum operationis, tum custodiae. 35

Alii exponunt hunc locum ita: Quod Deus debeat operari et defendere. Sed textus loquitur simpliciter de opere et custodia humana. Sicut infra Pred. 5, 8 dicitur Cain fuisse agricolam, et in Hiob et Ecclesiaste vocantur reges cultores terrae, non solum propter operationem, sed etiam propter custodiam. Sed, sicut dixi, operari et custodire sunt tristia et difficilia vocabula: tum 40 fuerunt ludus quidam et summa hominis voluptas.

Dr] Praecepitque ei dicens: Ex omni ligno Paradisi comede, De ligno 2, 16. 17 autem scientiae boni et mali ne comedas.

    Haec est institutio Ecclesiae, antequam esset Oeconomia et Politia; nam Heua nondum est condita. Instituitur autem Ecclesia sine muris et
5 sine pompa aliqua, in loco spaciosissimo et amoenissimo. Post institutam Ecclesiam etiam Oeconomia constituitur, cum Adae additur socia Heua. Sic templum prius est quam domus, sicut etiam potius est. Politia autem ante peccatum nulla fuit, neque enim ea opus fuit. Est enim Politia remedium necessarium naturae corruptae. Oportet enim cupiditatem constringi
10 vinculis legum et poenis, ne libere vagetur. Ideo Politiam recte dixeris regnum peccati, sicut Paulus Mosen quoque vocat ministrum mortis et Röm. 8, 2 peccati. Hoc enim unum et praecipuum agit Politia, ut peccatum arceat, Sicut Paulus dicit: 'Potestas gerit gladium in vindictam malorum'. Si igitur Röm. 13, 4 homines non essent per peccatum mali facti, Politia nihil fuisset opus, sed
15 Adam vixisset cum posteris suis in summa tranquillitate, ac plus effecisset moto uno digito, quam nunc omnes gladii, cruces, secures possunt efficere. Nullus fuisset tum raptor, homicida, fur, obtrectator, mendax. Quid igitur legibus, quid Politia fuisset opus? quae est ceu cauterium et horribilis medicina, per quam noxia membra praescinduntur, ut reliqua salventur.
20   Adae igitur in Paradiso post Ecclesiam etiam Oeconomiae administratio est demandata. Ideo autem Ecclesia primo instituitur, ut ostendat Deus hoc quasi signo, hominem ad alium finem esse conditum, quam reliqua animantia. Quia enim instituitur verbo Dei, certum est, quod sit conditus ad immortalem et spiritualem vitam, ad quam raptus seu translatus esset
25 Adam sine morte, postquam in Eden et reliqua terra ad sacietatem et tamen sine molestia vixisset. Non fuisset in eo illa foeda libido, quae nunc est, fuisset simplex et purus amor sexus ad sexum. Generatio extitisset sine vicio, tanquam obedientia quaedam. Matres sine dolore peperissent. Infantes non sic misere et magno cum labore essent educati.
30   Sed quis illam innocentiae gloriam, quam amisimus, potest verbis consequi? Manet quidem in natura appetitus masculi ad foeminam, Item fructus generationis, sed cum horribili foeditate libidinis et ingenti dolore partus. Accedunt pudor, turpitudo, confusio, etiam inter coniuges, quoties licita consuetudine frui volunt. Adeo ubique praesens est peccati originalis gravissi-
35 mum malum. Bona quidem est creatio, bona benedictio, sed per peccatum sic sunt haec corrupta, ut sine pudore coniuges non possint iis uti. Haec omnia in innocentia Adae non fuissent, Sed sicut sine pudore coniuges simul edunt et bibunt, ita fuisset honestas singularis, non pudor, non confusio in generatione et partu. Sed redeo ad Mosen.

---

    21 est] esset *A*

Dr]   Instituitur hic, ut dixi, Ecclesia, antequam Oeconomia esset. Nam Dominus concionatur hic Adae et proponit ei verbum. Id etsi breve est, tamen dignum est, in quo immoremur paululum. Haec enim concio, Adae et omnibus nobis, si in innocentia perstitisset, fuisset tanquam Biblia, nec opus habuissemus papyro, atramento, calamis et illa infinita multitudine 5 librorum, qua hodie indigemus, nec tamen millesimam partem eius sapientiae consequimur, quam Adam habuit in Paradiso. Totum studium sapientiae haec brevis concio absolvisset, ac ostendisset nobis tanquam in tabula pictam bonitatem Dei, qui sine illis incommodis naturam hanc creasset, quae postea per peccatum sunt consecuta. 10

Hanc concionem si, ut textus ostendit, Adam solus audivit, sexta die habita est, ac Adam eam postea cum Heua communicavit. Et nisi peccassent, Adam porro toti posteritati hoc unicum praeceptum proposuisset, et extitissent inde optimi Theologi, doctissimi Iureconsulti et expertissimi Medici. Hodie librorum infinitus est numerus, in quibus instituuntur Theologi, Iure- 15 consulti, Medici. Sed quicquid adiuti libris discimus, vix feces merentur dici comparatione illius sapientiae, quam ex hoc unico verbo hausit Adam. Sic omnia per peccatum originis sunt corrupta.

Haec igitur arbor scientiae boni et mali, seu locus, in quo magno numero huiusmodi arbores fuerunt consitae, fuisset Ecclesia, ad quam Adam 20 cum posteritate sua die Sabbato convenisset, et post refectionem ex arbore vitae praedicasset Deum, et laudasset eum pro tradito dominio omnium creaturarum super terram. Sicut Psalmus 148. et 149. quandam formam talis gratiarum actionis proponunt, ubi sol, luna, stellae, pisces, dracones iubentur laudare Dominum. Quanquam nullus tam eximius est Psalmus, 25 quo non unusquisque nostrum meliorem et perfectiorem potuisset componere, si in innocentia ab Adamo propagati essemus. Praedicasset Adam summum beneficium, quod esset cum posteritate sua conditus ad similitudinem Dei. Hortatus esset, ut sancte et sine peccato viverent posteri, ut operarentur fideliter in horto ac custodirent eum diligenter, ut summo studio caverent 30 sibi ab arbore scientiae boni et mali. Hunc externum locum, ritum, verbum, cultum habuisset homo, postea rediisset ad operationem et custodiam, donec praefinitum tempus impletum esset, quo esset translatus in coelum cum summa suavitate.

Sed loquimur de his bonis, tanquam de thesauro perdito, et merito suspi- 35 ramus ad eum diem, in quo restituentur omnia. Utile tamen est meminisse tum bonorum, quae amisimus, tum malorum, quae sustinemus et in quibus miserrime vivimus, ut excitemur ad expectationem illam redemptionis nostrorum corpo-
Röm. 8, 22 rum, de qua Apostolus loquitur Rom. 8. Nam quod ad animam attinet, sumus per Christum liberati, et eam liberationem retinemus in fide, donec reveletur. 40

Utile autem est, ut hoc quoque consideremus: Deum Adae verbum, cultum et religionem dedisse nudissimam, purissimam et simplicissimám, in

Dr] qua nihil laboriosum, nihil sumptuosum fuit. Non enim praecipit mactationem taurorum, non fumum thuris, non vota, non ieiunia, non alias afflictiones corporis. Hoc tantum vult, ut laudet Deum, ut gratias ei agat, ut laetetur in Domino et ei in hoc obediat, ne ex vetita arbore comedat.

5   Huius cultus reliquias habemus aliquomodo per Christum restitutas in hac carnis nostrae infirmitate, quod nos quoque laudamus Deum, et gratias ei agimus de omni benedictione spirituali et corporali. Sed vere nihil haec sunt quam reliquiae. Cum autem post hanc miseram vitam veniemus ad choros Angelorum, tum sanctius et purius hos cultus praestabimus. Sic 10 sunt reliquiae huius felicitatis, quod per coniugium cavemus et vitamus adulteria, quod haec corporalis vita non solum victum, quanquam laboriosum, habet, sed etiam custodiam et defensionem aliquam contra incommoda varia, quibus alioqui opprimeremur. Reliquiae hae sunt, sed profecto miserae reliquiae, si ad primam conditionem respicias.

15   Porro hic monendi estis contra Pseudoprophetas, per quos Satan sanam doctrinam varie conatur depravare. Recitabo autem exemplum meae Historiae, quomodo a fanatico spiritu sub initia huius doctrinae sim vexatus. Habet quidem textus verbum praecipiendi '*Vaiezaf Iehova*' 'et praecepit Dominus', et tamen ille sic colligebat: Iusto non est lex posita, Adam fuit iustus, ergo 20 Adae iusto non est lex posita. Ex hoc postea illud nectebat, hanc non legem, sed tantum admonitionem esse. Porro quia praevaricatio non est, ubi lex non est, eo sensim ferebatur, ut negaret peccatum originale. Ac in ista sententiarum connexione magnos agebat triumphos, tanquam qui thesaurum toti mundo hactenus incognitum repperisset. Utile autem est, videre 25 Satanae molimina, ut eis prudenter discamus obviam ire.

     Ambae sententiae sunt Pauli: Quod iusto non sit lex posita, et quod, ubi lex non est, ibi quoque non sit transgressio. Sed boni dialectici est observare dolos ac studium Diaboli, quod postea etiam eius mancipia, miseri Sophistae, usurpant. Nituntur quidem scriptura. Nam ridiculum esset, nihil 30 praeter sua somnia hominibus obtrudere, Sed eam non integram producunt, semper ea arripiunt, quae in speciem pro ipsis faciunt, hoc autem, quod contra ipsos est, aut callide dissimulant, aut vafris glossematis depravant.

     Sic cum Satan Christum audiret niti fiducia misericordiae Dei in magna fame, conabatur eum ad prohibitam fiduciam, hoc est, ad tentandum 35 Deum inducere. Utebatur sententia Psalmi sibi commoda: 'Mandavit Angelis [Ps. 91, 11] suis de te, ut portent te in manibus, et non offendas ad lapidem pedem tuum.' Hoc autem, quod contra Satanae institutum erat, quod scilicet custodia haec angelorum esset in viis nostris, seu vocatione nostra, id callide dissimulabat. In eo enim totius argumenti solutio est: Nempe, quod Angeli 40 custodes nostri sunt, sed in nostris viis. Hanc solutionem Christus erudite ostendit, cum opponit praeceptum: 'Non tentabis Dominum Deum tuum'. Significat enim, hominis viam non esse volare in aëre, (ea enim volatilium

Dr] via est) sed gradus, qui erant de tecto templi ad id facti, ut facilis et sine periculo descensus esset. Cum ergo sumus in vocatione et officio, sive mandato divinitus, sive per homines, qui vocationis legitimum ius habent, ibi credamus praesidium Angelorum non defuturum nobis esse.

Haec utilis Regula est, quoties cum fanaticis est disputandum. Nam incauti falluntur, cum homines vafri suo more aut a divisis ad coniuncta transferunt orationem aut utuntur fallacia compositionis et divisionis nec integras adducunt sententias.

Idem in hoc Argumento fit, cum sic colligitur: Iusto non est lex posita; Adam fuit iustus; ergo ei non fuit posita lex, sed tantum admonitio quaedam fuit. Qui hic non bene prudens et cautus est, irretitur praeter suam expectationem in horribilem conclusionem, quod ne quidem peccatum fuerit de pomo illo comedere, si quidem non lex fuit. Verum enim est, ubi non est lex, ibi non est transgressio.

Atque haud scio, an non etiam nostro tempore quidam hoc ipso argumento decepti sint. Sic enim de peccato originali loquuntur, ac si non sit culpa, sed tantum poena. Sicut Erasmus quoque alicubi disertis verbis disputat, esse peccatum originale poenam inflictam Parentibus primis, quam nos posteri quoque cogimur sustinere propter alienam culpam, sine nostro merito, Quemadmodum puer ex scorto natus cogitur sustinere infamiam, non sua culpa sed matris. Quid enim peccavit, qui nondum fuit? Abblandiuntur haec rationi, sed sunt plena impietatis et blasphemiae.

Quod igitur est vicium huius Syllogismi? Hoc scilicet commune, quod textus non est integre citatus, sed cum summa perfidia mutilatus. Nam textus integer sic habet: Non est lex iusto posita, sed homicidis, adulteris etc. Ex hoc quid aliud sequitur, quam quod Paulus loquatur de ea lege, quae post peccatum est lata, et non de hac lege, quam tulit Dominus, cum Adam adhuc esset integer et iustus. Iusto, inquit, lex non est lata, Ergo sequitur irrefragabiliter, legem latam esse naturae nocenti et peccatrici.

An non autem ingens scelus est, sic confundere in gravissimis causis sententias? Adam post peccatum non est, qui fuit ante peccatum in statu innocentiae, et tamen isti nullum discrimen faciunt inter legem ante peccatum et post peccatum latam. Sed quod Paulus dicit de lege, quae post peccatum subintravit, mendaciter et cum blasphemia transferunt ad legem in Paradiso latam. Nisi enim peccatum extitisset, illa lex peccatum prohibens etiam non extitisset, sicut supra dixi, Politia et legibus ceu cauterio et, ut Paulus vocat, pedagogo non fuisse opus in integra natura. Puer quia malus est, opus habet pedagogo et virga. Sic quia princeps habet inobedientes cives, lictoribus et carnificibus opus est. De tali lege proprie Paulus loquitur, qua post naturam peccato corruptam opus fuit.

Dixi autem supra quoque, cur hoc mandato de arbore scientiae boni et mali opus habuerit Adam: Nempe ut esset externus cultus et opus

D]   'Morte morieris', ergo hat er's leben gehabt nec fuit obnoxius morti, nisi enim edisset, non esset mortuus. Fuit autem corpus animale sed nit so grob sicut nunc, necesse est valde mutatum esse, quod mortale ex [Bl. 11ᵃ] immortali est factum, wir hetten nit so grob geschissen und geprunzt sicut
5 nunc, es wer bisem und malvasir geweft.

Dr] obedientiae externum erga Deum. Sic angelus Gabriel est sine peccato, purissima et innocens creatura, et tamen accipit a Deo mandatum, ut Danielem de maximis rebus doceat, ut virgini Mariae nuntiet, quod futura sit mater Christi promissi patribus. Haec sunt vere praecepta, quae inno-
10 centi naturae proposita sunt. Sic Adae hic praecipitur a Domino ante peccatum, ne edat de ligno scientiae boni et mali, id quod libenter et summa cum voluptate fecisset, si fuisset absque fraude Satanae. Sed Paulus de alia lege loquitur; clare enim dicit, se loqui de lege, quae est posita non iustis, sed iniustis. Quis iam tam aut stupidus, aut insanus est, qui inde
15 velit colligere, Adae non esse positam legem, cum audiat Adam esse iustum? Nihil enim aliud inde sequitur, quam legem, quae iniustis est posita, eam legem non esse positam iusto Adae. Cum autem Adae iusto posita lex sit, sequitur, eam esse aliam legem, quam quae posthac iniustis est posita.

Est itaque in hoc Argumento vicium compositionis et divisionis, quia
20 mutilus textus adducitur. Deinde est ibi duplex aequivocatio: Prima in eo, quod aliud est lex ante peccatum, et aliud post peccatum, Secunda, quod iustus quoque non eodem modo dicitur post peccatum, et ante peccatum. Haec utile est observare, et artes hoc modo transferri debent ad usum in gravibus disputationibus. Non enim ad illas ociosas contentiones in Scholis
25 excogitatae sunt, sed ut gravissima negocia per eas recte possint explicari. Sicut hoc ipso Argumento Satan magnam rem agit, ut peccatum originale neget. Atqui hoc vere est negare passionem et resurrectionem Christi. Nihil ergo impediat nos Pauli sententia, quin cum Mose statuamus Adae iusto esse positam legem, ne de ligno scientiae boni comederet, sicut Angelis
30 dantur mandata. Hoc mandatum quia transgressus est, peccavit, et pecca-tores postea ex se propagavit.

       Quacunque enim die comederis ex eo, morte morieris.

       Haec comminatio tam diserte addita etiam arguit, legem Adae esse positam. Deinde ostendit hoc quoque, Adam esse conditum in statu inno-
35 centiae seu iustum. Nondum enim erat peccatum: Quia Deus peccatum non creavit. Si itaque Adam paruisset huic mandato, nunquam esset mortuus. Nam mors per peccatum venit. Reliquae igitur arbores Paradisi omnes in hoc fuerunt conditae, ut adiuvarent et conservarent homini animalem vitam integram et sine ullo incommodo.

D]   Hic moventur disputationes: cur Deus permiserit hominem labi, cur diabolo tantum potestatis dederit ꝛc.[1] Fit ex nostro vicio, quod cogitamus nos esse artifices non opera Dei, mehnen, er fol nicht mer wiffen, wir mußens auch wiffen. Sed wir find narren, wenn wir harren kondten bis dorthin, fo wurden wirs finden. Non loquitur de morte corporali, was wer der felb tobt, da folt man ein fchehßen, sed de aeterna.

---

¹) *Ist in dem Drucke später, s. S. 108, 34.*

Dr]   Mira autem hodie nobis res est, esse animalem vitam, sine morte et sine omnibus accidentibus mortis, qualia sunt morbi, pustulae, foetidae super-fluitates in corporibus etc. Nulla enim pars corporis fuit sordida in statu innocentiae; non fuit foetor in excrementis, non aliae foeditates, sed omnia 10 fuerunt pulcherrima, sine ulla offensione organorum sensuum, et tamen fuit animalis vita. Comedebat Adam, concoquebat, digerebat, fecisset alia, si sic permansisset, quae animalis vita exigit, donec tandem esset translatus ad spiritualem et aeternam vitam.

     Nam hoc quoque per peccatum amisimus, quod nunc inter praesentem 15 et futuram vitam tam horribile medium est, mors scilicet. In statu inno-centiae fuisset id medium iucundissimum, quo ad spiritualem vitam trans-latus esset Adam, seu, ut Christus in evangelio appellat, ad Angelicam vitam, in qua animales actiones cessant. Non enim in resurrectione mortu-orum edemus, bibemus, nuptias contrahemus etc. Animalitas haec cessasset 20 et spiritualis vita esset consecuta, sicut nos quoque beneficio Christi credimus consecuturam esse. Esset exutus puerili gloria, et indutus coelesti, esset exutus inferioribus actionibus, quae tamen purae et non molestae fuissent, sicut nunc sunt post lapsum, et de innocentia, ut sic dicam, puerili esset translatus in innocentiam virilem, qualem habent Angeli, et nos quoque 25 habituri sumus in futura vita.

     Nam puerilem innocentiam ideo voco, quia fuit, ut sic dicam, medius Adam, qui tamen poterat decipi per Satanam et cadere in illam calamitatem, in quam cecidit. Tale periculum lapsus non erit in illa perfecta innocentia, quae erit in futura et spirituali vita. Atque hoc significat haec poenae 30 comminatio: Quacunque die comederis de ligno hoc, morieris. Quasi dicat: Potes quidem manere in vita, ad quam te condidi, et tamen non sic es immortalis, ut Angeli. Est vita posita ceu in medio; potes in ea manere et postea rapi ad inamissibilem immortalitatem. Contra, si non parueris, mortem incurres, et immortalitatem amittes. 35

     Ergo est magna differentia inter spiritualem Angelorum conditionem et Adae innocentiam. Angeli, ut nunc sunt, non possunt cadere; Adam autem potuit cadere. Fuit enim in tali statu, in quo poterat fieri immor-talis, (erat enim sine omni peccato) et ex puerili gloria in immortalem vitam

Dr] transferri, in qua non posset posthac peccare. Poterat etiam ab ista innocentia puerili ruere in maledictionem, peccatum et mortem, sicut accidit.
Immortalis erat Adam, quia habebat conditas arbores, quarum fructus ad
conservationem vitae valebant. Sed immortalitas haec non sic ei erat con-
5 firmata, ut impossibile esset eum cadere in mortalitatem.

Quare autem Deus in hoc medio statu voluerit hominem condere, non
est nostrum definire, aut scrutari curiosius. Sicut neque illud, quod homo
sic est conditus, ut ab uno per generationem propagentur omnes. Angeli
non sic sunt conditi, non enim generant nec propagantur; vivunt enim
10 spiritualem vitam. Dignum autem admiratione est consilium Dei in creando
homine, quem cum condidisset ad animalem vitam et actiones corporales,
addidit tamen potentiam intellectivam, quae in Angelis quoque est, ut sit
homo mixtum animal ex brutali et angelica natura.

Porro quoniam obiter in mentionem de natura Angelorum incidimus,
15 non dissimulandum est, quod Patres scribunt, similitudinem aliquam fuisse
inter conditionem hominis et Angelorum. Sed haec similitudo neutiquam
referenda est ad propagationem, quae in spirituali natura non est, sed ad
imperfectionem. Sicut enim de homine constituto quasi in medium dixi, ita
quoque Angeli, cum primum sunt conditi, non sunt ita constabiliti in sua
20 natura, ut non possent peccare. Ideo Christus Ioannis octavo dicit non Joh. 8, 44
stetisse eum in veritate. Hinc imaginati sunt sancti Patres, ortam pugnam
seu seditionem inter Angelos, quibusdam foventibus partes pulcherrimi
Angeli, efferentis se ob certa dona super omnes. Verisimilia haec sunt,
neque enim abludunt ab eo, quod Christus dicit, eum in veritate non stetisse,
25 et quod Iudas dicit in sua Epistola deseruisse eos suum domicilium, et Jud 6
apostatasse.

Atque ad hanc sententiam accommodarunt quoque locum Esa. 14. Sed Jef. 14, 16
quod ad Esaiam attinet, certum est, eum loqui de rege Babylonis, qui voluit
sedere in solio Dei, hoc est, dominari populo sancto et templo. Sive igitur
30 dissensio fuerit, seu, quod mihi magis probatur, superbi Angeli offensi in
humilitate filii Dei voluerunt se ei praeferre, certum est, fuisse Angelos
quoque in tali statu innocentiae, qui tamen mutari potuit. Postquam autem
mali sunt iudicati et damnati, boni sic sunt confirmati, ut non possint amplius peccare. Omnes enim sunt electi reprobis reiectis.

35 Quodsi Draco sive mali Angeli perstitissent in innocentia, etiam sic
essent postea confirmati, ne possent cadere. Ad hunc modum Patres loquuntur,
quod sint Angeli in Iusticia creati et postea in ea etiam confirmati, sed eos,
qui lapsi sunt, secundum Christi dictum in veritate non stetisse. Non autem
putabimus, paucos numero fuisse. Nam Christus in evangelio dicit, quod Luf. 11, 18
40 Satan habeat regnum, et quod, sicut inter latrunculos unus est, qui gubernat
omnia autoritate et consiliis, ita quoque mali Angeli habeant principem
suum Baalzebub, qui seditionis istius caput fuit.

Dr]   Sed hic nascitur questio, de qua omnium Sophistarum libri nugantur, et tamen nihil explicant, nempe: Quid sit Iusticia originalis? Alii faciunt eam qualitatem aliquam, alii aliud. Sed nos, si Mosen sequimur, definiemus, originalem iusticiam dici, quod homo fuit iustus, verax, rectus, non solum corpore, sed magis animo, quod agnovit Deum, quod obedivit Deo cum   5 summa voluptate, quod intellexit opera Dei, etiam non admonitus. Sicut illustre eius rei exemplum est: Cum Adam profundissimum somnum dormiret, et Deus ex costa eius conderet Heuam, statim, ut evigilat Adam, agnoscit opus Dei dicens: 'Hoc est os ex ossibus meis'. Hic an non excellens intellectus est, statim primo obtuitu intelligere et agnoscere opus Dei?   10

Ad hanc originalem iusticiam pertinet, quod insigni et purissimo affectu diligebat Adam Deum et opera eius, quod vivebat inter creaturas Dei in pace, sine timore mortis, sine omni metu morborum, quod habebat quoque corpus obedientissimum, sine malis affectibus et foeda libidine, quam nunc sentimus. Sicut pulcherrima pictura et certissima orginalis iusticiae potest   15 sumi a corruptione ista, quam iam in natura nostra sentimus.

Sophistae cum de peccato originis loquuntur, tantum de misera et foeda libidine seu concupiscentia loquuntur. Sed peccatum originale est vere totus lapsus naturae humanae, quod est intellectus obscuratus, ut non agnoscamus amplius Deum et voluntatem eius, ut non animadvertamus opera   20 Dei; Deinde quod etiam voluntas mire est depravata, ut non fidamus misericordiae Dei, ut non metuamus Deum, sed securi, omisso verbo et voluntate Dei, sequimur concupiscentiam et impetus carnis; Item, quod conscientia non amplius tranquilla est, sed cum de iudicio Dei cogitat, desperat, sequitur et querit illicita praesidia et remedia. Haec peccata sic alte in naturam fixa   25 sunt, ut in hac vita non possint penitus evelli, et tamen miseri Sophistae ne quidem verbo ea attingunt. Ad hunc modum (sicut correlativorum natura est) peccatum originale demonstrat, quid sit iusticia originalis, et e contra: Nempe quod est amissio iusticiae originalis seu privatio, sicut cecitas est privatio visus.   30

Hoc longe patet latius, quam Monachi cogitant, qui iusticiam originalem fere intelligunt de castitate. Anima inspicienda erat primum, postea etiam corpus concupiscentia sic defoedatum. In anima autem praecipuum est, quod amissa est cognitio Dei, quod non ei ubique et semper gratias agimus, quod non delectamur eius operibus et factis, quod non confidimus ei, quod,   35 cum meritas poenas infligit, incipimus Deum odisse et blasphemare, quod, quando cum proximo agendum est, obsequimur cupiditatibus nostris, sumus rapaces, fures, adulteri, homicidae, crudeles, inhumani, immisericordes, etc. Est quidem furor libidinis pars quaedam peccati originalis. Sed maiora sunt illa animi vicia: incredulitas, ignorantia Dei, desperatio,   40 odium, blasphemia. Has calamitates spirituales Adam in statu innocentiae nescivit.

Dr]   Deinde annumerandae hic sunt poenae originalis peccati. Nam originale peccatum recte vocatur, quicquid est deperditum de iis conditionibus, quas Adam, cum adhuc esset natura integra, habuit, quod fuit sagacissimo ingenio, ut qui Heuam statim intellexit carnem suam esse, et omnium creaturarum exactam noticiam habuit, quod fuit iustus, rectus, intellectu praestanti, voluntate recta, et tamen imperfecta. Nam perfectio differebatur post illam animalem vitam ad spiritualem. Haec satis sint de illo textu, in quo Ecclesia constituta est. Iam pergit Moses:

Dixit quoque Dominus Deus, non est bonum, Hominem solum esse; 2, 18
faciam ei Adiutorium, quod coram eo sit.

     Ecclesiam habemus constitutam verbo et cultu certo. Politia nulla opus fuit, cum natura esset integra et sine peccato. Nunc etiam oeconomia instituitur. Facit enim Deus ex Adam solitario maritum et adiungit ei uxorem, qua ad multiplicationem generis humani opus fuit. Sicut autem supra de conditione hominis admonuimus deliberato consilio Adam esse conditum, Ita hic quoque videmus certo consilio condi Heuam, ut hic denuo ostendat Moses hominem esse singularem creaturam et pertinere ad participationem divinitatis et immortalitatis. Est enim homo praestantior creatura quam coelum, quam terra et omnia, quae in eis sunt.

     Peculiariter autem de altera parte humanae naturae, hoc est, de Foemina voluit Moses admonere, quod singulari consilio Dei sit condita, ut ostendat, hunc quoque sexum pertinere ad istud genus vitae, quod Adam expectabat, qui sexus servire debebat ad generationem. Hinc sequitur: Nisi per Serpentem mulier decepta esset et peccasset, eam in omnibus parem fuisse futuram Adae. Nam quod nunc viro subiecta est, ea poena est inflicta ei post peccatum, et propter peccatum, sicut aliae molestiae et pericula, labor partus, dolor et infinitae aliae aerumnae. Non igitur ut hodie est mulier, ita tum fuit Heua; longe melior et praestantior fuit conditio et in nulla re inferior Adamo, sive corporis seu animi dotes numeres.

     Sed hic questio est. Cum dicat Deus: Non est bonum hominem esse solum, de quo nam bono loquatur, cum Adam esset iustus et muliere non haberet opus, sicut nos, qui carnem peccato leprosam habemus.

     Respondeo: Loqui Deum de bono communi seu speciei, non de bono personali. Personale bonum est, quod habet Adam innocentiam. Sed commune bonum nondum habet, quod habebant reliqua animalia, quae propagabant speciem per generationem. Erat enim Adam adhuc solus, necdum habebat socium ad illud praeclarum opus generationis et conservationis suae speciei. Significat itaque bonum hoc in loco: multiplicationem generis humani. Ad hunc modum, quantumvis innocens et iustus Adam, nondum habebat illud bonum, ad quod erat conditus, nempe immortalitatem, ad quam, si in innocentia mansisset, suo tempore a Deo esset translatus.

Dr] Sententia igitur est, quod Adam pulcherrima creatura, quod ad suam personam attinet, satis habet, sed deest ei adhuc aliquid, nempe donum multiplicationis et benedictionis, quia est solus.

Hodie, postquam natura peccato corrupta est, est mulier necessaria non
solum ad multiplicationem, sed etiam ad vitae societatem et defensionem 5
quoque. Nam ministerio muliercularum opus habet Oeconomia. Imo, quod
miserabile est, opus est muliere etiam ad remedium peccati. Itaque in
muliere non solum Oeconomiae ratio, sed etiam medicina considerari debet.
1. Kor. 7, 2 Sicut Paulus dicit: 'Propter fornicationem habeat unusquisque uxorem suam'.
Et Magister sententiarum erudite dicit coniugium in Paradiso esse institutum 10
ad officium, post peccatum autem ad remedium quoque. Itaque cogimur
hoc sexu uti ad vitandum peccatum. Hoc quidem pene turpe dictu est
sed tamen verum est. Paucissimi enim sunt, qui tantum propter officium
uxores ducunt.

At reliqua animalia istam necessitatem non habent, itaque maxima ex 15
parte semel tantum in anno conveniunt ac ea consuetudine sunt contenta,
quasi re ipsa dicant se propter officium convenire. Hominum alia ratio est,
hi consuetudine uxorum in matrimonio coguntur uti, ut vitent peccatum.
Ergo generamur et nascimur etiam in peccatis, quia Parentes non conveniunt
tantum officii gratia sed quoque remedii seu peccati vitandi gratia. 20

Et tamen sub isto remedio, et in tam misero statu implet Dominus
benedictionem, ut homines in peccato et cum peccato generentur. Hoc in
Paradiso non sic fuisset. Nam generatio fuisset sanctissima sine omni furore
libidinis, qui nunc est, et essent filii nati in iusticia et rectitudine originali.
Statim non admoniti agnovissent Deum, praedicassent, gratias egissent, etc. 25
Sed haec omnia nunc amissa sunt, et tamen expedit de his cogitare, ut
teneamus discrimen aliquod eius status, in quo nunc sumus, hoc est originalis
peccati, et eius, in quo Adam fuit, seu originalis iusticiae, quam speramus,
Apg. 3, 21 cum omnia restituentur; Act. 3.

De verbo 'Faciamus' admonui ideo singulari consilio Heuam condi, 30
ut appareat, eam esse sociam immortalis et melioris vitae, quam reliquorum
animantium est, qui tantum animalem vitam vivunt, sine spe aeternae vitae.

Quod Latinus habet 'Simile sibi', in Ebraeo est: 'Quod sit coram eo'.
Distinguit autem hac quoque voce foeminam hominem a foemellis omnium
reliquorum animantium, quae non sunt coram suis maritis semper. Mulier 35
autem sic condita est, ut sit coram suo marito ubique et semper. Sicut
etiam Imperator vocat coniugum vitam individuam consuetudinem. Brutalis
foemina semel in toto anno virum requirit. Postquam autem concepit, redit
ad sua, et se curat, liberorum alio tempore natorum nullam habet curam,
non cohabitat semper marito. 40

Sed coniugii inter homines est alia ratio. Ibi mulier sic addicitur
viro, ut coram eo sit, ei cohabitet tanquam una caro. Ac si Adam in statu

Dr] innocentiae permansisset, fuisset haec consuetudo mariti et uxoris suavissima. Ipsum opus generationis quoque fuisset sanctissimum et reverendum. Non fuisset ille pudor ex peccato natus, qui nunc est, quod Parentes tum coguntur se abdere in tenebris. Non minor fuisset in concumbendo honestas, quam
5 est in capiendo somno, cibo, potu cum uxore.

An non igitur horribilis hic lapsus est? Revera enim nullum opus fuit praestantius et admirabilius in tota natura quam generatio. Est enim post praedicationem nominis Dei summum opus, quod tam sine peccato Adam et Heua in statu innocentiae potuerunt facere, quam sine peccato
10 erant laudaturi Deum. Hoc opus cum, sicut aliae primae conditionis misc- rabiles reliquiae, in natura adhuc maneat, quam horribiliter deformatum est? Honeste in publico coram Ecclesia coniunguntur maritus et uxor, sed cum summo pudore etiam inter se soli conveniunt. Taceo nunc foeditatem, quae in carne haeret, bestialem scilicet appetentiam et pruritum. Omnia haec sunt
15 Originalis peccati manifesta signa.

Adae itaque adiutorium fuit mulier, solus enim non potuit generare, sicut nec mulier sola generare potest. Porro amplissima haec sunt praeconia sexus, quod masculus pater generationis, mulier autem mater generationis est et adiutorium mariti. Sed cum ad statum
20 innocentiae respicimus, etiam generatio infinitis modis fuit melior, iucundior, sanctior.

Hodie multos invenias, qui vellent sibi nullos liberos nasci. Atque haec plus quam barbarica immanitas et inhumanitas praecipue inter nobiles et principes invenitur, qui saepe a coniugio ea una ratione abstinent, ne
25 habeant posteritatem. Longe foedius est, quod invenias principes, qui se cogi sinunt, ne ducant uxores, ne scilicet familia augeatur ultra modum. Profecto digni, quorum memoria deleatur de terra viventium. Quis enim haec porcina portenta non execretur? Sed ostendunt haec quoque peccatum originis: Alioqui generationem admiraremur, tanquam summum opus Dei et
30 tanquam maximum donum ornaremus meritis laudibus.

Hinc nata etiam sunt convicia in sexum muliebrem, quae impius coelibatus auxit. Magnum autem beneficium est, quod Deus nobis quasi invitis et nolentibus servavit mulierem tum ad generationem tum etiam ad medicinam contra peccatum fornicationis. In Paradiso fuisset mulier ad-
35 iutorium officii tantum. Nunc etiam est et pro maiore parte remedium et medicina, de qua sine pudore vix loqui possumus, certe sine pudore non possumus ea uti. Causa est peccatum. Nam in Paradiso congressus ille fuisset sine omni verecundia, tanquam opus a Deo conditum et benedictum. Habuisset honestam voluptatem, qualis tum in cibo et potu fuit. Nunc,
40 proh dolor, est tam foeda et horribilis voluptas, ut a medicis comparetur cum epilepsia seu comiciali morbo. Sic morbus verus cum ipso opere generationis coniunctus est. Sumus enim in statu peccati et mortis, ideo

Dr] etiam poenas istas sustinemus, ut muliere siue horribili furore libidinis et
tanquam morbo comiciali non possimus uti.

Idem accidit nobis propter peccatum etiam in spiritualibus donis. Etsi
enim fidem habemus et in fide vivimus, tamen dubitatione et sensu mortis
carere non possumus. Has peccati originalis poenas bene viderunt et senserunt   5
sancti Patres. Ideo scriptura quoque *Ervah* pudenda seu turpitudinem vocat.

Quae sequuntur, sunt quasi repetitio, ut Moses eo commodius deveniat
ad descriptionem, quomodo mulier sit condita. Ideo legenda sunt in praeterito plusquamperfecto.

2,19 Cum formasset Dominus Deus de humo cuncta animantia terrae,   10
adduxit ea ad Adam, ut videret, quid vocaret ea.

Quasi dicat: Deus certo et bene prius deliberato consilio voluit creare
foeminam, vidit enim omnes alias bestias habere adiutorium generationis,
solus Adam non habuit. Adduxit itaque ad Adam omnia animantia, ea
cum Adam singula suis nominibus notasset, nullum invenit sibi simile.   15
Atque hic iterum admonemur de insigni cognitione et sapientia, quae in
Adam fuit, qui creatus in innocentia et iusticia, sine aliqua nova illumina-
tione, tantum naturae suae bonitate, intuetur omnia animalia et sic habet
eorum cognitam naturam, ut singulis aptum et naturae ipsorum conveniens
nomen indat. Hanc lucem merito etiam dominium in omnes animantes   20
secutum est, quod hic quoque ostenditur, cum ad arbitrium Adae vocantur.
Uno verbo itaque leones, ursos, apros, tygrides, et quicquid est praestantio-
rum animalium, cogere potuit ad quaevis efficienda, quae naturae eius conveniebant. Haec quoque per peccatum amisimus.

Itaque non mirum est, quod Dei nullam cognitionem habemus, cum   25
etiam bestiarum naturas, cuius virtutis et efficaciae sint, non noverimus.
Extant varii libri, qui plantarum et bestiarum naturas describunt. Sed
quanto tempore, quam longa observatione opus fuit, dum haec per experientiam ita colligerentur. Aliud in Adamo lumen fuit, qui statim, ut inspexit
animal, totam eius naturam et vires habuit cognitas, ac longe melius quam   30
nos, etiam cum totam vitam ad inquisitionem harum rerum conferimus.
Haec cognitio in Adamo, sicut fuit donum Dei excellens, ita etiam Deo
mire placuit, et grata fuit. Itaque iubet, ut hac cognitione utatur, et indat
omnibus animantibus nomina.

2,20 Omne enim, quod vocavit Adam animam viventem, ipsum est   35
nomen eius. Appellavitque Adam nominibus suis cuncta animantia, et universa volatilia coeli, et omnes bestias terrae. Adae
vero non inveniebatur Adiutorium, quod coram eo esset.

Quantum mare cognitionis et sapientiae in hoc uno homine fuit! Etsi
autem de hac cognitione quoque multum amisit Adam per peccatum, tamen   40

Dr] credo, quicquid adhuc in omnium sapientum libris est, qui tot seculis ab eo tempore, quo literae primum natae sunt, scripserunt, id totum eam sapientiam nondum potuit equare, quae tamen postea in Adam haesit, sed paulatim in posteris obscurata, et pene extincta est.

5 Porro hic iterum admonendi sumus Mosen adhuc versari in descriptione operis sexti diei. Hoc enim, quod in primo capite brevibus dixit: 'Faciamus hominem', id hoc in capite voluit plenius explicare, ut non uno argumento discerneret hominem a reliquis animantibus. Totum itaque secundum caput consumit in explicatione conditionis hominis. De masculo dixit ex pulvere 10 factum, inspiratum in faciem eius spiraculum vitae, adductam coram eo universam animantium turbam. In ea cum Adam nullum videret adiutorium, factam esse foeminam, sociam generationis et conservationis speciei. Neque enim posteros eodem modo voluit Deus nasci, quo Adam ex terra factus est. Sed voluit, ut haberet homo generationem, qualem aliae bestiae habent. 15 Nam quod ad animalem vitam attinet, bibimus, edimus, generamus et generamur sicut bestiae reliquae. Et tamen magno consilio hoc agit Moses, ut distinguat hominem a reliquis animantibus, ideo quia futurum erat, ut post animalem vitam esset homo particeps spiritualis et aeternae vitae. Omnia haec pertinent ad opus sexti diei. Quia enim dixerat Deus: 'Crescite et 20 multiplicamini', necessaria fuit explicatio, quomodo mulier Adae addita, facta et coniuncta sit.

Pertinet autem hoc eo, ut firmiter teneamus hanc sententiam, vere sex dies fuisse, quibus Dominus creavit omnia, contra Augustini et Hilarii sententiam, qui uno momento putant omnia esse condita. Ideo ab historia 25 discedunt, et sequuntur allegorias ac nescio quas speculationes comminiscuntur. Non autem dico haec in contumeliam sanctorum Patrum, quorum labores venerari decet, sed ad confirmationem veritatis et nobis in consolationem. Fuerunt enim magni viri, sed tamen homines, qui lapsi sunt, et potuerunt labi, ne efferamus eos, ut Monachi, qui sic adorant omnia eorum, 30 quasi non potuerint peccare. Mihi potius in eo magna videtur consolatio esse posita, quod deprehenduntur errasse et interdum peccasse. Sic enim cogito: si ipsis errores et peccata ignovit Deus, cur ego desperem veniam? Contra desperationem inducit, si credas eos non eadem esse passos, quae tu pateris. Certum autem est inter Apostolorum vocationem et Patrum magnum 35 esse discrimen. Cur igitur Patrum scripta estimaremus paria Apostolorum?

Ac sane quod ad praesentem locum attinet, Quomodo, queso, possibile est sex dies fuisse aut horam aut momentum unum? Nec ratio, nec fides, quae verbo nititur, admittunt hoc. Ergo sentiamus, fuisse intervalla quaedam temporis, ita ut Adam solus sit creatus, postea adducta sint ad eum 40 animalia, et tentatus Adam, num inveniat aut videat in isto ordine sociam, et post tandem sit Heua condita. Et certae voces istae 'De omni ligno comedes' etc., quia aures Adae verberarunt, in tempore ista omnia per inter-

Dr] valla dicta esse arguunt, nisi ad absurdissimas allegorias Origenis in morem te velis vertere. Non enim agitur hic de Deo, in cuius conspectu omnia praeterita et futura sunt praesentia, De Adamo agitur, qui in tempore fuit et vixit, apud quem est discrimen futuri et praeteriti tanquam apud creaturam. Haec paucis hic duxi esse repetenda. Iam pergamus. 5

2,21 Immisit ergo Dominus Deus soporem in Adam, Cumque obdormivisset, tulit unam de costis eius, et clausit locum carne.

Hic quoque non solum fides, sed ratio et res arguit aliud esse tempus vigiliae, aliud somni. Habent enim ista sua intervalla. Quod igitur Adam sexto die est conditus, quod adducta sunt ad eum animalia, quod audivit 10 praecipientem Dominum de arbore scientiae boni et mali, item, quod immisit ei Dominus somnum, haec omnia manifestum est, quod ad tempus et ad animalem vitam pertinent. Ideo necesse est istos dies intelligi veros dies, contra opinionem sanctorum Patrum. Quoties enim videmus Patrum opiniones cum scriptura non convenire, cum reverentia eos toleramus et 15 agnoscimus tanquam Maiores nostros. Sed propter eos tamen non discedimus ab autoritate scripturae. Elegans et vera sententia est Aristotelis primo ethicorum: Melius esse patrocinari veritati, quam nimis addictos esse iis, qui nobis familiares et coniuncti sunt. Atque hoc in primis decere Philosophum. Cum enim ambo nobis chari sint, veritas et amici, potiore 20 loco veritatem habendam esse, ἀμφοῖν γὰρ ὄντοιν φίλοιν, ὅσιον προτιμᾶν τὴν ἀλήθειαν. Hoc si homo ethnicus in civilibus disputationibus faciendum censet, quanto id magis faciendum est in iis, quae manifestum testimonium scripturae habent, ne hominum autoritatem scripturae anteponamus? Homines enim falli possunt, at verbum Dei est ipsa sapientia Dei et cer- 25 tissima veritas.

Quod autem ad hanc historiam attinet, queso te, si rationem sequaris, quid potuit dici fabulosius? An enim quisquam esset, qui hoc de conditione Heuae crederet, nisi ita aperte traderetur? Hic enim universae creaturae sunt exempla in oppositum. Quicquid enim vivum generatur, generatur ex 30 masculo et foemina, sic ut per foeminam edatur in lucem. Hic ipsa foemina ex viro conditur non minus admirabili conditione quam Adae fuit, qui ex gleba terrae factus est in animam viventem. Portenta haec sunt et nugacissimae nugae, si seposita scripturae autoritate rationis iudicium sequaris. Ideo Aristoteles neque primum neque ultimum hominem dicit posse dari. 35 Idem nos quoque cogeret ratio pronuntiare, si absque hoc textu esset. Si enim constituas, verum esse, quod totius creaturae uniformis ratio testatur, nihil nasci vivum nisi ex masculo et foemella, non potest dari primus homo. Idem de mundo quoque pronuntiandum esset, quem ideo aeternum Philosophi statuerunt. Etsi autem finguntur rationes, quibus probatur mun- 40

Dr] dum non esse aeternum, tamen ratio tota vi in eam sententiam procumbit. Quod enim inveniet initium in nihilo? Porro si dicas, mundum cepisse et esse tempus, quo mundus non fuerit statim sequitur, ante mundum nihil fuisse, sequuntur alia absurda infinita, quibus moti Philosophi iudicarunt mundum esse aeternum. Sin dicas mundum esse infinitum, statim nascetur quoque aliud novum infinitum in successione hominum. At plura infinita Philosophia non concedit et tamen cogitur concedere, quia inicia nulla mundi et hominum novit. Haec pugnantia et obscuritas Epicureis dedit occasionem, ut dicerent sine ratione existere mundum et hominem et sine ratione quoque interitura esse, sicut intereunt pecudes, quae mortuae sic sunt, ac si nunquam fuerint. Hinc sequuntur alia: Deum aut plane non esse, aut humana non curare. In hos labyrinthos deducitur ratio, cum destituta est verbo et sequitur suum iudicium.

Utile autem est videre, quam non possit longius progredi ratio seu sapientia nostra in estimatione creaturae. Quid enim, queso, novit Philosophus de coelo et mundo, si quidem nescit, unde sit et quo tendat? Imo quid nos de nobis ipsis scimus? Videmus nos esse homines. Sed quod hunc patrem, hanc matrem habeamus, an non credi hoc debet, sciri autem nullo potest modo? Sic omnis nostra cognitio seu sapientia tantum est posita in noticia causae materialis et formalis, quanquam in his quoque nonnunquam turpiter hallucinamur. Causam efficientem et finalem plane non possumus ostendere, praesertim quod miserabile est, cum de mundo, in quo sumus et vivimus, item de nobis ipsis est disputandum aut cogitandum. Haec an non misera et egena sapientia est?

Dicit Aristoteles: Homo et sol generant hominem. Belle dictum sequere hanc sapientiam et eo devenies, ut statuas Hominem et solem esse aeternum ac infinitum. Nunquam enim invenies hominem, qui sit vel principium vel finis, sicut ego principium et finem meae personae non possum invenire, si certo scire id et non credere potius volo. Qualis autem sapientia, qualis noticia est ignorare causam finalem, et causam efficientem? Nam quod formae noticiam habemus, sic vacca novit domum suam, sic (ut Germanico proverbio dicitur) intuetur et agnoscit ostium.[1] Apparet itaque hic quoque, quam horribilis lapsus sit peccati originalis, quo amisimus eam noticiam, ut neque principium nec finem nostri videre possimus.

Quod igitur Plato, Cicero et alii Philosophi, qui melioris notae sunt, disputant: Hominem incedere erecto capite, cum coetera terram prona spectent, quod praedicant rationem seu vim intelligendi et iudicandi in homine, et postea concludunt: Esse hominem singulare animal conditum ad immortalitatem, Quaeso, quam hoc exile, et pene futile est? Totum enim a noticia formae est sumptum. Si autem postea etiam de materia cogites, An non

---

[1] *Sprw.*, *vgl. Wander, Ochse Nr. 52. 62. 100. 105.*

Dr] coget te ratio, ut statuas naturam hanc iterum dissolvendam esse et non posse esse immortalem?

Ergo discamus veram sapientiam esse in scriptura sancta et in verbo Dei. Id enim non solum de materia, non solum de forma totius creaturae sed etiam de efficienti et finali causa, de principio et de fine omnium rerum docet: Quis creaverit, et ad quid creaverit. Sine harum duarum causarum cognitione sapientia nostra non multum differt a bestiis, quae etiam oculis et auribus utuntur, sed principium et finem plane ignorant.

Insignis itaque hic textus est, qui quanto videtur cum tota experientia et ratione magis pugnare, tanto diligentius observandus et certius credendus est. Hic enim docemur de principio hominis: Quod primus homo non extiterit per generationem, sicut Aristoteles et reliqui Philosophi a ratione decepti somniaverunt. Propagatio posteritatis per generationem fit, sed primus masculus ex gleba agri, prima foemella ex costa viri dormientis efficta et condita est. Hic igitur invenimus principium, quod per Philosophiam Aristotelis non possibile est invenire.

Hoc principio constituto sequitur deinde propagatio non minus admirabilis per coniunctionem masculi et foeminae, ubi ex guttula humani corporis procreatur universum genus humanum. Sicut Paulus ex hoc loco eleganter inter Philosophos Athenis philosophatur Act. 17. 'Deus ipse dat omnibus ζωὴν καὶ πνοὴν, spiritum et vitam in universum, facitque ex unius sanguine omne genus hominum, ut habitet super universam terram, ut querant Deum, si forte palpent eum aut inveniant, quamvis non longe sit ab unoquoque nostrum'. Hic Paulus loquitur de propagatione facta per primum hominem, sicut dicit, 'ex unius sanguine'. Si igitur ex guttula sanguinis generatur homo, sicut experientia omnium hominum in toto orbe terrarum testatur, profecto non minus hoc est admirabile, quam quod primus homo ex gleba et foemella ex costa viri condita est.

Sed cur hoc de Adae et Heuae conditione sic incredibile et admirabile videtur et alterum de propagatione, quod omnes homines norunt et vident, non sic admiramur? Nimirum ideo, quod, sicut Augustinus dicit, miracula assiduitate vilescunt. Sic non admiramur illam admirabilem solis lucem, quia quotidiana est, non admiramur alia creationis dona infinita, obsurduimus enim ad haec, sicut Pythagoras bene dixit, mirabilem concentum et suavissimum aedi ab illa harmonia motuum, qui sunt in orbibus coelestibus: Sed quia homines assiduo audiunt hunc concentum, obsurdescunt ad eum perinde, ut qui ad Catadupas[1] Nili sunt, sonitu et fragore aquae, quem assiduo audiunt, non afficiuntur, cum aliis non assuefactis esset intolerabilis. Sine dubio ex Patrum traditione hanc ipsam vocem accepit, qui non voluerunt,

Apg. 17, 25

---

¹) *Entnommen aus Cicero de re publ. 6, 19: wo 'quae Catadupa nominantur' als neutr. plur.*

Dr] quasi edatur sonitus illo motu coelestium corporum. Hoc voluerunt: conditionem eorum esse suavissimam et plane admirabilem, sed a nobis ingratis
et insensatis non observari, non agi Deo gratias dignas pro ista admirabili
conditione et conservatione creaturae.

5   Sic magnum miraculum est, quod exiguum semen seritur et inde altissima quercus enascitur. Sed quia quotidiana haec sunt, viluerunt, sicut ista
ipsa propagationis nostrae ratio. Quid enim non dignissimum admiratione
est, quod mulier semen accipit, quod semen concrescit, ac, sicut eleganter
dixit Hiob, coagulatur, deinde formatur et alitur usque, dum ferendo aëri ⌞Hiob 10, 10
10 maturus sit foetus. ˙Edito foetu per partum non quidem novum alimentum
sed nova via et novo modo venit, quod ex uberibus geminis tanquam ex
fonte lac promanat, quo infans alitur. Omnia haec plenissima admirationis,
et penitus incomprehensibilia sunt, sed assiduitate viluerunt nosque ad hunc
suavissimum concentum naturae vere obsurduimus.

15   Quodsi vera fide haec a nobis inspicerentur et aestimarentur, ut sunt,
profecto non viliora essent, quam quod Moses hic dicit dormienti Adae
exemptam ex latere costam et Heuam inde esse conditam. Quin si placuisset
Domino eadem ratione nos formare, qua Adam ex limo terrae formatus
est, nunc quoque desiisset id nobis esse miraculi loco et magis admiraremur
20 istam rationem propagationis per semen viri. Verum enim est, quod barbaro,
sed profecto non temere conficto versiculo dicitur: Omne rarum carum,
vilescit quotidianum. Si non singulis noctibus aut omnibus in locis orirentur
stellae, quantus esset concursus ad id spectaculum? Nunc nemo nostrum
ne quidem fenestram eius rei causa aperit.

25   Merito igitur damnatur ingratitudo nostra. Si enim credimus, causam
efficientem et finalem esse Deum, an non opera eius admirari, iis delectari
et ea semper et ubique debebamus praedicare? Sed quot sunt, qui id faciunt
vere et ex animo? Audimus Deum apprehendisse glebam et fecisse hominem,
hoc admiramur, et prae admiratione ducimus esse fabulosum. Quod autem
30 apprehendit adhuc hodie guttam de sanguine patris et creat hominem, hoc
non admiramur, quia hoc quotidie fit, illud semel factum est, cum tamen
utrunque eadem arte et eadem potentia fiat, ab eodem autore. Nam qui
ex gleba formavit hominem, idem adhuc hodie creat homines ex sanguine
Parentum.

35   Frustra igitur Aristoteles nugatur, Quod homo et sol generant hominem.
Nam etsi solus calor fovet corpora, tamen generandi causa longe aliud est,
nempe verbum Dei sic iubentis, quod dicit ad hunc maritum: Iam sanguis
tuus fiat masculus, fiat foemella. Hoc verbum ratio nescit. Itaque non
potest non pueriliter nugari de causis tantarum rerum. Sic medici Philo-
40 sophos secuti generationem referunt ad convenientem mixturam qualitatum,
quae in materia praedisposita operantur. Id etsi ratio non potest negare,
(nam videt siccas et frigidas naturas ad generationem ineptas, contra humidas

Dr] et moderate calidas aptiores) tamen primam causam non attingunt. Altius enim quam in naturam, quam in qualitates et temperamenta earum, nos ducit Spiritus sanctus, cum verbum proponit, in quo omnia creantur et conservantur.

Quod igitur ex gutta sanguinis homo, non bos, non asinus nascitur, verbi virtute fit, quod a Deo prolatum est. Itaque vere, sicut in oratione dominica etiam Christus docet, Deum vocamus Patrem nostrum et Creatorem nostrum, sicut symbolum appellat. In hanc causam cum respicimus, tum caste, pure et cum gaudio de iis rebus possumus loqui, quarum alioqui hac causa omissa sine foeditate et obscoenitate non possumus meminisse.

Apparet autem ex hac quoque disputatione, quam horribilis lapsus sit peccati originalis, siquidem universum genus humanum suam originem nescit. Videmus quidem copulari masculum et foeminam, videmus ex guttula sanguinis impregnari foeminam, postea edi in lucem certissimo tempore infantem. Sunt haec oculis omnium exposita et notissima, et tamen, nisi verbum te admoneat et doceat, ipsum opus, quod sciens vidensque facis, nescis, sicut Philosophorum disputationes, de quibus iam diximus, satis ostendunt. Haec an non horribilis caecitas et miserabilis est ignorantia?

Si itaque Adam perstitisset in innocentia, neutiquam fuisset opus admoneri posteros de sua origine, sicut non opus fuit, ut admoneretur Adam de conditione Heuae suae, ipse statim, cum eam intuetur, agnoscit, quod sit os ex ossibus suis et caro ex carne sua. Talis cognitio sui et aliarum creaturarum mansisset etiam in posteritate Adae. Omnes statim animadvertissent finalem et efficientem causam, de quibus nunc nihilo plus scimus quam ipsae pecudes.

Ergo pulcherrima et iucundissima est haec fabula in auribus rationis, qua ad delicias usque abusi sunt Philosophi, si eam audierunt, sicut quidam audierunt, praesertim qui Aegyptiorum literas et sapientiam didicerunt, Sed inaestimabilis sapientia nobis scire, quod nobis haec quantumvis ridicula (ut mundus iudicat) fabula ostendit, nempe quod initium generationis humanae constiterit per verbum. Si quidem Deus apprehendit glebam, et dicit: Faciamus hominem. Sic postea apprehendit costam Adae, et dicit: Faciamus homini Adiutorium. Nunc verba consideremus, postquam de re, quae necessaria fuerunt, admonuimus.

Dominus Deus, inquit Moses, fecit illabi seu cadere super Adam *Thardemah* soporem seu profundum somnum. Nam verbum *Radam* significat somno opprimi, sicut qui non sentientes obdormiscunt et nutant capite. Sunt enim differentes somni: quidam profundi seu graves, qui nullis somniis impediuntur, hi salubres sunt, bene enim humectant corpora et concoctioni utiles sunt nec fatigant caput. Alii sunt leviores et quasi mixti vigiliis. In his crebriora sunt somnia, ledunt autem caput et sunt argumentum corporis minus firmi.

Dr]　　Dicit itaque Moses: Profundo somno oppressum Adamum, ita ut procumbens in virentem terram longos duxerit spiritus, sicut solent qui bene et suaviter dormiunt. Hunc somnum, inquit, fecit Dominus super eum cadere. Est enim somnus vere divinum et pulcherrimum donum, quod
5　desuper tanquam ros defluit, et humectat totum corpus. Cum itaque sic dormiret Adam, tulit Dominus unam de costis eius. Vocabulum Ebraeum *Zela* costam et latus significat. Quare sic accipio, quod non nudam costam sed vestitam carne acceperit Dominus, sicut Adam infra dicit: 'Hoc est os ex ossibus meis et caro de carne mea'. Porro hoc quoque fecit Dominus
10　per verbum suum, ne putemus eum chirurgi more sectione aliqua usum esse. Dixit: Ex isto osse sic induto carne fiat mulier, et ita factum est. Atque eum hiatum lateris postea clausit carne.

　　Hic disputatio oritur inter Glossatores mirabiliter nugaces. Dicunt masculum in uno latere plus habere costarum quam in altero. Sed hoc
15　melius sciunt Medici, qui Anatomiam norunt. Lyra disputat: Num ea costa in corpore Adae fuerit superflua? Sed hoc si fuit, inquit, monstrosum fuit, Si non fuit, sequitur Adamum postea diminutum fuisse costa. Sed id quoque monstrosum est, inquit. Tandem respondet: Illam costam fuisse superfluam ratione individui, itaque sublata ea fuisse corpus Adae integrum, et
20　tamen corpus Adae indiguisse hac costa propter mulierem ex ea formandam.

　　Sed nos ad haec omnia respondemus per verbum: 'Dixit Deus'. Hoc verbum solvit omnia huiusmodi argumenta. Quid enim necesse est disputare: Unde reliquam materiam acceperit Deus, qui uno verbo potest et condit omnia? Oriuntur autem hae questiones ex Philosophia et medicina, quae
25　sine verbo de Dei operibus disputant. Fit autem hoc modo, ut amittatur gloria scripturae sanctae et maiestas Creatoris. Quare omissis his disputationibus simpliciter manebimus in historia, sicut a Mose exponitur, quod Heua sit condita ex costa Adae, et quod ea pars corporis iterum clausa sit carne, Sicut Adam ex gleba, ego ex guttula sanguinis patris mei factus sum.
30　Quomodo mater me conceperit, quomodo in utero formatus sim, et incrementa sumpserim, hoc gloriae Conditoris relinquo. Vere enim incredibile est, ex gutta sanguinis Hominem nasci, et tamen est verum. Si igitur ex gutta sanguinis ista potentia generandi existit, Cur non etiam ex gleba? Cur non ex costa?

35　　Quod autem Adam sic dormit, ut non sentiat haec secum agi, est iste somnus quasi pictura quaedam eius mutationis, quae in statu innocentiae futura fuerat. Nam iusta natura nullam sensisset mortem, vixisset in summa voluptate, in obedientia Dei, et admiratione operum Dei, usque dum tempus mutationis venisset. Ibi sensisset Adam simile quiddam huius somni, qui
40　suavissimus ei accidit, cubanti inter rosas, et sub amoenissimis arboribus. In eo somno esset mutatus et translatus in spiritualem vitam, tam non sentiens dolorem aliquem, quam non sentit, aperiri corpus, et eximi costam

Dr] cum carne. Nunc mortem patitur corrupta haec natura. Eam corporis dissolutionem sequitur in piis suavissimus somnus, donec evigilabimus in novam et aeternam vitam. Sicut autem Adam hic admirabundus dicit: 'Hoc est os ex ossibus meis' et tamen sic suavi somno oppressus fuit, ut non sentiret, id eximi, Ita nos in illa die dicemus: Ecce hoc corpus a vermibus 5 corrosum in quantam subito gloriam surgit! etc.

Diximus satis copiose hactenus de conditione Heuae, quae etsi rationi fabulosa videtur, tamen est certissima veritas, quia in verbo Dei est prodita, quod solum vere docet, ut dixi, de duabus principalibus causis, efficiente et finali, quarum cognitio etiam in naturalibus, sicubi haberi potest, plurimum 10 momenti habet. Quid enim prodest scire, quam pulchra creatura sit homo, si finem ignores, quod scilicet est conditus ad cultum Dei, et ut cum Deo in aeternum vivat? Aliquid dicit Aristoteles, cum ponit hominis finem esse felicitatem, quae in actione virtutis consistit. Sed in hac naturae imbecillitate quis ad hunc finem pervenit? cum etiam, qui optimi sunt, variis incommodis 15 obiiciantur, quae tum fortuna, tum hominum malicia et pravitas conciliat. Requirit ea felicitas tranquillitatem animi, sed eam quis perpetuo in tanta fortunae iactatione retinere potest? Frustra igitur hic finis praescribitur, quem nemo attingit.

Principalis igitur finis est, quem scriptura ostendit, quod homo sit 20 conditus ad similitudinem Dei, ut cum Deo in aeternum vivat et hic in terra Deum praedicet, ei agat gratias, et verbo eius obediat in pacientia. Hunc finem utcunque, quamvis infirmiter, apprehendimus in hac vita; in futura autem vita perfecte eum consequemur. Haec Philosophi non norunt. Itaque mundus in summa sua sapientia est stultissimus, quando sacra scriptura 25 seu theologia caret. Nam neque principium nec finem suum homines norunt, quando verbo carent; taceo de reliquis creaturis.

2.22 Et aedificavit Dominus Deus costam, quam sumpserat de Adamo, in Mulierem, et adduxit eam ad Adam.

Nova et inaudita haec phrasis, quod Moses utitur non verbo fingendi 30 et creandi, sicut supra, sed aedificandi. Omnes Interpretes movit, ut suspicarentur subesse mysterium quoddam. Lyra cum suo Rabi Salomone putat ad novam formam corporis muliebris respici. Sicut enim aedificiorum forma in inferiori parte latior, in superiore autem angustior est, ita dicit corpora mulierum in ima parte crassiora, in superiore contractiora esse, cum 35 viri latos humeros et ampliora pectora habeant. Sed haec accidentia sunt corporis. Scriptura autem loquitur de toto corpore, quod sit aedificium, Matth. 12,44 sicut Christus quoque Matthaei 12. vocat corpus hominis domum.

Alii allegoriam querunt et dicunt mulierem vocari aedificium propter similitudinem cum Ecclesia. Sicut enim in domo diversae partes sunt: 40 parietes, trabes seu tigna, tectum etc., Ita in Ecclesia, quae corporis simili-

Dr] tudinem propter diversitatem membrorum habet, esse varia ministeria et functiones. Mihi quidem non displicent, quae apte ad Christum et Ecclesiam transferuntur. Sed quia haec in totum allegorica sunt, historica et propria huius loci sententia querenda ac retinenda est. Vocatur enim mulier, prae-
5 sertim maritata, aedificium non propter allegoriam, sed historice. Sicut scriptura ubique hac ratione loquendi utitur. Sicut Rahel dicit ad Iacob: 'Accipe ancillam, ut aedificer in ea'. Idem de Sara dicit scriptura. Et in 1. Mose 30, 3 Exodo dicitur de obstetricibus: 'Dominus aedificavit eis domus', hoc est, 2. Mose 1, 21 rependit per benedictionem familiae illa beneficia facta populo Israel contra regis mandatum. Item in historia de Davide, cum vellet Domino edificare domum, respondetur ei: Scias, Dominum tibi aedificaturum domum. 2. Sam. 7, 11

Ita usitata haec Phrasis est in scriptura, ut uxor dicatur aedificium Oeconomicum propter generationem et educationem sobolis. Huius aedifi-cationis formam, quae in Paradiso futura fuerat, per peccatum ita amisimus,
15 ut ne cogitatione quidem eam possimus attingere. Sicut autem supra dixi nostram praesentem vitam habere quasdam parvas et miseras reliquias culturae et defensionis, item dominii in bestias: Oves, boves, anseres, gallinas regimus, quanquam apri, ursi, leones hoc nostrum regnum non curant: Ita etiam huius aedificii imago quaedam obscura est reliqua, quod qui uxorem
20 duxit, habet eam ceu nidum et domum, apud quam moratur in certo loco, sicut aves cum pullis suis in nidulo. Hanc habitationem non habent, qui coelibes vivunt, sicut impuri Papistae.

Haec igitur cohabitatio, quae inter maritum et uxorem est, quod simul habitant, quod curant rem familiarem, quod simul generant et educant liberos,
25 est quaedam imago obscura et quasi reliquiae illius beatae cohabitationis, propter quam Moses mulierem dicit aedificium esse. Posteri Adae, si Adam in innocentia perstitisset, ductis uxoribus emigrassent ab Adamo patre in quendam proprium hortulum. Ibi cum uxoribus vixissent simul colentes terram et educantes liberos. Non opus fuisset magnificis aedificiis ex secto
30 lapide, non culina, non cella vinaria, ut nunc. Sed sicut avium niduli sunt, ita hinc inde habitassent in opere et vocatione Dei. Ac mulier praecipua extitisset causa, ut mariti in certis sedibus habitarent. Nunc in hac peccati calamitate, ubi propter aëris iniurias domibus opus est, ne cogitatione qui-dem imaginem huius felicitatis possumus consequi, et tamen illae misellae
35 reliquiae sunt excellentia dona Dei, quibus sine gratiarum actione uti pro-fecto impietas est.

De dominio, quod homo in Paradiso accepit, omnes sentimus, quantum amissum sit, postquam peccato sic sumus defoedati. Et tamen quantum adhuc beneficium est dominium hoc traditum esse homini et non Diabolo? Quomodo enim contra invisibilem hostem possemus consistere, Si cum voluntate nocendi etiam facultas coniuncta esset? Una hora, momento uno extingueremur omnes, si saltem feras contra nos incitaret Satan.

7*

Dr] Etsi igitur dominium fere in totum amissum est, tamen ingens beneficium est extare adhuc eius reliquias aliquas.

Sicut etiam generationis reliquiae extant, quanquam in statu innocentiae non solum sine dolore peperissent mulierculae, sed etiam multo maior fuisset futura foecunditas. Iam mille morbis impeditur generatio et accidit, ut aut 5 foetus non sint durabiles aut coniugia nonnunquam plane sint sterilia. Hi sunt defectus et poenae horribilis illius lapsus Adae et peccati originalis. Ad eundem modum mulier adhuc hodie est domus mariti, ad quam maritus se confert, cum qua habitat, cum qua coniungit studium et laborem alendae familiae. Sicut infra dicetur: 'Adhaerebit homo uxori suae, et relinquet 10 patrem et matrem suam' etc.

Sed haec cohabitatio cum aliis incommodis, quae coniugium propter peccatum infinita habet, etiam a perversis naturis mire deformatur, cum non solum sint, qui sapientiam esse ducant conviciari sexui et aspernari coniugia, sed qui ductas coniuges deserant quique liberorum curam omnem abiiciant. 15 Hi aedificium Dei improbitate et perversitate sua destruunt ac vere sunt foeda quaedam naturae monstra. Pareamus itaque verbo Dei, et agnoscamus nostras uxores ceu aedificium Domini, quod per eas non solum aedificatur domus per generationem et alia ministeria in oeconomia necessaria, Sed etiam quod ipsi mariti per eas aedificantur, quibus sunt tanquam nidus et habitatio 20 quaedam, ad quam se conferant, ubi morentur et habitent cum voluptate.

Quod addit Moses: 'Et adduxit eam ad Adam', est descriptio quaedam sponsalium imprimis digna observatione. Nam Adam conditam Heuam non rapit ad se ex suo arbitrio sed expectat adducentem Deum. Sicut Christus Matth. 19, 6 quoque dixit: 'Quod deus coniunxit, homo non separet'. Est enim legitima 25 coniunctio masculi et foeminae ordinatio et institutio divina.

Ideo Moses retinet hic suam propriam phrasin: 'Adduxit', inquit. Quis? Nimirum Iehova Elohim, hoc est, tota divinitas, Pater, Filius, Spiritus sanctus. Hi dicunt ad Adam: Ecce haec est sponsa tua, cum qua habites, cum qua generes liberos. Ac sine dubio Adam eam cum magna 30 voluptate accepit, sicut adhuc in hac corrupta natura sponsi et sponsae amor mutuus egregius est. Sed tum fuit sine illa epileptica et apoplectica volup- tate, quae hodie in coniugio est, fuit castus et suavissimus amor, et ipsa quoque copulatio fuisset honestissima et sanctissima. Nunc vero ubique oculis atque auribus denique sensibus omnibus peccatum se ingerit et offert. 35

Notandus itaque praecipue hic locus est non solum contra omnes horribiles abusus libidinum, Sed etiam pro confirmatione coniugii contra impia convicia, quibus Papatus coniugium deformavit. An non enim magnum est, quod etiam in innocentiae statu Deus coniugium ordinavit et instituit? Tanto autem nunc hac institutione et ordinatione magis est opus, quanto 40 haec caro per peccatum magis infirmata et corrupta est. Stat igitur haec consolatio invicta contra omnes daemoniorum doctrinas, quod

Dr] scilicet coniugium est vitae genus divinum, hoc est, ab ipso Deo ordinatum.

Quid igitur in mentem venit Satanae organis et hostibus Christi, qui negarunt castitatem esse iu coniugio et dixerunt eos aptissimos ministeriis Ecclesiarum, qui vivant coelibes, quia scriptura dicit: 'Mundi estote'? An 3. Mose 11, 44 immundi sunt, qui sunt coniuges? Deus igitur immundiciei autor et institutor est, qui ipse Heuam adducit ad Adamum? Adam igitur male facit, quod ad immundiciem persuaderi se patitur, qui coniugio in innocenti natura carere poterat? Sed an non meritas poenas harum blasphemiarum impius Papatus exolvit, quod non solum multitudine scortorum se polluunt, Sed etiam aliis nefandis sceleribus ad abhominationem usque indulgent, iamdudum maturi poenis Sodomorum et Gomorrae.

Me puero sic infames propter impium et impurum coelibatum habebantur nuptiae, ut putarem sine peccato de coniugum vita me non posse cogitare. Hoc enim persuasissimum erat omnibus, si quis sanctam et Deo acceptam vitam vellet agere, hunc non coniugem debere fieri sed coelibem vivere, et votum coelibatus suscipere debere. Itaque multi, qui coniuges fuerant, post uxorum mortem aut Monachi aut sacrificuli fiebant. Necessariam igitur Ecclesiae et utilem operam omnes illi sumpserunt, qui in id incubuerunt, ut coniugium per verbum Dei cohonestaretur iterum, et meritis laudibus ornaretur. Unde factum est, Dei gratia, ut nunc bonum et sanctum omnes esse statuant, cum coniuge unanimiter et tranquille vivere, etiam si sterilem habeat aliquis aut aliis incommodis laborantem uxorem.

Non autem nego, quin aliqui sint, qui sine coniugio possint caste vivere. Sed hi, quia maius vulgo donum habent, navigent suo vento. Illa autem castitas, quam Pontifex in suis monachis, monialibus et sacrificulis commendat, horribilibus peccatis contaminata et polluta est, praeterquam quod coelibatus sine verbo Dei institutus est, Imo, sicut praesens historia testatur, contra verbum Dei. Quos enim triumphos agerent, si suum coelibatum ex verbo Dei sic possent probare, sicut nos probamus coniugium divinitus institutum esse? Quanto molimine tum omnes ad coelibatum suum cogerent? Nunc hanc unam veram commendationem coelibatus habent, quod sit traditio humana, seu, ut cum Paulo loquamur, doctrina daemoniorum. 1. Tim. 4, 1

Dixitque Adam: Hoc tandem os ex ossibus meis, et caro de carne 2, 23 mea. Haec vocabitur Virago, quoniam de Viro sumpta est.

Sententia, quae paulo post sequetur: 'Ideo derelinquet homo patrem et matrem' et a Christo citatur, quod ab ipso Deo dicta sit et non ab Adam. Sed in ea re nihil est difficultatis; quia enim Adam purus et sanctus est, recte eius vox dicitur divina vox. Nam Deus per eum locutus est et in statu illo innocentiae verba et opera Adae omnia sunt vere Dei verba et opera. Offertur ei Heua ab ipso Deo. Sicut igitur Dei voluntas parata est

D] 　'Ecce caro de mea carne' loquitur per collationem, quasi dicat: non est alienum a me animal sicut alia, non est [Bl. 11ᵇ] vacca vel taurus sed sie ist des fleischs das ich bin. Ein mennern fleisch. Taurus hat nit ein manns fleisch.

In creatione Euae voluit spiritus pingere coniunctionem Christi cum ecclesia, quod sit unum corpus et una species. Sie ists der Christus allent= halb gar.

'Adduxit coram Adam' ꝛc. i. e. dedit[1] Adae potestatem appellandi ein iglich ding, wie er will Sicut possum hunc Canem vel tolpel nominare vel wezel.[2]

Moses nominat aliquocies librum iustorum, eum puto esse genesim.

---

[1] *Dieser Abschnitt ist nachgetragen und gehört zu oben S. 90, 20.　Die folgenden sind hierher versprengt (s. Einleitung).*　　[2] *Ein Hund Luthers hieß Tölpel, s. Kroker nr. 127 und 700.　Zu Wezel vgl. Unsre Ausg. Bd. 37, 252, 19.*

Dr] ad instituendum coniugium, Ita Adam cum summa voluptate et sanctimonia paratus est ad Heuam suscipiendam.　Sicut adhuc insignis affectus sponsi est erga sponsam, sed contaminatus tamen illa leprosa libidine carnis, quae in Adam iusto non fuit.

Sed dignissimum admiratione est, quod Adam statim, cum Heuam tanquam aedificium ex se intuetur, agnoscit eam, et dicit: 'Hoc nunc est os ex ossibus meis, et caro de carne mea'.　Haec sunt verba non stulti, aut peccatoris hominis, non intelligentis opera et creaturam Dei, sed iusti et sapientis ac pleni spiritu sancto, qui revelat istam sapientiam mundo adhuc ignotam, quod causa efficiens uxoris et coniugii sit Deus, finalis autem causa sit, ut uxor sit marito politicum habitaculum.　Haec cognitio non simpliciter procedit ex sensu et ratione, sed est revelatio Spiritus sancti.

Vocabulum *Hapaam* 'nunc', seu 'ista vice' seu 'tandem' non est ociosum, ut apparet, sed pulcherrime exprimit maritalem affectum, requirentem istam iucundam et plenam non solum amoris sed sanctitatis quoque societatem seu cohabitationem, quasi dicat: Omnes bestias vidi, consideravi foemellas datas ad multiplicationem et conservationem speciei, Sed hae nihil ad me.　Haec autem est tandem caro de mea carne et os de meis ossibus, cum qua cupio vivere et voluntati Dei in propaganda posteritate obsecundare.　Hunc exundantem amoris affectum particula haec ostendit.　Hodie illa puritas et innocentia amissa est, manet quidem gaudium sponsi et affectus erga sponsam, sed impurus et vitiosus propter peccatum.　Adae affectus purissimus fuit et sanctissimus ac Deo gratus, quo affectu impulsus dicit: Hoc nunc est os ex ossibus meis, non ex ligno, non lapide, non ex gleba terrae, propius me attingit, est enim facta ex ossibus et carne mea.　Itaque inquit:

D| Apparebat sub diluvium homines rapuisse quascunque in uxores sive sorores sive materteras idque exemplo [Bl. 12ᵃ] Patrum, qui id fecerunt necessitate, cum pauci adhuc essent homines.

    Quartum caput geneseos est plenum maiestatis ob longam aetatem, quam putat Philippus tantum in piis fuisse ob testimonium verbi et fidei ipsorum.

Dr]   **Haec vocabitur virago, quoniam de Viro sumpta est.**

    Sicut igitur praeterita, quae non viderat, per Spiritum sanctum agnovit Adam et Deum praedicat, ac laudat propter conditam ex suo corpore sociam vitae: Ita iam prophetat in futurum, cum dicit, Viraginem vocari debere. Nos Ebraicae linguae elegantiam neutiquam possumus imitari. *Isch* significat virum: Heuam autem dicit vocandam *Ischa*, perinde ac si dicas a Vir Vira, quod sit uxor, heroica Mulier, quae virilia gerit.

    Continet autem haec appellatio mirabilem et iucundam descriptionem coniugii, in quo, sicut Iureconsultus quoque dicit, Mulier fulget radiis mariti. Quicquid enim maritus habet, hoc totum habet et possidet coniunx. Sunt communes non solum opes, sed liberi, cibus, lectus, domicilium; voluntates quoque pares sunt. Ita ut maritus ab uxore secundum nullam aliam rem differat, quam secundum sexum, alias mulier plane est vir. Quicquid enim vir in domo habet et est, hoc habet et est mulier, solo sexu differt. Deinde etiam, quod Paulus annotat 1. Timoth. 2., est virago origine, quod mulier descendit a viro, non vir a muliere.   1. Tim. 2, 13

    Huius quoque communionis hodie in coniugio videmus reliquias aliquas, quanquam miseras, si respiciamus ad primam originem. Ibi enim uxor, si modo honesta, pudica et pia sit, participat curis, studiis, officiis, actionibus omnibus mariti. Ad hoc enim inicio est condita et ideo virago, seu, si latine sic possemus dicere, vira appellatur, ut sexu tantum differat a patre-familias, si quidem de carne viri sumpta est. Nam etsi hoc de sola Heua possit dici, quae hoc modo condita est, tamen Christus Matth. 19. ad omnes Matth. 19, 5 uxores hoc accommodat, cum dicit, Maritum et uxorem esse unam carnem. Ita quanquam tua uxor non sit de ossibus tuis facta, tamen, quia uxor est, est domina domus sicut tu, nisi quod per legem, quae post peccatum lata est, viro mulier subiecta est. Ea poena est sicut aliae, quae diminuunt glorias paradisiacas, de quibus nos hic textus admonet. Loquitur enim Moses non de hac misera vita, quam nunc vivunt coniuges, Sed de illa innocentiae in Paradiso; ibi fuisset gubernatio aequalis, sicut Adam hic prophetat Heuam dicendam viram, seu viraginem propter similium rerum administrationem in domo. Nunc viro incumbit sudor vultus, uxori mandatur, ut sit sub viro: et tamen reliquiae ceu feces quaedam dominii

---

20 domo] dono *A*

Dr] remanent, ut adhuc possit uxor dici virago propter societatem possessionis.

2, 24 Propter hoc relinquet homo Patrem et Matrem, et adhaerebit
Uxori suae.

Christus et Paulus referunt hoc etiam tanquam communem Regulam 5
ad nostra coniugia, post amissam innocentiam. Si itaque Adam in innocentia perstitisset, nati liberi etiam essent facti coniuges et tum deserta mensa et cohabitatione parentum habuissent proprias arbores, sub quibus vixissent separati a parentibus. Nonnunquam venissent ad patrem Adam, cecinissent hymnum, praedicassent Deum, postea rediissent ad sua. Nunc 10 per peccatum, etsi reliqua sint mutata, tamen hoc arctum vinculum coniugum manet, ut vir citius deserat patrem et matrem quam uxorem. Ubi autem diversum fit, sicut nonnunquam coniuges se mutuo deserunt, Ibi non solum fit contra mandatum hoc, sed etiam sunt ista signa horribilis corruptionis, quae per peccatum in homines venit, et a Satana dissidiorum omnium 15 parente augetur.

Viderunt autem gentes quoque hac consuetudine coniugum nihil esse aptius nec utilius. Itaque dicunt naturali lege esse conclusum, quod necessaria sit uxor, quae individuam consuetudinem retineat usque ad mortem.
Matth. 19, 8 Ad hunc modum Christus quoque dicit: Divorcium a Mose concessum 20 propter duriciam cordis Iudaeorum, ab initio autem non sic fuisse. Haec incommoda per peccatum postea enata sunt, sicut adulteria, veneficia et similia, quae nonnunquam inter coniuges oriuntur. Itaque vix millesima pars istius primae institutionis mansit reliqua et tamen propter prolem maritus et uxor suum proprium nidulum habent adhuc hodie secundum 25 hanc sententiam, qua gloriose et magnifice confirmatur hoc genus vitae per primum Parentem, imo per ipsum Deum, sicut Christus allegat.

Porro desertio non est sic intelligenda, quasi prorsus non visitaturi fuerint parentes suos liberi coniuges. Pertinet enim tantum ad cohabitationem, quod liberi coniuges suum proprium nidulum sint habituri. Hodie in istis 30 peccati incommodis etiam hoc est, quod liberi parentes senio confectos et egentes coguntur alere. Sed in Paradiso fuisset alia et melior conditio nostra, et tamen tum quoque hoc ita esset servatum, ut maritus propter amorem coniugis, sicut aviculae solent, suum proprium nidulum deligeret et cohabitationem Parentum desereret. 35

Pertinet autem haec quoque sententia ad Prophetiam. Nondum enim erat Pater et Mater, nondum liberi, et tamen per Spiritum sanctum sic prophetat Adam de vita coniugum, de domicilio proprio, de distinctione dominiorum per totum orbem, ut singulae familiae suum proprium quasi nidulum sint habiturae. 40

Dr] **Fuerunt autem ambo nudi, Vir et Uxor eius, et non** 2, 25
· **erubescebant.**

Videtur, quod haec clausula potuerit omitti, quae admonet de re non admodum necessaria. Quid enim refert, sive in Paradiso nudi, sive induti
5 vestibus obambulaverint. Sed profecto insignis et necessaria clausula est, quae ostendit in re, ut nobis videtur, levicula, quantum mali per peccatum originale haec natura acceperit. Omnes gentes, ac praesertim quae ad septentrionem magis declinant, abhorrent a nuditate corporum. Itaque paulo verecundiores et graviores homines non solum reprehendunt curtas et mili-
10 tares penulas in adolescentibus, Sed etiam publica balnea vitant, cum tamen pudenda loca studiose tegantur tum a mulierculis tum a viris. Haec nunc sapientia est et disciplina digna laude, quis enim pater sine scelere se coram filio nudare posset? At Adam et Heua, inquit Moses, incedebant nudi et non erubescebant. Non solum itaque non turpe fuit nudos incedere, sed
15 etiam laudabile, gloriosum et iucundum.

Hoc nunc amisimus per peccatum. Nascimur quidem nudi et cum glabra cute in hunc mundum, cum reliqua animalia omnia suas pelles, pilos, plumas, squamulas secum afferant. Itaque contra aestum solis umbra aedifi-ciorum, contra pluviam, grandinem, nivem vestibus multiplicibus habemus
20 opus. Horum nihil sensisset Adam, sed sicut oculi humani adhuc eam habent naturam, ut nec frigore nec aestu afficiantur: Ita tum fuisset totum corpus tutum a frigore. Ac quidem multis modis melius Heua, mater nostra, sedisset apud nos nuda nec quenquam offendisset nuditas uberum et reli-quarum partium corporis, quae nunc pudendae sunt et accendunt propter
25 peccatum libidinem.

Quare hic locus pulchre docet, quantum mali peccatum Adae secutum sit. Nunc enim extrema insania iudicaretur, si quis incederet nudus. In quo igitur tum summa nostra gloria fuisset, in eo nunc extrema turpitudo est. Homini gloriosum fuisset, cum omnia animalia ob foeditatem tegendam
30 pilis, plumis, squamis haberent opus, solum hominem ea dignitate et pulchri-tudine corporis esse conditum, ut glabra et nuda cute incedere posset. Haec gloria periit: maiore enim studio et cura cogimur tegere corpora nostra non solum propter necessitatem, sed magis propter turpitudinem cavendam, quam reliqua animalia a natura velata sunt.

35 Ad hunc modum explicat hoc Caput opus diei sexti paulo clarius: Quomodo singulari consilio homo sit conditus, Quomodo in Eden hortus factus, in quo cum voluptate homo posset versari, Quomodo denique, dum arbor scientiae boni et mali prohibetur, externus cultus futurae Ecclesiae divina autoritate constituitur, in quo erant Deo obedientiam suam testaturi,
40 si absque Satanae insidiis fuissent. Eam itaque noctem, sicut quidam opinantur, in Paradiso fuit Adam cum Heua sua usque in sequentem diem Sabbati. Quid autem Sabbato die acciderit, docebit sequens Caput.

Dr]

Caput Tertium.

3,1 Sed et serpens erat callidior cunctis animantibus terrae, quae
fecerat Dominus Deus.

Audivimus in praecedenti capite, quomodo homo sexto die sit conditus
ad imaginem et similitudinem Dei, ut bona et sana esset voluntas, Deinde   5
ut etiam ratio seu intellectus esset sanus, ut, quicquid Deus vellet aut
diceret, idem homo quoque vellet, crederet, intelligeret. Hanc cognitionem
necessario secuta est cognitio omnium aliarum creaturarum, ubi enim Dei
cognitio perfecta est, ibi necesse est esse quoque cognitionem perfectam
aliarum rerum, quae sunt infra Deum.   `   10

Ostendunt autem haec, quam horribilis ruina Adae et Heuae fuerit,
per quam amisimus pulcherrime illuminatam rationem et voluntatem conformem verbo et voluntati Dei. Amisimus quoque illam dignitatem corporum, ut iam extrema turpitudo sit nudum conspici, quod tum fuit pulcherrimum et singularis praerogativa generis humani prae omnibus aliis bestiis. 15
Sed gravissima iactura in eo est, quod non solum ista amissa sunt, sed
aversio quaedam voluntatis a Deo secuta est, ut homo nihil eorum velit
aut faciat, quae Deus vult et praecipit. Item, quod nescimus, quid Deus,
quid gratia, quid iusticia, denique quid ipsum peccatum sit. Hi sunt profecto horribiles defectus, quos qui non intelligunt nec vident, talpa caeciores 20
sunt. Experientia quidem docet nos de his calamitatibus. Sed tamen
magnitudinem earum plene non sentimus, nisi respiciamus ad illam qualem-
cunque imaginem status innocentiae, in quo voluntas bona et ratio recta
fuit, denique summa dignitas corporis humani. Horum donorum privationem
seu amissionem cum consideramus in contrario, tum aestimari aliquo modo 25
malum peccati originalis potest.

Magnorum itaque errorum causam praebent, qui hoc malum extenuant
et loquuntur de natura corrupta Philosophorum more, quasi non sit corrupta. Sicut dicunt non solum in hominis natura, sed etiam in Diabolo
naturalia mansisse integra. Sed hoc palam falsum est. Quid et quantillum 30
remanserit, aliquo modo videmus et sentimus. Sed quantum amiserimus,
profecto non vident, qui disputant naturalia mansisse integra. Nam voluntas
bona, recta, Deo complacens, Deo obediens, fidens in Creatore et creaturis
recte cum gratiarum actione utens amissa est, Adeo ut ex Deo nostra
voluntas faciat Diabolum et horreat ad mentionem nominis eius, praesertim 35
cum premitur iudicio Dei. Hoc num, quaeso, est naturalia esse integra?

Sed considera inferiora. Coniunctio maris et foeminae divinitus est
constituta. Sed quam foeda ea nunc est post peccatum? quam ipsa caro
furiose incenditur? Itaque nunc post peccatum coniunctio haec non tanquam
Dei opus in publico fit, sed honesti coniuges querunt sola loca, remota ab 40

Dr] oculis hominum. Ad hunc modum corpus habemus, sed quam miserum, quam varie laesum? Habemus voluntatem quoque et rationem, sed quam multipliciter vitiatam? Sicut enim ratio ignorantia multiplici oppressa est: Ita voluntas non perturbata solum, sed aversa a Deo et inimica Dei est, quae cum voluptate ad malum fertur, ubi diversum faciendum erat. Non itaque haec naturae multiplex corruptio extenuanda sed magis amplificanda est: Quod homo ab imagine Dei, a noticia Dei, a noticia aliarum creaturarum omnium, ab honestissima nuditate in blasphemias, in odium, in contemtum Dei, Imo quod plus est, in inimiciciam erga Deum lapsus est. Taceo iam de tyrannide Satanae, cui propter peccatum misera haec natura subiecta est. Amplificanda, inquam, haec sunt, propterea quod, nisi recte cognoscatur magnitudo morbi, remedium quoque non cognoscitur nec desideratur. Quanto enim magis peccatum extenuaveris, tanto quoque gratia magis vilescet.

Ad hanc autem amplificationem proprie pertinent, quae Moses supra dixit, quod Adam et Heua nudi non erubescebant. Non excitabatur in eis illa foeda libido, sed alter alterum inspiciens agnoscebat Dei bonitatem, laetabatur in Deo, securus erat in bonitate Dei: Ubi nunc non solum peccato carere non possumus, sed etiam laboramus desperatione et odio Dei. Hic tam horribilis casus clare ostendit, quam non integra sint naturalia.

Sed quanto impudentius hoc ipsum de Diabolo Sophistae affirmant, in quo etiam maior erga Deum inimicicia, odium et furor est quam in homine, Cum tamen non malus creatus sit, sed habuerit voluntatem conformem voluntati Dei. Hanc voluntatem amisit; amisit quoque pulcherrimum et clarissimum intellectum et versus est in horribilem spiritum, furentem contra suum Creatorem. An non enim maxima corruptio est ex amico Dei fieri acerbissimum et obstinatissimum hostem Dei?

Sed opponunt Aristotelis sententiam: Ratio deprecatur ad optima: hanc etiam quibusdam sacris sententiis conantur confirmare. Item eo, quod Philosophi disputant: Rectam rationem esse causam omnium virtutum. Haec quidem non nego esse vera, cum transferuntur ad res rationi subiectas, ad gubernandas pecudes, aedificandam domum, conserendum agrum. Sed in rebus superioribus non sunt vera. Quomodo enim recta ratio dici potest, quae odit Deum? Quomodo voluntas bona dici potest, quae Dei voluntati resistit ac Deo parere recusat? Quando igitur dicunt: Ratio deprecatur ad optima, Dic tu: ad optima politice, hoc est, de quibus ratio potest iudicare. Ibi dictat et ducit ad honestum, et utile corporale seu carnale. Caeterum cum plena sit ignorationis Dei et aversionis a voluntate Dei, quomodo potest in hoc gradu bona dici? Notum autem est, cum praedicatur noticia Dei, et hoc agitur, ut ratio restituatur, tunc, qui optimi sunt, et melioris, ut sic dicam, rationis ac voluntatis, hi tanto acerbius Euangelium oderunt.

---

37 adversionis *Erl. Ausg.*

D]   **Caput III.**

An nullum aliud animal habere potuit Satan quam serpentem? Puto
fecisse, Quia serpens est callidus ad nocendum, Drumb hats der teuffel aus
erleßen. Eua cum ea loquitur tanquam cum nota bestia, non metuit ab
ipsa, quia adhuc est domina serpentis, wir ließen izt fur 1000 teuffel hin= 5
weg, si tale aliquid nobis accideret. Si aber ist noch unerschrocken gewest
in perfecta cognitione Dei.

Dr]   In Theologia itaque sic dicamus rationem in hominibus esse inimi-
cissimam Dei. Deinde honestam voluntatem esse maxime adversariam
voluntati Dei, sicut hinc oriuntur odium verbi et persecutio piorum mini- 10
strorum. Quare, ut dixi, non extenuemus, sed amplificemus potius hoc
malum, quod natura humana ex peccato primorum Parentum contraxit: tum
fiet, ut et deploremus hanc nostram conditionem, et suspiremus ad Christum
medicum nostrum, qui in hoc a Patre est missus, ut quae Satan per peccatum
mala nobis inflixit, ea per ipsum sanentur, et nos restituamur in amissam 15
et aeternam gloriam.

' Quod ad historiam praesentem, quam hoc in capite describit Moses,
attinet, dixi antea meam sententiam: Quod mihi videtur hanc tentationem
esse factam in die sabbato, Ita ut in sexto die Adam et Heua sint conditi,
Adam citius, Heua sub vesperam. Sequenti die sabbato mane Adam Heuae 20
concionatus est de voluntate Dei, quod benignissimus Dominus totam Paradisum condiderit ad usum et voluptatem hominum, quod etiam lignum vitae
singulari bonitate creaverit, cuius usu restaurarentur vires corporis, et
retineretur perpetua iuventa. Unam autem arborem scientiae boni et mali
esse prohibitam, ex qua non liceat comedere. Hanc obedientiam tam benigno 25
Conditori praestandam esse. Haec forte cum dixit, in Paradiso Heuam suam
circumducens Adam prohibitam arborem ei ostendit.

Ita Adam et Heua florentes innocentia et Iusticia originali, pleni
securitate propter fiduciam in Deum tam benignum, deambularunt nudi,
tractantes verbum et mandatum Dei, et benedicentes Deum, sicut in die 30
sabbato decet. Ibi, proh dolor, intervenit Satan, et intra paucas horas subvertit ista omnia, sicut audiemus.

Porro hic quoque mare questionum oritur. Nam homines curiosi
querunt: Cur Deus permiserit hoc Satanae, ut tentaret Heuam? Cur autem
Satan per serpentem potius, quam aliam bestiam Heuae insidiatus sit? etc. 35
Sed quis reddere potest rationem eorum, quae videt divinam maiestatem
permisisse fieri? Cur non potius discimus cum Hiob: Non posse Deum
vocari in ius nec ipsum cogi posse ad reddendam nobis omnium, quae facit
aut permittit fieri, rationem? Cur non eadem ratione cum Deo expostulamus,
quod non per totum annum terra germinat et arbores virent. Sicut in 40

D]   [Bl. 12ᵇ] Potest queri, qui fiat, quod Moses tantum serpentis facit
mentionem et non significat Sathanam per serpentem locutum, Item poena
serpentis est 'repes super ventrem' 2c. Respondeo: Moses tantum effectum
describit, ut nos colligamus efficientem causam. Nam de lege Dei
5 disputare non est creaturae irrationalis nec eciam Creaturae collapsae,
sicut nos disputare 'Hoc praecepit Deus, hoc non praecepit' ist ein hoher
spiritus.

Dr] Paradiso omnino existimo perpetuum ver futurum fuisse sine ulla hieme,
sine nive et frigoribus, quae hodie sunt post peccatum. Sed sunt ista
10 omnia posita in potestate et voluntate divina. Hoc scire satis est. Accuratius autem ea inquirere est impia curiositas. Quare nos, lutum manuum
eius, cessemus disputare de talibus. Non iudicemus Deum nostrum, sed
sinamus nos ab eo potius iudicari.
        Responsio itaque ad omnia huiusmodi argumenta haec una esse debet:
15 Quod Domino sic placuit, ut periclitaretur Adam et exerceret vires suas.
Sicut adhuc hodie, cum baptisati et in regnum Christi translati sumus, non
vult Deus nos ociosos esse, vult exerceri verbum et dona sua. Ideo permittit nos infirmos a Satana cribrari. Ad hunc modum videmus Ecclesiam
repurgatam verbo assidue periclitari: Excitantur Sacramentarii, Anabaptistae
20 et alii fanatici Doctores, qui Ecclesiam exercent variis tentationibus. Accedunt etiam internae vexationes. Haec ita permittit Deus fieri, non quod
constituerit Ecclesiam aut deserere, aut perire velle, sed, sicut Sapientia dicit, Welsh. 10, 12
Illa certamina Ecclesiae et piis obiiciuntur, ut vincant et ipso usu discant,
quoniam omnium potentior est sapientia.
25   Alia questio hic est, de qua fortasse minore cum periculo, fructu autem
maiore disputari potest, nempe: Cur scriptura ista sic involvat, et non potius
aperte dicat Angelum, qui cecidit, invasisse serpentem et per serpentem
locutum esse, et decepisse Heuam? Sed respondeo: Ista sic involuta esse,
ut omnia reservarentur Christo et eius spiritui, qui per totum orbem debebat
30 lucere sicut sol meridianus et omnia scripturae mysteria aperire. Hic spiritus
Christi quia in Prophetis fuit, intellexerunt Prophetae sancti talia scripturae
mysteria.
        Diximus autem supra serpentem (sicut etiam bestiae sua differentia
dona habent) excelluisse dono calliditatis. Ideo ad hunc Satanae ludum
35 aptior fuit. Et huius rei satis evidens testimonium est hic Mosi textus,
qui dicit singularem prae omnibus bestiis terrae calliditatem in serpente
fuisse. Miramur hodie in vulpibus istam insidiandi calliditatem, deinde in
fugiendo periculo mirabilem solerciam, quod nonnunquam insectantibus
canibus, postquam cursu defatigata est, caudam obiicit. In eam cum canes
40 magno impetu feruntur et cursum sistunt, ipsa mirabili celeritate aliquantulum spacii occupat et sic evadit. Sunt aliae bestiae, in quibus singularem

Dr] solerciam et industriam miramur. Sed haec in serpente singularis fuit, Ideo Satanae commodum organum visum, per quod insidiaretur Heuae.

Qui dixit ad mulierem: Scilicet praecepit vobis Deus, ut non comederetis ex omni ligno Paradisi?

Disputant Sophistae quoque de genere huius tentationis, qualis nam 5 fuerit. Num peccaverint Idolatria, num superbia seu securitate, an vero simplici pomi comestione? Sed nos, si ista, uti debent, paulo diligentius considerabimus, inveniemus summam et acerrimam omnium tentationum hanc fuisse, quia serpens invadit ipsam voluntatem Dei bonam et nititur ex interdictione arboris probare, Dei voluntatem erga hominem non esse bonam. Ipsam igitur imaginem Dei et summas vires, quae in natura incorrupta erant, petit. Ipsum summum cultum, quem Deus ordinaverat, conatur evertere. Frustra igitur disputamus de hoc aut illo peccato. Sollicitatur enim Heua simpliciter ad omnia peccata, cum contra verbum et voluntatem Dei bonam sollicitatur. 15

Itaque Moses cautissime loquitur et inquit: 'Dixit Serpens', hoc est, verbo impugnat verbum. Verbum, quod Adae dixerat Dominus, hoc erat: 'De ligno scientiae boni et mali ne comede'. Hoc verbum erat Adae Evangelium et lex, erat eius cultus, erat servitus et obedientia, quam poterat Deo in ista innocentia praestare. Haec petit Satan, haec conatur evertere. 20 Nec tantum hoc agit, quod imperiti cogitant, ut ostendat arborem et invitet ad fructum decerpendum: ostendit quidem, sed addit aliud et novum verbum, Sicut adhuc solet in Ecclesia.

Quando enim Euangelium pure praedicatur, tunc homines certam fidei suae regulam habent, et idolatriam cavere possunt. Sed ibi Satan varia 25 conatur et tentat, quomodo aut a verbo abducat homines aut depravet verbum. Ita in graeca Ecclesia etiam Apostolorum tempore excitatae sunt variae haereses: Alius negavit, Christum esse filium Dei, Alius negavit eum esse filium Mariae, Sicut Anabaptistae hodie impie negant Christum de carne Mariae aliquid sumpsisse. Ac Basilii temporibus praecipue conati sunt 30 Spiritum sanctum negare, quod Deus sit.

Eadem exempla nostra aetas etiam vidit, ubi, postquam purior Euangelii doctrina illuxit, impugnatores operum et verbi Dei non unius generis exorti sunt. Non quidem cessant aliae tentationes, quod sollicitat Satan ad scortationem, adulteria et similia flagicia. Sed haec tentatio, cum Satan 35 verbum et opera Dei petit, longe est gravior et periculosior et propria Ecclesiae et Sanctorum.

Ad hunc igitur modum Adam et Heuam petit hic Satan, ut verbum eis eripiat et ut mendacio credant amisso verbo et fiducia in Deum. Hoc cum accidit, quid mirum est postea fieri superbum? esse contemtorem Dei 40 et hominum, fieri adulterum, homicidam? etc. Vere igitur haec tentatio

Dr] caput omnium tentationum est, quae secum affert ruinam seu violationem totius Decalogi. Fons enim omnium peccatorum est incredulitas; hanc cum Satan excusso aut depravato verbo excitavit, nihil ei non facile est.

Sic cum Heua verbum sibi esset passa per mendacium excuti, facilli-
5 mum fuit accedere ad arborem et pomum ex ea decerpere. Itaque stultum est cogitare, sicut Sophistae et Monachi de hac tentatione cogitant, quod Heua, cum arborem esset intuita, paulatim coeperit incendi cupiditate decer-pendi pomi, donec tandem victa cupiditate pomum ori admovit. Nam tentatio summa fuit audire aliud verbum ac discedere ab eo, quod Deus
10 prolocutus erat: Futurum, ut morerentur, si ex ea comedissent. Sed vide-amus ordine verba Mosi.

Primo Satan imitatur Deum. Sicut enim Deus erat concionatus Adae, ita ipse quoque concionatur Heuae. Verum enim est, quod Proverbio dicitur: In nomine Domini incipit omne malum.[1] Sicut igitur ex verbo
15 Dei vero salus est, Ita etiam ex verbo Dei depravato est perditio. Voco autem verbum depravatum non solum vocale ministerium, sed etiam per-suasionem internam seu opiniones a verbo dissidentes.

Significat autem hoc Moses per verbum: Dixit. Hoc enim egit Satan, ut per suum Dicere abduceret Heuam ab eo, quod Deus dixerat, ac sublato
20 verbo corrupit optimam voluntatem, quam antea habuit homo, ut fieret rebellis. Corrupit etiam intellectum, ut dubitaret de voluntate Dei. Ex his sequitur postea rebellis manus contra mandatum Dei extensa ad pomum carpendum: Deinde os et dentes rebelles. In summa, omnia mala sequuntur incredulitatem seu dubitationem de verbo et Deo. Quid enim potest esse
25 peius quam inobedientem esse Deo et obedire Satanae?

Hanc astuciam ei maliciam Satanae imitantur omnes Haeretici, ut specie boni eripiant hominibus Deum et verbum quasi ex oculis et fingant eis alium Deum novum, qui nusquam est. Nam si spectes verba, nihil iis sanctius, nihil religiosius est. Testantur Deum, quod ex toto corde querant
30 salutem Ecclesiae, detestantur, ut qui maxime impia docentes, Nomen et gloriam Dei magno conatu fatentur se cupere propagare. Quid multis? non volunt videri, quod sint Doctores Diabolici seu Haeretici, et tamen hoc unum agunt, quomodo veram doctrinam opprimant, et Dei cognitionem obscurent.

35 Itaque facilis postea lapsus est. Incauti enim homines patiuntur se a verbo abduci ad periculosas disputationes, non contenti verbo querunt: Cur et quare ista sic fiant? Sicut Heua cum audit Diabolum in dubium vocare mandatum Dei, periit. Ita nos cum dubitamus: Num voluerit Deus nos morte et peccato oppressos salvari per Christum, quam facile accidit,

---

[1]) In Gottes Namen hebt sich all Unglück an. *Fehlt bei Thiele, steht Unsre Ausg.* Bd. 25, 197, 16; Bd. 28, 144, 27 [O. B.]; *ferner Bd. 10*[1], *119, 20; 24, 164; lat. 16, 468, 5 und 32; 28, 144, 9f. u. ö. [K. D.].*

Dr] ut decipiamur et patiamur nobis indui cucullos, ut propter opera perfectionis coronemur?

Ita ne advertentibus quidem hominibus novus fingitur a Satana Deus. Proponit enim ipse quoque verbum, sed non quale a Deo propositum est, ut scilicet praedicetur poenitentia et remissio peccatorum in nomine Christi. Cum ad hunc modum verbum Dei mutatur aut depravatur, tunc, sicut Moses in cantico suo dicit: 'Veniunt novi recentesque Dii, quos non coluerunt 5. Mose 32, 17 Patres nostri', Deut. 32.

Has insidias novisse utile est. Si enim doceret Satan occidendum, fornicandum, parentibus resistendum esse, quis non videret eum suadere a 10 Domino prohibita? Facile itaque esset eum cavere. Sed hic cum verbum aliud proponit, cum disputat de voluntate Dei, cum opponit nomen Dei, Ecclesiae et populi Dei, ibi tam facile caveri non potest. Sed est opus acerrimo iudicio spiritus, ut distinguamus inter Deum verum et novum Deum. Sicut Christus distinguit, cum Satan ei persuadere conatur, ut dicat, 15 ut lapides panis fiant, ut se praecipitet de pinnaculo templi. Volebat enim Satan Christo persuadere, ut conaretur aliquid sine verbo. Sed non potuit Christum decipere, sicut Heuam decepit, retinet enim verbum nec patitur se a vero Deo ad falsum et novum Deum abducere.

Vere enim fons omnis peccati est incredulitas et dubitatio, cum a 20 verbo disceditur. His quia mundus plenus est, ideo manet in idolatria, negat veritatem Dei et fingit novum Deum.

Monachus est idolatra. Sic enim imaginatur: Si secundum regulam Francisci aut Dominici vixerit, eam esse viam ad regnum Dei. Hoc autem est fingere novum Deum et fieri idolatram, Quia verus Deus pronuntiat viam 25 ad regnum coelorum esse, si credas in Christum. Amissa igitur fide sequitur incredulitas et idolatria, quae transfert gloriam Dei in opera. Sic Anabaptistae, Sacramentarii, Papistae, omnes sunt Idolatrae. Non quod lapides aut ligna adorent, sed quia adorant cogitationes suas relicto verbo.

Pertinet itaque hic locus eo, ut discamus initium peccati originalis 30 fuisse hanc tentationem Diaboli, cum a verbo Dei abduxit Heuam ad Idolatriam, contra primum, secundum et tertium praeceptum.

Huc enim proprie pertinent verba haec: 'Scilicet praecepit vobis Deus?' Est horribilis audacia Diaboli fingentis novum Deum et negantis priorem verum et aeternum Deum cum tanta securitate et fiducia. Quasi dicat: 35 Profecto fatui estis, si creditis Deum ita praecepisse, Deus enim nullo modo talis est, ut tam sollicite curet, sive edatis, sive non. Quia enim est arbor scientiae boni et mali, quomodo potest in eum cadere tanta invidia, ut nolit vos esse sapientes?

Porro ineffabilis haec malicia satis arguit, etsi Moses tantum serpentis 40 et non etiam Satanae mentionem facit, Satanam huius negotii architectum fuisse. Ac Patres et Prophetae sancti, quantumvis involuta haec essent,

Dr] tamen Spiritu sancto eos illustrante facile viderunt non esse hoc negocium Serpentis, sed fuisse in serpente Spiritum illum, hostem innocentis naturae, de quo Christus in Euangelio clare concionatur, Quod non steterit in veritate, et quod homicida et mendax sit. Euangelii enim fuit ista explicare clarius Joh. 8, 44
5 et ostendere hunc hostem Dei et hominum.

Viderunt autem Patres hoc ipsum ex tali ratiocinatione: Certum est fuisse tum omnes creaturas in perfecta obedientia secundum sententiam: 'Et vidit Deus cuncta, quae fecit, et erant valde bona'. Hic autem in serpente prodit se talis Spiritus, qui sit hostis Dei et verbum Dei depravet, ut eo
10 modo innocentem Hominem in peccatum et mortem inducat.

Manifestum igitur est, fuisse in Serpente aliquid deterius, quod proprie possit vocari Adversarius Dei, mendax et homicida Spiritus, in quo maxima et horribilis est securitas, quod non veretur depravare mandatum Dei et sollicitare hominem ad idolatriam, ex qua novit totum genus humanum peri-
15 turum esse. Vere horribilia haec sunt, cum recte a nobis aestimantur, Ac videmus etiamnum in Papistis et aliis sectis exempla similis securitatis, qua verbum Dei depravant, et homines seducunt.

Heua initio egregie resistit Tentatori. Ducitur enim adhuc Spiritu illo praelucente, sicut supra ostendimus: Hominem integrum, et ad Dei simili-
20 tudinem esse conditum. Sed tandem patitur se persuaderi.

De lapsu autem Angelorum incertum est, quo die acciderit, secundo ne an tertio? Hoc tantum ex Euangelio ostendi potest cecidisse eum de coelo, sicut Christus testatur: Vidisse se, quomodo de coelo ceciderit. An autem Luc. 10, 18 perfecti tum fuerint coeli, an rudes adhuc et imperfecti, nescimus.

25 Sed haec disputatio non est propria huius loci. Hoc autem proprium est videre extremam maliciam cum horribili securitate coniunctam, quod non veretur hic spiritus mandatum divinae maiestatis iu dubium vocare, prae-sertim cum sciat, quanta totius humani generis calamitas secutura sit.

Secundo consideranda etiam est astucia singularis, quae in hoc
30 primum deprehenditur, quod Satan invadit summas hominis vires et ipsam Dei similitudinem impugnat, nempe voluntatem recte de Deo sen-tientem. Fuit serpentis astucia (inquit textus) maior, quam omnium ani-malium terrae.

Sed haec astucia supra illam naturalem astuciam Serpentis est, quod
35 cum homine disputat de verbo et voluntate Dei. Hoc serpens ex natura conditionis suae non potuit, qui fuit subditus hominis imperio. Spiritus autem, qui in Serpente loquitur, sic callidus est, ut hominem vincat, et persuadeat comedere de fructu ligni prohibiti. Non igitur creatura Dei sic loquitur, quae bona est, sed hostis acerrimus Dei et hominum, qui quidem
40 etiam creatura Dei est, sed non sic mala creata a Deo. 'Non enim stetit Joh. 8, 44 in veritate', ut Christus dicit, Ioh. 8. Haec plana consequentia ex Euan-gelio et hoc textu sequuntur.

Dr]   Deinde deprehenditur astucia etiam in eo, quod Satan invadit infirmam partem humanae naturae, Heuam foeminam et non Adam masculum. Quanquam enim ambo aequaliter iusti creati sunt, tamen Adam Heuae praestitit. Sicut enim in tota reliqua natura mascula virtus excedit alterum sexum: Ita etiam in integra natura masculus praestitit nonnihil foemellae. Ideo 5 Satan quia Adamum praestantiorem esse videt, non audet eum invadere, metuit enim, ne frustra cedat conatus. Ac credo, si primum tentasset Adamum, Adami victoriam fuisse futuram. Pede contrivisset potius serpentem et dixisset: Tace tu, Dominus aliud iussit. Satan igitur Heuam tanquam infirmiorem partem adoritur et tentat eius fortitudinem, videt enim 10 eam sic confidere viro, ut non putet se posse peccare.

        Porro hic quoque admonemur de permissione divina, quod Diabolo permissum est invadere bestias, sicut hic invasit serpentem. Non enim dubium est verum Serpentem fuisse, in quo Satan fuit et cum Heua collocutus est.   15

        Quod autem disputant, an fuerit humana facie, ridicula sunt. Fuit serpens bestiola pulcherrima, alioqui non sic secure cum eo esset collocuta Heua. Post peccatum autem non solum illa Serpentis pulchritudo immutata est (minatur enim Deus futurum, ut repat humi, qui ante erectus incessit sicut gallus: Item, ut comedat terram, qui prius vescebatur melioribus 20 fructibus), Sed etiam securitas illa amissa est, fugimus enim a serpentibus, sicut vicissim serpentes nos fugiunt. Haec vulnera naturae propter peccatum inflicta sunt, Sicut nos nuditatem, rectam voluntatem, sanum intellectum amisimus. Ac de astutia quoque plurimum Serpentem amisisse credo, quam Moses hic tanquam singulare donum Creatoris praedicat. Sicut igitur 25 Serpens hodie malus est inter bestias, ita tum pulchrum, bonum, benedictum et amabilem fuisse iudico, cum quo non homo solum, sed caeterae quoque bestiae libenter et cum voluptate vixerunt. Quare Satanae quoque ad hanc rem, quam instituit, aptissimus fuit, ut per eum loqueretur et ad peccatum Heuam sollicitaret.   30

        Haec mea est cogitatio de serpente naturali, quo Satan abuti voluit, qui fuit tum pulcherrima bestiola sine venenata cauda, sine squamis illis foedis. Haec enim propter peccatum postea accesserunt. Sicut videmus in Mose praeceptum esse, ut bestiae, quae caedem fecissent, occiderentur, non aliam ob causam, quam quod Satan per eas peccavit occidendo hominem. 35 Ita serpens in testimonium huius lapsus et maliciae diabolicae punitus est.

        Quod ad Grammaticam attinet, Latinus particulam *Aph Ki* vertit 'Cur'. Etsi autem id a sententia non multum abludit, tamen minus proprium est. Nam prima et maxima tentatio est, quando disputatur de consilio Dei: Quare Deus hoc vel illud fecerit? Mea autem sententia Emphasis non est 40 posita in illa particula Cur vel Num, sed potius in nomine Elohim: Deus. Id enim facit tentationem fortiorem.

Dr]   Quasi dicat: Profecto bene fatui estis, si cogitatis Deum noluisse, ut de hac arbore comederetis, qui super omnes Paradisi arbores vos constituit dominos. Imo vestra causa eas condidit. Quomodo, qui favit vobis omnia, huius unius arboris fructus invidere vobis potest tam iucundos et suaves?

5 Eo enim respicit Satan, quomodo eis verbum eripiat et cognitionem Dei, ut statuant: non est haec voluntas Dei, Deus hoc non praecipit. Hanc enim sententiam sequentia quoque comprobant, ubi dicit: Non moriemini. In hoc enim Satanae posita sunt omnia, quomodo a verbo et fide, hoc est, a vero Deo abducat ad falsum Deum.

10   Hanc rationem Satanae sequuntur omnes Fanatici spiritus. Sic Arius: Putas ne, quod Christus sit Deus, qui clare dicit: Pater maior me est? Sic Sacramentarii: Putas ne, quod panis sit corpus Christi et vinum sanguis Christi? profecto sic absurda Christus ne cogitavit quidem. His cogitationibus cum postea indulgent homines, paulatim a verbo discedunt et incidunt in 15 errorem.

    Cum igitur caput tentationis sit dubitare, an Deus hoc dixerit, rectius emphasis ponitur in nomine 'Deus'. Particula 'Quare' languidiusculam sententiam facit. Magis igitur mihi placet, ut vertas: 'Non', vel 'Num' dixit Deus: Non comedetis de omni ligno horti? Non enim hoc agit proprie, 20 ut quaerat causam, quare Deus hoc dixerit? Illud potius agit, ut Heua statuat Deum hoc simpliciter non dixisse, ut ita verbum ei eripiat. Videt enim, rationem hoc modo facile posse falli, quando sub Dei nomine et verbo Deus et verbum amittitur.

    Porro hoc quoque insidiosissime dictum est, quod in genere loquitur 25 et includit universaliter omnes arbores. Quasi dicat: Habetis universale dominium in omnes bestias, et scilicet Deus, qui universale hoc dominium in omnes bestias vobis tradidit, non tradidit simul omnes arbores? Quin hoc potius cogitabitis: Sicut Deus omnem terram et pecudes omnes vobis subiecit, Ita etiam concessit. usum omnium terra nascentium.

30   Haec sane magna tentatio est, qua Heuae animum sic conatur sollicitare, ut statuat Deum non esse dissimilem sui. Itaque si tradidit aliarum creaturarum universalitatem, tradidit quoque universalitatem arborum. Sequitur igitur mandatum de arbore non gustanda non esse Dei mandatum, aut saltem non sic intelligendum, quasi nolit ex ea Arbore comedi.

35   Sic gemina tentatio proponitur, qua tamen Satan idem agit. Prima est: Deus hoc non dixit, Ergo licet ex arbore hac comedere. Secunda est: Deus dedit vobis omnia, Ergo habetis omnia: Ergo una haec arbor vobis non est prohibita etc. Tendit autem utraque ad id, ut a verbo et a fide abducatur Heua. Nam hoc praeceptum, quod eis a Deo traditum est de 40 non gustanda hac arbore, arguit Adam cum suis posteris victurum fuisse etiam in integra natura in fide, donec ex corporali hac vita esset translatus ad spiritualem. Ubi enim verbum est, ibi necessario etiam est fides. Hic est

Dr] verbum: Ne gustet hanc arborem, alioqui eum moriturum esse, Oportuit igitur Adamum et Heuam credere, quod arbor haec esset saluti inimica. Sic inclusa est in hoc ipsum praeceptum fides.

Nos, qui ex peccato transferimur in iusticiam et ex mortali corpore ad corpus immortale, etiam in fide vivimus. Sed verbum habemus aliud, quod Adam in integra natura non habuit, qui simpliciter ex animali vita erat transferendus ad spiritualem. Ideo supra dixi hanc arborem in medio Paradisi futuram fuisse ceu templum, in quo hoc verbum praedicaretur, quod aliae arbores omnes essent salubres, haec autem esset exiciosa. Quare discerent obedire Deo et hunc cultum Deo praestare, ne ex ea gustarent, Deum enim prohibuisse.

Ad hunc modum natura incorrupta, quae Dei noticiam veram habuit, tamen habuit verbum seu praeceptum, quod esset supra intellectum Adae et credi oporteret. Ideo autem hoc praeceptum traditum est innocenti naturae, ut haberet Adam signum seu formam colendi Deum, Deo gratias agendi et instituendi filios suos. Hoc videns Diabolus et sciens, quod hoc praeceptum esset supra intellectum hominis, tentat Heuam, ut ipsa cogitet, sit ne hoc Dei mandatum et voluntas, an non? Est autem haec omnis tentationis origo et caput, cum de verbo et Deo ratio per se iudicare conatur sine verbo.

Voluerat Deus, ut hoc praeceptum esset homini occasio obedientiae et cultus externi. Item, ut arbor ista esset ceu signum, quo testaretur homo se Deo obedire. Sed Satan quia disputationem movet, An hoc Deus praeceperit, ab hac obedientia hominem conatur abducere ad peccatum. Hic unica salus fuisset, si Heua ursisset mandatum Dei nec passa se esset ad alias disputationes abduci: Num Deus hoc mandasset? Num, cum omnia hominis causa condiderit Deus, una haec arbor ad hominis perniciem sit condita? Sapientia quidem esse videtur, haec perscrutari accuratius, sed cum primum huiusmodi disputationibus indulget animus, actum est. Sed audiamus, quid responderit Heua.

3, 2. 3 Cui respondit mulier: De fructu lignorum, quae sunt in Paradiso, vescimur; De fructu vero ligni, quod est in medio Paradisi, praecepit nobis Deus, ne comederemus, neque tangeremus illud, ne forte moriamur.

Initia satis secunda sunt, distinguit inter reliquas arbores et hanc, recitat mandatum Dei. Sed ibi labascit, cum ad poenae commemorationem est ventum. Non enim recitat poenam, sicut a Domino proposita fuerat. Simpliciter enim dixerat: 'Quacunque die ex ea comederitis, morte moriemini'. Ex hac absoluta sententia facit ipsa non absolutam, sed addit: 'Ne forte moriamur'.

Hoc notabile et non praetereundum vitium est, arguit enim, quod a fide deflexerit ad infidelitatem. Nam sicut promissio exigit fidem, Ita etiam

Dr] comminatio exigit fidem.   Statuere debebat Heua: Si manducavero, certo
moriar.   Hanc fidem sic invadit Satan insidiosa oratione, ut Heua addat
particulam 'Forte'.   Sic enim persuasa erat a Diabolo, ut cogitaret Deum
neutiquam tam esse crudelem, ut propter pomum gustatum occidat.   Sic
5 veneno Satanae cor Heuae nunc infectum est.

Noster textus ideo hic quoque parum bene translatus est, quod sonat,
quasi Heua sua verba recitet, cum recitet verbum Dei et de suo ad verbum
Dei addat particulam 'Forte'.   Successit itaque dolus mendaci Spiritui, quod
enim praecipue quesivit, quomodo Heuam a verbo et fide abduceret, id
10 nunc eo usque perfecit, ut Heua depravet verbum Dei, hoc est, ut Pauli
verbis utar, avertit eam a voluntate divina, ut post Satanam eat, 1. Timoth. 5. 1. Tim 5,13
Initium autem ruinae est averti a Deo et converti ad Satanam, hoc est, non
constanter manere in verbo et in fide.   Haec initia cum videt Satan, incumbit
iam summa vi, tanquam in inclinatum parietem, ut penitus eam opprimat.

15 Et dixit serpens ad mulierem: Nequaquam moriemini: Sed scit 3, 4. 5
Deus, quod ea die, qua ex hac Arbore comedetis, aperientur oculi
vestri, Et eritis sicut Dii, scientes bonum et malum.

Haec est Satanica Rhetorica, qua miseram mulierculam penitus obruit,
cum videt eam aversam a Deo et inclinatam ad alium Doctorem audiendum.
20 Supra cum diceret: 'Num Deus vobis hoc praecepit', non manifeste negavit
verbum, sed per modum questionis in dubitationem conatus est Heuam abducere.   Nunc postquam hoc se effecisse videt, incipit cum summa temeritate
simpliciter Dei verbum negare et Deum mendacii et crudelitatis arguere.
Non satis ei est Heuam addidisse particulam 'Forte', sed ex particula 'Forte'
25 nunc facit negationem et dicit: Non moriemini.

Videmus igitur hic, quam horribilis res sit, cum Diabolus incipit
hominem tentare.   Ibi enim ruina ruinam trahit et in speciem levis offensio
ingentem ruinam commovet.   Magnum erat averti a Deo et verbo eius, et
praebere aures Satanae.   Sed longe maius est, quod nunc fit, ut assentiatur
30 Heua Satanae, arguenti Deum mendacii, et impingenti quasi colaphos in
faciem Dei.   Non igitur amplius aversa est Heua, ut in prima tentatione,
sed cum Satana incipit contemnere Deum, negare verbum Dei, et credere
patri mendaciorum contra verbum Dei.

Haec nobis documento sint, ut discamus, quid sit homo.   Si enim
35 accidit hoc in natura adhuc integra, quid putabimus de nobis futurum esse?
Et exempla ante oculos sunt.   Qui nobiscum initio gratias Deo agebant pro
revelato verbo, horum multos videmus non solum cecidisse sed etiam nunc
adversari nobis.

Sic postquam Ariani cepissent labi a fide divinitatis Filii, mox in eum
40 furorem acti sunt, ut verae Ecclesiae hostes fierent et eam summa crudelitate
persequerentur.

Dr]   Sicut eiusdem furoris exempla etiam in Anabaptistis vidimus. Omnes
cum initio ad particulam 'Forte' a Satana abducti sunt, postea ex 'Forte'
faciunt negativam 'Non': ex desertoribus Dei etiam fiunt persecutores Dei.
Imitantur enim Patrem suum Satanam: Is postquam de coelo per peccatum
delapsus est, acerrimus hostis Christi et Ecclesiae factus est.   5

Nec desunt hodie exempla similia: Neque enim habemus acriores
hostes, quam qui a nostra doctrina defecerunt.   Ex hoc enim peccato sequitur
Pf. 14, 1 illud infelix elogium: 'Dixit insipiens in corde suo: non est Deus'.   Non
enim sic lapsis satis est averti a Deo, nisi etiam Deum et verbum eius
impugnent.   10

Quare hac Regula praecipue opus est, ad quam tanquam ad sacram
ancoram respiciendum est in omni vita, ut, postquam constat hoc esse verbum Dei, quod habemus et profitemur, simplici fide ei assentiamur et non
disputemus curiose.   Nam omnis curiosa disputatio certissimam secum affert
ruinam.   15

Habemus Christi verbum manifestum de coena Domini, ubi de pane
dicit: Hoc est corpus meum, quod pro vobis traditur.   De poculo: Hic est
calix novi Testamenti in meo sanguine.   Fanatici igitur, cum a fide horum
verborum discedunt, et disputant: Quomodo haec sic esse possunt, paulatim
eo labuntur, ut simpliciter hoc verbum Christi negent et impugnent, Sicut   20
hoc in loco Heuae accidit.

Sic cum Arius de Deo cogitat, quod sit simplicissima unitas, Inicio
apprehendit hanc propositionem: Forte Christus non est Deus.   Deinde
tantisper absurditates colligit, dum plane defendat et statuat certo, Christum
Joh. 1, 1 non esse Deum.   Non movet eum, quod Iohannes clare dicit: 'Verbum erat   25
Deus'.   Non movet eum, quod Christus iubet baptisari in nomine Patris et
Filii, et Spiritus sancti.   Non, quod mandatum habemus credendi in Christum,
adorandi et invocandi eum.   Quid autem est magis absurdum, quam quod
nobis sumimus iudicium de Deo et verbo eius, qui a Deo iudicari debebamus?   Ergo in hoc simpliciter consistendum est, cum audimus Deum   30
aliquid dicere, ut id credamus et non disputemus, sed potius captivemus
intellectum in obsequium Christi.

Jef. 7, 9   Recte citatur Esaiae sententia Cap. 7.: 'Nisi credideritis, non permane-
bitis'.   Nam etiamsi rumpamur, tamen nunquam intelligemus: Quomodo
oculus videat, quomodo auris audiat, quid anima sit? etc.   Et tamen haec   35
in nobis sunt, his quotidie et omni momento utimur in omnibus actionibus.
Quomodo igitur intelligemus illa, quae supra omnes sensus in solo verbo
sunt?   Sicut in solo verbo est, quod ille Panis sit corpus Christi, quod
Vinum hoc sit sanguis Christi: credi debent, intelligi nec debent nec possunt.

Sic quod ad praesentem Mosi locum attinet, verba erant simplicissima: 40
'Ex arbore in medio Paradisi non comedetis'.   Sed rationem horum verborum
non intelligebat ratio, quare Deus haec ita vellet fieri.   Dum igitur curiosius

Dr] inquirit Heua non contenta eo, quod audierat Dominum praecepisse, periit. Quare haec tentatio verum exemplar est omnium tentationum, per quas Satan impugnat verbum et fidem. Priusquam Heuam subit libido comedendi pomi, amisit verbum, quod Deus ad Adamum dixit. Hoc verbum si reti-
5 nuisset, mansisset reverentia Dei et fides. Ubi contra, amisso verbo adest contemptus Dei et obedientia Diaboli.

Haec utilia sunt, ut discamus, sicut Petrus dicit, in tentatione fortiter 1. Petri 5, 9 stare et resistere Tentatori retinentes verbum forti fide et occludentes aures, ne admittamus ea, quae a verbo aliena sunt. Vere enim haec $\pi\alpha\vartheta\dot\eta\mu\alpha\tau\alpha$ Heuae
10 et Adae nobis sunt $\mu\alpha\vartheta\dot\eta\mu\alpha\tau\alpha$, ne a verbo et fide abducti patiamur eadem.

Quod sequitur in textu: 'Scit Deus, quod aperientur oculi vestri', duplicem sententiam habet. Aut enim intelligi potest, quod dixerit hoc ad movendam invidiam Deo, qui tam utili fructu noluit vesci hominem, ut Heua hoc modo inciperet odisse Deum tanquam parum faventem. Aut,
15 sicut ego intelligo, laudat Deum, ut eo facilius Heuam in fraudem inducat. Quasi dicat: Profecto Deus non talis est, ut velit vos tanquam in tenebris vivere sine cognitione boni et mali. Bonus est: nihil vobis invidet, quod ad vos iuvandos aliquomodo conducibile est; Aequo animo feret vos ipsi esse similes.

20 Ad hunc modum cum Satan Deum laudat, tum vere habet novaculam in manu, ut gulam praecidat homini. Hic enim lapsus facillimus est, ubi ad id, quod cupiditas suadet, etiam praetextus verbi et voluntatis Dei accedit. Atque hoc facit, ut potius intelligam, haec a Satana dici ad persuadendam Heuam quam ad invidiam movendam Deo. Et tamen liberum vobis facio,
25 ut sequamini, quod libet. Summa certe haec est, quod conatur a verbo abducere et persuadere, ut Heua id faciat, quod per verbum erat prohibitum. Est enim acerrimus verbi Dei hostis, quod novit in obedientia verbi nostram salutem esse positam.

Sed hic movetur questio non sane absurda: Qui fiat, quod Heua pecca-
30 tum suum nondum sentiat? Etsi enim pomum nondum voraverat, tamen peccavit contra verbum et fidem, si quidem a verbo aversa est ad menda- cium, a fide ad incredulitatem, a Deo ad Satanam, a cultu Dei ad idolatriam. Hoc cum caput peccati sit (Nam pomum decerpere non fuit peccati caput), qui fit, quod mors non statim sequitur? Qui fit, quod peccatum suum non
35 sentit? Imo, qui fit, postquam ipsa pomum comedit, quod mortem non sentit, priusquam Adamum etiam persuaserit ad comedendum?

Scholae varia disputant de Rationis portione superiore et inferiore, quod Adam sit superior portio rationis, Heua inferior. Sed his ineruditis et scholasticis rationibus omissis queramus veram sententiam. Ea autem
40 haec est:

Primum Deus est longanimis: Itaque non statim punit peccatum: Alioqui fieret, ut in peccatis statim periremus. Hac longanimitate Dei Satan

Dr] abutitur, cui utile est ad institutum suum, ut homo peccatum suum non statim sentiat. Fit itaque, ut, quia poena cessat, Satan animum impleat securitate, ut non solum homo non observet a se peccatum esse, sed ut etiam in peccatis suis gaudeat et exultet.

Sicut videmus in Pontificibus. Hi si carnificinam conscientiarum imo interitum hominum, in quem per impiam doctrinam eos adducunt, oculis et animo cernere possent, sine dubio emendarent doctrinam. Iam autem Satan oculos quasi praestringit, ne iram Dei et iudicium suum videre possint. Itaque in his ipsis gravissimis peccatis cum summa securitate, cum gaudio et laeticia vivunt ac quasi re bene gesta magnificos triumphos agunt. 10

Idem plane hic Heuae accidit. Per incredulitatem a verbo in mendacium ruerat. Itaque coram oculis Dei iam mortua. Tenente autem Satana animum et oculos mortem non solum non videt nec sentit, sed paulatim etiam magis incenditur cupiditate pomi, et delectatur in idolatria ista et peccato. Si igitur Heua a verbo non discessisset, abominatio ei fuisset sic 15 inspicere pomum, ut eo vesci cuperet. Nunc cum voluptate hoc peccatum in animo versat. Ubi prius refugisset, si quem alium vidisset extendentem manus ad arborem istam: Nunc morae impatiens est sic descendente peccato ad inferiora membra, et prorumpente ex corde. Haec igitur delectatio et cupiditas comedendi pomi est tanquam morbus ex peccato natus, quem postea 20 mors sequitur, licet eam Heua interim, dum peccat, non sentiat, sicut sequitur.

3,6 **Vidit itaque mulier, quod bonum esset Lignum ad vescendum, et pulchrum oculis et delectabile, quia prudentes faceret: tulit de Fructu illius, et comedit, Deditque Viro suo, et comedit.**

Vide, quomodo peccatum paulatim diffundatur in omnes sensus. Quid 25 enim omittit Heua, quod ad peccatum augendum attinet, postquam Satanae contra Dei verbum credit futurum, ut non moriatur, sed potius, ut aperiantur oculi, et cognoscat malum et bonum? Oculi non possunt satiari aspectu. Parum ei est, quod habet cognitionem Dei et rectam rationem, etiam mali cognitionem optat accedere. Hoc vero est Satanae ipsissimum venenum, 30 quod optat sapere supra id, quod ei praeceptum erat. Est enim haec sapientia mors, et inimica sapientiae Dei in praecepto traditae. Facit enim haec sapientia, ut, quod peccatum est, iudicet esse iusticiam, et quae extrema insania est, sentiat esse optimam sapientiam.

Emphasis igitur in eo est, quod tamen latinus textus omisit, quod 35 scilicet arbor ideo videbatur delectabilis, quia prudentes faceret. Hoc enim Diabolus in omnibus tentationibus solet, ut, quanto homo a verbo discedit longius, tanto videatur sibi doctior et sapientior.

Sic magnam sapientiam esse putant dicere: Quod panis panis sit, quod vinum sit vinum, non corpus et non sanguis Christi. Arius se in eo pal- 40 marium reperisse putat, quod ex quibusdam sententiis male detortis λόγον

Dr] fuisse dicit ante creaturas et tamen esse creatum. Anabaptistis magna sapientia videtur, cum plenis buccis declamitant: Aquam non posse attingere spiritum seu animam, sed nudam cutem: Igitur baptismum non facere ad remissionem peccatorum. Sicut novimus fanaticos spiritus alicubi baptisasse
5 sine aqua, qui tamen gloriantur se nunquam dissensisse a nobis. Ac verum est, quod haec est sapientia, sed est sapientia Diabolica contraria verbo et sapientiae Dei. Est autem propria haec Diaboli tentatio, ut nos sic reddat sapientes contra et supra verbum Dei, sicut ipse fuit in coelo. Longe autem vincit haec sapientiae tentatio illas crassiores libidinis, avariciae, superbiae etc.

10 Verbum *Hischil* significat prudentem esse, inde *Maschil* sapiens, prudens, ut Psal. 14. 'Vidit Deus de coelo super filios hominum, num quis Pf. 14, 20 esset intelligens et qui requirat Deum'. Et Esa. 53. 'Servus meus *Iaschil*, Jef. 53, 13 prudenter aget'. Significat autem proprie eam sapientiam, qua cognoscitur Deus. At habuit eam lucem ceu solem Heua antea in corde suo, siquidem
15 verbum habebat, Deinde etiam cognitionem omnium creaturarum. Sed ea sapientia non contenta vult altius ascendere, et Deum aliter cognoscere, quam in verbo suo ostenderat. Hic ille lapsus est, ut amissa vera sapientia ruat in extremam coecitatem.

Sicut autem Satan tum fecit, ita adhuc facit. Iubet Deus, ut credamus
20 Euangelio de Filio suo, et sic salvemur. Haec vera sapientia est, sicut Christus quoque dicit: 'Haec est vita aeterna, ut cognoscant te, verum Deum, Joh. 17, 3 et quem misisti Ihesum Christum'. Hanc sapientiam Monachus negligit et vertitur ad alia: induit cucullum, cingit se fune, suscipit votum coelibatus etc., ac statuit sic placiturum se Deo et salvatum iri. Haec est ista sublimis
25 sapientia, quae exercetur in cultu et religione erga Deum, plantata per Satanam et originale peccatum in hac misera natura, ut homines omisso verbo, quod Deus proposuit ad salutem, vertantur ad suas cogitationes. Sicut Heua sapientissima foemina condita appetit aliam sapientiam extra verbum et propter hanc sapientiam sic multipliciter peccat omnibus sensibus,
30 videndo, cogitando, desiderando et operando.

Non igitur audiendi sunt, qui disputant: Crudelitatem esse, quod propter pomi morsum natura haec sic misere corrupta sit et demersa in mortem et reliquas calamitates. Nam Epicurei cum haec audiunt, tanquam fabulam rident. Sed diligenti Lectori facile apparet pomi morsum non esse
35 causam. Peccatum causa est, quo peccat Heua contra utranque tabulam et contra ipsum Deum et verbum eius, ac peccat eo modo, ut verbum Dei abiiciat et se totam praebeat Satanae discipulam.

Haec nullo modo possunt extenuari, sunt enim, ut dicunt, praegnantes causae harum poenarum, quas sustinemus, tam horribile peccatum et tam
40 horribilis aversio a Deo. Hanc intueri animo debebamus et non tantum haerere in decerpto ac vorato pomo. Qui enim solum opus et non peccatum, ex quo opus hoc secutum est, intuentur, hi non possunt Deum non accusare

Dr] crudelitatis, quod ob tantillum peccatulum tantas poenas universo generi
humano inflixerit. Quare oderunt Deum et· desperant, Aut sicut Epicurei
haec tanquam fabulam rident.

In verbum igitur respiciendum est. Est autem id Dei verbum.
Quam magnum igitur est verbum, tam magnum etiam est peccatum, quod 5
contra verbum admittitur. Huic peccato universa natura succumbit. Quomodo enim id posset vincere? est enim inexhaustae magnitudinis. Quare
ad vincendum hoc peccatum eo opus est, qui afferat secum inexhaustam
iusticiam, hoc est, filio Dei.

Atque hoc etiam Satanae astus ostendit. Neque enim Heuam statim 10
sollicitat suavitate pomi. Summam virtutem hominis primum invadit, fidem
in verbum. Radix igitur et fons peccati est incredulitas et aversio a Deo,
Sicut e contra fons iusticiae et radix est fides. Et Satan primum abducit
a fide ad incredulitatem. Hoc ubi confecit, ut non crederet Heua praecepto
a Deo tradito, facile fuit etiam id perficere, ut involaret in arborem et pomum 15
decerptum comederet. Nam peccatum per incredulitatem consummatum in
corde sequitur etiam externa inobedientia. Ad hunc modum peccati ratio
consideranda est secundum suam magnitudinem veram, in qua nos omnes
periimus. Nunc sequitur revelatio peccati cum poenis suis.

3, 7 Tum aperiebantur oculi amborum, Cumque cognovissent, se esse 20
nudos, consuerunt folia ficus, et fecerunt sibi perizomata.

Dixi supra, eandem formam esse omnium tentationum Satanae quod
primo fidem tentat, et a verbo abducit. Deinde sequuntur peccata contra
secundam tabulam. Haec nostra experientia sic geri videmus. Quae iam
sequuntur, ad descriptionem peccati pertinent, quale sit, cum in actu est, et 25
quale sit postea, cum transiit. Dum enim in actu est, non sentitur, alioqui
rediremus in viam admoniti incommodis, quae peccatum affert. Sed ea quia
latent, postquam ab integritate et fide discessum est, secure procedimus in
ipsum opus. Sicut Heua delinquit in pomo, postquam persuasa est contra
verbum Dei futurum, ut non moriatur sed tantum aperiantur oculi et pru- 30
dentior fiat. Hoc venenum Satanae cum auribus haustum est, extendit
manum ad prohibitum fructum, et ore edit. Sicque peccat per omnes sensus
animi et corporis, et tamen peccatum nondum sentit. Comedit enim pomum
cum voluptate et hortatur Maritum quoque, ut idem faciat.

Similia sunt haec in omnibus tentationibus et peccatis sive libidinis 35
sive irae sive avariciae. Dum enim peccatum in opere est, non sentitur,
non terret, non mordet, sed blanditur et delectat. Nec mirum est nobiscum
ista sic fieri, qui isto veneno peccati originalis a planta pedis usque ad ver-
ticem infecti sumus. Si quidem in natura adhuc integra haec accidere.
Itaque homines prophani, deinde spiritus Fanatici, qui vel fidem non habuerunt 40
vel a fide lapsi sunt, videmus, quam secure sint, quam in defendendis erro-

D]ribus vehementes et pertinaces sint, ut etiam mori non recusent. Est haec peccati natura, ut aliquandiu non sentiatur. Quando autem postea per legem revelatur peccatum, tum nimis graviter incumbit in hominem.

Sed ante hanc revelationem, dum perpetratur, non sunt oculi Heuae aperti, alioqui mortua esset, priusquam attigisset pomum. Quia autem oculi nondum aperti sunt et manet incredulitas, manet simul delectatio pomi prohibiti, manet studium et desiderium sapientiae acquirendae, quae etiam prohibita erat, misera Heua tum spiritu tum corpore sic absorbetur in incredulitate, ut non videat se male agere.

Similia exempla securitatis ostendunt historiae Ecclesiasticae. Arius se beatum putat, dum invenit, quomodo eludat sententias de divinitate Filii. Sed haec securitas non est perpetua. Cum primum enim Heuae oculi aperiuntur, reminiscitur legis, cuius antea oblita erat, quae iubebat, ne vescerentur ex prohibita arbore. Ante huius legis cognitionem erat sine peccato. Sicut Paulus dicit Rom. 7. 'Ego vivebam aliquando sine lege'. Non, quod Röm. 7, 9 lex non esset, sed quod non sentiret minas et poenas legis, videbatur igitur sibi sine peccato esse. 'Per legem enim est cognitio peccati.' Reviviscente igitur lege simul reviviscit et peccatum.

Hoc Moses indicat in hac historia primorum Parentum, cum dicit: 'Aperti sunt oculi eorum'. Quasi dicat: Clauserat Satan non solum oculos sed cor quoque Heuae per incredulitatem et inobedientiam omnium membrorum intus et foris. Sed post admissum et consummatum peccatum aequo animo patitur aperiri eorum oculos, ut videant, quid fecerint. Hic enim aliud compendium Satan sequitur, ut scilicet in desperatione pereant, qui peccaverunt.

Est igitur Historia haec ceu expositio sententiae Pauli, cum dicit: 'Per Röm. 3, 20 legem cognitio peccati'. Lex enim nihil aliud facit, quam ut revelet seu vivificet peccatum, quod iacebat ante legem cognitam ceu mortuum vel dormiens, sicut infra ad Cain dicitur: 'Si male egeris, peccatum tuum quiescet, donec reveletur'. Quiescit enim, dum in actu est, sed veniente lege ibi aperiuntur oculi, ut cogitet homo, quid praeceperit Deus, quam poenam in transgressores constituerit. Hoc cum fit, ut sic dominetur lex in conscientia, tum vera peccati cognitio adest, quam sustinere humana corda non possunt, nisi divinitus accedat consolatio.

Quod igitur Moses addit, Vidisse post comestum pomum, quod essent nudi, non ociosum est, Sed si diligenter consideretur, pulchram descriptionem habet iusticiae originalis.

Scholastici disputant: Quod iusticia originalis non fuerit connaturalis, sed ceu ornatus quidam additus homini tanquam donum: Ut si quis formosae puellae coronam imponat. Corona certe non est pars naturae virginis sed quiddam separatum a natura, quod ab extra accedit et sine violatione naturae potest iterum adimi. Quare disputant de homine et daemonibus,

Dr] quod, etsi originalem iusticiam amiserint, tamen naturalia pura manserint, sicut initio condita sunt. Sed haec sententia quia peccatum originis extenuat, ceu venenum fugienda est.

Quin hoc statuamus, iusticiam non fuisse quoddam donum, quod ab extra accederet separatum a natura hominis: Sed fuisse vere naturalem, ita ut natura Adae esset diligere Deum, credere Deo, agnoscere Deum etc. Haec tam naturalia fuere in Adamo, quam naturale est, quod oculi lumen recipiunt. Quia autem, si oculum viciosum reddas inflicto vulnere, recte dicas naturam violatam esse, Ita postquam homo ex iusticia in peccatum lapsus est, recte et vere dicitur: Naturalia non integra sed corrupta esse per peccatum. Sicut enim natura oculi est videre, Ita natura rationis et voluntatis in Adamo fuit nosse Deum, fidere Deo, timere Deum. Haec cum iam amissa esse constet, quis tam amens est, qui dicat, naturalia adhuc esse integra? Et tamen haec sententia in Scholis nihil fuit usitatius nec receptius. Quanto autem absurdius est hoc de Daemonibus affirmare, quos Christus dicit in veritate non stetisse et quos novimus acerrimos hostes esse Christi et Ecclesiae?

Integra naturalia igitur in homine fuerunt cognitio Dei, fides, timor, etc. Haec Satan per peccatum ita corrupit, ut, sicut lepra carnem inficit, ita voluntas et ratio per peccatum sic vitiata est, ut non solum non diligat amplius Deum sed eum fugiat et oderit eum et cupiat sine eo esse et vivere.

Pulchre igitur hic ea corruptio describitur, quae successit originali iusticiae et gloriae. Gloria enim fuit non videre se esse nudum. Quae autem potest esse maior corruptio, quam quod nuditas, quae antea gloria fuit, nunc vertitur in summam turpitudinem? Nemo erubescit ob oculos sanos et integros. Distorti oculi aut hebetes minus honesti habentur et inducunt pudorem. Sic in statu innocentiae honestissimum fuit ingredi nudum. Nunc post peccatum, cum se nudos esse Adam et Heua vident, pudefiunt, et querunt perizomata, quibus turpitudinem tegant. Quanto autem maior turpitudo in eo est, quod voluntas saucia, intellectus corruptus et ratio tota vitiosa et in aliud mutata est? Hoc ne est esse naturalia integra?

Sed vide, quid sequatur ex illa sententia, si statuas iusticiam originalem non fuisse naturae, sed donum quoddam superfluum, superadditum. An non, sicut ponis iusticiam non fuisse de essentia hominis, Ita etiam sequetur peccatum, quod successit, non esse de essentia hominis? An non igitur frustra est mittere redemptorem Christum, cum iusticia originalis, tanquam aliena res a natura nostra, ablata est et integra naturalia manent? Quid potest indignius Theologo dici?

Quare fugiamus delyria ista tanquam veras pestes et corruptelam sacrarum literarum et sequamur potius experientiam, quae docet, quod nascimur ex immundo semine et contrahimus ex ipsa natura seminis ignorantiam Dei, securitatem, incredulitatem, odium erga Deum, inobedientiam,

Dr] impacientiam et similia gravissima vitia. Haec sic in carnem nostram sunt implantata, hoc venenum sic late per carnem, corpus, animam, nervos, sanguinem, per ossa et medullas ipsas in voluntate, in intellectu, in ratione diffusum est, ut non solum eximi plene non possit, sed ne quidem agnoscatur
5 peccatum esse.

Nota Comici sententia est: Non est flagicium adolescentem scortari. Sed venia debetur homini ethnico. Hoc vero indignissimum est, quod Christiani et sacrarum literarum periti in eam sententiam inclinarunt, quod simplex scortatio non sit peccatum.[1] Ac collegia Canonicorum magno con-
10 sensu eandem sententiam vita et moribus suis comprobant. Hoc cum fit in externo peccato, quid iudicabimus de immundicia cordis et internis motibus, quos homines impii non intelligunt esse peccata?

Sic non intelligit homo gloriam nuditatis per peccatum esse amissam. Nam quod Adam et Heua nudi incesserunt, fuit summus ornatus coram
15 Deo et omni creatura. Nunc post peccatum non solum fugimus hominum conspectum nudi, sed etiam coram nobis ipsis verecundamur, sicut de Adam et Heua hic Moses dicit. Testatur autem hic pudor, amissam esse in corde fiduciam erga Deum, quam ante peccatum nudi habuerunt. Quare Adam etsi coecus fuisset, tamen veritus esset se nudum ostendere oculis Dei et
20 hominum, quod per inobedientiam fiducia erga Deum esset amissa.

Porro haec omnia probant, originalem iusticiam fuisse de natura hominis, ea autem per peccatum amissa manifestum est naturalia non mansisse integra, sicut Scholastici delirant. Sicut enim naturae hominis fuit incedere nudum, plenum fiducia et securitate erga Deum et sic placere Deo et hominibus, Ita
25 nunc post peccatum sentit homo hanc nuditatem innocentis naturae displicere Deo, sibi et omnibus creaturis, ideo parat perizomata et tegit corpus. Haec an non naturae est immutatio? Manet quidem natura, sed multis modis corrupta, siquidem fiducia erga Deum amissa est, et cor plenum est diffidentia, metu, pudore. Sic manent in natura membra eadem: Sed quae antea
30 nuda cum gloria conspiciebantur, nunc tanquam turpia et inhonesta velantur propter interiorem defectum, quod natura fiduciam in Deum per peccatum amisit; si enim crederemus, non erubesceremus.

Ex hac corruptione, quae per peccatum secuta est, natum est aliud malum, ut Adam et Heua non solum erubescerent ob nuditatem, quae antea
35 fuit honestissima et singularis ornatus hominis, Sed etiam ut facerent sibi cinctoria ad eam corporis partem tanquam turpissimam velandam, quae natura sua honestissima et dignissima erat. Quid enim in tota natura nobilius est quam opus generationis? Hoc opus divinitus attributum est non oculis, non ori, quas iudicamus honestiores partes corporis, sed ei parti,

---

[1] *Auch hierzu die Tischrede, wo der Böhme Hinneck diese Behauptung aufstellt. Dietr. Colloq. und Schlaginhaufen nr. 395 u. u.*

Dr] quam nos per peccatum sic edocti pudenda appellamus et studiose involvimus, ne conspiciantur. Sicut autem in innocenti natura totum opus generationis sanctissimum et purissimum fuisset; Ita post peccatum lepra libidinis hanc corporis partem invasit. Qui igitur extra coniugium vivunt, ardent turpissime. Qui in coniugio vivunt, nisi moderentur affectus et sollicite custodiant bene-volentiam mutuam, quam varie tentantur!

　　An non igitur sentiemus tandem, quam foeda et horribilis res sit peccatum? siquidem sola libido nullo remedio potest curari, ne quidem con-iugio, quod divinitus infirmae naturae pro remedio ordinatum est. Maior enim pars coniugatorum vivit in adulteriis et canit de coniuge notum ver- 10 siculum: Nec tecum possum vivere nec sine te. Haec horribilis turpitudo oritur ex honestissima et praestantissima parte corporis nostri. Praestantis-simam appello propter opus generationis, quod praestantissimum est, siquidem conservat speciem. Per peccatum itaque utilissima membra turpissima facta sunt. 15

　　Non enim haec sic fuissent in Adam et Heua. Erant pleni fide erga Deum. Itaque quoties liberis voluissent operam dare, convenissent non in-citati furore illo, qui nunc in leprosa carne est, sed admirantes Dei ordi-nationem et obedientes ei cum summa moderatione, sicut cum iam convenimus ad audiendum verbum Dei et cultum Dei. Haec omnia per peccatum ita 20 amisimus, ut solum privative et non positive ea possimus intelligere. Ex malo enim, quod retinemus, cogimur colligere, quantum bonum sit, quod amisimus. Debemus autem Deo gratiam pro reliquiis quantumvis corruptae generationis adhuc manentibus, quibus Ecclesia et Politia opus habet.

　　Mirabile autem est, in omnibus omnium linguarum scriptoribus nullum 20 apicem inveniri, qui ostenderet nuditatem per peccatum ignominiosam factam, quae antea honestissima fuit. Huius cognitionis igitur unicum magistrum habemus Mosen, qui tamen brevissimis verbis ostendit, quod homo lapsus a fide confusus sit, et quod illa genitalium gloria versa sit in summam ignominiam, ut cogeretur homo ea tegere perizomate. 30

　　Vocabulum *Hegorah*, cuius hic plurale est, proprie significat cingulum, ut intelligas folia ficus foemora ex omni parte texisse, ut illa pars ante peccatum honestissima tegeretur tanquam turpissima et indigna oculis hominum. O quam horribilis lapsus peccati! Sic enim aperiuntur oculi hominis, ut, quod honestissimum erat, nunc aspiciat pro turpissimo. 35

　　Sic adhuc hodie, postquam lex venit, tunc primum apparet, quid fecerimus. Revelatum autem peccatum tantam turpitudinem videtur habere, ut animi conspectum eius non possint sustinere. Itaque conantur id tegere. Nemo, etiamsi fur, adulter, homicida sit, vult talis videri. Sic Haeretici nullo modo agnoscunt errorem, sed pertinacissime defendunt, et volunt videri 40 Catholici. Id ut obtineant, folia ficus satis lata consuunt, hoc est, tentant omnia, quae ad colorandum et palliandum errorem apta sunt.

Dr]   Haec peccati natura etiam in pueris cernitur, qui saepe deprehensi in ipso facto tamen satagunt, quo parentibus aliud persuadeant et se excusent. Sic simpliciter solent homines, etiam cum deprehensi tenentur, tamen conantur elabi, ne confundantur, sed videantur boni et iusti. Hoc venenum etiam per
5 peccatum in naturam instillatum est, sicut praesens locus testatur.

Et cum audissent vocem Domini Dei deambulantis in Paradiso 3, 8 ad auram diei, abscondit se Adam et Uxor eius a facie Domini Dei inter arbores Paradisi.

Hoc nunc tertium malum est peccati originalis, quod probat, iusticiam
10 originalem amissam esse. Coeterum Lyram hic iterum implicant sententiae Rabinorum. Alii enim 'ad auram diei' exponunt de loco seu plaga inter austrum et occidentem. Alii de tempore exponunt, quod hoc acciderit sub vesperam, cum remittit calor et incipiunt venti spirare.

Mea sententia haec est, ut accipiamus spiritum simpliciter pro vento,
15 et quod, postquam conscientia per legem convicta fuit, territi sint Adam et Heua ad sonitum folii. Sicut videmus in hominibus meticulosis: hi cum audiunt crepitum trabis, metuunt ruinam totius domus, Cum murem audiunt, metuunt, ne Satan praesens sit et velit eos interficere. Natura enim sic sumus vere perterrefacti, ut etiam, quae tuta sunt, metuamus.

20   Adam igitur et Heua, postquam conscientia per legem convicta est et sentiunt turpitudinem coram Deo et se, amissa fiducia erga Deum sic pleni sunt metu et pavore, ut, cum spiritum seu ventum audiant, statim cogitent Deum adesse ultorem, et se abscondant. Atque existimo vocem Domini obambulantis dici a Mose ventum seu sonum venti, qui praecessit appari-
25 tionem Domini. Sicut Christus in Euangelio de vento dicit: 'Vocem eius 30h. 3, 8 audis'. Cum enim audiverunt folia crepantia tanquam a vento impulsa, cogitaverunt: Ecce iam advenit Dominus expetiturus a nobis poenas.

Itaque cum Moses addit postea: 'Ad auram diei', videtur mihi, quod se exponat, quasi dicat: Erat vox sicut ventus diei, ut emphasis in vocabulo
30 diei sit. Non enim dicit de vento in nocte, ut exaggeret ingentem pavorem, qui peccatum secutus est, quasi dicat: Ita pavidi fuerunt, ut in clara luce diei metuerent a sonitu folii. Quid accidisset, si Deus in tenebris et nocte venisset, ibi enim terror longe maior est. Sicut enim lux animosos facit, Ita tenebrae augent pavorem. Hic pavor, quo Adam et Heua in ipso diei
35 lumine post peccatum excipiuntur, manifestum signum est cecidisse eos prorsus a fide.

Hanc existimo veram sententiam esse huius loci et convenit cum illa comminatione Mosi, ubi in Levitici 26. concionatur de poenis secuturis 3. Mose 26, 26 peccatum, quod a sonitu folii volantis peccatores timebunt et fugient tan-
40 quam a gladio. Cum enim conscientia vere est perterrefacta, ita opprimitur homo, ut non solum nihil facere sed ne cogitationem aliquam instituere

Dr] possit. Sicut dicunt in acie fieri: ibi metu oppressi milites non manum movere possunt sed praebent se mactandos hosti. Tam horribilis poena sequitur peccatum, ut a sonitu folii metuat conscientia, Imo ut pulcherrimam creaturam, ipsum lumen diei, sustinere non possit, quo tamen natura recreamur.

Vides igitur hic iterum magnitudinem peccati originalis nobiscum nati 5 et nobis per peccatum primorum Parentum implantati. Facit autem hoc quoque incommodum ad intelligendam privative seu a contrario iustitiam originalem. Fuit enim in homine pulcherrima fiducia erga Deum nec potuisset homo timere, etiam si coelum vidisset ruere.

Quanta cum securitate audit Heua serpentem? Nos non cum catello 10 domi educato et assuefacto, non cum pullo tam familiariter loquimur. Non igitur ante peccatum querebant latibula, sed sapientes, recti stabant erecta facie laudantes Deum. At nunc a sonitu folii terrentur. O quam gravis casus, labi ex summa securitate, fiducia et delectatione Dei in tam horribilem pavorem, ut homo a conspectu Dei plus quam a Diaboli conspectu et prae- 15 sentia refugiat! Non enim Diabolum fugiunt Adam et Heua: Deum, conditorem suum, fugiunt, cum iudicant sibi graviorem et formidabiliorem esse Satana, Satanam autem meliorem Deo, a Satana enim non fugiunt. Ergo pavor hic vere fuga et odium Dei est.

Utile autem est videre, quomodo peccatum paulatim incrementa sumat, 20 Röm. 7, 13 donec fiat supra modum peccans peccatum, sicut Paulus appellare solet. Primum enim cadit homo ex fide in incredulitatem et inobedientiam. Incredulitatem autem sequitur pavor, odium et fuga Dei, quae desperationem et impoenitentiam secum adducunt. Quo enim confugiat cor sic pavens a praesentia Dei? Num ad Diabolum? Non quidem id utile nec consultum 25 est et tamen ita fit. Siquidem haec historia ostendit, quod Deus creaverit hominem et fecerit eum Dominum omnium, Et tamen homo fugiat eum, nec quidquam eo habeat aut invisum magis aut intollerabilius. Alioqui non averteret se a Deo, non fugeret eum, non paveret a voce Dei venientis: Non in nocte, non cum fulminibus et tonitruis, sicut in Syna, sed in claro diei 30 lumine, levi et suavi vento spirante ac folia arborum leniter commovente. Nihil igitur gravius, nihil miserius est conscientia territa lege Dei et conspectu peccatorum.

Haec facit, ut, quod pessimum est, Adam et Heua fugiant Creatorem et Deum suum et confugiant ad illa vere ficulnea praesidia, ut et tegant se 35 et abscondant inter medias arbores. Quid potest dici horribilius, quam fugere Deum et velle abscondi ab eo?

Quare hic iterum apparet, quam recta sit voluntas et intellectus post peccatum. Voluntatem depravatam esse ostendit ipsum factum, quod appetunt divinitus prohibita et sic appetunt, ut Deo inobedientes, Satanae autem 40 obedientes fiant. Nec de intellectu depravato dubitare possumus, cum videamus consilium, quo Adam et Heua se tutos putant. An non enim extrema

Dr) stulticia est: Primum tentare impossibilia, dum conantur Deum fugere, quem
non possunt fugere, Secundo tentare fugam tam stulto modo, ut inter arbores
se tutos credant, quos ferrei muri et montium ingentes moles non poterant
salvare? Ad hunc modum amissa fiducia Dei sequitur in voluntate horribilis
5 pavor, et amissa sapientia et intelligentia, pulcherrimis dotibus, sequitur
extrema stultitia, ut stultissimis rationibus impossibilia tentent. Adeo inexhaustum malum est peccatum originis, et tamen haec sunt quasi praeludia;
nondum enim ad iudicium ventum est, quod longe est atrocius et gravius.

Vocavitque Dominus Deus Adam, et dixit ei: Ubi es?   3, 9

10 Haec est descriptio iudicii. Postquam enim Adam territus est conscientia sui peccati, fugit conspectum Dei et sentit non solum Paradisum,
sed totum mundum angustiorem esse[1], quam in quo possit tuto latere.
Ostendit igitur in illa anxietate animi suam stulticiam, quod querit remedium
peccati, fugiendo a Deo. At iam nimis procul a Deo fugerat. Nam ipsum
15 peccatum est vera discessio a Deo, nec oportuit maiorem fugam addere.
Sed ita fit, haecque natura peccati est, ut, quanto a Deo discessit homo
longius, tanto longius adhuc optet discedere, quique semel fugit et apostatavit,
fugit inaeternum. Ideo de inferni quoque poenis dicunt hanc fore maximam,
quod impii volent fugere, et sentient tamen se non posse effugere. Sicut
20 Adam hic, quamvis deprehensus, tamen non cessat fugere.

Quod igitur dicit Moses: 'Vocavit eum', Intelligendum est, quod
vocaverit Adamum ad iudicium. Queritur autem hic de persona, per quam
vocatus sit Adam. Ac non absurdum est Deum ista omnia gessisse per
ministerium Angelorum et Angelum egisse vices Dei ac in persona Dei cum
25 Adamo ista locutum esse. Sicut magistratus cum aliquid vel faciunt vel
dicunt, non id faciunt nec dicunt in sua persona, sed Dei. Ideo scriptura
vocat iudicium Dei iudicia, quae exercentur seu administrantur per homines.
Non igitur mihi displicet, per Angelum vocatum esse Adamum et ostensum
ei, quod fuga esset impossibilis.

30 Singulariter autem observandum est, quod Moses diserte dicit Adamum
vocatum esse, utpote ad quem solum die sexto factum sit verbum Domini
de arbore illa non gustanda. Sicut igitur solus audivit praeceptum, Ita solus
vocatur initio ad iudicium. Heua autem, quia peccavit ipsa quoque et defecit
a Deo, audit simul iudicium et fit particeps poenae.

35 Verba 'Ubi es?' sunt verba legis per Deum intentata in conscientiam.
Quanquam enim omnia coram Deo nuda et nota sunt, Ebre. 4., tamen Hebr. 4, 13
loquitur ad nostrum sensum, si quidem videt nos hoc agere, ut subducamus
nos a conspectu eius. Quod igitur dicit 'Ubi es?' perinde est, ac si dicat:
Putas, quod te non videam? Vult enim Adae ostendere, quod absconditus

---

[1] *Deutsch* 'die Welt wird ihm zu eng'. *Sprw.; vgl. z. B. Unsre Ausg. Bd. 37, 31, 4. [O. B.]*

Dr]a Deo non sit absconditus, et quod fugiens Deum, non effugerit Deum.
Hoc enim naturaliter in omni peccato accidit, ut stulte conemur effugere
iram Dei et tamen non possimus effugere. Stulticia enim extrema est, quod
existimamus remedium potius in fuga a Deo esse quam in reditu ad Deum,
et tamen natura peccatrix non potest redire ad Deum. Quid igitur puta- 5
bimus animi fuisse Adae, cum audiret vocem hanc? Speraverat stulte, se
latere posse, et ecce stat ante tribunal Dei, et poscitur iam ad poenam.

3, 10 Qui ait: Vocem tuam audivi in Paradiso, et timui eo, quod nudus
essem, Et abscondi me.

Sicut stulte cepit fugere, Ita etiam stultissime respondet, adeo desti- 10
tutus est per peccatum omni sapientia et consilio. Vult Deum docere, quod
nudus sit, qui eum nudum creaverat. Sic seipsum confundit, prodit et
condemnat proprio ore. Dicit audivisse se vocem Domini et timuisse. An
non autem audiverat antea quoque vocem Domini prohibentis, Ne de arbore
vetita comederet? Cur igitur tum non timuit? cur tum se non abscondit? 15
Cur tum stabat laetus et erectus, cum Deum praesentem videret et audiret?
Nunc autem ad sonitum folii pavet. Sequitur igitur non esse Adamum eum
amplius, qui fuit, sed mutatum et alium esse factum, qui mendacem causam
accersat ad defensionem. Quomodo enim verum est causam timoris esse
vocem, cum antea vocem non timuerit, sed cum voluptate audiverit Deum? 20
Discamus igitur, hanc perversitatem et stulticiam semper comitari
peccatum, ut excusando peccatores se accusent, et defendendo se prodant,
maxime coram Deo. Sicut Adam hic vult tegere crimen et se ornare. Dicit
causam fugae esse, non quod peccarit, sed quod audiverit vocem Domini
et ea sit perterrefactus et erubescat, quod nudus sit. Non cogitat miser se 25
hunc timorem antea non habuisse nec erubuisse ob nuditatem, quae cum
Dei creatura esset, cur veretur in eo, quod Deus fecit? Nudus antea in
conspectu Dei et omnium creaturarum in Paradiso obambulaverat securus
de voluntate Dei et se oblectans in Deo. Iam pudefit, quod nudus sit,
fugit a Deo et abscondit se. Haec omnia certa argumenta sunt, quibus 30
Adam seipsum condemnat et peccatum suum prodit.
Sic impii in extremo iudicio condemnabunt seipsos, cum revelabuntur
tenebrae cordium humanorum et tanquam in apertis libris legentur singulorum malefacta. Scit quidem Deus peccasse Adamum et esse reum mortis.
Ideo autem interrogat eum, ut ipse suo testimonio convincatur, quod pecca- 35
verit: Si quidem a Deo fugit, quod ipsum peccatum est, sicut virtus est ad
Deum confugere. Hoc testimonium contra se ipsum fert Adam, quanquam
mendacio peccatum tegi posse sperat, cum dicit causam fugae esse vocem
Domini et nuditatem suam.
Discamus igitur naturam hanc peccati esse, quod, nisi Deus statim 40
medicinam faciat et revocet peccatorem, fugit sine fine a Deo, et excusando

Dr] mendaciter peccatum, peccatum peccato addit, donec veniat ad blasphemiam et desperationem. Sic peccatum pondere suo semper secum trahit aliud peccatum et facit aeternam ruinam, donec homo peccator tandem Deum potius accuset, quam ut agnoscat peccatum suum. Debebat Adam dicere:
5 Domine, peccavi. Sed hoc non facit: Deum peccati accusat et dicit revera: Tu, Domine, peccasti. Ego enim mansissem sanctus in Paradiso post morsum pomi, si tu quievisses. Hoc enim revera significant verba, cum dicit: Non fugissem, nisi vox tua terruisset me.

Sic homo propter peccatum accusatus a Deo non agnoscit peccatum 10 sed potius accusat Deum, et culpam a se in Creatorem transfert: Ut peccatum sic in infinitum crescat, nisi succurrat Deus per misericordiam suam. Hanc impietatem et extremam stulticiam sentit Adam esse summam sapientiam. Ita enim terrore confusus est, ut, quid dicat quidve agat, nesciat, et excusando gravissime se accuset ac peccatum in immensum augeat.

15 Non autem sentiemus soli Adamo haec ita accidisse. Singuli facimus eadem et natura non sinit nos aliter facere post peccatum admissum. Omnes enim potius, quam id coram Deo agnoscamus, accusamus Deum. Sicut Adam, qui vocem Dei causam fugae esse dicit. Igitur sentit Deum autorem fugae. Hoc peccatum sequitur iam aliud. Qui enim Deo Creatori non 20 parcit, quomodo parceret creaturae? Itaque Deo nuditatem obiicit tanquam conditori turpis rei. Per peccatum enim sic dementatus est, ut gloriam nuditatis vertat in contumeliam Creatoris.

Cui dixit Dominus: Quis autem indicavit tibi, quod nudus esses? 3, 11 Nisi quod ex ligno, de quo praeceperam tibi, ne comederes, 25 comedisti?

Hic commovetur conscientia Adae vero stimulo legis, Quasi dicat Deus: Nosti te esse nudum et ideo abscondisti te. Atqui nuditas est mea creatura: Num eam ut turpem damnas? Non igitur nuditas confudit, non vox mea terruit te, sed quod conscientia tua te arguit peccati ob comestum 30 pomum ex arbore vetita. Hic Adam, cum sic urgetur, in media morte et medio inferno fuit. Coactus enim est fateri, quod nuditas non esset mala, siquidem a Deo creata erat. Contra agnovit hoc esse malum, quod de nuditate iam haberet malam conscientiam, de qua antea tanquam de singulari ornamento gloriatus fuerat, et quod paveret iam ad vocem Dei, quam antea 35 cum summa voluptate audiverat.

Ad hunc sensum, quem in Adam videt Dominus, pertinent verba illa, quasi dicat: Quandoquidem conscientiam habes et paves, profecto manducasti ex prohibita arbore. Non enim accepisti mandatum de non occidendo, de non adulterando, sed de non gustandis fructibus huius arboris. Quia igitur 40 paves, ostendis te contra hoc mandatum peccasse. Sic quae Adam cogitabat, eadem ex Domino audit. Cogitabat: Ego comedi pomum, sed non dicam

Dr] me ideo fugere tacebo peccatum et dicam me vereri, quod nudus sim, et
terreri voce eius. Sed haec ipsa cum commemorat, ipse cogitur se accusare,
et conscientiam intra se audit arguentem mendacium et accusantem peccatum.
Ad hanc accedit, quod ipse Dominus peccatum manifeste et disertis verbis
iam accusat. Sed ne sic quidem ad agnitionem peccati simplicem Adam
potest adigi. Dicit enim:

3, 12   M u l i e r ,   q u a m   d e d i s t i   m i h i   s o c i a m ,   d e d i t   m i h i   d e   l i g u o ,
                        e t   c o m e d i.

  Vide maliciam et naturam peccati, quam belle hic picta sit, quod nullo
modo possit ad confessionem peccati cogi, Sed negat peccatum aut excusat, 10
quamdiu videt aliquam excusationis vel spem vel speciem relictam esse.
Non autem mirum est, quod inicio sperat peccatum tegi posse, et potius
Deum accusat, quam ut agnoscat se peccasse. Hoc mirum est, postquam
convicit eum conscientia et ipse etiam ex Deo audit peccatum suum, quod
tamen perstat in excusatione. Non enim dicit: Domine, peccavi, dimitte 15
debitum, Esto misericors, (Nam natura peccati est, ut non sinat animum ad
Deum refugere, sed cogat potius ad fugam a Deo): Sed transfert culpam in
Mulierem.
  Notum autem est in Scholis Rhetorum tradi, quod obiectum crimen
aut negandum aut defendendum sit, quod iure sit factum. Utrunque Adam 20
facit. Primum negat crimen et dicit se voce Domini terreri, non suo peccato.
Cum autem convincitur, ita ut negare factum non possit, conatur se iure
defendere factum. Si, inquit, mihi non addidisses hanc mulierem, non come-
dissem. Sic iterum, quod ipse peccavit, in Deum reiicit et eum accusat de
suo peccato. Adeo nullus finis est peccandi, ubi semel a verbo deflexum 25
est. Peccarat inobedientia et incredulitate, nunc geminat contumelias et
blasphemiam, dicens: Ego non audivi serpentem, non delectatus sum inspi-
ciendo arborem illam, non extendi manum meam ad decerpendum pomum
prohibitum. Haec omnia mulier fecit, quam TV MIHI dedisti. In summa,
Adam non vult agnoscere peccatum, sed purus et mundus haberi vult.   30
  Pertinet itaque haec quoque particula ad descriptionem peccati seu
naturae peccati. Quando enim non adest promissio remissionis peccatorum
seu fides, tunc peccator non potest aliter facere. Si dixisset Deus: Adam,
peccasti, sed condonabo tibi peccatum, Ibi Adam cum summa detestatione
peccati humiliter et candide agnovisset peccatum. Sed quia spes remissionis 35
peccatorum nondum adest, propter transgressionem praecepti nihil sentit nec
videt, quam ipsam mortem. Eam autem quia natura non potest non
aversari, ideo Adam ad confessionem peccati non potest adigi. Sed omnes
vias tentat, quibus sperat culpam amoliri posse. Sic omnis peccator odit
poenam suam. Quia autem odit poenam, simul odit iusticiam Dei et ipsum 40

Dr] Deum et conatur omnibus viribus persuadere Deo et omnibus, quod innocenter patiatur.

Ad hunc modum extenuat hic Adam peccatum, quod non audiverit
serpentem, quod non decerpserit pomum. 'Mulier, quam mihi dedisti, inquit,
5 dedit mihi de ligno hoc'. Ab hoc sensu non multum absunt homines
desperati, qui cum ad cognitionem peccati veniunt, aut laqueo abrumpunt
vitam aut Deo maledicunt. Notac sunt Hiob voces: 'Maledicta dies, in qua Hiob 3, 3
natus sum. Cur non mater mea mihi sepulchrum facta est?' etc. Culpam
enim peccati transferunt in Deum, murmurant contra Deum, quod conditi
10 sint ad interitum et damnationem. Aliter homo non potest facere, cum non
adest spes veniae et promissio gratiae. Quia enim mors naturae intolerabilis
est, ideo parit desperationem et blasphemias.

Est igitur vox plena doloris et irarum contra Deum: 'Mulier, quam tu
mihi dedisti', quasi dicat: Hoc incommodo tu me onerasti. Si mulieri
15 dedisses proprium aliquem hortum nec me eius cohabitatione onerasses,
mansissem sine peccato. Quod igitur peccavi, tua culpa est, qui addidisti
mihi uxorem. Proponitur igitur Adam hic ceu exemplar omnium peccantium
et in peccato desperantium. Non enim possunt aliter, quam Deum accusare
et se excusare. Siquidem vident, Deum omnipotentem esse et ista peccata
20 prohibere potuisse. Tam horribilis res est peccatum, ubi non in tempore
eriguntur animi promissione remissionis peccatorum. Atque hic legis effectus
est, quando lex sola est sine Euangelio et cognitione gratiae, ut abducat in
desperationem et finalem impoenitentiam.

Et dixit Dominus Deus ad mulierem: Quare fecisti hoc? Quae 3, 13
25 respondit: Serpens decepit me, et comedi.

Nunc etiam Heuae exemplum proponitur, quae peccato corrupta nihilo
melior est quam Adam. Adam voluit videri innocens et reiecit culpam in
Deum, qui uxorem addiderat. Heua etiam conatur se excusare et accusat
serpentem, qui etiam Dei creatura erat. Fatetur quidem se comedisse po-
30 mum. Sed serpens, inquit, quem tu creasti, quem tu permisisti in Paradiso
obambulare, imposuit mihi. Hoc an non est accusare Creatorem et culpam
a se removere? Sic videmus peccatum ubique idem esse et agere: non vult
esse peccatum, non vult puniri pro peccato, sed vult esse iusticia. Hoc
cum obtinere non potest, in Deum reclinat culpam, ut Deum arguentem
35 peccatum mendacii arguat. Ita ex peccato humano fit peccatum plane diabolicum et incredulitas vertitur in blasphemiam, Inobedientia in contumeliam
Creatoris.

Voco autem hoc diabolicum peccatum et non humanum, quia Diabolus
in aeternum odit, accusat et damnat Deum, se autem iustificat, Nec possibile
40 est, ut ex corde dicat: Domine, peccavi, ignosce mihi. Alioqui, sicut in

Dr] Martini historia[1] legitur, non esset desperandum ei de venia, quae venia impossibilis est, dum peccatum non agnoscit, et Deum blasphemat tanquam sine causa exercentem iniustam crudelitatem in Creaturas.

Sic videmus Adam et Heuam ita lapsos et demersos in peccatum, ut non possint demergi altius. Incredulitatem enim sequitur inobedientia 5 omnium virium et membrorum in homine. Inobedientiam hanc sequitur postea excusatio et defensio peccati. Defensionem sequitur accusatio et condemnatio Dei. Hic ultimus gradus peccati est Deum afficere contumelia et tribuere ei, quod sit autor peccati. Altius non potest accendi haec natura, si progressus peccati sunt, nisi fiducia misericordiae animi erigantur. 10

Quare horribilis Ecclesiae status fuit sub Papa. Ibi enim nihil videbatur nec audiebatur, quod animum sic laborantem posset erigere, Nisi quod singulis annis tenuiter docebatur Historia passionis. Ea leviter ostendebat, unde venia petenda esset. Reliqua omnia abducebant a promissione remissionis peccatorum ad propriam iusticiam. Itaque vidimus in monasteriis 15 multis toto tempore vitae attonitos et desperantes obambulare, qui tandem in agone conficiebantur curis et doloribus. Reliqui Fratres, cum haec doctrina incognita esset, nihil faciebant, quam quod astantes patrocinia Divorum idolatricis precibus colligebant. Ita miseri sine spe, sine consilio, sine auxilio omni in summis doloribus animi consumebantur. Haec nonne plena horroris sunt? 20

Quare si possent Papatus et omnia monasteria uno digito everti, propter hanc miserrimam carnificinam conscientiarum faciendum esset. Nihil enim est horribilius quam esse in peccatis et tamen abesse vel ignorari remissionem peccatorum seu promissionem gratiae. Papa autem autor fuit, 25 ut remissio peccatorum prorsus ex oculis removeretur, siquidem non doctrina sana, non cultus veri in Ecclesia retinebantur. Quod si qui servati sunt, hos salvavit nuda recitatio passionis Christi apprehensa fide, invito et repugnante Papa. Nam in extremis periculis deducebantur homines ad querendas intercessiones Mariae et Divorum. Iactabantur nota ista: Mariam matrem 30 ostentare ubera Filio, filium vulnera sua Patri, et ita salvari hominem per intercessionem, non Filii sed Matris.

Hortor itaque vos, quanto possum studio, ut doctrinam Euangelii maximi faciatis. Nam quid praesente peccato et absente hac cognitione promissionis ac gratiae accidat in Adamo et Heua, hoc in loco videmus. 35 Idem quoque Satanae damnatio ostendit. Sicut enim promissione gratiae caret, ita non potest a delictis et blasphemiis ac odio Dei cessare. Ideo

---

9 accendi] ascendi *A* ascendere *vermutet Erl. Ausg.*

[1]) *Sulpic. Sever. vita Martini c. 22, 5 redet Martin den Teufel an:* Si tu ipse, miserabilis, ab hominum insectatione desisteres et te factorum tuorum paeniteret, ego tibi ... misericordiam polliceor.

Dr] Adae melior conditio est. Is enim vocatur ad iudicium, ut agnoscat peccatum: Ut peccato suo conterritus postea iterum erigatur per promissionem remissionis peccatorum. De qua pulcherrimus textus iam sequitur, in quem includitur praedicatio de Christo.

5   Sicut autem finis huius negocii ostendit summam benignitatem et misericordiam Dei erga hominem, (Siquidem eum revocat ad remissionem peccatorum et vitam aeternam per futurum Semen), Ita quoque inicia huius negocii, si recte aestimemus, mitiora sunt quam pro merito Adae. Non enim est ea horribilis species, quae fuit in monte Syna, ubi fulminibus et tonitruis 10 mixti erant clangores buccinarum. Sed advenit Deus per mollissimam auram, ut significet paternam correptionem fore. Non repellit a se Adamum propter peccatum, sed vocat et a peccato revocat. Hanc tamen paternam curam peccato et terroribus oppressus Adam non intelligit nec videt. Non considerat, quod Deus longe aliter cum serpente agat. Non enim vocat serpentem, 15 Non interrogat serpentem de admisso peccato, ut ita ad poenitentiam revocetur, sed statim contra eum pronunciat.

Haec ostendunt Christum, liberatorem nostrum, se tum quoque tanquam mediatorem interposuisse inter Deum et hominem. Summa enim gratia est, quod post peccatum Adae Deus non tacet, sed quod loquitur et quidem 20 multis verbis, ut signa paterni animi ostendat. Cum Serpente omnia aguntur aliter. Itaque etsi promissio de Christo nondum adest, tamen cernitur in cogitatione et consilio Dei.

Hactenus igitur exposuit nobis Moses iudicium, quod post lapsum primorum parentum Deus exercuit, ubi vocatos ad tribunal suum interrogat 25 et audit. Ac miseri cupiunt quidem iudicium hoc effugere, sed non possunt, quin, cum se excusare conantur, dupliciter se accusant et produnt. Mulier concedit factum, id quod Adam conatur tegere, etsi, ut natura peccati est, non velit haberi id pro peccato. Nam gratia non accedente impossibile est hominem aliter facere, quam ut peccatum excuset, et velit haberi pro iusticia. 30 Deus igitur perpetuo super hoc nobiscum litigare cogitur, ut extorqueat a nobis confessionem peccati, et nos eum iustificemus, Sicut Psalmus 51. con-Pſ. 51, 6 fessionem peccati vocat. Sed dum sola lex dominatur et mordet, conscientia territa non potest confessionem hanc aedere, Sicut exemplum Adae et Heuae ostendit.

35   Ex hoc loco multas sententias sancti Prophetae hauserunt, qui longe maiore diligentia et fide hunc Librum legerunt quam nos. Sicut illa est: 'Fugit impius nemine persequente.' 'Impius sicut mare fervet.' 'Non est Spr. 28, 1 Jeſ. 57, 20 pax impiis.' 'Qui credit, non pudefiet.' 'Iustus erit, sicut Leo, confidens.' Jeſ. 48, 22 Jeſ. 49, 23 'Iustus ex fide sua vivet.' Ex hoc loco sumsit insignem sententiam Christus, Spr. 28, 1 Hab. 2, 4 40 quae in Iohanne est: 'Qui malum facit, odit lucem'. Haec enim peccati est Joh. 3, 20 natura, ut cupiat in occulto manere et non proferri in lucem. Sicut Adam se tegit perizomate et fugit ad arbores,

Dr]
1. Tim. 2, 13

Sed hic Pauli sententia attingenda est, 1. Timoth. 2. 'Adam primus formatus est, deinde Heua. Et Adam non est seductus, mulier autem seducta in praevaricatione fuit'. Hanc sententiam fere omnes sic accipiunt, quod Adam non fuerit seductus sed sciens peccaverit, non concedens persuasioni Diaboli sicut Heua, Sed nolens contristare delicias suas, hoc est, uxorem,   5 Atque ita praetulerit amorem coniugis Deo. Haec verisimilia conantur reddere per id, quod dicunt Serpentem reveritum esse masculum tanquam Dominum et ingressum ad foeminam, quae, licet ipsa quoque sancta fuerit, tamen tanquam infirmiorem creaturam aptiorem fuisse ad persuasionem accipiendam: Heuam igitur seductam esse a Serpente, Adam autem non. Nam is vel a   10 seipso vel a muliere seductus est: A muliere, quod pomum porrexerit, A seipso, quod, cum Heuam post gustatum pomum non vidisset statim mori, crediderit non eam poenam secuturam, quam Dominus minatus erat. Sicut fur, cum videt semel atque iterum furtum successisse, securus furatur. Quod si ante oculos lictorem et crucem haberet, non furaretur etc.   15

Hanc sententiam non improbo. Nam ostendit utrunque verum esse: quod et Adam deceptus, et non deceptus sit. Non est deceptus per serpentem, ut Heua, sed est deceptus tamen per uxorem et per seipsum, cum sibi persuaderet eam poenam non secuturam esse, quam Dominus dixerat secuturam.   20

3, 14 **Et ait Dominus Deus ad serpentem: Quia fecisti hoc, maledictus tu inter omnia animantia et bestias terrae: Super pectus tuum gradieris, et pulverem comedes cunctis diebus vitae tuae.**

Post iudicium et cognitionem causae accurate factam nunc sequitur, quam vocant, iudicii executio, in qua redditur singulis secundum opus suum   25 et tamen non ex aequo, sicut audiemus. Est autem hic locus diligenter considerandus, primum ideo, quod in toto Mose non invenitur alius tam prolixus sermo in persona Dei: Deinde etiam ob hanc causam, quod non continet legem aliquam, quid vel Serpens vel homo facere debeat, Sed totus est in promittendo et comminando, quid tum boni, tum mali eventurum sit   30 utrisque.

Atque hoc diligenter observari debet, quod post peccatum nihil legum Adae impositum est, cum tamen natura integra haberet legem. Factum autem id est ob hanc causam, quia Deus videt, naturam iam corruptam non solum non posse sublevari lege, sed etiam ita totam convulsam et perturbatam, ut ne syllabam quidem legis ferre possit. Non igitur naturam peccato   35 oppressam lege magis opprimit. Sed peccato tanquam vulneri medetur salubri emplastro, hoc est, promissione de Christo, Adhibito tamen aspero cauterio, quod Diabolus infixerat. Sicut enim salubria emplastra dum sanant, etiam mordent carnem, Ita medicinalis promissio sic proponitur Adae, ut   40 simul addatur comminatio propter libidinem carnis sanandam. Voco autem

D]   Cur serpens damnatur? Respondeo: Sicut terra muß entgelten den
funb, die Adam gethan hat, Nam maledicitur post lapsum, fo muß serpens
auch entgelten, quod Satan ea est abusus. Homines creantur viciosi, ergo
Deus est auctor peccati. Respondeo: Vicium non potest creari, [Bl. 13ᵃ] Sed
⁵ natura creatur viciata, quae tamen per creationem Dei non accipit vicium
Sed iam ante est viciata per Sathanam. Creator enim invenit vicium et
Semen est viciosum. Creat igitur non vicium sed naturam quae est in vicio,
illam creat et fovet. Sic exigit eciam Deus civilem Iusticiam, non exigit
peccatum, quod illi iusticiae perpetuo adheret in impiis.

---

9 impiis (de clavibus Chr9), *damit schließen diese Excerpte.*

Dr] ₁₀ libidinem non solum foedum pruritum carnis, sed illa inquinamenta spiritus, 2. Kor. 7, 1
sicut Paulus vocat, quod natura propensi sumus ad idolatriam, incredulitatem,
securitatem, et alia horribilia peccata primae et secundae tabulae. Ad hanc
pravitatem naturae coërcendam hoc aspero cauterio opus fuit.

    Optarim autem hunc textum pro dignitate a me posse tractari. Con-
₁₅ tinet enim quicquid tota scriptura eximium habet. Ac prior pars textus tota
figurata est, loquitur enim Deus cum Serpente, et tamen certum est Serpentem
haec verba non intelligere. Non enim sunt verba creationis, qualia illa
supra, cum dixit bestiis: 'Crescite et multiplicamini', Cum terrae dixit: 'Producat terra omnis generis herbas et arbores', Sed sunt verba comminantia
₂₀ et promittentia, quae Deus non loquitur cum natura irrationali sed cum
intelligente natura.

    Serpentem igitur nominat, sed cum Satana praecipue agit dominante
Serpenti et per eum decipiente homines. Sicut autem propter peccatum
hominis, qui creaturarum Dominus est, in diluvio etiam animalia et arbores
perierunt, Sicut propter principum errata saepe plectuntur subditi, Ita Serpenti quoque accidit, ut propter peccatum Diaboli, qui Serpente ad tam
grande malum abusus erat, plecteretur, et tamen figurate sub ista Serpentis
poena intelligitur poena Satanae.

    Haec fortasse obscuritas in causa fuit, ut textus, qui omnibus debebat
₃₀ esse notissimus, tamen a nemine, quod ego sciam, diligenter et accurate
explicatus sit. Ac saepe ipse mecum miror, quid Patres et Episcopi fecerint,
qui cum gubernandis Ecclesiis et repellendis Haereticis occupati essent,
tamen non maiore studio in huiusmodi locos illustrandos incubuerunt. De
nostris Episcopis nihil dico. Hi praeter nomen nihil habent, et verius vasta-
₃₅ tores Ecclesiarum quam vigiles seu inspectores dici possunt. De veteribus
dico, qui sanctitate vitae et doctrina pollebant; inter hos nemo est, qui hunc
locum explicarit pro dignitate. Fortasse negocia, quae plerunque obiiciuntur
Rectoribus, eos implicuerunt altius.

---

23 decipientem *A Erl. Ausg.*

Recentiorum autem notum flagicium est, qui etiam depravarunt hunc
locum, et fecerunt ex pronomine 'Ipso' foemininum 'Ipsa', ac cum manifesto
scelere detorserunt hunc locum ad beatam Virginem. Lyrae veniam do, qui
fuit, ut apparet, vir bonus, sed nimium tribuit autoritati Patrum. Itaque
patitur se ab Augustino ad ineptissimam Allegoriam trahi, quam etiam   5
Gregorius in moralibus sequitur: Quod per Mulierem intelligi debeat ratio
inferior, sed per Semen eius operatio bona, Per semen autem Diaboli suggestio
eius prava. Quod autem dicit Dominus: 'Ponam inimicitias inter te et semen
eius', Esse intelligendum de illa lucta, cum Diabolus mediante suggestione
mala oppugnat rationem inferiorem, quae est Mulier, ut, si consentiat delecta-   10
tionibus, deiiciat. Satan per eam Virum, hoc est, rationem superiorem:
Atque hoc esse, quod Serpens insidiatur calcaneo; Oppugnare enim Satanam
non nisi a parte inferiori proponendo sensui ea, quae delectant etc.

Queso te, amice Lector, quid in hac luce clarissima istis tenebris
absurdissimarum Allegoriarum opus est? Sit sane, ut dividamus rationem   15
in duas partes, superiorem et inferiorem. Quanto rectius erat, inferiorem
appellare, quae ad gubernandas res in Oeconomia et Politia apta est, et non
illam pecuinam delectationem, Superiorem autem, qua speculamur seu con-
templamur ea, quae extra Politiam et Oeconomiam sunt et ad religionem
pertinent ostensam verbo, ubi nihil operamur, sed tantum discimus et con-   20
templamur? Sed etiamsi haec sic dicamus, quid faciunt ad hunc locum?
Nonne veram sententiam penitus opprimunt et substituunt notham, quae non
solum inutilis est, sed etiam pernitiosa? Quid enim ratio potest aut videt
in religionis negotio?

Deinde in eo quoque absurditas est, quod Heuam interpretatur in-   25
feriorem partem rationis, cum constet, Heuam in nulla parte, hoc est, neque
corpore neque anima inferiorem fuisse marito Adamo. Ex hac absurda
interpretatione notae sunt prophanae disputationes de libero arbitrio, de ratione
deprecante ad optima, Donec Theologia tota abiit in Philosophiam et
sophisticas nugas.   30

Quare nos omissis tam perniciosis et absurdis ineptiis ingrediemur
novum iter nihil moti, quod priorum vestigia alio ducunt. Habemus enim
ducem Spiritum sanctum, proponentem per Mosen non absurdas Allegorias,
sed docentem nos de rebus maximis, inter Deum, hominem peccatorem et
Satanam, peccati autorem gestis.   35

Primum igitur hoc statuemus Serpentem esse verum Serpentem, sed
invasum et obsessum a Satana, qui per Serpentem loquitur. Secundo statuemus hoc quoque, quae Deus ad Serpentem loquitur, Serpentem non intellexisse tanquam brutum animal sed Satanam, quem potissimum petit Deus.
Ad hunc modum retineo simpliciter historicam et literalem sententiam, con-   40

---

28 notae] *ob* natae *gemeint?*

venientem cum textu. Secundum hanc sententiam Serpens manet Serpens sed obsessus a Satana, Mulier manet Mulier, Adam manet Adam, Sicut etiam sequentia probant. Non enim ratio inferior et superior generant Cain et Habel, sed Adam et Heua, hoc est, primi Homines per peccatum lapsi in mortem et subiecti regno Satanae.

Quod igitur ad Serpentem dicit: 'Maledictus tu inter omnia animantia et bestias terrae, Super pectus tuum gradieris' Non habet eam sententiam, quam Augustinus et alii post eum sequuntur: Quod per pectus intelligatur superbia. Sed quia serpente Satan ad peccatum abusus est, Ideo partem poenae Serpens cogitur portare, qui sic maledicitur, ut inter omnes bestias sit odiosissimus. Talis initio non fuit, sed nunc per maledictionem accedit aliquid naturae Serpentis, ut, qui ante maledictionem fuit suavissima bestiola, nunc horribilior et invisus magis sit quam omnes aliae animantes. Experimur enim, quod et nos natura Serpentes abhorremus et quod serpentes etiam sua natura nos fugiunt. Ita partem maledictionis et poenae serpens sustinere cogitur. Sed non ad serpentem solum haec dicuntur: cum Satana in serpente latente Deo res est, ei proponitur hic sententia extremi iudicii, is proprie hic sistitur ad tribunal Dei.

Longe enim aliter cum Serpente loquitur, quam cum Adam et Heua, quos amanter revocat: 'Ubi es? Quis tibi ostendit, quod nudus esses'? Haec ostendunt amorem Dei erga totum genus humanum, quod etiam post peccatum homo requiritur et vocatur, quod Deus cum eo disputat et audit eum. Haec certa significatio gratiae est. Quanquam enim haec legalia et iudicialia verba sunt, tamen non obscuram ostendunt spem, quod non sint damnandi in aeternum.

Cum Serpente et Satana agit inclementius. Non vocat eum, non dicit: Quare hoc fecisti? Sed simpliciter proponit sententiam iudicii verbis durissimis: 'Quia, inquit, hoc fecisti'. Quasi dicat: Tu, Satan, iam antea peccasti et damnatus es, cum de coelo rueres. Ad hoc peccatum adiecisti iam aliud, ut abutens Serpente in peccatum etiam coniiceres Hominem. Ideo primum Serpens hanc poenam feret, ut, cum antea particeps fuerit benedictionis, quam aliae bestiae habent, nunc solus maledictioni subiaceat.

Ex his sequitur manifesta consequentia, quod Serpens ante peccatum fuerit pulcherrima bestiola et Homini gratissima, sicut hodie sunt hinnuli, oves, catelli. Item, quod erectus ingressus est. Quod autem nunc serpit humi, maledictionis non naturae est, Sicut maledictionis est, quod mulier cum turpitudine concipit, cum dolore enititur, cum aerumnis educat sobolem. Si absque maledictione esset opus generationis, esset honestissimum, partus facillimus, sobolis educatio esset summa voluptas. Ergo peccatum ipsam naturam non solum deformavit turpissime sed etiam pessime corrupit.

Et tamen nostri Sophistae etiam adhuc hodie audent dicere, quod naturalia post peccatum manserint integra, etiam in Daemonibus. Si enim serpens, quo Satan abusus est ad peccatum, propter peccatum hanc poenam fert, ut, qui antea fuerat bellissimus, nunc subito ante oculos Adae viperinam caudam trahat et humi repat ac iam Adae formidabilis fiat: Quid de Homine dubitabimus, qui ipse peccavit et peccati venenum a Satana infusum hausit? Sicut itaque Aegyptii non sine ingenti stupore viderunt baculum a Mose proiectum in Serpentem mutari, Ita in Paradiso quoque statim post hoc verbum maledictionis emissum Serpens mutatus est ex pulcherrima forma in turpissimam et abominabilem.

Ad hanc maledictionem quoque pertinet, quod dicit: 'Et pulverem terrae comedes'. Allegoristae exponunt hoc, quod Satan homines terrena diligentes sibi incorporabit decipiendo eos. Sed dixi loqui Deum cum Serpente et maledicere serpenti. Sunt autem aliae bestiae, quae etiam comedunt terram, sed Serpens sic comedit terram, ut, cum ante habuerit praerogativam quandam calliditatis, venustatis et victus quoque, quem cum Homine habuit communem, nunc poenam fert, quod etiam victus ratio mutatur.

Gloria est, quod oves, boves et aliae bestiae vescuntur herbis, etiam arborum fructibus, et deinde generant ex se Homini ad cibos utilia, butyrum, lac, carnem etc. Hanc gloriam serpens cum aliis communem habuit. Nunc .ab ista societate et quasi ex mensa et convivio hoc propter peccatum eiectus est, ut ne quidem abiectissima herbula liceat vesci: non poma, non pira, non nuces, quibus etiam mures vescuntur, gustare audet, sed crudam terram vorat. Haec non mea sed Mosi verba sunt, quae docent, naturam Serpentis totam mutatam et aliam esse factam.

Etsi autem dixi et verum est Deum sic cum Serpente loqui, ut tamen potissimum spectet ad Satanam, sicut sequentia clarius ostendent, Tamen mihi non placet, ut haec, quae ad naturam Serpentis recte quadrant, per Allegoriam trahamus ad Satanam, sicut Augustinus facit, quem Lyra sequitur. Sunt enim serpens et Satan coniuncti in peccando, quanquam Satan actor, serpens quasi instrumentum est. Ideo etiam coniunguntur in poena. Sed Serpens tantum corporalem poenam fert, Satanae autori et actori aliud iudicium paratum est, de quo Christus in Ioanne loquitur: 'Princeps mundi iam indicatus est'. Id iudicium post sequetur.

Quare, quod dicunt, Diabolum, sicut Serpentem, non incedere amplius rectum et amisisse eum formam et statum pristinum, haec etsi vere dicuntur, tamen impropria sunt et ad praesentem locum explicandum non pertinent. Quod autem dixi Serpentem ante maledictionem incessisse erectum, non ita intelligendum est, quasi erectus incesserit, ut Homo, sed sicut cervus aut pavo. Hoc iudicium serpentis est.

Quae sequuntur, proprie pertinent ad Satanam. Ea longe melius pingunt iudicium eius quam istae ineptae et intempestivae Allegoriae. Ac proponunt hanc firmam consolationem, quod Diabolus eo nunc loco sit, ut non possit sic libere grassari et nocere, sicut vellet et faceret, si absque Semine mulieris esset.

Inimicicias ponam inter te et Mulierem, et Semen tuum et Semen **3. 15**
illius.

Haec sunt, quae proprie ad iudicium Satanae pertinent et in quibus
firma consolatio piis proponitur. Superiora, ut dixi, historica sunt, et ad
5 Serpentem pertinent, qui propterea, quod Satan eo ad peccatum abusus est,
eam poenam fert, ut e communi consuetudine et quasi consortio reliquorum
animalium eiectus etiam cibo differat nec communi utatur pabulo.

Possunt quidem haec quoque ad Allegoriam trahi, sed et minus propria
sunt et parum firma in dimicatione. Nam quod ad ipsam rem attinet, Satan
10 propter peccatum de coelo deturbatus et condemnatus est ac non incedit
amplius, ut bos aut hinnulus, sed repit, hoc est, aperta vi pios non invadit,
insidiis utitur, quas tamen pii, cum ad verbum respiciunt, intelligunt et
vident, quanta sit eius deformitas, et abhorrent ab eo. Ac sane gestus ille,
quod sic reptat, nec ingreditur erectus, ostendit, quod fracta eius tyrannis
15 sit nec possit Ecclesiae tantum nocere, quantum vellet.

Haec per Allegoriam possunt dici. Sed Mosis sententiam haec non
explicant, ideo non sunt propria. Quare cum de Satana dicendum est,
sequamur alia Scripturae testimonia propria, certa et firma. Quale illud est
Ioh. 8. 'Diabolus homicida est et pater mendacii'. Item 'In veritate non **Joh. 3, 44**
20 stetit'. Item, 1. Pet. 5. 'Circumit tanquam Leo rugiens, querens, quem **1. Petri 5, 8**
devoret'. Item Ioh. 16. 'Princeps mundi iudicatus est'.   **Joh. 16, 11**

Ad extremum, hoc praesens testimonium quis non videt proprie ad
Satanam pertinere, cui opponitur Filius Dei, ne quid aperta vi, ac si nullum
Antagonistam habeat, tentare possit. Itaque Ecclesia hoc praesidio tuta est
25 et Satan non solum non potest Ecclesiam manifesta vi invadere, sed etiam
in reliquis eius tyrannis et cupida nocendi voluntas fracta est. Alioqui non
sineret unam arborem pervenire ad maturitatem. Impediret, imo strangularet
omnia terra nascentia. Non tantum Hominum nativitatem sed etiam reliquarum bestiarum incolumitatem uno momento prohiberet. Tantum studium
30 nocendi satis arguit, quod aperta vi grassari non possit, sed quod, quicquid
facit, facit dolis et fallatiis.

Porro observandum hic id quoque est, quod haec non dicuntur a Deo
propter Diabolum. Non enim dignatur eum Deus damnare, sed satis est,
quod Satanam sua damnat conscientia. Propter Adamum et Heuam haec
35 dicuntur, ut audiant hoc iudicium et se consolentur, dum vident Deum esse
adversarium eius naturae, qui tantum vulnus homini inflixit. Hic enim
incipit ex media ira, quam peccatum et inobedientia excitavit, elucere gratia
et misericordia. Hic inter medias et gravissimas minas animus Patris se
exerit non sic indignantis, ut Filium propter peccatum abiiciat, sed osten-
40 dentis salutem, imo victoriam promittentis contra eum Hostem, qui humanam
naturam decepit et vicit.

Non enim, sicut per Satanam homo in peccatum lapsus est, ita nunc idem indicium Satanae et Hominis est. Non coniungit eos in poena, sicut iure potuisset, sed longissime separat. Etsi enim homini quoque indignatur, qui hosti Dei contra Deum paruit, Tamen longe maior contra Satanam indignatio est. Hunc enim simpliciter damnat et arguit in conspectu Adae et Heuae, ut Adam et Heua ex damnatione sui hostis respirent paululum et sentiant suam meliorem conditionem esse. Prima igitur pars consolationis in eo est, quod propter Adamum et Heuam accusatur et maledicitur Serpens, et cum serpente Satan.

In eo autem sol consolationis antea quasi tenebris quibusdam caligino- 10 sarum nubium involutus supra nubes attollitur, et iucundissimo lumine territa corda aspicit: Quod Adam et Heua non solum non audiunt sibi maledici sicut serpenti, Sed quod audiunt se constitui tanquam in acie contra damnatum hostem idque spe auxilii, quod eis laturus sit Filius Dei, Semen mulieris. Hic igitur remissio peccatorum et plenaria receptio in gratiam 15 Adae et Heuae ostenditur tanquam absolutis a culpa et redemptis a morte, tanquam liberatis iam ex inferno et illis pavoribus, quibus in conspectu Dei tantum non occisi sunt.

Haec consolatio inde nascitur, quod Deus non maledicit Adae et Heuae sicut serpenti. Hoc tantum fit, quod Adam et Heua cum hoc Hoste com- 20 mittuntur, ne sint ociosi. Ergo hoc ipsum quoque cedit Homini in bonum. Illud autem caput consolationis est, quod, etsi Hostis hic astucia et dolis pugnet, tamen nasciturum sit Semen, quod caput Serpentis conterat. Hic enim ostenditur finalis destructio tyrannidis Satanae, quanquam ea non sit abitura sine acerrimo certamine, quod Homini depugnandum est. 25

Sed vide, quam impari fortuna dimicetur? Hominis calcaneus in periculo est, caput est salvum et invictum. Contra per Semen mulieris non cauda, non venter, sed ipsum caput Serpentis conterendum est et conculcandum. Atque haec victoria nobis quoque donatur, Sicut Christus clare Luc. 11,22 dicit: Spolia dividi post victum Fortem. Nam Christianus fide constituitur 30 Victor peccati, legis et mortis, ut ne quidem inferorum portae praevalere ei possint.

Hanc primam consolationem et tanquam fontem omnis misericordiae et omnium promissionum scaturiginem primi Parentes et eorum Posteri summa diligentia didicerunt. Viderunt enim, si absque hac promissione 35 essent, mansuram quidem inter Homines sicut inter reliqua animantia generationem, sed quae nihil aliud sit, quam generatio ad mortem. Illud igitur donum divinitus naturae additum hic augetur imo consecratur, cum spes fit talis generationis, per quam Satanae sit conterendum caput, Ut non solum eius tyrannis infringatur, sed etiam natura propter peccatum morti addicta 40 consequatur vitam aeternam. Non enim agit hic Moses amplius de Serpente naturali, de Diabolo loquitur, cuius Caput sunt mors et peccatum. Sicut

Christus dicit Ioh. 8., quod sit homicida et pater mendacii. Contrita igitur
potestate eius, hoc est, sublato per Christum peccato et morte, quid restat,
quam ut filii Dei salvemur?

 Ad hunc modum Adam et Heua hunc textum intellexerunt et conso-
5 lati sunt se contra peccatum et desperationem spe huius contritionis per
Christum futurae ac spe huius promissionis in novissimo die etiam resurgent
in aeternam vitam.

  Et ipsum conteret caput tuum, Et tu conteres Calcaneum eius.

 Quis non miretur, imo non execretur Satanae malignum consilium,
10 qui hunc locum, plenissimum consolationis de Filio Dei, per ineptos Interpretes transtulit ad Mariam virginem? Nam in omnibus latinis Bibliis
ponitur pronomen in foeminino genere: 'Et ipsa conteret'. Ac Lyra, qui
tamen Ebraicae linguae non rudis fuit, hoc errore tanquam grassante et
magno impetu ruente flumine abripitur in impiam sententiam, ut non obstante
15 textu, hunc locum accipiat de beata Virgine, per quam, Filio mediante, vis
Satanae fracta sit. Accommodat ad eam dictum in Canticis: 'Terribilis es Hohel. 6, 3
sicut acies castrorum'. Etsi autem hanc sententiam tanquam ab aliis acceptam
allegat, tamen in eo magnum peccatum est, quod eam non refutat. Secuti
postea sunt Recentiores omnes et sanctissima sententia ad idolatriam sunt
20 abusi nemine resistente nec prohibente.

 Accidit autem hoc sive inscicia, sive negligentia gubernatorum in
Ecclesia. Hi quia Idolatriae se non opposuerunt, paulatim sana doctrina
extincta est. Hanc postquam nunc Dei beneficio restituimus, turpia ventris
animalia manifeste ostendunt se non religionem sed beneficia sua curare.
25 His quia idolatria patrocinari videtur, etiam indigne ferunt homines recte
instituti. Sed coeci homines non vident, Euangelium eiusmodi doctrinam
esse, quam qui accipiunt, nihil amittunt praeter peccata sua et mortem
aeternam, acquirunt autem Liberationem ab omni Idolatria et regno Satanae.

 Quare agamus Deo gratias, quod et hunc locum habemus iam integrum
30 et restitutum, Non ut Mariae detrahatur meritus honos, sed ut Idolatria
excludatur. Quod enim dicunt Mariam pariendo Christum omnem Satanae
vim contrivisse. Si id vere dicunt, An non idem honor ad omnes alias
Mulieres pertinet, quae in eadem linea Mariam praecesserunt? Imo laudis
huius pars etiam ad Maritos pertinebit et omnes Maiores Mariae? Si enim
35 absque his fuisset, ipsa quoque non esset. Est enim nata in coniugio
secundum communem naturae ordinem. Si itaque ipsa pariendo contrivit
Satanam, in eodem dignitatis gradu collocandi sunt Maiores eius.

 Sed scriptura nos aliter docet, et dicit: 'Christus propter peccata Röm. 4, 25
nostra mortuus est et resurrexit propter iusticiam nostram'. Item: 'Ecce Joh. 1, 29
40 agnus Dei, qui tollit peccata mundi'. Maneat igitur beatae Virgini suus
locus, quam Deus privilegio isto ornavit inter omnes mundi Foeminas, ut

Virgo pareret Filium Dei. Hoc autem eo neutiquam valere debet, ut Filio gloria redemptionis et liberationis nostrae eripiatur.

Deinde sollicite nobis custodienda est proprietas scripturae sanctae et vere admirabilis lux, quae abyssum divinae bonitatis ostendit, dum hoc in loco docemur de inimicicia inter Serpentem et Mulierem, ac tali inimicicia, ut Semen mulieris sit contriturum Serpentem cum omnibus suis viribus. Hanc comminationem Satan bene intellexit, ideo adhuc tanto odio contra naturam hanc saevit. Adam quoque et Heua hac promissione excitati spem restitutionis plenis animis conceperunt ac pleni fide viderunt salutem suam Deo curae esse. Siquidem Deus diserte testatur masculum Semen mulieris 10 Hostem hunc profligaturum esse. Nam verba mira emphasi concinnata sunt.

Semen, inquit, illius. Quasi dicat: Tu, Satan, per Mulierem invasisti et seduxisti Virum, ut tu ipsis ceu caput et Dominus esses, propter peccatum. Ego autem vicissim tibi insidiabor per idem instrumentum. Arripiam Mulierem et dabo ex ea Semen et illud Semen conteret Caput tuum. 15 Corrupisti et morti obnoxiam fecisti Carnem per peccatum. Sed ego ex illa ipsa Carne producam talem Virum, qui te quoque et omnes vires tuas atterat ac profligat.

Ad hunc modum promissio haec et comminatio apertissima est. Sed est eadem quoque obscurissima. Relinquit enim Diabolum in illa suspitione, 20 ut omnes Mulieres suspectas habeat, quae pariunt, ne pariant hoc Semen, cum tamen una tantum Mulier huius benedicti Seminis mater futura esset. Sic, quia in genere minatur, dicens 'Semen illius', illuditur Satanae, ut ab omnibus metuat.

Et eodem modo etiam omnium hominum fides confirmatur, ut ab illa 25 hora, qua promissio facta est, Semen illud expectarent et se consolarentur contra Satanam. Itaque Heua cum primogenitum suum peperisset, sperabat se iam habere Contritorem illum. Haec spes etsi fallebat eam, tamen vidit ex posteritate sua nasciturum esse tandem hoc Semen, quandocunque nasceretur. Atque ita, quod ad homines quoque attinebat, promissio haec claris- 30 sima et simul obscurissima fuit.

Jej. 7, 14 Esaias Cap. 7. nonnihil lucis ad eam attulit, cum diceret Virginem parituram. Nam tum certum erat non nasciturum Semen hoc ex coniunctione viri et foeminae. Sed addit alia quaedam, quibus Prophetiam quasi involvit. Itaque in obscuro promissio haec clarissima mansit, donec Maria peperisset 35 et huius partus testes essent Angeli et post angelos Pastores ac Magi, Donec per Apostolos hic partus in totum orbem terrarum divulgatus est.

Satanae igitur obscuritas haec auxit sollicitudinem et curam, ut, sicut dicitur 'Ponam inimicitiam inter Te et Mulierem', Ita simul omnes parientes ab isto tempore usque ad revelatum Christum haberet inimicas et suspectas. 40 Contra in homine haec obscuritas auxit et intendit fidem, ut, etsi singulae viderent se non esse, quae hoc Semen parerent, tamen sperarent ac certo statuerent, ex alia nascendum esse. Potissimum igitur ad ludendum et exercendum Satanam et ad consolandos ac excitandos ad fidem pios pertinet, quod sic individualiter, ut ita dicam, loquitur Deus. Pepererunt mulieres ad diluvium usque et postea usque ad Mariam, sed illarum Semen non 5 potuit vere dici Semen mulieris, sed potius Semen viri dicitur. Sed quod ex Maria nascitur, conceptum est ex Spiritu sancto et est verum Semen Mariae, Sicut testantur aliae promissiones Abrahae et Davidi factae, secundum quas Christus filius Abrahae et filius Davidis dicitur.

Hanc sententiam primum Esaias ostendit, qui dicit Virginem parituram. 10 Deinde in novo Testamento explicata est clarius ab Angelo. Quare non dubito mysterium hoc etiam a multis Sanctis non esse intellectum, qui quidem expectaverunt Christum nascendum in hunc mundum de Foemina et libera- turum humanum genus, sed modum nativitatis nesciverunt. Hac generali cognitione contenti fuerunt et salvati sunt, etiamsi nescirent, quomodo con- 15 cipiendus et nascendus esset. Hoc enim novo Testamento tanquam clariori luci reservandum erat et priori seculo obscurius proponendum propter Satanam, quem Deus hoc modo ludificari et exercere voluit, ut eo minus esset ociosus et omnia timeret.

Ideo postquam promissio sic generaliter proposita, restricta paululum 20 et per Abraham primum ad certam Gentem, deinde per Iacob Patriarcham ad certam tribum Iudae alligata esset, Diabolus de aliis populis et tribubus securus fuit et mirabili crudelitate ac insidiis hanc unam Lineam prosecutus est, Donec sub tempus Christi ad extremam mendicitatem redacta esset tanquam desperatus truncus, ex quo nemo unquam vel folia vel fructum 25 sperat, Sicut scriptura ideo etiam vocat radicem Iesse, Esaiae 11., tanquam Jef. 11, 1 putrem et desperatum truncum.

Hoc odium Satanae et furorem hunc praedicit hoc in loco Dominus, cum admonet de inimicicia posita. Nam Satan primum per omnes Gentes et populos totius orbis Semen mulieris infesto odio quesivit. Deinde cum 30 ad Abrahae posteritatem promissio translata est, videmus, quam varie pro- missionem sit conatus impedire. Ac tribus Iuda, ad quam tandem pro- missionem Dominus transtulit, quam horribilibus calamitatibus excepta et agitata est, Donec tandem videretur tota subversa et eradicata esse. Ac sub tempus Christi nascendi pauper Maria longe a Ierusalem in ignobili oppidulo 35 Nazareth vivebat: Ierosolymis dominabantur impii. Recte igitur comparatur tribus haec emortuo trunco. Sed tamen, quia Deus mentiri non potest, efflorescit radix illa sic desperata.

Nondum igitur de crudelitate, odio et inimicicia sua contra Semen Mulieris quiescit Satan: in cunis positum per Herodem querit, ita ut Christo 40 inter gentes in Aegypto vivendum esset. Postea omnia conatur ac tentat, donec deprehensum in horto Iudaeis obiiciat ac cruci affigat. Sed ne morte quidem eius saciari potest inexhaustum odium: etiam a sepulto metuit, tam acres sunt inimiciciae ei cum filio Dei. Quem cum nunc videt ad dexteram Dei sedere et esse, quod dicitur ἔξω βελῶν, saevit omni genere furoris contra misera eius membra et Ecclesiam. Horum periculorum omnium hic vaticinia sunt, in quibus tamen fiducia filii Dei conterentis Satanam magno nos animo decet versari. 5

Sed redeo ad textum. Promissio haec clarissima simul etiam obscurissima est: Quia in genere dicitur 'Semen mulieris', ut simul omnes mulieres Satanae suspectas faceret Deus, et eum perpetua cura et sollicitudine exerceret. Mirabilis igitur Synecdoche est: Mulieris Semen, inquit. Id sonat in genere de omnibus individuis, et tamen de uno tantum individuo, de 10 Mariae Semine loquitur, quae mater est sine copulatione cum masculo. Sicut igitur prima particula 'Ponam inimicicias inter te et mulierem' sonat in genere de omnibus mulieribus, (Voluit enim Deus omnes mulieres Satanae suspectas facere: Contra ·voluit piis spem certissimam relinquere, ut ab omnibus parientibus exspectarent salutem hanc, donec illa vera pareret): 15 Ita haec 'Semen ipsius' maxime individualiter, ut sic dicam, loquitur de Semine, quod ex sola Maria de tribu Iuda, cum Ioseph desponsata, natum est.

Hic igitur est textus ille, qui Adamum et Heuam vivificavit et ex morte resuscitavit in vitam, quam per peccatum amiserant, sed tamen speratam

1. Cor. 15, 31 potius quam possessam. Sicut Paulus quoque saepe loquitur 'Quotidie, 20 inquit, morimur'. Nam etsi vitam, quam hic vivimus, non volumus appellare mortem, tamen profecto aliud nihil est quam perpetuus cursus ad mortem. Sicut enim qui peste infectus, iam tum, cum cepit infici, etiam mori coepit, Ita postquam vita haec per peccatum infecta est, non amplius potest proprie dici vita propter peccatum et peccati poenam: mortem. Statim enim ab 25 utero matris mori incipimus.

Per baptismum autem ad vitam spei, seu potius ad spem vitae restituimur. Nam haec demum vera vita est, qua coram Deo vivitur. Antequam ad eam venimus, sumus in media morte, morimur et in terra putrescimus, sicut alia cadavera, quasi nulla vita usquam sit. Spem tamen 30 habemus, qui in Christum credimus, quod simus in novissimo die resuscitandi in aeternam vitam. Ad hunc modum Adam quoque hac concione Domini resuscitatus est. Non quidem perfecte, nam vitam, quam amisit, nondum recepit. Sed spem eius vitae concepit, cum audivit Satanae tyrannidem conterendam esse. 35

Includitur igitur in hanc sententiam redemptio a lege, peccato et morte, et ostenditur manifesta spes et certa resurrectionis et innovationis in altera vita post hanc vitam. Si enim Serpentis caput conteri debet, profecto ôportet aboleri Mortem. Si mors aboletur, etiam mortis meritum aboletur, hoc est, Peccatum. Si peccatum, ergo Lex quoque aboletur. Nec id tantum, 40 sed restituitur simul obedientia, quae amissa est. Haec autem omnia quia promittuntur per Semen hoc, satis clarum est naturam humanam post lapsum suis viribus nec peccatum tollere nec poenas peccati et mortem effugere nec obedientiam amissam recuperare potuisse. Maiorem enim vim et robur maius, quam hominum est, requirunt ista.

Itaque Filium Dei oportuit victimam fieri, ut haec nobis conficeret, ut tolleret Peccatum, devoraret Mortem et amissam obedientiam restitueret. Hos thesauros in Christo possidemus, sed in spe. Sic Adam, sic Heua, sic omnes credentes usque ad novissimum diem spe ista vivunt et vincunt. Est quidem mors horribilis et invictus Tyrannus, Sed divina potentia ex eo, quod est omnia, facit nihil, Sicut etiam ex eo, quod est nihil, facit omnia. Nam Adamum et Heuam vide: Sunt pleni peccatis et morte, et tamen, quia audiunt promissionem de Semine contrituro caput Serpentis, sperant idem, quod nos, quod scilicet Mors tolletur, Peccatum abolebitur et reddetur Iusticia, Vita, Pax etc. In hac spe vivunt et moriuntur primi Parentes, et vere sunt propter hanc spem sancti et iusti.

Sic nos quoque vivimus in eadem spe et cum morimur, hanc spem vitae retinemus propter Christum, quam nobis verbum proponit, dum Christi meritis nos iubet confidere. Frustra enim expectamus in hac vita hanc perfectionem, ut toti iusti simus, ut Deum perfecte diligamus, ut proximum quoque diligamus ut nos ipsos: aliquousque procedimus, sed peccatum, quod in nostris membris militat et ubique praesens est, aut vitiat aut omnino impedit obedientiam hanc.

Sicut igitur ipsa vita nostra propter mortem propositam mors potest dici, Ita iusticia peccatis tota obruta est. Spe igitur retinemus et vitam et insticiam, res ab oculis et sensu nostro absconditas, sed quae suo tempore manifestabuntur. Interim vita nostra est vita in media morte, et tamen etiam in media morte spes vitae retinetur, sic docente, iubente et promittente verbo. Sicut Psalmus 68. egregie consolatur: 'Deus noster, Deus salvos Ps. 68, 21 faciendi, Dominus exitus mortis'. Hunc titulum Deo tribuamus, quod non solum iuvat in hac temporali vita, sicut Diabolus etiam cultoribus suis, ut Gentium exempla ostendunt, non nunquam adest, Sed quod est Dominus exitus mortis, hoc est, qui liberat oppressos a morte et transfert in aeternam vitam. Facit autem hoc, sicut Moses hic docet, conterendo caput Serpentis.

Habemus igitur iam Adamum et Heuam restitutos, non quidem in vitam, quam amiserant, sed in spem eius vitae, qua spe evaserunt non primitias, sed decimas mortis, hoc est: Etsi carni temporaliter esset moriendum, tamen propter filium Dei promissum, qui contriturus Diaboli caput erat, post mortem temporalem carnis sperant resurrectionem carnis et aeternam vitam, sicut nos quoque.

Iam sequitur altera pars huius Concionis, in qua minatur poenas corporales, Mulieri primum, deinde Viro quoque.

3, 16 Ad mulierem vero dixit: Valde multiplicabo dolorem tuum, cum
eris gravida. In dolore paries Filios, et sub Viri potestate eris,
et ipse dominabitur tui.

Haec poena Mulieri est imposita, sed profecto laeta et hilaris. Siquidem
non dissentit a priore sententia contra Satanam lata. Si enim hoc manet, 5
quod Serpenti caput conterendum est, certa est spes resurrectionis a morte,
et tollerabile est, quicquid hac spe manente ac firma homini imponitur.

Atque haec quoque causa est, quod Scriptura sancta sic diligenter
cavet, ne quid dicat in punienda Muliere contra sententiam prius de Serpente latam. Imponit poenam mulieri et tamen relinquit spem resurrectionis 10
et vitae aeternae. Mortem autem, quam per peccatum meruerat, transfert
in alteram et ignobiliorem partem hominis, scilicet in carnem, ut Spiritus
propter fidem vivat in iusticia.

Mulier itaque obnoxia est morti quo ad carnem, Sed quo ad spem est
a morte libera. Manet enim certa sententia, quia Diabolo comminatur Deus 15
contritionem capitis. Itaque animalis vita habet hic crucem et mortem suam,
1. Kor. 15, 44 Sicut Paulus quoque 1. Corin. 15. dicit: 'Corpus animale mori, sed resurrecturum
spirituale'. Ita in hac animali vita manent coniugia ac mulier experitur
poenas, quas propter peccatum hic infligit Dominus, ut a tempore conceptionis,
in partu et tota reliqua vita, qua liberis servitur, varie periclitetur. Sed 20
omnia haec tantum ad animalem vitam seu ipsam carnem pertinent, Manente
interim spe spiritualis et aeternae vitae post hanc vitam.

Vere igitur laeta et hilaris haec poena est, si rem recte aestimemus.
Etsi enim carni onera illa molesta sunt, tamen cum istis oneribus seu poenis
ipso facto corroboratur spes melioris vitae. Siquidem audit Heua se non 25
reiici a Deo. Deinde etiam hoc audit non adimi sibi in ista poena benedictionem generationis ante peccatum promissam et donatam. Videt se
retinere sexum suum et esse mulierem. Videt se non separari ab Adamo,
ut sola et seclusa a viro maneat. Videt relinqui sibi gloriam maternitatis,
ut sic dicam. Haec omnia accedunt ad istam spem aeternitatis et sine 30
dubio Heuam egregie erexerunt. Quin manet etiam illa maior et verior
gloria, quod non solum retinet benedictionem foecunditatis, et cum marito
suo coniuncta manet, Sed quod certam promissionem habet ex se venturum
Semen illud, quod Satanae caput sit contriturum.

Itaque Heua sine dubio etiam in re tristissima, ut apparet, tamen 35
gaudio plenum pectus habuit ac fortasse Adamum suum consolata est dicens:
Peccavi. Sed vide, quam misericordem habemus Deum? Quanta commoda
tum temporalia tum spiritualia nobis peccatoribus relinquit? Quare nos
Mulieres feramus laborem et miseriam istam concipiendi, pariendi et vobis
Maritis parendi. Est ista paterna ira, si quidem hoc manet, ut Hostis nostri 40
Caput conteratur et nos post mortem carnis nostrae excitemur ad aliam

novam et aeternam vitam per Redemptorem nostrum. Haec magnitudo
bonorum et infinitas beneficiorum longe superat, quicquid maledictionis et
poenarum nobis a Patre nostro inflictum est. His et similibus concionibus
sine dubio Adam et Heua saepe inter se usi sunt ad incommoda temporalia
5 mitiganda.

Sicut nos quoque contemplari ineffabiles thesauros futurae vitae saepe
debemus et lenire talibus cogitationibus molestias carnis. Sicut videmus
Paulum facere 2. Corinth. 4.: 'Nostra tribulatio, inquit, momentanea et levis est; 2.Kor. 4, 17
Operatur enim aeternum gloriae pondus in nobis, si non spectemus ea, quae
10 videntur, sed quae non videntur. Nam, quae videntur, temporaria sunt, quae
autem non videntur, sunt aeterna.'

Qui igitur concipiunt spem futurae gloriae et credunt promittenti Deo,
deinde etiam intuentur in benedictiones corporales, quod Dominus concessit
fruendum nobis hunc mundum, quod dedit uxorem, domum, liberos, quod
15 ista omnia conservat et benedicendo auget, Dic mihi, hi an non, quicquid
corporalium incommodorum incidet, et aequissimo animo patientur et dicent
hanc paternam, non iudicis, aut tyranni iram esse? Contra vero in Serpente
apparet iudicis ira, cui non solum non promittitur liberatio, sed praedicitur
ei contritio. Hanc iram sensit Satan et adhuc sentit. Ideo ante novissimum
20 diem tanto furore saevit contra Ecclesiam et filium Dei.

Est igitur haec comminatio quidem, qua Heuae minatur Dominus certas
poenas, Sed in illis ipsis poenis elucet ineffabilis misericordia, quae Heuam
erigit, ut in suis malis laetissimo animo sit. Sentimus autem ipsi, quam
necessariae hae poenae sint ad domandam carnem. Quomodo enim posse-
25 mus humiliari, nisi eiusmodi poenarum oneribus deprimeretur natura haec?
Itaque Heua et quaelibet Mulier in suo officio et conditione certas has
calamitates experietur, quod multiplicabuntur aerumnae et tum in dolore
concipiet tum pariet.

Est autem hic verbum Rab, quod et continuam et discretam quanti-
30 tatem significat, Ut intelligas et magnas et multas ac varias aerumnas, quas
non habuisset, nisi in peccatum esset lapsa Heua. Ac praesertim minatur
partui et conceptioni. Vocat autem conceptionem totum illud tempus, quo
foetus conceptus gestatur in utero, quod gravibus et variis morbis
excipitur. Statim suboriuntur acerrimi dolores capitis, vertigo, nausea et
35 fastidium mirabile cibi et potus, crebrae et difficiles vomitiones, dolor
dentium, et ventriculi vicium, quod Kittam excitat[1], quam picam vocant,
cum tales cibos appetunt, a quibus incolumis natura abhorret. Postquam

---

36 Kittam] κίσταν (Druckfehler für κίτταν) Erl. Ausg.

[1] S. d. Lexika s. v. κίσσα = lat. pica, das aber diese übertragene Bedeutung
nicht hat. Calepinus bucht sie noch.

autem foetus iam confirmatus est et partus imminet, sequitur miserrima
miseria, quod maximo cum periculo et tantum non moribunda enititur
foetum.

Haec cum vident Gentes, quae Dei et operum eius nullam cognitionem
habent, adeo offenduntur, ut propter has calamitates statuant, viro sapienti 5
non esse ducendam uxorem. Vehementer enim sexus muliebris humiliatus
et afflictus est ac portat poenam longe graviorem et duriorem, quam viri.
Quid enim tale vir in corpore suo patitur? Quia autem per coniugium
maritus quasi in se partem istarum poenarum transfert (Non enim sine
dolore ista in coniuge videre potest), Factum est, ut homines impii potius 10
scortarentur, quam ut coniuges fierent.

Contra hanc impiorum sententiam pii se consolari et per veram sapientiam opponere his incommodis certa et maiora commoda debent. Sicut
etiam Pindarus[1] ad Hieronem in stultis hoc reprehendit, quod, cum Deus
ita soleat bona dispensare, ut semper aliquid incommodi admixtum sit, non 15
possunt, ut ipse ait, νήπιοι κόσμῳ φέρειν καὶ πήματα, ἀλλὰ ἀγαθοὶ, τὰ καλὰ
τρέψαντες ἔξω, hoc est: Homines stulti non mitigant incommoda ista commodis, quae habent. Boni autem et sapientes ornant commoda sua et iis
quasi obruunt incommoda, quibus exercentur, dum commoda ceu in illustri
loco conspicienda collocant. 20

Ita hic quoque faciendum erat. Sint sane magnae poenae, quibus
propter peccatum Mulieres subiectae sunt. An non autem hoc maius est et
infinitis modis poenas istas vincit, quod in illis ipsis calamitatibus habent
spem certam immortalitatis et aeternae vitae?

Deinde illae ipsae calamitates non sunt sine fructu. Pertinent enim 25
ad humiliandam et deiiciendam naturam, quae sine cruce non posset domari.

Tertio manet in istis calamitatibus corporalibus etiam excellens illa
gloria maternitatis et benedictio ventris, quam etiam Gentiles sapientiores
admirati sunt et magnifice praedicarunt. Manent reliqua dona, quod omnes
alimur, fovemur, gestamur in utero matrum, sugimus ubera, et matrum studio 30
ac cura conservamur. Hoc est, τὰ καλὰ ἔξω τρέπεσθε[2], et non solum intueri
mala, sed delectari donis et benedictione Dei, ac obruere poenas, foeditates,
dolores, afflictiones et alia.

1. Petri 3, 7 Sed hoc norunt et faciunt pii tantum. Hi mulieribus tanquam infir-
miori vasi suum honorem habent, siquidem vident eas socias esse immorta- 35
litatis et participes haereditatis in coelis. Deinde vident, quod sint ornatae
benedictione et gloria maternitatis, quod omnes concipimur, nascimur, fovemur ab eis.

---

1 confirmatus] ob conformatus?

[1]) Pindar. Pythion 3, 146: οὐ δύνανται νήπιοι etc.   [2]) S. das vorangehende Zitat
aus Pindar.

Ac mihi quidem saepe magnae voluptati et admirationi est, quod video corpus muliebre totum ad id factum, ut foveat infantes. Quam decore etiam parvae puellae gestant in sinu infantes? Ipsae matres quam aptis gestibus ludunt, quoties aut placandus est infans vagiens aut in cunas ponendus? Virum adhibe, facturum eadem et dices Camelum saltare, adeo indecore omnia faciet, cum vel digito attingendus erit infans. Taceo reliqua officia, quae nisi a matribus praestari non possunt.

Haec omnia qui rem recte aestimat, accipiet tanquam certa benedictionis Domini vestigia, quibus testatur Deus sexum muliebrem, etsi propter peccatum graviter punitus est, sibi tamen curae et carum esse. Haec satis sint de prima parte maledictionis.

Altera pars maledictionis est in cohabitatione. Quodsi non peccasset Heua, non solum sine dolore peperisset, sed etiam ipsa cum viro coniunctio tam honesta fuisset, quam honestum hodie est cum uxore in mensa edere aut colloqui. Educatio quoque fuisset facillima et plena voluptatis. Haec bona per peccatum amissa sunt et successerunt nota illa mala doloris et laboris, qui in gestando, enitendo, educando est. Sicut enim elegans puella sine molestia, imo cum magna voluptate et superbia quadam pulchram Coronam ex floribus contextam in capite gestat, Ita sine omni molestia et cum magna voluptate Heua, si non peccasset, in utero gestasset foetum. Nunc ad illas gestationis et enixionis dolores accedit etiam, quod Heua potestati Viri subiecta est, quae antea liberrima et nulla in parte Viro inferior erat, socia omnium donorum Dei.

Haec etiam poena est ex peccato originali nata, quam Mulier aeque invita portat ac dolores et molestias illas carni impositas. Regnum itaque manet penes maritum, cui uxor mandato Dei parere cogitur. Is gubernat domum, Politiam, gerit bella, defendit sua, colit terram, aedificat, plantat etc. Contra mulier ceu clavus parieti infixus domi sedet, sicut Paulus Tit. 2. Tit. 2, 5 ideo οἰκουρόν vocat. Et Gentes pinxerunt Venerem insistentem conchae marinae: Quod, sicut concha suam domum secum portat, Ita mulier domi assidua esse et domestica curare debeat, tanquam quae spoliata sit ratione gubernationis eorum, quae foris et publica sunt: ultra privatissima officia non progreditur.

At si Heua in veritate stetisset, non solum non subiecta imperio Viri esset, sed ipsa quoque socia gubernationis fuisset, quae nunc sola masculorum est. Sunt autem foeminae fere huius oneris impatientes et naturaliter affectant, quod per peccatum amiserunt. Ac cum plus non possunt, saltem impatientiam murmure ostendunt. Hoc tamen non possunt, ut administrent virilia officia, ut doceant, ut regant etc. Procreandae, alendae et fovendae sobolis magistrae sunt. Ad hunc modum Heua punitur, Sed, ut initio dixi, est poena laeta, si respicias ad spem aeternae vitae et gloriam maternitatis relictam.

3, 17—19 Ad Adam vero dixit: Quia audisti vocem Uxoris tuae, et comedisti de ligno, de quo praeceperam tibi, dicens: Non comedes ex ea, Maledicta terra propter te. In dolore comedes ex ea cunctis diebus vitae tuae; Spinas et tribulos germinabit tibi, et comedes herbas terrae. In sudore vultus tui vesceris pane tuo, *5* Donec revertaris in terram, de qua sumptus es, Quia pulvis es, et in pulverem reverteris.

Maritus ultimus peccavit; igitur etiam poena infligitur ei ultimo. Nihil autem hic de generatione, nihil de doloribus in generatione ei minatur Dominus. Itaque in marito est furens libido accensa veneno Satanae in *10* corpore sine dolore. Sed officium certa poena gravatur, quod, cum Viri sit alere familiam, regere, gubernare, docere, illa sine singulari molestia et maximis laboribus non potest perficere. Mulieri impositum est, ut pareat Marito, sed quam difficulter hoc ipsum obtineri potest? Taceo imperium in alios, qui non sunt domestici. *15*

Itaque Philosophi mirati sunt, unde haec in natura sit pravitas, ut facilius regi possint ab hominibus ferae bestiae, quam ipsi homines. Sicut Xenophon dicit: πάντων τῶν ἄλλων ζῴων ἐστὶ ῥᾷον ἢ ἀνθρώπων ἄρχειν.[1] Sunt quidem egregia officia esse Maritum, exercere terram, aut aliud opus facere, quo liberi et uxor alantur, regere domum, familiam, civitates, *20* regna, docere et erudire tum domesticos tum alios ad pietatem et bonos mores. Sed haec ipsa praestantissima officia habent additam suam poenam, ut non sine summis molestiis possint administrari, sicut exempla ante oculos sunt.

Ac primum terra maledicitur propter ipsum Adam. Nam quod latina *25* translatio habet 'In opere tuo' Ebraice est *Baeburecha*, 'propter te'. Ac fefellit interpretem similitudo literarum; legit enim *Baebudecha*. Nam *Abad* significat 'terram colere'.

·Apparet autem hic, quanta calamitas peccatum secuta sit. Siquidem terra, quae innocens est et nihil peccavit, tamen cogitur sustinere male- *30* Röm. 8, 21 dictionem, et sicut Paulus Rom. 8. loquitur: 'Vanitati subiecta esse'. A qua tamen vindicabitur in novissimo die, quem exspectat. Vocat eam Plinius[2] benignam, mitem ac indulgentem matrem, Item perpetuam ancillam usus mortalium. Sed ipsa sentit, ut Paulus ostendit, maledictionem suam. Primum in eo, quod illa bona non fert, quae tulisset, si homo non esset lapsus. *35* Deinde in eo quoque, quod multa noxia fert, quae non tulisset, sicut sunt infelix lolium, steriles avenae, zizania, urticae, spinae, tribuli, adde venena, noxias bestiolas, et si qua sunt alia huius generis. Haec omnia per peccatum invecta sunt.

----

[1] *Xenoph. Cyropaed. 1, 1, 3.*   [2] *Plin. hist. nat. 1, 63.*

Nec dubito, quin ante peccatum aura purior et salubrior, aqua fecundior, Imo quoque solis lumen pulchrius et clarius fuerit, Ita ut nunc tota Creatura in omni parte nos admoneat maledictionis per peccatum inflictae. Manserunt tamen reliquiae quaedam prioris benedictionis, quod improbo labore quasi 5 coacta terra ad usum nostrum necessaria producit, etsi ea sentibus et spinis, hoc est, inutilibus et noxiis quoque arboribus, fruticibus et herbis, quas divina ira serit, deformata sint.

Ac maledictio haec postea aucta est per Diluvium, in quo omnes bonae arbores evulsae et perditae, arenae cumulatae et tum herbae tum 10 bestiae noxiae multiplicatae sunt. Ubi igitur Adam ante peccatum inter fecundissimas arbores, in amenissimis pratis, in floribus et rosis ambulavit, Ibi nunc urticae, sentes et alia molesta germina pullulant, cum tanta copia, ut fere, quae bona sunt, obruantur.

Nam agrum vide iam praeparatum aratro ad accipienda semina: cum 15 primum consitus est, citius zizania et lolium prorumpunt quam vitae utiles fruges. Ac nisi sedula agricolae cura evellantur quotidie, paulatim ita occupant agrum noxia illa, ut bonum semen stranguletur. Est quidem terra innocens, ac libentius proferret, quae optima sunt, Sed impeditur maledictione propter peccatum homini inflicta.

20 Sicut igitur Mulier peccati poenam, sed profecto tolerabilem in corpore suo fert, dum affligitur in officio pariendi, Ita Maritus fert poenam in Oeconomia, dum cum difficultate et molesto labore gubernat domum et alit familiam. Nam propter eum ager maledictus est, Cum ante peccatum nulla pars terrae sterilis nec vitiosa, sed omnia mire fecunda et fertilia essent. 25 Nunc non solum in multis locis terra sterilis est, Sed etiam foecunda loca lolio, zizaniis, sentibus ac spinis deformantur. Est haec magna calamitas, quae Adamum et nos omnes merito ad laqueum adigeret, Sed mitigatur promissione Seminis, dum poena aeternae mortis, quae infinito maior est, tollitur.

30 Quod additur 'In dolore comedes ex ea cunctis diebus vitae tuae', facilis est sententia. Quis enim nescit, quam laboriosum sit esse agricolam? Non satis est parare terram ad sementem, quod tamen multo et vario labore indiget, etiam cum iam seges in herba est, pene singuli dies suas certas operas postulant. Taceo incommoda coeli pene infinita, noxias bestias et 35 similia, quae omnia hunc dolorem seu aerumnam augent. Ante peccatum non solum incommoda talia nulla fuerunt, sed terra citius spe, quas ἄσπαρτα καὶ ἀνήροτα omnia productura erat, nisi Adam peccasset.

Porro calamitas haec, quam peccatum invexit, multis modis lenior et tolerabilior fuit quam illa, quae Diluvium secuta est. Hic enim tantum fit 40 mentio spinarum, tribulorum et laboris. At nunc experimur infinita alia

---

12 urticae] urticas *A Erl. Ausg.*

accessisse. Quot enim vicia, quot pestes sunt segetis, leguminum, arborum, denique omnium terra nascentium? Quantum incommodi est oleribus a noxiis papilionibus? Nocent deinde frigora, fulgura, nocivi rores, venti, exundantia flumina, hiatus terrae, terrae motus etc. Horum omnium in praesentia nulla fit mentio. Omnino igitur existimo crescentibus peccatis 5 etiam poenas auctas esse et illa incommoda accessisse ad terrae maledictionem.

Quodsi cui videtur haec omnia Mosen complexum esse, dum dicit Terram esse maledictam, non sane cum eo contendam. Hoc tamen nemo negabit auctis peccatis etiam incommoda ista aucta esse. Sicut hodie 10 experimur frequentiores calamitates frugum, quam prioribus temporibus. Mundus enim de die in diem magis degenerat.

Sic non obscura vestigia sunt has calamitates Adae inflictas fuisse ceu documentum primo seculo, ut severior esset disciplina. Sed paulatim sub tempora Noah disciplina haec labefieri et homines dissolutius vivere 15 cepere, Donec tandem terra repleta est iniuria, iniusticia et tyrannide. Ibi, sicut in corporibus graviores morbi asperiora remedia postulant, etiam poenas oportuit aut graviores aut frequentes magis infligi.

Cum igitur universa terra Diluvio vastata et omnia terra viventia paucis hominibus exceptis, extincta essent, seculum, quod temporibus Noah 20 proximum fuit, sine dubio in timore Dei vixit. Sed progredientibus annis etiam isti depravati et per Satanam corrupti sunt. Quare opus fuit exemplo severiore, sicut interitus Sodomorum et vicinarum civitatum 1. Mose 15, 16 ostendit. Sic scriptura dicit: Oportuisse compleri iniquitates Amorreorum. Et tandem tota Synagoga, cum abiisset in gentilitatem et manifestam 25 impietatem, vastata est. Roma quoque stante disciplina veteri magna incrementa sumpsit. Sed incumbentibus vitiis necesse fuit etiam poenas admovere propius.

Sub initia Euangelii innotescentis apud nos erat seculum satis tolerabile. Nunc cum timor Dei fere nullus sit et vitia quotidie crescant accedentibus 30 etiam Pseudoprophetis, quid aliud sperari potest, quam futurum, ut, postquam iniquitates nostrae completae sunt, aut veniat consummatio omnium, aut alia occasione Germania det poenas peccatorum? Ita in universum verum est, Quod crescentibus peccatis etiam crescunt poenae.

Sicut autem dixi de calamitatibus terra nascentium, Ita omnino existimo 35 etiam corpora hominum fuisse salubria magis, quam nunc sunt. Quemadmodum etiam arguit incredibilis nobis longaevitas, quae in primis hominibus ante Diluvium fuit. Nihil enim hic minatur Dominus Adae de apoplexia, de lepra, de morbo sacro et aliis exicialibus malis.

Me puero scabies Gallica Germanis ignota erat. Nam sub decimum 40 quintum annum aetatis meae primum cepit innotescere. Nunc etiam pueri in cunis hoc malo affliguntur. Tum igitur magnus huius morbi metus erat apud omnes. At nunc ita negligitur, ut etiam amici nugantes inter se alii aliis Gallicam scabiem imprecentur.[1]

Sudor Anglicus fuit usque ad hanc meam aetatem[2] morbus, ut medici appellant, ἐπιχώριος. Sicut enim singulae Regiones sua commoda certa habent, Ita, postquam iis abutuntur contra Deum, certis etiam incommodis premuntur et affliguntur. Sed cepit is quoque vulgari in partes Germaniae mediterraneas, procul ab Oceano remotas. Quod horrendum auditu est, quidam serpentes in ventre, vermes in cerebro habent. Hi morbi veteribus quoque Medicis, ut opinor, ignoti fuere, qui tamen quadringenta pene morborum genera numerarunt.

Quodsi hi morbi omnes etiam in primo seculo fuissent, quomodo ad tantam longaevitatem potuissent pervenire Adam et reliqui usque ad Noah? Moses igitur tantum de sterilitate terrae et de difficultate parandi victus loquitur.

Sed si quis copiam affectat et vult videri Rhetor, is hoc in loco numeret omnia generis humani mala, inveniet autem tam copiosam segetem omnis generis calamitatum, ut prae metu hoc unum a Deo sit expetiturus, ne unam horam in tantis periculis liceat vivere.

Quid enim morbos tantum commemoramus? Omnes creaturae contra nos, et tantum non in perniciem nostram armatae sunt. Quot sunt, quos ignis et aqua perdunt? Quantum a ferocibus aut venenatis bestiis periculi est? Nec tantum corpora nostra sed alimenta etiam ad alendos nos nata infestant. Taceo, quod nos ipsi ruimus in mutuas caedes, ac si nullae aliae essent pestes, quae nobis insidiarentur.

Itaque si hominum studia spectes, quid est haec vita quam quotidiana contentio, insidiae, rapina, caedes? Praeter ea incommoda, quae ab externis in nos derivantur? Haec omnia non existimo ante Diluvium vel numero tot, vel tam gravia fuisse, ut nunc sunt. Sed quia creverunt peccata, etiam poenae illae auctae sunt.

Quare calamitates Adae impositae mediocres fuere prae nostris. Quo enim mundus magis vergit ad finem, eo magis obruitur poenis et calamitatibus. Accedit autem ad hoc etiam illud malum, quod, quo plus Mundus percutitur, eo magis indurat frontem, et stupescit quasi ad sua mala. Sicut Proverb. 23. dicitur: 'Traxit me, et non sensi; percussit me, et non dolui'. Spr. 23, 35 Haec coecitas omnes illas corporis calamitates excedit.

An non enim mirum et miserum est haerere primum in corpore nostro vestigia irae Dei, quam peccatum meruit, Deinde etiam conspici iram Dei in terra et in omnibus creaturis, et tamen otioso ac securo animo ista omnia

---

[1] Das Auftreten der Syphilis (auch von Luther gern „die Franzosen" genannt) fällt für Norddeutschland erst in diese Zeit.   [2] Der englische Schweiß in Wittenberg 1529.

a nobis negliguntur? Quid enim spinae, quid tribuli, quid aqua, quid ignis, quid erucae, quid muscae, quid pulices, pediculi, cimices, An non haec omnia et singula sunt nuncii, qui concionantur nobis de peccato et ira Dei? Siquidem ante peccatum non fuerunt aut saltem non fuerunt noxia et molesta.   5

Scientes igitur et videntes sumus et vivimus in plusquam Aegypciacis tenebris; quod, cum undique omnia nos admoneant de ira Dei, et eam tantum non in ipsos oculos infigant, tamen nos eam non animadvertimus et hanc vitam ceu unicas delicias amplectimur. Sicut igitur peccata multiplicantur, securitas crescit et homines ad mala sua occalluerunt et obduruerunt: 10

Ita etiam mala multiplicantur, non tantum in hac vita sed etiam in futura. De impiis dico. Si quis enim in inferno tantum sensu poenas et cruciatus sustineret et non intelligeret se iustas poenas sustinere, tolerabiliores essent cruciatus. Sicut nos nostra mala non volumus agnoscere, et quasi dedoluimus. Sed ibi auferetur stupor ille, qui nunc obstat, quo minus 15 videamus miseriam nostram, et aperientur sensus omnes, ut non solum in corpore sit sensus poenae sed etiam in ipsa mente sensus irae Dei et confessio, quod eam iram nostra malicia meriti sumus. Haec acuent et infinitis modis augebunt impiorum cruciatus.

'Spinam atque tribulum faciet crescere tibi'. Hic iterum admonemur 20 terram per se tale nihil producere, sed propter peccatum Adae, sicut supra diserte dixit: 'Propter te'. Quare quoties tribulos et sentes, quoties zizania et alia id genus in agro, hortis videmus, admoneamur tanquam certis signis peccati et irae Dei. Non tantum in Templis igitur audimus argui nos peccati: Omnes agri, imo pene tota creatura plena est talibus Conciona- 25 toribus admonentibus nos de peccato nostro et ira Dei per peccatum excitata.

Precandum igitur erat, ut Dominus istum mirabilem stuporem ex oculis, sensu et cordibus nostris eximeret, ut toties admoniti de peccato, exueremus securitatem et ambularemus in timore Dei. Ideo enim tam varie maledictionibus deiecti et oppressi sumus, sicut Moses iam latius exponit. 30

Manducabis herbam agri.

Haec nova est calamitas. Supra enim dedit Dominus homini pulcherrima et suavissima dona, ut vesceretur de omnibus arboribus Paradisi exceptis duabus. Dedit dominium in pisces et quicquid tota terra habebat sive fructuum sive animalium. Nunc omnia haec propter comestum pomum 35 eripiuntur, et nihil relinquitur ei quam herbae. Atque ex hoc loco puto satis fortiter evinci posse Adamum non butyro, non lacte, non ovis, non caseo, non carnibus, non pomis, non pyris usum esse, sed oleribus et seminibus, ut sunt pisa, fabae, feniculum, milium, oriza, farra, etc. Quam igitur laute pasti sunt hospites, cum elocaret Filiam, aut ipse liberorum nuptiis interesset, 40 cum praeter herbas nihil concessum esset, quo vesceretur?

Haec frugalitas fuit primi seculi, vilissimus et simplicissimus cibus cum aqua. Nunc horribilis luxus Mundum invasit. Non satis est omnis generis carnes ad voluptatem comparare, miscentur carnes piscibus, adduntur aromata et tentatur illa naturae inimica perversitas, ut, quae natura dulcia 5 sunt, reddantur condituris acria, quae autem acria sunt, reddantur dulcia.

Quanta in potu quoque varietas est? Quis non putaret se ludibrio haberi, si videret ab hospite apponi aquam? Non Zytho apud nos cocto, non vino patrio contenti sumus, etiam ultramarina appetimus. Hanc insaniam gulae si nunc Pater noster Adam rediret, An non putas miraturum in Filiis? 10 Quae nos cum voluptate comedimus et bibimus, ea ceu venenum fugeret et omnibus deliciis anteferret vel rapas vel ptisana cum frigida.

Commendatur igitur nobis hoc in loco frugalitas in victu, dum docemur de primis Parentibus, quod spoliati omnibus aliis cibis solum herbarum cibum habuerunt reliquum. Haec simplicitas alimentorum reddidit corpora 15 salubria non obnoxia istis morbis, quos vel delicatior victus vel crapula conciliat.

Debebant autem nos quoque haec invitare non solum ad frugalitatem sed etiam ad patientiam, cum alios abundare videmus omnis generis deliciis, nos autem vix panem et salem habemus cum aqua. Cogitare enim debemus 20 hanc poenam Adae impositam, ut, cum in Paradiso Deo volente, iubente et donante posset omnis generis fructibus vesci et Dominus esse totius terrae, propter inobedientiam nunc cogatur cum posteritate sua vili olusculo victitare.

In sudore vultus tui vesceris pane tuo.

Quam varie ingeminat molestiam laboris, ut Maritus occupetur cura 25 et labore alendi, defendendi, gubernandi suos! Haec autem nostro seculo propter hominum perversitatem longe sunt difficiliora, quam initio fuere. Videmus enim, etiam cum de victu certa spes est, quanto negocio familia in officio possit retineri. Nec Adam huius mali ignarus fuit, qui cum familiae suae sanctissime praeesset, tamen vidit caedem a Cain factam. 30 Taceo alia incommoda, quae longaevitas videre et ferre in posteris coëgit. Haec igitur cura marito imponitur, ut sustineat laborem non satis gratum nec felicem. Nec debet quisquam esse, qui non sudorem hunc sentiat. Tanto Papistarum periculosior vita est, qui omnes alieno labore partis opibus etiam ad voluptates suas ac ocium abutuntur.

35 Sed hic questio nascitur: An oporteat omnes nos agricolas esse aut saltem manibus laborare? Sicut initio Euangelii quidam inepte contendebant. Nam et hoc loco et aliis, qui laborem manuum praecipiebant, eo abutebantur, ut iuventus abiectis studiis manuarias operas sectaretur. Sicut Carolostadius horum dux deserta conditione sua villam emebat[1]

---

[1] *Segrehna oder Birckwitz bei Wittenberg.*

eamque fodiebat ipse et colebat. Sed profecto mihi, si vocationem deserere esset integrum, longe facilius et iucundius esset versari in horto, ligone fodere et pala vertere terram quam sustinere hunc laborem, quem nunc sustineo. Nam rusticorum labor nullam proportionem habet ad hunc nostrum sudorem. 5

Quare explodendi isti sunt, qui solum manuum laborem laborem dici contendunt. Manifesta Christi sententia est iubentis, ut ii, qui docent, aliorum laboribus fruantur. 'Intrantes domum, inquit, primum dicite: Pax huic domui, Edentes et bibentes, quae apud eos sunt; Dignus enim est Luc. 10, 5 operarius mercede sua', Lucae 10. Hic de mensa eorum, qui audiunt verbum 10 Dei, Dominus panem tollit et dat Doctoribus. Sicut Paulus quoque dicit: 1. Cor. 9, 14 'Qui Euangelium docet, de Euangelio etiam vivat'. Ac in hanc sententiam etiam legis dictum citat: 'Non obligabis os bovi trituranti'. Cur autem agricolae laboranti et colenti agrum suum datum est mandatum de pendendis decimis, si verbi ministri suo labore victum quaerere debent? 15

Hi et similes loci clare ostendunt, quod sudor vultus sit multiplex. Primus est agricolarum seu Oeconomorum, Secundus Magistratuum, Tertius doctorum in Ecclesia. Inter hos ordines optima conditio est agricolarum, sicut etiam Poëta[1] dicit: 'Felices nimium, sua si bona norint, agricolae'. Etsi enim duro labore exercentur, tamen singulari voluptate labor iste con- 20 ditus est, dum quotidie illa nova et mirabilis creaturarum facies se oculis ingerit, Ubi contra tum in Politia, tum Ecclesia praeter quotidiana pericula etiam infinitae molestiae obiiciuntur, Si modo fideliter officium facere velis. Non enim loquimur hic de hominibus ociosis, qui istas poenas peccati non agnoscunt sed tantum in id incumbunt, quomodo expleant libidinem suam, 25 hi Epicuri suo malo genio relinquantur. De iis loquimur, qui serio faciunt, quod debent facere. Hi uno die plus laborant et sudant quam agricola toto mense, si magnitudinem operis et varia pericula consideres.

Atque haec quoque est causa, cur Regibus et Principibus tributa, vectigalia et alia id genus pendantur a subditis. Quis autem non videt, si 30 diligenter faciant officium, quam exigua ea gratia vel merces sit, quae pro tanto labore rependitur? Quod si qui sunt negligentes, non ideo tamen legitima ordinatio relinquenda est.

De Maximiliano Augusto audivi, ita eum negociis perpetuo oppressum esse, ut nunquam satis ocii ad cibum capiendum esset. Cogebatur itaque 35 nonnunquam se subducere a laboribus et in silvas se abdere, ubi venationibus indulgebat. Nonnunquam mutata veste immiscebat se privatorum coetibus, ut liberioribus colloquiis frueretur. Etsi autem ei venationis studium vitio datum est, tamen qui labores eius et interiorem vitam norant, iudicabant, id magis necessitatis quam voluptatis causa ab eo suscipi. 40

---

[1] *Virgil. georg. 2, 458:* O fortunatos nimium, sua si bona norint, Agricolae.

Cum hoc labore igitur, quem tanti Imperii gubernandi ratio requirit, quas arationes, quas fossiones, quos alios labores rusticos mihi comparabis? Ergo nomina Regum et Principum aulae habent, cum revera Reges et Principes omnium servorum sint miserrimi. Ideo Monachi et tota Pontificis factio soli sunt, qui regiam vitam degunt, siquidem labores, negocia, pericula relinquunt aliis. Ipsi in ocio fruuntur commodis suis.

Idem de Pastorali cura dicimus, quae tanto maior est habenda, quanto ea graviora sunt, quae administrat. An enim putabimus Augustinum in otio vixisse et curasse voluptates suas in tanta adversariorum multitudine, cum
10 quibus quotidie dimicandum fuit, ne doctrinam Christi penitus subverterent Pelagiani, Donatistae, Manichei et similes turbatores Ecclesiarum? Nos quoque hodie sic Dei gratia administramus nostra, ut sperem neminem fore, qui nobis tam negociosum ocium invideat. Summa igitur stultitia est, quod Fanatici manuum labores sic urgent, qui corpori confirmando utiles sunt,
15 Cum e contra hi politici et ecclesiastici labores maximi atterant corpora et tanquam ex imis medullis omnem succum exhauriant.

Distinguemus igitur sudorem secundum iustam proportionem. Oeconomicus sudor magnus, maior politicus, ecclesiasticus maximus. Nam Paulum vide et facile intelliges, quomodo ab eo desudatum sit. Quia autem Ecclesia
20 omnibus seculis infestatur a Demonibus, et exercetur haeresibus, scandalis, peccatis, iniusta vi Tyrannorum et omnis generis malis, An dicemus nullos in ea labores, nullos sudores esse? An dicemus eos, qui Ecclesiae praesunt, indignos victu?

De Papa et Cardinalibus et toto illo impiorum coetu hoc dicamus,
25 qui cum nihil laborent et tantum ventrem et otium curent, maximas opes absumunt: Hi enim sunt, de quibus potest dici illud Pauli 'Qui non laborat, 2. Theff. 3, 10 non manducet.' Laborare autem in Ecclesia est: docere, administrare sacramenta, pugnare cum Fanaticis, tollere scandala, aedificare pios etc. Hoc qui faciunt, de his dicit Christus: 'Dignus est mercenarius mercede sua'. Luc. 10, 7
30 Porro Adae, tanquam qui autor primus peccati extitit, si recte aestimemus, deterior conditio fuit, quam nostra. Nam ubi nos singuli in suo ordine sudamus, Adam unus sudorem oeconomicum, politicum et ecclesiasticum desudare coactus est. Nam solus haec officia apud posteritatem, dum vixit, omnia sustinuit: Aluit familiam, gubernavit eam, et instruxit eam ad
35 pietatem, fuit Pater, Rex et Sacerdos. Quam autem 'singula plena sint dolorum et periculorum, experientia docet.

Quare necesse est, ut nos contra ea consolemur et ad patientiam assuefaciamus animos nostros. Siquidem videmus calamitates has imponi etiam Electis, qui habent spem resurrectionis et aeternae vitae. Porro haec
40 spes cum reliqua sit calamitosis hominibus, decet nos esse magno animo et

_____

40 decet] ob docet?

spe hac vincere mala: non enim sumus perpetuo hic mansuri. Sicut igitur qui peregre abeunt, etiam, sicubi sordidum hospitem nacti sunt, sic se consolantur, quod unius noctis ea molestia sit, sive esuriendum sive duriter cubandum est: Ita nos quoque in mediis hisce calamitatibus cogitemus. Quid enim sunt duo aut tres anni, quos dormiendo pene fallimus, collati ad aeternitatem?

Veniant igitur, sicut Dominus singulis distribuit, adversitates, sive in Oeconomia sive in Politia et Ecclesia, non tamen patiemur nos commoveri ad impatientiam. Non ideo vel Politiam vel Oeconomiam vel Ecclesiae curam abiiciemus. Non decet haec mollicies fortes milites, ut ad primum impetum hostium abiiciant arma et fugiant. Quasi vero ad voluptates et ocium, non ad laborem et negocia destinati simus. 'Tu ne cede malis, sed contra audentior ito', inquit Poëta.[1]

Hoc autem tum poterimus, si his temporalibus incommodis opposuerimus spem resurrectionis et aeternae vitae. Sicut autem nemo hanc libenter amitteret, ita putabunt singuli sibi non deserendam eam quasi stationem, in quam divinitus collocati sunt. Qui est vocatus ad docendas Ecclesias, faciat id magno animo nec moveatur aut suis periculis aut Pontificum ignavia. Qui cum praedicando Euangelium, gubernando Ecclesias, audiendis causis sacris, diiudicandis dogmatum controversiis Ecclesias iuvare debebant, reiiciunt haec summa opera in ineptos Monachos, Ipsi autem numis cumulandis et voluptatibus instruendis occupantur. Quoniam igitur sudorem fugiunt, etiam 2. Tim. 2, 12 refrigerio carebunt: Quoniam non compatiuntur, etiam non conregnabunt.

Contra nos, qui sudorem hunc singuli in suo genere sustinemus, cogitemus: etiam si quid acerbum ferendum est, fore, ut habeant calamitates istae finem suum. Sicut Moses iam consolationem hanc in quantumvis duro malo addit.

Donec revertaris in terram, quoniam ex ea sumptus es: Quoniam pulvis tu, et in pulverem reverteris.

Homines impii infinitas calamitates spe brevis voluptatulae consequendae sustinent. Quantum periculorum sustinet mercator terra et mari propter spem lucri? Miles quam vili aere vendit vitam suam? Scortum in lupanari longe plus malorum sustinere cogitur, quam ulla Uxor in domo. Inde Germani proverbio[2] tales vocant Diaboli martyres, qui sua sponte in calamitates se coniiciunt, quibus carere poterant, si pie vellent vivere. Quantum enim incommodorum helluationibus sibi homines vinosi accersunt? quibus carerent, si moderatius biberent.

---

[1] *Virgil. Aen. 6, 96. Oft bei Luther.*　　　　[2] *Wider den Wucher zu predigen 1540* (*Erl. Ausg. 23, 325):* Wie man spricht: Es wird die Helle des Teufels Merterern feurer zu verdien, weder den rechten Merterern der Himmel.

Quare merito dubitaverit aliquis, qua nam ratione consuli generi humano possit, quod per Satanam ita induratur, ut ne mala quidem sua sentiat, sed ea studiose sectetur et urgeat. Si enim ea sentiret, te quaeso, an non fugeret? Nunc tantus stupor in animis est, ut suis malis homines delectari videas. Haec perversitas igitur, quae in maxima hominum parte est, ut propter stultam et levem voluptatem certis malis se implicent, mirum est, quod non a piis in bona causa consideretur, ut cogitent: Etsi hic in variis calamitatibus vivendum sit, tamen fore earum finem et pensandas esse meliore vita.

10 Hanc consolationem praesens sententia ostendit. Certo enim promittit futurum, ut calamitates illae cunctae finiantur, Idque contuso et contrito antea capite serpentis. 'Donec, inquit, reverteris *El ha adama*, in terram'. Significat enim vocabulum in genere terram, sicut infra: 'Et Cain factus est cultor terrae'. Sed vocabulum *Aphar* significat proprie terram recens effossam 15 seu glebam. Nostra translatio habet 'pulverem', ut significetur dissoluta terra. Nam Adam ex gleba factus est in hominem viventem. Dissoluta igitur compagine ista dicit Dominus futurum, ut iterum in glebam seu pulverem revertatur.

Atque hic iterum admonemur, quomodo paulatim crescentibus peccatis 20 etiam poenae creverint. Mitior illa et humanior ratio fuit cadavera terrae mandare et in terram resolvi. Postea autem fere omnium nationum consuetudine cadavera cremari cepta sunt. Item quoties accidit, ut etiam vivi homines vorentur a feris, et habeant sepulchra sua bestias, sicut in Prophetis inter quatuor poenas sunt bestiarum dentes et furores serpentum aliorumque venenatorum animantium. Sic enim fit: quanto nos ad poenas magis stupemus, tanto eas duriores imponit Deus ad frangendos nos et retundendam nostram duriciem, Sicut dicitur Levitici 26.: 'Sin autem nec sic obedieritis 3.Mose 26, 18 mihi, addam correptiones vestras septuplum propter peccata vestra et conteram superbiam duriciae vestrae etc.'

30 Sic lapsus Adae fuit a vita in mortem, a sanitate in morbos. Et tamen fuit adhuc vere aureum seculum, si nostrum spectes. Nam paulatim degeneraverunt omnia, sicut etiam ostendit id statua Danielis. Quanto Dan. 2, 32 enim mundus suo fini est propior, tanto homines fiunt deteriores. Ideo fit etiam, ut poenae duriores de nobis sumantur. Quam pertinax impugnatio 35 veritatis hodie est inter Papistas? Quantam exercent crudelitatem contra eos, qui veritatem confitentur? Taceo avariciam plane satanicam, libidines, perfidias, iniurias sine fine. Num igitur possunt poenae longius abesse?

Hactenus commemoravit Mose poenas inflictas Adae et posteritati eius 40 propter peccatum, quae etsi grandes sunt, tamen initio fuerunt mitiores, quam nunc sunt. Quae enim tum, ut sic loquar, in positivo fuerunt, nunc omnia propter peccata aucta sunt in superlativo.

Prius autem quam pergamus ad reliqua, disputandum est de loco, quem supra attigimus, ubi dicitur ad Mulierem: 'Multiplicabo dolorem tuum et conceptum tuum, seu impregnationem tuam'. Est enim *Heronecha*, quod fere exponunt pro illis molestiis et angustiis omnibus, quibus mulieres exercentur a tempore conceptus usque ad partum.

Queritur igitur, cum uxor in anno tantum semel impregnetur et pariat, an poena etiam sit semel tantum impregnari? Item, cur hic dicat, se velle multiplicare conceptum? Quod igitur ad posterius attinet, sentio recte exponi: Multiplicabo conceptum, hoc est, dolores et molestias, quae sequuntur conceptionem, Ut ita poena sit, non nisi unum foetum in anno concipi et tamen infinitis molestiis cumulari. Nam si homo in innocentia permansisset, omnino maior fuisset mulierum foecunditas, Sicut eius quaedam vestigia cernimus, cum uno partu gemini, saepe tergemini, nonnunquam quatergemini edantur.

Et sunt huius foecunditatis in coeteris bestiis exempla. Magna avium et piscium foecunditas est, canes, feles, sues etiam magno numero pariunt. Etsi autem grandiores aliquae bestiae singulos tantum foetus pariunt, tamen mihi non dubium est Mulieres, nisi peccatum esset, multo numerosiorem prolem fuisse parituras. Nunc ut plurimum singulis annis singulos foetus, quae foecundissimae sunt, pariunt, et accessit illa turpis et foeda libido. Quae omnia nos de magnitudine peccati admonent.

Sed hic obiicitur Iudaicum cavillum de serpente: Quod, si semen mulieris intelligendum est de semine naturali, quod ex utero eius nascitur, sicut exposuimus, Videtur consequens esse, ut etiam serpentis Semen sit illud, quod ex serpentis ventre enascitur. Alioqui enim non constabit contrarietas, quam tamen Moses ostendit, cum dicit: 'Ponam inimicicias inter semen tuum, et Semen illius'.

Ex hoc cavillo multa sequentur: Primum, quod Deus tantum cum naturali Serpente loquatur eumque puniat; Secundo, quod Christus nihil sit neque ex hoc loco aliquid de Christo probari possit. Habet quidem speciem aliquam cavillum hoc sed revera nihil est.

Off. 22,11   Primum autem sic respondeo: Qui ignorat, ignoret, et qui sordescit, sordescat adhuc. Qui enim revelato et manefesto Euangelio non credit, hic dignus est, qui non intelligat haec Scripturae occultiora dicta eisque non credat. Neque nos hoc agimus, ut per hunc locum fundemus aut illustremus Euangelium, Sed Euangelium tanquam claram lucem adhibemus, ut istae tenebrae illustrentur. Quare qui lucenti Euangelio credere nolunt, quid mirum est, si hi obscurioribus Prophetarum dictis non credant et afferant novas et absurdas opiniones? Promissio Euangelii divinitus revelata, deinde inter tot Tyrannos et horrenda supplicia conservata est: hanc quia Iudaei pertinaciter impugnant nec credere volunt, sinendi sunt. Nos autem cum fidelibus et Euangelio se submittentibus iam agemus.

Christus Ioannis octavo dicit, Satanam esse Patrem mendacii et Homi-Joh. 8, 44
cidam nec stetisse in veritate. Haec est Lux illa Euangelii, qua tenebrae
veteris Testamenti illustrantur. Nam si Satan ab initio Homicida fuit, dic,
quem aut quos occidit? Nonne Adamum et Heuam per peccatum? Ubi
5 occidit? Nonne in Paradiso? Quando occidit? Nonne cum elevaret autoritatem mandati divini et promitteret Diis similes fore, si ederent de arbore
vetita? Utrunque igitur verum est: Affuit in Paradiso serpens naturalis, et
per istum serpentem antiquus serpens, Diabolus, Hominem decepit et occidit.

Est igitur hic principalis sensus huius loci, ut intelligas, Diabolum
10 autorem huius calamitatis fuisse. Sicut cum aliquis caedem fecit, recte dicitur
de homicidae gladio: Gladius hunc occidit. Sed profecto gladius non solus
nec per se, sed homo, qui utitur gladio. Usitata autem Synecdoche est, ut
intelligamus sub instrumento ipsum autorem. Ergo cavillum hoc iudaicum
explodamus.

15 Secundo etiam hoc verum est, quod non semper necesse est contraria
per omnia sibi respondere. Est enim contrariorum multiplex ratio, sicut
Dialectici docent. Quaedam sunt relative opposita, quaedam privative, quaedam contrarie. Pater naturalis, ex quo generamur, et Pater mendacii sunt
opposita. Etsi igitur concedamus iudaicum sensum, loqui Mosen de naturali
20 serpente, Tamen ipse textus Synecdochen arguit, si eum conferamus cum
verbis Christi. Sic enim dicit: 'Dixit Deus ad serpentem: Quia fecisti hoc,
maledictus eris'. Quid fecit? nimirum hoc, quod decepit Heuam et sic
occidit eam.

Ad haec verba affer lucem Euangelii: 'Fuit Diabolus homicida ab
25 initio': An non clare apparet sic loqui Deum cum serpente naturali, ut
intelligat Diabolum in serpente naturali latentem, qui hominem coniecit in
peccatum, in mortem et in iram Dei? Igitur semen non est intelligendum
naturale semen naturalis serpentis, sed semen Diaboli. Sicut Christus quoque appellat in Euangelio: 'Venit homo inimicus, superseminans malum Matth. 13, 25
30 semen'. Hoc semen est contrarium semini spirituali. Sicut caro et spiritus
sunt contraria.

Neque necesse est, ut per omnia sibi respondeant contraria, sicut nec
similia per omnia sibi respondent. Adam est figura Christi: In eo enim
convenit similitudo, quod, sicut per Adamum in universos exundavit peccatum,
35 Ita quoque exundat iusticia Christi in omnes, qui credunt in eum. Haec con-Röm. 5, 12
veniunt, alia omnia disconveniunt. Relinquatur igitur Iudaeis suus error. Nos
fideles scimus, hunc Serpentem esse Diabolum ex interpretatione Christi.

**Et vocavit Adam nomen uxoris suae Hana, Quoniam ipsa esset 3, 20
Mater omnis vivi.**

40 Supra audivimus, infligi Mulieri etiam istam poenam, ut sit sub
potestate viri. Ea potestas hic significatur. Non enim ei imponit nomen

11*

Deus, sed Adam tanquam Dominus Heuae, Sicut etiam supra dedit nomina animalibus tanquam creaturae infra se positae (Nullum animal sibi ipsi finxit nomen, omnia sortita sunt nomina sua, et acceperunt dignitatem et gloriam nominis a domino Adam). Sic adhuc hodie Mulier, cum nubit Viro, amittit suae familiae nomen et vocatur nomine Mariti. Ac monstri simile esset, si Maritus se vellet nominari nomine Uxoris. Hoc est signum et confirmatio poenae seu subiectionis, quam Mulier per peccatum meruit. Sic si Maritus locum mutet, cogitur eum Mulier sequi, tanquam Dominum suum. Tam varia in natura sunt vestigia, quae nos peccati et calamitatum nostrarum admonent.

Est autem nomen, quod Adam coniugi suae dat, valde letum et iucundum nomen. Quid enim praeciosius, melius aut iucundius est vita? Notus est versiculus vulgaris: Ut vitam redimas etc.[1] Non enim aurum, non gemmae, non opes et gloria totius Mundi cum vita conferri possunt, sicut etiam Christus dicit, Matth. 16. Iudaei fere liberis induunt nomina a rosis, floribus, gemmis, sed nomen Heuae non a precio rerum sed ab ipsa vita sumptum est, quae omnes alias res vincit.

Addit autem rationem: 'Quia est mater omnis viventis'. Apparet autem ex hoc loco Adamum recepto Spiritu sancto mirabiliter fuisse illustratum et credidisse ac intellexisse verbum de Semine mulieris contrituro caput Serpentis ac voluisse quoque hanc suam fidem insignire et ornare vocabulo Uxoris suae, quod ideo nulli alii creaturae indidit, ut aleret hac appellatione coniugis suae spem futuri Seminis, et confirmaret fidem suam seque consolaretur, quod crederet vitam etiam tum, cum iam morti tota natura esset subiecta.

Nisi enim sensisset vitam futuram, non potuisset erigi animus eius, nec ipse tam laetum vocabulum imposuisset Uxori. Quia autem hoc nomen imponit Uxori suae, satis ostendit animum erectum per Spiritum sanctum fiducia remissionis peccatorum per Semen Heuae, quam ideo Heuam appellat, ut hoc nomen esset ceu memoriale promissionis, ex qua ipse quoque revixit, et spem vitae aeternae relinqueret posteris. Hanc spem et fidem nomine hoc ceu coloribus in fronte uxoris pingit, sicut liberati ab hostibus trophea et alia signa laeticiae statuunt.

Sed inquies: Cur Matrem vocat, quae adhuc erat Virgo necdum pepererat? Facit id quoque ad testandam fidem promissionis, quia credit genus humanum non abiiciendum nec delendum esse sed conservandum. Simul igitur et Prophetiam futurae gratiae hoc nomen complectitur et consolationem ostendit necessariam in huius vitae calamitatibus perpetuis contra Satanae tentationes. Possibile autem est, ut haec laeta impositio nominis

---

[1] *Das 'vulgaris' deutet doch wohl auf einen deutschen Vers vom Auskaufen der Zeit. Sonst käme Colloq. II, 335 ed. Binds. in Betracht.*

(quod pulcherrimum testimonium est fidei et recreati spiritus in Adamo) occasionem dederit, ut sancti Patres post magis festivum et laetum habuerint diem, quo infans circumcisus et nomen ei inditum est, quam quo natus est, ut sic celebraretur haec nominis primi impositio. Nunc sequitur aliud memoriale tristiciae huic contrarium.

Fecit quoque Dominus Deus ipsi Adam et Uxori eius tunicas 3, 21
pelliceas, et induit eos.

Hoc neutiquam sic laetum et iucundum est, sicut fuit impositio nominis. Etsi enim dictum erat a Domino: 'Quacunque die de hoc ligno comedes,
10 morte morieris', tamen consolatur se Adam isto nomine Uxoris de vita reparanda per promissum Semen, quod caput Serpentis contriturum et ipsum occisorem occisurum sit.

Hic ab ipso Domino Deo circumdantur Adam et Heua vestibus, ut hoc ceu memoriali admoniti cogitarent, quoties vestes aspicerent, de miserabili
15 suo lapsu ex summa felicitate in extremas calamitates et miserias: Ut sic in perpetuum timerent peccare, ut agerent perpetuam poenitentiam, et ad remissionem peccatorum per promissum Semen suspirarent. Atque huc facit, quod non frondibus, non ista lana, quae in ·arboribus crescit, eos vestit: Pellibus occisorum animalium eos circumdat, in signum, quod mortales sint
20 et in certa morte versentur.

Sicut igitur nomen Heuae laetum omen est vitae, Ita pelles hae sunt memoriale non solum praeteriti et futuri peccati, sed etiam praesentium calamitatum, quas peccata merentur.

Opus autem habet haec natura talibus admonitionibus et quasi signis, facilime enim obliviscimur praeteritorum tum malorum tum bonorum. Sic Petrus quoque inquit: 'Cui haec non adsunt, coecus est, oblitus purgationis 2. Petri 1, 9 a peccatis prioribus. Ego autem ideo, inquit, non negligam vos semper submonere de his, quamvis scientes et firmatos in praesenti veritate'. Horribile profecto verbum Apostoli, quod aliqui obliviscantur remissionis pecca-
30 torum, qui, cum pulchre crediderint, tamen a fide recedunt et illa pulcherrima catena virtutum Christianarum se non exornant, sed indulgent avariciae, superbiae, invidiae, libidini etc. Nobis quoque hodie hac admonitione valde opus est, qui illa onera calamitatum sub Papatu experti sumus, ne simus tam misericordi Deo ingrati, sicut, proh dolor, maior mundi pars est.
35 Ad sanandam igitur hanc oblivionem addita Adae et Heuae est pellis tanquam monitorium seu insigne quoddam, quo admonerentur una cum tota posteritate sua istius miserrimi casus. Sed Mundus postea etiam in hoc calamitatis signo insanire cepit. Quis enim facile commemoret, quantum studii et sumptuum in vestitum ponant homines! Itaque non amplius voluptas
40 nec luxus sed furor potius nominari debet, quod sicut Asini ad portandum aurum procreati magis in id incumbunt, quomodo se onerent quam ornent.

Merito commendatur honestior vestitus, praesertim in personis illustribus. Sed illa barbaries, quae nunc in usu est, non potest non bonorum virorum oculos offendere. Itaque, si nunc Adam resurgeret et videret hanc insaniam omnium Ordinum, profecto credo, quod prae stupore tanquam lapis staret. Fuit enim ei pellis sua quotidiana vestis, ut quotidie admoneretur amissae 5 felicitatis. Nos autem ideo vestimus splendide et indulgemus luxui, ut omnibus testemur nos non solum oblitos malorum, ex quibus erepti simus, sed etiam bonorum, quae accepimus. Iam, quod signo illo vestium admonuit Dominus, etiam admonet verbo.

3, 22 Et dixit Dominus Deus: Ecce ille Homo fuit, sicut unus ex nobis, 10 ut sciret bonum et malum. Et nunc, ne forte mittat manum suam, et accipiat etiam de arbore vitae, et comedat, et vivat in seculum.

Est sarcasmus et acerbissima irrisio. Queritur igitur: Quare Deus tam duriter agat cum misero Adam, qui, postquam omni gloria spoliatus ac in peccatum et mortem lapsus est, etiam a Creatore suo tam acerbo im- 15 properio pungitur? Nec satis est signum visibile, quo eum admonet praesentis calamitatis et amissae gloriae, etiam addit verbum audibile?

Respondeo: Habuit Adam promissionem misericordiae; ea oportuit eum contentum vivere. Ut autem futurum peccatum tanto metueret et caveret diligentius, datur ei hoc tam acerbum memoriale. Videt enim Deus, 20 quales futuri sint Posteri eius. Ideo ponit verbum hoc in os Adae, ut praedicet id posteris, ut doceat: Quod, cum voluerit similis Deo fieri, factus sit similis Diabolo, ut ipsi quoque caveant, ne ad id Parentum peccatum adiiciant sua, sicque magis a Deo discedant.

Sicut igitur antea in pellibus, ita hic ipso verbo admonet de praeteritis 25 et futuris malis. Non quod delectetur tam tristi casu (sic enim non admoneret Adamum, sed taceret), Sed quod vult, ut Homo ad imaginem Dei amissam iterum aspiret et peccatum, tanti mali causam, tanto magis odisse incipiat, Ut Adam admoneat posteros, quid secutum sit post peccatum, quod, cum a Satana dementatus putaverit se Deo similem fore, sit ipsi Satanae factus 30 similis.

Movetur hoc loco et illa questio: Cur Deus, qui unus est, loquatur in plurali numero? Num plures Dii sint? Ac Nicolaus de Lyra cum aliis sentit haec dicta esse in persona Angeli vel ad Angelos: 'Factus est unus ex nobis', id est, Factus est Angelus. Sed nimis frigida glossa haec est. 35 Non enim Deus se Angelum vocat. Nec vis posita est in nomine unus, posita magis est in pronomine 'Nobis'. Quare repudiemus hoc frigidum commentum. Si enim hoc dicitur in persona Angeli, certum est, Deum hoc non dixisse. At textus dicit: 'Et dixit Dominus Deus'.

Quare ad lucem Euangelii respiciendum est, sicut etiam supra dixi, 40 haec enim tenebras veteris Testamenti illustrat. Quod si de Angelis haec exponas, non conveniet expositio cum superioribus. Sic enim dixit Satan: 'Et eritis sicut Dii scientes bonum et malum'. Ergo Adam et Heua revera hoc tentarunt, ut Deo similes fierent. Nec debet praesens locus aliter intelligi quam de aequalite cum Deo.

Explodatur itaque Iudaicus error, quem hoc loco Lyra amplectitur, et statuatur secundum literam: Quod in Deo sit pluralitas, sicut etiam supra dixit: 'Faciamus hominem ad imaginem nostram'. Haec loca omnia arguunt unitatem essentiae divinae. Semper enim proponitur: 'Et dixit Deus'. Deinde arguunt etiam pluralitatem personarum seu, ut vocant, Trinitatem.
10 Sunt autem mysteria haec in novo Testamento certius explicata, Sicut cum Christus iubet Baptisari in nomine Patris et Filii et Spiritus sancti. Tres igitur personae divinitatis sic statim in initio mundi indicatae, postea per Prophetas intellectae, tandem per Euangelium plene revelatae sunt.

Manet igitur sententia Adamum et Heuam hoc tentasse, ut fierent
15 imago Dei. Atqui imago Dei invisibilis est Filius, per quem consistunt omnia. Itaque Adam per peccatum suum impegit in personam Christi, quae est vera imago Dei. Sunt haec breviter et obscure proposita, sed Adam sine dubio infinitas conciones inde contexuit.[1] Sicut etiam Prophetas apparet varie ad haec mysteria alludere eaque involvere mirabiliter, quae postea
20 Euangelium clare ostendit.

Ac facit ad nostram sententiam hoc in loco nomen Dei 'Iehova', quod non potest significare ullam creaturam sed simpliciter ipsi soli Creatori tribuitur. Quid autem dicit Creator? Nempe 'Adam factus est unus ex nobis'. Hic profecto professio et fides nostra non tolerat, ut accipiamus
25 haec tanquam ad Angelos dicta. Quis enim dicet, Deum esse unum ex Angelis? aut Angelum unum ex Deo? Imo Deus est super Angelos et super omnes creaturas; quomodo igitur se posset Angelis aequare?

Accipiamus igitur hunc locum pro certo testimonio articuli nostri de Trinitate, quod sit unus Deus et tres personae. Obscure autem indicat hic
30 de peccato Adae, quod voluit non Angelis sed Deo similis fieri. Ac si in Angelos tantum peccasset Adam, non esset morti traditus. Quia autem tendebat peccatum in maiestatem Creatricem, cui voluit similis esse, et facere, quae ipsa Maiestas facit, Ideo tam horribilis poena peccatum hoc est consecuta.

35 Sicut autem accidit, cum quis a cruce liberatur, nemo est, qui non moneat de periculo, in quo fuit, et hortetur, ut id posthac caveat, Ita, postquam Adam per promissionem divinam in spem vitae iterum erectus est, admonet eum Deus amara hac irrisione, ut non obliviscatur horribilis huius lapsus, ne posthac divinitatem tam infeliciter tentatam iterum affectet, sed
40 ut humiliet se coram maiestate Dei, et posthac cum Posteritate sua tale

---

[1] *Häufig ist dieser Gedanke in den Tischreden; vgl. Colloq. ed. Binds. II, 249.*

caveat peccatum. Non enim Adae soli haec dicuntur; etiam ad nos pertinent, qui, postquam baptisati, et renovati sumus per gratiam, summo studio cavere debemus, ne relabamur in veterem impietatem.

Ad eundem modum sarcasmus et amarulentissima irrisio est in eo, quod dicit 'De arbore vitae', quasi vero Deus non uno nutu potuerit pro- 5 hibere et cavere, ne eam attingeret Adam. Deinde addit etiam illa terriculamenta:

3, 23. 24 **Et emisit eum Dominus Deus de horto Eden ad colendam terram, de qua sumptus erat, Et expulit hominem, et collocavit a plaga orientali horti Eden Cherubim et flammam gladii versatilis ad** 10 **custodiendum iter arboris vitae.**

Pertinent haec quoque ad nostram correptionem et admonitionem, sicut Röm. 15, 4 Paulus dicit, Rom. 15., Quod, quaecunque scripta sunt, propter nos scripta sunt. Magnum enim periculum in eo est, si obliti priorum, iterum in ea Joh. 5, 14 demergamur. Sicut etiam Christus Ioh. 5. admonet, cum dicit: 'Vide, sanatus 15 2. Petri 2, 22 es, noli amplius peccare, ne quid tibi peius accidat'. Et Petrus, 2. Petri. 3. 2. Petri 1, 9 de sue lota, et cane reverso ad vomitum. Item 2. Petri. 1.: 'Qui obliviscuntur peccatorum suorum veterum'.

Haec et alia scripturae loca sunt admonitiones de peccato in futurum cavendo, propterea quod, sicut in morbis recidivatio difficilius curatur quam 20 primus morbus, Ita hoc in loco varie admonetur Adam et tota eius posteritas, ut, postquam per promissionem Seminis spem vitae acceperunt, caveant, ne per peccatum eam iterum amittant. Nota enim est Parabola de domo purgata post eiectum Satanam, quam iterum occupat assumptis secum septem Matth. 12, 45 Spiritibus nequioribus. 25

In hunc finem utitur tanta acerbitate Dominus, Quasi dicat: Prohibui antea, ne Adam et Heua attingerent arborem mortis. Sed ea petulantia fuit, ut ne a suo incommodo abstinerent. Profecto nunc danda opera est, ne etiam ad arborem vitae accedant, forte etiam ab ea non abstinebunt. Ideo sic cavebo id, ut simul prohibeam usum omnium arborum Paradisi. 30 Exite igitur foras et comedite herbas agri et si quid aliud terra producit. Non solum arborem vitae, sed ne quidem reliquas arbores Paradisi posthac licebit gustare etc.

Ostendit autem hic locus arbores Paradisi neutiquam similes earum fuisse, quas reliqua terra tulit. Nunc itaque etiam victus, quo Adam et 35 Heua usi sunt, eos admonet peccati et miserrimae conditionis, in quam per peccatum coniecti sunt. Tam varie calamitates nostrae pictae sunt, ut etiam vestitus et victus, non solum illa spiritualium donorum carentia, nos eorum admoneant.

Hic oritur questio: Num, si Deus permisisset Adamum de arbore vitae 40 comedere, per hunc cibum Adam vicisset mortem? Sicut, postquam de

arbore mortis comedit, morti est subditus. Videtur enim par ratio esse:
Arbor mortis occidit, idque per Verbum 'Quacumque die de hoc ligno
comederis, morieris'. Ergo vitae arbor virtute verbi etiam vivificat et servat
a morte.

5   Lyra et alii respondent ad hanc questionem: Quod ista arbor vitae
habuisset quidem virtutem conservandae vitae in longitudinem, sed non in
perpetuitatem, Itaque vitam per peccatum amissam non restituisset. Non
enim Adam conditus fuit, ut perpetuo in hac corporali vita maneret, Sed
de corporali vita et esu corporali transiturus erat ad vitam spiritualem.
10 Sicut, cum ex privato creatur consul, ibi non intercedit mors, sed simpliciter
augetur gloria et dignitas, Sic Adam non intercedente morte cum vita immortali commutasset mortalem. Arbor autem haec vitae, inquit Lyra, tantum
serviebat corporali vitae. Ideo interpretatur textum: Ne vivat in seculum,
id est: in tempus longum. Haec Lyra.

15   Ego vero in diversa sum sententia et credo, quod, si Adam esset
admissus ad arborem vitae, quod esset restitutus in illam vitam, quam
amiserat, ut posthac non mortuus sed simpliciter ex corporali vita in spiritualem translatus esset. Nam utrunque textus dicit clarissime, Quod et eam
ob causam arbore vitae ei interdictum sit, et quod de ea comedens vivat
20 'leolam', id est, in seculum. Ideo autem Lyrae opinionem reprobo, quod
simpliciter naturae arboris tribuit potestatem vivificandi, Cum certum sit,
arborem non ex sua natura sed virtute verbi hanc vim habuisse. Sicut
etiam arbor scientiae boni et mali non ideo occidit, quasi fructus eius venenati
et pestiferi essent, sed quia verbum ceu charta quaedam erat additum, in
qua charta scriptum erat: 'Quacunque die de ligno hoc comederis, morte
morieris'.

Ergo primum in arbore mortis haeret mors spiritualis, nempe inobedientia. Postquam igitur hoc praeceptum Adam et Heua violarunt per
peccatum, iam tum in eis efficax, cogitarunt: Ecce Deus prohibuit, ne come-
30 deremus. Sed quid id ad nos? Hic contemptus praecepti hamus ille vene-
natus fuit, quo impacto in fauces Adam et Heua extincti sunt. Quia enim
comminatio fuit addita, ideo comestio sequens operata est mortem propter
inobedientiam. Non fuit venenata arbor, sed, ut supra copiose diximus, fuit
arbor cultus divini, Ut testaretur homo per illam obedientiam, se agnoscere,
35 revereri et timere Deum suum. Omnia enim, quae fecit Deus, vidit, quod
essent valde bona. Eandem plane rationem fuisse puto arboris vitae; non
sua natura, sed virtute verbi vivifica arbor fuit. Itaque postquam verbum
adhuc herebat in ea arbore, Adam si ex ea comedisset, pristinae vitae
esset restitutus.

40   Sic Serpens, quem Moses in deserto excitavit, Num. 21., non vivificavit
sua natura, (erat enim ex aere, sicut adhuc ex aere potest fingi serpens), Sed
verbum additum serpenti illi aeneo vivificum fuit, quod Deus iussit serpentem

illum erigi, et addidit verbum: 'Quicunque eum adspexerit, sauabitur'. Hoc
verbum non habes, si hodie ex aere serpentem fingas. Nec etiam causa
sanitatis in aspiciendo fuit, Sed in eo, quia divinitus iussum erat, ut serpentem aspicerent, et promissio de salute addita erat. Quia autem verbum
nou attendunt Rabini, ideo foede labuntur et in eam sententiam pronunciant, 5
quod natura istarum arborum fuerit vel mortifera vel vivifica. Nec intelligunt
omnia fieri ideo, quia Deus vel promittit vel minatur.

Sicut Sophistae quoque nugantur, cum disputant, Quomodo Baptismus
iustificet. Nam Thomas et Bonaventura sentiunt quandam virtutem efficiendi
a Deo aquae inditam, cum baptisatur Infans, ut ita aqua Baptismi sua 10
virtute creet iustificationem. Contra nos dicimus Aquam esse aquam, nihilo
meliorem in sua substantia quam eam, quam vacca bibit. Huic autem
Matt. 16, 16 simplici aquae dicimus esse additum verbum promissionis: 'Quicunque
Joh. 3, 3 crediderit et baptisatus fuerit, salvabitur'. Item: 'Oportet hominem renasci
ex aqua et spiritu'. Hoc verbum seu promissionem hanc si quis velit 15
appellare vim aquae baptismi inditam, non repugnabo. Sed Sophistarum
alia mens fuit. Non enim verbo dant virtutem hanc, sed de elemento
disputant, quod habeat peculiarem virtutem inditam. Scotus rectius dixit,
cum definit Baptismum esse pactum divinum assistens elemento.

Verbum igitur ubique respiciendum et honorificandum est, quo Deus 20
apprehendit, et quasi induit creaturas, et facienda differentia est inter creaturam
et Verbum. In sacramento Coenae sunt panis et vinum, in Baptismo est
aqua. Hae sunt creaturae sed apprehensae per verbum. Quamdiu autem
creatura est apprehensa verbo, tamdiu est et facit, quod verbum promittit.

Neque tamen hoc sic intelligendum est, quasi patrocinemur iam Sacra- 25
mentariis, cum Baptismum et Coenam coniungimus. Baptismus habet promissionem, quod cum Spiritu sancto regeneret: In coena Domini praeter
promissionem remissionis peccatorum etiam hoc est, quod cum pane et vino
vere exhibeatur corpus et sanguis Christi. Sicut dicit Christus: 'Hoc est
corpus meum, quod pro vobis traditur', 'Hic calix est novum Testamentum 30
in Sanguine meo' etc. Ad hunc modum quoque dici potest Naturam humanam in Christo non redimere nos, sed quia natura humana corporaliter per
divinitatem apprehensa est et Christus, Deus et homo, est una persona, ideo
redemptio valet. Ideo Filius hominis dicitur et est Salvator.

Papa excogitavit aquam benedictam, unctionem extremam et similia 35
multa, quibus tribuit remissionem peccatorum. Hic semper cogita: Num
Deus praeceptum et promissionem suam addiderit? Quodsi promissio et
praeceptum Dei non adest, statim iudica esse Idolatriam et profanationem
nominis Dei. Atqui inquiunt: adduntur piae preces, Extant quoque Exempla
sancta, ad quorum imitationem ista fiunt. Sed tu neque preces neque exempla 40

nec intentionem etiam cura. Hoc solum cura, an promissio et praeceptum adsint. Haec enim sunt, quae creaturas induunt nova virtute praeter eam virtutem, quam natura sua habent.

Sicut arbor scientiae mali et boni sua natura bona erat, Sed propter
5 verbum additum erat homini venenum, etiam spiritus non tantum corporis. Contra arbor vitae habebat propter verbum vim vitae conservandae, ac Adae quoque vitam conservasset. Sed Deus iratus non vult ei post lapsum permittere regressum ad illam arborem, non ideo solum, ut admoneretur de peccato admisso, sed etiam, quia Adam habebat iam meliorem promissionem,
10 quod Semen mulieris esset contriturum semen serpentis, ut, quanquam subiectus esset corporali morti, tamen retineret spem immortalitatis per filium Dei. Sicut paterfamilias iratus, etsi non adimit filio haereditatis ius, tamen eum castigat, eiicit domo etc.

Vult igitur Dominus Deus, hominem contentum esse promissione
15 melioris vitae, quam ea fuit, in quam creatus est Adam. Nam etsi Adam de arbore vitae comedisset et iterum esset restitutus priori vitae, non tamen fuisset tutus a Satana, quin iterum per tentationem ex ea excideret. Paravit itaque Deus homini talem statum, in quo certi simus, nos aeterna morte per Semen benedictum nunquam morituros, etsi corporalis haec vita varie sit
20 afflicta. Sunt igitur haec verba omnia verba ridentis et irascentis Dei ad Adamum iam iustificatum, ut et de futuris esset cautior et praeteritorum memoriam non amitteret.

Ac Moses pulchre invertit verba, ut admoneret Hominem eorum, quae antea dixerat. Antea dixit: Posuit Hominem in hortum Eden, ut operaretur
25 et custodiret eum. Hic dicit: Emisit Deus hominem de horto Eden ad colendam terram. Vult enim Hominem cogitare, quod sit ex gleba formatus, et positus in optimum locum, Sed per peccatum factum esse, ut ex loco optimo in terram, ex qua creatus est, sit repositus. Haec insignis inversio admonet Adamum et posteros non solum de futuris peccatis cavendis sed
30 etiam de praeteritis. Itaque Adam, cui antea in Paradiso, loco a coeteris bestiis separato, paratus peculiaris victus erat, nunc in communi loco cum bestiis etiam communi fere pabulo utitur.

Nec eiicitur solum ex Paradiso sed additur loco custos, ne qua ad eum possit accedere, sicut ad arces, ad exercitus fiunt excubiae. Ostendit
35 autem Moses hac copia, qua hoc loco utitur, summe necessariam fuisse hanc eiectionem propter nostram salutem, ut scilicet caveremus a peccatis et viveremus in timore Dei attendentes a Satana, qui tantum nocuit huic naturae per peccatum.

De vocabulo *Mikedem* diximus supra, quod significat 'ab oriente' seu
40 ab orientali plaga. Significat autem Moses, quod Paradisus habuerit viam seu portam ad orientem, per quam ad hortum hunc aditus fuit. Sic in aedificatione templi apud Ezechielem fit mentio portae sanctuarii, quae Ezf. 40, 2

respiciebat ad Orientem, ut scilicet templum sentiamus figuram quandam
Paradisi fuisse, quod Paradisus, si natura mansisset innocens, fuisset Templum
totius mundi.   In ea via igitur ab oriente, quae sola ad Paradisum ducebat,
positi sunt Cherubim, seu Angeli, qui custodirent viam istam, ne vel Adam
vel ulli eius posteri ingredi in Paradisum possent.   Humano more fecit haec   5
Dominus ad terrendum, ut scilicet extaret memoriale tam insignis lapsus.

    Porro Cherubim isti in via habuerunt non ferrum, quo arcerent acces-
suros, sed *Lahut* gladii versatilis, hoc est, fulgetrum seu flammam, qualis
est fulguris, quae incerta est et praestringit oculos.   Habuit autem ista flamma
seu fulgur hoc formam gladii, qui movetur assiduo seu vibratur.   Sicut in   10
Apg. 2,3 Actis cap. 2. dicitur linguas Apostolorum divisas apparuisse, tanquam ignis,
et praebent quoque talem speciem volantes Dracones.   In hunc modum
Angeli isti semper emiserunt flammas, quae in omnes partes agerentur, ne
quis accedere posset.

    Origenis nugas repudiamus.   Nec placent ineptiae Lyrae, qui dicit per   15
flammeum gladium significari, quod peccator pro peccato mortali desinit esse
de Ecclesia militante merito, etsi non numero.   Versatilem autem dici, quod,
si vera poenitentia sequatur, homo secundum meritum ad eam revocatur.
Nos enim sicut defendimus Paradisum fuisse verum et visibilem hortum in
terrae certo loco, Ita hic historice exponimus gladium hunc visibilem flam-   20
mam seu ignem in forma gladii, quo terruerunt et fugarunt Cherubim seu
Angeli Adamum et eius posteros, ne auderent propius ad hortum hunc
accedere.

    Ac est servata Paradisus custodia Angelorum usque ad Diluvium, ut
extaret certum memoriale apud omnem posteritatem huius miseri et calami-   25
tosi lapsus, Sicut postea ad omnem posteritatem extitit lacus Sodomorum,
Item statua salis.   Huiusmodi enim monumentis opus habet ignavia et
negligentia nostra.   Sed post Diluvium Paradisus una cum Angelis et
rhomphea ista disparuit.   Habuit enim tum nascens generatio opus novis
exemplis, quae propiora essent et magis moverent securos, quanquam ne sic   30
quidem aliquid proficitur apud impios.

    Absolvimus iam per tria haec capita Historiam de creatione totius
creaturae: Quomodo creati sint coelum et terra, mare et omnia, quae in eis
sunt, Quomodo a Deo sit condita Paradisus, ut esset hominis, Domini orbis
terrarum, palacium, Quomodo in Paradiso Deus templum Homini condiderit   35
destinatum ad cultus divinos, nempe arborem scientiae boni et mali, in qua
ostenderet obedientiam erga Deum.   Audivimus quoque res hominis in
Paradiso gestas, quam miserabiliter lapsus sit et peccaverit contra Deum
amiseritque istam omnem gloriam innocentiae et immortalitatis.

    Haec omnia simpliciter pro nostri doni modo tractavimus sensu historico,   40
qui genuinus et verus est.   Hoc enim in sacris literis praecipue est agendum,
ut aliquam certam et simplicem sententiam inde eliciamus, praesertim in

tanta varietate Interpretum tum Latinorum tum Graecorum tum Ebraeorum quoque. Hi enim fere omnes non solum historiam non curant, sed etiam ineptis Allegoriis eam obruunt et turbant.

Origenis et Hieronymi absurda ratio, quam in his capitibus secuti
5 sunt, nota est: Ubique enim discedunt ab historia, quam vocant literam occidentem et carnem, ac magnifice commendant spiritualem sensum, quem non norunt. Ac secutus est Hieronymus Origenem magistrum. Sicut nostro quoque seculo accidit: Quia enim hi, qui vel ingenio vel facundia valebant, in eo omnes nervos intendebant, ut persuaderent auditoribus historias esse
10 res mortuas nec valere ad aedificationem Ecclesiarum. Ideo factum est, ut rueremus communi studio ad Allegorias. Ac mihi Iuveni pulchre succedebat conatus. Nam etiam absurda licebat fingere: Si quidem hi tanti doctores Ecclesiarum, ut sunt Hieronymus et Origenes, nonnunquam indulserant ingeniis. Qui igitur allegoriis fingendis aptior erat, is etiam doctior Theo-
15 logus habebatur. Ac Augustinus quoque hac opinione deceptus saepe, prae- sertim in Psalmis, historicam sententiam negligit, et ad Allegorias vertitur. Persuasum enim fuit omnibus, quod praesertim in historiis veteris Testamenti Allegoriae essent spiritualis intellectus, Historia autem seu literalis sententia esset carnalis intellectus.

20 Sed te quaeso, an non hoc est profanare sacra? Origenes ex Paradiso coelum, ex arboribus Angelos facit. Hoc si ita est, ubi manebit articulus creationis? Opus igitur est, praesertim tyronibus sacrarum literarum, cum ad lectionem veterum Doctorum accedent, ut cum iudicio vel potius cum certo consilio damnandi, quae minus probabilia sunt, eos legant, ne autoritate
25 nominis Patrum et doctorum Ecclesiae decipiantur, sicut ego deceptus sum et omnes Theologorum Scholae. Ego quidem ab eo tempore, quo cepi historicam sententiam amplecti, semper abhorrui ab Allegoriis nec sum iis usus, nisi vel ipse textus eas ostenderet, vel interpretationes ex novo Testa- mento possent sumi.

30 Difficilimum autem mihi fuit ab usitato studio Allegoriarum discedere, et tamen videbam Allegorias esse inanes speculationes et tanquam spumam sacrae scripturae. Sola enim historica sententia est, quae vere et solide docet. Postquam haec tractata et recte cognita est, tunc licet etiam Allegoriis ceu ornamento et floribus quibusdam uti, quibus illustretur Historia seu
35 pingatur. Nam nudae Allegoriae, quae nulla ex parte historiae respondent nec pingunt eam, simpliciter tanquam inania somnia sunt reiiciendae. Sunt autem fere tales, quibus Origenes uti solet et qui eum secuti sunt. Ubi enim ex scriptura probari potest, Paradisum significare coelum, Arbores autem Paradisi Angelos? An non ineptissima et sine omni fructu excogitata
40 haec sunt?

Qui igitur Allegoriis volunt uti, hi fundamentum earum ex ipsa historia petent. Historia enim est, quae, ceu Dialectica, vera et indubitata docet.

Contra Allegoria quasi Rhetorica pingere historiam debet, ad probandum autem nihil valet. Ad hunc modum valet Allegoria, cum coelum dicimus significare Ecclesiam, Terram autem imperia et politicam consuetudinem. Nam ipse Christus appellat Ecclesiam regnum coelorum et regnum Dei. Terra autem dicitur terra viventium, ubi regnant Reges et Principes. 5

Eph. 5, 32 Similis est Allegoria, qua Paulus utitur, quod Adam et Heua seu ipsum coniugium sit typus Christi et Ecclesiae. Haec Allegoria erudita et plena consolationis est: Quid enim potest dici iucundius, quam quod Ecclesia sit sponsa, et Christus sponsus? Significatur enim hic illa tum societas tum communicatio laetissima omnium donorum, quae sponsus habet, et obruuntur 10 simul peccata et calamitates omnes, quibus misera sponsa onerata est. Itaque iucundissima vox est, cum dicit Paulus 2. Cor. 11. 'Despondi vos uni 2. Kor. 11, 2 Viro, ut adducerem ad Christum castam virginem'.

Röm. 5, 14 Sic Romanos 5. dicit: 'Adam erat forma futuri'. Quomodo? 'Sicut enim per Adam multi sunt mortui, multo magis gratia Dei et donum 15 per gratiam, quae est unius hominis Ihesu Christi, in multos superabundavit'. An non pulchre ad Historiam ceu ad fundamentum alludit haec Allegoria?

Gal. 4, 24 Sic Gal. 4. ex Sara et Agar facit duo Testamenta. Ad hunc modum, qui volunt Allegorias afferre, fundamenta earum ex ipsa Historia querant. 20

Supra audivimus de Semine mulieris et serpentis. Hanc historiam Christus imitatur in similitudine de homine inimico seminante malum semen, hoc est, impiam doctrinam et cogitationes malas. Haec quis non videt aptiora, illustriora, utiliora et meliora esse, quam quae Augustinus, Lyra et alii afferunt de portione rationis inferiore et superiore? 25

Ad hunc modum clausa Paradisus et Cherubim cum gladiis ad custodiendam Paradisum positi quid aliud significant, quam quod homo extra fidem in Christum positus neque legem neque euangelium potest ferre? 2. Kor. 3, 7 Sicut Paulus de Iudaeis dicit, qui non poterant intueri in faciem Mosi coruscantem et cogebatur Moses velamen ponere ante oculos. 30

Arbor mortis est Lex, Arbor vitae est Euangelium seu Christus, ad has arbores non possunt accedere, qui non credunt in Christum. Prohibentur enim gladio Angeli, qui hypocrisin et venenatam iusticiam non potest tolerare. Agnoscenti autem peccatum et credenti in Christum huic Paradisus aperta manet: affert enim non suam sed Christi iusticiam, quam Euangelium ideo 35 praedicat in omnes, ut omnes ea nitamur et salvemur.

Sed nihil necesse est huic Allegoriae immorari. Hoc monuisse sit satis, ut, qui Allegoriis uti volent, iis utantur, quas indicarunt Apostoli et quae 1. Kor. 3, 12 habent fundamentum certum in ipsa litera seu historia. Alioqui fiet, ut aedificemus super fundamentum paleam et stipulas, non aurum. 40

De Cherubim autem dicendum est, quod crebra eorum fit mentio passim in sacris literis. De his apud Latinos nihil est, nisi quod dicunt siguificari vocabulo plenitudinem scientiae. Apud Graecos est Dionysius[1], quem iactant Pauli discipulum fuisse, sed id non est verum. Est enim plenissimus ineptissimarum nugarum, ubi de Hierarchia coelesti et ecclesiastica disputat. Fingit novem Choros tanquam sphaeras, supremam Seraphim, 5 Deinceps Cherubim, Thronos, Dominationes, Virtutes, Principatus. Postea in Hierarchia inferiore Potestates, Archangelos, Angelos. Haec quis non videt nihil esse quam ociosas et futiles hominum cogitationes?

Postea in Hierarchia ecclesiastica dicit esse Episcopos, Diaconos, Sub-diaconos, Lectores, Exorcistas etc. Talibus nugis occupatur ille scilicet 10 principis Apostolorum et Doctoris gentium discipulus. Et tamen sic eius autoritas iactata est, ut inflati hypocritae statuant omnia esse tanquam ex oraculis prodita, Cum nusquam unum verbum de fide, de ulla sacrae scripturae utili eruditione faciat. Sed quis dixit ei Esse novem choros? Cur postea Franciscani addiderunt decimum, tanquam palatium, in quo diva Mater 15 habitaret? In summa hae sunt nugae dignae, quas discant et admirarentur Papistae, postquam sanam doctrinam tam pertinaciter impugnant.

De Cherub igitur quantum ego potui ex Lectione consequi, meam sen-tentiam dicam. Videtur enim mihi Cherub significare faciem illam floridam, quae est in puellis et iuvenibus in prima aetate. Sicut etiam pinguntur An- 20 geli similes infantibus, Ut Cherubim intelligas Angelos, qui apparent facie non rugosa, non tristi, sed laeta et exporrecta fronte, facie plena et pingui, sive sit ea humana facies, sive alia. Est igitur Cherub nomen generale, quod non constituit nomen singulare inter ordines Angelorum, sicut Dionysius somniat, sed ad apparentiam pertinet, quod florida specie, et iuvenili facie se 25 offerunt hominibus.

Atque haec etiam Ebreorum sententia est, qui dicunt *Kerub* esse Chaldaicum, ac *Kappa* esse servilem literam, *Rub* autem significare formosum Adolescentem, qui sit plena et florenti facie, hinc *Kerubim* appellari Angelos, quasi florentes facie, laetos et iucundos, Sicut etiam pinguntur fere.

30 Sic Seraphim etiam generale nomen est Angelorum ab igni seu ardore propter qualitatem formae, sicut ostendit locus, Num. 21.: 'Immisit Deus in 4. Mose 21, 6 populum *Hannehaschin Haseraphim*, serpentes seraphim, hoc est, Urentes vel ignitos, ut intelligas Seraphim Angelos non solum formosos et plena facie, sicut sunt Cherubim, sed etiam fulgentes. Sicut in Euangelio pinguntur 35 ad sepulchrum Domini sedisse. 'Erat, inquit textus, forma eius sicut fulgur' Matth. 28, 3 Matth. 28. Huc pertinet Psalmus 103.: 'Qui facit Angelos suos spiritus, et Pf. 103, 4 ministros suos flammam ignis', hoc est, rutilantem ignem. Sicut Lucae 2. Luc. 2, 9 dicitur, quod, cum Angelus venit ad pastores, circumfulsit eos claritas

---

3 Hierarchia *A*

[1] *Über Dionysius Areopagita äußert sich Luther hier bestimmter als 1521, s. Unsre Ausg. Bd. 8, 65.*

Domini. Tales etiam fuit Christi facies in monte Thabor. Tales erunt nostrae quoque facies, cum excitabimur in extremo die ad gloriam a Christo nobis partam.

1. Kön. 6, 29   Quod autem in libris Regum est de Cherubicis cortinis, intelligit etiam facies istas plenas et vegetas Angelorum una cum alis, non quod habeant 5 Jef. 6, 6 Angeli alas, sed quod aliter pingi non possunt. Sicut Esa. 6. Cherub appellatur Angelus, qui venit volans, laeta et formosa facie, quales in tapetis pinguntur. Quodsi etiam accedat rutilantia, ut sic dicam, qualis Stephani facies fuisse dicitur laeta et hilaris, ex cuius oculis merae leticiae radiabant, tum dicuntur Seraphim. Nos Germanice possumus dicere facies, die bluhen 10 und gluhen.

Tales nos quoque erimus. Lucebunt facies nostrae sicut Sol in meridie, non erunt rugae illae, non contracta frons, non oculi purulenti. Sed sicut Off. 21, 4 Apocalypsis 21. dicitur 'Absterget Dominus omnem lachrimam ab oculis nostris, ut non mors, non luctus, non querelae, non labor ullus sit reliquus'. 15 Hanc spem retineamus et vivamus in timore Dei, donec liberati ex hac calamitosa vita vivamus illam Angelicam et aeternam vitam, Amen, Amen.

Quartum Caput Genesis.

Superavimus tandem mare illud, in quo maxime sudatum est ab omnibus, etiam aliqua ex parte a nobis, quanquam eo nobis fuerunt omnia 20 planiora, quod relictis Allegoriis historicam et propriam sententiam secuti sumus. Eam cum maxima Interpretum pars non curaret, et Origenem, Dionysium aliosque pluris quam ipsum Mosen faceret, merito aberrarunt. Quae iam sequuntur, minus disputationum habent, et planiora sunt. Ac etiam in eo patrocinantur nostrae sententiae, quod nemo non videt Mosen non 25 voluisse Allegorias proponere sed simpliciter primi mundi historiam scribere.

4, 1 Et cognovit Adam Heuam uxorem suam, quae concipiens peperit Cain.

Adam per peccatum lapsus in mortem habuit promissionem, sicut supra audivimus: Quod de carne morti subiecta deberet ei nasci surculus 30 vitae. Intellexit igitur sibi esse generandum, praesertim cum ista benedictio 'Crescite et multiplicamini' non sublata, sed iterum confirmata esset in promissione illa de Semine contrituro caput Serpentis. Non itaque, sicut nos iudicamus, simpliciter ex carnis affectu Adam Heuam suam cognovit, sed necessitas salutis per benedictum Semen consequendae coëgit eum. 35

Nemo igitur commemoratione hac offendi debet, quod Adam cognovit Heuam suam. Etsi enim propter peccatum originale divinum hoc opus generationis pro turpi habetur, quo offendi puras aures videmus, tamen spirituales homines debent distinguere inter peccatum originale et creaturam. Opus generationis est creatura Dei bona et sancta, est enim ex Deo benedicente. Ac si homo non esset lapsus, fuisset purissimum et 5 honestissimum opus. Sicut enim nemo veretur cum uxore sua loqui, edere, bibere; honesta enim sunt haec omnia, Ita quoque generare honestissimum fuisset.

Ac mansit etiam in natura corrupta generatio, sed accessit illud venenum Diaboli, pruritus carnis et foeda libido, quae variorum incommodorum 10 et peccatorum etiam causa est, quibus omnibus natura integra caruisset. Experimur carnem immodice appetere, ac ne coniugium quidem multis sufficiens remedium est. Alioqui enim non adulteria, non scortationes essent, quae, proh dolor, nimis crebrae sunt. Inter ipsos coniuges etiam quam varie ista carnis infirmitas se prodit! Haec omnia non creationis, non benedictionis 15 sunt, quae ex Deo est, sed peccati et maledictionis, quae est ex peccato. Itaque debent separari a creatura Dei, quae bona est, et de qua etiam Spiritum sanctum videmus non esse veritum loqui.

Non solum autem nulla turpitudo est, quod loquitur Moses hic de creatione et benedictione Dei, sed etiam necesse fuit, ut haec doceret et 20 scriberet, propter futuras haereses, Nicolaitas, Tatianum, etc., maxime autem propter Papatum. Videmus enim Papistas nihil moveri, quod supra scriptum est: 'Creavit autem eos Dominus Masculum et Foeminam'. Sic enim vivunt, sic votis se obligant et involvunt, ut neque masculos, nec foeminas se esse norint. Nihil movet eos, quod supra scriptum est: 'Adduxit autem Dominus 25 Heuam ad Adam et Adam dixit: Hoc os ex ossibus meis etc.' Nihil movet promissio et benedictio: 'Crescite et multiplicamini'. Nihil movet eos Decalogus: 'Honora patrem et matrem'. Nihil movet eos origo sua, quod ex copulatione maris et foeminae nati sunt. His omnibus praeteritis, neglectis et abiectis cogunt sacrificulos, monachos et monachas suas ad perpetuum 30 coelibatum, quasi coniugum vita, de qua hic Mose loquitur, damnata et reproba vita sit.

Sed Spiritus sanctus habet purius os et oculos puriores quam Papa. Ideo non veretur meminisse copulae seu congressus mariti et uxoris, quem isti Sancti ceu foedum et impurum damnant. Nec facit hoc Spiritus sanctus 35 uno in loco: tota Scriptura talium Historiarum plena est, Ita ut etiam hanc ob causam nonnulli a lectione sacrorum Bibliorum iuvenes monachos et monachas revocarint. Quid multis? tantus fuit furor Diaboli contra creaturam Dei et sanctum coniugium, ut coëgerint Papistae homines abiurare coniugium, ut instituerint ordines coelibis vitae, et damnaverint prae coelibatu suo con- 40 iugum vitam. Itaque haec impietas non caruit suis poenis. Nam exempla ob oculos sunt, qui fructus impurum coelibatum sint secuti. Et etiam in libris extant vestigia horrendorum scelerum.

Testatur sanctus Udalricus, Episcopus Augustanus[1], postquam coelibatum
Gregorius Pontifex stabilitum vellet et interdixisset usu coniugum etiam
illis, qui iam ante Decretum de coelibatu coniuges essent facti, Cum forte
piscari vellet in vivario, quod Romae habebat, inventa in eo esse amplius
sex mille capitum infantilium. Scribit autem idem Udalricus vehementer
consternatum eo spectaculo Gregorium impiam de coelibatu sanctionem iterum
sustulisse. Sed successores Gregorii facile et foeditatem huius rei et piam
abolitionem Decreti de coelibatu suppresserunt, Cum ipsi quoque existimarent
non ad opes solum parandas coelibatum aptum esse, sed etiam ad dignitatem
conciliandam.

Simile exemplum nostra aetate accidit.[2] Cum Moniales in Austriae
vico Closter Neumburg propter turpem vitam cogerentur mutare locum et
monasterium Franciscanis habitandum concessum esset, atque illi pro sua
commoditate quaedam aedificia mutarent, inventae sunt in fundamentis novis
duodecim ollae, quarum singulae cadaver infantis habebant.

Huiusmodi infinita alia passim acciderunt. Recte igitur Gregorius,
qui, sicut Episcopus Udalricus refert, verbum Pauli eleganter mutavit:
1. Kor. 7, 9 Paulus inquit: Melius est nubere, quam uri. Sed ego addo: 'Melius est
nubere, quam mortis occasionem praebere'.

Romae quoque propter copiam puerorum exposititiorum erecta sunt
monasteria, quorum Pontifex pater dicitur, et antecedunt eum proxime in
processionibus publicis. Tacco infinita alia, quae dicere animus reformidat.

Cavere itaque doctrinas istas daemoniorum decet, et discere, ut reverenter habeamus coniugium, et reverenter loquamur de hoc genere vitae, quod
videmus Deum instituisse, quod audimus in Decalogo commendari, ubi
dicitur: 'Honora patrem tuum et matrem tuam'. Cui addita est benedictio:
'Crescite et multiplicamini'. De quo audimus hic Spiritum sanctum loqui,
cuius os castum est. Vicia autem et turpitudinem illam, quae per peccatum
ad creationem Dei accessit, non debemus exagitare aut ridere, sed potius
debemus tegere, sicut videmus Deum Adam et Heuam nudos post peccatum
vestibus tegere. Honorifice enim coniugium tractari debet, ex quo omnes
nascimur, quod seminarium est non solum politiae, sed etiam Ecclesiae et
regni Christi usque ad finem mundi.

Hanc gloriam coniugii Gentes et alii profani homines non intelligunt.
Colligunt tantum vicia, quae tum in ipsa coniugum vita tum in feminino
sexu sunt. Et sic separant immundum a mundo, ut immundum retineant,
quod autem mundum est, non videant. Sicut etiam quidam profani Iureconsulti de hoc ipso libro Genesis profane iudicant et dicunt: Nihil continere
quam subagitationes Iudaeorum. Hi an non digni sunt, si etiam coniugii

---

[1]) *Aus den Tischreden; Nachweise bei Lauterbach, Tageb. S. 122.*   [2]) *Auch aus
den Tischreden, Erl. Ausg. 61, 300.*

contemptus et impurus coelibatus accedat, qui etiam Sodomorum sceleribus et poenis subiiciantur? Sed omittamus hos et-Mosen audiamus.

Non satis est Spiritui sancto dicere: 'Adam cognovit Heuam', sed addit etiam: 'Uxorem suam'. Non enim probat vagas libidines et promiscuos
5 concubitus. Vult, ut unusquisque vivat contentus sua uxore. Etsi autem illa ipsa coniugum consuetudo neutiquam sic est pura, sicut in innocentiae statu futura erat, Tamen in medio illo vicio libidinis et reliquarum omnium calamitatum benedictio Dei consistit, sicut hic scribitur, Non propter Adam et Heuam (hi enim, cum scriberentur haec a Mose, iamdudum in cinerem
10 erant resoluti), Sed propter nos, ut, qui se continere non possunt, vivant contenti sua Heua, et alienas mulieres non attingant.

Ista phrasis: 'Cognovit uxorem suam', tantum est Ebraeorum, non enim Latini, non Graeci sic loquuntur. Est autem pulcherrima phrasis, non solum ob pudorem et reverentiam sed etiam ob singularem significationem. Nam verbum *Iada* latius patet, quam apud nos 'cognoscere'. Non enim tantum significat speculativam cognitionem, sed sensum et experientiam, ut sic dicam. Ut, cum Hiob dicit de impiis: 'Cognoscent, quid sit contra Deum facere', vult dicere: experientur et sentient. Sic Psal. 51.: 'Quoniam Pf. 51, 5 peccatum meum cognosco', hoc est, sentio et experior. Item Gen. 22.: 'Nunc 1. Mose 22, 12
20 cognovi, quod timeas Dominum', hoc est: Reipsa didici et expertus sum. Sic Luc. 2.: 'Quoniam virum non cognosco'. Novit quidem Maria multos Lut. 1, 34 viros, sed virum nullum experta est nec sensit. Ad hunc modum hoc loco cognovit Heuam uxorem, non obiective aut speculative, sed realiter expertus est suam Heuam, quod esset foemina.

25 Quod additur: 'Et Heua concepit ac peperit Cain', certum signum est melioris naturae, quam hodie est. Non enim fuere tum tot irriti congressus sicut in hoc mundi senio, sed semel cognita Heua ab Adamo suo statim impraegnata est.

Hic questio oritur: Cur dicat Moses: 'Peperit Cain', et non potius,
30 sicut infra: Peperit filium Seth? Tamen Cain et Habel etiam fuerunt filii. Cur igitur non vocantur filii? Sed fit hoc propter posteritatem, nam Habel a fratre occisus periit corporaliter, Cain autem per peccatum periit spiritualiter, nec est propagatum ab eo seminarium illud Ecclesiae et regni Christi. Nam tota eius posteritas in Diluvio periit. Itaque nec benedictus Habel, nec
35 maledictus Cain nomen filii habent, Sed Seth fuit, ex cuius posteritate Christus, Semen illud promissum, nasciturus erat. Itaque Seth primus meretur nomen filii.

Ac dixit Heua: Acquisivi virum Domini.

Hinc potest alia causa colligi: Cur Heua non vocarit Cain filium, quod
40 scilicet prae nimio gaudio et reverentia noluerit appellare filium, sed cogitaverit de ipso maius aliquid, quasi Cain esset Vir ille futurus, qui caput

Serpentis contriturus esset. Ideo non simpliciter virum, sed Domini virum
appellat, de quo Dominus Deus promiserat: Semen tuum conteret caput
Serpentis. Etsi autem haec spes falsa fuit, tamen apparet Heuam fuisse
sanctam mulierem et credidisse promissioni de futura salute per Semen
benedictum. Ac quia credit, ideo sic laetatur de filio et tam magnifice de
eo loquitur: Acquisivi virum Dei, qui rectius et foelicius se geret, quam Adam
meus et ego nos gessimus in Paradiso. Ideo non meum filium voco, est vir
Dei a Deo promissus et exhibitus. Propter hanc quoque causam fieri potuit,
ut non appellaret Cain filium.

Quod itaque Heua sic haeret in promissione divina et in fide liberationis 10
per Semen suum futurae, recte facit. Nam hac fide in futurum Semen
iustificati et sanctificati sunt omnes Sancti. Sed in individuo errat, credit
Cain fore, qui finem calamitatibus imponat, in quas per peccatum Satan
hominem coniecerat, sed credit hoc sua quadam opinione, sine certo signo
et sine verbo certo. Promissio quidem certa et vera erat, sed de individuo 15
nihil erat significatum, quod vel Cain vel Habel esset futurus ille Victor
serpentis.

Itaque cum de individuo statuit Heua, fallitur et frustra tam superbum
et letum nomen imponit filio. Textus enim ostendit dictum Cain a verbo
Kanah, quod significat 'possidere' seu acquirere, ut hoc nomine se consoletur 20
contra accepta mala et opponat acquisitionem vitae et salutis per Semen
amissioni vitae et salutis per peccatum et Satanam, quasi dicat: Memini,
quid amiserimus per peccatum. Sed nunc nihil nisi recuperationem et acquisitionem speremus et loquamur. Acquisivi enim virum Dei, qui amissam
istam gloriam iterum acquiret nobis. Nimia certitudo promissionis facit, ut 25
Heua properet, et hunc primum filium putet esse, de quo Dominus promiserit.

Sed misera Mulier fallitur. Nondum satis videt suam calamitatem:
Quod ex carne nihil quam caro potest nasci, Quod per carnem et sanguinem
peccatum et mors non possunt vinci. Deinde nescit articulum temporis, quo
Semen illud benedictum, ex Spiritu sancto conceptum, per virginem in mun- 30
dum nascendum sit. Sicut etiam articulum hunc temporis Patriarchne
nescierunt, quanquam promissio subinde clarior per revelationem Spiritus
sancti facta sit. Sic hodie scimus nos futurum extremum iudicium, sed diem
Apg. 1, 7 et horam nescimus, sicut Christus etiam Apostolis dicit, Act. 1.

4, 2   Et adiiciens peperit fratrem eius Habel.   35

Non potest certo sciri, fuerint ne Cain et Habel gemelli an non, quanquam satis verisimile est gemellos fuisse. Sed utut sit, primi Parentes his
duobus filiis natis varia cogitarunt et redemptionem suam putarunt esse in
foribus. Ac Cain sine dubio primo loco et in deliciis est habitus, Habel
autem non ita gratus nec in tanta spe fuit, sicut ipsa nomina ostendunt. 40
Cain vocatur, tanquam qui esset reparaturus omnia. Contra Habel significat

vanitatem, et quod nihili seu abiectum est. Verterunt quidam in nostris Bibliis 'luctum', sed id *Ebel* est, non *Habel*. Porro *Hebel* usitatissimum in sacris literis est; quoties enim repetitur in Ecclesiaste: 'Vanitas vanitatum et omnia vanitas'? Et Psalmo 78. 'Defecerunt in vanitate dies eorum', hoc Pf. 78, 33 est, non consequebantur promissionem terrae Canaan.

Ita Habel vocatur, de quo nulla aut vana spes sit, Cain autem, de quo sperantur omnia. Ita ipsae appellationes satis ostendunt cogitationes et affectus Parentum, quod, cum promissio esset de Semine, Adam et Heua cogitarunt eam implendam per Cain, Habelem autem re omni per fratrem foeliciter confecta nihil facturum, ideo vocant eum Hebel.

Atque haec spes sine dubio etiam causa fuit, quod non pari cura nec studio educati sunt hi fratres. Habeli cura pecoris commissa est, Cain ad paternas operas et terrae cultum tanquam ad meliores artes est adhibitus. Habel est pastor, Cain est Rex et Sacerdos, tanquam primogenitus natus in illas praeclaras spes reparationis omnium.

Sed hic considera mirabile Dei consilium. A principio mundi fuit primogenitura maxima res, non solum in populo, ubi ius primogeniturae ab ipso Deo institutum et commendatum est, sed etiam inter gentes. Et tamen, praesertim in populo sancto, ostendit res et experientia primogenitos fefellisse spem parentum, et postgenitos in eorum locum, conditiones et dignitatem successisse.

Sic an non misere fefellit spem primorum Parentum homicida Cain? Abraham quoque non fuit primogenitus, sed Haran; Esau est primogenitus, sed cedit benedictio fratri eius Iacob. David erat minimus natu inter fratres, et tamen ungitur in Regem. Sic de reliquis: Etsi enim divino iure primogeniti habuerunt praerogativam regni et sacerdocii, tamen eam amiserunt et praepositi eis sunt postgeniti.

Unde ista extitit perversitas? Nimirum tum ex parentum vitio tum etiam ex propria superbia primogenitorum. Parentes primogenitos habuerunt lautius. Deinde ipsi primogeniti sic parentum indulgentia depravati contempserunt et oppresserunt fiducia huius iuris fratres reliquos. Deus autem est Deus humilium, qui 'humilibus dat gratiam et resistit superbis'. Primo- Jac. 4, 6 geniti autem, quia superbi sunt, de suo iure deturbantur, non quod ius primogeniturae non habeant, sed quia incipiunt in donis superbire, et insolescunt. Id autem Deus non potest ferre.

Sic cum optimis et pulcherrimis donis prae aliis instructi Angeli in coelo inciperent superbire contemnentes humilitatem filii Dei, praecipitati sunt in infernum et facti foedissimi Diaboli. Non enim potest Deus superbiam ferre, et vult ubique observari et salvam esse suam Maiestatem, Sicut in Propheta dicit: 'Gloriam meam alteri non dabo'. Jef. 48, 11

Sic Populus Israel erat quasi peculium Dei, Civitas sancta Ierusalem erat habitatio Dei. Sed cum exuissent timorem Dei et fiducia donorum

superbirent, populus excisus et Civitas per gentes vastata est. Atque haec
communis pestis est naturae nostrae, quod non contenti sumus donis Dei,
sed iis abutimur, ut largitori et Creatori insultemus. Donat igitur Deus
imperia et regna, pacem et alia, ut agnoscant eum Reges et Principes, ut
eum colant, ei agant gratias. Sed sic his donis abutuntur Reges et Prin- 5
cipes, quasi data eis ideo sint, ut Creatorem et tam largum Datorem pedibus
conculcent.

Idem accidit in Oeconomia. Donat bonam valetudinem, uxorem, liberos,
rem familiarem, non ut per haec dona offendamus eum, sed ut agnoscamus
eius misericordiam, eique agamus gratias. Ideo concessit usum et quasi 10
dominium omnium fere creaturarum. Sed quotus quisque est, qui hoc facit?
An non fere omnes in foedissimo abusu donorum Dei vivimus? Cogitur
igitur uti remedio illo, quo Vespasianus utebatur.[1] Hic aequo animo patiebatur cives et aulicos suos ditari, dicebat enim: Esse divites ut spongiam,
quae impleta aqua, cum fortiter premitur, eam reddit copiose. Ita Deus, 15
quos impinguavit bonis suis, hos, cum ingrati sunt aut abutuntur benignitate
Lut. 1, 53 Dei, extenuat iterum, et, sicut beata Virgo dicit: 'Divites dimisit inanes'.

Haec igitur causa est, ut primogenito Cain non parcat. Non enim
dedit primogenituram Cain, ut per eam superbiret et Deum contemneret,
sed sic ornaverat eum, ut revereretur et timeret Deum, id cum non facit, 20
abiicit eum.

Et est in hac parte etiam Parentum peccatum; hi fovent hanc superbiam,
sicut satis ostendunt nomina. Nam Adam et Heua in primogenito solo
spem habent, hunc vocant thesaurum suum, Habel autem sentiunt nihil esse
et nihil posse. Cain tanquam Regem ornant, habent enim eum pro bene- 25
dicto Semine. Itaque et de eo magnifica sibi pollicentur, et ipse etiam
superbit. Habel tanquam nihili hominem negligunt.

Sed Deus invertit omnia: Cain abiicit, et Habel facit Angelum et primum inter omnes Sanctos. Hic enim cum a Fratre occiditur, primus est,
qui liberatur a peccato et huius mundi calamitatibus, et per omnem Ecclesiam 30
sequentem lucet tanquam insignis stella per illud illustre testimonium iusticiae,
quod ei Deus et tota scriptura tribuit. Ad hunc modum Habel, quem Adam,
Heua et Cain tanquam nihili hominem contemnunt, hic coram Deo constituitur
tanquam Dominus coeli et terrae. Nam post mortem in meliore conditione
est, quam si mille mundos cum omnibus bonis possideret.   35

Hic finis est superbiae et praesumptionis contra Deum. Confisus est
Cain sua primogenitura et contempsit prae se Fratrem nec credidit promis-
sioni de Christo. Contra Habel in fide apprehendit promissionem factam
Adae de Semine, atque haec fides etiam causa est, cur meliorem hostiam
Hebr. 11, 4 obtulerit, quam Cain, sicut Epistola ad Ebraeos loquitur.   40

---

[1]) *Sueton. vita Vespas. c. 16.*

Fuitque Habel pastor ovium, Cain autem agricola.

Sicut nomina, ita etiam conditio vitae, ad quam a Parentibus uterque adhibitus est, ostendit illam praeclaram spem Parentum de Cain. Etsi enim utrunque genus vitae honestum est, tamen Habel oeconomicum tantum, Cain 5 autem magis politicum est. Ac quia Adam agricola fuit, Cain, quem magis diligit, ad patrias artes assuefacit. Habel interim ignava gregis cura committitur, ut appareat, hunc tanquam servum, illum autem Dominum a Parentibus haberi.

Et factum est a fine dierum, et adduxit Cain de fructu terrae   4, 3
10   oblationem Domino.

'A fine dierum', hoc est, postquam aliquot anni completi sunt. Hic primum admonemur pios Parentes Adam et Heuam liberis saepe ac multum concionatos esse de voluntate Dei et cultu Dei. Si quidem ambo Deo offerunt. Sed inquies, quid aut de qua re concionati sunt? Pulcherrima 15 certe argumenta sacrarum concionum habuerunt. Meminerunt primae conditionis et Paradisi ac sine dubio liberis locum ab Angelis custoditum ostenderunt saepe ac monuerunt, ut a peccato caverent, per quod tot bonis spoliati et exuti essent. Contra ut in timore Dei viverent, ut eius benignitate se consolarentur, tunc futurum, ut post hanc vitam meliorem inveniant. Ac 20 quis commoda omnia prioris vitae enumeraret? Ad haec accessit altera pars doctrinae de promissione Seminis et futura liberatione ex his calamitatibus. Haec fortasse certo in loco et praecipue Sabbatis diebus liberis suis Parentes pii depraedicarunt. Itaque ad hostias et cultum Dei praestandum his concionibus excitati sunt.

25   Atque hic primus Scripturae locus est, ubi mentio fit *Mincha*, seu oblationis. Ex quo apparet morem offerendi et sacrificandi hostias non novum sed ab initio mundi fuisse. Nihil itaque mirum est, quod sacrificiorum ratio ab Adamo usque ad Mosen propagata et tanquam per manus tradita postea per Mosen in suas species et certum quasi ordinem digesta sit ab- 30 iectis et repudiatis sine dubio multis, quae vana hominum superstitio adiecit. Sicut exempla sacrificiorum gentilium etiam apud Homerum et Virgilium conspiciuntur, quae sine dubio gentes a Patribus accepta imitatae sunt et per superstitionem auxerunt etiam.

Sed hoc mihi imprimis consideret hoc in loco Lector: Adam et Heua 35 non solum Parentes sunt nec alunt tantum liberos suos et instituunt ad praesentem vitam, Sed funguntur etiam Sacerdotum officio. Quia enim Spiritu sancto pleni sunt et illuminati cognitione venturi Christi, hanc ipsam spem futurae liberationis liberis suis proponunt et hortantur eos ad gratitudinem tam misericordi Deo praestandam. Nullum enim alium finem 40 traditorum sacrificiorum fuisse statuendum est.

Tam pia et bona doctrina, quaeso, considera, quales sortiatur discipulos.
Nam hic duplices auditores sunt. Cain primogenitus, qui videtur Sanctus
esse, qui creditur Dominus esse, impius est et promissioni divinae non
credit. Contra Hebel, cuius nulla est autoritas, qui abiicitur ad pecorum
curam, pius est, et credit et tamen impius Cain impietatem suam sic tegit, 5
ut et audiat docentes Parentes, quasi serio curet verbum, et offerat, sicut
alter pius frater. Hoc exemplum geminae Ecclesiae est, verae et hypocriticae,
sicut alio loco latius ostendemus. Etsi autem hoc in loco tantum sacrificii
mentio fit, non etiam praedicationis, tamen statuendum est non obtulisse eos
sine praedicatione verbi. Non enim colitur Deus muto opere, oportet, ut 10
adsit verbum sonans in cordibus hominum et in auribus Dei, Sicut etiam
invocatio nominis Dei huic sacrificio fuit addita.

Queritur autem hic: An habuerint verbum seu mandatum sacrificandi?
Respondeo, quod sic. Hoc enim omnes sacrae Historiae comprobant, quod
misericors Deus per superabundantem suam gratiam semper iuxta verbum 15
constituit aliquod externum et visibile signum suae gratiae, ut homines
externo signo et opere ceu Sacramento admoniti, certius crederent Deum
favere et misericordem esse. Sic post diluvium Iris in id apparuit, ut esset
certum argumentum Deum posthac simili poena non grassaturum in mundo.
Abrahae data est circumcisio, sicut audiemus, ut statueret Deum fore sibi 20
Deum et daturum Semen, in quo benedicerentur omnes gentes. Nobis in
novo Testamento Baptismus et Eucharistia tanquam visibilia gratiae signa
data sunt, ut statueremus peccata nostra per Christi passionem sublata esse
nosque morte eius redemptos esse. Sic Ecclesia nunquam ita destituta fuit
externis signis, ut non posset sciri, ubi Deus certo inveniretur. 25

Etsi autem mundus fere Cain imitatur et illis signis gratiae abutitur
ad hypocrisin, tamen profecto ineffabilis misericordia est, quod Deus tam
multifariam se nobis ostendit. Sicut etiam magnifice hoc ipsum donum
Spr. 8, 30 commendatur Proverb. 8. 'Delectabar per singulos dies ludens coram eo,
ludens in orbe terrarum, et delitiae meae esse cum filiis hominum'. Sed 30
Ebraeum verbum *Sagah* non recte redditur per vocabulum lusus. Hoc enim
sapientia praedicat, quod habuerit respectum suum ad homines, quod se
hominibus revelaverit, quasi dicat: Ego me semper ita in hominum oculos
atque aures ingessi, ut me praesentem intelligerent in sacrificiis, in circumcisione, in incensionibus, in nube, in mari rubro, in manna, in aëneo Ser- 35
pente, in tabernaculo Mosi, in templo Salomonis, in nebula, ac fuerunt delitiae
meae, ut sic me ostenderem et revelarem filiis hominum.

Ac Adae magnae consolationi fuit, quod amissa Paradiso, arbore vitae
et aliis commoditatibus, quae erant signa gratiae, aliud signum gratiae, nempe
sacrificia, ei datum esset, per quod intelligeret, se a Deo non abiectum, sed 40
Deo adhuc curae esse et a Deo respici. Hoc enim significabat Deus, cum
sacrificia et oblationes flamma coelesti accenderet et absumeret, sicut de

sacrificio Mose et Heliae legimus. Haec enim erant verae ostensiones divinae misericordiae, quibus opus habebant miseri homines, ne essent sine aliqua luce gratiae Dei.

Sic hodie ipsum verbum, Baptismus, Eucharistia sunt Luciferi nostri, ad quos respicimus, tanquam ad certos indices solis gratiae. Certo enim possumus definire, quod, ubi est Eucharistia, Baptismus, Verbum, ibi sit Christus, remissio peccatorum et vita aeterna. Contra ubi haec signa gratiae non sunt, vel ubi contemnuntur ab hominibus, Ibi non solum non est gratia, sed etiam foedi errores sequuntur, ut homines alios cultus et alia signa ipsi sibi constituant, Sicut Graeci Apollinem et alii alios daemones coluerunt, Aegyptii Anubin, Serapin, Crocodilos, Allium, Cepe, Romani Iovem, Quirinum et foeda illa simulachra, Priapum, Venerem etc.

Idem in Papatu accidit. Postquam enim illa vera gratiae signa ceperunt vilescere et contemni, superstitio non potuit quiescere, sed quesivit alia signa, vota, ordines, peregrinationes ad Sanctorum loca, intercessiones Sanctorum et alia. Haec omnia et errorum plena et cum impietate coniuncta sunt et tamen miseri homines ea amplectuntur tanquam certa divinae gratiae signa. Hic nullum Episcopum, Scholam nullam audias, quae reclamet hisce blasphemiis, quae saniora doceat. Amissa enim luce verbi et his gratiae signis a Deo exhibitis necessario currunt homines post desideria cordium suorum. Sicut Iudaei contempto tabernaculo et templo sacrificabant sub arboribus, in lucis, donec tandem Liberos suos crudeles Parentes mactarent.

Haec tam varia et vaga idolatria ostendit, quantum sit donum, habere verbum et signa illa gratiae a Deo ostensa et mandata. Quodsi Gentes Iudaeorum vestigiis insistere voluissent, neutiquam ad portenta illa essent prolapsi. Sic Iudaei, si verbo attendissent, ista blasphema sacra nunquam tentassent. Nos si Baptismum et sacram Eucharistiam eo loco habuissemus, quo debebamus, non essemus facti Monachi, nihil de Purgatorio, nihil de sacrificio Missae, nihil de aliis impietatibus in Ecclesia esset traditum. Sed postquam lux verbi per impios Pontifices extincta est, facile fuit obtrudere hominibus omnes istas abominationes.

Ineffabile igitur hoc donum est, quod Deus non solum dignatur loqui per verbum hominibus, sed etiam addit verbo visibilia signa gratiae, Sicut in novo Testamento sunt Baptismus, Eucharistia, Absolutio. Haec qui contemnunt aut indigne tractant, nonne digni sunt, qui Papae stercora pro balsamo emant, adorent, praedicent? Cur enim contemnunt benignitatem divinae Maiestatis? Possent habere certissimum signum gratiae domi suae sine sumptibus, sine labore ullo: Eo contempto eunt Romam, Compostellam etc., consumunt pecuniam, affligunt corpus, et tandem amittunt animam merito. Deus sit benedictus in secula, qui hodie nos per verbum suum revocavit a vagis istis erroribus et Idolatriis et sic nos signis gratiae suae ditavit, ut ea ante fores nostras, imo domi nostrae et in lectulo habere possimus.

Ad hunc modum Deus statim a primordio mundi confirmaturus promissionem de salute nostra hoc egit, ut haberent homines signa, quibus se consolarentur in peccatis suis et erigerent fiducia gratiae divinae. Non enim operis ipsius dignitas sed misericordia et promissionis divinae virtus in sacrificio valet, quod Deus hunc cultum ordinat et promittit sibi eum gratum *5* fore. Quod igitur nobis Baptismus et coena Domini est, hoc Adae fuit post promissionem sacrificium et oblatio. Revelavit enim Deus in sacrificiis gratiam suam et probavit ea incendendo et absumendo ea per ignem.

Ad hos cultus etiam filios instituit Pater, ut hoc modo gratias agant Deo, Deum benedicant, de Dei misericordia certam spem concipiant. Sed *10* impius Cain inflatus dignitate primogeniturae istas pulcherrimas praedicationes Parentis contemnit; offert quidem, ut pater mandat, Sed inflatus opinione sanctitatis sentit Deum ipsum opus propter dignitatem personae probaturum esse. Habel vero, qui secundum nomen suum nihil est in oculis suis, etiam
Hebr. 11,4 offert, sed in fide promissionis, sicut dicit Epistola ad Ebraeos. *15*

4,4 Sed et Habel quoque adduxit de primitiis ovium suarum et de adipe illarum.

Si ipsum opus spectes, non poteris Habel praeferre Cain. Nam Iudaei stulte ineptiunt, cum somniant Cain non lecta farra sed paleas obtulisse atque ideo a Deo abiectum esse: sunt enim isticiarii et haerent in operibus. *20* Aliud Epistolae ad Ebraeos iudicium est, quae dicit Habel fide meliorem hostiam obtulisse. Non igitur vitium in rebus, quae oblatae sunt, fuit, sed in persona offerente. Et fides personae fuit pondus illud, quod addidit praecium hostiae Habel, Cain autem oblationem viciavit. Habel credit Deum bonum et misericordem esse, ideo sacrificium eius Deo gratum est. *25* Cain contra fidit dignitate primogeniturae, fratrem autem tanquam hominem vanum et nihili prae se contemnit. Quod igitur Dei iudicium est? Primogenitum facit, ut sit postgenitus et ex postgenito facit primogenitum. Respicit enim ad oblationem Habel et ostendit huius Sacerdotis sacrum sibi placere, Cain non placere nec esse verum Sacerdotem. *30*

Vocabulum 'respexit' *Schaah* late patet, et ego id diligenter explicavi
Jef. 17,7 in Scripto contra Latomum.[1] Est Esaiae: 'In die illa respiciet homo ad Factorem suum, et non respiciet ad altaria, quae sunt opus manuum eius etc.' Item 66. 'Super genua blandientur vobis'. Eo enim alludit, quod, cum mater puerum in sinu fovet, ostendit ei hilarem et iucundam faciem. Talem *35* ostensionem seu repraesentationem significat hoc verbum. Itaque latius patet, quam verbum respiciendi. Nam cum mater respicit ad infantem, simul etiam arridet et singularem amoris significationem in vultu ostendit.

---

[1]) Rationis Latomianae confutatio *v. 1521* = *Unsre Ausg. Bd. 8, 86.*

Non habet vernacula nostra lingua vocabulum, quo explicari haec plene possunt nec in latina lingua extat, quod sciam.

Simile fere est, quod Moses dicit 'Nisi praecedant nos facies tuae, 2. Mose 33, 15 nusquam ibimus', hoc est: fac, ut semper habeamus signa tua apud nos, quibus appareas et ostendas tuam praesentiam et favorem. Talia signa, ut supra dixi, fuerunt columna ignis, nubes etc. Etsi autem Moses hoc in loco non explicat, quale illud signum fuerit, quo Deus ostendit sibi Habel munera grata esse, tamen verisimile est fuisse ignem de coelo demissum, quo oblatio hausta et consumpta est in oculis omnium, unde apparuit, Deum delectari officio Habelis. Ostendit autem, Deus hic, quod iudicet corda et renes: Siquidem primogeniturae gloriam in Cain non respicit, Contra respicit animum contempti Hebel.

Atque hic incipit Ecclesia dividi: in Ecclesiam, quae nomine Ecclesia est, re nihil est nisi hypocritica et sanguinaria Ecclesia, Et alteram, quae sterilis, desolata, passionibus et cruci obnoxia est, et vere coram mundo et respectu illius hypocriticae Ecclesiae est Hebel, hoc est, vanitas et nihil. Nam Christus quoque Habel vocat iustum et facit cum initium Ecclesiae Matth. 23, 35 piorum, quae erit usque ad finem. Sicut Cain initium est Ecclesiae maliguantium et sanguinariae usque in finem mundi, Sicut etiam Augustinus in libro de civitate Dei hanc historiam tractat.[1]

Magna autem tum doctrina tum consolatio in eo nobis proponitur, cum utranque Ecclesiam ab his ceu fontibus deducimus et observamus, quam mirabili consilio Deus ista gubernaverit semper, ut vera Ecclesia alio tempore maior alio minor fuerit, et tamen semper ita, ut hypocritica et sanguinaria Ecclesia habuerit gloriam coram mundo et veram ac Deo dilectam Ecclesiam crucifixerit. Iam enim tum incepit practica promissionis divinae, quod semen Serpentis momordit calcaneum benedicti Seminis. Sicut adhuc hodie experimur. Non igitur terreri nos ista fortuna decet. Consolationi potius esse debet, quod usu discimus eadem nobiscum geri ab adversariis, quae cum Habele iusto sanguinarius Cain gessit.

Non enim nunc primum accidit, ut nobis Ecclesiae nomen eripiatur, ut vocemur haeretici, ut, qui occidunt nos, se veram et solum Ecclesiam esse glorientur, idque nomen ferro et omni crudelitatis genere sibi vindicent. Idem Habel iusto accidit, Idem Domino nostro Christo, qui non Sacerdos, non Rex erat Hierosolymis. Sed a sacerdotibus et regibus arripiebatur ad crucem. Oportet autem, sicut Paulus dicit, nos conformes fieri Christo. Röm. 8, 29 Itaque vera Ecclesia latet, excommunicatur, pro haereticis habetur, occiditur: Cain autem habet gloriosum nomen, solus est, qui opinionem habet et spem sustinet maximarum rerum gerendarum, atque ideo etiam in Fratrem fertur hostili animo et occidit eum.

---

[1] Augustin. De civ. Dei 15, 7 = VII, 384 ed. Bened.

Haec non politica, nec oeconomica sunt, Sed maxime ecclesiastica. Occiditur enim Habel non propter politicum aut oeconomicum negotium sed propter cultum Dei. Non enim satis est Cain, quod sit Dominus aedium, etiam vult esse filius Dei, vult esse Papa et Pater Ecclesiae. Ideo sumit sibi iudicium de sacrificiis, et Fratrem tanquam haereticum condemnat et occidit.

Sicut quoque Christus vaticinatur. Ecclesiam suam variis periculis fore obnoxiam, quique pios occisuri sint, sint existimaturi se Deo cultum praestare. Ergo, qui sanctissimi esse volunt, hi Ecclesiae pestes et persecutores sunt. Contra vera Ecclesia non iudicatur esse Ecclesia, sed secundum 10 nomen Habel (qui non figura tantum, sed initium verae Ecclesiae est) pro nihilo habetur, adeo ut, cum occiditur, putent occisores Deum nihil eam curaturum esse. Cain enim est dominus et Rex faciens et potens omnia.

Hoc autem est scandalum illud, contra quod nobis pugnandum est, ne ideo putemus nos non esse Ecclesiam, quia Adversarii nos sic secure damnant 15 et omni crudelitate persequuntur, Sed ut crucem et iudicia ista statuamus esse vera et infallibilia signa verae Ecclesiae, sicut etiam Psalmus 10. ostendit. Et Psalmus 72. 'Pretiosus habebitur sanguis eorum coram ipso' et Psalm. 117. 'Praeciosa est coram Domino mors Sanctorum eius'. Hic audis eos, qui occiduntur ad hunc modum, non ideo Deo non curae esse, sed esse 20 hanc mortem praeciosam coram Deo. Igitur vere sunt populus Dei, quos curat Deus.

Feramus igitur adversariorum crudelitatem et laeti Deo agamus gratias, quod non simus in eorum numero, qui occidunt, qui propter Ecclesiae titulum involant in fortunas aliorum et crudeliter grassantur etiam in corpora. Hoc 25 enim omnes omnium temporum Historiae testantur veram Ecclesiam semper fuisse patientem, falsam autem fuisse agentem, veram semper damnatam ab illa altera hypocritica. Nullum igitur apud nos hodie est dubium, quin Papae Ecclesia sit Cainica. Nos autem sumus vera Ecclesia. Sicut enim Habel Cain non nocuit, Ita nos non solum non nocemus eis, sed patimur 30 vexari, damnari, occidi nos ab Ecclesia Papae.

Neque haec falso commemoramus: Toti mundo notum est, quoties anathematis subiecti, proscriptionibus vexati ac variis iudiciis damnati sumus. Nec defuerunt, qui se acres crudelium sententiarum executores praeberent, in omnibus pene Europae angulis. Non Hispaniae, non Galliae, non Anglia, 35 non Belgicum, non Bohemia, non Polonia, non Hungaria, non Austria, non Bavaria huius crudelitatis et iniustae seviciae expers fuit. Et tamen quid aliud, quam doctrinam piam et cum Apostolorum et Prophetarum Scriptis consentientem persecuti sunt? Num igitur obscurum potest iudicium de Ecclesia esse? Num ibi potius iudicabis Ecclesiam esse, ubi nihil sani 40 docetur, ubi iniusta tyrannis exercetur et cum opibus summa potentia coniuncta est? An vero, ubi est doctrina conscientiis utilis, ubi propter doctri-

Joh. 16, 20
Pf. 72, 14
Pf. 116, 15

nam hanc est Crux, contemptus, paupertas, ignominia et coetera, quae semper piorum pusillus grex sustinuisse legitur?

Non igitur utile solum, sed etiam iucundissimum est habere illam certissimam demonstrationem diiudicantem inter duas Ecclesias: alteram malignantium, nempe purpuratam meretricem sub nomine, verae Ecclesiae, Alteram, quae pro nihilo habetur, quae patitur, esurit, sitit, oppressa iacet. Sicut Christus commemorat Matth. 25. se in mundo esurire et sitire. Sequetur Matth. 25, 35 autem iudicium inter saturos et esurientes, inter hircos et oves, et inter Habel et Cain, in quo declarabit Deus se approbare istam Ecclesiam patientem et esurientem, ac damnare hypocriticam et sanguinariam. Hae sunt nostrae consolationes, et quasi saccarum illud, quo praesentes calamitates condiendae sunt et vincendae. Haec Theologica sunt. Nunc redeamus ad politica, et consideremus iudicium Dei.

Merito profecto miramur, cur Deus primum filium Adae, cui Primo-genitura in toto genere humano, quoad nativitatem, debebatur, sic sit passus ruere horribiliter, ut postea tota eius posteritas per Diluvium aboleretur. Sed eadem est causa, propter quam[2] supra diximus, sic amarulentis verbis Adae a Domino est illusum, cum diceret: 'Ne fiat, sicut unus ex nobis' et hortum custodiret per Cherubim vult enim praesumptionem et superbiam per peccatum homini quasi implantatam conterere. Atqui sic sumus, ut nihil minus possimus ferre, quam hanc superbiae contritionem. Videmus, quanta insolentia et fastus sit in Centauris aulicis propter illam vanam gentis nobilitatem. Vere enim vana est nobilitas, quam non virtus et egregia in rempublicam merita pariunt.

Ac de Platone Philosopho commemorant eum solitum de tribus Deo agere gratias, quod esset natus homo non bestia, quod esset Graecus Athenis natus non Barbarus, et quod esset masculus natus, non foemina. Similis Iudaeorum est fatuitas, qui gloriantur, quod homines et non bestiae, Iudaei et non gentiles, mares et non foeminae nati sint. Sed te quaeso, illae originis seu nativitatis gloriae quid sunt? Quid est, quod torquatus aliquis asinus in aula non solum plebeio se meliorem esse putat, sed etiam contra Deum insolescit? Graeci prae se omnes terrarum populos tanquam barbaros con-tempserunt: Romani tandem rerum gestarum gloria se quoque a convitio barbarici vindicarunt. In summa, quanto quaeque gens se putavit meliorem, tanto semper suberbivit magis. Haec omnium natura est per peccatum.

Sed respice huc ad Dei iudicium. Cain merito et vere potuit gloriari de summa nobilitate: Primus enim fuit, qui nasceretur ab hominibus. Sed quanto origo gloriosior est, tanto cadit horribilius. Itaque Proverbio quoque experientia locum dedit, quo dicitur, Heroum filios noxas esse.[1]

---

[1] *Die deutsche Form s. b. Thiele nr. 12.*   [2] *Vielleicht:* propter quam, ut supra . . .

Nec privatorum tantum haec incommoda sunt: eadem patiuntur magna imperia. Natio Graecorum gloriosissima fuit, nam et rerum gestarum gloria et studiis antecelluerunt. Sed in quas turpitudines prolapsa, quam miserabiliter denique vastata est. Idem in reliquis populis videbis.

Bene igitur fecit Deus, qui Cain sic permisit ruere, ut esset exemplum toti mundo, ne quis gloriaretur de nobilitate sanguinis, sicut Iudaei de patre Abraham aut Graeci de sapientia. Vult enim Deus se timeri, nos autem vult humiliari. Sed frustra fere vult: Non enim movent nos tantae irae, perditiones, excisiones primorum Hominum et primarum Nacionum.

Itaque experientia testatur, veram esse sententiam Mariae virginis: 10 Ωnt. 1, 52 'Deposuit potentes de sede'. Nam quae prima et optima sunt, fiunt damnatissima non propter rem simpliciter sed propter diabolicam praesumptionem et superbiam. Ac viderunt eventum gentes quoque, sicut testatur Philosophi dictum, qui cum interrogatus esset, quid nam faceret Deus, respondit: Humilia exaltat, et alta humiliat. Sed causam non viderunt.   15

Magnam iudicat caro gloriam esse masculum et non foeminam. Sed videmus Deum studio cavisse, ne vir nasceretur ex viro, et ipse Christus voluit dici semen Mulieris, non semen Viri. Quanta autem superbia fuisset virorum, si Deus Christum voluisset ex viro nasci? Sed gloria haec in totum a viris in mulieres translata est, quae tamen Dominio virorum sub- 20 ditae sunt, ne scilicet gloriarentur viri sed humiliarentur. Quin postquam mulier sine viro parere non potest, etiam hoc ordinavit Deus, ne tantum mares parerent sed etiam foemellas. Non enim potest humana natura bene uti gloria, sed semper abutitur ea ad superbiam et insurgit contra eum, a quo accepit dona. Propter hanc causam Cain sic graviter cadit et primo- 25 geniturae ius amittit, ut scilicet nos timeamus Deum, eique agentes gratias caveamus, ne abutamur donis eius ad superbiam.

4, 4. 5 Et respexit Dominus ad Habel et ad oblationem eius, Ad Cain autem et oblationem eius non respexit.

Hic est insignis locus, atque ideo diligentissime notandus et dialectice 30 urgendus: Quod satis esset, si in novo Testamento tam claro testimonio fiducia misericordiae Dei commendata esset contra fiduciam operum, sicut in principio mundi clarissimis verbis commendatur. Quod enim dicit: 'Respexit Dominus ad Habel et ad oblationem eius', an non clare ostendit Deum ante opus solere respicere ad personam, qualis sit persona? Si igitur persona 35 bona est, placet ei opus quoque, si non, displicet.

Est autem haec doctrinae nostrae summa, quod docemus et profitemur personam prius Deo acceptam esse quam opus, et personam non fieri iustam ex opere iusto, Sed opus fieri iustum et bonum ex persona iusta et bona. Sicut textus hic probat. Quia enim Deus ad Habel respicit, respicit etiam 40 ad oblationem eius, et quia ad Cain non respicit, ideo etiam ad oblationem

eius non respicit. Hanc sententiam textus clare probat nec ab adversariis potest negari. Sequitur autem ex his verbis clarissima et optima consequentia, quod Habel fuit iustus ante opus suum et quod opus propter personam placet, non persona propter opus. Sicut adversarii nostri contendunt, dum
5 docent Hominem iustificari ex operibus et non ex sola fide.

Ad hunc modum puris et mundis oculis inspexit hunc locum autor Epistolae ad Ebraeos, cum dicit: 'Fide meliorem hostiam obtulit Habel, quam Hebr. 11, 4 Cain', per quam testimonium accepit, quod sit iustus testificante super donis eius Deo. Offert Cain quoque ac quidem prior, sed offert inflatus illa gloria
10 sanguinis ac sperat Deo placiturum munus, quod offeratur a primogenito. Venit igitur sine fide, sine confessione peccati, sine imploratione gratiae, sine fiducia misericordiae Dei, sine petitione remissionis peccatorum, nulla alia re sperans se placiturum Deo, quam quod esset primogenitus. Sicut adhuc hodie omnes Iusticiarii faciunt: tantum in opus suum intenti sunt ac sperant
15 se Deo propter id placituros, non fidunt in misericordiam Dei, non sperant, Deum propter Christum peccata condonaturum esse. Talis etiam Cain fuit, impossibile enim est, quod displicuisset Deo, si habuisset fidem.

Contra Habel agnoscit se esse indignum et miserum peccatorem. Confugit itaque ad misericordiam et credit Deum esse propicium et velle misereri.
20 Deus itaque, qui corda inspicit, iudicat inter duos Fratres offerentes simul ac Cain damnat, non propter hostiam, quasi ea minus fuisset bona (si enim putamen nucis obtulisset in fide, gratum Deo fuisset), sed quia persona mala et sine fide, ac superbia et fastu plena est. Contra ad munus Habel respicit, quia persona placet. Sicut textus diserte addit primo respexisse ad
25 Habel et post ad munus eius. Nam cum persona placet, etiam ea placent, quae facit. Cum contra omnia ingrata sint, quae is facit, quem odisti.

Insignis igitur hic locus est, quo clare probatur Deum non respicere neque magnitudinem nec multitudinem nec etiam precium operis, sed simpliciter personae fidem. Sicut e contra non contemnit neque paucitatem neque
30 indignitatem nec abiectionem operis, sed tantum personae infidelitatem.

Quid igitur est, quod Iudaei gloriantur: 'Templum Domini, Templum Ger. 7, 4 Domini'? Quid est, quod Papistae iactant missas suas, cilicia, labores, sudores, magnitudinem, multitudinem, denique precia operum suorum? Non enim curat Deus opera ne a se quidem praecepta, cum non fiunt in fide.
35 Sicut etiam praedictus Ieremiae locus ostendit. Multo autem curat minus opera ab hominibus inventa sine verbo Dei, solam fidem curat, hoc est, fiduciam misericordiae per Christum: hac personae incipiunt placere Deo, et postea etiam placent earum opera. Sic Cain oblatio non placuit, quia infidelis Cain non placuit. Contra oblatio Habel placuit,
40 quia Habel placuit, idque propter fidem, quod non confisus est dignitate sua, non sacrificiis, non opere, sed simplici promissione de Semine mulieris facta.

Pertinet igitur hic textus ad nostram sententiam de iustificatione: Quod necesse sit hominem esse iustum ante omnia opera, et sine omnibus operibus acceptari a Deo tantum per gratiam, quam fides credit et apprehendit. Neque enim fides tanquam opus iustificat, sed ideo iustificat, quia apprehendit misericordiam in Christo exhibitam. In hac fiducia misericordiae Dei incedit vera Ecclesia cum humili confessione peccatorum et indignitatis, quae sperat Deum condonaturum per Christum.

Opera autem, quae sequuntur, sunt ceu testimonia huius fidei et placent Deo, non propter se simpliciter, sed propter fidem seu propter personam credentem. Hanc fidem altera Ecclesia Cainica non solum non habet sed etiam persequitur. Statuit autem sicut Cain se Deo placituram propter opera. Sed odit superbiam hanc Deus, non enim potest ferre contemptum suae gratiae etc. Omnino dignus est hic locus, qui diligenter consideretur.

4, 5   Quapropter iratus est Cain valde, et conciderunt vultus eius.

In sequentibus aliquantulum negocii faciet nobis Grammatica, sed spero nos foeliciter ex his difficultatibus eluctaturos esse. Audivimus Cain frustratum esse spe sua: Contempsit prae se fratrem. Ac iudicavit se propter ius primogeniturae primas apud Deum quoque habiturum, sicut apud Parentes habebat. Sed Dei aliud quam hominum iudicium est, ostendit se Habel probare, Cain autem reprobare.

Fit igitur, ut Cain vehementer commoveatur contra Fratrem. Non enim potest aequo animo ferre, quod excommunicatur et simul regno et sacerdocio privatur. Sicut adhuc videmus Reges et Principes impatientissimos esse censurae Ecclesiasticae. Non enim eis satis est, quod sint Reges et Principes, etiam volunt esse iusti et sancti coram Deo et rapiunt ad se titulum Ecclesiae. Ad hunc modum Cain quoque indignatur, cum videt sibi adimi gloriam iusticiae et gratiae coram Deo. Hoc quid aliud est, quam de Ecclesia eiici et excommunicari? Tanto autem hoc iniquius fert, quanto ipse iudicavit se Fratre digniorem esse. Nunc enim cogitat: Ecce frater meus aspirabit ad dominium, postquam me contemni et a Deo negligi videt. Ideo addit Moses adverbium 'valde', significat enim Cain vehementer esse offensum, quod ita turpiter in publico confunditur, cum ipse vellet videri primus esse.

Hanc iram Cainicam etiam in Cainica Ecclesia Papae videmus. Quid enim Papam, Cardinales, Reges et Principes magis offendit, quam quod ego mendicus autoritati ipsorum praefero autoritatem Dei et in nomine Domini reprehendo, quae digna sunt reprehensione. Agnoscunt ipsi quoque multa habere opus acri reformatione. Sed ut obscurus homo et ex obscuro angulo in publicum prodiens id faciat, hoc plane intolerabile eis est.[1] Ideo autoritatem suam opponunt et per eam opprimere nos conantur.

---

[1] *S. die Äußerungen des Bischofs von Salzburg vom Jahre 1530 in Luthers Warnung an seine lieben Deutschen 1531.*

Ac sane non est crudelior in orbe terrarum ira, quam huius Ecclesiae sanguinariae et hypocritarum. Nam in Politica ira est aliquid humani reliquum: Nullus tam immanis latro ad supplicium arripitur, quin aliqua commiseratione tangantur homines. Sed cum falsa illa et sanguinaria Ecclesia in filium verae Ecclesiae inciderit, non satis ei est effudisse sanguinem, etiam maledicit, execratur, devovet et in miserum cadaver saevit. Sicut Iudaei non contenti erant, quod Christum affixissent cruci, unde non nisi mortuum deposituri erant: Sicientem aceto et felle potant et iam exhalantem animam blasphemant. Talis furia in politica ira non est.

Itaque ira falsae Ecclesiae et furor pharisaicus est furor plane diabolicus. Hic cepit in Cain et durat in omnibus Cainitis. Et gloriari vere possumus nos quoque talem iram cum pio Habel sustinere. Quis enim dubitat, si Episcopi et furiosi quidam Principes uno momento omnes nos occidere possent, et sicut ille Romanus[1] optabat, si omnium nostrum una cervix esset, quin summa cum voluptate ferro in nos essent grassaturi? Vide enim horum annorum consilia et me verum dicere iudicabis.

Quod autem Moses addit: 'Et conciderunt vultus eius', est Ebraica phrasis, qua non solum factum ostenditur, sed significatur quoque animus sic commotus, ut non potuerit acquiescere, sed, dum nocere non potuit, tamen iram vultu ostendit. Non exporrexit frontem, non amice cum Parentibus, ut ante, locutus est. Si quid respondendum fuit, murmur verius quam vox fuit. Ad primum conspectum Fratris oppalluit, minacibus oculis animum vindictae cupiditate ardentem significavit.

Haec omnia Moses dicit, cum dicit: Concidisse vultus. Non enim de uno vultu vel una parte vultus dicit sed de omnibus vultibus, hoc est, de omnibus gestibus et motibus. Sicut etiam Paulus Ebraicam phrasin imitatus 1. Kor. 13,5 dicit ἡ ἀγάπη οὐκ ἀσχημονεῖ, non est vultuosa, stellet sich nicht ungeberdig, non contrahit frontem, non torve inspicit, non minatur ore, Sed est liberali facie, benignis oculis, blanda etc. Haec enim decent, illa dedecent et vitiosa sunt.

Pertinet igitur haec quoque particula ad descriptionem irae hypocriticae, quod Cain non potuit neque videre neque audire fratrem suum Habel, non potuit cum eo colloqui, cum eo comedere, bibere, etc.

Huius cainicae irae si quis exemplum videre vult, coniungat se cum aliquo Papista, qui singularem vel doctrinae vel pietatis laudem in suo genere cupit obtinere, et sentiet plane diabolicum furorem, ad quem si Iudicis iram conferas, non iram, sed summam clementiam et summum candorem esse dices. Ibi enim nulla nisi manus ira est: nam irascitur vicio, personae non. Sed illa Cainitarum ira distorquet oculos, corrugat frontem, tumorem inducit ori, armat manus. In summa, in omnibus membris et gestibus

---

[1] *Wieder wohl aus Suetonius vita Caligulae c. 28 (30).*

omnibus elucet, idque sine fine, non enim mitescit tempore, sicut civilis vel oeconomica ira.

Iam sequitur paterna et gravissima admonitio Adae, qui libenter sanasset ac servasset Filium. Sed ira haec medicinam nescit: Non patrem, non matrem, non Deum ipsum Cain et Cainitae illi audiunt.

4, 6 Et dixit Dominus ad Cain: Quare sic incensus es tu, et quare conciderunt vultus tui?

Haec satis probant Cain non semel in isto sacrificio perturbatum esse, sed ab ista hora sacrificii incessisse turbulentum, tristem, frendentem, et nec patrem nec matrem rectis oculis inspexisse. Sicut diximus de illa Pharisaica 10 ira, quod totam faciem soleat mutare. Magnam enim contumeliam esse duxit, quod in sacro inspectante patre et matre Habel, quem semper contempserat et pro nihilo etiam ipsi Parentes habuerant, praeferretur et gloria regni et sacerdotii a Deo dignus pronunciaretur.

Cum itaque satis ostenderet se alieno in Fratrem esse animo, admonetur 15 ab Adam parente. Credo enim verba haec ab ipso Adam esse dicta. Ideo autem a Domino dicit Moses esse dicta, quod Adam iam erat iustificatus et donatus Spiritu sancto. Quae igitur secundum verbum Dei et ex Spiritu sancto dicit, recte Deus dixisse dicitur. Sicut hodie qui docent Euangelium, non ipsi simpliciter Doctores sunt, sed Christus in eis loquitur et docet. 20 Ac sine dubio cum singulari gravitate haec verba dicta sunt. Videt enim Adam Filium esse impatientem contumeliae: videt, eum dolere de amissa dignitate ac sentit, quid nunc Tentator possit in corrupta natura, qui tantum nocuerat homini adhuc integro. Itaque sollicitus est et instituit gravissimam concionem, quam etsi nullus Patrum digne explicarit, quod fortasse non 25 vacabat ob ecclesiastica negocia, tamen nos non, ut opinor, sine fructu hunc lapidem movebimus.

4, 7 Nonne, si bene egeris, erit remissio; Si vero non bene egeris, ad fores peccatum cubat?

Non possum non satis mirari, quod Moses tantas res in tam pauca 30 verba potuit redigere. Nostra translatio non ita propria est. Augustinus quoque, etsi non prorsus rudis fuit Ebraicarum literarum, tamen non habuit earum solidam cognitionem. Sic enim vertit[1] hunc locum: Si recte offeras, et non recte dividas, peccasti, quiesce. Quae hic peccata sunt, norunt Ebraice docti, etsi sententia, quam inde colligit, theologica et bona est. Septuaginta 35 Interpretes quoque videntur non fuisse instructi pro magnitudine cepti laboris. Quare omissis aliorum tum versionibus, tum sententiis, proprietatem Ebraicam

---

26 vacabat] vacabant *vermutet Erl. Ausg. zu Unrecht.*

[1] *S. August. de Civ. Dei 15, 7 = VII, 384 ed. Bened.*

sequemur. Ea sic habet: Si bene egeris, erit remissio seu levatio; Et, si non bene egeris, cubat peccatum in foribus etc.

Porro natura sic ordinatum est, ut verba testante etiam Philosopho debeant servire rebus, non res verbis. Et nota est Hilarii sententia, quam
5 etiam Magister in sententiis citat[1], quod verba intelligi debeant secundum materiam subiectam. Igitur in omni expositione primo subiectum considerari debet, hoc est, videndum est, de qua re agatur. Hoc postquam factum est, deinde verba, si ita fert grammatices ratio, ad rem ducenda sunt, et non res ad verba. Hoc quia Rabini et qui eos sequuntur, non faciunt (Nam res
10 amiserunt, et tantum in verbis haerent), saepe in absurdissimas sententias incidunt. Quia enim non habent cogitationes dignas spiritualibus rebus, de quibus sacrae literae tractant, a re aberrant et verba trahunt ad vanas et carnales cogitationes.

Certum autem est amisisse Iudaeos Christum, quomodo igitur, quae
15 vel Euangelii vel Legis sunt, recte possunt intelligere? Nesciunt, quid sit Peccatum, quid Gratia, quid Iusticia, quomodo igitur huiusmodi locos dextre possunt explicare? Similes horum fere sunt Sophistae nostri, quid enim sani de tantis rebus habent? Re igitur non cognita impossibile est, ut verba possint recte intelligi. Etsi enim verborum cognitio ordine prior est, tamen
20 rerum cognitio est potior. Nam mutatis rebus etiam verba mutantur in alium sensum et fit plane nova Grammatica.

Gerundensis[2] habet optimam cognitionem verborum (Sicut etiam multi sunt hodie, qui me longe vincunt cognitione Ebraicae grammatices). Sed quia res non intelligit, ideo hunc locum depravat. Sic enim exponit: Si
25 bene egeris, acceptabilior erit oblatio tua, quam fratris, quia tu es Primogenitus. Vides intelligere eum, quid nominis, sed quid rei, non intelligit. Hoc enim ipsum hoc in loco agit Deus, ut ostendat se Primogeniturae nullam velle habere rationem. Quomodo igitur propter Primogenituram oblatio potest esse melior? Autor Epistolae ad Ebraeos novit, quid rei,
30 ideo diversum dicit: Nempe Habel fide obtulisse gratiorem hostiam. Hiero- Ebr. 11, 4 nymi versio melior est: Si bene egeris, inquit, recipies, Si male, peccatum (pronomen 'tuum' ipse addidit) in foribus aderit. Sed ne sic quidem attingit propriam sententiam. Nam quod verbum Seeth, quod 'levare' significat, pro 'accipere' exponit, nemo, opinor, probabit. Sed ex Iudaeis hoc ipsum
35 habet, qui in ea opinione sunt, ut intelligant Deum remuneraturum fuisse Cain, si liberaliter obtulisset. Ego igitur nunc dicam simpliciter, quae mea de hoc loco sententia sit.

Principio, ut dixi, necesse est, ut rem habeamus. Res autem illa est, quae non potest fallere, fundamentum scilicet causae, Quod Deo nihil placet,

---

[1] *Diese Stelle wird oft zitiert.*   [2] *Zum Folgenden die Literatur bei Köstlin-Kawerau 2, 424; unsre Stelle in Tischreden von Kroker Nr. 719ª.*

nisi fiat ex fide.   Secundum illam universalem et notam Pauli sententiam:
'Quidquid non est ex fide, peccatum est'.   Et Salomo dicit: 'Victimam impiorum abhominatur Deus'.   Alterum fundamentum est, quod peccatum tam
sit grandis res, ut nullis sacrificiis aut aliis operibus possit aboleri, sed sola
misericordia, quam fide accipi necesse est.   Sicut etiam hoc ostendit et   5
comprobat prima promissio de Semine mulieris, sine quo nulla est redemptio.
Haec fundamenta Rabini non habent.   Nam haec cognitio tantum venit ex
spiritu Christi, qui ceu Sol meridianus illuminat tenebras.   Cum his fundamentis igitur quidquid pugnat, repudiemus tanquam impium et falsum.

Etsi autem non repugno, sive intelligas peccatum hic de praeterito 10
vel de futuro, tamen mihi videtur aptius, ut exponas in genere de peccato.
Omnis igitur vis est in verbo *Sees*, a *Nasa* levavit.   Est autem hic illustre
exemplum, quantum differat cognitio nominis et rei.   Si enim vocabulum
levandi accommodes ad rem corporalem, significat attollere seu in altum
tollere, ut Esa. 6.: 'Vidi Dominum sedentem super solium excelsum et 15
elevatum'.   Hoc autem longe aliud est, quam id in Psalmo 32. 'Beatus vir,
cui peccata levata sunt', et tamen idem utrunque verbum est.   Grammaticus
illud in Esaia intelligit, hoc non intelligit, quia rem non novit.   Aliud enim
est levare solium in sublime, et aliud peccatum levare, hoc est remittere,
tollere, adimere.   20

Sententia igitur est: Si bene ageres, vel si bonus esses, hoc est, si
crederes, haberes propicium Deum et vera esset levatio, hoc est, remissio
peccati.   Sed quia video Deum non respexisse ad te, certe sequitur te non
bonum esse nec esse levatum peccato, sed tuum peccatum manet.

Imprimis autem elegans est, quod per verbum levandi comparat pecca- 25
tum ingenti oneri, quo Cain oppressus iacet, ita ut respirare non possit, nisi
auferatur.   Indicat autem Epistola ad Ebraeos modum, quo hoc onere
exoneremur, cum dicit Habel fide obtulisse meliorem hostiam.   Ad hunc
modum convenit grammatica, seu verba cum re, quod scilicet Deus respiciat
fidem et eos tantum bonos esse iudicet, qui credunt.   Includunt autem haec 30
verba gravissimam obiurgationem, quasi dicat ad Cain: Superbia tua te
perdidit.   Venisti inflatus gloria Primogeniturae ac putasti te ideo Deo
acceptum fore.   Sed video iudicante et reprobante Deo te esse sine fide.
Deus enim tantum incredulos abiicit.

Ad hunc modum nullus Rabinorum hunc locum explicat.   Non vident 35
Adamum cum Paulo illam Euangelii vocem inculcare Filio: Qui crediderit,
salvabitur.   Item: Sola fides iustificat.   Quid enim hic aliud dicit, quam
quod Deus istis propitius sit, qui in Semen benedictum credunt et omnem
fiduciam operum, omnem meriti opinionem abiiciunt?   Hoc si tu faceres,
inquit, non sic te praemeret peccatum, esses hoc fasce levatus nec ita fre- 40
meres ira.   Promisit enim Deus, quod nemini peccatum imputare velit, qui
credit etc.

Si ad praeteritum peccatum referas, etiam est paterna et gravissima admonitio: Non credidisti hactenus, ideo reprobatus es. Quodsi ita perges, penitus abiicieris. Sin autem bene egeris seu bonus fueris, hoc est, si credideris in Semen promissum, adhuc tibi polliceor futurum, ut leveris peccato, hoc est, sicut Psalmus 32. exponit, ut peccatum tibi non imputetur.

Quod additur: 'Peccatum tuum ad fores cubat', est rhetorica peccati descriptio, quam optarim pro proverbio usurpari. Vere enim haec peccati natura est, ut cubet tanquam sopita bestia, dum in actu est, hoc est, ut non mordeat, non terreat, non cruciet, sed potius ut adblandiatur. Sic cum Heua primum, post Adam in Paradiso pomum prohibitum comederent, non puta- bant id a Deo observari, multo minus futurum putabant, ut tam acerbe puniretur. Sicut enim etiam feroces bestiae, cum saturae sunt, tractabiliores sunt et somnum appetunt, Ita peccatum, dum in actu est, delectabile est nec sentitur venenum, sed cubat et quiescit. Quis enim unquam vidit avarum ringi, cum magna lucri occasio adest? Quis adulterum, cum potitur voto, lugere unquam vidit? Quodsi flagris cutem aut malleo caput obtunderes, abiret tentatio. At cum peccatum quiescit nec sentitur poena, etiam summa voluptas est avaro in lucrum involare, adultero potiri alterius uxore, nec videtur eius voluptatis modus aut finis aliquis esse posse.

Loquitur itaque Adam hoc in loco non solum de peccato Cain, Sed in genere peccatum describit, quale sit. Quod enim Cain accidit, idem omnibus accidit. Cain priusquam sacrificaret, erat vane gloriosus de Primo- geniturae praerogativa, contemnebat Fratrem, sibi vendicabat primas: cubabat tum peccatum et quiescebat, sed in foribus, hoc est, in loco non quieto. Nam per fores ingredimur et egredimur. Minime igitur somno aptus is locus est. Sed pertinet hoc quoque ad peccati naturam, quod etsi quiescit ad tempus, tamen ibi quiescit, ubi non potest diu quiescere. Sicut Christus dicit Matth. 10. 'Nihil opertum est, quod non reveletur'. Impius enim putat Matth. 10, 26 peccatum quiescere et latere. Sed in foribus non potest quiescere, arguitur tandem et producitur in publicum. Fores enim, somnus seu quies sunt opposita in adiecto. Sicut enim tenebrae in lumine, ita quies in inquieto loco est, sunt enim res natura discordes. Ad hunc modum potest hoc exponi de peccato quocunque praeterito.

Si de futuro exponas, est eadem sententia: Si ledes Fratrem ac in- dulgebis conceptae animo irae, dico tibi, quiescet peccatum tuum, sed quiescet in foribus, hoc est, in loco valde inquieto. Itaque fieri non potest, quin expergefiat, et sicut furiosa bestia te arripiat. Ac ita accidit. Nam post cedem factam, cum Cain solus Fratrem sepeliret, quiescebat peccatum. Sed quam diu? donec scilicet vox ad eum facta est: 'Ubi est Habel frater tuus?' De omni igitur peccato haec descriptio vera est, quod cubat in foribus. Sic enim sunt hominum affectus: dum oculos hominum fallunt, putant clam fore peccatum suum. Sed revelatur et expergiscitur,

nisi bene agant, hoc est, nisi credant Deum propter Christum id condonaturum.

Sic gravissimam sententiam proverbialis[1] haec figura complectitur:
Quod scilicet nihil manet absconditum, sed omnia revelentur, sicut Paulus
quoque dicit 1. Timoth. 5.: 'Quorundam hominum peccata manifesta sunt, ut 5
possit de iis iudicium fieri'. Ac praesertim videmus singularia Dei iudicia
in criminalibus. Quam multi enim occiduntur clam et tamen autores in-
dignarum caedium per mirabiles occasiones producuntur in lucem! Monet
itaque Adam Filium, ne indulgeat peccato: Non enim clam fore, sed futurum,
qui id in lucem proferat et puniat. Nec videtur ab hac sententia abludere, 10
quod Poëtae fingunt Cupidinem nudum, sed caecum etiam. Quia enim
nobis peccatum videtur absconditum esse, putamus id a reliquis quoque non
conspici. Sed Deus tandem revelat etiam occultissima.

Hanc huius loci iudico veram et simplicem sententiam esse, qua admonet filium Pater, ut credat in Deum et promissum Semen, tum futurum, 15
ut Deus ei sit propitius. Sed si, inquit, sequeris cupiditates tuas, tunc
peccatum tibi cubabit, hoc est, occultum et absconditum videbitur. Sed
cubabit in foribus, hoc est, in eo loco, in quo non potest diu quiescere aut
latere, quod enim in foribus est, conspicitur ab omnibus ingredientibus et
exeuntibus.   20

Sed, quod supra quoque admonui, non obliviscamur principalis sententiae, quod Deus ab initio mundi ostenderit, se esse Iudicem inter Carnem
et Spiritum nec respicere Personam. Habel enim respexit non motus ullo
opere, sed simpliciter fide, in qua etiam obtulit: Cain autem non respexit,
non quasi opus minus splendidum aut sumptuosum esset, sed quia fide caruit, 25
nec profuit ei, quod esset Primogenitus.

Atque hoc validum Argumentum est contra Iudaeos, qui gloriabantur,
sicut Ioh. 1. dicitur, de sanguinibus, quod essent filii Abrahae. Si enim
sanguinis praerogativa aliquid est, profecto habuit Cain, de quo gloriaretur.
Quid enim est, quod gloriantur Iudaei, Deum cum ipsis per Mosen locutum 30
esse? num putabimus Adam, primum Doctorem, inferiorem Mose fuisse?
Multis modis superior et maior fuit. Non enim sicut Moses circumcisionem,
non alias caeremonias legales docuit, quibus indomito populo fuit opus ad
prohibendam superstitionem: Fidem docuit in promissum Semen, quod Serpentis caput contriturum erat. Sed nihil primogenitura, nihil alia Cain ad- 35
iuvant, Deus enim solam fidem respicit in promissum Semen. Sicut Paulus
in novo Testamento clare dicit: 'Qui ex fide sunt, hi sunt filii Abrahae',
Gal. 3. Et Ioh. 1.: 'Dedit eis potestatem, filios Dei fieri, qui non sunt ex
sanguinibus nec ex voluntate viri nec ex voluntate carnis, sed qui credunt
in nomen eius'.   40

1. Tim. 5, 24

Joh. 1, 13

Gal. 3, 7
Joh. 1, 12. 13

---

[1]) *Das deutsche Sprichwort* an den Tag kommen (bringen), *vgl. z. B. Unsre Ausg.
Bd. 41, 496, 11.*

Hanc huius loci sentio genuinam et veram sententiam esse. Nam primum convenit cum fundamento Scripturae sanctae et cum re. Deinde non repugnat grammatica, sed rem pulchre et varie illustrat. Sed Rabini quia nesciunt, quid rei, non sublevantur, quod sciunt, quid nominis. Quam
5 enim ineptum est, quod quidam particulam hanc 'Et erit levatio' eo accommodant, quasi dicat: Tum iterum poteris erigere faciem, quae nunc tota mutata est et concidit. Huius generis ineptias etiam nostri recentiores interpretes passim annotant, quibus tamen gratia debetur pro fideli labore, quod grammatice textum reddunt, Etsi theologia opus est, quae sola res recte
10 indicat et docet.

Et appetitus eius ad te: Tu autem dominaberis ei.

Hanc sententiam quidam stultissime detorserunt ad liberum Arbitrium probandum. Sed manifestum est, quod Adam non simpliciter affirmat posse hoc Cain facere, sed tantum admonet seu praecipit, ut faciat. Non autem
15 sequitur nos statim posse facere, quod iubemur. 'Appetitus peccati, inquit, ad te est', hoc est, sicut Paulus dicit: 'Peccatum est in membris tuis'. Röm. 7, 5 Item: 'Concupiscit caro adversus spiritum'. Sed ideo, quia hunc peccati Gal. 5, 17 motum sentis, non damnaberis. Si peccatum te sollicitat, tu dominare ei per fidem nec sine, ut tibi dominetur: alioqui peribis. Sicut Paulus quoque Röm. 8, 13
20 praecipit mortificandas esse actiones carnis spiritu.

Pertinet itaque haec particula eo, ut agnoscas, qualis sit piorum vita in hac carne: Nempe quod sit perpetua lucta spiritus cum peccato. Qui igitur stertunt et ad hanc pugnam se non comparant, facile vincuntur. Apparet autem Adam concione hac voluisse uti, non solum ut admoneret
25 Filium de peccato in futurum cavendo, sed etiam ut erigeret eum. Videt Filium perturbatum esse propter reprobationem divinam et sollicitari nunc ad vindictam. Sed dominare peccato, inquit, et invenies Deum misericordem ac condonantem peccatum.

Est hoc in loco idem verbum *Maschal*, quo supra ad Mulierem usus
30 est Dominus, cum dixit: 'Vir dominabitur tibi'. Sicut enim supra vult, ut uxor pareat marito, ut auscultet marito nec sibi sumat iudicium de rebus omnibus, Sin autem id faciat, ut Vir pro sua autoritate eam obiurget et prohibeat, Ita hic dicit: Sollicitabit te peccatum, vocabit te ad vindictam (hoc enim est, quod dicit: 'Ad te erit appetitus eius'), Sed tu dic: Nolo
35 parere, et cohibe te ac dominare ei. Est igitur admonitio plenissima consolationis, quod propter Semen benedictum non simus amplius sub peccato. Ideo debeamus peccato dominari. Complectitur enim utranque doctrinam, timoris et fidei: Timere Deum debemus, quia peccatum cubat in foribus, **Fidere Deo debemus, quia est misericors.**

---

32 obiurget] *Erl. Ausg.* oburget *A,* oburgeat *möglich.*

     ## Et dixit Cain ad Habel fratrem suum.

Translatio nostra addit dixisse Cain: Egrediamur foras. Sed est hoc quoque Rabinorum commentum, quibus quantum credi debeat, supra dixi. Lyra ex Aben Ezra commemorat dixisse Cain fratri, quam duriter a Domino obiurgatus sit. Sed quae testimonium Scripturae non habent, quis crederet? 5 Retinemus igitur hanc sententiam, quam Scriptura ostendit, quod Cain iam reprobus indulget irae et ad priora peccata nunc etiam addit contemptum Parentum et verbi ac cogitat: Mihi debetur tanquam Primogenito Semen mulieris promissum, sed Habel, ille nihili et contemptus, praefertur mihi autoritate divina per flammam sacrificium haurientem. Quid igitur faciam? 10 dissimulabo iram, donec apparebit occasio oportunae vindictae.

Igitur haec verba: 'Dixit Cain ad Habel Fratrem suum' sic intelligo, quod dissimulata ira se gesserit Cain erga Habel sicut erga Fratrem, quod cum eo locutus sit, conversatus cum eo tanquam aequo animo ferens sententiam divinitus latam. Sicut de Saule simile exemplum est, qui simulat 15 1. Sam. 24,21 benevolum animum erga Davidem: 'Scio, inquit, quod post me sis futurus Rex'. Sed interim cogitat, quomodo occiso Davide hoc non fiat. Ad hunc modum cum Habel locutus est Cain: Video te electum esse a Domino, non invideo tibi benedictionem hanc etc. Sic enim solent hypocritae: simulant amicitiam, donec occasio nocendi se offerat.   20

Atque hanc sententiam ostendunt circumstantiae. Si enim Adam et Heua suspicari aliquid de futura caede potuissent, an non putas aut Cain coërcituros aut Habel submoturos et extra periculum posituros fuisse? Sed cum mutat mores et vultum Cain, cum tanquam cum Fratre amanter colloquitur, putant omnia in tuto esse et acquievisse Filium admonitioni paternae. 25 Haec species Habel quoque decepit, qui, si tale aliquid a Fratre metuisset, fugisset, Sicut Iacob fugit, cum iram Esau timet. Quid igitur in mentem venit Hieronymo, ut credat Rabinis expostulasse Cain cum fratre?

Cain igitur est figura et imago omnium homicidarum et hypocritarum, qui sub specie pietatis bonos occidunt. Ideo obsessus a Satana tegit iram 30 et expectat oportunitatem, ac interim cum Habele, tanquam cum adamato fratre loquitur, ut eo citius incautum opprimat.

Pertinet igitur hic locus ad nos erudiendos, ut discamus mores homicidarum et hypocritarum. Vere enim sic accidit: Omnis Cain loquitur, ut Frater fraterne ad Habel. Econtra omnis Habel credit Cain ut Fratri et 35 sic occiditur, ac falluntur interim pii Parentes quoque.

Pontifex hodie et Episcopi multa loquuntur et consultant de pace et concordia Ecclesiae, sed profecto decipitur, qui consilia illa non intelligit in Pf. 28, 3 contrarium. Verus enim est Psal. 28.: 'Operarii iniquitatis loquuntur amice cum proximo suo et malum gerunt in pectore suo'. Omnium enim hypo 40 critarum ista est natura, ut in speciem boni sint, ut benigne loquantur, ut simulent humilitatem, pacientiam, charitatem, ut dent eleemosynas etc. et tamen interim consilia caedis in animo versant.

Discamus igitur nosse Cain, et tum eum maxime cavere, cum loquitur fraterne et tanquam cum Fratre. Sicut hodie nobiscum loquuntur adversarii, Episcopi et Pontifex, dum simulant studium concordiae et querunt conciliationes dogmatum. Si enim oportunam occasionem arripiendi nos et saeviendi haberent, longe aliud audires. 'Vere enim mors in olla est', et 2. Kön. 4, 40 sub optimis et suavissimis verbis latet exitiale venenum.

Et factum est, cum essent ambo in agro, insurrexit Cain contra
Fratrem suum Habel, et occidit eum.

Hic vides glossam illorum blandorum verborum. Admonitus est Cain a Parente divina autoritate, ut caveret a peccato futuro, et ut de praeterito speraret veniam. Sed ipse utrunque contemnit et indulget peccato, sicut solent omnes impii. Vera enim Salomonis sententia est: 'Impius cum in Spr. 18, 3 profundum peccatorum venerit, contemnit, Sed consequitur cum ignominia et opprobrium'. Proverb. 18.

Hodie non potest accusari nostrum ministerium: docemus, hortamur, obsecramus, increpamus, vertimus nos in omnes formas, ut revocemus multitudinem a securitate ad timorem Dei. Sed mundus tanquam indomita bestia pergit et sequitur non verbum, sed cupiditates suas, quas tamen specie honesti palliare nititur. In promtu sunt Prophetarum et Apostolorum exempla et docemur etiam propria experientia. Adversarii toties admoniti et convicti norunt, quod errent, et tamen homicidiale illud odium contra nos non abiiciunt.

Disce igitur hic, quid sit Hypocrita: Nempe, qui simulat cultum Dei et charitatem et tamen interim destruit cultum Dei et occidit Fratrem. Omnis enim simulatio benevolentiae eo tendit, ut tanto melior nocendi occasio offeratur. Si enim Habel praevidisset implacabilem illam iram et vere diabolicum furorem, fuga sibi consuluisset. Sed quia nihil tale ostendit Cain, quia blande salutat et usitatam benevolentiam simulat, priusquam Habel periculum metuit, periit.

Sine dubio autem Habel, cum videret insurgentem contra se Fratrem, supplicavit ei et hortatus est, ne tanto peccato se pollueret. Sed animus a Satana obsessus non preces, non supplices manus moratur, sed sicut admonitionem Patris contempserat, ita quoque contemnit procumbentem ad genua Fratrem.

Docent autem nos haec de illa crudeli Satanae tyrannide, qua natura peccatis implicita oppressa est, sicut Paulus Ephe. 2. ideo vocat filios irae, Eph. 2, 3 et 2. Tim. 2. dicit captivos teneri ad voluntatem Satanae. Si enim nihil 2. Tim. 2, 26 nisi homines sumus, hoc est, si non fide apprehendimus Semen benedictum, omnes sumus Cain similes nec deest nobis aliud quam occasio. Nam natura destituta Spiritu sancto ab eodem malo Spiritu agitatur, quo agitatus est impius Cain.

Si autem in ullo homine aut vires sufficientes aut liberum Arbitrium esset, quo se posset tueri contra Satanae impetus, profecto in Cain haec dona extitissent, cuius fuit Primogenitura et promissio Seminis benedicti. 5 Sed eadem est omnium conditio: nisi adiuvetur haec natura Spiritu Dei, non potest se sustinere. Quid ergo futiles iactamus liberum Arbitrium? Iam sequitur alius insignis locus.

4,9 Et dixit Dominus ad Cain: Ubi est Habel, frater tuus? Qui respondit: Non novi; Num enim custos Fratris mei sum ego? 10

Bone Deus, misera natura a Diabolo agitata quousque prolabitur? Parricidium iam perpetratum est et fortasse iacuit occisus Habel aliquot diebus inhumatus. Cum igitur Cain ad Parentes redit consueto tempore, Habel autem non redit, solliciti Parentes interrogant Cain: Tu ades: At ubi est Habel? Tu redis domum: Habel non redit. Grex sine pastore est: 15 Dic igitur, ubi sit? Hic Cain indignabundus parum reverenter respondet: Nescio; Num ego sum custos eius?

Accidit autem ei, quod omnibus impiis, ut excusando accuset se. Sicut Lut. 19, 22 Christus quoque dicit: 'Ex verbis tuis iudicaberis, serve nequam'. Sic Gentes insigne proverbium usurparunt: 'Mendacem oportet esse memorem'[1], 20 quamvis nihil de iudicio Dei et conscientiae scirent, sed tantum civilibus negotiis admoniti ita iudicarent. Verum enim est, quod mendaces multis periculis se exponunt, quibus possunt convinci et refutari. Inde Germani dicunt, foecundam rem esse mendacium. Nam unum mendacium septem alia mendacia parit, quibus opus est ad primum mendacium confirmandum.[2] 25 Impossibile autem est, quin erumpat aliquando conscientia et se prodat, si non verbis, at saltem gestu, Sicut infinita exempla probant. Sed ego unum tantum recitabo.

In Thuringis est oppidulum ad Orlam, Newstadt. Ibi cum scortum infantulum clam editum occidisset et in vicinam piscinam proiecisset, forte 30 linteolum, in quod involutus Infans fuit, prodidit factum. Res ad Magistratum delata est. Cumque homines simplices non scirent aliam commodiorem rationem investigandi sceleris, omnes Puellas in curiam convocant et singulas explorant. Facile autem patuit iudicium tum ex vultu tum etiam sermone reliquas esse innocentes. 35

Cum autem ventum esset ad eam, quae tantum scelus patrarat, non expectavit ipsa, dum interrogaretur, magno clamore contendit se non esse

---

[1] Mendacem oportet esse memorem: *Erl. Ausg. 32, 40/41 und in den Tischreden.*
[2] *Luther meint Wendungen wie Unsre Ausg. Bd. 30³, 334, 28.*

ream criminis. Statim oborta Magistratui suspitio est non vacare eam crimine, quod ambiciosius quam reliquae se excusaret, ac a Lictoribus arrepta statim caedem fassa est.

Huius generis infinita Exempla quotidie usu veniunt, ubi sollicite excusando homines se accusant et produnt. Verum enim est, quod supra audivimus, quod peccatum quidem cubat, sed in foribus.

Sic Cain hoc in loco putat belle excusatum se, quod negat se esse custodem Fratris sui. At dum Fratrem suum nominat: An non fatetur se debere custodem eius esse? An non etiam accusat se, quod alieno in Fratrem sit animo, et simul iniicit parentibus suspitionem caedis factae, si quidem Habel nusquam apparet? Excusat se Adam in Paradiso quoque et reclinat culpam in Heuam. Sed haec Cain excusatio longe est ineptior, vere enim, cum excusatur peccatum, peccatum duplicatur: Ubi e contra confessio peccati liberalis consequitur misericordiam et vincit iram.

Recitatur in historia S. Martini[1], cum insignes aliquot peccatores absolveret, obiurgatum esse a Satana, cur id faceret? Respondisse autem Martinum: Quin te quoque absolverem, si diceres ex corde: Poenitet me peccasse contra Filium Dei, et peto veniam. Sed Diabolus hoc non facit, perstat enim in urgendo et defendendo peccato suo.

Hunc mendacii patrem Cain et omnes Hypocritae imitantur negando peccatum aut excusando. Itaque veniam consequi non possunt. Videmus enim etiam in oeconomia defensione peccati augeri iram. Quoties enim uxor, liberi, familia peccarunt et negant peccatum, magis commovetur Paterfamilias, cum tamen contra confessio aut veniam aut mitiorem poenam meretur. Proprium autem hypocritarum est, palliare peccatum, aut negare, et sub specie religionis occidere innocentes.

Sed hic revocemus in mentem, quo ordine peccata sese consequantur et crescant. Primum peccat Cain praesumptione et incredulitate, cum inflatus iure Primogeniturae statuit se suo merito a Deo probatum iri. Hanc superbiam et iusticiae gloriam sequitur invidia et odium erga Fratrem, quem videt certo signo sibi praeferri. Invidiam hanc et odium sequitur hypocrisis et mendacium, quod blande compellat Fratrem, quem occisum cupit, ut eo magis securum reddat. Hypocrisin sequitur caedes. Caedem sequitur excusatio Peccati. Ultimus gradus, de quo paulo post, est desperatio. Haec tandem est ruina illa de coelo ad infernum.

Adam et Heua in Paradiso peccatum etsi non negant, tamen admodum frigide id confitentur et transferunt Adam in Heuam, Heua in serpentem. Cain autem longius progreditur: Non solum non fatetur caedem, sed etiam curam fratris ad se nihil pertinere dicit. Hoc autem an non satis prodit alieno eum a Fratre esse animo? Adam igitur et Heua etsi frigide confitentes

---

[1] *Sulpic. Sever. vita Martini 22, 5 (schon oben S. 134 angeführt).*

merentur veniam et mitius puniuntur, Cain autem sic fortiter negans reiicitur et desperat.

Idem iudicium quoque manet nostros Cainitas, Pontifices, Cardinales et Episcopos, qui cum noctu diuque consilia caedium animo versent, tamen etiam dicunt, sicut Pater ipsorum: Nescio. 5

Usitatum proverbium[1] est: Quid ad Romanos, quod Graeci moriuntur? Putamus enim tantum nostra pericula ad nos pertinere. Sed quomodo convenit hoc cum mandato Dei, quod omnes nos inter nos vult ut Fratres vivere? Aocusat igitur se hoc ipso verbo graviter Cain, quod dicit, Curam fratris nihil ad se pertinere. Si dixisset ad Patrem: Proh dolor, occidi 10 Habel: Poenitet me facti: Irroga poenam, quam tu voles, tum fuisset remedio locus. Sed cum peccatum negat et fratris curam simpliciter contra Dei voluntatem abiicit, augetur peccatum et nullus reliuquitur gratiae locus.

Porro Moses haec verba singulari industria ita posuit in testimonium 15 et memoriale omnium Hypocritarum, ut eos graphice depingeret et ostenderet, quam horribiliter a Satana apprehendantur et inflammentur contra Deum, verbum et Ecclesiam. Huic homicidae non satis fuit contra mandatum Dei occidisse Fratrem, Sed addit etiam hoc peccatum, ut Deo interroganti de Fratre etiam indignetur et succenseat. Dico autem 'Deo interroganti', quia 20 etsi Adam haec cum Filio locutus est, tamen autoritate divina et etiam ex Spiritu sancto est locutus. In tanto peccato an non mitissima vox est: 'Ubi est Habel, Frater tuus?' Ad hanc tamen minime asperam vocem adeo ferociter et superbe respondet hypocrita et homicida, ut dicat: 'Nescio', et indignetur se hac de re compellari. Est enim verbum spiritus contumacis 25 et indignantis Deo.

Ad hoc peccatum addit aliud deterius. Cum enim debebat accusari ob factam caedem, ipse ultro accusat Deum et cum eo expostulat. 'Nunquid sum custos Fratris mei?' Nullam honoris praefationem vel Deo vel Patri debitam, addit. Non dicit: Domine, Nescio: Non dicit: Mi pater, Num me 30 ei custodem addidisti? Haec aliquam significationem reverentiae erga Deum vel Parentem habuissent. Sed superbe respondet quasi Dominus et palam significat iniquo animo se ferre, quod compelletur ab eo, qui ius compellandi habet.

Haec est vera imago omnium Hypocritarum, qui in manifestis peccatis 35 contumacissimi et superbissimi sunt et tamen volunt sanctissimi videri. Nolunt cedere increpanti Deo et verbo eius, sed opponunt se Deo, cum eo Pf. 51, 6 litigant et peccatum excusant, sicut Psalmus 51. quoque dicit Iudicari Deum ab hominibus, sed tandem vincere. Hanc Hypocritarum contumaciam voluit Moses pingere. 40

---

[1]) *Und doch bei Luther selten; fehlt bei Thiele. Sinnesähnliche vgl. Thiele Nr. 488.*

Sed quomodo hic conatus ipsi Cain cedit? Sic nimirum, ut, dum se nimium excusat, vehementissime se accuset. Sicut Christus quoque dicit: 'Ex verbis tuis te iudico, serve nequam'. Volebat servus iste videri sanctus. Lut. 19, 22 Dicit itaque: 'Noram te esse hominem austerum et metere, ubi non seminasses; 5 Itaque abscondi talentum'. Quomodo autem potuit se accusare durius? Sicut haec ipsa verba invertit Christus contra ipsum. Haec Spiritus sancti sapientia est.

Prosunt autem nobis Exempla haec, ne contendamus cum Deo, Sed cum sentis in conscientia, te reum esse, hoc summo studio cave, ne vel cum 10 Deo vel cum hominibus lucteris defendendo aut excusando peccatum. Hoc potius fac, ne a Deo intentanti hastam aufugias sed potius ad eum confugias cum humili confessione culpae et veniae petitione. Tum Deus hastam retrahet et parcet. Ubi contra, quanto per negationem et peccati excusationem longius a Deo conaris aufugere, tanto propius et hostilius te Deus persequitur 15 et urget. Nihil igitur melius nec tutius est quam venire cum confessione culpae. Sic enim fit, ut, dum Deus vincit, nos quoque per eum vincamus.

Sed Cain et hypocritae hoc non faciunt. Intentat eis Deus hastam. Ipsi contra non quidem humiliantur nec petunt veniam, Sed quoque hastam Deo intentant. Sicut Cain hic facit. Non dicit: Fateor, Domine, occidi 20 Fratrem, Ignosce. Sed ipse accusandus ultro accusat Deum: 'Nunquid ego sum custos Fratris mei?' Hac superbia quid efficit? Nimirum, ut ultro fateatur se legem hanc nihil curare: 'Dilige proximum tuum sicut te ipsum'. 3. Mose 19, 18 Item: 'Quod tibi non vis fieri, alteri ne feceris'. Haec enim lex non in Matth. 7, 12 Decalogo primum promulgata sed omnium hominum animis inscripta est. 25 Contra hanc Cain pugnat. Hanc se non curare, sed simpliciter contemnere testatur.

Ad hunc modum Cain imago est hominis non simpliciter sed extreme mali, qui sanguinarius est, et tamen est Hypocrita et vult Sanctus videri, vult Deum potius accusare, quam ut videatur accusatione dignus. Sic 30 omnes Hypocritae faciunt: blasphemant Deum et Filium Dei crucifigunt. Et tamen volunt iusti esse. Nam post homicidia, blasphemias et omnia peccata querunt, quomodo ea excusent et pallient. Sed tum fit, ut se ipsos prodant et suo ipsorum iudicio condemnentur.

Cain dum studet nimium esse purus, foedissime se contaminat. Putat 35 pulcherrime hoc a se dici: 'Nunquid sum custos Fratris mei', sed turpissime hoc ipso verbo se accusat. Sic semper secundum Hilarii sententiam cum impietate stultitia coniuncta est. Si enim tam fuisset Cain prudens, quam est malus, longe alia ratione excusasset se. Nunc postquam Deus ordinat, ut semper cum impietate sit coniuncta stultitia, ipse se ipsum accusat. At- 40 que hanc ob causam facilis est defensio veritatis contra adversarios. Nam

_____

23 non (1.) fehlt A

sicut Cain verbis et gestu testatur se Fratrem non curare, sed odisse, Ita ipsi quoque varie produnt impietatem.

Res itaque magnae et plenae eruditionis hic proponuntur, quod Deus non sinit hypocritas diu latere, sed cogit, ut ipsi seipsos prodant, cum hoc agunt, ut hypocrisin et peccatum suum callide tegant.

Moses non utitur illa copia in descriptione rerum qua Gentes, quae unum Argumentum iam hoc, iam alio colore ornant et expoliunt. Sed experimur affectus non posse humana eloquentia satis pingi, et saepe copia facit, ut affectus, qui pingitur, minor videatur, quam revera est. Moses igitur diversum facit et paucis verbis magnam Argumentorum copiam ostendit. 10

Supra dixit: 'Cum ambo essent in agro'. Ibi ostendit homicidam Cain observasse oportunitatem, ut solus aggrederetur solum. Et facile arguunt circumstantiae Habel tum non fuisse ociosum. Nam in agro erat, ubi operae a Parente impositae erant absolvendae. Ostendit hic quoque Parentes sine omni metu periculi fuisse. Etsi enim initio metuebant iram Cain erupturam 15 in aliud gravius peccatum, tamen et commoditate sua et simulata benevolentia effecit Cain, ne quid suspicarentur Parentes mali. Si enim ullum suspitionis vestigium fuisset reliquum, profecto Habel solum non dimisissent, addidissent ei sorores comites, quarum tum aliquas sine dubio habuit, Aut ipsi Parentes praesentia et autoritate sua prohibuissent tantum scelus. Ac 20 dixi supra Habel quoque ocioso fuisse animo. Nam saltem fuga consuluisset sibi, si quid de Fratre mali esset suspicatus. Postquam autem audit Cain aequo animo ferentem iudicium Dei nec invidentem hunc honorem Fratri, securus opus facit in agro.

Quis autem Rhetor pro dignitate explicaverit, quod Moses uno verbo 25 dicit: Insurrexisse Cain contra Fratrem. Multa crudelitatis passim extant convicia. Sed quomodo potest ea pingi atrocior et execrabilior, quam hic picta est?

Contra Fratrem Habel, inquit, insurrexit. Quasi dicat: Quem tum Cain solum habebat Fratrem, cum quo educatus fuerat, cum quo vixerat hactenus. 30 Sed non solum consuetudinis huius obliviscitur: etiam obliviscitur communium Parentum. Non in mentem ei venit, quantum doloris Parentibus tam tristi scelere sit conciliaturus. Non cogitat hunc esse Fratrem, a quo nunquam sit offensus. Nam quod laudem gratioris sacrificii abstulerat, norat id non studio aut ambitione ipsius Habel sed divinitus esse factum. Denique non 35 se considerabat, qui hactenus in summa apud Parentes fuerat gratia, quod hoc scelere eam gratiam amissurus, et extremam indignationem esset incursurus.

Extat in Historiis[1] de pictore, qui cum historiam Iphigeniae iam mactandae pingeret, et singulis, qui spectatores aderant, suum gestum, quo 40

---

[1] *Wohl unmittelbar aus Valerii Maximi memorab. VIII, 11 ext. 6.*

animi dolorem et luctum testabantur, attribueret, patris caput, qui spectaculo aderat, involvit, quod existimaret, magnitudinem affectus non posse pingi.

Idem plane Mosen hoc in loco fecisse iudico, Cum utitur verbo *Iakam*, insurrexit. Quantas hic tragoedias faceret Cicero aut Livius, dum et huius
5 furorem et illius metum, querelas, praeces, lachrimas, supplices manus et alia oratione extolleret? Sed ne sic quidem ista satis dicuntur. Quare recte Moses facit, quod tanquam punctis res ineffabiles ostendit, ut illa brevitate incitetur Lectoris affectus ad rem propius contemplandam, quae inani verborum lenocinio, tanquam bona forma accersito fuco, deformatur et cor-
10 rumpitur.

Ad hunc modum, quod addit 'Et occidit eum', Non loquitur de communi caede, sicut videmus homines non nunquam levibus de causis movere lites et caedes facere. Tales homicidae mox facta caede perturbantur, dolent factum, agnoscunt praestigias Diaboli, quibus animos occaecavit. At Cain
15 non perturbatur, non dolet, sed negat factum.

Hoc Satanicum et inexaturabile odium Hypocritarum Christus ostendit, cum dicit: 'Putabunt se Deo praestitisse officium, si vos occiderint'. Sacer- Joh. 16, 2 dotes et Reges implebant Hierosolyma sanguine Prophetarum ac triumphabant, tanquam re feliciter confecta. Nam interpretabantur zelum esse pro lege et
20 domo Dei.

Hodie Pontificum et Episcoporum eadem immanitas est. Non satis eis est toties nos excommunicasse et effudisse sanguinem nostrum: etiam memoriam nostram de terra viventium volunt delere. Sicut notat hoc odium Psalm. 137. 'Exinanite, exinanite usque ad fundamentum in ea'. Haec Psl. 137, 7
25 satanica, non humana odia sunt. Nam humana odia mitescunt tempore aut saltem, postquam dolorem ulti sumus et explevimus animum, desinunt. At haec pharisaica quotidie maiora incrementa sumunt, siquidem palliantur specie pietatis.

Est igitur Cain pater omnium istorum homicidarum, qui occidunt
30 Sanctos nec statuunt modum irae, donec adhuc pilus de eis superest, sicut etiam Christi exemplum testatur. Nam de Cain non dubium est, quin sperarit Habel extincto gloriam Primogeniturae se retenturum esse. Ita impii crudelitatem putant sibi profuturam, Sed cum postea sentiunt frustra fuisse spem, in desperationem prolabuntur.
35 Tam indigna caedes postquam ad Parentes perlata est, quales ibi putamus excitatas tragoedias? quales querelas? quales gemitus? Sed omitto haec, pertinent enim ad facundum et foecundum ingenium. Profecto mirum est, quod prae dolore non sunt extincti. Auget enim calamitatem, quod primogenitus, qui tam praeclaram spem de se concitaverat, tam indignae
40 caedis autor est.

Itaque nisi Adam et Heua divinitus adiuti essent, hanc domesticam calamitatem non potuissent vincere. Est enim res, quae omnium exemplo

caret. Itaque caruerunt ista consolatione, qua nos plerunque in subitis et
inopinis casibus utimur: Quod similia acciderint aliis quoque neque nos soli
simus, quibus ista eveniant. Nam primis Parentibus tum hi tantum filii
erant, quanquam Filias quoque habuisse existimem. Caruerunt itaque istis
Exemplis multitudinis, quae nos habemus.   5

Quis autem dubitat, quin Satan quoque novo tentationis genere auxerit
dolorem primorum Parentum? Sic enim cogitarunt: Ecce hoc nostrum
peccatum est. Nos in Paradiso voluimus fieri similes Deo, et sumus per
peccatum Diabolo similes facti. Idem accidit filio nostro: Hunc amavimus
solum, hunc plurimi fecimus. Alter iustus fuit nobis prae hoc Hebel, hoc   10
est, nihili. Hunc speravimus Serpentis caput contriturum, et ecce contritus
ipse est a Serpente, imo Serpenti quoque similis factus, si quidem homicida
factus est. Unde autem hoc? Nonne, quia ex nobis natus est, et quia per
peccatum nostrum nos tales sumus? Ergo ex carne nostra, ergo ex peccato
nostro ista calamitas emersit.   15

Verisimile itaque est, et arguit idem annorum series, moestos Parentes
hoc casu ita esse perculsos, ut diu a mutua consuetudine abstinerent.
Videtur enim Cain, cum caedem hanc fecit, fuisse annorum plus minus
triginta. Interim aliquot filiae Adamo natae sunt. Nam quod scribitur
postea Cain duxisse uxorem, sine dubio sororem duxit. Et dicit Cain infra: 20
'Omnis, qui invenerit me, occidet me'. Et Dominus ponit signum in Cain,
ne ullus eum interficeret. Quare verisimile est Adam habuisse tum plures
liberos. Sed hi duo, Cain et Habel, tantum numerantur propter insignem
et memorabilem historiam et quod illi duo primi et praecipui fuerunt.
Omnino enim credo primis triginta annis coniugium primorum Parentum 25
fuisse foecundissimum. Inveniuntur alicubi nomina filiarum Adae: Calmana
et Dibora. Sed nescio, an fide digni sint autores. Quia igitur Seth longo
tempore post hanc caedem memoratur genitus, mihi probabile videtur hoc
monstroso et domestico malo perturbatos Parentes ad longum tempus
abstinuisse a generando. Haec omnia Moses non attingit, sed indicat tantum, 30
ut excitet Lectorem ad considerationem tam memorabilis Historiae, quam
tamen paucissimis verbis tanquam per transennam ostendit.

Sed redeo ad propositum textum. Cain est malus et nequam et tamen
in oculis Parentum est tanquam divina possessio et divinum donum. Contra
Habel coram Parentibus secundum nomen suum pro nihilo habetur et in 35
Matth. 23, 35 oculis Dei est vere sanctus homo. Sicut Christus Matth. 23. quoque cum
insigni Elogio ornat, cum vocat 'iustum' Habel. Huius iudicii divini Cain
impatiens est, et putat non solum odium exaturatum iri caede, Sed etiam
hoc modo Primogenituram suam se retinere posse. Longe autem ab eo
abest, ut putet se ista caede peccare. Quia enim Primogenitus est, putat 40
sibi hoc quasi iure licere. Occidit itaque eum, non, ut ego puto, ferro (nam
ferrea arma tum nondum extitisse puto), Sed fuste, aut saxo aliquo.

Post factam caedem ociosus est, putat enim factum caelari posse caelato
et abscondito corpore, quod aut sepeliit aut in flumen forte proiecit, ut eo
certior esset a Parentibus non posse inveniri.

Cum itaque Habel longius quam pro more abesset a domo, Inspirat
Adae Spiritus sanctus haec verba, ut interroget de Habel: 'Ubi, inquit, est
Habel, frater tuus'? Hic igitur incipit impleri Prophetia et concio Adae,
de qua supra audivimus, quod peccatum cubat in foribus. Cain putat se
reposuisse suum peccatum in quietem et latere posse. Ac verum est: quiescit
enim peccatum, sed in foribus. Has quis aperit? nimirum Dominus ille
peccatum quiescens exuscitat. Ille latens peccatum producit in lucem.

Idem necesse est accidere omnibus. Nisi enim per poenitentiam prae-
venias et ipse confitearis peccatum tuum Deo, ipse Deus venit et peccatum
patefacit. Non enim potest ferre, ut quis neget peccatum admissum. Sicut
etiam testatur Psal. 32. 'Quoniam tacui, inveteraverunt omnia ossa mea, et Psl. 32, 3
succus meus versus est in ariditatem aestivam'. Etsi enim peccatum habet
quietem et securitatem suam, tamen est quies in foribus, quae neque diu-
turna est nec abscondita.

Quod Moses dicit: Dominum locutum esse, Accipio ut supra, quod
Adam per Spiritum sanctum et in persona Dei, quam tanquam pater erga
filium sustinebat, haec locutus sit. Pertinet itaque ad commendandam autoritatem parentum haec phrasis Spiritus sancti, quos cum audiunt, quibus cum
parent liberi, Deum audiunt, et Deo parent. Ac puto ego Spiritu sancto
revelante Adamum cognovisse, quod Habel occisus sit. Nam pronunciat de
caede, cum tamen Cain caedem dissimulet.

Quodsi Heua audivit haec, quid tum miserae putas fuisse animi? Vere
enim inenarrabilis dolor fuit. Ipsum Adam autem propius attingit malum.
Hic enim, quia Pater est, ex officio cogitur obiurgare Filium et ob peccatum
excommunicare. Quanquam enim non occidit eum (Nam lex de occidendo
homicida infra capite nono fertur, postquam caedes viderent multiplicari
Patres) et signo ex instinctu Spiritus sancti eum munit, ne occideretur,
Tamen magna poena est, quae ei cum tota posteritate irrogatur. Nam ad
illam maledictionem corporalem accedit, quod Cain excommunicatur, quod
fugatur a conspectu Parentum et consuetudine reliquorum Fratrum et sororum,
qui apud Parentes tanquam in Ecclesia remanebant.

Haec sine magno dolore Adam non potuit facere, Heua non potuit
audire. Nam Pater est pater, Filius est filius. Libenter itaque pepercisset ei,
libenter retinuisset eum domi. Sicut videmus nonnunquam reconciliari
homicidas occisorum fratribus. Sed hic nulla reconciliatio relinquitur, simpliciter iubetur profugus esse super terram. Itaque geminatur Parentibus
dolor, quod et alterum filium occisum esse vident, Hunc autem vident
divino iudicio excommunicatum et ex reliquorum Fratrum consuetudine
exclusum.

Porro cum de excommunicatione ab Ecclesia dicimus, non oportet te respicere ad nostra templa ampla et magnifice ex lapidibus sectis constructa. Templum seu Ecclesia Adae fuit arbor aliqua aut colliculus quidam sub divo, ad quem conveniebant et audituri verbum Dei et sacra facturi, ad quam rem habebant excitata Altaria. Ac affuit Deus ita sacrificantibus et 5 audientibus verbum, sicut Habelis exemplum ostendit.

Sic aliae quoque Historiae testantur sub divo fuisse Altaria et ibi sacrificatum esse. Sicut propter multas causas utile esset adhuc fieri, ut sub divo conveniremus, ibi genibus flexis oraremus, doceremus, ageremus gratias, benediceremus mutuo etc. Ab hoc templo et hac Ecclesia, quae non 10 erat in uno certo loco, eiicitur Cain et sic dupliciter punitur: Primo poena corporali, quod maledicitur terra, et additum est ei signum homicidiale, Secundo poena spirituali, quod per excommunicationem eiicitur tanquam ex altera Paradiso ex templo et Ecclesia Dei.

Iureconsulti quoque usurparunt hunc locum et satis digne tractarunt, 15 quod Dominus, priusquam damnet, inquirit de negotio. Id eo applicant, quod nemo sit damnandus, nisi prius cognita causa sit, nisi prius sit vocatus, confessus et convictus. Sicut supra de Adam quoque est: 'Et vocavit 1. Mose 11,5 Adam, et ait: Ubi es tu?' Et infra 11.: 'Descendit Dominus, ut videret' etc.

Sed nos omissa politica doctrina respiciamus ad pulcherrimam et 20 theologicam tum doctrinam, tum consolationem, quod scilicet Dominus requirit Habel mortuum. Hic enim clare ostenditur resurrectio mortuorum, siquidem Deus se mortui Habel Deum esse testatur et mortuum Habel requirit. Ex hoc enim loco conteximus firmissimam rationem: Quod, si nullus esset, qui curam nostri haberet post hanc vitam, Habel occisus non esset requisitus. 25 Sed Deus requirit Habel sublatum ex hac vita, non vult eius oblivisci, retinet memoriam eius, querit, ubi sit? Ergo Deus est mortuorum Deus[1], hoc est, Ergo etiam mortui vivunt et habent Deum curantem et salvantem eos in alia vita, quam haec corporalis est, in qua Sancti affliguntur.

Dignus ergo observatione hic locus est, quod Deus mortui Habel curam 30 habet et sic propter mortuum Habel excommunicat et perdit Cain primogenitum viventem. Magna profecto res: Habel mortuus vivit et ab ipso Deo canonisatur in alia vita, melius et verius quam omnes, quos Papa canonisavit unquam, Cain vivus excommunicatur et moritur perpetua morte. Est quidem Habelis mors horribilis: Non enim sine magno cruciatu, non sine multis lachrymis mortem 35 est passus. Sed est vere salutaris mors, siquidem iam meliorem vitam vivit quam antea. Corporalis enim haec vita vivitur in peccatis et est obnoxia morti, Sed illa vita est aeterna et sine omnibus molestiis tum corporalibus tum spiritualibus.

Non requirit Deus oves et pecora mactata: Homines autem occisos requirit. Ergo habent homines spem resurrectionis et talem Deum, qui eos 40

---

[1]) *Bei Anspielung auf Matth.* 22, 32 *erwartet man* Deus non est *usw.*

reducit ex morte carnis ad aeternam vitam, qui requirit sanguinem eorum tanquam rem praeciosam, sicut Psalmus etiam loquitur: 'Praeciosa mors Pf. 116, 15 Sanctorum in conspectu eius'.

Haec est gloria humani generis parta a Semine conterente caput Serpentis. Hoc enim primum exemplum est istius promissionis Adae et Heuae factae, in quo ostendit Deus Habeli non nocere Serpentem, etsi is hoc perficit, ut Habel occidatur. Hoc scilicet est, quod insidiatur calcaneo Seminis mulieris. Sed caput eius dum mordet, conteritur. Deus enim propter fiduciam in promissum Semen requirit Habelis mortui sanguinem et ostendit se esse Deum eius. Sicut sequentia etiam comprobant.

Et dixit: Quid fecisti? Vox sanguinis Fratris tui clamat ad me 4, 10 de terra.

Quievit hactenus peccatum Cain in foribus. Ac superiora satis testantur, quantopere conatus sit Cain, ut quiesceret. Interrogatus enim de Habele, ubi sit, respondet se nescire. Ita adiungit ad homicidium etiam mendacium. Satis autem ea responsio arguit haec verba ab ipso Adam et non a maiestate divina esse pronunciata. Putat enim, quod patrem Adam tanquam hominem lateat factum suum: De divina maiestate id non potuit cogitare. Itaque si Deus cum eo esset locutus, aliter fuisset responsurus. Nunc postquam sibi cum homine solo rem esse putat, negat factum, dicit: Nescio. Quam enim varia pericula sunt, quibus homo perire potest? Alii a bestiis vorantur, Alios absorbent flumina, Alii alio genere mortis pereunt.

Itaque putat Cain, Patrem quidvis potius suspicaturum, quam quod caedem patrasset. Sed Spiritum sanctum in Adam non potuit fallere. Itaque in persona Dei aperte eum coarguit et dicit: 'Quid fecisti'? quasi dicat: Quid pergis negando factum? Deum profecto, qui mihi id revelavit, fallere non poteris. Putas sanguinem Fratris tui terra esse tectum, sed profecto non sic tectus et absorptus est, quin de terra clamet ad Deum. Hoc vero est excitare peccatum quiescens in foribus et traducere.

Est igitur hic textus plenus consolatione contra homicidas et hostes Ecclesiae. Docet enim nos, quod afflictiones, sanguines et mortes nostrae replent coelum et terram clamoribus. Itaque ad hanc Adae vocem: 'Quid fecisti' credo Cain ita animo perturbatum et confusum esse, ut quasi attonitus esset, et, quid vel faceret vel diceret, nesciret. Sic enim cogitavit: Si pater Adam scit de caede a me facta, quid dubito, quin idem sciat Deus, Angeli, coelum et terra? Quo igitur fugiam? quo me vertam infoelix?

Ac accidit idem adhuc hodie homicidis: ita agitantur post patratam caedem furiis, ut vere attoniti sint, ac putent coelum et terram aliam induisse faciem, et, quo fugiant, nesciant. Sicut Poëtae etiam de Oreste furiis agitato loquuntur. Tam horribilis res est iste clamor sanguinis et mala conscientia.

Fit autem idem in aliis quoque atrocibus peccatis ac experiuntur similes sensus, quos apprehendit tristitia spiritus, his enim omnes creaturae videntur immutatae. Quando etiam cum notis hominibus loquuntur eosque vicissim audiunt, ipse sonus oris videtur alius esse, videntur immutati vultus, nigrescunt et horrent omnia, quocunque vertunt oculos: tam saeva et truculenta bestia est mala conscientia. Nisi itaque divinitus erigantur, necesse est, ut ipsi abrumpant vitam suam prae desperatione, prae angustia et impatientia doloris.

Utitur autem hic quoque Moses usitata brevitate, sed quae omnem copiam vincit. Primum insignis est prosopopocia, quod sanguini tribuit 10 vocem, quae impleat coelum et terram clamoribus. Quomodo enim exilis aut tenuis vox est, quam de terra emissam audit Deus in coelis? Habel itaque, qui vivus patiens iniuriarum erat, qui erat placidus et mitis, nunc mortuus et defossus in terram impatientissimus est iniuriae, et qui antea non mutire audebat contra fratrem, nunc improbe clamat et Deo clamore suo nego- 15 tium facit, ut descendat de coelo et homicidam arguat. Itaque Moses quoque pleniore vocabulo utitur. Non dicit: Vox fratris tui loquitur, sed 'clamat', sicut praecones clamant, qui intenta voce homines convocant ad conventus.

Scribuntur autem haec, sicut supra quoque dixi, ut videamus Deum nostrum esse misericordem et diligere Sanctos suos eosque curare et requirere, 20 contra autem homicidis irasci, eos odisse et punire velle. Haec consolatio apprime necessaria est. Nam cum affligimur, putamus Deum nostri oblitum esse et curam de nobis abiecisse. Si enim curaret nos, cogitamus, non acciderent nobis talia. Atque hoc modo Habel quoque potuit cogitare: Deus me nihil curat, alioqui non sineret me sic a Fratre occidi. 25

Sed vide sequentia. An enim Deus non maiorem curam Habelis gerit, quam ipse potuisset de se gerere? Quomodo enim vivus Habel eam vindictam posset exercere in Fratrem, quam nunc Deus mortuo eo exercet? Quomodo vivus posset ita horribiliter iudicare Fratrem, sicut a Deo iudicatur? Nunc enim clamat sanguis Habel, qui cum viveret, placidissimus erat. Nunc Habel coram Deo accusat Fratrem, quod sit homicida, qui vivus omnes fratris iniurias dissimulaverat. Quis enim prodit Cain, quod occiderit fratrem? Nonne, sicut textus dicit, sanguis Habel, qui nunc assiduis clamoribus aures Dei et hominum obtundit?

Haec, inquam, plena sunt consolationis, praesertim nobis, qui patimur 35 persecutionem a Pontificibus et impiis Principibus propter doctrinam. Extremam crudelitatem in nos exercuerunt. Non in Germania solum, sed aliis quoque Europae partibus in homines pios saevitum est. Hoc peccatum Papatus tanquam iocum negligit, imo putat cultum Dei esse. Cubat itaque adhuc peccatum hoc in foribus, sed suo tempore patefiet. Non enim tacet 40

---

35 abtundit *A*

sanguis optimi et constantissimi martyris, Leonardi Kaiser, effusus in Bavaria. Non tacet sanguis Henrici Zutphaniensis, effusus in Dietmaribus.[1] Non tacet sanguis nostri Antonii Angli, ab Anglis suis crudeliter et indicta causa interfecti.[2] Taceo mille alios, quorum nomina etsi minus clara fuere, tamen et confessionis et martyrii fuerunt socii. Horum omnium sanguis non tacebit: coget suo tempore descendere Deum de coelis et facere iudicium in terra intollerabile hostibus Euangelii.

Non igitur putabimus sanguinem nostrum a Deo negligi. Non putabimus afflictiones nostras Deum non respicere. 'Etiam lachrimas nostras in utrem suum Pf. 56, 9 colligit', sicut Psalmus. 56. loquitur. Et clamor sanguinis piorum penetrat nubes et coelum, usque dum perveniat ad thronum Dei et hortetur ad vindicandum sanguinem iustorum, Psal. 79. Pf. 79, 11

Sicut autem nobis haec ad consolationem scripta sunt, Ita adversariis nostris sunt scripta ad terrorem. Quid enim putas Tyrannis istis auditu horribilius esse, quam quod interfectorum sanguis clamat et assiduo coram Deo eos accusat? Est quidem Deus longanimis, praesertim nunc sub finem mundi. Itaque peccatum cubat longius. Non statim sequitur vindicta. Sed profecto verum est Deum hoc peccato gravissime offendi nec unquam impune abire passurum esse.

Hoc de Cain iudicium ego quoque credo primo die non esse factum, sed intercessit tempus aliquod. Est enim Deus natura longanimis, quod expectat conversionem peccatorum. Sed non ideo nunquam punit. Est enim Iudex iustus tum vivorum tum mortuorum, sicut profitemur in Symbolo fidei nostrae. Hoc iudicium statim in principio mundi cum istis duobus Fratribus exercet: Vivum homicidam iudicat et damnat, Mortuum Habel iustificat, Cain excommunicat et in eos angores impellit, ut tota Creationis machina ei videatur angusta esse.[3] Nusquam enim se tutum esse videt, postquam Deum huius sanguinis vindicem fore videt. Habeli contra dat securam latitudinem, non terrae tantum, sed Coeli quoque.

Quid igitur dubitabimus, quin Deus in corde suo ponderet et numeret afflictiones suorum? quin lachrimas nostras mensuret, easque perscribat in adamantinas tabulas, quas nulla ratione delere poterunt hostes Ecclesiae, nisi sola poenitentia. Manasses fuit maximus tyrannus et persecutor piorum immanissimus. Exilium igitur et captivitas non fuissent satis ad peccata ista exolvenda. Sed cum agnoscit peccatum et vere poenitet, ibi miseretur eius Dominus.

Sic Paulus[4], sic Papa et Episcopi unam hanc viam habent reliquam, ut agnoscant peccatum suum et petant remissionem. Hoc cum non faciunt,

---

[1] Über Leonhard Kaiser s. Unsre Ausg. Bd. 23, 445 f. und über Heinrich von Zütphen s. Unsre Ausg. Bd. 18, 215. [2] Daß Robert Barnes (= Antonius Anglus) erst 1540 getötet wurde, muß dies Stück von Dietrich bearbeitet sein. [3] Deutsch bei Luther oft: die Welt ist ihm zu enge z. B. oben 129, 12. [4] Vielleicht Petrus. Das P der Vorlage, meist P|aulus, war diesmal, wie zuweilen, in P|etrus aufzulösen.

requiret Deus in furore ex manibus eorum sanguinem piorum. De hoc nemo dubitet. Habel occisus est, Cain autem vivit. Sed, bone Deus, quam miserabilem vitam vivit. Nam optaret se nunquam esse natum, quod et se excommunicari audit, et expectat mortem et vindictam peccati in singula momenta. Similis erit adversariorum nostrorum et tyrannorum Ecclesiae fortuna suo tempore. 5

4, 11 Et nunc maledictus es tu de terra, quae aperuit os suum ad suscipiendum sanguinem Fratris tui de manu tua.

Hactenus audivimus, quomodo peccatum Cain per sanguinem Habel patefactum et ipse de eo convictus sit per patrem Adamum, quodque hoc fuerit iudicium Dei de duobus Fratribus, ut alter non solum iustificatus sed 10 etiam canonisatus et pro Sancto declaratus fuerit tanquam primitiae istius Seminis benedicti, Alter vero, qui primogenitus erat, fuerit damnatus et ex-communicatus, sicut sequentia ostendunt. Nunc pergit Moses et poenas commemorat, quae parricidium hoc sunt secutae.

Atque initio imprimis observatione digna est diligentia Spiritus sancti. 15 Supra cum Adae propter peccatum poena infligitur, non maledicitur persona Adae, sed tantum terra, neque id tamen simpliciter, sed additur quasi excu-satio quaedam terrae. Sic enim dicitur: 'Maledicta est terra propter te'. Röm. 8, 20 Sicut Paulus quoque Rom. 8. dicit: 'Creatura vanitati subiecta est non volens'. Quia enim tulit peccatorem hominem, ideo etiam tanquam instru- 20 mentum cogitur ferre maledictionem. Sicut maledicitur gladius, aurum etc., quod scilicet per haec peccatur ab hominibus. Haec pulcherrima dialectica est, quod Spiritus sanctus sic distinguit inter terram et Adam: Maledictionem derivat in terram, personam autem servat.

Hic de Cain aliter loquitur Spiritus sanctus: Maledicit enim personae. 25 Cur hoc? Num quod Cain homicida gravius peccarit quam Adam et Heua? Non: Sed ideo, quia Adam erat illa radix, ex cuius carne et lumbis erat nasciturus Christus, benedictum illud Semen. Huic Semini parcitur, huius benedicti Fructus causa transfertur maledictio a persona Adae in ipsam terram: Ita ut Adam ferat maledictionem terrae, sed non personalem male- 30 dictionem. Erat enim ex eius posteritate nasciturus Christus.

Ab hac gloria quia per peccatum excidit Cain, maledicitur persona eius, et dicitur ei: 'Maledictus es tu', ut intelligamus, eum separatum a gloria promissi Seminis nec habiturum in sua posteritate tale Semen, per quod veniat benedictio. Haec est excommunicatio ab ista magnifica gloria 35 futuri Seminis. Habel enim occisus erat: Itaque non ex eo extitit posteritas. Adam autem cogitur servire Deo ad generationem. In hoc uno (abiecto Cain) haeret spes benedicti Seminis, donec ei nascitur Seth.

Brevia quidem verba sunt sed profecto digna multa et diligenti con-sideratione, quod Cain dicitur: 'Tu maledictus', hoc est: Tu non es ille, de 40 quo speretur Semen benedictum. Hoc verbo excommunicat Cain et tanquam

ramum de stirpe amputat, ut non possit amplius sperare illam gloriam, quam
ambibat. Volebat quidem Cain ex se hanc gloriam benedictionis propagari.
Sed quo plus ambibat, eo minus eam consequebatur. Sicut omnibus impiis
accidit: quanto enim magis sua nituntur statuere, tanto corruunt magis.

5   Atque hic incipiunt duae Ecclesiae inimicissimae inter se: Altera Adae
et piorum, quae habet spem et promissionem Seminis benedicti, Altera Cain,
quae spem et promissionem hanc per peccatum amisit nec potuit recuperare.
Nam in Diluvio omnis eius posteritas penitus extincta est, ut non Propheta
aliquis, non Sanctus, non ullum verae Ecclesiae caput de posteritate Cain
10 extiterit. Adeo omnia Cain hoc uno verbo negata et adempta sunt, cum
ei dicitur: 'Maledictus tu'.

    Additur autem 'E terra'. Hoc quasi temperamentum huius horribilis
irae est. Nam si 'E coelo' dixisset, in universum spem salutis posteritati
eius ademisset. Nunc, quia 'e terra' dicit, Minatur quidem, quod a pro-
15 missione Seminis exciderit, et tamen potuit fieri, ut quidam privati homines
ex generatione Cain instinctu divino se cum Adam coniunxerint et salvati
sint. Sicut postea quoque accidit. Etsi enim soli Iudaei habebant gloriam
huius Seminis et promissionem secundum Psalmum 147. 'Non fecit taliter
omni Nationi', tamen gentes habuerunt, ut sic dicam, ius mendicandi, et Psi. 147, 20
20 consequebantur idem beneficium propter misericordiam Dei, quod Iudaei
propter veritatem seu promissionem Dei habebant.

    Sic Moabitis et Ammonitis simpliciter negatum erat regimen in Ecclesia.
Et tamen multi privati religionem Iudaeorum complexi sunt. Ad hunc
modum Cain et posteritati eius ius in Ecclesia simpliciter ademptum est,
25 sed ut eis mendicare quasi hanc gratiam liceret, hoc eis non ademptum est.
Nam propter peccatum a iure communis mensae prohibitus est. Hoc tamen
relictum ei est, si vellet cum canibus micas colligere. Hoc significat particula *Min haadama*, De terra.

    Ideo autem hoc admoneo, quia verisimile est, quod multi ex posteris
30 Cain se coniunxerunt cum sanctis Patriarchis. Sed fuerunt in Ecclesia
privati et sine officio, tanquam qui promissionem Seminis benedicti, ex suo
corpore nascituri, penitus amisissent. Magnum autem est amittere promissionem, Et tamen haec ipsa maledictio sic est mitigata, ut concederetur eis
ius quasi mendicandi, et non negaretur praecise coelum, modo se cum vera
35 Ecclesia coniungerent.

    Sed id sine dubio varie Cain conatus est impedire. Nam et cultus
novos erexit et finxit Ceremonias, ut videretur ipse quoque esse Ecclesia.
Qui itaque ab eo desciverunt et ad veram Ecclesiam congregati sunt, hi
sunt salvati, etsi de gloria Christi ex suo corpore nascituri cogerentur
40 desperare. Sed redeamus ad textum.

    Mirabilis hic prosopopoeia est. Loquitur Moses de terra tanquam de
bestia, quae aperuerit os suum et biberit innocentem sanguinem Habel. Cur

autem tam atrociter tractat terram, sine cuius consilio haec facta sunt? Imo
Röm. 8, 20quia est bona creatura Dei, sunt facta ea nolente et reluctante, Sicut Paulus
dicit Creaturam subiectam vanitati, sed nolentem.

Respondeo: Fit hoc in terrorem Adae et omnis posteritatis eius, ut in
timore Dei vivant et homicidium fugiant. Vult enim Adam dicere: Ecce 5
terra aperuit os suum et devoravit sanguinem Fratris tui. At te homicidam
haec debebat devorare. Bona quidem est terra bonis et piis, sed impiis est
plena hiatibus. Ad hunc modum utitur atrocibus verbis ad terrorem et
confusionem homicidarum. Nec dubium est, quin Cain, postquam audivit
haec ex irato Patre, sicut Iudas, apud se conterritus et confusus sit, ut, quo 10
se verteret, nesciret. Atrocia enim verba sunt: 'Quae hausit sanguinem
Fratris tui de manu tua', Et foeditatem huius parricidii magis exprimunt
quam ullae picturae.

4, 12   **Si colueris terram, non amplius dabit tibi vim suam.**

Ad Adam supra dixit: 'Spinas et tribulos pariet tibi terra'. Hic aliter 15
loquitur, Quasi dicat: Rigasti et stercorasti terram non salutari et vivificante
pluvia sed fraterno sanguine. Erit itaque tibi minus foecunda, quam aliis.
Sanguis enim, quem tu effudisti, impediet vim et virtutem terrae.

Haec est secunda pars poenae, nempe maledictio corporalis, quod terra
pariter culta ab Adam et Cain tamen Adae foecundior erit et respondebit 20
laboribus eius: Cain autem laboribus non respondebit propter sanguinem,
qui impedit terram cupientem dare secundum vim et virtutem suam.

Caeterum hoc quoque monendum est de grammatica, quod hoc in loco
terram vocat *Haadama*, In eo autem, quod sequitur: 'Et vagus eris super
terram', est *Arez*. Significat autem *Adama* secundum Grammaticos partem 25
terrae, quae colitur, in qua sunt arbores et alii fructus ad victum utiles,
Arez autem significat totam terram sive cultam sive incultam. Pertinet
igitur maledictio haec proprie ad terram, quae propter victum colitur: Ut,
ubi Adae una spica trecenta grana producit, Ibi Cain homicidae vix decem
grana nascantur, ut scilicet ubique videat testimonia, quod Deus sanguinis 30
effusionem odit et punit.

      Vagus et profugus eris in terra.

Haec est tertia poena, quae adhuc in homicidis durat. Nisi enim
reconcilientur, nusquam certam sedem nec fixum locum habent. Sunt hic
duo vocabula *No vo Nod*[1], vagus et profugus. 35

Sic autem ea soleo distinguere, ut *No* significet incertitudinem loci, in
quo es. Sicut nunc Iudaei sunt vagi, quia non habent certum nec fixum
locum: In horas enim metuunt, ne emigrare cogantur. *Nod* autem significat

---

¹) *Die Aussprache No vo Nod für Na va Nad wäre für Luther selten.*

incertitudinem loci, quem petis, ut, cum non habes certum locum, in quo
maneas, etiam hoc accedat, ut, cum ex isto incerto loco emigrandum est,
nescias, quo eundum sit: Ut sic duplex poena sit in una: Non posse manere
et simul nescire, quo eas, postquam ex incerto isto loco pulsus fueris. Sic
est Psalmo 109. 'Venoa ianuu Banaf, Vagando vagentur filii'. Hoc est: Pſ. 109, 10
Nusquam certum locum inveniant, quodsi hoc anno sunt in Graecia, altero
anno cogantur migrare in Italiam, et sic deinceps.

Sicut nunc plane Iudaeorum misera conditio est, nusquam enim possunt
certas sedes figere. Ad hanc calamitatem addit Dominus Cain etiam aliam,
ut semel extrusus nesciat, quo se vertat, ac sic quasi inter coelum et terram
pendens nusquam consistere possit, ut neque certum locum habeat habitandi,
nec certum locum refugii.

Ad hunc modum unum peccatum triplici poena punitur. Primum
privatur Cain gloria spirituali seu ecclesiastica. Nam adimitur ei promissio
de Semine benedicto nascendo ex eius posteritate. Secundo maledicitur
terra, ea est oeconomica poena. Tertia poena est politica, ut sit vagus et
nusquam inveniat fixum locum.

Et tamen relinquitur aditus ad Ecclesiam sed sine promissione. Nam
ut dixi, si qui ex posteritate Cain se cum Ecclesia vera et sanctis
Patribus coniunxerunt, servati sunt. Sic relinquitur Oeconomia, sed sine
benedictione, Item Politia, ut possit aedificare Civitatem et ibi habitare, sed
incertus, quam diu. Vere igitur est quasi mendicus in Ecclesia, Oeconomia
et Politia.

Ad has poenas accedit etiam hoc temperamentum, ut non occidatur
statim propter caedem factam, sicut postea de homicidis lex lata est, Sed
ut servetur in exemplum aliis, ut Deum timeant et caedes caveant. Haec
de peccato, iudicio et ultione peccati Cain sufficiant.

Sed hic obiicitur: Quod has maledictiones ferunt Pii, contra impiis
bene est. Sic Paulus dicit: Se vagum esse nec habere certum locum. Et 1. Kor. 4, 11
est eadem hodie nostra condicio, qui docemus Ecclesias: habemus incertas
sedes et aut exulamus, aut exilium in horas expectamus. Idem accidit
Christo, Apostolis, Prophetis, Patriarchis.

De Iacob dicit scriptura: 'Maior serviet minori', Sed an non Iacob 1. Moſe 25, 23
servus est, qui metu Fratris in exilium abit? Rediens fratri supplicat et ad
genua procidit. Sic Isaac est miserrimus mendicus. Abraham, pater eius,
inter gentes exulat et ne quidem pedis spacium in terra possidet, sicut
Stephanus inquit, Act. 7. At Ismaël vere rex est: Is ex se natos habet Apg. 7, 5
duces in terra Madian, priusquam Israël in terram promissionis ingreditur.

Ad hunc modum paulo post sequetur Cain primum aedificasse civitatem
Hanoch et ex eo natos pastores, varios metallorum artifices, musicos. Haec
omnia arguunt falso tribui maledictiones Cain et posteritati eius. Hae
enim veram Ecclesiam premunt, ubi contra impiis bene est et florent.

Hoc scandalum non solum gentes sed ipsos Sanctos quoque offendit. Sicut testantur Psalmi non uno in loco. Et Prophetae sepe indignantur, sicut, Ieremias, cum vident impios quasi immunes esse a malis, Contra se premi et varie affligi. Ubi igitur, inquies, est maledictio impiorum? Ubi est, piorum benedictio? Nonne contrarium verum est? Cain instabilis et 5 vagus et tamen primus aedificat civitatem ac certum manendi locum. Ad hoc Argumentum infra copiose respondebimus, Nunc pergemus in Mose.

4,13 Et dixit Cain ad Dominum: Maior est iniquitas mea, quam ut remittatur.

Hic videtur Moses Grammaticis et Rabinis fixisse crucem, varie enim 10 hunc locum crucifigunt. Lyra recitat aliquorum sententias, qui affirmative exponunt, quod desperans Cain dixerit maius esse suum peccatum, quam ut possit condonari, sicut nos quoque reddidimus. Ac retinuit hanc sententiam Augustinus quoque. Mentiris, inquit, Cain. Maior enim est Dei misericordia, quam omnium peccatorum miseria. 15

Sed Rabini interrogative et negative exponunt: Num maior est iniquitas mea, quam ut remitti possit? Haec sententia si vera est, non solum non agnovit peccatum Cain, sed excusavit quoque, et insultavit Deo praeter meritum irroganti poenam. Ad hunc modum fere ubique Rabini depravant sententiam scripturae. Itaque et odisse eos incipio et moneo, ut, qui 20 legunt eos, cum accurato iudicio legant. Etsi enim habuerunt quaedam tanquam per traditionem ex Patribus, tamen ea varie depravarunt. Itaque Hieronymum quoque saepe deceperunt. Nec sic Poëtae orbem terrarum repleverunt fabulis, sicut impii Iudaei Scripturam absurdis sententiis. Itaque magnus labor nobis obiicitur, ut purum Textum retineamus ab 25 ipsorum glossis.

Causa autem erroris est, quod quidem sunt Grammatici, sed res non norunt, hoc est, non etiam sunt Theologi. Coguntur itaque hallucinari et crucifigere tum se tum Scripturam. Quomodo enim possibile est, ut recte iudices de rebus incognitis? Res autem hoc in loco illa est: Quod accusatur 30 Cain in sua conscientia. Nullus autem non solum impius, sed ne Diabolus

Jac. 2, 19 quidem est, qui hoc iudicium possit sustinere. Sicut Iacobus dicit 2. cap., etiam

2. Petri 2, 11 Demones contremiscere coram Deo. Et Petrus 2. Pet. 2. dicit: Ne Angelos quidem, etsi fortitudine et virtute maiores sunt, sustinere posse iudicium, quod in blasphemos exercebit Dominus. Sic Manasses in oratione sua: 35

Geb. Man. 4 'Omnes pavent a vultu irae suae'.

Haec satis arguunt non fuisse in hoc iudicio tantum animi in Cain, ut se Deo opponeret et cum eo expostularet. Est enim Deus luctator omnipotens et facit primum impetum in ipsum cor et conscientiam arripit. Hanc rem non norunt, nec intelligunt Rabini: Ideo sic de hoc iudicio loquuntur, 40

ac si coram hominibus ageretur, ubi aut falso negatur aut excusatur factum. Dei iudicium aliud est: in eo, sicut Christus Matth. 12. dicit: aut 'Ex ser- Matth. 12, 37 monibus tuis iustificaberis aut damnaberis'. Agnoscit itaque peccatum Cain, quanquam de peccato non sic dolet, sicut de poena inflicta. Est ergo
5 affirmativa sententia, quae desperationem horribilem ostendit.

Hanc ˙desperationem etiam arguit, quod simpliciter nullum reverentiae verbum addit, non Dominum, non Patrem appellat, Sed conscientia confusa sic terrore et desperatione oppressa est, ut non possit cogitare de spe veniae. Sic Epistola ab Ebraeos de Esau dicit cap. 12: 'Vendidit ius Ebr. 12, 16. 17
10 Primogeniturae suae Esau pro esculento. Scitis autem, quod postea volens consequi benedictionem, reprobatus est. Poenitentiae enim locum non invenit, etsi cum lachrimis eam quereret'. Ita Cain hoc in loco sentit poenam; plus autem de poena quam de culpa dolet, sicut omnes desperati faciunt.

15 Haec duo vocabula *Minso* et *Aon* grammaticorum cruces sunt. Hieronymus vertit: Maior est iniquitas mea, quam ut veniam merear. Sanctes Pagninus [1], Grammaticus non ineruditus, et, ut apparet, diligens quoque, sic vertit: Maior est punitio mea, quam ut feram. Sed hoc modo ex Cain faciemus martyrem et ex Habel peccatorem. Dixi autem supra de vocabulo
20 *Nosa* quod, cum applicatur ad peccatum, significat peccatum levare in altum, seu tollere, sicut nos usitata figura vocamus remissionem peccatorum, et remittere peccatum. Sicut Psalm. 32, *Aschre neschu pesche.* Id ad verbum Pf. 32, 1 sonat: Beatus fiens levatus crimine vel peccato. Hoc nos dicimus: 'Beatus, cui remissum est peccatum', seu 'cuius peccatum sublatum est'. Sicut
25 Esaiae 33.: 'Populus, qui habitat in ea *Neschu aon* hoc est, levatus crimine', Jef. 33, 24 seu populus remissionis peccatorum.

Alterum vocabulum *Aoni* dirivant a verbo *Anah,* quod significat affligi, ut Zachariae 9.: 'Rex tuus venit tibi pauper seu afflictus'. Nostra Sach. 9, 9 translatio habet 'mitis'. Sicut in Psalmo 132. 'Memento, Domine, David et
30 omnis mansuetudinis eius', hoc est, afflictionum. Inde venit vocabulum humilitatis, quo utitur Maria virgo in suo Cantico, Lucae 1. Haec res Lut. 1, 48 occasionem dedit Sancti, ut veteret 'punitio'.

Sed *Aoni* hic significat iniquitatem, seu peccatum, sicut in multis aliis Scripturae locis, sicut etiam ostendit verbum levandi, quod additum est.
35 Ita videmus, quod Grammatici, qui nihil sunt, quam grammatici, et res Theologicas non norunt, habent suas cruces in talibus locis ac crucifigunt non solum Scripturam sed et se et auditores. De sententia prius constituendum est, ut ubique inter se consentiat, postea est applicanda grammatica. Sed Rabini contrarium faciunt. Ideo dolet mihi, quod Doctores et sancti
40 Patres eos plerumque sunt secuti.

[1]) *Santes Pagninus, Lexicon Hebraicum, Lugduni 1529. Kroker nr. 596.*

4, 14 Ecce, eiicis me hodie a facie terrae, Et a facie tua abscondar, et
ero vagus et profugus in terra, Et erit, Omnis, qui me invenerit,
occidet me.

Ex his verbis apparet, hanc sententiam latam per os Adae. Primum
agnoscit se eiici ab Oeconomia et Politia, Secundo etiam ab Ecclesia. 5
De differentia vocabulorum *Adamah* et *Erez* supra diximus, quod *Erez*
significat totam terram, *Adamah* autem significat agrum cultum. Sententia
igitur est: Cogor nunc a te profugere ex eo loco, quem colui, ac patet mihi
quidem orbis terrarum, Sed ero vagus et profugus super terram, hoc est,
nusquam habebo certum locum. Sicut cum apud nos homicidae profugi 10
multantur exilio. Atque haec verba satis ostendunt, quomodo sit intelligendum, quod Adam supra dixit: 'Maledictus es tu super terram': Nempe, quod
coactus sit exulare. Est igitur haec politica poena, qua excluditur a civili
consortio.

Quod autem addit: 'A facie tua abscondar', est poena Ecclesiastica et 15
vera excommunicatio. Quia enim sacerdotium et regnum Adae erat et Cain
ob peccatum ab Adam excommunicatur, simul adimitur ei gloria sacerdocii
et regni. Cur autem hac poena usus sit Adam, supra audivimus: 'Si ex-
colueris terram, non dabit tibi virtutem suam'. Hoc est: Maledictus es, et
maledicti sunt labores tui. Si itaque nobiscum maneres in terra, nos tecum 20
fame perire necesse esset. Infecisti enim terram sanguine Fratris tui. Hunc
sanguinem tecum circumferre cogeris, et ipsa terra in te expetet poenas.
Pene similis sententia est, 1. Reg. 2., ubi Salomo praecipit Banaia,
1. Kön. 2, 31 filio Ioiada: 'Interfice Ioab et amovebis sanguinem innocentem, qui effusus
est a Ioab, a me et a domo Patris mei, et reddet Dominus sanguinem eius 25
super caput eius etc. David autem et semini eius et domui et throno illius
sit pax usque in aeternum a Domino'. Quasi dicat: Si non dabit poenas
iniustae caedis Ioab, totum regnum luet poenas et bellis concutietur. Sic
Adam hoc loco: Si maneres in terra, Deus ita in nos animadverteret propter
te, ut terra nunquam ferret fructum. 30
Sed nunc respondebimus ad questionem supra propositam. Ad Cain
dicitur: 'Eris vagus et profugus super terram', Et tamen primus aedificat
Civitatem. Deinde sic crescit eius posteritas, ut seduxerit, oppresserit et
everterit Ecclesiam Dei usque ad octo homines de generatione Seth. Reliqua
omnis multitudo, quae in Diluvio periit, Cain secuta est, sicut textus clare 35
1. Mose 6, 4 dicit: 'Filii Dei acceperunt Filias hominum et genuerunt Gygantes, qui
dominati sunt in terra'. Cum igitur Cain tantam habeat posteritatem et
primus aedificet Civitatem, quomodo verum est, quod sit vagus et profugus
super terram?
Respondebimus autem ad literam. Nam, quae ex novo Testamento 40
de Paulo, Apostolis, Christo et Prophetis quoque addidimus supra, habent

aliam rationem. Quod igitur dicit Adam: 'Vagus et profugus eris in terra', sic dicit, ut dimittat Cain sine ullo praecepto. Non dicit ei: Vade ad orientem. Non dicit: vade ad meridiem. Nullum locum nominat, quo debeat ire. Nihil mandat, quod debeat facere, simpliciter eiicit eum, veniat,
5 quocunque velit, et faciat, quicquid velit, non curat. Non addit promissionem tutelae. Non dicit: Eris Deo curae, Deus defendet te. Sed sicut totum coelum aviculae patet, ut liberum sit volare, quo velit, Sed nusquam tutum locum habet, ubi sciat, se ab aliarum avium impetu securam esse, Ita Cain dimittit Adam. Hoc sentit Cain, Ideo etiam addit: 'Quicunque me invenerit,
10 occidet'.

    Adae alia et melior fuerat conditio: Peccaverat et per peccatum in mortem demersus erat. Sed cum eiiceretur e Paradiso, Deus mandabat ei certum opus, ut in certo loco coleret terram: Induerat quoque eum veste pellicea. Hoc, ut supra diximus, signum erat, quod Deus eum curaturus et
15 defensurus esset. Superabat autem omnia illa magnifica promissio facta mulieri de Semine contrituro caput Serpentis. Horum nihil Cain relinquitur: dimittitur simpliciter ad incertum locum et opus non addita ulla vel pro-missione vel mandato, Sicut avis, quae in libero coelo incerta vagatur. Hoc significat proprie vagum et instabilem esse.

20   Sic sunt instabiles et vagi omnes, qui non habent verbum nec manda-tum Dei, quo certus locus et persona certa definitur. Tales fuimus sub Papatu. Non deerant cultus, non operae, non exercitia. Sed haec omnia fiebant et suscipiebantur sine mandato Dei. Haec vere fuit Cainica tentatio: carere verbo, et nescire, quid vel credas vel speres vel patiare, Sed omnia
25 facere et suscipere in incertum eventum. Quis enim unquam fuit Monachus, qui posset affirmare recte se aliquid fecisse? Erant enim omnia nihil nisi humanae traditiones et rationis commenta sine verbo. In his vagabamur omnes et fluctuabamus, sicut Cain, Incerti, quid de nobis iudicaturus esset Deus: Amore ne an odio essemus digni? Ita enim tum docebamur.

30   Sic tota Cain posteritas fuit vaga et instabilis. Non enim habuit promissionem nec mandatum Dei, et fuit sine certa Regula tum vivendi tum moriendi. Itaque, si qui venerunt ad cognitionem Christi et se cum vera Ecclesia coniunxerunt, hoc eis non accidit ex promissione sed ex mera misericordia.

35   Sed Seth, qui post est natus, habuit cum sua posteritate promissionem certam, certa loca, certos ritus cultuum Dei, ubi contra Cain vagus fuit. Etsi enim Civitatem condidit Cain, tamen incertus fuit, quamdiu esset eam habitaturus. Non enim habebat promissionem Dei. Quae autem sine pro-missione Dei habemus, incertum est, quamdiu simus habituri. Potest enim
40 ea singulis momentis aut turbare aut auferre Satan. Contra eum incedimus muniti mandato et promissione Dei, ibi Satan frustra luctatur, Deus enim omnia firmat et munit mandato suo.

Etsi igitur Cain esset Dominus totius mundi et haberet omnes opes mundi, Tamen, quia caret promissione divini auxilii et destituitur custodia Angelorum nec habet aliud, quo nitatur, quam humana consilia, vere vagus et instabilis est. Sicut addit:

Omnis, qui invenerit me, occidet me.   5

Haec est evidentissima consequentia. Postquam enim destitutus est auxilio Dei et Parentis, postquam amisit Sacerdotii et Regni ius, videt futurum, ut, quisquis eum iuvenerit, occidere possit. Est enim excommunicatus spiritualiter et corporaliter. Et tamen Deus scelerato homicidae duplex beneficium praestat. Amiserat Regnum et Ecclesiam, retinet autem vitam 10 et posteritatem. Deus enim promittit ei protectionem vitae et addit ei Uxorem. Haec sunt duo beneficia non contemnenda, quae ne quidem sperare potuit Cain, cum audiret hanc primam ex Patre sententiam. Valent autem eo, ut possit habere locum et spacium poenitentiae, quanquam fortuita sint et sine mandato. Non enim addit promissionem certam. Sicut nos sub 15 Papatu fortuito, ut sic loquar, venimus ad misericordiam. Non enim praecessit certa promissio futurum, ut nobis viventibus patefiat veritas et manifestetur Antichristus. Contigerunt autem haec duo beneficia propter electos, valde enim credibile est, quod multi ex posteritate Cain salvati sint, qui se coniunxerunt cum vera Ecclesia, sicut postea apud Iudaeos etiam locus fuit 20 proselytis et Gentibus.

Sic valde dura Lex fuit, Ne quis ex Moabitis et Ammonitis adhiberetur ad ecclesiasticas operas. Et tamen multi tum Ammonitae tum Moabitae salvati sunt, qui venerunt ad reges Iudae, et servierunt eis. Sic Ruth mater et proava Salvatoris nostri fuit ipsa quoque Moabitis. Haec fuit, ut sic 25 vocem, fortuita misericordia non certificata prius per promissionem.

Sic Naaman, sic rex Ninivitarum, sic Nebucad Nezar et Evilmerodach, et alii ex Gentibus fortuita misericordia salvati sunt. Non enim, ut Iudaei, habebant promissionem de Christo. Ad hunc modum propter electos, qui fortuita misericordia salvandi erant, et vitae protectio et uxor cum posteritate 30 contingit Cain. Etsi enim posteritas eius, sicut de Moabitis diximus, sub maledictione victura erat, tamen aliqui Patriarchae ex ista progenie uxores duxerunt.

4, 15 Et dixit ad eum Dominus: Imo, quicunque occiderit Cain, septuplum punietur.   35

Hieronymus in Epistola ad Damasum dicit Cain petiisse a Domino, ut occideretur. Atque in hanc sententiam plenis quasi velis navigat, ut nihil dubitet, quin vera sit. Hunc Lyra sequitur et constanter affirmat consequentiam textus idem velle. Sed hunc errorem debent acceptum referre suis Rabinis. Vera enim sententia est, quod nemo debeat occidere Cain. 40

Agitur enim hic divinum iudicium, et addit Deus homicidae aliquam respirationem, cum vitam donat, et postea Uxorem addit.

Porro, cum Deus iudicium exercet, quomodo verisimile est, ut homo impius petat mortem? Imo quia mors est poena peccati, fugit et horret mortem tanquam poenam. Quare nugas istas Rabinicas omittamus, Inter quas merito etiam numeratur, quod Lyra refert de dividendo textu hoc, quod sit sententia: Omnis, qui occiderit Cain, scilicet graviter punietur. Et quod additur 'Septuplum punietur', id exponunt septenis punietur, hoc est, in septima generatione.

Talibus nugis digni sunt Rabini, postquam lucem novi Testamenti abiecerunt. Faciunt autem nobis duplicem laborem, dum et textum a talibus depravationibus vindicare et purgare cogimur et glossas nugacissimas corrigimus. Ego autem ideo eas alicubi soleo recitare, ne videamur eos superbe contemnere et aut non legisse aut parum curasse eorum scripta. Legimus enim et intelligimus ac legimus quidem cum iudiciali autoritate nec patimur Christum ab eis obscurari aut depravari verbum Dei.

Dominus igitur hoc in loco non mutat sententiam suam de maledictione Cain super terram. Hanc tamen fortuitam misericordiam ei ostendit propter Electos, qui ex ista residua fece ac massa maledictionis salvandi erant, ut dicat non esse occidendum, sicut metuebat Cain.

Nihil igitur opus est hic lacerare textum, sicut Rabi Salomon facit, qui post illa verba 'Qui occiderit' punctum facit, ut sit Aposiopesis. Sicut apud Vergilium: 'Quos ego, Sed praestat motos componere fluctus'.[1] Deinde particulam 'Septuplum punietur' ad Cain refert, qui in septima generatione sit occisus. Nam Cain genuit Hanoch, Hanoch Irad, Irad Mehuiael, Mehuiael Metuschael, Metuschael Lamech.

Nugantur autem Lamech senem, cum caligarent oculi eius, a filio Tubal-Cain ad venandas et feriendas bestias in silvam abductum, in qua vagus Cain latitabat, Ac ibi per errorem, cum feram peteret, Cain occidisse. Hae sunt merae Iudaicae fabulae et indignae Scholis nostris. Deinde etiam pugnant cum veritate textus. Non enim, ut Dominus minatus erat, instabilis et vagus super terram fuit Cain, si tempus septimae generationis praefinitum fuit, quo occideretur.

Damnamus itaque ineptam hanc sententiam iudiciali autoritate, quia pugnat cum eo, quod Dominus ante dixit. Non autem Deus ut homo mutat sententiam, 1. Reg. 15. Itaque hoc in omni Scriptura est singulariter 1. Sam. 15, 29 observandum, ne sententia posterior pugnet cum priore. Porro, quod poenam Lamech dicunt fuisse Diluvium, id Lyra quoque refutat, vere enim dicit id commune fuisse supplicium omnium impiorum. Quare nugas illas relinquamus.

---

[1] *Verg. Aen. 1, 135.*

Retinemus itaque veram sententiam, quod, cum Cain metuit, ne occidatur a quovis, Dominus prohibet, ne id fiat, et proponit septuplo maiorem poenam.

Disputat autem hic quoque Lyra, quomodo septuplam poenam mereatur, qui Cain occiderit, cum Cain fratrem suum occiderit? Sed quid attinet sollicite inquirere consilium Domini in talibus negotiis, praesertim cum certum sit, quod Cain datur protectio vagae misericordiae, vel, ut nos dicimus, promissio et benedictio legalis.

Duplices enim sunt promissiones, sicut saepe admonuimus: legales, 2. Mose 1, 19 quae, ut sic dicam, nituntur deorsum in nostris operibus, Sicut illa: 'Si 10 2. Mose 20, 6 feceritis haec, bona terrae comedetis'. Item: 'Sum Deus faciens misericordiam in millia his, qui diligunt me'. Qualis illa fuit supra: 'Si bonus fueris, erit sublevatio'. Habent autem hae promissiones legales plaerunque suas comminationes additas.

Aliae sunt promissiones gratiae, hae non habent additam commi- 15 5. Mose 18, 18 nationem. Sicut illa: 'Suscitabo Prophetam similem tibi' etc. Item Jer. 31, 33 Iere. 31: 'Scribam legem meam in cordibus eorum'. Item: 'Inimicitias 1. Mose 3, 15 ponam inter Te et Semen mulieris' etc. Hae promissiones non nituntur nostris operibus sed simpliciter bonitate et gratia Dei, quod ipse velit facere. Sicut habemus promissiones Baptismi, coenae Domini, Clavium 20 etc., in quibus Deus nobis proponit suam voluntatem, misericordiam et sua opera.

Talem promissionem Deus non dat Cain. Hoc unum dicit: 'Qui te occiderit, septuplum punietur'. Habebat talem promissionem gratiae Adam, Ac Cain, quia Primogenitus erat, debebat eam ceu haereditariam a Parentibus 25 accipere. Erat autem opulenta et aeternae gloriae promissio, quia promittebatur Semen contriturum caput Serpentis sine aliquo merito aut opere humano. Non enim habebat additam conditionem: Si sacrificaveris, Si bonus fueris etc.

Ad hanc promissionem si conferas quod Cain dicitur, est ceu frustum 30 panis, quod mendico porrigitur. Non enim simpliciter ei vita promittitur. Hoc tantum fit, ut minetur occisuris Cain. Non dicit: Nemo te occidet. Non dicit: Gubernabo alios ita, ne te occidant. Sic enim licuisset Cain tuto regredi ad conspectum Dei et ad Parentes. Sed tantum mandat, ne homines occidant Cain. Si igitur est promissio, est talis promissio, quae nititur 35 operibus hominum. Et tamen non est contemnenda, sicut legales promissiones maximas res complectuntur.

Augustinus dicit Deum Romanis dedisse Imperium propter egregias virtutes. Sicut adhuc hodie etiam illarum Gentium maiora dona sunt, quae a caedibus, adulteriis, furtis abstinent, quam quae ab his sceleribus non 40 abstinent. Ac Politiae secundum rationem optime constitutae plus non habent quam illas temporales promissiones.

Ecclesia autem habet promissiones gratiae et aeternas. Quibus etsi caruit Cain, tamen magnum fuit relinqui corporales, quod non statim occiditur, quod datur ei Uxor, quod nascuntur liberi, quod condit Civitatem, colit terram, exercet pecuariam, quod non penitus ab omnium hominum consortio et consuetudine eiicitur. Haec enim omnia non solum potuit Cain eripere Deus, sed etiam addere pestem, epilepsiam, apoplexiam, calculum, podagram, et quid non? Et tamen homines curiose disputant: Quomodo Deus maledictionem Cain possit septies multiplicare?

Sicut igitur supra omnes benedictiones tum spirituales seu ecclesiasticas tum politicas a Cain aufert, Ita hic mitigat eam sententiam ac praecipit, ne quis Cain occidat. Non tamen promittit futurum, ut huic praecepto omnes homines obediant. Itaque etiam posita hac promissione corporali, tamen Cain est vagus et instabilis. Potest enim fieri, si pergat malus esse, ut cito occidatur: Contra, si recte se gerat, potest diutius vivere: Nihil enim certa promissione ei promittitur. Sic promissiones corporales seu legales etsi magnae et egregiae sunt, tamen sunt incertae et fortuitae.

An igitur Cain sit occisus, non possum affirmare. Nam sacrae literae nihil diserte hac de re ostendunt. Hoc unum ex textu convinci potest, Non habuisse Cain certam promissionem, Sed Deum reliquisse eum in incerta, dubia et vaga vita ac tantum coërcuisse mandato et comminatione impios, ne Cain occideretur, propterea quod certa poena caedem hanc esset secutura, Non autem promisisse, quod velit prohibere, ne occidatur. Scimus autem, quae legis natura sit, quod semper minor pars ei obediat. Itaque, etsi non scribitur, quo tempore vel loco et a quibus Cain sit occisus, tamen verisimile est esse occisum. Scriptura tamen non meminit, sicut neque numerum annorum nec diem nativitatis nec mortis meminit. Periit enim cum sua generatione (ut barbaro proverbio[1] dicunt) 'sine crux et sine lux et sine Deus' exceptis paucis, qui per fortuitam misericordiam sunt servati.

Solet autem hic quoque queri: Ad quos pertineant verba haec: 'Omnis, qui invenerit me, occidet me'? Constat enim tum praeter Adam et Henam et filias aliquot nullos extitisse homines. Libenter igitur responderem respici ad id, quod videmus impios fugere nemine persequente et fingere sibi pericula etiam, ubi nulla sunt. Sicut adhuc videmus in homicidis, qui etiam Epr. 28, 1 omnia tuta timent nec usquam possunt consistere, ubique enim putant, praesentem esse mortem.

Sed quia sequitur in praecepto Dei: 'Omnis, qui occiderit Cain' etc., non tantum haec ad metum Cain referenda sunt. Habuit enim Cain sorores, et fortasse eam, quam in uxorem duxit, metuit, ne poenas occisi Fratris

---

1) *Meist nur:* 'Sine crux et lux', *d. h. ohne kirchliche Feier (mit Kreuz und Kerzen) begraben werden; s. Erl. Ausg. lat. 17, 9 und in den Tischreden.*

expeteret. Deiude habuit Cain vagam cogitationem vitae longioris, vidit nascendos Adae plures Filios et a tota posteritate Adae sibi timuit et auget timorem hunc, quod Deus relinquit tantum vagam misericordiam. Non enim puto, quod timuerit Cain bestias, ne ab eis occidatur. Quid enim ad bestias, quod Deus minatur septuplam poenam occisori? 5

Et posuit Dominus in Cain signum, ne qui inveniens eum percuteret.

Hoc signum quale fuerit, non habetur in sacris literis. Ideo alii alia commenti sunt. Omnes tamen fere in eo conveniunt, ut sentiant, fuisse in Cain vehementem tremorem capitis et omnium membrorum. Afferunt autem 10 hanc causam, quod non sit verisimile Deum aut mutasse aut mutilasse aliquod membrum in corpore, sed reliquisse corpus ita, ut fuerat conditum, Et tantum addidisse externum signum satis illustre, tremorem scilicet. Haec Patrum cogitatio est non mala, sed tamen quae ex Scriptura probari non potest. Potuit enim esse aliud signum. Sicut nos in homicidis omnibus 15 fere videmus, statim mutare oculos et torvum videre amissa illa naturali suavitate, quam oculi habent.

Quicquid igitur fuerit hoc signum, profecto atrox et horribilis poena est, quod cogitur id ferre Cain per omne tempus vitae suae in poenam horribilis caedis. Ac foedo hoc signo notatus, invisus et abominabilis mittitur 20 a Parentibus in exilium. Quanquam enim ei vita conceditur, quam rogaverat, tamen est ignominiosa vita, quae infamem notam homicidii habuit additam, Non ideo solum, ut ipse admoneretur peccati commissi et confunderetur, Sed ut alii quoque a caedibus faciendis absterrerentur. Nec potuit hoc signum ulla poenitentia aboleri, Sed coactus est hanc notam irae Dei tanquam poenam 25 homicidii ferre, sicut exilium, maledictionem et alia.

Notandum autem hic, supra esse verbum *Harag*, quod significat occidere. Hic autem est verbum *Nakah*, quod significat percutere. Dat igitur ei securitatem non solum a morte sed etiam a periculo mortis. Sed est, ut supra dixi, securitas legalis: tantum enim prohibet, ne quis Cain occidat, et 30 minatur septuplam poenam. Non promittit futurum, ut huic mandato omnes obtemperent. Melius tamen est Cain habere hanc legalem promissionem, quam si prorsus sine promissione esset.

4, 16 **Et egressus est Cain a facie Domini, et habitavit in terra Nod ab oriente Eden.** 35

Est hic quoque textus mirabilis ac mirum est, quod Rabini suo more non hic aliquid prodigiosum confinxerint. Relinquit autem Moses hic Lectoris diligentiae, ut cogitet, quam miserabilis et plena lachrymis haec fuerit profectio. Parentes pii amiserant Habel. Nunc quoque mandato Domini alter Filius in exilium proficiscitur plenus maledictionibus ob peccatum, quem 40 tamen Parentes promissiouis divinae sperarant unicum haeredem fore et ideo impense amaverant a cunis. Parent tamen Adam et Heua mandato Dei et abiiciunt Filium ex mandato Dei.

5 Merito igitur commendatur hoc in loco obedientia erga Deum seu timor. Ac didicerant experientia propria in Paradiso, quam non esset leve peccatum discedere a mandato Dei. Itaque cogitarunt: Ecce nostrum peccatum punitum est morte et infinitis aliis calamitatibus, in quas sumus coniecti, postquam Paradiso pulsi sumus. Nunc cum Filius quoque peccarit atrociter, non decet nos repugnare voluntati Dei et iusto iudicio, quanquam 10 nobis acerbissimum sit.

Nota est Historia Thecoitidis, quam Ioab instruxit, ut intercederet pro exule Absalom. Commemorat enim, postquam unum Filium amiserat, iniquissimum esse, si etiam altero privetur. Et Rebecca ad Isaac maritum dicit, postquam senserat indignationem Esau: 'Cur privabor utroque Filio?' Hunc 15 dolorem Adam et Heua vicerunt, et mortificaverunt hoc modo paternum et maternum affectum. Nam praeterquam, quod senserunt voluntati Dei parendum esse, etiam suo exemplo admoniti sunt. Antea propter peccatum ex Paradiso eiecti erant, nunc, si Filium contra Dei voluntatem retineant, metuunt, ne ex omni terra ciiciantur.

20 Profecto memorabilis haec Historia est, quae egregie commendat obedientiam erga Deum et hortatur ad timorem Dei. Sicut Paulus quoque facit in Epistola priore ad Corinthios, quae tota contra securitatem humanorum cordium scripta est. Deus enim est misericors, sed ideo non peccandum est. Est enim misericors iis tantum, qui timent eum.

25 Sicut autem Parentibus luctuosissimum fuit amittere Filium, Ita quoque Cain hanc profectionem existimo fuisse acerbissimam. Non enim communem domum tantum, non tantum caros Parentes, non protectionem tantum Parentum cogitur deserere, sed etiam haereditarium ius Primogeniturae, praerogativam Regni et Sacerdotii et Ecclesiae communionem.

30 Ideo dicit textus: Egressum a facie Domini. Diximus autem supra, quid Scriptura vocet faciem Domini, Nempe res illas, quibus Deus ostendit nobis se adesse. Sic facies Domini fuerunt in veteri Testamento columna ignis, nubes, propiciatorium, In novo Testamento Baptismus, Coena Domini, Ministerium verbi et similia. His enim nobis ostendit se Deus tanquam 35 signo visibili, quod sit nobiscum, quod curet nos, quod faveat nobis.

Ab isto loco igitur, in quo Deus se esse declarabat, ubi Adam tanquam summus Pontifex residebat, tanquam Dominus terrae, egressus est Cain et venit in alium locum, ubi nulla erat facies Dei, ubi nullum visibile erat signum, quo se posset consolari, quod Deus adesset et faveret, praeter 40 illa omnibus communia, etiam bestiis, scilicet usum solis, lunae, diei, noctis, aquae, aëris etc. Haec enim non sunt signa illius immutabilis gratiae, sed sunt benedictiones seu benevolentiae signa omnium creaturarum.

Marginal notes:
2. Sam. 14, 6
1. Mose 27, 45

15*

Miserabilis igitur illa egressio Cain fuit et plena lachrymis, quod cogitur discedere a Parentibus, qui ei nunc solitario et vago addunt Filiam iu uxorem, quae cum eo vivat, incerti, quae Filii et Filiae fortuna futura sit. Itaque etiam ex ea re augetur dolor, quod ternos liberos amittunt. Quae enim alia potest cogitari ratio eius, quod post subiicitur: 'Et cognovit 5 Caiu uxorem suam'?

Ubi igitur mansit Cain? Respondet Moses: 'In terra Nod'. Hoc nomen sortitur terra a vago et instabili habitatore. Ubi autem sita est terra haec? Ultra Paradisum ad Orientem scilicet. Est autem hic insignis locus. Venit Cain in certum locum ad Orientem positum. Sed illo cum venit, 10 non fuit securus nec tutus. Erat enim terra Nod, in qua non poterat figere pedem certum, quia nulla ibi erat facies Dei. Hanc enim reliquerat apud Parentes, qui habitabant ita, ut Paradisum vel a latere vel ad Occidentem haberent. Cain autem profugus petiit Orientem, ita ut discernerentur Cainitae a posteritate Adae per Paradisum in medio positam. Probat autem hic 15 locus Paradisum mansisse, postquam Adam inde pulsus est, et demum per Diluvium totam vastatam esse.

Non abludit quoque hic locus ab illorum opinione, qui sentiunt Adam creatum in agro Damasceno, et postea pulsum propter peccatum habitasse quoque in Palestina, ita ut medium Paradisi fuerit, ubi postea Ierusalem, 20 Bethlehem et Iericho fuerunt, in quibus locis Christus et Ioannes plurimum vixerunt. Nam quod praesens situs locorum male ad id convenit, Diluvii ea vastitas est, quo et montes et flumina et fontes fluminum mutati sunt. Ac potest fieri, ut, ubi postea Calvariae locus fuit, in quo Christus se obtulit pro peccatis mundi, ibi stante adhuc Paradiso fuerit illa arbor scientiae boni 25 et mali: Ut ita respondeant sibi, quod ad locum attinet, mors et perditio per Satanam, et vita ac salus per Christum parta.[1]

Dan. 9, 26 Daniel quoque non frustra utitur nova phrasi cap. 9. 'Et finis eius erit in inundatione'. Quasi dicat: Prior Paradisus per Diluvium disiecta et vastata est; Illa altera Paradisus, in qua redemptio facta est, vastabitur per 30 inundationem Romanorum.

Convenit autem cum his cogitationibus etiam illud, Quod, sicut Babel fuit exitio Iudaico populo, Ita statim hoc malum cepit, ut Cain et sua posteritas eam partem terrae habitarint, ubi postea Babel condita est. Sunt hae meae cogitationes et coniecturae ex Patribus partim sumptae quae si non 35 verae, tamen et probabiles sunt et nihil habent impium. Nam Noah post Diluvium longe aliam totius terrae faciem vidit, quam antea: disiecti enim sunt montes, rupti fontes, mutati cursus fluminum ista immensa vi aquarum grassantium.

---

[1] *Diese Tradition ist in der patristischen Zeit häufig; vgl. Pseudo-Tertull. adv. Marcion. carmen 2, 196 f.*

Et cognovit Cain uxorem suam, quae concepit et peperit Haenoch, 4, 17
Exstruensque Civitatem, vocavit nomen illius Civitatis iuxta
nomen filii sui Haenoch.

Dignum est admiratione, quod Moses prius describit generationem
filiorum Cain quam filiorum Dei. Sed fit hoc secundum certum Dei consilium. Nam filii huius seculi in hac vita vincunt filios Dei secundum
primam promissionem. Nam Semen mulieris obtinet benedictionem spiritualem, Sed Semen serpentis vendicat sibi benedictionem corporalem: mordet
enim calcaneum Seminis benedicti. Ad hunc modum animale est prius,
spirituale autem posterius.

In eo autem postea magna oritur dissimilitudo. Etsi enim posteritas
Cain priore loco commemoratur, tamen piorum posteritatem videmus Spiritui
sancto magis curae fuisse. Non enim nudum Catalogum nominum ponit,
Sed numerat diligenter annos eorum, commemorat mortem. Narrat non
solum, quid ipsi fecerint, sicut de filiis Cain hoc loco narratur, Sed quid
cum eis fecerit et locutus sit Dominus, quid promiserit, quomodo servarit in
periculis, quomodo benedixerit? etc.

Horum nihil commemoratur in posteritate impia Cain. Sed cum dixit:
Cain genuit filium Haenoch et condidit Civitatem, cui Filii nomen indidit,
statim praecidit memoriam eius et his quasi verbis totum eum sepelit, ita
ut non vitae, non mortis eius rationem aut curam aliquam habuisse videatur.
Tantum commemorat benedictionem corporalem, quomodo generarint et quomodo aedificarint. Sicut enim donum generationis homicidae Cain non est
ereptum, ita etiam dominii donum ei non est ereptum. Benedictionem tamen
terrae tam uberem amisit, quod terra sorbuit sanguinem Fratris eius, sicut
supra ostendimus.

Commemorat autem Spiritus sanctus haec ideo, ut videamus statim
initio fuisse duplicem Ecclesiam: Alteram filiorum Satanae et carnis, quae
magna incrementa et subito sumit, Alteram filiorum Dei tardos progressus
facientem et imbecillem. Etsi autem non meminit Scriptura, quomodo inter
se vixerint, tamen, quia dictum est: 'Ponam inimicitias inter te et Semen
illius', certum est Ecclesiam Cain infensissimam fuisse Ecclesiae Adae, et
ostendit quoque textus satis clare, Filios hominum ita praevaluisse, ut pene
totam Ecclesiam filiorum Dei perverterint. Nam in Diluvio non nisi octo
homines servati sunt, reliqua omnis generatio propter peccatum in aquis
periit.

Est autem haec usitata calamitas omnium seculorum. Cum enim vera
Ecclesia sumit incrementa, magno conatu se opponit Satanae et impiis. Sed
improbitate hostis defatigatur et aut hosti saevienti cedit victa cruce et
afflictionibus aut succumbit voluptatibus et opibus. Sic Adae posteritas
fracta tam diuturno bello cum Filiis hominum, succubuit usque ad octo

homines, qui servati sunt. Praevalente itaque impietate et cedentibus etiam piis, venit tandem Dominus ac pias reliquias servat: Reliquos autem, tum seductores tum seductos involvit in idem iudicium et punit. Sicut speramus et credimus futurum in ultimo iudicio.

Hic multae oriuntur questiones. Nam et de Uxore Cain queritur, et 5 de tempore caedis factae: Num fecerit caedem, antequam maritus esset aut in coniugio? Ac Iudaei dicunt Heuam singulis partibus gemellos peperisse, masculum et feminam. Itaque Cain duxisse sororem Calmana, Habel autem Diboram. Haec vera ne sint, an non, nescio, et non periclitantur in eo res Ecclesiae, etiamsi de his non constet. 10

Hoc certum est Cain habuisse in Uxorem sororem suam. An vero Cain tum habuerit uxorem, cum caedem fecit, etsi certum ostendi non possit, tamen Textus in eam sententiam fere inclinat, quod fuerit tum maritus. Dicit enim divisam haereditatem Fratribus, cum Habel pecuaria, Cain autem agricultura mandatur a Parente. Itaque crediderim ambos Fratres fuisse 15 coniugatos.

Ac facit huc, quod supra dictum est: Post finem dierum obtulisse Cain et Habel. Id enim sic exponunt, quod sub finem anni obtulerint novi mariti de novis frugibus primo coniugii anno donatis, Cain primitias terrae, Habel autem primitias ovium. Anni tempus id fuit autumnale, cum iam 20 ex agris terra nata collecta sunt. Sicut Iudaei postea sub id tempus habuerunt Festum expiationis. Videtur enim Moses diligenter notasse et collegisse exempla Patrum et ea redegisse in legem. Cum itaque novi mariti gratias Deo pro benedictione acturi offerrent dona, et donum Habel Deo gratum esset, ibi Cain cor impletum est a Satana odio Fratris et postea 25 est miserabilis haec caedes secuta.

Haec Iudaeorum sententia est, quam ideo recito, quod non videtur abludere a vero. Nam, ut supra dixi, cum iudiciali autoritate sunt legendi, ut retineamus verisimilia, ficta autem damnemus et refutemus.

Si autem Cain tum non fuit maritus, profecto longe mirabilior res est, 30 quod postea uxorem nactus est ac magnifice laudanda Puella est, quae ei nupsit. Quomodo enim potuit gaudere nuptiis Fratris, qui homicida, maledictus et excommunicatus erat? Ac sine dubio Patri supplicavit: Cur se innocentem cum maledicto homine coniungeret et in exilium protruderet? Exemplum quoque ipsam merito terruit, ne, quod in Fratrem ausus erat, 35 etiam in sororem et coniugem auderet.

Oportuit igitur Adamum in conciliandis hisce nuptiis optimum Oratorem esse, ut persuaderet filiae, ne Patris mandatum recusaret: Etsi Cain maledictus sit et ferat poenam sui peccati, tamen Deum ipsam innocentem servaturum, eique esse benedicturum. 40

Nec mihi sane dubium est, quin propter uxorem in sancta fide erga Deum et obedientia erga Parentes Fratri sanguinario nubentem Deus multas

privatas benedictiones Cain in omnem posteritatem contulerit. Sicut enim
Christus minister circumcisionis fuit propter veritatem et certitudinem promissionis Iudaeis factae, Gentium autem minister fuit propter misericordiam
(nam promissionem nullam habuerunt), Ita quoque posteritati Cain fortuita Röm. 15, 8
5 illa misericordia contigit.

Duae igitur opiniones de coniugio Cain sunt, utra vera sit, nescio.
Si post caedem factam maritus factus est, profecto singulari laude ornanda
et praedicanda est Uxor eius, quod Parentum autoritati cessit et se cum
homicida maledicto coniungi est passa.

10 Mihi tamen prior sententia videtur similior veri: Ideo quod manifestum
testimonium in textu habemus de haereditate divisa. Ac tum necessitas
incubuit Uxori eius, ut sequeretur eum. Quia enim uxor et maritus unum
corpus sunt, noluit eos separare Adam. Atque uxor coacta est ferre partem
calamitatum mariti, Sicut e contra posteritas Cain tulit partem benedictionum,
15 quae innocenti uxori obveniebant. Pharao Aegypti tempore Ioseph salvatus
est, Rex Ninivitarum salvatus est, etsi non essent de populo Dei. Ita de
posteritate Cain puto aliquos servatos, quanquam Cain promissionem de
Semine benedicto penitus amisisset.

Cainica posteritas.   4, 18

20 Quod ad nomina posteritatis Cainicae attinet, puto ea quoque, sicut
piorum Patriarcharum, non vana nec temeraria, sed certi consilii et divinationis cuiusdam esse. Adam significat hominem, Heua matrem viventium,
Cain possessionem, Habel vanitatem. Huiusmodi significationes etiam in
multis Gentilium nominibus sunt, verae enim quaedam in nominibus divi-
25 nationes nonnunquam sunt.

Ita Haenoch est nomen ominis et spei futurae ad refrigerium Cain,
seu potius Uxori eius, quae appellavit eum Haenoch a *Hanach*, 'dedicavit',
initiavit. Est autem verbum in Mose usitatum, Ut cum dicit: 'Si quis aedi- 5. Mose 20, 5
ficaverit domum et eam nondum dedicaverit, non egrediatur ad bellum'.
30 Significat autem dedicare hoc loco possidere, frui. Id cum primum fit, fit
semper cum felici omine et fausta precatione. Ita cum peperit uxor Cain,
dixit Cain: *Haenoch*, dedica, initiare, Est enim imperativum verbum, quasi
dicat: Felix et auspicatum hoc sit initium. Maledixit mihi pater Adam ob
peccatum; eiectus sum a facie eius: nunc solus habito, terra non dat mihi
35 vim suam; uberius daret, si non peccassem: Et tamen Deus nunc ostendit
fortuitam misericordiam: bonum et laetum hoc est initium: Es gehe wol an.

Sicut autem hic Haenoch in generatione Cainica est initium benedictionis corporalis, Ita postea in generatione piorum est Henoch, sub quo
iterum incipit florere religio et benedictio spiritualis.

---

24 verae] vere *A*   38 Haenoch *A*

Ad Historiam pertinet, quod de condita Civitate additur. Dixi autem supra Cain separatum a vera Ecclesia et propulsum in exilium odisse veram Ecclesiam. Quod itaque civitatem primus aedificat, pertinet id quoque eo, ut ostenderet se veram Ecclesiam non solum negligere sed et opprimere velle. Ita enim cogitavit: Ecce a Patre sum in exilium pulsus, sum maledictus, sed contigit non sterile coniugium, spes itaque est magnae posteritatis. Quid igitur ad me, quod a Patre pulsus sum? Civitatem aedificabo, in qua mihi Ecclesiam colligam. Valeat Pater cum sua Ecclesia.

Non igitur propter metum et defensionem aedificavit Civitatem, sed propter certam spem successus et superbiam ac dominandi libidinem. Nam 10 Patrem et Matrem nihil necesse erat ut metueret, qui eum iam propulerant in alienam terram. Nec etiam a Liberis suis potuit metuere. Sed inflatur fortuita misericordia, et, sicut Mundus solet, querit occasionem emergendi, ubi contra filii Dei solliciti sunt de alia Civitate habente firma fundamenta §ebr.11,10 et aedificata ab ipso Deo, sicut Epistola ad Ebraeos loquitur cap. 11.   15

4,18   Porro ipsi Haeuoch natus est Irad.

De huius nomine quid divinem, nescio. Obscurior enim est origo. Et tamen existimo hoc quoque esse nomen ominosum, non fortuitum. In libro Iosua est civitas Ai, et usurpatur idem vocabulum appellative. Significat autem vocabulum *Ai* cumulum, quales sunt aedificiorum dirutorum. 20 Quodsi cum hoc nomine componas, verbum *Iarad* significat cumulum descendentem. Vocavit itaque Henoch filium Irad, ut prosper sit et descendat cum magno cumulo, Ut, quanquam propter excommunicationem sit posteritas Cain tanquam vastus cumulus, tamen non penitus pereat, sed servetur et crescat. Si quid alius melius habuerit, non aspernabor, nam in 25 obscuris divinandum est.

Irad genuit Mehuiael.

Hoc nomen factum a *Mahah*, quod significat delere, et *Iaal* 'incepit' vel 'ausus est', ut significet nunc posteritatem Cain ea incrementa sumpsisse, ut ausit se opponere verae Ecclesiae et veram Ecclesiam contemnere ac 30 persequi, tanquam praevalentes opibus, sapientia, gloria, multitudine. Haec enim fere sunt, quibus semper vera Ecclesia vincitur a mundo et falsa Ecclesia.

Mehuiael genuit Methuschael.

Meth significat mortem, *Schaal* petere, postulare, inde Saul, id est, 35 postulatus. Hoc nomen est superbius aliis omnibus. Sic enim intelligo, quod minentur se vindicaturos mortuos suos Parentes, quos excommunicatione et exilio altera Ecclesia multaverat.

---

28 Mahah] Mahal *A*

Methuschael vero genuit Lamech.

Cainitae videntur hactenus impune insultasse verae Ecclesiae et triumphasse. Sed vocabulum Lamech significat Deum isto tempore, quo Lamech natus est, sumpsisse de eis supplicium. Est enim a verbo *Makach*, quod
5 significat humiliare, attenuare, supprimere. Vel active potest accipi, quod tum ita creverit posteritas Cain, ut ab iis vera Ecclesia plane fuerit oppressa.

Haec est Cainica posteritas, viri sine dubio sapientia et dignitate praestantes. Ac credo, aliquos ex eis salvatos esse secundum misericordiam fortuitam, ut supra dixi. Maior tamen pars et infensissime odit veram
10 Ecclesiam et persecuta est. Noluerunt enim inferiores esse filiis Adae. Ideo et cultus suos et alia instituerunt ad opprimendam Ecclesiam Adae.

Quia autem hoc modo separata fuit falsa Ecclesia a vera, Credo Cain innxisse matrimonio filios et filias suas. Ac sub Lamech cepit multiplicari maxime posteritas Cain. Ideo hic Moses finit Catalogum.

15 Et accepit Lamech sibi duas uxores, Nomen unius Ada et alterius 4, 19 nomen Zilla.

Hic duplex questio nascitur. Primum enim disputant Theologi: An propter libidinem, an vero ob aliam causam Lamech duas Uxores duxerit? Ego non puto tantum propter libidinem factum esse polygamum, sed studio
20 augendae suae familiae et cupiditate dominandi, praesertim si, ut nomen ostendit, punivit tum Dominus Cainicam posteritatem vel peste vel alia calamitate. Ibi putavit Lamech, hoc modo restaurandam illam ruinam. Sicut adhuc hodie barbari populi polygamiam retinent, tum ad Oeconomiam, tum Politiam firmandam et stabiliendam.

25 Alteri uxori Lamech est nomen Adah, quasi dicas ornata seu torquata. Nam *Adi* significat mundum muliebrem, et *Adah* verbum 'ornare', induere. Hoc nomen fortasse non tantum habuit, quod esset Domina domus eleganter ornata, sed quod etiam formosa esset. Alteri nomen est Zilla, quod significat 'umbram eius'.

30 Genuitque Ada Iabal, qui fuit Pater habitantium in tentoriis et 4, 20 pastorum.

Iabal est a verbo *Iabal*, quod significat 'afferre', producere.

Nomen vero fratris eius Iubal, ipse fuit Pater canentium cithara 4, 21 et organis.

35 Est eadem origo, significat enim adductum, productum. Continent autem haec duo nomina votum de familia augenda. Nam posteritas Cain

---

7/8 praestantis *A (ob wohl* praestantis[simi *gemeint war?)*

hoc spectavit, ut numero superaret. Ac sine dubio eam benedictionem opposuit verae Ecclesiae, tanquam evidens Argumentum, quod non abiecti essent a Deo, sed essent ipsi quoque populus Dei.

4,22 Zilla quoque genuit Tubal Cain, qui fuit faber in omni artificio aeris et ferri, Soror vero Tubal Cain Naaema.

Tubal Cain, id est: Affer possessionem. Sicut Latini vocant Valerios vel Augustos. Naaema habet nomen a suavitate seu forma.

Haec Cainitarum est posteritas aucta in infinitum. Itaque Moses eam abrumpit.

Quod autem non solum nomina recenset, sed etiam, quae cuiusque operae et qui labores fuerint, commemorat, Iudaeorum est repudianda opinio, qui ideo fingunt, posteritatem Cain ad alias artes exercendas coactam, quod terra ipsis maledicta esset: Parasse itaque victum alia ratione, alios factos pastores, alios fabros aerarios, alios Musicae dedisse operam, Ut ab Adae posteris frumentum et alia terra nata ad victum necessaria compararent. Sed si ita fame pressi essent Cainitae, cytharae et aliorum organorum musicorum in ista inopia obliti essent. Nam musicae non est locus apud famelicos et sitibundos.

Quod autem Musicam invenerunt, quod aliis artibus excogitandis dederunt operam, argumento est abundasse eos omnibus, quae ad victum requiruntur. Ideo autem versos ad hanc curam nec contentos rudi victu fuisse sicut Adae posteros, quod volebant dominari, quod singularem laudem et gloriam captabant tanquam homines ingeniosi. Credo tamen, fuisse inter eos aliquot, qui transierunt ad veram Ecclesiam, et religionem Adae secuti sunt.

Sicut autem Moses hic describit generationem impiorum seu falsae Ecclesiae, quae fuit ante Diluvium, Ita haec semper sui similis est et manebit Zut. 16, 8 talis usque ad Diluvium ignis. 'Filii enim mundi huius sunt in suo genere sapientiores filiis lucis.' Ideo sua promovent et augent, se et sua commendant, consequuntur opes, dignitates, imperia. Vera Ecclesia interim iacet contempta, vexatur, opprimitur, excommunicatur etc.

4,23 Dixitque Lamech uxoribus suis, Adae et Zillae: Audite vocem meam, uxores Lamech, Auscultate sermonem meum, Quoniam occidi Virum in vulnus meum, et Adolescentem in livorem meum.

Hactenus recitavit Moses generationem filiorum seculi, et hoc catalogo absoluto sepeliit quasi eos nulla relicta promissione neque futurae nec praesentis vitae. Nam praeter illam fortuitam benedictionem generationis et victus nihil habent. Ita tamen creverunt potentia et multitudine, ut implerent totum orbem terrarum et tandem etiam sanctam generationem filiorum Dei, quae habebat promissionem futurae vitae, subverterent, vastarent ac in tam profundum infernum impietatis demergerent, ut tantum octo homines manerent superstites. Etsi autem non dubium est, quin aliqui tam ante diluvium, quam in diluvio sint salvati, tamen Scriptura ideo id non dicit, ut timeamus Deum et secundum verbum eius ambulemus. Sed plane adamantina hominum corda sunt, quae illo exemplo Diluvii, quo nihil tota temporum series atrocius 5 habet, non moventur.

Sepultis ergo impiis in hunc modum Moses unum parvum factum de Lamech recitat, quod tamen quale fuerit, non explicat. Itaque haud scio, an ullus alius in Scriptura sancta sit locus tam varie tractatus et laceratus ut ille. Nam ignorantia, si non facunda, saltem multis opinionibus et erro- 10 ribus foecunda est, ubi contra veritatis simplex oratio est. Recitabo autem vulgares opiniones.

Iudaei talem Fabulam fingunt: Lamech senem et caecutientem iam ab Adolescente deductum in silvas ad venandas et configendas feras, non carnium sed pellium causa (Haec profecto absurda sunt et statim arguunt mendacium). 15 Latuisse autem Cain in densis vepretis ac ibi in solitudine non solum egisse poenitentiam sed quesivisse securitatem aliquam. Puerum itaque, qui Lamech telum dirigebat, suspicatum in vepreto feram esse ac iussisse, ut Lamech eam feriret, Lamech emisisse telum ac praeter opinionem confodisse Caiu. Postquam autem rescivit de caede a se facta, percussisse Puerum, qui ipse 20 quoque ex eo ictu interiit. Sic dicunt Virum et Iuvenem a Lamech occisum.

Sed indigna haec sunt, quae refutemus. Nam ipse Moses satis refutat, qui dicit Cain non fugisse in solitudines, sed condidisse Civitatem, hoc est, administrasse Rempublicam et quasi Regnum sibi stabilivisse. Deinde etiam non conveniet aetas: non enim verisimile est Cain vixisse usque ad Lamech 25 iam senem et caecutientem.

Aliud Iudaicum commentum est, quod, postquam occidit Lamech Cain, uxores eius metu poenae irrogandae noluerunt amplius cum eo cohabitare. Lamech itaque, ut et consolaretur et sibi reconciliaret uxores, dixisse: Septuagies septies punitum iri, qui ipsum occideret. Nugantur etiam de 30 Filiis, quos docuerit arma parare in perniciem homiuum. Alii dicunt sen- tentiam esse negativam: Si occidissem virum, sicut Cain occidit Fratrem suum, tum essem dignus, quem reprobaretis etc.

Mea sententia igitur haec est, ut existimem verba illa 'Si septuplum vindicabitur Cain etc.' non esse aestimanda tanquam vocem Dei. Nam generatio 35 illa non habuit verbum: quomodo igitur, cum verbum Dei non habuerit, Lamech Propheta fuisse censeri potuerit? Sicut Hieronymus quoque fingit. Quia enim ab Adam usque ad Christum secundum Lucam generationes totidem colligi possunt, dicit, quod post septuaginta septem generationes per Christum peccatum Lamech sublatum sit. Hoc modo si nugari licebit, non 40 erit difficile quidvis ex Scriptura fingere. Obliviscitur autem Hieronymus,

---

5 movetur *A*

quod Lamech est septimus a Cain. Igitur haec vox non est aestimanda, sicut illa superior ad Cain, ea enim divina vox fuit. Haec autem est vox hominis impii et homicidae, non vera, sed temeraria, ficta ex illa Adae ad Cain. Cur enim non in Ecclesia sua, sed domi suae et tantum coram uxoribus suis haec concionatur? 5

Potest autem fieri, ut Uxores bonae et piae ex caede a marito facta sint perturbatae. Impius igitur homicida, ut similis Patri Cain videretur, hoc modo uxores suas confirmare voluit, ne putarent eum occidendum esse. Hoc enim impia Ecclesia solet, vult prophetare ex suo capite. Sed Prophetiae tales vanae sunt. 10

Hoc unum ex textu possumus habere, quod non ex verbo Dei, sed ex suo capite haec Lamech concionatur.

Quod autem ad Cain attinet, non puto eum a Lamech occisum, sed longe ante Lamech extinctum esse. Quia autem fuerunt perpetuae inimicitiae inter Ecclesiam Cainicam et Adae, (Nam Cainitae non passi sunt se pro 15 excommunicatis haberi), existimo Lamech occidisse aliquem insignem Virum et Puerum aliquem de generatione Iustorum, sicut pater eius Cain occiderat Habel, Et quod deinde hoc modo voluerit ad exemplum Cain se tueri. Nam fuit sine dubio Vir excellentissimo ingenio et in republica maximus. Atque auxit rem suam familiarem novo exemplo, quod primus duas Uxores duxit 20 ac Ecclesiam piorum vexavit varie. Sicut solent homines, qui ingenio valent et etiam maliciosi sunt. Ideo instruit suos armis, opibus, voluptatibus, ut omni ex parte veram Ecclesiam vinceret, quae sanctam fidem et purum verbum ac cultus puros habebat eosque unice curabat; reliqua curabat negligentius. 25

Verisimile autem est, sub id tempus primum Patriarcham Adam mortuum esse. Eam itaque occasionem arripuit Lamech, ut omne Imperium ad se transferret et solus gubernaret omnia. Sicut adhuc mundus solet. Ecclesia enim tanquam in medio posita utrinque premitur et a Tyrannis, sanguinariis et ab iis, qui voluptatibus et curis huius seculi incumbunt. 30 Sicut enim Tyranni vi et gladio utuntur, Ita hi blanditiis invitant.

Ideo Moses singulari studio commemorat sanguinarium semen Cainitarum etiam voluptatibus et aliis curis mundi se dedidisse. Ac ostendit Christus quoque multum sanguinis etiam ante Diluvium esse fusum, cum Matth. 23, 35 dicit, Matth. 23. 'Veniet super vos omnis sanguis iustus, qui effusus est 35 super terram a sanguine Habel iusti usque ad sanguinem Zachariae'. Et quod infra dicit Moses: Repletam fuisse terram ante Diluvium iniquitatibus, non tantum loquitur de iniquitatibus et iniuriis furum, adulterorum etc., Tyrannidem notat Ecclesiae Cainicae, quae gladio saeviit in sanctam posteritatem Adae. Atque hanc ob causam posteros Cain Gygantes vocat. 40

Haec faciunt, ut existimem Lamech imitatum esse morem Patris sui Cain et occidisse aliquem insignem ex sanctis Patribus virum una cum Filio.

Vere autem tyrannicum est, quod reprehensus ab Uxoribus non dolet ob factum, sed etsi poena sibi metuenda sit, eam contemnit. Occidi, inquit, virum, quid hoc ad vos? Est id in meum vulnus, ego vulnerabor, non vos. Occidi adolescentem, est id in meum livorem, hoc est, ego plectar, non vos. Quid potuit dici contemptius in manifesto peccato? Haec mea cogitatio est. Ostendit enim textus fuisse Cainitas tyrannos fortunatos et voluptuarios. Et ipsa verba Lamech ostendunt hominem superbum non dolentem de caede facta sed etiam gloriantem tanquam in iusta causa. Nam Cainica Ecclesia semper excusat tyrannidem, qua in pios utitur. Sicut Christus dicit: 'Qui- Joh. 16, 2 cunque occiderit vos, putabit se obsequium praestitisse Deo'. Itaque Lamech addit:

Si septuplum vindicabitur Cain, certe Lamech septuagies septies. 4, 24

Praefert se Patri, tanquam iustiorem causam habuerit caedis, ut se muniat contra eos, qui caedem vindicaturi erant. Non enim Domini sunt verba, sed propria ipsius Lamech. Sicut Papa, qui se vi, tyrannide, minis, anathemate munit, ut possit securus esse, habet enim conscientiam Cainicam et Lamechanam. Noverit, inquit, is se incurrere indignationem Divorum Petri et Pauli, quisquis contra haec fecerit.[1]

Nam Lamech est exemplum mundi, in quo Moses voluit ostendere, quale mundus cor, voluntatem et sapientiam habeat. Quasi dicat: Sic facit semen Serpentis, sic faciunt filii huius seculi: Colligunt opes, sectantur voluptates, querunt potentiam et ea per tyrannidem abutuntur contra veram Ecclesiam, quam persequuntur et occidunt. In tantis peccatis autem non pavent, sed superbi et securi sunt ac gloriantur 'Quid faciat iustus?' Ps. 11, 3 'Labia nostra nobiscum sunt. Quis noster Dominus est?' Item: 'Dicit Ps. 13, 5
Ps. 10, 11 impius in corde suo: Oblitus est Deus, abscondit faciem suam, non respiciet in perpetuum' etc.

Hanc huius loci sententiam etsi verba et textus non plane ostendit, tamen ipsa res arguit: Ecclesia vera enim semper habet hostem Satanam. Ille impellit sub specie sanctitatis Cainitas contra Fratrem. Sicut Christus dicit Ioh. 8. Diabolum esse homicidam ab initio. Et in Scriptura passim Joh. 8, 44 de Ecclesia praedicatur, quod sanguinem eius fundant impii. Notae sunt sententiae Psalmorum: 'Sanguis eorum honorabilis coram illo'. 'Praeciosa Ps. 72, 14
Ps. 116, 15 mors Sanctorum in conspectu eius'. 'Propter nomen tuum occidimur tota Ps. 44, 23 die'. Huc adhibe Historias.

Ergo cum Ecclesia omnibus temporibus dederit sanguinem suum hauriendum impiis et falsis Fratribus, etiam illo primo tempore hostes suos passa est, quos scriptura Gygantes vocat, et dicit replevisse eos terram in-

---

28 ostendunt *Erl. Ausg.*

1) *Anspielung auf den Stil päpstlicher Bullen.*

iuriis. Inter hos etiam Lamech ille fuit similis forte Iulio secundo aut
Clementi septimo, qui, etsi summam crudelitatem exercuerunt, tamen voluerunt
videri et dici sanctissimi. Sicut Lamech vult videri iustam causam caedis
habuisse. Ideo longe maiorem poenam minatur vindicaturo caedem illam,
quam illa divinitus in interfectorem Cain constituta fuerit.   5

Ad hunc modum Ecclesia cruce et persecutionibus ab initio mundi
vexata est, donec Deus improbitate hominum cogeretur universum mundum
Diluvio perdere. Sic cum Pharaonis malicia impleta esset, demersus est in
mare. Cum gentium malicia impleta esset, per Mosen et Iosua vastatae et
eradicatae sunt. Eadem ratione postea Iudaei, cum Euangelium persequerentur, 10
sic vastati sunt, ut ne lapis super lapidem Hierosolymis relinqueretur.
Similia exempla sunt Babyloniorum, Medorum, Persarum, Graecorum,
Romanorum.

Non igitur dicit scriptura, quem occiderit Lamech, tantum dicit
caedem esse ab eo factam et Lamech impoenitentem exemplo patris Cain se 15
voluisse defendere promulgata lege, quae argueret habuisse cum iustam caedis
causam. Quodsi haec sententia non vera est, tamen hoc verum est, quod
Cainitarum generatio sanguinaria fuerit et veram Ecclesiam odio habuerit ac
persecuta sit.

Deinde etiam hoc verum est, quod Lamech non habuerit verbum. 20
Itaque vox eius non intelligenda est sicut illa ad Cain, quae veritatis
vox fuit. Sed Lamech vox est vox superbiae, quae pingit regnum Satanae
et hypocriticam Ecclesiam securam in peccatis et gloriantem tanquam re
bene gesta.

Generatio iustorum.   25

4, 25 Cognovit quoque adhuc Adam Uxorem suam, et peperit Filium,
vocavitque nomen eius Seth, dicens: Posuit mihi Deus Semen
aliud pro Habel, quem occidit Cain.

Hactenus de impiorum generatione Moses concionatus, quam totam
hac brevi enumeratione tanquam sepelit. Nunc convertit se ad descriptionem 30
Piorum et verae Ecclesiae. Ac primum observanda hic phrasis est, quod
de Seth dicitur: 'Et vocavit nomen eius Seth'. Hoc non de Cain nato, non
de iusto Habele dixit. Non item postea de Henoch, non de reliquis dicit.
Ut scilicet significet hunc esse primum, in quem promissio Parentibus in
Paradiso facta derivata sit. Atque id etiam Heua significat, cum rationem 35
huius vocationis seu nominis exponit. Non obscure autem ostendit Heua
hoc in loco fidem et pietatem suam, quod hunc tali nomine nominat.

Quod autem recolit fratricidii facti ab impio Cain, arguit id quoque
fuisse acres inimicitias inter istas duas Ecclesias et Heuam multa indigna
et vidisse et passam esse a Cainitis. Ideo memoriam caedis tam indignae 40

revocat, quod Cain voluit delere Semen iustum, ut ipse solus dominaretur. Sed Deo gratia, inquit, qui mihi aliud Semen posuit pro iusto Habele.

Moses suo more brevibus verbis maximas res complectitur, ut excitet Lectorem ad diligentem considerationem operum Dei. De luctu et iusto
5 moerore Parentum supra diximus. Ac non video ego causam, cur non credam post istam caedem factam nullum Filium usque ad Seth Adae natum esse. Admonuit pios Parentes periculum, quod experti erant, ut a generatione abstinerent. Itaque credo, singulari promissione per Angelum data iterum confirmatos et animatos esse: futurum, ut eiusmodi Filius eis
10 nascatur, qui solidam promissionem habeat, ut, etsi generatio Cain propter peccatum tota pereat, tamen huius Filii generatio servetur, donec promissum illud Semen benedictum in mundum veniat.

Huius singularis promissionis testimonium esse videtur, quod Heua attexit ad nomen Conciunculam quandam, et Moses phrasi utitur, qua de
15 nullo alio est usus, cum dicit: 'Et vocavit nomen eius Seth'. Porro Seth est a verbo *Sath*, quod significat 'posuit', 'firmavit', ut ostendat hunc ceu fundamentum fore, in quo nitatur promissio de Christo, etiamsi plures Filii nascantur Parentibus. Non vocat enim superbo nomine, sicut Cain, et tamen significat non opprimendam esse posteritatem Seth.

20 Cainitae igitur eiecti a conspectu Parentum relinquuntur sub maledictione sine omni promissione nec habent aliquid reliquum de misericordia, nisi quantum a piorum generatione tanquam mendici acceperunt, non tanquam haeredes eius, quam supra diximus fortuitam misericordiam. Ideo autem non meminit Moses, qui nam ex posteritate Cainica eam sint consecuti,
25 ut discernat duas Ecclesias: Alteram iustam, quae habet promissiones futurae vitae, sed in hac vita afflictam et pauperem, Alteram impiam, sed in hac vita florentem et divitem.

Ac merito laudatur Heua, mater omnium nostrum, tanquam sanctissima mulier, plena fidei et charitatis, quod veram Ecclesiam in Seth tam magnifice
30 commendat nulla ratione habita Cainitarum. Non dicit: Habeo alium Filium loco Cain. Occisum Habel praefert Cain, cum tamen Cain esset Primogenitus. Non solum igitur fidei sed etiam obedientiae singularis laus est, quod non offenditur iudicio Dei sed ipsa suum iudicium mutat. Habel cum natus esset, contempserat, Cain tanquam possessorem promissionis magni
35 fecerat. Hic contrarium facit, Quasi dicat: In Habele mihi omnia fuere posita. Hic enim iustus fuit, sed eum occidit impius Cain: Nunc igitur aliud Semen mihi pro Habele est positum.

Non indulget materno affectui. Non excusat aut extenuat peccatum Filii. Sed excommunicatum Cain excommunicat ipsa quoque et relegat cum
40 omni posteritate in colluviem gentium, quae sine certa misericordia vivunt, nisi in quantum apprehenderunt fortuitam misericordiam tanquam mendici, non tanquam haeredes eius.

Mirum autem est, cum tantam Sanctorum turbam Papae Ecclesia confinxerit, quod in eorum Catalogo non etiam posuit Heuam plenam fide caritate et crucibus infinitis. Sed arguit fortasse id, quod maluit Cainitarum Ecclesiam quam sanctam Ecclesiam sequi.

Stultam fabellam et ineptam Iudaeorum hic omitto: Quod Lamech 5 inobedientes uxores adduxerit ad Adamum tanquam Iudicem, qui cum mandaret eis, ne marito negarent debitam benevolentiam, Obiecerunt ei mulieres: Cur itidem non cum Heua faceret? Adamum itaque, qui ab occiso Habele abstinuerat ab uxore, iterum cum ea consuevisse, ne exemplo suo aliis autor esset perpetuae continentiae et mundus non multiplicaretur. Hae fabulae 10 ostendunt Iudaeorum impuras cogitationes. Sicut etiam est, quod disputant, quomodo, cum Seth esset natus, intra spacium centum annorum Cain ad septimam usque generationem creverit. Impii homines ad calumniandam scripturam talia confingunt.

Simile est, quod sentiunt Cain in Paradiso generatum, cum adhuc 15 existeret in Parentibus eius originalis iusticia. Hoc quorsum pertinet, quam ut Christum penitus aboleamus? Nam sublato peccato originali, quid Christo opus est? Indigna igitur sunt haec, quae recitentur, sed digna hostibus Christi et persecutoribus gratiae.

Habemus igitur in Seth novam generationem, quae nascitur et contingit 20 ex illa promissione: Quod Semen mulieris conteret caput Serpentis. Ideo hoc nomen convenit ei, ut gratuletur sibi Heua hoc Semen staturum esse, Psi. 11, 3 non posse opprimi etc. Est usus Psalmus eodem verbo, Psal. 10. 'Quae posuisti, destruxerunt'. Et convenit Ebraica vox cum germanica fere: *Seth*, Es steht. 25

4, 26 Deinceps ipsi Seth quoque natus est filius, et vocavit nomen eius Enos.

Verbum *Jikra*, 'vocavit' masculinum est, ut intelligas Patrem hoc nomen dixisse Filio. Supra femininum fuit, quod Heua hoc nomen dederit Filio. Ideo diversa phrasis est, quam Latina lingua non potest ostendere. 30

Porro Enos significat hominem afflictum et calamitosum. Sicut Psalmo 8. Psi. 8, 5 'Quid est homo, ut recorderis eius?' Seth igitur significat hoc tempore fuisse aliquam singularem persecutionem seu afflictionem Ecclesiae. Non enim dormitabat nec ociosus erat ille vetus Serpens, qui eiecerat hominem de Paradiso, qui occiderat hominem Deo dilectum Habel. Ideo post 35 acceptam consolationem per Seth natum sequitur alia tentatio seu tribulatio, quam impositione huius nominis ostendunt pii Parentes. Non enim fortuita haec nomina aestimanda sunt, sed aut prophetica sunt aut ab eventu sunt sumpta.

---

22 statutum *Erl. Ausg.*

Tum ceptum est invocari nomen Domini.

Rabini hoc accipiunt de idolatria, quod sub id tempus ceperit nomen Domini tribui creaturis, Soli, Lunae etc. Sed Moses hic non loquitur de generatione Cainitarum, sed quid pia Adae generatio fecerit, nempe quod 5 post natum Enos ceperit verus cultus, invocatio nominis Domini.

Atque hic pulcherrime definitur, quid sit colere Deum: Nempe invocare nomen Domini, quod est opus seu cultus primae tabulae, quae de veris Dei cultibus praecipit. Complectitur autem invocatio nominis Domini praedicationem verbi, fidem seu fiduciam in Deum, confessionem etc. Sicut con10 iungit haec erudite Paulus Rom. 10. Pertinent quoque ad cultum Dei opera Röm.10,13 f. secundae tabulae, sed ea non immediate ad Deum referuntur.

Postquam igitur per Cain confusio facta est in domo Adae, paulatim multiplicatur etiam piorum generatio et paratur Ecclesiola, in qua Adam tanquam Pontifex gubernat omnia per verbum et sanam doctrinam. Hoc 15 dicit Moses cepisse sub nativitatem Enos. Cuius nomen etsi significat insigni clade oppressam tum fuisse Ecclesiam, tamen Deus eam gratia et misericordia sua iterum erexit et addidit hanc benedictionem spiritualem, ut in certo loco convenirent, docerent, orarent, sacrificarent, quod fortasse per Cainitas aut prohibitum aut impeditum hactenus erat. Atque hic iterum 20 videmus Semen promissum cum Serpente belligerari et caput eius conterere.

Porro quod Moses non dicit 'invocari ceptus est Dominus' sed 'nomen Domini', recte id refertur ad Christum, sicut etiam in aliis locis vocatur *Schem Iehova*. Et illustris inde nascitur sententia: Quod nomen Domini tum ceptum sit invocari, hoc est, quod Adam, Seth, Enos hortati 25 sint posteritatem suam, ut expectarent redemptionem, ut crederent promissioni de Semine mulieris et spe illa vincerent Cainitarum insidias, cruces, persecutiones, odia, iniurias etc., nec desperarent de salute, Sed potius gratias agerent Deo liberaturo eos aliquando per Semen mulieris.

Quid enim aliud potuit Adam et Seth melius aut utilius docere, quam 30 Liberatorem Christum suae posteritati promissum? Et conveniunt haec cum vera ratione, quae in docenda religione sequenda est. Nam primae tabulae prima debet esse cura, hac cognita postea facile est secundam intelligere. Imo facile est secundam implere. Quomodo enim, ubi doctrina pura est, ubi recte creditur, recte invocatur, recte aguntur gratiae Deo, possunt abesse 35 alii inferiores fructus?

Ad hunc modum voluit Deus illo tempore consolari afflictam piorum Ecclesiam, ne in futurum desperaret. Sic videmus per omnes Historias vicissitudinem consolationum et afflictionum perpetuam. Sic fame oppressos Parentes et fratres Ioseph in Aegypto sublevat. Post iterum oppressi ab 40 impiis regibus per Mosen liberantur ex servitute. In Babylone captivos liberat Cyrus etc. Semper enim Deus, cum sinit suos vi et dolis Diaboli et mundi premi, iterum eos erigit, donat Prophetas et Doctores pios, qui labascentem Ecclesiam restaurent et furorem Satanae frangant aliquandiu.

Porro, sicut supra quoque ostendi, Dialectica definitio hic constituenda est, quod non vocat cultum Dei ceremonias per homines inventas et traditas, non statuas erectas, non alia ludibria rationis humanae, sed invocationem 5 nominis 'Domini'. Hic igitur est summus cultus Deo placens et in prima tabula postea mandatus, qui complectitur timorem Dei, fiduciam in Deum, confessionem, invocationem, praedicationem.

Primum enim praeceptum postulat fidem, ut credas, Deum esse ad-
Pf. 9, 10 iutorem in oportunitate, sicut Psal. 9. dicitur. Secundum postulat confes- 10 sionem et invocationem, ut nomen Dei invocemus in periculis, ut gratias agamus Deo. Tertium, ut vera doceamus, ut sanam doctrinam tueamur et custodiamus etc. Hi sunt veri et proprii Dei cultus, quos requirit Deus: non requirit sacrificia, non pecuniam, non alia. Primam tabulam requirit, ut audias, mediteris, doceas verbum, ut ores, ut Deum timeas. Hoc cum 15 fit, sequentur quasi sua sponte etiam secundae tabulae cultus seu opera. Est enim impossibile, ut, qui primae tabulae cultus praestat, non etiam praestet secundam tabulam.

Pf. 1, 2. 3 Sicut quoque dicit Psalmus primus: 'Qui meditatur in verbo Dei die ac nocte, hic est sicut arbor plantata ad rivos aquarum, qui dat fructum 20 suum tempore suo et cuius folium non defluit'. Haec evidens et infallibilis est consequentia. Qui enim credit Deo et timet Deum, qui invocat Deum in tribulatione, qui laudat et gratias agit pro beneficiis, qui libenter audit verbum, qui assidue meditatur opera Dei, qui docet alios, ut faciant eadem, hic num noceret proximo? an non obediret Parentibus? num occideret? num 25 moecharetur? etc.

Prima igitur tabula primo proponenda et de veris Dei cultibus primo docendi sunt homines. Hoc enim est facere arborem bonam, ex qua postea enascentur boni fructus. Adversarii nostri contraria ratione utuntur, volunt esse fructus, antequam arbor est. 30

Credo autem, quod isto tempore addita sit aliqua visibilis Ceremonia cultui Dei. Ita enim Deus semper solet, ut cum verbo coniungat aliquod visibile signum. Cum Habel et Cain sacrificarent, ostendit Deus visibili signo, quod respiceret ad Habel et non ad Cain. Ita fortasse hic quoque accidit, cum reflorescret Ecclesia et verbum Dei palam magno successu 35 doceretur, addidit Deus aliquod visibile signum, ut Ecclesia certo statueret, placere se Deo.

Hoc autem signum, sive ignis de coelo sive aliud fuit, Deus ideo distulit usque in tertiam generationem, ut discerent homines verbo esse contenti. Postquam autem solo verbo in omnibus calamitatibus se contra 40 Cainitas consolati sunt, addit Deus ex sua misericordia etiam aliquod visibile signum: Constituit locum, Personas et Ceremonias quoque aliquas, ad quas

Ecclesia congregaretur, exerceret fidem, doceret, oraret etc. His enim habitis, nempe verbo seu prima tabula, Deinde visibili signo divinitus constituto, conficitur Ecclesia, in qua exercentur Homines docendo, audiendo, participando Sacramentis etc. Sequuntur deinde etiam opera secundae tabulae,
5 quae in his tantum sunt cultus et placent, qui habent et exercent primam tabulam.

Hoc donum commendat hoc in loco verbis brevibus, cum dicit: 'Et ceptum tum est invocari in nomine Domini'. Non enim a Cainitis, ut Iudaei exponunt, sed ab Adae pia posteritate, quae sola tum fuit vera
10 Ecclesia. Quare, si qui ex posteritate Cain sunt salvati, hos cum hac Ecclesia coniungi necesse fuit.

Est autem haec quatuor priorum Capitum summa, ut credamus post hanc vitam resurrectionem mortuorum et vitam aeternam per Semen mulieris. Haec est piorum et credentium portio, qui in hac praesenti vita calamitosi
15 et omnium iniuriis obnoxii sunt. Contra impiis datae sunt Mundi opes et potentia, quibus utuntur contra veram Ecclesiam.

In primo enim Capite ostenditur: Hominem esse conditum ad immortalitatem, siquidem ad imaginem Dei est conditus.

Idem ostendit praeceptum secundi Capitis: 'Quocunque die ex hoc 1. Mose 2, 17
20 ligno comederis, morte morieris'. Sequitur enim, non morituros fuisse primos Homines, si non comedissent. Per peccatum igitur ex immortalitate in mortalitatem lapsi sunt et generant ex se similes sibi posteros.

Sed in tertio Capite iterum renovatur immortalitas per promissionem de Semine.
25 In quarto autem Capite manifestum exemplum est immortalitatis, siquidem Habel, postquam a Fratre occisus est, vivit, susceptus in gremium Dei, qui testatur, sanguinem eius clamare.

Porro quintum sequens Caput praecipue propter Henoch a Domino raptum scribitur. Etsi enim necessarium est propter numerum annorum
30 generationis Piorum, tamen hoc maxime insigne est, quod commemorat Henoch non mortuum sicut Adamum, non interfectum sicut Habelem, non raptum aut laceratum a leonibus aut ursis, Sed ab ipso Domino, et ad immortalitatem raptum, ut scilicet credamus in Semen mulieris, Christum, Redemptorem nostrum et Victorem Diaboli, perque eum expectemus ipsi
35 quoque immortalem vitam post hanc calamitosam et mortalem vitam.

Hanc consonantiam horum quinque Capitum Iudaei non vident. Carent enim sole, qui haec illustrat et patefacit: Christo, per quem nos habemus remissionem peccatorum et immortalem vitam.

Quintum Caput Genesis.

5, 1   Hic est liber generationum Adam.

Hunc catalogum Moses instituit propter duas causas. Primum propter promissionem Seminis factam ad Adam. Secundo propter Henoch. Ac infra in decimo capite post Diluvium etiam genealogiam scribit Moses, sed longe 5 alia ratione quam hic. Nam et annos hoc in loco numerat et singulari consilio addit de singulis, quod mortui sint.

Ac videtur haec clausula superflua esse. Quid enim necesse est (postquam dixit: 'Fuerunt cuncti dies Adam, quoad vixit, nongenti anni et triginta') addere: 'Et mortuus est?' Nam cum annorum numerus ponitur, 10 etiam mortis tempus positum est. Si enim longius vixisset, numerati essent quoque illi anni.

Sed facit hoc Moses certo consilio, ut notet inestimabilem iram et inevitabilem poenam propter peccatum toti humano generi inflictam. Sicut
Röm. 5, 12 Paulus ex hoc loco disputat Rom. 5: 'Per unum hominem peccatum in hunc 15 mundum intravit, et per peccatum mors, et sic in omnes homines mors pertransiit, eo quod omnes peccaverunt'. Est enim perpetua consequentia: Adam mortuus est, Ergo fuit peccator. Seth mortuus est, Ergo fuit peccator. Infantes moriuntur, Ergo infantes habent peccatum et sunt peccatores. Hoc vult Moses ostendere, cum de toto ordine Patriarcharum, etsi sanctificati et 20 renovati essent per fidem, dicit, quod sint mortui.

Sed in hoc ordine elucet tanquam stella amabilissimum Lumen immortalitatis, quod de Henoch commemorat Moses: Eum non extitisse amplius inter homines et tamen non mortuum sed a Domino sublatum esse. Significat enim genus humanum damnatum quidem ad mortem propter 25 peccatum et tamen relictam esse spem vitae et immortalitatis, ne in morte maneamus.

Hanc ob causam oportuit originali Mundo non solum dari promissionem vitae, sed etiam Exemplo ostendi immortalitatem. Hanc ob causam de singulis Patriarchis dicitur: Tot annos implevit et mortuus est, hoc est, tulit 30 poenam peccati vel peccator fuit. De Henoch autem id non dicit, non quod non fuerit peccator, sed quod etiam peccatoribus relicta est spes vitae aeternae per Semen benedictum. Itaque etiam Patriarchae, qui in fide huius Seminis mortui sunt, spem vitae aeternae retinuerunt.

Est igitur hoc alterum Exemplum, quod ostendit Deum velle nobis 35 post hanc vitam donare aeternam vitam. Nam et Habel a Fratre occisum vivere et clamare dicit Dominus, et Henoch ab ipso Domino sublatus est.

Non igitur desperabimus, quod videmus, mortem ab ipso Adam derivatam in totum genus humanum. Nam mortem hanc ideo patimur, quia peccatores sumus. Sed in morte non manebimus. Habemus enim spem de divina cogitatione et providentia, quod Deus cogitat mortem hanc abolere, sicut cepit per promissionem benedicti Seminis, et ostendunt idem exempla Habelis et Henoch. Habemus igitur primitias immortalitatis per spem, Sicut Paulus dicit: 'Spe salvi sumus', Donec plenitudo in novissimo die adveniat, Röm. 8, 23 ubi vitam creditam et speratam sentiemus et videbimus.

Caro haec non intelligit. Iudicat hominem mori sicut bestiam. Ideo, qui inter Philosophos fuerunt optimi, senserunt per mortem solvi et liberari animam a corpore: Solutam autem ab illo corporis domicilio misceri coetui Deorum ac liberam esse ab omnibus corporalibus molestijs. Talem immortalitatem somniarunt Philosophi, quanquam eam non satis firmiter tenere nec tueri potuerunt. Sed sacrae literae docent de resurrectione et vita aeterna aliter, eamque spem sic ponunt ob oculos, ut de ea non possimus ambigere.

Deinde proponit nobis hoc caput quasi imaginem et formam aliquam totius Mundi originalis. Numerantur enim decem Patriarchae usque ad Diluvium cum suis posteris, qui pertinent ad Christi lineam. Non autem inutile studium est, si quis, ut haec a Mose indicata sunt, in charta sibi ob oculos ponat, ut videat, qui Patriarchae, cum quibus et quamdiu vixerint, id quod ego per otium feci.[1] Habet Cain quoque suam Lineam, sicut in superiore capite ostendit Moses, nec mihi dubium est, quin longe numerosiorem posteritatem habuerit, quam Seth iustus.

Ex his duabus familiis ceu stirpibus impletus est orbis terrarum usque ad Diluvium, in quo isti rami utrinque descendentes, hoc est, tam bonorum quam malorum posteri, evulsi sunt: Relictis tantum octo animabus, inter quas tamen una prava fuit. Itaque sicut hoc in capite egregia species originalis mundi proponitur, Ita inestimabilis ira Dei et horribilissimus casus est videre istorum decem Patriarcharum universam propaginem redigi ad octo animas.

Sed reservemus hanc tristem memoriam usque ad suum locum. Nunc hoc agamus, quod Moses in hoc capite agit, qui vult nos istius seculi glorias et summam maiestatem considerare. Adam supervixit nepotem Henoch, nec multo ante Noah natum extinctus est. Nam centum viginti sex anni intercesserunt. Porro Seth tantum quatuor et decem annis ante Noah natum mortuus est. Enos autem cum Noah vixit et reliqui Patriarchae excepto Henoch. Ad hunc modum qui conferunt numeros, videbunt tot canos Patriarchas, quorum alius septingentos, alius noningentos annos implevit, simul vixisse, docuisse, gubernasse piorum Ecclesiam.

Haec summa gloria est primi Mundi, quod simul tot bonos, sapientes, sanctos Viros habuit. Non enim putabimus haec vulgaria simplicium hominum

---

[1] *Das wäre die erste Erwähnung der Supputatio annorum mundi, die 1541 erst erschien; s. Köstlin-Kawerau II, 588.*

esse nomina: Summi heroes fuerunt, quos tulit hic Mundus post Christum et Iohannem Baptistam. Et nos in novissimo die maiestatem eorum videbimus et admirabimur. Sicut etiam videbimus res gestas ab ipsis: tum enim patefiet, quid Adam, quid Seth, quid Methusalah et alii fecerint:

Quid a Serpente antiquo passi sint, Quomodo se spe Seminis contra 5 Mundi seu Cainitarum iniurias soluti et tutati sint, Quam varias insidias sint experti, Quantam invidiam, odium, contemptum ob gloriam Seminis benedicti nascituri ex ipsorum stirpe tulerint? Non enim existimandum est vixisse eos sine summis calamitatibus et crucibus infinitis. Haec in novissimo die patefient. 10

Nunc utile et plenum voluptatis est intueri animo quasi oculis in illud felicissimum seculum, quo tot Patriarchae simul vixerunt, qui fere omnes primum parentem Adam viderunt excepto Noah.

Cainitarum gloria.

Habuerunt autem et Cainitae suam gloriam: sapientissimos homines in 15 omni genere civilium negociorum et pulcherrimos Hypocritas, qui plurimum negotii fecerunt verae Ecclesiae et sanctissimos Patriarchas varie divexarunt: Ut merito eos numeremus inter sanctissimos Martyres et Confessores. Nam Cainitae, sicut Moses supra indicavit, statim numero et industria ceperunt vincere. Etsi autem Patrem Adam coacti sunt revereri, tamen varia tentarunt 20 ad opprimendam piorum Ecclesiam, praesertim postquam primus Patriarcha Adam mortuus est. Ideo quoque Cainitae sua impietate maturarunt Diluvii poenam.

Fuit autem ista Cainitarum potentia et malicia occasio, ut sancti Patriarchae tanto studiosius et diligentius docerent Ecclesiam suam. Quot 25 et quam graves isto toto annorum cursu Conciones putamus ab eis habitas? cum et Adam ac Heua narrarent de prima conditione et gloria Paradisi, et monuerunt de cavendo Serpente, qui per peccatum tantorum malorum causa extitit? Quam putabimus eos fuisse diligentes in explicanda Promissione de Semine? quam cordatos in excitandis suorum animis, ne aut splendore 30 Cainitarum, aut suis calamitatibus frangerentur.

Haec omnia omittit Moses, quod et scribi non possint ob prolixitatem, et servatur eorum revelatio ad illam gloriae et liberationis diem.

Sic Diluvium etsi horribilissimum fuerit, tamen brevissima est eius descriptio in Mose, voluit enim tantas res relinquere cogitandas hominibus. 35

Sic hoc in loco voluit breviter imaginem aliquam primi et originalis Mundi proponere, qui fuit optimus et tamen habuit magnam copiam pessimorum hominum, Adeo ut non nisi octo animae in Diluvio sint servatae. Quid futurum putamus ante diem extremum, siquidem nunc revelato Euangelio tanta contemptorum est copia, ut verendum sit, ne brevi praevalcant et 40 repleant Mundum erroribus et Verbum omnino extinguatur?

Profecto Christi horribilis vox est, dicentis: 'Putas ne, quod Filius Luc. 18,8 hominis, cum venerit, inveniet fidem?' Lucae 18. Et Matth. 24. comparat Matth. 24,37 postrema tempora temporibus Noah. Sunt horribiles hae voces, sed Mundus securus, ingratus, omnium promissionum et comminationum Dei contemptor abundat omnibus iniquitatibus et quotidie magis ac magis depravatur. Postquam enim pontificum Regnum desiit apud nos, qui tantum formidine poenae rexerunt Mundum, contempta sana doctrina degenerant homines tantum non in bruta et bestias. Numerus sanctorum et piorum Praedicatorum minuitur. Omnes indulgent cupiditatibus suis. Fiet autem, ut novissimus dies sicut Fur obruat Mundum et deprehendat homines in securitate indulgentes ambitioni, tyrannidi, libidinibus, avaritiae et omnibus viciis.

Porro ipse Christus haec ita praedixit: non itaque est, ut eum mentitum esse putemus. Quodsi primus Mundus, qui tantam copiam summorum Patriarcharum habuit, sic misere corruptus est, Quid nobis non est metuendum in tanta imbecillitate naturae? Det igitur Dominus, ut in fide et confessione Filii sui Ihesu Christi quam citissime colligamur ad Patres illos et intra viginti annos moriamur, ne horribiles illas postremi temporis miserias et calamitates tum spirituales tum corporales videamus. Amen.

Hic est liber generationum Adam.

Adam, sicut postea subiungitur, est nomen commune totius generis humani, Sed tribuitur uni Adae dignitatis gratia, quia est ceu fons generis humani. Vocabulum *Sepher* 'liber' est, a *Saphar*, quod significat enarrare, enumerare. Liber generationum Adam vocatur ipsa enarratio, enumeratio posteritatis Adam.

In die, quo creavit Deus hominem, ad similitudinem Dei   5, 1
fecit eum.

Haec particula movit excaecatos Iudaeos, ut fabularentur Adamum eo die, quo creatus est, in Paradiso concubuisse cum sua Heua et eam impregnatam esse. Huiusmodi fabulas multas habent. Nihil enim sani nec puri ab eis expectandum est, quod ad Scripturae sensum attinet.

Moses autem hoc vult dicere, quod velit aetatem Adae integram recitare, et numerare dies vitae eius a die, quo creatus est, ut ostendat simul ante Adamum nullam fuisse generationem. Distinguenda enim est generatio a creatione. Generatio ante Adamum non fuit, sed tantum creatio. Adam igitur et Heua non nati sed creati sunt, idque immediate a Deo ipso.

Addit autem: 'Ad similitudinem Dei fecit eum', Ut intelligas, cum postea dicit genuisse eum Seth, quod numeret annos eius a primo die creationis eius.

Porro supra diximus, quid similitudo Dei fuerit. Etsi autem fere omnes pro eodem accipiant similitudinem et imaginem Dei, tamen, quantum ego diligenti observatione potui deprehendere, est aliqua inter haec duo vocabula differentia; Nam *Zelem* proprie vocarunt imaginem seu figuram, Ut

4. Mose 33,52 cum dicit Scriptura: 'Destruite aras imaginum vestrarum'. Ibi vocabulum nihil significat aliud, quam figuras seu statuas, quae eriguntur. *Demuth* vero, quod similitudinem significat, est perfectio imaginis. Exempli causa, cum loquimur de imagine mortua, quales sunt in nomismatibus, dicimus: Haec est imago Bruti, Caesaris etc. Sed ea imago non statim refert similitudinem, non ostendit lineamenta omnia.

Quod igitur Moses dicit Hominem etiam ad similitudinem Dei factum esse, ostendit, quod homo non solum referat Deum in eo, quod rationem 10 seu intellectum et voluntatem habet, sed etiam, quod habet similitudinem Dei, hoc est, voluntatem et intellectum talem, quo Deum intelligit, quo vult, quae Deus vult etc.

Ad hanc tum imaginem tum similitudinem Dei perfectam conditus homo, si non lapsus esset, vixisset inaeternum laetus et gaudio plenus; 15 habuisset voluntatem hilarem et expeditam ad obediendum Deo: Sed per peccatum tum similitudo tum imago amissa est. Reparantur tamen aliquo-

Eph. 4,23 modo per fidem, sicut Paulus dicit. Incipimus enim agnoscere Deum et adiuvat nos Spiritus Christi, ut cupiamus obedire mandatis Dei.

Sed horum donorum tantum primitias habemus: Haec nova Creatura 20 in nobis tantum incipit, non absolvitur, dum sumus in hac carne. Erigitur voluntas aliquomodo ad laudandum Deum, ad agendas gratias, ad confessionem, pacientiam etc.: Sed tantum secundum primitias. Nam caro suo more sequitur, quae sua sunt, et iis, quae Dei sunt, repugnat. Ita tantum incipiunt haec dona in nobis reparari, Decimae autem seu plenitudo huius 25 similitudinis[1] contingent in futura vita, postquam caro peccati per mortem abolita fuerit.

5,2 Masculum et foeminam creavit eos, Et benedixit illis, vocavitque nomen eorum Adam in die creationis illorum.

Supra dixi, nomen generale Adam attributum esse propter excellentiam 30 Adae soli. Omitto autem hic Rabinorum nugas, qui dicunt nullum virum esse Adam seu hominem, nisi habeat uxorem: Item nullam foeminam esse Adam seu hominem, nisi habeat virum. Possunt quidem haec ex Patrum sermonibus esse orta, Sed Iudaei ea depravant ineptis opinionibus.

Benedictionis autem ideo meminit Moses, ut ostendat eam propter 35 peccatum non esse ademptam homini. Sicut et Cain hoc donum multiplicationis et dominii mansit, etsi Fratrem occidisset.

---

[1]) *Es liegt näher,* decimae *als* ἀπαρχή *gefaßt, etwa zu lesen:* Decimae sunt, plenitudo autem huius *usw.*

Et vixit Adam triginta et centum annis, genuitque in similitudine 5, 3 sua iuxta imaginem suam et vocavit nomen illius Seth.

Habelis non meminit; decessit enim is sine haerede, et est sepositus, ut esset nobis Exemplum resurrectionis mortuorum. Cain quoque non 5 meminit, quod excisus est per peccatum ex Linea Christi et ex vera Ecclesia eiectus.

Porro quid Adam cum sua Heua his centum annis fecerit, scriptura non ostendit. Aliqui autem ex nostris Scriptoribus addunt centum annos, quibus aiunt vixisse Adam cum Heua, antequam Cain interfecerit Habel, 10 atque ita tribuunt Adae ducentos et triginta annos ante generationem Seth. Mihi, ut supra quoque commemoravi, verisimile videtur, quod istis centum annis pii Parentes luxerunt domesticam calamitatem. Nam Adam primum generavit ex se similes liberos filios et filias post eiectionem ex Paradiso. Ac fortasse incidit caedes illa in trigesimum annum Habelis. Non autem 15 videntur liberi multo Parentibus minores natu fuisse. Nam Parentes non generati sed creati fuere.

Indulsisse igitur dolori pios Parentes credimus et abstinuisse a consuetudine coniugali, Non eo animo, quo Iudaei fingunt, qui nugantur Adamum tanquam Monachum perpetuam castitatem vovisse et servaturum fuisse, nisi 20 ab Angelo iterum cum uxore consuescere esset iussus. Sed digna ea est fabula, quae narretur Romano Pontifici in quadragesima[1], non enim dignus est melioribus. Non sic fuit Adam impius; hoc enim esset ulcisci dolorem, et abiicere donum benedictionis, quod Deus etiam lapsae naturae reliquit.

Deinde non fuit hoc in manu Adae. Nam, sicut Moses ostendit, 25 masculum eum creaverat Dominus, cui opus esset Uxore, et qui haberet instinctum procreandi a Deo in naturam insitum. Si igitur abstinuit, sic abstinuit, ut dolori ad tempus cederet, quem ex calamitate ista acceperat, et tamen suo tempore rediret ad Heuam suam.

Quod autem Moses diserte addit de Adam: 'Genuitque in similitudine 30 sua, iuxta imaginem suam', De eo varie disputant Theologi. Sed simplex sententia haec est: Quod Adam fuit creatus ad imaginem et similitudinem Dei, vel creata imago a Deo non generata; non enim habuit Parentes. Sed in hac imagine non mansit: excidit ab ea per peccatum. Itaque Seth, qui postea nascitur, non nascitur ad imaginem Dei, sed Patris sui Adae, hoc est, 35 est similis Adae, refert patrem Adam, non solum oris figura, sed etiam similitudine, ut non tantum haberet digitos, nasum, oculos, gestus, vocem, loquelam sicut Pater, sed etiam similis esset reliquis conditionibus tum animi tum corporis, moribus, ingenio, voluntate etc. In his non refert Seth similitudinem Dei, quam Adam habuit et iterum amisit, sed similitudinem sui

---

[1]) *Von den Fastenlektionen zu verstehen?*

patris Adam. Haec autem est similitudo et imago nou creata a Deo, sed genita ex Adam.

Includit autem haec imago peccatum Originis et poenam mortis aeternae propter peccatum Adae inflictam. Sicut autem Adam per fidem in futurum Semen recuperavit imaginem amissam, Ita Seth quoque postquam adolevit,   5 Deus per verbum ei impressit similitudinem suam. Sicut Paulus quoque Gal. 4, 10 loquitur ad Gal. 4. 'Iterum vos parturio, donec formetur in vobis Christus'.

De nomine Seth supra dixi. Imperative significat, ut sit vox impre- cantis et bene ominantis, Quasi dicat: Cain non solum cecidit, sed etiam cadere fecit Fratrem. Det igitur Deus, ut hic filius 'Seth' 'stet', et sit positus   10 tanquam fundamentum firmum, quod Satan non subvertat. Talem sive benedictionem seu Orationem hoc nomen includit.

5,5   Et fuerunt cuncti dies Adam, quoad vixit, nongenti anni et triginta anni, Et mortuus est.

Haec quoque pars est felicitatis illius temporis, quod homines ad tam   15 longam aetatem vixerunt, quae hodie, si ad nos compares, incredibilis est. Queritur autem, quae huius longevitatis ratio et causa fuerit? Nec mihi displicet, quod quidam dicunt: Et meliores tum fuisse complexiones et salu- briora omnia, quibus ad victum utebantur. Ad haec accessit quoque summa moderatio in victu, quae sola quantum ad sanitatem conferat, quid opus est   20 dictu?

Etsi autem saniora corpora fuerunt, quam nunc sunt, tamen neque vigor membrorum omnium idem nec robur mansit, quod ante Peccatum in Paradiso habuerant. Adiuvit autem istam corporum benedictionem hoc quoque, quod post peccatum renovati et regenerati iterum sunt per fidem in   25 promissum Semen. Itaque etiam peccatum per fidem Seminis infirmatum est. Nos igitur quantum ab ista iusticia degeneravimus, tantum etiam de robore et viribus corporum amisimus.

Quod autem ad victum attinet, quis non credat isto tempore unum pomum praestantius fuisse et etiam plus salubris alimenti praebuisse quam   30 nunc mille? Radices quoque, quibus usi sunt, maioris odoris, virtutis, saporis fuerunt quam nunc. Haec omnia, nimirum sanctitas et iusticia, moderatio, bonitas frugum, aëris quoque salubritas adiuverunt longaevitatem, Donec tandem accessit nova ordinatio Dei, qua de vita hominum plurimum diminutum est.   35

Si vero nostram hodiernam rationem vitae diligenter consideres, magis corrumpimur cibo et potu, quam alimur. Nam praeterquam quod immo- deratissime vivimus, quantum etiam de bonitate frugum decessit? Primi parentes autem et moderate vixerunt et tantum ea delegerunt, quae ad alenda et reficienda corpora idonea erant. Non autem dubium est, quin post Dilu-   40 vium omnes fructus degeneraverint, Sicut nostro seculo sentimus degenerare omnia. Nec tam differunt hodie Italica vina et fructus a nostris quam fructus ante Diluvium ab iis, qui post Diluvium ex illa salsugine maris et putredine nati sunt.

Haec igitur et alia commemorant quidam tanquam causas tantae longae-
5 vitatis, quae non improbo. Sed mihi hoc unum satis est, quod Deus eos in optima portione mundi voluit tam diu vivere. Et tamen videmus, sicut Petrus dicit, quod Deus ne quidem originali Mundo voluit parcere, sicut 2. Petri 2, 1 nec Angelis in coelo. Tam horribilis res est peccatum. Sodoma et Gomorra fuerunt optima portio terrae et tamen propter peccatum perierunt.
10 Sic ubique ostendunt sacrae literae magnitudinem peccati et hortantur ad timorem Dei.

Nunc igitur habemus basin seu potius fontem generis humani, Adamum cum sua Heua. Ex his nascitur Seth, primus ramus huius arboris. Quia autem post natum Seth octingentis annis supervixit, eo toto tempore magnam
15 posteritatem vidit et habuit Adam. Hoc fuit quoque tempus iusticiae renovatae per promissionem Seminis futuri. Sed postea, cum multiplicarentur homines, et miscerentur filii Dei cum filiabus hominum, ibi mundus cepit corrumpi et istorum sanctorum Patriarcharum maiestas contemni.

Iucundissimum autem spectaculum est, si adhibeas laborem supputandi,
20 videre, quomodo isto seculo originalis Mundi tot cani Patriarchae simul vixerint. Nam si annos primi parentis Adae diligenter numeres, videbis, quod amplius quinquaginta annis cum Lamech vixerit, patre Noah. Vidit itaque Adam omnes posteros suos usque in nonam generationem, habentes infinitam pene multitudinem filiorum et filiarum, quam Moses non numerat,
25 contentus, quod stipitem et proximos ramos usque ad Noah numerarit.

Fuerunt autem sine dubio in isto quoque numero multi praestantes Sancti, quorum si historiam haberemus, omnes mundi historias superaret. Nihil enim ad eam exitus filiorum Israel de Aegypto, nihil transitus per mare rubrum, per Iordanem, Nihil captivitates et reductiones etc. Sed sicut
30 originalis Mundus periit, ita quoque periit historia eius. Primum itaque locum in Historiis habet historia Diluvii, ad eam si alias conferas, vix scintillae quaedam sunt. De priore autem mundo nihil quam nomina habemus, quae tamen ipsa ceu notae maximarum historiarum sunt.

Fortasse vixit Heua quoque ad octingentesimum annum et vidit tam
35 magnam posteritatem. Quae autem eius cura, qui labores, quae studia in visitandis, ornandis, docendis nepotibus? Quae cruces quoque et qui gemitus, quod Cainitarum generatio tanto conatu se opposuit verae Ecclesiae? Sunt tamen aliqui ex iis etiam conversi fortuita misericordia.

Vere igitur aureum illud seculum fuit, ad quod nostra aetas vix lutea
40 dici meretur, siquidem novem Patriarchae cum sua posteritate simul vixerunt consentientes in promissionem Seminis benedicti. Haec omnia Moses indicat, non explicat, alioqui esset haec historia historiarum.

Unam tamen noluit transire de Henoch, qui septimus ab Adam fuit, tanquam maxime insignem. Quanquam hic quoque incredibili brevitate utitur. Reliquorum enim tantum nomina et annorum numerum ponit. Henoch autem sic pingit, ut caeteros Patriarchas negligere et quasi deformare videatur, tanquam impios aut saltem neglectos a Deo. Num enim Adam, Seth, Cainan cum suis posteris non ambularunt coram Deo? Cur igitur de solo Henoch hoc praedicat? Num autem Henoch sic a Domino translatus est, ut reliqui Patriarchae non sint apud Deum et non vivant? Imo vivunt et nos videbimus eos in novissimo die in maxima gloria fulgentes.

Quare igitur Moses Henoch sic praefert? Cur non eadem de aliis quoque praedicat? Qui etsi non rapti a Domino sed mortui sunt, tamen cum Deo ambularunt. De Enos quoque supra audivimus magnas res eius temporibus gestas, siquidem tum nomen Domini invocari ceptum est, hoc est, cepit reflorescere verbum et cultus Dei, ambulatum itaque tum quoque est cum Deo. Sed cur id Moses de Enos non dicit et de solo Henoch dicit? Haec enim verba sunt:

5, 21—24 Porro Henoch vixit sexaginta quinque annis, et genuit Methusalah. Ambulavit autem Henoch cum Deo, postquam genuit Methusalah, trecentis annis, et genuit filios et filias. Et facti sunt omnes dies Henoch trecenti sexaginta quinque anni, Ambulavitque cum Deo, et non apparuit, quia tulit eum Deus.

Quod dicit: Ambulasse eum cum Deo, neutiquam monachorum more intelligi debet, quod in privato angulo se continuerit, et ibi monasticam Matth. 5, 14 vitam vixerit. Quin super candelabrum seu, ut Christus loquitur, in montem poni oportet tantum Patriarcham, ut fulgeat in publico ministerio.

Judä 14 Sicut eum quoque celebrat Apostolus Iudas in sua Epistola: 'Prophetavit, inquit, de his septimus ab Adam Henoch dicens: Ecce veniet Dominus in Sanctis millibus suis, facere iudicium contra omnes et arguere omnes impios de omnibus operibus impietatis eorum, quibus impie egerunt, et de omnibus duris, quae locuti sunt contra Deum peccatores impii'.

Unde haec habuerit Iudas, ignoro[1], sed verisimile est mansisse in hominum memoria, ceu per traditionem, Patriarcharum sancte tum dicta tum facta, fortasse scripserunt quoque. Hoc igitur ministerium in publico Moses celebrat et pium Henoch extollit tanquam Solem aliquem prae omnibus Mundi originalis Doctoribus seu Patriarchis.

Unde colligimus fuisse in Henoch singularem plerophoriam Spiritus sancti et animi magnitudinem praestantem, quod summa fiducia prae aliis Patriarchis Satanae et Cainitarum Ecclesiae se opposuit. Non enim, ut

---

[1]) *Luther hat das apokryphe Buch Henoch auch nicht aus den literarischen Notizen gekannt.*

supra diximus, Ambulare cum Deo est in desertum fugere aut latere in angulo, Sed prodire secundum vocationem et se opponere iniquitati et maliciae Satanae et Mundi, ac confiteri Semen mulieris, damnare Mundi religionem et studia, praedicare per Christum aliam vitam post hanc vitam etc.

In hoc genere vitae vixit pius Henoch annis trecentis, tanquam summus Propheta et Pontifex, qui sex Patriarchas Doctores habuit. Merito igitur celebrat eum Moses, tanquam optimum Discipulum a pluribus iisque optimis et excellentissimis Magistris institutum et eruditum ac a Spiritu sancto sic ornatum, ut sit Propheta Prophetarum et Sanctus Sanctorum in isto originali Mundo. Sic primum ratione officii et ministerii magnus est Henoch.

Secundo etiam ideo praedicatur prae aliis, Quia voluit Deus eum esse Exemplum toti Mundo in consolationem et confirmationem fidei de futura vita. Ideo aureis literis hic textus scribendus et in ima cordium infigendus erat.

Atque hic iterum ostenditur, quid sit cum Deo ambulare: Nempe praedicare aliam vitam, quam haec est, docere de futuro Semine, de conterendo capite Serpentis et destruendo regno Satanae. Haec fuit praedicatio Henoch, qui tamen fuit Maritus et Paterfamilias, qui habuit Uxorem et Liberos ac gubernavit Familiam, qui victum paravit labore suo. Ne iterum cogites de monastica vita, quae speciem habet, quasi sit ambulare cum Deo. Cum igitur vixisset pius vir post natum Methusalah annis trecentis in summa religione, fide, pacientia et mille crucibus, quas tamen fide in futurum Semen vicit, non apparuit amplius.

Hic vide verba plena gravissimis affectibus. Non dicit, quod de aliis Patriarchis dixit 'Mortuus est', sed 'disparuit'. Id quod omnes Doctores studiose observarunt tanquam certum Argumentum resurrectionis mortuorum. In Ebraeo breviter, sed significantissime sententia exposita est, sic enim habet: Et ambulavit Henoch cum Deo, *Ve enenu*: 'Et non ipse'. Significat praeter spem et opinionem omnium reliquorum Patriarcharum amissum esse seu disparuisse Henoch et desiisse inter homines esse.

Sine dubio igitur Pater et Avus eius gravissima iactura tanti viri consternati sunt. Norant enim, quanto studio docuisset religionem, quam multa passus esset. Hunc igitur virum, qui testimonium pietatis habebat coram Deo et hominibus, cum subito amittunt, quid putas eis fuisse animi?

Hic igitur da mihi aut Poëtam aut Rhetorem copiosum, qui hunc locum pro dignitate et cum affectu tractet. Enos, Seth et omnes alii Patriarchae nesciunt, quo raptus sit Henoch. Querunt igitur eum, querit filius Methusalah, querunt alii liberi et nepotes. Suspecta eis erat Cainitarum malicia. Itaque fortasse cogitarunt eum sicut Habelem occisum et clam sepultum esse.

28 Ve euenu *A*

Donec tandem Deo revelante per Angelum didicerunt ab ipso Deo raptum et in Paradisum esse collocatum. Id autem non primo nec altero die cognorunt, sed fortasse multis intercedentibus aut mensibus aut annis. Interim sancti Viri miserabilem conditionem planxerunt tanquam occisi ab hypocritis Cainitis. Hoc enim regulare est, quod semper consolationem praecedit crux et afflictio. Non enim Deus consolatur nisi tristes, sicut etiam non vivificat nisi mortuos, non iustificat nisi peccatores. Ex nihilo enim creat omnia.

Insignis illa igitur Crux et afflictio sanctorum Patriarcharum fuit, quod viderunt illum sublatum et nusquam apparere, qui totum Mundum 10 gubernarat sana doctrina et multa praeclare in omni vita fecerat. Dum igitur lugent et sancti Viri casum dolent, Ecce adest consolatio et revelatur eis, quod Dominus Henoch tulerit. Talem textum non habemus de ullo alio homine nisi de Elia: Voluit igitur Deus statim in originali mundo per mani-festum Exemplum testari, quod post hanc vitam praeparaverit aliam vitam 15 suis Sanctis, in qua cum Deo vivant.

Porro Ebraeum verbum *Lakah* non significat 'transtulit', sicut nostra translatio fere sonat, Sed 'ad se recepit'. Sunt igitur haec verba verba vitae, quae Deus per aliquem Angelum patri Henoch et toti isti generationi Sanctorum revelavit: Ut haberent consolationem et promissionem vitae aeternae, 20 non solum in verbo, sed etiam in ipso facto, sicut antea in Habele quoque. Quam enim putas eis iucundam hanc fuisse concionem, cum audierunt, Henoch non mortuum, non ab impiis occisum, non fraude et insidiis Satanae sublatum, sed ab ipso Deo vivente et omnipotente receptum esse?

Hoc est insigne illud ornamentum, quod in hoc capite potissimum 25 voluit conspici Moses: Quod scilicet Deus omnipotens non anseres, non vaccas, non ligna, non lapides, non mortuos ad se recipit, sed ipsum Henoch, ut ostendat hominibus esse paratam et reservatam aliam ac meliorem vitam, quam est haec vita tot calamitatibus et malis referta. Licet enim Henoch quoque sit peccator, tamen ita excedit ex hac vita, ut Deus ei conferat et 30 afferat aliam et aeternam vitam. Siquidem cum Deo vivit, et Deus eum ad se recipit.

Ambulavit itaque Henoch coram Deo, hoc est, fuit in hac vita fidelis testis, quod post hanc vitam aeternam vitam homines victuri sint beneficio Seminis promissi. Haec enim est vita coram Deo, non illa animalis et 35 corruptioni obnoxia. Sicut igitur hoc constanter praedicavit, ita in ipso implet et verificat Deus hanc praedicationem, ut credamus et certo statuamus Henoch, hominem scilicet similem nobis, ex carne et sanguine natum, sicut nos, ex carnali Adam, ad Deum raptum esse et vivere Dei vitam, hoc est, aeternam vitam. 40

Priusquam illa sanctorum Patrum generatio haec sciret, horribile fuit audire, quod Henoch, vir tam sanctus, sic disparuisset, ut, ubi esset aut

quomodo periisset, nemo sciret. Itaque in magno luctu pii Parentes et
Maiores fuerunt. Sed postea incredibilis leticia et consolatio eis obiecta
est, cum audirent, Filium suum cum ipso Deo vivere, et a Deo translatum
ad angelicam vitam.

5 Hanc consolationem ostendit Deus Seth (qui tum summus Propheta
et Pontifex erat, postquam Pater eius Adam in fide Seminis benedicti annos
quinquaginta septem ante obdormierat), agenti tum annum ferme octingentesimum et sexagesimum. Is, ut senex et iam plenus dierum, atque ideo sine
dubio (confirmatus fide futuri benedicti Seminis) anxie exspectans liberationem
10 corporis sui ac ad populum suum congregari desiderans, maiore alacritate
brevi post, nempe quinquaginta duos annos, mortem subiit, qui illi admodum
breve fuerunt tempus, quo sanctus senex Testamentum suum condidit, filios
ac nepotes visitavit, ac illis praedicavit admonens, ut perseverarent in fide
promissi Seminis et sperarent vitam aeternam, ad quam Henoch, filius suus,
15 ipsorum autem Pater, translatus, vivat cum Deo. Ad hunc modum sanctus
Senex inter suos agens, et singulis valedicens et benedicens in gaudio et
saturitate dierum se et illos consolatus est et docuit.

Si mihi intra sex menses moriendum esset, vix haberem satis temporis
ad condendum Testamentum. Admonerem enim homines de summa prae-
20 dicationis meae, hortarer et urgerem, ut in ea perdurarent, Quantum animo
praevidere possem, monerem, ut caverent scandala doctrinae. Haec non uno
die, nec mense uno possunt absolvi. Igitur quinquaginta anni, quos Seth
post raptum Henoch vixit, brevissimum (Nam spirituales homines longe
aliam rationem supputandi temporis habent quam filii huius seculi) tempus
25 fuerunt, quo suos docuit de magnifica ista consolatione, quod post hanc
vitam speranda sit alia vita, quam Deus in eo revelavit, quod Henoch,
carnem et sanguinem nostrum, ad se recepit.

Nolite igitur, inquit, sequi vestras concupiscentias, sed hanc vitam
contemnite et sperate meliorem. Quid enim mali haec praesens vita non
30 habet? Quot morbis, quantis periculis, quam horribilibus casibus est obnoxia? Ut interim, quae summa sunt, taceamus, illa scilicet spiritualia mala,
quae conscientiam exercent et cruciant: Lex, Peccatum, Mors ipsa.

Quid igitur est, ut hanc vitam tantopere expetatis, nec ea videamini
exaturari posse? Ultro abrumpenda erat: Nisi Deus ideo nos vellet vivere,
35 ut praedicaremus eum, ei ageremus gratias et serviremus Fratribus nostris.
Hoc obsequium igitur studiose praestemus Deo et festinemus suspiriis nostris
ad veram vitam, ad quam Filius meus et Frater vester, Henoch, translatus
est per ipsum Deum. Haec et similia sanctus Senex post consolationem
hanc cognitam docuit.

40 Sine dubio autem, postquam intellexerunt Henoch vivum a Domino
translatum ad immortalitatem, optaverunt se quoque eodem modo, aut saltem
per mortem, liberari ex hac calamitosa vita.

Si autem sancti Patriarchae tam anxie desideraverunt futuram vitam
ob Habel et Henoch, quos norant cum Deo vivere, Quanto magis nos id
Apg. 3,15 decet Ducem Christum ἀρχηγὸν τῆς ζωῆς habentes? sicut Petrus Act. 3.
vocat. Hunc illi crediderunt futurum. Nos scimus cum exhibitum et abiisse
ad Patrem, ut pararet nobis mansiones ac sedere ad dextram Patris et inter-
pellare pro nobis.

An non igitur suspirare ad futura, et haec praesentia odisse debebamus?
Non enim nobis, ut illis Henoch aut Habel, spem vitae melioris ostendit,
sed ipse Christus, dux et auctor vitae. Debebamus igitur magno animo
contemnere vitam et mundum et pleno pectore anhelare ad futuram gloriam 10
aeternae vitae.

Sed hic sentimus, quanta infirmitas sit carnis furentis studio et amore
praesentium, non gaudentis autem de certissima futura vita. Quomodo enim
non est certissima, cuius tot testes habemus, Habel, Henoch, Eliam, imo
ipsum caput et primitias resurgentium, Christum? Dignissimi igitur odio 15
Dei et hominum sunt impii Epicurei. Digna quoque odio nostro est caro
nostra, quae nos quoque ad Epicureismum saepe sollicitat, dum et toti
demergimur in curas temporales et aeterna bona tam secure negligimus.

Notanda igitur ista verba sunt et diligenter infigenda animis, quod
Henoch raptus et acceptus est, non a Patriarcha aliquo, non ab Angelo, 20
sed a ipso Deo. Haec enim est illa consolatio, quae sanctis Patriarchis
tolerabilem mortem fecit, ut etiam cum gaudio ex hac vita emigrarent.
Viderunt enim Semen sibi promissum iam tunc, antequam esset exhibitum,
belligerari cum Satana, et contrivisse eius Caput in Henoch. Idem de se
et de omni credentium posteritate speraverunt, ac Mortem securissime con- 25
tempserunt, tanquam quae non esset mors, sed somnus quidam, ex quo
evigilaturi essent ad aeternam vitam. Credentibus enim mors non est mors,
sed somnus quidam. Nam cum terror, stimulus et vis illa mortis abest,
non potest dici mors. Quanto igitur maior fides est, tanto mors est imbe-
cillior; Quanto autem fides minor est, tanto mors est acerbior.   30

Admonemur autem hic quoque peccati nostri. Si enim Adam non
peccasset, non essemus nos homines mortui, sed sicut Henoch sine timore
et dolore rapti ex hac animali vita ad aliam meliorem et spiritualem vitam.
Nunc, cum vitam amiserimus, ostendit nobis haec Historia restitutionem
Paradisi et vitae non desperandam esse. Caro quidem dolore carere non 35
potest, Sed cum conscientia pacata est, mors habet similitudinem Syncopis,
per quam transimus in requiem. Ille carnis dolor abfuisset in innocenti
natura, essemus enim rapti, quasi per somnum, ac mox evigilantes fuissemus
in coelo et vixissemus angelicam vitam. Nunc autem, cum caro peccato
corrupta sit, oportet eam prius morte aboleri. Sic Henoch fortasse recubans 40
in graminoso loco et orans obdormivit et dormiens raptus est a Deo sine
dolore, sine morte.

Observemus igitur hunc locum, quem Moses voluit extare, tanquam historiam primi Mundi maxime memorabilem. Quid enim potuit insignius fieri, quam quod Homo corruptibilis, peccator, natus de carne et sanguine peccato imbuto et corrupto, ita mortem vincit, ut tamen non moriatur?
5 Christus homo est et iustus, sed peccata nostra faciunt, ut acerbissimae morti subiiciatur, ex qua tertio die liberatur, et ipse se excitat ad aeternam vitam. In Henoch igitur hoc singulare est, quod non moritur, sed rapitur morte non interveniente ad spiritualem vitam.

Rabini dignissimi odio sunt: quicquid enim Scriptura habet maxime
10 insigne, hoc foedissime depravant. Sic de Henoch hoc in loco garriunt, fuisse quidem eum bonum et iustum, sed valde inclinatum ad cupiditates carnales, Deum igitur eius misertum, et antevertisse eum morte, ne peccaret et damnaretur.

Quaeso te: An non hoc est egregie hunc textum depravare? Quid
15 enim opus est de solo Henoch dicere, quod habuerit malas inclinationes, quasi vero eas non habuerunt, et senserunt quoque reliqui Patriarchae?

Deinde cur non observant, quod Moses bis dicit: Ambulasse eum cum Deo? Hoc profecto testimonium est, quod non indulserit tentationibus, sed eas fide fortiter vicerit. Iudaei autem cum de malis inclinationibus loquuntur,
20 intelligunt libidinem, avaritiam et similes motus. Sed Henoch sine dubio vixit in gravioribus tentationibus et cum Paulo sensit palum illum. Indies cum antiquo Serpente luctatus est, tandem bene vexatus et attritus omni genere tentationum, iussus est a Domino ex hac vita decedere et transire in aliam.

25 Qualis autem ea vita sit, quam vivit, nos, qui adhuc caro et sanguis sumus, non possumus scire. Satis autem nobis est, quod scimus eum etiam corpore raptum esse. Id quod Patriarchae sine dubio intellexerunt ex revelatione, quibus morituris hac consolatione opus fuit. Tantum nos quoque scimus. Quid autem faciat, ubi sit et quomodo vivat Henoch, nescimus:
30 vivere eum scimus, sed certe non hac animali vita, est enim apud Deum, sicut textus clare dicit.

Memorabilis itaque haec est Historia, per quam Deus voluit primo et originali mundo commendare spem melioris vitae post hanc vitam.

Postea in secundo Mundo, qui habuit legem, dedit Deus exemplum
35 Eliae, qui etiam inspectante servo Heliseo a Domino raptus est.

Nos in novo Testamento sumus tanquam in tertio Mundo, habemus autem illustrius Exemplum, ipsum Christum, Liberatorem nostrum, ascendentem ad coelos, cum aliis multis Sanctis. Voluit enim Deus omnibus seculis extare testimonia resurrectionis mortuorum, ut ab hac vita foetida
40 ac multis modis calamitosa abduceret animos nostros, In qua tamen Deo, quamdiu ipsi visum est, servimus obeundis politicis et civilibus officiis, ac imprimis instituendis aliis ad pietatem et noticiam Dei. Sed hic manentem

Ebr. 13, 14 locum non habemus, Ebrae. 13. Abiit enim Christus ad Patrem, ut nobis
Joh. 14, 3 pararet mansiones aeternas, Ioh. 14.

Sicut autem apud nos invenias, quibus haec ridicula et non satis digna
fide iudicentur, Ita non dubium est tum quoque a maiori parte pro ridiculo
hanc Historiam esse habitam. Mundus enim semper sui similis est. Sunt 5
itaque haec divina autoritate commendata literis, et scripta Sanctis ac fidelibus, ut ea legerent, intelligerent, crederent et sequerentur. Ostendunt enim
manifestam victoriam mortis et peccati, ostendunt certam consolationem
victae legis, irae et iudicii divini de Henoch. Quare piis his Historiis nihil
potuit esse iucundius aut gratius. 10

Sed in novo Testamento vere exundat misericordia Dei; etsi enim
huiusmodi Historias non abiicimus, Tamen habemus longe maiores, nempe
ipsum Filium Dei ascendentem ad coelos et sedentem ad dexteram Dei. In
eo videmus caput Serpentis plane contritum esse et vitam iterum restitutam,
quam in Paradiso amisimus. Hoc longe plus est, quam quod Henoch et 15
Elias translati sunt. Et tamen voluit Deus hoc modo originalem Mundum
et sequentem, qui Legem habuit, consolari.

Haec igitur principalis doctrina est in his quinque Capitibus proposita,
quod homines sunt mortui, et revixerunt. Per Adam enim omnes sunt
mortui. Qui autem crediderunt, hi per Semen promissum revixerunt, Sicut 20
testatur historia Habelis et Henoch. In Adam, Seth et aliis mors est
designata, sic enim scribitur: 'Et mortuus est'. Sed in Habele et Henoch
ostensa est resurrectio mortuorum et vita immortalis.

Omnia autem eo pertinent, ne desperemus in morte, sed ut certo
statuamus, quod qui credunt in Semen promissum, vivent et rapientur ad 25
Deum, sive ex aqua sive igni sive ex patibulo sive ex sepulchro. Volumus
igitur et debemus vivere, ac quidem aeternam vitam, quae post hanc vitam
restat per Semen promissum.

5, 28. 29 Vixit autem Lamech centum octoginta duobus annis, et genuit
filium, vocavitque nomen eius Noah, dicens: Iste consolabitur 30
nos ab operibus et laboribus manuum nostrarum in terra, cui
maledixit Dominus.

Obiter incidit Moses in hanc Historiam de nomine Noah, quae tamen
meretur, ut eam introspiciamus diligentius. Lamech vixit, cum auferretur
Henoch ex hac vita ad aliam immortalem vitam. Postquam igitur Deus 35
ostendit tantam gloriam et tam insigne miraculum, ut Henoch, hominem
similem nobis, ex isto humili genere vitae (Nam Maritus et Paterfamilias
fuit, qui habuit filios, filias, familiam, agros, pecudes) transferret ad aeternam
vitam, Ibi animati et incensi gaudio sancti Patres in eam opinionem venerunt, ut existimarent nunc in propinquo esse illum laetum diem promissionis 40

---

9 has Historias A (hac Historia gemeint?)　　　31 nostrorum A

implendae. Singularis enim significatio divinae misericordiae fuit, quod Henoch vivus ad Dominum est raptus.

Sicut itaque Adam et Heua post promissionem factam in eam spem venerant, ut Cain putarent esse illud Semen, prae nimia laeticia, quod vide-
5 bant hominem sibi similem, Ita quoque pio errore iudico Lamech hoc nomen indidisse nato Noah et dixisse: 'Ille consolabitur nos, et liberabit ab aerumnis huius vitae'. Cessabit iam peccatum originale et poena peccati originalis. Restituemur in integrum, desinet maledictio, quam terra propter peccatum Adae tulit, desinent aliae miseriae propter peccatum inflictae generi humano.

10 Ad hunc modum, postquam Lamech avum suum sine dolore, sine morbo, sine morte raptum in Paradisum vidit, putat futurum, ut statim sequatur tota Paradisus. Iudicat Noah esse promissum Semen ac reparaturum esse Orbem terrarum. Diserte enim urget, maledictionem tollendam esse. Atqui maledictio seu poena peccati non potest tolli, nisi prius tollatur ipsum
15 peccatum originis.

Rabini igitur, pestilentes depravatores Scripturae, digni odio sunt. Hi enim hunc locum sic depravant: Quiescere nos faciet ab operibus et laboribus manuum nostrarum, hoc est, ostendet faciliorem rationem colendae terrae, ut scilicet iunctis tauris vomere proscindatur terra, non fodiatur hominum mani-
20 bus, sicut hactenus solitum fuit.

Miror autem, Lyrae quoque placere hanc sententiam et sequi. Nosse enim debebat illum usitatum depravandae Scripturae morem, quo Iudaei ubique utuntur, dum ea, quae spiritualia sunt, transferunt tantum ad corporalia, ut habeant gloriam apud homines. Quid enim indignius potest
25 sancto Patriarcha dici, quam quod huius compendii causa, quod ventris proprie fuit, tam exultaret nato filio Noah?

Maior cura anxit animum eius, nempe ira Dei et mors cum omnibus aliis calamitatibus huius vitae. His sperabat Noah impositurum finem. Ideo exultabat gaudio, bene ominabatur et in hanc spem etiam alios vocabat.
30 Non de aratro, non de iumentis, non de aliis levioribus rebus ad hanc vitam pertinentibus erat sollicitus, sicut coeci Iudaei delirant. Sperabat Filium suum Noah Semen illud futurum, quod restitueret priorem illum statum Paradisi, ubi maledictio nulla fuit. Nunc autem, inquit, sentimus maledictionem in ipsis laboribus manuum nostrarum, quod etiam summo studio
35 culta terra tamen sentes et tribulos producit. Sed nunc surget novum et beatum seculum, cessabit maledictio terrae nobis propter peccatum inflicta, quia peccatum cessabit. Haec vera huius loci sententia est.

Sed pius Pater decipitur. Nam illa gloria reparationis non debebatur filio hominis, sed Dei Filio. Inepti itaque Rabini sunt: Etsi enim manibus
40 non fodiatur terra, sed iumenta adhibeantur, tamen nondum cessavit labor

---

27 anxit *A* anxit *Erl. Ausg.*

manuum. Et raptus Henoch non ostendebat aliquam corporalem consolationem
ventri gratam, sed liberationem a peccato et morte. Ideo Lamech quoque
sperat per Noah restitutionem prioris status. Videbat enim initium esse
factum huius mutationis in avo Henoch, ac certus erat iam in foribus esse
liberationem seu restitutionem omnium.   5

　　Sicut Heua cum peperisset Primogenitum, dicebat: 'Possedi virum a
Domino', qui scilicet inflictas peccati poenas tollat et nos restituat. Sicut
autem Heua fallitur, Ita quoque nimio desiderio restitutionis mundi fallitur
etiam bonus Lamech.

　　Ostendunt autem haec, quam ardenter sancti Patriarchae illam resti-   10
tutionem optarint, sperarint et suspiraverint. Etsi enim erraverunt, sicut
Heua errat et fallitur in Cain: Tamen hoc ipsum desiderium liberationis est
ex Spiritu sancto et arguit veram ac constantem fidem in Semen promissum.
Et quod Heua filium suum Cain, Lamech filium suum Noah appellat, hae
Röm. 8, 22 sunt voces, sicut Paulus ad Rom. 8. appellat, parturientis creaturae et   15
suspirantis ac putantis instare resurrectionem mortuorum, liberationem a
peccato, et restitutionem omnium.

　　Simplicissima igitur et vera sententia est, quod, postquam Lamech
nepos videt avum Henoch sublatum ex istis miseriis, afflictionibus et laboribus
peccati originalis cum certa significatione futurae vitae eique nascitur Filius,   20
appellat eum *Noah*, hoc est, quietem, quia sperat futurum, ut per eum
liberatio a maledictionibus peccati et ipso peccato contingat. Haec interpretatio est analoga fidei et confirmat spem resurrectionis et vitae aeternae.

　　Apparet itaque hic illa horribilis ingratitudo nostri seculi, quod isti
sanctissimi Viri, quorum calceos ut purgemus, indigni sumus, tantum desi-   25
derium futurae vitae ubique ostendunt. Quantum autem differt habere rem
et desiderare? Fuerunt illi Patriarchae homines sanctissimi et summis donis
ornati, tanquam Heroes totius mundi. In his videmus summum desiderium
futuri Seminis. Id apud eos in summo praetio est, ita sitiunt, esuriunt,
ardent, ita inhiant in Christum venturum. Nos autem, qui habemus Christum   30
praesentem, exhibitum, donatum, glorificatum, sedentem ad dextram Dei et
interpellantem pro nobis, contemnimus eum et multo habemus vilius quam
ullam aliam creaturam. O miseriam, O peccatum!

　　Videmus igitur, quae sit seculorum differentia. Mundus originalis est
optimus et sanctissimus. Sunt in eo nobilissimae gemmae totius generis   35
humani. Post Diluvium etiam aliquot insignes et magni viri sunt Patriarchae, Reges, Prophetae, qui etsi Patriarchis ante Diluvium non sunt
similes, tamen in eis quoque elucet insigne desiderium Christi. Sicut ipse
Luc. 10, 24 Christus dicit Lucae 10: 'Multi Reges et Prophetae voluerunt videre, quae
vos videtis, et non viderunt'. Nostrum seculum, quod est novi Testamenti,   40
cui exhibitus est Christus, est velut putamen et fex mundi: Nihil enim habet
vilius Christo, quo prior Mundus nihil habuit preciosius.

Huius gravissimi mali quae est causa? Nimirum sancta nostra Caro, Mundus et Diabolus. Fastidimus praesentia ultra modum. Nam verum est, quod dicitur: Omne rarum carum, vilescit quotidianum.[1] Item illud Poëtae: Minuit praesentia famam. Sumus ditiores Patriarchis, quod ad ipsam revelationem attinet. Sed ipsi maiore in pretio etiam minorem revelationem habuerunt et fuerunt tanquam amatores sponsi. Nos autem sumus ille im- 5.Mofe 32, 15 pinguatus, incrassatus et dilatatus servus, quia abundamus verbo coque nimis opulenter obruimur.

Igitur sicut Mundus primus optimus et sanctissimus fuit, Ita finalis mundus est pessimus et sceleratissimus. Quia autem Deus primo et originali mundo non pepercit, quia etiam secundum Mundum subvertit, una Monarchia post aliam, uno Regno post aliud exciso: Quid putamus futurum de hoc finali Mundo, securissime contemnente Christum illum Desiderabilem, sicut Hag. 2. appellatur, ingerentem se nobis usque ad fastidium per Verbum et Hagg. 2, 8 per Sacramenta?

Noah vero cum quingentorum esset annorum, genuit Sem, Ham 5, 32 et Iapheth.

Est hic quoque magna brevitas. Sed Moses suo more res maximas paucissimis verbis complectitur, quas Lector ignavus non observat. Quid igitur, inquies, est, quod Noah quingentesimo anno primum generat? Aut singularis et gravissima tentatio fuit, si tamdiu habuit sterile coniugium, aut summa castitas, si tamdiu a coniugio abstinuit: Id quod mihi verisimilius videtur. Nihil hic dico de Papistarum foeda castitate, nihil de nostra. Prophetas et Apostolos, reliquos etiam Patriarchas inspice, qui sine dubio casti et sancti fuerunt. Sed quid ad hunc Noah, qui masculus est et tamen sine coniugio quingentis annis caste vixit?

Inter mille nostro seculo vix unum reperias, qui in trigesimum annum a mulierum consuetudine abstineat. Noah autem cum per tot annos vixisset coelebs, tandem uxorem ducit et generat. Id autem certum Argumentum est fuisse eum aptum coniugio ante id tempus, sed certa causa abstinuisse.

Primum itaque necesse est singulare castitatis donum in eo fuisse et naturam pene angelicam. Non enim videtur in hominem posse cadere, ut quingentos annos sine uxore vivat.

Deinde ostendit hoc ipsum singularem displicentiam, quam Noah habuit in mundo. Cur enim putabimus eum abstinuisse a coniugio, nisi quod vidit patrueles et fratueles omnes degenerare in gygantes seu Tyrannos et replere mundum iniuriis? Cogitavit itaque se potius liberis carere velle, quam tales habere. Existimo itaque nunquam fuisse ducturum uxorem, nisi admonitus et iussus esset aut a Patriarchis, aut ab Angelo aliquo. Nam qui in

---

[1]) *Schon oben S. 95, 21. Colloqu. ed. Bindseil II, 127—8.*

quingentesimum usque annum abstinet, is etiam, quod reliquum est vitae, a coniugio abstinebit.

Sic brevibus quidem verbis maximas res Moses ostendit, et quod imperitus Lector non animadvertet, cum de castitate nihil videtur loqui, celebrat castitatem Noah supra omnium castitatem, qui fuerunt in primo et originali 5 Mundo, ut sit exemplum angelicae castitatis.

Iudaei suo more nugantur et fingunt Noah ideo abstinuisse a coniugio, quod norat Deum Diluvio perditurum mundum. Si itaque reliquorum Patriarcharum more mature uxorem duxisset, utpote anno centesimo aut infra, solus fere intra quadringentos annos replevisset orbem terrarum ac tum 10 coactus esset Deus ipsum cum tota generatione delere. Affingunt postea hoc Sem ideo vocari primogenitum, quia primus sit circumcisus.

In summa, Iudaei depravant omnia et inflectunt in suos carnales affectus et glorias. Cur enim non (Si haec causa fuit, cur Noah a coniugio abstineret) etiam reliqui Patriarchae a generatione et coniugio abstinuerunt? Frivola 15 itaque et nihili commenta sunt. Cur non hoc potius urgent fuisse singulare donum in Noah, quod, cum esset masculus, tamen tot annos abstinuit a coniugio? Nullum igitur tantae continentiae exemplum extat in tota serie omnium temporum.

Papistas offendit, quod Genesis toties meminit de Patribus, quod 20 genuerint filios et filias. Dicunt itaque esse librum, in quo nihil sit, quam quod Patriarchae nimis amantes fuerunt suarum Uxorum, ac putant obscoenitatem esse, quod de talibus rebus Moses tam studiose meminit.

Sed impura corda etiam summam castitatem probris incessunt. Si enim praestantissima castitatis exempla vis intueri, Mosen lege commemo- 25 rantem de Patriarchis, quod non nisi provecta aetate ad nuptias accesserint. Et inter hos tanquam insignis stella lucet Noah, qui in quingentesimum usque annum continet. Huius summae castitatis nulla exempla in Papatu invenies. Etsi enim quidam corporibus non peccant, tamen quanta animorum foeditas est et obscoenitas? Ac ista poena est coniugii neglecti, quod Deus 30 voluit esse remedium corruptae naturae.

Alia autem causa fuit, quod Noah abstinuit: Non damnavit coniugium, non iudicavit profanum genus vitae esse. Vidit superiorum Patriarcharum posteros degenerasse in impiam Cainitarum generationem. Tales Filios non potuit ferre, Sed expectavit in timore Dei finem mundi. Quod autem 35 postea ad nuptias accessit et generavit, hoc haud dubie fecit singulari mandato Dei admonitus et iussus.

Sed hic questio nascitur de ordine filiorum Noah. Operaepretium autem est hoc querere, ut ratio annorum mundi certius constet. Communis autem opinio est Sem fuisse primogenitum, quod eius prima fiat mentio. 40 Sed Scriptura cogit, quod Iapheth est primogenitus, Sem medius, et Ham ultimus.

Probatur autem hoc sic: Biennio post Diluvium genuit Sem filium Arphachsad. Fuit autem tum Sem annorum centum, Gen. 10. Ergo in 1. Mose 11, 10 Diluvio fuit Sem annorum 98. Noah autem nato Sem fuit annorum 498. Iapheth autem fuit maior natu Sem, Gen. 11. Sequitur autem, quod solus 1. Mose 11, 2
5 Ham, iunior frater, si natus anno 500. Noah.

Praeponitur autem Sem ipsi Iapheth, non quod primus circumcisus sit, sicut Iudaei mentiuntur, qui venantur glorias carnales, sed quod per eum venturus erat Christus, Semen promissum. Sic Abraham minimus natu infra praeponitur eadem ratione fratribus Haran et Nahor.

10 Sed quomodo, inquies, convenit hoc cum textu, qui dicit Noah, cum quingentorum annorum esset generasse Sem, Ham et Iapheth? Sic convenit, si mutes praeteritum in plusquamperfectum et dicas: Noah, cum quingentorum esset annorum, genuerat. Non enim Moses dicit, quo anno singuli sint nati, sed simpliciter unum annum ponit, quo dicit illos tres fuisse natos ipsi
15 Noah. Hoc modo rectissime concordatur Scriptura.

Concludit igitur Moses hoc quintum caput pulcerrimo et maxime memorabili Exemplo castitatis, quod Noah iam quingentarius incipit fieri Maritus, hactenus sanctus et castus, qui ideo a coniugio abstinuit, quod offensus est licentia iuventutis, degenerantis in Cainicam improbitatem. Paret
20 tamen Deo vocanti ad coniugium, quanquam posset sine uxore coelebs et castus vivere.

Ad hunc modum Moses describit primum et originalem mundum his quinque Capitibus breviter quidem, sed ut tamen facile appareat initio fuisse sanctissimum et vere illud aureum seculum, de quo etiam Poëtae meminerunt
25 sine dubio ex traditione et sermonibus Patrum.

Invalescentibus autem peccatis non pepercit Deus primo Mundo sed Diluvio cum perdidit. Sicut nec secundo Mundo, qui sub lege fuit, pepercit. Nam propter Idolatriam et impium cultum non solum una Monarchia post aliam eversa est, sed etiam ipse populus Dei variis incommodis et captivi-
30 tatibus agitatus, tandem a Romanis penitus vastatus est.

Noster tertius Mundus, qui tamen est Mundus gratiae, ita blasphemiis et abominationibus abundat, ut non possibile sit eas aut oratione complecti aut corde apprehendere. Ideo non poterit puniri corporalibus poenis, sed aeterna morte et igni aeterno punictur, seu, ut ita dicam, Diluvio ignis. Nam
35 idem vaticinantur colores Iridis. Primus aqueus est, quod primus Mundus diluvio propter iniurias et libidinem sit punitus. Medius est flavus. Nam idolatriam et impietatem medii seculi Deus variis calamitatibus ultus est. Tertius et supremus color est ignis, qui tandem Mundum cum omnibus iniquitatibus et peccatis absumet.

40 Quare orandum est, ut Deus corda timore suo regat et nos fiducia misericordiae suae impleat, ut cum gaudio liberationem nostram et impii Mundi poenas possimus expectare, Amen, Amen.

Caput Sextum Genesis.

6, 1   Descripsit Moses in quinque primis capitibus generationem humanam, qualis fuit in originali Mundo, ac posuit nobis ob oculos illam admirabilem sanctorum Patriarcharum magnificentiam, qui primum Mundum rexerunt. Atque ita his 5. cap., velut primo Libro, concludit Historiam istius felicissimae 5 partis totius generis humani et mundi originalis ante Diluvium. Hic nunc ordiemur 2. lib. Gen., qui continet historiam Diluvii, quae ostendit posteritatem Cain totam deletam, Sed iustorum generationem manere in secula seculorum. Nam cum Diluvio omnia interirent, conservatur tamen generatio iustorum tanquam aeternus mundus.   10

Est autem horribilissimum deleri totum genus humanum usque ad octo animas, Cum tamen id vere aureum seculum fuerit. Nam sequentes generationes neutiquam respondent dignitati, magnitudini et maiestati illius originalis Mundi, et tamen Deus illud, quod optimum condiderat et in humano genere praestantissimum, ita delevit, ut merito expavescamus.   15

Servavit tamen Deus etiam in hac poena suum morem. Nam quae praestantissima sunt, ea Deus maxime deiicere et humiliare solet. Non 2. Petri 2, 5 igitur frustra Petrus 2. Pet. 2. Deum primo Mundo non pepercisse dicit. Vult enim ostendere, quod fuerit comparatione sequentis tanquam Paradisus quaedam. Sic praestantissimae naturae, ipsis Angelis, non pepercit, Non 20 Regibus in suo populo, Non Primogenitis omnium temporum: Sed quanto homines maioribus donis ornati fuerunt, tanto in eos gravius animadvertit, cum donis ceperunt abuti.

Pf. 2, 9   Sic in secundo Psalmo dicit Spiritus, De regibus: 'Reges eos in virga ferrea, et sicut vas figuli confringes eos'. An non autem ipse Dominus est, 25 qui Reges constituit, qui eos coli, eis parere vult omnes? Sic sapientiam sapientum, iusticiam iustorum damnat et reprobat. Proprium enim hoc et perpetuum Dei opus est, ut praestantissima damnet, potentissima deiiciat, fortissima convellat, cum tamen sint eius creaturae. Facit autem hoc ideo, ut multa et horribilia exempla irae extent ad terrendos impios et nos exci- 30 tandos, ut discamus de nobis ipsis desperare et tantum fidere gratia.

Ergo aut vivendum est sub umbra alarum Dei et fiducia misericordiae eius aut pereundum. Iam autem post lapsum sic hominum comparatae res sunt, ut, quanto pluribus donis quisque ornatus est, tanto etiam magis superbiat. Hoc Angelorum, qui lapsi sunt, peccatum fuit. Hoc primi et 35 originalis Mundi peccatum fuit, in quo excellentissima pars generis humani vixit. Quia autem de sapientia sua et aliis donis praesumpserunt, perierunt. Hoc peccatum fuit summorum Regum. Hoc peccatum fuit Primogenitorum fere omnium. Quid multis? hoc est peccatum originale, quod non novimus nec possumus recte uti magnis et excellentibus donis Dei.   40

Quod igitur summi homines atrocissima Exempla fiunt, non accidit culpa donorum aut rerum sed culpa possessorum. Deus autem talis Dialecticus est, ut arguat a coniugatis et simul possessorem cum re seu dono possesso destruat.

5 Utile autem est diligenter observare et notare Exempla talia ad terrendos superbos et nos humiliandos, ut discamus nos, vitam et omnia nostra pendere ex nutu Dei, qui humilibus vult dare gratiam, superbos autem disperdere. Hoc quia Mundus non novit nec facit, ideo cadunt Reges, potentes, iusti perpetuo casu, unus post alium, et fit, ut sint omnia plena 10 Exemplis irae et iudicii Dei. Sicut beata Virgo quoque canit: 'Dispergit Lut. 1, 51 superbos mente cordis sui, Deponit potentes de sede, Divites dimittit inanes'.

Omnia tempora, omnes aulae, omnes respublicae plenae sunt talium Exemplorum, Et tamen nos de gratia sancti Diaboli, Principis mundi, habemus tam dura corda, ut his omnibus nihil moveamur sed fortiter contem- 15 namus, etiamsi sentiamus et videamus nobis quoque pereundum esse. Beati igitur, qui animadvertunt talia et Exemplis irae admoniti humiliantur et vivunt in timore Dei.

Cogitemus igitur de Mundo isto originali, qui in diluvio periit, fuisse praestantissimum, qui habuit in speciem optimos, sanctissimos, nobilissimos 20 Viros, ad quos nos collati sumus ceu fex mundi. Non enim scriptura dicit fuisse iniustos et malos inter se, sed coram Deo. Deus, inquit, vidit esse eos malos. Longe autem aliter vident et iudicant oculi Dei quam hominum. 'Viae meae, inquit apud Esa. 55., non sunt, sicut viae vestrae. Jef. 55, 8 Sed sicut exaltatur coelum a terra, sic exaltatae sunt viae meae a viis vestris, 25 et cogitationes meae a cogitationibus vestris'.

Sunt igitur Tyranni et Gygantes isti inter sese habiti et visi sapientissimi et iustissimi homines. Sicut hodie nostri Reges, Principes, Pontifices, Episcopi, Theologi, Medici, Iurisperiti, Nobiles summo loco sunt et habentur in pretio, tanquam gemmae et lumina generis humani. Tales non opinione 30 sed virtute et donis longe excellentiores fuerunt filii Dei in primo mundo. Quia autem cum his donis miscuerunt superbiam et contemptum Dei, abiecit et perdidit eos Deus una cum donis suis, ac si essent fex et stercus hominum.

Atque hoc commune naturae nostrae est vitium: non potest se continere, quin infletur donis a Deo datis, Nisi per Spiritum sanctum cohibeatur. Saepe 35 igitur dixi: Hominem non habere perniciosiorem hostem, quam se ipsum. Hoc enim disco mea experientia, quod non habeo tam magnam causam timendi extra me quam intra me. Dona enim, quae habemus intra nos, inflant nostram naturam.

Sicut autem Deus natura optimus non potest omittere, quin nos variis 40 donis ornet et cumulet, sicut sunt incolume et integrum corpus, opes, sapientia, industria, cognitio scripturae etc., Ita nos non possumus omittere, quin in his donis superbiamus et insolescamus. Miserrima igitur vita nostra est, si carendum sit donis Dei: Sed duplo miserior est, cum habemus. Nos enim duplo deteriores reddimur. Tanta est malicia peccati originalis, quod tamen omnes homines exceptis fidelibus aut ignorant aut tanquam rem leviculam negligunt.

Videmus autem hanc maliciam non solum singuli in nobis sed etiam in aliis. Opes, quae inter reliqua dona infimum locum habent, quam inflant? Itaque sive nobiles sive cives sive rustici divites alios omnes pro muscis habent. Longe autem maior est abusus reliquorum superiorum donorum, sapientiae et iusticiae. Haec cum inter homines sint dona, utrunque fit, ut et Deus superbiam hanc non possit ferre et nos eam non possimus omittere.

Hoc fuit peccatum illius originalis Mundi. Fuerunt inter posteros Cain homines optimi et sapientissimi, Coram Deo autem fuerunt pessimi, quia superbiebant donis et Deum donorum autorem contemnebant. Hanc maliciam mundus non intelligit nec iudicat, sed solus Deus iudicat.

Stantibus autem et vigentibus istis vitiis spiritualibus postea proclivis lapsus est etiam in carnalia. 'Initium enim peccati apostatare a Deo', sicut Syrach dicit cap. 10. Sic primus lapsus Diaboli est e coelo in infernum, Hoc est ex prima tabula in secundam. Postquam enim homines incipiunt impii fieri, hoc est, non timent Deum, non credunt Deo, sed contemnunt Deum, verbum et ministros eius, fit, ut a vera doctrina labantur in haereticas opiniones, eas doceant, defendant, ornent. Haec autem sunt eiusmodi peccata, ut Mundus ea iudicet esse summam pietatem, ac Autores talium soli reportant laudem religionis, pietatis, iusticiae, Ecclesiae et filiorum Dei. Non enim possunt homines iudicare de peccatis primae tabulae. Postea illi contemptores Dei irruunt in horribilia adulteria, furta, caedes et alia, quae sunt secundae tabulae.

Haec eo recito, ut intelligamus originalem Mundum non tantum illis secundae tabulae peccatis obnoxium fuisse, Sed peccasse maxime in primam tabulam, hoc est, habuisse sapientiam, pietatem, cultum, religionem in speciem optimam, sed fucosam et falsam. Fervente igitur impietate contra primam tabulam secuta est corruptio, de qua Moses in hoc capite loquetur, quod primum se polluerunt libidinibus, deinde orbem terrarum repleverunt tyrannide, sanguine et iniuriis.

Cum itaque ad hunc modum impius Mundus utranque tabulam conculcasset, venit Deus iudicaturus, qui est ignis consumens et zelotes. Itaque sic punit impietatem, ut simpliciter omnia in vastitatem abeant et neque Rex nec subditus maneat. Igitur imaginemur, quanto lapsui Adae propior fuit, tanto fuisse meliorem. Degenerasse autem de die in diem usque ad nostra tempora, quibus fex et ultimum quasi stercus humani generis vivit.

Si autem Deus illi mundo tot et tantis donis ornato non pepercit, quid nos σκύβαλα speremus longe pluribus calamitatibus et malis oppressi?

Sir. 10, 14

Salvis tamen, si Deo placet, Pontifice Romano et sanctis eius Episcopis, qui haec non credunt. Sed nunc ad textum venio.

Cumque cepissent homines multiplicari super terram, et Filias 6, 1. 2 sibi procreassent, Videntes Filii Dei filias hominum, quod essent pulchrae, acceperunt sibi Uxores ex omnibus, quas elegerant.

Brevissima narratio, sed valde multa complectitur. Non autem sic intelligenda est, quod quingentesimo anno Noah primum cepit multiplicari mundus, Sed complectitur etiam superiores Patriarchas. Id quod inde probatur: Nam Noah nullas habuit Filias. Quia autem filiarum meminit, profecto referenda narratio est ad superiora quoque tempora Lamech, Methusalah, Henoch etc. Fuit itaque Mundus corruptus et malus etiam ante natum Noah ac praesertim mortuo primo Patriarcha Adam multi ceperunt licentius vivere, qui autoritatem primi Parentis veriti erant.

Sicut autem supra diximus Noah esse Virginem super omnes virgines, Ita hic quoque videmus eum fuisse Martyrem super omnes martyres. Nam nostrorum Martyrum, quos sic appellamus, optima conditio est: Firmati enim per Spiritum sanctum una hora mortem vincunt et defunguntur omnibus periculis et tentationibus. Noah autem inter impios totos sexcentos annos vixit non sine multis et gravissimis tentationibus et periculis, sicut Lot in Sodomis.

Atque haec quoque causa fortasse fuit, cur nato Noah pater Lamech hoc nomen indiderit. Videns enim sanctus Pater invalescentem mundi maliciam, concepit spem de Filio: futurum, ut consolaretur pios, hoc est, ut peccato et Satanae, eius autori, se opponeret et restitueret amissam iusticiam. Sed malicia, quae tum cepit, non solum sub Noah non desiit, sed etiam magis grassata est. Est itaque Noah Martyr super omnes martyres. Quanto enim levius est una hora defungi omnibus periculis, quam esse spectatorem tot seculis tot et tantarum maliciarum mundi?

Sicut autem supra dixi, in ea opinione sum: Noah ideo abstinuisse tam diu a coniugio, ne in suis cogeretur eadem videre et pati, quae videbat in aliorum Sanctorum posteris. Ista igitur consideratio maliciae humanae fuit summa crux. Sicut Petrus de Lot in Sodomis dicit, 2. Pet. 2.: 'Iusti 2. Petri 2, 8 anima, cum apud eos habitaret, in dies cruciabatur videndo et audiendo horum iniqua opera'.

Multiplicatio igitur hominum, de qua Moses loquitur, non tantum pertinet ad tempora Noah, sed etiam ad superiorum Patriarcharum aetatem. Ibi enim cepit violatio primae tabulae, contemptus Dei et verbi. Quem postea secuta sunt illa crassa peccata, iniuriae, tyrannis, libidines, quarum Moses hic diserte meminit et ab iis, tanquam a causa mali, incipit. Nam consule omnes Historias, vide tragoedias Graecas, res barbaras et latinas omnium temporum, et invenies ex libidinibus omnis generis incommoda esse enata. Non autem fieri potest, quin ubi Verbum non est aut negligitur, homines in libidines ruant.

Trahunt autem libidines secum alia infinita mala: superbiam, iniurias, periuria etc. His peccatis non potest alia ratione occurri quam per primam tabulam, ut homines incipiant timere Deum, et ei confidere. Tunc enim 5 fiet, ut Verbum sequantur tanquam lucernam praeeuntem in tenebris et scandalis istis non indulgeant, sed ea caveant. Sublata autem prima tabula impossibile est, quin omnis generis flagitia et peccata invalescant.

Sed mirum videri potest, quod Moses inter peccata videtur numerare procreationem Filiarum, quam tamen supra in Patribus laudavit, et est bene- 10 dictio Dei etiam in impiis. Cur igitur inter peccata numerat?

Respondeo: Non damnat simpliciter procreationem, sed abusum, qui est ex peccato originali. Nam regia maiestas, sapientia, divitiae, vires corporis sunt res bonae, quas habere etiam bonum est, nam divinitus conceduntur hominibus. Sed quod homines cum his donis proruunt extra primam tabulam 15 et contra primam tabulam hisce donis instructi pugnant, deinde etiam secundam tabulam licentius violant: haec impietas est digna, quae damnetur. Ideo Moses quoque singularibus verbis utitur. 'Videbant, inquit, filias hominum filii Dei, quod essent pulchrae, et acceperunt Uxores ex omnibus, quas elegerunt', nullo scilicet habito respectu Dei, iuris naturalis et positivi. 20

Ergo post primam tabulam abiectam abiicitur etiam secunda tabula, et tenet ibi primum seu principem locum libido, quae spernit generationem et simpliciter fit beluina: Cum Deus coniugia et in subsidium infirmae naturae et ad generationem potissimum instituerit. Cum autem ad hunc modum libido vicit, postea convulsa ruunt praecedentia et sequentia prae- 25 cepta, non parcitur honori Parentum, non abstinetur a caedibus, occupantur aliena, dicuntur falsa testimonia etc.

Vocabulum *Iiru* 'Viderunt' non est simpliciter 'intueri', sed cum voluptate et delectatione inspicere, Ut saepe in Psalmis: 'Oculus meus despexit inimicos meos', hoc est, cum voluptate vidi vindictam inimicorum 30 meorum.

Significat itaque hoc loco, quod aversis oculis a Deo et verbo eius verterunt eos ad oculum libidinis in Filias hominum. Sic perpetua conse- quentia sequitur: Ex violatione primae tabulae ruere homines etiam ad violationem secundae tabulae. Contempto Deo etiam leges naturae contemp- 35 serunt et duxerunt pro arbitrio Uxores, quas vellent. Haec sane dura verba sunt et tamen existimo constitisse libidinem adhuc intra suos limites, quod neque cum matribus incestum commiserunt, sicut in sequenti Mundo apud Cananaeos est factum, neque Sodomorum turpitudine se polluerunt. Nam Moses hoc solum accusat, quod leges Patrum abiecerint et nullam certam 40 coniugiorum legem sint secuti, sed simpliciter libidinem, et quam amaverint, eam contra parentum voluntatem rapuerint.

Videntur autem Patres singulari severitate interdixisse, ne cum Cainitis contraherent. Sicut postea lex extitit, ne Iudaei cum Cananaeis miscerentur. Etsi autem non desint, qui scribant incestuosas nuptias ante Diluvium fuisse nulla reverentia sanguinis habita, Tamen, quia Petrus primum Mundum laudat, puto illa incestuum monstra nondum fuisse, Sed peccatum primi Mundi fuisse, quod contempta Patrum autoritate ex Cainitis duxerunt quot et quas voluerunt dominante scilicet illis libidine. Durum autem verbum est, quod dicit: 'Quas elegerunt'.

Supra autem aliquoties ostendi istas duas generationes seu Ecclesias fuisse separatas, Adae et Cain. Expulit enim, sicut Moses clare testatur, Adam homicidam e suo consortio. Sine dubio igitur posteros quoque suos hortatus est Adam, ut malignantium Ecclesiam caverent et non miscerentur cum maledicta generatione Cain. Ac paruerunt huic consilio seu mandato posteri aliquandiu.

Cum autem Adam mortuus est et reliquorum Patriarcharum autoritas vilesceret, etiam impiae generationis nuptias et affinitatem filii Dei, (hoc est, illi, qui habebant promissionem Seminis benedicti et pertinebant ad benedictum Semen), appetiverunt. Simpliciter enim filios Dei vocat Patriarcharum filios, quibus data erat promissio Seminis benedicti, et erant vera Ecclesia. Hi scandalis Cainicae Ecclesiae cedentes indulgebant ipsi quoque carni et accipiebant Uxores ex generatione Cainica, item pellices, quot et quas volebant. Haec cum dolore Lamech et Noah viderunt. Ideo fortasse tardius accesserunt ad coniugium.

Iudaei hic quoque varie ineptiunt. Exponunt filios Dei demones incubos, ex quibus nata sit illa impia generatio. Ac dicunt vocari filios Dei propter spiritualem naturam. Sed has ineptias moderatiores refutant et exponunt filios Dei 'filios potentum'. Id quoque Lyra non inerudite revellit: Fuit enim poena haec Diluvii non tantum potentum poena, sed omnis Carnis, sicut etiam erit poena novissimi diei.

Quod autem ad incubos et succubos Demones attinet, non nego sed credo, posse fieri, ut Demon sit vel succubus vel incubus: audivi enim multos recitantes sua ipsorum exempla. Ac Augustinus quoque dicit idem se audivisse a fide dignis hominibus, quibus coactus sit credere. Gratum enim Satanae est, si ludificari nos in hunc modum sumpta specie vel iuvenis vel mulierculae possit. Sed quod ex Diabolo et Homine possit aliquid generari, hoc simpliciter falsum est.[1] Quod igitur de monstrosis partubus Daemonum simillimis dicitur, quorum aliquos ego vidi, eos aut a Diabolo deformatos, non autem a Diabolo generatos esse sentio, aut sunt veri Diaboli habentes carnem vel fictam vel aliunde furatam. Si enim Deo permittente

---

27 revellit A refellit *Erl. Ausg.*

[1]) *Auf dieser Linie bewegen sich Luthers Vorstellungen auch sonst.*

Diabolus totum hominem potest possidere, et mentem mutare, quid mirum
est, si etiam deformet corpus, si vel caecos, vel claudos nasci faciat?

Potest igitur ludificari homines profanos, et sine timore Dei viventes,
ut, cum Daemon in lecto sit, existimet adolescens se habere puellam, aut
puella adolescentem. Sed quod ex illo concubitu aliquid possit generari, 5
hoc non credo. Nam multae veneficae passim igni subiectae et crematae
sunt, quod cum Daemone consuetudinem habuerunt. Si enim potest ludificari
oculos et aures, ut putes te videre et audire aliquid, quod tamen non est,
Quanto facilius ei est ludificari sensum tactus, quem haec natura habet
crassissimum? Sed desino, nam ad praesentem locum nihil faciunt, et 10
Iudaeorum futilitate in hunc sermonem lapsi sumus.

Vera igitur sententia est: Quod filios Dei Moses vocat homines, qui
pertinebant ad promissionem Seminis benedicti. Est enim phrasis novi
Testamenti, et significat credentes, qui Deum vocant Patrem et quos Deus
vicissim vocat Filios. Non enim ideo Diluvium venit, quod Cainica generatio 15
esset corrupta, Sed quod iustorum generatio, qui crediderant Deo, paruerant
verbo, veros cultus habuerant, in idolatriam, inobedientiam Parentum, voluptates, tyrannidem prolapsi sunt. Sicut etiam novissimam diem properabit
non hoc, quod Gentes, Turcae, Iudaei sunt impii, sed quod per Papam et
fanaticos Spiritus ipsa Ecclesia erroribus repleta est, quod voluptates, libi- 20
dines, tyrannidem etiam illi exercent, qui in Ecclesia primum locum habent.

Pertinet autem hoc in terrorem omnium nostrum, quod etiam illi
insolescere ceperunt et discedere a verbo, qui ex optimis Patriarchis sunt
nati. De sua sapientia et iusticia gloriati sunt, sicut Iudaei de Circumcisione
et de Patre Abraham. Item: Sicut Pontifices de titulo Ecclesiae omissa 25
cognitione Dei, Verbo et cultu ceperunt transferre gloriam suam spiritualem
in luxuriam carnalem. Fuit Ecclesia Romana vere sancta et praestantissimis
Martyribus ornata: Sed hodie videmus, quo delapsa sit.

Nemo igitur de donis quantumvis magnis glorietur: Summum donum
est esse membrum verae Ecclesiae. Sed cave, ne ideo superbias: potes enim 30
labi. Sicut Lucifer de coelo est lapsus, et sicut hic audimus filios Dei esse
lapsos in carnales voluptates. Itaque non amplius sunt filii Dei, sed filii
Diaboli, lapsi simul de prima et secunda tabula. Sicut olim Pontifices et
Episcopi fuerunt boni et sancti, hodie sunt omnium hominum deterrimi, et
quasi fex omnium ordinum.   35

In hac igitur hominum colluvie degenerantium a Maiorum suorum
pietate et virtutibus sanctus Noah vixit in summo contemptu et odio omnium.
Quo modo enim potuit hanc degenerantis posteritatis libidinem probare? At
ipsi impatientissimi fuere reprehensionum.

Fulgente itaque et lucente exemplo eius, replente sanctitate eius orbem 40
terrarum Mundus de die in diem fit deterior et quo maior sanctimonia et
castitas Noah est, tanto Mundus magis furit libidine. Sed haec sunt initia,

quae semper vastitatem praecedunt. Quando enim Deus suscitat sanctos homines plenos Spiritu Dei, ut erudiant et arguant Mundum, mundus impatiens sanae doctrinae maiore studio incumbit in peccata et ea urget pertinacius. Hoc ab initio Mundi sic factum est et experimur nunc in fine 5 Mundi idem fieri.

Dixitque Dominus: Non iudicabit Spiritus meus in homine per-6,3 petuo, quia Caro est; Erit eis adhuc tempus centum viginti anni.

Hic incipit Moses ipsum Noah describere tanquam summum Pontificem et Sacerdotem seu, ut Petrus eum vocat, praeconem iusticiae. Est autem 10 hic textus varie laceratus: Non enim potest fieri, ut animalis homo intelligat spiritualia illa. Cum igitur Interpretes illotis pedibus et manibus irruerent in sacram scripturam afferentes humanos affectus et rationem, ut ipsi loquuntur, dictantem, necessario in varias et erroneas opiniones inciderunt. Ac fere accidit, ut, quanto praestantiores et magis spirituales sententiae sint, 15 eo foedius sint depravatae. Ita hunc quoque locum tam varie lacerarunt, ut, si Interpretes sequaris, nescias, quid credas.

Iudaei primi sunt, qui crucifigunt hic Mosen; sic enim exponunt: Spiritus meus, id est, indignatio et ira mea, non permanebit super hominem. Non volo irasci hominibus, sed parcam eis: Sunt enim caro, hoc est, habent 20 pronitatem ad peccandum ex peccato aggravante. Hanc sententiam Hieronymus quoque sequitur, qui putat hic tantum agi de peccato libidinis, ad quam proclives natura sumus omnes. Sed primum in eo errat, quod Spiritum interpretatur iram. Loquitur enim hic Moses de Spiritu sancto, sicut etiam ostendit antithesis: 'Quia homo, inquit, caro est'. Significat igitur Carnem 25 non tantum pronam ad peccandum sed etiam inimicam esse Dei.

Deinde ipsa res repugnat: quid enim potuit magis absurdum excogitari? Vident ante oculos infinitam iram Dei haurientem per Diluvium totum genus humanum et tamen exponunt: Quod Deus non velit succensere sed misereri hominum, idque post centum et viginti annos, ipso scilicet Diluvii tempore.

30 Rabi Salomo sic exponit: Spiritus, qui in Deo est, non disceptabit, non rixabitur amplius. Quasi Deus apud se in divina maiestate disputarit et rixatus sit, quid cum homine velit facere: Num eum perdere, aut ei parcere velit? Et tamen fessus tandem malicia hominum constituerit, quod velit simpliciter hominem delere.

35 Alii accipiunt de spiritu creato: Spiritus meus, quem scilicet flavi in faciem hominis, hoc est anima humana, non disceptabit, non luctabitur amplius cum carne, quae libidines sequitur. Auferam enim eum spiritum et liberabo eum de carne, ut ea extincta non amplius ei faciat negotium. Haec sententia Origenica est et non multum dissidens a Manichei errore, qui 40 tribuebat peccatum non toti homini sed parti. Ac dicit Augustinus sibi hoc in dogmate Manicheorum maxime placuisse, quod audiret suam maliciam

non tantum suam sed partis corporis esse, quae a principio mala est. Pone-
bant enim Manichei duo Principia, bonum et malum, Sicut quidam Philosophi litem et amicitiam. Sic non solum a scopo aberrant homines, sed
etiam in impias opiniones delabuntur.

Sanctes citat Rabi David et deducit verbum *Iadon* a *Nadan*, vagina. 5
Sicut autem sententia ineptissima est, ita quoque ineptissimo verbo eam
reddit: non vaginabitur Spiritus meus in homine. Quid prodigiosius
unquam auditum est? Sed illudunt Iudaei illis recentibus Ebraistis, dum
eis persuadent Scripturam sanctam non posse intelligi nisi per Regulas
grammaticas et illam sollicitam punctorum rationem. Itaque sententia nulla 10
tam absurda est, quin eam praerancidis grammaticorum Regulis defendant
et ornent.

Atqui dic mihi: quae unquam lingua fuit, quam homines ex grammaticis Regulis feliciter didicerunt loqui? Nonne etiam illae linguae, quae
regulatissimae sunt, sicut Graeca et Latina, tamen magis usu discuntur? 15
Quam magna igitur absurditas est in sancta Lingua, ubi theologicae et
spirituales res tractantur, omissa rerum proprietate sententias ex Regulis
grammaticis colligere? Atqui hoc Rabini et eorum Discipuli fere ubique
faciunt. Possunt multa tum nomina tum verba declinari, quorum nullus in
lingua usus esse cernitur. Haec dum sequuntur et etymologiam ubique 20
sollicite venantur, incidunt in mirabiles phantasias.

Sic cum hoc loco verbum possit deduci a nomine *Nadan*, prodigiosam
sententiam inde conficiunt: Spiritus meus, dicunt, non detentus erit tanquam
in vagina. Intelligunt autem Spiritum hominis, qui in corpore tanquam in
vagina continetur. Eum, inquiunt, non relinquam in vagina, Sed eximam 25
et vaginam perdam. Haec absurditas ex praerancidis regulis Grammaticorum
enata est, Cum potius usus loquendi considerandus sit, is enim est, qui
grammaticum erudit.

Recito autem haec eo prolixius, ut moneam vos, ne cum in tam ineptos
Interpretes incideritis, eos sequamini et admiremini tanquam singularem 30
sapientiam. Nam etiam magni viri hisce Rabinorum stulticiis delectantur:
Non dissimiles Sacramentariis, qui verba Christi non negant 'Hoc est corpus
meum', sed sic exponunt: Panis est panis, et tamen corpus Christi, id est,
creatura eius. 'Hic est sanguis meus', Id est: est vinum meum. Hanc libidinem depravandarum sententiarum nemo sanus ferret in fabulis Terentii, 35
aut Virgilii eclogis, et scilicet nos eam feremus in Ecclesia?

Ad scripturae sententiam intelligendam requiritur Spiritus Christi.
Scimus autem esse eundem Spiritum usque ad finem mundi, qui fuit ante
omnia. Hunc Spiritum Dei beneficio gloriamur nos habere, et per eum
habemus etiam fidem, intelligentiam Scripturarum mediocrem et reliquarum 40

---

5 Nadan] Nedon *A*   22 Nadan] Nedon *A*

rerum cognitionem, quae ad pietatem sunt necessariae. Non igitur fingimus novam sententiam, analogiam tum Scripturae sacrae tum etiam fidei sequimur.

Per totam igitur Scripturam sacram verbum iudicandi, *Don*, fere significat publicum officium in Ecclesia, seu praedicationem, qua arguimur, reprehendimur, docemur, discernimus bona a malis etc. Sicut Psalm. 110. Psl. 110, 6 *Iadin ba Goijm* 'Iudicabit in nationibus', hoc est, Praedicabit inter gentes. Est enim plane idem verbum, quod hoc in loco. Ac in novo Testamento haec phrasis ex Ebraeo sumpta usitatissima est, praesertim apud Paulum, qui plus coeteris Ebraisat.

Sic igitur hunc locum intelligo, quod haec verba sint dicta vel ab ipso Lamech vel a Noah, tanquam nova Concio proposita orbi terrarum. Fuit enim publica Concio, seu sententia in publica Synodo proposita. Postquam enim viderunt Methusalah, Lamech, Noah mundum per peccata recta ad interitum festinare, concluserunt in hanc sententiam: Spiritus meus non iudicabit amplius inter homines, hoc est, Frustra docemus, frustra monemus, Mundus non vult emendari.

Ac si quis in tanta praesentium temporum perversitate dicat: Nos quidem docemus et satagimus, ut revocetur mundus ad sobrietatem et pietatem. Sed ridemur, persequutionem patimur, occidimur, denique omnes excoecatis oculis et auribus ruunt ad interitum. Cogimur itaque desinere. Sic sunt haec verba animi deliberantis, quid sit faciendum, et anxii, tanquam in extremo discrimine totius generis humani, quod tamen vident non posse sanari.

Haec sententia habet analogiam fidei et Scripturae sanctae. Videmus enim, cum verbum revelatur de coelo, aliquos converti, qui liberantur a damnatione. Reliqua turba contemnit, secure indulget avaricae, libidini et aliis viciis, sicut Iere. de Babylone dicit: 'Curavimus Babylonem, et non Jer. 51, 9 est sanata: Derelinquamus igitur eam, et eat unusquisque in terram suam'.

Sic Moses et Aaron quanto hortabantur et docebant diligentius, tanto Pharao obstinatior reddebatur. Iudaei ipsa Christi et Apostolorum praedicatione non emendabantur. Nobis hodie docentibus idem accidit. Quid igitur faciemus? Deplorare hominum coecitatem et obstinatiam possumus, emendare non possumus. Quis enim gaudeat de aeterna damnatione Pontificum et qui eos sequuntur? Quis non mallet, ut amplecterentur verbum, et resipiscerent?

Similem obstinatiam suorum temporum viderunt Methusalah, Lamech, Noah. Erumpit igitur eis illa desperationis vox: Spiritus meus, hoc est, doctrina sana non amplius iudicabit inter homines. Quia enim verbum non vultis amplecti, non vultis acquiescere in sana doctrina, pereatis.

Sic sunt haec verba anxii cordis, et, ut Scriptura loquitur: Deus anxius est, hoc est, cor Noah, Lamech, Methusalah et aliorum sanctorum Hominum, qui pleni sunt charitate erga omnes, hi postquam istam hominum maliciam vident, anguntur et dolent.

Haec tristitia est tristitia proprie Spiritus sancti. Sicut Paulus Ephe. 4.
Eph. 4, 30 loquitur: 'Ne contristetis Spiritum sanctum Dei, in quo signati estis ad
diem redemptionis'. Significat enim Spiritum sanctum contristari, quando
nos miseri Homines conturbamur et torquemur malicia Mundi contemnentis
verbum, quod in Spiritu sancto praedicamus. Sicut Lot turbatus est in 5
Sodomis, Pii Iudaei in Babylone sub impio rege Belsazer, Ieremias, cum
Jer. 15, 10 praedicaret impiis Iudaeis, et clamaret: 'veh mihi, quia mater mea me
Micha 7, 1 peperit', Mich. cap. 7. 'veh mihi: factus sum, sicut qui in vinea uvam
querit et non invenit'.

Porro haec ira Dei maxime horribilis est, cum verbum revocat. Quis 10
enim non malit pestem, famem, gladium, (sunt enim corporum incommoda)
quam verbi famem, quae semper cum damnatione aeterna coniuncta est?
Exemplo sunt Gentes verbo destitutae, in quam horribiles tenebras Satan
possit Hominem inducere tacente Deo et non loquente eis? Quis non
horreat, quod Romani, homines sapientia praestantes et disciplinae gravitate 15
prae caeteris Gentibus illustres, in more habuerunt, ut honestae matronae
Priapum, turpissimum Idolum, colerent et coronarent, ut virgines Sponsae
ad id adducerentur? Quid ridiculum magis, quam quod Aegyptii vitulum
Apin adorarunt, tanquam supremum numen.

Testatur tripartita Historia [1], quod primum per Constantinum Magnum 20
in Phoenicia et aliis vicinis partibus abolitus fuerit foedissimus mos prosti-
tuendarum Virginum ante nuptias. Haec monstra, imo probra pro religione
et pro iusticia apud Gentes habita sunt. Nihil enim iam est ridiculum,
stultum, obscoenum, alienum ab omni honestate, quod non pro cultu summo
Hominibus verbo Dei destitutis possit obtrudi. 25

Summa igitur haec poena est, quam hoc loco Dominus per os sanctorum
Patriarcharum minatur, quod non sit iudicaturus amplius per Spiritum suum
Homines, hoc est, quod, cum frustra sit omnis doctrina, nolit posthac Ver-
bum suum Hominibus dare.

Hanc poenam etiam nostra tempora Germaniae adducent. Videmus 30
enim, quam festinet Satan, quam sit inquietus et omnia tentet, quibus verbum Dei potest impedire. Quantum Sectarum excitavit nobis viventibus et
omni studio in id incumbentibus, ut puritas doctrinae retineatur? Quid
futurum est nobis mortuis? Profecto tota agmina Sacramentariorum, Anabaptistarum, Antinomorum, Servetianorum, Campanistarum [2]. et aliorum 35
Hereticorum producet, qui nunc victi puritate verbi et assiduitate piorum
Doctorum latent in omnes occasiones stabiliendorum suorum dogmatum
intenti.

---

[1] Histor. tripartita. *Gemeint ist der Kultus der Venus zu Aphaka.*   [2] *Servede
und Campanus waren 1535 schon von Luther gekannt. Dennoch formte hier der Herausgeber wohl den Satz nach späterem Urteil.*

Ergo, qui verbum purum habent, discant id amplecti et pro eo agere Domino gratias et querant Dominum, dum potest inveniri. Ablato enim Spiritu doctrinae etiam Spiritus precum auferetur, sicut Zacharias appellat. Sach. 12, 10 Nam Spiritus precum cum Spiritu gratiae coniunctus est. Est autem Spiritus gratiae, qui arguit peccata et docet de remissione peccatorum, qui damnat Idolatriam et docet de vero Dei cultu, qui damnat avariciam, libidines, tyrannidem et docet castitatem, patientiam, beneficentiam. Hunc Spiritum hoc in loco minatur Dominus non amplius iudicaturum, Quia nolint audire et sint incorrigibiles. Ablato autem hoc Spiritu etiam precum Spiritus ab-
10 latus est. Impossibile enim est orare eum, qui verbum non habet.

Ad hunc modum duplex est officium Sacerdotis: Primum, ut vertat se ad Deum et oret pro se et pro suo populo, Secundum, ut vertat se a Deo ad Homines per doctrinam et verbum. Sic Samuel dicit 1. Reg. 12.: 'Absit 1. Sam. 12, 23 a me, ut pro vobis non orem et vos non dirigam ad viam bonam et rectam'.
15 Agnoscit enim hoc esse proprium sui officii.

Recte igitur ministerium praedicatur et habetur summi beneficii loco. Nam hoc cum ablatum aut viciatum est, non solum non potest orari, Sed homines simpliciter sunt in potestate Diaboli, et nihil aliud faciunt quam ut omnibus suis factis contristent Spiritum sanctum et sic incidant in peccatum
20 ad mortem, pro quo non licet orare. Ergo alii lapsus, quales sunt hominum, leves sunt, patet enim reditus et spes veniae relicta est. Sed cum contristatur Spiritus sanctus et homines nolunt a Spiritu sancto iudicari et argui, haec desperata et insanabilis plaga est.

Sed quam commune hoc peccatum est hodie in omnibus ordinibus! Non Principes, non Nobiles, imo non Cives, non Rustici volunt argui, potius arguunt ipsi Spiritum sanctum et iudicant in ministris. Metiuntur enim ministerium ex personae vilitate. Sic cogitant: Iste minister est pauper et contemptus, cur igitur me argueret, qui sum Princeps, Nobilis, Magistratus? Potius igitur, quam hoc ferant, ministros cum ipso ministerio et verbo con-
30 culcant. An non igitur metuenda similis Dei sententia est, qualem hic proponit primo Mundo?

Sunt igitur haec verba Patris exhereditantis Filium, seu Praeceptoris inclementis et cum ira dimittentis Discipulum, quod simpliciter constituit annos centum et viginti, si intra hoc spacium velint poenitere. Si non,
35 minatur Spiritum suum non amplius arguiturum, non rixaturum amplius.

Pertinet igitur vocabulum hoc proprie ad ministerium et id quodammodo pingit. Omnis enim Praedicator seu Verbi minister est vir rixarum et iudicii ac cogitur ex officio reprehendere, quicquid vitiosum est, non habita ratione vel personae vel officii in auditoribus. Hoc cum Ieremias Jer. 20, 7
40 sedulo facit, non solum odium, sed etiam pericula gravissima sustinet. Movetur igitur ipse quoque ad impatientiam, ut optet se nunquam esse natum.

Ego quoque, si non singulariter confirmatus essem a Deo, iamdudum
defatigatus et fractus essem ista pertinatia impoenitentis mundi. Ita enim
contristant impii Spiritum sanctum in nobis, ut cum Ieremia optemus nonnunquam nihil a nobis esse ceptum. Saepe igitur Deum oro, ut generationem nostram sinat nobiscum mori, propterea quod nobis sublatis pericu- 5
losissima tempora sequentur.

1. Kn. 18,17   Hanc ob causam Elias quoque ab impio Rege Ahab vocatur conturbator
Israel, quia videlicet arguebat idolatriam, tyrannidem, libidines suorum
temporum.

Nos quoque hodie habemur pro conturbatoribus Germaniae. Sed 10
bonum signum est, cum homines nos damnant et vocant rixarum Autores.
Talis enim Spiritus Dei est, qui rixatur cum hominibus, eos arguit et damnat.
Homines autem tales sunt, ut velint doceri sibi placentia, Sicut apud Miche.
Micha 2, 7 ca. 2. libere dicunt: 'Non stillabis super nos, Non enim comprehendet nos
confusio, inquit Domus Iacob'. Hoc posterius est vice rationis; Quia enim 15
vident se esse domum Iacob et populum Dei, Ideo nolunt castigari, nolunt
ad se pertinere poenas et minas.

Sicut hodie Pontifex et sui complices uno eo nituntur, quod sint
Ecclesia, et statuunt Ecclesiam non posse errare. Sed hunc textum vide,
et apparebit, quam frivola haec sit ratio. 20

Nonne enim hi, quibus minatur Deus, quod non velit eos amplius
iudicare Spiritu suo, etiam sunt filii Dei? Hoc nomine quid potest esse
splendidius? Sine dubio autem hoc nomine gloriati sunt et comminantibus
Patribus se opposuerunt aut saltem contempserunt eorum praedicationem.
Non enim videtur Deus propter pauca peccata in universum genus humanum 25
saeviturus esse. Sed magnificus titulus non iuvit eos, non profuit, quod
potentes et infiniti essent numero.

Ex Aegypto sexcenties mille egressi sunt, et duo tantum ingressi in
terram Canaan, reliqui omnes propter peccata morte praeventi sunt.

Plane ad hunc modum non curabit Deus magnificos titulos Ecclesiae, 30
Pontificum, Episcoporum. Alio testimonio opus erit, si volent effugere iram
Dei, quam quod se Ecclesiam esse iactant. Sic enim scriptum est, Matth. 7.
Matth. 7,20 'Ex fructibus eorum cognoscetis eos'. Item: 'Non omnis, qui mihi dicit:
Domine, Domine, intrabit in regnum coelorum'.

Si aliquando futurum concilium est, quod tamen vix credo[1], nemo 35
adversariis nostris hunc Ecclesiae titulum poterit detrahere atque hoc uno
suffulti damnabunt et oppriment nos. Sed aliud erit Iudicium, cum apparebit
Filius hominis in gloria. Ibi patefient vera et sancta sanctae Ecclesiae
membra fuisse sanctum Dei martyrem Ioannem Hus et Hieronymum de
Praga: Pontificem autem, Cardinales, Episcopos, Doctores, Monachos, Sacri- 40

---

[1]) Das ist Luthers Meinung in diesen Monaten.

ficulos omnes fuisse Ecclesiam malignantium in Cathedra pestilentiae et vera ⁹ˡ·¹·²
Satanae mancipia praebentia patri suo operam ad mendacia et caedes.

Tale iudicium Dei hic quoque videmus. Non negat generationem
Sanctorum esse filios Dei. Hunc magnificum titulum, quo inflabantur et
⁵ secure peccabant, relinquit eis Deus. Et tamen his ipsis Dei filiis, qui filias
hominum ducebant, minatur, quod non solum Verbum ex ipsorum animis et
cordibus velit auferre, Sed quod etiam ex oculis atque auribus velit auferre
Spiritum officiantem, qui praedicat, orat, arguit, docet, gemit in sanctis
Ministris, Idque ideo, quia hi filii Dei nolunt castigari, nolunt argui, Sed
¹⁰ quia filios Dei se esse norunt, ideo contemnunt Verbum et Doctores. Sed
poenam non effugiunt propter hunc titulum. Idem Papistis accidet et
omnibus verbi adversariis.

Ad hunc modum existimo hoc in loco affectum piorum hominum
referri ad ipsum Deum usitato more Scripturae sacrae, Sicut Malachiae 3. ⁹ᵃˡ·³·⁸
¹⁵ dicit Dominus se configi, seu, ut in Ebraeo est, sibi vim fieri, cum populus
primitias et decimas infideliter offerret Sacerdotibus.

Sed quid, inquies, opus est Deo tali querela? An non subito totum
Mundum, cum vult, potest perdere? Profecto potest, sed non facit libenter,
Sicut dicit: 'Nolo mortem peccatoris, sed ut convertatur, et vivat'. Probat ⁶ᵉˡ·¹⁵·¹²
²⁰ itaque hic affectus Deum esse paratum ad ignoscentiam, tolerantiam et remissionem peccatorum, si modo Homines vellent resipiscere. Sed quia obstinati
pergunt, et remedia omnia abiiciunt, discruciatur quasi ista hominum malicia.

Refero igitur verbum 'Dixit Deus' ad sanctos Patres, qui publico
decreto testati sunt Deum cogi ad vindictam; nam divina autoritate docuerunt.
²⁵ Cum igitur Noah et Maiores eius ad mille ferme annos praedicassent et
tamen Mundus quotidie magis ac magis degeneraret, proponunt sententiam
Dei ingrato Mundo, cogitantis: quid, si in infinitum usque praedicarem, et
sinerem meos Concionatores perpetuo frustra clamare? quanto enim plures
mitto, quo longius iram differo, eo fiunt deteriores. Oportet igitur, ut prae-
³⁰ dicationem finiam et plagam adducam. Non sinam, ut Spiritus meus, hoc
est, verbum meum in perpetuum iudicet et praedicet, tolerans maliciam
hominum: Cogor, ut puniam peccata.

'Quia homo caro est', hoc est, homo est mihi contrarius. Est animalis,
ego sum Spiritus. Pergit homo in sua carnalitate, ridet verbum, persequitur,
³⁵ odit Spiritum meum in Patriarchis, 'surdis narratur fabula'. Oportet igitur,
ut cessem et sinam hominem sic perversum ire suas vias. Hanc antithesin
voluit ostendere, cum dicit: 'Quia c̄aro est'.

Nam Noah, Lamech, Methusalah fuerunt homines sanctissimi, pleni
Spiritu Dei. Itaque fecerunt officium suum docendo, hortando, urgendo, in-
⁴⁰ stando oportune, importune, sicut Paulus dicit 2. Tim. 4. Sed arguebant ²·⁴ⁱᵐ·⁴·²
'carnem' et sumebant vanum laborem. Non enim caro acquiescebat sanae
doctrinae. Num igitur perpetuo, inquit, hunc verbi contemptum feram?

Continet igitur haec sententia publicam querimoniam factam ex Spiritu sancto per sanctos Patriarchas, Noah, Lamech, Methusalah et alios, quos Deus ante Diluvium rapuit, ne essent spectatores tam late grassantis irae. Hi omnes communi voce et uno ore hortati sunt Gygantes et Tyrannos ad poenitentiam et addiderunt hanc comminationem: Deum hunc contemptum $_5$ sui verbi non in perpetuum toleraturum esse. Sed caro suo more fecit: pias admonitiones fiducia et securitate carnali contempserunt et sanctos Patriarchas pro deliris senibus et fatuis habuerunt, quod minarentur Deum etiam saeviturum in Ecclesiam suam, hoc est, in posteritatem, quae habebat promissionem futuri Seminis. $_{10}$

Particulam, quae additur: 'Et erunt dies eius centum et viginti anni', etiam Hieronymus negat intelligendam de annis vitae humanae seu de singulorum hominum aetate. Constat enim post Diluvium multos ducentesimum annum egressos. Quodsi ad singulorum annos privatos referas, promissio erit futurum, ut singuli tot annos absolvant; sed id quoque falsum est. $_{15}$ Loquitur igitur de tempore, quod concessum est Mundo ad poenitentiam, antequam Diluvium veniret.

Atque haec sententia cum praecedentibus convenit. Ostendit enim Deus sibi istam hominum perversitatem displicere. Anxius itaque est et libenter parceret, invitus quasi sinit grassari Diluvium. Itaque certum $_{20}$ tempus et longum satis poenitentiae constituit, ut resipiscant et poenam effugiant. Eo toto tempore Noah ad poenitentiam homines hortatus est: Non futurum, ut istam impietatem longius ferat Deus, et tamen sic esse benignum, ut satis longum tempus concedat poenitentiae etc.

Sic pulchre coherent verba et sententiae. Sententia praecedens minatur: $_{25}$ Non possum longius ferre contemptum verbi mei, Praedicatores et Sacerdotes mei infinito suo labore nihil proficiunt, quam ut rideantur. Sicut igitur Pater aut Iudex bonus libenter parceret Filio, sed malicia Filii eum cogit durum esse, Ita (inquit hic Dominus) non libenter perdo totum humanum genus. Concedam igitur eis annos centum et viginti, quibus resipiscant et $_{30}$ ego eorum miserear etc.

Horribilis igitur plaga fuit, quod neque Fratres nec Sorores Noah servati sunt. Ideo necesse fuit, ut praecederet gravissima comminatio, si forte possent revocari ad poenitentiam. Ninivitis Ionas interitum praedicit intra dies quadraginta ac poenitent illi et servantur. $_{35}$

Apparet igitur primi Mundi extremam fuisse securitatem, qui, cum centum et viginti annos haberet, tamen obstinatus in libidinibus suis permansit etiam ridens Pontificem suum, iusticiae preconem Noah.

Hodie, cum instet dies Domini, fere eadem fiunt: hortamur ad poenitentiam Papistas, hortamur nostros nobiles, cives et rusticos, monemus, ne $_{40}$ pergant contemnere Verbum: nam Deus id inultum non relinquet. Sed consumimus fortitudinem nostram frustra, sicut Scriptura dicit. Pauci fideles

aedificantur, hi paulatim colliguntur a facie maliciae et 'nemo est, qui intel-Sch. 57, 1
ligat', sicut Esa. 56. dicitur. Sed postquam ad hunc modum triticum excussit
Dominus et collegit grana in suum locum, quid putas de paleis futurum
esse? Nimirum comburentur igni inextinguibili, Matth. 3. Haec mundi eritMatth. 3, 12
5 fortuna.

　　Sed non intelligit iam hoc agi, ut per Euangelii doctrinam separetur
triticum a palea et congregetur in horreum, ut postea paleae, hoc est, incredulorum turba in tenebris et idolatria posita tradantur igni. Sicut scriptum
est: 'In die salutis adiuvi te, et servavi te', Esaiae 49. Hunc diem salutisSch. 49, 8
10 qui praetermittunt, hi Deum habebunt ultorem. Non enim vult sumere
inanem operam in triturandis inanibus paleis.

　　Sed Mundus est caro, non obsequitur, imo quanto propior et vicinior
est calamitati, tanto est securior, tanto contemnit liberius omnes pias admonitiones. Hoc scandalum etsi pios movet, tamen statuere debemus: Deum
15 non frustra per Spiritum suum arguere Mundum, nec frustra contristari
Spiritum sanctum in piis. Ac utitur hoc ipso exemplo Christus, cum nostri
seculi impietatem et securitatem praedicit: 'Erunt, inquit, sicut tempore NoahMatth. 24, 37
et Lot', Matth. 24.

　　Observandum autem hic est illud, in quo etiam D. Hieronymus laborat,
20 quod scilicet Diluvium venit centesimo anno post natum Sem, Cham et
Iapheth, hic autem Diluvii tempus dicuntur anni centum et viginti.

　　Sed hic locus ostendit, Noah cepisse praedicationem suam de futura
Diluvii poena, antequam duxisset uxorem, cum adhuc esset in coelibe vita.
Hic igitur cogita, quos ludos praebuerit impio et securo mundo? Praedicit
25 vastationem per Diluvium toti mundo, et ipse uxorem ducit. Cur? Num
non satis est, ut solus pereat, etiam asciscit sibi sociam calamitatis? O
stultum senem, certe si crederet, mundum Diluvio periturum, solus potius
periret, quam ut uxorem duceret et daret operam procreandis liberis. Sin
autem servabitur ipse, servabimur nos quoque.

30 　　Ad hunc modum propter nuptias Noah ceperunt certius contemnere
praedicationem de Diluvio, Ignari consiliorum Dei sic agentis, ut mundus
prorsus non intelligat. Quam absurdum est, quod Abrahae promittit posteritatem per Isaac et tamen iubet Isaac imolari?

　　Divus Hieronymus igitur in eam sententiam respondet, Deum quidem
35 praefinivisse Diluvio centum et viginti annos, Sed cum invalesceret malicia,
coactum, ut tempus illud abbreviaret.

　　Sed nos non faciemus Deum mendacem, potius hoc statuemus: Noah
adhuc coelibem praedicasse, mundum per Diluvium vastandum esse, ac iussu
divino postea Puellam, tanquam ramusculum ex toto genere foemineo, accepisse
40 et generasse tres filios. Scriptum enim infra est: Invenisse eum gratiam
coram Deo. Alioqui qui tam diu abstinuerat, etiam porro a nuptiis poterat
abstinere. Sed voluit Deus relinquere seminarium generis humani, ut aliquis

modus irae esset: Itaque iubet, ut uxorem ducat. Id impii existimant signum esse futurum, ut Mundus non pereat: Vivunt itaque securi et contemnunt praedicatorem Noah. Sed Dei consilium aliud est, ut scilicet totum Mundum perdat et per hunc Noah iustum seminarium futuro Mundo relinquat.

Fuit igitur Noah summus Propheta, cuius similem mundus non habuit. 5 Nam primum longissimo tempore docet: Deinde docet de poena universali totius Mundi, ac quidem annum definit, quo ventura sit. Christus quoque
Matt. 13,32 vaticinatur de extremo iudicio, quo universa caro peribit. 'Sed de hora illa, dicit, nemo scit, praeter Patrem, qui hoc sibi reservavit'. Ionas praedicit quadraginta dies Ninivitis, Ieremias septuaginta annos captivitatis, Daniel 10 hebdomadas septuaginta usque ad futurum Christum. Sunt hae insignes Prophetiae, quibus certum tempus, locus, personae describuntur.

Sed haec Noah vaticinatio vincit omnes, quod per Spiritum sanctum praedicit tam certum numerum annorum, quo totum genus humanum periturum sit. Dignus, qui vocetur alter Adam, et Princeps generis humani, 15 per cuius os Deus loquitur et totum Mundum vocat ad poenitentiam.

Horribile est autem, quod eius praedicatio sic secure contempta est, ut non solum ex Cainitis nemo, sed ne ex Adae quidem posteris emendaretur. Coactus igitur Noah est videre interitum Fratrum, Sororum, Propinquorum, Affinium sine numero, qui omnes pium Senem et praedicationem eius riserunt 20 tanquam anilem fabulam.

Proponitur autem horribile hoc exemplum ideo, ne nos persevereremus in peccatis. Si enim Deus originali mundo, qui optimus et ipse flos mundi seu adolescentia fuit, in quo tot sancti Viri vixerunt, non pepercit, Sed, sicut
Ps. 81,13 in Psal. est, 'Dimisit eos secundum desideria cordis sui', et abiecit, tanquam 25 non pertinerent ad promissionem Ecclesiae factam, Quanto minus nobis parcet, qui tales praerogativas non habemus?

Ergo sententia, quae hoc in loco fertur, quod Deus centum et viginti annos velit hominibus concedere ad poenitentiam, dicta et promulgata est, antequam Noah generasset. 30

De generatione Cainitarum, quos Patriarchas habuerint tempore Diluvii, nihil scribitur. Non enim dignos iudicat Moses, quos nominet. Supra generationem eorum ad Lamech usque deduxit: Sive autem eius filii, sive nepotes vixerint tempore Noah, incertum est. Hoc certum est, posteritatem Cain tum adhuc fuisse et quidem sic praevaluisse, ut in scandalum etiam 35 inducerent filios Dei, siquidem etiam sanctorum Patriarcharum posteritas in Diluvio periit.

Ante hoc tempus igitur sancti Patriarchae, tanquam verae Ecclesiae gubernatores, monuerunt suos, ut caverent a generatione maledicta. At Cainitae aegre passi, quod damnarentur, omni genere calamitatum pios 40 evertere conati sunt. Nam Ecclesia Satanae perpetuo belligeratur contra Ecclesiam Dei.

Labentibus itaque paulatim piis et invalescente impietate Deus Noah suscitat, ut hortetur ad poenitentiam et ut sit posteritati suae aeternum exemplum, cuius fidem ac in docendo diligentiam et assiduitatem admirentur et sequantur posteri. Magnum enim miraculum et insignis fides fuit, quod
5 Noah audita hac sententia per Methusalah et Lamech, quod post annos centum et viginti mundus Diluvio sit periturus, non dubitat eam esse veram.

Et tamen transactis annis pene viginti, uxorem ducit et generat liberos. Debebat potius ita cogitare: Si peribit genus humanum, cur uxorem ducam? cur generabo filios? Si tot annis abstinui, etiam posthac abstinebo.
10 Sed non facit hoc Noah: quin post latam sententiam de interitu mundi paret Deo vocanti ad coniugium et credit Deo futurum, ut, etiam si totus mundus pereat, tamen ipse servetur cum suis liberis. Haec est insignis fides et digna, quam consideremus.

Primum enim fuit in eo illa generalis fides de Semine contrituro caput
15 Serpentis, quam fidem etiam alii Patriarchae habuerunt. Fuit autem singularis virtus in tanta scandalorum multitudine hanc fiduciam retinere et non discedere a Deo. Ad hanc fidem accessit deinde alia specialis fides, quod Deo credidit et minanti reliquo toti Mundo interitum et promittenti salutem ipsi Noah et Filiis. Ac sine dubio avus Methusalah et pater Lamech eum
20 ad hanc fidem serio cohortati sunt. Tam enim difficile hoc fuit creditu, quam difficile fuit virgini Mariae credere, quod sola sit futura mater filii Dei.

Haec fides docuit eum contemnere securitatem mundi, a quo tanquam delyrus senex derisus est. Haec fides hortata eum est, ut sedulo pergeret in aedificanda Arca, quod aedificium sine dubio illi Gygantes riserunt tan-
25 quam extremam stulticiam. Haec fides ipsum Noah sic confirmavit, ut solus staret contra tot exempla Mundi et omnium iudicia fortissime contemneret.

Est igitur ineffabilis pene et miraculosa fides haec novis articulis et quidem gravissimis onerata, quam Spiritus sanctus in Historia obiter ostendit, non autem explicat, ut scilicet nos diligentius cogitemus de omnibus circum-
30 stantiis. Primum enim vide seculum corruptissimum. Sicut autem ante hoc tempus Ecclesia habuit plurimos et sanctissimos Patriarchas, Ita nunc talibus gubernatoribus destituta est: Adam, Seth, Enos, Kenan, Mahalalcel, Iared, Henoch, omnes sunt mortui, et ad tres numerus ille redactus est: ad Methusalah, Lamech et Noah. Hi enim soli superstites sunt, cum sententia illa
35 de mundo per Diluvium perdendo lata est. Hi tres vident et coguntur ferre incredibilem maliciam hominum, idolatriam, blasphemias, violentas iniurias, obscoenas libidines, donec tandem etiam Methusalah et Lamech ex hac vita evocantur. Ibi solus Noah se ruenti in interitum Mundo opposuit, si iusticiam conservare et iniustitiam posset reprimere. Sed tam nihil profecit, ut
40 videret etiam Dei filios degenerare ad impietatem.

_____

16 tanta] tanto A

Haec Ecclesiae ruina et vastatio afflixit animam iusti et pene fregit.

2. Petri 2, 8 Sicut Petrus de Lot in Sodomis dicit. Quodsi Lot iniquis operibus in una Civitate sic discruciatus et divexatus est, quid de Noah sentiemus, in quem non solum Cainica generatio saeviit, sed opposuerunt se ei etiam degenerans Patriarcharum generatio, Deinde etiam propria ipsius domus, fratres, sorores, patrueles, consobrini etc.? Omnes enim corrupti et abducti sunt a fide per filias hominum, sicut textus dicit: 'Videbant filias hominum'.

Quaeso autem, cur non etiam queritur de masculis? aut cur non etiam queritur de filiabus Dei? Tantum dicit: 'Videbant filias hominum'. Ideo scilicet, quia generatio sancta Seth habuit peculiare mandatum, quoniam Cainitae a vera Ecclesia exclusi erant, ut etiam affinitatem eorum caverent, ut neque politice per coniugia neque ecclesiastice per cultus miscerentur. Debent enim pii cavere omnes occasiones scandalorum.

Ac piorum Patrum praecipue ea cura fuit, dum prohibuerunt nuptias cum Cainitis, ut servarent suam generationem puram. Nam filiae afferunt in domos maritorum opiniones paternas et consuetudines etiam. Sic Salomon in Regum Historia per mulierem alienigenam legitur seductus. Sic Iesabel invexit impietatem Syrorum in regnum Israel.

Idem viderunt sancti Patres futurum in sua generatione. Ideo, postquam divino mandato segregatio Cainitarum facta erat, statuerunt, ne Filii generationis sanctae ducerent filias hominum. Nam filiae in generatione sancta facilius potuerunt prohiberi a coniugiis Cainitarum, Filii autem liberiores et ferociores sunt.

Ad hunc modum Moses voluit ostendere initium omnis mali inde ortum, quod filii Dei iunxerunt se cum filiabus hominum, quas videbant formosas esse. Nam filii hominum, quia superbi et potentes erant et sectabantur studiose voluptates, sine dubio despexerunt miseras Puellas generationis sanctae, quas sancti Patriarchae non delicate sed simpliciter et pudice in paupere cultu educarant. Non igitur necesse fuit, ut Puellis talis lex ferretur, quae alioqui a nobilibus Cainitis negligebantur.

Si Historias gentium consideres, etiam maxima regna occasione mulierum eversa sunt. Nota est Helenes infamia. Sacrae autem literae ostendunt occasione mulieris totum genus humanum concidisse.

Haec tamen sine sexus contumelia commemoranda sunt. Nam habe-
2. Mose 20, 12
Kol. 3, 19 mus mandatum: 'Honora patrem et matrem tuam'. Item: 'Vos viri, diligite uxores vestras'. Nam quod Heua prima decerpsit pomum, verum est: prius tamen, quam id faceret, peccavit idolatria et defecit a fide, quae fides, quamdiu in corde est, regit et gubernat corpus, Cum autem ex corde excessit, corpus servit peccato. Non igitur culpa in sexu est, sed in vicio, quod tum foeminae tum viro commune est.

Ad hunc modum Moses hoc in loco commemorat iniurias et libidines. Sed hoc Lectori relinquit considerandum, quod, antequam in secundam tabulam peccarent, peccarint in primam, et contempserint verbum Dei. Alioqui paruissent filii Dei voluntati piorum Parentum prohibentium nuptias cum iis, qui erant extra Ecclesiam.

Concludit igitur Moses, quod posteri Patriarcharum prius deseruerunt 5 cultum et verbum Dei et discesserunt a praeceptis Parentum. Deinde in voluptates et libidines prolapsi sunt et duxerunt uxores, quas vellent. Item facti sunt Tyranni, invaserunt bona aliorum etc. Nam Mundus aliter non potest, postquam discessit a Deo, adorat Diabolum: Postquam verbum contempsit et in idolatrias lapsus est, proruit in omnia vicia concupiscentiarum, 10 quibus irritatur potentia irascibilis post potentiam concupiscibilem, ut ita in omnibus appetitionibus sit extrema ἀταξία. Hanc cum pii arguunt, sequuntur iniuriae et tyrannis in pios.

Sic peccatum Diluvii complectitur hoc totum, quod peccatum dici potest tum in prima tum in secunda tabula: Quod homines impii primum 15 per infidelitatem a Deo discedunt et verbum contemnunt. Deinde discedunt etiam ab obedientia Parentum, fiunt homicidae, adulteri etc.

Hoc eo commemoro, ne putes sexum aut coniugium per se accusari. Transgressio praeceptorum Dei et inobedientia erga Parentes praecipue damnatur, quod, cum Cainitae nullam participationem haberent cum vera 20 Ecclesia, pii Parentes etiam civiliter suam posteritatem voluerunt separatam a Cainitis, ne consuetudine impiarum coniugum depravarentur. Sed neglecto mandato Dei et Parentum autoritate contempta posteri lapsi sunt in peccatum appetitus concupiscibilis et irascibilis. Ad hunc modum salvatur honor sexus et dignitas coniugii et arguitur tantum impietas, quae primum a Deo 25 discedit, deinde etiam in Sanctos iniuria est.

Atque hoc volunt verba ipsa: 'Filii Dei videntes filias hominum, quod essent pulchrae'. Cur non viderunt etiam filias Dei et concupiverunt eas, quae erant in Ecclesia et habebant promissionem Seminis? Nonne convincuntur, quod contemnunt sexum suae generationis, hoc est, Ecclesiae verae, 30 et commiscent se cum carnali et impia generatione Cainitarum? Contemnunt simplicitatem et gravitatem suarum et malunt ex Cainica generatione blandas, cultas, lascivas, has expetunt et colunt, illas aut negligunt plane aut indignis modis tractant.

Sicut enim Heua iam iam peccatura intuebatur poma, talibus oculis 35 filii Dei intuentur filias hominum. Viderat Heua etiam ante id tempus arborem prohibitam, sed oculis fidei respicientis in mandatum Dei, ideo non appetebat, sed potius fugiebat eam. Sed cum oculi fidei excaecati essent et simpliciter oculis carnis in arborem intueretur, cum voluptate extendebat manum et etiam invitabat Adam maritum.

40 Ad hunc modum posteri Patriarcharum viderant ante id tempus Cainitarum filias forma, cultu, morum elegantia praestantes esse. Sed non ideo se cum eis coniunxerunt. Nam oculus fidei respiciebat in mandatum Dei

et promissionem de Semine ex piorum generatione nascituro. Sed his fidei oculis amissis non amplius neque mandatum nec promissionem Dei vident, sed simpliciter sequuntur desiderium carnis, suae generationis puellas simplices, bonas, honestas contemnunt, Cainicas ducunt, quas vident comptas, blandas, facetas.

Non igitur peccatum est, quod uxores ducunt. Non damnatur simpliciter sexus. Hoc damnatur, quod contempto mandato Dei ducunt quas non debebant, quod a vero cultu patiuntur se per uxores abducere ad impios cultus falsae Ecclesiae, quod Cainitarum more Parentum autoritatem negligunt, violenti sunt, tyrannisant etc.

Hoc peccatum Moses clare ostendit, cum dicit: 'Acceperunt uxores, quascunque elegerunt'. Quasi dicat: Uxorem accipere non malum, sed bonum est, si legitime fiat. Sed illi in hoc peccabant, quod sine ratione, et contra Patrum voluntatem ac sententiam ducebant, quas et quot ipsi volebant sine discrimine tam maritatas quam solutas.

Durum hoc verbum est, quo Moses grandia peccata significat, quod sine discrimine duas aut plures uxores acceperunt, quod uxores mutarunt aut vi aliis eripuerunt. Sicut Herodes fratris Philippi uxorem possidet. Hanc libidinum licentiam infinitam Moses ostendit et damnat.

Berosus scribit[1] etiam incaestas fuisse nuptias inter eos, ut suas sororores et matres ducerent. Sed dubito, an tam mali fuerint, et hoc ipsum satis grave peccatum est, quod in ducendis uxoribus non ratione, non Parentum autoritate, non denique verbo Dei usi sunt, Sed simpliciter secuti sunt libidinem et concupiscentiam. Rapuerunt, quas voluerunt ac potuerunt, atque ita tum Oeconomiam tum Politiam, addo etiam Ecclesiam perturbarunt per illam furiosam libidinem.

Ergo peccatum istius originalis Mundi fuit perturbatio omnium Ordinum, quod Ecclesia dissipata est per idolatrias et impios cultus. Item per Tyrannos, qui pios Doctores et sanctos homines crudeliter sunt persecuti. Politia est destructa per tyrannidem et iniurias violentas, Oeconomia autem per licenciosissimas libidines. Hanc ruinam pietatis et honestatis necessario secuta est universalis perditio. Non solum enim mali, sed plane incorrigibiles fuerunt homines.

6, 4   **Erant autem Gygantes super terram in diebus illis.**

Perseverat Moses in descriptione peccati et meriti, propter quod Diluvium venit. Primum fuit, quod filii Dei apostatarunt a religione et verbo Dei ac toti facti sunt carnales, ita ut non solum Ecclesiam sed etiam Politiam et Oeconomiam perverterent.

---

[1]) *Aus welcher abgeleiteten Quelle dies Luther hat, ist nicht sicher.*

Nunc addit maliciam etiam in eo crevisse, ut Gygantes essent super terram. Ac diserte dicit ex illo concubitu filiorum Dei cum filiabus hominum non prognatos filios Dei sed Gygantes, hoc est, homines arrogantes, qui simul et Regnum et Sacerdotium sibi vendicarent.

5 Sicut Papa, qui simul et gladium spiritualem et corporalem sibi vendicat. Non autem esset in hoc caput mali, si modo potentiam istam, quam usurpat, conferret in conservationem Politiae et Ecclesiae. Sed id maximum peccatum est, quod abutitur potestate ista ad stabiliendam Idolatriam, ad impugnandam sanam doctrinam et ad tyrannidem etiam in Politia. Cum verbo Dei 10 arguuntur Papistae, argui nolunt; dicunt enim se esse Ecclesiam et errare non posse ac grassantur in pios cyclopica immanitate. Tale hominum genus Moses gygantes appellat vendicantes sibi utranque potestatem, politicam et ecclesiasticam, et liberrime peccantes.

Tales in libro Sapientiae pinguntur, qui dicunt: 'Sit iniusticia lex Weish. 2, 11 15 nostra'. Et in Psalmo 12. 'Lingua nostra magnificabitur. Nostrum est Pf. 12, 5 loqui: quis est Dominus noster?' Et Psalmo 73. 'Secure superbiunt, et Pf. 73, 3 quando aliis vim inferunt, gloriantur' etc. Tales fuerunt isti Gygantes, qui restiterunt in faciem Spiritui sancto monenti, obsecranti, docenti, arguenti per Lamech, Noah et filios Noah.

20 De vocabulo disputant, quid sit, et deducunt id a *Naphal*, quod 'cadere' significat. Fere autem passive accipiunt, quod homines alii vasta corpora et inusitatam magnitudinem videntes prae metu corruerint. Id an verum sit, Rabini viderint. Ridiculum enim est appellare eos *Niphlim*[1], quod alii caderent. Itaque alii hanc etymologiam afferunt: sic dictos, quod 25 a communi hominum statura ceciderint. Et allegant locum Numeri 13., ex 4. Mose 13, 34 quo apparet *Niphlim* seu gygantes grandioribus fuisse corporibus, Sicut *Enakim* et *Rephaim*. Sed utri rectius sentiant, non iudico, praesertim cum constet, non posse omnium vocabulorum rationes reddi neque origines ostendi.

30 Sed hic alia questio incidit: Cur illi soli discesserint a communi hominum statura, qui ex filiis Dei et filiabus hominum prognati sunt? Nihil autem habeo, quod ad eam respondeam, quam quod textus nihil de statura dicit hoc in loco. In capite 13. Numerorum dicitur: 'Vidimus Gygantes, 4. Mose 13, 34 filios *Enac* de Gygantibus et fuimus in oculis nostris quasi locustae'. Ibi 35 ostenditur vastitas corporum, hic autem non. Igitur possunt Gygantes dici ob aliam causam quam a corporum mole.

Ut autem meam sententiam quoque de vocabulo ostendam, non neutraliter, neque passive, sed active puto exponendum esse. Sicut verbum *Naphal*, etsi non sit tertiae coniugationis, quae transitivorum pene propria

---

[1]) *Hier und im folgenden immer gibt Luther das hebr.* נְפִילִים *nicht mit Nephilim, sondern mit Niphlim wieder. Er hat diese Form auch sonst.*

Jof. 11, 7 est, sepe active usurpatur. Sicut Iosuae 11. 'Venit Iosua et cunctus populus bellicosus cum eo adversus illos iuxta aquas Meroen, *Va iiphlu bahem*, et irruerunt in eos'. Si neutraliter exponas verbum *Iiphlu*, quasi ceciderint Iosua et sui coram hostibus, reclamabit historia: Significat enim, irruisse in eos atque subito oppressisse.

Hic igitur locus, et si qui sunt similes, movet me, ut intelligam *Niphlim* non dictos a magnitudine corporum, sicut Rabini putant, sed a tyrannide et oppressione, quod vi grassati sint nulla habita ratione legum aut honestatis, sed simpliciter indulgentes suis voluptatibus et cupiditatibus. Nam qui iure regunt, hos Scriptura Pastores et Principes appellat. Qui 10 autem per iniuriam et violentiam regnant, hi recte *Niphlim* vocantur, quod obruant et opprimant infra se positos.

Pf. 10, 10   Sicut Psalmo 10. 'Comprimit, humiliat, *Ve Naphal Baezumaf Helkaim*, et irruit cum fortibus suis in coetum pauperum'. Loquitur ibi Spiritus sanctus de regno Antichristi, quem sic grassaturum dicit, ut, quae potest, 15 comminuat, quod si comminuere non potest, ut saltem incurvet et incurvata postea omni vi opprimat. Indifferens enim est, sive *Baezumaf* exponas: 'cum potentia sua' seu 'cum potentibus suis'. Hac vi, inquit, utitur tantum in eos, qui *Helkaim*, hoc est, pauperes et antea afflicti sunt. Alios, qui pollent viribus, eos adorat, ut trahat in suas partes.   20

Ad hunc modum expono hoc in loco gigantes seu *Niphlim* non 4. Mose 13, 34 homines vasta mole corporum, sicut in Numeri loco, Sed violentos et iniurios, quales Poëtae pingunt Cyclopes, qui neque Deum, nec homines timent, sed tantum sequuntur cupiditates suas freti potentia et viribus suis. Sedent enim in maiestate, tenent imperia et regna. Imo etiam spiritualem potestatem 25 sibi vendicant, utuntur autem illa potentia contra Ecclesiam, contra verbum Dei pro sua libidine etc.

Notandum autem hic est mirabile Dei consilium, qui nobis praecipit colere magistratum, ei parere, servire, honorem deferre etc. Et tamen quidquid comminationum et horribilium increpationum est, hoc pene totum 30 videmus contra potentes, contra Reges et Principes directum esse, quasi Deus peculiari odio prosequatur eos. Iubet Scriptura, ut nos honoremus magistratum, Ipsa autem non honorat, sed destruit gravissimarum poenarum comminatione. Scriptura iubet, ut magistratum colamus, Ipsa autem contemnere magistratus videtur, dum non blanditur sed comminatur.   35

Maria an non graviter concionatur in suo Cantico contra Principes: Lut. 1, 51 'Dispergit superbos mente cordis sui, Potentes deiicit de sede, Divites dimittit inanes'. Haec si vera esse credimus, quis optaret inter tales inveniri, quibus tam certa pernicies parata est et incumbit? Quis non potius optet humili loco esse et esurire?   40

Sic Psalmus secundus gravissimi criminis accusat magistratus, cum dicit eos coniunctis viribus et studiis se opponere Domino et Christo eius

ac regnum eius opprimere. Sic Esaias: 'Civitatem potentum dedit in ruinam'. Jef. 25, 2
Huiusmodi sententiis tota Biblia referta sunt.

Itaque non honorat magistratus Scriptura sed minatur pericula et
tanquam in manifestum contemptum adducit. Et tamen summa diligentia
5 nobis praecipit, ut eos revereamur, colamus, omni officiorum genere eos
prosequamur. Cur hoc?

Nimirum, quod ipse Dominus solus vult eos punire et sibi reservavit
vindictam, non dedit eam subditis eorum. Ieremias disputat cap. 13.: Qui Jer. 13, 1
fiat, cum dominus sit iustus, ut tamen impiorum via prosperetur? Concludit
10 autem postea: 'Tu Domine saginas eos et praeparas ad victimam'.

Ad hunc modum dixeris magistratus impios esse ceu porcos Dei:
saginat eos, dat eis opes, potentiam, glorias, subditorum obedientiam. Non
itaque premuntur, sed ipsi potius premunt et opprimunt alios. Non ferunt
iniurias, sed aliis inferunt. Non dant, sed rapiunt ab aliis, donec hora veniat,
15 qua tanquam porci diu saginati mactentur. Hinc proverbium Germanicum:
Principem raram esse avem in regno coelorum, Fürsten sind wildbrett im
Himel.[1]

Ad hunc modum, quo Moses hic *Niphlim* odioso et tetro nomine
appellat, hi fuerunt haud dubie in legitima administratione Ecclesiae et
20 Politiae. Sed quia officio non utuntur, ut debebant, detestabili vocabulo
eos Deus notat ac traducit. Sicut enim nos in hac naturae corruptione ne
quidem levissimo dono sine superbia uti possumus, Ita Deus impatientissimus
est superbiae et potius deiicit Potentes de sede, Divites dimittit inanes etc.

Ad hunc modum vocabulum *Niphlim* active accipio pro tyrannis, oppres-
25 soribus, grassatoribus. Credo autem (sicut fit etiam in aliis linguis) Mosen
hoc vocabulum transtulisse ex usu suorum temporum ad tempora ante Diluvium mutata aliquantulum significatione, quod, sicut illi Enakim fuere
tyranni, freti viribus corporum, Ita hi degeneres nepotes filiorum Dei abusi
sunt potentia et dignitate sua ad oppressionem bonorum, sicut Moses ipse
30 se explicabit iam.

Postquam enim ingressi sunt filii Dei ad filias Hominum illaeque
genuissent, isti sunt Potentes coram Mundo, viri famosi.

Hieronymus vertit: Isti sunt potentes 'a seculo'. Sed nomen seculi
hic non significat durationem temporis nec est in praedicamento quantitatis.
35 Non enim fuerunt hi Gygantes a principio Mundi, sed tum primum nati
sunt, cum degenerassent filii Dei. Sed seculum significat secundum praedi-
camentum substantiae, ut explicet Moses, qualis fuerit potentia, qua confisi

---

28 abusi] abusu *A*

[1]) Die (Fürsten) sind Wildpret im Himmel: *Unsre Ausg. Bd. 19, 648, 25; Bd. 37, 567, 8 u. ö.;*
fehlt bei *Thiele.*

sunt, nempe secularis seu mundana. Ministerium verbi contempserunt tanquam vilem administrationem, arripuerunt itaque aliam administrationem secu-
larem. Sicut etiam Papistae nostri fecerunt. His magis placuit amplos
reditus et Regna mundi tenere, quam propter Euangelium in odio esse
omnium hominum.   5

Nam quod ad Mosen attinet, vocabulum *Olam* significat ipsum 'mundum' et 'seculum' seu tempus. Diligenter itaque observandum est, quando
seculum vel durationem temporis, vel mundum significet in Scriptura. Hic
autem necessario significat mundum, non enim fuerunt hi a seculo.

Pertinet igitur particula haec ad descriptionem potentiae, quam non 10
ab Ecclesia neque a Spiritu sancto acceperunt, sed a Diabolo et mundo. Ut
sit quasi antithesis eius, quod Christus coram Pilato dicit: 'Regnum meum
non est de hoc mundo'. Ministri verbi luctantur cum fame, laborant odio
omnium Ordinum. Itaque non est, ut tyrannidem exerceant, sed qui tenent
Regna, qui gubernant Respublicas, qui habent arces et pagos, hi sunt ad 15
tyrannidem instructi.

Pertinet etiam haec particula ad descriptionem Ecclesiolae cum pau-
culis animabus. Hi enim sunt Crucigeri sine dignitate, sine opibus: Verbum
habent. Hae unicae eorum opes sunt, sed quas mundus et contemnit et
persequitur. Contra *Niphlim* isti seu Gygantes et Ecclesiae splendidum 20
nomen usurpant, tanquam ex Patriarcharum posteritate descendentes, et Regna
tenent. Hi dominantur, et miseram Ecclesiam potentia sua premunt. Vocat
igitur eos Moses *Meolam Niphlim*, potentes mundi, seu in mundo, seu
mundani et seculariter potentes.

Quod Hieronymus fecit 'Viri famosi', in Ebraeo est 'Viri nominis', 25
hoc est: In mundo celebres et clari. Tangit autem hic quoque peccatum
istorum Cyclopum Moses, quod, cum haberent omnia, quae sunt in Mundo,
etiam nomen charum habuerunt et fuerunt per totum mundum celebres, Idque
sic, ut contra veri filii Dei, nempe Noah cum suis liberis, in summa ignominia essent et haberentur pro Haereticis, pro filiis Diaboli, pro iis, qui 30
tum ecclesiasticae, tum politicae dignitati detraherent. Sicut nunc nobiscum
fit. Nam ipse Christus Matth. 24. testatur similitudinem fore inter postrema
tempora et tempora Noah.

Iam antea testatus est Moses Spiritum sanctum ab impiis sublatum
et eos dimissos in viis desideriorum suorum. Fuerunt igitur tales nebulones, 35
quales hodie sunt Papa cum suis Cardinalibus et Episcopis, qui non solum
salutantur Principes et Regna tenent, sed etiam Ecclesiae nomen sic sibi
usurpant, ut nos tanquam Haereticos anathemati subiiciant et securissime
damnent. Non tyrannos, non impios, non sacrilegos se dici ferunt: Clemen-
tissimi, Sanctissimi, Reverendissimi volunt dici.   40

Non igitur ea sententia est, quam Lyra sequitur, cum exponit famosos
pro infamibus. Sicut enim mundus Pontificem non vocat Antichristum, sed

Joh. 18, 36

Matth. 24, 37

tribuit ei nomen Sanctissimi, admiratur eum, tanquam qui cum suis carnalibus[1] Creaturis totus plenus sit Spiritu sancto nec errare possit, Ideo humiliter adorat, quidquid iubet et praecipit:

Ad hunc modum isti Gygantes habuerunt nobile nomen, fuerunt in 5 singulari admiratione totius Mundi. Contra Noah cum suis damnatus est tanquam sediciosus, haereticus, obtrectator maiestatis politicae et ecclesiasticae. Sicut hodie nos habemur a Pontificibus et Episcopis, qui profitemur Euangelium.

Habet itaque hic locus descriptionem peccatorum, quibus tempus illud 10 gravatum fuit, quod scilicet fuerint homines aversi a Verbo et traditi in suas cupiditates et reprobum sensum, peccantes contra Spiritum sanctum finali Röm. 1, 28 impoenitentia, defensione impietatum et impugnatione agnitae veritatis: Et tamen in istis omnibus blasphemiis retinuisse nomen et gloriam, non solum Politiae sed etiam Ecclesiae, tanquam a Deo ad Angelos usque evectos. 15 Stantibus autem sic rebus, cum frustra Noah et Lamech cum proavo Methusalah docerent, reliquit eos Deus in desideriis cordium suorum et tacuit, Pf. 81, 13 dum Diluvium, quod credere nolebant, experirentur.

Hoc est apostatare a Deo et Ecclesia et ducere prohibitas uxores, quia unum peccatum, si non statim corrigitur, trahit in aliud peccatum, et 20 inde iterum in aliud, usque in infinitum, Donec perveniatur ad eum gradum, quem Salomo describit in Proverbiis, cap. 18. 'Impius cum pervenerit in Spr. 18, 3 profundum peccatorum, contemnit'. Tales enim, etiamsi postea moneas, nihil curant, putant se nullo Doctore opus habere, ac iudicant se iustas habere causas, non credunt vitam post hanc vitam aut salutem etiam in manifestis 25 peccatis sperant. Sed opprimit tandem eos ignominia et opprobrium. Haec finalis impoenitentia et verbi extremus contemptus Deum coëgerunt ad universale Diluvium omnis carnis.

Videns autem Dominus, quod multa malicia Hominum esset in 6, 5. 4 terra, et omne figmentum cogitationum cordis eius tantum esset 30 malum omni tempore, poenituit eum, quod fecisset Hominem in terra.

Hic est locus, quo nos[2] sumus usi contra Liberum arbitrium, de quo Augustinus scribit, quod sine gratia seu Spiritu sancto ad nihil valeat quam ad peccandum. Premuntur autem non solum perspicuitate huius loci, sed 35 etiam Augustini autoritate Scholastici, liberi arbitrii patroni, et sudant. De Augustino dicunt hyperbolice eum loqui, et sicut Basilius scribit quendam in refutatione adversariae partis longius provectum fecisse agricolarum more, qui, cum curvas frondes, ut recte crescant, conantur extendere, plusculum inflectunt eas in contrariam partem, Ita Augustinum in retundendis Pelagi-

---

[1] *Wortspiel mit* Cardinalibus?   [2] De servo arbitrio: *Unsre Ausg. Bd. 18, 736.*

anis, dum pro gratia dicit, durius contra liberum arbitrium dixisse ferunt, quam merebatur.

Quod autem ad hunc locum attinet, sic eum cavillantur: Quod textus tantum loquatur de ista mala generatione ante Diluvium. Nam homines nunc esse meliores, saltem aliquos, qui libero arbitrio bene utuntur. Non 5 vident miseri homines loqui eum in genere de corde hominis, et diserte addi particulam, *Rak*, tantum. Tertio hoc quoque non vident, quod post Diluvium infra capite octavo iisdem pene verbis eadem sententia repetitur.
1. Mose 8, 21 Dicit enim Deus, Figmentum cordis humani esse malum ab adolescentia. Ubi profecto non de iis solum agit, qui fuerunt ante Diluvium, De iis loquitur, 10 quibus promittit Diluvium aquae posthac universale non venturum esse, hoc est, de tota posteritate Noah. Sunt enim universalia verba: 'Figmentum cordis humani malum est'.

Concludimus ergo universaliter: Quod homo sine Spiritu sancto et sine gratia nihil potest facere quam peccare et ita progreditur in infinitum, de 15 peccato in peccatum. Quando autem etiam illud accedit, ut sanam doctrinam non sustineat et verbum salutis repellat ac resistat Spiritui sancto, tunc etiam fit adiuvante libero arbitrio hostis Dei et blasphemat Spiritum sanctum et simpliciter sequitur mala desideria cordis sui. Sicut testantur exempla Iudaeorum sub Prophetis, Christo et Apostolis, Exemplum primi mundi sub 20 Noah doctore, Etiam nostrorum adversariorum exemplum hodie, quibus non potest persuaderi ulla ratione, quod peccent, quod errent, quod impios cultus habeant.

Idem probant sententiae aliae sacrae Scripturae. Nam Psalmus 14. an
Ps. 14, 2 non satis generaliter loquitur, cum inquit: 'Dominus de coelo prospexit super 25 filios hominum, ut videat, si est intelligens aut requirens Deum. Omnes
Röm. 3, 10 declinaverunt etc.' Et repetit eum Paulus in Romanis. Item Psalmus 116.
Ps. 116, 11 'Omnis homo mendax'. Et Paulus: 'Conclusit Deus omnia sub peccatum'.
Röm. 11, 32
Hi omnes loci maxime generales sunt et fortissime concludunt pro nobis: Quod sine Spiritu sancto, cuius largitor solus Christus est, homo aliud non 30 possit quam errare et peccare. Ideo Christus quoque in Euangelio dicit:
Joh. 15, 5 'Ego sum vitis, vos palmites; Sine me nihil potestis facere'. Sed estis sine · me tanquam excisus, aridus, mortuus et ad ignem paratus palmes.

Atque haec quoque causa est, Cur Spiritus sancti officium sit arguere mundum, ut scilicet revocet mundum ad poenitentiam et agnitionem huius 35 vitii. Sed mundus sui similis manet: etiam cum admonetur per verbum Dei, non audit. Putat Deo placere cultus, quos sibi elegit, quanquam sine verbo Dei, nec patitur se ab hac sententia abduci.

Si aliquando futurum est Concilium[1], de hoc ipso loco Liberi arbitrii haec finalis sententia et conclusio erit: Id sequendum esse, quod Pontifex et 40

---

[1] *S. oben S. 276, 35.*

Patres constituerint. Quodsi ad ravim usque clamemus Hominem ex se sine Spiritu sancto esse malum, quidquid sine Spiritu sancto facit, seu sine fide, esse coram Deo damnatum, Pravum enim esse cor hominis, et etiam cogitationes eius, nihil proficiemus.

5   Obfirmandus itaque est animus et haec doctrina firmiter retinenda, quae proponit nobis peccatum et damnationem nostri. Haec enim peccati cognitio est initium salutis, ut simpliciter de nobis desperemus et demus soli Deo gloriam iusticiae. Cur enim alioqui Paulus queritur Roman. 7. et Röm. 7, 18 confitetur libere, nihil in se esse boni? Ideo autem diserte dicit: 'In carne 10 mea', ut intelligamus solo Dei Spiritu vicium nostrum sanari. Hoc cum in corde fixum est, magna pars fundamenti salutis nostrae est iacta: Quia postea clara testimonia sunt Deum non abiicere peccatores, hoc est, agnoscentes peccatum et cupientes resipiscere ac sitientes iusticiam seu remissionem peccatorum per Christum.

15   Curandum itaque est summo studio, ne inveniamur inter Cyclopes istos repugnantes verbo Dei et praedicantes suum liberum arbitrium et vires suas. Etsi enim erramus saepe, etsi labimur et peccamus, tamen si Spiritui arguenti cedimus humili confessione nostrae maliciae, ipse Spiritus sanctus aderit et non solum non imputabit peccata agnita, sed gratia Christi ea 20 teget et cumulabit nos aliis donis tum ad hanc tum ad futuram vitam necessariis.

Sed ipsa verba Mosi quoque diligentius sunt consideranda. Usus enim hic est singulari Phrasi certo consilio, quod non simpliciter dicit Cogitationes hominis esse malas, sed ipsum figmentum cogitationum. Sic 25 vocat hoc, quod homo potest in suis cogitationibus, seu cum ratione et libero arbitrio, etiam in summo gradu. Ideo enim figmentum vocat, quod homo summo studio excogitat, deligit, facit, sicut figulus, et putat pulcherrimum esse.

Sed id, inquit, est malum, neque id semel, sed continue et omni tem- 30 pore. Nam ratio sine Spiritu sancto est simpliciter sine cognitione Dei: Porro sine cognitione Dei esse, simpliciter est impium esse, est in tenebris agere et ea indicare optima, quae sunt pessima. Loquor autem de Theologice bonis, nam hic distingenda est Politia a Theologia. Approbat enim Deus regna impiorum, ornat et remunerat virtutes, etiam in impiis. Sed 35 quo ad hanc vitam, non autem quo ad futuram, ac ratio civiliter bona intelligit.

Nos autem cum de libero arbitrio disputamus, quid Theologice valeat, querimus, non quid in civilibus et rationi subiectis rebus. Statuimus autem, quod homo sine Spiritu sancto simpliciter coram Deo sit impius, etiamsi 40 omnibus omnium Gentilium virtutibus ornatus sit (Sicut profecto insignia

10 Spiritu] Spiritui A

exempla continentiae, liberalitatis, amoris in Patriam, Parentes, liberos, forti-
tudinis, humanitatis etiam in gentilium Historiis extant): statuimus, quod
optimae cogitationes de Deo, de cultu Dei, de voluntate Dei sint plusquam
Cymmeriae tenebrae. Nam rationis Lumen, quod homini soli concessum est,
tantum intelligit commoditates corporales. Is est amor concupiscentiae vitiosus.   5

Non igitur leviter intelligenda sententia haec est, sicut a Iudaeis intelligitur et a Sophistis, qui putant eam tantum loqui de inferiore parte, quae
bestialis est, 'Rationem autem deprecari ad optima'. Figmentum itaque
cogitationum applicant tantum ad secundam tabulam. Sicut Pharisaeus, qui
damnat Publicanum et dicit se non esse sicut coeteros. Is bona verba   10
loquitur. Non enim est malum Deo gratias agere pro donis suis. Sed
etiam hoc ipsum malum et impium esse dicimus, quia proficiscitur ex ipsis-
sima ignorantia Dei, et vere est oratio versa in peccatum, quae neque ad
gloriam Dei nec ad salutem hominis est utilis.

Sic videas alicubi Philosophos non inepte disputare de Deo, de Pro-   15
videntia, qua omnia gubernat Deus. Haec quibusdam etiam adeo videntur
pie dicta, ut tantum non ex Socrate, Xenophonte, Platone Prophetas faciant,
Sed quia haec sic disputant, ut ignorent Deum misisse Filium suum Christum
in salutem peccatorum, hae ipsae praeclarae disputationes sunt summa Dei
ignorantia et merae blasphemiae secundum huius loci sententiam, quae   20
simpliciter pronunciat: Omnem fictionem, studium omne humani cordis tantum
esse malum.

Non igitur de peccatis tantum ante Diluvium loquitur: de tota natura,
de corde, de ratione, de intellectu hominis loquitur, etiam tum, cum Homo
simulat iusticias et vult sanctissimus esse. Sicut cum Anabaptistae hodie   25
eas cogitationes animo instituunt se sic victuros, ut nihil unquam peccent,
Cum de pulcherrimis in speciem virtutibus effingendis cogitant. Ratio est:
corda, cum sunt sine Spiritu sancto, non solum ignorant Deum, sed naturaliter etiam oderunt. Quomodo autem aliud, quam malum esse potest, quod
ex ignorantia Dei et odio Dei enascitur?   30

Sed hic etiam haec questio agitatur. Moses sic dicit: 'Videns Deus,
quod omnes cogitationes hominis essent malae'. Item: 'Et poenituit eum,
quod fecisset hominem'. Si igitur Deus omnia praevidet, Quomodo nunc
primum dicit eum videre? Si Deus est sapiens, Quomodo potest incidere
in eum poenitentia facti? Cur non a principio Mundi hoc peccatum seu   35
hanc hominum depravatam naturam vidit? Cur Scriptura tribuit ad hunc
modum Deo temporales voluntates, visiones, consilia? An non consilia Dei
aeterna sunt, et ἀμετανόητα, quorum eum poenitere non potest? Similia in
Prophetis quoque sunt, ubi minatur Deus poenas, sicut Ninivitis, et tamen
ignoscit poenitentibus.   40

Ad hanc questionem Sophistae aliud non habent, quod dicant, quam
quod Scriptura loquatur more hominum: Tribui itaque talia Deo per quandam

sermonum figuram. Itaque disputant de duplici voluntate Dei, de voluntate signi et beneplaciti. Voluntatem beneplaciti dicunt esse constantem et immutabilem, Sed voluntatem signi dicunt esse mutabilem. Mutat enim signa, cum vult. Sic Circumcisionem abolevit, Baptismum instituit etc., manente tamen eadem voluntate beneplaciti ab aeterno destinata.

Non damno hanc sententiam, Sed mihi simplicius esse videtur, quod scilicet Scriptura sancta loquitur secundum cogitationem eorum hominum, qui sunt in ministerio. Quod igitur Moses dicit Deum videre et poenitere, haec vere fiunt in cordibus eorum, qui ministerium verbi habent. Sicut supra dixit: 'Spiritus meus non iudicabit inter homines', non simpliciter loquitur de Spiritu sancto in sua natura propria subsistente seu de divina Maiestate, Sed de Spiritu sancto in corde Noah, Methusalah, Lamech, hoc est, de spiritu Dei officiante et administrante verbum per Sanctos.

Ad hunc modum vidit Deus maliciam hominum et poenituit. Hoc est, Noah, qui habuit Spiritum sanctum et fuit minister verbi, is vidit maliciam hominum et per Spiritum sanctum ad dolorem concitatus est talia videns. Sicut Paulus quoque dicit Spiritum sanctum contristari in piis im-Eph. 4, 80 pietate et malicia impiorum. Quia enim Noah fidelis verbi minister est et organum Spiritus sancti, recte dicitur Spiritus sanctus dolere, cum Noah dolet ac optat potius hominem non esse, quam sic malum esse.

Non igitur ea sententia est, quasi Deus ab aeterno illa non viderit: vidit ab aeterno omnia. Sed sicut haec malicia hominum nunc cum maxima vi se aperit, ita nunc primum revelat Deus hanc maliciam in cordibus suorum ministrorum seu Prophetarum.

Est igitur Deus ab aeterno firmus in suo consilio et constans, videt et scit omnia. Sed haec non nisi suo certo tempore revelat Deus piis, ut ipsi quoque ea videant. Haec mihi videtur simplicissima esse huius loci sententia. Neque ab ea longe discedit Augustinus.

Sequor autem ego hanc perpetuam Regulam, ut, quantum potest, tales questiones vitem, quae nos protrahunt ad solium summae maiestatis. Melius autem et tutius est consistere ad praesepe Christi hominis. Plurimum enim periculi in eo est, si in illos labyrinthos divinitatis te involvas.

Pertinent autem ad hunc locum alii similes, in quibus pingitur Deus, quasi habeat oculos, aures, os, nares, manus, pedes, sicut Esaias, Daniel et alii Prophetae cum in visionibus vident. Loquitur enim in talibus locis Scriptura de Deo non aliter quam de homine. Unde Anthropomorphitae haereseos damnati sunt, quod divinae substantiae tribuerent formam hominis.

Quodsi tam crassa fuit Anthropomorphitarum imaginatio, recte damnati sunt. Nam manifestus error in ea est. Spiritus enim, sicut Christus Luf. 24, 39 dicit, carnem et ossa non habet. Sed ego magis in eo sum, ut putem Anthropomorphitas cogitasse de forma aliqua doctrinae tradenda simplicibus.

Nam Deus in sua substantia plane est incognoscibilis nec potest definiri aut dici, quid sit, etiamsi rumpamur.

Ideo ipse Deus se demittit ad captum infirmitatis nostrae, et sub similitudinibus ceu involucris puerili simplicitate se nobis offert, ut aliquo modo a nobis cognosci possit. Sic Spiritus sanctus in specie Columbae 5 apparuit, non, quod sit columba: et tamen in ista rudi specie agnosci, suscipi et adorari voluit, vere enim fuit Spiritus sanctus. Sic eodem in loco, etsi nemo dicet Deum Patrem esse vocem sonantem de coelo, tamen in ista rudi imagine, quae fuit vox humana de coelo, recipiendus et ado-randus fuit. 10

Quod autem ad hunc modum Scriptura Deo tribuit formam hominis, vocem, actiones, affectiones etc., non eo tantum valet, ut rudes et infirmi foveantur, Sed etiam nos magni et eruditi, qui iudicium in Scripturis habe-mus, tenemur istas rudes similitudines apprehendere, quia Deus eas nobis proposuit et per eas se nobis revelavit. Sicut etiam Angeli humana forma 15 apparent, cum tamen constet simpliciter esse Spiritus; sed Spiritus nos agno-scere non possumus, cum ut Spiritus offeruntur: imagines autem agnoscimus.

Haec simplicissima ratio est tractandi tales locos. Nam quid Deus in natura sit, definire non possumus. Hoc bene possumus definire, quid non sit. Nempe, quod non sit vox, non columba, non aqua, non panis, 20 non vinum. Et tamen hisce visibilibus formis se nobis offert, nobiscum agit, has formas proponit nobis, ne degeneremus in erraticos et vagos Spiritus de Deo quidem disputantes, sed eum penitus ignorantes, tanquam qui in nuda sua Maiestate non potest apprehendi. Hanc viam cognoscendi Dei
1. Tim. 6, 16 videt Deus nobis esse impossibilem. Habitat enim, sicut Scriptura dicit, 25 lucem inaccessibilem, et proposuit, quae possumus apprehendere et intelligere. In his qui resistunt, Deum vere apprehendunt, Cum illi, qui visiones, reve-lationes, illuminationes iactant et sequuntur, aut opprimuntur a Maiestate aut in densissima Dei ignoratione versantur.

Sic habuerunt Iudaei quoque suas imagines, quibus se Deus eis 30 ostendit: Propiciatorium, Arcam, Tabernaculum, Columnas nubis et ignis etc.
2. Mose 23, 20 'Non videbit me homo et vivet', inquit in Exodo. Ergo imaginem sui proponit, quia se nobis ita ostendit, ut apprehendere eum possimus. Nos in novo Testamento habemus Baptismum, coenam Domini, Absolutionem et ministerium verbi. 35

Haec sunt, ut Scholastici vocarunt, voluntas signi, in quae intuendum est, cum Dei voluntatem scire volumus. Alia est voluntas beneplaciti, sub-stantialis voluntas Dei seu nuda Maiestas, quae est Deus ipse. Ab hac removendi oculi sunt. Non enim potest apprehendi. In Deo enim nihil est nisi divinitas et substantia Dei est eius immensa sapientia ac omnipotens 40 potentia. Haec rationi simpliciter sunt inaccessibilia: Quicquid hac voluntate beneplaciti Deus voluit, ab aeterno vidit.

De hac voluntate substantiali et divina nihil scrutandum, sed simpliciter abstinendum est, sicut a maiestate divina: est enim inscrutabilis nec voluit eam Deus proponere in hac vita. Quibusdam involucris voluit eam ostendere: Baptismo, Verbo, Sacramento coenae: Haec sunt divina simulachra et voluntas signi, per quae pro nostro captu nobiscum agit. Igitur in haec tantum intuendum est. Voluntas beneplaciti simpliciter dimittenda est, nisi sis vel Moses vel David vel aliquis similis perfectus vir, quanquam hi quoque in voluntatem beneplaciti sic intuiti sunt, ut a voluntate signi nusquam averterent oculos.

10 Vocatur autem voluntas signi effectus Dei, quando ipse foras procedit ad nos nobiscum agens per aliquod involucrum et externas res, quas possumus apprehendere. Sicut sunt verbum Dei, et Ceremoniae ab ipso institutae. Hanc voluntatem non dicunt esse omnipotentem. Etsi enim Deus per decem praecepta mandat, quid velit fieri, tamen non fit. Sic instituit coenam Do-15 mini Christus, ut fiducia misericordiae confirmetur in nobis, et tamen multi eam sumunt in iudicium, hoc est, sine fide. 1. Kor. 11,29

Sed redeo ad Mosen. Is dicit Deum videre maliciam hominum et poenitere. Hoc exponunt Scholastici: videt et poenitet, scilicet voluntate signi, non beneplaciti seu substantiali voluntate. Nos dicimus: Moveri cor 20 Noah per Spiritum sanctum, ut intelligat Deum irasci homini et velle eum delere. Atque haec sententia intelligi potest, nec rapit nos in illas disputationes potentiae absolutae seu maiestatis Dei, quae periculosissimae sunt. Sicut in multis vidi: Inflantur primum tales spiritus a Diabolo, ut putent, se Spiritum sanctum habere, negligunt verbum, Imo etiam blasphemant, et 25 nihil quam Spiritum et visiones iactant.

Hic primus gradus erroris est, cum homines derelicto Deo involuto et incarnato sectantur nudum Deum. Postea cum hora iudicii venit et sentiunt iram Dei, iudicante Deo ipsorum corda et examinante, tum desinit Diabolus eos inflare, desperant igitur et moriuntur. Ambulant enim in nudo sole et 30 deserunt umbraculum, quod liberat ab aestu, Esa. 4. Jes. 4, 6

Nemo igitur de Divinitate nuda cogitet, sed has cogitationes fugiat tanquam infernum et ipsissimas Satanae tentationes. Sed hoc curemus singuli, ut maneamus in Symbolis istis, quibus se ipse Deus nobis revelavit: In Filio nato ex virgine Maria, iacente inter iumenta in praesepi, In verbo, 35 in Baptismo, in coena Domini et Absolutione. Nam in his imaginibus videmus et invenimus Deum, quem sustinere possumus, qui nos consolatur, in spem erigit, salvat. Aliae cogitationes de voluntate beneplaciti seu substantiali et aeterna occidunt et damnant.

Quanquam improprie vocant hanc voluntatem beneplaciti. Nam 40 voluntas beneplaciti debet ea vocari, quam ostendit Euangelium, de qua Paulus dicit, Rom. 12. 'Ut probetis, quae sit voluntas Dei bona'. Et Röm. 12, 2 Christus: 'Haec est voluntas Dei, ut, qui videt Filium, habeat vitam aeternam'. Joh. 6, 40

Matth. 12, 50
Matth. 3, 17 Item: 'Frater meus est, qui fecerit voluntatem Patris mei'. Item: 'Hic est
Filius meus, in quo mihi complacuit'.

Haec voluntas gratiae recte et proprie vocatur voluntas beneplaciti et
est unicum remedium et salus contra illam sive signi sive beneplaciti voluntatem, de qua in Diluvio et Sodomorum interitu Scholastici disputant.

Horribilis utrinque ira cernitur, contra quam animi se non possunt
tueri, nisi illa voluntate gratiae: Ut cogitent Dei filium missum in carnem,
ut liberaret nos a peccato, morte et tyrannide Satanae.

Haec voluntas beneplaciti divini ab aeterno disposita est et in Christo
revelata et exhibita. Haec est vivificans, suavis et amabilis voluntas.
Quare sola merebatur dici voluntas beneplaciti. Sed boni Patres promissiones fere praetereunt nec eas urgent, cum tamen proprie possint dici
voluntas beneplaciti.

Quod igitur iubent intueri in voluntatem signi, bene quidem faciunt,
sed id nondum satis est. Nam cum decem praecepta intuemur, nonne
terremur conspectu peccatorum nostrorum? Ad haec si accedant illa horribilia irae exempla, quae etiam sunt voluntas signi, impossibile est, ut se
animus erigat, nisi in hanc voluntatem beneplaciti respiciat, quam nos sic
appellamus, hoc est, in filium Dei, qui nobis pingit animum et voluntatem
Patris sui, quod non irasci peccatoribus sed iis per Filium velit misereri.
Joh. 14, 9 Sicut dicit: 'Philippe, qui me videt, videt Patrem meum'.

Dei filius igitur Incarnatus est illud involucrum, in quo divina
Maiestas cum omnibus suis donis sic se nobis offert, ut nullus tam miser
peccator sit, quin ad eum accedere ausit cum certa fiducia consequendae
veniae. Hic unicus Divinitatis conspectus in hac vita facilis et possibilis
est. Mortui autem in hac fide virtute superna ita in novissimo die illumi-
nabuntur, ut etiam Maiestatem ipsam visuri sint. Interim oportet nos ingredi in illa via ad Patrem, quae est Christus ipse, hic tuto nos ducet nec
fallemur.

Quod in textu additum est: 'Poenituit Dominum, quod hominem
fecisset in terra', puto per antithesin esse dictum, quod Deus cogitet non
de homine in terra, qui peccato et morti sit subiectus, Sed de homine
coelesti, qui sit Dominus peccati et mortis. Hunc hominem ostendit se
diligere: Illum terrenum odit et cogitat perdere.

6, 6 　　　　　　　　Et doluit in corde.　　　　　　　　35

Sic poenituit Deus, ut discruciaretur in suo corde. Est enim verbum
1. Mose 3, 16 *Azaf*, quo supra usus est, cum dixit: 'In dolore tuo paries'. Item in
Ps. 127, 2 Psalmo 127. 'Panis doloris'. Est autem intelligenda haec phrasis secundum
Scripturae consuetudinem. Non est cogitandum, quod Deus habeat cor, aut
dolere possit. Sed cum spiritus Noah, Lamech et Methusalah contristatur,
Ipse Deus contristari dicitur: Ut intelligamus tristiciam hanc de effectu, non

de substantia divina. Noah enim cum Patre et Avo Spiritu sancto revelante sentiunt in corde suo, quod Deus propter peccata oderit Mundum, et velit eum perdere, contristantur itaque ista impoenitentia.

Haec sententia simplex et vera est. Nam si referas ista ad voluntatem 5 substantiae divinae, quod Deus ab aeterno hoc statuerit, periculosa ea disputatio est nec nisi a spiritualibus et bene tentationibus exercitatis potest tractari, Qualis Paulus fuit, qui hanc disputationem de praedestinatione tractare est ausus. Nos in humiliore loco consistemus, qui minus periculi habet, quod scilicet Noah et alii Patres summo dolore affecti sunt, cum eis 10 hanc iram revelavit Spiritus. Hi gemitus inenarrabiles optimorum hominum tribuuntur ideo ipsi Deo, quia proficiscuntur ex eius Spiritu.

Horum gemituum infra videbimus exemplum in Abraham, qui se tanquam murum interponit pro salute Sodomorum nec prius deserit causam, quam ad quinque iustos ventum est. Hic sine dubio Spiritus sanctus 15 pectus Abrahae variis et infinitis gemitibus replevit, si afferre salutem miseris posset.

Sic Samuel quid non facit pro Saule? eo usque clamat et plorat, ut Deus eum reprimere cogatur: 'Usque quo luges Saul, cum ego proiecerim 1. Sam. 16, 1 eum, ne regnet super Israel?' 1. Sam. 16.
20 Sic Christus intuens Hierosolymam propter peccatum intra paucos annos vastandam vehementissime commovetur et discruciatur animo.

Tales affectus in piorum animis excitat Spiritus precum. Is enim ubicunque est, afficitur calamitatibus aliorum, docet, erudit, nulli parcit labori, orat, querulatur, gemit etc. Sic Moses et Paulus cupiunt esse Anathema 25 pro populo suo.

Ad hunc modum sanctissimus Vir Noah cum Patre et Avo consumitur doloribus, cum videt istam horribilem Dei iram. Non delectatur illa totius generis humani clade, Sed angitur et gravissime dolet Ipsis interim Filiis hominum viventibus in summa securitate, ridentibus, exultantibus et insul- 30 tantibus etiam. Sic Psal. 109. 'Pro eo, quod dilexi.eos, adversantur multi, Ps. 109, 4 ego autem oro'. Sic Paulus Phil. 3. 'Flens dico'. Quid enim sancti Phil. 3, 18 Homines possunt aliud facere, cum mundus nulla ratione se emendari patitur?

Haec verae Ecclesiae est perpetua facies, ut non solum patiatur, humi- lietur et conculcetur, sed etiam oret pro tribulantibus et serio ipsorum peri- 35 culis commoveatur, Ubi contra impii, quo damnationi propiores sunt, tanto securius ludunt et gaudent. Cum igitur hora iudicii advenit, Deus vicissim ita obturat aures suas, ut nec suos dilectos Filios audiat orantes et depre- cantes pro impiis. Sicut Ezechiel conqueritur: Neminem inveniri, qui se opponat murum pro Israel, ac dicit, pertinere id munus proprie ad Prophetas, 40 ca. 13.   Ezech. 13, 5

Sed impiis impossibile est, ut orent: Itaque nemo speret ab adversariis nostris Papistis, quod orent. Nos oramus pro eis et nos tanquam murum opponimus irae Dei et sine dubio nostris lachrimis et gemitibus servautur ipsi, si forte poenitentiam agant.

Horribile autem exemplum est, quod Deus primo Mundo non pepercit, ubi se Noah, Lamech et Methusalah tanquam murum opposuerunt. Quid enim ibi putabimus futurum, ubi tales muri non sunt, hoc est, ubi nulla plane Ecclesia est? Nam Ecclesia semper est murus contra iram Dei: ea dolet, discruciatur animo, orat, deprecatur, instituit, docet, exhortatur, dum hora iudicii nondum adest, sed imminet. Haec officia cum frustra esse videt, quid aliud potest, quam vehementer de interitu impoenitentium hominum dolere? Auxit autem piis Patribus dolorem, quod magnum numerum cognatorum et agnatorum viderunt simul periturum.

Hunc dolorem Moses non potuit melius nec evidentius describere, quam cum dicit Dominum poenitere, quod fecerit hominem. Nam supra, cum hominis conditionem describeret, factam ad imaginem Dei, dicit Deum considerasse cuncta, quae fecerat, et fuisse valde bona. Delectatur itaque Dominus et gaudet in suis Creaturis. Hic simpliciter mutat sententiam, et contrarium dicit, quod scilicet doleat et poeniteat fecisse Hominem.

Hic sensus fuit in Noah et aliis Patribus ex Spiritu sancto revelante, alioqui acquievissent in cogitationibus illis gaudii et iudicassent secundum promissionem illam priorem, quod Deus delectetur in omnibus operibus suis. Neutiquam cogitassent tantam Dei iram esse, ut non solum humanum genus omne, sed etiam omnia animantia coeli et terrae periturus sit, quae tamen constat nihil peccasse: imo terram quoque. Haec enim propter hominum peccata neutiquam post Diluvium retinuit pristinam bonitatem. Unde, sicut Lyra meminit, quidam scriptum reliquerunt per Diluvium superficiem terrae ad tres palmas esse abrasam. Profecto Paradisus per Diluvium tota disiecta et corrupta est. Itaque nos hodie possidemus terram plane maledictam prae illa, ut fuit ante Diluvium et post peccatum Adae, quae tamen ipsa nihil fuit ad illam bonitatem primae conditionis ante peccatum.

Has igitur calamitates viderunt sancti Patres revelante Spiritu sancto ante annos centum et viginti. Sed tanta fuit malicia Mundi, ut coëgerint Spiritum sanctum tacere. Nec ausus est Noah sine metu gravissimorum periculorum has comminationes revelare: Cum Patre, Avo, liberis et uxore de tanta Dei ira disputavit. Non enim minus tolerabile fuit Filiis hominum audire haec, quam Papistis hodie est, cum audiunt pronunciari, quod sint Ecclesia Satanae, non Christi. Nam et Maiores suos iactarunt et promissionem Seminis opposuerunt concionibus Noah. Putaverunt impossibile esse, ut Deus ad hunc modum omnes homines perderet.

Sic Iudaei ideo Prophetis et ipsi Christo vocanti ad poenitentiam non credebant, quod statuebant se esse populum Dei, quia Templum et cultum habebant.

Turci hodie inflantur victoriis, quas putant esse praemium fidei et religionis, quod credunt in unum Deum: Nos autem habent pro gentibus, tanquam credamus tres Deos. Non daret Deus tot nobis victorias et regna, inquiunt, si Deus nobis non propitius esset et nostram religionem non probaret.

5 Haec ipsa cogitatio etiam Papistas excaecat. Vident se in summo loco positos, ergo statuunt, se esse Ecclesiam et ideo nullas minas divini iudicii metuunt. Diabolicum igitur Argumentum hoc est, quando homines peccatis suis patrocinium querunt per nomen Domini.

Sed si Deus primo Mundo non pepercit, generationi sanctorum Patri-
10 archarum, quorum promissio de Semine propria erat, Si minimas reliquias tantum servavit, frustra gloriabuntur de nomine Dei Turci, Iudaei, Papistae. Nam secundum Micham verba Dei bona promittunt integre ambulantibus. Micha 2, 7 Qui igitur non integre ambulant, his mala sunt, his minatur, hos perdit Deus non considerato titulo Ecclesiae, non habita ratione multitudinis: Reliquias
15 potius servat integre ambulantes. Sed hoc Mundo nunquam persuadebis.

Sine dubio hoc Argumentum de dignitate Ecclesiae Patriarcharum posteri, qui in Diluvio perierunt, gravissime exaggerarunt, Damnarunt ipsum Noah blasphemiae et mendacii. Nam dicere, quod Deus totum Mundum sit perditurus Diluvio, hoc dixerunt perinde esse, ac si dicas Deum non
20 misericordem, non Patrem, sed Tyrannum crudelem esse. Praedicas iram Dei, o Noah. Num igitur Deus talis est, qui non promisit per Semen mulieris liberationem a peccato et morte? Non igitur absorbebit ira Dei totum orbem. Sumus Dei populus, habemus insignia Dei dona. Haec nunquam nobis largitus esset Deus, si tam hostiliter contra nos statuisset agere. Ad
25 hunc modum solent impii sibi applicare promissiones et fiducia carum omnes comminationes negligunt et rident.

Utile autem est haec diligenter considerari, ut confirmemur contra talia scandala securitatis impiorum. Eadem enim, quae ipsi Noah acciderunt, nobis quoque accidunt. Adversarii nostri tribuunt sibi nomen populi Dei,
30 cultum, gratiam et omnia, Contra nobis tribuunt omnia diabolica. Cum igitur eos blasphemiae arguimus ac dicimus Satanae Ecclesiam esse, saeviunt in nos omni genere crudelitatis. Ploramus igitur cum Noah et commenda-mus causam Domino, Sicut etiam Christus in cruce facit (Quid enim aliud faciamus?) et expectamus, dum Deus iudicium faciat in terra et ostendat se
35 reliquias timentium se amare et multitudinem impoenitentium peccatorum odisse, quantumvis iactent se esse Ecclesiam, habere promissiones, habere cultum Dei. Sicut perdidit totum originalem Mundum et promissionem de Semine exhibuit illis miseris et parvis reliquiis, Noah et Filiis eius.

Noah vero invenit gratiam coram Domino.   6, 8

40 Haec sunt verba, quibus Noah iterum erectus et vivificatus est. Nam tanta ira divinae Maiestatis occidisset eum, nisi Deus addidisset promissionem

de ipso servando. Quanquam credibile est etiam tum laborasse fidem eius,
cum hanc promissionem audivit. Incredibile enim est, quantum haec cogitatio irae Dei deiiciat animum.

Porro hic quoque nova phrasis Spiritus sancti est, qua coelestis nuncius
Lut. 1, 30 Gabriel quoque utitur ad Beatam Virginem: 'Invenisti gratiam apud Deum'. 5
Haec phrasis apertissime excludit meritum et commendat fidem, qua sola
coram Deo iustificamur, hoc est, accepti sumus Deo et placemus ei.

6, 9. 10 Hae sunt generationes Noah: Noah Vir iustus atque inculpatus
fuit, et cum Deo ambulavit suo seculo, et genuit tres Filios,
Sem, Ham et Iapheth.   10

Ab hoc loco Iudaei non solum novum caput, sed etiam Lectionem
novam incipiunt. Est autem Historiola brevissima, sed quae eximiam commendationem habet huius Patriarchae Noah: Quod reliquis Dei filiis dege-
nerantibus ipse solus perstitit iustus et integer.

Cogitabimus autem multos fuisse excellentissimos viros inter filios Dei, 15
quorum alii ad quingentesimum usque annum cum Noah vixerunt. Fuit
enim illud seculum ante Diluvium vivacissimum, non solum quod ad filios
Dei, sed etiam quod ad filios hominum attinet. Horum insignis experientia
fuit tanto numero annorum collecta: Multa enim didicerunt a Maioribus,
multa viderunt ipsi et experti sunt.   20

His omnibus corruptis stat solus Noah Vir vere miraculosus. Is
neque ad sinistram nec ad dextram deflectit, retinet verum cultum Dei,
retinet doctrinam puram et vivit in timore Dei. Non igitur dubium est,
quin generatio prava infensissime eum oderit et varie exercuerit, insultantes
ei: Num tu solus sapis? Num solus tu Deo places? Num nos reliqui 25
omnes erramus, omnes damnabimur? tu solus non erras? solus non damnaberis? Oportuit itaque iustum et sanctum Virum hoc apud se constituere,
quod omnes alii errent et damnandi sint, se autem cum sua posteritate
solum servatum iri. Hoc etsi vere statuit, tamen difficillimum fuit: Itaque
varie cum talibus cogitationibus sanctus Vir luctatus est.   30

Miseri Papistae hoc uno Argumento hodie nos urgent, quod dicunt:
Num putas Patres omnes errasse? Durum quidem hoc est dicere, praesertim
de melioribus, Augustino, Ambrosio, Bernardo et tota illa cohorte optimorum
Virorum, qui gubernarunt Ecclesias verbo, et nomine illo augusto Ecclesiae
ornati sunt, quorum labores et exosculamur et admiramur.   35

Sed profecto non minus difficultatis ipsi Noah obiectum est, qui praedicatur solus iustus et integer, Cum tamen etiam hominum Filii affectaverint
nomen Ecclesiae. Et postquam cum eis se coniunxerunt Patrum filii, ibi
demum putaverunt Noah cum suis insanire, quod doctrinam aliam et cultus
alios sequeretur.   40

Est hodie nostra vita brevissima, et tamen quousque ingenia progrediantur, satis apparet. Quid putabimus fuisse in illa longissima vita, ubi etiam ingeniorum maior fuit acrimonia et vigor? Nam natura hodie multo hebetior et stupidior est. Et tamen tot donis ornati homines coeci ruunt in impietatem, sicut post dicitur: 'Omnis Caro corruperat viam suam. Solus autem Noah iustus et integer est'.

Haec duo vocabula, si vis, ita distingue, ut intelligas, iustum dici propter primam tabulam, et integrum propter secundam tabulam. Iustus enim dicitur per fidem erga Deum, quod credidit primum generali promissioni de Semine mulieris, Postea etiam illi particulari de mundo per Diluvium perdendo et servanda sua posteritate. Integer autem dicitur, quod ambulavit in timore Dei cavens studiose homicidia et alia peccata, quibus impii se contra conscientiam contaminabant, nihil motus tot scandalis illustrissimorum, sapientissimorum et in speciem sanctissimorum virorum.

Haec magna virtus fuit. Nobis enim hodie impossibile esse videtur, ut unus se opponat toti orbi terrarum, reliquos omnes damnet tanquam malos, qui tamen Ecclesiam, verbum et cultum Dei iactant, se autem solum statuat Dei filium et Deo acceptum esse. Est igitur Noah vere Vir miraculosus. Et commendat hanc ipsam animi magnitudinem Moses, cum diserte addit: 'In suis generationibus', seu 'suo seculo'. Quasi dicat, quod tamen pessimum et corruptissimum fuit.

Supra in historia Henoch diximus, quid sit 'cum Deo ambulare', nempe agere causam Dei in publico. Nam iustum et integrum esse sunt privatae virtutis testimonia. Sed cum Deo ambulare est publicum, nempe agere causam Dei coram Mundo, tractare verbum eius, docere cultum eius. Itaque Noah non tantum pro sua persona iustus et sanctus fuit, Sed etiam fuit Confessor, docuit alios de promissionibus et comminationibus Dei, egit et passus est omnia, quae Publica persona debet, in illo pessimo et corruptissimo seculo.

Ego si vidissem tantos viros in generatione impiorum mihi resistere, profecto desperatione quadam abiecissem ministerium. Nemo enim credit, quam difficile sit se unum opponere consensui omnium aliarum Ecclesiarum et iudiciis optimorum ac amicissimorum Virorum repugnare, damnare eos, contra eos docere, vivere et agere omnia. Id quod Noah fecit admirabili animi constantia praeditus, qui coram hominibus innocens non solum non omisit, sed magno animo ursit causam Dei inter pessimos homines, Donec diceretur ei: 'Non disceptabit Spiritus meus amplius in homine'. Ac verbum disceptandi pulchre repraesentat, quo animo Noah docentem audiverint impii.

Ac Petrus pulchre exponit, quid sit Ambulare cum Deo, cum vocat 2. Petri 2, 5 ipsum Noah Preconem iusticiae non humanae sed Dei, hoc est, fidei in promissum Semen. Quale autem praemium huius praeconii ab impiis tulerit, Moses non ostendit. Satis ei est dixisse, quod praedicaverit iusticiam et docuerit verum Dei cultum contra totum orbem terrarum, hoc est, contra optimos, religiosissimos, sapientissimos viros. Opus igitur fuit non uno miraculo, ne ab impiis circumventus occideretur. Videmus et experimur hodie, unus sermo ad populum quantum irarum, odii, invidiae pariat. Quid igitur putabimus Noah passum, qui non centum, non ducentis, sed pluribus 5 annis docuit usque ad ultimum centenarium, quo Deus noluit amplius doceri impios, si quidem magis irritabantur et deteriores fiebant?

Igitur ex conditione et natura ipsius Mundi et Diaboli, ex Apostolorum, Prophetarum et etiam ex nostris experientiis coniicere licet, quantum patientiae et omnium virtutum exemplum Noah fuerit, qui iustus et inculpatus fuit in 10 illa generatione impia et coram Deo ambulavit, hoc est, gubernavit Ecclesias verbo, et postquam centum et viginti anni essent constituti, quibus completis Mundus diluvio periturus erat, uxorem duxit, et liberos generavit post illam horribilem comminationem.

Verisimile autem est pervagatum eum totum orbem terrarum, ubique 15 docuisse, ubique admonuisse de vero Dei cultu ac laboribus maximis impeditum abstinuisse a coniugio prae nimia tribulatione, quod expectavit melius et religiosius seculum. Sed hanc spem cum vidit falsam, et divina voce admoneretur de certo tempore, quo periturus esset Mundus, tum primum movente Spiritu Sancto adiecit animum ad Coniugium, ut saltem ex 20 se reliuqueretur Semen novo seculo. Sicque conservavit genus humanum sanctus Vir, non tantum spiritualiter in vero verbo et cultu, sed etiam carnali generatione.

Sicut igitur ante Diluvium in Paradiso incipit nova Ecclesia per Adam et Heuam credentes promissioni, Ita hic quoque novus Mundus et nova 25 Ecclesia oritur ex coniugio Noah, quod est tanquam seminarium eius Mundi, qui duraturus est usque ad extremum Mundum.

Dixi autem supra, impiis magno scandalo has nuptias fuisse, et mirabiles ludos ex iis fecisse. Quomodo enim convenit, quod Mundus ita brevi periturus sit, et tamen Noah quingentesimum iam annum agens generat? 30 Certum Argumentum hoc iudicaverunt mundum Diluvio non periturum. Ceperunt igitur ipsi quoque liberius vivere et in summa securitate contemnere Matth. 24, 38 omnes comminationes. Sicut Christus dicit: 'In diebus Noah bibebant, commessabantur etc.' Nam mundus consilia Dei non intelligit.

De ordine filiorum Noah supra dixi: Iapheth primogenitus fuit, Sem 35 natus est biennio postquam Noah aedificare cepit arcam, Ham biennio post. Haec non quidem satis explicata et tamen diligenter a Mose indicata sunt.

6, 11   Et corrupta est terra coram Deo, et repleta iniuriis.

Lyra, forte ex Rabinorum sententia, disputat hoc in loco etiam aves et reliqua bruta discessisse a natura et commiscuisse se cum diversis speciebus. 40 Sed ego hoc non credo. Nam in bestiis manet creatio seu natura, sicut condita est. Non lapsae sunt per peccatum, sicut homo, Imo sunt conditae tantum ad corporalem hanc vitam. Ideo neque audiunt verbum nec verbum ad eas pertinet, sunt simpliciter sine lege primae et secundae tabulae. Referenda itaque haec particula simpliciter ad Hominem est.

5 Quod autem poenam peccati etiam bestiae tulerunt et simul cum homine per Diluvium sunt perditae, ideo factum est, quia Deus voluit hominem simpliciter perdere, non solum corpore et anima, sed etiam cum possessionibus et dominio, cum quo erat conditus. Sicut extant exempla similium poenarum in veteri Testamento. Danielis sexto, inimici Danielis
10 coniiciuntur in lacum Leonum cum uxoribus, liberis et familia tota. Idem accidit Nume. 16., cum Core, Dathan et Abyram perirent. Simile est quoque, 4. Mose 16 quod in Euangelio Christus dicit de Rege, qui iubet vendi servum cum Matth. 18, 25 uxore, liberis et omni substantia.

Ad hunc plane modum per Diluvium non solum Homines sed etiam
15 facultates eorum omnes sunt perditae, ut scilicet esset plena et perfecta poena peccati. Nam homini bestiae agri et volucres coeli sunt conditae, hae sunt opes et facultates hominum. Perierunt itaque animalia, non quod peccarint, sed quia Deus voluit perire hominem in et cum omnibus illis, quae erant et quae habebat in terra.

20 Diserte autem hic quoque addit Moses particulam: ʻCoram Deo corrupta erat terra': Ut ostendat ipsum Noah in oculis sui seculi habitum et aestimatum esse tanquam stultum et nihili hominem. Contra Mundus sibi est visus sanctissimus et iustissimus et putavit se dignas habere causas, cur persequeretur ipsum Noah, praesertim quod attinet ad primam tabulam et
25 cultum Dei. Habet quidem secunda quoque tabula suum fucum et hypocrisin, sed nulla ea est comparatio ad primam. Adulter, fur, homicida potest latere aliquandiu, sed non semper. At peccata primae tabulae fere manent occulta specie sanctitatis, dum Deus ea revelat. Impietas enim nunquam vult haberi et esse impietas sed pietatis et religionis laudem aucupatur et ita pingit
30 cultus suos, ut veri cultus et vera religio prae eis sordeant.

Verbum *Schiheth* in scriptura sancta valde frequens et illustre est. Utitur eo Moses quoque in Deuteronomio capite 31. ʻNovi, quod post 5. Mose 31, 29 mortem meam corrumpendo corrumpetis viam vestram, et declinabitis ab ea'. Et David Psalmo 14. ʻOmnes corrupti sunt, et abominabiles facti'. Porro Pf. 14, 3
35 uterque locus proprie loquitur de peccatis primae tabulae, hoc est, accusat in speciem Sanctissimos de falso cultu Dei et falsa doctrina. Impossibile autem est, quin doctrinam falsam etiam vita impia sequatur.

Quod igitur Moses dicit corruptam terram coram Deo, Ostendit clare Anthithesin, quod scilicet Hypocritae et Tyranni iudicaverint ipsum Noah
40 nihil recte neque docere nec facere: Contra a se doceri et fieri omnia sanctissime. Sed diversum, inquit Moses, verum fuit. Terra, hoc est, totus Mundus, seu omnes Homines corrupti fuerunt, scilicet quod ad primam

tabulam attinet, non habuerunt verum verbum, non cultum verum. Haec
distinctio de prima et secunda tabula mihi valde placet, et sine dubio a
Spiritu sancto ostensa est.

Quod autem addit: 'Et est terra repleta iniuriis', significat hunc per-
petuum esse ordinem, ut, postquam Verbum amissum et Fides extincta est
Rol. 2, 8 ac loco verorum cultuum vigent traditiones et ἐθελοθρησκεῖαι, sicut eas
Paulus appellat, etiam sequantur iniuriae et flagiciosa vita.

Vocabulum *Hamas* significat proprie violentiam, vim, iniuriam sublato
iure et aequitate omni, ubi, quod libet, licet, et non iure sed vi geruntur
omnia. Haec si illorum vita fuit, inquies: Quomodo potuerunt retinere 10
speciem vel opinionem sanctitatis et iusticiae? Quasi vero non habeas
exempla similia hodie ante oculos. Quid unquam Mundus crudelius vidit
Turcis? At hi omnem immanitatem suam ornant titulo Dei et religionis.

Sic Pontifices non solum rapuerunt ad se opes orbis terrarum, Ecclesiam ipsam impleverunt immensis erroribus et blasphemis dogmatibus, Vivunt 15
in infandis libidinibus, cum volunt, Regum animos dissociant et multam
bello et sanguini materiam suppeditant: Et tamen in his ipsis blasphemiis
et flagiciis iure sibi suo vendicant nomen et titulum Sanctissimorum, iactant
se Christi vicarios, successores Petri etc.

Sic summae iniuriae coniunctae sunt cum titulo sanctitatis, Ecclesiae, 20
verae religionis etc. Ubi si quis reclamet, statim anathemate feritur, et
damnatur tanquam haereticus, Dei et Ecclesiae hostis. Post Pontifices
Romanos et complices eorum nulla gens est, quae magis superbiat de religione et iusticia quam Turci: Christianos contemnunt tanquam idolatras, se
iudicant sanctissimos et sapientissimos. Et tamen quid aliud eorum vita 25
et religio est quam perpetuae caedes, latrocinia, rapinae, et alia horribilia
flagicia?

Ostendunt igitur exempla praesentium temporum, quomodo illa duo
incompatibilia possint consistere, ut summa religio sit coniuncta cum summis
abominationibus, summae iniuriae cum specie iusticiae. Atque haec quoque 30
est causa, quod homines sic indurantur et securi fiunt, nec expectant poenam,
quam sunt meriti peccatis suis.

6, 12 Et vidit Deus terram, et ecce corrupta fuit. Nam omnis caro
corruperat viam suam super terram.

Quia horribilis est ira Dei et iam imminet interitus universae carni 35
exceptis octo animabus, Ideo Moses paulo copiosior in hoc loco est, et
repetitionibus utitur, quae tamen non ociosae sunt sed habent suum pondus.
Supra dixit Terram fuisse corruptam: Nunc quasi ordinario iudicii processu
dicit Deum hoc vidisse et cogitasse de poena. Hoc modo quasi pingit
ordinem, quo Deus solet agere.   40

Spiritualium hominum verum iudicium hodie est de Papa, quod sit Antichristus et insaniat contra verbum et regnum Christi. Sed hanc impietatem illi ipsi, qui iudicant, non possunt emendare. Crescit quotidie impietas et pietatis contemptus indies fit maior. Hic cogitant: Quid igitur Deus 5 facit? Cur non punit hostem suum? Num dormit et prorsus humana non curat? Nam mora Iudicii discruciat pios. Ipsi afflictae religioni opem afferre nullam possunt et vident Deum, qui potest, connivere ad furorem Pontificum secure peccantium in primam et secundam tabulam.

Ad hunc modum Noah quoque videt terram impletam iniuriis. Gemit igitur et suspirat ad coelum, ut Deum tanquam e somno excitet ad iudicium. Sicut tales voces passim in Psalmis sunt: 'Quare stas a longe?', 'Domine, usque quo?', 'Respice nos, Domine, et vide afflictionem nostram', 'Surge, indica causam meam etc.'

Fit igitur tandem, quod Moses hic ostendit, ut Deus quoque ista videat, 15 et audiat clamorem piorum, qui iudicare Mundum possunt (Spiritualis enim omnia iudicat) sed non possunt corrigere. Impietas enim simpliciter incorrigibilis est, cum est ornata specie pietatis. Sicut etiam Tyrannis, cum est ornata specie iusticiae et providentiae. Non enim novum est, ut, qui aliorum uxores, filias, domos, agros, opes rapiunt, tamen velint iusti et sancti viri 20 esse, sicut supra de Papatu quoque ostendimus.

Est igitur ille secundus gradus, ut, postquam Sancti viderunt et iudicarunt impietatem Mundi, etiam Deus eam videt. Sicut infra de Sodomis dicit: 'Ascendit ad me clamor Sodomorum'. Et supra: 'Vox sanguinis fratris tui clamat ad me'. Sed prius quam Deus videat, semper praecedunt 25 singultus et gemitus piorum, quibus Deus tanquam a somno excitatur.

Hoc Moses per verbum 'vidit' hoc in loco voluit ostendere, quod Deus tandem viderit afflictiones, et audiverit clamores piorum, quibus tandem coelum repletum est, ut Deus, qui hactenus dissimularat omnia et adiuvare successu impiorum conatus visus erat, tanquam ex somno expergefieret. 30 Vidit quidem omnia multo citius, quam Noah, nam est inspector cordium nec potest simulatione pietatis decipi ut nos: Sed nunc primum, cum de poena cogitat, Noah sentit eum videre.

Sic hodie affligimur extrema malicia et inaudita. Nam adversarii veritatem agnitam et confessam damnant ex mera libidine, petunt iugulum nostrum, fundunt sanguinem piorum ex furore diabolico. Istas blasphemias, haec sacrilegia et parricidia contra regnum et nomen Dei tam manifesta, ut negari non possint, tamen defendunt, tanquam summam iusticiam. Dum enim pro sua tyrannide retinenda pugnant, etiam Ecclesiae nomen sibi vendicant. Hic quid aliud possumus, quam ut clamemus ad Deum: Ut sanctificet Nomen suum et ut 40 Regnum suum non aboleri, ut paternam voluntatem suam non impediri sinat?

7 afferri A

Luthers Werke. XLII.   20

Sed dormit adhuc Dominus, nondum videt tantam impietatem, quia nondum ostendit se eam videre. Sed sinit nos cruciari istis acerbissimis spectaculis. Sumus igitur adhuc constituti in primo gradu et dicitur de hoc nostro seculo versus ille: Quod corrupta sit universa terra. Sed secundus gradus etiam suo tempore adveniet, ut possimus certa fiducia statuere non nos solum sed Deum quoque tantam impietatem videre et odisse. Quanquam enim Deus pro longanimitate sua dissimulat multa et diu, tamen *Pf. 98, 9* retinebit titulum suum: Quod in iusticia iudicabit orbem terrarum.

Quam autem haec mora acerba et dura sit piis, ostendunt querelae Ieremiae, capite 12. et 20. Ibi enim sanctus Vir tantum non ad blasphemias 10 progreditur, donec tandem ei dicitur Regem Babyloniae venturum et sumpturum poenas de incredulis contemptoribus. Ibi videt Ieremias Deum respicere terram et in terra esse Iudicem.

Sententia universalis, quae sequitur, valde horribilis est: Quod universa caro super terram corruperit viam suam, et Deus, postquam cepit prospicere 15 in filios hominum, non invenerit, neque ascendendo nec descendendo a summis Patribus usque ad infimos, quos salvare posset ab interitu.

Longe autem horribilius hoc est auditu, si propius consideres primum Mundum et non ex istis miseris reliquiis eum aestimes, quas hodie habemus. Sicut enim omnia terra nascentia tum meliora et praestantiora 20 fuerunt, Ita etiam cogitabimus, maiestatem et pompam nostrorum Principum, speciem sanctitatis et sapientiae Pontificum nihil esse ad illam religionis, iusticiae et sapientiae speciem, quae fuit in primo Mundo inter illos famosos viros.

Et tamen dicit textus: Universam carnem corrupisse viam suam excepto 25 uno Noah cum posteritate sua, hoc est: Fuisse omnes homines impios, vixisse in Idolatria et falsis religionibus ac verum cultum Dei una cum promissionibus de Semine odisse, prosecutos esse Noah, qui per Semen remissionem peccatorum annunciavit ac iis aeternam perditionem minatus est, qui eam non crederent.   30

6, 13 **Et dixit Deus ad Noah: Finis universae carnis venit coram me, Nam repleta est terra iniuriis coram eis. Et ecce ego perdam eos cum ipsa terra.**

Postquam Noah et sui diu clamaverunt, accusantes maliciam Mundi, ostendit tandem Dominus se quoque illam maliciam videre et ulcisci velle. Hunc secundum gradum nos quoque hodie expectamus nec dubium est, quin erunt aliqui Homines, quibus revelabitur ista Mundi perditio futura. Nisi fortasse ea perditio erit dies novissimus et extremum iudicium, quod sane

---

25 Universum *A*   28 prosecutos] *wohl besser* persecutos.

optarim. Satis enim malorum in his paucis et malis diebus nostris vidimus. Homines impii, sicut temporibus Noah, vitia sua ornant nomine sanctitatis et iusticiae. Itaque poenitentia seu resipiscentia nulla sperari potest. Ad eum gradum cum ventum est temporibus Noah, fertur tandem definitiva sen-
5 tentia, quam supra Dominus significavit, cum iussit desistere a disceptatione et dixit: Se poenitere, quod condiderit hominem.

Non potest autem hanc iram ratio credere et intelligere perfecte. Vide enim, quam haec dissimilia sunt cum prioribus. Supra audivimus: Vidisse 1. Mose 1, 21 Deum omnia, quae fecit, ac fuisse valde bona: Addidit homini et bestiis
10 benedictionem multiplicationis, Subiecit Hominis imperio terram et omnes terrae opes, Quod maximum est, addidit etiam promissionem de Semine mulieris et aeternae vitae, Instituit non tantum Oeconomiam et Politiam sed quoque Ecclesiam. Quomodo igitur fit, ut primus Mundus, sicut Petrus dicit, per verbum ad hunc modum constitutus per aquam pereat?
15 Non igitur dubium est, quin ipsi Noah de futura et universali per- ditione concionanti Filii mundi haec omnia obiecerint et eum palam arguerint mendacii, quod scilicet Oeconomia, Politia et Ecclesia a Deo sint constituta, non igitur Deum constitutionem suam penitus eversurum esse finali perditione: Esse hominem conditum ad generandum et ut in terra dominetur: Non igitur
20 aquam ei dominaturam ad interitum.

Sicut Papistae hoc uno Argumento nos urgent: Christum affuturum Ecclesiae usque ad consummationem mundi, Portas inferorum non praevali- Matth. 28, 20 turas adversus eam. Haec pleno ore iactant et putant impossibile esse, ut Matth. 16, 18 pereant. Fluctuari potest cymba Petri, inquiunt, sed non opprimi fluctibus.[1]
25 Non dissimilis securitas et confidentia fuit ante Diluvium, et tamen videmus universam terram periisse. Iactabant quidem Dei ordinationes esse perpetuas nec unquam Deum, quod semel condidit, sustulisse aut mutasse penitus. Sed eventum considera, et videbis eos falsos, Noah autem solum fuisse verum.

Nisi igitur Spiritus sancti illuminatio accedat, impossibile est hominem
30 hoc Argumento non vinci. Nam statuere, quod Deus creaturam suam penitus sit deleturus, an non est Deum facere inconstantem et mutabilem? Et tamen Deus ipsi Noah hoc revelat, quod velit adducere finem non unius partis carnis aut terrae, sed universae carnis et terrae. An non enim satis horribile esset, cum terrae tres partes faciant, uni minari interitum? Sed in totam
35 terram et in omnes Homines desaevire, hoc contra Dei ordinationem, contra Dei sententiam videtur pugnare, qui dixit: Omnia esse valde bona. Gran- diora igitur haec sunt, quam ut possint ratione humana intelligi aut com- prehendi.

Huius tantae irae quae causa est? Nimirum, quod, sicut hic dicit,
40 Terra est repleta iniuriis. Mirabilis ratio. Nihil hic dicit de prima tabula,

---

[1]) Fluctuat navicula Petri sed non mergitur: *Colloq. ed. Bindseil III, 279.*

tantum allegat secundam tabulam. Quasi dicat: De me nihil dicam, quod nomen et verbum meum oderunt, blasphemant, persequuntur. Ipsi inter se quam vivunt turpiter! Non Oeconomia, non Politia recte administratur, vi geruntur omnia: ratione et legibus nihil. Itaque simul et homines et terram perdam. 5

Sic nostro seculo videmus, Deum dissimulare prophanationem Missarum, quae horribilis abominatio fuit et totum orbem terrarum replevit, impia dogmata et reliqua vitia, quae hactenus in religione fuerunt. Sed postquam homines sic vivunt inter se, ut neque Politiae nec Oeconomiae ratio habeatur, postquam tanta avaricia, tam varii doli, tam multiplex denique iniquitas 10 invaluit, quis non videt Deum quasi cogi ad puniendam, imo evertendam Germaniam?

Est autem plenum misericordiae et amoris, quod Deus magis queritur de iniuriis, quibus premuntur membra sua, quam de iis, quae sibi afferuntur. De his enim tacere hic eum videmus, cum minatur non homini solum sed 15 etiam ipsi terrae perditionem.

Utrunque enim per Diluvium factum est: et vires hominis imminutae, et opes eius cum ipsa terra accisae sunt. Neutiquam posteriores arborum fructus similes fuere prioribus ante Diluvium. Rapae meliores fuerunt ante Diluvium, quam postea melones, citria sive aurea mala. Pirum praestantius 20 fuit, quam hodie sunt aromata. Sic verisimile est plus roboris fuisse in digito viri quam hodie in toto brachio. Ad eundem modum ratio et sapientia longe fuit praestantior. Afflixit autem Deus propter peccatum non tantum hominem sed etiam opes et dominationem eius, ut ad posteritatem quoque haec ira documentum esset. 25

Quis autem modus est perditionis? Nimirum, quod arripit elementum aquae et universa delet. Nota autem est vis, qua elementum hoc grassari solet. Aër etsi sit pestilens, tamen non semper inficit arbores et radices. Sed aqua non solum evertit omnia, non solum evellit arbores et radices, sed etiam ipsam terrae superficiem tollit et mutat solum, ut etiam fecundissimi 30 Pf. 107, 34 agri per salsuginem terrae et arenas corrumpantur. Hoc igitur primi mundi fuit quasi excidium.

Praesentis autem mundi erit alia poena, sicut color Iridis ostendit. Infimus color, cuius finitum spacium est, est aqueus. Sic enim grassata aqua est in Diluvio, ut tamen poenae modus statueretur et abolitis pecca- 35 toribus redderetur terra habitanda piis reliquiis. Sed alter exterior circulus Iridis, qui est infinitae capacitatis, habet colorem ignis, eius scilicet elementi, quo totus Mundus conflagrabit. Sequetur tamen hanc corruptionem melior Mundus, qui in aeternum durabit, et serviet piis. Haec in Iride pinxisse videtur Deus. 40

Fac tibi arcam de lignis pini. Mansiunculas in Arca facies, et 6, 14 **bitumine lines eam intrinsecus et extrinsecus.**

Primum cogitat Dominus de conservandis reliquiis ex isto parvulo semine, ex tribus Noah filiis. Nam Noah amplius non generavit. Haec magna significatio est misericordiae Dei erga eos, qui ambulant in viis eius.

Gopher alii pinum, alii abietem, alii cedrum faciunt. Itaque difficilis est divinatio. Apparet tamen electam propter levitatem vel etiam propter unctuositatem, ut facilius innataret aquae et minus penetraret aqua.

Kinim nidos seu mansiunculas significat, loca divisa pro diversitate bestiarum. Non enim uno in loco ursi, oves, cervi, equi habitarunt, Sed singula genera suas habuerunt peculiares mansiones.

Quale autem bitumen fuerit, nescio. Apud nos picantur naves et obstruuntur stuppa. Ac sane pix contra aquam valet, sed incendiis quoque apta est. Bitumen autem apud nos nullum est, quod in aquis duret. Itaque non displicet, quod quidam bitumen pro pice accipiunt.

Sed queras: Cur Deus omnia ita accurate praecipit? Satis erat mandatum de paranda arca. Nam ratio et de spatio et de ratione aedificandi per se videt, quid facto opus sit, sicut multa egregia opera artificum testantur. Cur igitur Deus ipsum Noah de longitudine, de latitudine, de altitudine, de bitumine obducendo tam diligenter docet? Nimirum, postquam Noah omnia ex praescripto Dei facit (sicut Moses tabernaculum ad archetypum in monte), ut eo maiore fiducia credat se servatum iri et suos, nec diffidat operi, quod ab ipso Deo instructum, et, quomodo fieret, mandatum erat. Haec causa est, cur nunc tam solicite omnia praecipiat Deus.

Et hoc modo facies eam: Trecentorum cubitorum erit longitudo 6, 15 **Arcae, quinquaginta cubitorum latitudo eius, et triginta cubitorum altitudo eius.**

Hic obiicitur pulchrum exercitium Geometricum et Mathematicum de forma et quantitate arcae. Varia autem Scriptorum iudicia sunt: Alii quadratam, alii acuminatam fuisse dicunt, sicut fere nostra aedificia in Europa sunt. Sed ego credo quadratam fuisse. Nam orientales populi acuminata aedificia nesciverunt et quadratis usi sunt. Sicut patet ex Euangelio, quod in tectis obambularint, et fuit similis etiam Templi figura.

Postea etiam de mansiuncularum distinctione disputatur, de parte suprema, media et infima (de his enim partibus textus commemorat), quam partem quae animalia possederint. Sed id definiri non potest. Verisimile tamen est Ipsius Noah fuisse supremam partem et avium, mediam mundorum animalium, infimam immundorum, Quanquam Rabini dicant infimam servisse stercoribus abdendis. Sed ego puto stercora vel per fenestram proiecta.

Nam cum amplius anni spacio tanta bestiarum multitudo in arca fuerit, stercora exportari necesse fuit.

Illud quoque Augustinus ex Philone citat[1] contra Faustum: Quod secundum rationem Geometricam arca habuit proportionem humani corporis. Si enim homo in terra iaceat, decuplo corpus longius est quam altius, Sex- 5 tuplo autem longius quam latius. Ad hunc modum trecenti cubiti sunt sexies quinquaginta et decies triginta.

Haec ad corpus Christi postea accommodantur, hoc est, ad Ecclesiam, quae habet ostium, id est, baptismum, per quod sine discrimine mundi et immundi ingrediuntur. Etsi autem Ecclesia est exigua, tamen est Rectrix 10 orbis terrarum, et conservatur propter eam mundus. Sicut in arca conservantur immunda animalia. Alii accommodarunt etiam ad corpus Christi, quod habuit vulnus in latere, sicut arca fenestram. Sunt allegoriae hae, si non prorsus eruditae tamen innoxiae, quae nullum errorem secum trahunt et quibus extra disputationes ornamenti causa uti licet. 15

6, 16 **Fenestram facies in Arca, et ad cubitum consummabis eam superne. Fores vero Arcae pones in latere eius, cum intersticiis inferioribus, mediis et tertiis facies eam.**

Vide, quam diligens architectus sit Deus, quam sollicite curet et disponat omnes aedificii partes. Porro vocabulum *Zohar* non proprie fenestram 20 significat, Sed lucem meridianam.

Queritur autem hic, an una tantum fenestra arcae fuerit, an plures? Usitata enim in hac lingua phrasis est, ut singulari utantur pro plurali, seu collectivo pro distributivo, Ut: 'disperdam hominem de terra': hic profecto non de uno homine, sed multis loquitur. Sed mihi videtur, unam tantum 25 fuisse fenestram, quae illustravit domicilium hominis.

Latinus Interpres mire obscurus est, ut, quid velit, nescias. Ac omnino puto, eum haesisse in figura navis, quales hodie sunt, ubi homines communiter vehuntur in inferiori parte. Nec de ostio quid dicat, satis intelligi potest, cum certum sit et fenestram cubitalem fuisse in superiore parte et ostium 30 in medio latere ceu in umbilico arcae. Sicut etiam Heua ex medio viri condita est. Habuit autem totum aedificium tria intersticia, supremum, medium et infimum, ac supremum mea sententia fuit illustratum luce diei per fenestram.

Sed inquies: Qualis fenestra illa fuit aut quomodo potuit consistere in 35 tanta imbrium frequentia et vehementia? Non enim usitato modo tum pluerat: Siquidem intra quadraginta dies aqua ita crevit, ut quindecim ulnis superaret omnes montes. Iudaei igitur fenestram Crystallo clausam dicunt,

---

[1] *Augustin. contra Faustum Manich. XII. 17.*

quae transmitteret lumen. Sed mihi frustra videtur curiosius haec persequi; non enim in eo pietas aut regnum Christi periclitatur, si quaedam huius aedificii, cuius architectus Deus fuit, ignoremus.

Quanquam quid obscuritatis haec res habeat, non video, si accipias, fenestram fuisse in superiori interstitio in latere. De ostio certum est, quod fuerit ad tredecim vel quatuordecim cubitis altum a terra. Nam arca ad decem pene cubitos in aquas demersa natavit. Magnum enim onus vexit: omnis generis animalia et victum plusquam annuum. Haec de rudi idea arcae satis sint, nam praeter altitudinem et longitudinem Moses nihil indicat, quam quod habuerit tria intersticia, ostium et fenestram.

Infinitas alias questiones amputabimus: Quali aëre in arca sint usi? Nam ista aquarum moles, praesertim cum decrevit, ingentem foetorem et pestilentem excitavit. Unde hauserint aquam, qua poti sunt? Nam aqua non potest servari integra per totum annum. Ideo navigantes saepe dulcis aquae hauriendae causa vicinos portus inquirunt. Item: Quomodo potuerit sentina exhauriri, quae graviter olet?

Haec et alia accidentia, quae navigantium usus ostendit, praecidamus (alioqui nullus questionum finis erit), contenti ista rudi narratione: Quod in infima parte verisimile est asservatos ursos, leones, tygrides et alia immitia animantia, In media, quae mitia sunt et tractabilia, una cum victualibus, quae non possunt asservari in locis omni aëre carentibus, In superiore ipsos homines cum domesticis animantibus et avibus. Haec nobis sufficiant.

Et ecce ego, ego adducam Diluvium aquarum super terram, ut 6, 17 perdam universam Carnem, in qua est Spiritus vitae sub coelo, et omne, quod est in terra, peribit.

Supra in genere minatus est generi humano interitum. Hic modum ostendit, quod novo genere supplicii velit uti ac Diluvio omnia perdere. Talem poenam Mundus usque ad eum diem non norat. Usitatae poenae sunt, sicut ex Prophetis apparet, Pestis, fames, gladius, rabies ferarum. Peste pereunt homines et bestiae. Bello etiam terra corrumpitur; destituitur enim colonis. Famis incommoda, etsi minus crudelitatis habere videntur, tamen longe miserrima sunt. Quartum genus poenarum nostrae Regiones fere ignorant. Etsi autem singula ad affligendum genus humanum satis sint, tamen Deus voluit novo genere poenae contra primum Mundum uti, quo universa caro, in qua Spiritus est, deleretur.

Itaque, quia inaudita prioribus seculis haec poena fuit, minus ab impiis credita est. Sic enim cogitarunt: Si Deus omnino irascitur, nonne gladio, nonne peste inobedientes potest corrigere? Diluvium etiam reliquam crea-

---

8 idaea *A*

turam aboleret, cuius tamen nullum peccatum est. Profecto tale nihil
cogitabit Deus de Mundo.

Sed ut hanc incredulitatem eximeret ex animo Noah et piorum, repetit
emphatice pronomen 'Ego, Ego adducam'. Deinde diserte addit se deleturum
carnem, quae sub coelo et in terra est. Hic enim excludit pisces, quorum 5
imperium per aquas augetur.

Pertinet igitur haec particula eo, ut ostendatur magnitudo irae Dei,
qua homines non solum corpora et vitam amittunt, Sed etiam universum
dominium per orbem terrarum.

6,18 **Et statuam pactum meum tecum, veniesque in Arcam tu et Filii** 10
tui, uxor tua, et uxores Filiorum tuorum tecum.

Hanc consolationem supra indicavit Moses, cum dixit Noah invenisse
gratiam. Opus autem ea fuit, non solum, ne Noah in tam horribili ira
desperaret, sed ut etiam confirmaretur fides eius de poena grassatura. Non
enim facile creditu fuit universum genus humanum periturum esse. Itaque 15
Mundus stolidissimum indicavit Noah, qui talia crederet, et risit eum ac
aedificium eius sine dubio exagitavit. In tantis scandalis ut confirmaretur
animus eius, ideo toties cum eo loquitur Deus et nunc etiam de pacto
meminit.

Queritur autem apud Interpretes: Quale illud pactum fuerit? Ac 20
Lyra explicat de promissione, quod eum ab impiis hominibus defendere
velit, qui minati erant ei mortem. Burgensis dicit pactum illud potius
referendum ad pericula in aquis depellenda. Alii putant significari pactum
Iridis, quod postea cum Noah Dominus icit.

Sed mea sententia loquitur de pacto spirituali seu de promissione 25
Seminis contrituri caput Serpentis. Illud pactum habuerunt Gygantes; sed
cum eo abuterentur ad superbiam et impietatem, exciderunt ab eo. Sicut
postea Iudaei, dum de Deo, lege, cultu, templo carnaliter praesumunt, ea
dona amittunt et pereunt. Ipsi autem Noah hoc pactum confirmat Deus, ut
certo statuat Christum ex sua posteritate nasciturum et Deum in tanta ira 30
relicturum esse seminarium Ecclesiae. Hoc pactum igitur non solum includit
defensionem corporalem, de qua Lyra et Burgensis rixantur, sed aeternam
quoque vitam.

Sententia itaque est: Isti insolentes contemptores minarum et promissionum dabunt poenas mihi, praesidium enim et fiduciam, quam habent de 35
pacto meo, principio ab eis auferam, ut pereant sine omni pacto et sine
misericordia. Transferam autem illud pactum ad te, ut non solum serveris
ab illa aquarum vi sed etiam a morte. et damnatione aeterna.

Diserte autem dicit: 'Tecum': non filios, non uxores nominat, quos
tamen etiam erat servaturus, sed solum Noah nominat, a quo promissio 40

haec in filium Sem derivata est. Est igitur haec secunda promissio de Christo, quae omnibus aliis Adae posteris eripitur et uni Noah assignatur.

Postea haec promissio subinde clarior facta est. Processit enim quasi de genere ad speciem, et deinde a specie ad individuum. A toto enim Abraham in solum Davidem propagata est, A Davide in Nathan, A Nathan usque ad unam Virginem (quae tanquam emortuus truncus seu radix Iesse fuit), Mariam, in qua promissio seu pactum hoc finitum et impletum est.

Haec pacti sanctio maxime fuit necessaria impendente incredibili et inaestimabili ira Dei.

Observabis autem hoc quoque loco peculiarem vocationem, cum dicit: 'Veniesque in Arcam, Tu et Filii tui etc.' Si enim absque hac vocatione peculiari fuisset, non essent ausi in arcam ingredi.

Quam autem horribile est de universo genere humano tantum eligi octo personas, quae serventur, Et tamen inter istas postea reprobari Ham, tertium filium Noah! Hic enim nominatur ore Dei inter electos et sanctos, imo cum eis defenditur et servatur, nec potest a patre Noah discerni. Nisi enim eadem credidisset et orasset, nisi timuisset Deum, neutiquam esset servatus in Arca, et tamen postea reprobatur.

Hic Sophistae de Electione disputant, quae fit secundum propositum Dei. Sed sepe monui, abstinendum esse a speculationibus nudae Maiestatis. Hae enim sicut est impossibile, ut verae sint, ita etiam minime sunt salutares. Sic potius de Deo cogitemus, sicut nobis se offert in Verbo et Sacramentis. Nec referamus huiusmodi exempla ad electionem occultam, qua Deus omnia secum disposuit ab aeterno. Hanc enim animo complecti non possumus et videmus eam pugnare cum voluntate Dei revelata.

Quid igitur, inquies, de his Exemplis statuemus? Nihil aliud, quam quod proposita nobis sunt ad instillandum nobis timorem Dei: Ne putemus post semel acceptam gratiam nos non posse iterum a gratia excidere. Sicut Paulus quoque monet: 'Qui stat, videat, ne cadat'. Ad humiliationem 1. Kor. 10, 12 igitur nostri referenda haec sunt, ne superbiamus donis aut resistamus ignavi in iis, quae accepimus. Sed ut contendamus ad anteriora, sicut Paulus Phil. 3. dicit, ne putemus nos plene apprehendisse omnia. Nam hostis Phil. 3, 13 noster malignus et acerrimus est, Nos autem sumus infirmi, gestantes hunc tantum thesaurum in vasis fictilibus 2. Cor. 4. Ideo non gloriari tanquam 2. Kor. 4, 7 securi sed gemere ad Deum tanquam in praesentissimis periculis constituti debemus: Postquam videmus tam sanctos homines ab accepta et diu possessa gratia per securitatem excidisse.

Ita cum fructu de talibus exemplis disputatur. Qui autem haec negligunt et illa sublimia de Electione secundum Dei propositum persequuntur, hi animos ultro ad desperationem proclives impellunt et evertunt.

6, 19. 20 Ex omni quoque animanti et ex omni carne bina de singulis duces in Arcam, ut vivant tecum, Masculum et Foemellam, de Volucribus iuxta genus suum, et de Iumentis iuxta genus suum, et ex omni reptili terrae iuxta genus suum; Bina de omnibus ingredientur tecum, ut conserves ea. 5

Hic iterum disputatio oritur, ut fit, cum in Historiis itur ad usum et accidentia. Videtur enim pugnare textus, quod hic de binis et binis, Infra autem in initio cap. septimi de septenis et septenis dicitur. Deinde rixatur Lyra cum quodam Andrea[1], qui putavit quatuordecim individua in arcam conclusa, quia scribitur: 'De mundis autem septena et septena'. Sed Lyrae 10 sententiam probo, qui dicit: Septem singularum specierum individua conclusa in arcam, tres Masculos et tres Foemellas, deinde septimum etiam masculum, quo uteretur ad sacrificia Noah.

Quod igitur hoc in loco dicit: Bina de singulis in Arcam ducta, id cogit, septimum caput ut intelligatur tantum de immundis. Nam mun- 15 dorum maior fuerit numerus, ea singularum specierum septena in arcam conclusa sunt.

Necesse autem est, ut hoc loco disputemus de differentia illa, quae inter istas appellationes est: Omnis anima, bestiae, pecora. Confunduntur quidem saepe, et tamen alicubi cum differentia iis utitur Scriptura, ut, cum 20
1. Mofe 1, 24
1. Mofe 1, 20 dicit: 'Producat terra animam', 'Producant aquae animam'. Ibi nomen generis est omnium, quae vivunt in terra et in aquis. Huius generis species sunt, quae hic nominantur, Haiah, Remes, Behemah, quanquam nonnunquam confunduntur.

Hef. 1, 5 Vocat hic Behemoth iumenta, cum tamen apud Ezechielem in primo 25 capite illa quatuor animalia communi nomine vocentur, Hahaioth, quo vocabulo proprie significantur, quas nos vel bestias, vel feras dicimus, quae non foenum, nec alia terra nascentia comedunt, sed carnes, sicut leo, ursus, lupus, vulpes.

Behemoth iumenta sunt seu pecora, quae foeno et herbis terra nascen- 30 tibus vivunt, sicut oves, boves, cervi, capreae.

Remes est reptile derivatur autem nomen a verbo Ramas, quod calcare significat. Ac si nos conferimus cum volucribus, nos quoque sumus Remasim, reptamus enim et terram calcamus pedibus sicut canes et aliae bestiae. Sed proprie significat ea animalia, quae non erecto vultu incedunt. Nam quae 35 repunt, sicut nos reptilia vocamus, habent speciale nomen et appellantur Scherazim, ut ex Levitico apparet, a verbo Scharaz, quod movere significat, quod infra cap. septimo ponitur. Vocabulum Oph notum est, significat volucrem.

---

[1] Wohl Andreas Horne, lebte um 1320; s. Cave, script. eccl. not. litt.

Haec differentia harum appellationum est, quanquam, ut dixi, alicubi non observatur. Non autem debet referri nisi ad tempus post Diluvium, alioqui sequeretur tales feroces bestias etiam in Paradiso fuisse. Atqui ante peccatum, quia homini imperium fuit in universas terrae bestias, quis dubitat concordiam futuram non solum inter Homines, sed etiam inter animalia bruta cum homine?

Etsi igitur primum caput aperte probat illas feroces bestias cum reliquis esse conditas, tamen propter peccatum hominis naturae earum mutatae sunt, ut, quae mansuetissimae et innocuae futurae erant, nunc post lapsum ferae et noxiae sint. Haec mea sententia est, quanquam, postquam statum istius innocentis vitae amisimus, opinari verius quam definire de illa vita possumus.

Sed, inquies, Si propter peccatum naturae animantium sic sunt mutatae, Quomodo potuerunt praesertim feroces et immanes istae cogi a Noah? Certe leo cogi non potest, ita nec tygrides neque pardi et si qua similia sunt.

Hic respondent, miraculose tales feras ingressas in Arcam. Ac mihi quoque verisimile est. Nisi enim mandato Domini coactae essent ingredi, etsi Noah aliquam industriam adhibere necesse fuit, tamen non tanta eius, ut hominis, fuisset virtus, ut cogere tam feroces posset feras. Ac utrunque textus ostendit. Nam primum dicit: 'Tu eas duces in Arcam'. Deinde addit: 'bina ex omnibus venient ad te'. Nisi igitur miraculose hoc factum esset, plures accurrissent, quam binae aut septenae.

Quod igitur bina et septena sponte accedunt, miraculum est, et signum, quod praesenserint iram Dei, et horribilem illam calamitatem futuram. Sicut etiam brutae naturae praesensiones quasi et praesagia imminentium malorum habent, et saepe quasi sensu aliquo misericordiae motae ingemiscunt pro homine in manifesto periculo constituto. Sicut apparet in canibus et equis, qui Dominorum pericula intelligunt et eorum sensu se affici ostendunt, dum canes querulantur, equi tremunt et largum sudorem emittunt. Quin etiam ferae bestiae non raro in periculis ad hominem confugiunt.

Hic igitur sensus cum alioqui in brutis naturis sit, quid mirum est, si hic quoque tali modo divinitus ad imminens periculum excitatae volentes se cum Noah coniunxerint? Nam textus ostendit volentes accessisse. Sicut et Historiae testantur et comprobat experientia, quod, cum aut pestilitas ingens aut magna clades imminet, lupi, ferocissimum animal, non in pagos solum sed etiam in ipsa oppida nonnunquam irruunt, habentes refugium ad homines, et quasi humiliantes se eorum opem requirunt.

---

5 futuram] fuisse ? futuram fuisse ?

6, 21 Et tu sume tecum ex omni cibo, qui comeditur, et repone cum, ut sit tibi et illis in escam.

Quia Diluvium integro anno duraturum erat, ideo necesse fuit admoneri Noah de cibo, ex herbis et arborum fructibus colligendo, tum ad Hominis, tum caeterorum animalium vitam conservandam. Etsi autem ingens 5 ira fuit, quod omnia terra nata intereunt, tamen in tam horribili calamitate lucet Dei bonitas, prospicientis homini et caeteris animalibus, ut conserventur et per ipsorum conservationem etiam conservetur species. Sicut autem animalia electa, ut in arca conservarentur, integris corporibus et sana fuerunt, Ita etiam victum habuerunt ex providentia Dei convenientem ipsorum naturae. 10

Ac de Homine constat nondum carnibus in cibo usum esse, Sed tantum terra natis. Fuerunt autem ea ante Diluvium longe meliora, quam nunc suut post illam salsuginem aquarum, quae terram mirabiliter corrupit.

Cernitur igitur hoc in loco Dei providentia, cuius consilio puniuntur mali, boni autem servantur. Fit autem mirabiliter, ut, dum punit Deus 15 impios, non tamen totam naturam destruat, sed benigne prospiciat futurae posteritati.

Etsi autem facile fuit Deo, etiam sine cibo servare Noah et animalia per integrum annum, sicut Mosen, Eliam et Christum quadraginta dies sine omni cibo servavit, Imo sicut omnia fecit ex nihilo (id enim maius et mira- 20 bilius est), Tamen, sicut Augustinus erudite dicit, Deus res conditas sic administrat, ut eas propriis motibus agere sinat, hoc est, (ut Augustini sententiam ad praesens negotium accommodemus), Deus utitur mediis certis, et sua miracula sic temperat, ut tamen ministerio naturae et mediis naturalibus utatur. 25

Et exigit id a nobis quoque, ne organa naturae abiiciamus (Id enim esset tentare Deum), sed ut mediis paratis et a Deo oblatis cum gratiarum actione utamur. Peccaret enim, qui, cum esuriret, cibum e coelo expectare et non potius eum aliunde comparare vel rogare vellet. Sicut Christus Lut. 10, 7 iubet, ut Apostoli edant, quod eis apponitur. Sic Noah habet mandatum 30 hoc in loco, ut utatur ordinato medio colligendi cibi: non iubetur in arca expectare miraculosam rationem praebendi victus de coelo.

Monachorum vita tota nihil est, nisi tentatio Dei. Non possunt continere, et tamen a coniugio abstinent. Sicut etiam a certis cibis abstinent, quos tamen Deus condidit, ut sumerentur cum gratiarum actione a fidelibus 35 et cognoscentibus veritatem, quod omnis creatura Dei bona, et nihil reiicien- 1. Tim. 4, 3. 4 dum sit, quod cum gratiarum actione sumitur, 1. Timoth. 4. Sic Medicinae usus licitus est, imo necessarius: est enim conditum medium ad conservandam valetudinem. Sic artium et linguarum studia colenda sunt, et, ut

---

Paulus ait, 1. Tim. 4. 'Nihil reiiciendum est, quod sumitur cum gratiarum 1. Tim. 4. 4 actione, seu per orationem sanctificatur'.

Poterat Deus ipsum Noah in mediis aquis servare, sicut de S. Clemente fingunt, habuisse eum cellulam in medio mari: Imo sicut populus Israel in medio mari rubro, Ionas in ventre coeti servatus est. Sed id noluit, voluit potius, ut uteretur Noah beneficio ligni seu arborum, ut industria humana haberet hoc quasi curriculum, in quo exerceretur.

Ubi igitur haec mediorum seu creaturarum copia vel deest vel cessat, ibi aut patere, aut expecta auxilium a Domino. Sicut Iudaci faciebant, 10 quos ad mare constitutos et ab hoste a tergo cinctos nulla amplius industria sublevare poterat. Quare aut miraculosa liberatio speranda, aut certa mors subeunda erat.

Fecit igitur Noah omnia, quae praeceperat illi Deus.   6, 22

Haec Phrasis in Scriptura admodum est frequens. Est autem hic 15 primus locus, in quo sub ista forma verborum commendatur obedientia erga Deum. Infra autem repetitur saepius: Faciebat Moses, populus secundum omnia, quae praeceperat eis Dominus etc.

Commendatur autem Noah in exemplum nobis, quod non habuerit mortuam fidem, quae revera fides non est, sed vivam et efficacem fidem. 20 Paret enim Deo praecipienti, et quia tum promittenti, tum comminanti Deo credit, ideo, quae de Arca, de colligendis bestiis et cibo mandaverat Deus, studiose exequitur.

Est autem haec singularis commendatio fidei Noah, quod manet in regia via, et nihil addit, nihil mutat, nihil demit de mandato Dei, Sed sim- 25 pliciter manet in eo, quod sibi audit praecipi.

Est enim haec vulgatissima et simul pestilentissima pestis in Ecclesia, quod fere aut mutatur, quod Deus iussit, aut superordinatur aliquid super id, quod Deus iussit. Sicut enim una regia via est, quam insistere debemus, Ita qui declinant nimium ad sinistram, dum ea non praestant, aut negligunt, 30 quae Deus iussit, peccant. Qui nimium declinant ad dextram, plus facientes, quam iussit Deus, sicut Saul, dum parcit Amalechitis, etiam peccant, ac quidem gravius, quam illi ad sinistram. Accedit enim praesumptio pietatis, ubi enim illi ad sinistram excusare errorem non possunt, hi etiam praeclare se meritos esse iudicant.

35 Atque hic lapsus vulgatissimus est. Nam Deus solet communia, vilia, ridicula, scandalosa quoque nonnunquam praecipere. Ratio autem delectatur splendidis, et communia illa aut fastidit, aut cum indignatione suscipit. Sicut oeconomica officia fastidierunt Monachi, et delegerunt sibi alia in speciem splendidiora. Et vulgus hodie, quia audit, in Euangelio communia 40 officia praedicari, contemnit Euangelium tanquam vulgarem doctrinam, quae nihil eximium habeat. Quid enim magni videtur docere, qui docet, ut servi

parcant Dominis, liberi Parentibus? Haec tanquam omnibus nota et iam
antea ab aliis tradita eruditi Papistae non negligunt solum, sed rident etiam.
Singularia autem exquirunt, quae aut opinione sapientiae, aut specie magnae
difficultatis insignia sunt. Tantus humanae sapientiae est furor.

Sicut autem usitatum praeceptum est: Spectandum, non quis, sed quid 5
dicat, propterea quod saepe doctorum certa extent vitia: Ita, cum de Dei
praeceptis et vera obedientia agimus, invertenda haec sententia est. Hic
enim non, quid dicatur, aut praecipiatur, spectandum est, sed quis dicat.
Si enim in praeceptis divinis spectes, quid dicatur, et non, quis dicat, facile
impinges. Sicut Heuae exemplum ostendit: Haec enim, cum non de prae- 10
cipiente cogitat, sed tantum in praeceptum intuetur, parvi momenti esse
ducit gustare pomum. Sed quantum inde toti generi humano creatum est
periculum?

Qui autem respicit ad praecipientem, 'hic profecto etiam in speciem
vilissima ducet esse maxima. Papistae exiguum quid esse putant, gubernare 15
politiam, esse coniugem, educare liberos. Sed practica ostendit, esse res
maximas, quas humana sapientia nullo modo potest consequi, et videmus
etiam spiritualissimos nonnunquam foede lapsos. Igitur si respiciamus ad
praecipientem, facile apparebit, etsi quae Deus praecipit, videntur communia
et vilia, tamen summa esse, nec posse praestari aut impleri ab ullo homine, 20
nisi divinitus adiuvetur.

Papistae igitur, qui, sicut vacca ostium[1], tantum externam larvam intuentur, hi oeconomica et politica opera extenuare possunt et somniare,
quod alia et perfectiora praestent. Sed profecto, quia sunt turpes adulteri,
quia sunt blasphemi in Deum, quia sacrilegi sunt, et quae Ecclesiae sunt, 25
turpiter prodigunt, contra seipsos quasi vivum testimonium dicunt, quod
illa exigua, vilia, communia, vulgata praecepta oeconomiae et politiae nullo
modo possint assequi.

Qualis igitur sanctitas est, quam sic iactant? Nimirum, quod certis
diebus abstinent a carnibus, quod astringunt se certis votis, certa opera 30
deligunt. Sed queso te, dic: quis iussit, ut ista faceres? Nemo. Igitur
quae Deus mandavit et iussit, non curant, superordinant autem alia, de
quibus Deus nihil mandavit.

Ergo haec Regula retinenda est summo studio, ut spectemus, non quid
mandetur, sed quis mandet. Qui hoc non facit, hunc saepe offendet operis, 35
ut sic dicam, vel tenuitas vel absurditas. Tribuenda autem Deo sapientiae
laus est et bonitatis, ac statuendum, quod quicquid ipse praecipit, sit sapien-
tissime et optime praeceptum, etiamsi ratio aliter iudicat.

Huic sapientiae Dei Papistae detrahunt, dum opera divinitus praecepta
tanquam vilia negligunt, et conantur aliquid melius aut difficilius suscipere. 40

---

[1] *Sprw.*; = *äußerlich;* so z. B. *Unsre Ausg. Bd. 45, 515, 6; 673, 25 (zu unterscheiden
von der sprw. Wendung: wie die Kuh ein neues Tor; vgl. Bd. 33, 684).*

Itaque Deus talibus operibus non placatur, sed magis iritatur, sicut exemplum Saulis ostendit. Hic, ac si Deus stultus, ignavus, crudelis esset, qui Amalechitas et res eorum omnes iusserat perdere, captabat mitius consilium, reservabat iumenta ad usum sacrificiorum, Hoc quid aliud fuit, quam se iudicare sapientem, Deum autem stultum esse?

Recte igitur Moses hoc in loco commendat obedientiam Noah, cum dicit Eum fecisse omnia, quae Deus praeceperat. Hoc enim est Deo tribuere gloriam sapientiae et bonitatis. Non disputavit, sicut Adam, Heua, Saul cum suo magno malo de opere: Praecipientis maiestatem secutus est, ea sibi satis fuit, etsi absurda, impossibilia, inconvenientia facere iuberetur. Haec scandala omnia oculis quasi clausis praetergreditur et in eo uno resistit, quod Deus iusserat. Notus itaque textus est, quo ad auditum, sed quo ad factum et usum, paucis notus et difficillimus.

*

Septimum Caput Genesis.

Dixitque Dominus ad Noah: Ingredere tu et omnis domus tua 7, 1
in Arcam.

[P]Ostquam iam illa incredibilis machina arcae exaedificata est, Dominus iubet, ut ingrediatur in eam Noah, quod tempus Diluvii iam instabat, de quo ante annos centum et viginti Dominus praemonuerat. Pertinet autem totum hoc eo, ut intelligeret Noah se Deo curae esse, nec id tantum, sed 2. Petri 1, 19 etiam, ut Petrus loquitur, ut haberet copiosum verbum et abundans, quo sustentaretur et confirmaretur fides eius in tanta difficultate. Nam cum amplius centum annis Diluvium praedixisset, sine dubio varie a mundo exagitatus est.

Deinde, sicut iam saepius dixi, incredibilis illa ira fuit, nec potuit in animum humanum, praesertim in primo et originali Mundo, in quo meliores homines fuerunt quam nunc, includi, quod Deus totum humanum genus, exceptis tantum octo animabus, esset perditurus Diluvio. Itaque Noah, Vir sanctus, iustus, clemens, misericors, saepius cum corde suo luctatus est, nec sine maxima perturbatione animi audivit vocem Domini, minantem certum interitum universae carni. Atque hanc ob causam necesse fuit copioso verbo consolari et confirmare fidem afflicti et perturbati hominis, ne dubitaret.

Quod igitur iubetur in arcam ingredi, perinde est, ac si dicat Dominus: Ne dubita. Certo fiet, et iam in proximo adest tempus poenae infligendae incredulo mundo. Sed tu noli trepidare, noli metuere, (Sicut fides etiam in Sanctis nonnunquam valde infirma est): Curae mihi eris, tu et domus tua.

Nobis quidem impossibilia haec fuissent creditu, cum tamen statuere necesse sit, Deo omnia factu esse possibilia.

Retinet autem Moses hic quoque phrasin suam, quod dicit: 'Dominus dixit'. Atque ego peculiariter ista cogitatione delector, ut statuam ista verba Dei non quidem de coelo sonuisse, sed per ministerium humanum ipsi Noah dicta esse. Quanquam enim non negem potuisse fieri, ut per Angelum haec revelarentur aut per ipsum Spiritum sanctum, Tamen, ubi commode dici potest, quod per homines Deus sit locutus, ibi ministerium honorandum est. Sic multa, quae Deum Moses locutum dixit, nos supra per Adamum dicta esse ostendimus. Nam verbum Dei etiam cum ab homine pronunciatur, vere 10 est verbum Dei.

Quia autem Methusalah avus Noah in ipso Diluvii anno mortuus est, non ineptum fuerit, si sentiamus hanc Methusalae (nam Lamech, pater Noah, quinquennio ante Diluvium mortuus fuerat) ad nepotem ultimam fuisse vocem et quasi testamentum, ut moribundus diceret vale nepoti et adderet: 15 Mi fili, sicut hactenus obedivisti Domino et expectasti illam iram in fide ac expertus es protectionem Dei et fidelem custodiam contra impios: Ita posthac quoque non dubites Deo te curae fore. Nunc enim instat finis, non meus tantum, qui est finis gratiae, sed totius humani generis, qui est finis irae. Nam post septem dies incipiet Diluvium, de quo tamdiu admonuisti 20 Mundum, sed frustra. Ad hunc modum existimo haec verba ab ipso Methusalah dicta esse, tribuuntur autem Deo, quia Spiritus Dei per ipsum locutus est.

Ita libenter haec refero ad honorem ministerii, ubi commode, sicut hoc in loco, potest fieri. Quia enim certum est, Methusalah ipso Diluvii anno esse mortuum, sine periculo aliquo cogitari potest, hanc fuisse novissimam 25 eius Concionem ad nepotem Noah, qui eius vocem audivit et accepit tanquam Dei vocem.

Iudaei quoque de his septem diebus habent suam peculiarem cogitationem, quod isti dies septem sint additi centum et viginti annis in honorem Methusalah, ut eum lugeret posteritas. Sed neque haec cogitatio aliquid 30 periculi habet: Non enim defuerunt officio suo, praesertim pii posteri.

Sed prior sententia de ministerio verbi non solum verisimilis, sed utilis quoque est. Certum enim est Deum non solere miraculose et per revelationes singulares semper loqui, praesertim ubi adest legitimum ministerium, quod ideo instituit, ut per id cum hominibus loquatur, eos 35 doceat, instituat, consoletur, excitet etc.

Ac primum commendavit verbum parentibus, sicut Moses saepe dicit: 'Narrabis ea filiis tuis'. Deinde doctoribus in Ecclesia, sicut Abraham dicit, Lucae 16. 'Habent Mosen et Prophetas, eos audiant'. Non enim debemus expectare revelationem vel internam, vel externam, ubi ministerium adest. 40 Alioqui omnes ordines vitae turbarentur. In Ecclesia doceat minister, Rempublicam gubernet magistratus, Domum seu oeconomiam regant Parentes.

Luc. 16, 29

Hominum enim haec sunt ministeria, instituta a Deo, itaque iis utendum, non ad alias revelationes respiciendum est.

Non tamen nego, quin etiam post Methusalae mortem Noah Deum loquentem audierit. Deus enim dupliciter cum hominibus loquitur: Primo et communiter per publicum ministerium, hoc est, per parentes et Ecclesiae doctores. Secundo per revelationem internam, seu per Spiritum sanctum. Sed hoc posterius tantum solet in specialibus negociis, et rarissime. Id quod eo nosse utile est, ne omisso verbo cum Phanaticis expectemus novas revelationes. Inde enim existunt erronei Spiritus, qui postea orbem terrarum 10 perturbant somniis suis, Sicut Anabaptistarum exemplum probat.

Te enim vidi iustum coram me in generatione hac.

Haec profecto horribilis pictura est primi Mundi et originalis, sicut Petrus eum appellat. Ac videtur ea appellatione aliquid singulare ei seculo 2. Petri 2, 5 tribuere prae nostri seculi hominibus. Quid enim potest dici horribilius, 15 quam quod hic audimus, solum Noah iustum fuisse coram Domino? Similis mundi pictura est in Psalmo 14., Ubi Dominus dicitur de coelo prospexisse, Ps. 14, 2 siquem videret intelligentem aut requirentem Deum. 'Sed, inquit, omnes declinaverunt, inventi sunt inutiles, nec erat, qui faceret bonum, ne unus quidem'.

20 Porro convenit hoc de Mundo iudicium cum sententia Christi: quia enim postrema tempora similia erunt temporum Noah, recte dicit Christus: 'Cum filius hominis veniet, putas, quod inveniet fidem?' Horribile itaque Luc. 18, 8 est in tam malo et impio mundo vivere. Hodie, Dei beneficio, cum lumen verbi habeamus, adhuc aureum seculum est. Sacramenta enim sunt in 25 legitimo usu in nostris Ecclesiis, pii Doctores verbum pure tradunt, Magistratus quoque etsi infirmus sit, tamen nondum desperata malicia est.

Sed Christi vaticinium ostendit durissima secula, cum dies Domini imminebit, fore, ut nulli usquam inveniantur sani Doctores oppressa Ecclesia per impios. Sicut etiam consilia adversariorum nostrorum minantur. Nam 30 Papa et impii principes hoc omnibus viribus agunt, ut in universum tollatur ministerium verbi, et credat quisque quod libet, veris ministris omnibus aut oppressis aut corruptis.

Tanto nunc diligentius orandum erat pro posteris, ac agendum summa cura, ut purior doctrina ad eos transmitteretur. Si enim temporibus Noah 35 plures fuissent pii Doctores, etiam maior iustorum speranda copia erat. Nunc, quia ad tantam paucitatem redacti sunt iusti, ut unus Noah iustus praedicetur, satis apparet, pios Doctores aut occisos, aut ad haereses et Idolatriam inflexos fuisse relicto unico iusticiae praecone Noah, sicut Petrus, 2. Pet. 2. eum appellat. Magistratu autem verso ad tyrannidem, et Oeco-2. Petri 2, 5 40 nomia per adulteria et stupra perturbata, quomodo potuit abesse diutius poena?

Tale periculum etiam nos manet, siquidem postrema tempora temporibus Noah erunt similia. Ac sane Pontifices et Episcopi strenuam navant operam, ut Euangelium opprimatur et Ecclesiae recte institutae vastentur. Ita nititur Mundus magno conatu ad seculum simile seculo Noah, quo extincta luce verbi omnes errent in tenebris impietatis. Sublata enim prae- 5
dicatione non poterit consistere fides, non invocatio, non Sacramentorum verus usus.

Talem hic Moses originalis Mundi, tempore Noah, faciem fuisse scribit, Cum tamen illa ceu adolescentia mundi et optima pars fuerit, florentibus ubique summis ingeniis et ob longaevitatem longo rerum usu instructissimis. 10
Quid de nobis futurum est in illo quasi delyrio mundi senescentis? Itaque posterorum cura non abiicienda, sed assidue pro eis orandum erat.

Sicut autem primus Mundus fuit corruptissimus, ita quoque horribili poenae subiectus est, ut non tantum perirent adulti, qui malefactis suis irritaverunt Deum, sed etiam illa innocens aetas, quae nihil intelligit neque 15
inter dextrum et sinistrum iudicare potest. Sine dubio autem multi simplicitate sua decepti sunt, Sed hic nullum discrimen ira Dei facit: adultos cum infantibus, callidos cum simplicibus opprimit et perdit.

Hac tam horribili poena Petrus Apostolus quoque motus videtur, ut non aliter, quam Fanaticus loquatur talia verba, quae ne hodie quidem a 20
1. Petri 3, 19 nobis intelligi possunt. Ita enim dicit 1. Pet. 3.: 'Christus spiritu vivificatus, et his, qui in carcere erant, Spiritu veniens praedicavit, qui increduli fuerant aliquando, quando expectabatur pacientia Dei in diebus Noah, cum fabricaretur arca, in qua pauci, id est, octo animae salvae factae sunt per aquam' etc. 25

Mirabile profecto iudicium et vox pene fanatica, quam Apostolo horribile hoc spectaculum expressisse videtur. Constituit enim Petrus his ipsis verbis fuisse quendam Mundum incredulum, cui post mortem mortuus Christus praedicaverit. Si hoc ita verum est, quis dubitet Christum secum ad illos vinctos in carcere adduxisse etiam Mosen et Prophetas, ut faceret 30
novum et credulum Mundum ex incredulo? In hanc sententiam profecto Petri verba sonant, etsi ego de iis nihil pronunciem.

Porro non dubium est, quin illi, quos incredulum Mundum vocat, non sint impii contemptores verbi et tyranni, de quibus certum est, quod damnati sunt, si in peccatis suis sunt oppressi. Sed vocare videtur incredulum 35
Mundum infantes et alios, quos simplicitas sua impedivit, ne possent credere, Siquidem scandalis mundi non secus ac rapido fluvio accepti et in praeceps acti sunt, ut simul perirent, octo autem animae tantum salvarentur.

Ad hunc modum exaggerat Petrus magnitudinem horribilis irae. Et tamen commendat etiam patientiam Dei, qui verbo salutis eos non privavit, 40

14/15 wieder iritaverunt A   37 accepti] ob arrepti gemeint?

qui tum non crediderunt vel credere non potuerunt, quod expectarent patientiam Dei nec possent persuaderi futurum, ut Deus simul totum mundum
tam atrocibus poenis subiiceret.

Porro quomodo hoc factum sit, nescimus, hoc autem scimus et credimus,
quod Deus est mirabilis in operibus suis et omnia potest. Itaque qui vivis
vivus praedicavit, etiam potuit mortuus praedicare mortuis: Omnia enim
eum audiunt, sentiunt, palpant, etiamsi humanus captus id non intelligat.
Honorificum autem nobis est, etiamsi quaedam sacrarum literarum mysteria
ignoremus. Habuerunt enim Apostoli suas singulares revelationes, de quibus
10 disputare multum, arrogans et stultum est.

Talis fuit haec revelatio de Christo docente animas, si quae tempore
Diluvii perierunt, ad quam fortasse non inepte referemus articulum Symboli
de Christo ad inferos descendente. Talis fuit revelatio Pauli de Paradiso,
de tertio coelo et aliis quibusdam, quae ignorare non turpe est. Arrogantia
15 autem est velle videri, quod scias. Sanctus Augustinus et alii quoque
Doctores varia imaginantur, cum de talibus locis disputant. Sed quis non
credat Apostolos habuisse revelationes, quas Augustinus et alii non habuerunt?
Sed redeamus ad Mosen.

Profecto horribilis mundi pictura est, quod Deus testatur se unum
20 Noah vidisse coram se iustum, et neque parvulorum meminit neque aliorum,
qui innocenter seducti sunt.

Notabimus autem particulam 'Coram me', nam haec significat Noah
non tantum fuisse iustum quoad secundam tabulam, Sed etiam quoad primam
tabulam, hoc est, credidisse in Deum, sanctificasse, praedicasse, invocasse
25 nomen Dei, Egisse Deo gratias, Damnasse impia dogmata etc. Hoc enim
coram Deo est iustum esse, in Deum credere, et timere Deum, non sicut in
Papatu docebant, missas legere, animas liberare ex purgatorio, fieri monachum etc.

Pertinet autem etiam haec particula ad condemnationem istius Mundi
30 originalis, qui neglectis cultibus primae tabulae etiam in secundae tabulae
usu erat viciosissimus. Nam et riserunt ipsum Noah tanquam fatuum et
damnabant eius doctrinam tanquam haeresin; interim securi bibebant, comedebant, agebant festos dies. Igitur Noah coram mundo non fuit iustus sed
damnatus peccator.

35 Consolatur igitur hoc verbo eum Dominus, seu Methusalah avus, ut
iudicia mundi caeca et impia negligat neque curet, quid mundus sentiat aut
loquatur, Sed ut oculos et aures claudat, et tantum in Dei verbum et iudicium sit intentus, ut credat se coram Deo esse iustum, hoc est, se probari
Deo et Deo acceptum esse.

40 Ac profecto magna fuit Noah fides, qui huic Dei voci potuit credere.
Ego profecto non credidissem. Sentio enim, quam grave sit, si omnium
iudicia te solum impugnent et damnent. Sicut nos damnamur non solum

Papae, sed etiam Sacramentariorum, Anabaptistarum et mille aliorum iudiciis. Sed ludus et iocus ista sunt ad iustum Noah collata, qui non invenit praeter liberos ex se natos et pium Avum unum hominem in toto mundo probantem vel religionem vel vitam eius. Nos habemus Dei beneficio multas Ecclesias consentientes nobis, et nostri principes nullum recusant periculum, quod ob defensionem doctrinae et religionis suscipiendum est. Tales patronos Noah non habuit et vidit adversarios altissima in pace agere ocium et voluptuari. Hic si ego fuissem, profecto dixissem: Domine, si iustus sum, si tibi placeo, illi autem sunt iniusti et displicent tibi, Cur eos sic auges bonis? Cur cumulas omni genere beneficiorum? ubi contra ego cum meis ₁₀ varie divexor et pene omni auxilio destituor? Quid multa? ego, nisi Dominus eum spiritum daret, quem Noah habuit, in tantis calamitatibus desperarem.

Est igitur Noah exemplum fidei illustre et magnificum, qui heroica animi constantia se Mundi iudiciis opposuit et credere potuit se iustum, ₁₅ Reliquum autem Mundum totum iniustum esse.

Ego saepe, cum de sanctissimis viris, Iohanne Huss et Hieronymo Pragensi cogito, cum summa admiratione hanc ipsam animi magnitudinem intueor, qui duo se totius mundi iudiciis opposuerunt: Pontifici, Imperatori, Episcopis, Principibus, Collegiis et Scholis omnibus per totum Imperium. ₂₀

Utile autem est saepe in talia exempla intueri: quia enim tale certamen a Principe mundi acuitur, qui ignitis telis suis desperationem conatur excitare in animis, Oportet nos instructos esse, ne cedamus furori hostis, sed cum Noah dicamus: Scio me esse iustum coram Deo, licet me totus Mundus damnet tanquam haereticum et iniustum, licet totus mundus a me deficiat. ₂₅ Sic enim deficiebant a Christo Apostoli et relinquebant eum solum. Sed 30h. 16, 32 dicit: 'Ego non sum solus'. Sic Paulum deserebant falsi fratres. Non igitur nova aut inusitata haec pericula sunt, Itaque non est in eis desperandum, Sed magno animo retinenda sana doctrina, utcunque eam damnet et execretur Mundus. ₃₀

7, 2. 3 Ex omnibus animantibus mundis tolle septena, Masculum et Foeminam. De animantibus vero immundis bina, Masculum et Foeminam. Sed et de volatilibus coeli septena, masculum et foeminam, ut salvetur semen super faciem universae terrae.

Apparet Deum delectari colloquio cum Noah; Ideo non satis ei est ₃₅ semel mandasse, quid faciat, Sed repetit res easdem verbis quoque iisdem. Ratio hanc putat absurdam garrulitatem. Sed animo, qui cum desperatione luctatur, nihil potest satis esse aut nimium videri, quo de Dei voluntate docetur. Hunc affectum tentati animi videt Deus et subinde repetit eadem, ut ex illo colloquio et confabulatione hac tam copiosa intelligat Noah se ₄₀

non solum non desertum esse, etsi totus Mundus eum deseruerit, Sed habere
amicum et faventem Deum, qui in tantum amet, ut colloquio cum pio Noah
non videatur exatiari posse. Haec causa est, cur eadem hoc loco repetantur.
Dixi autem supra, quomodo Deus cum Noah sit collocutus: non de coelo,
5 sed per hominem.

Quod autem ad grammaticam attinet, testatur hic locus *Ila Behema*
non tantum significare iumenta, hoc est, maiora animalia, Sed etiam minora,
quae immolari solent, ut oves, caprae et similia. Non enim sacrificandi mos
per Mosen primum institutus est, sed semper in mundo fuit et quasi per
10 manus a Patribus posteritati est traditus, Sicut exemplum Habelis testatur,
qui obtulit Domino primitias gregis.

Coeterum supra in fine sexti cap. diximus, quomodo conveniat,
quod hic septena, istic autem bina tantum iubentur in arcam recipi. Ideo
nihil opus est, ut ea repetamus. Quia autem Noah mirabiliter est servatus,
15 indicavit septimum individuum tribus paribus mundorum addendum esse, ut
post Diluvium Deo pro liberatione agerentur gratiae.

Nam post dies septem ego pluam super terram quadraginta diebus 7,4
et quadraginta noctibus, et delebo omnem substantiam, quam feci,
de superficie terrae.

20 Hic vides, quanto studio Deus conetur ipsi Noah omnia quam certissima reddere. Praefinit septem dies, post hos dicit pluviam quadraginta
dierum et noctium secuturam.

Utitur autem singulari emphasi, quod dicit: 'Ego pluam', non enim
usitata pluvia fuit, sed 'et fenestrae coeli et fontes abyssorum aperti sunt',
25 hoc est, et depluit de coelo magna copia, et ingens aquarum vis ex ipsa
terra se effudit. Magna enim aquarum copia fuerit necesse est, quae summa
montium cacumina superarit quindecim ulnis. Fuit igitur non usitata pluvia,
sed pluvia irae Domini, qua Dominus delere voluit omnem substantiam
super terram. Quia enim terra corrupta erat, corrumpit eam quoque
30 Dominus, et quia impii pugnabant contra primam et secundam tabulam,
ideo Deus contra eos pugnabat coelo et terra.

Itaque haec Historia certum est argumentum, quod Deus, etsi longanimis et patiens est, non tamen ideo nunquam puniet impios. Nam sicut
Petrus dicit: 'Si Mundo originali non pepercit', quanto minus parcet vel 2. Petri 2, 5
35 Pontificibus, vel Caesaribus persequentibus verbum eius? quanto minus
nobis parcet blasphemantibus nomen eius, dum indigne vocatione nostra
et professione vivimus, dum contra conscientiam quotidie ultro peccamus?
Discamus igitur timere Dominum et cum humilitate amplecti verbum ac
parere verbo: alioqui nos quoque arripiet poena, sicut minatur Petrus.

7,5‒10 Fecit igitur Noah omnia, quae mandaverat ei Dominus. Eratque
Noah sexcentorum annorum, quando Diluvii aquae inundaverunt
super terram. Et iugrediebatur Noah et filii eius, uxor et uxores
filiorum eius cum eo in arcam, propter aquas Diluvii. De animantibus quoque mundis et immundis, et de volucribus, et ex 5
omni, quod movetur super terram, bina ingrediebantur in arcam
ad Noah, Masculus et Foemina, sicut praeceperat Dominus Noah.
Cumque transissent septem dies, aquae Diluvii inundaverunt
super terram.

Haec clara sunt ex praecedentibus. Et merito laudatur fides Noah, 10
quod paruerit mandato Domini et constanti fide sit ingressus in arcam cum
suis Filiis et eorum Uxoribus. Poterat quidem Deus infinitis aliis modis
eum servare. Non enim hac pene stulta ratione utebatur, quasi aliam
nesciret. Nam qui Ionam in medio mari et in ventre coeti servavit ad
triduum, huic quid putas impossibile esse? Commendatur autem hoc modo 15
fides et obedientia Noah, quem non offendit illa salutis via divinitus ostensa,
sed eam simplici fide complexus est.

7,11.12 Anno sexcentesimo vitae Noah, mense secundo, septimo decimo
die mensis, rupti sunt omnes fontes, abyssi magnae et cataractae
coeli apertae sunt, Et facta est pluvia super terram, quadraginta 20
diebus et quadraginta noctibus.

Videmus Mosen hoc in loco valde exuberare verbis, et repetere ad
fastidium usque res easdem. Quoties enim meminit animalium? quoties
ingressus in arcam? quoties filiorum Noah, qui simul ingressi sunt? Hic
iudicium relinquendum est hominibus spiritualibus, hi soli norunt et vident, 25
Spiritum sanctum nihil frustra repetere.

Alii tamen, qui infirmiores spiritu sunt, possunt cogitare Mosen per-
motum magnitudine irae, cum scriberet ista, eadem saepius voluisse inculcare.
2.Sam.18,33 Gratae enim repetitiones sunt animis perturbatis. Sic David 2. Sam. 18.
repetit querelam de filio Absalom. Ad hunc modum repetitio haec ostendit 30
magnitudinem affectus et perturbationem animi summam. Sic enim oculis
atque auribus obversatur hoc exemplum irae, ut non possit non saepius,
atque iisdem quoque verbis eiusdem rei meminisse.

Diversum faciunt Poëtae et Historici: hi affectus varios fingunt, multi
sunt in amplificatione rerum et verba magno numero cumulant. Sed Moses 35
verbis utitur brevibus; repetit tamen ea saepius, ut ipse Lector sic admonitus,
de magnitudine rerum cogitet et ipse sibi affectus fingat veros, non legat
alienos.

Videtur autem, quod Moses assidua ista repetitione non tantum voluerit
imaginem aliquam summe perturbati sui animi nobis proponere, sed etiam 40

ipsius Noah, qui plenus Spiritu sancto, caritate ardens, commiseratione futurae calamitatis pene oppressus, postquam medicinam nullam afferri a se posse vidit, quid aliud faceret, quam quod deplorat illam calamitatem? Vidit enim certum exicium imminere sapientissimis, nobilissimis et praestantissimis viris. Sic David cum revocare ad vitam Absalona non posset, luget. Sic Samuel, cum Saulis negocium desperatum esset, luget.

Non itaque haec ociosa tautologia seu repetitio est. Non enim est Spiritus sanctus ociose garrulus, Sicut cogitant imperiti et saturi spiritus, qui semel atque iterum perlectis Bibliis, mox tanquam bene cognita, in quibus nihil restet, quod discant, abiiciunt. Voluit hac ratione tanquam stimulos infigere in animos Lectorum, ne de levi aliquo negocio institutam orationem cogitarent.

Et tamen Moses in his ipsis repetitionibus quaedam ostendit, quorum nihil simile invenitur in omnium Gentium scriptis, Sicut est, quod scribit Noah ingressum in arcam anno aetatis suae sexcentesimo, mense secundo, et die secundi mensis decima septima.

Hic disputatio oritur de initio anni. De eo autem duplex opinio est. Prima est, quod initium anni sit coniunctio solis et lunae, quae aequinoctio vernali proxima est. Ideo a Mose is mensis vocatur primus in Exodo. Iam si Diluvium venit secundo mense, et die decima septima, tum incidit fere in finem Aprilis, hoc est, in illud tempus, quo annus est formosissimus et orbis quasi revirescit, cum aves cantillant et exultant pecudes et nova quasi Mundi facies post horrida hiemis tempora se aperit. Fuit autem profecto tanto plus terroris, quod tum ingruit mors et perditio omnium, cum speraretur initium laeticiae, et quasi novae vitae omnium. Ac convenit cum hac opinione etiam Christi vox Matth. 24. comparantis tempora postrema Matth. 24,36 mundi cum temporibus Noah ac praedicentis commessationes, nuptias et alia laeticiae signa.

Secunda opinio de initio anni est, quod incipiat cum lunatione, quae aequinoctio autumnali est proxima, cum iam omnia ex agris collecta sunt. Ideo autem hic statuunt initium anni, quod Moses eum mensem appellat exitum anni. Atque hoc anni initium vocant initium anni civilis. Illud autem aequinoctii verni vocant initium anni sacri. Nam ceremoniae Mosaicae et Festa ab eo tempore usque ad autumnale aequinoctium durant.

Si igitur de hoc profano anno loquitur hic Moses, tum in septembrem aut octobrem Diluvium incidit, in qua opinione Lyram quoque esse video. Ac sane verum est: Autumnus et hiems pluviis sunt aptiores propter humida signa. Deinde, quia infra scribit Moses, columbam emissam mense decimo et retulisse ramum oleae florentis, videtur id quoque recte convenire, si initium Diluvii Octobrem statuas.

Sed ego hanc Iudaeorum rationem non probo, qui statuunt duo anni principia. Cur enim non quatuor principia faciunt, cum quatuor distincta

tempora sint secundum aequinoctia et solstitia? Igitur horum temporum
etiam initia erunt distincta. Sed tutius est sequi ordinationem divinam.
Secundum hanc primus mensis est mensis Aprilis, seu illa lunatio, quae
aequinoctio verno est proximior. Nam quod Iudaei, quia aequinoctium
autumnale exitus anni dicitur, etiam initium anni autumnale statuunt, id ex 5
imperitia faciunt. Non enim alia ratione exitum anni vocat, quam quod
tum cessabant operae rusticae et omnes fructus collecti erant ac deportati
domum.

Sic sentio itaque Diluvium ingruisse tempore verno, cum spe novi
anni omnium animi pleni essent. Talis enim est impiorum mors, ut, cum 10
1. Theff. 5, 3 dixerint: 'pax et securitas', tum pereant. Nec impedit, quod de virenti ramo
oleae infra scribitur. Nam quaedam arbores perpetuo virent, sicut buxus,
abies, pinus, cedrus, laurus, olea, palma etc.

Sed quid est, quod Moses dicit de ruptis fontibus magnae abyssi?
Item de apertis fenestris coeli? Nam huiusmodi nihil legitur in omnium 15
Gentium literis, etsi hae magno studio naturae arcana scrutatae sint.
Distinguenda autem haec sunt, ut statuas aliud esse abyssos terrae, aliud
cataractas seu fenestras coeli, et aliud pluviam. Pluviae usitatae sunt, sed
cataractas et abyssos aperiri plane est inusitatum et monstrosum.

Muti autem hic sunt fere Interpretes omnes. Nos autem scimus ex 20
sacris literis, quod Deus verbo suo constituit homini et animantibus reliquis
locum habitandi in arida super aquas contra naturam. Contra naturam
enim est, quod terra emergit in aquis posita. Si enim glebam in terram
proiicias, statim subsidit. Arida autem extat in aquis, idque virtute Verbi,
Spr. 8, 27
Hiob 38, 11 quo positi sunt termini mari, sicut Salomon Pro. 8. et Hiob 38. loquuntur. 25
Ac nisi virtute verbi quasi intra septa continerentur aquae, effluerent et
omnia vastarent. Itaque singulis momentis custoditur vita nostra et servatur
miraculose per Verbum. Sicut docent particularia Diluvia, ubi nonnumquam
Civitates aut Regiones integrae merguntur, in testimonium, quod talia incommoda quotidie sentiremus, nisi divinitus nobis prospiceretur. 30

Sicut autem sunt aquae subtus nos, et subter terram: Ita quoque sunt
aquae super nos, et super coelum, quae si pro natura sua descenderent, in
momento omnia extinguerentur aquis. Nubes quasi suspensae volant, quae
cum nonnunquam se demittunt, quantum terroris edunt? Quid autem fieret,
si omnes ruerent, sicut natura sua ruerent, nisi Verbo quasi suspensae suo 35
in loco supra nos manerent?

Sic undique cincti sumus aquis nec habemus, quo muniamur, praeter
lacunar seu testudinem, eamque ex mollissima materia, nempe ex aëre contextam, quem spiramus. Is portat nubes istas, et tantam aquarum molem,
non quidem natura sua, sed praecepto Dei seu virtute Verbi sustentat. 40

_____

23 terram] *ob* aquam *gemeint?*   **31** subtus] subter *Erl. Ausg.*

Haec cum Prophetae considerant, admirantur. Utrumque enim contra naturam est: et volare tantam molem, et non ferri deorsum. Sed nos consuetudine tantarum rerum quotidiana quasi excaecati nec videmus nec miramur eas. Quod igitur non singulis momentis obruimur aquis tum superis tum inferis, id debemus divinae Maiestati, quae ita mirabiliter ordinat et conservat Creaturas, atque ideo etiam praedicari a nobis debet.

Et hanc ob causam Moses hoc in loco vigilanti et signato verbo dicit, Abyssos ruptas. Vult enim ostendere, quod divina virtute fuerint clausae et tanquam sigillo Dei consignatae, sicut adhuc hodie sunt, Deum autem
10 non aperuisse eas clavi, sed violenter rupisse, ita ut Oceanus quasi ebulliens omnia aquis operiret.

Porro nemo cogitabit Deum admovisse manum, quia rupisse abyssos dicitur. Loquitur enim Scriptura secundum nostrum captum, et hoc modo significat permissionem divinam, quod non amplius tenuit, neque cohercuit
15 aquas Verbo, sed libere secundum naturam suam passus est eas grassari et emanare. Itaque Oceanus sic excrevit, ut ebullire videretur.

Sicut in salinis, quae nobis vicinae sunt, fons, qui a Germanis nomen habet[1], nisi hauriatur, tanta vi aquarum certis temporibus exundat, ut in immensum aquae surgant et exundent. Ac narrant olim oppidum Halam
20 tali exundatione eius fontis et tam vehementi periisse. Quodsi unus fons hoc potuit, quid putabimus, cum ad hunc modum Oceanus et omnia maria tantam aquarum vim ex se gignerent et effunderent? Itaque citius oppressi sunt homines, quam animadverterent periculum. Quo enim fugerent tanta vi undique se effundentibus aquis?

25 Sed hoc non solum accidit, etiam fenestrae coeli apertae sunt, quas hoc ipso verbo Moses ante hoc tempus significat clausas fuisse, sicut etiam hodie clausae sunt. Mundus quidem iudicavit apertiones illas impossibiles fore, sed peccata fecerunt, ut essent possibiles.

Porro fenestras Moses nihil aliud vocat, quam apertiones coeli. Nunc
30 enim cum pluit, videtur aqua tanquam ex poris imbrium destillare. Sed tempore Diluvii non per poros, sed per fenestras magna vi demissa est, Sicut cum uno impetu aqua in vas conclusa effunditur, aut utres medii rumpuntur. Utitur autem hac figura Moses etiam propter apparentiam, sicut nobis videntur illa geri.

35 Undique ergo ingruit vis aquarum in terram, et de coelo et ex terrae imis partibus, donec tandem terra tota aquis tecta est, Ac fertilis gleba, seu tota terrae superficies salsugine aquarum corrupta est. Huiusmodi nihil simile legitur in aliis literis, Sola autem Scriptura sancta est, quae ostendit, quod et acciderint haec Mundo secure peccanti, et quod benignitate Domini
40 adhuc hodie cohibeantur pendentes illae in nubibus aquae, quae sua natura aliud non possent, quam ut defluerent magna mole, sicut in Diluvio.

---

[1] *Richtig bemerkt eine Hand in einem Drucke A:* Teutscher Brun zu Halle.

7, 13-16 In articulo diei illius ingressus est Noah, et Sem et Ham et
Iapheth, filii eius, et uxor illius, et uxores filiorum eius cum eis
in Arcam. Ipsi et omne animal secundum genus suum, Universa-
que iumenta in genere suo, et omne, quod repit super terram, in
genere suo, cunctumque volatile secundum genus suum, Universae
aves, omneque volatile ingressa sunt ad Noah in Arcam, bina ex
omni carne, in qua erat spiritus vitae, Masculus et Foemina ex
omni carne introierunt, sicut praeceperat ei Deus.   •

Hic incipit Moses mirabiliter esse multiloquus, ita ut aures delicatas
illa verbositas offendat, quod toties et, ut apparet, sine omni fructu eadem 10
repetit, non satis ei est dixisse in genere: Omne volatile, sed tres avium
species facit. Inter has *Zipor* fere passerem exponunt. Sed satis ostendit
hic locus generis esse vocabulum, sine dubio sic appellatum a sono: zi, zi.
Facit quoque tres species animalium.

Deinde de ipso Diluvio .etiam admodum verbosus est. Dicit praeva- 15
luisse aquas, auctas esse, inundasse, operuisse terrae superficiem. Tandem,
cum huius inundationis effectum narrat, eadem copia utitur: 'Expiravit
omnis caro, mortua est, deleta est' etc.

Sed dixi supra easdem res ideo repeti a Mose contra morem suum,
ut cogat quasi Lectorem resistere et diligentius tantam rem cognoscere ac 20
expendere. Inestimabilis enim ira haec est, qua non solum Hominem, sed
omnem eius possessionem delet. Hac irae Dei cogitatione induratos et in-
sensatos peccatores vult excitari.

Non igitur ociosa haec verba sunt, sicut siccis et nihil spiritus habentibus Lectoribus apparet. Sed invitant ad timorem Dei et quasi in rem 25
praesentem ducunt, ut tantae irae cogitationibus quasi depressi incipiamus
serio timere Deum et cessemus peccare. Nam neque Moses sine largis
lachrimis scripsisse haec videtur. Ita enim totus in illud horribile spectaculum irae, oculis atque animo intentus est, ut non possit non saepe eadem
repetere. Facit autem id sine dubio eo consilio, ut hos quasi aculeos timoris 30
Dei piorum Lectorum animis infigat.

Prodest autem, ut tanquam in rem praesentem cogitatione nos sistamus.
Quid enim nos animi habituros fuisse credis, si in Arcam essemus translati?
si vidissemus tanta vi undique ingruere aquas, et miseros mortales innatantes
aquis miserabiliter sine ullo auxilio extingui? Cogitabimus autem Noah et 35
Filios eius etiam fuisse carnem et sanguinem, hoc est, homines, qui, sicut
ille[1] in Comoedia ait, nihil humanum a se alienum putarunt. Hi sederunt
diebus quadraginta in Arca, priusquam attolleretur de terra. In his diebus
deletum est, quicquid in terra Hominum et animalium vixit. Hanc calami-

---

[1] *Terent. Heautont. I, 1, 25.*

tatem oculis suis viderunt, quod autem ea non extreme sint commoti, qui
est, qui dubitet?

Porro arca natat in aquis diebus centum et quinquaginta fluctibus et
flatibus undique concussa. Ibi non potuit sperari portus aliquis, non ullius
5 Hominis consuetudo. Exules igitur et quasi ex orbe expulsi rapiuntur
fluctibus et ventis hinc, inde. An non igitur miraculum est, quod octo
Homines isti non sunt luctu et metu exanimati? Sed nos profecto saxei
sumus, qui ista siccis oculis possumus legere.

Quanti clamores, quis dolor, qui eiulatus est, cum ex littore spectamus
10 scapham eversam et misere pereuntes Homines? Ibi autem non una scapha,
sed totus orbis terrarum in aquis periit, plenus non adultis solum, sed infantibus etiam, non solum facinorosis et impiis, sed etiam multis simplicibus
matronis et virginibus, quae omnes perierunt. Hanc calamitatem credamus
Mosi expressisse illam verborum redundantiam, qua nos quoque vocamur ad
15 diligentiorem tantae rei inspectionem. Ac profecto ipsius Noah singularis
fides fuit, qui se et suos illa spe promissi Seminis consolatus est et pluris
fecit promissionem hanc quam reliqui totius Mundi interitum.

Et clausit post eum Dominus de foris. Factumque est Diluvium 7, 16—24
quadraginta diebus super terram, et multiplicatae sunt aquae, et
20 elevaverunt arcam in sublime a terra. Vehementer autem inundaverunt, et omnia repleverunt in superficie terrae. Porro Arca
ferebatur super terras, et aquae praevaluerunt nimis super terram,
opertique sunt omnes montes excelsi sub universo coelo. Quindecim cubitis altior fuit aqua super montes, quos operuerat.
25 Consumptaque est omnis caro, quae movebatur super terram, volucrum, animantium, bestiarum, omniumque reptilium, quae reptant
super terram. Universi Homines, et cuncta, in quibus spiraculum
vitae est in terra, mortua sunt. Et delevit Deus omnem substantiam, quae erat super terram, ab Homine usque ad pecus, tam
30 reptile, quam volucres coeli, et deleta sunt de terra. Remansit
autem solus Noah, et qui cum eo erant in Arca. Obtinueruntque
aquae terram centum quinquaginta dies.

Quadraginta diebus stetit Arca in aliqua planicie, eo autem tempore
ita creverunt aquae, ut Arcam attollerent, quae postea centum et quinquaginta
35 diebus natavit in aquis. Longa profecto navigatio, et quae plenissima luctu
et lachrimis fuit. Et tamen sustentaverunt se fide nihil dubitantes de Dei
erga se benignitate, cuius curam in aedificanda arca, in comparando victu,
in aliis ad hanc rem necessariis instruendis, tandem etiam in eo perspexerant,
quod Dominus invalescente Diluvio clausit arcam.
40 Sed hic questio nascitur: Quomodo Deus sit verax, qui homini subiecit terram, ut eam coleret et dominaretur ei? Non enim creavit Deus

terram, ut iacerct deserta, sed ut habitaretur et fructus suos daret Homini. Sed cum hac voluntate Conditoris quomodo convenit, quod totum humanum genus usque ad octo animas perdit?

Mihi quidem non dubium est, quin hoc Argumentum tum Cainitas tum impiam piae generationis posteritatem moverit, ne Noah praedicenti Diluvium crederent. Quomodo enim convenit, quod ad Adam et Heuam dicit: 'Vos dominabimini terrae'? Hic autem dicit ad Noah: 'Aqua dominabitur omnibus hominibus, et perdet omnes'. Iudicaverunt igitur praedicationem Noah impiam et haereticam esse.

Sicut Prophetarum libri testantur, illas comminationes de captivitate per Assyrios et Babylonios non creditas esse a sacerdotibus et regibus. Norant enim magnificas promissiones: 'Haec requies mea in seculum seculi, Hic habitabo, quoniam elegi eam', Psal. 132. Item illam Esaiae: 'Hic caminus et ignis meus', Esa. 31. Ideo impossibile iudicabant, ut aut civitas aut templum a gentibus everteretur. Ac Iudaei quantumvis miseri et exules adhuc hodie pertinaciter hanc promissionem retinent, quod sint populus Dei et haeredes promissionum factarum Abrahae et Patribus.

Sic Papa inflatur promissionibus factis Ecclesiae, Matth. 28. 'Vobiscum sum usque ad consummationem seculi'. Ioh. 14.: 'Non relinquam vos orphanos', Lucae 22. 'Petre, rogavi pro te, ne deficeret fides tua' etc. Etsi autem videat et sentiat iram Dei, tamen his promissionibus irretitus et captus, somniat cum suis sedem et potentiam suam inconcussam mansuram. Ideo plenis buccis Papistae nomen Ecclesiae nobis obiiciunt et sibi omnia promittunt felicissima, quasi Deum cogere possint ad talem Ecclesiam constituendam, qualem ipsi somniant et cupiunt.

Questio igitur illa hoc loco recte movetur: Quomodo conveniat Diluvium, quo totum humanum genus periit, cum voluntate Dei condentis humanam naturam, et quidem cum promissione seu donatione illa dominii? Ac quod ad hanc questionem respondetur, Idem recte respondetur ad illam de Ecclesia: Nempe quod Deus manet verax et conservat Ecclesiam, regit, gubernat, sed tali modo, qualem Mundus nec videt nec intelligit. Relinquit Pontificem Romanum cum suis in ea opinione, quod sit Ecclesia, sinit eum securum esse, et frui dignitate ac titulo. Sed revera excommunicavit et abiecit eum, quia verbum abiicit et instituit idolatricos cultus.

Elegit autem Deus sibi aliam Ecclesiam, quae verbum amplectitur et idolatriam fugit, cruce et ignominia sic oppressam, ut non Ecclesia, sed haeretici et schola Diaboli aestimetur. Sic Paulus ad Romanos 2. dicit, Iudaeos non metuere Deum, sed gloriari in lege et Deo: Et tamen revera negare Deum, blasphemare et offendere. Atque hoc dum Iudaei faciunt, qui se populum Dei esse gloriantur, interim Deus sibi Ecclesiam parat ex Gentibus, qui vere in Deo gloriantur et verbum eius amplectuntur.

Quis autem Deum ideo mendacii arguet, quod Ecclesiam conservat alio modo, quam homines vel cupiunt, vel norunt? Sic erant promissiones de Ierusalem et Templo servando. Hae promissiones non tollebantur, cum Ierusalem et Templum per Babylonium vastarentur. Nam Deus aliam Ieru-salem et aliud templum tum statuebat in spiritu et per verbum, cum Ieremias Ier. 29, 10 promitteret post septuaginta annos Populum rediturum, et tum Templum, tum Civitatem reaedificaturum. Iudaeis igitur templum et Civitas tum erat destructa, sed Deo non, qui in verbo promittebat reaedificationem.

Verum igitur Argumentum Iudaeorum est, quod Deus civitatem et templum non derelinquet. Sed hoc facit alio modo, quam Iudaei cogitabant, qui ideo putabant Civitatem non esse vastandam, quia promissio sonabat: 'Haec requies mea in seculum seculi'. Permittit autem Deus vastationem, ut puniat peccata sui populi. Et tamen Ecclesiam curat ac tegit, cum per regem Cyrum reducuntur pii, et templum denuo extruunt.

Ad hunc modum in principio creationis Dominium orbis terrarum Homini datum est. Id hic in Diluvio tollitur, non in perpetuum, sed ad tempus, et tamen non tollitur in totum. Etsi enim maxima pars Mundi perit, tamen homo manet Dominus rerum et servatur illud dominium Homini, si non in tanta multitudine, quantam putabat et volebat Mundus, tamen in paucis personis, hoc est, in octo animabus, id quod Mundus non putabat.

Non igitur promissio Dei mentita est: servavit Deus, quod promisit, sed non servavit eo modo, quo Mundus servari volebat. Nam peccatores perdidit, Iustos autem servavit, quamvis pauci essent, et instar Seminis, quod tamen postea Deus varie multiplicavit.

Hoc iudicium Dei Papistae intueri debebant. Docet enim, quod Deus non multitudinem, non potentiam, non denique suam promissionem se im-pedire sinit, quo minus peccata puniat in impoenitentibus. Alioqui etiam primo Mundo et Patriarcharum posteritati Deus parsurus erat, cui dominium terrae concesserat. Nunc perdit omnes, et tantum octo Animas servat.

Quid igitur mirum est, si idem cum Papistis faciat? qui etsi iactant praescriptionem, dignitatem, multitudinem, potentiam, Tamen, quoniam verbum Dei conculcant et persequuntur, abiiciet eos Deus, et deliget sibi aliam Ecclesiam, quae humiliter se verbo submittat, et obviis ulnis beneficia Christi excipiat, quae Papae Ecclesia superbe, fiducia proprii meriti, contemnit.

Non igitur confidendum est in res praesentes et possessas, etiam divino verbo promissas. In ipsum autem verbum respiciendum et eo solo nitendum est. Qui hoc non faciunt, sed discedunt a verbo et praesentibus rebus nituntur, hi etsi multi, magni, potentes sunt, tamen hanc defectionem a fide non ferent impune. Sicut Diluvium ostendit, sicut ostendit Captivitas Iudaeorum et hodierna eorum calamitas: Item septem millia virorum in regno Israel.

Haec satis fortis instantia est, quod multitudo non constituat Ecclesiam. Neque etiam id spectandum est, quam sancta sit origo, qui maiores, quae res possessae et a Deo traditae sint. In solum verbum respiciendum, et ex eo iudicandum est. Qui enim id amplectuntur vere, hi sunt, qui sicut mons Zion non commovebuntur in aeternum, Etsi numero paucissimi, et coram Mundo contemptissimi sint, sicut Noah cum suis liberis fuit, per quos, etsi paucissimi essent, Deus conservavit Homini illam veritatem de promisso ₅ dominio, etsi ne vestigium quidem pedis in terra haberet.

Adversarii nostri hoc Argumentum valde urgent, quia omisso verbo tantum in numerum, speciem et personas spectant. Praedixerunt autem Apostoli, Antichristum fore inspectorem personarum, qui haereat in multitudine et antiquitate, qui oderit verbum, et promissiones Dei depravet, et ₁₀ occidat haerentes in verbo. Tales num iudicabimus Ecclesiam esse?

Ecclesia enim est filia, nata ex verbo, non est mater verbi. Qui igitur verbum amittit et ruit in acceptionem personarum, desinit Ecclesia esse et excecatur, Nec sublevat eum vel multitudo vel potentia, sicut e contra qui verbum retinent, sicut Noah cum suis, hi sunt Ecclesia, etsi numero paucis- ₁₅ simi sint, et octo tantum animae. Sic hodie praevalent nobis multitudine et praecedunt nos dignitate Papistae. Nos autem non tantum maledicimur sed etiam patimur varie. Hoc ferendum est, donec iudicium veniat, quo revelabit Deus, nos suam Ecclesiam esse, Papistas autem esse Ecclesiam Satanae. ₂₀

1. Sam. 16, 7   Retinenda itaque hic Regula est, quae est 1. Sam. 16., ubi Dominus ad Samuelem dicit: 'Ne respicias speciem eius, neque altitudinem staturae eius, quoniam reieci eum. Nec enim, sicut homo videt, Ego video. Homo enim videt ea, quae sunt ob oculos, Dominus autem intuetur cor'.

Sic nos non curemus, quam magnus et potens Papa sit, qui iactat se ₂₅ esse Ecclesiam, praedicat successionem Apostolorum et maiestatem personalem. In verbum respiciamus: id si amplectitur, iudicemus eum Ecclesiam. Si autem persequitur, iudicemus esse Satanae mancipium.

1. Kor. 2, 13   Hoc est, quod Paulus dicit, 1. Corinth. 2., quod Spiritualis omnia diiudicat. Si enim solus essem in toto orbe terrarum, qui retinerem verbum, solus ₃₀ essem Ecclesia et recte iudicarem de reliquo toto Mundo, quod non esset Ecclesia. Etsi enim rem seu officium habent, tamen habent sine verbo, et vere nihil habent. Contra nos, qui verbum habemus, etsi nihil rerum habemus, tamen per verbum habemus omnia. Aut igitur accedant ad nos Papa, Cardinales et Episcopi, aut desinant iactare, quod sint Ecclesia, quae ₃₅ sine verbo esse non potest, si quidem per solum verbum generatur.

Oneramur magna invidia, quod dicimur discessisse a veteri Ecclesia. Contra Papistae gloriantur, quod permanserint cum Ecclesia et Ecclesiae iudicio omnia velint permittere. Sed falso accusamur. Si enim verum profiteri volumus, discessimus a verbo, cum adhuc essemus in ipsorum ₄₀

---

3 commonebuntur *A*

Ecclesia. Nunc vero reversi sumus ad verbum, et desiimus esse apostatae verbi.

Etsi igitur titulo Ecclesiae suo iudicio nos privant, tamen retinemus
verbum, et per verbum omnia ornamenta verae Ecclesiae. Qui enim omnium
5 Creatorem habet, etiam ipsas creaturas habeat necesse est. Ad hunc modum
Noah manet Dominus orbis terrarum, etiamsi aquae praevaleant et terra
pereat. Etsi enim rem amittit, tamen quia verbum retinet, quo omnia creata
sunt, recte omnia retinere dicitur.

Caput Octavum Genesis.

10 Recordatus est autem Dominus Noah cunctorumque animantium, 8, 1
et omnium iumentorum, quae erant in Arca cum eo.

Finita illa horribili ira et deleta universa carne cum terra, incipit iam
impleri illa promissio, quam supra ipsi Noah et eius filiis Dominus fecit, ut
essent futurum Semen generis humani. Non autem dubium est, quin valde
15 anxie hanc promissionem expectarint. Nulla enim difficilior vita est, quam
quae in fide vivitur, sicut Noah et filii eius vixerunt, quos simpliciter a
coelo pendere videmus. Si quidem terra aquis tecta erat, nec habebant
fundum, quo niterentur; solum verbum promissionis erat, quod fluctuantes
in tanta mole aquarum sustinebat.

20 Caro cum extra periculum est, existimat fidem vilem admodum rem
esse, Sicut etiam Papistarum disputationes ostendunt. Igitur deligit speciosa
et laboriosa opera, in his sudat. Sed tu hic respice ad Noah septum undique,
et tantum non oppressum aquis: hunc non opera, sed sola fiducia misericordiae Dei, ad quam verbum promissionis eum vocabat, conservat.

25 Hanc difficultatem Moses obscure significat in verbo: 'Recordatus est
Dominus'. Ostendit enim Noah sic iactatum tam longo tempore in aquis,
ut videretur Deus eius plane oblitus. In tali paroxysmo cogitationum (cum
radii divinae gratiae submoti sunt, et in tenebris, seu oblivione Dei versamur)
qui vivunt, hi experiuntur longe plus difficultatis esse vivere in solo verbo
30 seu fide, quam esse Heremitam aut Carthusianum Monachum.

Non igitur ociosum verbum est, quod Spiritus sanctus dicit Deum
recordatum Noah. Significat enim, quod a die, quo Noah Arcam est ingressus, nihil ei dictum, nihil revelatum sit, quod nullum radium gratiae
viderit lucere, Sed haeserit tantum in promissione, quam acceperat, furentibus
35 interim aquis et fluctibus, tanquam in certa oblivione Dei. Idem periculum
liberi, idem iumenta et alia animalia omnis generis sustinebant per totos
centum et quinquaginta dies in arca. Etsi autem superante Spiritu sancto

Semen pericula illa vicit, tamen non vicit sine molestia carnis, sine lachrimis et ingenti pavore, quem etiam bruta animalia sensisse existimo.

Geminum igitur malum fuit, quo pressi sunt. Nam universalis illa inundatio, quae totum humanum genus hausit, non potuit sine ingenti dolore piorum abire, praesertim cum ad tantam paucitatem se viderent redactos. 5

Deinde grave fuit, toto fere semestri in aquis sine consolatione Dei iactari. Non enim extenuandum est, quod Moses dicit 'Recordatum Dominum Noah', Quasi grammatica ea figura sit, qua significatur, Deum se habuisse in modum eius, qui oblitus sit ipsius Noah, cum tamen revera Deus non possit oblivisci Sanctorum. Nam ita vivere, ut sentias, Deum tui oblitum, 10 hoc grammaticus quid sit, non intelligit. Perfectissimi Sancti sunt, qui ista intelligunt, et Deum obliviosum, ut sic dicam, ferre in fide possunt. Ideo talium querelarum Psalmi et tota Biblia plena sunt, ubi exhortantur Deum, ut exurgat, ut aperiat oculos, ut audiat, ut evigilet.

Ac paulo exercitatiores Monachi hanc tentationem aliquando experti 15 sunt, vocarunt enim suspensionem gratiae. Nam etiam in levibus tentationibus sentiri potest. Illa enim flamma libidinis, quae in adolescentibus est, nisi verbo Dei et Spiritu sancto mitigetur, plane intolerabilis est. Sic in virili aetate impatientia et vindictae cupiditas, si Deus eam non eximat animis, superari nullo modo potest. Quanto proclive magis est in gravioribus tenta- 20 tionibus incidere in istas tenebras desperationis, aut in laqueos praedesti- nationis, cum suspensio gratiae sentitur?

Non igitur praetereunda ista phrasis fuit, tanquam mere grammatica, sicut Rabini existimant. Sed ad affectum respiciendum est, qui illum in- enarrabilem gemitum cordis ostendit, Ubi in ipso sensu desperationis tamen 25 2. Kor. 12, 7 reliqua fidei scintilla est et carnem vincit. Sicut igitur Paulus de angelo Satanae conqueritur, ita putabimus ipsum Noah quoque similes stimulos in corde sensisse, ac secum saepe disputasse: Num putas te solum sic a Deo diligi? Num putas te servatum iri ad extremum, cum nullus sit aquarum modus et illae ingentes nubes nunquam videantur posse exhauriri? 30

Porro hae cogitationes cum etiam Muliercularum animos infirmos subierunt, quasi ibi putamus fuisse vociferationes, querelas, lachrimas? Ita- que oppressus paene tristitia et moerore Noah illas tamen erigere et con- solari pene contra suum cor coactus est.

Non igitur ludus nec iocus fuit, tam longo tempore conclusos in Arca 35 vivere, videre imbrium infinitas moles, iactari fluctibus et natare. Fuit hic sensus obliviosi Dei, sicut Moses ostendit, cum dicit Dominum tandem recordatum ipsius Noah et filiorum eius. Etsi autem fide hunc sensum superarunt, tamen non superarunt sine ingenti molestia carnis. Sicut iuvenis, qui caste vivit, vincit quidem libidinem, sed profecto non sine summa 40 molestia et labore. Qui autem hic maius periculum fuit, ubi omnes circum- stantiae coëgerunt, ut disputarent: Num Deus propicius esse, et eorum recordari vellet, Ideo, etsi vicerunt has difficultates, tamen non vicerunt sine horribili molestia. Caro enim per se infirma nihil minus potest ferre, quam Deum, qui non recordatur nostri, sed oblitus est. Si enim natura tales sumus, ut, cum Deus nostri recordatur, cum successum dat et favet nobis, inflemur et insolescamus, Quid mirum est, cum Deus non abiecisse videtur et omnia adversa accidunt, ut frangamur animis et desperemus?

Meminerimus igitur nobis in hac Historia proponi exemplum fidei, perseverantiae et patientiae, ut qui promissionem divinam habent, non solum ei credere discant, sed etiam perseverantia sibi opus esse existiment. Perseverantia autem non constat sine magna pugna et vocat nos ad eam Christus in novo Testamento, cum dicit: 'Qui ad finem usque perseveraverit, salvus erit'. Matth. 24, 13

Atque haec causa est, cur Deus ad tempus quasi abscondat se, ut nostri videatur oblitus esse suspendendo scilicet gratiam, ut loquuntur in Scholis. Sicut autem in hac tentatione non solum Spiritus, sed caro etiam affligitur: Ita postea, cum iterum meminisse nostri incipit, etiam in carne sensus gratiae est, qui tempore tentationis in Spiritu tantum et quidem infirmissimus erat.

Ergo verbum 'Recordatus' significat magnam tristitiam in hominibus et animalibus fuisse toto illo tempore Diluvii. Necesse igitur est magnam patientiam et insignem fortitudinem fuisse, qua Noah et alii tulerunt illam oblivionem Dei, quae carni sine Spiritu simpliciter intolerabilis est, sicut etiam aliae quantumvis leves tentationes. Etsi autem verum est, quod Deus semper recordatur suorum, etiam cum eos deseruisse videtur, tamen Moses hic significat recordatum fuisse suorum etiam quo ad sensum, hoc est, signo et manifesta ostensione eius, quod antea in verbo et Spiritu promiserat. Hic principalis totius huius capitis locus est.

Et adduxit Dominus spiritum super terram, et quieverunt aquae, 8, 1–3 **et clausi sunt Fontes abyssi, et Cataractae coeli, et prohibitae sunt pluviae de coelo. Reversaeque sunt aquae de terra, euntes et redeuntes, et decreverunt post centum et quinquaginta dies.**

Supra dixit Moses, tres fuisse modos, quo Diluvium grassatum est. Nam et fontes abyssi rupti, et fenestrae coeli apertae sunt, et descendit etiam pluvia. Haec ubi desierunt centesimo et quinquagesimo die, rediit tranquillitas et memoria Dei, et recreatus est Noah, filii et uxores eorum cum animantibus post tantos et tam diuturnos pavores. Si enim bidui tempestas in desperationem navigantes adducit, quanto difficilius fuit illam semestrem iactationem perferre?

Porro hic movetur questio: Quomodo super terram sit adductus ventus, quae tota adhuc aquis tecta fuit? Nam illud non novum est, quod venti exiccant, maxime orientales, quos nostri vocant holewind[1], Virgilius autem

---

[1] Hos. 12, 2 setzte Luther zuerst 'holem winde' statt 'Oſtwinde'. *Zur Sache: Unfre Ausg. Bd. 19, 371; [zu holem winde vgl. Unfre Ausg. Bd. 41, 251, 1. O. B.]*

urentes vocat a siccitate, quam terrae inducunt, quorum Hoseas quoque
Hosea 13, 15 meminit Cap. 13.

Sed facilis responsio est. Dicit enim ventum adductum super terram,
hoc est, super aquae superficiem tantisper, donec aquae exiccatae terram
iterum ostenderent hominibus. Sicut in Exodo mare rubrum vento urenti ₅
exiccatum dicitur. Etsi enim sine vento idem potuit Dominus, tamen
libenter utitur mediis ad certum usum conditis.

Hactenus igitur in tenebris vixit Noah, nec aliud vidit, quam magna
mole horribiliter ruentes et grassantes aquas. Nunc iterum ostenditur amabile
Solis lumen, nec temere ab omnibus partibus circumsonant venti: Unus ₁₀
orientalis, ad minuendas aquas idoneus, spirat et paulatim absumit aquas
stagnantes. Accedunt alia media, quod Oceanus non amplius inundat in
terram, sed aquas, quas evomuerat, resorbet, Cataractae coeli quoque clauduntur.

Haec sunt externa et palpabilia signa, quibus Deus consolatur ipsum
Noah, significans ei, quod non plane oblitus sit, sed recordetur eius. Est ₁₅
autem haec utilis et necessaria doctrina, ut nos quoque in periculis constituti
expectemus certo auxilium Dei, qui nòs non deseret, si in fide permanserimus et expectaverimus promissionem Dei.

8, 4 Requievitque arca mense septimo, decimo septimo die mensis,
super montes Ararat.   ₂₀

Quadraginta diebus creverunt aquae, donec arca elevaretur super
terram. Postea diebus centum quinquaginta innatavit aquis, fluctibus et
ventis agitata in oblivione Dei; tandem ceperunt imminui aquae et arca
requievit.

Hic Iudaei de numero mensium disputant. Sed cur in non necessariis ₂₅
rebus haereremus longius? praesertim cum, quae Rabini afferunt, parum
erudita sint.

Illud magis necessarium est, ut, qui sint montes Ararat, inquiramus.
Est autem communis sententia omnium fere, quod sint montes Armeniae,
propter maximos montes Asiae minoris, Caucasum et Taurum. Sed mihi ₃₀
verisimilius videtur significari principem omnium montium, Imaum, qui dividit
Indiam. Ad hunc enim alii magni montes comparati sunt quasi verrucae.
Nam quod Arca in summo monte quieverit, argumento est, quod tribus totis
mensibus fere decreverunt aquae, donec inferiores montes detegerentur, ut
sunt Libanus, Taurus, Caucasus, qui Imai tanquam pedes aut radices sunt, ₃₅
Sicut Alpium quasi brachia sunt montes Graeciae et pertingunt usque ad
nostram Herciniam silvam. Mirabilis enim montium quasi propago apparet
diligenter eos consideranti.

Iosephus de montibus Armeniae satis mirabilia scribit, et meminit
reliquias arcae suo tempore ibi inventas. Sed nemo opinor me ideo haere- ₄₀
ticum iudicabit, si de eius fide alicubi dubitem.

At vero aquae ibant et decrescebant usque ad decimum mensem; 8,5 Decimo enim mense, prima die mensis, apparuerunt cacumina montium.

Supra dixit aquas septimo mense sic imminutas, ut Arca quiesceret in montibus Ararat. Postea tertio mense ceperunt aperiri cacumina minorum montium, ut Noah ex montibus Ararat, tanquam ex specula, etiam reliquorum montium capita videret, Tauri in Asia, Libani in Syria etc. Haec omnia fuerunt signa recordationis divinae.

Cumque transissent quadraginta dies, aperiens Noah fenestram 8,6.7 Arcae, quam fecerat, dimisit Corvum, qui egrediebatur et reverte- batur, donec siccarentur aquae super terram.

Haec sunt historica. Allegoriam autem servabimus suo loco. Porro peperit hoc in loco questionem negligentia Interpretis. Non enim in Ebraeo est corvum non rediisse, sicut Hieronymus vertit; Ideo nihil fuit opus fingere etiam causam, cur non reversus sit, quod scilicet invenerit omnia plena cadaveribus, itaque in leto et abundanti pastu fingunt eum non rediisse.

Moses contrarium dicit, nempe emissum corvum reversum esse, quan- quam non passus sit se apprehendi et iterum concludi in Arcam, sicut Columba. Itaque ostendit Moses, Noah eo consilio dimisisse corvum, ut per eum intelligeret, num animalia possint iam figere pedem, et pastum habere. Sed corvus non est diligenter functus legatione hac, sed quasi exultans, quod liberatus esset ex carcere arcae, avolat et revolat gaudens libero coelo et ipsum Noah iam contemnens.

Iudaei vere sicut porci ubique ostendunt impuros animos. Fingunt enim corvum metuisse femellae, et habuisse suspectum de ea ipsum Noah. O impuros animos.

Emisit quoque columbam post eum, ut videret, si iam cessassent 8,8.9 aquae super faciem terrae; quae cum non invenisset, ubi requie- sceret pes eius, reversa est ad eum in Arcam. Aquae enim erant super faciem universae terrae. Extenditque manum suam, et apprehensam intulit in Arcam.

Postquam Noah sua spe frustratur per corvum, qui petulanter circum- volat, nullum autem signum affert de conditione terrae, apprehendit colum- bam: eam putat rectius legatione hac functuram esse. Quanquam textus pene in eam sententiam nos cogit, ut statuamus illas duas aves simul emissas eodem tempore, ut haberet Noah duos testes, ex quibus disceret, quod volebat. Sed corvus gaudens libero coelo, etsi circum arcam volitat, tamen in Arcam redire non vult. Columba autem refugiens cadavera et impura loca redit, et se apprehendi sinit. Haec, sicut audiemus, concinnam Allegoriam de Ecclesia suppeditabunt.

22*

8, 10-12 Expectans autem ultra septem diebus aliis, rursum emisit Columbam ex arca. At illa venit ad eum vesperi, portans folium oleae decerptum in ore suo. Intellexit ergo Noah, quod cessassent aquae super terram, expectavitque nihilo minus septem alios dies, et emisit Columbam, quae non est reversa.

Columba est fidelis nuncia, ideo denuo mittitur. Ac Moses diligenter describit, quomodo successive decreverint aquae, donec tandem superficies terrae una cum arboribus aquis nudata est. Quod igitur Columba affert folium oleae, id non putabimus Columbam ex sua industria fecisse, Sed sic instruente Deo, qui paulatim clarius ipsi Noah voluit ostendere, quod retineat 10 eius memoriam, nec dum plane eius sit oblitus. Itaque folium hoc oleae ipsi Noah et reliquis in arcam, tanquam in carcerem, conclusis singulare signum fuit, quo erigerentur et certam spem futurae liberationis conciperent.

Hic acriter disputant Iudaei, ubi columba oleam hanc invenerit. Ac alii, ut statuant singularem gloriam patriae, nugantur ex monte oliveti in 15 terra Israel desumptam, cui Deus pepercerat, ne periret Diluvio, sicut reliqua terra.

Sed saniores Iudaei recte nugas has confutant, cum arguunt: Hoc si verum esset, non potuisse hanc olivam esse signum, ex quo Noah intelligeret aquas decrevisse. Alii fabulantur columbam intromissam in Paradisum et 20 inde attulisse frondem oleae. Sed supra aliquoties dixi meam de Paradiso sententiam, et indignae sunt hae nugae, quas refutemus diligentius.

Hoc igitur utilius est admonere, quod omnia haec miraculose et supernaturaliter sint gesta. Non enim Columba tantum habet industriae, ut ramum decerpat et eum ad Arcam afferat, ut ex ea iudicium faciat Noah de dimi- 25 nutione aquarum. Ordinatione divina haec gesta sunt. Nam etiam aliae arbores tum habuerunt folia, praesertim quae proceriores sunt et citius emerserunt ex aquis. Olea autem collatione reliquarum arborum brevis est. Itaque apta ad id fuit, ut Noah decrementum aquarum intelligeret et Syllogismo practico concluderet cessasse iam Dei iram et rediisse terram ad suum 30 statum, in quo ante Diluvium fuerat. Id autem certius cognoscit, ubi tertio Columba emissa non rediit, habuit enim non solum pastum in terra, sed etiam potuit nidos figere et inambulare in terra.

8, 13. 14 Igitur sexcentesimo primo anno vitae Noah, primo mense, prima die mensis, desiccatae sunt aquae super terram. Et aperiens Noah 35 tectum Arcae, adspexit, viditque, quod exiccata esset superficies terrae. Mense secundo, et die mensis vigesima septima arefacta est terra.

Hic videmus, quod Noah integro anno fuerit in Arca et decem diebus. Nam secundo mense, die septima decima Arcam ingressus, et circumacto 40

anno, eodem mense, die autem vicesima septima Arcam egressus est. Ergo
amplius, quam toto semestri miser Noah cum liberis et muliericulis in Arca,
in summa tristitia et oblivione Dei vixit. Post paulatim aliis atque aliis
signis ostendit ei Deus, quod non sit eius oblitus, Donec tandem circumacto
5 anno et decem diebus iterum constituitur Dominus terrae et maris. Nam hoc
die secundi mensis terra non solum Diluvio liberata, sed etiam arefacta est.

Haec est Historia Diluvii, et quomodo aquae iterum decreverint. Post
hanc horribilem iram sequitur lux gratiae immensa, sicut ostendet Concio ab
ipso Deo ad Noah habita, quae iam sequitur.

10 Locutus est autem Dominus ad Noah, dicens: Egredere de Arca, 15—17
tu et Uxor tua, filii tui et uxores filiorum tuorum tecum, cuncta
animantia, quae apud te sunt ex omni carne, tam in volatilibus,
quam in bestiis et universis reptilibus, quae reptant super terram,
educ tecum, et ingredimini super terram.

15 Hactenus tantum narratio rei fuit, seu descriptio operis divini. Quanquam autem opera Dei non muta sunt, sed loquuntur nobis et quasi oculis
exponunt voluntatem Dei spectandam, tamen multo fortius consolatur nos
Deus, cum suis operibus etiam verbum vocale adiungit, quod non oculi
vident, sed aures accipiunt, et cor ex motu Spiritus sancti intelligit.

20 Sicut igitur hactenus opere suo ostendit Deus se placatum esse, et
quasi mutatum ex irato Deo in misericordem, siquidem aquas reprimit et
terram siccat: Ita nunc pergit hanc consolationem roborare verbo suo et
amice compellat ipsum Noah, ac iubet, ut egrediatur Arcam cum reliquis
hominibus et animantibus.

25 Atque hic locus est, quem in nostra doctrina crebro et non sine causa
urgemus, ut statuamus non licere nobis quicquam instituere aut facere, praesertim coram Deo et in cultibus Dei, nisi praeeunte et iubente verbo. Sic
supra Noah Arcam ingressus est, cum iuberetur a Deo ingredi: Sic iam
Arcam egreditur, cum iuberetur a Deo egredi. Non sequitur superstitiosas
30 cogitationes, quales in Iudaeis videmus: hi semel iussi, ut temporale aliquid
instituant, id in aeternum volunt retinere, tanquam ad salutem necessarium.

Ad hunc modum cogitare potuit Noah: Ecce mandato Domini arcam
fabricatus sum, sum in ea servatus pereuntibus omnibus hominibus: Manebo
igitur in ea, aut habebo eam pro templo et loco cultus Dei, est enim sancti-
35 ficata verbo Dei, et per inhabitationem Sanctorum seu Ecclesiae. Sed horum
nihil facit pius vir, quia verbum iubebat, ut egrederetur. Obsequitur igitur
et cum iam functa tempore Diluvii officio suo Arca esset, relinquit eam et
sibi ac liberis suis terram habitandam esse iudicat.

Ad hunc modum nos quoque nihil instituamus sine verbo Dei, sed
40 incedamus in sancta vocatione, hoc est, quae verbum et mandatum Dei
habet. Nam qui sine mandato Dei aliquid instituit, invanum laborat.

Hic opponi potest exemplum Noah, quod paulo post sequitur, qui
sine mandato Dei erigit Altare et in eo offert holocaustum Domino de animalibus mundis. Si igitur ipsi Noah hoc licuit, cur nobis quoque non
liceat eligere certos cultus? Ac sane Papatus sine modo cumulavit opera
et cultus in Ecclesia pro arbitrio. Sed retinenda est sententia, quae Catho- 5
Röm. 14, 23 licum theorema est: Quod quidquid ex fide non fit, peccatum est. Fides
autem a verbo separari non potest, ergo, quidquid sine verbo fit, peccatum est.

Deinde manifestum in eo periculum est, si velis facta Patrum trahere
in exemplum. Sicut enim personae, ita etiam officia sunt differentia et pro
diversitate vocationis diversa opera requirit Deus. Ideo Epistola ad Ebraeos 10
erudite refert diversa facta Patrum in unam fidem, ut ostendat non opera,
Hebr. 11, 2 sed fidem Patrum imitandam esse singulis in sua vocatione.

Igitur singularia illa sanctorum Patrum opera neutiquam in exemplum
trahenda sunt, ut ea quisque putet sibi imitanda esse, Sicut Monachi imitantur
ieiunia Benedicti, vestem Francisci, calceos Dominici etc. Hoc enim est 15
simias facere, quae imitantur gestus, sed sine mente: Sic hi simulant opera,
sed fidem nesciunt.

Abraham iubetur mactare filium. Id exemplum postea cum summa
impietate sibi sequendum esse posteri duxerunt, et repleverunt terram innocenti sanguine. Sic serpentem aeneum adoravit posteritas et immolavit 20
coram eo. Utrique se exemplo maiorum tueri voluerunt, sed quia sine verbo
hos cultus instituerunt, iuste damnati sunt.

Meminerimus igitur, ne quid instituamus sine mandato Dei. Quia
enim officia diversa sunt, non possunt nec debent singulorum eadem esse
opera. Quam esset absurdum, si clamarem: Mihi Caesaris exemplum sequen- 25
dum, et reliquis a me leges praescribi debere? Quam esset impium, si
contenderem: Mihi iudicis exemplum sequendum esse, et addicerem aliquos
cruci, aut gladio? Non igitur in opera, sed in fidem singulorum respiciendum
est. Est enim una generalis fides omnium Sanctorum, cum opera sint
diversissima.   30

Sic si Noah aedificavit altare, cave putes tibi idem licere, fidem autem
Noah imitare, qui iudicavit dignum, ut tam clementi Servatori ostenderet se
intelligere beneficia eius et pro iis gratum esse. Sic imitare Abrahamum
non in eo, ut mactes filium, sed ut promissis Dei credas, et pareas mandatis
Hebr. 11, 2 eius. Sicut hoc consilio Epistola ad Ebraeos erudite exempla seu facta 35
Patrum ad fidem refert, ac eam nobis quoque imitandam esse ostendit.

Potest autem etiam hoc modo responderi ad hanc obiectionem: Quod
Noah mandatum habuit de extruendo Altari et offerendis hostiis. Nam
hunc ritum sacrificandi approbavit Deus in eo, quod munda animalia, quae
sacrificiis apta erant, iussit maiore numero inferri in Arcam. Nec licuit 40
ipsi Noah sacerdotii munus abiicere, quod in priori Mundo approbatum per
primogeniturae ius ad ipsum devenerat. Fuerunt enim sacerdotes Adam,

Seth, Enos et alii. Ab his in ipsum Noah sacerdotis officium quasi deri-
vatum est.

Non igitur habuit Noah libertatem tantum sacrificandi, tanquam Sacerdos
et Propheta, sed etiam necessitatem, et ex vocatione fecit, quod fecit. Quia
5 autem vocatio non est sine verbo, ergo secundum verbum et mandante Deo
altare extruxit et sacrificavit. Afferat igitur monachus officium et vocationem,
ut possit induere cucullum, ut possit invocare beatam Virginem, orare
Rosarium et similia facere: et laudabimus eius vitam. Quia autem vocatio
nulla est, quia non praecedit verbum, quia deest officium, recte damnantur
10 et vita et opera omnia omnium Monachorum.

Ultimo, ut omnia alia desint, tamen hoc Argumentum a posteriori
restat: Quod Deus approbat factum Noah. Quanquam autem ratio a
posteriori non ita firma sit, tamen est aliquid in talibus heroicis et singularibus Viris, qui, etsi videntur facere, de quibus mandatum nullum habent,
15 tamen non abiiciuntur a Deo, sed approbantur. Ac sunt certi suo spiritu,
quod non peccent. Quanquam id non prius apparet, quam cum postea
accedit approbatio. Talia exempla multa sunt, et videmus Deum quaedam
Gentium facta approbasse.

Maneat ergo illa sententia firma: Quod omnia sint facienda secundum
20 praeceptum Dei, ut possimus certo in conscientia statuere, quod a Deo iussi
haec faciamus. In tali igitur statu vocationis, qui Deo placet, qui currunt,
non currunt in vacuum nec verberant aërem, Sicut illi, qui non habent
stadium, in quo decurrere iussi sunt. Itaque etiam brabaeum nullum sperare
possunt. 1. Corinth. 9.   *l. Cor. 9, 24*
25 Sed redeo ad textum. Iubetur Noah et liberi cum uxoribus Arca
egredi et educere animalia omnis generis in terram, ut scilicet omnia eius
opera sanctificarentur et comprehenderentur verbo. Ac de animalibus diserte
iam additur:

Crescite et multiplicamini super eam. Egressus est ergo Noah *8, 17—19*
30 et filii eius cum eo, Sed et omnia animantia et reptilia, quae
reptant super terram, et volucria. Et egressa sunt de Arca singula iuxta familias suas.

Quia in nono capite Dominus de propagatione Noah et filiorum eius
loquitur, Ideo sentio, Dominum hic tantum loqui de animantium brutorum
35 propagatione. Lyra inepte hoc loco ex forma orationis colligit tempore
Diluvii prohibitum concubitum, et iam ab egressione Arcae iterum laxatum
seu concessum, siquidem dicit: 'Egredere tu et uxor tua'. Tales monachorum cogitationes sunt, non Dei, qui non libidinem, sed propagationem
spectat, ea enim est Dei creatura, Libido est venenum Satanae per peccatum
40 in naturam infusum.

Est autem Moses hic satis verbosus, ut hoc modo ostendat et pingat animos quasi ebrios gaudio, postquam ex isto carcere arcae in terram ubique patentem redire iussi sunt. Retinet autem hic alium ordinem in recensendis animalium generibus, et distinguit eas quasi in familias, ut videas Deum tantum spectare propagationem. Fuit autem sine dubio hoc iucundissimum 5 spectaculum, quod omnes bestiae extra arcam positae, singulae suum socium animal agnoverunt, et postea in consuetum locum se receperunt, lupi, ursi, leones ad silvas et nemora, oves, caprae, porci ad campos, canes, gallinae, feles ad hominem.

8, 20 Aedificavit autem Noah altare Domino, et tollens de cunctis 10 pecoribus et volucribus mundis, obtulit holocausta super Altare.

Hic manifestus textus est, qui ostendit Mosen non primum instituisse sacrificia, sed tanquam Rapsodum congessisse, et deinde in ordinem redegisse a Patribus usurpata ac quasi per manus tradita. Sicut etiam lex circumcisionis non a Mose primum scripta, sed a Patribus accepta est. 15

1. Mofe 4, 4. 5   Supra cum sacrificii Habel et Cain mentionem faceret, dat ei sacrificio nomen, quod fuerit *Minha*, seu oblatio: Hic autem prima holocausti mentio est, quod totum incendebatur. Hoc, inquam, manifestum Argumentum est, quod etiam ante Mosen lex sacrificiorum extiterit. Moses autem hoc fecit, ut istos ritus a Patribus observatos redigeret in ordinem. 20

8, 21   Et odoratus est Dominus odorem suavitatis.

Hic significatur, quod sacrificium Noah approbaverit Dominus, quod tanquam Sacerdos ex officio, ad exemplum sanctorum Patrum obtulerat.

Diligenter autem notanda est differentia phrasis. Nam de oblatione supra dixit Dominum ad eam respexisse. Hic dicit Dominum odorem 25 suavitatis odoratum esse, ac saepe posthac Moses tali phrasi utitur. Et sunt eam imitatae Gentes quoque, sicut Lucianus ridet Iovem nidore carnium captum.

Significat autem verbum non proprie odorem suavitatis, sed odorem
1. Mofe 8, 4 quietis. Nam *Nihoah*, quies, venit a verbo *Noah* quo supra Moses usus 30 est, cum dixit Arcam quievisse super montes Ararat. Ergo odor quietis est, quod Deus tum quieverit ab ira, quod dimiserit iram et placatus sit, et, sicut vulgo dicimus, quod bene contentus fuerit.

Hic obiici potest: Cur non dicit: Respexit Deus ad Noah et ad holocaustum eius, sed simpliciter dicit: 'Est odoratus Dominus odorem quietis', 35 quod profecto scandalose sonat, siquidem non personam laudat ob fidem, sed simpliciter ipsum opus? Respondetur autem fere in hanc sententiam, quod Scriptura loquatur more humano de Deo, homines enim capiuntur suavitate odoris.

Sed mihi alia ratio huius phrasis esse videtur, nempe quod Deus tam prope affuerit, ut odorem senserit. Vult enim significare Moses Deo gratum fuisse hoc sacrum. Salomon dicit: 'Odor suavis delectat animam'. Ac Spr. 27, 9 Medici nonnunquam exanimes suavitate odorum revocant, Sicut e contra 5 horribilis foetor vehementer offendit naturam ac prosternit saepe.

Ad hunc modum dici potest, Deum horribili foetore impietatis offensum nunc quasi recreari, cum videt hunc unicum Sacerdotem se accingere ad facienda sacra, ut specimen aliquod gratitudinis exhibeat et publico opere ostendat, se non esse impium, sed habere et revereri Deum; huc enim pro 10 prie sacrificia pertinebant etc.

Sicut igitur hactenus delectatus fuit perdendo genus humanum, ita nunc delectatur et gaudet id iterum augendo. Propter nos igitur tali phrasi utitur Moses, ut apprehendamus gratiam, et discamus, Deum talem esse, qui gaudeat nobis benefacere.

15   **Et dixit Dominus in corde suo.**

Significat Moses, non perfunctorie nec superficialiter haec a Domino dicta, sed ex intimis visceribus. Nam in Ebraeo sic sonat, Quod Deus ad cor suum locutus sit.

Nequaquam ultra maledicam terrae propter Hominem.

20 Loquitur Deus, ac si eum poeniteat poenae inflictae terrae propter Hominem, sicut supra creationis, et reprehendat, quod ita saevierit in hominem.

Porro hoc non est eo modo accipiendum, quasi in Deum mutatio voluntatis possit cadere. Sed ad consolationem nostram haec pertinent. Ideo enim accusat et reprehendit se, ut pusillum gregem excitet, ut certo 25 statuat Deum velle posthac propitium esse.

Hac consolatione admodum opus habebant animi, magnitudine irae Dei, quam grassantem viderant, territi. Quia enim fides non potuit non labefactari tantae irae consideratione, cogitur quasi Deus gestus et verba sic instituere, ut nihil nisi gratiam et misericordiam animi expectent. Ideo 30 nunc loquitur cum eis, Adest sacris ipsorum, significat se illis delectari, reprehendit consilium suum, et promittit se nihil unquam tale facturum. In summa: Nunc incipit alius esse Deus, quam hactenus fuerat: non quod Deus mutetur, sed quod Homines mutari cupit iam quasi absorptos in illis irae cogitationibus.

35 Ac qui experti sunt tentationes spirituales, hi norunt, quam necessarium sit, certas et firmas consolationes animis subiicere, quibus tandem revocentur ad spem gratiae et irae obliviscantur. Saepe non dies unus, saepe non mensis unus ad eam rem satis est: Sed sicut morborum decrementa longum tempus postulant, ita haec animorum vulnera non statim nec uno verbo 40 sanantur. Hoc cum Deus videat, varie conatur territos animos revocare ad

certam spem gratiae; etiam seipsum reprehendit loquendo ad cor suum,

Jer. 18, 8 Sicut Iere. 18., Ubi promittit se acturum poenitentiam de malo, quod cogitavit,
si ipsi quoque poeniteant.

Porro notandum est, quod dicit: 'Non ultra maledicam terrae'; loquitur
enim de universali perditione terrae, non de particulari, cum agros, urbes,   5
regna perdit. Hac enim utitur ad admonendos alios, sicut Maria dicit:
Lut. 1, 52 'Quod deponit potentes de sede'.

Quoniam figmentum cordis humani malum est ab Adolescentia sua.

Hic est insignis locus de peccato originali; quod qui extenuant, hi
profecto, sicut coeci in sole, errant et quae quotidie agunt et experiuntur,   10
non vident. Nam incunabula nostra inspice, quam varie in prima aetate se
prodit peccatum? Quanta mole virgarum opus est, dum quasi in ordinem
redigimur et retinemur in officio?   •

Huic aetati succedit adolescentia. Ibi maior rebellio sentitur, et accedit
indomitum malum, furor libidinis et concupiscentia. Si uxorem ducas,   15
sequitur fastidium tuae et furor in alienas. Si reipublicae gubernatio commendatur, ibi demum uberrima vitiorum seges est, aemulatio, ambitio, insolentia, spes lucri, avaricia, ira, indignatio etc.

Itaque, sicut Germani proverbio dicunt[1], una cum annis etiam peccata
crescunt: Je lenger, ie erger, ie elter, ie kerger. Atque haec omnia eius-   20
modi vicia sunt tam crassa et pinguia, ut iudicari possint et intelligi. Quid
dicemus de interioribus, quod crescit incredulitas, securitas, neglectus verbi,
impiae opiniones?

Et tamen insignes Theologi habentur et haberi volunt, qui peccatum
originis sophistice extenuant. Profecto haec tot et tanta vicia non possunt   25
extenuari. Non enim levis hic morbus seu defectus est, sed extrema ἀταξία,
cuius simile tota reliqua creatura, exceptis daemonibus, non habet.

Sed habent ne isti extenuatores testimonia scripturae, quibus nituntur?
Mosen hic videamus. Is, sicut supra quoque in sexto capite admonui, non
libidinem, non tyrannidem, non alia peccata vocat mala, Sed figmentum   30
cordis humani, hoc est, industriam, sapientiam, rationem humanam, cum
omnibus viribus, quibus etiam in optimis actionibus ratio utitur. Nam etsi
oeconomica et politica opera non damnamus, tamen ea ipsa bona opera vitiat
cor humanum, cum iis utitur ad gloriam, utilitatem, tyrannidem, vel contra
proximum vel contra Deum.   35

Nec potest hic locus eludi, quod tales fuerint, qui perierunt Diluvio.
Generis vocabulo utitur Deus, et dicit, Cor hominis tale esse. Erant autem
tum homines non alii, quam qui in Arca servati erant, et tamen dicit
Figmentum cordis humani esse malum.

---

[1] *Fehlt bei Thiele, erscheint aber sonst bei Luther, z. B. Unsre Ausg. Bd. 32, 451, 34
und Nachtr. S. 567.*

Ergo non excipiuntur hic ne Sancti quidem. Nam in tertio filio Ham postea se figmentum hoc prodit, quale sit. Nec fuerunt alii fratres natura meliores. Hoc tantum interest, quod alii per fidem Seminis spem de remissione peccatorum retinent et malo cordis figmento non indulgent, sed ei
5 resistunt per Spiritum sanctum, qui ad hoc datur, ut pugnet contra hanc maliciam naturae et eam vincat. Hanc naturam quia sequitur Ham, totus malus est et etiam perit totus. Sem autem et Iapheth, quia Spiritu contra eam pugnant, etsi etiam mali sunt, tamen non sunt toti mali; habent enim Spiritum sanctum, quo contra malum pugnant, et ideo Sancti sunt.

10 Porro hic etiam inconstantiae videtur Deus accusari posse. Supra puniturus hominem causam consilii dicit: 'Quia figmentum cordis humani malum est'. Hic promissurus homini gratiam, quod posthac tali ira uti nolit, eandem causam allegat. Homini igitur sapienti stulta haec videntur, et neutiquam convenire divinae sapientiae.

15 Sed ego sublimia libenter vito, et relinquo ea ociosis spiritibus. Itaque mihi satis est, quod haec dicuntur pro nostro affectu, ut scilicet Deus ostendat se iam placatum esse et non amplius irasci. Nam ita parentes quoque solent: postquam pro merito flagellarunt inobedientes liberos, tandem blanditiis eos iterum quasi conciliant sibi. Haec inconstantia non solum reprehendi
20 non meretur sed laudanda est. Prodest enim pueris, ne, dum virgam metuunt, etiam Parentes odisse incipiant. Haec solutio mihi satis est: Invitat enim nos ad fidem. Alii alia afferre possunt.

Diligenter itaque hic locus observandus est, qui aperte ostendit naturam hominis corruptam esse. Haec enim corruptae naturae cognitio
25 imprimis necessaria est, nec potest sine ea misericordia et gratia Dei recte intelligi.

Itaque digni odio Sophistae sunt, et non temere accusamus Interpretem, qui huic errori occasionem dedit, dum vertit cogitationem humani cordis non malam, sed ad malum pronam esse. Hac enim occasione depravant
30 Sophistae et eludunt locos Pauli, in quibus dicit, Omnes esse filios irae, Eph. 2, 3 Omnes peccare, et sub peccato esse. Sic enim ex hoc loco argumentantur: Röm. 5, 12 Röm. 3, 9 Moses non dicit, naturam esse malam, sed pronam ad malum. Haec sive proclivitas seu inclinatio est in potestate liberi arbitrii, nec cogit hominem ad malum, seu, ut ipsorum verbo utar, non necessitat hominem.

35 Postea querunt causam huius sententiae, et asserunt: In homine esse etiam post lapsum bonam voluntatem et rectam rationem: Nam naturalia mansisse integra, non in hominibus solum, sed etiam in diabolo. Atque ad hanc sententiam detorquent tandem Aristotelis dictum: Rationem deprecari ad optima.

40 Ac sunt harum opinionum semina etiam in Patribus, qui ex Psalmo Pf. 4, 7 quarto, ubi de lumine vultus Dei super nos signato loquitur, ponunt distinctionem porcionis superioris, quae de Deo speculatur, et inferioris,

quae exercetur in externis et politicis negotiis. Ac delectatur hac distinctione Augustinus quoque, sicut diximus supra, ubi de lapsu hominis disputavimus.

Sed si scintilla cognitionis Dei in homine mansisset integra, longe essemus alii, quam nunc sumus. Inaestimabilis igitur Sophistarum coccitas 5 est, qui manifestas Pauli sententias ita cavillantur. Nam si hunc ipsum locum, sicut in latinis Bibliis habetur, recte aestimarent et piam mentem afferrent, profecto desinerent patrocinari tam malae causae. Non enim exiguum aliquid dicit, qui sensus et cogitationem humani cordis ab ado-
1. Mose 6, 5 lescentia ad malum pronam esse dicit. Praesertim cum supra sexto capite 10 dixerit Moses: Cunctam cogitationem cordis intentam esse ad malum omni tempore, hoc est, studere malo, et esse in intentione, studio et conatu ad malum. Sicut adulter, cum ardet cupiditate, etsi occasio, locus, persona, tempus cum destituunt, tamen nihilominus agitatur aestibus libidinis, nec potest cogitationibus suis in aliam rem incumbere. Talem naturam dicit 15 Moses esse omni tempore ad malum. Num igitur naturalia sunt integra, si quidem ad malum homo semper intentus est?

Ergo si Sophistae tam aequi essent sacrae doctrinae, quae propheticis et apostolicis Scriptis prodita est, quam sunt aequi suis doctoribus, qui liberum arbitrium et merita operum statuunt, profecto non essent passi tam 20 levi occasione propter unam voculam se a vero abduci, ut statuerent contra Scripturam esse naturalia integra, Hominem sua natura non esse sub ira, non sub damnatione. Quanquam ipsi quoque hanc absurditatem animadvertisse videntur: Etsi enim ponerent naturalia integra, tamen dixerunt requiri gratiam gratum facientem, hoc est, docuerunt, Deum illa naturali 25 bonitate hominis non esse contentum, nisi sit formata caritate.

Sed quid necesse est longius contra istorum amentiam disputare, cum sciamus textum ex Ebraea veritate non dicere, quod sensus et cogitatio humani cordis sit prona, Sed quod figmentum cordis humani malum sit ab adolescentia? 30

Vocat autem figmentum, sicut aliquoties supra dixi, ipsam rationem cum voluntate et intellectu, etiam tum, cum de Deo cogitat, cum honestissimis operibus exercetur sive politicis sive oeconomicis. Semper enim est contraria legi Dei, est in peccatis, est sub ira Dei, Nec liberari ab hoc malo
Joh. 8, 36 potest suis viribus, secundum sententiam Christi: 'Liberi eritis, si vos Filius 35 liberaverit'.

Si igitur Hominem voles vere definire, ex hoc loco definitionem sume, quod sit animal rationale, habens cor fingens. Quid autem fingit? Respondet Moses: 'malum', contra Deum scilicet seu legem Dei et homines. Tribuit igitur Scriptura sancta homini rationem non ociosam, sed semper aliquid 40 fingentem. Figmentum autem hoc vocat malum, impium, sacrilegum. Contra Philosophi vocant bonum, Sophistae vocant integra naturalia.

Ergo textus hic diligenter notandus et contra cavillatores Sophistas urgendus est, quod Moses dicit, figmentum cordis humani esse malum. Clare enim sequitur, si malum est, quod naturalia non sint integra, sed corrupta. Non enim Deus hominem malum condidit, sed integrum, sanum, sanctum, agnoscentem Deum, cum recta ratione et bona voluntate erga Deum.

Cum igitur clara testimonia extent, quod Homo malus et a Deo aversus sit, quis tam est amens, ut dicere ausit, Naturalia in homine mansisse integra? Hoc enim idem est, ac si dicas, hominis naturam adhuc integram et bonam esse, quam tot exemplis discimus et experimur extreme esse viciatam.

Ex hac prava sententia multa periculosa dicta nata sunt, quaedam etiam manifeste falsa et impia, ut, cum dicunt: Quando homo facit, quod in se est, tum Deus infallibiliter dat gratiam.[1] Hoc quasi classico excitarunt Homines ad orationes, ieiunia, afflictiones corporum, ad peregrinationes et alia similia. Sic enim persuasum fuit mundo, si Homines facerent, quantum possent natura, mereri gratiam, si non de condigno, tamen de congruo. Meritum congrui autem eo retulerunt, quod opus non esset contra legem Dei, sed secundum legem Dei: Nam malo non debetur meritum, sed poena. Condigni meritum tribuerunt non operi, sed qualitati operis, si fieret in gratia.

Tale etiam est Scoti dictum, quod homo ex puris naturalibus possit diligere Deum super omnia. Fundamentum enim dicti huius est, quod naturalia sint integra. Sic autem colligit: Homo puellam diligit, quae est creatura: Sic autem perdite diligit, ut se et vitam suam pro ea in discrimen ponat. Sic mercator diligit opes, et quidem tam impense, ut mille mortis pericula subeat, dum modo lucrari aliquid possit. Si igitur tantus creaturarum amor est, quae longe infra Deum sunt positae, quanto magis amabit homo Deum, qui summum bonum est? Ergo ex puris naturalibus diligi potest Deus.

Bella consequentia et digna Franciscano monacho. Ostendit enim, quod nesciat tantus Doctor, quid sit diligere Deum. Natura enim sic corrupta est, ut Deum non agnoscat amplius, nisi verbo et Spiritu Dei illuminetur; quomodo igitur sine Spiritu sancto amare Deum potest? Verum est enim, quod ignoti nulla sit cupido. Natura igitur Deum, quem nescit, amare non potest; Amat autem Idolum et somnium cordis sui. Deinde in creaturarum amore ita implicita tenetur, ut Deum, etiam postquam ex verbo agnovit, tamen negligat, et contemnat verbum eius: Sicut exempla nostrorum hominum ostendunt.

Sunt igitur huiusmodi absurda et blasphema dicta certum argumentum, quod Theologia Scholastica plane degeneraverit in Philosophiam quandam, quae nullam veram Dei cognitionem habet: Sed quia verbum ignorat, etiam Deum ignorat, et versatur in tenebris. Sicut enim Aristoteles et Cicero,

---

[1]) *Vgl. hierzu Unsre Ausg. Bd. 32, 539 und 569.*

qui tamen in hoc genere summi sunt, multa de virtutibus docent, et eas magnifice commendant propter politicum finem, quod videut et privatim et publice eas esse utiles — De Deo autem nihil docent, quod magis eius voluntas et mandatum, quam vel privata vel publica commoda spectanda sint (Hanc enim voluntatem Dei, qui verbum non habent, ignorant), Plane ad eum modum Scholastici Theologi Philosophicis imaginationibus capti neque Dei, nec sui veram agnitionem retinuerunt: Ideo in tam horribiles errores sunt prolapsi.

Ac sane facilis lapsus est, postquam a verbo discesseris. Nam ille splendor politicarum virtutum mirabiliter capit animos. Erasmus ex Socrate tantum non perfectum Christianum facit, Et Augustinus immodice laudat M. Attilium Regulum ob fidem hosti servatam.[1] Omnium enim virtutum veritas pulcherrima est, et accedit hoc in loco summa commendatio, quod coniunxit hanc virtutem cum amore erga patriam, quae ipsa quoque singularis et laude dignissima virtus est.

Invenias autem multos claros viros, qui hanc veritatis laudem non habent; sicut certe Themistocles eam non habuit, etsi heroicus Vir esset, et patriae utilis. Itaque admiratur Attilium Augustinus; videt enim rationem et voluntatem rectam in summo gradu, hoc est, quanta in hanc naturam potest cadere. Quid igitur hic vicii est, aut quid est malum? Certe opus reprehendi non potest.

Primum in Regulo est ignorantia Dei, et quanquam recte facit, tamen vide, an non etiam finis a Theologo reprehendi possit: Cum hoc enim studio iuvandae patriae etiam cupiditas gloriae coniuncta est. Contemnit enim vitam, ut hoc modo sibi paret immortalem ad posteros gloriam. Si igitur hoc quasi somnium vitae, et externam hanc larvam consideres, pulcherrimum factum est. Sed coram Deo est foeda idolatria: sibi enim huius facti gloriam arrogat. Et quis dubitat, fuisse cum hoc gloriae studio etiam coniuncta alia vitia?

Ergo Attilius hanc summam virtutem veritatis et studii in patriam praestare non potest, nisi furens et insaniens ad malum. Malum enim est, quod gloriam Deo eripit, et sibi arrogat. Hoc spolium divinitatis ratio videre non potest.

Ergo discernendae sunt virtutes gentilium a virtutibus Christianorum. Verum est, quod utrinque impelluntur animi divinitus. Sed hos divinos motus magnorum Hominum corrumpit postea in ethnicis gloriae studium et ambitio. Si igitur Rhetor accedat, qui causam efficientem amplificet, contra finalem hanc vitiosam causam dissimulet, quis non videt duabus potissimis causis, formali et finali, dissimulatis, miseram hanc virtutis quasi umbram ab homine eloquente ornari posse?

---

[1] *Unsre Ausg. Bd. 18, 72.*

Sed Dialecticus facile deprehendet fucum: videt enim, deesse causam formalem, hoc est, rectam rationem, quia Deus non agnoscitur, nec est recta voluntas erga Deum. Causam autem finalem videt vitiosam esse; Non enim spectatur verus finis, obedientia erga Deum, et dilectio proximi. Qualis autem haec virtus est, in qua pene omnes causae desiderantur, praeter naturalem, quae est tantum passio, hoc est, impetus, seu impulsus, quo movetur animus ad praestandam hosti fidem? Habent autem hos impetus, ut dixi, etiam impii. Igitur, si pro patria suscipiuntur, fiunt virtutes, si contra patriam, fiunt vitia, sicut Aristoteles erudite disputat.

Haec eo dico, ut hunc locum observent studiosi sacrarum literarum, qui diserte pronunciat, naturam corruptam esse. Nam illa virtutum simulachra, quae in gentibus sunt, diversum videntur probare, quod scilicet in natura aliquid integrum relictum sit. Accurato itaque iudicio ad haec distinguenda opus est.

Quod addit Moses 'ab adolescentia', ea ratione fit, quia hoc malum in prima aetate latet et quasi dormit. Sic enim nobis transigitur puericiae tempus, ut ratio et voluntas quasi dormiant, et tantum bestialibus motibus rapiamur, qui praetereunt, sicut somnus. Vixdum evasimus quintum annum, cum querimus ocium, lusus, lasciviam, cupiditates, disciplinam autem fugimus, obedientiam conamur excutere, et odimus virtutes omnes, praecipue autem illas superiores, veritatem et iusticiam. Evigilat enim tum quasi ex alto somno ratio, et videt quasdam voluptates, sed nondum veras, et mala quaedam, sed nondum summa, quibus capitur.

Ubi autem iam quasi adolevit ratio, ibi post confirmata aliquomodo coetera vitia, accedit etiam libido, et foedus carnis furor, helluationes, ludi, rixae, pulsationes, caedes, furta, et quid non? Sicut igitur apud Parentes virga opus erat, ita nunc Magistratus carcere et vinculis indiget ad cohercendam malam naturam.

Provectioris autem aetatis vitia quis non videt? Ibi enim uno agmine ingruunt avaricia, ambitio, superbia, perfidia, invidia etc. Sunt autem haec vitia tanto nocentiora, quanto ea aetas callidior est ad tegenda et ornanda ea. Igitur hic gladius magistratus non satis est: Ignis Gehennae requiritur, quo tot et tanta flagitia puniantur. Recte igitur supra in sexto cap. dicitur: 1. Mose 6, 5 Cor hominis, seu figmentum cordis esse tantum malum per singulos dies, seu omni tempore, Et hic: Esse malum ab adolescentia.

Etsi autem Latina translatio mitiore vocabulo utitur, Tamen satis dicit, qui ad malum pronum dicit. Sicut apud Comicum est, Omnium hominum ingenium a labore ad libidinem proclive esse.[1]

---

37 qui] quia *will Erl. Ausg.*

[1] *Terent. Andr. 1, 1, 51.*

Qui autem hoc vocabulo abuti volunt ad extenuandum peccatum originale, hos convincit experientia omnium hominum, magis tamen gentilium seu impiorum. Si enim Homines spirituales, qui tamen habent adiutorium divinum de coelo, vix stare possunt contra flagicia et contineri disciplina, Quid faceret homo sine hoc auxilio? Si auxilium divinum militat et sudat 5
Röm. 7, 22 contra captivitatem legis peccati, Quae amentia est somniare integra naturalia sine hoc auxilio divino?

Igitur ratio non dictat recta per se, nec voluntas per se recta vult, sicut caeca Philosophia disputat, quae nescit, unde horribiles hi impetus ad peccatum in pueris, adolescentibus et senibus existant. Igitur excusat eos, 10 vocat tantum affectus seu passiones, non vocat maliciam naturae.

Deinde in magnis viris, qui moderantur hos impetus et gubernant, vocat virtutes. In aliis, qui relaxant cupiditatibus frena, vocat vitia. Hoc autem est vere ignorare, quod natura sit mala. Scriptura autem sancta consentit cum experientia, et dicit, Cor hominis ab adolescentia esse malum. 15 Sic enim experientia docet, quod etiam Sancti aegre consistunt, sed saepe etiam in crassa peccata involvuntur, oppressi ista naturae malicia.

Vocabulum *Neurim* significat eam aetatem, qua homo incipit ratione uti: id fere fit anno sexto, Sicut etiam *Nearim* vocant iuvenes et pueros, aptos ad ministeria parentum et praeceptorum, usque ad virilem aetatem. 20 Non autem inutile est, ut respiciamus ad eam aetatem singuli et consideremus, quam libenter paruerimus mandatis parentum et praeceptorum, quam fuerimus in discendo seduli, quam patientes, quoties castigarunt petulantiam parentes. Quis enim fuit, cui non longe gratius fuerit deambulare, ludos agere, garrire, quam templa ex parentum iussu frequentare? 25

Etsi autem disciplina aut corrigi aut frenari haec possunt aliquomodo, tamen non penitus possunt ex corde evelli, sicut testantur vestigia, postquam succrevimus. Verus enim versiculus ille barbarus est: 'Angelicus Iuvenis senibus satanisat in annis'.[1] Impellit quidem Deus quosdam ad naturales bonos motus; sed id fit supra naturam; Sicut cum Cyrus impellitur ad 30 restitutionem cultus Dei et Ecclesiae conservationem. Sed haec non sunt naturae. Ubi enim Deus est cum suo Spiritu, ibi non amplius est figmentum cordis humani, sed figmentum Dei. Habitat enim ibi Deus per verbum et Spiritum Dei. De talibus Moses hoc in loco non loquitur, sed tantum de hominibus extra Spiritum sanctum, hi mali sunt, etiam cum sunt optimi. 35

Non igitur ultra percutiam omnem animam viventem, sicut feci.

Loquitur diserte de percussione generali, qualis per Diluvium facta est. Sed ex hoc non sequitur, quod etiam particularem percussionem sit omissurus et dissimulaturus peccata omnium. Habet quoque exceptionem

---

[1] Junge Engel, alte Teufel *Unsre Ausg. Bd. 10², 300, 20.*

suam extremus dies, in quo non solum omne vivens percutietur, sed tota Creatura abolebitur igni.

Cunctis diebus terrae sementis et messis, frigus et aestus, aestas 8, 22 **et hiems, nox et dies non cessabunt.**

5   Iudaei ex hoc loco dividunt annum in sex partes, singulis tribuentes duos menses, Sicut etiam Lyra hoc in loco annotat. Sed mihi videtur Moses simpliciter loqui de promissione, quod universale Diluvium amplius non sit metuendum. Nam Diluvii tempore ea fuit confusio, ut non sementis, non messis tempus esset, ut in tanta caligine imbrium et nubium non bene
10 discerni dies a nocte posset. Videmus enim, cum in coelo caliginosae nubes volant, terrae induci quasi caliginem. Quanto autem tum ea fuit maior, cum aquae in terris, tanquam speculum subiectae nubibus, nubium caliginem in ora atque oculos intuentium quasi refunderent?

      Ergo simplex sententia est, Quod Deus hoc in loco promittit ipsi
15 Noah, futurum, ut terra restituatur, ut iterum conseri agri possint, et vastitas illa desinat, quam Diluvium fecerat, ut tempora currant consueta lege et sementem messis, aestatem hiems, calorem frigus debito ordine sequatur.

      Est autem hic textus bene notandus contra vulgatas opiniones de
20 signis praecessuris extremum diem. Ibi enim nescio quot dierum ecclypses fingunt, nugantur toto septennio nullam mulierem parituram etc. Sed hic textus dicit, non quieturam noctem, non diem, non aestatem, non hiemem: Ergo manebunt istae vices naturae, neque ulla unquam ecclypsis totum diem hominum oculis adimet.

25   Nec otiosum est, quod dicit 'Cunctis diebus terrae'. Subindicat enim hos terrae dies aliquando cessaturos et secuturos alios dies coeli. Stantibus igitur terrae diebus terra stabit, et manebunt istae vices temporum. Sed cessantibus his diebus terrae cessabunt ista omnia et sequentur dies coeli, hoc est, aeterni dies, qui erunt Sabbatum ex sabbato, ubi non occupabimur
30 corporalibus laboribus ad parandum victum, erimus enim sicut Angeli Dei. Matt. 12, 25 Sed nostra vita erit agnoscere Deum, delectari sapientia Dei et frui praesentia Dei. Consequimur autem eam vitam fide in Christum, In qua aeternus Pater, per meritum Filii sui et Liberatoris nostri, Ihesu Christi, regente et gubernante nos Spiritu sancto clementer conservet,
35 Amen, Amen.

Caput Nonum Genesis.

9,1 Benedixit Deus Noah et filiis eius, et dixit ad eos: Crescite et
multiplicamini et replete terram.

Haec profecto necessaria consolatio fuit, postquam totum humanum
genus servatis tantum octo animabus Diluvio perditum est. Hic enim
Noah agnovit, Deum vere esse propicium, siquidem non contentus est illa
prima benedictione, qua generi humano benedixit in creatione Mundi,
Sed addit hanc novam, ut plane nihil dubitaret Noah de generatione
futura multiplicanda. Tanto autem haec promissio letior fuit, quod iam
ante Deus diserte promiserat, se posthac tam dura poena in homines non 10
grassaturum.

Primum igitur constituit hoc caput denuo Coniugium, siquidem Deus
verbo suo et praecepto coniungit Masculum cum Foemina, idque ad certum
finem, ut repleatur terra hominibus. Quia enim Deus peccato libidinis ante
Diluvium ad iram commotus erat, Ideo nunc necesse fuit propter tam horri- 15
bile irae exemplum ostendere, quod Deus legittimam coniunctionem Maris
et Foeminae non oderit nec damnet, sed velit per eam propagari genus
humanum.

Hoc certum Argumentum ipsi Noah fuit, Deum revera amare hominem
et ei bene velle ac nunc omnem abiecisse iram: Siquidem vult Homines 20
propagari coniunctione maris et foeminae, quos, si hanc coniunctionem legittimam non probasset, ex lapidibus potuit producere; Sicut Poëtae de Deuca-
lione fabulantur. Pertinet igitur hic locus ad coniugii dignitatem, quod fons
Oeconomiae et Politiae est et seminarium Ecclesiae.

Quod hic obiicitur, Noah fuisse iam ea aetate, quae ad generandum 25
non amplius apta esset: Sicut etiam Scriptura non meminit, quod postea
susceperit aliquos liberos: Frustra igitur hanc fuisse promissionem,
Respondeo: Non soli Noah promissio haec facta est, sed et Filiis eius,
Item toti humano generi, et pertinet posteritatis expectatio etiam ad Avum
Noah.   30

Pertinet autem hic locus eo quoque, ut statuamus, prolem esse donum
Ps. 127,3 Dei et tantum provenire ex benedictione Dei, Sicut etiam Psalmus 127.
ostendit.   Gentes, quae verbo Dei non sunt eruditae, partim natura,
partim casu propagationem humani generis accidere putant, praesertim cum
saepe prole destituantur, qui ad generationem habentur aptissimi. Igitur 35
non gratias agunt Deo pro dono hoc nec tanquam Dei donum liberos
amplectuntur.

Et terror vester ac tremor sit super cuncta Animalia terrae, et9,2 super omnes Volucres coeli cum universis, quae moventur super terram; omnes Pisces maris manui vestrae traditi sint.

In abundantiam consolationis videtur hic dominium hominis augeri. 5 Etsi enim post conditam Creaturam omnia animalia homini subdita sint, Tamen non legimus, bestias sic timuisse et fugisse Hominem, sicut hoc in loco Moses testatur. Causa autem est, quod hactenus animalia non fuerunt morti destinata, ut essent cibus homini, Sed fuit homo tanquam civilis Dominus bestiarum, non fuit occisor aut vorator.

10 Hic autem subiiciuntur homini tanquam Tyranno, qui habeat potestatem absolutam mortis et vitae. Ideo, quia nunc gravior servitus animalibus imposita est, hominibus autem amplius et gravius dominium tributum, animalia terrore et metu hominum exercentur, Sicut videmus, quod etiam, quae cicurata sunt, tamen non facile se manibus prehendi patiuntur. Sentiunt enim dominium 15 Hominum grave, et naturaliter periculo suo moventur. Id quod ante hanc Domini vocem non factum esse existimo; hactenus enim tantum ad operas suas animalibus aptis erant usi, et ad oblationes, non ad cibum et alimoniam.

Pertinet autem haec quasi augmentatio Dominii etiam eo, ut Deus ostendat singulari privilegio, quod Patriarchae non habuerant, se favere 20 homini et bene velle.

Non igitur extenuandum hoc beneficium est, quod homini hoc ius datur in bestias. Est enim singulare Dei donum, quod ethnici non norunt, qui verbo carent. Ac nos maxime hoc dono fruimur. Nam cum ad Noah hoc verbum dictum et hoc privilegium ei concessum est, nihil eo opus erat; 25 pauci enim homines possidebant totam terram, Itaque fructuum ex terra abunde fuit nec necesse erat addere carnes bestiarum. Sed nos hodie fructibus terrae solis non possemus ali, nisi hoc ingens beneficium accessisset, ut carnibus bestiarum, volucrum et piscium vesci liceret.

Hoc igitur verbum constituit lanienam, affigit verubus lepores, gallinas, 30 anseres et omni genere ferculorum replet mensas. Ac necessitas industrios facit homines, ut non solum silvestria venentur, sed domi diligenti cura altilia foveant, ut inde cibos habere possint.

Deus igitur hoc in loco se constituit quasi Lanium: mactat enim et occidit verbo suo bestias aptas cibis, ut quasi compenset illum ingentem dolorem, quem 35 in Diluvio pius Noah habuit, Ideo enim existimat eum lautius nunc pascendum.

Non igitur fortuito haec accidere putabimus, sicut gentes, quae sentiunt, istum morem mactandi bestias semper fuisse: Verbo Dei constituuntur, seu potius conceduntur ista. Non enim sine peccato occidi potuisset bestia, nisi Deus verbo suo id diserte permisisset. Magna igitur libertas est, quod

---

17 almoniam A

homo impune occidere potest omnis generis bestias ad cibum aptas et iis
vesci. Si enim tantum unum bestiarum genus huic usui destinatum esset,
tamen id magnum esset beneficium. Quanto autem maius iudicandum est,
quod in genere omnes bestiae cibo aptae homini conceduntur?

Non intelligunt haec impii et gentiles, Philosophi etiam ignorant,
putant enim, semper fuisse hunc morem. Sed nos profecto haec amplificare
decet ad tranquillandas conscientias nostras et liberas faciendas in usu rerum
a Deo creatarum et etiam concessarum, quod scilicet ibi nulla lex sit, quae
prohibeat iis vesci. Ergo etiam nullum in eorum usu potest esse peccatum,
sicut scelesti Pontifices nefarie Ecclesiam etiam hac in re onerarunt.

Auctum ergo hoc in loco Hominis dominium est, et animalia bruta
homini ad servitutem sunt subiecta usque ad mortem. Ideo metuunt et
fugiunt hominem, propter hanc novam et hactenus in mundo inusitatam
ordinationem. Nam Adae abominatio fuisset occidere aviculam ad cibum.
Sed nunc, cum accedit verbum, intelligimus, singulare hoc beneficium esse,
quod hoc modo instruxit Deus culinam omni genere carnium. Post de cella
quoque instruenda curabit, cum culturam vitis ostendet Homini.

Haec igitur sunt certa et excellentia testimonia, quod Deus non amplius
oderit Hominem, sed faveat homini. Utriusque igitur rei exempla haec
historia ostendit, quod, sicut Dei ira, cum ceperit exaestuare, est intollerabilis, Ita misericordia quoque, postquam relucere incipit, infinita et sine modo
est. Est autem ideo misericordia exuberantior, quia haec est de natura Dei,
Cum ira vere sit alienum Dei opus, quod contra naturam suam suscipit
cogente ita malicia hominum.

9,3 **Et omne, quod movetur et vivit, sit vobis in cibum: quasi holera**
virentia tradidi vobis in cibum.

1. Mose 7, 2　　Hic quaestio nascitur. Supra ostendit Moses differentiam inter animalia
munda et immunda, Hic autem sine discrimine et in genere loquitur de
omnibus animalibus. Num igitur Deus etiam immunda animalia homini
concessit in cibum? Generale enim est, quod dicit: 'Universa, quae reptant
super terram'.

Non desunt sane, qui sentiunt, tempore Noah indifferenter homines
omnibus animalibus tum mundis, tum immundis usos ad cibum. Sed mihi
videtur diversum. Quia enim supra mundorum et immundorum differentia
constituta est, et ea in lege postea diligenter servatur, existimo, quod ad
cibum attinet, hominem tantum mundis usum esse, hoc est, iis, quae offere-
bantur in sacris.

Ergo universalis cum distinctione intelligenda est: Omne, quod movetur
et vivit, inter munda scilicet, hoc sit vobis in cibum. Natura enim abhorret
a serpentibus, lupis, corvis, muribus, gliribus, quanquam alicubi invenias
etiam horum carnibus gentes aliquas oblectatas. Terror igitur et pavor

hominis est super omnes bestias terrae, quod homini licet eas occidere, Sed
non ideo omnibus bestiis homo vescitur. Verisimile autem est, et Noah
tantum mundis usum, quae sola norat Domino offerri posse.

Sed hic aliud incidit, quod magis offendit animos. Quomodo enim
5 terror et timor hominis est super omnia animalia, Cum lupi, leones, ursi,
apri, tigrides vorent Homines et ideo hominibus terrori sint, Sicut etiam
universum serpentum genus, quod visum statim omnes fugimus? Quid hic
dicemus? Num verbum Domini mendax est?

Respondeo: Etsi nos nostro periculo admoniti, tales bestias fugimus et
10 formidamus, tamen verum est, quod timor Hominis manet super eas. Nam
etiam ferissimae bestiae ad primum hominis conspectum expavescunt et
fugiunt, Sed iritatae tandem vincunt robore corporis.

Cur autem, inquis, expavescunt, cum fortiores sint? Respondeo:
Norunt Hominem instructum ratione, quae praevalet omnibus bestiis. Nam
15 etiam elephantes, leones, tigrides industria Hominum domat. Quod igitur
homo non potest viribus, hoc efficit arte et vi rationis. Alioqui quomodo
esset possibile, ut puer decem annorum integra armenta ageret? ut equum,
ferocia et robore singulari animal, quocunque vellet, flecteret, iam ad cursum
incitaret, iam ad lentiorem gradum cogeret? Omnia haec industria humana,
20 non viribus conficiuntur. Non igitur sunt obscura indicia manere timorem
hominis in bestiis, quae tamen hominem laedunt, cum iritatae sunt, et ideo
ab hominibus quoque timentur.

Mihi autem non dubium est, quin tempore Noah et vicinorum Patrum
hic terror in bestiis maior fuerit, cum iusticia floreret et minus peccatorum
25 esset. Itaque labente postea sanctitate vitae et crescentibus peccatis etiam
benedictio haec cepit diminui, et bestiae ferae ceperunt esse poena peccati;
Sicut Moses in Deuteronomio minatur Deum immissurum dentes bestiarum. 5. Mose 32, 24
Et in deserto quam horribilis plaga fuit serpentum ignitorum? Ursi lacerant 4. Mose 21, 6
pueros, qui ridebant Prophetam. Hic cur non terror Hominis mansit in 2. Kön. 2, 24
30 bestiis? Cur saevierunt in homines? Nonne peccatum in causa fuit?

Sicut igitur supra quoque diximus, crescentibus novis peccatis etiam
paenae novae crescunt. Sicut nostro tempore inusitata genera morborum et
calamitatum vulgata sunt; Ut sudor anglicus, Locustae populantes late agros
anno 42. per Poloniam et Silesiam etc.[1]

35 Ad hunc modum promisit Dominus tempora sementis et messis, caloris
et frigoris, et tamen non ideo connivet ad peccata nostra, quin non nunquam incommodis tempestatibus et sementis et messis tempora turbentur;
Sicut fuit ingens siccitas anno 1540. Et sequentibus duobus annis fere
continuae pluviae. Cum igitur hodie pessimum seculum sit, quid mirum

---

[1] *So konnte Luther 1536 nicht reden. Veit Dietrich hat die Notiz über die Heu-
schrecken auch in der Ausgabe der Vorlesung Luthers über den Propheten Joel (cap. 1, 4)
von 1547 s. Unsre Ausg. Bd. 13, XXVIII.*

est, quod benedictio hoc modo aufertur a nobis et succedit maledictio, ut
bestiae, in quibus noster terror esset, si essemus boni, nunc nobis terrori
sint et noceant nobis?

Ager Sodomorum fuit tanquam Paradisus quaedam. Sed per peccatum
factum est, ut sit lacus bituminis. Et dicunt, qui ea loca viderunt, quod 5
ibi crescant pulcherrima poma. Sed ea cum secantur, intus quasi cineribus
plena sunt et teterrimi odoris. Causa est, quia dona Dei benedicentis non
agnoverunt, sed abusi sunt iis pro arbitrio. Deinde blasphemaverunt Deum
et eius Sanctos inflati illis commoditatibus persecuti sunt. Igitur benedictio
ablata et omnia maledictione repleta sunt.   10

Et haec vera huius questionis solutio est, quod, etsi sunt signa terroris
in animalibus feris, Tamen nos potius ea formidamus et ipsa nocent nobis.

Mihi non dubium est in hoc nostro territorio habitasse olim pessimos
Homines; unde enim ista terrae ariditas et steriles arenae? Ac indicant
nomina, Iudaeos haec loca quondam habitasse.[1] Ubi enim homines mali 15
habitant, ibi etiam terra paulatim maledictione Dei perit.

Bruggae in Flandris fuit celeberrimus portus, Sed a tempore, quo
Maximilianum regem tenuerunt captum, discessit mare et portus esse desiit.
Idem de Venetiis hodie dicunt. Nec id valde mirum est, postquam ad infinita peccata, qualia potentum rerumpublicarum sunt, etiam defensio Idolatriae 20
et persecutio Euangelii accedit.

9, 4   **Carnem tamen cum sanguine animae non comedetis.**

Oeconomica fuerunt, quae hactenus audivimus; Nunc addit Dominus
politicum mandatum. Quia enim tam non peccatum erat occidere bovem
aut ovem ad cibum, quam non peccatum est decerpere florem aut herbam 25
nascentem in agro, periculum erat, ne hac libertate, quam Dominus contra
bestias concesserat, homines abuterentur, et progrederentur etiam ad sanguinem
Hominum effundendum. Itaque nunc ponit novam Legem de non effundendo
sanguine humano, et restringit quoque illam libertatem de carnibus vescendis:
Non enim vult vesci carnibus, nisi prius mundatis a sanguine.   30

Est autem textus in Ebraeo admodum obscurus; ideo etiam variae
Interpretum opiniones sunt, quas omnes recitare hoc in loco supervacaneum
est. Ego perpetuo hanc Regulam sequor, ut statuam, verba debere servire
rebus, et non e contra res verbis. Itaque eorum iudicia nihil moror, qui
verba interpretantur pro suo affectu et volunt ea servire cogitationibus, quas 35
ipsi ad lectionem afferunt.

Primum igitur Grammaticam videamus. *Nephes* proprie significat
corpus animatum seu vivum animal, sicut sunt bos, ovis, homo etc. Non
enim corpus tantum, sed vivum corpus significat, Ut cum Christus dicit:

---

[1] *Unsre Ausg. Bd. 8, 562.*

'Pono animam meam pro ovibus meis'. Hic Animam nihil dicit aliud, quam 30h. 10, 15
vitam corporalem.

Basar autem carnem significat, quae est crassioris elementi pars et
tamen inspiratur et habet pulsum, non ex corpore sed ex anima. Nam caro
5 seu corpus per se et sine anima nihil est aliud, quam truncus aut lapis;
Cum autem inspiratur ab anima, tum moventur humores et omnia, quae
sunt in animali.

Iam prohibet Dominus hoc in loco id corpus comedi, quod habet
adhuc agitantem, moventem et viventem animam, sicut milvus pullos galli-
10 narum, lupus oves vorat, non mactatas antea sed vivas. Hanc crudelitatem
hoc loco interdicit Dominus, et restringit illam mactandi licentiam, ne fiat
belvino modo, ubi viva corpora aut vivorum corporum partes vorantur; Sed
ut conservetur legalis mactatio, qualis ad aram et in sacris solebat esse,
ubi sine crudelitate mactabatur bestia et bene abluta a sanguine tandem
15 offerebatur Deo.

Hanc puto esse simplicem et veram sententiam, quam etiam Iudaeorum
magistri quidam sequuntur, ne crudas carnes et adhuc palpitantia membra
Lestrygonum aut Cyclopum more voremus.

Sanguinem quoque animarum vestrarum requiram de manu cuncta- 2, 5
20 rum bestiarum et de manu hominis: De manu cuiuslibet requiram
animam fratris sui.

Hic plus obscuritatis in Ebraeo textu est, quam in superiore. Ac
Lyra hic quatuor coedium genera ex Rabinorum sententia ponit. Nam
distinguit hanc sententiam in duas, et ambas bifariam exponit.

25 Primam partem accommodat ad eos, qui sibi ipsis manus violentas
afferunt. Ea sententia si vera est, statuitur hoc in loco immortalitas: Quomodo enim Deus posset in eum vindicare, qui iam in morte positus nihil
est? Ergo significantur hic poenae peccatorum post hanc vitam. Sed videtur
mihi grammatica huic sententiae repugnare. Etsi enim non mihi arrogo
30 perfectam linguae Ebraeae noticiam, tamen omnino iudico verba hanc sententiam non ostendere.

Secundam speciem coedium facit, cum obiiciuntur homines bestiis,
Sicut in Theatris olim fiebat, profecto barbarum spectaculum, et ab omni
humanitate alienum.

35 Tertia species, cum aliquis subornat percussorem.

Quarta, cum propinqui occiduntur etc.

Non omnino displiceret haec divisio, si posset probari ex litera. Sed
est Iudaicum figmentum natum ex odio Romanarum legum.

Simplicior igitur sententia est, si intelligas in genere hunc locum de
40 prohibitione caedium, secundum quintum praeceptum, quod dicit: 'Non
occides'. Vult enim Deus, ne bestiam quidem occidi, nisi religiose, hoc est,

vel ad sacra, vel ad usum hominum. Multo minus vult occidi Hominem nisi autoritate divina, sicut sequitur.

Primum ergo prohibetur occisio seu caedes arbitraria et profana. Ad disciplinam enim pertinet, non temere occidere animalia quoque et carnes earum non vorari crudas. Postea prohibet, ne homo hominem occidat quocunque tandem modo. Nam si de manu bestiae occidentis hominem Deus requiret sanguinem, quanto requiret eum gravius de manu hominis? Pertinet itaque locus hic ad quintum praeceptum, ne quis fundat sanguinem hominis.

9,6 Quicunque effuderit sanguinem humanum, Illius sanguis effundetur per hominem.

Reprehendenda hoc in loco Interpretis negligentia est, qui admodum necessariam particulam omisit *Ba Adam* 'per hominem'. Ostendit enim differentiam temporum ante Diluvium et post diluvium. Cain enim occiderat fratrem Habel, Sed eam reverentiam humano sanguini tum habuit Deus, ut ei, qui Cain occideret, septuplam poenam minaretur Deus. Noluit itaque, ne quidem publico iudicio Homicidam occidi. Itaque Adam etsi graviter peccatum filii nempe excommunicatione punivit, non tamen mortem ei irrogare est ausus.

Hic autem novam legem instituit Dominus, et vult homicidas ab hominibus occidi. Id quod in Mundo hactenus non fuerat usitatum, nam totum iudicium sibi Deus sumpserat. Ideo cum videret Mundum quotidie magis ac magis corrumpi, tandem Diluvio poenas ab impio Mundo exegit. Hic autem communicat suam potestatem Deus cum homine, et tribuit ei potestatem vitae et mortis inter homines, Sic tamen, si sit reus effusi sanguinis. Qui enim non habet ius occidendi hominis et occidit tamen hominem, hunc subiicit Deus non solum suo iudicio, sed etiam gladio hominis. Itaque si occiditur, etsi hominis gladio occiditur, tamen a Deo recte dicitur occisus esse. Si enim absque hoc Dei mandato esset, tam non liceret occidere homicidam, quam non licuit ante Diluvium.

Hic igitur fons est, ex quo manat totum ius civile et ius Gentium. Nam si Deus concedit Homini potestatem super vitam et mortem, profecto etiam concedit potestatem super id, quod minus est, ut sunt fortunae, familia, uxor, liberi, servi, agri. Haec omnia vult certorum hominum potestati esse obnoxia Deus, ut reos puniant.

Nam hic inter Dei et hominum potentiam haec differentia retinenda est: Deus habet potestatem occidendi nos, etiam si Mundus accusare nos non possit, sed coram Mundo innocentes simus. Nam peccatum nobiscum natum, omnes nos coram Deo reos statuit. Homines autem tum demum potestatem occidendi habent, cum coram Mundo rei sumus et de peccato constat. Ideo instituta iudicia sunt et certus actionum modus praefinitus, quibus crimen inquiratur et probetur, priusquam feratur sententia de capite.

Ergo locus hic diligenter notandus est, quo Deus Magistratum constituit, non tantum, ut de vita iudicet, sed etiam de inferioribus, seu infra
vitam positis: Ut magistratus puniat inobedientiam liberorum, furta, adulteria,
periuria, In summa, ut puniat omnia peccata, quae in secunda tabula prohi-
5 bentur. Qui enim vitae iudicium concedit, etiam inferiorum rerum iudicium
permittit.

Insignis igitur hic textus est, et dignus observatione, quod Deus
magistratum instituit et ei gladium dat in manus, ut restringat licentiam,
ne tum saevicia, tum alia peccata progrediantur in infinitum. Hanc divinam
10 potestatem nisi Deus contulisset hominibus, qualem, quaeso, viveremus vitam?
Quia igitur praevidet semper maximam malorum copiam futuram, hoc externum remedium instituit, quod Mundus hactenus non habuerat, ne licentia
immodice cresceret. Atque hoc tanquam septo, his tanquam parietibus
muniit vitam et res nostras Deus.

15 Est igitur hoc quoque non vilius Argumentum summi amoris Dei erga
Hominem, quam quod promittit, non amplius grassaturum Diluvium, et concedit usum carnium ad sustentandam hanc vitam.

Quoniam in imagine Dei fecit Deus Hominem.

Haec est insignis ratio, cur nolit, Hominem occidi privato arbitrio,
20 quia sit nobilissima Creatura, non condita sicut coetera animantia, sed ad
Dei imaginem, quam etsi, ut supra diximus, per peccatum amisit Homo,
tamen eiusmodi est, ut reparari possit per Verbum et Spiritum sanctum.
Hanc imaginem vult, ut alii in aliis revereamur, non vult, ut per tyrannidem
fundamus sanguinem.

25 Qui autem non vult revereri imaginem Dei in homine, sed vult parere
irae et dolori, pessimis consultoribus, ut quidam dixit, huius vitam Deus
magistratui concedit, et iubet, ut eius quoque sanguis fundatur.

Ad hunc modum constituit hic locus Politiam in mundo, quae ante
Diluvium non fuit. Sicut Cain et Lamech exemplum ostendit, qui non
30 occisi sunt, cum tamen arbitri seu iudices essent publicarum actionum sancti
Patres. Hic autem iubentur, qui habent gladium, ut gladio utantur contra
eos, qui fuderunt sanguinem.

Solvitur itaque hic Argumentum, quod Platonem et omnes Sapientes
exercuit. Hi enim concludunt, Imperia sine iniusticia administrari non posse.
35 Ratio est, quia Homines inter se aequali dignitate et conditione sint. Cur
enim Caesar imperat orbi? Cur alii ei parent, cum aeque, ut alii, sit homo
nihilo melior, nihilo fortior, nihilo durabilior? Omnibus enim humanis conditionibus subiectus est, sicut alii homines. Videtur igitur tyrannis esse,
cum aliis hominibus sit similis, quod usurpat Imperium in homines. Si
40 enim similis est aliorum hominum, summa iniuria et iniusticia est, quod non
vult similis aliorum esse, sed per tyrannidem aliis se anteponit.

Ad hunc modum Ratio colligit, nec potest habere, quod opponat. Sed nos, qui habemus Verbum, videmus opponi debere mandatum Dei, qui sic ordinat et instituit. Igitur nostrum est divinae ordinationi parere et eam ferre: Ne ad reliqua peccata etiam hoc accedat, ut in hac parte simus inobedientes voluntati Dei, quam tamen tot modis videmus huic nostrae vitae esse utilem. 5

Concedit igitur hic locus religiosam et civilem mactationem animalium, caedem autem Hominum in totum prohibet: Quia Homo est conditus ad imaginem Dei. Huic voluntati qui non parent, hos tradit magistratui occidendos.

9,7 Vos autem fructificate et multiplicamini, Producite prolem in terra et multiplicamini in ea. 10

Concessa mactatione pecudum, non tantum ad hostias, sed etiam ad cibum, et prohibito homicidio, Sequitur hic ratio, quare tantopere exceretur Deus homicidium: Quia vult homines multiplicari in terra, Homicidia autem vastant terram et inducunt solitudinem, sicut in bellis videmus. Sic quia Jci. 45, 18 terram Deus non frustra condidit, sed ut habitaretur, sicut Esaias dicit, Et 15 ideo etiam foecundat eam pluvia et sole: Igitur odit eos, qui habitatores de Pf. 30, 6 terra auferunt. Voluntas enim eius est vita, et non mors, Psal. 30.

Haec et similia Prophetarum dicta accepta sunt ex talibus promissionibus, qualis haec est, quod iubet Deus, hominem crescere. Ostenditur enim clare, quod pronior sit ad vivificandum et benefaciendum, quam ad iram, et 20 ad occidendum. Cur enim alioqui tam saevere prohiberet caedes? Cur essent tam rarae pestes? Vix enim decennio pestis aut lues generalis incidit. Quotidie autem nascuntur homines, crescunt animalia, proveniunt fruges infinitae.

Omnia haec testantur, quod Deus non amet mortem, sed vitam, sicut Weish. 2, 14 etiam initio Hominem condidit, ut non moreretur, sed ut viveret: 'Per in- 25 vidiam autem Diaboli intravit mors in mundum'. Et tamen post peccatum reliquiae benedictionis sic custodiuntur, ut non possit Dei voluntas erga nos esse obscura, quod plus amet vitam, quam mortem. Utile autem est, multum Spr. 18, 22 esse in talibus cogitationibus; sic enim vere, ut Salomon dicit, hauriemus voluptatem a Domino. 30

9,8—11 Haec quoque dixit Deus ad Noah, et ad Filios eius cum eo: Ecce ego statuo pactum meum vobiscum, et cum Semine vestro post vos, et cum omni anima vivente, quae vobiscum est, tam cum volatilibus, quam cum iumentis et pecudibus terrae, cunctisque, quae egressa sunt de Arca, et universis bestiis terrae: Statuo 35 autem pactum meum vobiscum, ut nequaquam ultra interficiatur omnis Caro aquis Diluvii, neque erit deinceps Diluvium dissipans terram.

Quae causa tantae copiae sit, supra aliquoties diximus. Non enim Spiritus sanctus frustra est verbosus; Itaque qui considerant, in 'quanto 40 pavore, metu, tristicia, periculis Noah cum suis fuerit, hi iudicabunt, summam fuisse necessitatem, ut eadem saepius repeteret et inculcaret Deus.

Porro quia pactum, de quo hic loquitur, non ad Hominem tantum pertinet, sed complectitur omnem Animam viventem, non est intelligendum de promissione Seminis, sed de hac corporali vita, qua nobiscum fruuntur etiam bruta, quod eam posthac diluvio Deus non velit perdere.

Dixitque Deus: Hoc est signum foederis, quod do inter me et vos, 9, 12—16 et omnem animam viventem, quae est vobiscum in generationes sempiternas: Arcum meum ponam in nubibus, et erit signum foederis inter me et inter terram; Cumque obduxero nubibus coelum, apparebit Arcus meus in nubibus, et recordabor foederis mei vobiscum, et cum omni anima vivente in omni carne. Et non erunt ultra aquae Diluvii ad delendam universam carnem, Sed erit Arcus in nubibus, et videbo illum, et recordabor foederis sempiterni, quod pactum est inter Deum et omnem animam viventem universae carnis, quae est super terram.

Particula 'In generationes sempiternas' diligenter notanda est. Comprehendit enim non tantum Homines praesentes et bestias praesentes, sed omnem posteritatem, quae erit usque ad Mundi finem.

Porro hic locus etiam nos docet, quomodo Deus solet cum promissione semper coniungere signum. Sicut etiam supra in tertio capite admonuimus de tunicis pelliceis, quas nudis hominibus circumdedit in signum, quod eos tueri, defendere et servare vellet.

Nec inepta Allegoria est, quam quidam afferunt, quod, sicut pellis mortuae oviculae calefacit corpus, Ita Christus mortuus calefacit nos Spiritu suo et in extremo die excitabit et vivificabit. Alii dicunt additas pelles in signum mortalitatis. Sed hoc non valde erat opus, cum tota vita mortalitatis admoneat nos. Illud magis opus erat, ut haberent signum vitae, in quo discerent benedictionem et favorem Dei. Haec enim propria signorum natura est, ut consolentur, non ut terreant. Et in hunc finem etiam signum Arcus institutum, et promissioni additum est.

Sicut igitur supra Deus apud se loquitur, quod poeniteat tam horribilis 1. Mose 8, 21 poenae, et promittit se non usurum posthac tali poena, quod figmentum cordis humani ab adolescentia pravum sit (Si igitur vellet punire malum, quotidie novo Diluvio esset opus), Ita hic verbo prolato ad Hominem vel per Angelum, vel (sicut possibile est) per os Noah promittit nullum posthac Diluvium venturum super terram.

Quod autem toties eadem res repetitur, signum est eximii affectus erga Hominem, cui Deus persuadere conatur, ne talem poenam posthac metuat, sed ut speret benedictionem et summam clementiam.

Tali consolatione Noah cum suis valde opus habuit. Nam Homo humiliatus a Deo non potest oblivisci vulneris et doloris; longe enim pertinatius haeret offensa quam beneficium. Sicut etiam in pueris videmus; hos castigatos virga, etsi blanda mater crepitaculis et aliis illecebris conatur sedare, tamen ita haeret animo dolor, ut non possit non saepius ingemiscere et acerbos singultus emittere. Quanto autem difficilius conscientia consolationem admittit, quae iram Dei et terrores mortis experta est? Hi postea ita fixi haerent, ut etiam ad beneficia et consolationes animi trepident et paveant.

Ideo Deus hic se tam varie ostendit benevolum, et cum laeticia singulari effundit misericordiam, tanquam mater adblandiens filio et palpans, ut tandem lachrimarum oblivisci et arridere matri incipiat.

Rhetorica igitur et verbosa haec consolatio est et varie amplificata pro necessitate miserorum hominum, qui integro anno inaestimabilem Dei iram viderant grassari. Itaque uno aut altero verbo non potuerunt revocari ab illo pavore et metu: magna copia opus fuit ad reprimendas lachrimas et mitigandum dolorem. Etsi enim Sancti fuerunt, tamen fuerunt simul Caro, sicut nos quoque.

Est autem nobis quoque necessaria haec consolatio hodie, ut in tanta tempestatum varietate non dubitemus, quin verbo Dei cataractae coeli et fontes abyssorum sint clausi. Ideo enim adhuc hodie apparet Iris, ut sit certum signum, universale Diluvium posthac non venturum. Igitur hanc fidem etiam promissio haec a nobis exigit, ut credamus, Deum misertum generis humani, generali Diluvio posthac in nos non grassaturum.

Porro disputatur hic: Num in Iride naturales causae sint, quae hoc significent? Ac notum est, quid disputent Philosophi, praecipue Aristoteles in meteoris, de colore Iridis, de qualitate nubis, in qua gignitur, de rotunditate. Nec inepte additur similitudo speculorum, in quibus reflectitur imago, sicut radii solis reflectuntur et faciunt Iridem, cum incidunt in nubem roridam et concavam. Videt enim ratio in talibus, quid maxime sit verisimile, etsi veritatem ubique videre non potest. Hoc enim non creaturae, sed Creatoris est. Sed ego nulli unquam Libro minus credidi, quam illi de meteoris, quod hoc fundamento nititur, quasi omnia ex naturalibus causis oriantur.

De Iride autem certum est (etsi dicunt, praesagium esse triduanae tempestatis, quod facile permitto), quod significat, nullum Diluvium venturum esse. Et tamen significat hoc non ex aliqua naturali causa, sed tantum ex verbo Dei, quia Deus sic statuit et definit per verbum suum. Sicut enim Circumcisio signum fuit, quod ille populus Dei esset populus: Significavit autem hoc Circumcisio non per se, sed tantum per verbum, quod additum fuit: Item, sicut pelliceae vestes significabant vitam et conservationem, non

---

4 illecebris] illebris A

quod sua natura hoc praestare possent, sed quia Deus ita promiserat: Ita
Arcus in nubibus non ex naturali causa significat, Diluvium amplius non
venturum, sed propter verbum Dei.

Cogitationes et speculationes naturales de his rebus non prorsus con-
temno. Sed quia demonstrationes non sunt solidae, non nimium eis fido.
Ac rationes, quas Aristoteles assignat de nube rorida et cava, non sunt
certae, quia possunt tales nubes existere, etsi iris non fiat. Sicut ex medio
vel crassiore vel subtiliore iris aut maior, aut arctior fieri potest. Ac vidi
ego hic Vuittenbergae Iridem circulariter rotundam et undique clausam, non
10 ita praecisam in superficie terrae, sicut communiter apparet. Cur igitur alio
modo aliter fiunt irides? Excogitabit, credo, aliquid Philosophus, turpe enim
ducet sibi, non omnium rerum posse reddere causas. Sed profecto mihi
nunquam persuadebit, ut credam vera dicere.

Una firma et certissima demonstratio est, quod omnes illae im-
15 pressiones, ut vocant, sint opera Dei, vel etiam Daemonum. Sicut ego
non dubito, saltantes capras, volantes dracones, lanceas et similia esse
effectus malorum Spirituum in aëre sic ludentium, ut aut terreant, aut
decipiant homines. Gentes flammas in navibus apparentes iudicarunt
Castorem et Pollucem esse; Et apparet aliquando Luna super aures equorum.
20 Haec omnia certum est esse ludibria Daemonum in aëre, Quanquam Aristoteles sentit esse aërem incensum, sicut de Cometa quoque disputat esse
incensum vaporem.

Mihi longe tutius et certius esse videtur, ut a priore definiamus
ista, nempe quod, cum Deus vult, ardet Cometa in signum terroris,
25 Sicut, cum vult, refulget in coelo Iris signum gratiae. Quis enim causas
omnes complecti poterit, cur tali pulchritudine mixtorum colorum, et
tam absoluta semicirculari rotunditate appareat Iris? Nubium dispositio
profecto haec non sic exacte finget. Stat igitur Arcus hic ex divino
beneplacito per voluntatem et promissionem Dei, ad certificandum tum
30 Hominem, tum bestias, quod Diluvium nullum ullis unquam temporibus
futurum sit.

Ac debebamus hoc signo admoniti Deo agere gratias. Quoties enim
Iris apparet, quasi viva voce concionatur toti Mundo de ira, qua Deus per
Diluvium totum Mundum olim perdidit. Et consolatur, ut statuamus Deum
35 nobis porro bene velle, nec usurum posthac tam horribili poena. Ita simul
timorem Dei et fidem docet, summas virtutes, quas Philosophia ignorat et
tantum disputat de materiali et formali causa: hanc finalem causam tam
pulchrae creaturae non novit, sed Theologia eam ostendit.

Disputatur quoque hoc in loco: An fuerit Arcus etiam ante Diluvium?
40 Et agitur negocium magno conatu. Quia enim supra scriptum est Deum in 1. Moje 2, 3
diebus sex creasse coelum et terram et postea quievisse ab omni opere,
concludunt, Iridem fuisse ab initio; alioqui sequeretur, Deum aliquid novi

extra illos sex dies condidisse. Hoc autem tempore Noah factum esse, ut
Deus Iridem apprehenderet a principio creatam et novo verbo poneret eam
in certum signum, cum antea fuisset quidem, sed nihil significasset. Atque
ad huius sententiae confirmationem etiam Salomonis dicto usi sunt 'Nihil
novi sub sole'. Ergo post sex dies nullam creaturam de novo creatam 5
dicunt.

Sed mihi contrarium videtur, quod Iris antea nunquam fuerit, et nunc
primum creata sit. Sicut tunicae pelliceae, quibus Deus vestivit primos
homines, profecto non sunt conditae in illis sex diebus, sed post lapsum
primorum hominum; igitur fuerunt nova creatura. Non enim, quod Deus 10
quievisse dicitur, ita intelligendum est, quod nihil posthac condiderit. Nam
Christus dicit: 'Pater meus operatur adhuc, et ego operor'.

Sententia autem illa Salomonis 'Nihil novum sub Sole', etsi varie
torsit Theologos, tamen quis non videt eam non de operibus Dei loqui, sed
de peccato originali, Quod eadem ratio, quae fuit in Adam post lapsum, 15
eaedem disputationes de moribus, de vitiis, de virtutibus, de alendis corporibus, de gubernandis negotiis, etiam nunc sit in hominibus? Sicut in
alia sententia Comicus dicit: Nihil dictum est, quod non dictum sit prius.
Revera enim in operibus et studiis nihil novi est: Eadem enim dicta,
cogitata, studia, iidem affectus, dolores, amores, casus sunt, qui fuerunt 20
semper. Ineptum igitur est ad opera Dei et creaturas sententiam hanc
referre.

Sentio igitur Iridem fuisse novam creaturam, hactenus Mundo non
visam, ut admoneretur mundus de praeterita ira, cuius iris vestigia ostendit,
et confirmaretur etiam de misericordia Dei. Est enim tanquam liber, seu 25
picta tabula, in qua et praeterita ira, et praesens gratia ostenditur.

De coloribus quoque disputatur, quos aliqui quatuor faciunt: igneum,
gilvum, viridem et aqueum seu ceruleum. Sed ego tantum duos esse
iudico, igneum et aqueum, Ac igneus superior est, nisi cum reflectitur Iris,
ibi enim, sicut in speculo, convertuntur superiora imis. Ubi autem igneus 30
et aqueus color coëunt seu miscentur, resultat gilvus color.

Colorum autem ratio a Deo sic ordinata est certo consilio, ut non solum
aqueus color esset memoria praeteritae irae, sed etiam igneus nobis pingeret
futurum iudicium. Interior superficies, quae aquae colorem habet, finita est,
Sed exterior, quae ignis colorem habet, est infinita. Sic primus Mundus 35
Diluvio periit, Sed habuit modum ira: nam reliquiae servatae sunt et extitit
postea alius Mundus, sed finitus tamen. Cum autem igni mundum perdet
Deus, non restituetur haec corporalis vita, sed mali ferent aeternum iudicium
mortis in igne, Pii autem excitabuntur in novam et aeternam vitam, non
corporalem, licet in corporibus, sed spiritualem. 40

Discamus igitur hoc signo admoniti, Deum timere et ei confidere, ut,
sicut Diluvii poenam effugimus, Ita etiam illam ignis effugere possimus.

Haec cogitatio utilior est, quam illae philosophicae disputationes de materiali causa.

De allegoriis.

Finivimus tandem historiam Diluvii satis prolixe a Mose descriptam,
quod horribile sit exemplum immensae et pene infinitae irae Dei, quam nulla
oratio satis potest complecti. Reliquum autem est, ut etiam aliquid dicamus
de Allegoria, Quanquam saepe testatus sim, Allegoriis me non valde
delectari [1], quibus tamen Iuvenis ita capiebar, ut iudicarem, omnia in Allegorias vertenda esse, inductus exemplis Origenis et Hieronymi, quos tanquam
summos Theologos admirabar; Quanquam Augustinus quoque non raro
Allegoriis utitur.

Sed dum horum exempla sequor, tandem cum magno meo detrimento
sentio, me sectatum inanem umbram, et succum Scripturae ac medullam
neglexisse. Itaque Allegorias postea odisse cepi. Delectant quidem, praesertim cum habent iucundas allusiones. Itaque picturis non inelegantibus eas
comparare soleo. Sed quanto corporum nativus color praestat picturae, etsi,
ut apud Poëtam est [2], Appelleis et proxime ad naturam accedentibus coloribus
ornatae, tanto ipsa Historia praestat allegoriae.

Ac nostro seculo indoctum Anabaptistarum vulgus immodico studio
Allegoriarum non minus, quam Monachi, tenetur. Ideo obscuriores quoque
libros, ut Apocalypsin Iohannis, figmentum inane sub Esdrae nomine, duobus
posterioribus libris explicatum, tantopere amant.[3] Ibi enim licentia est
fingendi quaevis. Muntzerum quoque, sediciosum illum Spiritum, meminimus
in Allegorias omnia vertere. Sed revera, qui sine iudicio aut fingit Allegorias, aut ab aliis fictas sequitur, non decipitur solum, sed etiam laeditur
gravissime, sicut ostendunt exempla.

Aut igitur omnino vitandae, aut cum summo iudicio instituendae sunt,
et ad regulam Apostolis usitatam applicandae, de qua paulo post dicam.
Ne exemplo non solum Theologistarum, sed etiam Canonistarum, seu potius
Asinistarum in foedas et perniciosas absurditates incidamus; Sicut testantur
Decretales et Decreta execrabilissimi Domini Papae.

Porro sic accipienda haec sunt, ne tamen Allegorias in genere
omnes damnemus. Nam et Christum et Apostolos Allegoriis interdum
videmus usos esse. Sed hae eiusmodi sunt, ut sint 'Analogae fidei',
secundum regulam Pauli Rom. 12. iubentis, ut Prophetia seu doctrina fidei Röm. 12, 7
analoga sit.

Nos autem cum damnamus Allegorias, de iis loquimur, quae proprio
spiritu et ingenio, sine Scripturae autoritate finguntur. Nam aliae, quae

---

[1]) S. schon 1524 in der Vorlesung über das Deuteronomium: Unsre Ausg. Bd. 14, 560.
[2]) Stat. Silv. 5, 1, 5.   [3]) Gemeint ist IV. Esra.

ad fidei analogiam referuntur, non solum ornant doctrinam, sed etiam consolantur conscientias.

Sicut Petrus hanc ipsam Diluvii historiam ad pulcherrimam Allegoriam
1. Petri 3, 22 detorquet, 1. Pet. 3., cum inquit: 'Figurae diluvii respondet Baptismus, et nos salvos facit. Abluuntur enim eo non sordes carnis, sed conscientia bene respondet apud Deum, per resurrectionem Christi a mortuis', qui est ad dextram Dei, devorans mortem, ut vitae aeternae haeredes efficeremur, 'Profectus in coelum, subiectis ibi Angelis et Potestatibus et Virtutibus' etc. Haec vere theologica, hoc est, fidei consentiens, et consolationis plena Allegoria est.   10

Joh. 3, 14   Talis est illa Christi Ioh. 3. de serpente exaltato in deserto, et sanatis
1. Kor. 10, 4 a morsu serpentis, qui aspiciebant eum. Item illa Pauli: 'Bibebant Patres nostri omnes de spirituali Petra' etc.

Hae Allegoriae eiusmodi sunt, ut non solum belle consentiant cum re, sed etiam doceant animos de fide, et sint utiles conscientiis.   15

Sed Hieronymi, Origenis et Augustini plaerasque vide: hi enim non de fide cogitant, cum Allegorias condunt, sed philosophicas sententias querunt neque ad mores nec ad fidem utiles: taceo, quod etiam satis ineptae et plenae absurditatis sunt.

Supra audivimus Augustini allegoriam de Viro et Foemina condita, 20 quam applicat ad superiorem et inferiorem partem Hominis, hoc est, ad rationem et affectus. Sed, quaeso te, quis huius figmenti usus est?

Sed Papa merito laudem pietatis et eruditionis in Allegoriis aufert, qui ad hunc modum ex sublimi tonat: Fecit Deus duo Luminaria magna, solem et lunam. Sol est Papalis dignitas, a qua Lumen suum imperatoria 25 Maiestas, tanquam luna a sole mutuatur. O temerariam impudentiam, et scelestam ambitionem.

Simile est, quod in hac Historia Arcam comparant suae Ecclesiae, in qua Papa cum Cardinalibus, Episcopis et Praelatis est. Laici autem natant in mari, hoc est, sunt impliciti mundanis negotiis, nec salvarentur, nisi isti 30 gubernatores Arcae seu Ecclesiae porrigerent natantibus aut tabulas, aut funes, quibus eos in Arcam ad se pertrahunt. Tali enim pictura Monachi passim Ecclesiam pinxerunt.

Origenes sanior est quam Pontifices, qui fere ad mores Allegorias accommodat. Sed Pauli regula servanda erat, qui Analogiam fidei in Prophetia servandam esse praecipit: haec enim aedificat et vere ad Ecclesiam pertinet. De moribus etiam gentilium Philosophi praecipere possunt, quanquam fidem plane ignorant.

1. Kor. 10, 4   Sic Paulus in Epistola ad Corinth. dicit, Israelitas baptisatos sub Mose in nube et mari. Hic si solum mores et verba spectes, etiam Pharao 40 baptisatus est, sed sic, ut cum suis periret, Israel autem salvus et illaesus pertransiit. Sicut Noah et Filii eius servantur in hoc baptismate

Diluvii, Reliquus autem totus Mundus extra Arcam hoc baptismate Diluvii perit.

Haec apte et erudite dicuntur. Nam baptismus et mors in Scriptura sunt termini convertibiles. Ideo Paulus Roman. 6. dicit: 'Quicunque bapti-Röm. 6, 3 sati sumus, in mortem Christi baptisati sumus'. Item Christus Lucae 12.: Luc. 12, 50 'Baptismo habeo baptisari, et quomodo angor, usque dum perficiatur'. Et ad discipulos: 'Baptisabimini baptismate, quo ego baptisor' Math. 20.   Matth. 20, 23

Secundum hanc significationem mare rubrum vere est baptismus, hoc est, mors et ira Dei, sicut in Pharaone apparet. Et tamen Israel, qui tali
10 baptismate baptisatur, pertransit illaesus. Sic Diluvium vere est mors et ira Dei, et tamen servantur in medio diluvio fideles. Sic mors totum genus humanum haurit et absorbet, Procedit enim ira Dei sine discrimine super bonos et malos, super pios et impios. Sicut non aliud erat Diluvium, quod patiebatur Noah, et quod Mundus patiebatur. Non erat aliud mare rubrum,
15 quod ingrediebatur Pharao et Israel. In eo autem postea differentia oritur, quod credentes in illa ipsa morte, quam cum impiis subeunt, servantur, Impii autem pereunt. Sicut Noah servatur, quia habet Arcam, hoc est, promissionem et verbum Dei, in quo vivit, Impii autem, qui non credunt verbo, destituuntur.

20 Hanc differentiam voluit Spiritus sanctus ostendere, ut pii hoc para-digmate admoniti, crederent et sperarent salutem per misericordiam Dei, etiam in media morte. Habent enim Baptismum coniunctum cum promissione vitae, sicut Noah Arcam habebat. Etsi igitur eadem sit mors sapientis et stulti (moritur enim Petrus, moritur Paulus non secus quam postea Nero moritur et alii impii), Tamen credunt se in morte servatos iri ad aeternam vitam. Nec vana haec spes est: habent enim susceptorem spiritus Christum, qui in extremo die etiam corpora credentium excitabit ad aeternam vitam.

Haec Allegoria habet magnum usum et pertinet ad consolandas mentes, siquidem discrimen ostendit eventuum. Si carnis oculos sequaris, vera Salo-
30 monis sententia est, quod moritur simul sapiens et stultus, quod iustus Pred. 2, 16 moritur, ac si Deo non sit dilectus. Sed huc Spiritus oculi vertendi sunt, et observandum discrimen, quod Israel ingreditur mare rubrum et servatur, Pharao cum Israelis vestigia sequitur, immergitur fluctibus et perit. Eadem igitur mors est, qua pii et impii pereunt, et quidem fere semper piorum
35 mors ignominiosa, Impiorum autem splendida et superba est. Sed in oculis Dei mors peccatorum est pessima, Sanctorum autem mors est praeciosa. Est enim per Christum consecrata, per quem fit initium aeternae vitae.

Sicut enim Diluvium, sicut mare rubrum est ceu minister, ut Noah et Israel ex morte liberentur et in vita serventur, Plane ad eum modum nostra
40 mors, si permanserimus in fide, est occasio vitae. Cum enim filii Israel in

---

25 servatos iri] entweder servatum oder ire.

extremo periculo essent positi, subito se aperit mare et stat a dextris et
sinistris tanquam aheneus murus, ut sine periculo transiret Israel. Cur autem
hoc? Nimirum, ut sic mors serviret vitae. Est enim haec divina potentia,
qua franguntur Satanae impetus. Sicut in Paradiso: Nam ibi quoque hoc
agebat, ut suo veneno universum genus humanum occideret. Sed quid fit?
hac vere 'felici culpa', sicut Ecclesia canit[1], efficitur, ut filius Dei in
nostram carnem descendat et nos a tantis malis liberet.

Ad hunc modum Allegoria haec pulchre docet, consolatur et erigit, ut
neque mortem, nec peccatum metuamus, sed contemnamus pericula omnia,
gratias Deo agentes, quod sic sumus vocati et Deus sic nobiscum agit, ut 10
ipsa mors, qua totus Mundus perit, cogatur servire vitae, Sicut diluvium,
quo reliquus Mundus peribat, erat occasio, ut Noah servaretur, Et mare
rubrum, quo Pharao tollebatur, serviebat saluti filiorum Israel.

Applicanda autem haec sunt ad alias quoque tentationes, ut discamus
pericula contemnere et spem habere, etiam ubi nulla spes videtur esse 15
reliqua: Ut, cum vel mors, vel aliud periculum ingruit, erigamus nos et
dicamus: Ecce, hic est tuum mare rubrum, Diluvium tuum, Baptismus tuus
et mors tua. Hic vita tua, (sicut Philosophus de navigantibus dicebat) vix
una palma distat a morte, Sed noli metuere: periculum hoc est ceu pugillus
aquae, Contra, habes per verbum Diluvium gratiae, non igitur perdet te 20
mors, sed erit impulsio et sublevamen ad vitam etc. Tantum enim abest,
ut possit mors Christianum perdere, ut nullum ex morte sit praesentius
effugium. Nam mors corporis proxime praecedit liberationem Spiritus, et
carnis quoque resurrectionem. Sicut ipsum Noah in diluvio non terra, non
arbores, non montes portant, sed ipsum diluvium, quod tamen reliquos 25
homines omnes occidit.

Merito igitur Prophetae ista mirabilia Dei facta toties celebrant, Sicut
transitum maris rubri, exitum ex Aegypto et similia. Ibi enim mare, quod
natura aliud non potest, quam obruere et perdere Hominem, cogitur stare et
tegere Hominem, ne fluctibus involvatur. Quod igitur natura sua nihil est 30
quam ira, fit credentibus gratia, Quod nihil, quam mors est, fit vita. Quidquid igitur calamitatum est, quas haec vita tamen infinitas habet, quibus et
res et corpora nostra infestantur, hoc totum, si in Arca es, hoc est, si credis
et apprehendis promissiones in Christo factas, vertetur in salutem et gaudium,
adeo ut mortem, quae te abripit, necesse sit in vitam verti, et infernum, 35
qui te haurit, in viam ad coelum.

1. Petri 3, 21   Ideo Petrus dicit 1. Petri 3. Nos quoque per aquam salvari in baptismo, qui per Diluvium significatus est: Quia aqua, qua obruimur, seu ipsa
submersio est mors. Et tamen ex ista morte seu submersione existit vita,
propter Arcam, in qua servamur, hoc est, propter verbum promissionis, in 40

---

[1]) *Wegen 'canit' ist an einen Hymnus zu denken. Ob an Spenglers 'durch Adams Fall'?*

quo haeremus. Hanc Allegoriam canonicae Scripturae ostendunt; Non solum autem tutum, sed in omnes partes quoque utile est, ut eam diligenter consideremus. Insignem enim consolationem etiam in extremis periculis suppeditat.

Patres ad hanc Allegoriam etiam aliam addiderunt sumptam a forma et proportione arcae Geometrica: Humanum enim corpus a vertice usque ad plantam sexies longius est, quam latius. Iam Arca in latitudine habebat cubitos quinquaginta, Altitudo autem sexies erat maior, nempe cubiti trecenti. Dicunt igitur per Arcam significari hominem Christum, in quo omnes pro-
10 missiones haerent. Itaque qui in eum credunt, salvantur, et in Diluvio, hoc est, ipsa morte vivunt.

Non inerudita nec invenusta haec cogitatio est, et, quod maxime probo, est fidei analoga. Itaque etsi in applicatione esset error, tamen fundamentum certum et firmum est. Ac non dubium est, Spiritum sanctum varie pinxisse
15 promissiones per Christum exhibendas, et miraculosam rationem salvandi humani generis per fidem in Christum. Qui igitur ad hunc modum Allegorias fingit, etsi minus propriae sint, non tamen sunt impiae aut scandalosae.

Sic si quis dicat Solem esse Christum, Lunam autem Ecclesiam, quae
20 illuminatur gratia Christi, is, posito casu, quod erret, tamen eiusmodi error est, qui non nitatur erroneo, sed solido fundamento. Sed cum Papa dicit Solem esse Papalem dignitatem, Lunam autem Caesarem, Ibi non solum applicatio inepta et stulta, sed etiam fundamentum perniciosum et impium est. Non igitur a Spiritu sancto, sed a Diabolo et mendacii Spiritu tales
25 allegoriae excogitatae sunt et inventae.

Ad promissiones enim et fidei doctrinam Allegoriae applicandae sunt, ut consolentur et confirment animos. Sicut Petri exemplum nos docet. Quia enim videt, Noah liberari in media morte, et arcam esse instrumentum vitae, recte arca applicatur ad Christum. Nam divina virtus sit necesse est, quae
30 in media morte servat, et ad vitam traducit. Sicut Scriptura vocat Deum, qui eripit e morte Psal. 68. et facit, ut mors sit occasio vel etiam adin- Psl. 68, 21 mentum ad vitam.

Ex hoc eventu natae sunt illae phrases in sacris literis usitatae, quibus afflictiones et pericula comparantur calici inebrianti, insignis profecto tapinosis.
35 Sicut Christi passio Psal. 110. appellatur potatio ex torrente, Ac si quis Psl. 110, 7 dicat esse medicinalem potum seu syrupum, qui etsi amarus sit, tamen sua amaritudine sanet et sua mortificatione vivificet.

Valent autem hae extenuationes ad consolandos nos, ut mortem et alia pericula discamus contemnere, et alacriore animo subeamus ea.
40 Habet quoque Satan suum calicem, sed suavem et inebriantem ad vomitum: eum qui ebibunt, amittunt vitam, ista suavitate illecti, et moriuntur aeterna morte. Talis fuit calix, quem ebibit Babylonius, sicut est

24*

Jer. 25, 15 apud Prophetam. Nos igitur etiam cum gratiarum actione Calicem
Röm. 5, 3 salutaris accipiamus, Sicut Paulus dicit gloriari fideles in tribulationibus.

Sed postquam hanc arcae quasi picturam, et Diluvii significationem ex
Canonicis scripturis ostendimus, etiam de reliquis historiae partibus aliquid
dicendum est, de corvo non redeunte et de columbis, quarum prima rediit 5
nondum inveniens locum, in quo posset consistere. Altera rediit et repor-
tavit oleae ramum, Tertia non rediit, quod terra iam nudata esset aquis.

Ac in Historiae tractatione diximus facta haec esse in consolationem
Noah et Filiorum eius, ut certificarentur de ira Dei finita, et quod placatus
iam esset. Non enim per industriam suam columba attulit ramum oleae; 10
divina ea virtus et miraculum fuit: Sicut serpens in Paradiso non ex sua
industria locutus est, sed ex inspiratione Diaboli, a quo obsessus fuit. Sicut
igitur ibi Satana movente serpentem, serpens locutus et Homo in peccatum
inductus est: Ita hic columba non sua industria aut natura ramum oleae
attulit, sed movente Deo, ut Noah certam consolationem ex hoc iucundissimo 15
spectaculo hauriret. Nam oleae fructus non est cibus Columbae, delectatur
tritico, siligine aut viciis.

Certum igitur est nonnullam significationem miraculosum hoc factum
habere, praesertim cum Prophetae quoque non raro Columbarum meminerint
Pj. 68, 14
Jef. 60, 8 in Prophetiis de regno Christi, Sicut Psal. 68. et Esaias ca. 60. Salomon 20
quoque in Canticis nomine columbae singulariter videtur delectatus. Non
igitur haec pictura, quam Allegoria ostendit, contemnenda plane sed dextre
et proprie tractanda est.

Notum autem est, quam de Corvo Allegoriam finxerint doctores. Quia
enim corvi gaudent cadaveribus, iudicaverunt, similitudinem esse hominum 25
carnalium, qui delectantur carnalibus voluptatibus, et eis indulgent, sicut
Epicurei. Bona quidem sententia, sed non sufficiens, quia tantum moralis
et philosophica est, quales fere ad Origenis exemplum Erasmus solitus est fingere.

Nos autem theologicam decet querere. Primum enim non observant
Morales isti, quod corvo eam laudem tribuit scriptura, quod non sua sponte 30
arcam deserat, sed a Noah quasi nuncius dimittitur, ut investiget, num aquae
cessarint et ira Dei finita sit. Sed corvus non redit, nec est tam laeti
ominis nuncius; manet enim extra Arcam, et quamvis it ac redit, tamen non
patitur, se apprehendi a Noah, sed manet extra Arcam.

Haec omnia pulcherrime conveniunt cum ministerio legis. Nam et 35
nigredo, quam peculiarem habet, tristiciae signum est, et sonus oris insuavis
est. Tales sunt omnes Doctores legis, qui docent operum iusticiam: sunt
2. Kor. 3, 6 enim ministri mortis et peccati. Sicut Paulus ministerium legis ministerium
Röm. 7, 10;
4, 15; 5, 20 mortis appellat. 'Lex occidit', 'Lex iram operatur', 'Lex facit, ut peccatum
sit excellenter peccatum'.
40

---

2 salutaris] salutis vermutet Erl. Ausg. zu Unrecht, s. Ps. 116, 13.

Et tamen Moses cum ista doctrina divinitus mittitur, sicut corvum dimittit Noah. Vult enim Deus doceri homines de moribus et sancta vita, vult annunciari iram et poenas certas transgressoribus legis. Et tamen tales Doctores nihil sunt, quam Corvi, qui oberrant circa Arcam nec afferunt certum iudicium placati Dei.

Lex enim talis est doctrina, quae non potest certas facere, erigere et consolari conscientias pavidas, sed magis terret, Siquidem nihil aliud agit, quam ut doceat, quid Deus exigat a nobis, quid velit a nobis fieri. Dicit autem contra nos testimonium conscientia nostra, quod non solum non prae-
10 stiterimus voluntatem Dei in lege revelatam, sed etiam diversum fecerimus.

Recte igitur de Doctoribus legis dicitur, quod in quinto Psalmo est: Wf. 5, 10 'Nihil certi est in ore eorum'. (Nostra translatio habet: 'In ore eorum non est veritas').[1] Nam cum perfectissime docent, dicunt: Si hoc feceris, si illud feceris, salvus eris. Itaque Christus quoque per Ironiam scribae
15 respondet magnifice legis doctrinam efferenti: 'Hoc fac et vives'. Ostendit Luf. 10, 28 enim ei, quod doctrina sancta et bona sit; Sed cum nos viciosi simus, culpa in nobis est, qui eam non praestamus, nec praestare possumus.

Recte igitur pronunciamus, quod operibus legis, non ceremonialibus, sed illis summis, dilectione Dei et proximi, non iustificamur. Ratio est,
20 quia ea praestare non possumus.

Merito autem adversariorum impudentiam arguimus, qui, cum nos iusticiam operum negamus, clamant nos bona opera prohibere et damnare legem Dei. Hoc faceremus, si non agnosceremus, corvum ex arca a Noah emissum. Sed dicimus corvum esse ex arca dimissum; Hoc autem negamus,
25 quod aut corvus non sit, aut columba sit. Omnes autem adversariorum clamores, convicia, blasphemiae nos ad hoc mendacium volunt cogere, ut ex corvo Columbam faciamus.

Atqui inspice libros eorum, considera diligenter doctrinam: Nonne tantum operum doctrina est? Hoc pulchrum, hoc honestum est, dicunt, id
30 facito; Illud foedum et turpe est, igitur fugito. Haec cum docent, putant se Theologos et Doctores veros esse. Sed da demonstrandi[2], ubi sit, qui aut fecerit, aut facturus sit illa omnia, praesertim, si non tantum, ut illi, secundum tabulam, sed primam quoque accurate proponas.

Qui igitur consistit in hac doctrina legis, vere nihil est quam auditor,
35 nec discit aliud, quam ut sciat, quid sit faciendum. Itaque satis fuerit, si nihil aliud volentibus discere proponas Catonis carmen, aut Aesopum, quem meliorem morum magistrum esse iudico. Atque ideo utiliter ambo proponuntur iuvenibus: adultiores Ciceronem discant, cui miror quod quidam in morali disciplina Aristotelem anteponunt. Hoc quasi curriculum rationis

---

[1] Mit 'Nostra' ist die Vulgata gemeint. Luthers Psalter hat sehr zeitig: 'Jn jrem munde ift nichts gewiffes'.   [2] Es wird zu da etwa locum zu ergänzen sein.

est. Itaque quod ad ipsa praecepta morum attinet, non potest Ethnicorum industria et diligentia reprehendi. Sunt tamen omnes infra Mosen, qui non tantum mores, sed etiam Dei cultum ostendit. Et tamen verum est, quod, qui apud Mosen consistit, nihil habet quam corvum oberrantem extra Arcam; de columba et ramo oleae nihil habet.   5

Ergo haec pictura est non solum legis divinitus traditae, sed universae rationis et prudentiae humanae, omnium legum et totius Philosophiae. Tantum enim dicunt, quid faciendum sit, non autem suppeditant facultatem faciendi. Igitur iudicium Christi Lucae 17. verum est: 'Cum feceritis omnia, quae praecepta sunt vobis, dicite: servi sumus inutiles'.   10

Emittitur quidem corvus; vult enim Deus doceri legem, et eam revolat divinitus, imo omnium Hominum mentibus eam inscribit, sicut Paulus probat, Rom. 2. Et sunt ex hac ipsa naturali cognitione omnes Philosophorum saniorum libri nati, sicut Aesopi, Aristotelis, Platonis, Xenophontis, Ciceronis, Catonis. Recte igitur proponuntur rudibus et ferocioribus naturis, ut aliquo 15 modo disciplina hac corrigantur viciosi impetus.

Sed revera, si de conscientia pacanda, et certa spe vitae aeternae queras, sunt tanquam corvus, qui circa Arcam hic oberrat, pacem foris non invenit, intus autem in Arca non querit. Sicut Paulus de Iudaeis dicit, Rom. 9.: 'Israel sectando iusticiam legis, ad iusticiam non pervenit'. Ratio 20 est, quia lex est sicut corvus, est ministerium mortis et peccati, aut facit hypocritas.

Iam qui vult, amplificet hanc Allegoriam, et querat proprietates huius avis. Impurum est animal, nigro et funesto colore, duro rostro, insuavi voce et ferali. Olfacit cadavera, quantumvis per longinquum spatium, ac horrent 25 ideo Homines vocem eius, tanquam certum omen futuri funeris. Pascitur cadaveribus, Gaudet iis locis, quae publicis suppliciis foeda sunt.

Haec omnia et singula etsi legi non accommodamus, tamen quis non videt, bellissime convenire Papistis, Sacrificulis, Monachis, qui non solum ex occisis conscientiis per falsam doctrinam splendide sunt pasti, Sed etiam 30 mortua cadavera ad victum suum transtulerunt, dum Vigiliis, Anniversariis, lustralibus aquis ad sepulchra, ipso Purgatorio quoque ad parandos nummos usi sunt. Ac sane ista mortuorum cura plus eis profuit, quam vivorum.

Vere igitur corvi sunt, victitantes cadaveribus, et iis insidentes cum feralibus vociferationibus. Haec Papistis cum corvis belle conveniunt, Sed 35 vere totum ministerium Papatus, ubi est optimum, nihil aliud facit, quam quod excarnificat et occidit conscientias. Ad veram iusticiam non perducit, sed tantum hypocritas facit, sicut lex quoque.

Apud Ezechielem cap. 13. extat inter reliqua Pseudoprophetarum peccata etiam hoc, quod propter pugillum hordei et fragmentum panis 40 interficiant animas, quae non moriuntur, et vivificent animas, quae non vivunt.

Marginal references:
Luc. 17, 10 (line 9)
Röm. 2, 15 (line 13)
Röm. 9, 31 (line 19)
Ezech. 13, 19 (line 39)

Id proprium est Corvorum, seu Doctorum legis. Nam eos iustificant, qui ad praescriptum legis vivunt, Sed hi vere sunt animae, quae non vivunt. Contra eos damnant, qui traditiones violant. Sicut Pharisaei damnabant discipulos vellentes spicas, non lavantes, non ieiunantes. Haec feralis vox et funesta est, cuius nos Corvi admonere debent insidentes cadaveribus.

Graeci imprecaturi malum, proverbio dicebant: ἐς κόραϰας. Idem Germani imitantur, cum iubent corvorum escam fieri, daß dich die Raben freſſen.[1] Hanc imprecationem si ad allegoriam transferimus, profecto longe gravissima est. Quid enim potest esse pestiferum magis, quam tales
10 Doctores habere, qui, cum optime docent, tantum occidunt, et involvunt conscientias in inexplicabiles difficultates.

Haec de corvo Allegoria ad ministerium translata, etsi quis non dicat esse propriam, tamen vera est, et convenit cum fundamento, ac ad docendum non solum aptissima, sed etiam utilissima est.

15 Sed quae de columba Moses commemorat, ea vero suavissimum simulachrum Euangelii referunt, praesertim si proprietates columbae diligenter sequaris, quas decem numerant. 1. Caret felle. 2. Ore non laedit. 3. Ungue non nocet. 4. Grana pura legit. 5. Alienos nutrit foetus. 6. Gemit pro cantu. 7. Ad aquas residet. 8. Gregatim volat. 9. In tuto nidificat. 10. Velox
20 volatu. Hae decem proprietates his sex versibus comprehensae sunt:

Felle Columba caret, rostro non laedit, et ungues
    Possidet innocuos, granaque pura legit.
Estque frequens ad aquas, pennaque per aëra fertur
    Praepete, pro cantu lugubre voce gemit.
25 Educat alterius pullos, volitatque gregatim,
    Et studet in tutis nidificare locis.

Ac novum Testamentum ostendit specie columbae Spiritum sanctum Matth. 3, 16 apparuisse. Itaque recte transferimus Allegoriam ad ministerium gratiae.

Ostendit autem Moses Columbam non oberrasse circa Arcam, sicut
30 corvum, sed emissam, postquam non invenit, ubi sederet, rediisse ad arcam et apprehensam esse a Noah.

Haec columba est sanctorum Prophetarum imago, qui quidem missi sunt, ut docerent populum; Sed Diluvium, hoc est, legis tempus nondum abierat. Sic David, Elias, Esaias, etsi tempus gratiae seu novi Testamenti non
35 attigerunt, tamen missi sunt, ut essent nuncii Diluvii finiendi, etsi nondum finitum esset. Itaque functi legatione sua redierunt ad Arcam, hoc est, iustificati et salvati sunt sine lege per fidem in Semen benedictum, in quod credebant et expectabant.

Post hanc Columbam emittitur alia, quae invenit terram desiccatam,
40 et non solum montes sed arbores quoque nudatas aqua. Sed haec uni oleae insidet, et decerptum ramum ad Noah affert.

---

[1] S. hierzu Thiele nr. 332.

Hanc Allegoriam Scriptura etiam ostendit, quae non uno in loco comparat oleum gratiae, seu misericordiae, seu remissioni peccatorum. Hanc columba in ore affert, ut significetur externum ministerium, seu verbum vocale. Non enim Spiritus sanctus (sicut Enthusiastae et Anabaptistae, vere fanatici Doctores, somniant) docet per novas revelationes extra ministerium verbi. Ideo voluit Deus, ramum virentis oleae in ore deferri ad Noah, ut intelligeremus, Deum in novo Testamento, cessante Diluvii seu irae tempore, per vocale Verbum misericordiam suam Mundo velle ostendere.

Huius verbi nuncii sunt Columbae, hoc est, homines sinceri, et sine felle, pleni Spiritu sancto. Ideo Esaias quoque comparat ministros Euangelii seu gratiae Columbis volantibus ad notas fenestras. Et Christus etsi iubet eos, Matth. 10. imitari simplicitate Columbas, hoc est, esse sinceros et sine virulentia, Tamen hortatur, ut sint prudentes sicut serpentes, hoc est, sint intenti in falsos et insidiosos, et cauti, ut serpens dicitur singulari arte caput tegere in dimicatione.

Quod autem Olea viret, convenit id quoque cum verbo Euangelii, quod in aeternum manet et nunquam est sine fructu. Ideo Psalmus quoque comparat Homines verbi studiosos arbori, cuius folia non defluunt. Nihil simile audivimus supra de Corvo ad Arcam oberrante. Igitur haec Columba, quae secunda emittitur, est typus novi Testamenti, ubi aperte per sacrificium Christi promittitur remissio peccatorum et gratia. Ideo Spiritus sanctus in novo Testamento in specie Columbae etiam apparere voluit.

Tertia Columba non rediit. Impleta enim promissione Euangelii, quod per os Columbae orbi terrarum annunciatur, nihil restat, non expectatur alia nova doctrina. Sed simpliciter expectatur revelatio eorum, quae credidimus. Igitur pertinet hoc eo quoque, ut habeamus certum testimonium, doctrinam hanc duraturam usque ad finem Mundi.

Textus quoque diserte addit de tempore, quod post Columbam primo emissam, septem dies expectarit Noah. Igitur isti septem dies sunt tempus legis, quod oportuit praecedere tempus novi Testamenti.

Similiter meminit de altera Columba, quod sub vesperam redierit ad Arcam, portans ramum olivae. Nam Euangelio illa quasi postrema Mundi aetas destinata est. Nec debet expectari aliud doctrinae genus, sicut Christus Euangelium ideo Coenae comparat. Matth. 22. Lucae 14.

Fuit quidem doctrina Euangelii in Mundo, iam inde usque a lapsu primorum Parentum, ac variis signis promissionem hanc confirmavit Deus Patribus. Priora tempora nescierunt Iridem, nescierunt Circumcisionem, nescierunt alia divinitus postea instituta. Sed norunt omnia secula benedictum Semen. Id cum exhibitum sit, nihil restat quam ut, quae credimus, revelentur, et ut cum tertia Columba avolemus in aliam vitam, nunquam ad hanc miseram et calamitosam vitam reversuri.

---

12 simplicitatē *A*

Haec mea cogitatio est de hac Allegoria, quam breviter volui indicare. Non enim, sicut in Historiis et fidei articulis, longius eis immorandum est.

Origenes, Hieronymus, Augustinus, Bernardus in Allegoriis multi sunt. Sed hoc incommodi habent: dum diutius eis insistunt, avocant animos ab
5 Historia et fide, et quasi fugere faciunt; Cum tamen Allegoriae sic tractandae et in id instituendae sint, ut excitetur, augeatur, illustretur et confirmetur fides, quam Historiae ubique ostendunt. Hanc autem qui in historiis non querunt, nihil mirum est, quod Allegoriarum umbras tanquam amoena diverticula querunt, in quae expacientur.

10 Sicut igitur in Papatu videmus, musicos modos Ecclesiasticorum carminum esse suavissimos, cum verba non solum plerunque inepta, sed etiam impia, et Scripturae contraria sint: Ita bonum Historiae sensum et ad fidem utilem, saepius ineptis Allegoriis Doctores depravarunt.

Ac saepe dixi, qualis Theologia esset, cum ego primum hoc genus
15 studii ingrederer. Literam dicebant occidere. Igitur oderam ego prae omnibus 2. Kor. 3, 6 Interpretibus Lyram, quod tam diligenter literalem sententiam persequeretur. Sed nunc hanc ipsam ob commendationem omnibus fere Scripturae Interpretibus eum antepono.

Et moneo vos, quanto possum studio, ut in Historiis aestimandis
20 velitis diligentes esse. Sicubi autem Allegoriis vultis uti, hoc facile, ut sequamini analogiam fidei, hoc est, ut accommodetis eas ad Christum, Ecclesiam, fidem, ministerium verbi. Sic enim fiet, ut, etsi Allegoriae minus sint propriae, tamen non aberrent a fide. Hoc fundamentum igitur stet firmum, stipulae autem pereant. Sed redeamus ad Historiam.

25 Coepitque Noah vir agricola exercere terram, et plantavit vineam; 9, 20—22 Bibensque vinum inebriatus est, et nudatus est in tabernaculo suo. Videns igitur Ham, pater Canaan, patrem suum nudum, indicavit id duobus Fratribus, qui foris erant.

Qualis fuerit Noah in Diluvio, satis ostendit ipsa Diluvii historia.
30 Qualis autem fuerit ante Diluvium, paucis verbis ostendit Moses, cum dixit iustum et perfectum fuisse. Aliud de tanto viro nihil memoratur, Nisi quod mirabilis et pene incredibilis continentia eius obscure indicatur et commendatur, cum dicitur Quingentesimo primum anno generasse. Ac arguit hoc ipsum, naturam Hominis tum multo fortiorem et meliorem, Spiritum sanctum
35 autem efficaciorem et copiosiorem fuisse in sanctis Viris originalis Mundi, quam in nobis hodie est, qui sumus quasi fex et finis mundi.

Ac sane magna commendatio Noah est, quod iustus et integer coram Deo fuisse commemoratur, hoc est, plenus fide et Spiritu sancto, ornatus castitate et omnibus bonis operibus, purus in cultu et religione, multas per-
40 pessus tentationes a Diabolo, mundo et seipso, quas omnes tamen vicit et triumphavit. Talis fuit ante diluvium Noah.

Post diluvium autem, etsi pauca commemorat Moses, tamen quis non videt, quoniam trecentos et quinquaginta circiter annos post Diluvii tempus vixit, tantum Virum non potuisse otiosum esse, sed occupatum gubernatione Ecclesiae, quam solus instituit et gubernavit?

Ergo primum Episcopi munere functus est, et, quia variis tentationibus vexatus fuit, praecipua eius in eo cura fuit, ut Diabolo se opponeret et tentatos consolaretur, errantes in viam reduceret, dubitantes confirmaret, desperantes erigeret, impoenitentes excluderet ex sua Ecclesia, poenitentes paterno gaudio reciperet. Haec enim fere sunt, quae per ministerium verbi ab Episcopo geri debent. 　　10

Deinde etiam habuit suas politicas occupationes, constituendis rebus publicis, figendis legibus, sine quibus libido hominum non potest constringi. Ad haec accessit propriae domus gubernatio, seu occonomica cura.

Tot et tam variis occupationibus cum ratio ostendat Noah post Diluvium esse districtum, tamen nihil horum a Mose commemoratur. Hoc 　15 unum Mosi necessarium visum est, quod indicaret, Quomodo ceperit plantare vineam et inebriatus iacuerit in tabernaculo nudus.

Atqui stulta et plane inutilis haec Historiola est, si ad coeteras res ab eo praeclare tanto annorum numero gestas conferas. Aedificare enim alia poterant et servire ad vitam recte instituendam, si commemorarentur. Haec 　20 autem Historia etiam scandalo occasionem dare videtur et patrocinari ebriosis ac postea per ebrietatem peccantibus.

Sed quod Spiritus sancti consilium sit, notum est ex doctrina nostra. Voluit enim pios, qui agnoscunt infirmitatem suam et ideo deiiciuntur animis, consolari commemoratione et scandalo lapsuum in sanctissimis et 　25 perfectissimis Patriarchis, ut in illis nostrae infirmitatis certa argumenta deprehenderemus; Et ideo humili confessione nos abiiceremus, non solum ad petendam, sed etiam ad sperandam veniam. Haec vera et theologica causa est, cur Spiritus sanctus, aliis maximis rebus omissis, commemoret de insigni lapsu tanti Viri. 　　30

Lyra excusat Noah, quod ignorarit vim vini et deceptus sit bibendo plusculum. Sed ego primum existimo, sive vinum antea fuerit sive ingenio Noah ex divino instinctu primum plantatum sit, non ignorasse Noah huius succi naturam et antehac una cum suis saepe usum vino, tum pro suo corpore, tum in sacrificiis etiam seu libationibus. Sed dum voluit aliquando 　35 recreationis causa vino uti, plus adbibisse credo.

Hoc autem neutiquam excuso. Nam qui hoc vellet, gravioribus posset uti rationibus quam Lyra, quod homo aetate gravis, et multitudine quotidianorum negociorum et curarum exhaustus vino, cui assuetus iam erat, victus sit. Nam facilius eos vincit vinum, qui aut laboribus exhausti, aut 　40 senio graves sunt. Contra Homines firmi aetate, et soluto animo, plurimum vini capere possunt sine insigni laesione rationis.

Sed qui ad hunc modum excusant Patriarcham, volentes hanc consolationem, quam Spiritus sanctus Ecclesiis necessariam iudicavit, abiiciunt, quod scilicet etiam summi Sancti aliquando labuntur.

Etsi enim hic lapsus perexiguus videtur, tamen magnum excitat scandalum. Offenditur non solum Ham, sed etiam Fratres reliqui, forte etiam uxores. Non autem est, ut putemus Ham fuisse puerum septennem; natus enim est quingentesimo Noah anno. Igitur, ut minimum, centum annorum fuit, et iam ipse quoque unam aut alteram prolem habuit.

Non igitur ex quadam puerili levitate Ham risit patrem Noah, quemadmodum pueri, cum in plateis ebrium rusticum circumsistunt et ludos ex eo faciunt. Nam vere offensus est illo lapsu Patris, visus sibi iustus, sanctus, religiosus prae Patre. Non igitur sola scandali species hic est, sed ipsa res et verum scandalum, siquidem filius Ham ita offenditur illa Patris ebrietate, ut et iudicet Patrem et in isto eius peccato delectetur.

Nam si de peccato Ham recte volumus disputare, ad peccatum originale respiciendum, hoc est, cordis pravitas intuenda est. Nunquam enim vino victum Patrem filius risisset, nisi prius eiecisset animo illam reverentiam et opinionem, quae in Liberis de Parentibus ex mandato Dei existere debet.

Sicut igitur Noah ante Diluvium a maxima Mundi parte pro stulto habitus, pro haeretico damnatus, et tanquam furiosus homo contemptus est: Ita hic Filius eum tanquam stultum ridet et tanquam peccatorem damnat.

Ac quia et Ecclesiam et rempublicam et oeconomiam solus Noah sua diligenti cura et labore gubernabat ac sustinebat, quis dubitat multa ab eo facta, quae superbum et arrogantem filii animum offenderent? Sed dissimulavit hanc animi malignitatem filius hactenus, quae nunc in manifesto Patris peccato erumpit.

Ad hunc quasi fontem huius peccati respiciendum est: tum primum atrocitas rei recte patescet. Nemo fit adulter, nemo caedem facit, nisi prius timorem Dei eiecerit ex animo. Sic discipulus non insurgit contra Magistrum suum, nisi prius omnem reverentiam Praeceptori debitam deposuerit.

Sic Psalmus decimus quartus primo dicit Dominum despexisse de Pf. 14, 2 coelo, ut videret, si esset, qui aut intelligeret, aut requireret Deum. Postquam autem neminem esse videt, addit: Non fecisse, quod bonum esset, Inutiles fuisse, peccasse lingua, peccasse manu, timuisse, ubi non erat timor etc.

Ad hunc modum Ham sibi visus est sapiens et sanctus, et suo iudicio multa censuit a Patre male aut stulte facta. Haec non solum arguunt animum contemptorem Parentis, sed etiam mandati divini. Itaque nihil restat maligno Filio, quam ut occasionem captet, qua uti tanquam testimonio possit ad traducendam Patris stulticiam. Non igitur sicut puer ebrium Patrem ridet, non tanquam ad ridiculum aliquod spectaculum Fratres convocat. Evidens hoc vult esse testimonium, quod Deus deseruerit Patrem et se receperit. Itaque hoc peccatum Patris cum voluptate spargit in plures; Non enim, sicut antea dixi, Septennis puer, sed, ut minimum, centum annorum Ham est.

Haec pravitas propria est peccati originalis, quod facit arrogantes, superbos et sapientes ultra mensuram, Cum, sicut Paulus Rom. 12. monet, 'sapiendum sit cum moderatione, seu sobrie, secundum mensuram fidei, quam singulis distribuit Deus'. Sed in hoc gradu peccatum originale non patitur consistere ipsum Ham; Itaque arrogat sibi ultra suam mensuram iudicium in Patrem.

Rom. 12, 3

Idem videmus in Absalone. Priusquam sedicionem movet contra Patrem David, inique iudicat de eius gubernatione. Hanc displicentiam, ut 10 sic vocem, quam ex Patris gubernatione haurit, sequitur postea manifestus contemptus, et aperta vis ad opprimendum Patrem. Hoc veneno cum cor Ham plenum esset, quod, tanquam araneus, ex Patre, ceu optima rosa, collegit, sequitur talis fructus.

Monent autem haec exempla, et docent nos de pugna, quae ab initio 15 Mundi fuit inter Ecclesiam et Satanam ac Satanae membra, hypocritas, seu falsos fratres. Itaque hoc factum Ham non est transferendum ad aliquem puerilem lusum, Sed ad acerbissimum odium Satanae, quo inflammat sua membra contra veram Ecclesiam, et praecipue contra eos, qui sunt in ministerio, ut intenti in omnes occasiones observent, si quid in calumniam 20 potest rapi.

Sic videmus, Papistas hodie nihil aliud agere, quam ut observent totam nostram conversationem hoc calumniandi studio. Si quid igitur aliquando humani patimur, sicut profecto infirmi sumus et patimur etiam nostra incommoda, Ibi demum tanquam famelici porci immergunt se in stercora 25 nostra et ex iis delitias faciunt, dum infirmitatem nostram, exemplo maledicti Ham, aperiunt et traducunt. Vere enim esuriunt et sitiunt scandala nostra. Etsi igitur Dei beneficio non adulteria, non caedes, non errores nobis impingere possint, nisi fictos (sicut impudens hominum genus a nullo mendacio abhorret), tamen alia colligunt, quae postea ad vulgus amplificant. 30

Davidis autem exemplum notum est. Hic undique cinctus erat Adversariis, qui in omnes occasiones erant intenti. Invidebant enim ei regnum, ad quod divinitus vocatus erat. Cum igitur accideret horribilis ille lapsus, triumphabant.

Pertinent autem haec ad nos erudiendos. Quia enim Deus etiam iustos 35 et sanctos aliquando permittit labi et ruere, sive in vera scandala, sive in speciem scandali, cavendum est, ne exemplo Ham statim iudicemus, qui iam dudum contempserat Patrem, sed nunc primum id aperte facit, ac statuit Patrem senio delyrum, a Spiritu sancto plane desertum esse, siquidem non temperarat sibi ab ebrietate, cui tamen Ecclesiae, Politiae et Oeconomiae 40 gubernatio incumbebat. Sed, o miser Ham, quam beatus es, qui nunc demum invenisti, quod querebas, venenum scilicet in saluberrima rosa.

Laudandus igitur et benedictus in secula Deus, qui vere mirificat Sanctos suos: dum enim hos patitur esse infirmos et labi, dum sinit esse plenos displicentiis et offensionibus, eosque mundus iudicat ac damnat. Ignoscit eis has infirmitates et miseretur eorum, Contra illos, qui sibi Angeli videntur, relinquit Satanae et penitus abiicit.

Hic primus huius Historiae fructus est, ut pii habeant consolationem necessariam in suis infirmitatibus, dum vident, etiam sanctissimos Homines ex simili infirmitate nonnunquam foede lapsos esse.

Secundo est etiam exemplum terroris et iudicii divini, ut moti
10 periculo Ham non iudicemus statim, etsi vel magistratum Politicum vel Ecclesiasticum vel Oeconomicum, sicut Parentes sunt, videmus errare aut labi. Quis enim scit, cur Deus id faciat? Etsi enim tales lapsus excusari non debent, tamen videmus utiles esse ad consolandos pios: Siquidem docent, quod Deus suorum errata et lapsus possit ferre, ut
15 nos quoque occupati peccatis, speremus in misericordiam Dei et non despondeamus animum.

Sed haec piorum medicina impiis venenum est. Hi enim non querunt doctrinam et consolationem Dei; ideo indigni sunt videre gloriam Dei in Sanctis. Nihil enim vident, quam quo offenduntur et irretiuntur, ut cadant
20 et tandem in se ipsis pereant.

Maneamus ergo in reverentia Maiorum. Hi si ruunt, noli offendi. Memento, esse Homines, ac statue Deum esse mirabilem in Sanctis suis, qui vult impios offendi et exacerbari. Sicut Moses minatur Iudaeis Deu. 32. 'Provocabo te in gente stulta'. Quia enim toto tempore regni nolebant 5. Mose 32, 21
25 audire Prophetas, Ideo tale scandalum Deus excitat, ut populum sapientem, religiosum, habentem promissiones, natum ex Patribus abiiciat, et eligat stercora et fecem Mundi, gentem stultam, et quae non erat gens, hoc est, sine pietate, sine religione, sine cultu, sine sapientia illa divina, seu verbo. Hoc scandalum ad insaniam Iudaeos redegit.

30 Idem accidet Papistis nostris: ferientur scandalo quodam immedicabili, sicut Ham, qui amissa pietate in Deum et Patrem, dum Ecclesiam se rectius gubernare posse credit, et Patrem tacitus aut ridet, aut damnat, hic in tale spectaculum incidit, ut istam de Patre malam et irreverentem opinionem confirmet etiam coram aliis.

35 Huius impietatem alii duo Fratres, Sem et Iapheth, non sequuntur, sed manent in reverentia Dei et Patris. Vident quidem scandalum, quod Pater sit ebrius, quod iaceat nudus, sine omni pudore sicut puer. Intelligunt, quam hoc non deceat gubernatorem Ecclesiae et Politiae:

Sed non patiuntur, ideo sibi excuti reverentiam Parenti debitam.
40 Devorant scandalum hoc, tegunt et quasi ornant hanc infirmitatem, dum aversi oculis accedunt Patrem et veste eum operiunt. Hanc externam et profecto iucundam reverentiam Patri non habuissent, nisi intus in corde

veram de Deo opinionem habuissent et Patrem iudicassent divina potestate
constitutum Pontificem et Regem.

Horribile igitur exemplum in Ham proponitur, qui cum paucis in
Diluvio servatus, omnis pietatis obliviscitur. Utile autem est diligenter
considerare, quomodo hic casus ei accidat. Nam externa peccata, quae corpore admittimus, prius in animo fiant necesse est, hoc est, priusquam peccatur
opere, cor discedit a verbo et timore Dei, non intelligit nec requirit Deum,
Psl. 14, 2 Sicut Psal. dicit. Tale postquam cor esse cepit, ut negligat verbum et
contemnat ministros et Prophetas Dei, sequitur ambitio et superbia, obruuntur
odiis et detractionibus, quos obsistere cupiditatibus nostris videmus, donec 10
etiam post contumelias etiam caedes sequuntur.

Ergo, qui gubernaturi sunt vel Ecclesias vel Politias, omni studio hoc
agant et quotidianis precibus a Deo flagitent, ut maneant in humilitate. Ad
hanc enim curam huiusmodi Historiae nos excitare debent. Quae occasio
tam horribilis lapsus in Ham sit, videmus. 15

Igitur cum videmus Sanctos labi, non offendamur, multo minus superbiamus in aliorum infirmitate, aut gaudeamus, quasi nos fortiores, sapientiores,
sanctiores simus: Sed potius feramus, tegamus, etiam ornemus et excusemus,
quantum possumus, talia errata cogitantes, quod, quae ille hodie passus est,
fortasse nos cras patiemur. Sumus enim una massa, et omnes de una carne 20
1. Kor. 10, 12 nati; Quare regulam Pauli potius discamus, ut 'qui stat, videat, ne cadat'.

Ad hunc modum reliqui duo Fratres ebrium Parentem aspexerunt.
Cogitarunt: Ecce Pater noster lapsus est, sed mirabilis Deus in Sanctis
suis, quos sinit aliquando labi, nobis ad consolationem, ne circumventi simili
infirmitate desperemus. 25

Horum sapientiam nos quoque imitemur. Non enim aliorum peccata
Röm. 14, 4 nobis faciunt potestatem iudicandi eos. 'Stant et cadunt suo Domino'.
Deinde si nobis displicet aliorum ruina (Sicut profecto excusari multa nec
debent nec possunt), caveamus tanto studiosius, ne quid tale nobis accidat,
non autem superbe et arroganter indicemus. Hoc enim peccati originalis 30
vitium est, velle sapere ultra mensuram, et iusticiae laudem ex aliorum
erratis venari.

Sumus nos profecto infirmi peccatores, et libenter confitemur, sicut
Homines, non semper carere conversationem nostram scandalis. Sed cum
hoc nobis cum Adversariis commune sit, facimus tamen officium nostrum 35
diligenter plantando verbum Dei, docendo Ecclesias, emendando vitiosa,
monendo recta, consolandis infirmis, obiurgandis praefractis, et si quid aliud
ministerium nobis divinitus mandatum exigit.

E contra Adversarii nostri, sicut nihil venantur, quam hypocrisin et
speciem sanctitatis, Ita ad communem infirmitatem addunt gravissima peccata, 40
quod non insistunt vocationi, occupantur cura dignitatis et opum. Ecclesias
negligunt et misere patiuntur collabi, Sanam doctrinam damnant et docent

Idolatriam. In summa, foris sapiunt, domi extreme desipiunt. Hoc malum in Ecclesia perniciosissimum est.

Haec est prima pars Historiae, quam solam Moses voluit scribere, cum certum sit iustum Noah multis et heroicis virtutibus ornatum fuisse, ac maximas res tum in Ecclesia, tum Republica gessisse. Non enim sine summa industria politiae constitui et Ecclesiae institui possunt. Et habent haec duo genera vitae (de oeconomia nihil dico) plurimorum periculorum occasiones. Nam Satan, qui mendax et homicida est, acerbissime odit tum Ecclesiam, tum Politias.

Sed haec vera Catorthomata omnia Moses praeterit, ac ne verbo quidem attingit. Hoc unum commemorat, quomodo Noah inebriatus et a iuniore Filio ludibrio habitus sit, tanquam insigne exemplum: Ex quo pii discant confidere misericordiae Dei. Contra superbi, religiosuli, sanctuli, sapientuli discant timere Deum et abstineant a temeritate iudicandi alios. Deus enim est mirabilis in Sanctis suis et terribilis, sicut Manasse Rex dicit 'super impios et peccatores'. Sicut exemplum Ham ostendit, qui non hoc primum tempore periit, sed diu aluit hoc in Patrem odium, postea etiam Mundum Idolatria replevit. Geb. Man. 5

At vero Sem et Iapheth pallium imposuerunt humeris suis, et aversi ingredientes operuerunt nudata verenda Patris sui aversa facie, ne viderent pudenda Patris sui. Et evigilavit Noah a vino et cognovit, quae fecerat ei Filius suus minor, Et ait: Maledictus Canaan; servus servorum erit Fratribus suis. 9, 23. 25

Profecto insigne et memorabile exemplum reverentiae in Patrem Moses hoc loco commemorat. Potuissent Filii sine peccato accedere et tegere Patrem non aversi. Quale enim peccatum esset, si quis casu incideret in Hominem nudum et videret, quae invitus videret? Sed hoc duo Filii non faciunt: Cum audiunt ex superbo et ridente Fratre, quid Patri acciderit, imponunt pallium ambo in humeros, et aversi (mira res) ingrediuntur tabernaculum, ac pallium aversi demittunt, atque ita Patrem tegunt.

Hic quis non videt animum respicientem ad voluntatem et verbum Dei, et reverentem patriam Maiestatem, quam Deus vult honore affici, non vult contemni aut rideri a Liberis?

Itaque significat Deus se hanc habere pro gratissimo sacrificio, pro cultu et obsequio summo, ubi contra extremo odio odit Ham, qui videre poterat, quae vidit, siquidem casu incidit in id spectaculum, si modo texisset, si modo tacuisset, et non peccato Patris delectari se ostendisset. Sed contemptor Dei, verbi et ordinis divinitus instituti non solum Patrem sua veste non tegit, sed etiam ludos ex eo facit et ita nudum relinquit.

Significat igitur Moses in descriptione facti duorum Fratrum insignem maliciam Ham, quod Satanicum et acerbissimum odium in eo fuerit contra

Patrem. Nam quis nostrum Hominem ignotum et alienum, vino oppressum et nudum, saltem ipsius veste in via non tegeret ad cavendam turpitudinem? Quanto autem magis hoc Patri faciendum erat? Sed Ham non solum hoc non praestat Patri et tum summo Principi orbis terrarum, quod humana ratio alienis ut faciamus, docet, Sed etiam cum gaudio prodit, ebrio [5] Patri insultat, et Fratribus tanquam laetum nuncium peccatum Patris ostendit.

Moses igitur Ham proponit tanquam horribile exemplum in Ecclesia diligenter inculcandum, ut discat iuventus revereri Maiores, Magistratus, Parentes. Non enim propter Noah, non propter Ham, sed propter posteros et nos omnes haec Historia scripta est, et Ham contemptor Dei et Parentis [10] foedissimis coloribus depictus.

Ac praecipue diligenter praemium ostensum est tantae impietatis. Nam Noah in oculis Filii stultus, delyrus et ridiculus senex, nunc prodit in maiestate Prophetica, ac praedicat Filiis revelationem divinam de futuris eventibus. Verum igitur est, quod Paulus dicit: 'Virtus in infirmitate per- [15] ficitur'. Nam illa certitudo, qua hic concionatur Noah, argumentum est, quod plenus sit Spiritu sancto, cum tamen Filius eum riserit ac contempseril tanquam omnino a Spiritu sancto derelictum.

2. Kor. 12, 9

Omitto hic disputationem, quam supra attigi de ordine Filiorum Noah, quis primogenitus, quis minimus natu fuerit. Hoc magis utile est et ob- [20] servatu dignius, quod Spiritus sanctus tam ingenti ira commovetur contra inobedientem et contemptorem Filium, ut ne nominare quidem proprio nomine velit, sed Canaan appellat a filio. Quidam dicunt: Quia Deus voluit Ham in Arca cum aliis quasi benedictum servare, ideo Noah non voluit eum maledicere, sed filium eius Canaan: Tamen maledictio filii redundat in Patrem, qui meruit. [25] Perit igitur hic nomen Ham, siquidem id Spiritus sanctus odit, quod profecto grave odium est. Sicut in Psalmo quoque dicitur: 'Perfecto odio oderam eos'.

Pf. 139, 22

Quando enim Spiritus sanctus odisse et irasci incipit, sequitur aeterna mors.

Etsi autem multa filius Ham in Patrem peccavit, hoc tamen maxime insigne fuit, in quo fructus primi peccati et malicia Satanica ostensa est per [30] occasionem istam, quod Pater ebrius nudus iacuit. Hoc peccato cum reliqua quasi absoluta et completa sunt, damnat eum Spiritus sanctus, et in terrorem aliorum minatur et aeternam servitutem.

9, 26 Dixitque: Benedictus Dominus Deus Sem, et sit Canaan illi in servum. [35]

Sunt hae duae magnae et insignes Prophetiae, et bene considerandae. Nam etiam ad nostra secula pertinent; Quanquam a Iudaeis insigniter depravatae sint. Vident Ham ter maledici, id rapiunt in suae Gentis gloriam et promittunt sibi corporalem dominationem seu imperium.

---

33 et] & *A, aber Vorlage* ei ?

Sed alia repetitae toties maledictionis causa est, quod scilicet Deus non potest oblivisci tantae irreverentiae in Parentes, nec sinit eam impune esse. Vult enim, coli Parentes et Magistratus, vult honorem deferri maioribus natu, Sicut iubet, ut assurgatur cano capiti Levit. 19. Et de ministris 3. Mose 19,32 Ecclesiae dicit: 'Qui vos spernit, me spernit. Luf. 10,16

Manifestum igitur signum imminentis maledictionis et calamitatis est inobedientia erga Parentes. Sicut etiam contemptus ministerii et magistratus. Cum enim inciperent Patriarchas in primo Mundo ridere et autoritatem eorum contemnere, sequebatur Diluvium. Cum in populo Iuda inciperet
10 Puer tumultuari contra Senem, sicut Esa. 3. est, ruit Hierusalem et con-Jef. 3, 5 cidit Iuda. Haec morum corruptela omen certissimum est futuri mali. Itaque Germaniae quoque merito timemus in tanta disciplinae dissolutione.

Notanda autem hic Regula est, quam et experientia et sacrae literae ostendunt. Quia enim Deus differt poenas, quas minatur, ideo ridetur, Ideo
15 mentiri iudicatur.

Hanc Regulam et hoc tanquam sigillum omnibus prophetiis debemus addere. Audit Ham se maledici; Sed quia non statim maledictionem sentit, secure contemnit eam et ridet.

Sic primus Mundus risit Noah vaticinantem de Diluvio. Si enim
20 credidisset tantas poenas imminere, num putas, ita secure perrexisset, ac non potius emendasset vitam, et egisset poenitentiam?

Ad hunc modum Ham si iudicasset vera, quae ex Patre audivit, confugisset ad misericordiam et deprecatus esset crimen admissum. Sed neutrum facit: discedit potius superbe a Patre in Babylonem, ibi occupatur cum sua
25 posteritate aedificanda urbe et turri, ac totius maioris Asiae Dominum se constituit.

Huius securitatis quae causa est? Haec nimirum, quod Prophetiae divinae tantum sunt credibiles, non sunt sensibiles, nec experimentales, Idque in utranque partem, sive sint promissiones, sive comminationes. Ideo
30 semper contrarium videtur carni verum esse.

Maledicitur Ham a Patre, sed tenet maximam partem orbis terrarum et constituit amplissima regna. Contra Sem et Iapheth benedicuntur, sed si hos cum Ham conferas, vere mendici sunt cum posteritate sua.

Ubi igitur manet veritas huius vaticinii? Respondeo: vaticinium hoc
35 et alia omnia, sive promissiones sint, sive comminationes, sensu sunt incomprehensibilia ac fide tantum intelligibilia. Differt enim Deus tum poenas, tum praemia; Itaque perseverantia opus est. 'Qui enim perseveraverit usque Matth. 24,13 in finem, salvus erit': sicut Christus Matth. 24. dicit.

Et est piorum vita omnis tantum in fide et spe. Nam si sensum, si
40 res, si exempla Mundi sequaris, omnia sunt in contrarium. Maledicitur Ham, et tamen solus dominatur; Benedicuntur Sem et Iapheth, sed hi soli ferunt maledictiones, et varie affliguntur. Igitur quia Deus in longum tum

Cap. 9, 3 promittit, tum minatur, fide expectandum est. 'Etsi enim, ut Habacuc dicit, moram fecerit, tamen veniens veniet, et non tardabit'.

Magna igitur ira Spiritus sancti hoc in loco proponitur, cum de Ham dicit: 'Sit servorum servus', hoc est, infimus et vilissimus servus. Sed si Historiam inspicias, videbis eum dominari in Canaan, Abraham autem, Isaac, Iacob et alios posteros, qui benedictionem habent, tanquam servos inter Cananaeos habitare. Ac, quia Aegyptii Ham posteri sunt, quam miserabili servitute Israel ibi opprimitur?

Quomodo igitur verum est, quod Ham maledictus et Sem benedictus sit? Sic scilicet, quod expectanda fuit veritas promissionis et comminationis divinae. Fit autem dilatio haec ideo, ut et impii impleant mensuram suam, et Deus non possit argui, quasi non dederit spatium poenitentiae. Pii autem dum opprimuntur ab impiis, et vere servis serviunt, tentantur et exercentur in augmentum fidei et caritatis erga Deum, ut per multas vexationes et tribulationes erudiantur et sic eruditi consequantur tandem promissionem. Nam cum tempus impletum esset, non potuit tanta esse posteritatis Ham potentia, quin cogerentur, posteris Sem cedere. Tum igitur maledictio ab ipso Ham et tota eius posteritate tam longo tempore magnifice contempta et non credita, impleta est.

Non dissimilis ratio hodie nobiscum est. Habemus veram doctrinam et veros cultus. Itaque gloriari possumus, quod simus vera Ecclesia, habentes promissiones benedictionum spiritualium in Christo. Quia autem doctrinam nostram Papae ecclesia damnat, scimus eam non Christi, sed Satanae esse ecclesiam, et vere, sicut Ham, 'servum servorum'. Et tamen res ostendit, Papam dominari, Nos autem servos et peripsemata esse, ut 1. Cor. 4, 13 Paulus vocat.

Quid igitur faciemus miseri et oppressi nos? Nimirum consolamur interim animos nostros dominio spirituali, hoc est, quod scimus nos habere remissionem peccatorum et placatum Deum per Christum, donec etiam veniat corporalis liberatio in extremo die. Quanquam corporalis liberationis particulam etiam in hac vita aliquam sentimus. Dum enim tyranni pertinaciter se opponunt Euangelio, exciduntur radicitus de terra.

Sic post omnia Mundi regna etiam Romanum imperium periit, Verbum autem Domini et Ecclesia manet in aeternum. Sic Papae potentiam paulatim infringit Christus: ut autem penitus tollatur, et fiat servus servorum cum impio Ham, ad hanc rem fide et expectatione opus est. Interim exclusus est ex regno Dei, et possidet ad tempus regnum mundi. Sicut Papa ab ecclesia Dei exclusus est, et tenet ad tempus regnum corporale, sic tamen, ut tandem non maneat.

Hic est processus divini iuris, ut pii habeant regnum, sed in fide, contenti spirituali benedictione, quod habent propicium Deum et certam spem Regni coelorum. Interim relinquant impiis possessionem regnorum

Mundi, donec Deus etiam corporaliter eos dispergat, nos autem omnium haeredes constituat per Christum.

Porro haec Prophetia ostendit ipsum Noah insigniter a Spiritu sancto illuminatum esse, quod vidit primum, posteritatem suam mansuram in aeternum, Deinde: Ham generationem, etiamsi ad tempus esset dominatura, tamen perituram tandem, ac praecipue carituram benedictione spirituali.

Id autem sic intelligendum est, sicut supra de Cain posteris dixi. Non enim existimo in universum omnes damnatos, sed qui conversi ad fidem et salvati sunt, non ex certa promissione ipsis facta, sed vaga gratia (ut sic dicam)[1] salvati sunt. Sicut Gibeonitae et alii servati sunt, cum terram Canaan populus Israel occuparet. Sic Hiob, sic Naaman Syrus, sic Ninivitae, sic Sareptana vidua, sic alii ex gentibus, non ex promissione, sed ex vaga gratia sunt salvati.

Sed quae causa est, quod non dicit: Benedictus Sem, sed: 'benedictus Dominus Deus Sem'? Respondeo: Fit hoc propter excellentem benedictionem. Non enim loquitur hic de corporali benedictione, sed de benedictione futura per Semen promissum. Eam tantam videt esse, ut explicari verbis non possit. Ideo se vertit ad gratiarum actionem. Ac imitatus hunc ipsum locum videtur Zacharias, Lucae 1., cum in eodem argumento dicit: 'Benedictus Dominus Deus Israel'. _{Luc. 1, 68}

Ideo vertit benedictionem in modum gratiarum actionis in ipsum Deum. 'Deus, inquit, est benedictus, qui est Deus Sem', quasi dicat: Non est necesse, ut extendam benedictionem meam super Sem, quia iam ante benedictus est benedictione spirituali. Iam ante est Dei filius, et propagabitur ex eo Ecclesia, sicut ante Diluvium ex Seth propagata est. Nam mire significans est, quod Deum cum filio suo Sem ita coniungit et quasi desponsat.

Magna igitur lux in corde Noah fuerit necesse est, qui sic discernit inter filios: Ham cum posteritate sua reprobat, Sem autem ponit ad lineam Sanctorum et Ecclesiae, quod super eum benedictio spiritualis in Paradiso de Semine facta quietura sit. Ideo enim sanctus vir Deum benedicit et agit ei gratias.

Blande loquetur Deus cum Iapheth, et habitabit in tabernaculis Sem; Canaan autem erit servus horum. _{9, 27}

Mirabilis haec Prophetia est ob singularem verborum proprietatem. Sem non benedicit, sed Deum Sem, ut agat Deo gratias, quod Sem complexus sit et ornaverit spirituali promissione, seu benedictione de Semine mulieris. Cum autem ad Iapheth ventum est, non utitur ea phrasi, qua de Sem. Ad ostendendum nimirum mysterium, de quo Paulus agit, Rom. 11. _{Röm. 11, 11}

---

[1]) *Oben hatte er* fortuita misericordia *gesagt.*

Joh. 4, 22 et Christus, Iohannis 4., quod salus ex Iudaeis sit. Et tamen huius salutis
Gentes etiam fiunt participes. Quanquam enim solus Sem vera radix et
stirps sit, tamen in hanc stirpem inseruntur Gentes, ceu alienus surculus, ac
fiunt socii pinguedinis et succi, qui est in electa arbore.

Hanc lucem Noah per Spiritum sanctum videt, et quanquam obscure,
tamen admodum proprie praedicit regnum Christi ex stirpe Sem, et non
Iapheth, propagandum in Mundum.

Iudaei nugantur Iapheth esse vicinas gentes circa Ierusalem, quae
fuerunt admissae ad templum et cultus. Sed Noah non templum Hiero-
solymitanum, non tabernaculum Mosi admodum curavit; Maiores res com-   10
plectitur. Agit enim de tribus Patriarchis, qui repleturi erant orbem terrarum,
ac de Iapheth dicit, non quidem esse eum ex radice populi Dei, qui habeat
promissionem de Christo, et tamen vocandum per Euangelium in societatem
istius populi, qui habet Deum et promissiones.

Hic igitur Ecclesia gentium et Iudaeorum depicta est. Ham enim   15
reprobus est, nec admittitur ad benedictionem spiritualem de Semine, nisi in
quantum id fit per vagam gratiam. Iapheth autem, etsi promissionem de
Semine non habet sicut Sem, tamen spes ei fit, futurum, ut inseratur in
societatem Ecclesiae. Ad hunc modum nos Gentes, qui sumus filii Iapheth,
non quidem habemus promissionem nobis factam, et tamen includimur in   20
promissionem Iudaeis factam; praedestinati enim sumus ad consortium
Sanctorum populi Dei. Haec non propter Sem et Iapheth, sed magis propter
posteros eorum scripta sunt.

Videmus autem hic, quae sit causa, cur Iudaei sic superbiant et
glorientur. Vident enim, suum Patrem Sem solum habere promissionem   25
benedictionis aeternae, quae est per Christum. Sed postea in eo falluntur,
quod putant promissionem contingere ex successione carnali, et non potius
Röm. 9, 6 ex fide, sicut Paulus hunc locum egregie tractat in Romanis, quod filii
Abrahae non sint, qui secundum carnem ex Abraham nati sunt, sed qui
Gal. 3, 7 credunt, sicut Abraham credidit.   30

Idem occulte hic indicat Moses, cum diserte dicit: 'Benedictus Dominus
Deus Sem', significat enim benedictionem non esse, nisi ubi est Deus Sem.
Igitur neque Iudaeus huius promissionis erit particeps, nisi habeat Deum
Sem, hoc est, nisi credat. Neque Iapheth erit particeps promissionis, nisi
habitet in tabernaculis Sem, hoc est, nisi eiusdem fidei sit sotius.   35

Est igitur insignis promissio haec, quae pertinet usque ad finem Mundi.
Sicut autem eam diximus tantum contingere habentibus Deum Sem, seu
credentibus, Ita maledictio quoque tantum ad eos pertinet, qui manent in
impietate Ham. Quia enim non Noah, seu homo, ex sua autoritate et sensu,
sed ex spiritu Dei haec loquitur, non tantum de maledictione temporali,   40
sed spirituali et aeterna loquitur. Ac intelligenda est maledictio non solum
coram mundo, sed magis coram Deo.

Sicut etiam supra diximus de maledictione Cain. Nam si rem spectes, habuit Cain benedictionem corporalem maiorem, quam Seth. Ita enim Deus Ecclesiam vult in hoc mundo esse, ut videatur translata in eam maledictio impiorum; Contra ut impii videantur esse benedicti. Itaque primus Cain 5 aedificat civitatem Hanoch, cum Seth habitaret in tabernaculis.

Sic Ham aedificavit civitatem et turrim Babel, ac late dominatus est: Cum e contra Sem et Iapheth egerent, viventes misere in tabernaculis. Ita eventus arguit promissiones et maledictiones divinas esse intelligendas non carnaliter de praesenti vita, sed spiritualiter. Pii enim etsi in mundo oppressi 10 sunt, tamen sunt certissimi haeredes et filii Dei. Contra Impii etsi ad tempus florent, tamen succiduntur tandem et arescunt; Sicut Psalmi saepe monent.

Est autem pene simile tum factum, tum fortuna Ham cum Cain. Cain occidit fratrem. Hoc factum satis arguit, nullam erga Parentem reverentiam fuisse in corde eius. Excommunicatur autem a Patre, discedit ab Ecclesia, 15 quae habebat verum Deum et veros cultus, et aedificat civitatem Hanoch ac occupatur totus civilibus curis. Ad hunc modum Ham peccat irreverentia in Patrem. Cum autem postea audit sententiam maledictionis, qua excluditur a promissione Seminis et Ecclesia, quia in persona sua non maledicitur, sed tantum in filio, securus discedit a Deo et Ecclesia, et vadit in Babylonem, 20 ac ibi aedificat Civitatem regiam.

Valde autem illustria sunt haec exempla, et Ecclesiae necessaria. Turca et Papa hodie sinunt nos gloriari de benedictione coelesti et perpetua, quod habemus Euangelii doctrinam et sumus Ecclesia. Sciunt praeterea nostrum de se iudicium, quod pro vero Antichristo tum Papam, tum Turcam habemus 25 ac damnamus. Sed quam secure hoc iudicium contemnunt, freti opibus et potentia, quam habent, Deinde etiam nostra tum imbecillitate, tum paucitate? Idem plane in Cain et Ham maledictis et excommunicatis videmus.

Erudiunt autem haec nos, ut discamus, non querendam esse Civitatem seu certum locum in hac corporali vita, sed in ista varietate casuum et 30 fortunae, quam haec vita habet, respiciendum esse ad spem aeternae vitae, promissam per Christum. Hic demum portus est, ad quem tanquam soliciti et diligentes nautae debemus in tanta tempestatum vi remis velisque contendere.

Quid enim est, si Turca totum orbem terrarum subiiciat suo imperio, quod tamen nunquam futurum est? Nam Micael opem feret populo sancto 35 seu Ecclesiae, secundum Danielem. Quid est, si Papa totius Mundi opes Dan. 10, 13 ad se transferat, id quod multis seculis iam summo studio egit? Num ideo effugient mortem, aut stabilem in hac vita sibi parabunt gradum? Quid igitur ista corporali benedictione eorum, imo quid nostra calamitate et periculis offendimur, siquidem eiecti sunt a consortio Sanctorum, nos autem 40 aeternis bonis per filium Dei fruemur?

---

27 maledictus et excommunicatus A

Si igitur Cain et Ham tanquam Maiores, et Papa cum Turca tanquam eorum posteri propter brevem et exiguam in hac vita fortunulam iudicium verae Ecclesiae possunt contemnere, Cur non nos vicissim ipsorum potentiam et iudicia contemnimus, qui certam aeternorum bonorum possessionem habemus? Nam Ham non movet illa Patris maledictio, indignatur 5 ei, et contemnit eum tanquam delyrum senem, Ipse autem abit, et se armat potentia mundi: Hanc pluris facit, quam si a Patre cum Sem benedictus esset.

Pertinet igitur Historia haec ad nos confirmandos, cum experimur hodie eadem. Pontifices et Episcopi egregie nos contemnunt. Quid, in- 10 quiunt, mendici Haeretici facerent? Inflantur enim opibus et potentia. Sed nos feramus insolentiam hanc impiorum aequo animo, sicut eam tum Noah tulit in filio, et consolemur nos spe ac fide benedictionis aeternae, qua scimus eos carere.

Supra dixi Spiritum sanctum sic commotum peccato Ham, ut ne 15 nominare quidem eum sustineret in maledictione. Ac verum est, sicut etiam poena ostendit, graviter peccasse Ham. Sed etiam haec causa non inepta est, ut supra quoque dixi, quod Noah, postquam vidit, divina voce vocatum et receptum Ham in Arcam, ac cum reliquis etiam conservatum, voluit ei parcere, cui pepercerat Deus in Diluvio. Ideo maledictionem, quam Ham 20 peccato suo meruerat, in filium eius Canaan transfert, quem Ham sine dubio voluit secum manere.

Iudaei aliam causam tradunt: Canaan filium primum vidisse, quod Noah avus iaceret nudus, ac nunciasse id patri, qui ipse quoque idem vidit; fuisse itaque Canaan huius peccati autorem patri. Sed quantum hoc valeat, 25 iudicet Lector.

Sed hic etiam grammatica questio agitanda est; certant enim Grammatici, Cur Interpretes omnes vertant: 'Dilatet Deus Iapheth', cum tamen Ebraea dictio non patiatur hanc translationem? Etsi magno consensu non solum Ebraei, sed Chaldaei quoque interpretes vocabulum *Iapheth* pro 'dilatare' 30 accipiunt. Habent autem nonnunquam magnam utilitatem huiusmodi grammaticae disputationes, et ostendunt proprietatem sententiae.

Quidam igitur deducunt Iapheth a verbo *Iapha*, quod significat pulchrum
Pf. 45, 3 esse, sicut Psal. 45.: *Iaphiapitha mibne Adam*, 'decorus fuisti prae filiis hominum'. Sed hi facile convinci possunt de errore. Nam vera origo eius 35 est *Pathah*, quod significat 'persuadere', benignis verbis decipere. Ut apud
2. Mose 22,15 Mosen Exo. 22. *Ve ki iephathch isch bethulah*, id est, Si quis blandis verbis
Jer. 20, 7 deceperit puellam, det ei dotem. Et apud Ierem. ca. 20. *Pithisani Iehova*
Spr. 1, 10 *va epath*, 'Seduxisti me, Domine, et seductus sum'. Proverb. 1. *Im iepatucha*, 'Si lactaverint te peccatores'. Sed non opus exemplis est pluribus, nam 40

---

38 Pithisani] *Luthers Aussprache von* פִּתִּיתַנִי

passim hoc vocabulum est obvium, nec mihi dubium est, quin ab eo graecum
πείθω sit factum. Idem enim prorsus significat.

Sed ad quaestionem. Cur verterunt omnes 'Dilatet Dominus Iapheth,
cum tamen sit non *Pathach*, quod dilatare significat seu aperire sed *Patha*?
5 Mihi non dubium est, quin absurditate Interpretes moti sint. Quia enim
haec promissio est, durum visum est statuere, quod dicat Noah: Decipiat
Dominus Iapheth; haec maledictionis, non benedictionis vox esse videtur.
Itaque mitiorem sententiam, quanquam contra grammaticam secuti sunt, et
quoniam parva differentia est inter *Pathach* et *Patha*, unum pro altero
10 acceperunt sic, ut ipsis videbatur, urgente circumstantia, quod haec promissio est.

Sed non opus est, ut ad hunc modum depravemus textum, et vim
faciamus grammaticae, praesertim cum aptissimam sententiam verbum *Pasah*
ostendat. Est enim μέσον, sicut apud nos suadere, ac potest in bonam et
15 malam partem accipi. Non igitur contumeliosum Deo est, si hoc verbum
ei applices: Sicut illustre exemplum est Oseae 2., ubi Dominus sic dicit:
'Ideo ecce ego *mepatheha*, 'persuadebo' seu blandiciis alliciam eam, et traham Sof. 2, 14
in desertum, et loquar ad cor eius': Lactabo eam, suaviter cum ea loquar, et
ita quasi decipiam eam, ut mihi assentiatur, se mecum coniungat Ecclesia etc.
20 Ad hunc modum hoc quoque in loco recte accipitur pro 'lactare', persuadere, amicis verbis et blandis inducere. Lactet, persuadeat ac decipiat
persuasionibus Deus Iapheth, ut ipse Iapheth quoque secundum nomen suum,
persuasus, amanter invitatus et deceptus quoque sit.

Sed inquies: Quae haec sententia erit? aut cur decipiendus, cur per-
25 suadendus Iapheth est, ac a Deo quidem? Respondeo: Noah in hac prophetia arripit occasionem ex nominibus. Agit Deo gratias, quod Sem sic
collocavit, ut stet ceu firma radix, ex qua nascatur Christus. Nam verbum
Som significat 'ponere', collocare, constituere.

De Iapheth autem orat, ut sit verus Iapheth. Quia enim erat maxi-
30 mus natu, ad quem ordinarie pertinebat ius primogeniturae, rogat, ut
Dominus eum amanter persuadeat: Primum, ne invideat fratri honorem, et
impacientius ferat hanc praerogativam sibi ademptam, et translatam in
fratrem. Deinde, quia hoc tantum ad ipsam personam Iapheth pertinet, involvit totam eius posteritatem, ut, quanquam promissio soli Sem facta est,
35 Deus tamen ab ea posteritatem Iapheth non excludat, sed ei amanter
loquatur per Euangelium, ut ipsa quoque fiat *Iapheth* et persuadeatur voce
Euangelii. Haec divina et ex Spiritu sancto persuasio est, non carnis, non
mundi, non Satanae, sed sancta et vivificans.

Hac phrasi Paulus utitur, cum dicit Gal. 1. 'Iam enim Deum suadeo, Gal. 1, 10
40 an hominem?' Et 3. 'Quis fascinavit vos τῇ ἀληθείᾳ μὴ πείθεσθαι', quod Gal. 3, 1

---

13 Pasah] Luthers Aussprache von חספ   40 πείθεσθε A (Text des Erasmus)

non acquiescitis veritati, quod, quae vera sunt, non patimini vobis persuaderi?

Ad hunc modum Iapheth significat, quem nos Proverbio simplicem vocamus, qui facile credit, facile sibi persuaderi aliquid sinit, non est contentiosus, non pertinax, sed captivat sensum suum Domino, et acquiescit verbo eius, manet Discipulus, non vult esse Magister in verbis et factis Dei.

Suavissimum igitur votum hic proponitur, ut Deus persuadeat Iapheth, hoc est, ut blande cum eo loquatur, ut, quanquam non loquitur ad eum ex promissione, sicut cum Sem, tamen ex gratia et divina bonitate cum eo loquatur.

Pertinet autem hoc votum Noah ad invulgationem Euangelii per totum orbem terrarum. Sem est ceu stirps: Nam ex eius posteritate seu linea natus est Christus. Ecclesia enim Iudaeorum est, qui habuerunt Patriarchas, Prophetas, Reges. Et tamen Deus ostendit hic ipsi Noah, quod etiam miserae Gentes habitaturae sint in tabernaculis Sem, hoc est, venturi ad societatem bonorum, quae Filius Dei attulit in hunc mundum, remissionem scilicet peccatorum, Spiritum sanctum et vitam aeternam. Vaticinatur enim clare, quod etiam Iapheth secundum nomen suum audiat blandum sermonem Euangelii, ut, quanquam non habeat nomen, quod Sem, qui 'positus est', ut sit stirps, ex qua nasciturus sit Christus, tamen habeat suadelam, hoc est, Euangelium.

Paulus igitur fuit, per quem Prophetia haec impleta est. Nam fere solus generationem Iapheth doctrina Euangelii instituit. Sicut dicit Ro. 15.

Röm. 15, 19 'A Ierusalem per circuitum usque ad Illyricum replevi Euangelium Christi'. Nam tota Asia fere, exceptis orientalibus populis, cum Europa pertinet ad posteritatem Iapheth. Gentes igitur non acceperunt, sicut Iudaei, regnum et sacerdotium a Deo, non legem, non promissionem: tantum acceperunt ex Dei misericordia illam blandam Euangelii vocem, seu suadelam, quam ipsum nomen Iapheth ostendit.

Hanc proprietatem Interpretes non viderunt, quos Deus ad hunc modum errare passus est, et tamen non longe discesserunt a sententia vera. Nam verbum *Hirhib*, quod dilatare significat, Ebraica phrasi significat 'consolari'. Sicut in antithesi etiam in latina lingua angustiae significant dolores, Pf. 4, 2 pericula, calamitatem. Sic Psal. 4. est *Bezar hirhabtha* 'In angustia fecisti mihi dilatationem'. Vera autem et unica seu dilatatio, seu consolatio est verbum Euangelii.

Ita conveniunt sententiae, si commode Interpreteris. Sed prima sententia de persuasione vera et propria est, ac insignem lucem affert, quod nos Gentes, etsi promissio ad nos non est facta, tamen divina providentia sumus vocati ad Euangelium. Promissio enim tantum ad Sem pertinet; Sed Röm. 11, 17 Iapheth habet suadelam, et sicut Paulus dicit, 'tanquam oleaster inseritur in oleam, et fit socius nativae pinguedinis seu succi oleae'. Nam in Scriptura sancta concordant priora cum novissimis, et quod temporibus Noah promisit Deus, hoc nunc ipsa re facit.

Ham significat calentem et ferventem. Id nomen puto ei inditum a Patre propter insignem spem, quam de minimo natu conceperat, quasi reliqui duo frigeant ad hunc collati. Sicut Heua magnos triumphos agit, cum Cain nascitur: Eum enim putat reparaturum quidquid incommodi accidisset. 1. Mose 4, 1 Sed primus est, qui generi humano novo modo nocet, siquidem fratrem occidit.

Ad hunc modum Deus suo incomprehensibili consilio mutat etiam sanctorum Hominum consilia. Ham enim, quem natum Pater divinabat insigni zelo prae reliquis fratribus ad iuvandam Ecclesiam inflammatum iri, postquam adolevit, est quidem fervens et calidus, sed in diversum: Incenditur enim contra Parentem et Deum, sicut factum eius ostendit. Fatale igitur nomen gerit, quanquam Pater, cum id ei poneret, non eo modo intellexit.

Haec est Prophetia Noah de suis filiis, qui orbem terrarum repleverunt. Quod igitur ex Dei misericordia Germaniae illuxit verbum Euangelii, id beneficio huius prophetiae de Iapheth fit; Itaque hodie impletur, quod Noah tum praedixit. Etsi enim non sumus de semine Abrahae, tamen habitamus in tabernaculis Sem, et fruimur promissionibus de Christo impletis.

Vixit autem Noah post Diluvium trecentis quinquaginta annis; 9, 28. 29 Et impleti sunt omnes dies eius nongentorum quinquaginta annorum, et mortuus est.

Historia ostendit Noah mortuum quinquagesimo octavo anno post natum Abraham. Itaque tam bono et praeclaro Magistro usus Abraham usque in quinquagesimum annum potuit aliquid in religione proficere. Ac non dubium est, quin Noah Spiritu sancto plenus hunc Nepotem singulari studio et amore complexus sit, tanquam unicum haeredem promissionum Sem.

Floruit autem eo tempore posteritas Ham, quae propagavit idolatriam in orientales regiones. Hanc vidit Abraham, sed non sine scandalo; Servatus tamen est per Noah, quem ipse pene solus admiratus est, tanquam reliquias primi Mundi. Reliqui obliti irae, quae in Diluvio grassata erat, pium Senem etiam riserunt, praesertim autem posteritas Ham inflata opibus et potentia. Haec etiam insultavit Patri Noah, et successu dementata tanquam delyri Senis somnium derisit maledictionem de servitute.

Caput decimum Genesis.

10,1 Hae sunt generationes filiorum Noah: Sem, Ham et Iapheth.
Natique sunt illis Filii post Diluvium.

Etsi hoc decimum caput in speciem sterile, et nullius usus esse videtur,
ac nos post tot Regnorum et Populorum mutationes nati, non habemus,   5
quod de singulis, qui hic numerantur, dicamus, Tamen non decet, ut silentio
id praetereamus.

Primum igitur est, quod Moses in hoc capite orbem terrarum post
Diluvium dividit in tres partes, iuxta tres filios Noah. Quanquam autem
nostrae quoque literae in tres partes orbem dividunt, Asiam, Europam et   10
Africam, tamen Moses ab hac divisione variat. Nam ad Europam etiam eam
partem adiicit, quam dicimus Asiam cum aquilone, quae usque ad mare
mediterraneum, qua Palestinam attingit, progreditur. Eam partem aquilonarem
una cum tota Europa tribuit filiis Iapheth, qui, sicut numero plures sunt,
ita etiam ampliorem locum occuparunt.   15

Alteram partem orbis terrarum facit hanc, quam vocamus Africam,
quae complectitur Aethiopas quoque et pertingit usque ad Herculis columnas.

Tertiam partem tribuit Sem, Iudaeam scilicet; sed non eam solam.
Nam addit Persida et alios tum orientales, tum meridionales populos.

Generatio Iapheth.   20

10,2 Filii Iapheth: Gomer, et Magog, et Madai, et Iavan, et Thubal,
et Mesech, et Thiras.

Iapheth relinquit ex se septem Filios: ac reliquorum nomina retinuit
Scriptura sancta, solius Thirae nomen intercidit nec usquam in Scriptura
invenitur.   25

Gomer est primus filius, hunc Hieronymus putat esse Galatarum patrem.
Sed mihi ea pars minor videtur, quam ut huic Patriarchae competat. Et
constat Galatas esse Germanos, sicut dicunt, quod adhuc hodie germanica
lingua, hoc est, Saxonum idiomate utantur.

Hes. 38, 6 Ex Ezechiele certum est, quod sint aquilonares populi. Itaque iudico   30
esse eas gentes, quae habitant ad bosphorum Cimmerium. Nam vocabulorum
vicinitas non leve argumentum est. Quanquam autem populi, qui hodie
ea loca habitant, inquilini et non αὐτόχϑονες, hoc est, non indigenae sint,
tamen de loco ideo non potest dubitari. Et usitatus est literarum g. et s.
vel c. symbolismus, sicut Italorum et Belgarum pronunciatio probat. Puto   35

---

6 numerantur] munerantur A   21 Iaban, et Tubual A

igitur Gomer habitasse cum posteris Cimmerium bosphorum, Maeotiu et vicina loca ad septentrionem.

Magog qui sit, puto certum esse. Ezechiel capite 38. nominat Gog Eſ. 38, 2 et Magog. Significat autem *Gog* 'tectum'. Itaque Gog habentur pro Scythis, 5 qui non vivunt in aedibus, sicut nos, sed tantum sub tabernaculis seu tentoriis.

Sicut etiam hoc nomine Turci gloriantur, quod non magnifice aedificant, sicut nos, qui ornamus Civitates magnificis aedificiis et extruimus Arces tanquam perpetuo victuri. Hanc nostram sive curam, sive ambitionem 10 rident Turci, et sanctimoniae partem putant, habitare non splendide. Itaque et vineas vastant, et aedificia splendida demoliuntur. Similem vitae rationem sequuntur Aquilonares populi, quos Tartaros vocamus; hi enim etiam tabernacularii, seu, ut Ebraei vocant, *Magog* sunt una cum Scythis et aliis gentibus.

Madai noti sunt. Non enim dubium est, quin, sicut nomen etiam 15 arguit, sint Medi, quanquam certior ratio sumitur ex Historiis sacris, quae Darium Madai vocant; hunc autem Medum fuisse etiam gentium historiae testantur.

Iavan hauddubie est Ianus, unde locus Ianiculum. Etsi autem quibusdam videtur Iones ab hoc dictos, tamen certum est Italiam quoque 20 quondam fuisse usam graeca lingua. Unde maritima loca appellata sunt magna Graecia, et Pythagoram ibi docuisse historiae probant. Nihil igitur prohibet, quin Iavan statuamus cum posteritate sua minorem Asiam, et omnem a Cylicum sinu oram maris mediterranei usque ad extima Hispaniae tenuisse. Ideo diserte post de eius filiis dicit, Divisas ab his insulas maris; 25 Nam mare mediterraneum multas Insulas habet. Ante Troiana tempora quae Italiae ratio fuerit, ignoratur, itaque crebris mutationibus iactata ea loca puto.

Thubal Hieronymus putat esse Hispanos. Sed mihi videtur ad Tartaros pertinere: fit eius mencio apud Ezechielem quoque, 38.　　　Eſ. 38, 3

Mesech putat Hieronymus Cappadocas esse. Sed ex Psalmo apparet 30 esse Armeniam maiorem, ubi Gorgiani et Caspii sunt. Dicit enim Psalmus Pſ. 120, 5 se habitare cum habitantibus Kedar et Mesech. De Kedar autem certum est esse eam Arabiam petream, quae postea Moabitas, Edomeos et Ammonitas habuit. Horum aquilonare latus Mesech est. Ego libenter dicerem ratione nominis motus, esse Moscomos, ac fieri potest, ut ex Armenia in ea 35 loca, quae nunc tenent, migraverint; Sicut saepe populi migrarunt in alia loca, quae pulsis colonis occuparunt.

Thyras qui sint, ignoratur. Nam hoc nomen Scriptura nusquam repetit. Hieronymus Thraces esse putat, ac vocabulum aliquomodo alludit.

Haec est posteritas Patris nostri Iapheth, quem etiam Poëtae norunt 40 et Iapetum appellant. Ex hoc sunt propagati omnes populi aquilonares,

---

34 Moscovios?

Medi, Scythae, Tartari, Cimmerii, Poloni, Vandali, Dani, Germani, Graeci, Itali, Galli, Hispani. Toties autem mutatae linguae argumento sunt, saepe mutatos habitatores esse.

10, 3   Porro filii Gomer: Ascenas, et Riphath, et Thogarma.

     Ascenas magno consensu Iudaei dicunt esse Germanos. Quanquam 5 autem hoc ex sacris literis probari non possit, tamen, quia nihil habemus Jer. 51, 27 aliud, libenter admittimus. Meminit huius etiam Ieremias capite 51., quanquam nostra translatio non habet proprium nomen, sed appellative reddidit. Eusebius Gotthos esse dicit; Sed hos Germanos fuisse certum est.

     Descendimus igitur nos Germani per totam lineam a Primogenitis 10 Iapheth. Quamvis autem haec non sit gloria coram Deo, tamen significatur, aliquod fore Regnum huius Ascenas, siquidem primogenitus est. Deinde obscure etiam hoc indicatur, futurum, ut veniat ad cognitionem Euangelii; utrunque enim Primogeniturae privilegium est. Haec non obscura significatio est, quod Deus hanc nationem misericorditer respexerit, et singulariter voluerit 15 honorare. Sicut etiam Historiae testantur Germanicam nationem semper laudatissimam esse habitam.

     De Riphath, sicut de Thiras, nihil extat amplius in sacris literis. Nec gentilium literae aliquid habent, nisi quod Ripheorum meminerunt et montium eodem nomine, in quibus fabulantur Gryphes aurum colligere. Sed de 20 montibus fabulosa esse nemo dubitat.

     Quare hoc unum statuimus, fuisse hos quoque aquilonares populos, sed deletos aut oppressos per Tartaros, sic enim solet Deus peccata Regnorum Amos 9, 8 punire. Sicut in Amos dicit: 'Ecce, oculi domini Dei super regnum peccans, et delebo illud a facie terrae'. Et in Daniele 2. cap.: 'Qui transfert 25 Dan. 2, 21 regna et constituit'. Manent igitur utcunque regnorum nomina, sed habitatores delentur et pereunt propter peccata. Sic Turca devoravit Graeciam, Gotthi Hispanos, et tamen manent nomina vetera. Hic cursus rerum in Mundo est, sunt autem haec scripta pro honore scripturae sanctae.

Ezech. 27, 14   Thogarma quis sit, nemo novit. Meminit eius Ezech. cap. 27. et 30 recenset inter populos aquilonares. Mihi videtur ad Tartaros pertinere. Quidam divinant Phryges esse, et querunt affinitatem nominis in Tygrane; sed quantam haec valeant, penes Lectorem sit.

10, 4. 5 Filii autem Iavan: Elisa et Tharsis, Kitthim et Dodanim. Ab his divisae sunt Insulae gentium, in regionibus suis, unusquis- 35 que secundum linguam suam et familias in nationibus suis.

Ezech. 27, 7   Elisa Hieronymus Aeoles esse censet; sed opinor fuisse ampliorem ditionem: meminit Ezech. 27.

     Tharsis Cyliciam dicunt, in qua civitas Tharsus, Pauli Patria, neque ego repugno.

40

Kitthim in Scriptura sancta sunt celebres, ac fere redditur pro Italia. Sed meo iudicio proprie Graecia est, cum vicinis littoribus Italiae et Galliae. Meminit huius Bileam, Num. 24. ʻVenient naves ex Kitthimʼ. Item Zacharias, cum praedicit vastationem Tyri et Asdod per Alexandrum futuram.

4. Mose 24, 24
Sef. 23, 1

5 Ac Macedonia nomen habet a Kitthim. Nam litera *M.* apud Ebraeos praepositiva si cum *Kittim* componatur, facit *Makittim,* quam nos Macedoniam appellamus. Sed inquies: Cur Graecia a Macedonia haberet nomen, quae ignobilis Graeciae reliquae pars est? Respondeo: haec ignobilis pars Monarcham totius orbis terrarum protulit. Recte igitur celebratur tanquam

10 caput Graeciae, siquidem totius orbis caput est.

Dodanim interiisse puto. Nam si ab hoc dicti sunt Dodonei, Iovis templo celebres, nimirum hic ceu unus parvus ramulus de toto Imperio relictus est, sicut Roma hodie quantula particula est amplissimae monarchiae, quae fuit?

Hi igitur filii Iavan fuerunt maximi Reges, et sine dubio ab Avo Iapheth recte instituti in religione ac sanctissimi Viri, praesertim usque ad illud tempus, quo populus Iudaeorum certa lege a reliquis gentibus discretus est.

Quod autem dicit, divisas ab his insulas maris, significat eos fuisse

20 peritos navigationis, quam sine dubio didicerunt sumpto exemplo ab Arca. Quia autem stabilivit Deus regnum eorum, existimo retinuisse eos cultus veros a Patribus acceptos et usurpatos in Ecclesia. Nam impiorum et Idolatrarum regna non constituit Deus, sed evertit. Quod Plinius[1] dicit quasdam insulas emersisse ex mari, id an verum sit, nescio; Mihi videtur

25 verisimilius esse, quod ab hominibus navigandi peritis sunt inventae et habitatae, Sicut hic Moses indicat.

Haec est posteritas Iapheth, in qua sine dubio sanctissimi Patres fuerunt, qui suam posteritatem et · spiritualiter et corporaliter recte gubernarunt erectis Altaribus in iis locis, in quibus habitarunt. Quia enim lex

30 de cultu in certo loco nondum erat posita, liberum erat ubique sacrificare, sicut hodie ubique orare liberum est.

Sed paulatim degeneravit posteritas in Idolatriam et ceperunt adorare solem, stellas etc. Haec ipsa idolatria a vera invocatione sine dubio sumpsit originem, Sicut semper ex vera pietate nascitur superstitio. Nam pii Parentes

35 docuerunt Filios orare oriente sole et gratias agere pro tam pulchro lumine, quo non solum illustrantur, sed aluntur quoque omnia; sed posteritas in idolatriam haec vertit. Sicut Chaldaei postea adorarunt ignem, sicut Turcae usurparunt Circumcisionem, Et nos ab Apostolorum doctrina deflectentes incidimus in detestandam Idolomaniam, quam impia Pontificum turba propter

---

3 Zacharias *A*] Iesaias *Erl. Ausg.*

[1] *Plinii hist. nat. 4, 23.*

questum uberem in Ecclesiam invexit. Semper enim fidem piorum stulta imitatio impiorum secuta est, quae omnis calamitatis in Ecclesia fons et origio fuit.

Sed Maiores fuerunt magni et praestantes viri, inter quos Ascenas noster singularis Heros fuit, pietate insignis et manu quoque promptus. Ac 5 Germania hodie praeter alias dotes, quas habet insignes, etiam luce verbi clara fruitur, quod summum donum est, ac beati sunt, qui eo sancte utuntur.

Singulariter autem notat Moses linguas et familias horum distributas fuisse in certa loca, ostendens, hoc modo constituta imperia. Hoc sine dubio 10 ab ipso Patre Noah factum est, qui hunc in Asiam, illum in Graeciam alium in Italiam navigare iussit, et ibi respublicas et Ecclesias instituere. Ac obedientes Filii et Nepotes senserunt benedictionem Domini. Itaque haec exempla nobis proponuntur insignis obedientiae erga parentem Noah, et diligentiae singularis in constituendis Ecclesiis et regnis, Deinde etiam 15 concordiae verae, qua et Ecclesiae et respublicae floruerunt, donec sceleratus Ham orbem terrarum perturbavit, sicut in sequenti capite audiemus.

Utile autem esset, quoniam Historiae hae interciderunt, scire etymologias istorum nominum. Non enim incertam rationem sanctos Patres secutos esse iudico, Spiritu sancto plenos, et praevidentes futuros tum in Ecclesia, tum 20 rebuspublicis eventus. Ac supra aliquoties indicavimus similia exempla; Ubi aut temporum, aut negotiorum rationem nomina ostendunt. Sed quoniam interciderunt Historiae, etsi etymologias possemus scrutari, tamen divinandum esset de ratione etymologiarum.

Gomer significat finientem, seu finem, seu consummationem. Itaque 25 singularis quaedam isto tempore calamitas incidisse videtur, ut putarent iam actum esse de Ecclesia. Sed frustra cogitamus de ignotis; itaque hanc curam ociosis committimus.

Generatio Ham.

10, 6   Filii autem Ham: Chus, et Misraim, et Phut, et Canaan.   30

Profecto mirum est, quod prius posteritas impii Ham recensetur, quam Matth. 19,30 benedicti Sem. Sed fit hoc fortasse secundum dictum Christi in Euangelio, quod in regno Dei novissimi fiunt primi. Ad hunc modum, sicut hic Ham ponitur inter Iapheth et Sem medius, Ita videmus impios in medio Ecclesiae quasi seminatos, optimum et praestantissimum locum obtinere.   35

Ad hoc accedit, quod non contenta Ham posteritas sorte sua est, sed invadit etiam generationem Sem et Iapheth. Nam occupavit non solum orientales et aquilonares aliquas partes, sed etiam meridionales. Nam Chus sunt Aethiopes, quos hodie vocamus; tenent non solum mediterranea Austri, sed etiam maritima. Mizraim Aegyptum esse non dubium est.   40

De Phut nihil certi extat. Itaque hunc quoque propter peccatum cito periisse puto. Commentarii scribunt esse Libyos seu Aphros, hoc est, Aphricam, qua attingit mediterraneum, Numidiam, Mauritaniam et Cyrenaicam. Ac in Numidia dicunt esse flumen nomine Phut.

Canaan est omnium celeberrimus, quod occupavit illud Regnum, quod postea filiis Israel est traditum. Vide autem, quae verae Ecclesiae in hoc mundo fortuna sit. Ham a patre Noah maledicitur, contra Sem et Iapheth benedicuntur. Sed an non eventus contrarii sunt? Nam Canaan, filius Ham, optimam et praestantissimam portionem terrae possidet, Nam in terra Canaan paradisum fuisse credo, et solus ille locus est, in quo postea Deus voluit Ecclesiam et populum suum esse. Has orbis delitias dum Ham cum sua posteritate possidet, Ecclesia interim affligitur et eget, Et tamen non perpetua est impiorum fortuna; ad extremum enim Canaan misere vastatur, populus autem Dei triumphat.

Nomen Canaan fatale est, significat enim mercatorem; Ac semper in mundo emporia fuere celeberrima. Itaque Tyrus et Sidon huic toti Regno nomen dedere, in quibus mercatores habitarunt. Nec sunt alia emporia, quae in sacris literis magis celebrantur. Et gentilium quoque historiae ostendunt per totum orbem has urbes fuisse celeberrimas. Nam Carthago colonia earum fuit, et Ezechiel appellat Tyrum fortitudinem maris, seu Hef. 26, 17 Dominam.

Ham igitur excepta Arabia, sinu Persico et Indico, totum latus meridionale tenuit, praestantissimam partem orbis terrarum. Ubi igitur maledictio mansit? Haec dilata, non ablata est, ut implerent mensuram suam impii, et magis redderentur securi. Contra Ecclesia subiicitur afflictionibus, ut tanto firmius retinere aeterna bona et veram benedictionem possit.

Filii autem Chus: Seba, Hevila et Sabtha, et Rama, et Sabtecha. 10, 7

Hi quinque Aethiopis filii occuparunt Arabiam felicem, sinum Persicum et sinum Indicum, ubi Hevila est, Gen. 2. Seba dicunt adhuc esse celebrem 1. Mose 2, 11 Aethiopum urbem.

Filii Rama: Scheba et Dedan.

Rama seu Raëma est pater Arabiae felicis: eius filius Scheba tenuit ditissimam meridiei regionem, quae prae coeteris terrae partibus in Historiis maxime celebratur. Quid multa? Sem et Iapheth steriles arenas sortiuntur, palustria et inhospita loca, Ham autem tenet reliquias Paradisi, ubi nihil quam aromata, aurum, gemmae nascuntur.

Accidit autem hoc certo Dei consilio, qui impiis omnium rerum largitur copiam, sicut etiam avare eam querunt et apponunt cor ad tale studium. Igitur non sinit Deus ipsorum conatus frustra esse. Interim filii Dei esuriunt, sitiunt, algent, suspenduntur, comburuntur. Cur hoc? Nimirum ut intelligamus nobis alias opes in verbo promitti, et per filium Dei partas esse; has cum impii negligant, occupantur corporalibus, quae affluunt eis, siquidem tanto studio eas querunt.

Sic Romanum Imperium incredibili potentia Deus cumulavit. Turcae hodie mirabili successu fines suos amplificant. Hoc Dei consilio offenduntur 5 infirmi Filii; itaque aegre ferunt, cum impios florere vident, qui Deum et homines rident, se autem in luctu esse, et calamitatibus tantum non opprimi. Sed Deus sic solet ab initio mundi, sicut Patriarcharum primorum exempla testantur. Cain homicida primus aedificat civitatem, Ham optimam terrae partem sortitur. 10

Quid igitur mirum, si hodie quoque Turca et Pontifices sint felices? Psi. 92, 8 Omnibus enim seculis ita in mundo compertum est, quod impii florent 'sicut Psi. 73, 13 foenum terrae'. Contra pii flagellantur quotidie, Sicut egregie Psalmus 73. concionatur. Sed, dum sic florent, vere ponuntur in lubrico, ut praecipitentur ad interitum. 15

Luf. 16, 21 Grave fuit Lazaro intueri in tantis doloribus divitem affluentem omnium rerum copia; Sed spectaculum, quod post mortem in inferno Dives ille ex- hibet, an non miserrimum est? Non igitur offendamur ista impiorum felici- tate: Aperiamus oculos spiritus, et cogitemus, frui eos transituris et fallacibus bonis in hoc mundo. Nos autem, qui affligimur, et in timore Dei vivimus, 20 habemus spem aeterni Regni, ubi e contra impii aeternis subiicientur poenis.

Nimrod.

10, 8 Porro Chus genuit Nimrod: ipse coepit esse potens in terra, et erat robustus Venator coram Domino. Ab hoc exivit proverbium: Quasi Nimrod robustus venator coram Domino. 25

Nimrod non numeratur inter reliquos filios Chus, quod forte ex scorto natus est. Huius historiam Moses diligenter explicat et celebrat eum prae omnibus Noah posteris. Sicut enim de filio Cain, Hanoch, ante Diluvium commemoravit, cum primum fuisse, qui affectaret Imperium et aedificaret Civitatem, quam suo nomine voluit appellari, et quam eo loco sitam puto, 30 qua post diluvium Babel (Nam, sicut etiam ethnicorum Historiae testantur, pulcherrima eius loci planicies fuit): Ita post Diluvium primus Nimrod quesivit orbis terrarum Imperium, nec contentus meridionali parte, extendit manus ad Orientem, qui ad Sem spectabat. Igitur Moses diligentius eius historiam explicat, ut quasi eminentiore in loco magis conspicuus esset ad 35 terrorem impiorum, et consolationem piorum.

Nomen fatale est. Nimrod enim dicitur a *Marad*, quod significat apostatare et rebellare: Sive quod invaserit bello fratres, et maxime piorum

---

30 et quam] ego quae *A*

familias, ut amplificaret fines suos, Sive quod Natio haec tum ceperit
desciscere a Filiis Sem et religione eorum, ac quesierit sibi singulare
Imperium supra omnes filios Noah.

Ideo Moses addit: 'Ipse cepit potens esse in terra', Non iussu divino
nec voluntate patrum Sem et Arphachsad, sed per tyrannidem. Non autem
sine caede et sanguine putabimus haec gesta esse. Hic igitur primus sive
Turca sive Papa fuit in terra post Diluvium. Fuit enim eius manus contra
omnes tum Ecclesias, tum Politias, donec per tyrannidem sibi paravit Imperium, quod tamen non ad ipsum sed ad Sem pertinebat, sicut etiam sacerdo-
10 tium. Sed filium Diaboli oportuit patris similem esse, Satan enim homicida est. Joh. 8, 44

Porro potentem in terra esse, non est per se malum; licuit enim ei
suo loco regnare, ac tenuit sine dubio optimam partem terrae, Sed non
contentus suis finibus invadit vicinos.

Et quod pessimum est, non vult tantum esse fortis Venator in terris,
15 sed etiam coram Domino, hoc est, non tantum in Politia voluit esse potens,
sed etiam Regnum tenere voluit in religione, eam invadit, et in ea tyrannidem
exercet, sicut Papa hodie. Hanc tyrannidem qui habet, non sicut venatores
sectatur lepores, cervos, apros, sed insidiatur iustis, sanctis, Prophetis et
sacerdotibus Dei, hos venatur, capit et occidit, qui cari Deo sunt, qui fidem
20 habent, in quibus Deus ipse per Spiritum suum habitat.

Nam quis de illo dubitabit, quin sancti Patres habuerint semper coetus
suos et conventicula sua, ubi docerent Iuventutem, ubi concionarentur, orarent, prophetarent, laudarent Deum? Non enim Ecclesia sine verbi assiduo
usu existere potest, et semper habuit Ecclesia Sacramenta sua seu symbola
25 gratiae, et ceremonias. Sic Habel et Cain ad sacrificia a Patre assuefacti,
qui tum cultus Dei erat, sacrificabant. Ad hunc modum Sem conventicula,
conciones, cultus, sacrificia et alias ceremonias habuit, quae usque ad Abraham
durarunt.

Haec, quae Sem administrabat a Deo iussus, invadit Venator hic, et
30 non contentus tyrannide in Republica, etiam in Ecclesia vult dominari, Erigit
novos cultus, eos qui coram Deo sunt, opprimit. Nam Moses diserte
distinguit duos conspectus, alterum coram Deo, alterum coram hominibus.
Quod igitur coram Deo bonum et iustum est, id mundus semper iudicat
malum et iniustum.

35 Sic Nimrod in suis oculis et coram toto Mundo habitus est, quod
coram Deo sit fortis Venator, hoc est, est habitus pro Sacerdote summo,
pro capite Ecclesiae, et omnino talis, qualem se hodie Papa vult haberi.
Nam oculi carnis Papatum non possunt iudicare, quod malus sit. Qui autem
Spiritum sanctum habent et verbum retinent, hi iudicare possunt. Sicut
40 autem Papae hoc nostrum iudicium intolerabile est, vult esse caput Ecclesiae.
Ita Nimrod quoque hunc titulum ferro et vi sibi vendicavit, quod voluit
coram Deo esse fortis venator, hoc est, Dominus in Ecclesia.

Ad hunc modum pingit Scriptura tyrannum, qui non tantum aliena Regna, sed religionem quoque invadit, idque pulcherrima specie, ut nemini subolescat, hoc agi, ut coram Deo venator sit, seu, ut in Ecclesia dominium querat, Sicut Papa fecit, qui se servorum servum appellavit.

Hac specie Nimrod quoque texit consilia sua, ut haberetur pius, 5 clemens, reipublicae utilis et Ecclesiae necessarius, alioqui non erat habiturus tantum applausum vulgi. Sed vere Nimrod est, apostata et tyrannus, vexator et direptor generis humani, ac postea persecutor et occisor sanctorum Hominum et verorum Sacerdotum, qui conati sunt ei titulum tam magnificum eripere et hominum saluti consulere. Nam Pii, qui verbum retinent, nec 10 possunt nec debent impiorum consilia et conatus dissimulare. Hoc cum faciunt, intentatur eis gladius et arma, et exercetur iniusta tyrannis in Ecclesiam.

Quod igitur Nimrod appellatur venator, hoc neutiquam intelliges de illa usitata Principum venatione, cui tamen quidam insano studio sic indulgent, ut etiam seriis negociis eam anteponant et malint strenui Venatores quam 15 sapientes Gubernatores aestimari. Sed ostendit Moses Nimrod homines, non feras venatum et persecutum, ac praecipue eos, qui Ecclesiam gubernabant doctrina.

Hic igitur Titulus addendus erat impiorum Principum titulis et pingendus in ipsorum insignibus, Sicut Moses facit, qui ab hoc dicit natum 20 Proverbium, Quasi dicat: hic postea generalis titulus fuit omnium Tyrannorum et Principum. Huius enim exemplum secuti non solum invaserunt Respublicas et Regna, ut augerent dignitatem et potentiam suam, sed etiam usurparunt ius in Ecclesiam. Sicut nostro tempore Moguntinus Episcopus, praeterquam quod expilavit Episcopatum suum, etiam Ecclesias perturbat, dum sanam 25 doctrinam excludit et cogit homines ad impios et idolatricos cultus.

Vocat autem Moses 'Robustum Venatorem', cui nemo resistere potuit. Habent enim cum apostasia et perfidia coniunctam potentiam Tyranni, qua muniti facile perficiunt quod volunt. Mihi non dubium est, quin Moses voluerit hac quasi pictura complecti Legendam omnium tyrannorum, qui 30 etiam posterioribus temporibus in Rempublicam et Ecclesiam erant grassaturi, quod vocat Nimrod potentem persecutorem sanctorum Dei et hostem verbi ac Ecclesiae. Quae sequuntur, pertinent ad descriptionem Regni, quod Nimrod sibi paravit.

10, 10 Fuit autem principium regni eius Babel, et Erech, et Acad, et 35 Calne in terra Sinear.

Vide, pessimus nebulo primo invadit populum Dei, et eam lineam, ex qua erat nasciturus Christus, Huic enim, sicut supra diximus, obvenit post

---

38 obvenit] obvenit A

Diluvium Iudaea cum orientalibus regionibus. Notum autem est, quod terra Sinear vocatur planicies, in qua postea aedificata est Babel, quae fuit principium regni Nimrod.

Exponitur autem fere hic locus ad hunc modum, quod una et eadem civitas Babylon fuerit divisa in quatuor partes, et earum nomina fuisse Babel, Erech, Acad et Calne. Nam Plinius[1] tanta dicit fuisse magnitudine, ut habuerit quadraginta sex Curias et plebes. Et Aristoteles[2] autor est, Babylonem non Civitatem, sed Provinciam fuisse, cinctam muro. Itaque nihil mirum, si tanta Civitas in quatuor principales seu partes, seu ordines distributa fuit. Sicut Roma, distributa fuit in Patritios seu senatum, Equites, Plebem et Colonos, Et Hebron ideo *kiriath Arba* vocatur, quod fuerit Tetrapolis.[3]

Ad hunc modum praesentem locum quidam exponunt, Sed movet me, cur hanc sententiam non sequar, quod video in Prophetis Calnen celebrari, quae postea Seleucia vocata est, in quam Seleucus transtulit emporium ad debilitandam et exhauriendam Babylonem. Absurdum autem fuerit somniare, quod Seleucia fuerit pars Babylonis, a qua longe fuit dissita. Itaque etsi de Erech et Acad, quid sint, nihil possim ostendere, tamen sententiam de Babel tetrapoli non sequor.

Et nobis satis est scire, quod Babylon aedificata sit a Nimrod, forte eo in loco, quo prius Cain aedificaverat civitatem Hanoch. Item, quod Babylonium regnum ceperit per Nimrod, id paulatim ea incrementa sumpsit, ut a Daniele numeretur prima Monarchia. Sicut autem regna sua quasi fata habent, quibus moriuntur, Ita Historiae sacrae ostendunt, regiam dignitatem translatam postea ad Niniven et Assyrios, quanquam inde quoque rursus ad Babylonios devoluta est.

Queritur autem hic, an Babel aedificata sit ante istam celebrem Turrim, quam excitaverunt filii Ham in terra Sinear? Ego etsi certi, quod dicam, nihil habeam, tamen sentio Nimrod fuisse autorem eius aedificii, ut sibi pararet aeternum nomen in Mundo et apud posteros. Postquam autem divinitus confusam et impeditam hanc aedificationem vidit, confusis linguis, tum demum cepit aedificare civitatem Babel. Atque hanc sententiam ut sequar, facit appellatio *Babel*. Hoc enim nomen ex eventu inditum Civitati esse res arguit.

Habemus ergo iam primum Regem et Imperatorem mundi, qui, etsi est hostis Ecclesiae et Dei, tamen totius Orientis imperium occupat.

---

[1] *Plinii hist. nat. 6, 26.* [2] *Arist. polit. 2, 2.* [3] *Vgl. Unsre Ausg. Bibel III, S. 189: Euripides de Athenis dicit eam esse Tetrapolin und Opera Exeg. Lat. Tom. V, 301:* Si etymologiam spectes, *kiriath Arba* idem est, quod civitas quatuor sive tetrapolis *und Vulg. Genes, 23, 2:* Arbee, quae est Hebron.

10, 11, 12 De terra illa egressus est Assur, et aedificavit Niniven, et Rehoboth-Ir, et Calah, Ressen quoque inter Niniven et Calah, haec est Civitas magna.

Postquam Babylonium regnum confirmatum est, succedentibus temporibus Assur inde egressus aedificavit ipse quoque civitatem Niniven, cuius etiam Gentium historiae meminerunt, ac translatum in eam est Imperium totius Orientis. Sed qua occasione et quibus temporibus Babylon vastata sit, nusquam extat.

Jona 3, 3 Faciunt autem Niniven quoque Tetrapolin, ac Ionae historia ostendit amplissimam fuisse Civitatem, cuius hodie Europa similem non habet. Quod si fuit tetrapolis, Ninive fuit ceu meditullium et optima pars Civitatis, in qua aula fuit. *Rehoboth* fuit negociatorum, *Ir* senatus, Calah autem colonorum. Ab his partibus Ressen fuit aliquantulum semota, in qua habitaverunt hortulani. Nihil enim habemus certi, coniecturas sequimur in tanta vetustate.

De Assur quoque disputatur, An is sit, qui numeratur in genealogia Sem, an vero alius? Ego quanquam certi nihil possum polliceri, tamen, si liceret divinare, ita existimarem Assur, filium Sem, de terra Babylonis egressum, sicut postea Abram exivit de terra Chaldaeorum, vocabatur Abraham divinitus, nec deserebat patriam sponte.

Assur autem improbitas et furor impiae generationis Ham exire coegit, quod non potuit ferre impios cultus et idolatriam posterorum Ham. Cessit igitur furori eorum et coniunxit se cum nostris Maioribus, cum posteritate Iapheth, ut his aliquanto esset vicinior, et aedificavit Niniven. Ideo Dominus Niniven dilexit, sicut apparet ex Ezechiele et Iona, ac ornavit eam, ut esset Hes. 31, 9 Monarchia, Ideo comparat eam Ezechiel formosissimae arbori et late patenti.

Tandem ad has reliquias Sem etiam Ionas missus est, ac conversa Ninive egit poenitentiam et agnovit Dominum ac servata est. Nec temere Jona 3, 3 est, quod Ionas eam appellat civitatem Dei magnam. Nam quod ideo Dei civitatem appellet, ut Iudaei somniant, quod magna fuerit, hoc valde ridiculum est. Quicquid enim Deus facit, magnum est, etsi id tantum ad unum hominem pertineat. Ideo potius Dei-civitas appellatur, quia habuit veram religionem, et divinitus conservata est, propter bonum virum Assur, qui impatiens Idolatriae deseruit priscam Babylonem, et migravit in aquilonares partes ad Iaphithas, atque ibi collegit Ecclesiolam.

Haec coniectura mihi prae aliis placet de hoc Assur, qui exivit e Babylone vitans scandalum idolatriae et cogitans de Ecclesia sanctae posteritati relinquenda, Nam cum historiae nihil de hac re doceant, praeter coniecturas nihil habemus.

1. Mose 10, 10 Quia autem, sicut supra de Babylone, ita hic quoque de Ninive dicit aedificatas cum ea alias tres civitates, Rehoboth, Ir et Calah, Nunc in eam cogitationem deflecto, quod Tetrapoles non fuerint unus aliquis locus muro 40

2 Calah] Calabh *A*

uno cinctus, sed quatuor Civitates in diversis locis, quae tamen ab uno Principe gubernatae sunt.

Sicut Silesia habet hexapoles, quae, licet nominibus et loco differant, tamen singulae habent nomen hexapolis[1], et agnoscunt eundem Dominum. Sic Calne quae Seleucia est, potest esse tetrapolis Babylonis. Apud nos Elvecii habent multas et potentes Civitates, sed unum omnium consilium est, Sicut Amphictionicum apud Graecos, fortasse ad hunc modum tetrapoles fuerunt in regno Babylonio et Assyrio.

Ac Assyrium magnifice commendatur in Scripturis, non solum propter politicam administrationem, sed magis propter religionem, et quod unius Ionae ad eos missi concionibus credidit. Habuit autem non tantum Regem et Monarcham, sed etiam alios ordines Principum, Sacerdotum etc. Hi si nostrorum Principum, Cardinalium, Episcoporum fuissent similes, non solum non admisissent Ionam, sed etiam occidissent. Ac pia posteritas Sem, etsi degeneraverat, tamen verbum amplexa in viam rediit, et Dominus eam recepit in gratiam.

Postea iterum degeneravit, sic enim solet, ex Angelis fiunt Diaboli, ex Ecclesia haeretici. Itaque vastata est, sicut minatur Esaias capite 36. forte Jes. 37, 22 sub Asserhaddon, filio Sanherib, dissidentibus inter se filiis post interfectum patrem, et monarchia Babylonem translata est, non ad illam veterem a Nimrod aedificatam, quae vastata est, sed ad novam Babylonem, cuius primus Monarcha Nebucad Nezar vastavit regnum Iuda.

At vero Mizraim genuit Ludim, Anamim, Leabim, Naphtuhim, 10, 13. 14 Pathrusim et Casluhim, de quibus egressi sunt Philistim et Caphthorim.

Haec quoque maxima ex parte nuda nomina sunt, et quasi cadavera seu Regionum seu populorum. Ludim putant Lydos esse, Leabim Libas. Pathrusim iudicantur esse qui Esaiae 11. vocantur Pathros, hodie fortasse Jes. 11, 11 sunt qui Africae partem colunt, aut sicut alii opinantur, Numidae et Mauritani, nam apud Esaiam cum Aegyptiis coniunguntur.

Quod Iudaei nugantur, Pathrusim et Casluhim commutasse uxores, et ex eo adulterio egressos, hoc est, natos Philistim et Caphthorim, ineptum est figmentum. Non enim de generatione, sed de migratione intelligendum est verbum egrediendi, quod Philistim et Caphthorim noluerint cohabitare Pathrusinis et Casluhimis. Fingunt autem haec Iudaei ad celebrandam suam gloriam, quanquam contra grammaticam, Egredi enim non significat ex adulterio nasci.

Habemus iam tres Plagas orbis terrarum, Aquilonem, Occidentem et Meridiem, restat Oriens.

---

[1] *Die Sechsstädte der Lausitz (Bautzen, Görlitz, Lauban, Löbau, Camenz, Zittau) gehörten damals nicht zu Schlesien, unterstanden wie dieses der Krone Böhmen.*

10, 15—20 Canaan autem genuit Zidon Primogenitum suum, et Heth, Item Iebusi, Emori, Girgosi, Hivi, Arki, Sini, Arvadi, Zemari et Hamathi. Hinc sunt propagatae familiae Cananaeorum, Fuit autem terminus Canaan, si venias a Sidone per Gerar usque ad Gazan, et si eas per Zodomam, Gomorram, Adama et Zeboim usque ad 5 Lasan. Hi sunt filii Ham cum cognationibus, linguis, terris et gentibus suis.

Zidon notus est. Hethitas, Iebuseos, Emoreos, Girgoseos, et fortasse alios quoque Moses vidit, Sed postea excisi sunt a populo Dei partim, partim a gentibus aliis ea loca occupantibus. Zemari nota est, Sicut Hemath quo- 10 que, quae est Antiochia.

Hic mihi ad superiora verte oculos atque animum. Canaan maledictus est ab avo Noah, Sed hic non solum superat liberorum multitudine, sed etiam praestantissimum in toto orbe terrarum locum occupat. Nam populi qui hic recitantur a Mose, reliquerunt eam portionem, quam pater Ham 15 occupaverat. Ei enim obvenerat meridionalis plaga, Haec autem portio obvenerat cum oriente pio Sem. Sed impiorum fortuna in hac vita semper melior est quam piorum, Itaque posteritas impii Ham, quae tamen maledicta erat, benedictam Sem posteritatem finibus suis pepulit, et occupavit Palestinam, Syriam et vicina loca usque ad Babylonem. 20

Haec argumento sunt: Non esse Hominem conditum ad hanc vitam, Nam cum impiis tam sit bene in hac vita, restat alia vita in qua affligentur. Sicut e contra pii in alia vita sentient afflictionum, quas hic sustinent, aeternam compensationem.

Mihi non dubium est terram Canaan fuisse delitias totius orbis ter- 25 rarum. Itaque facile illis accedo, qui eo in loco fuisse ante Diluvium paradisum putant. Nec peccat qui credit, eo ipso in loco, quo Christus mundo vitam sua morte restituit, fuisse arborem, quae Homini decepto per Serpentem exitium attulit.

Non tamen perpetua fuit Cananeorum felicitas, dederunt enim im- 30 pietatis poenas eiecti et excisi per populum Dei. Hunc enim triumphare tandem oportet, Quanquam manserunt quaedam impiorum reliquiae, Sicut in carne nostra, etiam cum iustificati sumus, reliquiae peccati manent, ne scilicet simus otiosi, sed habeamus exercitia pietatis.

Terminus a Zidone usque ad Gazam complectitur littus maris medi- 35 terranei, ornatum opulentissimis et pulcherrimis civitatibus. Zidon ad aquilonem, Gaza ad meridiem posita est. Non longe a Zidone Tyrus fuit nobilissimum totius Asiae emporium. Inde ad occidentem sunt Ptolemais, Cesaraea, Apollonia, Ioppe, Azotus etc. Sodoma fuit terminus ad Orientem. Lasam putant esse quam Romani appellarunt Cesaraeam Philippi in 40 tribu Dan.

Generatio Sem.

Ipsi Sem quoque nati sunt filii, Patri omnium filiorum Eber, 10, 21. 22 fratri Iapheth maioris. Filii Sem: Elam et Assur, Arphachsad, Lud et Aram.

5   Hic questionem movent, Cur Sem nominetur pater omnium filiorum Eber, cum tamen non sit filius Sem, sed pronepos ipsius Arphachsad, qui est tertius filius Sem? Ac Iudaei fere in eam sententiam disputant, quod hoc ideo fiat, quia ab hoc Eber populo Dei nomen sit inditum, ut vocentur Ebraei. Quanquam mallent hanc appellationem ab Abraham deduci, sed 10 mihi haec videtur verior sententia. Hic Eber fuit pater ipsius Peleg, cuius tempore, ut Moses postea commemorat, linguae ceptae sunt dividi, aedificante Nimrod et posteris Ham turrim Babylonicam.

     Dictum autem supra est, Assur egressum ex terra Sinear eam ob causam, quod consentire in idolatricos cultus a Nimrod institutos noluerit. 15 Itaque cum non posset inter Idolatras securus vivere, declinavit ad Aquilonem, ubi posteritas pii Iapheth erat.

     Ut igitur inter filios Sem esset differentia, Moses Sem Patrem omnium filiorum Eber vocat, ut sciretur ex posteritate Eber nasciturum Christum. Haec tanta dignitas est, ut reliquos, quanquam ipsi quoque dignitate praestent, 20 nolit censeri filios Sem prae hoc Eber, Christi parente.

     Elam Persae sunt, nobiles non tantum, quod Monarcham habuerunt, summum principem Cyrum, sed quod habuerunt cognitionem Dei et verae religionis, a Daniele ostensam.

     Arphachsadi nomen fortasse imitati sunt Graeci in nomine Arbaces, 25 quo is dictus fuit, qui Sardanapalum vicit.

     Assur sunt Assyrii.

     Lud putant Lydios, Sed supra Ludim in posteritate Canaan Lydii dicti sunt.

     Aram Syria est. Notum autem ex historiis est eam esse duplicem, 30 alteram Mesopotamiae, alteram Phoeniciae, Hinc et Armeniam dictam putant.

Filii Aram: Uz, Hul, Gether et Mas.   10, 23

Hi sunt ignoti nobis, Nisi Uz, ex cuius terra Iob fuit.   Hiob 1, 1

Porro Arphachsad genuit Selah, et Selah genuit Eber, Eber 10, 21. 25 quoque nati sunt duo filii, Nomen unius Peleg, Nam in diebus 35   eius divisa est terra, et nomen fratris eius Iaketan.

     Eber est quartus a Sem, Hic post Sem maxime celebratur, quod ipse quoque sit inter maiores Christi. Huius tempore accidit, ut Nimrod ex meridionali plaga irrueret in Orientem, et piam posteritatem inde eiiceret, Itaque boni Patriarchae mutarunt sedes, sicut de Assur supra diximus.

10, 26—30 Iaketan autem genuit Almodad, Saleph, Hazarmaveth, Iarah, Hadoram, Usal, Dikela, Obal, Abimael, Seba, Ophir, Hevila et Iobab, Omnes isti filii Iaketan. Fuit autem habitatio eorum a Mesa, si pergas ad Sephar, montem orientis.

10, 31. 32 Hi sunt filii Sem, secundum familias suas et linguas suas et   5 terras et gentes suas. Hae itaque sunt familiae filiorum Noah secundum generationes suas in populis suis, Et ab illis divisae sunt Gentes in terra post Diluvium.

Hi omnes sunt Indici populi, nobis ignoti, quod India plane ex omnibus totius terrae partibus nobis minime sit cognita, Alioqui fortasse similitudo 10 nominum quaedam patefaceret, quanquam illa quoque hac aetate mutantur a navigatoribus.

Mons Sephar forte est Ararat, seu Imaus. Haec nomina cum lego cogito de miseria humani generis. Etsi enim habemus praestantissimum donum Rationis, tamen sic calamitatibus obruimur, ut non solum originem 15 nostram et seriem Maiorum nostrorum, sed etiam ipsum conditorem Deum ignoremus. Inspice enim Historias omnes gentium, si solus Moses non esset, quam tu scires hominum originem?

Aristoteles, homo acutissimus, quem etsi cum Cicerone libenter confero, tamen ingenii laude superiorem fuisse existimo (Nam Ciceronis studia 20 reipublicae negociis non parum sunt impedita), Hic, cum de hominis origine cogitat, violentia quadam ab ipsa ratione eo impellitur, ut statuat nec primum, nec ultimum esse Hominem. Platonem non iudico de hac re serio disputasse, sed suorum temporum Philosophos voluisse ridere, igitur eius testimonio hic non utor.   25

Sed si Aristotelis sententiam, qui serio de his rebus cogitavit, sequaris, quae ibi sequentur absurda? Primum enim inevitabili consequentia sequetur, quod Anima sit mortalis.) Philosophia enim non solum nescit aliquod infinitum in potentia, sed simpliciter plura infinita dicit esse impossibilia, sicut vacuum et dimensionum penetrationem. In actu infinitum agnoscit, sicut 30 videmus transeuntes et venientes homines, tam longa annorum serie, quam Aristoteles putat esse potentia infinitam. Haec scilicet nostrae rationis est sapientia, ut nostram nesciamus originem, si absit verbum.

Sicut autem ingenio Aristotelem Ciceroni antepono, Ita Ciceronem video de his ipsis rebus disputasse multo prudentius. Cavet enim sibi ab 35 hoc loco de infinito, tanquam a periculoso scopulo, et arripit locum religionis, hoc est, transfert disputationem ad Creaturae considerationem, quae aliquo modo iudicari a ratione potest. Videt tam concordes superiorum motuum rationes, videt certas temporum vices, certas formas terra nascentium, videt Hominem ad id conditum, ut et intelligat haec et iis fruatur.   40

Itaque eo deflectit sententiam, ut statuat: et Deum esse aeternam mentem, cuius providentia omnia ista sic gubernantur, et Animam hominis esse immortalem. Et tamen etsi haec statuat, tamen ceu fluctibus quibusdam cogitationum obruitur, ut nonnunquam haec ipsa sententia tam firmiter
5 apprehensa, manibus quasi elabi videatur. Nam illa de infinito disputatio violentissima est, et locus religionis a ratione nobis iterum excutitur, cum videmus tam variis calamitatibus naturam hanc oppressam esse.

Huius nostrae miseriae, hoc est, horribilis coecitatis nos praesens locus admonet, qui nos docet de rebus toti mundo ignotis. Quid enim praeter
10 vocabula de potissima secundi Mundi parte habemus? De primo enim, qui ante Diluvium fuit, taceo. Graeci voluerunt conservatam suorum negociorum Historiam, sicut Romani quoque, Sed quantulum hoc est ad superiorum temporum rationem, de quibus hoc in loco Moses catalogum nominum texit, non rerum?

15 Existimes igitur hoc caput Genesis esse tanquam speculum, in quo cernitur, quid nos Homines simus, creatura scilicet per peccatum sic deformata, ut nostram originem, imo Deum ipsum, Conditorem nostrum, nesciremus, nisi verbum Dei has quasi scintillas luminis divini nobis ex longinquo ostenderet. Quid igitur est vanius, quam gloriari de sapientia, de opibus,
20 de potentia et aliis sic in totum evanescentibus rebus?

Merito igitur sacra Biblia magni facimus et ducimus summi thesauri loco. Hoc enim ipsum caput, etsi mortuis vocabulis iudicatur plenum, Tamen continet ceu filum a primo mundo usque ad medium et finem omnium rerum ductum. Ab Adam in Seth transfertur promissio de Christo, A Seth in
25 Noah, A Noah in Sem, et a Sem in hunc Eber, a quo Ebraea gens nomen accepit, tanquam haeres, cui promissio de Christo destinata est prae omnibus totius mundi populis. Hanc cognitionem nobis sacrae literae ostendunt. His qui carent, vivunt in errore, confusione et impietate infinita, Nam et seipsos ignorant, qui sint et unde sint.

Caput Undecimum Genesis.

Pertinet et hoc Caput ad exemplum eximium sanctissimi Patriarchae Noah et familiae eius, praesertim piae, ut videamus, quantum fidei et pietatis in sanctis Viris fuerit, praevalente et regnante mirabili malicia, invidia et tyrannide in filiis hominum.
35 Beata erat terra universa aliquandiu post Diluvium, Erat enim unus sermo omnium, quod non exiguum vinculum fuit concordiae, et ad religionis doctrinam conservandam imprimis erat utile. Nam recens memoria immensae irae Dei in Diluvio retinebat animos in timore Dei, et reverentia Maiorum.

Hanc beatitudinem primus Ham, Noah filius, turbat. Is tanquam oblitus tautae irae, primum autoritatem Patris contemnit, et ex eo ludos facit, quem revereri debebat, sicut supra audivimus. Deinde a Patre et fratribus piis discedit, ac sibi novum in terra regnum parat. Tandem ex filio maiore natu nascitur ei nepos Nimrod, qui, confirmata potentia per tyrannidem, piam posteritatem Noah varie affligit, et sibi regnum parat, solusque rerum potitur.

Sicut igitur, cum Adae duo filii nati essent, duplex ex iis populus oritur. Cain enim a patre discedit et instituit peculiarem Ecclesiam sine mandato Dei, contempta vera Ecclesia. Ita quoque hic fit in filiis Noah. Nam ex Ham originem ducit falsa et mendax ecclesia, tanquam ex fonte impietatis et maliciae. Hanc Historiam et quasi initia huius pestis grassantis in Ecclesiam, hoc in capite Moses explicat.

Porro hoc caput non clare ostendit, quale fuerit peccatum aedificantium turrim Babel, Itaque tum de ipsa aedificatione, seu turri, tum de peccato, aedificantium variae sunt opiniones, ac quanto quisque plus audaciae habet, tanto liberius de utroque pronunciat. Ac vulgus quoque non abstinuit a fingendis fabulis, Ita enim narrant, altitudinem fuisse novem miliarium, Cum autem linguae confunderentur, tertiam partem avulsam ventorum vi et tempestatibus, terram subsedisse, et nunc tantum extare tertiam partem. Altitudinem autem fuisse tantam, ut inde Angelorum in coelo canentium voces exaudirentur.

Sed stulta haec omittimus, Illud inquisitione dignius est, ut de peccato aedificantium cogitemus, quod ex textu non plane potest intelligi.

Lyra[1] in ea opinione est, ut statuat hanc aedificationem eo consilio a posteris Ham ceptam, ut tutum haberent locum, in quem se reciperent, si denuo Diluvio perdere mundum Dominus vellet. Sed hoc ut non credam, primum movet me manifesta promissio, quam Ham quoque audivit, non futurum, ut amplius Diluvio pereat tota terra. Deinde norat Ham, quindecim cubitis superasse diluvium altissimos montes totius orbis terrarum. Non itaque tam stultos fuisse existimo, ut cogitarent se tantae altitudinis molem excitare posse, quae a diluvio servaret.

Igitur in eo puto epitasin esse, quod dicunt: Age, aedificemus NOBIS civitatem et turrim. Haec enim vox significat animos securos et fidentes praesentibus rebus, non fidentes Deo, et contemnentes Ecclesiam, quae potentia et splendore omni caret.

Quod igitur de tuto loco contra Diluvii grassantis vim Lyra recitat, puto allegoricam fabulam esse, qua voluerunt Patres pingere homines egregie contemnentes Deum, et putantes aliquid praesidii esse in sua potentia contra

---

[1] *Lyra:* Timebant iterum diluvium, ideo auctore Nemroth voluerunt sibi construere turrem, in qua diluvium non timerent.

iram Dei. Nam de animo securo et non timente Deum licet quidvis fabulari, et tamen non satis poterit pingi impietas.

Nec mihi dubium est, quin haec ipsa Historia occasionem dederit fabulae de Gigantibus[1], capientibus consilium de Iove deturbando de coelo, et montes montibus imponentibus, Sicut Deucalionis[2] quoque fabula ex historia diluvii nata est. Nam sermonibus haec Patrum etiam inter gentes innotuerunt. Itaque hoc peccatum nihil aliud fuisse existimo, quam insignem securitatem et superbiam, coniunctam cum contemptu Dei. Ita enim solent impii, successu inflati, se in sinu Dei sedere putant, et magna confidentia quidvis audent.

Sicut autem peccatum Ham non tantum fuit ecclesiasticum peccatum, sed etiam politicum, Nam et Patrem sanctissimum risit et religionem ac doctrinam eius contempsit. Discedens enim a Patre, sicut supra audivimus, et politiam novam, et religionem novam instituit, Ita Nimrod, nepos eius, tum politice, tum ecclesiastice peccavit. Nam religionem veram non curavit, et exercuit etiam iniustam tyrannidem in Patrueles, quos ex patriis finibus eiecit. Nam dubium non est, quin hi, quos Moses dicit ad Orientem migrasse, fuerint Nimrod et alii Ham posteri, Ita enim initio huius capitis Moses clare ostendit. Haec igitur peccata etiam poenam suam habuerunt, de qua paulo post commemorabit Moses.

Itaque haec verba atrociter interpretanda sunt, quae ita simpliciter Moses posuit, quod se mutuo cohortantur ad aedificandam turrim et civitatem, Quasi dicat Moses, An non haec ingens superbia et magnus Dei, contemptus fuit, quod non consulto Deo, proprio consilio tantam rem ausi sunt? Piam posteritatem Sem pellunt suis sedibus, et de toto orbe subiugando cogitant, praecipue autem de opprimenda Ecclesia. Hoc igitur peccatum est horribilis lapsus ab Ecclesia, a verbo et ab ipsis Angelis Dei ad diabolum, et involvit non tantum peccata contra primam tabulam, sed etiam contra secundam.

Emphasis igitur in eo est, quod dicunt, 'aedificemus NOBIS civitatem et turrim', non Deo, non Ecclesiae Dei, sed ad opprimendam Ecclesiam. Item 'faciamus NOBIS nomen', Hi profecto non sunt de eo solliciti, ut Dei nomen sanctificetur, qui sui nominis amplificandi tanto studio tenentur, et sine dubio humiles casulas sanctorum Patrum et fratrum egregie contempserunt, siquidem tam sumptuose aedificant.

Nec otiosum est, quod dicunt, caput turris usque ad coelum debere pertingere. Non enim referendum hoc tantum est ad altitudinem, sed significant quoque locum cultus, ut intelligas Deum proxime hanc turrim habitare. Ita enim solet Satan, ornat se titulo divinitatis, et superstitionem vult haberi pro religione.

---

17 capitis] capite *A*

[1] *Vgl. Ovid, Metamorph. 1, 151. Fasti 5, 35.*   [2] *(Griechische Flutsage) vgl. Ovid, Metamorph. 1, 260 ff.*

Ecclesia nostro seculo capitaliores hostes non habet, quam Turcam et Pontificem. At uterque nomine Dei se venditat, et nihil non se hoc titulo obtinere posse putat. Interim nos audimus haeretici, semen Satanae, Apostatae, sediciosi.

Haec omnibus temporibus hoc modo gesta sunt, etiam illis primis temporibus ante Diluvium et post diluvium. Nam posteritas Ham hoc in loco talis pingitur, quod contempserit Ecclesiae humilitatem et pietatem, nec tantum aedificarit politico consilio Babylonem, sed speciem religionis addiderit, ut crederetur iste locus Coelo proximus et Deo gratissima sedes.

Verum igitur verbum est, quod omnis Apostata est persecutor sui ordinis. Nam quia Ham cum sua posteritate ab Ecclesia discessit, hoc egit postea, ut Ecclesiam premeret et se ac suos eveheret. Sic Satan postquam discessit a Deo et angelis seu coelesti Ecclesia, Deum et Ecclesiam immani odio prosequitur. Et ut hoc cum successu aliquo possit facere, se transformat 2. Kor. 11, 14 in Angelum lucis, et sibi divinitatem sumit. Ita hic in medio Babylonis se quasi Deum facit, et sibi Ecclesiam parat, ad veram Ecclesiam opprimendam.

Decet autem pios facere paria, ut postquam Satanae Ecclesiam deseruerunt, et ab ea apostatarunt, eam odisse quoque incipiant. Sic nos Dei gratia sumus sancti Apostatae, defecimus enim ab Antichristo et Satanae ecclesia, et coniunximus nos cum filio Dei et vera Ecclesia, cum hac nos stare et falsam ecclesiam oppugnare decet.

Apostasiae igitur peccatum hoc in loco Moses ostendit, quod posteri Ham, Nimrod et alii defecerunt a Deo et verbo, a Patribus et Ecclesia, non tantum, quod ad politicam societatem attinet, sed magis, quod attinet ad religionem et cultus, Ambulaverunt autem in adinventionibus et desideriis suis.

Nam per se peccatum non fuit excitare turrim, aedificare civitatem, Fecerunt enim eadem Sancti quoque, et Assur, quem omnino Sanctum fuisse puto, aedificavit Niniven, quod cum impiis hominibus non posset diutius habitare. Hoc autem peccatum est, quod ad istam aedificationem addunt suum nomen, quod contempto Noah et vera Ecclesia, de regno cogitant, quod statuunt se Deo proximos, quos exaudiat Deus, quibus successum addat, Ipsum autem Noah a Deo desertum et abiectum iudicant.

Est igitur in hac Historia depicta impietas, consilium, studium et cogitatio omnium impiorum, praecipue autem hypocritarum, qui soli sibi Sancti et Deo proximi videntur, ac regnare volunt in terra. Hoc peccatum si alio nomine appellare voles, vere est blasphemia nominis Dei, et violatio Sabbati, est foeda idolatria qua gloria Dei vivi mutatur in vitulum, hoc est, in idolum cordis. Haec peccata pariunt alia, odium scilicet verae Ecclesiae, persecutionem, tyrannidem, caedes, rapinas, stupra quoque et adulteria. Nam falsa ecclesia semper est persecutrix verae Ecclesiae, non

25 adinventionibus] adiuventionibus A

tantum spiritualiter per falsam doctrinam et impios cultus, sed etiam corporaliter, per gladium et tyrannidem.

Hoc peccatum dicit Moses secutam poenam, divisionem linguarum, quae levis poena fuisse apparet, Sed profecto horribilis est, si respicias ad gravissima incommoda, quae hanc linguarum divisionem sunt secuta. Nam primum linguae similitudo firmissimum vinculum est societatis humanae et concordiae. Nam hic quoque verum est, quod proverbio dicitur: 'similes similibus facile congregari'[1], Germanus libenter cum suae gentis homine colloquitur et conversatur. Ubi autem linguae diversae sunt, ibi non solum nulla commercia intercedunt, sed etiam in animis odium nascitur eius gentis, cuius tu linguam non intelligis. Sic Gallus odit et ·contemnit Germanos, Itali oderunt et contemnunt prae se omnes Nationes.

Apparet igitur ex ista linguarum divisione, dissociatos animos, mutatos mores, mutata ingenia et studia, ut vere eam appellare possis seminarium omnium malorum, Nam et Politiae et Oeconomiae turbationem excitavit.

Haec etsi gravissima incommoda sunt, nihil tamen ad hoc sunt, quod etiam Ecclesias turbavit haec linguarum divisio, et occasionem dedit in infinitum patentis idolatriae et superstitionis. Quis enim non videt ministerii rationem ista linguarum mutatione pene totam sublatam? Nam Eber, qui sine dubio primam et veram linguam retinuit, alios posthac non potuit docere, quorum linguam non norat, et a quibus non poterat intelligi.

Magnum igitur novi Testamenti beneficium et singulare miraculum est, quod Spiritus sanctus in die pentecostes per varietatem linguarum, omnium nationum homines, in unum corpus unius Christi capitis redegit. Christus Apg. 2. enim coagmentat et coniungit omnes in unam fidem per Euangelium, manentibus tamen diversis linguis, destruens maceriam, non tantum reconciliando nos per suam mortem Deo, et loquendo ad nos nova lingua, Sed etiam foris faciendo concordiam, ut quasi diversi greges, socientur sub uno Pastore et colligantur ad unum ovile. Hoc Christi beneficium est, quod cum sit commune omnibus, nihil offendit dissimilitudo, quae est in externa vita.

Huic igitur hoc donum feramus acceptum, quod gravissimam hanc poenam, quae fuit origo et seminarium omnium malorum et discordiarum, per Spiritum sanctum tulit e medio, et attulit ad nos sanctam concordiam, etiamsi linguae diversae maneant. Nam ubi mediator Christus non agnoscitur, ibi sicut linguarum, ita etiam animorum discordia et horribilis coccitas est. Igitur cum perlustramus omnes omnium gentium et temporum Historias, videmus varios bellorum motus, magnam morum, religionis et opinionum varietatem ex ista linguarum diversitate natam, Huic malo mederi Christus novo miraculo voluit.

---

7 concordiae] concordio A

[1] Vgl. Thiele, Sprichwörter Nr. 79.

Ego Italum non intelligo, nec Italus me, itaque naturalis quasi occasio irae et inimiciciae inter nos est. Sed si Christum utrique intelligimus, tanquam nostra membra nos invicem complectimur et exosculamur. Ubi autem Christus non est, ibi regnat adhuc hodie poena Babylonica, divisio linguarum, quae certam animorum divisionem parit, et turbat non tantum oeconomiam 5 et politiam, sed etiam religionem et Ecclesiam.

Monet autem tam horribilis poena, ut caveamus nobis, ne apostatemus a verbo, aut nos aliis anteponamus, tanquam meliores et sanctiores. Hoc enim quia posteritas Ham fecit, tam horribilis poena secuta est, quae haud scio an non plus mali dederit generi humano, quam ipsum Diluvium, Hoc 10 enim tantum unius temporis hominibus nocuit, Illud autem durat usque ad mundi finem. Quanquam Christus aliquam opem tulit nobis per Spiritum suum, Sed quantula ea pars est, quae verbum amplectitur et credit? Reliqua multitudo, sicut lingua, ita animis dissentit, et Satanae autori bellorum et discordiae, gratissimas praestat operas. 15

Tertio postquam de peccato aedificantium et poena diximus, non inutile est, si supputes tempora, quot scilicet anni sint inter Diluvium et natum Peleg, sub quo turris Babylonica aedificata et linguarum divisio facta est. Sunt autem circiter centum post diluvium, ac fuit iam Noah septingentorum annorum, Hunc viventem, gubernantem, docentem de tanta ira Dei con- 20 tempserunt cum tota sua Ecclesia et posteritate sanctissimorum Patrum homines impii, Ham et Nepotes eius obliti tam subito irae Dei tam horribilis. Haec an non putabimus macerasse pium Noah et suos, quod Nepotes eius talia, vidente, et frustra monente Patre moliuntur? Nunc igitur iterum pro delyro sene ridetur sanctus vir. 25

Nihil igitur tentationes, cruces, molestiae nostrae sunt cum his Patrum, tentationibus, crucibus et molestiis collatae. Etsi enim nos quoque videmus ingentia in mundo mala, tamen non diu ea videmus, atque ideo feliciores sumus, quod citius ex tam maligno seculo emigramus. Noah degeneres Nepotes vidit annis tercentum et quinquaginta, Hoc tempore quid putamus 30 eum calamitatum non vidisse? Hac parte calamitatis pius filius Sem patrem superat, hic enim quingentis annis post Diluvium vixit. O martyres dignos, in quos omnia secula intueantur, ut discamus eorum exemplo patientes esse.

Sic Petrus concionatur de iusto Lot, flagellatam eius animam, cum intueretur impia Sodomitarum facta. Et Simeon de Maria dicit, Gladium 35 penetraturum animam eius. Nam Sancti sine ingenti dolore animi mundi malignitatem intueri non possunt. Sed hae posteriorum cruces nihil sunt ad illos sanctos Patres, qui tantam mundi perversitatem ad quingentos annos et amplius videre coacti sunt. Patiamur igitur nos quoque ista tristia spectra et tela Satanae, quae infigit animis nostris, Non enim melior nostra 40 conditio esse debet quam sanctorum Patrum, quanquam ut dixi in eo melior est, quod breviore vitae curriculo utimur.

2. Petri 2, 7
Luc. 2, 35

Haec paucis praefari in hoc caput libuit, nunc etiam textum inspiciemus.

Erat universa terra unius labii, et eiusdem sermonis, Cum igitur 11,1.2 proficiscerentur ad Orientem, invenerunt planiciem in terra Sinear, ac ibi habitaverunt.

De vocabulo *Mikedem* supra diximus in secundo capite[1], Mea enim sententia est, Orientem dici eam regionem, quae versus orientem proxima est, respectu terrae Canaan, Sicut in libris regum filii orientis etiam vocantur Arabes.

Sinear notum nomen loci est ex capite decimo, Ita enim olim vocata est regio, quae post Babel seu Babylonia dici cepit.

Ac dixerunt unusquisque ad proximum suum, Age, paremus 11,3 lateres, et eos igni coquamus, Ac usi sunt latere pro lapidibus, et bitumine pro cemento.

Hoc clarum testimonium est, Civitatem Babel ac turrim extructas ex lateribus seu coctili lapide, Sicut Roma quoque latericia fuit. Ac iudico hanc novam aedificandi rationem tum fuisse, prioribus seculis incognitam, quo neque laterum coquendorum rationem norunt, nec bitumine ad conglutinandos lateres sunt usi.

Et dixerunt, age aedificemus nobis civitatem et turrim, cuius 11,4 culmen pertingat usque ad coelum, et celebremus nomen nostrum, antequam dissipemur in universam terram.

Quid hoc sibi vult? quis hoc verbum eis immisit in os, ut divinarent futuram dispersionem per totum orbem terrarum? Num sicut Caiphas Joh. 11, 49 f. vaticinantur, et loquuntur quae nesciunt? Nam hoc usitatum est, ut impii, sicut etiam Salomo alicubi testatur, sibi ipsis prophetent malum, et quae Spr. 10, 24 metuunt, eis accidant. Sicut Ezechiel quoque dicit capite 11. 'Gladium Hes. 11, 8 f. metuistis, et gladium inducam super vos, dicit Dominus Deus, et eiiciam vos de medio terrae'. E contra piorum spes quoque non vana est, sed quae sperant et credunt, certo eveniunt nec fallunt eos. Sed alia huius divinationis causa est, non est Caiphica Prophetia.

Ego hunc Canonem in talibus locis plerunque sequi soleo, Ut quemadmodum piorum verba et res gestae, non nisi ex Spiritu et affectu ipsorum intelligi possunt, Ita quoque statuam, impiorum verba et facta non posse intelligi, nisi teneamus sensum et affectum eius spiritus, qui eos impellit, Satanae scilicet, Is autem sensus et affectus semper talis est, ut adversetur tum ipsi Deo, tum Ecclesiae. Sicut e contra piorum tum dicta, tum facta ad

---

6 Mikedem] מִקֶּדֶם

[1] Siehe oben S. 66 f.

gloriam Dei, et Ecclesiae salutem spectant. Hunc scopum qui sequitur, falli
non potest ulla specie et hypocrisi, quam Satan semper in suis tum dictis,
tum factis captat. Recte enim definit, qui audit, quae cum verbo Dei non
conveniunt, si dicat ea a Satana profecta esse. Deinde hoc quoque recte
definit, si statuat, animo mentiendi et occidendi esse dicta.   5

Hunc Canonem in Papae dogmatibus iudicandis secutus sum, Quia
enim videbam, ea cum verbo Dei non convenire, statuebam, eius dogmata
ex Diabolo esse, comparata ad fallendum et occidendum, Nec passus sum
ab hac sententia me ulla specie abduci, qua totum mundum decepit sceleratus
Impostor. Cum igitur hic Canon, in iudicandis et interpretandis verbis et   10
factis Dei et Satanae, piorum et impiorum, non fallat, eum hic quoque recte
sequemur.

Invaserat posteritas Ham, Nimrod et alii Regionem, quae ipsi Sem,
haeredi promissionis de Christo, obvenerat. Et quia erant tyrannica ingenia,
aderat cupiditas non solum eiiciendi posteros Sem, sed etiam constituendae   15
novae tum Politiae, tum Ecclesiae. Quae igitur ceperunt contra veram
Ecclesiam, contra ipsum gubernatorem Ecclesiae Noah, et piam eius posteritatem, etsi literis tradita non sunt, tamen similitudine intelligi possunt, si
hodie nostrorum adversariorum facta consideremus diligentius. Nam idem
semper Satan est, qui impios contra veram Ecclesiam instigat.   20

Noah igitur et alii pii cum sic viderent se premi et institui novos
cultus, dialecticâ inductione facti sunt Prophetae, etsi Spiritu sancto quoque
monente de genere poenae certum scirent. Sic enim collegerunt, Adae non
impune fuit peccasse in Paradiso, et haeret adhuc in nobis omnibus eius
peccati poena, Cain etiam punitus est ob occisum Fratrem, et impiam de   25
Deo opinionem, donec tandem totum orbem terrarum Deus per Diluvium
perdidit. Profecto his quoque non impune erit tentasse tyrannidem, et
religionem tum perturbasse, tum corrupisse. Sed Diluvio Deus promisit
posthac se non usurum, statuerunt igitur, Spiritu sancto sic eos docente,
secuturam poenam, ut sicut coniungèbant operas·in vera Ecclesia opprimenda, 30
Ita vera Ecclesia servaretur, et ipsi dispergerentur in totum orbem terrarum.

Haec Prophetia, quia pertinebat ad piorum Ecclesiam confirmandam
et consolandam, non in angulis, sed publice ab ipso Noah et non uno in
loco, magno Spiritu, vulgata est. Itaque non potuit latere impiorum generationem, quae etsi secura has Spiritus sancti voces contemneret, tamen non   35
potuit eas prorsus contemnere. Sic enim impiis accidit, etsi sciunt, se
peccare et impendere peccati poenas, tamen securi perrumpunt, superante
malicia, timorem.

Ita hoc in loco ostendunt verba perturbatam conscientiam, et tamen
secure pergentem et contemnentem poenas, qualis Medeae apud Ovidium [1]   40

---

[1] *Ovid, Metamorph. 7, 20.*

fingitur, cum dicit, Video meliora proboque, deteriora sequor. Et nos hic
aliquando audivimus Carolostadium, cum Doctores promoveret, dicentem, se
scire, quod Doctores Theologiae creare esset peccatum, et tamen facere.
Hoc non leve peccatum est, indurari contra conscientiam, et in peccato quasi
5 gloriari volentes et scientes.

Habemus iam, quantum ad hunc praesentem locum attinet, impiorum
et Satanae affectum, ex eo facile de verbis iudicabimus. Non satis est impiae
posteritati ipsius Ham peccasse, dum pios e sedibus suis pellunt, Sed etiam
rident poenam, et ludos faciunt ex comminationibus, quas a parente Noah
10 audiunt. Sicut Papistae nostri etiam suaviter rident, cum minamur eis adventum Christi, Sic enim cogitant, Si eo usque differatur res, bene secum
actum iri. •

Ad hunc prorsus modum impii hic faciunt, Audiunt ex patre Noah
poenam dispersionis. Quid? inquiunt, Sumusne dispergendi? Dispergamur
15 igitur, sed prius aedificabimus Civitatem et turrim, ut extet memoria rerum
a nobis gestarum. Neque credunt prorsus dispersionem futuram, nec prorsus
securi sunt, tanquam non sit futura, et in contemptum piae Ecclesiae accin-
guntur ad novam aedificationem. Itaque sunt haec superbissima verba
Satanae et filiorum eius contra Deum.

20 Prorsus similem rem videmus a Papistis agi, Impossibile est, ut
Pontificum tyrannis longius possit durare, Roma enim sic omnis generis
sceleribus inquinata est, ut non possit esse peior, nisi fiat ipse infernus. Ad
haec accidit horribilis Idolomania, et inflammant Reges et Principes ad confirmandam impietatem, et veritatem opprimendam. In tantis peccatis, cum
25 metu poenarum, quarum nos quoque Prophetae sumus, carere non possint,
sumunt tamen quasi cornua, et, ut Propheta loquitur, ponunt aeneam frontem Jef. 48, 4
et simulant se nihil metuere, Ideo quoque nihil de impietate sua minuunt,
sed eam fortiter urgent et augent.

Ita semper impietas sui est similis, utrinque irridet Deum, dum sperat
30 et dum metuit. Hos enim duos affectus videmus in impiis mixtos, sicut
etiam in piis, et qui veram fidem habent mixti sunt. Etsi autem pii
plus timent, quam sperant, tamen superat tandem spes et fides. Contra
in impiis etsi quoque metuunt, superat tamen perfidia et malicia, quae
metum excutit, et securos reddit, ut neglecto periculo suo perrumpant.
35 Sed evenit tandem, quod metuunt, et spes eos fallit, Sicut videmus impiam posteritatem Ham miserabiliter dispersam esse, Noah autem cum suis
servatum.

Itaque tota haec Historia ad Ecclesiae consolationem referenda est,
quae etsi ab impiis varie vexatur, tamen triumphat tandem, impii autem
40 pereunt, et sunt Prophetae suarum calamitatum. Sicut Caiphas 'ne forte Joh. 11, 48
veniant Romani, et tollant gentem nostram'. Et in Hosea quoque est. Hosea 7, 12
'Castigabo eos, sicut audiverunt in Ecclesia sua', Oseae 7.

11,5 Descendit autem Dominus, ut videret Civitatem et turrim, quam aedificabant filii hominum.

Quod metuebant impii, et tamen superante malicia (ut diximus), secure contemnebant, id nunc evenit. Est igitur Theologicus hic locus, qui etiam ostendit tum piorum, tum impiorum affectus. Sic enim videmus ista 5 geri, dum peccator in actu est et fervet, non videt, non loquitur, non sentit Deum, Sic enim iudicat peccator Deum non videre, nec sentire, quae faciat.

Adam cum pomum ori admovet, non animadvertit ad verbum, Itaque si eius conscientiam introspiceres, non magis de Deo et verbo eius videres solicitum esse, quam si Deus esset res mortua et nihili. Sicut impiorum 10 Pf. 10, 11 cogitationes egregie pingit Psalmus 10., cum dicit. 'Dicit impius in corde suo, oblitus est Deus, abscondit faciem suam, ne unquam videat'. Sic enim Cain cogitat, cum fratrem invadit et iugulat, Deum dormitare nec inspicere, quae agat. Fit autem hoc ideo, quia Deus est longanimis, nec statim punit, quae poenam merebantur. 15

Ad hunc modum pii quoque iudicant Deum dormire et claudere oculos, dum clamant et gemunt pro liberatione. Deus autem liberationem Pf. 13, 2 differt, Inde illae voces crebrae in Psalmis sunt, 'Usque quo obliviscaris Pf. 44, 24 Pf. 10, 12 Domine'? 'Quare obdormis? Surge, evigila'. 'Leva manum tuam'. Ac pertinent ad Ecclesiae consolationem sententiae illae, in quibus Deus affirmat, 20 se videre opera hominum, nihil a suis oculis absconditum, se esse Deum qui nolit iniquitatem 2c.

Loquitur igitur Scriptura hic secundum affectum Dei, quo dissimulat peccata impiorum et piorum preces. Hunc affectum postea nos arripimus, et vere putamus Deum dormire dum aut non statim punit peccata, aut 25 preces non statim exaudit.

Sic descendere hic Deus dicitur, quasi prius non fuerit praesens, Nam dum ferveret iste impiorum contemptus, et Noah vaticinium rideretur, Deus abesse iudicabatur, et ignorare quae a filiis Ham tentarentur. Postquam autem completum peccatum est, descendit Deus, id est, tum demum sentitur 30 1. Mose 22, 12 adesse et irasci. Sic Genesis 22. est, 'Nunc cognovi quod timeas Dominum', quasi vero antea non nosset Abraham Deus.

Sic Papistae putant Deum mortuum, non videre, non audire, non esse praesentem, Secure igitur grassantur in Ecclesiam, et eam varie premunt, Pf. 73, 11 Dicunt enim (sicut in Psalmo 73. est) 'Quia fiat, ut istos cognoscat Deus', 35 quomodo curaret istos altissimus?

Haec enim peccati natura est, ut cubet ad tempus et quiescat, sicut supra in tertio capite diximus, dum fervet dies, hoc est, dum concupiscentia et peccatum regnat, et homo a Satana oppressus et absorptus est, verbum Dei non curat, sed negligit, Perinde ac si Deus dormiat, aut 40 prorsus nihil sit.

Sed sub vesperam post aestum diei incipit Dominus in Paradiso ambulare, et auditur vox eius, non amplius iucunda et suavis, sicut ante peccatum, sed horrenda, quam Adam sustinere non potest. Igitur se abdit inter arbores et cupit Deum neque auditum, nec visum, non tamen potest latere.

5 Finxerunt Poetae latratu cerberi terreri animas, Sed verus terror nascitur, cum Dei irati vox auditur, hoc est, cum sentitur conscientia. Tum enim Deus, qui antea nusquam erat, est ubique, et qui prius dormire videbatur, omnia audit et videt, et ira eius sicut ignis ardet, furit et occidit.

Hae sunt Scripturae sanctae phrases, quibus oportet assuefieri, 10 Descendit Deus, non re seu substantia, est enim ubique, Sed desinit dissimulare, desinit esse longanimis, et incipit revelare peccatum, punire et arguere. Homines igitur securi, qui antea longe eum iudicabant abesse, nunc praesentem esse vident, ac pavent.

Ad nos igitur terrendos haec pertinent, ut discamus peccatum cavere, 15 non enim perpetuo id dissimulabit Deus, sed sicut adventu suo tandem terruit et occidit Adam, Cain et totum orbem terrarum Diluvio, Ita nos quoque opprimet aliquando, nisi per poenitentiam eum anteverterimus.

Piis autem descensus Domini laetissimus et gratissimus est, ideo cum summis et assiduis votis exposcunt. Sed facit eos quoque saepe dubitare 20 caro, Nam Pontifex, Turca et alii hostes Ecclesiae sic videntur stabilivisse potentiam suam, ut deiici nulla vi posse videantur. Sed descendet Deus aliquando, et utrunque disperget. Nam Scriptura testatur contra nostram infirmitatem et impiorum securitatem, Deum tandem descendere, visitare, aperire oculos, aures, os. Hoc credunt pii, sed infirma fide, Impii autem 25 secure contemnunt.

Discamus igitur etiam hoc praesenti exemplo moniti, quanto Deus idolatriam et alia peccata diutius tolerat, et dissimulat longius, tanto postea intolerabilior eius ira revelatur. Itaque magni beneficii loco nobis esse debet, cum non ita diu sinit nostra peccata impune abire. Ideo hortatur Psalmus Pf. 30, 6 30 trigesimus, Ecclesiam ad gratiarum actionem, quod momentanea sit ira Domini, et quod vitam amet. 'Per vesperam, inquit, durat fletus, sed mane redit leticia', et Psalmus 89. 'Si dereliquerint filii eius legem meam, et in Pf. 89, 31. 33 iudiciis meis non ambulaverint, Visitabo virga peccatum corum, et verberibus delictum corum'. Haec est gratiae ira, cum poena festinat, et nos a peccato 35 revocat.

Sed cum Deus dissimulat peccatum, et quasi connivet, tum sequitur intolerabilis ira, quae fine caret. Talis fuit Diluvii, et haec, de qua Moses hoc loco commemorat. Sinit enim Deus, posteros Ham, etiam dum peccant felices esse, et tamdiu in peccatis sinit pergere, dum Civitatem et turrim 40 aedificant, Sed postea sequitur tanto maior calamitas.

---

32 meam] meum *A*

Itaque sentiamus Turcam et Papam, qui tam diu felices sunt, horribilissimum manere iudicium, quale a principio Mundi nemo sensit. Nullius enim impietatem et summas blasphemias tamdiu dissimulavit Deus, Vincet igitur poena eorum poenam Diluvii, dispersionis et Sodomorum, erit enim aeterna ira.   5

Dicit autem Moses non tantum descendere Deum, sed descendere, ut videret, Hoc quomodo intelligendum sit, diximus. Ita enim se hactenus gessit Deus, ac si non videret, et impii quoque certi erant Deum non animadvertere ista.

Insignem autem contemptum ostendit, quod vocat filios Adam, seu 10 hominum filios, illos Tyrannos, et superbos aedificatores. Facit autem hoc 1. Mose 6, 2 f. ea ratione, qua supra, ut differentiam faciat inter veram et falsam Ecclesiam, inter filios Dei et hominum. Nam hominum filios vocat, qui carent verbo, qui sunt perditi et deplorati Hypocritae. Hi, inquit, quid tentant? Aedificant Civitatem et turrim contra me et Ecclesiam meam, Profecto ridicula 15 res, cum sint hominum filii.

Pertinet igitur hoc quoque ad consolationem verae Ecclesiae, quod Deus non solum videt molimina, machinationes et consilia impiorum, qui adversantur Ecclesiae, sed etiam eos ridet, sicut Psalmus secundus loquitur: Psl. 2, 4 'Habitator coeli ridet, et Dominus subsannat eos'. Sed est Sardonius risus, 20 Psl. 2, 5 sequitur enim hunc risum furor, ira et dispersio. 'Loquetur aliquando, inquit David, in ira sua, et in furore suo conturbabit eos'.

Non igitur terreat nos, quod videmus Papam exemplo Nimrod extruere Arcem ad opprimendam Ecclesiam, dum Turcam et mundum contra nos incitat. Sine dubio ridet Dominus vana consilia, et ipsum quoque conturbabit. 25

Consolatur igitur Spiritus sanctus veram Ecclesiam, quae vexatur ab ecclesia Diaboli, ne putet se a Deo negligi, Videt, inquit Dominus, quae faciant impii, et nunc parat se ad descensum, ut ipsi quoque videant non latere Deum ipsorum consilia, qui securi omnes minas rident, et sentiunt potentiam suam non posse infringi, sed fallentur.   30

Utitur autem Deus non arietibus, quibus muros concutiat, non aliis machinis bellicis, tantum confundit labia. Haec profecto mirabilis ratio expugnandarum urbium, ut demoliendorum murorum est, Sed est omnium Lut. 11, 17 certissima et facillima. Sicut Christus in Euangelio quoque testatur. 'Omne regnum in se divisum desolabitur'. Si enim linguae non essent confusae, 35 etiam animorum consociatio mansisset, Nunc ruit Babylon, ruit Ninive, ruit Hierosolyma, ruit Roma, In summa, regna omnia ruunt ex confusione linguarum, quae parit animorum dissociationem.

---

26 vexatur] vexaretur *Erl. Ausg.*

Et dixit Dominus, Ecce populus est unus, et labium unum est 11, 6 omnibus eis, Ceperuntque hoc facere, nec desistent a cogitationibus suis, donec eas opere compleverint.

Verbum *Somam* notum est, significat enim ex certo proposito ali-
5 quid praesumere et cogitare sive bonum sit, sive malum. Ita hoc in loco est, constituerunt hoc facere, obfirmarunt animum, nec se ab instituto sinent abduci. Haec quasi querimonia Dei est, admirantis et dolentis de tanta hominum praesumtione, quod securi autoritatem Noah et pii Sem contemnebant, cum tanto suo malo.
10 Scribuntur autem haec ad consolationem nostram, Fides enim infirma est, et quantumvis patienti, crux est dura. Ideo sic fere cogitamus, cum videmus impiorum consilia et tot grassantia scandala, quod ruitura sit Ecclesia, et impietas occupatura omnia. Contra has cogitationes desperationis praesens locus valet, Quasi dicat Spiritus sanctus, Ne hoc solum
15 videas, quid homines cogitent, Praefracti, obstinati, superbi, securi sunt, Sed tu paulisper desere terram, et ascende cogitationibus tuis in coelum, et vide, quid Deus faciat, et quomodo affectus sit. Profecto non est ociosus, non dormit, sed cum dolore inspicit hanc hominum securitatem, et tam ei ista dolent quam vobis. Ne igitur dubitetis: veniet aliquando, et hos *Samsumim*
20 confundet. Sic enim vocant Ebraei homines obstinatos, qui obfirmarunt animum ad aliquid faciendum. Igitur haec verba Dei, singultus et gemitus piorum significant, qui terrentur et debilitantur ista impiorum obstinata sententia, quod certi sunt se, quae instituerunt, velle etiam invitis Diis perficere.
Videmus igitur sanctos Patres etiam laborasse illa tentatione imbecil-
25 litatis in fide, postquam viderunt tot scandala impiissimorum hominum blas-
phemantium Deum et verbum eius. Alioqui non sic trepidassent, non sic ingemuissent, Ut ad eorum consolationem Deus quoque coactus sit ostendere eis suum dolorem, natum ex ista impiorum praesumptione. Iam poena sequitur.

Age, descendamus et confundamus ibi labium eorum, ne quisquam 11, 7—9
30 sermonem proximi sui intelligat. Dispersit itaque eos Dominus ab illo loco in universam terram, et destiterunt extruere Civitatem, Et vocatum est ideo nomen loci Babel, quia ibi confudit Dominus labium universae terrae, et inde dispersit eos Dominus super faciem universae terrae.
35 Haec est descriptio horribilis poenae, ex qua bella, caedes et omnis generis mala per totum orbem terrarum nata sunt. Non enim existimandum est, quod haec poena desierit. Adhuc durat et praesertim Ecclesia sentit tam grave incommodum. Quoties enim accidit, ut ob unam non magni

---

4 Somam] מְזַ   *19* Samsumim] זַמְזֻמִּים

momenti caeremoniolam dissiderent Ecclesiae? Papa Victor[1] excommunicavit omnes orientis Ecclesias, quod ab occidentalibus differrent in celebratione diei Paschae. Nam orientales Ecclesiae retinebant diem, quem Iudaei adhuc hodie observant, Occidentales malebant uti libertate Christiana.

Similia in Politia accidunt, vere enim nulla Regnis et rebus publicis [5] nocentior pestis accidit, quam divisio. Nos Germani si coniunxissemus animos et studia, quid in nos potuisset, aut adhuc posset Turca? Nunc cum propter leviculos titulos inter nos dissidemus, paulatim carpit Germaniae vires, et unam Regionem occupat post aliam.

Sic nos quoque plectimur confusione linguarum, et a tempore aedificatae [10] Babel, omnia Regna hanc pestem senserunt. Verum enim est, quod Salustius[2] dicit, Concordia parvas res crescere, discordia autem maximas dilabi. Et Graeci non ineleganter fabulam Eridis commenti sunt, quae haud scio an non ex hac ipsa historia nata sit. Nam sermonibus sacrae historiae etiam Gentibus innotuerunt. Merebatur igitur proverbii locum, Babylonicum malum, [15] cum volumus significare discordiam nocentissimam rerum humanarum pestem, quae religionem, leges, bonos mores et quicquid haec vita boni habet, funditus evertit, Sicut exempla ante oculos sunt, in Ecclesia, in Politia et Oeconomia.

Quod Moses hic plurali numero utitur, cum unus Deus loquitur, [20] supra in primo capite diximus, quod sit certum testimonium de sacrosancta Trinitate, quod credimus unum Deum esse Patrem generantem, Filium genitum, et Spiritum sanctum procedentem ex Patre et Filio. Nec moramur cavillationes Iudaicas, qui nugantur Deum locutum cum Angelis. Non enim sumus ad Angelorum similitudinem conditi. Sed ipsi nobiscum sunt similitudo Dei. Quin sicut verba ostendunt, statuimus talem pluralitatem in Deo, [25] quae sit indivisae substantiae, et individuae unitatis. Non enim Angeli possunt confundere linguas, est hoc Creatoris opus, is solus, sicut unitatem linguae dedit, eam mutare et tollere potest, creatura hoc non potest. Assumere linguam hominum possunt Angeli, sicut exempla Scripturae plurima testantur, [30] Sed in homine eam nec creare, nec mutare possunt.

Retineamus igitur veram sententiam, quod Deus pater, Deus filius et Deus spiritus sanctus, hoc est, ipsa una divinitas hic loquitur ad se, et dicit, 'Descendamus', Igitur descensus ille est solius Dei opus, cuius Angeli non sunt participes, quo post peccatum admissum impios terret et conterit. [35]

Ad hunc modum Moses pluralitatem personarum in Deo ostendit, sed non explicavit, quanta et qualis esset, Reservabatur enim id gloriae novi

---

[1] *Papst Viktor 189—198. — 190/191 erfolgte durch Rundschreiben Viktors der Bruch Roms (der abendländischen Kirche) mit Kleinasien. Die römische Passahfeier am Sonntag nach dem 14. Nisan ohne Rücksicht auf das Datum setzt sich durch. Endgültig auf dem Konzil von Nicäa 325.* [2] *Sallust., Bellum Iugurth. 10.*

Testamenti, quod personas expresse notat. Quod sit in Deo Persona generans, Persona generata, et Persona spirata, ut sic dicam, quae a Patre et Filio procedit. Fuit igitur in veteri Testamento articulus hic de Trinitate inclusus in generalem fidem, in qua sancti Patres mortui et salvati sunt. Non igitur patiamur talia testimonia ab impiis et excecatis Iudaeis nobis eripi. Non enim tam aperta verba tanque proprie posita, depravanda, et ad absurdam sententiam detorquenda sunt.

Linea maiorum Christi a Diluvio usque ad Abram.

Hae sunt generationes Sem. Sem fuit centum annorum, et genuit 11, 10 Arphachsad, biennio post Diluvium.

Haec undecimi capitis ultima pars videtur esse parvi momenti, quod nihil continet, quam generationes Patrum, Sed revera necessaria narratio haec est, praesertim pro exemplo nostri temporis. Audimus enim post divisionem linguarum non solum Politias et Oeconomias, sed etiam Ecclesiam varie esse turbatam. Ne itaque putaremus, tantum licuisse Satanae, ut lumen verbi tanquam solem e mundo penitus tolleret, et Ecclesiam opprimeret, generatio sanctorum Patrum ideo proposita est, ut cerneremus Dei misericordia servatas reliquias, et Ecclesiam non esse funditus extinctam.

Sic post Seth fuerunt reliquiae Ecclesiae, Methusalah et Noah cum sua familia. Post Diluvium, cum subito impia Ham posteritas crevisset, et omnia impleret scandalis, Noah cum filio Sem et Nepotibus gubernavit Ecclesiam, Ut appareat articulum fidei nostrae verum esse, quod credimus, unam, sanctam et catholicam Ecclesiam omnibus seculis a principio mundi usque in finem mundi. Semper enim reservavit Deus sibi populum, qui retineret verbum, et in mundo tanquam custos esset religionis et sanae doctrinae, ne omnia degenerarent in impietatem, et noticia Dei nulla esset inter homines.

Igitur hic Patrum catalogus, docet nos de principali loco, quod Deus nunquam Ecclesiam penitus deseruerit, Etsi aliis temporibus copiosior, aliis tenuior fuerit. Sicut etiam doctrina aliis temporibus purior, aliis obscurior est. Hac spe nos quoque sustentemus in tanta mundi et adversariorum verbi malignitate. Sicut Christus quoque nos consolatur, futurum Matth. 24, 22 ut propter pios abbrevientur dies novissimi temporis, ut scilicet Ecclesia conservetur, et Antichristus non involvat omnia erroribus et mendaciis.

Hi igitur Nepotes Sem fuerunt haeredes promissionis de Christo, quos Deus conservatos et defensos voluit, ut exsisterent personae, apud quas inveniretur Ecclesia, seu verbum. Nam haec separari non possunt, ubi est

---

8 ad] ab *Erl. Ausg.*

Verbum, ibi est Ecclesia, ibi est Spiritus, ibi Christus, et omnia, Quantumvis impie reclamet Papa, et neget Ecclesiam esse, ubi ipse non sit caput.

Ac Patres habuerunt carnalem successionem, sicut etiam postea in lege carnalis successio erat in sacerdotio. Sed in novo Testamento nulla talis carnalis successio est. Non enim Christus genuit filios carnales, Igitur 5 Ecclesia loco et personis vaga tantum ibi est, ubi est verbum, Ubi verbum non est, etsi ibi sint tituli et officium, non tamen ibi est Ecclesia, quia neque Deus ibi est.

Porro sunt similia exempla etiam posteriorum temporum, quae testantur Deum singulari consilio, et pro ineffabili sua misericordia, non sic abiicere 10 genus humanum tempore furoris et irae suae, quin conservet, sicut Esaias Sei. 1, 8 f.
Sei. 10, 20 cap. 1. et 10. loquitur, reliquias Ecclesiae, Sic tempore Babylonicae captivitatis servati sunt Ieremias, Daniel et alii. Hos aluit et fovit promissionibus verbi, ut ipsi quoque Ecclesiam ad posteros transmitterent.

Sic Romanis temporibus, cum iniquitates impiae Synagogae completae 15 essent, reliquiae ceu seminarium servatae sunt, per quas etiam gentes ad Christi cognitionem venerunt. Ita Ecclesia semper conservata est divinitus in Mundo, per eum, qui Serpentis caput contrivit.

Post hanc consolationem, quam praesens catalogus nobis proponit, ex annorum supputatione iucundum est faciem Ecclesiae colligere, et videre, 20 qui eius gubernatores fuerint, et cum quibus vixerint.

Noah vixit post Diluvium annos tercentum et quinquaginta, Quis autem enumeraverit, quantum laborarit in arguendis impiis Nimrodicis, et quantum orarit in retinendis piis apud se, ne se cum impiis coniungerent? Non abiit unus dies, quo non contra scandala, et nascentes haereses 25 pugnaret bonus Senex. Itaque supra dixi, hos Patres inter Martyres habere primum locum, quod tanta certamina et tam longo tempore contra impios sustinuerunt.

Vidit autem Noah nepotes suos in generationem usque decimam. Nam mortuus est, cum Abraham esset annorum quinquaginta octo. Sem 30 autem vixit ultra Abraham annos triginta quinque. Itaque cum Isaac vixit annos centum et decem, et cum Iacob et Esau annos quinquaginta. Quam pulchra haec fuit Ecclesia? a tot Patribus tam longo tempore una viventibus gubernata? Sic Deus in tanta scandalorum multitudine haec lumina Ecclesiae voluit lucere, ne omnia degenerarent in idolatriam. 35

Sed inter omnes excellit pius Noah, qui priorem Mundum tam longo tempore viderat, et sperabat, posteritatem ex se natam, admonitam horribili exemplo Diluvii, mansuram in verbo et timore Dei. Sed bonus Pater fallitur, Nam vix centum annis post Diluvium transactis, Nimrod invadit piam generationem, pellit eam sedibus, Instituit novam Ecclesiam et cultus 40 novos, imitatus patris sui Ham exemplum, qui ex Patre non tam vino quam curis ebrio ludos facit.

Sic eadem Ecclesiae facies et fortuna est, ab initio mundi usque ad nos. Studemus quidem nos quoque occurrere et mederi scandalis. Sed haec exempla nos admonent, quod sicut Christus dicit, 'Necesse sit venire scan- Matth. 18,7 dala', et Paulus, 'Oportet inter vos haereses esse'. 1. Kor. 11,19

5 Igitur paremus nos ad pacientiam, et discamus ferre furias et ictus Satanae conantis Ecclesiam Christi lacerare, et suam ecclesiam stabilire. Non sumus meliores Patribus, Hi quoque multo sudore et labore vix hoc effecerunt, ut conservaretur verbum, et aliqui ex faucibus Satanae eriperentur. Nam et Abraham quoque Nimrodica ecclesia pene absorpserat, Sed est 10 revocatus voce Domini admonentis, ut impiam gentem desereret, et quaereret alias sedes. Hoc puto factum per ipsum Sem, Is enim quia erat gubernator Ecclesiae, et habebat promissionem de Christo, a nepotibus in magno honore est habitus, vere enim eius ministerium, Dei ministerium fuit, et quod ipse iussit, tanquam Dei vocem acceperunt nepotes.

15 Itaque cum scribitur Rebecca consuluisse Dominum, existimo, quod 1. Mose 25,22 ipsum Sem, quem Deus Ecclesiae praeesse voluit, consuluerit. Mortuus enim Sem est, cum Iacob et Esau essent quinquaginta annorum, Tum enim Deus loquitur, cum Sancti Spiritu sancto pleni loquuntur. Sub hoc tempus cepit Aegypti regnum, Nam Abraham, sicut historia ostendit, in Aegyptum 20 descendit.

Principalis igitur huius capitis locus est, ut videamus, quo loco Ecclesia illo tempore fuerit, et a quibus Patribus sit gubernata, qui denique Patres una vixerint.

Deinde admonet hoc caput, quod, postquam esus carnium homini 25 concessus est, homines facti sint imbecilliores, et ceperunt citius tum generare, tum etiam mori. Qui igitur ex pomo prius comesto, mortem voravimus, mortem acceleramus varietate ciborum et luxu. Nam si uteremur simplicibus cibis, sine condimentis exoticis quae gulam irritant, sine dubio longiore uteremur vita.

30 Me puero plaerique, etiam qui ex dicioribus erant, potabant aquam utebantur simplicissimis cibis et parabilibus, Quidam vix trigesimo anno ceperunt gustare vinum. Nunc pueri fere assuefiunt ad vina, eaque aut exotica, aut sublimata, quibus ieiuni utuntur, Quid igitur mirum est, si non dimidiant dies suos, et paucissimi quinquagesimum annum attingunt? Sicut 35 igitur pomum voratum mortem attulit, Ita nos quod de vita reliquum habemus, luxu et varietate ciborum amittimus.

Vixitque Sem, postquam genuit Arphachsad triginta quinque 11,11 annis, et genuit filios et filias.

Mirabitur fortasse Lector in hoc Catalogo, cur non addiderit Moses, 40 sicut in superiore, clausulam, ('Et mortuus est'). Sed facilis ratio est, Hac 1. Mose 5, clausula Moses supra ideo voluit uti, ut tanto illustrius et conspectius esset exemplum Resurrectionis et futurae Vitae, quod Deus primo Mundo in persona Henoch proposuit. Illud voluit Moses celebrare, ut etiam non attentus Lector, cum de reliquis omnibus legit, 'Et mortuus est', in uno Henoch resistat, de quo non dicitur, 'Mortuus est', sed 'tulit eum Dominus', ac cogitet, quo eum tulerit, ubi sit, quid agat? Haec cogitatio enim etiam aliud 5 cogitantem Lectorem deducit ad certam spem immortalitatis, et eius vitae, quae non coram mundo, seu coram Deo est.

1. Mose 10, 22 Hic nascitur alia questio, quomodo Arphachsad nascatur biennio post diluvium, cum sit tercius filius Sem, sicut in superiore capite Moses testatur. Nam primus filius Sem fuit Elam, a quo Persae sunt. Ad hunc regnum 10 Babylonis pertinebat, Sed est pulsus a Nimrod, Assur secundus numeratur, qui ad vitandam maledictam idolatriam Nimrod abiit ipse quoque in Assyriam et aedificavit Niniven. Hos sequitur Arphachsad, Hunc dicit Moses natum biennio post diluvium, et tamen diserte dicit, anno Sem centesimo natum. Fuit autem Sem Diluvii tempore centum annorum etc. 15

Alii hic alia afferunt, sed primum non magnum periculum in eo est, etsi ignorentur ista. Deinde, ut tamen aliquid respondeamus, nihil incommodi habet, Si quod Moses hic dicit biennio post diluvium, id referas ad Diluvium cum incepit. Ut sit sententia, biennio post Diluvium inceptum, Arphachsad est natus. Duravit autem Diluvium anno uno et decem 20 diebus.

Sed obiicitur, Quomodo, sic hoc verum est, Elam et Assur sunt nati ante Arphachsad, Ita enim in unum annum inciderent tres partus? Respondeo, ne id quidem impedit, si ponamus Gemellos primo partu, Sed, sicut supra dixi, non periclitatur fides nostra, si illa ignoremus, Hoc enim 25 certum est Scripturam non mentiri. Itaque quae ad salvandam Scripturae autoritatem afferuntur, etsi non prorsus sint certa, tamen utilia sunt.

11, 12. 13 Arphachsad vero vixit triginta quinque annis, et genuit Salah, Et vixit Arphachsad postquam genuit Salah tribus annis et quadringentis, genuitque filios et filias. 30

Vides patres istos festinasse ad generationem post tantam calamitatem generis humani, Alioqui diutius abstinuissent moerore, sicut Adam et Heua post occisum filium Habel a fratre.

11, 14. 15 Porro Salah vixit triginta annis, et genuit Eber: Vixitque Salah, postquam genuit Eber, tribus et quadringentis annis, et genuit 35 filios et filias.

11, 16. 17 Vixit autem Eber triginta quatuor annis, et genuit Peleg, Vixitque Eber, postquam genuit Peleg, triginta et quadringentis annis, et genuit filios et filias.

Vixitque Peleg triginta annis, et genuit Regu, Et vixit Peleg, 11, 18. 19
postquam genuit Regu, novem et ducentis annis, genuitque filios
et filias.

Vixit autem Regu, triginta duobus annis, et genuit Serug, Vixit 11, 20. 21
5 quoque Regu, postquam genuit Serug septem et ducentis annis, et
genuit filios et filias.

Vixit vero Serug triginta annis, et genuit Nahor, Vixitque Serug, 11, 22. 23
postquam genuit Nahor ducentis annis, et genuit filios et filias.

Vixit autem Nahor viginti novem annis, et genuit Tharah, 11, 24. 25
10 Vixitque Nahor postquam genuit Tharah, decem et novem atque
centum annis, genuitque filios et filias.

Vixit Tharah septuaginta annis, et genuit Abram, Nahor et Haran. 11, 26

Hic tandem pervenimus ad Eber, de quo supra dixit Moses, et appel- 1. Mose 10, 21
lavit Sem patrem omnium filiorum Eber, diximus autem supra causam, fieri
15 hoc primum propter reverentiam Christi. Deinde quia sub huius aetatem
incidit horribilis illa confusio linguarum, Sem igitur eius familiam peculiariter
complexus, cum praefecit Ecclesiae, et quasi Pontificem constituit, ut sciretur
propagatio Ecclesiae et Christi. Itaque apparet hunc Eber fuisse summum
Virum, qui purus et fortis in fide et promissione Patrum priorum permansit,
20 turbante Nimrod Ecclesiam Dei.

Haec eius virtus meruit, autoritate sancti Patriarchae Sem, Ecclesia
ab eo appellationem sumeret, et Ebraei dicerentur, qui doctrinam et fidem
Eber sancti Patris retinerent, Ac mansit haec appellatio Ecclesiae usque ad
Christi tempus.

25 Itaque reiiciamus commentum Rabi Salomonis, qui Ebraeos contendit
dictos a transitu Euphratis, et sequitur cum contradicendi studio Burgensis.
Lyra rectius sentit, quanquam causam nominis non ita liquide ostendit,
quod filii Eber retinuerunt sanam doctrinam et veram religionem, cuius
solicitus custos fuit Eber, ne a Nimrod et aliis apostatis depravaretur. Ex
30 hac Ecclesia Abraham quoque fuit, qui per omnem vitam cum hoc Eber
vixit, Itaque ipse quoque dictus est Ebraeus, quod in promissione et fide
Eber vixerit, Nam Eber anno 64. post Abraham mortuum decessit.

Habetis iam Historiam primi Mundi, a Mose fideliter ostensam, ut
constaret de perpetua promissionis de Christo propagatione, si igitur hanc
35 primae Ecclesiae historiam appellas, non erraveris. Nam de impiis Spiritus

---

sanctus non est solicitus. Hi ex memoria hominum auferuntur et sepeliuntur in infernum, Sed veram Ecclesiam videmus Deo curae esse, cuius propagationem ab initio mundi Spiritus sanctus tam diligenter ostendit.

Merito igitur Ecclesia hunc librum semper fecit plurimi. Hoc enim amisso, quae Ecclesiae ratio fuisset per duo milia annorum, ignoraretur. 5 Nunc autem nos, qui tanto intervallo Patriarchas sequimur, merito admiramur istos sanctos Gubernatores primae Ecclesiae, Adam, Seth, Noah et Sem, et aestimamus eorum certamina ex nostris tentationibus, quas vitae brevitas facit tolerabiles. Illi enim multis seculis in acie constituti Satanae et mundi furorem et impetus fide in promissionem Seminis de muliere vicerunt, ac 10 tandem evocati ex hac statione, reliquerunt posteritatem bene institutam, et insistentem vestigiis Maiorum, Itaque, etsi nunquam quieta fuit Ecclesia, tamen in saevissimis tentationum procellis duravit.

Huius tanti beneficii memoriam Moses his undecim capitibus conservavit, ac nos quoque excitat in certam spem, qui sanam doctrinam et reli- 15 gionem puram retinemus, futurum, ut nostro quoque seculo impii cadant, Ecclesia autem vincat et triumphet.

Pio lectori D[o]octor Marti[n]us Luther.

Spero autem piis hanc meam operam et profuturam alicubi, et gratam fore, Quanquam quis non venia nos dignos videt, qui in hanc mundi senectam, 20 ac fere delyrium incidimus, si non ubique assecuti sumus Spiritum tantorum Virorum, qui primum Mundum gubernarunt et religionis doctrinam, cum vero cultu, ad Abraham usque transmiserunt, qui tertii millenarii Gubernator extitit? Eius historiam Deo iuvante conatus nostros, etiam explicabimus, Deo Patri Domini nostri Ihesu Christi, una cum Sancto spiritu sit gloria 25 et laus pro hoc et aliis eius universis beneficiis in secula seculorum Amen.

FINIS.

IMPRESSUM VUITTEMBERGAE per Petrum Seitz Anno 1.5.44.

In Genesin Enarrationum

Reverendi Patris Domini Doctoris Martini Lutheri,
bona fide et diligenter collectarum, per Vitum Theodorum.

Tomus Secundus nunc primum in lucem aeditus.

Romanor. XIIII.

Credidit Abraham Deo, et reputatum est illi ad iustitiam.

Hebre. XI.

Fide et ipsa Sara sterilis virtutem in conceptione seminis accepit, et praeter tempus aetatis peperit: Quoniam fidelem credidit esse eum, qui promiserat.

Norimbergae, M. D. L.

Secundus Tomus Enarrationum in Genesin, qui continet Historiam Abrahae. Per Reverendum Patrem, Dominum Doctorem Martinum Lutherum, in Schola Vuittembergensi.

Hic ordiemur tertium Librum. Nam Primus continet Historiam primi mundi usque ad Diluvium. Secundus, ea quae post diluvium usque ad Abraham gesta sunt explicat. Brevis quidem Historia, si res gestas spectes, quales mundus solet admirari. Sed in eo omnes Historias mundi, quantumvis magnificas vincit, quod ostendit et Deum locutum cum sancto viro, et promissionem de futuro Christo factam Patriarchae Sem, cum ea conditione, ut Iapheth quoque eius promissionis fiat particeps. Haec promissio tanquam Sol illis saeculis praeluxit, ut viderent pii diem Christi ex longinquo, et in ea spe vincerent, quicquid incommodorum ingratus mundus, et infensus hostis Satan obiicerent.

---

22 Iapheth] Saphet *A*

Sequitur autem iam Tertius liber, in quo non solum generatio nova, sed etiam nova promissio oritur. Quid enim prohibet eam novam generationem appellare, cui novum verbum coelitus mittitur? Ille igitur est insignis ornatus, quo Abrahamum Deus ornat, quod cum eo loquitur, et promissionem de semine benedicturo omnes gentes, ei proponit. 5

Huius nihil simile profanae Historiae habent. Quicquid enim in eis eximium est, hoc totum pertinet ad illam gloriam, et privilegium illud homini datum, quo iubetur dominari piscibus maris, volucribus coeli etc., hoc est, nihil aliud ostendunt Historiae profanae, quam res gestas ratione et industria hominum. Sed verbum Dei maius donum est: Sicut etiam Spiritus, quo 10 piorum corda reguntur, maius donum est, quam sit Ratio. Terrena igitur haec sunt: illa autem coelestia et divina, atque ideo a nobis merito magnifiunt, et in admiratione sunt.

Etsi igitur temporibus ipsius Abrahae multi adhuc Patriarchae fuere superstites. Nam Abraham annos quinquaginta octo habuit, cum moreretur 15 Noah. Sem autem post mortem Abrahae vixit annos triginta et unum. Superstites quoque post eum fuerunt aliqui ex maioribus eius: Tamen recte dicimus, cum Abraha caepisse novum mundum, et Ecclesiam novam: Siquidem Deus in Abrahamo incipit denuo Ecclesiam suam discernere ab omnibus gentibus, et addit promissionem clarissimam de Christo, benedicturo omnes gentes. 20

Recte igitur hic ordimur novum librum, cum nova lux de coelo exoritur, quae ex Abrahae posteritate ostendit Christum nasciturum, et concionatur suavissime de eius ministerio, quod benedictionem sit allaturus mundo, hoc est, satisfacturus pro peccatis mundi, et reconciliaturus hoc modo nos cum Deo, ac donaturus aeternam vitam. Accedit ad haec etiam 25 loci definitio, in quo nasciturus sit Christus, quia enim posteritati Abrahae promittitur terra Canaan, et Christus ex posteritate Abrahae nasciturus erat, certum est in terra Canaan, et ex Iudaeis nasciturum Christum. Hanc lucem ante Abrahamum Ecclesia non habuit. Ideo nunc quasi nova Ecclesia surgit, cum verbum novum incipiat fulgere. 30

Postrema pars undecimi capitis.

11, 27—28 Istae sunt generationes Terah. Terah genuit Abram, Nahor et Haran. Haran vero genuit Loth. Et mortuus est Haran apud Thare, patrem suum, in terra, in qua natus est, in Ur Chaldaeorum.

Hic locus est inter obscurissimos totius veteris Testamenti: itaque 35 varias peperit quaestiones, quas passim inveniet et apud veteres et recentiores diligens Lector. Mihi autem recte videor facturus, et si veram sententiam non attingo, ut Pauli sententia me tuear, qui et ipse in easdem difficultates

---

impingens, dixit vitandas Genealogias, quod infinitis quaestionibus praebeant¹·ᵗⁱᵐ·¹·⁴ occasionem.   Accedit autem ad hoc aliud vicium, quod ambitiosa ingenia etiam ingentem laudem in eo putant positam, si de obscuris locis libere iudicent, et postea pertinaciter suam sententiam defendant.   Hic naturae morbus est, a quo cavere interpretes sanctae scripturae debent.

Habent et profani Scriptores multos obscuros locos, et sicut quidam appellare solet, cruces Grammaticorum: Sed in iis sine periculo aliquo ludere ingeniosi possunt.   In sacris autem literis non nisi vera pertinaciter defendenda sunt: de obscuris et dubiis relinquendum iudicium suum aliis est.

Huius igitur loci haec prima quaestio est: an Abram, sicut primo loco hic numeratur, fuerit Primogenitus, an non.   Ac concurrunt inter se infestis quasi exercitibus Lyra et Rabi Salomon.   Lyra negat eum fuisse primogenitum, et adducit hanc Arithmeticam rationem: Sara, inquit, fuit filia Haran: Abraham autem tantum decennio excessit uxorem aetate.   Sic enim infra dicit 17.: 'Putasne centenario nascetur filius, et Sara nonagenaria pariet'? ¹·ᴹᵒˢᵉ¹⁷·¹⁷ Impossibile igitur est, quod Abraham excesserit aetate fratrem Haran, cuius filia tantum decennio minor est Abraha.   Haec Arithmetica et firma ratio est: Nam si Abraham tantum decennio excedit fratris filiam, et fingitur maior natu fratre, sequitur fratrem Haran, ad summum octo annorum fuisse cum Saram gigneret.   Sed hoc plane absurdum est.

Cur igitur inquies primo loco ponitur Abraham?   Respondet Augustinus attendendum esse non nativitatis ordinem, sed significationem futurae dignitatis, qua excelluit Abram fratres.   Ponendus enim fuit tanquam Caput et Stirps generationis sequentis.   Haec Lyrae sententia est, profecto irrefragabilis, si Sara fuit naturalis filia Haran: Sed potuit etiam vel a matre, quam Haran viduam duxit, adducta, vel ab ipso Haran adoptata esse, atque hoc modo recte dicitur filia Haran, sed non naturalis.   Hac ratione si fuit Sara filia Haran, argumentum Lyrae non concludit.

Hanc supputationem Rabi Salomon negligit, et secundum literam statuit Abram fuisse primogenitum.   Id etsi facit communi studio, quod patrem Iudeorum hoc honore ornat, tamen ego quoque in eam sententiam fere descendo, ut existimem fuisse primogenitum.

Secunda quaestio longe difficilior est, quam tamen neque Lyra, nec alii scriptores attenderunt: quod in ipso Abrahamo nobis intercidunt anni LX. Nam facilis supputatio est quam textus ostendit.   Thare est annorum septuaginta cum gignit Abram, Abram autem anno aetatis LXXV. ex Haran, in qua Thare mortuus est, egreditur.   Hos annos si coniungas, habebis annos CXXXXV.   Sed cum historia annos Thare numerat, diserte dicit mortuum, cum vixisset annos CCV.   Quaestio igitur est, quomodo hi anni ostendi possint.

Absurdum autem est imitari audacia ingenia, quae cum talis difficultas incidit, statim clamant manifestum errorem commissum, et alienos libros sine pudore emendare audent.   Ego quid ad hanc quaestionem recte respon-

deam, nondum habeo, cum tamen diligenter subduxerim annos mundi. Itaque
cum debita et humili confessione ignorantiae (solus enim spiritus sanctus
est, qui omnia scit et intelligit) sic coniicio, Deum certo suo consilio, in
Abraha hos LX annos voluisse intercidere, ne ex annorum mundi certa
ratione, quisquam de fine mundi certi aliquid praedicere praesumeret, ostendit 5
quidem signa novissimi diei, et ea extare ac conspici vult, sed hunc diem
non vult sciri, imo ne quidem annum, ut pii perpetuo in expectatione huius
gravissimae lucis, exercerent fidem et timorem erga Deum. Aliud de hac
quaestione, quod dicam, nihil habeo.

Haec de duabus primis quaestionibus volui monere, ne vel nescire, vel non 10
legisse talia nos aliquis existimet. Quod si nos quoque in eo fallimur, quod
statuimus Abrahamum primogenitum esse, talis hic error est, qui non officiat
fidei, nec damnet nos. Neque ego ex his disputationibus laudem capto, scio
Deum sic distribuere sua dona, non ut per ea dominemur aliis, aut contemnamus
aliorum iudicia, sed ut serviamus iis, qui in ea re nostra habent opus opera. 15

Quod de Haran textus dicit, mortuum eum (*Al penei Taerah*) coram
patre, in terra, qua natus est, facilis est sententia. Vult enim ostendere
Haran mortuum antequam Abraham cum patre Taerah discesserit et Chaldaea.
Nugas Iudaicas lubens omitto, quas etiam Lyra recitat, quod Haran in
ignem coniectus perierit: Abraham autem salvatum in igne, quod haberet 20
firmiorem fidem.[1] Dignior fide testis est Iosua, qui diserte dicit cap. XXIIII.
'Trans fluvium' hoc est, in ipsa Mesopotamia 'habitaverunt patres vestri ab
initio, Thare Pater Abraam, et Nahor: servieruntque diis alienis': Hoc aliud
elogium est, quam quod mendaces Iudaei Abrahamo tribuunt, cuius fidem
tantum propter carnalem gloriam laudant, ut tali patre magis gloriari possint. 25
Sed si volunt Abrahamum laudare, sicut scriptura laudat, fateantur oportet
eum fuisse impium Idolatram, Sic enim Iosua testatur.

Itaque horribile hoc exemplum est, quod Nimrodica factio, seu haeresis
in tantum in Babylone crevit, ut etiam sanctorum posteritatem veneno suo
inficeret. Pius Sem retinuit verum cultum et a sana doctrina non discessit. 30
Sed quam eum putabimus contemptum a Nimroditis: siquidem etiam Thare,
Nahor, Abram ab eo discedunt, et se cum Satanae Ecclesia coniungunt.

Sicut igitur admoniti hoc exemplo merito eximus securitatem, et am-
bulamus in timore Dei, postquam non solum laterales patres in errorem et
Idolatriam inductos videmus: sed etiam ipsam stirpem Ecclesiae Thare et 35
Abraham: Ita quoque insigne hoc misericordiae Dei exemplum est, quod
hos idolatras non abiicit Deus, sed revocat ab errore, et reducit per verbum
suum in viam. Papa ex suis sanctis facit meros Angelos, imo potius truncos

Jos. 24, 2

---

13 capto] capito *A*   16 (Al penei Taerah)] *Hebr.* עַל־פְּנֵי תֶּרַח, *so auch Erl. Ausg.*

[1] *Lyra zu* mortuus est Haran apud Thare: ab igne consumptus, ut aiunt hebrei,
quem noluit adorare. .... hic fabulant hebrei, quod abram in ignem sit missus, quia ignem
noluit adorare, quem chaldei colunt, et dei auxilio liberatus de idolatriae igne effugerit.

et caudices, in quos nihil humani cadat. Sed scriptura etiam summos
Ecclesiae heroas ostendit homines fuisse, hoc est, saepe lapsos esse, saepe
peccasse, et tamen a misericorde Deo iterum receptos in gratiam, Itaque
haec exempla simul et ad instillandum animis timorem Dei, et alendam
fidem, seu fiduciam misericordiae utilia sunt.

Acceperunt autem Abraham et Nahor uxores: nomen uxoris 11, 29. 30
Abram, Sarai: et nomen uxoris Nahor, Milca, filia Haran, Patris
Milca et Iisca. Fuit autem Sarai sterilis, nec erat illi proles.

Omnes interpretes fere in ea sunt opinione, ut existiment Iiscam esse
10 quae supra Sarai dicitur, et ab Abraha ducta est in uxorem. Sed mihi
ideo diserte hic Haran pater Milcae et Iiscae appellari videtur, ut ostendat
Moses, Saram non fuisse naturalem filiam Harae, sed aut fuisse privignam,
aut adoptatam. Non tamen impedio, quin quisque sequatur, quod similimum
veri iudicat. Non enim in hoc periclitatur fides nostra.

15 Quod autem scriptura de Sara dicit fuisse sterilem, ideo fit, ut videamus etiam isto tempore commendari benedictionem generationis. Siquidem
scriptura hanc tanquam insignem calamitatem Sarae commemorat, quod
sterilis fuerit. Hac calamitate, in isto peccati infernalis inferno punit, seu
potius, tentat omnipotens Deus sanctum virum, ut, cum impii omnes nume-
20 rosas familias habeant et magnam posteritatem, ipse solus habeat sterile
matrimonium. Sed non tantum Deus Abrahamum hoc modo voluit tentare:
pertinebat enim ad magnificandum miraculum, et misericordiam, potentiam
ac veritatem Dei testandam, quod sterilis, et deinde etiam effoeta Sara parit
filium, ex quo tantus populus, et tanta posteritas propagatur. Merito autem
25 hoc in loco id observamus, quod inter morbum naturae per peccatum viciatae,
et suum opus, hoc est, generationem, spiritus sanctus discernit, nec tollit
beneficium hoc propter naturam, Sed etiam in viciata natura, quae libidine et
rabida concupiscentia, tanquam belua fertur, donum generationis nobis commendat, tanquam insignem benedictionem. Hoc enim nisi esset, non memi-
30 nisset sterilitatis in Sara, cum Abraha iuncta.

Et tulit Thare Abram, filium suum, et Loth, filium Haran, filium 11, 31. 32
filii sui, et Sarai, nurum suam, uxorem Abraham filii sui, et
eduxit eos de Ur Chaldaeorum, ut irent in terram Chanaan: vene-
runtque usque Aaran, et habitaverunt ibi. Fuerunt autem dies
35 Thare quinque anni, et ducenti anni, mortuusque est Thare in
Haran.

Hic secundus nodus est, sed paulo expeditior priore. Nascitur difficultas inde, quod Stephanus apud Lucam Actor. 7. dicit: 'Deum gloriae Apg. 7, 2 f.
apparuisse Abrahae, cum esset in Mesopotamia, priusquam habitaret in
40 Haran, et dixisse: exi de terra tua, et de cognatione tua, et veni in terram 1. Mose 12, 1

quancunque monstravero tibi.' Hic autem Moses dicit: Patris authoritate Abrahamum migrasse in Haran, et insequenti capite dicit, post defunctum patrem in terra Haran Abrahamum divina voce esse evocatum ex Haran. Sed si quis humiliter sapere, et non nimium indulgere ingenio volet, facile conciliabit Mosen et Stephanum.[1] Ac dicemus nos infra in cap. 12. nostram 5 sententiam. Hoc in loco satis erit admonuisse, quod Thare a Nimrodica factione deceptus, cum sua familia discesserit a fide, et factus sit Idolatra: Admonitus tamen a sancto Patriarcha Sem, statuit Nimrodicum sodalicium deserendum esse.

Est autem hic attingenda tertia quaestio, quae grammatica est: de Ur 10 Chaldaeorum. Nomenne id loci sit, an Idoli Chaldaei. Nam vocabulum 2. Mose 28, 30 *Ur* lucem seu ignem significat. Sicut inde appellationem habet *Urim* Exodi 28, quae fuerunt in pectorali Aaronis, unde responsa dabat Dominus. Etsi autem qualis ea res fuerit affirmari non possit: tamen a luce seu fulgore nomen habere certum est. Ego in ea sententia sum, ut existimem loci 15 nomen esse, cui tamen, sicut solet, appellatio haec ab Idolatrico cultu contigit, qui ibi praecipue viguit. Nos in germania similes locorum appellationes habemus: sed ex aliis rationibus impositas. Lichtenfels, Lichtenstein, Lichtenberg. Videtur autem huic cultui occasionem dedisse, quod Deus significationem graciae patribus per lucem seu ignem coelitus demissum aedidit, qui 20 oblatas hostias hauriebat. Hoc enim signum erat delectari Deum hoc cultu, 1. Kön. 18, 33 Sicut Eliae historia ostendit. Ac in lege sacrum ignem perpetuo ali prae-3. Mose 6, 12 cepit Deus Levitici. 6., ex quo cremarentur hostiae. Suntque hunc cultum imitatae gentes, sicut historiae ostendunt. Ad eum prorsus modum existimo puram religionem Nimrodicam factionem imitatam, sibi suum peculiarem 25 ignem consecrasse, ut patrum cultus vilesceret, tanquam qui nihil haberent singulare et eximium. Ex hoc igni postea loco nomen impositum est, ut *UR* vocaretur civitas, in qua cultus ille maxime vigebat, ad quam populi, sicut postea apud Iudaeos ad Hierusalem, et nostris temporibus ad Romam Jos. 24, 2 magna frequentia concurrerunt. Ac Iosua autor est, ipsum Thare, Nahor et 30 Abrahamum hanc Idolatriam secutos esse et probasse.

Ita docent exempla omnium temporum, fastidiri verbum veritatis, et veros cultus a vulgo. Itaque cum novi doctores surgunt, afferunt ad eos 5. Mose 29, 19 prurientes aures: et vere, sicut Moses dicit, 'ebrius apprehendit sitientem'. Doctores pravi ad docendum promptissimi, et vulgus ad audiendum avidissimum 35 est. Hac ratione verbum et veri cultus amittuntur. Anabaptistae novum dogma afferunt, non baptisandos pueros, quod sicut ratione carent et verbum non intelligunt, ita fidem habere non possint. Tale a nobis nihil audivit

---

12 Ur] *Hebr.* אוּר   Urim] *Hebr.* אוּרִים   30 Iosua] Iosue *A*

[1]) *1539 sagt Luther in der Bibelrevisionskommission:* Lucas manifeste contradicit huic textui. *Vgl. Unsre Ausg. Deutsche Bibel 3, 179.*

vulgus, itaque magno applausu eam sententiam excipit. Sacramentarii
Zwinglius, Oecolampadius et similes pugnant non hoc sentire Christum,
cum dicit: 'Hoc est corpus meum', quod cum pane, vel sub pane det corpus ^{Matth. 26, 26}
suum, Panem tantum sumi, et vinum bibi, non sumi corpus Christi, non ^{Marc. 14, 22 Luc. 22, 19 1. Cor. 11, 24}
5 bibi sanguinem eius, hos doctores admiratur et sequitur imperitum vulgus.
Nos autem qui a verbis Christi nos non patimur abduci, iudicamur Papistis
nihil saniores, aut meliores. Sic solet mundus, verbum fastidit, et admiratur
novitatem. Haec illam *UR* de qua Moses hic loquitur, fecit nobilem, ut
prae caeteris Chaldeae civitatibus ob novum cultum celebraretur.

10   Vocabulum (*Gasdim*) significat Chaldaeos. Ego autem in ea sententia
sum, quod ob novum cultum *UR* vocata sit (*Ur Chasidim*) quasi dicas,
sanctorum civitatem. Sicut Romam appellarunt principem Ecclesiam, et
caput reliquarum Ecclesiarum omnium. Sed Moses invertit appellationem,
quasi dicat: Non estis *Chasidim*, sed *Casdim*. Non sancti, sed Chaldaei.
15 Nam Prophetae delectantur talibus allusionibus. Sicut Michas *Schaenam* ^{Micha 1, 11}
vocat *Zaenam*, et Oseas *Bethel* vocat *Bethaven*.   ^{Hos. 10, 5}

Vestigia huius Idolatriae, sicut testantur historiae gentium, longe tempore manserunt in Persis. Nam rex Persicus sacrum ignem, quem historiae
Orimasda corrupto vocabulo Hebraeo vocant, in vacuo equo ante se solem-
20 niter vehi voluit. Sicut Papa in vacuo, sed egregie exornato equo, in
solemni pompa, Christi corpus, ut vocat, ante se vehi sinit. Sed imponit
sibi et aliis, non enim Christi corpus sed purus panis est. Non enim
Christus voluit corpus suum adesse, cum circumfertur panis in spectaculo,
sed cum sumitur seu manducatur in Ecclesia, secundum institutionem suam.
25 Et abutitur ea pompa Papa, ut confirmet errorem suum de altera specie.

Ita manet impietas et superstitio semper sui similis. Etsi enim exercitia et signa mutantur, seu cultus externus, tamen affectus et studia manent
eadem. Non utitur Papa igne ad adorationem hodie, sed habet alia studia
et exercitia impia, quae specie dissimilia sunt, sed habent eundem finem.
30 Itaque *Ur* Chaldaeorum sicut a principio mundi pene fuit, ita manet usque
in finem. Relinquunt enim homines verbum, fidem persequuntur, et occupantur interim novis studiis, Haec sola verum cultum esse somniant.

Iudaei non loci nomen, *UR* esse iudicant, sed fuisse ignem, in quem
coniecti sunt, qui Nimrodicam Idolatriam damnarunt: sicut narrant fabulam
35 de Abraha et Haran. Sed non sequor eorum sententiam, loci nomen esse
puto, ad quem undique concurrerunt homines, tanquam ad sanctissimum
cultum. Sicut postea cultuum celebria loca fuerunt Ierusalem, BethEl, Sichem,
ubi variis operibus se patefecit Deus Patribus.

---

2 Zwinglius] Zuuinglius *A*   10 Gasdim] *Hebr.* כַּשְׂדִּים   11 Ur Chasidim]
אוּר חֲסִידִים   14 Chasidim] חֲסִידִים   Casdim] כַּשְׂדִּים   15 Schaenam] שָׁאֵן   16 Zaenam]
צָאֵן   Bethel] בֵּית־אֵל   Bethaven] בֵּית־אָוֶן

Caput XII.

12,1 Et dixit Dominus ad Abram. Egredere de terra tua, et de cognatione tua, et de domo Patris tui ad terram quam ostendam tibi.

Haec est tertia aetas (ut vocant) in qua orditur Scriptura sancta a novo stipite descriptionem Ecclesiae. Hactenus enim linea ab Adam per 5 multos Patriarchas usque ad Noah deducta est, et inde usque ad Abrahamum, sub qua Ecclesia magnum accepit vulnus, quod impietas adeo creverat, ut etiam Sanctorum posteritas in errorem abriperetur. Necesse igitur fuit, ut ostenderet Moses, quomodo in hoc tanto periculo Ecclesia divinitus renata sit, ne tota corrueret et exstingueretur vera religio penitus.   10

Ac merito haec Historia proponitur tanquam singulare misericordiae exemplum, quo erecti, statuamus Deum nostro quoque tempore, ubi omnia religioni minantur interitum, Ecclesiam servaturum. Ac superiores Historiae, etsi maximas res continent: tamen perbreves sunt. In his autem, quae sequuntur, dilatabit se spiritus sanctus, et copiosius omnia pertexet. Itaque 15 hactenus Ecclesiam ceu rivulum vidimus leniter profluentem, qui nunc sumit incrementa, et iusti fluminis strepitu fertur, donec mirabili benedictione Dei auctus populus sanctus, tanquam magnum mare, orbem terrarum implet suo nomine. Haec initia, et auctus Ecclesiae videre admodum iucundum, et plenum consolationis est, ac videmus Prophetas quoque his cogitationibus 20 delectatos. Non semel enim Esaias huius mirabilis gubernationis et propagationis Ecclesiae meminit.

1. Mofe 6, 9   Supra cum Noah describeret Moses, appellavit eum cum sua generatione virum iustum et integrum. Tali titulo hoc in loco non ornatur Abraham, Jof. 24, 2 sine dubio ideo: quia Abraham cum patre et fratribus, sicut Iosua testatur, 25 fuit Idolatra, et non fuit iustus coram Deo, sed coram Nimrod, cuius cultum imitabatur. Tacet igitur Moses, de persona Abrahae, nihil in eo laudat. Nam Idolatria repraehendi debet, non laudari, Dei autem misericordiam laudat, et nobis commendat, quod hunc Idolatram non est passus in Idolatria diutius haerere, sed eum evocavit ex ista impiorum Ecclesia in 30 alium locum.

Haec vocatio magnifica et digna laude est, ac commendat eam Esaias Jef. 41, 2 capite 41.: 'Quis suscitavit ab oriente virum'? Quis vocavit, ut iusticiam doceret, quocunque ambularet? (Haec enim Haebraica phrasis est in voce Hebr. 11, 8. 9 Le Raglo.) Et Epistola ad Haebraeos dicit: 'Fide cum vocaretur Abraham, 35 obediit, ut egrederetur in locum, quem accepturus erat in haereditatem, et egressus est, nesciens, quo veniret. Fide quoque incola fuit in terra pro-

---

missa, tanquam aliena', et prorsus idem Moses hic significat, cum dicit divinitus vocatum, ut egrederetur.

Hoc enim beneficium, quod ab Idolatria liberatus est, non est propriorum meritorum aut virium, sed tantum miserentis et vocantis Dei.
5 Sicut Moses etiam populum suum admonet, Electum eum a Domino, non 5. Mose 29, 13 quia ita meruissent, sed quia Dominus eos dilexisset, et custodiret iuramentum datum Patribus. Hoc in loco videmus initia convenire cum fine. Quid enim aliud est Abraham, nisi auditor vocantis Dei, hoc est, persona mere passiva, et tantum materia, in quam agit divina misericordia?

10 Valet igitur hic locus ad confirmandam doctrinam gratiae, contra meritorum et operum dignitatem, quam ratio tantopere effert. Si enim quaeras quid fuerit Abraham, antequam vocaretur per misericordem Deum, respondet Iosua fuisse Idolatram, hoc est, meritum esse mortem et damna- Jos. 24, 2 tionem aeternam. Sed in hac miseria non abiicit eum Dominus: sed vocat
15 eum, et per vocationem ex eo, qui nihil est, facit omnia. Facile credo, Abrahamum, si quis civiles virtutes spectet fuisse honestissimum hominem, et quantum natura fert, optimum virum, qui non indulsit libidini, avaritiae et aliis' cupiditatibus foedis, sed moderatione vicit vel gubernavit coecos impetus viciatae naturae.

20 Nam Babylonica religio Nimrodi fuit speciosissima. Siquidem Deum coluerunt sub titulo Lucis, quae optima forma seu figura divinae Maiestatis est: Et ipsae sacrae literae Deum lucem appellant. Ad hunc cultum, qui 1. Joh. 1, 5 pulcherrimam speciem habuit, accessit etiam vita et mores probati. Itaque Pf. 104, 2 amplexi hanc religionem sunt etiam sanctorum posteri. Est enim super-
25 stitio pestilens Imperatrix, quae omnibus saeculis regnat in mundo, et mundus imperium eius cupide amplectitur. Sed in hac lucida et splendente religione ipse Abraham est captivum Satanae mancipium, qui colit Deum non eo modo, quo ipse Deus se voluit coli, sed sicut eum videt coli ab illis, qui numero, dignitate, potentia sanctas reliquias piorum patrum
30 vincebant.

Est igitur Abraham, sicut supra dixi, nihil nisi materia, quam divina Maiestas per verbum, quo eum evocat, apprehendit, et format in novum hominem et in Patriarcham: ut stet universalis haec regula: homo ex se nihil est, nihil potest, nihil habet nisi peccatum, mortem et damnationem.
35 Sed omnipotens Deus per suam misericordiam facit, ut aliquid sit, et a peccato, morte ac damnatione liberetur per Christum benedictum semen.

Patriarcha Sem, sicut ego coniicio, eo ipso tempore in terra Chanaan fuit: non quidem solus, sed cum Ecclesia sua: habitavit, sicut infra scribitur, 1. Mose 14, 18 in Salem, et vocatur Sacerdos altissimi. Non igitur solus fuit: Sed habuit
40 apud se, quos doceret, filios fortasse Elam, Assur, Salah, Her etc., qui omnes fugientes Satanae, Ecclesiam in Babylone, sanctum Patriarcham secuti sunt. Et tamen hos omnes quasi negligit Dominus, et Idolatram alienum a

Deo, et captivum satanae, non relictum: sed ultro et sponte mauentem apud Nimroditas, eligit Deus, ut sit Patriarcha.

Quare hoc? cur non potius accipit unum ex illis, qui sanctum Patriarcham Sem sectabantur, et retinebant verum cultum? Nimirum, ut Deus nobis commendet et amplificet misericordiam suam, quae vere est, ut Paulus 5
Eph. 3, 8 appellat, ad Ephesios 3. ἀνεξιχνίαστος πλῆτος. Sic posterioribus saeculis vocat Paulum ad Apostolatum gentium, sicut eodem in loco ipse Paulus de se commemorat, pessimum hominem, homicidam, blasphemum, ardentem odio Christi et Ecclesiae suae, cum potuisset vocare unum ex septuaginta duobus, aut alium quendam excellentem virum, sed non facit: ut scilicet ostendat 10 nobis superabundantem suam misericordiam.

Neque vero haec scribuntur, ut confirmentur impii in sua impietate, et peccent tanto licentius, sed ut pusillanimes et timidi, qui ad desperationem propter peccata sua solicitantur, consolationem habeant, et talibus admoniti exemplis, discant ipsi quoque sperare in tam misericordem Deum. Vehemens 15 enim res est ira Dei et peccatum, nec potest eam sustinere conscientia, nisi verbo Dei erigatur. Opus igitur nobis est talibus exemplis, quae docent Dei misericordiam esse infinitam, ut nos quoque speremus veniae locum, et invocemus Deum.

Magnum et ineffabile donum, quod Abraham est pater filii Dei, 20 secundum carnem, sed huius dignitatis quae sunt inicia? haec nimirum, quod Abraham est Idolatra et maximus peccator, qui Deum colit, quem nescit. Hunc proavum in linea sua filius Dei vult celebrari, sicut alii quoque Christi proavi maximis peccatis sunt insignes.

Cur hoc? Primo ideo, ut ostendat se esse salvatorem peccatorum. 25 Secundo, ut doceat nos de immensa bonitate sua, ne peccatis oppressi desperemus. Tertio, ut etiam praecludat nobis viam ad gloriam et superbiam. Non enim potest hoc modo vocatus Abraham dicere: Hoc ego merui, Hoc meum opus est. Etsi enim, quod ad secundam tabulam attinet, fuit inculpatus coram hominibus, tamen Idolatra fuit, et dignus aeterna morte, 30 si non accessisset ista vocatio, qua liberatus ab Idolatria, et tandem per
Röm. 9, 16 fidem remissionem peccatorum consecutus est, ut stet sententia: 'Non est volentis, nec currentis, sed miserentis Dei'.

Iudaei nullum faciunt modum laudum Abrahae. Etiam in ipsa Ur Chaldaeorum dicunt eum ob damnatam Idolatrarum impietatem coniectum 35 in ignem, et fide servatum esse. Ac putant hoc modo se magnum decus addere genti suae, sed turpiter mentiuntur: Sicut eos aperte refutat dux et
Jof. 24, 2 gubernator ipsorum Iosua. Idem solent Monachi, quorum conciones nihil sunt, quam prodigiosae laudes Francisci, Dominici, Augustini, has qui amplificare et extollere potest, optimus habetur concionator. Deus autem quasi 40 post principia stans, tandem etiam aliqua parte laudum afficitur, quod talibus donis ornarit tantos sanctos.

Haec autem Philosophica, rationalis et vere Turcica praedicatio est, quae iudicat per opera nobis contingere salutem et iusticiam. Igitur Mosi exemplum sequamur, cum de sanctis volumus concionari, nec obliviscamur Ur Chaldaeorum, in qua cum viveret Abraham, Idolatra fuit, hoc est, doceamus etiam summos sanctos fuisse homines, qui et labi potuerunt in peccata, et saepe horribiliter lapsi sunt, quod autem servati, et postea donis variis ornati sunt, id totum Dei misericordiae est, per verbum suum vocantis, et non abiicientis nos.

Nam in hoc omnes sancti Abrahae similes sunt, quod dum vocatio divina abest, dum verbo carent, etsi in speciem boni sint, et sancti, tamen sunt in morte et damnatione. Sed vocati et illuminati per verbum, credunt, Deo gratias agunt, sancte vivunt, et Deo placent, sic tamen, ut tum quoque remissione peccatorum eis sit opus. Itaque etiam cum sanctissime vivunt, tamen humiliantur, nec superbiunt.

Sed hic quaestio incidit: quomodo Abraham sit vocatus: an hanc vocem ex ipso Deo audierit? Ego prorsus sum in ea sententia, ut existimem non immediate a Deo, sine ministerio vocatum esse: Sicut infra narratur, quod 1. Mose 18, 2 Deus eum inviserit, quod collocutus cum eo sit, imo etiam, quod conviva Abrahae fuerit, Sed allatum ad eum iudico hoc mandatum vel per ipsum Patriarcham Sem, vel aliquos a Sem missos.

Non enim hoc solum doluit pio Sem: Thare cum suis liberis perire in isto igni Chaldaeorum, hoc est, in Idolatria Nimrodica: sed vidit per revelationem divinam, seu ex inspiratione divina, solum ex posteritate sua Abramum fore, ex cuius lumbis proditurus sit liberator generis humani, hac revelatione motus, non passus est eum haerere diutius inter Idolatras, praesertim cum pater Noah iam extinctus esset. Nam sedecim fere annis post mortem Noah Abraham egredi ex UR iussus est.

Dicitur autem Dominus eum evocasse, quia quidam sancti homines, ex inspiratione spiritus sancti eum evocarunt. Quicquid enim loquuntur homines ex spiritu Dei, hoc ipse Deus loquitur sicut Christus dicit: 'Qui vos audit, Lut. 10, 16 me audit'.

Porro verbum (Laech Lecha) quod noster vertit, 'egredere' in Hebraeo valde emphaticum est. Ad verbum si vertas, sonat: vade tibi ex terra tua. Significat autem, totam istam religionem, in qua hactenus vixit Abram esse impiam et detestabilem. Quasi dicat Sem: Si manebis isto in loco, non salvaberis. Igitur si cupis salvari, desere terram istam, desere cognatos tuos, desere domum patris tui, et quam longissime discede ab istis Idolatris, in quibus nulla fides, nullus Dei timor est, sed tantum superstitio et caecus error, qui sequitur ignorantiam Dei. Nam nisi impius cultus fuisset in Babylone, Deus non iussisset Abrahamum, ut alio migraret. Igitur involvit

---

32 (Laech Lecha)] לֶךְ־לְךָ

hoc ipsum verbum primam tabulam, hanc audit Abraham, et incipit Deum timere, hoc est, credit huic comminationi, et paret sancto consilio. Ideo sequitur postea tam magnifica promissio.

Sicut autem pius Sem ipsi Abrahae concionatus est: Ita David quoque concionatur suo populo Psalmo quadragesimoquinto, cum dicit: 'Audi, filia, et vide, et inclina aurem tuam, et obliviscere populum tuum, et domum patris tui'. Haec est gravis admonitio, ne Iudaei verbum Euangelii negligant, sed ut legem et omnia huic doctrinae postponant, et simpliciter obliviscantur patrum: 'Hoc, inquit, si feceris, concupiscet Rex decorem tuum', hoc est, te complectetur amanter per gratiam suam, et ornabit spiritu sancto suo, iusticia et aliis donis. Hoc igitur verbi, seu ministerii praeclarum beneficium est, quod ostendit seu revelat peccatum illud, quod ratio per se non solum non potest agnoscere, sed iudicat etiam summam esse iustitiam et gratissimum Deo cultum. Idolatria enim tantum per verbum Dei agnoscitur.

Atque hic demum Iudaei, si vere patrem suum laudare cupiunt, incipiant eius laudes. Vixit hactenus in Idolatria, nullam habuit veram cognitionem Dei, fuit sine fide, sine timore Dei, etsi in speciem non fuerit malus vir. Sed nunc, cum verbum patefacit verum Dei cultum, et damnat Idolatriam, non facit, sicut nostri Papistae, qui admoniti obstinato animo pergunt, et urgent contra conscientiam impios cultus, sed acquiescit verbo, cum iubetur exire de Babilone, ubi habebat instructam domum, statim paret: Non disputat secum, sicut solent impii, Quid, si nos simus meliores istis, qui me hinc vocant? Sumus enim nos quoque Patriarchae Sem nepotes: Tamen etiam in hac terra erunt aliqui sancti, cur igitur solus ego hinc migrarem? etc.

Horum nihil cogitat, sed cum audit damnari religionem, qua hactenus domus patris et cognatio tota usa erat, eam abiicit, et volens sequitur vocantem Deum, nulla habita ratione commodorum, quae iam in manibus et parata erant. Haec profecto insignis obedientia est, quam merito celebramus et admiramur. Nam quod paterfamilias relinquit domum, agros, charam patriam, charos cognatos, et abit in exilium, incertus, ubi pedem figere possit, hoc profecto non exiguum obedientiae specimen est, quod pauci imitabuntur.

Sed illud longe est maius et difficilius, quod sibi persuaderi passus est, Religionem, in qua educatus a parentibus erat, esse impiam et contra Deum, sicut experimur, omnium operum longe difficillimum esse, eos lucrifacere, qui educati sunt in Papistica religione, quae tamen palam impia et blasphema est. Imo nos ipsi, qui iam olim abiecimus Papae doctrinam, saepe ac multum sudamus, donec vincamus miseriam illam consuetudine duplicatam: siquidem et nascimur hypocritae, et postea etiam per impios Doctores in hypocrisi confirmati sumus.

---

6 tuum] tuam *A*

Merito igitur praedicamus Abrahamum, qui admonitus per sanctum
Sem, ab eo discedit, quod et natura dederat, et autoribus patribus et consuetudine confirmatum erat. Etsi autem sine magnis certaminibus in conscientia haec res non est gesta, tamen vicit tandem fides et verbum. Itaque
5 Monachorum patres Augustinus, Franciscus, Dominicus prorsus nihil sunt,
collati ad hunc virum.

Sed Sarae quoque non obliviscamur, quae Mariti pietatem adeo strenue
imitatur, relinquens ipsa quoque patriam et charos cognatos, deinde rem
familiarem sine dubio bene constitutam, ac sequens incertam spem. Non
10 autem dubium est, quin cognati eam hortati sint ad descrendum maritum,
praesertim cum profectionis consilium intelligerent. Sed pia mulier magno
animo blandicias, preces, minas contempsit, et maritum secuta est. Familia
quoque longe melior et obedientior fuit, quam nunc est, quae patremfamilias
noluit deserere.

15 Monachi hanc magnam laudem putant, quod relinquant omnia, cum
tamen plus inveniant in monasteriis, quam in domo parentum reliquerunt,
Sed quem mihi cum hoc Monacho Abraha conferes, qui deserit patriam,
cognationem, fundos paternos, domum et omnia, et simpliciter sequitur in
exilium vocantem Deum? habet autem ex aliis sociam in hoc suo Monachatu
20 piam Saram, quae non videt, quod prima nocte habitura sit hospicium, cum
domi laute ac delicate posset vivere.

Non autem ex affectu coniugali tantum maritum sequitur, sed adiuta
est per spiritum sanctum, qui muliebre cor movit, ut neglectis omnibus,
ipsa quoque sequeretur vocantem Deum, cupiens ipsa quoque salvari, et non
25 cum idolatris damnari. Merito igitur hanc obedientiam Petrus praedicat
1. Pet. 3. et vult imitari uxores hanc Sarac insignem virtutem. 'Estis, in- 1. Petri 3, 6
quit, eius filiae, benefacientes, et nullo pavore territae'.

Hae igitur sunt verae laudes sancti Patriarchae, quod patitur se argui,
et cognoscit se esse Idolatram et impium, ac pavet ob iram Dei intentatam.
30 Deinde, quod egreditur nesciens, quo iret. Deserit enim certam sedem, et
sequitur incertam. In fide quidem certa fuit, sed in speciem incerta, imo
possessione et usu prorsus nulla, sicut Historia ostendit. Hoc magnifice
commendat David, et tanquam memorabile exemplum proponit Psalmo 39:
'Sum, inquit, Peregrinus et civis tuus, sicut omnes patres mei'.   Psl. 39, 13

35 Quid igitur inquies, nonne David rex erat, et Dominus terrae, quae
Abrahae semini promissa fuit? Denique ipse Abraham, etsi exul fuit, tamen
fuit in re lauta, et habuit maximas opes: vera quidem haec sunt, et tamen
fuerunt exules, quia habuerunt haec, ac si non haberent. Sicut Epistola ad
Hebraeos testatur: 'utentes mundo tanquam non utentes'.   1. Kor. 7, 31

40 Ad hunc modum omnibus temporibus in mundo vivunt, occupantur
quidem Oeconomicis et civilibus studiis, gubernant Respublicas et familias
aedificant, colunt agros, exercent mercaturam, aut manuarias operas, et tamen

agnoscunt se cum patribus esse exules et hospites: utuntur enim mundo tanquam diversorio, ex quo emigrandum brevi sit, non appopunt cor ad huius vitae negocia, sed tanquam sinistra manu corporalia curant, dextram levant sursum ad aeternam patriam: ac si quando accidit, ut turbetur aliquid, vel in Republica vel Oeconomia, nihil aut parum moventur. Satis enim est eis, utcunque in hoc diversorio tractentur, quod norunt aeternas mansiones a filio Dei paratas.

Merito igitur scriptura fidem sanctissimorum hominum, Abrahae, Sarai et Loth commendat, et proponit tanquam memorabile exemplum, in quod nos per omnem vitam intueamur. Sunt tamen haec initia fidei et prima vocatio. Secunda autem vocatio quia maior et augustior est, Ideo quoque fides Abrahae nobis erit extollenda magis. Nunc tantum de victu, et sede corporali agitur. Hanc difficultatem forti animo et magno spiritu vincit Abraham, et sequuntur Deum vocantem in exilium, cuius nullum finem vident.

Ubi igitur manet ociosum et ignavum Monachorum genus, qui prae- dicant se deseruisse omnia? Taceant Hieronimus, Augustinus, Gregorius, nihil sunt ad hunc nostrum peregrinum et exulem collati, sequentem divina iussa, et haerentem magna fide in hoc uno verbo, quod Dominus ostensurus sit aliam terram, in qua melius habitet.

12, 2ª ## Et faciam te in Gentem magnam. 20

Hic Locus maxime insignis est, et unus de principalibus totius scripturae sanctae. Ideo non leviter attingendus, aut obiter percurrendus, sed diligenter inspiciendus, et solicite evolvendus et explicandus est. Sicut autem reprachensionem Idolatriae, in qua vixit Abram, recte transferimus ad doctrinam legis, qua arguuntur peccata, ita haec ingens seu consolatio seu promissio, merito Euangelion dixeris. Quae autem hic summatim Dominus promittit, ea in sequentibus capitibus explicantur copiosius.

Primum omnium igitur statuas ea quae hic Dominus Abrahae pro- mittit, si rationem sequaris, quia invisibilia sunt, etiam simpliciter impossibilia, incredibilia et ementita esse. Si enim Dominus tale aliquid de Abraha cogitat, cur eum non relinquit in terra sua et cognatione sua, in qua sine dubio Abraham non fuit nullius authoritatis vel nominis? Num facilior emergendi ratio est inter ignotos, ubi ne quidem, quo pedem figas habeas, quam domi, ubi agri, amici, propinqui, cognati sunt, ubi denique res familiaris pulchre constituta est?

Magna igitur et excellens Spiritus sancti virtus in Abraha fuit, quod impossibilia, incredibilia, incomprachensibilia ista potuit animo complecti, et ea inspicere, quasi vera, et iam praesentia essent. Praesertim cum iam

---

18/19 ostensurus sit] ostensur ussit A

accederet ad senectam. Nam fuit annorum LXXV. Sara autem decennio minor, et quidem sterilis erat.

Haec, quaeso te, quomodo conveniunt cum hac promissione: 'Faciam te in Gentem magnam'? Significat enim fore posteros eius magnum et ingentem populum. At unde nascentur posteri, cum Matrimonium Abrahae sit sterile? Has ingentes infidelitatis moles, hos altissimos montes, oppressuros penitus fidem, sanctus Patriarcha fide vincit et transcendit, ac simpliciter haeret in hoc uno. Ecce Deus hoc promittit, non igitur fallet te, etsi neque viam, nec modum, neque etiam tempus implendae huius promissionis videas.

Posteritatem Abrahae vocat Dominus magnam gentem, non solum magnitudine temporali seu corporali, sed etiam magnitudine spirituali, sic tamen, ut sit in hac corporali vita. Distinguendus enim hic populus est ab omnibus totius orbis, regnis et populis, quantumvis magnis et potentibus. Dat Deus etiam Gentibus regna, ac constituit terminos eorum: Sicut Daniel Dan. 2, 21 concionatur. Sed dat ea occulto consilio, ignorantibus etiam illis, quibus ea dat, putant enim esse fortuitum quiddam, nasci aut fieri Regem: non vident divinitus ista sic instrui et gubernari.

Igitur tam celebre fortunae nomen est inter gentes, cum tamen, quid fortuna sit, ignorent. Sed hic populus habuit prae omnibus mundi populis et regnis hanc praerogativam, quod Deus se patefecit in verbo suo, quod revelavit se multis et variis miraculis et signis, ac testatus est se esse Deum huius populi.

Itaque etsi Iudaici populi res gestae, gentium triumphos non videantur aequare, et reliqua regna, Babylonicum, Persicum, Graecum, Romanum potentia et opibus iudicentur longe antecellere: tamen, si spectes gubernatorem huius populi, Deum, qui, ut apud Prophetam est, focum suum habuit Jes. 31, 9 Hierosolymis, et quasi concivis fuit: sordebunt omnium regnorum et populorum victoriae et triumphi: et hae solum res gestae admiratione et praedicatione omnium hominum dignae indicabuntur, quas hunc patremfamilias gessisse constat, qui est Deus aeternus, conditor et Servator omnium. Is enim etsi reliqua quoque regna gubernet: Facit tamen id occulto modo, ignorantibus illis ipsis, qui haec beneficia sentiunt.

Sed in hoc populo revelat se, in hoc populo vult agnosci, celebrari, coli. Ideo eligit tabernaculum, iubet extrui templum, ut sedem certam in hoc populo habeat, cui se revelat verbo, signis, portentis, ritibus, ceremoniis, etc., ut ubique praesens esse agnoscatur, et tantum non manibus palpetur. Hanc praerogativam includit Moses in haec verba.

Sunt quidem Gentes potentia et opibus superiores, et res ab ipsis gestae incurrunt in oculos, et excitant admirationem. Sed nihil haec sunt ad hoc privilegium, quod Moses Deuteronomii .4. gravissime praedicat, quod 5. Mose 4, 7 habuit hic populus Deum appropinquantem, hoc est, habitantem in medio sui, patefacientem se in verbo, in cultu, in Prophetis sanctis, qui spiritu sancto pleni, de voluntate Dei hunc populum docebant.

Haec sunt vera et solida bona, et quae mundus ne intelligit quidem, quia iis prorsus caret. Itaque Moses alia ratione, quam Cicero aut Demosthenes populum suum vocat Magnam gentem: quanquam etiam corpo- 5 raliter magna fuit, si respicias ad originem, hoc est, ad solitarium Abraham, 1. Mose 15, 5 ex quo tantus populus propagatus est, ut arenae maris et stellis coeli comparetur. Nondum loquitur Dominus de spirituali benedictione et acterna vita, quae etiam huic populo promissa fuit. Corporalia haec beneficia sunt, quae in hac vita populus hic habuit, ut et numero non esset contemnendus, 10 et haberet Deum habitantem in medio sui, loquentem, gubernantem, defendentem. Haec excellentia dona sunt, et quae satis commendari non possunt: quod Deus ad hunc modum in hunc populum se quasi conclusit, ut non solum habitaret in medio eius, sed etiam ex eo vellet nasci homo. Sed hoc pertinet ad spiritualia dona et aeterna, de quibus paulo post. 15

Abraham igitur nihil horum vidit, imo etiam caussas abunde habuit, ne crederet, si carnem voluisset sequi, habuit enim sterile Matrimonium, et quanquam postea Isaac ei natus est, et ipse ad annos fere quindecim Iacobum nepotem vidit, tamen quis non videt, haec initio ad tantam promissionem collata, esse infirmissima. Insignis igitur fides fuit sancti viri, quod 20 haec, ac si oculis iam cerneret coram, credidit, neque dubitavit de promissionibus factis.

Cum hac tanta fide conferamus nostram infidelitatem. Scimus Christum in novissimo die venturum, et pessundaturum omnes hostes suos: Turcam, Iudaeos, Pontificem, Cardinales, Episcopos, et quicquid est impiorum, qui 25 verbum aut persequuntur, aut superbe vel contemnunt, vel negligunt. Scimus quoque Christum interim affuturum Ecclesiae, et conservaturum sanam doctrinam et veros cultus.

Sed si haec, quae scimus, certo crederemus, putasne fieri posse, ut nos ulla perturbaret calamitas? putasne oborituram animis securitatem, quam in 30 nobis sentimus, ac si certi essemus, mille annis abesse diem Domini?

Si igitur credimus: profecto infirma nostra fides est, et vere sumus ὀλιγόπιστοι, neque ullo modo cum sancto Abraha possumus conferri, qui invisibilia ista amplectitur certa fide, ac si iam teneret manibus ac palparet. Audit a Domino: 'Faciam te in gentem magnam': et tamen videt se esse tanquam 35 aridum stipitem, habet enim sociam thori sterilem, quae cum tandem ex promissione Dei, contra naturam, a marito impraegnatur, et filium parit, videt in eo solo filio promissionem niti, qui mille casibus periculorum, si huius vitae incertitudinem spectes, expositus erat. Ex Isaac quoque videt nasci promissionis haeredem unicum Iacob. Hic nihil adhuc simile est, 40

---

19 initio (sic!)] vielleicht initia   29 putasne] putas ne A   30 putasne] putas ne A

quod cum promissione consentiat, et tamen fides stat certa et inconcussa, numerosissimam posteritatem se habiturum. Haec prima promissionis pars est.

Impii Iudaei contumeliosum nomen esse ducunt *Goim*. Sic enim appellant cultu a se differentes, quemadmodum nos, eos qui extra Ecclesiam sunt, pronunciamus impios esse, et tamen non vident in hac Patris sui promissione, sic vocari veram Ecclesiam. Nam tota posteritas Abrahae hoc nomine hic appellatur: 'faciam te (*Laegoi gadol*) in magnam gentem'.

Et benedicam tibi.   12, 2ᵇ

Verbum benedicendi in scriptura augmentum significat seu incrementum, haec igitur promissionis pars eo pertinet, ut non solum credat Abraham magnam posteritatem se habiturum, sed etiam futurum, ut indies magis ac magis incrementa sumat, et augeatur.

Primum igitur donum est, quod Abraham erit 'in gentem magnam', hoc est, quod eius posteritas sit habitura regnum, potentiam, opes, leges, caeremonias, Ecclesiam etc. Haec enim proprie vocatur Gens.

Alterum autem donum est, quod haec gens sit duratura. Sicut Psalmus 89. egregie hoc explicat: 'si dereliquerint filii eius legem meam, et in Pf. 89,31—34 iudiciis meis non ambulaverint, si statuta mea profanaverint, et mandata mea non custodierint, visitabo virga peccatum eorum, et verberibus delictum eorum: sed misericordiam meam non avertam ab eo, nec mentietur eis veritas mea'.

Afflictus quidem saepe fuit populus ille. Tribus Beniamin pene occidione occisa est. Regnum Israel funditus eversum est. Tribus Iuda quoque per Babylonicos reges, deinde per Syrios et Aegyptios varie attrita est, et tamen divinitus servatus est populus ille, dum promissio de Christo impleretur: ac ibi demum coepit vera benedictio et vera multiplicatio, quod paucorum Iudaeorum incredulorum loco, plenitudo gentium intravit, et vere Abrahae semen arenae maris et stellis coeli aequatum est. Itaque adhuc durat, et durabit usque ad finem mundi.

Talem benedictionem nullum mundi regnum habuit, quantulum enim tempus est, quo durarunt Monarchiae quatuor? Semen autem Abrahae durabit in aeternum. Initia huius benedictionis qui cupit videre, legat ordine historias Mosi, Iosuae, Iudicum, Regum etc. et videbit, vere magnam et benedictam hanc fuisse gentem.

Et faciam tibi magnum nomen.   12, 2ᶜ

Hoc est, longe lateque celebraberis, etiam inter gentes, sicut Moses hoc explicat Deuteronomii 4.: 'Haec est vestra sapientia et intellectus coram 5. Mofe 4, 6. 7 populis, ut audientes universi praecepta haec, dicant: En populus sapiens, et

---

intelligens, Gens magna, nec est alia natio tam grandis, cui sic appropinquant dii, sicut Dominus Deus noster'.

Sed non tantum celebris Iudaeorum populus fuit propter promissiones, propter cultum, propter eloquia Dei, quae ei credita fuere: sed etiam propter heroicos viros. Quem enim ex omni gentilitate opponemus Davidi, Ezechiae, 5 Danieli, Iosepho, Samsoni, Gideoni, Iosuae et similibus, vel Prophetis, vel Regibus aut Ducibus?

Itaque gentes admiratae sunt hunc populum, et beatum praedicaverunt. Naaman Syrus etiam terram Hierosolomitanam secum in Syriam devehit. NebucadNezar, Darius, Cyrus huius populi cultum et Deum commendant 10 suis populis, et quicquid aliorum Deorum et cultuum est, simpliciter damnant. Haec an non dicemus magna?

Sed, inquies, non vidit haec Abraham, sed longe ante mortuus est. Verum hoc quidem est, sed tamen credidit, et ex animo gavisus est, ubi, si vixisset, hoc gaudium turbaturus erat Satan, tot scandalis Ecclesiam et 15 Politiam deformans. Nunc de eo solide gaudet, quod certo scit, quicquid aliae gentes verae sapientiae sint habiturae, id accepturas a sua posteritate. Itaque merito gloriatur de magno nomine, quod non ipse, sed Dominus fecit.

12, 2ᵈ · · · · · · · · · · · **Et eris in benedictionem.**

Mira hic promissio proponitur, futurum, ut hic populus non solum in 20 se auctus et benedictus sit corporaliter et spiritualiter, sed quod etiam in vicinas gentes et populos benedictio sit redundatura. Sic Pharao in Aegypto.

Sic Iob, sic rex Ninive, reges Babel, NebucadNezar et Evil Merodech, reges Persarum, Darius et Cyrus, et infiniti alii, quorum historiae non extant participes sunt facti benedictionis Abrahae factae. Ac Abraham, etsi superstes 25 tum non fuit, cum ista implerentur: tamen in spiritu ea vidit, et credidit.

12, 3ᵃ **Benedicam quoque benedicentibus tibi, et maledicenti tibi, male-**
dicam.

Ecclesia nunquam caret hostibus et adversariis. Odit enim eam Satan, ideo varie ei insidiatur, et omnis generis pericula excitat. Hoc cum Abrahae 30 posteritas, tanquam vera Ecclesia, esset expertura, minatur hic Dominus, futurum, ut Ecclesiae hostes poenas dent, se enim in eos animadversurum. Sic periit Pharao in Aegypto, eum haec ipsa comminatio demersit in mare rubrum. Reges gentium Seon, Og etc. haec comminatio morti obiecit, et perdidit regna eorum. Imo totius mundi regna eversa sunt, quod Ecclesiam 35 laederent: Babylonicum, Assyrium, Graecum, Romanum etc.

Contra promittit Ecclesiam foventibus benedictionem. Sic obstetricibus in Aegypto aedificavit Dominus domos, quod hunc populum non odissent.

Marginal references:
2. Kön. 5, 17
Dan. 4, 31 ff.;
6, 26
Esra 1, 2

2. Mose 14, 28
5. Mose 2, 33;
3, 3

2. Mose 1, 20

---

23 Evil Merodech] Evil Merodeth *A*

Sic servatur Rahab meretrix cum familia per hanc promissionem.   Exempla 3of. 6, 25
plura colligat studiosus lector, quomodo varie benefecerit illis Dominus, qui
vel in Ecclesiam, vel in praecipua eius membra, doctores et Prophetas fuerunt
benefici. Sic Sareptana, sic Aethiops apud Hieremiam et alii benedicti sunt. 2.Kön. 4,1—7
3er. 33, 7

5   Et benedicentur in te omnes familiae terrae.   12, 3b

Hactenus promisit Dominus corporalia beneficia. Nam etsi haec recte
spiritualia dicuntur, quod Deus in hoc populo habitavit, quod se patefecit
per signa, per miracula, per verbum suum in prophetis sanctis, tamen huius
corporalis vitae beneficia fuerunt.

10   Sed nunc sequitur illa aureis literis scribenda et omnium linguis
celebranda promissio, quae aeternos thesauros offert. Non enim potest intelligi corporaliter, quod sicut superiores benedictiones, in hoc tantum populo
mansura sit. Si autem, ut verba clare probant, effundenda haec promissio
est in omnes gentes, seu familias terrae, quem dicemus alium, hanc bene-
15 dictionem in omnes gentes distribuisse, praeter filium Dei Dominum nostrum
Iesum Christum?

Sententia igitur simplex, vera et invertibilis haec est: Audi Abraham,
Magnifice promisi tibi et posteritati tuae, sed hoc nondum satis est, etiam
tali benedictione te ornabo, quae ad omnes familias terrae redundabit etc.
20 Hanc promissionem Abraham pulchre intellexit. Sic enim ratiocinatus est.
Si omnes familiae terrae per me benedicendae sunt, necesse est hanc benedictionem non consistere in mea persona. Ego enim non vivam. Deinde
ego per me non sum benedictus, sed mihi quoque contigit benedictio per
misericordiam Dei. Igitur propter meam personam, vel mea virtute non
25 benedicentur omnes populi. Hoc autem futurum est, ut ex mea posteritate
enascatur, qui per se benedictus afferat benedictionem, tam longam et latam,
quae ad omnes familias terrae pertingat. Hunc necesse est Deum esse, non
hominem tantum, quanquam homo futurus, et carnem nostram assumpturus
sit, ut vere sit semen meum.

30   Ad has sancti Patriarchae cogitationes sine dubio respexit Christus,
cum dicit, Iohannis 8: 'Abraham, pater vester, exultavit, ut videret diem meum, 3oh. 8, 56
et vidit, et gavisus est'. Quod igitur dicit: 'Omnes familiae terrae', non in
latitudinem tantum intelligendum est, de familiis unius temporis, sed in
longitudinem, donec mundus steterit, et prorsus convenit cum sententia
35 Christi: 'Ite, praedicate Euangelion omni creaturae. Quicunque crediderit, Mart. 16,15 f.
et baptizatus fuerit, salvus erit, qui autem non crediderit condemnabitur'.
Ergo haec benedictio nunc duravit annis sesquimille, et durabit usque ad finem
mundi. Frustra renitentibus et furentibus portis inferorum, Tyrannis et impiis.

Notandum autem imprimis est, quod non dicit futurum, ut omnes
40 gentes confluant ad Iudaeos et fiant Iudaei, sed dicit benedictionem, quam

hic populus habiturus est, ex hoc populo in gentes transferendam, hoc est, in eos qui non sunt circumcisi, qui Mosen et eius statuta nesciunt.

Recte igitur opponimus benedictionem hoc in loco maledictioni, sub qua omnes homines sunt propter peccatum, quod per Christum sublatum est, et benedictio translata in omnes, qui eum amplectuntur, et credent in 5 nomine eius. Hoc illud memorabile beneficium, quod liberati a peccato, a morte et Tyrannide diaboli, assotiamur Angelis Dei, et participes efficimur aeternae vitae.

Ex hac promissione fluxerunt omnes Prophetarum conciones de Christo et regno eius, de remissione peccatorum, de donatione spiritus sancti, de 10 Ecclesiae conservatione et gubernatione, de poenis incredulorum etc. Nam has viderunt consequentias inde certo connecti: Si semen Abrahae hoc faciet, necesse est, ut sit naturalis et verus homo: contra, si etiam alios, et quidem omnes familias terrae benedicet, necesse est, ut etiam maius aliquid sit, quam semen Abrahae. Quia semen Abrahae propter peccatum hac bene- 15 dictione indiget.

Ita mysterium incarnationis filii Dei, in tam brevia et simplicia verba involvit spiritus sanctus, quae postea sancti Patriarchae et Prophetae in concionibus suis latius evolverunt, quod per filium Dei totus mundus liber- andus, infernus et mors destruenda, lex abroganda, peccata condonanda, et 20 aeterna salus ac vita gratis credentibus in eum donanda sit. Hic est dies Joh. 8, 56 Christi, de quo concionatur in Ioanne, quem Abraham oculis corporeis non vidit, sed vidit spiritu, et gavisus est. Carni enim haec invisibilia, im- possibilia et ideo incredibilia erant.

Hic locus non solum utilis est ad docendum et exhortandum, sed etiam 25 valet contra perfidiam Iudaeorum. Quia enim Deus promittit Abrahae bene- dictionem corporalem, quod posteri eius sint magna gens futura, ipsi sane pronuncient de se, an hodie sint benedicta et magna gens. Quod si ipsa res cogit eos pronunciare, quod et afflicta et exigua turba sunt, quid aliud ex hoc ipso loco potest colligi, quam quod aut Deus sit mendax in pro- 30 missionibus suis, aut quod ipsi errent, nec sint verum Abrahae semen. Sed illud statuere impium est, hoc igitur necessario sequitur. Nam benedictio quid sit, notum est.

Deinde Gens dicitur populus habens Magistratum, Respublicas, Leges, Libertatem. Quid autem simile Iudaei habent hodie? populus hinc inde 35 dispersus, varie oppressus et tantum non, ubicunque vivit captivus. Somni- ant sibi nescio in qua Babel, et apud Turcas magnam potentiam, et dignitates ac opes. Ac verum est, quod propter proditiones a Turcis foventur. Nam Iudaei, quicquid arcanorum consiliorum ex omnibus aulis Christianorum Principum expiscari possunt, statim id Turcae produnt. Ac magna quorun- 40 dam principum non solum dementia, sed impietas est, quod Iudaeos tam familiares habent, et sic eos fovent, sed si rem aestimes, etiam ipsis Turcis

praedae sunt Iudaei, sicut certo cognovi ex iis, qui non solum Constantino-
poli, sed in ipsa Damasco vixerunt, ubi maxima Iudaeorum frequentia est.

Fateantur igitur infoelices Iudaei, aut se non esse verum semen Abrahae,
hoc est, versari in errore, et esse sub ira Dei, quod verae religioni adver-
5 sentur: aut nos urgebimus eos ad blasphemiam, ut statuant Deum mendacem
esse, quid enim potest esse medium?

Sicut autem de Benedictione et de magna gente diximus: Ita quoque
dicimus de magno nomine, quod Deus promittit se facturum Abrahae. Quale
enim habent nomen Iudaei hodie: an non sunt opprobrium omnium hominum?
10 Nihil enim Iudaeis contemptius est, sicut Prophetarum contiones minantur
futurum, ut sint in opprobrium et risum omnibus gentibus. Ubi igitur manet
magnum nomen? Nonne suo ipsorum testimonio se hoc amisisse dicent?
Et tamen necesse est semen Abrahae habere magnum nomen: Non enim
mentitur Deus.

15 Sed huc quoque respice, an benedicantur, qui Iudaeis benedicant, et
se cum eis familiariter coniungunt? Exempla ante oculos sunt, non privatorum tantum, sed etiam magnorum Principum, qui de benedictione hac,
quam ob familiaritatem cum Iudaeis sentiunt, possunt testimonium dicere,
quod et re, et corpore et animo pereant.

20 Sed opponent fortasse Iudaei, quod in Psalmo est: 'Exugat foenerator Pf. 109, 11
universa quae habet, et alieni diripiant bona eius', et dicent hoc non pati
Iudaeos a Christianis, sed Christianos a Iudaeis, notum enim est, quantum
damni dent Reipublicae cum immodico foenore.

Sed respondeo, Primum ipsa ratio docet foenus seu usuram esse contra
25 naturam, et ideo vere esse peccatum. Igitur Christiani habent regulam: Lut. 6, 34
'Mutuum dantes, et nihil inde sperantes'. Hanc, qui Christi discipuli sunt,
sequuntur, et a foenore tanquam a certo peccato cavent. Ac docet experientia
quoque hac ratione partas opes, maledici a Domino, et non durare. Si igitur
Iudaei foenus seu usuram benedictionem putant, fruantur sane ea. Peccatum
30 enim esse constat, et certa annexa est poena huic peccato, sicut scriptura
passim docet, et ipsi Iudaei etiam suo ipsorum exemplo comprobant.

Vide enim, an non exuguntur? dum per teruncios corradunt opes, ipsi
magno numero vectigalia, tributa et sedium precia pendunt. Ac clementer
tamen tractantur a Christianis Magistratibus prae eo, quod a Turcis patiuntur.
35 Hi ne quidem corporibus et vitae parcerent, nisi sentirent proditionis tanta
commoda, ad quas Iudaei instructissimi sunt odio Christianorum.

Sed utut sit, iactent sane opes, glorientur se foenus non dare, sed
accipere, quantulum hoc est ad illud, quod amisisse se fateri coguntur?
Eiecti enim sunt ex terra divinitus donata et benedicta, amiserunt regnum,
40 amiserunt cultum, versantur in densissima caligine, sacrorum oraculorum

37 utut] ut ut A

intelligentiam non habent: ad summum, spem salutis nullam habent, nisi quod fingunt sibi aliquid de Dei clementia et bonitate. Haec si non cogunt infoelices homines, ut ter miseros esse se fateantur: sint sane beati hoc beneficio, quod aliis cum foenore mutuum dant, et non accipiunt mutuum.

Quanto autem praestabat vicatim petere stipem, quam hoc modo cum peccato parare opes, quàs tamen postea alii iterum emungunt? Et sunt huic tam insigni scilicet beneficio, quod tantopere iactant, infinita et ingentia in-commoda annexa. Nusquam habent certas sedes, in odio sunt omnium hominum et contemptu, miserrime vivunt in sordibus et stercoribus. Non admittuntur ad operas honestiores, et quis omnes hostium Christi calamitates 10 enumeret?

Potentissimum igitur hoc argumentum est ad confirmandam nostram religionem ac fidem, et perfidiam Iudaeorum redarguendam, quod quae hic Abrahae promittuntur, omnia amiserunt, ac praesertim quod postremo pro-mittitur, benedictio dimanatura ex semine Abrahae in omnes familias terrae. 15

Urgentur sane hac ratiocinatione. Ideo nugantur impletam hanc parti-culam in Salomone, filio David, hunc dicunt benedictum gentibus, hoc est, celebrem fuisse, ac ab omnibus laudatum esse. Sed quid hoc ad textum, quod ab aliis benedictus sit seu laudatus? Hoc enim verba significant, semen hoc allaturum benedictionem ad omnes gentes. Quid autem contulit 20 Salomo gentibus?

Ergo manifeste cogit hic locus, ut fateamur Messiam seu Christum iam olim venisse et exhibitum esse, qui attulit secum in mundum benedictionem spiritualem et aeternam: Hanc cum increduli Iudaei abiicerent et nollent, translata in Gentes est: Iudaei autem infoelices et corporali et spirituali 25 benedictione sunt spoliati. Sicut ante oculos stat eventus. Nunc enim annis circiter sesquimille vivunt in ingentibus calamitatibus, et perpetua captivi-tate, neque quidquam habent illarum promissionum, de quibus hic Dominus concionatur. Si igitur Deus in promissionibus suis verax est: necesse est, quod ipsi sint mendaces, et per incredulitatem suam exciderint a pro- 30 missionibus his, neque amplius sint semen Abrahae, cui hae promissiones factae sunt.

In quo errore omnes Iudaei hodie versentur, notum est: expectant Messiam, qui omnes Gentes contundat, et Iudaeis corporale regnum restituat Esther 8, 10 in omnes gentes. Sicut Assuero factum est. Tum enim magna fuit Iudae- 35 orum potentia et dignitas.

Sed hic praesens locus manifeste redarguit vanam hanc spem. Non enim dicit a semine Abrahae opprimendas gentes, aut redigendas in servi-tutem: sed benedicendas, hoc est, adiuvandas contra mortem et peccatum. Sed valeat sane Iudaeorum glosa, quod hoc sit beuedicere, ita enim 40

---

8 certas sedes] sedes *Erl. Ausg.*

apparebit ipsos in summa benedictione esse, hoc est, a gentibus gravissime oppressos. Diabolus sic loquitur, ut dicat hanc benedictionem.

Deus, sicut bonus est, benedictionem proprie vocat liberationem a maledictione et ira Dei ac promittit hanc obventuram per Abrahae semen, non solum posteritati Abrahae, sed omnibus familiis terrae. Hanc benedictionem attulit ad nos filius Dei Iesus Christus, natus ex semine Abrahae, ex virgine Maria: Quia autem incredula Synagoga eam noluit, elongata est ab ea, et non solum hanc aeternam benedictionem amisit, sed etiam illas priores corporales, ut omnibus appareat, maledictam et sub ira Dei positam gentem esse.

Varie igitur hic locus nobis utilis est, atque ideo dignissimus, qui observetur a studiosis sacrarum literarum. Non enim solum graviter refutat pertinaces Iudaeos: nec solum pingit personam Abrahae, in quam omnes pii intueri debent, ut exemplo eius discant credere: sed etiam cum Abrahamo successum et fortunam totius huius populi: imo Ecclesiae totius usque ad finem mundi describit. Quicquid enim in Ecclesia geretur usque ad mundi finem, et quicquid in ea hactenus gestum est, virtute huius promissionis, quae adhuc durat et vivit, est gestum, et geretur.

Igitur si paucis verbis historiam Ecclesiae complecti libet, a tempore Abrahae usque ad hunc diem, hos quatuor versus diligenter inspice: videbis benedictionem, videbis etiam maledicentes, sed his vicissim maledixit Deus, ut penitus perirent: Ecclesiae autem aeterna benedictio mansit inconcussa. Convenit igitur hic locus cum prima contione de semine conterente caput serpentis. Non enim Ecclesia caret hostibus, affligitur et gemit: et tamen per semen vincit, ac triumphat tandem in aeternum contra omnes hostes suos.

Sicut autem supra de morsu serpentis praemonuit: ita hic admonet futurum, ut semen Abrahae habeat, qui maledicant. Sed levis haec iactura est, si a mundo et diabolo pungamur, cum habeamus Angelos, imo Deum ipsum benedicentem nos, et conterentem adversarios. Sed haec huius loci explicatio in Prophetis quaerenda est. Hic enim fons est, unde tum consolationes tum comminationes omnes hauserunt. Merito igitur admiramur divinam sapientiam, quod tam magnae res, et omnium saeculorum, quod ad Ecclesiam attinet, historia, tam paucis verbis hoc in loco compraehensa est.

Nunc sequitur exemplum ceu corrolarium (ut in Scholis[1] vocant) huius promissionis, quomodo Abraham vocanti Deo paruerit.

Abiit itaque Abram, sicut locutus erat ad eum Dominus. 12, 4ᵃ

Promissio et fides naturaliter et inseparabiliter cohaerent. Quorsum enim attinet promittere aliquid, si non adsit, qui credat? Contra quid profuerit fides, si desit promissio? Relativa igitur sunt Promissio et Fides: ac

---

20 maledixit] maledicit *Erl. Ausg.*

[1]) *Z. B. Boethius, De consolatione philos.* 3, 10. 4, 3.

ipsa naturae series postulat, postquam Moses promissionem descripsit, ut
etiam doceat de credente Abraha, hoc est, appraehendente promissionem.

Habet promissiones suas Satan quoque, et quidem valde luculentas.
Itaque acri iudicio opus est, ut inter Dei et Satanae promissiones, hoc est,
inter veras et falsas recte distinguas. Satanica adlubescit, et facile admittitur: 5
et reddit homines securos et negligentes sui et iudicii divini: Sicut Turcas,
Iudaeos et apud nos falsos fratres videmus securissimo animo esse, et nihil
minus facere, quam ut metuant iram et iudicium Dei.

Sed cum Deus aliquid promittit, ibi multum ac diu luctatur fides,
Ratio enim seu caro et sanguis simpliciter iudicat Dei promissionem im-   10
possibilem esse, necesse igitur est, ut fides cum dubitatione, et contra rationem
luctetur.

Hoc non vident Sophistae, itaque, cum nos de fide docere audiunt,
putant de re levicula esse contentionem.   Non enim norunt fidem esse
mutationem et renovationem totius naturae, ut aures, oculi, cor ipsum prorsus   15
diversum audiant, videant, sentiant ab omnibus aliis hominibus.

Est enim fides res vivax et potens: non est ociosa cogitatio, nec innatat
cordi, sicut anser aquae: sed sicut aqua igni calefacta, etsi aqua manet,
tamen non amplius frigida, sed calida et prorsus alia aqua est: Ita fides,
spiritus sancti opus, aliam mentem et sensus alios fingit, ac prorsus novum   20
facit hominem.

Est igitur Fides operosa, difficilis et potens res: ac si vere aestimare
volumus, magis est passio quam actio, mutat enim animos et sensus: et cum
Ratio praesentibus soleat niti, fides absentia complectitur, et ea contra rationem
praesentia esse iudicat. Atque haec causa est, quod non sicut auditus omnium   25
est, ita etiam fides sit omnium. Pauci enim credunt. Reliqua multitudo
praesentibus rebus, quas tangit et palpat, potius, quam verbo vult niti.

Haec igitur nota est promissionum verarum et divinarum, quod cum
ratione pugnant, nec eas ratio admittere vult. Contra diabolicae, quia cum
ratione humana consonant, facile, et sine dubitatione a ratione admittuntur.   30

Mahometh promittit servantibus suam legem in hac vita temporale
regnum, ac post hanc vitam corporales voluptates, haec facile admittunt
animi, et secure credunt. Continet igitur se domi suae Mahometh, nec vult
cum Abraha egredi domo et cognatione paterna, amplectitur praesentia, in
iis acquiescit. Abraham autem simpliciter haeret in voce divina, et pericula   35
occursura negligit. Credit enim Deum fore protectorem.

Sic Papa proponit merita et intercessiones sanctorum, praedicat dignitatem operum, quae admodum speciosa commentus est. Haec rationi grata
sunt, quae vana est, et ideo delectatur mendacio, hoc est, suis laudibus, ac
gloria virtutum, libenter audit, quod suis operibus possit mereri salutem, et   40
implere legem, et consequi iustitiam. Sed hoc non est mortificare rationem,
sed vivificare. Igitur caro facile hanc doctrinam admittit, et sine dubitatione

his promissionibus credit. Sed cum audit, quae audivit Abraham: Egredere de terra tua, de cognatione tua, de domo patris tui in locum ignotum: Ego ero Deus tuus. Ibi statim resilit, iudicat stultum esse relinquere praesentia, et sectari absentia, metuit pericula ac fugit, et captat securitatem.

5   In summa: Satanae promissiones, etsi mendaces sunt, tamen, quia initio blandiuntur, gratae sunt carni. Sed promissiones divinae et verae crucem statim ostendunt, post crucem autem promittunt benedictionem. Utrinque igitur offenditur ratio: Invisibila et procul remota putat nihil esse: Crucem autem aversatur, et fugit tanquam malum perpetuum, et nunquam finiendum.

10 Atque haec causa est, quod cum Deus prolixe promittat, tamen pauci credunt, isti nimirum, quorum corda spiritus movet, ut sicut Abraham, neglectis omnibus periculis et curis, simpliciter haereant in voce vocantis Dei.

     Ergo insigne exemplum fidei hoc in loco nobis proponit Moses, ac paucis verbis absolvit legendam seu historiam sanctissimi Patriarchae, cum

15 dicit: 'Abiit Abraham, sicut locutus ei erat Dominus'.

     Unde abiit? Ex Ur Chaldaeorum, ubi certam domum, agros, familiam constitutam, cognatos, propinquos, amicos habebat. Haec omnia sine mora relinquens, incertas sedes sequitur. Nondum enim ostendit ei Dominus terram, quam esset habiturus. Hanc unam habebat spem, quod Dominus

20 promiserat benedictionem, sed quando, ubi, quomodo benedicturus esset, hoc sane Abraham nondum vidit.

     Brevia igitur haec sunt verba, et quae in speciem nihil docent: Ratio enim vera bona opera, et veram obedientiam non videt, nec indicat esse grata Deo: contra capitur fucosis officiis, et inani specie.

25   Itaque Monachorum libri pleni sunt praeconiis suorum patrum, quos praedicant mundum deseruisse, et secutos Christum. Sed si ad hanc obedientiam Abrahae Franciscum, Dominicum, Bernhardum compares, et spiritualibus oculis tantas res iudices, videbis Monachorum vulgus pueris esse similes, qui specie decepti inauratas nucum testas, pro auro asservant, et

30 admirantur. Quid enim praeter speciem ipsorum sancti habent? Imo totum ipsorum vitae genus, quod tanti faciunt, nihil est nisi fucus inanis, si ad hunc nostrum monachum, in vera fide omnia deserentem, conferas.

     Sicut igitur de pomis ad lacum Asphalticum, ubi Sodomae divinitus mersae sunt, scribunt specie esse pulcherrima, sed si aperias, et cinere et

35 foetore plena esse: Ita hypocritica ista obedientia Monachorum etiam cum contemptu Dei et verae religionis coniuncta est, et tamen mundus eam admiratur ac commendat. Haec autem summa opera, et Deo gratissimos cultus, fidem et obedientiam in Abraha tam insignem, ducit leve et exiguum quiddam esse, et contemnit. Aliud mundus non solet, nec novit.

40   Fateor sane non defuisse sua dona Francisco, Dominico, Bernhardo et aliis, qui primi instituisse collegia monachorum dicuntur: ac antefero omnibus Bernhardum: habuit enim religionis optimam cognitionem: sicut ostendunt

eius scripta, sed ista dona personalia sunt, et sic debent laudari, ne tamen detrahatur gloriae Christi et misericordiae Dei. Sed quid accidit? Personalia ista dona eo transtulerunt posteri, ut instituerent sectas, et tantum non Christi nomen extinguerent. Non enim in eo posuerunt fiduciam stulti et miseri homines, quod Christiani et baptizati essent, sed quod hic Fran- cisco, ille Dominico dedisset nomen. Haec putabatur compendiosissima ad coelum via.

Merito igitur reprachendimus Monasticen, et illa scandala iuxta viam veritatis et fidei posita removemus, ac proponimus Christum, qui et peccata expiavit sua morte, et spiritum sanctum nobis promeruit. Haec est vera iustitiae via, quae non nostris meritis nec operibus nititur, sed filio Dei, et mera ac gratuita misericordia in verbo proposita.

Putant monachi se in eo beatos, quod monasterium ingrediuntur. Atqui nos ne quidem Abrahamum dicimus iustificatum, quod ex Ur Chaldaeorum egressus reliquit omnia: iam antea iustificatus erat, cum crederet promissioni Dei, per sanctos Patriarchas ostensae. Nisi enim fuisset iustus, nunquam egressus esset, nunquam paruisset vocanti Deo. Audivit igitur verbum, et verbo credidit, ac per hoc iustificatus, iustus etiam operator postea extitit, ambulando et sequendo Christum vocantem.

Hic enim verus ordo est, quod obedientia externa sequitur obedientiam internam. At Monachi invertunt haec. Primum verbum nullum habent, quod sequantur, sed vere, sicut Anselmus vocat, vivunt in factitia religione, quae sine verbo, humano arbitrio est instituta. Deinde statuunt hanc exter- nam mutationem hoc effecturam, ut mutetur cor et totus homo, hinc necesse est sequi hypocrisin. Cum enim corda impura sint, somniant iustitiam.

Illud autem quis non videt, quam male ad Abrahae exemplum con- veniat. Abraham deserit domum, agros, cognationem, et ambulat nesciens quo. Monachi autem sic a suis discedunt, ut, cum domi apud parentes vix atrum panem habeant, in monasteriis omnium rerum copiam se sciant in- venturos. Quid enim ad victum, et quidem lautissimum porcis illis deest, nihil nisi saginam venantibus? et tamen plenis buccis iactant, se reliquisse omnia, et secutos Christum.

Non sic deliciatus est Abraham inter gentes, quae, sicut historia ostendit, varie eum exercuerunt. Itaque si Benedictum, Franciscum et alios Monachorum patres cum eo compares, videbis mera stercora esse, ad illas praeciosas gemmas nostri Monachi. Odiosae quidem sunt hae collationes, sed tamen necessariae, non hominibus solum, sed Deo quoque, postquam in eum abusum Monastica venit: ut ab impiis hominibus etiam baptismo aequata sit.

Offert autem hic se occasio disputandi de obedientia, quae in Monasteriis quoque ita celebrata est, ut nullus tam indoctus fuerit Monachus, qui non de ea aliquid reliquerit scriptum. Et Pontifex in Decretalibus suis nihil

perinde urget, quam obedientiam erga suas leges. Hinc Samuelis concio
omnibus in Cathedris sonuit: 'Melior est obedientia quam victima. Inobe- 1.Sam. 15, 22. 23
dientia maius peccatum est, quam incantatio'. Huic certae propositioni sub-
iunxerunt consequens. Ergo nullum vitae genus melius est Monastica. Bella
5 profecto consequentia, quae, ut in Scholis olim dicebatur, valet a baculo ad
Angulum. Ita apparet, quid obedientia sit, totum Papatum ignorasse.

Obedientia enim vera est, non facere, quod tu elegeris, vel tibi impe-
raveris, sed quod Dominus per verbum suum te iusserit. Haec definitio ex
hoc ipso Mosis loco sumitur, cum de Abrahamo dicit: 'Abiit itaque Abraham, 1. Mose 12, 4ᵃ
10 Sicut locutus erat ad eum Dominus'. Hic obedientiam dialectice descriptam
habes, quod requirit verbum Dei. Itaque ubi Deus non loquitur, sed tacet,
ibi nulla potest esse obedientia.

Deinde non satis est Deum loqui, sed requiritur, ut tibi loquatur. Sic
verbum Dei erat ad Abrahamum, ut mactaret filium. Vera igitur obedientia
15 et digna laude fuit, quod Abraham verbum illud voluit exequi. Sibi enim
id dictum erat. Sed quod posteri Abrahae hoc ipsum imitabantur, etsi opus
idem esset, tamen non fuit obedientia. Non enim iussi erant ipsi hoc ut
facerent, sicut Abraham erat iussus. Sic iubetur adolescens in Euangelio
omnia vendere, et Christum sequi, ac pulcherrimum fuisset obedientiae opus, Matt. 10, 17—27
20 si paruisset. Monachi gloriantur se idem facere, ac putant hanc veram
obedientiae laudem, sed non est obedientia, quia non ipsis hoc mandatum
dedit Christus.

Diligenter igitur notanda haec descriptio est: 'Abiit Abraham sicut ad 1. Mose 12, 4ᵃ
eum locutus est Dominus'. Dominus, inquit, locutus est, et locutus est
25 Abrahamo, ut egrederetur. Ergo haec egressio fuit sanctissimum opus, et
Deo gratissima obedientia.

Notabis autem Dominum nobis loqui etiam per homines: Sic etsi opera
in speciem levia et vilia videntur, cum parentes aliquid imperant liberis, sed
cum liberi obediunt, non tam hominibus, quam Deo obediunt. Iussit enim
30 Deus parentibus obediendum esse. Haec vox divina est verum Diadema,
quod in divorum capitibus solet pingi, et obedientiam perficit.

Vos qui hic discitis, vestrorum autoritate parentum hic vivitis, hi
volunt, ut et in discendo seduli, et praeceptoribus obedientes sitis: Huic
parentum voluntati cum pro virili conamini satisfacere, Deo sacrificatis
35 gratissimam victimam. 'Melior enim obedientia est, quam victima'. 1.Sam. 15, 22

Sic cum Magistratus ex officio convocat cives in militiam ad retinendam pacem et depellendam iniuriam, Deo praestatur obedientia. Sic enim
dixit nobis Dominus: 'Omnis anima sit subdita potestatibus'. Sed inquies: Röm. 13, 1
periculosa est obedientia, potest enim fieri, ut occidar. Respondeo, sive
40 occidas, sive occidaris, perinde est, vadis enim sicut dixit Dominus ad te.

---

3 certae] certe *A*   4 est *fehlt A*

Igitur sanctum et pium opus est, etiam occidere adversarium, sic Magistratu iubente.

Idem de generali vocatione sentiendum, cum vocaris ad ministerium docendi: Reipublicae vocem existimabis Dei vocem esse, et parebis: non facies sicut insulsus ille Monachus, quem tamen historia tripartita ut sanctum [5] virum laudat, qui vocatus ad Episcopi officium, praecidit sibi aurem, ac minatus quoque est, se etiam linguam sibi praecisurum potius, quam ut Episcopi munus suscipiat. Homo non solum insanus, sed impius quoque, cum ita iuberetur, Deo gratissimum, et hominibus summe necessarium et utilissimum officium negavit. Cur non potius accepit ministerium, et cum [10] Paulo dixit: 'Vae mihi, si non Euangelizavero'? Adeo mature in Ecclesiam superstitio invecta est.

1. Cor. 9, 16

Meminerimus igitur huius brevis sententiae: 'Abiit Abraham sicut ad eum locutus est Dominus', et scribamus eam super omnia negotia nostra, quae gerimus, sive domi, seu foris, sive in bello, seu pace, sive in peste, seu alio [15] periculo. Tum fiet, ut, etiam si moriendum sit, tamen nos ipsos consolemur, quod in Dei obedientia steterimus. Etsi enim eventus videbitur tristior, tamen summa consolatio est scire, quod Deo sis obsecutus. Ab eo igitur expectabis opem, et praemium multo maius, quam si res ex sententia cecidisset.

1. Mose 12, 4 a

Atque hae sunt verae laudes obedientiae, quae tantum est vel pro- [20] missionum, vel praeceptorum divinorum. Haec enim si non adsint, non meretur dici obedientia, nisi forte velis Satanae obedientiam dici: Nam Deo et eius verbo non obedire, est Satanae obedire.

Igitur praecipua nobis verbi, seu vocationis cura sit. Haec enim sola facit veram obedientiam, et Deo gratum cultum, quem si praestamus, non [25] solum tueri testimonio conscientiae nostrae nos possumus: sed etiam expectare a Deo opem, cuius vocem etiam in certis periculis sequimur.

Ac si quis in omnibus actionibus suis observet hanc particulam: Dominus dixit, is perpetuo laetus et plenus spe viveret. Sed impedit nos Satan, invidens nobis hanc foelicitatem, et mirabili specie a vera hac obe- [30] dientia vocat ad suam obedientiam, hoc est, ad talem obedientiam, quae non habet mandatum Dei, qualis Monachorum est etc.

Papa: Sicut supra dixi, in omnibus suis decretis urget obedientiam, quia vult esse summus Pontifex et Christi vicarius, ac addit horrenda fulmina, futurum, nisi quis obediat, ut vergat in periculum animarum talis [35] inobedientia. Promissiones quoque addit splendidas, qui currunt ad numina divorum Petri et Pauli, habituros plenariam remissionem omnium peccatorum. Talibus promissionibus ornat omnia sua opera, cultus sanctorum, invocationes sanctorum, Missas etc., ut invitet simplices ad obedientiam: Ac invenit sane populum, proh dolor, nimis obedientem. Quot enim hominum millia in hac [40] obedientia, dum se recta via ad coelum ire iudicabant, demersa sunt in infernum?

Etsi autem impii Doctores horribile iudicium Dei ob has imposturas sentient, tamen turba, quae eos secuta, non est ideo excusata. Debebant enim circumspicere, num in talibus mandatis esset, quod hic Moses dicit: 'Sicut Dominus dixit'. Ubicunque enim hoc non est, ibi non est Dei, sed
5 Satanae obedientia. Ad hunc modum implevit Papa mundum Satanica obedientia: Praecepit enim non, quae Deus iussit, sed quae ipse excogitavit. Inde accidit, ut tota eius religio non vera, sed factitia et electitia, ac mera hypocrisis esset.

Meminerimus igitur mandati in Apocalypsi, ubi dicitur: 'Exite de Off. 18, 4. 5
10 medio Babylonis, popule meus, ne participes vos faciatis peccatorum eius, et plagarum. Nam peccata eius usque ad coelum pertingunt, et meminit Deus iniquitatum eius'. Quomodo autem exibimus? sic nimirum: Si non patiamur nos tanquam ursum duci naribus.[1] Sed cum aliquid Pontifex mandat, non statim obsequamur: verum prius interrogemus et dicamus:
15 Domine Pontifex, audio te hoc praecipere, sed ostende mihi verbum, an etiam Dominus dixerit, tum parebo libens: Sed si Dominus non dixit, et mandatum tuum cum Dei verbo pugnat, sicut cum vota impia dicis valere: cum praecipis abstinere a coniugio, a cibis etc., non parebo. Habeo enim aliud mandatum Dei, id sequar etc.

20 Sed inquit: Sum ego Dominus Ecclesiae, ac dictum est: 'Qui vos audit, Luc. 10, 16 me audit'. Scimus sane Pontificem utrunque affectare, ut et Ecclesiae et Mundi Dominus sit. Sed hoc Christus manifeste ei negavit, cum dixit Apostolis: 'Reges gentium dominantur eorum: vos autem non sic. Et Petrus Luc. 22, 25 dicit: 'Non dominantes in clerum'. Illud autem, quod Ecclesiae Dominus 1. Petri 5, 3
25 sit, probet ipse verbo Dei, et credemus ei.

Nos autem scimus aliam Christi sententiam: 'Qui maior est inter vos, Matth. 23, 11 sit minor, et serviat aliis'. Ut scilicet totum dominium non penes homines, sed simpliciter et tantum penes verbum sit. Illud regnare in Ecclesia debet. Hic enim habemus manifestum mandatum de coelo: 'Hunc audite'. Matth. 17, 5

30 Quod igitur Pontifex etiam Dominus verbi vult esse, quod vult ligare et solvere omnia ex arbitrio, hoc est, leges ponere et mandare (sic enim Christi verba filius peccati falso interpraetatur), hoc sane apud nos non ob- Matth. 16, 19 tinebit. Imo anathema sunt omnes isti, apud quos hoc obtinet. Non enim a Christo eam potestatem accepit, sed impudenter et impie eam sibi arrogat.

35 Quam barbarus hic fastus est, quod etiam reges ad pedum oscula bestia cogit. Id tamen si rogaret ex charitate, ad augendam authoritatem suam in Ecclesia fieri, fortasse tolerari posset. Scimus enim contemptum ministerii esse nocentissimam pestem. Sed quod hoc iure petit, et sub articulo fidei et damnationis, hoc simpliciter pugnat cum verbo Christi.

---

[1] Vgl. Erasmus, Adagia 1559, S. 363: naribus trahi, τῆς ῥινὸς ἕλκεσθαι, nachgewiesen aus einem Dialog Lukians. S. Thiele, Sprichwörter Nr. 394.

Similia imo perniciosa magis sunt, cum indulgentiarum autoritatem, suffragia sanctorum et alia, tanquam ad remissionem peccatorum necessaria, mandat. Merito igitur pugnamus non tanquam contra Papam, sed tanquam contra hostem et adversarium Christi: quia constituit articulos pugnantes cum Euangelio Christi: quia simpliciter tollit fidem, et hoc tantum agit, ut 5 stabiliat suam Tyrannidem, non communi modo, sicut Tyranni insidiantur bonis et corporibus: Sed Papa etiam animas perdit, et tradit gehennae.

Ad hunc modum exemplum sancti Patriarchae, ante tot annorum millia mortui, adhuc Ecclesiae praelucet, ac praemonet contra hypocrisin. Scribenda itaque haec erant verba aureis literis: non tantum in parietibus, 10 sed in omnibus nostris dictis et factis: 'Sicut dixit ad eum Dominus'. Docent enim veram obedientiam esse audire et sequi verbum Dei, quod tibi dicitur. Ubi igitur verbum non est, ibi aut nulla est obedientia, aut est Satanica obedientia. Ideo in omni vita, in omnibus actionibus respiciendum est ad verbum. Non tantum in Ecclesia, sed etiam in Oeconomia et Politia. 15 Si verbum habes, et sequeris, etiam habes obedientiam. Sunt enim correlativa: Destructo autem altero relativorum: verbo scilicet: necesse est et obedientiam destrui, ac nullam esse.

12, 4ᵇ   Abiit quoque Loth cum eo.

Vide mirabile Dei consilium. Promissio pertinebat tantum ad Abra- 20 hamum, et non ad Loth: et tamen Deus hunc tanquam proselytum addit socium Abrahae, ac movet cor eius, ut malit cum avunculo exulare, quam manere in patria apud Idolatras. Fit autem hoc ideo, quia promissio ad Abrahamum facta, non tantum pollicebatur futurum, ut Abraham benediceretur cum sua posteritate: sed etiam, ut esset ipse benedictio, hoc est, ut per eum 25 alii participes benedictionis fierent, etsi promissio ad eos proprie non pertineret.

Sicut multae historiae in sacris literis extant, quae similia exempla ostendunt. Rex Aegypti non pertinebat ad sanctum populum, et tamen, cum religionem Iosephi amplecteretur, particeps reddebatur promissionis, seu 30 benedictionis. Rex Ninivae, quia fidem Ionae assumit: etsi non esset ex populo Dei, tamen promissionem populo Dei factam consecutus est. Huc annumeremus Hioben, reges Babel et Persas. Horum non tantum singularis fortuna fuit: Benedixit enim Dominus imperio eorum propter religionem, sed etiam aeternae benedictionis facti sunt socii per fidem. 35

Hodie quoque accidit, ut etiam, qui Euangelion non habent: tamen quia socii sunt vitae nostrae, hoc est, nobiscum habitant, et nos inter ipsos, participant cum benedictione nostra, et fruuntur pace, quam Dominus propter verbum suum Ecclesiis donat. Dives enim Deus est misericordia, et vult plurimos frui suis donis. Itaque benedictionis socios addit. Sicut Ruth, 40
Ruth 1, 16 quae filia Loth fuit, ad socrum suam dicit: 'Populus tuus populus meus: et

Deus tuus Deus meus', hoc est, Deus tuus, etsi non sim de populo tuo, tamen me non abiiciet, aget mei curam, et dabit, ne vidua vivam, etc.

**Erat autem Abram annorum septuaginta et quinque, cum   12, 4c
egrederetur de Haran.**

5   Haec distincta, clara et diserta sententia est, Abram non egressum de Ur: se de Haran, cum esset annorum LXXV. Itaque duplicem ponamus egressionem necesse est. Prima, cum Thare pater egredetur cum filiis Abraham et Loth ex *UR* Chaldaeorum. Fuit autem ea quoque profectio instituta in terram Canaan: sed casu quodam impediti substiterunt in Haran,
10   et ibi aliquandiu commorati sunt, sicut textus supra clare ostendit. Mortuo itaque ibi patre Thare, tum secundo movit Abram sedes, et ex Haran in terram Canaan est profectus.

    Quaestionem, an Abram fuerit primogenitus, supra attigi: Ac quanquam Lyra id constanter neget, quod non observat intercidere in Abram 60. annos:
15   tamen ego in ea sum opinione fuisse eum primogenitum, ideo quod textus hic clare testatur fuisse eum annorum 75., cum de Haran egrederetur. Si quis tamen aliam sententiam retinere volet, cum eo non pugnabo. Is autem mihi Magister erit, qui hos annos septuaginta quinque cum aetate Thare, qui annos 205. vixit, poterit concordare.

20   Illud quoque hoc in loco monendum est, si quis tempus datae legis post promissionem, de quo Paulus dicit: Gala. 3. supputare volet: ab hoc Gal. 3, 17 anno Abrahae, qui est LXXV eius aetatis, faciendum esse initium. Nam ab hoc anno sunt precise anni quadringenti et triginta usque ad exitum filiorum Israel ex Aegypto. Numerantur enim usque ad descensum in
25   Aegyptum anni CCXV. totidem quoque annis in Aegypto populus Israel vixit. Itaque si iungas hos annos, nascitur numerus, quem Moses, Exodi 12. 2. Mose 12, 40 et Paulus, Gal. 3. ostendit: anni scilicet CCCCXXX.

    Observet autem lector Pauli sententiam diligenter: 'Lex quadringentis Gal. 3, 17 triginta annis post promissionem Abrahae factam data est': Sequitur igitur
30   legem non iustificare: Siquidem Abraham tanto tempore, antequam lex data est, Imo etiam antequam circumcisus est, antequam Altare excitavit, iustus fuit. Haec insolubilis est consequentia.

    Probat autem idem locus Pauli, promissionem Abrahae datam, et Abraham vocatum ad egressionem, non cum in *UR* viveret, sed cum in
35   Haran moraretur. Ideo Scriptura supra dicit, 'Thare tulit Abram et Loth 1. Mose 11, 31 filios': Hic autem dicit: 'Tulit Abram Sarai uxorem' etc.

    Sed cum hac sententia pugnat locus, Actorum 7., nec Stephani Apg. 7, 2 auctoritas elevanda est, haec ipsa verba repetentis, et clare dicentis, in Mesopotamia ad Abraham dicta haec verba esse. Pugnant igitur Moses et

---

30 antequam] antequam *A*

Stephanus. Hos quomodo conciliabimus? Uterque enim fide dignus est testis, et tamen inter se non conveniunt.

Responderi solet. Bis vocatum Abrahamum: Semel in *UR* Chaldaeorum, fortasse per Patriarcham Sem, et postea in Haran. Mosen autem contentum esse recitatione posterioris vocationis in Haran. Ita non pugnabunt hi testes. Nam Mose posteriorem, Stephanus priorem recitat.

Mihi Tamen si videtur, accuratam rei gestae narrationem a Mose texi, non a Stephano, qui profecto huius Historiae cognitionem tantum ex Mose hausit. Saepe autem fit, cum obiter recitamus aliquid, ut circumstantias omnes non ita observemus diligenter, Sicut qui in eo sunt, ut historiam rei gestae relinquant posteris scriptam. Mose igitur Historicus est: Stephanus cum historia apud Mosen sit, de circumstantiis parum sollicitus, hoc tantum agit, ut intelligant auditores, Patrem huius populi, neque legem, nec templum habuisse, et tamen Deo gratum fuisse ac placuisse. Hoc caput negotii est, quod Stephanus urget, ut appareat Deum non propter templum, non propter circumcisionem, non propter legem: Sed tantum propter Semen promissum, quod supra, Synagoga occiderat, iustificare, peccata remittere, et aeternam vitam donare.

12,5ª Et tulit Abram Sarai, uxorem suam, et Loth, filium fratris sui, et omnem substantiam illorum, quam possederunt, et animas, quas fecerunt in Haran.

Haec Moses recitat ad amplificandam fidem Abrahae, quae profecto magna et admirabilis fuit. Nam longa et difficilis peregrinatio cum tam copiosa familia, in terram ignotam et ad homines ignotos, quantum molestiarum, periculorum et incommodorum habeat, facile discemus nostro exemplo: Sed vicit haec omnia sanctus vir pacientia et longanimitate. Credidit enim quantumvis laboriosa et periculosa res esset, tamen affuturum Deum benedictione sua, et, quod promisit, suo tempore certo impleturum.

Pertinent autem haec ad nos consolandos in omnibus tentationibus, hoc est, pertinent ad confirmandam fidem nostram: ut cum aliquid incommodi accidit, non statim frangamur animo, sed erecti in spem, oremus et expectemus auxilium. Opus enim est perseverantia: nec satis est bene coepisse: Quod bene coeperis, urgendum est gnaviter.

Vide enim Abrahamum. Relinquit *UR* Chaldaeorum, ubi patria, domus, possessiones, cognati, vicini erant, cum quibus consueverat, et exulat in Haran, et quasi novam oeconomiam instituit. Ibi cum aliquamdiu moram egit, etiam istinc iubetur porro migrare in Chanaan, quae quanto erat remota magis, tanto periculorum et difficultatum plus sustinendum fuit.

---

17 supra] *in anderen Ausgaben* impia   *24* homines] homiues *A*

Quod si Abram fuisset solus, etsi periculis cariturus non erat, tamen minus laborum et molestiarum fuisset. Nam qui solus est, non alligatus uxori et liberis, ei etiam voluptas est varia peragrare loca. Habet enim tantum unum ventrem, quem curet. Itaque si haec domus, hoc oppidum 5 non placet, quaerit aliud. Sed noster peregrinus non est solus, trahit secum magnum numerum animarum, inter quas quaedam coniunctissimae et charissimae sunt, uxor Sara, ex fratre natus Loth, et ex eo natae filiae. Item aufert secum substantiam omnem, hoc est, facultates, eae non fuerunt, ut nunc, aurum, argentum, praeciosa suppellex, sed iumenta et pecora. Nam 10 Mesopotamia celebratur propter pascuorum ubertatem, et pecoris ac iumentorum copiam. Ac habet nomen regio, quod inter duos maximos fluvios est posita, Tigrin et Euphraten, qui Babilonem quoque includunt: ac fere semper Mesopotamia et Babilonia ab uno rege gubernata est.

Est autem Haran quoque pars Mesopotamiae, quanquam immutatum 15 non nihil nomen, et post Arcam dicta est: Porro pecorum cura requirit multos ministros. Itaque dicit Moses: 'et cum animis, quas fecerunt in Haran'. Hic non tantum includit filias Loth, quas tum fuisse natas existimo: Nam ab anno egressionis ex Haran ad interitum Sodomae sunt anni XXV. Sed etiam reliquam familiam, servos et servas, et vernaculos ex illis natos. 20 Nam etiam sequentia ostendent habuisse Abrahamum numerosam familiam: siquidem ex eis trecentos armat.

Saepe autem dixi, vocabulum (*Naepaesch*) proprie significat corpus animatum seu vivum. Tantam multitudinem hic paterfamilias secum trahit in ignotam regionem, ad homines differentes religione, et ideo infestos huic 25 exuli. De periculis igitur, de molestiis et laboribus nemo dubitet, quin infinitis sint obiecti. Nam si uxor eius toties periclitata est, quid putabimus passos familiam et pecora?

Exemplum igitur fidei hoc in loco Moses vult nostris oculis proponere singulare, ad quod si nos conferemus, nos nostri pudebit. Quis enim dicet 30 se decimam harum tentationum et periculorum partem expertum? Nos enim cum familiam ad alia loca transferimus, non ad ignotos, sed ad amicos migramus: Aut si ignoti sunt, saltem lingua et religione nobis coniuncti sunt: Sed longe alia huius nostri exulis migratio est, merito igitur a sancto Paulo, Gal. 3. vocatur 'fidelis', quod cum tanta turba, profectionem hanc ᴳᵃˡ. ³, ⁹ 35 suscepit sola suffultus fidutia misericordiae Dei, qui promiserat se ei benedicturum.

Sed comites quoque huius profectionis merita sua laude non sunt frustrandi. Non enim exiguum quiddam est, quod Sarai et Lothi uxor maritorum authoritatem et consilium secutae sunt. Nam mulierculae ad pere- 40 grinationes admodum sunt timidae, et acerrime discedunt a suis.

---

6 inter quas] inter quos *A*   22 (Naepaesch) נֶפֶשׁ *Hebr.*   35 suscepit] suscipit *A*
40 acerrime] aegerrime *Erl. Ausg.*

De servis autem et ancillis miror: hi enim si nostrorum fuissent similes, nusquam tulissent pedem. Unde igitur tanta obedientia, et tam prompta voluntas ad sequendam authoritatem patrisfamilias? Nimirum et uxores et servitia, audientes Abrahamum de promissione Dei concionantem, assensi sunt verbo eius, et optarunt ipsi quoque participes futurae benedictionis per 5 Christum fieri.

Non igitur familiam simpliciter, sed veram et sanctam Ecclesiam hos Abrahami comites appellabimus, in qua Abraham fuit summus Pontifex, docens eam de misericordia Dei, exhibenda per filium, qui primum guber- naturus sit ac benedicturus posteritatem Abrahae, et omnes, qui cum ea se 10 coniungunt: Deinde suo tempore assumpturus carnem, et iram ac male- dictionem a suo populo in se translaturus, ut ipsi, peccatis omnibus exuti, etiam mortis aeternam poenam evadant. Huic praedicationi Abrahae credidit Sarai, uxor Loth, filiae Loth et utriusque servitia: itaque summa cum voluptate sanctum patremfamilias secuti sunt, potius inopiam, pericula et 15 damna omnia passuri, quam tantarum promissionum possessionem amittant: quae tamen nondum in re, sed in nuda spe erat.

Atque hoc modo Dominus etiam ipsum Abraham consolatus est: Nam revera benedictio Dei fuit, quod potuit invenire exilii sui comites, et quidem tam bonos et pios, qui ipsi quoque verbum magnifaciebant et sequebantur. 20

Recte igitur Psalmus celebrat hunc nostrum peregrinum: cum dicit: Psal. 39, 13 'Peregrinus sum apud te, sicut omnes patres mei'. Respicit enim David ad fidei imaginem. Etsi enim rex erat, tamen in periculis variis constitutus, sicut Abraham in ignota terra, sola promissione se sustentabat, in hac sola acquiescebat. 25

Ac nos quoque debemus hoc exemplum nobis amplificare, non tantum ad confirmationem et consolationem nostri, sed etiam ad obscuranda porten- tosa opera nostrorum sanctorum, quae in Papae Ecclesia iactantur, cum revera foetidum stercus sint, collata ad nostri peregrini seu exulis opera et fidem. 30

Verbum (*Asu*) fecerant, non solum propagationem liberorum, sed etiam curam et educationem, tum liberorum, tum pecoris significat.

12,5b **Egressique sunt, ut venirent in terram Chanaan, et pervenerunt in terram Chanaan.**

Observabis hoc in loco, quod iubetur exire Abraham, et habet pro- 35 missionem benedictionis: Sed nondum ostensus est ei locus, quem petere debeat. Itaque incertus adhuc est, quanam parte terrae eum Dominus habitare velit. Quod autem recta ad terram Chanaan tendit, non id eo facit, quod certo sciat terram Chanaan posteris suis tradendam. Nam haec pro-

---

31 (Asu)] עָשׂוּ

missio postea sequetur, sed quod Patriarcham Sem sequitur, qui in Salem
morabatur, a quo fortasse etiam ex Ur erat evocatus. Huius vel consilio
vel consolatione, siquidem promissio de semine in eo posita erat, volebat
uti, dum Dominus designaret locum in quo viveret.

5   Ergo haec peregrinatio in fide facta est: nondum enim locum habitationis norat. Primum ex *UR* Chaldaeorum, quae patria fuit, migrat in
Haran, Ex Haran deinde in Chanaan. Ibi non uno in loco moratur, saepe
vicinorum improbitate, saepe Domini verbo cogitur mutare locum, donec
tandem in Aegyptum secedit. Ex Aegypto iterum migrat in Chanaan, nec
10 tamen uno in loco subsistit: Iam Hebron, iam Bersaba, iam mons Moria ei
sedes est. Quod si infirmus fuisset in fide, impacientia fractus abiecisset
verbum, et vagationum constituisset modum. Admirabile igitur hoc fidei
exemplum est, quod sanctus vir non fatigatur, sed assiduo se consolatur
Domini verbo, in eo sperat, nec iudicat vanum esse, quod Deus semel pro-
15 misit. Sic simpliciter in nubibus, seu coelo haeret spe sua, neque a se
patitur dimoveri.

Pertransivit autem Abram terram usque ad locum Sichem, et 12, 6
usque ad planitiem More. Erat autem tum Chananaeus in terra.

     Haec quoque pertinent ad amplificandum exemplum hoc, quod Abraham
20 cum tanta turba hominum et pecorum tam longinquam profectionem suscepit.
Mirum autem est, si non aliqui, succumbentes tentationi, impacientiae voces
emiserunt, ut indignati sint, quod non potius vel in Haran, vel aliquo alio
loco substiterit.

     Sichem ex Iosua nota est: Quando enim filii Israel traiecerunt Iordanem, Jof. 20, 7 u. ꝰ.
25 venerunt regia via primum ad Hiericho, deinde Hai, ac tandem Bethel.
Sichem autem a Bethel Septentrionem versus est, non longe a duobus notis
montibus, Ebal et Garizim: neque Hierusalem procul distat. Fuit autem
hisce in locis admodum superbus populus posterioribus temporibus, sicut
Historiae et Prophetarum contiones ostendunt, quod Patriarchae ibi habitarunt.
30 Sicut Romanus Pontifex mirabiliter superbit, quod Petri sedem teneat.

     Vocabulum (*Elon*) alii quercum, alii campum seu planitiem vertunt,
Sed perinde est, nam sententiae nihil adimit, sed More montis nomen est,
cuius mentio fit Iosuae 7. Cum enim Gideon castra locasset ad austrum, Richt. 7, 1
Midianitae ad Aquilonem in convalli apud petram More castra metati erant.
35 Incertum autem est, unde hanc appellationem sortitus locus sit, significat
enim *More* doctorem. Ego in ea sum opinione, fuisse eo in loco sacerdotem
aliquem, qui instituit eo in loco viciniam de religione et cultu Dei. Est
appellatio eadem in Psal. 9: 'Constitue eis legislatorem'. Item: Psal. 84: Pf. 9, 21

---

     16 a se [?] *vielleicht* ab ea se   *20* tauta] tauta *A*   *28* temporibus) temporbus *A*
31 (Elon)] אֵלוֹן   *36* More] מוֹרֶה *A*

Pf. 84, 7 'Benedictionibus induetur Doctor'. Sed hoc in loco proprium est loci, in quo Abraham primo substitit.

Quod autem Moses addit, Chananaeum fuisse in terra, id eo pertinet, ut admoneat nos miserabilis exilii, in quo sanctus Patriarcha vixit. Non enim inter amicos, sed in medio inimicorum, inter homines cultu et religione diffe-   5 rentes, habitavit. Destinata quidem voluntate Noah ea regio erat pio Sem, sed filii Nimrod ex utraque Arabia effundentes se, vi eam occuparant: ut videas, omnibus seculis eandem esse Ecclesiae fortunam: predae est impiis, et tamen Dominus eam mirabiliter conservat, etiam contra portas Inferorum.

12, 7ᵃ Apparens autem DOMINUS Abrahae dixit: Semini tuo dabo   10
terram hanc.

Satis diu et varie vexatus et afflictus inter Chananaeos exul Abram, ne vinceretur tandem impacientia, in tentatione summam consolationem invenit. Verum enim est, cum arripit nos tentatio, nisi tum abbreviarentur Matth. 24, 22 dies, et succederet consolatio, non fieret salva omnis caro. Qui igitur per-   15 durat in fide, in fine certo experietur, quod Deus suos non deserat. Differt quidem consolationem, et nervum ita intendit, ut iam rupturum existimes. Sed opportune adest, et tum auxilio suo nos sublevat, cum videmur corrui- Pf. 9, 10 turi. Ideo Psalmus 9. Deum hoc titulo ornat, et vocat eum 'Adiutorem in opportunitate'.   20

Quo anno haec revelatio sit facta, textus non ostendit. Sed circum- stantiae indicant, iam pene fatigato Abraha isto duro exilio et perpetuis migrationibus. Igitur priusquam venit ad Sem, consolatur eum Deus, ut in hac quoque parte huius Patriarchae exemplum Ecclesiae utile et consolationi esset: ac nos quoque in tentatione positi disceremus, fidem firmiter retinen-   25 dam: Deum enim certo affuturum, et consolaturum nos.

Locus igitur nunc demum indicatur certus, in quo posteritas Abrahae consistat. Observa autem, quam proprie et dialectice verba sua ponat Dominus: Abraham, cum haec dicuntur a Domino, nec semen nec terram habet. Post cum nascitur ei semen, tamen nondum habet terram. Imo sicut   30 Apg. 7, 5 Stephanus dicit: 'ne vestigium quidem pedis habet'. Convenit igitur haec promissio cum illa priore, quae promittit futurum, ut habeat Abraham magnam posteritatem: non enim ipsi, sed semini promittitur terra. Hac promissione contentus est Abraham, nec queritur de suo exilio, modo norit posteritatem non exulaturam.   35

Est autem promissio haec vere corporalis, Nam sancti etsi fide vivunt, et spe futurae vitae praesentes calamitates vincunt: tamen in hac vita et tanta carnis infirmitate, etiam corporali consolatione indigent, ut respirare a malis, et quasi vires resumere possint, quas quottidianae calamitates attenuant.

---

13 tandem] taudem *A*

Et aedificavit ibi altare DOMINO, ubi apparuerat ei.　　12, 7ᵇ

Hic primum vides sanctum Patriarcham, etsi exulem et peregrinum, tamen propter promissionem semini eius factam cogitare de certa sede. Nunc enim primum Domino, qui ei apparuit, aedificat altare, hoc est, constituit certum locum, in quo conveniat Ecclesia, auditura verbum Dei, factura preces, laudatura Deum, sacrificatura Deo, hoc enim est Altare aedificare.

Ac Abraham aedificat altare, hoc est, Ipse est Pontifex seu sacerdos, ipse docet alios et instituit de vero Dei cultu. Hic enim finis unicus tum altarium tum templorum esse debet, ut ibi convenientes audiant verbum Dei,
10 ut orent, Deo agant gratias, Deum laudent, et quos praecepit cultus, exhibeant. Ubi haec non sunt, ibi altaria et templa nihil sunt, quam officinae Idolatriae, quibus Papatus plenus est, veri enim cultus negliguntur, et interim omnis cultus ponitur in blasphemum et impium Missae sacrificium.

Sed hic quaeritur. An licuerit Abrahae hoc facere, cum non iubeatur
15 id certo Dei mandato? Nam cultum instituere ex electione, et non ex iussu Domini, Idolatria est. Respondeo. Abraham non elegit suo consilio hunc locum altari, sed ipse Dominus, qui ibi apparuit Abrahae, eum elegit: Ipse enim Dominus est primus fundator. Ideo enim se ibi ostendit, quia ibi vult coli, et praedicari promissionem suam.

20 Sic Iacob infra, cum vidisset Angelos in scala ascendentes et descendentes, dicebat: 'Haec est domus Dei, et porta coeli'. Dominus igitur, quia 1. Mose 28, 17 primus ibi commoratur, et verbum suum spargit, vere dedicat locum seu consecrat, ut non prophanus, sed sanctus sit, et sanctis serviat usibus, verbum enim est, quo consecrantur omnia. Annunciatur autem verbum hoc in loco
25 non ab homine, sed ab ipso Deo.

Hoc igitur primum templum est, quod Patriarcha Iacob aedificat, non quidem nostris simile, sed acervus lapidum in campo, ad quem conveniebat Ecclesia auditura Dei verbum, et sacra factura. Dedit autem posterioribus seculis occasionem infinitis Idolatriis hic locus: sicut testantur Prophetarum con-
30 ciones [1], ac inter caeteros praecipue Oseae, qui contra regnum Israel vaticinatur.

Tuetur quoque religionem suam Samaritana mulier in Euangelii historia exemplo Patriarcharum, cum dicit: 'In hoc monte adorabant patres nostri', Joh. 4, 20 loquitur enim de hoc ipso monte *Garizim*, quem puto aut fuisse petram More, aut non abfuisse longius. Ac ratio quidem hoc laqueo capta est, nec
35 se inde expedire potest. Cum audit: Abraham hoc fecit, ac placuit Deo factum, statim concludit: Ergo ego quoque faciam idem, et etiam placebo Deo. Sed cum Prophetae negarent hanc consequentiam esse veram, vapulabant et occidebantur.

Ac Sichimitarum praecipua fuit insolentia et superbia: Sicut Syrach vgl. Sir. 50, 27 f. 40 ideo vocat stultos. Quia enim norant ab Abraha in monte Moreh altare

---

[1]) *Vgl. z. B. Hosea 4, 15; 10, 5; 10, 15. Amos 3, 14; 5, 5.*

aedificatum, hoc agebant tempore Alexandri Magni, ut in monte Carisim edificarent sumptuosum templum: ita permittente Alexandro: Sicut Iosephus author est libro 11. ca‌pite 8. Hanc impietatem praevidens Moses non ad exempla Patriarcharum sequenda, sed ad verbum Dei revocat pios Deu‌tero‌5. Mose 16, 5. 6 nomii 16, dicens: 'Non in quovis loco sacrificabitis, sed in loco, quem elegerit ˢ Dominus'. Hanc particulam ea una in contione non semel, sed multoties repetit. Quia enim futurum erat, ut locus tabernaculi saepius mutaretur, donec tandem templum aedificatum est: Vult Moses, ut istum locum observent, in eo conveniant, et sacra faciant, quem Dominus voce sua designat.

Sed frustra videmus monuisse sanctum prophetam. Tabernaculum ¹⁰ enim et templum contemptum est ab idolatris, et quaesita alia cultuum loca. Sicut apud nos quoque factum est: Pluris enim fecimus Petri Basilicam Romae, quam omnia alia loca, iu quibus verbum, Sacramenta et legitimus Clavium usus fuit: Cum tamen constet, ubi haec sunt, ibi Deum adesse praesentem et propitium. ¹⁵

12, 8 **Et movens inde in montem, qui erat ab Oriente respectu Bethel, extendit tabernaculum suum: ita ut esset Bethel ab Occidente, et Hai ab Oriente. Et edificavit ibi altare DOMINO, et vocavit in nomine DOMINI.**

Haec nova peregrinatio est in locum vicinum. Nam Bethel ac Hierico ²⁰ non longe absunt a monte Moreh, et sunt omnes positae in Regia via. Causam autem si quaeras, cur non manserit diutius iu Moreh: Nihil est, quod possimus causari, nisi vicinorum, apud quos vixit, odia et iniurias, quas non solum ideo passus est, quod inquilinus erat, sed quod novae religionis erat author, et habebat suos singulares conventus, nec sequebatur ²⁵ ipsorum, apud quos habitabat, idolatriam.

Sicut autem supra de Moreh apud Sichimitas diximus: Ita ex prophetis patet hanc occasionem arripuisse idolatras, ut in Bethel templum et altare erigerent. Fuit enim augustum nomen Bethel: Significat enim domum Dei: 1. Kön. 12, 28. 29 Itaque idolatrae oportunum iudicabant cultibus divinis: Sicut Hieroboam ibi ³⁰ 1. Mose 28, 19 vitulorum cultum erigit. Infra monebit Moses Bethel prius vocatum *Lutz*: Sed a Iacob Bethel appellatum, quod ibi apparuisset ei Dominus.

Observabis autem hic quoque sancti patriarchae pietatem. Etsi qui apud Moreh habitabant, propter religionem potissimum eum incipiebant odisse, tamen non ideo abjicit religionis studium Abraham: Sed etiam in hoc monte, ³⁵ qui medius inter Bethel et Hai est, erigit altare, ut exercet Pontificale suum officium, hoc est, docet ecclesiam suam de voluntate Dei, hortatur ad sanctimoniam, confirmat eos in fide, alit spem eorum de futura benedictione, etiam orat cum eis. Haec enim omnia Hebraeum verbum includit.

---

29 domum] donum A

Ego malui relinquere verba, ut in Hebraeo sunt posita, quam sequi nostrum interpraetem, qui tantum de invocatione exponit. In ea significatioue apud Ioelem est cap. 2.: 'Et erit, ut omnis, qui invocaverit nomen Domini, Joel 2, 5 liberetur', sive evadat.

5   Sed hic de toto ministerio loquitur Mose: Sicut etiam invocatio ipsa totum ministerium includit. 'Quomodo enim invocabunt, in quem non Röm. 10, 14 credunt? Quomodo credent, si deest doctor'? etc. Sententia igitur est: Vocavit in nomine Domini, hoc est, de nomine Domini docuit suos, ut discerent Deum esse misericordem, et bene velle generi humano: Siquidem 10 promittit semen, per quod ira tollatur et reddatur benedictio aeterna in paradiso per peccatum amissa. Hanc Dei noticiam etiam sequitur invocatio, ut in omnibus periculis ad tam clementem Deum respiciamus, rogemus opem, invocemus eum etc. Hic Pontifices et Episcopos nostros interroga, quis unxerit Abrahamum, ut hoc Pontificale officium exerceret inter suos?

15   **Abraham autem migrans inde profectus est, et profectus est**   12, 9
Meridiem versus.

    Haec tertia in ipsa terra Canaan migratio est. Itaque apparet, quam gratus fuerit hospes eius terrae hominibus. Etsi autem locus hic non nominatur, tamen Hebron fuisse verisimile est. Quae cum esset civitas Regia, 20 in qua Sacerdotes quoque Chananaeorum erant, non potuit Abrahae ibi locus esse. Admirabilis igitur animi magnitudo, et insignis perseverantia in fide hic ostenditur, quod in tot migrationibus, sive tanta hominum malitia et perfidia, non tamen succubuit Abraham: Sed et retinuit spem factae promissionis, et nomen Dei sui non tacuit: Sed praedicavit publice, toties expertus eam 25 unam rem infinitis odiis et iniuriis praebere occasionem.

    Hoc exemplum excellentis fidei Spiritus sanctus hic nobis ob oculos ponit. Supra de Caini peccato et poena diximus, quod oportuit eum vagum esse in terra: Sed Abrahami sanctus est per fidem, habet deinde promissionem excellentis benedictionis: Haec confer ad fortunam eius, et videbis similem 30 Caini poenam sustinere, ac tanquam maledictum vagari in terra sibi promissa, neque id solum, sed cum uxore, cum nepote ex fratre et tota familia. Sic 'Dominus mirabiliter ducit sanctos suos', qui si in fide perseverant, quod Pf. 4, 4 credunt, tandem accipiunt. Igitur nos quoque ad talia certamina paremus, et constanter perseveremus in fide. Hic enim finis est, cur hae historiae sint 35 propositae.

Erat autem fames in illa terra: Descendit igitur Abram in 12, 10 Aegyptum, ut peregrinaretur ibi: Nam fames magna erat in terra.

    Nulli fuerunt neque Lectores, neque Doctores, quos non praesens locus offendisset, etiam inter Iudaeos. Ita est admirabilis, quaestionibus et scandalis plenus, praesertim si recte intelligatur: tum enim scandala fidei et morum 40

sese ostendunt. Terra Chanaan est promissa semini Abrahae: Itaque sine
dubio concepit firmam spem, se ibi mansurum. Sed vide historiam, et dices
omnia geri et evenire contra fidem eius et promissionem. Quod igitur pertinaciter in verbo haeret, nec se contrario eventu inde patitur dimoveri, hoc
an non est per spem superare spem? Seu, ut Paulus loquitur: παρ' ἐλπίδα　5
Röm. 4, 18 ἐπ' ἐλπίδι πιστεύειν, sine spe credere in spem? Sicut Iacob infra 32, quando
contra Angelum luctatur.

　　Vagans enim est in terra, nusquam invenit locum, in quo possit manere
diutius. Tandem ea incidit calamitas, ut deserere promissam hanc terram
cogatur, et famis causa cum familia sua tota migrare in Aegyptum: Haec　10
an non vehemens fidei tentatio fuit?

　　Discamus igitur, quale regimen habeat Deus noster in terra: Infirmum
et stultum videlicet, si sequaris rationis iudicium. Antea abundavit haec
terra varia benedictione Dei, nunc cum sanctus vir venit in eam, portans
secum infirmissima fide promissionem Dei, continuo talis fames oritur, ut,　15
nisi alium locum quaerat, periculum vitae certum sit. Similes famis
calamitates postea passi sunt Isaac, Iacob, Ioseph, Elias, Elyseus et
Apg. 11, 28 alii prophetae. Paulus quoque sub Claudio. Et hodie audimus passim
impingi Euangelio hanc culpam, quod annona carior, et minus uberes pro-
ventus sunt.　20

　　Sic solet Deus, eo modo gubernat hanc vitam, ut plena sit scandalis
et offensionum, non tantum in impiorum, sed etiam piorum oculis: quanquam
pii cum sancto Abraha fide eas vincunt. Florente enim religione et sanctis
Patriarchis, Prophetis ac Apostolis gubernantibus, omnis generis calamitates
Pf. 37, 10 nascuntur. Quomodo conveniunt haec cum promissionibus Psal. 37.: 'In　25
Pf. 112, 7
Pf. 41, 2 diebus famis saturabuntur'. Item 111. 'Non timebit ab audito malo': 'In
Pf. 37, 25 die mala liberabit eum Dominus'. Item: 'Non vidi semen iusti quaerere
panem'? etc. An non Abraham panem quaerit, cum ex Chanaan in Aegyptum
usque famis fugiendae gratia migrat?

　　Respondeo. Fiunt haec certo Dei consilio, ad probationem fidei in　30
sanctis. Fiunt autem et tempus, et sequitur postea non solum compensatio
corporalis, sicut Abraham valde ditatus est: Sed etiam fidei incrementum et
Röm. 5, 3 sensus maior misericordiae Dei. Itaque Paulus dicit, etiamsi gemunt, querulantur, eiulant sancti in cruce, tamen de cruce, seu tribulationibus etiam
gloriantur, sentientes mirabilem Dei gubernationem.　35

　　Ad hunc modum tentatur hic quoque Abraham, non cum suo incommodo, sed cum magno suo bono, sicut sequentia ostendent. Probat enim
Dominus fidem eius hac ipsa tentatione, quae praefecto non exigua fuit. Sic
enim, cum ex Chanaan migrandum esset, potuit cogitare, ubi nunc est promissio mihi de hac terra facta, ex qua nunc, nisi fame perire cum meis　40

―――――――――

1 Chanaan] Chanaam *A*

velim, mihi excundum est? Siccine Deus facit, quod promittit? siccine mei curam gerit?

Sed sanctus homo primum intuetur in promissionem spiritualem de aeterno regno per filium Dei, hac se consolatur. Deinde non abiicit fiduciam de corporali promissione, Scit, si hoc anno ob famem inde migrandum est, quod alio tempore licebit redire. Itaque pacientia et expectatione futurae benedictionis hanc tentationem superat.

Idem nos quoque faciamus, cum experimur eadem incommoda. Vulgus, ut supra dixi, hoc tempore querulatur de variis incommodis annonae, pesti- litatis, bellorum etc. ac verum est, sunt ea plura et frequentiora, quam superioribus annis. Sed (ut nihil etiam dicam de peccatis et summa ingra- titudine, quae Deum ad poenas provocat) meminerint pii, fieri hoc ad tentationem credentium: nec vulgi sequantur stultum et impium iudicium, quod existimat, si revocetur vetus Pontificis impietas, si Missae fiant pro mortuis, si indulgentiae redimantur, si Supplicationes circa agros fiant, corrigi haec mala posse. Sicut Iudaei apud Hieremiam de Regina coeli Ier. 44, 17 dicunt. Quanto hoc est veri magis simile, nunc nos istius impietatis pendere poenas, praesertim cum quidam, contempto verbo, eam adhuc tam pertinaciter urgeant?

Insigne igitur hic exemplum vides, quomodo tentetur fides in sanctis, et tamen sanctus Abraham non succumbit, sicut impii, qui statim offenduntur ad primum tentationis sensum, et resiliunt. Abiiciunt enim verbum, sine quo impossibile est consistere. Sed pii verbum apprehendunt, et eo tanquam baculo nituntur contra tentationem, ne opprimantur.

Etsi autem textus dicit, Abrahamum propter famem hanc septimam et difficillimam profectionem suscepisse: tamen quis non credat, impios Chana- naeos sua importunitate eum coegisse, dum hunc inquilinum, novam religionis formam invehentem, causam huius calamitatis clamitabant, propter quem Deus terram alioqui benedictam coeperit maledicere? Hoc enim semper de piis iudicium mundi fuit. Bonus igitur vir volens cedit invidiae, et exponit se periculo.

Atque hic non prorsus verbo, sed ratione quoque sua ducitur Abraham: Hoc ex certo habebat, quod non liceret ei redire, unde egressus erat. Iussus enim divina voce erat, ut egrederetur de Ur et Haran. Igitur pergit in Aegyptum, loci fertilitate invitatus, quod sperabat, ibi viliorem annonam fore. Nam in corporalibus periculis ratio suum locum habet, ut videre aliquid et consulere possit.

Prudens igitur paterfamilias in periculo constitutus ratione gubernat fortunam, et tamen fidem non abiicit: Credit, etiamsi egrediatur necessitate coactus de terra promissa, eam tamen posteris suo tempore donandam. Interim Aegyptum ceu diversorium petit, unde commodo tempore in Chanaan redire possit. Id Moses diserte ostendit, cum dicit eum migrasse in Aegyptum. (*Lagur Scham*) ut esset ibi peregrinus, non ut ibi firmas sectaretur sedes: cogebatur enim necessitate, quam sciebat non fore perpetuam, sed unius aut alterius anni.   •

Qui inter Chananaeos mitissimi fuerunt, hoc forte ei consilium dederunt de adeunda Aegypto, quod iudicarent, cum tanta familia tali tempore Abraha- 5 mum reliquis vicinis oneri fore. Sed maior pars odit religionem eius, et iudicarunt cum huiusmodi mali causam esse: non viderunt, quod Deus contemptum verbi et religionis, fame et aliis incommodis punire soleat.

12, 11—13 **Et factum est, cum appropinquasset, ut intraret in Aegyptum, dixit ad Sarai uxorem suam: En scio, quod tu sis mulier pulchro** 10 **aspectu: Fiet itaque, cum videbunt te Aegyptii, ut dicant: Haec huius uxor erit, interficient igitur me: te autem in vita conservabunt. Dic, obsecro, quod sis soror mea, ut bene sit mihi propter te, et ego vivam tuo beneficio.**

Hic locus gravissime offendit Patres et Doctores omnes, quod non 15 tantum mentitur Abraham[1]: Sed cogit etiam ad mendacium uxorem. Sed mendatium fortasse excusari potest: Illud autem excusari non potest, quod uxorem volens et sciens exponit periculo adulterii, et hoc mendatio invitat ad adulterium Aegyptios, qui fortasse ibi temperaturi erant a maritata. Nunc cum liberam audiunt, putant sine peccato eam posse rapi.   20

Non solum igitur quaestiones multas, sed etiam scandala varia hic locus peperit: Siquidem Abraham pluris facit vitam suam, quam pudicitiam uxoris et aliorum salutem. Sed primum de mendacio dicemus, de quo disputant inter se Hieronimus et Augustinus: ac Augustinus triplex facit mendacium. Iocosum, officiosum et pernitiosum.   25

Iocosum vocat, qualia sunt Poëtarum seu histrionum in scaena, quos scimus mentiri, cum representant aliquid tanquam rem gestam: et tamen mendacium sine incommodo, et gratum etiam est, quod delectat, et risum movet. Potest igitur vocari grammaticum peccatum.

Alterum est offitiosum, cum boni alicuius causa mentimur: Sicut 30 1.Sam.19,17 Michol mentitur, cum dicit Davidem intentasse mortem, et recitat Augustinus exemplum de quodam Episcopo, nolente prodere confugientem ad se. Tale 2.Sam.15,34 *Chusai* Arachitae mendacium est, 2. Sam. 15., et mulierculae apud fontem 2.Sam.17,20 *Rogel* 2. Sam. 17. Offitiosum vocatur hoc mendatium, quia servitur non solum alterius commodo, qui alioqui iniuriam aut vim passurus erat: 35 Sed etiam impeditur peccatum. Improprie igitur mendacium vocatur, potius

---

1 (Lagur Scham)] לָגוּר שָׁם   *31* mentitur] mentitus *Erl. Ausg.*   *33* Chusai] Chrisai *A*

[1]) *Augustinus:* Veritatem voluit celari, non mendacium dici. *Lyra:* Sciebat enim abram nephas esse apud egyptios adulterium et morte plectendum, et minus reputabant homicidium viri quam accedere ad uxorem alicuius ipso vivente, et ideo ad hoc periculum evitandum dixit uxori suae: Dic ergo etc.

est virtus et insignis prudentia, qua et furor Satanae impeditur, et servitur honori, vitae, commodis aliorum. Vocari igitur potest pia sollicitudo pro fratribus, vel, ut Paulus loquitur, zelus pietatis. Proprie autem mendatium est, cum fallitur proximus a nobis in suam pernitiem et in nostrum commo-
5 dum. Hoc discrimen, etsi non satis sit proprium, tamen propter Patrum reverentiam retineo.

Quod igitur ad Abrahae factum attinet, statuamus eum non esse mentitum, vel saltem dicemus offitiosum esse mendacium, et dignam laude providentiam. Iudaei quasi Stoici, hoc est, septies asini, adeo interpretantur
10 hoc factum duriter, ac Abrahamum tanti peccati reum faciunt, ut dicant captivitate Aegyptiaca id punitum esse in posteris. Abfuit enim ab hoc eius consilio peccatum, et, quantum potuit, prudentia gubernavit fortunam tam inclementem.

Ex vocatione Domini venerat in terram Chanaan. Sed et vicinorum,
15 cum quibus habitabat improbitate et iniuriis, deinde temporum difficultate cogitur, ut mutet locum. Quia autem non licebat regredi ad loca, ex quibus egressus erat, Aegyptum petit fertilitate celebrem. Fieri autem potest, ut Aegyptus iam esset infamis apud vicinos, propter tyrannidem, habebat enim potentissimum regem. Ubi autem Magistratus verbo Dei non gubernatur,
20 fere ad tyrannidem abutitur potentia, sicut quidam dicebat: Bonorum regum nomina in uno annulo posse scribi. Haec igitur tentarunt animum Abrahae, ut sibi metueret, et de periculi ratione vel corrigendo, vel vitando cogitarit.

Quid igitur, inquies, num labascit fides eius? Num dubitat de Dei promissione, quod conservaturus et adiuturus sit in periculo? Ego sane non
25 nego, quod fides aliquantulum laboraverit. Nam exempla ante oculos sunt, quod etiam summi viri sunt lapsi. An non vehementi tentatione percucie- 4. Mose 20,12 batur Moses ad aquas contradictionis? Et notus est Davidis horribilis lapsus. 2. Sam. 11,4

Ad hunc modum, cum verbum ex oculis et animo dimisisset Abraham, et rationi indulgens de periculis cogitaret, vacillare coepit, sed non penitus
30 victus est. Imo fides laborans tandem triumphavit. Nam in ipso periculo, quod metuebat, constitutus, non tamen defecit fide, sed obtinuit apud deum oratione, quod voluit.

Ostendit ipse Abraham apud Abimelech, cum denuo hoc periculo ten- taretur, infra Cap. 20. huius consilii sui rationem, cum dicit: 'Forte non est 1. Mose 20,11
35 timor Dei in loco isto, et occident me'. Hic profecto indicat non leve certamen conscientiae suae, quae duro hoc telo in ipso exilio vulneratur, ut cogitet: Vide, solus es, peregrinus es, quocunque venis, peregrinam et novam tecum adfers religionem. Tune solus sanctus? Tune solus Deo curae es? et tot gentes ac populi a Deo sunt abiecti?

40 Similia nos quoque hodie patimur, cum adversarii plenis buccis nobis obiiciunt augustum Ecclesiae nomen, et interrogant, num, qui praecesserunt nos, et Papae religionem secuti sunt, omnes damnati sint? Ac Abraham

quidem tueri se potuit in hac lucta, quod norat se habere promissionem et verbum: Gentes autem illas esse sine verbo, Ideo Deo non esse curae, Sed corda admodum infirma sunt, et non facile hanc sententiam admittunt.

Pronunciare igitur possumus, in tanta periculorum multitudine Abrahae fidem cessisse aliquantulum, et quanquam hoc peccatum sit, tamen esse pecca- 5 tum infirmitatis. Ac in hanc sententiam fere do hoc facto iudicant, qui mitiores sunt, et non cum Iudaeis insaniunt.

Mihi autem alia subit cogitatio, ut non solum non peccasse, nec labasse fidem Abrahae statuam: sed hoc ipsum consilium ex fide firmissima, et ex spiritu sancto fuisse profectum, iudicem. Quomodo hoc, inquies? Abraham 10 plenus fide, etsi pericula varia videt, tamen in solam promissionem respicit. Hanc scit sibi et suo semini factam, et, ut sic dicam, in suo corpore positam. Etsi igitur statuit Deum facturum, quod promisit, etiamsi in Aegypto occi- datur, tamen sentit Deum non tentandum. Quaerit igitur media omnia salutis seu vitae defendendae, quasi dicat: Non defugio mortem huius corporis, 15 si Domino sic videbitur, et tamen promissio non est per incuriam negligenda, die sol nicht verwarloset werden. Si possum eam obtinere cum vita, bene est: Sin vita profundenda erit in impia hac gente, Dominus, qui promissio- nem benedictionis dedit, etiam mortuum me facile excitare poterit. Sed non ideo aliqua salutis via negligenda est. Igitur, mea Sara, ne dicas me esse 20 maritum tuum: Dic esse fratrem: Ita vivam tuo beneficio, tu autem ne dubita, senties Domini auxilium, ne quid patiaris indignum te, et ego quoque, quantum potero, ea in re te adiuvabo apud Deum verum precibus, qui se promisit clementem fore etc.

Haec sententia mihi magis placet, quia consentit cum scriptura, et 25 simile exemplum infra proponitur, cum Isaac mactandus est. Nam ibi quoque, Hebr. 11, 19 sicut Epistola ad Haebreos testatur, hac se spe erigit Abraham, quod Deus possit reducere in vitam etiam mortuos.

Quia autem Scriptura non uno loco Abrahamum nobis proponit tanquam patrem credentem, et perfectum fidei exemplar: Ideo malo in hanc sententiam 30 pronunciare, ut hic quoque magnitudo fidei ostendatur, quam quod aut pec- carit, aut fides succubuerit in tentatione.

Quanquam enim hoc humanum est, tamen hic peculiare exemplum pro- ponitur, de quo possumus pronunciare, quod nullus sanctus ad hunc modum se, cum in vita, tum in morte gesserit, sicut Abraham. Perinde enim ei est, 35 sive moriatur, sive vivat, haeret enim in Deo promissore, et tamen vitam non temere profundit. Exponit periculo familiam, substantiam, tandem uxorem quoque, ut vitam suam redimat: non quidem propter se, sed propter promissionem, quae in corpore eius nitebatur. Dictum enim erat: 'in te benedicentur omnes familiae terrae'. Hoc verbum, hanc sollicitudinem, 40

30 credentem] vielleicht credentium gemeint.

hanc curam servandae vitae excitat, ut omnia potius, quam vitam suam periculo exponat.

Non igitur levis aut exigua res est, propter quam periculo exponere videtur coniugem suam Abraham. Non enim simpliciter hoc facit propter vitam corporalem obtinendam, sed propter Deum ornandum, ut is maneat in sua promissione verax, quam sanctus vir familiae suae toties commendarat, qua toties eam consolatus erat in variis periculis. Ad hunc modum tractatus hic locus neminem offendet. Quae enim fiunt ad gloriam Dei, et verbum eius ornandum et commendandum, haec recte fiunt, et merito laudantur.

Sentiamus igitur spiritum sanctum etiam hoc in loco voluisse proponere excellentissimum fidei exemplum, quo admoniti nos quoque disceremus firmiter inniti promissioni Dei, et urgere eam. Si enim totus mundus reclamaret, si omnia in speciem contraria obvenirent, si denique extingueris ipse, tamen, modo fides nitatur promissione, evenient, quae Deus tibi in baptismo, in verbo, in coena sua, in absolutione promisit. Non enim potest Deus mentiri: ergo fides, quae nititur verbo, etiam mentiri aut fallere nequit, potius coelum rueret, potius lapides panis fierent, potius ex lapidibus excitaret Deus Abrahae filios.

Sed Abraham, inquies, plurimorum scandalorum autor fuit? Non omnes intellexerunt hoc eius consilium: Sed viderunt omnes in certum periculum adduci coniugem: Hoc certe cum Pauli regula non convenit, qui praecipit Eph. 5, 28 diligendas uxores, Sicut nos nostra corpora diligimus etc.

Respondeo: Nihil hoc ad Abrahamum, Ipse enim recte facit, et non peccat. Nos quoque docemus verbum Dei, et docemus cum singulari fide et diligentia: Sed multi inde scandalizantur. Quid autem hoc ad nos? Si sunt scandala, sunt passiva, et non activa: Cur igitur sustineremus inde conscientiam? Sic Abraham fecit, quod potuit, et, ut firma maneret promissio, ne quidem uxoris periculo motus est. Haec insignis fides est, et aedificantur exemplo hoc, quid id recte considerant. Si qui autem offenduntur, quid hoc ad Abrahamum?

Sed Sarae quoque eximia fides est, quod haec suadenti marito morem gessit, neque suo periculo mota est: Potuisset dicere: Non faciam. Cur enim prodam pudicitiam meam? Inanis hic praetextus est: Quia sterilis sum, me abiicis, et captas occasionem ducendae aliae. Sed nihil tale ex ipsa audis. Monenti marito obsequitur, et in pura fide ambo se misericordiae Dei commendant. Hos coniuges quis non laudet? quis non admiretur? quis non imitari excellentem eorum fidem et obedientiam optet?

Insignia igitur haec exempla, et notabiles historiae sunt, quas tamen fere ocioso animo transcurrimus tanquam ad nihil utiles. Sed inspicienti eas diligenter et evolventi, tandem aperitur nucleus, et salutaris doctrina patefit, quae praelucere piis in omni vita et omnibus actionibus debet.

Quotusquisque est, qui, cum legit verba haec, quibus Saram coniugem Abraham compellat, cum consilium suum ei ostendit, qui putet inde aliquid posse disci? Sed sacrarum rerum studiosus nihil putabit tam esse exiguum, siquidem Spiritus sanctus id literis voluit mandari, quod non prosit, saltem ad vitam et mores regendos. [5]

Itaque hic quoque Oeconomicam doctrinam ostendit Spiritus sanctus, cum commemorat Abrahamum tam amice collocutum cum Sara sua. Primum rogat: Deinde addit ista de dono formae. Nihil hic audis Tyrannicum, nihil imperiosum, blanda et suavia sunt omnia, Sicut inter bene iunctos esse Sir. 4, 35 debent. Non enim, sicut Salomo dicit, 'Maritus in domo sua Leo sit'. Sed [10] etsi maritus dominium habet in uxorem, debet tamen id non eiusmodi esse, sicut Plutarchus [1] erudite monet, quale esse solet in mancipia: Sed quale est animae in corpus, quae naturali benevolentia cum corpore iuncta est, et afficitur corporis tum commodis, tum incommodis.

Sed etiam tertia quaestio hoc in loco explicanda est, an excusari possit [15] Abraham, quod de Aegyptiis nondum notis sic male suspicatur. Quia enim omnis suspitiosus detractor est in corde suo, detrahit hac cogitatione Abraham Regi et toti Aegyptiorum nationi. Statuit enim eos esse Tyrannos, libidini deditos, et paratos ad caedes. Nisi enim haec metueret, non institueret hoc consilium. [20]

Magnum autem peccatum est detractio, et notum est proverbium: Melius inter bestias agi vitam, quam apud homines suspiciosos. Paulus 1. Tim. 6, 4 quoque numerat suspitionem inter capitalia peccata, 1. Timot. 6. Est enim fons, ex quo promanat detractio, discordiae, lites etc. Itaque Christus docet contrarium, et iubet ne quenquam iudicemus aut damnemus. Nam omnis [25] suspiciosus constituit se iudicem super alios et damnat alios.

Damnarunt autem Philosophi quoque suspitiones, tanquam venenum amicitiarum, sicut extat erudita disputatio Ciceronis, sub persona Lelii [2] flagellantis notum Biantis dictum: Ama tanquam osurus. Vere enim dicit: Amicicias consistere non posse, ubi suspitionibus indulgetur. Suspicio autem [30] est, statuere, quod, quem nunc diligis, osurus aliquando sis. Huic affine est, quod Aristoteles veritatem vocat matrem amoris. Non enim vel Oeconomiae, vel Politiae consistere possunt sine mutua fide. Quantum enim incommodorum etiam de rebus leviculis suspitiones inter coniuges excitant? Graviora autem mala sequuntur, cum haec pestis invaserit [35] Respublicas.

Et tamen Abraham suo exemplo docet nos suspitiones alere, Imo, quod plus est, Scriptura sancta iubet et consulit, ut simus suspiciosi, siquidem Pf. 116, 11 diserte pronunciat 'omnes homines esse mendaces'. 'Inimici hominis, inquit Micha 7, 6 Sir. 6, 7 Propheta, domestici eius'. 'Nolite igitur credere amico'. 'Nolite confidere in [40] Pf. 146, 3

---

[1] Conjug. praec. S. 142; ed. Francf.   [2] De amicitia 16.

Duce'. 'Ab ea, quae dormit in sinu tuo, custodi claustra oris tui' etc. Micha 7, 5
Et Christus dicit: 'Non veni mittere pacem, sed gladium'.   Matth. 10, 34

Haec manifesta sunt verba scripturae: et tamen, si ea sequeris, qualis
erit nostra vita, si in ista diffidentia, in suspicionibus et cogitationibus malis
5 inter se vivent uxor cum marito, subditi cum Magistratu, familia cum hero?
Deinde ubi manebit praeceptum Christi: 'Nolite iudicare: Ne consideres Matth. 7, 3
festucam in oculo fratris'. Qualis denique erit Ecclesia, qua poenitentiam
peccatoribus proponit, et monet de peccatoribus ne desperemus prorsus.
Non igitur valet in Ecclesia illa celebris Iurisconsultorum regula: Qui semel
10 malus, semper praesumitur malus. Cum Christus etiam septuagies septies
vult condonari offensam fratri. Haec ex diametro pugnantia quomodo conciliabimus?

Quod ad Biantis sententiam attinet, quam adeo flagellat Cicero, prorsus
in ea sum opinione, ut existimem Ciceronem non intellexisse, quid vellet
15 Bias: sententia enim Biantis non est propositio, ut vocant, de inesse, sed
modalis, hoc est, Bias non hoc vult, quod amans certo constituat se osurum,
quem amat: sed quod, cum iam amet, possibile sit, ut post haec oderit. Sicut
Augustinus quoque loquitur, saepius contingere in vita, ut, quem oderis
antea, eum ames. Sed Philosophicam quaestionem relinquamus Philosophis
20 excutiendam.

Nos Theologica illa videamus, et quid fecerit Abraham, et quid
scriptura vetet fieri. Prohibet iudicium, hoc est, prohibet, ne simus suspiciosi: et tamen iubet, ne cui confidamus. Haec quomodo conciliari possint,
videbimus.

25 Tota res in eo est posita, ut distinguas inter has duas sententias, quas
sacrae literae proponunt. Prima mandat, ut diligamus non tam amicos, quam
inimicos. Secunda mandat, ne ponamus in hominem fiduciam, fieri enim
posse, ut fallat.

Sicut autem plenam prioris sententiae causam non videt ratio, Nam
30 nimicitias geri contra eos, a quibus laesi sumus, iustum existimat: Ita multo
iminus causas videt, cur omnibus hominibus ex aequo sit diffidendum: Intuetur
enim singulorum vitam, et ex moribus iudicat hos bonos, illos malos esse.
Bonos autem censet amore dignos: Malos autem odio. Hoc rationis iuditium
est, altius non potest ascendere. Deinde non solum statuit amore dignos
35 bonos, sed etiam fide. Hinc nascitur fiducia in homines, quam tamen in
totum sacrae literae damnant: quia non solum periculosa, sed etiam impia est:
Periculosa, quia fallit, Impia, quia fiducia haec debetur non creaturae, sed
creatori.

Sacrae literae igitur proponunt primo, ut ex aequo omnes homines
40 diligamus, ut omnibus bene faciamus, non bonis tantum, et quos ex moribus
indicamus dignos, sed etiam malis. Sic enim Deus solet, effundit bona sine
discrimine: et revocat nos ad hoc exemplum ipse Christus.   Matth. 5, 45

Deinde aliud de hominibus iudicium docent, quam quod ex moribus tantum sumitur. Hoc enim propter hypocrisin incertum est, et fallit. Quoties enim amicitiae dissiliunt: quoties, quem bonum iudicabas, depraehendis iniqua conari? Celebrant gentilium literae ex omni numero antiquitatis nescio quot paria amicorum. Hoc ipsum an non satis magnum et evidens argumentum 5 est, falli nostrum de hominibus iudicium, quod ex moribus sumitur?

Sacra igitur scriptura non ad mores simpliciter respicere iubet, sed ad verbum et ad timorem Dei. Haec ubi depraehendimus, hos bonos esse dubium non est: et tamen fieri potest, ut etiam hi cadant. Nota enim naturae infirmitas, et hostis nostri potentia est hoc agentis, ut a vero nos abducat, 10 et timorem Dei nobis excutiat. Quare ne hic quoque firma fiducia esse potest, futurum, ut semper sui similes sint. Quanto igitur minus in his ponenda est fiducia, qui sunt sine timore Dei?

Philosophia igitur hunc fontem mali non videt, quod natura tota corrupta est: etsi igitur certis officiis simulat amorem ad tempus, tamen non est 15 firmus amor, et facillime excutitur.

Ut igitur ad propositum negocium redeam. Abraham proficiscitur ad Aegyptios, hos non odit: et tamen diffidit eis: Ratio est: videt non solum naturam per se malam esse, et indulgere cupiditatibus, sed videt Aegyptum destitutam quoque verbo et vera religione. Hic cur periculum non metuat? 20

Se igitur et vitam suam committit Deo, et tamen non negligit media, quibus eam tueri posse sperabat. Ita incedit in regia via. Neminem odit, et tamen nemini fidit, si quid ab aliis benefit, hoc pro lucro habet, et eo fruitur, sed ita tamen, ut, si beneficium desinat, aut aliquid incommodi accidat, non ideo indignetur, aut odisse hominem incipiat. 25

Tales amicitias nescit Philosophia, quia hominis naturam non satis habet perspectam, putat inveniri posse sic bonos, qui nunquam obliviscantur officii. Ita dum amicitias quaerit, incidit in inimicitias plane, ut Graeci vocant, ἀσπόνδους, quae sanari non possunt.

Sed eruditi sacris literis vident, quid sit in homine, et ideo in Deum, 30 non in hominem perfectam fiduciam ponunt, et tamen ex aequo omnes diligunt, omnibus benefaciunt, etiam inimicis. Norunt enim Deum ita velle.

Atque haec demum est firma amicitia et constantissimus amor, qui nascitur non ex nostro iudicio, sed ex spiritu sancto, qui mentes ad verbum sequendum incitat. 35

Sicut autem diffidentia illa necessaria est, propterea quod humana 1.Kor. 13,4.7 omnia sunt incerta. Ita vicissim charitas, sicut Paulus dicit, non est suspiciosa, sed bene sperat etiam de malis. Utrunque enim statuit accidere posse, ut et ruant, quos bonos esse iudicat, et emendentur, qui mali sunt.

Qui igitur ad hunc modum in hominem non ponit fiduciam, non est 40 ideo suspicax, nec, ut sacrae literae loquuntur, iudicat aut condemnat proximum. Nam suspicio seu iudicium hoc est sine spe emendationis. Charitas

autem etiam cum videt, quod improbandum est, tamen sperare nondum
cessat. Ideo ad ignoscendum facilis est, neque septies, sed septuagies septies
ignoscit. Utrunque enim scit verum esse, quod omnis homo quantum in se
est, sit mendax, atque ideo in nullum hominem fidit, et quod Deus bonus
5 sit, qui ignoscit peccata, et gaudet conversione peccatoris, ac destinavit ad
id verbum suum, cui spiritus sanctus adest. Hinc nascitur spes, ut etiam
de malis non in totum desperet.

Philosophicum igitur iudicium explodendum est, quod statuit, ex
moribus hos malos, illos bonos esse, et tenenda est haec sententia univer-
10 salis. 'Omnis homo mendax'. Item. 'Prospexit Dominus de coelo super ꝑſ. 116,11
Ꝓſ. 14, 2ſ.
filios hominum, ut videret, num esset aliquis intelligens et requirens Deum:
sed omnes declinant, inutiles sunt, non est, qui faciat bonum, ne unus quidem'.
Haec est nostra natura, quam nobiscum afferimus ex utero matris, et retinemus, donec spiritus sanctus eam emendet. Igitur homini, in quantum homini,
15 nihil fidendum est, etsi, quod ad mores attinet, non habes, quod reprehendas.
Et tamen abesse debet odium, ut, quamvis malum iudices, non tamen ideo
deseras, aut desperes de emendatione.

Porro hic nihil dicimus de singularibus vocationibus, quae in speciem
dilectionem videntur tollere. Non enim dilectionis speciem habent plagae,
20 quibus in liberos aut familiam paterfamilias et parentes utuntur: et ira
videtur, quod Magistratus nocentes gladio punit et occidit. Sed inbentur
hoc facere, et peccarent, si vocationem suam ad hanc communem regulam
de diligendis ex aequo bonis et malis accommodarent, cui tamen parere
debent ipsi quoque, cum sunt extra vocationem.

25 Ad hunc modum etiam ad Michae sententiam respondendum est, cum
praecipit: 'Ab ea, quae dormit in sinu tuo, custodi claustrum oris tui'. Hoc Ꝏlicha 7, 5
profecto non vult Propheta, ut coniuges suspicionibus indulgeant, quae nunquam abeunt sine dissensione et turbis: sed vult amari coniugem: Sicut
Paulus hoc ipsum praeceptum in Epistola ad Ephesios pulchre explicat. Ꝛꝓꝉ. 5, 25

30 Et est inter primas laudes uxoris haec, quod cor mariti in ea confidit,
hoc est, quod maritus eam complectitur amanter, nihil sinistre de ea cogitat,
persuasum habet, se amari, et suis commodis serviri ab uxore.

Ideo Augustinus quoque non inerudite tria numerat coniugii bona,
fidem, prolem et Sacramentum. Ac sane, si fides absit, nunquam coalescent
35 animi, nunquam amabunt vere inter se. Nihil autem hic mundus hac animorum coniunctione inter coniuges habet pulchrius.

Sicut etiam Syrah concionatur: 'In tribus placitum est spiritui meo, Ꝛꝉꝛ. 25, 1ſ.
quae sunt probata coram Deo et hominibus: Concordia fratrum, Amor
vicinorum, et coniuges inter se consentientes'.

40 Itaque Propheta non suspiciones, non odia vult esse inter coniuges,
sed summum amorem et benevolentiam summam, quae sine mutua fiducia
non potest existere: et tamen vult, huius fiduciae esse modum, quia accidere

potest, ut fallat. Est enim homo, et quamvis Deum timet et verbum observat, tamen, quia habet Satanam hostem ubique insidiantem, et natura per
se infirma est, potest labi, et fallere alicubi spem tuam.

Hoc cum animo ita praevisum est, facilior eris ad ignoscendum, et
minus dolebis, si quid contra, quam speraras, acciderit. Constabit igitur
amor, nec turbabitur concordia. Nam nihil accidit inopinatum, et charitas
ad ignoscendum paratissima est. Rarum sane donum, sed tu, quia Christianus
es, memineris, hoc tibi praestandum.

Quid mundus soleat, notum est: fratrum quoque gratia rara est, inquit
Poeta[1]: et videmus, de levissimis rebus, et, ut Germanice dicimus, de stercore 10
columbino moveri inter vicinos turbas.[2] Hic igitur suspiciones et odia regnant.

Sed Christianus, etsi nulli homini fidit, tamen nullum hominem odit,
et quanquam statuit neminem hic firmum esse, quin possit everti vel a
cupiditatibus suis, vel Satana, tamen optime sperat de omnibus, etiam de
malis: Ita servat amorem castum, purum et firmum, etiam erga amicos. 15
Fiduciam autem omnem habet positam in solius Dei bonitate.

Haec non discimus ex Philosophia gentili, quae probat odium contra
inimicos, et semel malum semper praesumit malum, ideo fugit et odit, ac
arctissima amicitiae vincula solvit. Sed sacrae literae diversum docent.
Fiduciam tollunt, amorem autem mandant. Sic Abraham metuit periculum 20
ab Aegyptiis, sed non ideo eos odit. Bene sperat, et cogitat, quod velit
eorum bonis frui, quibus potest. Si quid tamen accidat adversi, hoc neque
inopinatum accidit, nec concitat ad odium. Hoc modo sacrae literae docent
Ethicam, seu Officiorum rationem longe melius, quam ulli Cicerones vel Aristoteles.

12, 14, 15 Factum itaque est, cum venisset Abram in Aegyptum, ut viderent 25
Aegyptii mulierem. Nam erat valde pulchra: viderunt quoque
eam principes Pharaonis, et laudaverunt eam apud Pharaonem,
et transtulerunt mulierem in domum Pharaonis.

Haec est admodum mirabilis Historia, si eam consideramus propius.
Nam Sara tantum decennio minor est Abraha. Fuit autem Abraham septua- 30
ginta quinque annorum, cum egrederetur ex Haran in terram Canaan, ac
usque ad hanc peregrinationem in Aegyptum fortasse anni decem intercesserunt, Itaque Sara annos habuit plures quam septuaginta, et iam anus
fuit. Mirum igitur videtur, quod non solum praedicatur eius forma, sed
etiam Rex eam amare incipit, et transfert in suam domum. 35

Iudaei suo more fingunt aniles fabulas[3] de Sara conclusa in arcam, et
a telonariis inventa ac adducta ad regem. Sed inerudita haec et Iudaeis

---

[1] *Ovid, Metamorph. 1, 145.*　　[2] *Nicht bei Thiele, Sprichwörter.*　　[3] aniles fabulae
= *Altweibergeschwätz, vgl. z. B. Cicero, de natura Deorum 3, 5, 12; Minucius Felix, Octavius
11, 2; Hieronymus, epist. 128, 1. Bei Luther vielleicht eine Erinnerung an 1. Timoth. 6, 20;
2. Timoth. 2, 16; Titus 1, 14.*

autoribus digna relinquamus. Neque hoc satis est, quod, cum Aegyptii fusci
sint, candidiora orientalium fuisse corpora, atque ideo Saram Aegyptiis
placuisse. Nam aetatis maior, quam formae commendatio est, et probatur
aetas, etiamsi forma minus probata sit.

Itaque tam praestans forma in vetula Sara vel est miraculum, quo
Deus regem Aegypti voluit conciliare Abrahae, ut hac occasione innotesceret
etiam inter gentes promissio de futuro semine (Nam Abraham nusquam non
docuit: sicut Esaias de eo dicit, quod, quocunque pedem tulerit, iustitiam
praedicaverit) vel, quod magis credo, adeo degeneravit nostra aetas, ut tum
sexagenaria foemina et forma et vigore aequaret eam, quae hodie est triginta
annorum.

Fuit enim natura tum vivatior et robustior, quam nunc in isto quasi
senio mundi est. Sicut enim paulatim accrevit malitia, ita decreverunt dona
ista, quibus ornat Deus pios. Adiuta autem Sara quoque est a natura, ut
formae decor maneret integer, sterilis enim fuit. Nec dum doloribus, tum
laboribus partus, qui formam et vigorem corporum admodum debilitant,
exhausta fuit.

Ostendunt autem aliae istius aetatis historiae, his anuis amplius ter
mille perdidisse naturam, ut minimum triginta annos. Nam quinquagenariam
apud nos parere, pene miraculum est. Et Moses in oratione sua dicit: 'Anni Ps. 90, 10
nostri septuaginta sunt, quod si quis robore excellit, octuaginta, quod postea
accedit, est labor et dolor'. Sed si respicimus nostrum seculum, profecto,
quadraginta annis impletis, paulatim vigor animi et vires corporis deficiunt.
Adeo propter peccatum degeneravit natura. Depraehenderunt autem prudentes
viri, etiam alias creaturas paulatim corrumpi: Sicut Virgilius erudite disputat
de seminibus.

Sed de Abrahamo quid hic dicemus? qui novo et acerbissimo incommodo feritur: quod videt uxorem suam, castam et sanctam matremfamilias,
gubernatricem totius domus, abripi in aulam regiam? Sine ingenti dolore
haec non vidit, et tamen fide se erexit, Deum non abiecturum curam sui,
et etiam inter infideles servaturum uxorem, ne quid turpe patiatur. In hac
fide acquiescit, hac spe mitigat curas et lachrymas, et precatur ardentibus
votis, ne spes haec eum fallat.

Sicut igitur superiora pericula tam variae et longae peregrinationis
fidem exercuerunt: Ita hic quoque exercetur fides eius, ut merito, tanquam
fortis miles, qui non in una pugna, sed in multis et variis periculis strenue
se gessit, proponatur Ecclesiae tanquam perfectum fidei exemplum.

Iudaei scribunt, quod Regio more non statim ad Regem admissa
Sara, sed aliquandiu adservata sit. Sicut de Persarum rege Assuero Esther 2, 2
legimus, puellas, quas Rex vellet, non statim ad Regem admissas, sed
totis mensibus sex unctas oleo myrrhino, deinde sex mensibus, aliis aromatis,
et tum demum deductas ad lectum Regis. Quod si eo more etiam Aegypti

reges suut usi, magna istarum gentium moderatio fuit, nec, sicut apud nos, furiosa libidine praecipites acti sunt.

Ut autem credam, etiam cum Sara haec ita gesta esse, non solum exemplo regum Persarum iuducor: sed etiam autoritate ipsius Mosi: Quia enim plaga certa secuta est, necesse est, aliquantulum temporis intercessisse, et tamen interim Sara non petita ad concubitum Regis.

Graecorum et Romanorum Principes in libidines admodum fuerunt praecipites. Itaque apud Aegyptios sanctior disciplina et honestas maior fuit, quam apud alias gentes: quanquam enim Polygamiae licentiam usurparent, tamen castius vixisse apparet, quam qui Monogamiam retinuerunt. Sicut 10 etiam infra capitalis poena a Palestinorum rege Abimelech statuitur, ne quis Rebeccam violet. Haec arguunt, etiam stante Polygamia, singularem istarum Gentium fuisse honestatem.

Iudaei fabulantur, interim, dum Sara in aula viveret, Abrahamum docuisse Aegyptios Astronomiam. Ac Iosephus valde in eo multus est, ut 15 ostendat Iudaeos omnibus gentibus antecelluisse cognitione Mathematicarum artium et Politicarum rerum.

Sed rectius faceret, si hos populi sui maiores commendaret, non ab istis donis, quae naturae sunt, sed ab aliis maioribus, quae sunt spiritus sancti, quod Abraham docuit Aegyptios de voluntate Dei, de vero cultu 20 Dei, de invocatione vera. Haec excellentiora dona sunt, quam scire motus syderum, significationes astrorum et similia.

Quanquam haec quoque iudico divinitus ostensa patribus: Et caelebrant gentium literae, tum Chaldaeos, tum Aegyptios, quod harum artium studia diligenter excoluerint. Sive igitur Abraham Aegyptios docuit de his artibus, 25 Apg. 7, 22 seu ipse, sicut Moses, de quo Stephanus testatur, eruditum eum fuisse in omni sapientia Aegyptiaca, ab Aegyptiacis haec didicerit, nihil refert.

Hoc autem certum est, summum hunc virum, etsi naturae studium, in quo Dei praeclara opera utiliter considerantur, non neglexit: tamen potius habuisse studium propagandae notitiae Dei et veros cultus, timorem ac 30 fiduciam plantandi inter gentes. Hoc enim summum charitatis opus est, et invitantur ad id omnes sancti, etiam ratione confessionis.

12, 16 Et is quidem benefecit Abrae propter illam. Fuerunt enim ei oves et boves et Asini et servi et ancillae et Asinae et Cameli.

Haec particula admodum necessaria est. Pertinet enim non tantum 35 ad laudem et gloriam Dei, non deserentis suos: sed etiam ad commendationem fidei Abrahae. Hic enim vides credentes Deo esse curae, ac servari in praesentissimis periculis. Non solum enim Abraham in gratia est apud regem propter sororem Saram. (Nam sororem Rex esse credebat) Sed Aegyptii quoque reverentur eum, qui tamen, ut infra scribitur, a pastoribus 40 ovium abhorrebant.

Ostenditur autem hic quoque Gentis Aegyptiorum singularis humanitas,
quae in peregrinum hunc tam est officiosa et benefica. Quanquam enim rex
propter Saram erga Abrahamum tam est beneficus: tamen apparet ipsum
affinitatis vinculum, quod credebatur intercessurum, a rege magni aestimatum.
5 Quia autem nullum regnum tam est constitutum bene, quin habeat aliquid
Tyrannicum, ideo timuit Abraham sibi.

Praecipuus igitur hic locus est, ut discas Deum esse protectorem
sperantium in se, nec deserere suos, etsi tentari sinit. Sicut hanc ipsam
historiam egregie tractat, et pro dignitate amplificat David, Psalmo CV:
10 'Cum essent numero pauci, et prope contempti, et in ea terra peregrini: Et ℬſ. 105, 12-15
migrarent de populo ad populum, ex uno regno ad alium populum: Non
tamen permisit aliquem nocere eis, sed corripuit propter eos reges. Nolite
tangere Christos meos, et in Prophetas meos ne sitis iniurii' etc.

Vide, quomodo singulas circumstantias Propheta exaggeret, ut nobis
15 ostendat Deum certo miserturum eorum, et eis benefacturum, qui sperant
in ipsum.

Est igitur hic locus ceu fons, ex quo praeclarae illae Prophetarum conciones emanarunt, quibus invitant ad retinendam spem et fiduciam misericordiae Dei, ac consolantur futurum, ut Deus tandem liberet ac benedicat.
20 'Beati omnes, qui confidunt in eo'. 'Cum quaererem Dominum, respondit ℬſ. 2, 12
mihi, et eripuit me ex omnibus pavoribus meis'. 'Cum hic pauper clamaret, ℬſ. 34, 7
audivit eum Dominus, et ex omnibus afflictionibus liberavit eum'. 'Invoca ℬſ. 50, 15
me in die tribulationis, et eripiam te, et glorificabis me'. 'Multae afflictiones ℬſ. 34, 20
iusti, sed ex omnibus his liberat eum Dominus'. Sed quis vel ex uno
25 Psalmorum libro similes sententias omnes meminisse potest? Taceo de
reliquis Prophetis.

Apparet igitur intellexisse eos, quod haec a spiritu sancto non propter
Abrahamum literis mandata sunt, sed ut nos quoque erudiremur in fide
talibus exemplis, et in periculis non desperaremus, siquidem Deus hoc in
30 loco ostendit se fore fidelem protectorem omnium, qui credunt in ipsum, et
qui sperant in misericordiam eius.

Tentari quidem sinit suos, sicut haec praefecto ingens tentatio, et pene
non ferenda fuit: sed in tentatione non deserit. Differt auxilium, sed non
ideo aufert: sed suo tempore adest, et liberat, ne quidem magnis regibus,
35 potentia et opibus suffultis, parcens.

Videmus summos doctrina viros, cum et bonorum pericula, et malorum
successus viderent, ista quasi iniquitate sic offensos, ut negarent providentiam
aliquam Dei esse aut curam de hominibus, et statuerent omnia temere ferri.

Ac sane rationi hoc insuperabile scandalum est, quo etiam pios videmus
40 non nunquam moveri. Sicut in Psalmo LXXIII est: 'Pedes mei labi coepe- ℬſ. 73, 21.

17 praeclarae) praeclare A

rant, ac velut in lubrico pene concidissem. Quia excandescere coepi
adversus securos, quando impios videbam fortunatos esse'. Nam ratio cate-
goricam tantum videt, quod bonis male est, et malis bene: Hypotheticam
non videt: Quod Deus ex malo liberat iustos, et malos percutit indignatio.

Spiritus sanctus autem Hypotheticam (sicut in Scholis vocant) ostendit, 5
Pl. 34, 20 cum dicit Psalmus XXXIIII: 'Multae afflictiones iusti, sed ex his omnibus
eum liberat Dominus'. Itaque sancti cum vident se afflictos: tamen non ideo
discedunt a mandatis Dei: sed huic minori subiiciunt conclusionem fidei, ac
statuunt se quoque liberandos ab istis incommodis et periculis.

Hae sunt revelationes spiritus sancti, quas Philosophia non videt, ideo 10
offensa negat providentiam, iudicat Deum humana non curare, sed omnia
casu et temere ferri. Cicero cum de finibus, Item de Deorum natura disputat, in hunc ipsum scopulum impingit. Non audet dicere, quod Deus aut
iniustus sit, aut humana non curat, et tamen non videt causam, cur tam
iniqua huius vitae conditio sit, ut mali floreant: Boni autem etiam in 15
honestissimis conatibus et consiliis concidant.

Huius caecitatis quae causa est? Haec nimirum, quod ratio tantum
intuetur in praesentia incommoda, his vincitur et obruitur: Promissionem
autem de futuro prorsus nescit. Spiritus sanctus autem iubet praesentia
Pl. 27, 14 negligi, et intueri in futura. 'Exspecta, inquit, viriliter age, confortetur cor 20
tuum, et sustine Dominum'. Pertinent igitur hi loci ad fidem et· spem
docendam ac confirmandam, et saepe in hac Abrahae historia principalis hic
locus repetetur.

12, 17 Et percussit DOMINUS Pharaonem plagis magnis propter Sarai,
uxorem Abrahae.   25

Hic demum est laetus eventus tentationum: Non solum liberantur pii
coniuges periculo et metu: sed etiam Rex cum sua domo involvitur malis,
et percutitur. Haec consolatio per totam scripturam a spiritu sancto inculcatur, et comprobat eam eventus: et tamen quasi caeci et surdi, cum in
tentatione sumus, eam non admittimus, non credimus eam veram esse. 30

Considera enim, quid soleat fieri. Nonne constituti in periculis indicamus nullum finem malorum fore, et nobis succumbendum esse? Ad eum
modum, cum videmus impios florere, statuimus eorum fortunam perpetuam
fore, ac si non esset Deus, qui vel laborantes respiceret, vel abutentes successu puniret. Sic utrunque vincitur scandalo. Accidit autem hoc propter 35
peccatum originale, quod nos ad desperationem pronos, contra, ad fidem et
spem tardos facit.

Abrahae igitur exemplum diligenter erat considerandum, et imitandum
quoque, qui, cum in praesentissimo periculo esset, tamen statuebat impossi-

_____

35 utrunque vincitur] utrinque vincimur [?]

bile esse, ut Deus deserat credentes in se. Non igitur abiiciebat spem: sed quanto periculum erat gravius, tanto credebat Deum citius liberaturum se et Saram, ac respondit tandem eventus.

Idem nobis quoque eveniet, si modo non patiemur nobis excuti 5 fidem. Ego sane propria experientia in multis gravissimis periculis idem expertus sum.

Sed caro plerunque nos captivat, sicut Paulus quoque de se queritur: 'video aliam legem in membris meis'. Spiritus quidem promptus est, admittit Röm. 7, 23 verbum Dei, erigit se in periculis, et cupit etiam in cruce gaudere et exul- 10 tare: Sed vincitur a carne, quae pro suo more tantum in praesentia intuetur, tantum praesentibus afficitur et movetur. Absentia autem, de quibus verbum docet, quia non videt, putat nihil esse. Utrinque igitur impingit, et cum letae, et cum adversae res sunt. In laetis nullum servat modum, quia non videt mala impendentia: In adversis quoque non potest erigi, quia liberatio- 15 nem, quam verbum promittit, nusquam videt.   •

Et tamen in piis relinquitur gemitus, qui quasi in imo pectoris residet, is aliquo modo, quamvis admodum debiliter, repugnat diffidentiae et despe- rationi et impacientiae, quae in carne est, ne fiamus blasphemi. Hunc respicit Dominus, et reliqua ignoscit.

20   Abrahamum quoque movit tantum periculum in chara coniuge, et sine dubio sensit quoque carnis motus, inclinantes ad desperationem, ut cogitaret, quid si nunc adempta uxor ad te nunquam redeat? quid si perpetuo ea carendum sit? Has cogitationes autem secutae sunt lachrymae et alia suspiria, ut non dubitem totas noctes egisse insomnes: Et tamen, dum his carnis 25 cogitationibus exercetur, est enim homo, spiritus eum reducit ad verbum, ut cogitet de promissione facta. Hac in his curis et lachrymis se erigit, et sperat Deum suo tempore redditurum uxorem, et curaturum, ne quid indigni patiatur. Sicut autem sperat, ita evenit. Verum enim est, quod spes, quae Deo et verbo eius nititur, non confundit.

30   Igitur proponamus nobis hanc historiam, et adsuefaciamus nos quoque ad alendam spem, et erigendos animos in tentatione. 'Vae illis, inquit Syrach, Cir. 2, 15 qui amiserunt sustinentiam'. Quid enim reliquum est amisso verbo, quam desperatio? Igitur scriptura passim hortatur, ut exspectemus Dominum, hoc est, non frangamur animis, aut abiiciamus spem, sed erigamus nos spe futurae 35 liberationis: ne nobis accidat, quod incredulis Israelitis in deserto, de quibus dicit Psalmus LXXVIII.: 'Defecerunt in vanitate dies eius', hoc est, morie- Ps. 78, 33 bantur, 'non adsecuti propter infidelitatem promissiones, et varie affligebantur per omnem vitam'. Et Psalmus CVI. scribitur: 'Non sustinuerunt con- Ps. 107, 11 silium eius', hoc est, noluerunt credere, noluerunt sperare. Ideo paulatim 40 absumpti sunt.

---

8 promptus] proptus A

Inculcemus igitur haec nobis. Si enim sumus Christiani, multa cogemur ferre adversa. Hodie videmus, quanta Episcoporum et quorundam Principum Tyrannis sit. Angimur itaque animo, et optamus maturari poenas impiorum, ac liberationem Ecclesiae. Multi impacientia franguntur, et tantum non deficiunt.

Sed exemplo Abrahae expectemus et sustineamus Dominum. Certo enim veniet, et nisi amiserimus sustinentiam, Tyrannos aget praecipites, Ecclesiam autem suam servabit. Haec enim eius natura est, ut, sicut in Esaia est, tentet suos, et ad modicum deserat, sed postea in magna misericordia suscipiat.

Jef. 54, 7 f.

Sicut autem Ecclesia et pii spe debent se erigere: Ita, qui florent, et Ecclesiam vexant, debent timere poenas; etsi enim eam differt Dominus, tamen non differet perpetuo. Neque tanta ullius Regis aut Monarchae potentia unquam fuit, qui non tandem dederit impietatis poenas, et corruerit. Quo autem tempore, quo modo, quo loco id futurum sit, hoc pii exemplo Abrahae Deo permittant.

Caeterum hic quaeritur, qualis plaga fuerit, qua Dominus Pharaonem et domum eius afflixit. Nam id textus non ostendit, sicut etiam, quomodo huius plagae causa Pharaoni revelata sit, non commemorat: Nam de Abraha certum est, quod non ostenderit, siquidem fefellit in eo Regem, quod diceret Saram sororem: non uxorem esse. Ac Rex eam ob causam videtur esse innocens: non enim rapuit ut uxorem alterius, sed ut liberam, nec voluit ea ut scorto abuti, sed pro coniuge retinere.

Iudaeos autem odi, qui, cum de hisce dubiis rebus disputant, insulsissimas et ineptissimas rationes fingunt. Hoc in loco dicunt poenam fuisse morbum, quem Medici γονόῤῥοιαν appellant, cum genitale semen ultro fluit.

1. Mofe 20, 18 Infra cum Rebecca a Philistinorum rege Isaaco erepta esset, scriptura dicit consecutam talem poenam, ut omnium mulierum vulvae clauderentur, ne vel concipere, vel parere possent.

Tale aliquid hic quoque accidisse puto. Quia enim alienam mulierem rapit Rex, muliebri poena punitur, ut mulier non possit esse mulier, hoc est, ut parere non possit, sed aborciat, et alia partus pericula sustineat. Usitatum enim est, ut, per quae quis peccat, per eadem etiam puniatur, sicut in Weish. 11, 17 sapientiae libro scribitur.

Porro hic iterum commendantur Aegyptii, quod habuerunt aliquam cognitionem Dei, et illam calamitatem agnoverunt non temerarium casum, aut usitatum aliquod malum esse, sed poenam a Deo propter certum peccatum inflictam. Non enim levis haec calamitas est. Quin inter omnia mortis genera tristissimum spectaculum iudico, cum extinguitur mater cum foetu.

---

12 eam) *vielleicht* eas

Haec igitur cum acciderent post raptam Saram frequentius, cogitavit rex, spiritu sancto ita movente cor, de causa mali, et quia una cum Sara plaga haec immigravit in aulam, ut aut laborarent, aut morerentur in partu aulicae et Regiae mulieres, compellavit Saram, quae esset: ibi intellexit non sororem, sed uxorem Abrahae, et maritatam esse: atque ita eam dimisit. Haec de poena ego coniicio, quia dicit textus magnis plagis percussum Pharaonem et domum eius. Ita enim convenit poena cum peccato.

Quod vertimus 'propter Saram' in Hebraeo est (*Al Debar*) propter verbum Sarai. Usitatum autem est in Hebraeo, ut nomine (*Dabar*) latissime utantur, sicut in vocabulo rei. Non enim verbum tantum significat, sed etiam causam, negotium, factum, rem. Itaque etiam in historia Euangelii Haebraismo hoc saepe utuntur Euangelistae. Ut, cum dicunt de Maria: 'servavit verba Lut. 2, 19 haec in corde suo': non solum de sermonibus, sed de tota re gesta loquuntur.

Exponunt autem Iudaei verbum hoc loco active pro Angelo, qui custodierit corpus Sarae, et ad Sarae iussum, quoties ipsa ita imperaret, percusserit Aegyptios. Sed commentum Iudaicum hic esse, quis non videt? Capiunt enim omnes occasiones, ut maiores suos gloriosos, et coram mundo magnos faciant.

Fuit autem Sara melior foemina, quam ut cuperet hominibus nocere, Et existimo hanc plagam Sara et Abraha ignorantibus ingruisse. Hoc certum est, quod non posuerint spem in eo, si affligerentur Aegyptii: sed omnis spes eis fuit posita in promissione divina, quod crediderunt Deum servaturum ipsos et gubernaturum sic omnia, ut apparet, eum secundum promissionem esse benedicentem Deum. Abiiciamus igitur Iudaicum commentum, qui omnia inflectunt ad gloriam operum et gentis suae, cum potius Dei potentia est misericordia nobis hic praedicanda, et fides sanctorum hominum in promissionem consideranda sit.

Hic autem considerandum est evidens argumentum, quod et honestissime constituta apud Aegyptios politia, et severa in adulteros iuditia fuerint: siquidem ipse Rex statim, cum audit Saram uxorem Abrahae esse, eam marito reddit.

Oritur autem hic gravis quaestio, cum certum sit Pharaonem peccasse ignoranter, cur tamen punitus sit, et quidem tam gravi poena, ac priusquam aliquid conaretur cum Sara?

Respondent autem tum Theologi, tum Iureconsulti per distinctionem: esse ignorantiam duplicem. Aliam Iuris, quae neminem excusat: Aliam autem facti, quae excusat. Ius autem hic definiendum est Dialectice, non de omnibus opinionibus doctorum, hae enim et infinitae sunt, et plerunque inter se pugnantes, siquidem de apicibus iuris Iureconsulti disputant, ac raro

---

8 (Al Debar)] עַל־דְּבַר   9 (Dabar)] דָּבָר   29/30 honestissime] honestissima A

conveniunt: sed de lege promulgata inter cives, aut usu et consuetudine recepta. Qui igitur ignorat, quae publice promulgata, aut usu recepta sunt, non excusatur. Discere enim id licebat ex vicino. Et ideo promulgantur leges, ut ceu lux praeluceant in genere omnibus, et qui contra faciunt, se deliquisse sciant, et expectent poenam.

Sed nescire quid in quolibet casu Bartholus, quid Baldus iudicet seu concludat, haec non est iuris ignorantia vocanda. Ius enim est, non opiniones doctorum et quaestiones, sed scientia publice proposita.

Ignorantia autem facti est, cum ius scio, et factum nescio, ut cum paterfamilias domi furem alit, quem tamen nescit furem esse. Hic ius scit, [10] quod furare lege prohibitum sit, factum autem nescit: ideo sine periculo suo alit furem, quem nescit esse furem, et nec consilio, nec auxilio adiuvat. Haec distinctio utilis est, et ideo eam recito, ne quorundam intempestiva sapientia decipiamini, qui sobrie et utiliter dicta, ac docendi causa inventa, nimio rixandi studio suggillant. [15]

Theologi in Scholis alias ignorantiae species numerant. Prima est, quam vocarunt invincibilem, confictam ad excusanda peccata, quod nulla industria vel diligentia vinci aut emendari possit. Sic Cicero est invincibiliter ignorans Dei. Nam cum eius disputationes de natura deorum, de finibus bonorum et malorum legis, vides nihil ab eo omissum, quod humana ratione [20] et totis viribus ab homine potest effici, et tamen, quid Deus velit, quae eius de nobis sit sententia, ignorat. Ratio huius ignorantiae est, quia non est rationis natae videre Deum, sed spiritus Dei, illustrantis mentes nostras per verbum. Hoc cum destitueretur Cicero, invincibili ignorantia laborare eum necesse fuit.

Sed hoc ipsum exemplum evertit celebre illud Scholasticorum dictum: [25] Homo cum facit, quod est in se, Deus infallibiliter dat gratiam. Fecit enim Cicero, quod in se fuit, et tamen non consecutus est gratiam. Imo hoc suo studio in altiores tenebras incidit, ut prorsus de Deo dubitaret. Ita enim necessario accidit, qui sine verbo de tantis rebus cogitat, tantum fractus rationis lumine, eum errare magis ac magis necesse est. [30]

Huius igitur ignorantiae excogitandae causam Theologi nullam habuerunt, non enim patrocinia peccatorum quaerenda sunt, sicut in Summa Angelica[1], ubi de docendis conscientiis agitur, saepe fit: is enim author huiusmodi politica et Oeconomica dicta cum magno scandalo in theologicas disputationes invexit.

Itaque cum ego recens Theologus eam ob causam eum librum legerem, [35] conscientiis consulere in confessione ut possem, saepissime graviter offensus sum: quod, quae ad Dei iudicium et Ecclesiam pertinebant, forensi et iudiciali modo tractabat.

In politicis negociis potest esse locus invincibili ignorantiae, ut cum quis impeditus morbo, aut mente captus aliquid peccat. Sed haec ad res [40]

---

[1]) *Gemeint ist die* Summa totius theologiae *des Thomas von Aquino (1227 [1225?] bis 1274), genannt* Doctor Angelicus.

sacras et conscientiae negocia transferenda non sunt. Sumus enim nati in coecitate peccati originalis, Id malum invincibile est, adeo, ut etiam renatos captivet, sed non ideo excusabile est. Sicut scholastici invicibilem ignorantiam dixerunt excusabilem, quae simpliciter a toto excuset (Sic enim loquun-5 tur), id est, peccatum prorsus tollat. Hoc si statuamus verum esse, sequetur etiam sine Christo homines salvari, si faciant, quod in se est. Tanta caecitas est in Papae scholis et Ecclesiis.

Sed intuere in Pharaonem, is moraliter est in ignorantia invincibili, nescit Saram esse uxorem Abrahae, et audit ex ipso Abraha, quod soror 10 tantum sit, et tamen Deus immittit ei gravissimas poenas. An non vides hic falsam esse istam celebrem scholasticorum sententiam de ignorantia invincibili, excusante a toto?

Sic Christus cum inquit: 'si in Sodomis factae essent virtutes, quae Matth. 11, 23. 24 in te sunt factae, mansissent usque in hodiernum diem, sed dico vobis, quod 15 tolerabilius erit Sodomis in die Iudicii, quam tibi'. Hic statuit ignorantiam in Sodomis, si conferas ad Capernaitas, sed tamen dicit non excusari ideo Sodoma a toto. A tanto (ut loquuntur in Scholis) excusari dicit, quod propter istam ignorantiam mitius punientur.

Sed quid multa? Quisquis invincibilem hanc ignorantiam excusationem 20 moereri statuit, evertit scripturam sanctam, et tollit e mundo Christum, 'iustitiae Solem', revelatum ideo, ut hanc ignorantiam tolleret. Vere enim Mal. 4, 2 aliud nihil est, quam peccatum originale, quod qui excusatione dignum statuit, nihil sacrarum rerum tenet.

Secundam ignorantiae speciem vocarunt supinam seu crassam ignoran-25 tiam, qualis est, cum tepide et frigide verbum audis, quod posses discere, si velles. Hanc recte statuunt inexcusabilem.

Tertia est Ignorantia adfectata, quando studiose cavemus, ne quid cognoscamus aut discamus. Hanc recte duplicem poenam moereri docent, ut cum hodie, qui in aulis Episcoporum et impiorum Principum vivunt, 30 studio abstinent a libris nostris, et eos legere nolunt, ut compellati a suis principibus liquido iurare possint, se ignorare doctrinam nostram.

Sic apud Hioben dicunt Cap. 21.: 'Scientiam viarum tuarum nolumus', Hiob 21, 14 et in Euangelio: 'Nolumus hunc regnare super nos'. Hanc vocant affectatam Luc. 19, 14 ignorantiam.

35 Si quaeras, quo in loco Papa cum Pontificiis sit, aut dicemus eos in hoc postremo ordine esse: Multa enim impugnant et damnant, quae sciunt bona, et verbo consentientia esse: aut ponemus eos simpliciter inter persecutores et adversarios sanae doctrinae. Sicut ideo Pontifex Antichristus dicitur.

40 Quid igitur respondebimus ad propositam quaestionem de Pharaone? Aliud nihil, quam quod ipsa historia secum adfert. Ignorantia nota est: et

---

38 sanae] sane *A*

tamen, quia Deus infligit poenam. Sequitur ex ipso facto ignorantiam non excusare. Utrunque igitur statuamus, et errorem esse factum Pharaonis, et malum errorem. Alioqui nulla sequeretur poena.

Quod si quis existimabit poenam hanc immissam, non quod mali aliquid designarit Pharao, sed ut a malo, quod secuturum erat, nisi poena 5 intercidisset, prohiberetur. Is videat, ne, dum excusat errorem, patrocinetur peccato. Nam etiam ignorans Pharao factus esset adulter. Adulterium autem semper peccatum est: neque valet hoc in loco illa Iuris et facti igno-rantia, quae in foro valet.

12, 18. 19 Vocavit igitur Pharao Abram, et dixit. Cur id fecisti mihi? 10 Quare non indicasti mihi, quod uxor tua est? Quare dixisti soror mea est, et accepi eam mihi in uxorem: Nunc igitur, Ecce uxor tua. Tolle eam, et vade.

Primum, ut supra quoque admonui, observemus hic insignem consola-tionem, quod Deus agit suorum curam, et constitutos in periculis non 15 derelinquit: modo non deficiant in fide, sicut Petrus quoque consolatur

1. Petri 5, 6 f. 1. Pet. 5.: 'Humiliamini sub potenti manu Dei, ut vos exaltet in tempore opportuno: omnem curam vestram proiicientes super eum, quoniam ei curae estis'.

Deinde etiam occasio, quam hic mirabiliter Deus quaerit, observanda 20

1. Mose 12, 2 f. est. Sicut enim supra promisit, 'Magnificabo nomen tuum, Benedictus eris, et benedictio' etc. Ita hic re comprobatur promissio. Innotescit Abraham apud regem: Rex discit eum Deo esse curae, et sine dubio per Abrahamum ipse quoque benedicitur, hoc est, venit ad cognitionem Dei. Nam hoc in loco tantum initia colloquii a spiritu sancto ostensa sunt, quae sane durius-25 cula fuerunt. Apparet enim Regem valde commotum, quod videt se a Peregrino ita deceptum: sed Abraham cum ostendit causas sui consilii, sine dubio de Deo, de promissione sibi facta, de futuro semine concionatus est, et placavit regis animum.

Videntur autem haec quasi praeludia esse futurorum casuum. Sicut 30 enim Pharao hic timens Dei dimittit Abrahamum, ne plus accipiat plagarum: Ita postea in Aegypto totus populus ab impio Pharaone, non timente Deum, dimissus est, non benigniter, sed metu graviorum periculorum.

Non igitur mitia haec verba sunt: 'Quare fecisti mihi hoc'? urget enim circumstantias: Ostendit se Regem esse, Abrahamum autem hospitem. 35 Quod igitur Rex ab hospite decipitur, et in tantas calamitates coniicitur cum suis, id sine dubio aegerrime tulit, ac nisi divina clementia intercessisset, capitale hoc Abrahae fuisset. Reges enim impatientes sunt contemptus. Facile autem fuit, hanc fraudem contemptum interpretari.

Sed mitigatur ira Regis oratione Abrahae, ostendentis causas consilii 40 sui, ut agnosceret Rex, se huic mendacio sua tyrannide praebuisse occasio-

nem, si enim tutum fuisset dicere, quod res erat: Profecto Abraham non
esset mentitus. Nunc autem, cum officioso mendacio saluti suae consulit,
ostendit certum in eo fuisse periculum, si veritatem diceret.

Nam hoc commune Regum peccatum est, quod, dum autoritatem suam
stabilire conantur, plerunque in tyrannidem incidunt, et nimium sunt asperi.
Multum autem inde nascitur malorum in imperiis.

Narrat Augustinus, quendam Antiochiae praefectum magis in terrorem
reliquorum civium, quam quod res ita postularet, civem quendam coniecisse
in vincula, ac statuisse magnam pecuniae vim liberationi. Dum igitur uxor
eius anxia circumcurrit, et de argento conficiendo solicita est, incidit in
praedivitem quendam civem. Is sic promittit pecuniae summam, si sui corporis potestatem ei faciat. Erat enim mulier egregie formosa, Circumventa
igitur necessitate capto marito rem omnem exponit, atque eius consilio et
hortatu (cupiebat enim liberari ex vinculis) conditionem accipit. Dives cum
explevisset libidinem suam, dimittit mulierculam, dans ei in manus saccum,
non auro, sed arena plenum. Mulier cum se deceptam videt, praefecto rem
omnem exponit. Ibi cum praefectus, indignitate facti permotus, agnoscit,
sua temeritate, dum iure suo nimis acerbe utitur, huic peccato datam occasionem: Hoc, inquit, meum peccatum est. Igitur et captum maritum gratis
statim dimittit, et ei istius Divitis, qui miserae mulierculae ita illuserat, omnes
fortunas donat.

Sic solent Reges et Principes. Ex consuetudine tyrannidis saepe
peccant, Haec peccata occulta sunt, nata ex consuetudine tyrannidis, nec ea
vident aut animadvertunt Magistratus, sed putant ista potentiae quasi
praemia esse, sed Deus tandem, sicut hic in Pharaone videmus, ea revelat
et severe punit.

Pertinet igitur hic locus eo, ut statuamus omnes nos, praecipue autem
Reges, Principes et alios Magistratus inferiores plenos esse peccatis. Nam
aut connivere solent ad peccata subditorum, et negligere officium suum, aut
abutuntur sua potentia, et nimium sunt asperi, ut autoritatem suam et
dignitatem tueantur. Haec publica peccati etsi Deus aliquandiu dissimulet,
tamen, sicut dixi, punire tandem et revelare solet.

Pharao, quod ad Abrahamum pertinet, plane fuit innocens, nam etiam
hoc, quod peccavit, peccavit inductus ad Abraha. Sed non fuit innocens
coram Deo. Igitur Deus punit eum, et docet, imo cogit eum hoc modo, ut
timeat Deum, nec porro incedat in suis affectibus, sed ut faciat officium.
Officium autem est, ut malis terrori, bonis autem praesidio sit.

Nunc autem diversum accidit, sic enim imperat, ut bonus Abraham
cogatur extremum periculum metuere, nec tutum se credit, si veritatem dicat.

Talia fere Magistratuum peccata sunt, quae Deus varie punire solet.
Ideo orandum sollicite pro eis est, ne sinat Deus eos errare, sed ut gubernet
eos, ut faciant officium suum. Nam si id negligunt, poena non cessabit, qua

Deus cogitur uti, ne peccata abeant in consuetudinem, et homines pravi ex vitio virtutem faciant. Nam sicut etiam Seneca[1] dicit: Ubi vitia in mores abeunt, ibi remedii non est locus.

Talis et tum Roma fuit, quod adhuc hodie est, siquidem praeter furtum et mendicitatem nihil iudicatur ibi turpe.

In oeconomia quoque saepe peccatur a patribus familias, quanquam neque mali sint, nec animadvertant peccata. Itaque variae calamitates excipiunt coniuges, quarum causam non vident. Nulla enim gubernatio est sine peccato: tanta animorum humanorum est infirmitas. Si enim David, si alii pii Reges et principes non semel in administrandis publicis negotiis peccaverunt, quid mirum est, si illi impingant, qui a spiritu sancto non reguntur, et indulgent cupiditatibus suis?

Non nunquam subditorum tanta est pravitas, ut saevera disciplina et gravibus poenis opus habeant. Hoc vidit Mathias, Ungariae Rex: Sed, dum aspero imperio suos regit, saepe in tyrannicam crudelitatem prolapsus est, cum tamen et eruditus, et non inhumanus, nec malus princeps esset.

Docent autem exempla talia, res humanas ciusmodi esse, ut, nisi singulari Dei benignitate Deus gubernet Magistratus, sine grandibus peccatis imperia retinere non possint: Itaque poenae quoque variae et graves imperia et Respublicas exercent.

Sed Patres etiam alias causas calamitatum colligunt. Aliquando enim immittit Deus poenas, non quod inveniat peccatum tali poena dignum in homine, sed quod velit probare fidem et pacientiam.

Nam Hiob sua vita poenas tales non erat commeritus: Erat enim timens, simplex et rectus, et tamen acerbissime flagellatur a Satana, sic permittente Domino, ut probaret fidem et constantiam eius. Sic enim dicit Hiob 2, 3 Dominus ad Satanam: 'Tu me commovisti adversus eum, ut eum percuterem frustra'.

Pertinet enim ad erudiendos et consolandos nos, ut discamus Deum saepe etiam innocentes gravissimis calamitatibus et poenis subiicere, tantum ut probet eos. Infirmi animi cum sentiunt poenas, statim cogitationem de peccato addunt, et peccatorum has poenas esse iudicant. Sed statuendum est, pios multa sustinere mala, tantum ut probentur.

Ier. 49, 12 Sic Dominus de suo populo dicit, Hieremiae 49.: 'Ecce, quibus non erat iudicium, ut biberent calicem, Bibentes bibent, et tu quasi innocens relinqueris'? Nam Daniel et eius socii, etsi ferrent captivitatem inter gentes, tamen suis peccatis captivitatem non (ut alii) promeruerant.

Sic in seditione rustica multi optimi viri perierunt, non quia in eadem culpa essent cum seditiosis, sed quia inter seditiosos erant. Nam publicae

---

[1]) *Seneca, Ep. 39.*

calamitates nunquam abeunt, quin etiam pii involvantur, Hi probantur, Alii
antem iudicantur.

Saepe quoque pii affliguntur, non quod aut sic mercantur peccata
ipsorum, aut probentur, sed ut retineantur in humilitate, et non extollantur
donis suis. Sic Paulus de se dicit: datum carni suae stimulum, ne efferatur 2. Cor. 12, 7
ob excellentes revelationes. 'Satanae Angelus, inquit, colaphos mihi
impingit, ne extollar' 2. Corinthiorum 12. Quasi dicat: Superbirem donis
excellentibus super omnes Apostolos, et fortasse alios contemnerem. Huic
malo medetur Deus isto Satanae stimulo, ut videam me nihil esse, et
humiliem me.

Atque haec causa est, quod Ecclesia, quam Deus summis donis, remissione peccatorum, spiritu sancto et aeterna vita donavit, tam variis periculis
et calamitatibus subiecta est. Si enim haec dona sine afflictione sentiret,
insolesceret et efferretur.

Sic videas saepe bonum et pium hominem exerceri subinde aliis atque
aliis periculis et casibus, cum econtra sceleratis et impiis omnia cedant ex
animi sententia.

Haec iniquia conditio stomachum saepe movet Sanctis. Sed si rem
recte aestimes, cum magno tuo commodo ista pateris, si enim sine tentatione
esses, superbires et damnareris. Nunc cum Deus inopiam, contemptum,
morbos, molestam uxorem, immorigeros liberos, tanquam magni ponderis
lapidem alligat cervici tuae, non es, quod Graeci dicunt ὑπερήφανος aut
superbus, sed demittis cervicem, et non quasi ex alto contemnis te inferiores
donis. Haec de causis calamitatum utiliter disputantur. Non solum enim
erudiunt, sed etiam consolantur.

Quarta causa poenarum seu calamitatum est, ut purgemur seu emendemur. Sic Maria Magdalena, quia impuram vitam agit, septem malis Matt. 16, 9
spiritibus exercetur, ut cogatur hoc modo ad poenitentiam et emendationem
vitae. Sic Salomon dicit, Proverbiis 22.: 'Stulticia ligata est in corde pueri, Spr. 22, 15
sed virga disciplinae fugabit eam'. Et Esaias: 'Vexatio dat intellectum'. Jes. 28, 19

Quinta causa est illa mirabilis ratio, secundum quam Deus nihil aliud
facit, nisi quod gloriam suam et Maiestatem ostendit.

Sic cum interrogarent Apostoli de coeco nato, Christus dicit: neque Joh. 9, 1
ipsum, neque parentes eius peccasse, sed hoc factum esse, ut revelaretur
gloria Dei, hoc est, ut Christus se hoc miraculo ostenderet esse filium Dei,
et invitaret plures ad fidem et agnitionem Dei.

Neque absurdum fuerit, ad hunc ordinem praesentem historiam referre.
Nam hoc manifestum est, quod occasione poenarum divinitus inflictarum
Rex venit ad cognitionem Dei et verae religionis. Sed hic finis accidentalis
est. Nam textus causam veram talium poenarum ostendit, cum dicit

---

24 calamitatum] calamitaum A

'propter negocium Sarai', seu propter raptam Saram poenas has exegisse Deum.

Ad hunc modum sancti Patres, ac praecipue Augustinus et Bernhardus, de poenis et calamitatibus disputant. Vident enim Hiobem innocentem probari, Paulum inclinari et humiliari, Magdalenam purgari seu invitari ad poenitentiam: In coeco autem simpliciter hoc agi, ut manifestetur gloria Dei.

Itaque etsi variae species hae tentationum sunt, tamen sunt castigatio paterna, et non irae flagellum, quale in Herode et aliis impiis cernimus, qui involvuntur atrocibus poenis, quas tamen postea consequitur aeterna mors et damnatio.

Pf. 6, 2 Hanc iram deprecatur Propheta, cum dicit: 'Domine, ne in furore tuo arguas me, et in ira tua ne corripias me'. Quasi dicat: argue: non recuso, etiam me ut corripias libenter feram, modo absit ira et furor.

Jer. 10, 24 Sic Hieremias pro se et populo suo orat: 'Corripe me, Domine, verumtamen in iudicio, et non in furore tuo, ne ad nihilum redigas me'. Opponit furori iudicium, quo purgamur et emendamur, sed cum moderatione et ad salutem.

Possent autem colligi plures causae, propter quas Deus nos visitat, quia sine intermissione peccamus, et fovemus ac alimus originale peccatum, cui debetur mors. Sed Deus credentibus hanc aeternam poenam remittit, et commutat eam in tales poenas, quales recensui, quae tantum huius praesentis vitae sunt, et nobis prosunt, quia aut probant, aut humiliant, aut emendant, aut gloriam Dei illustrant. Sustineamus igitur eas patienter, et etiam gratias agamus misericordi Deo, castiganti nos in iudicio, et non in ira, ut perseverantes in timore Dei salvemur.

12, 20 Et praecepit Pharao de eo viris, qui dimiserunt eum atque uxorem eius, et omnia, quae habuit.

Haec subita dimissio et custodia addita arguunt Pharaonem vehementer territum plagis istis, videt enim facile posse accidere, ut damni aliquid peregrinus Abraham accipiat a suis. Quia autem uxoris raptum sentit divinitus sic puniri, metuit similes poenas, si Abraham ab aliquo suorum laedatur. Iubet igitur, ut emigret cum substantia sua ex Aegypto, ac addit comitatum, ne in itinere aliquid patiatur incommodi.

Ad hunc modum vides Deum esse protectorem sperantium in se. Probat fidem, tentari sinit, sed non deserit, quin cum gloria et cum magno etiam aliorum commodo suos tandem liberat.

Fuit gravis tentatio, quod Abrahae eripitur uxor, sed quae hanc tentationem secuta sunt commoda? Rex perducitur ad cognitionem Dei, ut

---

14/15 verumtamen] veruntamen A   19 peccatum] peccaum A

timeat Deum, et se humiliet: Abram autem non solum nihil incommodi accipit, sed etiam cum magna gloria et cum regio comitatu dimittitur.

Confirmatur igitur eius fides, quae antea nonnihil laborarat: satis ei fuisset, si solus incolumis dimitteretur, nunc bene locupletatus cum omni familia sua dimittitur, addito publico praesidio. Hanc gloriam vix optare ausus fuit.

Ostendit autem Deus hoc modo, curae sibi esse omnes illos, qui spem suam fixam in eius misericordia habent. Discamus igitur nos quoque obedire Deo, et sustinere eius de nobis consilium, certa fide et spe gloriosae liberationis, quam tandem certo experiemur. In hunc enim finem historiam tam insignem Spiritus sanctus nobis scriptam reliquit, ut in patiencia et spe operemur salutem nostram, Amen.

Caput Decimum Tertium.
Caput XIII.

Ascendit itaque Abram de Aegypto, ipse et uxor eius, et omnia, 13, 1 quae erant illius, et Loth cum eo ad austrum.

Initio huius capitis Cosmographia obscuritatem parit. Est Abram in Aegypto, et redit ad terram Chanaan. Quaeritur igitur, quomodo dicatur profectus ad Austrum, cum Canaan ad Septentrionem sit posita? Sed facilis responsio est: Loquitur enim Moses non de itinere, sed de mansione Abrahae, quod rediens ex Aegypto constiterit in meridionali parte terrae Chanaan, studio declinans viciniora loca eius terrae, unde egressus erat. Itaque pertinet haec quoque particula ad exemplum patientiae et tolerantiae: Imo certissimae fidei in promissionem, quod sanctus vir non defatigatus tot peregrinationibus firma fide retinuerit promissionem de semine suo terram Chanaan possessuro.

Erat autem Abram valde dives pecoris et argenti et auri.   13, 2

Verbum (*Kaved*) non proprie divitem, sed gravem, et sarcinis oneratum significat. Ac numerat Moses tripartitas opes, Pecora, argentum et aurum. Vocabulum (*Mikne*) est factum a verbo (*Kana*) quod significat acquirere, emere, possidere. Fere autem usurpatur (*Mikne*) pro pecore, sicut infra Capite 46. Ioseph fratres et patrem docet, cum interrogaturus sit rex de 1. Mose 46, 32 opere, quod faciant, ut respondeant se esse homines (*Mikne*) pecoris. Et Exodi 12.: 'ovis, bos, pecus minutum' etc. .   2. Mose 12, 38

Hyeronymus vertit animantia diversi generis, ut sit vocabulum generis complectens quadrupeda minora, quae Latini fere gregem appellant.

---

28 (Kaved)] כָּבֵד   30 (Mikne)] מִקְנֶה   (Kana)] קָנָה

Commendatur autem hic quoque magnitudo fidei Abrahae, quod tanta familia gravatus, ac greges et armenta secum trahens, tamen tot peregrinationes potuerit tolerare: Sine dubio autem aurum et argentum fuerunt dona regia, quibus Deus mirabili consilio suo mitigavit tam diuturnum exilium.

Nam hic primum meminit Moses, divitem valde, et auro ac argento 5 gravem fuisse Abrahamum: in consolationem exulum et peregrinorum. Sic enim solet nonnunquam Deus, in mediis calamitatibus etiam bonis temporalibus suos cumulat.

Si enim non intercederent consolationes tentationibus, sed perpetua certamina et angustiae essent, labefieret fides. Itaque nonnunquam respirare 10 sinit, mitigans curas et miserias consolatione aliqua, perinde atque nos potu vel aromatis reficimus laboribus aut doloribus fatigatos, ne extinguantur.

Meminisse autem huius exempli in periculis debemus, ut patienter feramus praesentia incommoda, et in fide expectemus consolationem. Siquidem fidelis Deus et cum tentatione etiam evasionem facit. Vera liberatio 15 tum contingit, cum exuti hac carne emigrabimus ex hac vita.

Sed ante hanc perfectam liberationem laborantes animos saepe erigit, etiam corporalia commoda donans, quae arguunt et Deum non oblivisci suorum et pietatis praemia certa esse. Sicut igitur tentatio magna fuit eripi Abrae Saram a tam potenti rege: Ita quoque consolatio est insignis, 20 quod et Sarae nihil indignum accidit, et Pharao Abrahamum magnifice donatum et locupletatum dimittit.

Porro hic locus a Philosophis et Monachis saepe agitatus est, cur Spiritus sanctus de Abraha hoc scripserit divitem, seu valde gravem fuisse possessione pecudum, argenti et auri. Sic enim utrique iudicant virum tam 25 sanctum non debuisse opes habere, sed potius in paupertate vivere, praesertim exulem ut habentem omnes spes suas positas in unius Dei misericordia.

Sed meminerimus haec scripta non propter Abrahamum, sed, sicut
Röm. 15, 4
2. Tim. 3, 16 Paulus dicit, Romanorum 15. et 2. Timotheum 4. ad nos docendos, arguendos 30 et consolandos, vidit enim Spiritus sanctus portentosas hominum cogitationes de pietate, quae non solum nostro saeculo per Monachos et Anabaptistas in Ecclesiam invectae sunt, sed omnibus saeculis fuerunt.

Philosophi quidem magnum nomen se comparaturos crediderunt, si abiicerent pecuniam, et mendicitatem profiterentur. Idem Monachi fecerunt, 35 et eo quidem fuerunt nocentiores pestes, quod mendicitatem istam docuerunt Dei cultum esse, Anabaptistae quoque iudicant Christianos non esse, qui aliquid proprium habent.

Iudaei autem scelestiores suut, hi abutuntur his et aliis similibus scripturae sententiis ad patrocinium avaritiae et usurarum, quasi foenore 40 inter gentes tantas opes pararit Abraham: Nec mirum, si sancti Patriarchae exemplo abutantur. Ab ipso Messia aliud nihil expectant, quam opes et potentiam. Ita utriuque stulti in vicium incurrunt, alii nimium abstinendo, alii nimium rapiendo.

Arguunt autem haec summam ignorantiam mentium humanarum, quae non solum Deum non agnoscunt, sed ne creaturas quidem. Crates philo-
5 sophus abiicit opes, Epictetus mendicat, Stoici opes non patiuntur dici bona.

Cur hoc? quia videbant homines usu opum plerunque fieri deteriores. Consultum igitur sibi putabant, si opes damnarent, et prorsus abstinerent. Sic Monachi, quia videbant curis huius seculi multos occupari, ipsi relictis omnibus sic se putabant ab hoc malo tutos, si monasteria ingrederentur, et
10 ab omnibus civilibus negotiis abstinerent.

Confirmata autem haec opinio est, quod docebant in templis, hominem habere voluntatem rectam, omnes igitur iudicabant, si haec malorum irrita-
menta praecidissent, nihil instare periculi.

Sed, ut dixi, extrema haec coecitas et foedissima ignorantia est, quod
15 transtulerunt vicia, quae in homine sunt, ab homine ad creaturas, quae per se bonae sunt et Dei dona. Discernendum enim est inter rem possessam et possidentem. Res possessa est, qualis a Deo condita est: Sed possessor est alius, quam a Deo est conditus. Igitur vicium non in re, sed in possessore est. Hoc non viderunt stulti homines.

20 Castitatem docuerunt esse, si vites consortia puellarum et foeminarum. Sic per privationem rerum voluerunt sibi consulere, decepti illo falso principio, quod praesumebant hominem bonum et naturalia integra esse, sed experti re ipsa sunt, se nunquam minus esse castos, quam cum soli, et sine foeminis essent.

Franciscum non iudico malum fuisse, sed res ipsa arguit eum simplicem,
25 seu, ut potius verum dicam, stultum fuisse. Hanc enim figit seu legem, seu regulam, ut vivant sui secundum Euangelion. Euangelii autem hanc statuit perfectissimam regulam, vendere omnia, et pauperibus dare. An non reiiciemus eum potius ad stultos Philosophos, qui abiecerunt opes, quam ut inter Christianos relinquamus? Siquidem hanc Euangelii quasi medullam proponit aliis.

30 Euangelion de maioribus rebus nos docet, ut agnoscamus peccatum, et per Christi meritum speremus remissionem peccatorum. Haec pater ille bonus non videt, et putat in Euangelio novam legem, tamquam ex Platonis Republica proponi, de vendendis iis, quae possides. Et tamen quanto applausu absurdum dogma accepit mundus? Si historia vera est, mendicavit Franciscus
35 panes et alia ad vitam necessaria, ac postea distribuit pauperibus. Sed tu posteros eius inspice, an non illi rectius sibi et culinae suae consuluerint?

Iohannes XXIII.[1] non hoc consilio, quo nos, Franciscanos damnavit. Ita enim publico decreto sanxit, haereticos et pertinaces esse, qui dicerent

---

1) *Papst Johannes XXIII.: 1410—1415, gemeint dürfte jedoch Papst Johann XXII. sein, der 1323 in der Bulle: Cum inter nonnullos die Meinung, Christus und die Apostel hätten kein gemeinsames Eigentum besessen (also die ganze theoretische Grundlage des Franziskanertums!), für häretisch erklärte. Siehe S. 496, Z. 1f.*

Christum cum suis discipulis nihil habuisse proprium, ac in pauperes de Lugduno[1] crudeliter saeviit, qui paupertatem Christi se profitebantur imitari. Multos enim flammis subiecit.

Videbat enim potentiam et opes, quas tenebant Pontifices, non solum invidiam et odium, sed etiam opinionem impietatis conciliaturas, si isti existimarentur sancte vivere, qui nihil possidebant. Ac pauperes isti de Lugduno palam repraehendebant Pontifices, dicentes: non decere eos tenere opes.

Defendit igitur Ioann[es XXIII. possessionem opum, et damnavit mendicantes, sed alio consilio, quam nos: Non ei curae fuit religio: Sed quia opes tenebat, non volebat ideo minus sanctus haberi.

Moti igitur suo periculo tandem Franciscani, cum ita saeviretur in Lugdunenses, Pontificum avaritiam non reprehendebant: Sed, quod proverbio dicitur, tanquam muli scabebant mutuo[2]: Laudabant Pontifices, et vicissim a Pontificibus laudabantur.

Ad huiusmodi errores sanandos et tollendos utiliter haec exempla scripturae tractantur: Docent enim vicium non in rebus esse, quae sunt bonae, et vere Dei dona: sed in hominibus, qui possident eas, et iis utuntur.

Ille igitur non solum Philosophus, sed bonus Theologus quoque est, qui res divinitus donatas non damnat, sed usum seu gubernationem rerum: sicut Psalmus dicit: 'Si affluunt divitiae, nolite cor apponere': quasi dicat: Divitiae bonae sunt, itaque de corde tibi cura sit, ne id malum sit. Sic aspicere mulierem non malum est: Est enim mulier bona creatura Dei, sed in corde vicium, quod appetit mulierem, quae non tua est.

Monachi igitur, qui, ut castitatem retineant, fugiunt a conspectu mulieris, et se concludunt in monasteria, quia impura corda habent, tum maxime aestuant libidine, cum soli sunt. Non igitur verum remedium libidinis id est, si vites conspectum foeminae: nec sanaveris vicium abstinendo a rebus: sed gubernatione et usu, sicut experientia docet. Nam negata puella insanos facit, e contra concessa fastidientes.

Huc igitur incumbe, ut tu prius bonus fias, et ad usum rerum afferas cor purum, in rebus nihil est vitii. Quia autem hoc non faciunt, morioni similes sunt: qui, cum non rectus staret in sole, valde indignabatur, quod umbram suam videret curvam.

Ad hunc modum ipsi non vident in se esse vitium. Cum igitur usu rerum abstinere volunt, magis incenduntur quam ii, qui res tenent, et iis utuntur.

Ps. 62, 11

---

18 eas] eos A

[1]) *Die Waldenser* (pauperes de Lugduno) *wurden grausam fast vernichtet durch die unter Papst Gregor IX. seit 1232 zur ständigen Einrichtung gewordene Inquisition und die mörderischen Albigenserkriege 1209—1229.*   [2]) *Vgl. Otto, Die Sprichwörter der Römer S. 232f. und Unsre Ausg. Bd. 5, 182, 28. Deutsch findet sich das Sprichwort bei Luther:* Darumb jucket einer den andern, wie die Maulesel sich untereinander jucken. *S. Erl. Ausg. 28, 387.*

Oculi, pedes, manus sunt Dei dona, igitur si aspiciens puellam incenderis, non id oculorum, sed cordis peccatum est. Nonne igitur extrema esset stulticia, si tibi ideo velles effodere oculos, ne post hac aspicere puellam posses? Non enim hoc modo sanatur cor, sed decuplo magis incenditur, sicut Poeta inquit: 'Nitimur in vetitum, semper cupimusque negata'.[1]

Igitur monasticas et stultas illas opiniones abiiciamus, et cum vocamur vel ad gubernationem rerum, vel ad coniugium, non cogitemus mali aliquid esse in gubernatione, seu usu rerum: Si quid vitii est, in corde est, id curemus, ut rectum sit, et omnia habebunt recte.

Magni Philosophi sapientiae hanc laudem putarunt, si abstinerent a rebus gerendis: Sed rectius indicat Aristoteles, cum dicit: Magistratus ostendit virum. Et notum est triviale dictum: Homo solitarius aut bestia, aut Deus: Addenda autem est minor, Deus esse non potest, et sequetur optima consequentia, quod solitarium hominem necesse sit esse bestiam.

Sic Paulus dicit 1. Cor. ad fruitionem res conditas a Deo: non igitur abiiciendae, aut fugiendae sunt, sicut Spiritus sanctus hoc in loco de Abrahamo testatur, fuisse eum valde gravem pecore, argento, auro.

Si virtus esset abiicere res, et mendicum esse, immerito commendaretur Abraham, nunc manet in gubernatione et usu rerum, et in hoc praecipue incumbit, ut cor purum sit, non insolescit opibus, non avare eas colligit et servat: Sed est liberalis et hospitalis, sicut testantur historiae infra positae.

Ita cum ipse sine viciis sit, pie et sancte ac fideliter rebus utitur. Idem facias tu quoque, sive in coniugio, seu magistratu, seu alia conditione sis constitutus, et bene uteris rebus: uxore, liberis, dignitate et aliis, quae per se bonae sunt, tanquam oculi, aures, lingua, divinitus condita et donata membra.

Celebre dictum fuit non in Philosophorum tantum, sed Theologorum quoque scholis. Quae extra nos, nihil ad nos: Pecunia et similes res sunt extra nos, igitur nihil ad nos.

Speciosa haec sophistica, sed nocens et impia est. Quin tu dic: Quae extra nos sunt, maxime ad nos pertinent. Sic enim dixit Deus: 'Domina- 1. Mofe 1, 28 mini piscibus maris, volucribus coeli, et terrae cum omnibus, quae habet': Inter haec dona etiam sunt aurum et argentum. His utere, sed sic ut cor sit bonum, hoc est, sine avaritia et sine aliorum iniuria.

Primum ad utilitatem morum domesticorum, 'ne sis deterior gentili', 1. Tim. 5, 8 1. Timotheum 5. Deinde etiam ad aliorum commoditates, et cave tanquam certam pestem, ne aut cum stulto Crate abiicias res tuas, aut cum Epicteto et Stoicis non iudices bonas ac utiles esse. Imo statue non tantum utilia haec dona esse, sed etiam honesta, et condita a Deo in hunc finem, ut essent

<hr />

33 sed sic *fehlen Erl. Ausg.*

[1]) *Ovid, Ars amat. 3. 4, 17.*

delectabilia, et mitigarent aliquando sanctorum calamitates: sicut hoc in loco de Abram audimus.

Sed obiiciuntur, haec valere in veteri Testamento: Christum et Apostolos in novo Testamento docuisse aliter: Sic enim dicit Christus: 'Vende, quae habes, et da pauperibus': Item, 'Beati pauperes spiritu. Beati, qui sitiunt, qui esuriunt' etc. Et Paulus dicit: 'Habentes, tanquam non possidentes'. Haec mendicantium et paupertatem profitentium argumenta sunt, quibus sibi et aliis imponunt. Sunt enim vere inania sophismata, et non demonstrationes.

Etsi statuas Christum fuisse pauperem, tamen habuit loculum, quem servavit Iudas, et per hoc sequitur, quod habuit proprium, ac propriis facultatibus usus sit.

Porro si hoc de Christo constat, qui est caput et dominus omnium, quid miser Franciscus novi tentat, dum adeo non vult proprium aliquid habere, ut etiam attingere pecuniam suos vetet? et tamen interim concedit aliarum rerum usum, quarum copia cum suppetit, facile et sine incommodo pecunia abstinere possumus.

Sed quid multa? non solum stulticia, sed hypocrisis repraehensionem meretur, itaque non infacete quidam dixit, mirari se, quale hoc hominum genus sit, qui pecuniam non attingant: Nam aut Deo, aut magistratui, aut utrique infensos esse. Deo, quia eius creaturam abiiciunt. Magistratui, quia imagines Principum in pecunia potissimum abominantur. Siquidem non verentur attingere aureos calices, argenteas imagines. Et stupidum hunc errorem quis non videt? et tamen hoc fuco toti orbi imposuerunt.

Monent autem haec exempla, ut tanto studiosius adhaereamus verbo. Ea enim unica via est, ne talibus fucis decipiamur, cur enim praeferamus Abrahae Franciscum? Num quia Franciscus abstinet a pecuniae tractatione, Abraham autem, sicut Moses loquitur, 'onustus est argento et auro'? Argentum et aurum si sunt res per se malae, merito laudantur, qui ab eis abstinent: Sed si sunt bonae creaturae Dei, quibus et ad proximi necessitates, et ad Dei gloriam uti possumus, an non fatuus, imo etiam in Deum ingratus est? qui his, tanquam a malis, abstinet? Non enim malae sunt, etsi vanitati et malis sunt subiectae.

Tu animum corrige, affer ad usum istarum rerum cor syncerum. Si dedit Dominus opes, gratias age Deo, et cura, iis ut recte utaris, Si non dedit, ne avare eas expetas. Habe patientiam et crede Deo, quod daturus sit panem quotidianum, et cave istas Monachorum pestes, ne eos iudices aut damnes, quibus Deus copiose benedixit. Non enim Christus interdixit suarum creaturarum usum: Affectus voluit gubernari a nobis.

Est enim magister Spiritus, ac ipse quoque possedit proprium aliquid, sicut testantur Euangelistae, qui dicunt Iudae administrandae pecuniae curam

Matth. 19, 21
Matth. 5, 3. 6
2. Kor. 6, 10

---

3 obiiciuntur A] *Ausgabe Nürnberg 1552 hat* obiicitur

mandatam. Paulus quoque suis manibus laboravit, ut ex proprio, non ex alieno viveret. Valeat igitur Monachorum fucata pietas et stulta hypocrisis.

Et pergens migrare venit a meridie usque ad Bethel, usque ad 13,3 locum, ubi fuerat tabernaculum eius a principio, inter Bethel et
inter Hai.

Ostendit Mose Abramum non constitisse in eodem loco, sed varia habuisse hospitia. Quia autem vixerunt tum ad minimum sex aut septem Patriarchae, verisimile est eos quoque ad ea loca concessisse, et Abrahamum apud singulos aliquandiu substitisse. Nam Hebraeus textus ostendit Abrahamum subinde mutasse hospitia, et ita tandem deflexisse ad Bethel.

(*Vaielech Lemasa af*) Et ivit secundum seu iuxta mansiones suas, hoc est, subinde mutatis sedibus, venit tandem ad Bethel: non autem dubium est, hac occasione multos Cananaeorum venisse ad cognitionem Dei, ac veram religionem esse amplexos.

Ad locum altaris, quod ibi fecerat a principio, et invocavit ibi 13,4
Abram in nomine Domini.

In Hebraeo manifesta differentia est inter haec duo, Invocare nomen Domini, et invocare in nomine Domini. Priori utuntur pro eo, quod dicimus petere aliquid a Deo, quaerere Deum per orationem etc. Sed invocare in nomine Domini proprie est praedicare, docere, legere, et si quid aliud est, quod ad ministerium docendi pertinet. Quod igitur hic dicit Moses Abram istic in nomine Domini invocasse, idem est, ac si dicat, erexisse publicum sacellum, seu aram, quam praedicavit, et principaliter quidem familiam suam docuit de vera religione, deinde etiam vicinos Cananaeos, quid ad eundem locum confluxerunt.

Etsi enim ea tota generatio in genere maledicta et a piis separata erat, tamen subinde aliqui verbum sunt amplexi. Fuit igitur Abram Sacerdos et Propheta Dei, qui certum sibi locum constituit, in quo doceret, invocaret, sacrificaret.

Haec enim propria Sacerdotis officia sunt, quae nos quoque ex gratia Dei obimus, ut Deo constituatur Ecclesia inter nos. Hos enim cultus ab initio mundi usque ad finem durare necesse est: Etsi sub finem mundi in tanta perversitate morum paucissimi eos retinebunt.

Haec admonuisse de differentia inter invocare Dominum et invocare in nomine Domini satis sit. Quod si quis contendat, idem esse, cum eo non pugnabo, propterea quod natura coniuncta sint praedicatio et invocatio. Impossibile enim est orare, nisi prius docueris populum de Deo: Imo tu privatim nunquam orabis foeliciter, nisi ipse tibi praedicaveris vel Symbolum

---

11 (Vaieloch Lemasa af)] וַיֵּלֶךְ לְמַסָּעָיו　　*23* quam] ad quam *Ausgabe Nürnberg 1552*

vel alium scripturae locum, qui te admoneat bonitatis divinae, ut qui non tantum iusserit te orare, sed etiam addiderit promissionem de exaudiendo. Hac privata contione, quam ipse tibi subiicis, excitatur animus ad orationem.

Fit autem idem publice in nostris Ecclesiis: non habemus mutos cultus, semper sonat Euangelii vox, qua docentur homines de voluntate Dei. Concionibus autem addimus orationes, aut gratiarum actiones.

1. Kor. 14, 13   Sic Paulus 1. Corinthiorum 14. Vult, primo doceri Ecclesias et admoneri, Postea recte benedicitur vel oratur.

Sach. 12, 10   Et Zacharias promittit effusurum Dominum spiritum gratiae et precum. Spiritus gratiae est, qui docet de voluntate Dei, et commendando miseri- [10] cordiam Dei erigit ad fidem. Hunc sequitur spiritus precum: Qui enim norunt Deum reconciliatum et faventem, hi in periculis eum invocant cum certa spe liberationis. Ita perpetuo praedicatio et oratio sunt coniuncta.

Commendatur autem hoc in loco Abraham, quod haec fecerit non in angulo aliquo, formidans gentium vel minas vel vim, sed in publico loco, [15] ut suo et suorum exemplo alios quoque ad cognitionem Dei et veros cultus invitaret.

Fuit autem haec ara forte ad quaercum aliquam patentem, aut in colliculo sub dio, tecta Arabico aliquo tabernaculo, sine ullo ornatu, templum vile et sine honore, si spectes apparatum: Sed ideo gratissimum propter [20] praedicationem et synceram orationem.

Hodie templa regaliter ornata videmus, sed, o Deus, qualis ibi praedicatio? qualis oratio? Satanae enim, non Christi doctrinam audis. Nihil enim ibi sonat, quam mendacium: oratio autem mera blasphemia est.

Verum igitur est proverbium Germanicum: Finstere Kirchen und liechte [25] Herzen[1], Tenebrosa templa et illuminatas mentes fere coniungi. Tale fuit Abrahami, in quo sonuit vox Dei et verus cultus. Sed saepe templa, si videas, illustria sunt, sed corda sunt tenebrosa, seu potius caeca.

Non igittur lapides, non structura, non honor auri et argenti templum ornat, aut sanctum facit, sed verbum Dei et sana praedicatio, ubi enim [30] bonitas Dei commendatur hominibus, et eriguntur animi, ut eo fidant, et invocent Dominum in periculis: Ibi vere sanctum est templum, sive obscurus angulus, sive nudus colliculus, seu sterilis arbor sit, vere et recte vocatur domus Dei et porta coeli, etsi sine tecto, sub nubibus et dio sit.

Spectandum igitur hoc potissimum est, quomodo doceatur et oretur, [35] non quomodo aedificetur. Hoc enim exigit Deus, ut convertatur populus, ipse autem glorificetur: Sed hoc tantum fit verbo et oratione.

Absque dubio autem non caruit Abraham accidentibus verbi, ut hic loquitur: Vixit enim tum quoque adversarius Christi Satan, ideo exercuit

---

24 blasphemia] blasphmia A   38/39 ut hic loquitur A] ut sic loquar Ausgabe Nürnberg 1552

[1] Vgl. Lösche, Analecta Nr. 140; Wander II, 1339; Thiele, Sprichwörter Nr. 27.

Abrahamum infinitis malis, quae solent sequi verbum, persecutionibus, odiis, contemptu, fastidio et mille periculis. Haec certe tulit suae pietatis praemia: Etsi non scribantur, tamen scimus naturam verbi esse talem, ut, ubicunque docetur, irritetur princeps mundi.

Haec enim duo verbum praecipue facit, ut Deum glorificet, et principem mundi iudicet ac damnet cum carne et peccatis. Facile igitur ex fortuna verbi intelligi potest, quid in hoc suo episcopatu passus sit. Sed quia a Deo in Episcopum electus est, habuit Deum protectorem contra Satanae et mundi furores.

Sed et Loth, qui erat cum Abram, habebat greges ovium, et [13, 5—7] armenta et tabernacula, nec poterat eos capere terra, ut habitarent simul: Erat quippe substantia eorum multa, et nequibant una habitare, unde facta est rixa inter pastores gregum Abrae et Loth.

Et habitabat eo tempore in terra illa Cananaeus et Pherizaeus.

Post cultum divinum et doctrinam de religione et fide erga Deum, qui locus semper debet principalis esse, ponitur secundarius locus valde insignis et pulcherrimum exemplum tum charitatis erga proximum, tum patientiae.

Non enim leve hoc incommodum fuit, quod in medio ignotarum gentium Abram cogitur necessitate, ut se a fidissimo socio et charissimo nepote separet. Ingens enim bonum est in omni vita et praeciosissimus thesaurus fidus amicus, non solum propter communia pericula, in quibus et adiumento et consolationi esse potest: Sed etiam propter spirituales tentationes.

Etsi enim animi Spiritu sancto recte sunt confirmati, tamen magnum ex eo est commodum, si habeas fratrem, cum quo de religione colloqui possis, et consolationem ex eo audire.

Quod igitur Abram a nepote divellitur, cum quo tam longo tempore in exilio inter gentes vixerat, quod socium tot tentationum et periculorum amittit quis hanc non gravem crucem et magnum malum esse existimet? Ego quidem omnium facultatum iacturam leviorem esse iudico, quam fidi amici.

Videmus Christum luctantem cum tentatione in horto, quaerere solacium [Matth. 26, 37 ff.] apud tres discipulos. Paulus, Actorum 28. Cum videt fratres obviam [Apg. 28, 15] venientes, ex ipso conspectu recipit spiritum, et sentit consolationem. Hominem namque solitarium et destitutum notis amicis affligit solitudo, ac laborare quidem et pugnare contra eam potest, sed non sine ingenti difficultate vincit.

Faciliora autem omnia sunt, si habeas coniunctum fratrem, ibi enim promissio: 'ubi duo vel tres in nomine meo congregati sunt, Ego ero in [Matth. 18, 20] medio eorum'. Fugienda igitur solitudo, et expetenda hominum notorum consuetudo est, maxime in periculis spiritualibus.

Assignat autem textus tres causas huius discessionis inter Loth et Abram. Primam, quod terra non potuerit duos simul alere propter magnam copiam gregis et armentorum. Voluit autem Abram nepotem suum non spoliare, sed commodis eius servire discessione ista.

Secundam, quod habitarint in terra illa Cananaeus et Pheresaeus, qui cum tenerent Imperium, non licuit exulibus pro sua commoditate amplificare fines, oportuit eos contentos esse limitibus, quos circumscripserant eius loci Domini.

Erat quidem Abram ex promissione verus eius tocius regionis dominus. Sed aequo animo fert Gentium dominium, et in pacientia expectat, dum Deus eos expellat, non utitur iure suo, nec vi possessionem sibi vendicat, sicut forte fecisset alius quispiam, vel seditionem vel bellum concitando. Sed hanc iniquitatem sanctus vir aequo animo fert, inimicum et iniustum Dominum tolerat, ipse manet exul et peregrinus. Hoc exemplum nos quoque studeamus imitari.

Tertia causa sunt lites inter pastores ortae: Has nemo dubitet utrunque dominum saepe conatos dirimere, sed frustra: Familia enim retinet suam pertinaciam, et odia semel concepta non patitur satiari aut extingui.

Fuit autem haec quoque iusta discessionis causa: Illa enim familiarum mutua odia, si eiusmodi sunt, ut sanari non possint, tandem etiam ad dominos manant, eosque involvunt. Incumbit enim domino necessitas, ut suos defendat contra aliorum iniurias.

Magnae igitur fuerunt causae, cur Abram et Loth se separarint, et commemorat eas scriptura, ne putemus ex levibus occasionibus discessionem hanc propinquorum factam. Abrae nihil potuit accidere tristius, sed ob maiora incommoda declinanda paret necessitati.

Sed videamus etiam legem charitatis et concordiae: Abram erat avunculus Lothi, aetate maior et propter promissionem dignior. Erat denique sacerdos et Propheta Domini, neque ei quidquam ad dignitatem et authoritatem deerat: Et tamen his omnibus neglectis cedit de suo iure, et se avunculo facit aequalem, qui aetate, dignitate, authoritate, officio longe erat inferior. Hoc an non est, quod Christus iubet, qui maior est, sit ut minor Joh. 13, 15 ff. et ut servus aliorum? Iohannis 13.

Poterat enim Abram vincere authoritate et iure, ac dicere: Ego sum senior, mihi data est promissio et haereditas huius tocius terrae: tibi non est data: Etsi autem uterque nunc peregrini sumus, tamen propter promissionem possum mihi vindicare, quam partem ego volo: Tu igitur cum tuis alium tibi locum quaeras: Ego cum meis hic durabimus. Sic summo iure poterat dicere Abram ad nepotem, et manere in suo loco. Vere enim ius habuit, hoc ut faceret: sed cedit de iure suo, et nobis proponit utilissi-

---

18 satiari] sanari *Erl. Ausg., wohl veranlaßt durch* sanari Z. 20.

mum ad servandam concordiam exemplum, dum vitat dictum illud: Summum
ius summa iniuria.[1] Sic enim Moses narrat historiam.

Dixit ergo Abram ad Loth: Ne, quaeso, sit iurgium inter me et 13,8.9
te, et inter pastores meos et pastores tuos: fratres enim sumus.
5 Nonne universa terra coram te est? Quaeso separes te a me: Si
tu ad sinistram, ego ad dextram: et si tu ad dextram, ego ad
sinistram ibo.

Quid potuit ab Abram dici commodius? aut ad pacem aptius? Prorsus
aequat se Lotho, et dicit: Ecce sumus fratres. Deinde se etiam infra Lothum
10 demittit, dum ei eligendi facultatem permittit, quo potissimum velit: Sic
cedit avunculus nepoti, senior iuniori, Propheta et Sacerdos Dei, discipulo,
idque ne dissolvatur charitas et detur occasio rixis.

Digna igitur historia est, quam studiose notemus: Docet enim quomodo omnes leges et iura omnia sint tractanda. Finis enim legem corpo-
15 ralium omnium est pax, concordia, tranquillitas, seu, ut nos Theologi loquimur,
charitas. Ad hunc finem qui leges non refert, aut alio modo eas intelligit,
toto errat coelo. Sicut hodie legum abusum videmus maximum.

Quia enim mundus totus in ambitione positus est, et altum sapit, ideo
charitas locum non habet, et simultatibus, dissensionibus, bellis plena sunt
20 omnia. Etsi enim tu facias, quod Abram fecit Lotho, et cedas de tuo iure,
tamen pax retineri non potest, ne quidem si iniurias feras et dissimules:
tam corruptus et depravatus est mundus: Indignus est igitur hac sancta
doctrina.

Boni tamen docendi et admonendi sunt sedulo, ut, postquam cogno-
25 verunt Deum, et coeperunt credere, discant quoque, quomodo erga fratres
se debeant gerere, ut exemplo Abrae cedant de suo iure. Finis enim legum
omnium est charitas et pax. Ad hunc finem flectenda omnia iura legesque
omnes sunt, qualescunque tandem sunt, Non enim leges humanae legibus
divinis per omnia aequandae sunt.

30 Promissio divina, Item Sacramenta, nullam dispensationem admittunt.
Sunt enim facta et dicta Dei erga nos, quae velit ipse facere nobis recipientibus.
Peccat igitur, qui de iis dispensare aut inflectere, vel mutare ea velit. Sicut
Pontifex, qui calicem de coena abstulit.

Sed legum corporalium finis cum sit charitas, sic eae sunt urgendae,
35 ne quid peccetur in charitatem, et, ut hic Abram dicit, ne sit rixa: ut Abram
maneat amantissimus avunculus Lothi: Contra Loth maneat charissimus
nepos Abrae, ubi ergo pax publica periclitatur, ibi regina sit charitas et
magistra, quae moderetur Leges, et eas ad mitigationem inflectat.

---

21 dissimules] dissimiles A

[1] Cicero, De officiis 1, 10, 33. Otto, Sprichwörter der Römer S. 179 f.

Ad hanc moderationem requiruntur Heroici et singulares viri. Sicut enim videmus, non ipsi legum Doctores disputant secundum charitatem, sed ubique urgent summum ius et apices legum, ut loquuntur. Indigni igitur sunt, qui ad hanc piam cognitionem veniant. In Ecclesia autem docentur animi, ne stricte urgeamus ius nostrum, sed ut moderemur leges secundum 5 id, quod videtur expedire Reipublicae.

Exemplum addam. Carthusiani habent legem, ne per omnem vitam gusteut carnem, Si igitur valetudinarius aliquis, cuius vel complexio, ut Medici vocant, vel usus vitae piscium perpetuum esum ferre non posset, et ideo periclitaretur de vita, sine epiika seu dispensatione hanc legem urgent 10 Monachi, et ne quidem si vitam miseri hominis una buccella carnis servare possent, id facerent. Hoc quidem est sine dispensatione urgere legem, et oblivisci, quod omnium legum finis sit dilectio: Igitur Gerson et alii hanc severitatem merito improbarunt.

Ac hoc vicium omnium monasteriorum est, ut, etsi corpora natura 15 dissimilia sint, tamen cogantur ad eandem legem in victu et aliis rebus servandam: nullo habito respectu vel valetudinis vel personarum.

Iuvenis ego vidi Erfordiae multos Carthusianos, qui cum adhuc firma aetate per annos esse deberent, pallebant immodice, baculo regebant gressus: Miratus igitur calamitatem hanc interrogabam, unde conciliassent hoc malum: 20 Respondebant: ex vigiliis. At cur non dormis? inquio: Non permittitur, respondebant.

Religio igitur monachorum talis est, quae Epiikian nullam, moderationem nullam novit: Igitur iniquissima et iniustissima est: non enim respicit finem Col. 2, 23 legis, non spectat charitatem: Sicut Paulus dicit, collossenses 2: 'non parcit 25 corpori.' Ergo hoc quoque verum est, quod Terentius[1] dicit: Summum ius esse summam iniuriam. Non enim vult Deus occidi corpora, parci vult corporibus: imo etiam ali et foveri, ut sufficere possint vocationi et officiis, quae debentur proximo.

Stulti igitur legislatores et culpandi observatores sunt, qui non usum 30 et finem legum vident. Medicina ad servandam, adiuvandam et restituendam valetudinem servire debet. Ea habet Canones et regulas suas. Sed non sunt eae urgendae durius. Ratio habenda est corporis, quod si infirmius est, moderanda medicamentorum vehementia est, alioqui non medicina, sed venenum est corpori. Contra in firmioribus corporibus acriora requiruntur 35 pharmaca:

Ita in politia respiciendum perpetuo ad hunc finem est, ut servetur pax. Si enim Princeps sic vellet punire suorum peccata, ut seditionibus

---

35 in firmioribus] infirmioribus A

[1] P. Terentius Afer († 159 a. Chr.) in der Komödie: Heautontimorumenos 4, 1. 48 (s. S. 503 Anm. 1).

occasionem praeberet, praestaret connivere ad peccata, quam ea punire. Quid enim est lex, si careat suo fine, et omnia pereant? Sed, ut dixi, requirit haec moderatio singularem prudentiam.

Imperator, dicunt, est lex viva et animata. Theologi autem dicunt, legem esse consilium boni viri. Nam posita lege relinquitur prudentia, quae eam moderetur in certis casibus. Impossibile enim est Legislatorem videre omnes particulares et universales casus, qui possunt incidere: Sunt enim infiniti.

Posita igitur lege, secundum Theologos, necessario includitur consilium boni viri gubernantis legem in futuris casibus, ne sit noxia: sed ut semper retineatur finis legis, ut prosit et tranquillitatem servet. Si enim lex contra charitatem est, non est lex: sed charitas est domina et magistra legis, ac iubet tacere legem, ut quae non ius, sed iniuriam in certis casibus doceat, si quis eam sine moderatione velit sequi.

Hinc Germanorum proverbia de Doctore medicinae iuvene: quod ei opus sit novo coemiterio. De Iureconsulto recens ad Rempublicam accedente, quod involvat bellis omnia. De Theologo iuvene: quod compleat infernum animabus.[1] Hi enim, quia usu rerum, qui prudentiam gignit, destituuntur, omnia secundum Canones et regulas suas faciunt: Ideo impingunt et errant, cum magno hominum et rerum detrimento.

Discite igitur, quod pax et charitas sit moderatrix et dispensatrix omnium virtutum et legum: Sicut Aristoteles in quinto Ethicorum[2] praeclare de Epiikia disputat. Et Augustinus nequaquam sic docet, ut fatui Carthusiani. Vestiendi, cibandi, regendi sunt, inquit, non aequaliter omnes, quia non valetis aequaliter omnes. Sapientissima vox.

Non enim Monachatum instituit, qualis hodie est, sed sodalitium quoddam eruditum conferentium de patrimoniis suis in commune, et discentium simul. In hoc numero observavit non arithmeticam proportionem, quae accuratissima est, et ex aequo res dividit, sed Geometricam, quae dispensat, et considerat circumstantias.

Memineritis igitur huius exempli, et discite vos quoque de vestro iure cedere ad retinendam concordiam. Sicut Abram non aetatem, non autoritatem, non dignitatem suam considerat: Hoc unum spectat, pax retineri ut possit.

Si iuvenem aliquem Iuristam, aut superstitiosum Theologum adhibuisset in consilium: is etiam exhortatus eum esset, ne cederet: Sed potius urgeret ius suum: Sibi enim promissionem terrae esse factam, hanc retinendam et tuendam esse, neque in hac parte posteritati perpetuam servitutem imponendam. Speciosa quidem oratio: Sed quia ad pacem et concordiam inutilis

---

23 Epiikia] ἐπιεικείᾳ

[1] *Fehlen bei Thiele, Sprichwörter.*   [2] *Ἠϑικὰ Νικομάχεια, 10 Bücher.*

est, repudianda, et iniquissima iudicanda est: quantumvis videatur e medio
iure deprompta.

Recte igitur, sancte quoque et pie facit Abraham, cedens de suo iure,
et de conservanda concordia cogitans. Sic Paulus monet Ephesios 4:
t Eph. 4, 32 'Invicem condonantes, si quis adversus fratrem habet aliquid', et Philip- 5
Phil. 4, 5 ⌊penses 4: 'Vestra epiikia nota sit omnibus hominibus.'

Significat autem epiikia proprie cedere de suo iure, et condonare aliquid
studio retinendae concordiae: Hac per omnem vitam opus est. Summum
enim ius summa est discordia.

Noveris tamen dici haec de nostris legibus et hac corporali vita: non 10
de legibus Dei, promissionibus aut Sacramentis. Ibi enim summum ius
Matth. 10, 37 valeat, secundum sententiam: 'Qui plus amaverit patrem, matrem etc. quam
me, non est me dignus.' Sed in iis, quae nos iubemur facere, relicta est
charitas, moderatrix legum et actionum omnium, quae praecipue est spectanda
et sequenda: Itaque hanc ut retineret Abram, cum summo dolore dimittit 15
nepotem. Corporaliter enim seiuncti, spiritu erant coniunctissimi. Hoc ipsi
omnibus opibus erat maius et iucundius.

13, 10 Et levavit Loth oculos suos, viditque omnem planiciem Iordanis,
quod tota esset irrigua, antequam subverteret DOMINUS Sodomam et Gomorram, sicut Paradisus Domini, sicut terra Aegypti, 20
Si venias in Zoar.

Praesens locus apparet sterilis et siccus, quod nihil continet, quam
discessionem Lothi ab avunculo, et habet additam chorographiam, seu
descriptionem eius regionis, in qua fuerunt Sodoma et Gomorra: Eam vocat
planiciem, non quasi nulla alia ad Iordanem esset planicies: Transit enim 25
totam terram Canaan sinuoso tractu: Sed quod haec regio esset foecundissima,
et alios agros longe antecelleret, in qua constitit Loth ultra Iordanem,
Aegyptum versus.

Foecunditatis causam ostendit Moses, quod dicit irriguam fuisse beneficio Iordanis, antequam Sodoma et Gomorra subverterentur, Nam post hanc 30
poenam alia huius terrae vel regionis facies fuit: Id quod Dominus singulari
consilio per Mosen voluit annotari. Addit enim illam regionem, in qua
quinque urbes fuerunt, talem fuisse, ut posses dicere hortum Dei, hoc est
talem locum, quem Deus habitaret, et quo delectaretur, abundantem omni
genere optimorum fructuum.   35

Non ignoro Iudaeorum expositionem, qui hortum Dei, cedros Dei,
Jona 3, 3 civitatem Dei contendunt dici ob magnificentiam: Sicut Ionae 3.: 'Erat
Ninive civitas magna Dei.' (Dei appellationem obmisit Ieronimus) id est
Pf. 80, 11 magnifica civitas. Et Psalmus 80. cedros Dei interpraetantur Iudaei Arbusta
in terra Iudae et vineas ita magnificatas esse, ut possint aequari cedris 40

_____
26 Canaan] Canaam 4

magnis. et Psal[mus 104.: 'Ibi volucres nidificabunt, ibi ligna, quae plantavit ℳℱ. 104, 16 Dominus': hoc est, grandia ligna.

Hanc interpraetationem fingunt Iudaei ex nimia sua sapientia, et innata superbia, ut scilicet soli appellentur populus Dei, et non gentes. Ninive, inquiunt, non potest dici Dei civitas, quasi Deus ibi habitet, sicut apud nos in Hierusalem: Alia huius appellationis ratio est, quod magna et augusta sit civitas. Sed vana haec expositio est: Scimus enim Deum etiam gentium Deum esse, etiam temporaliter. Ninive igitur civitas Dei dicitur, quod Deus ei incrementa et benedictionem suam dedit, et curat ac gubernat eam.

Sic arbores Dei vocantur, quas Dominus fecit et curat, dum dat pluviam, dat solem, ventos, unde incrementa sumunt, etiam si eas impii possideant. Ac sane non exigua consolatio est, quod Deus imperia constituit, servat et tuetur, nec illa, ut plerunque putamus, vel crescunt, vel cadunt temere. Gentes gubernationem hanc non vident, sed sua industria constitui et gubernari imperia somniant.

In Annibale magnus animus et singularis industria est, hac putat se Romanos vincere. In Alexandro sunt maiora dona, quibus instructus foeliciter gerit omnia. Sed istae quasi larvae sunt, quas solas videmus: Gubernationem divinam, qua aut stabiliuntur imperia, aut evertuntur, non videmus.

Haec vera est sententia, quod Ninive vocatur Dei civitas: Item quod arbores dicuntur Dei ligna: divinitus enim gubernantur et foventur, ut sumant incrementa. Et si enim humana quoque industria et labore iuvantur, tamen ea frustra esset sine benedictione Dei: Et quis, quaeso, sylvas et nemora, quis arbores in vastis solitudinibus curat?

Sic Christus dicit: 'Pater vester coelestis sinit oriri solem suum super ℳatth. 5, 45 bonos et malos.' Vocat solem Dei solem, quem ipse condidit ad vegetandas naturas.

Ad hunc modum Dei hortus hic vocatur, non, ut Iudaei ineptiunt, magnus, sed qui colitur non solum hominum manibus et studio, sed divinitus, Domino foecundante et benedicente.

Narrant autem adhuc superesse vestigia huius doni. Nam ad mare mortuum formosissima poma nascuntur, sed aperta tetro odore et cinere plena sunt: Scilicet, ut Poëta[1] ait: sceleris monumenta vetusti.

Itaque cogito ego hunc ipsum locum fuisse paradysum, et post diluvium haesisse aliquid uberioris benedictionis in eo, quod tandem ipsum quoque propter incolentium malitiam poenitus interiit. Nam etiam post mortem Mosi ista regio, in qua Hierusalem et mare mortuum est, adnumeratur tribui Iudae. Ac belle convenit, ut in eadem terra, in qua arbor homini exitio fuit. In arbore crucis primae arboris delictum expiaretur, et homini redderetur innocentia et aeterna vita per filium Dei.

---

[1] *Virgil, Eclog. 4, 31.*

Fuit igitur ista planicies cis et ulfra Iordanem amoenissima, et quasi parvum vestigium prioris paradysi. Et hodie nullus in terra locus est, qui producat balsamum, nisi ad mare mortuum, in finibus *Engaddi*, duo horti. Est autem *Engaddi* in vicinia huius planiciei, quam Moses vocat hortum seu Paradysum Dei, quod Deus singularem vim, speciem et pulchritudinem huic horto et eius fructibus dederit. Alii horti etiam pulchri sunt, sed collati ad Sodomorum agrum seu hortos, appareut esse hominum horti, non Dei.

Sed digna historia est, quam diligenter consideremus, ut discamus, quam horribilis res peccatum sit. Videmus enim hunc Dei hortum mutatum in ipsum infernum propter peccata hominum: Quid enim mare mortuum aliud est, quam infernus? Siquidem est horribilis lacus bituminis. Absorbetur autem in eo pulcherrimus fluvius Iordanis, qui temporibus Abrahae terram hanc irrigabat. Haec historiographi nesciunt. Igitur nos merito anteferimus Mosen omnibus, qui non sine ratione hanc descriptionem loci huic historiae admiscuit.

Comparat autem Moses hunc locum Aegypto, quae·ipsa quoque irrigatur Nilo, et celebratur ob summam fertilitatem, sed haud dubie hodie multum de illa benedictione amisit, propter peccata populi: Haec enim terrae benedictionem non solum impediunt, sed poenitus tollunt: Sicut videmus hodie Thuringiam nostram verti in petras.

Ad hunc modum spiritus sanctus per occasionem hanc chorographiam inseruit, ut nos doceret de ira Dei et maledictione, quae peccatum solet sequi, nosque discrimen cerneremus, qualis haec terra fuerit ante peccatum, et qualis sit post peccatum. Verum enim proverbium est: Maledicta gens, maledicta terra. Ubi enim Deus maxime benedicit, ibi homines maxime Deo maledicunt. Abutuntur enim benedictione et ubertate, et non solum ignavo ocio se dedunt, sed etiam nihil agendo paulatim discunt male agere.

Haec peccati Originalis culpa est: eo infecti animi facilius omnis generis mala, quam ipsam benedictionem ferunt. Ideo Moses quoque clamat, Deuteronomii 32.: 'Incrassatus est dilectus, et recalcitravit. Dereliquit Deum, factorem suum, et discessit a Deo, salutari suo': sicut praesens quoque locus testatur, in laudatissima orbis terrarum parte pessimos fuisse homines.

5. Mose 32, 15

13, 11. 12 Elegit autem sibi Loth omnem planitiem Iordanis, profectusque est Loth ab oriente, et saeparatus est unus ab altero. Abram habitavit in terra Chanaan: et Loth habitavit in civitatibus planiciei, et tabernaculum fixit usque ad Sodom.

Loth, optione ab avunculo data, occupat meliorem locum ad Iordanem. Abram autem consistit ad dextram circa *BethEl* et *Ay,* quae aliquot miliaribus a Iordane distant, ad cuius ripam Sodom erat.

Non autem intelliges locum hunc ita, quasi eam totam regionem occu-
paverit Loth. Electionem respicit Moses, quod istam terram sibi elegerit
Loth, quod in ea vellet quaerere domicilium, incertus adhuc, quae pars sibi
esset obventura.

5 Verisimile enim est, quod sanctissimus vir migraverit per quinque
civitates, et nusquam potuerit certum figere tabernaculum, nisi in vicinia
Sodomorum. Abram autem substitit in terra Canaan, quod ea sibi promissa
esset. Separantur autem a terra Chanaan quinque civitates, quae erant
evertendae: Terra autem Chanaan mansura erat.

10 Et viri Sodomae erant mali, et peccatores coram Domino valde. 13, 13

Pulchra vero commendatio huius tam nobilis terrae. Appellavit eam
Moses Paradisum Domini, comparavit cum Aegypto. Sed qui sunt, qui eam
habitant? mali et magni peccatores: Igitur in Paradiso Dei habitant filii
Diaboli, et uberrima loca tenent tocius orbis flagitiosissimi.

15 Cur hoc? Nimirum ut discas hunc Dei esse morem, quod pessimis
tribuit optima. Est autem hoc gravissimum scandalum, quo etiam sanctorum
patientia sollicitatur, taceo de sapientibus mundi et Philosophis: Ideo dicit
Psalmus 73.: 'Movebar zelo adversus superbos, quando videbam impios Pf. 73, 3—6
fortunari. Non enim exercentur metu mortis, sed firmi sunt, ut palacium
20 aliquod: Non agunt in molestiis, ut alii homines, nec sicut alii flagellantur, sed
secure superbiunt' etc. 'Ego autem quotidie flagellatus sum, et castigor mane'. Pf. 73, 14

Sic Deus Alexandro et Graecis, pessimis hominibus, tribuit imperium
orbis terrarum. Post Graecos tribuit id Romanis Epicureis: Sic Turcas
videmus foelicissimos esse. In Europa sunt nationes post Epicureos Romanos
25 punitos, quae, cum pessimis viciis, superbia, invidia, crudelitate reliquos omnes
longe antecellant, tamen habitant foelicissima loca, ac vere hortum Dei. Ac
per hoc rationi a Deo maximus scrupulus iniicitur, ut ex eo colligat Deo
res hominum non esse curae.

Non statuemus autem haec fieri casu aut temere: Dei haec voluntas
30 est, qui mundum hoc modo infatuat, ut disputet, utrum bona, utilia ac
delectabilia sint vere bona. Ac Stoici negant esse bona, quanquam docent
anteferenda esse malis. Peripatetici, etsi bona esse affirmant, tamen offenduntur, quod pessimis contingunt.

Ratio enim hoc scandalum inaequalitatis summae non potest vincere:
35 Cum constet hunc locum Dei esse hortum, sentit in eum collocandos non
Sodomitas, sed honestos et optimos viros: Nam ornari divinitus malos,
iniquum esse censet, ac potius in eam delabitur partem, ut haec bona non
iudicet vere bona esse.

Sed nos statuamus non solum haec dona esse collocanda inter ea, quae
40 bona sunt et dicuntur: sed etiam esse divina bona. Quis enim negat illos
Hispaniae et Italiae hortos esse excellentia Dei dona?

At cur dantur fruenda pessimis? Psalmus supra citatus ostendit hanc quaestionem esse supra nostrum captum, et iubet respicere ad finem. Quod etsi impiis ad tempus bene est, tamen tandem ruunt in aeternum exitium: Pii autem etsi adfliguntur, tamen Dominus nos deducit secundum consilium suum, et tandem cum gloria suscipit.   5

Pf. 73, 22 Apparet hic nostrarum mentium coecitas extrema, quod vere, ut Psalmus dicit, cum de hac mirabili Dei gubernatione cogitamus, sumus 'sicut insipiens et iumentum'. Si ratio naturaliter esset recta, iudicaremus rectius: Sed cum naturaliter corrupta et depravata sit, in tam absurdas delabimur sententias, ut mala esse iudicemus, quibus male utimur, et bona tum delec- 10 tabilia, tum utilia negemus esse bona.

Non, o Stoice, huc decurrendum est, rectius ac sanius iudicabis: Si existimabis ex abusu rerum non ipsas res, sed tuum animum. Quia enim animus tuus rebus bonis sua natura abutitur, quid inde aliud colliges, quam quod animus tuus malus, et voluntas tua naturaliter non solum non sit bona, 15 sed vere mala? Alioqui per bona, sive ea utilia, sive delectabilia sint, fieret bona. Nunc ex usu bonorum, cum malus sis, redderis peior.

Copia videmus quam multi depraventur: Sed non ea benedictionis divinae culpa est. Sicut enim scortum auro et gemmis se ornat, et tamen aurum et gemmae sunt bona Dei dona, ac frustra eis imputatur turpitudo 20 scorti: Ita in totum de rebus seu creaturis Dei iudicemus, quod omnis culpa sit tuae concupiscentiae, et tum voluntatis, tum rationis depravatae.

Mulier formosa est: Bene, est hoc donum Domini et creatoris. At ego incendor ad cupiditatem: Igitur forma est mala res? Nullo modo: Quin tu malus es, qui bona re non potes bene uti. Ad hunc modum bona ista, 25 quae utilia et delectabilia vocantur, convincunt nos de corruptione naturae nostrae, quod neque voluntas, nec intellectus rectus sit, alioqui bonis rebus bene uteremur.

Celebratur Crates apud Philosophos, quod iugens auri pondus proiecerit in mare, et postea mendicando toleraverit vitam, sed an non ipse se 30 convincit, quod habeat corruptum animum, siquidem auro recte se uti posse negat.

Deinde quid, quaeso, boni effecit? abiectae in speciem avaritiae suc- cessit vana gloria, hoc est, uno diabolo eiecto, successerunt alii septem nequiores.   35

Discamus igitur, quod scriptura sancta affirmat, hanc ad Iordanem regionem fuisse fertilissimam. Igitur fuerunt ibi bona utilia et delectabilia supra modum, donata divinitus ad fruendum, non ad peccandum: Sed natura peccato originali corrupta non potest frui rebus divinitus creatis et donatis sine abusu: non ideo, quod ea rerum conditarum sit natura, sed quod animus 40 utentis malus est. Quod si per spiritum animus emendatus fuerit, tunc sancte et cum gratiarum actione, tum utilibus, tum delectabilibus utitur.

Sicut Paulus dicit: 'Qui manducat, manducat Domino.' Qui ducit Röm. 14, 6.7 uxorem, domino ducit: domini sumus, sive vivimus, sive morimur. Qui enim credit, habet omnia, omnium est Dominus, omnibus sancte uti potest.

Error igitur est, quod Philosophi propter abusum res damnant. Apparet
5 enim, quod, sicut ratio naturalis ignorat Deum, sic etiam ignorat creaturam Dei. Rectius Poeta gentilis sensit.[1] Res, inquit, sunt sicut eius animus, qui iis utitur. Differentia igitur inter homines est: Alius abundat, alius eget, sed is, qui eget, si habet rectum animum, opulentior est, quam dives: Contentus enim est modico, et gratias agit Deo de summis opibus, hoc est, de
10 cognitione dei, et gratia in Christo exhibita: Sed dives, ut Tragicus[2] dicit: Congesto pauper est in auro, Et in summa copia sentit inopiam.

Unde haec diversitas est? Nimirum non ex rerum natura, quibus utimur, sed ex diversitate animorum, sicut Paulus Philippenses 4. dicit: 'Scimus abundare et carere' etc. Phil. 4, 12

15 Hactenus historia, quae locum hunc communem nobis proponit, quod impii in perpetuo optimarum rerum abusu vivant: Contra qui vivunt in iustitia et fide, hi etiam malis bene utuntur, et bonum est, quicquid faciunt.

Omittit autem Spiritus sanctus de industria dicere de oratione, ieiuniis, eleemosinis et aliis operibus Loth, quae incurrunt in oculos, et concitant
20 admirationem: Solum autem de aeconomicis nos docet, quae vulgus vilia, et non multi fructus esse iudicat. Quid enim, inquit, hoc magni est, quod Loth et Abram discedunt inter se, et Loth sibi optimam terrae partem eligit?

Sed eruditus Theologus non respicit ad nuda opera: Personam et animum intuetur, is si fidelis est, concludit, quod omnia, quae in fide facit,
25 etsi in specie levissima sint (ut sunt naturalia ista, dormire, vigilare, edere, bibere, in quibus nihil pietatis esse videtur) sint sancta opera, et Deo placeant.

Etsi enim omnes pii certa quaedam tempora habent, quibus orant, meditantur sacra, suos docent et instituunt in religione: tamen etiam cum
30 haec facere desinunt, et vel res suas curant, vel publicas pro vocatione, manent in bono statu, et hanc gloriam coram Deo habent, quod etiam profana in speciem opera sint cultus Dei, et grata Deo obedientia.

Ad hunc modum describit Spiritus sanctus hoc in loco Oeconomiam Lothi, quae speciem sanctitatis nullam habet, et tamen haec ipsa Oeconomica
35 opera praeferuntur omnibus omnium Monachorum et Nonnarum operibus, quantumvis sint laboriosa et splendida: Uxor Loth mulget vaccas, familia pascua suppeditat, abigit ad aquas.

Haec opera laudat Deus, et scriptura vocat iustorum opera. Sic hoc in loco dicitur: 'Elegit Loth planitiem Iordanis': Erat enim hoc in ipsius
40 voluntate et arbitrio positum, ut eligeret, quem locum ipse vellet.

---

[1] Terentius, Heautontim. 1, 2. 21 (s. o. S. 504 Anm. 1).   [2] Seneca, Herc. f. 168.

Hic scriptura non dicit, malumne an bonum fecerit opus: Sed quia ambulabat in fide, qua egressus una cum Abraham ex Ur Chaldaeorum erat, hoc verum iustitiae opus fuit, qnanquam Oeconomicum et puerile.

Docentur autem haec, ut habeant singuli in sua vocatione certam consolationem, et norint facienda etiam corporis, ut sic dicam, opera, neque semper, ut Monachi docebant, vacandum spiritualibus operibus. Est suum tempus tribuendum corpori, ut quiescat, ut reficiatur cibo, potu.

Haec opera etsi videntur nullam sanctitatis habere speciem, tamen etiam haec agens manes in bono statu. Videmus enim Deum non dedignari, haec in speciem levia et vilia opera, ut scribantur in suo libro. Quicquid enim pii faciunt, Etsi liberum est opus, tamen Deo gratum est et acceptum propter fidem. Quod si tale opus est, quod Deus praecepit, tanto minus dubitabis Deo probari obedientiam.

Sir. 15, 14 ff.   Nota est Ecclesiastici sententia: 'Deus ab initio constituit hominem, et reliquit illum in manu consilii sui: Adiecit mandata et praecepta sua: Si vis, serva mandata, et fac, quod illi placet, in vera fide: Apposuit tibi aquam et ignem, ad quod volueris, porrige manum tuam: Ante hominem vita et mors est, bonum et malum' etc.

Et convenit cum eo Augustini dictum, si sobrie intelligas: quod Deus res, quas condidit, sic administrat, ut tamen sinat eas agere proprio motu.

Habet igitur libertatem homo non talem, ut, si Deus aliquid praeceperit, possit id facere, vel non. Quod enim ad praecepta DEI attinet, non est homo liber: Sed debet obedire voci Dei, aut sustinebit sententiam mortis: Libertas autem est illorum, de quibus Deus non praecepit, in externis functionibus: liberum enim est in mensa sumere vel pira, vel poma, bibere vel zithum, vel vinum, vestiri vel albis, vel atris, ire vel ad hunc, vel ad alium amicum. In talibus rebus electionem homo habet, et certum est, etiam haec libera opera fieri cultus Dei, et placere Deo, si ambules in fide, et maneas in praeceptis Dei, seu bona conscientia: Haec utiliter docentur.

13, 14. 15 **Dixitque Dominus ad Abraham, postquam separatus est Loth ab eo: Leva nunc oculos tuos, et vide a loco, ubi es, ad Aquilonem et meridiem, ad orientem et occasum. Nam omnem terram, quam tu vides, eam tibi dabo et semini tuo, usque in saeculum.**

Dixit hactenus Mose de discessione Loth ab Abraham ad Paradisi hortum et optimam terram, in qua tamen omnium hominum pessimi vivebant. Sic enim solet Deus, suos sinit varie affligi, impios autem impinguat, incrassat, dilatat. Hac iniquitate, ut videtur, offenduntur pii: sed consolatio Jer. 12, 3 retinenda est, de qua Psalmus LXXIII dicit. Et Ieremias, qui ait saginari Hiob 21, 13. 17 impios ad diem victimae: et Hiob XXI.: 'Ducunt in bonis dies suos, et in puncto descendunt ad inferna, extinguetur lucerna impiorum, et superveniet eis inundatio' etc.   Ad hunc finem qui respiciunt, hi scandalum hoc facile superabunt.

Nunc sequitur tertius locus, in quo scribitur: Dominus locutus cum Abraha.   Saepe autem monui, quod in historiis, seu, ut vulgus appellat, legendis sanctorum, haec praecipua historiae pars maxime spectanda sit, nempe verbum Dei.   Magnas quidem res et mirabilia opera Deus per sanctos suos omnibus saeculis gessit, quae speciosa sunt et incurrunt in oculos, sed nobis, qui sacra tum discimus, tum docemus, maxime fulgere debet ipsa locutio Dei.   Hoc enim prae omnibus ornat sanctorum legendas, et saeparat eas a gentilium historiis: Ideo enim vocantur sacrae historiae, quia in eis verbum Dei lucet.

Etsi igitur Monarcharum, ut Alexandri, res gestae admirabiles et magnificae sunt, etsi ab eruditis hominibus oratione sunt pulcherrime illustratae, tamen comparatae ad sacras historias sunt merae tenebrae, carent enim luce, et vere sunt ut tabula bene picta, sed in obscuro angulo collocata, ut conspici nequeat: Sunt ut corpus sine capite, ut caro sine spiritu.

Ergo Abrahae historia excellentissima est, quia referta est verbo Dei, quo, universae res ab ipso gestae ornantur, praecedente scilicet ubique verbo Dei promittentis, praecipientis, consolantis, monentis, ut appareat Abrahamum singularem amicum et familiarem Dei esse.

Haec magna et admiratione dignissima res est.   Nam praeclarae victoriae regum et triumphi, quid, quaeso, sunt collati ad hanc familiaritatem, quae Abrahae est cum divina maiestate? quod habet Deum praesentem, secum colloquentem, gubernantem, diligentem, servantem.

Ad hunc modum si sanctorum Patrum historias inspicias, et hoc insigne donum recte aestimes, non amplius exiguae et tenues videbuntur: Sed superabunt omnes omnium Monarcharum, quantumvis in speciem maximas res gestas.   Oculos quidem specie et magnitudine sua occupant: Sed cor recte institutum respicit ad verbum Dei, quod sancti Patriarchae audiverunt Deum, quod Deus propicius eos gubernaverit et conservaverit, hoc donum antefert omnibus mundi opibus.

Intueamur igitur in hunc sanctum patrem Abrahamum, qui incedit non in auro nec serico, sed ornatus, circumseptus, coronatus, vestitus divina luce, verbo Dei.   Igitur historia eius omnibus mundi historiis anteferenda est, quae, cum optimae sunt, tantum offundunt quasdam operum nubes, in speciem quidem iucundas, sed sine vero fructu, plerunque etiam tristes et metu plenas: Destitutae enim sunt verbo Dei, quod solum lux vera est, exhilarans et docens animos, et plus in eis spectatur iuditium et ira Dei, quam misericordia et gratia.

Vere igitur Christiani beati sumus, sicut Vergilius[1] de Agricolis dicit,

---

[1] *Georgica 2, 458.*

si nostra norimus bona. Habent gentes infinita rerum a se gestarum volumina in omnibus linguis scripta: sed nos habemus sacras historias, consignatas verbo Dei. Audimus enim Deum loquentem familiariter cum hominibus: videmus Deum mirabiliter gubernantem humana, et servantem suos in mediis periculis. Haec dona si Iudaei aestimassent, ut sunt aestimanda, an non 5
Psalm 33, 12 diceres beatos esse. Sicut Psalmus dicit: 'Beata gens, cuius Dominus deus
Psalm 144, 15 eius est'. Item: 'Beatus populus, quem elegit Dominus'.

Sint igitur magni Persae, Graeci, Romani, Certe destituti hoc dono verbi non sunt beati, non enim tantum non habent hunc Deum, sed ne norunt quidem: Dominus non loquitur cum eis, etsi benedicit ipsorum im- 10
periis ad tempus.

Psalm 60, 8   Recte igitur David: 'Laetabor, et dividam Sichimam', hoc est, gratus ero Deo meo, et laetabor in cius donis 'quia Deus loquitur in sancto suo'. Hoc caput est, de quo gloriatur et gaudet, quasi dicat: Haec nostra praerogativa est, quod habemus sanctuarium, in quo Deus loquitur: etsi igitur 15
alii reges potentiores sunt nobis: tamen hoc donum non habent, de quo nos gloriamur, quod audimus Deum loquentem nobiscum per Prophetas suos.

Sic Moses hoc ipsum donum magnifice praedicat, Deuteronomii 4.:
5. Mose 4, 6 ff. 'En populus sapiens et intelligens, nec est alia natio tam magna, quae habeat Deos appropinquantes sibi, Sicut Deus noster adest cunctis obsecrationibus 20
nostris: Quae enim est alia gens sic inclyta, ut habeat ceremonias, iustaque iuditia et universam legem'? Hi intellexerunt hoc ingens Dei donum.

Quod si nos Christiani etiam ad hunc modum intelligeremus hoc nostrum tam ingens donum, vere essemus beati: sicut Christus dicit, Lucae 10.:
Luk. 10, 23 f. 'Beati oculi, qui vident, quae vos videtis. Multi reges voluerunt ea videre, 25
et non viderunt' etc.

Imo, ut plus dicam, ego credo, quod, sicut nunc Abrahamum propter hoc donum celebramus: ita ipsum longe magis nos in novo Testamento
Joh. 8, 56 celebraturum: Vidit enim diem Christi, ut est Ioannis 8. Sed vidit in fide et spiritu tantum.   30

Nos autem de facie ad faciem hanc gloriam videmus, audimus Deum nobiscum loqui, et promittere remissionem peccatorum in baptismo, in coena filii sui, in vero clavium usu: Haec Abraham non habuit. Sed spiritu vidit, et credidit.

Maior igitur nostra gloria est: Sed quia eam non curamus, neque 35
dignas Deo reddimus pro tantis donis gratias, maius pecuniae et opum, maius potentiae et voluptatum studium et cura est: Ideo oportet venire Turcam, Papam et innumerabiles alios Daemones ex Italia, Hispania et omnibus terrae angulis, qui vexent, fatigent et mactent nos propter inenarrabilem et indignissimum contemptum.   40

_____

12 Laetabor] Itaeabor *A Druckfehler*

Est igitur ecclesia discipula Christi, sedens ad pedes eius, et audiens verbum eius, ut sciat iudicare omnia, quomodo serviendum vocationi, quomodo civilia officia obeunda: Imo etiam, quomodo edendum, bibendum, dormiendum sit, ut nulla pars vitae sit in dubio, sed in laeticia et pulcherrimo lumine, undique circumfusi radiis verbi, perpetuo ambulemus.

Sed, proh dolor, dona nostra non videmus: Nisi spirituales, hi laetantur, et Deo agunt gratias: Caeteri, quia carnales, ingrati, avari, superbi sunt, ab his etiam auferetur, quod habent, et accedent poenae, ut pro Christo Sathanam, pro Apostolis haereticos audiant, qui in verbo quaerunt sapientias et glorias
10 suas et alia omnia, praeter illud gaudium et coelestia beneficia, quae verbum ad nos adfert.

Haec miseria merito dolet Christianis omnibus, quod in tanta luce et gloria verbi maior pars manet caeca, et tenebras plus diligit, quam lucem. Vident enim hunc esse fontem omnium publicarum calamitatum: quod in-
15 gruunt Turcae, quod haereses crescunt: quod Papa de vindicando regno suo cogitat, quod positum est in invocatione Sanctorum, in innumeris commutationibus et venditionibus bonorum operum et aliis, per quae miseras animas hactenus abduxit a verbo: Ibi enim sic laboratum, sic sudatum est, ut etiam cataphracti pedibus ultimas Hispanias ad sanctum Iacobum irent. Cum
20 autem redirent, nesciebant stulti, quid vel fecissent, vel passi essent. Hoc divinum iudicium iusti Dei fuit.

Accident autem haec, vel etiam his tristiora aliquanto post, nobis sublatis, nostris hominibus: quia illam gratiam, quam desideravit Abraham videre, non curant, cum tamen Abraham vix parvas guttulas harum diviti-
25 arum habuerit, quarum nos amplum mare possidemus.

Est autem haec usitata fortuna Ecclesiae, ut quanto verbum copiosius revelatur, tanto maior hominum sit ingratitudo: Abutuntur enim eo ad suam gloriam et ad tegenda peccata. Ideo mittit Deus efficaces errores, sicut Papae exemplum docet, qui loco verbi decreta, decretales 2. Theff. 2, 11
30 suos, legendas sanctorum et alias nugas Ecclesiae obtrusit. Vult enim mundus decipi.

Nos igitur discamus in omnibus legendis admirari principalem hanc gloriam verbi Dei, quod, ceu sol in medio coelo, in hisce sanctorum Patrum historiis lucet. Ac, qui hoc faciunt, transibunt per illos tumultus infinitos
35 et monstra humanorum operum, quae ratio sola admiratur: in hoc autem unum erunt intenti, an et quid Dominus loquatur.

De Hilarione legimus eum per totos annos LXXIII. neque carnem, nec butyrum, nec lac gustasse. Grande opus hoc videtur, quod rationem quasi attonitam reddit. Sed si quaeras iussusne a Deo hoc Hilarion fecit,
40 an sua sponte? Ibi, quia lux verbi Dei deest: vilescit in infinitum hoc electitium opus, et vere est tenebrarum opus, praesertim si, ut solet, accessit aliqua superbia spiritualis.

Deus quia misericors est, bono viro hanc stultam religionem, qua afflixit suum corpus, forte non imputavit: sed si quis hoc opus ad exemplum vellet trahere, et ex eo cultum Dei facere: Is in totum esset damnandus, sive sit Hieronymus, sive Hilarion, sive Antonius. Hi enim admiratores et studiosi talium superstitionum fuerunt.

Nobis enim provocandum ad Lydium nostrum lapidem, ad verbum Dei respiciendum est, et non simpliciter acquiescendum in tali monstrosa sanctitate: sed quaerendum, an Deus ita iusserit.

Si enim vides hominem baptisatum incedere in fide baptismatis sui, et in confessione verbi, ac facere opera vocationis suae: Haec opera, utcunque 10 sint vilia, sunt vere sancta et mirabilia Dei opera: sed non sunt speciosa in oculis hominum.

Accurate igitur discernendum est inter gloriam verbi Dei, quod solum vera lux et summus ornatus est inter ista monstrosa et speciosa opera. Ea enim opera Deo placent, quae iussu ipsius suscipimus.   15

1. Sam. 15   Saul in speciem recte facit, quod non omnia iumenta Amalechitarum mactat, sed servat electiora ad cultum: Sed quia Deus per prophetam iusserat diserte omnia mactanda esse, commovetur hoc facto Deus ad extremam indignationem, ut speciosum opus mera est abominatio, quia contra Dei verbum susceptum est.   20

Igitur scriptura infaustis nominibus ariolari et idolatrare vocat, non audire verbum Dei, seu aliquid sine aut contra verbum Dei suscipere. Horribilis profecto sententia et definitio, praesertim si spectes, quam hoc in mundo frequens et usitatum sit.

Col. 2, 18. 20   Ideo Paulus quoque ad Colossenses monet cavendos, qui in ἐθελοθρησκείᾳ 25 ambulant, etsi in speciem Angelorum religio esse videatur: Sunt, inquit, mandata hominum, hoc est, non habent illum solem et gloriam, Verbum Dei: igitur fugienda sunt, nec habenda pro cultibus.

Sum nimium in hoc textu verbosus: sed doctus meo periculo scio quam haec sit necessaria admonitio et doctrina. Praecipit scriptura ubique, 30 ut humiliemur, et caveamus superbiam ceu fontem, ex quo indignatio Dei profluit. Sed non est superbia de verbo Dei magnifice sentire, et gloriari.

Aetas, sexus, vocationes in hac vita varie differunt: Alius docet ecclesiam, alius servit Reipublicae, alius instituit iuventutem, mater studio suo fovet et excolit liberos, maritus de victu honeste parando sollicitus est: Sunt 35 haec, ut mundus iudicat, non adeo magnifica et speciosa opera. Sed si respicias ad verbum, ad illud caeleste ornamentum et gloriam divinam, cur non contra Satanam superbires, cur non gratias Deo de tantis donis ageres? Non enim nuda sunt opera, sed ornata verbo Dei: Sunt enim divinitus tibi Col. 2, 23 iniuncta. Cum econtra illa superstitiosa in mundo sunt, ut Paulus ait, 40

_____

23 definitio] diffinitio A

ἐθελοθρησκεῖαι, sine verbo Dei, et, ut idem Paulus appellat 'opera in-　Eph. 5,11
fructuosa'.

Atqui, inquiunt, Papa et ecclesia ea praeceperunt? Nihil ad nos Papa,
nihil ecclesia. Imo ecclesia non est, quae a verbo abducit, quae per electos
5　cultus idolatriam et scandala auget, et perditionem animarum, non Dei
gloriam adiuvat.

Ecclesia enim est discipula Christi, et quanquam docet, tamen non
docet, nisi a Christo tradita: Facit enim idem spiritus Dei, Iohannis 16.:
'De meo accipiet'.　　　Joh. 16, 14

10　Si igitur volumus exercere pietatem, faciamus id non per infructuosa,
sed fructuosa opera. Hoc est, primo omnium amplectamur verbum Dei, et
credamus in Christum. Deinde incedamus in simplici vocatione: Maritus
alat familiam, ancilla pareat Dominae suae, materfamilias lavet, ornet, doceat
liberos.

15　Haec opera, quia in vocatione et in fide filii DEI fiunt, fulgent in
conspectu Dei, angelorum et totius ecclesiae Dei. Sunt enim vestita caelesti
luce, verbo Dei: Etsi in conspectu ecclesiae Pontificis contemnuntur, quod
vulgaria et usitata sint.

Inculco haec, ut dixi, non sine causa, sed necessario: Lubricum enim
20　est ingenium hominis, quod facile movetur, et caro nostra stultissima est:
facillime igitur capitur istis portentosis et inusitatis operibus.

Fateor autem per Dei sanctos in speciem similia facta: Sicut Ioannes
vino abstinet, locustis vescitur, vestitur camelina pelle: Sed caecus prorsus
es, si differentiam tam insignem non animadvertis: Facit enim ista iussus,
25　sicut scimus Nazarenum fuisse, et divinitus in desertum esse vocatum.

Quin, ut videmus in hac historia Abrahae, Abraham et Loth separantur:
Separatio haec non quidem mandata est speciali verbo, et tamen Deus eam
probat. Pergit enim cum Abraha loqui, et quidem familiarissime cum eo
loquitur: ita ut appareat non solum non offensum Deum hac loci mutatione,
30　sed etiam probare eam. Ergo probat Deus opera suscepta sine verbo?

Non. Etsi enim sancti non semper habent singulare, seu speciale
verbum, tamen non peccant contra generale verbum: Imo, quia in fide filii
Dei faciunt, quae faciunt, omnino recte faciunt: Sic liberum fuit Lotho
secedere, in quam partem vellet.

35　Nobis liberum est vel carne vel piscibus vesci, bibere vel aquam vel
vinum, modo habeatur ratio valetudinis, et cum gratiarum actione in usum
nostrum creatis utamur. Non enim praecepit Deus contraria. Papa contraria
praecipit, ut scilicet die Veneris et Saturni carnibus abstineamus. Sed qui
Papam agnoscit Magistrum, is partem cum Christo non habet.

40　Ad hunc modum probat hoc in loco discessionem propinquorum
Dominus, et confirmat eam, siquidem cum Abraha sic colloquitur familiariter.
Sed non in Abraha tantum hoc beneficium praedicandum: Nos, ut supra

dixi, in hac parte Abrahamum antecellimus. Quod enim Abrahae aliquoties contigit, nobis contingit cotidie: ut Deus nobiscum colloquatur non de corporalibus benedictionibus, sed de aeternis.

Sed, inquies, quomodo Deus locutus est Abrahae? Num de coelo, sicut cum Paulo colloquitur Christus ad Damascum? Mea haec sententia 5 est: Factum hoc per patriarcham Sem, et per humanum ministerium. Sicut

1. Theff. 2, 13 Paulus quoque loquitur 1. Thessalonicenses: 'Suscepistis a nobis verbum, non ut verbum hominis, sed ut revera est, Dei verbum, qui in vobis efficax est,

Mat. 10, 16 qui creditis'. Sic Christus: 'Qui vos audit, me audit'.

Sumus igitur obruti opulentia divinae misericordiae, siquidem hanc 10 lucem tam habemus copiose, quod Deus per ministerium hominum ubique se nobis offert, et nobiscum colloquitur. Pro hoc beneficio erant gratiae agendae Deo, et ex animo gaudendum. Probat enim nos esse Dei familiares, et curae esse Domino, sive vivimus, sive morimur. Hoc tantum bonum si potuissent consequi Cicero, Plato et alii, an putas eos fuisse conquieturos, 15 et non potius extremas orbis partes adituros? Tanto autem nos maiore in periculo sumus, si ingrati fuerimus pro tanto dono. Non enim cessabit ira Dei, quae etiamnum nobis per Turcam et Pontifices minatur, homines, quod ad odium et crudelitatem attinet, daemonibus proximos.

Notabis igitur initio vocabula haec: 'Dixit Dominus'. Summa enim 20 gloria, summum beneficium est hunc audire. Iudico autem Dominum non hic, ut supra, apparuisse Abrahae, sed locutum ei esse per Sem seu Melchizedech.

Magna igitur virtus est, quod Abraham sic se verbo patitur regi, et ut divinum oraculum accipit, quod ex patre Sem audit.

Observabis autem, quod, etsi Regio, in quam Loth commigravit, con- 25 tigua esset cum terra Canaan, tamen Dominus eam hoc in loco separat a terra Canaan, nec includit eam in promissionem, quam Abrahae facit. Causa huius est, quod videt eam funditus propter peccatum delendam. Ideo Loth quoque tantum ad tempus ibi hospes est. Propter peccatum enim, sicut sequitur, primo bellis vexata est, postea cum poenitentiam negligere pergerent, 30 poenitus est vastata igni coelo demisso.

Promissio, quae hoc loco Abrahae fit, maxime loquitur de corporali beneficio, sicut illa supra in duodecimo de spirituali: facilis igitur est, nec opus habet longiore explicatione, si modo observes, quam mirabile sit, quod per promissionem Abraham Dominus totius huius terrae est: et tamen 35 revera ne quidem pedis spacium habet aut possidet. Huius exemplo qui discunt verbo niti, tandem experientur, non frustra se credidisse.

13, 16 Et ponam semen tuum quasi pulverem terrae: Si homo poterit numerare pulverem terrae, numerabitur quoque semen tuum.

Haec particula ideo est notanda, quia infra, ubi altera pars primae 40 promissionis spiritualis explicabitur, Moses aliter loquitur, et iubet Abrahamum

numerare stellas.   Illic igitur posteritatem Abrahae comparat stellis et lumi-
nibus coeli, hic autem pulveri terrae.

Significatur autem his similitudinibus duplex Abrahae posteritas: Una
terrena et corporalis: Altera coelestis, spiritualis et aeterna.   Praesens igitur
promissio tota corporalis est, de possessione terrae Canaan, quod carnalis
Israel debeat multiplicari.   Ideo similitudine de pulvere terrae utitur.   At
ubi postea promissio aeterna de Isaaco fit, et de coelesti semine, Christo et
Ecclesia: ibi stellas iubetur numerare.

Hinc sine dubio Prophetae didicerunt, ut appellarent populum Dei
10 coelum, item: exercitum coelorum, et pios doctores stellas. Sicut Daniel de ₐₙ. 8, 10
Antiocho dicit, deturbaturum eum stellas coelo in terram.   Haec a sacrarum
literarum studiosis diligenter sunt observanda.

Sed admonet nos hic locus, ut primum pro confirmatione fidei nostrae:
deinde contra pertinaces Iudaeos disputemus.   Textus enim hic clarus est,
15 quod etiam carnale semen hanc terram debeat possidere in perpetuum: Atqui
Iudaei nunc annos mille et quingentos hanc terram non possident: sequitur
igitur clare aut mentiri Mosen, aut Deum Iudaeos, suum populum, abiecisse
et deseruisse, ut non amplius sint Dei populus.

Quid hic respondes circumcise? Durum erit dicere, quod Moses mentiatur:
20 et tamen res loquitur excidisse gentem tuam ab ista possessione terrae Canaan.

Si dices, hoc factum propter peccata tui populi, nonne Deus promittit
haec ipsi Abrahae, antequam semen haberet, et antequam peccarent?

Deinde si peccatorum hanc esse poenam statuis, age, an non peccarunt
maiores tui ante captivitatem Babylonicam? occiderunt enim Prophetas: filios
25 et filias immolabant daemonibus: et piorum sanguinem tanquam aquam
effundebant: et tamen Deus, etsi succenseret eis, et ad tempus abiiceret, non
tamen deseruit poenitus: dedit doctores, dedit Prophetas, tandem etiam
restituit eos in terram Canaan.   Quin in ipsa captivitate exules corporibus
corde tamen haeserunt, et manserunt in terra Canaan, quam norant sibi post
30 septuaginta annos restituendam.

Ad haec confer praesentia: Nulla promissionem, nullam certam expectationem, nullum definitum exilii tui tempus habes. Ubi manet igitur promissio haec? An non sequitur aut Deum mentitum: aut Iudaeos non
amplius esse populum Dei? Sed Deum mentiri impossibile est: Relinquitur
35 igitur Iudaeos a Deo abiectos, et Dei populum esse desiisse.

Nec ullus erit tam callidus Iudaeus, qui hoc argumentum eludat, quod
sine definitione aliqua temporis eiecti nunc vivunt · ex sua terra annis mille
quingentis, sine Prophetis, sine promissionibus, quas in Babylone captivi
habebant, et norant se redituros in Ierusalem.
40 Sic infra cum iubetur Iacob in Aegyptum migrare, etsi quadringentis
annis ibi haereret posteritas eius, tamen habebat promissionem, post quartam
generationem redituros in terram Canaan.

Sed sub Romanorum Monarchia Iudaei simpliciter sine promissione sunt: sicut Prophetae quoque finalem vastationem minantur. Ergo concludit locus iste, quod Iudaei non sint amplius populus Dei, sed abiecti a Deo, quia negaverunt Christum.

Quod igitur Moses dicit: 'dabo terram hanc semini tuo in saeculum', [5] intelligendum id est, usque ad Christum. Eum debebant amplecti et audire: erant enim instituti huius terrae haeredes, donec hic Rex ipsorum veniret: quod si eum admisissent, et audiissent eum, retinuissent promissam terram.

Sed quia Iohannis 11. eo deleto terram retinere conantur, contrarium fit, ut ipsi pereant sine spe auxilii. [10]

Notabis igitur, quod vocabulum *OLAM* non significat infinitum et aeternum tempus, sed durationem temporis incerti, seu longinquum tempus sine certa determinatione.

2. Mofe 21, 6 Sic Exodi XXIII. dicitur de servo, cuius auris in signum perpetuae servitutis perforata est: 'Erit servus in sempiternum', hoc est, quam diu [15] 4. Mofe 18, 23 vixerit, et postea per totum Mosen repetitur haec vox *OLAM* hac incerti, sed tamen finiti temporis significatione. 'Legitimum erit in generationibus vestris in sempiternum', hoc est, usque ad Christum.

Non igitur poterunt evadere Iudaei, quin cogantur fateri se non esse amplius populum Dei, quia, si essent populus Dei, haberent terram illam. [20] Nunc cum eiecti ex ea sint, quis eos credet esse Abrahae semen?

Nostris temporibus in Moravis[1] natum est stolidum hominum genus, Sabbatharii, qui Iudaeorum exemplo Sabbathum servandum contendunt, et forte circumcisionem quoque pari ratione urgebunt. Tales pestes nostrae Ecclesiae, in quibus verbum Dei sonat, non norunt, sed iis in locis, ubi [25] Principum furoribus Euangelion excluditur, omnia iis plena sunt.

Homines indocti et stulti capiuntur hac unica voce, quam hoc loco Moses usurpat: quod Iudaei debeant ceremonias et cultus hos retinere in sempiternum. Igitur, inquiunt: Sabbathum, circumcisio et aliae ceremoniae non debuerunt aboleri in totum, sed retinendae sunt. [30]

Atqui tu oppone hunc locum: 'Tibi et semini tuo dabo hanc terram in sempiternum', et urge tum Iudaeos, tum simias eorum Sabbatharios, ubi sit terra, quae ipsis in possessionem data est? Si enim terram non habent, quomodo sacrificia, quomodo alia, quae in lege praecepta sunt, urgere possunt? [35]

Mandata enim haec diserte sunt semini isti, quod promissionem et possessionem habuit terrae Canaan: Cessante igitur terra et amissa, cessat

---

11 OLAM] עוֹלָם

[1]) *Vgl. Köstlin-Kawerau II, 430f. und Kroker, Tischreden Nr. 776f.:* Nam in Moravia *[= Mähren]* multos circumciderunt Christianos et appellant eos novo nomine die Sabbather. *(März-Juni 1537.)*

etiam lex, cessat regnum, cessat sacerdotium, cessat Sabbathum, circumcisio etc.

Magnum profecto miraculum est, tam ridicula ratione in tantum
errorem posse induci homines. Etsi igitur parergon hoc est, tamen neces-
5 sarium est, particulam *Olam* non significare infinitum tempus, sed finitum.

Surge, perambula terram iuxta longitudinem et latitudinem eius, 13, 17
Quoniam tibi eam dabo.

Vides Abrahamum, qui secundum promissionem Dominus est terrae
Canaan, esse tantum hospitem, nec habere certum locum, in quo cum suis
10 acquiescat: Iubetur enim de uno loco in alium migrare. Atque haec causa
est, quod Patres etiam corporales promissiones cum spirituali intellectu
inspexerunt. Sicut Epistola ad Hebraeos pulcherrime dicit: 'Fide Abraham Hebr. 11, 9 f.
habitavit in terra promissionis tanquam aliena, habitans in tabernaculis cum
Isaac et Iacob, haeredibus eiusdem promissionis.

15 Expectabat enim aliam civitatem habentem fundamenta, cuius artifex
et extructor Deus est'. Hac fide longum et molestum exilium vicit Abraham,
nec offendit eum, quod Loth et certam et commodissimam sedem haberet.

Et tabernaculum fixit Abram, et venit ac habitavit in convalli- 13, 18
bus Mamre, quae sunt in Hebron et aedificavit ibi Altare
20 **DOMINO.**

Mamre proprium viri nomen est: Sicut patet ex sequenti capite, in
quo Mose dicit Amorrhaeum fuisse. Vocabulum *(ELONE)* alii nemus, alii
planiciem exponunt. Utcunque sit, (Grammaticis enim haec committimus)
habitavit Mamre, sicut apud nos solet nobilitas, in agro iuxta nobilem
25 civitatem Hebron, quae in vicinia habuit *(ELONIM)*, hoc est, nemus seu
quercetum. Sicut plerunque civitates habent in vicinia nemora tum propter
pascua, tum etiam propter lignorum commoditatem: Apud hunc Mamre
invenit hospitium Abram cum universa sua domo.

Singulari autem studio meminit Mose aedificatum ibi Altare Domino,
30 hoc est, ut supra quoque dixi, Abrahamum eo in loco praedicasse, et de vero
Dei cultu docuisse.

Est autem haec non exigua consolatio, quod Deus etiam reliquias ex
gentibus colligit, eosque facit participes benedictionis Abrahae. Nisi enim
Mamre pius et bonus vir fuisset, ac cum Abraha credidisset in verum Deum,
35 eiusque verbum ex Abraha audivisset, nec ipse Abrahamum excepisset hospitio, nec Abraham divertisset ad eum.

Ergo illo tempore inter gentes quoque habuit cultores suos Deus, quos
mirabiliter per sanctum Patriarcham vocavit, secundum promissionem supra

---

22 (ELONE)] אֵלֹנֵי   25 (ELONIM)] אֵלֹנִים

1. Mose 12, 3 in XII. factam. 'Eris, inquit, in benedictionem', hoc est, Benedictio sic in te haerebit, quocunque venias, ut per tuum ministerium alii quoque ad benedictionem veniant.

Matth. 10, 12 f.   Ad hunc modum Christus quoque discipulos suos mittit: 'si fuerit domus digna, veniat pax vestra super eam.'

Sic Mamre excipit Abrahamum hospitio cum omni sua familia, Inde hoc bonum ei contingit, ut audiat Abrahamum docentem suos de Deo et vero cultu: Hanc doctrinam amplectitur Mamre, et fit ex ramo silvestri et sterili una radix et arbor fertilis: fit socius fidei et benedictionis, seque ita coniungit cum sancto Patriarcha, ut etiam cum duobus fratribus. Abrahamum contra gentes et pro Deo belligerantem adiuvet.

Notandus igitur locus hic est contra Iudaeos, quod benedictio per sanctum Abraham manat etiam in gentes, qui ad promissionem proprie non pertinebant.

Nam Iudaeorum haec opinio est, quod soli sint populus Dei, omnes autem Gentes sint abiectae a Deo: Atqui scriptura talium historiarum plena est, quod etiam gentes sint vocatae ad societatem promissionis per sanctos Prophetas.

Ac praecipue sancti Patriarchae hoc studiose egerunt, ut quam plurimos ad cognitionem Dei traducerent. Ideo Abraham non tantum curat rem suam familiarem, sed extruit quoque altare. Ibi docet de vera religione, ibi invocat Deum, ibi externos cultus publice exercet. Huic se adiungit Amorraeus Mamre cum fratribus, atque ita constituitur numerosa Ecclesia.

Genesis. Caput XIIII.

14, 1. 2 Et factum est in diebus Amraphel, regis Sinear, Arioch, regis Aelasar, Kedorlaomer, regis Elam, Et Tideal, regis Gentium. Et commiserunt hi praelium cum Bera, rege Sodomae, et cum Birsa, rege Gomorrae, cum Sinea, rege Adama, et Semaeber, rege Zeboym et rege Bela, haec est Zoar.

Praesens locus videtur plane esse sterilis: et tamen Moses satis copiosus est in descriptione temporis et loci. Varie autem est depravatus negligentia vel imperitia notariorum.

Primo autem omnium hoc sciendum est Mosen per anticipationem, sicut Lyra vocat, vocabulis sui temporis uti, quae, cum ista gererentur, ignota erant. Nam sequentibus temporibus haec nomina his locis sunt indita.

---

19 quam plurimos] quamplurimos *4*

Regem Amraphel existimant Iudaei Nimrod esse, de quo supra diximus, hoc sive recte dicatur, sive non, ignoro: nulla enim sunt argumenta, quibus certo niti possimus. Relinquamus igitur hic Magisterium suum spiritui sancto, qui haec ita scribi voluit, et contenti eo simus, quod hic Amraphel
5 fuerit rex Babylonis seu Sinear.

Notum autem est ex historia sacra, primum regnum post diluvium seu dispersionem linguarum fuisse Babylona, in fertilissimo loco. Constitutum autem id regnum est a Nimrod, nepote Ham, cui cessit Aphrica. Eius filius Chus possedit Aegyptum. Nepos autem Ham, Nimrod, non contentus patriis
10 limitibus, adortus est sanctam generationem in Oriente, et per Tyrannidem occupavit terram Sinear, et aedificavit Babylona, sicut supra commemoravit Moses in undecimo. Saepius autem vastata est Babylon: et translatum 1. Mose 11, 2 regnum primo in Assyriam, inde, oppressis Assyriis, rursus in Babylonem, post ad Persas et Medos etc.

15 Secundus Rex est Arioch, eum noster interpres regem Ponti facit: sed Moses dicit fuisse regem Ellassar. Hic divinandum est, quid sit Ellassar: Inducor autem similitudine nominis, ut, sicut Babylon est ad Orientem, ita Ellassar sit ad Aquilonem, Assyria scilicet.

Tertius Rex est Kedarlaomer, rex Elam, hoc est Persiae, magnae et
20 amplae regionis ad meridiem.

Quartus Tideal, rex gentium. Observanda autem hic est phrasis scripturae sanctae, quae Gentes vocat illos populos, quos nostrum mare mediterraneum alluit. Sic Paulus gentium Apostolus dicitur, quod potissime missus sit ad gentes, maris mediterranei accolas, ad occidentem usque. Hic
25 igitur rex tenuit Cilitiam et vicinas regiones.

Hi tum fuerunt monarchae et Caesares, ac communi consilio moverunt bellum contra quinque civitatum reges: seu irritati ab eis, sicut Moses paulo post exponet, defecisse eos a Kedarlaomer (quia enim ea terrae pars cultissima et uberrima fuit, impatientes fuerunt iugi, et sustulerunt animos) seu
30 invitati spe melioris soli occupandi.

Sicut enim in principio fuit, sic nunc et semper et in saecula saeculorum est, ut principes suis non contenti appetant aliena, si sint meliora, secundum Germanicum proverbium[1]: was gut ift, greifft jederman nach. Mediolanum si non tam foelici solo positum esset, neutiquam tantae de eo
35 Regum fuissent dimicationes. Haec fortasse huius quoque primi belli, cuius scriptura meminit, fuit occasio.

Zoar, cuius ultimo Moses meminit, fuit una istarum quinque civitatum, sed minima, ad quam Loth fugit, spacium istius terrae adhuc extat. Non

---

9 Chus] Chis *A*

[1]) *Nicht bei Thiele, Sprichwörter.*

igitur magna istarum civitatum potentia fuit: etsi ager esset cultissimus et fertilissimus.

14,3 **Omnes isti coniuncti sunt in valle Siddim, ubi est mare salis.**

Dixi supra Mosen praesentibus et sui temporis appellationibus uti. Nam isto tempore mare salis nondum fuit. Vocatur autem in Scriptura 5 mare salis lacus Asphaltices, seu mare mortuum, de quo paulo ante diximus. Mosis igitur temporibus totus ille ager seu campus fuit bituminosus lacus, qui tum, cum bellum hic gereretur, erat vallis *Siddim*, hoc est, agrorum, cultissimus locus et uberrimus, quem irrigabat ceu hortum fluvius Iordanis.

14,4—6 **Duodecim enim annis servierant Kedarlaomer, et tertio decimo** 10 **anno rebellaverunt: quarto decimo vero anno venit Kedarlaomer atque reges, qui cum eo erant, et percusserunt Rephaym in Asteroth, Karnaym atque Zuzim in Ham, et Emim in planitie Kyriataiim, et Horaeum in montanis Seir, usque ad planiciem Pharan, quae est iuxta desertum.** 15

Hic locus ceu spinetum est propter amissa vocabula, et tamen est nobis perrumpendum. Causam expeditionis commemorat et fortunam. Rephaym appellantur a (*Raphat*) sanavit, quasi dicas, salvatores terrae, patres patriae. Hoc nomen illis temporibus regum fuit.

Sicut Saxones nobiles appellant Gutman. Nobilitas enim debet studere 20 virtuti, et prodesse suis. Ideo enim opes tenent, et dignitate antecellunt vulgus, quod nihil nisi sua commoda quaerit, et ideo indulget cupiditatibus.

At nobilitas altiores spiritus gerat, occupetur publicis negociis, et defendat fortiter suos, exemplo suos invitet ad virtutem, non, ut nunc solent, helluetur, latrocinetur, expilet, spoliet suos. 25

Eximia igitur appellatio est Magistratus, quod sint Rephaym, salvatores seu Medici, qui ulcera et pestes corporum sanent: qui fures et latrones iugulent, et defendant ab iniuriis suos.

Sed sicut nunc fit, ita etiam tum factum est: Potentia facit insolentes et Tyrannos. Caro enim nostra infirmior est, quam ut gloriam et potentiam 30 recte ferre possit. Igitur suavissimum hoc nomen male audire coepit, et Rephaym propter degenerantem nobilitatem sunt dicti Gygantes et Tyranni. Ideo excitavit Deus hos quatuor reges ad illos Rephaym puniendos, qui obliti sui muneris non Medici et Salvatores: sed oppressores libertatis et rerumpublicarum erant. 35

Asteroth Karnaym videtur vocare regnum, quod post Og Basan appellatum est, ultra Iordanem in vicinia harum quinque civitatum.

---

8 Siddim] שִׂדִּים   18 (Raphat)] רָפָא *Hebr.*

Meminit autem Iosue quoque fuisse ex his Rephaym aliquos reliquos, Jos. 12, 4 percussi enim sunt: non autem deleti. Ammonitae et Moabitae postea ea loca tenuerunt.

Ham, in qua Zuzim esse dicit, quid sit nescio. Ratio autem arguit 5 vicinos fuisse Rephaym in Astaroth.

Emim ex Mose celebres sunt, postea Edomitae ea loca habitarunt: hodie Arabia petrea appellatur.

Apparet igitur hos quatuor Reges ab Oriente profectos ad meridiem. Sunt autem haec quoque nomina honesta, quibus Magistratum ornarunt.

10 *Zuzim* enim significat robustos. Sicut Germanice vocamus, bie tewren Helben, contemptores periculorum, qui pro patria vitam profundere parati sunt.

Emim significat reverendos, tremendos, metuendos, quos vulgus observare et colere debet.

Horaei etiam sunt Edomitae, pars petreae Arabiae, quos Edomitae 15 expulerunt.

Pharan desertum notum est ex Mose, attingit tribum Iuda a meridie.

Et reversi venerunt ad fontem Mispath, quae est Cades, et per- 14, 7 cusserunt omnem regionem Amalech. Item Aemorraeum habitantem in Hazazon Thamar.

20 Fons Mispath seu iuditii notus locus est ex Mose libro quarto. Amalech habitavit inter Aegyptum et terram sanctam. Hazezon Thamar alio nomine appellatur Engeddi, optimus locus in orbe terrarum, et proximus quinque civitatibus: reliquiae paradysi.

Apparet igitur hos quatuor reges: Edomitas, Amalecitas, Ismaelitas, 25 Madianitas et circum circa vicinas regiones primum devicisse: postea quinque civitates, ut iam nudatas praesidiis vicinorum invasisse.

Et egressus est Rex Sodomae et Rex Gomorrae atque Rex Adama 14, 8—11 et Rex Zeboym et Rex Bela, quae est Zoar, et inierunt cum eis bellum in valle Siddim, scilicet cum Kedarlaomer, rege Elam, et 30 Tideal, rege gentium, et Amraphel, rege Sinear, atque Arioch, rege Elassar, quatuor reges cum quinque. Porro vallis Siddim erat plena fontibus bituminis: et fugerunt rex Sodomae atque Gomorrae, et ceciderunt ibi, et qui remanserant, fugerunt in montem, et accipientes omnem substantiam Sodomae atque 35 Gomorrae, et omne alimentum illorum abierunt.

De fontibus bituminis varia disputant. Alii enim sentiunt fuisse fossas, ex quibus vel argillam vel cementum effoderint: alii, ut Moses

---

2 deleti. Ammonitae] deleti Ammonitae *A*   10 Zuzim] זוזים   12 Emim] אימים
29 Kedarlaomer] Kedarloamer *A*

appellat, fontes esse sentiunt. Quicquid autem fuit, peculiare quoddam donum fuit ad aedificationem utile et necessarium: sicut de Alexandro historiae commemorant, quod in Babylone fontes Bituminis foderit.

Forte autem ideo horum fontium meminit Mose, quod pavidus miles, cum fuga salutem quaereret, in eos caeciderit et perierit. 5

Si tempus supputamus, vix triginta anni post mortem Noah abierunt, cum hoc bellum est ceptum: vixerunt tum Sem et sex alii Patriarchae. His sanctissimis viris gubernantibus et docentibus mundum tanti tumultus exoriuntur.

Horribile autem exemplum hoc est, tam cito oblitos homines diluvii 10 et dispersionis linguarum, studuisse tyrannidi, et turbasse mundum bellis. Viderunt haec sancti Patriarchae, sed cum summo dolore, nec potuerunt mederi tantis malis.

Habes igitur hic descriptam faciem mundi, qui non solum obliviscitur verbi Dei, sed etiam illud contemnit. Igitur involvitur dignis poenis. 15

Accidet autem idem Germaniae me mortuo, siquidem adhuc vivens multa indigna audire et videre cogor, quae sine gravibus poenis non abibunt.

Atque haec causa est, cur hoc bellum Moses tam describat diligenter, ut scilicet videamus regnum Diaboli et rationis. Vult Deus esse imperia, vult damnari nocentes, et defendi pios. Sed Sathan corrumpit animos, ut 20 Magistratus degenerent in Tyrannos. Inde sequuntur bella et seditiones, poenae peccatorum, hae quoque pios involvunt: sicut de Loth iam audiemus, sed Dominus novit eripere iustum in die malo.

14, 12. 13 Abduxerunt quoque Loth et substantiam eius, filium fratris Abram, et recesserunt. Habitabat enim ille in Sodoma, et venit 25 quidam, qui evaserat, et indicavit Abrae Hebraeo, qui habitabat in convallibus Mamre, AÉmorrei, fratris Escol, et fratris Aner, qui foedus habebant cum Abram.

Hic veram causam ostendit Moses, cur tam copiosam huius belli historiam instituerit: ut scilicet commendet nobis ingens hoc miraculum, 30 quod sequitur praeclaram victoriam Abrahae.

Est autem plenior locus hic et augustior, quam ut possim omnes eius particulas pro dignitate explicare. Hoc tamen praecipuum est, et caput huius doctrinae: ut videas, quomodo Deus suos subiiciat cruci, et quanquam liberationem differt, tamen gloriose tandem eos eripit periculis, et victores con- 35 stituit: sed prius bene vexatos, et variis certaminibus ad desperationem usque defatigatos.

Hunc divinum ordinem, quo nos gubernat Deus, videre utilissimum et pernecessarium est. Ita enim discimus in rebus adversis praestare

---

29 Hic *bis* ostendit *fehlt* A; *Kustos:* Hic ve

patientiam, et confidere bonitate Dei, ac sperare salutem: In laetis autem humiliari ac Deo gloriam tribuere. Utrunque enim solet, deducere ad inferos et reducere, affligere et consolari: mortificare et vivificare.

Hunc ludum cum suis sanctis ludit perpetuis vicibus. Non enim in
5 hac vita, ut in futura, solidum ullum est gaudium, iam irato similis infligit poenas, iam, sicut blandus pater, fovet et consolatur filios suos.

Haec discenda sunt diligenter, ut simus parati ad omnem fortunam: quemadmodum Paulus de se dicit Philippen|ses 4.: 'Ego didici contentus Phil. 4, 11 f. esse iis, quae habeo, scio humiliari, et scio abundare etc., omnia possum per
10 Christum, qui me confirmat.'

Non igitur haec historia propter istos quinque reges scripta est: sed propter nos, ut in tentatione simus fortes: extra tentationem autem humiles et grati.

Hanc viam qui tenere potest, quae vere est regia via, beatus est.
15 Erigitur enim spe, cum adversae res sunt, nec frangitur animo: Rursus, cum laeta omnia sunt, non effertur, nec insolescit: sed recte dixit ille: Medium tenuere beati. Animus enim humanus in utranque partem infirmissimus, et quod creditu difficillimum est, facilius durat in adversis.

Notandum hoc in loco est vocabulum *Hapalit*, significat ereptum, et
20 ut nos solemus dicere, reliquias alicuius cladis, die entkommen sind. Est autem propria appellatio sanctorum. Hos enim Deus sic immergi periculis sinit, ut deplorati videantur: et tamen mirabili modo liberantur tandem: sic cum totus mundus damnabitur, nos, qui Christum confitemur, et in eius morte confidimus, tanquam reliquiae servabimur.

25 Iudaei varia nugantur de hoc viro, qui evasit. Neglectis enim locis, qui erudiunt ad fidem, spem et patientiam, huiusmodi nugas sectantur: Non autem prorsus fructu caret, tales nugas et ineptias stolidorum hominum nosse: Quis enim non videt eas esse poenas pertinacis diffidentiae seu incredulitatis?

30 Mentiuntur igitur hunc cladis nuncium fuisse regem Og, quia fuit de posteritate Rephaim: cum tamen historia ostendat, annis amplius quadringentis post occisum Og a Mose, cum ex Aegypto profectus esset: sic scilicet probant nobis eruditionem et doctrinam suam impii Iudaei.

Quanto erat utilius obmittere disputationem illam de persona? Quid
35 enim ad nos, quisquis tandem fuerit ille nuncius, et quod fuerit eius nomen? ac considerare illud, quod circumstantiae omnes ostendunt et probant: fuisse scilicet hominem pium et sanctum, qui magnifecerit Patriarcham Abraham, et cum certa spe liberationis divinitus per ipsum donandae ad ipsum venerit.

Cur enim huic potissimum hunc nuncium affert: Cur non contentus
40 sua salute redit ad sua? Sed torquetur primum clade fratrum. Deinde

---

19 Hapalit) הַפָּלִיט

spem habet, futurum, ut Deus per Abrahamum tanquam charum suum servatorem captivos liberet, et insolentiam gentium compescat. Haec eius voluntas cum fructu consideratur, nomen ipsum nihil admodum ad rem facit, sive id scias, sive nescias.

Abraham hoc in loco primum cognomine Ebraeus appellatur. Disputant autem de hoc nomine prolixe, Augustinus, quanquam eam sententiam postea retractat, et Burgensis quoque in ea sententia est, ut putet, ab Abrahamo Hebraeos dici, sed falso.[1] Supra enim audivimus commendari domum Eber Cap. 10. qui fuerit pater omnium filiorum Eber: Ab hoc cognomen sortitur Abram, et Hebraeus vocatur, quod Eberi fidem et con- 10 fessionem retinuerit.

Eber enim, cum reliqui omnes, relicta sana doctrina et vero Dei cultu, converterentur ad diversas sectas in illo monstro divisionis linguarum, verum cultum retinuit, et se opposuit Idolatriae Babyloniorum, vicitque scandalum illud horrendum, quod Nimrod cum suis excitavit. Atque hanc ob causam 15 meruit, ut tota eius posteritas, hoc est, Ecclesia ipsa, usque ad Christum Hebraei appellarentur.

Huius sectator cum esset Abram, Hebraeus dicitur, non tam propter sanguinem, quam propter religionem ab Hebero acceptam.

Ubicunque igitur hoc nomen in scripturis ponitur, intellige per Hebraeos 20 purae religionis sectatores et veram Ecclesiam.

Ita Abram diserte hic Ebraeus appellatur, hoc est, unus de puris et veris sanctis, qui non degeneravit, ut reliqui, a domo Sem, et aliorum sanctorum Patrum.

Quod ad Etymon attinet (*Efer*) est adverbium, et significat trans seu 25 ultra. Nam Hebraea lingua non distinguit inter citra et ultra; hinc (*Ifri*) transitor, ber hinüber ist.

Hoc nomen Ebero fortasse a parente per spiritum sanctum est inditum, quod separaturus esset se ab Idolatris, nec cum eis habitaturus.

Abraham audito nuncio non movetur quinque civitatum periculo et 30 regum: Sed de fratre Loth dolet: communicat igitur consilium cum Mamre, Aner et Escal fratribus, et hortatur eos ad ferendam opem: ac dicit textus fuisse inter eos foedus.

Non solum igitur humanitatis laudem merentur, quod Abrahamum peregrinum exceperunt hospicio: sed etiam sanctitatis et pietatis: Nisi enim 35 veram Dei cognitionem habuissent, et deserta Idolatria Deum vere didicissent colere: neutiquam cum eis se foedere coniunxisset Abram.

In eo autem singulariter elucet fides, quod non moti periculo recusant auxilia, sed cum Abra se coniungunt, certi Deum ipsi affuturum, et donaturum victoriam. 40

25 (Efer)] עֵבֶר   26 (Ifri)] עִבְרִי

[1] *Vgl. Unsre Ausg. Bibel 3, 180:* Ibri ist noch nicht Ebraeus. *S. unten S. 240, 23 ff.*

Quam autem hoc difficile fuerit creditu, facile aestimabit, qui et victorias quatuor regum tam praeclaras, et potentiam consideraverit. Quid enim ad hos est Abraham cum suis auxiliis?

Sed sancti hi Amorritae, per Abramum participes facti benedictionis 5 divinae, consolantur se certa spe auxilii divini: Norunt Abramum Deo charum: Igitur periculum nullum metuunt, et se coniungunt cum eo. Ideo spiritus sanctus singulariter commendare eorum pietatem voluit, cum ostendit foedere iunctos cum Abra tulisse ei opem.

Audiens vero Abram, quod captus esset frater suus, expedivit 14, 14 10 exercitatos adolescentes suos, filios domus suae trecentos decem et octo, et insecutus est illos usque ad Dan.

Est insigne hic exemplum fraterni amoris. Audivit sine dubio Abram de quinque regibus fusis et civitatibus direptis: sed horum causa se non armat: norat enim, ut scriptura dixit, pessimos esse omnium hominum. Non 15 igitur repugnat iusto Dei iuditio: sinit, quod ad illos attinet, grassari poenam.

Sed fratris alia erat conditio: Ille norat Deum, Deum invocabat et colebat, ac dolebat ei ista suorum civium impietas: hunc igitur dignum liberatione esse iudicat, et expedit vernaculos suos, hoc est, instruit et armat eos.

20 Nam verbum (Rik) proprie significat gladium expedire, seu evaginare. Sic in Psalmo: 'educ frameam tuam, et conclude inimicos' etc., ubi trans- Pf. 35, 3 latio nostra[1]: 'effunde', habet: sed hic recte vertas pro armare.

Quod Latinus habet vernaculos, in Hebraeo est (Hanichim). Derivatur autem a verbo (Hanach), quod significat dedicare, seu consecrare. Sic 25 vocant dedicare vineam, domum, sponsam, pro possidere, seu quod Germanice dicimus, in bie gewehr nemen und befetzen. Dedicatur igitur domus, cum habitatur. Hinc dicuntur (Hanichim) qui in domo alicuius patrisfamilias educati et edocti sunt.

Licet autem inde aestimare opes et potentiam Abrae, qui tot habuit 30 vernaculos, domi suae educatos, ac bello aptos.

Inter hos multi fuerunt mariti, qui ipsi quoque abundaverunt Sobole. Itaque familiam Abrae, si numeres liberos, matres, ancillas: puto fuisse, ut minimum mille hominum, quos omnes ipse aluit.

Nam ubi trecenti et decem ac octo viri sunt bello maturi, atque, ut 35 scriptura appellat (Hanichim), nati et educati in domo: ibi necesse est, sint plures fratres, sorores, filiae, matres.

Mirabiliter igitur Deus cum hoc sancto Patriarcha lusit, quod dat ei tam numerosam familiam, et tamen ne quidem vestigium pedis ei dat.

---

20 (Rik)] רִיק   23 (Hanichim)] חֲנִיכִים   24 (Hanach)] חָנַךְ

[1] *Gemeint ist Vulgata:* Effunde frameam.

Considera autem praesentes mores, vix maritus cum uxore exules invenire pro se locum possunt, in quo morentur.

Necesse igitur est humanitate et pietate insignes hos fuisse, qui istum gravem et numerosum patremfamilias receperunt. Sine dubio autem maior etiam tum fuit frugalitas, non prodegerunt sic monstrose res ad vitam 5 necessarias, ut nunc solemus.

Quidam[1] hunc numerum exercitus Abrahae compararunt cum concilio Niceno, in quo trecenti decem et octo Episcopi Arrium percusserunt, sed nihil ista ad rem, etsi allusio sit satis bella.

14, 15 **Et divisus est super eos nocte, ipse et servi eius, percussitque** 10 **eos, et persecutus est eos usque ad Hoba, quae Damasco a sinistra est.**

Hoc est insigne illud miraculum, quod spiritus sanctus voluit conspici ab omni posteritate. Ideo primum quatuor Monarchas seu Reges descripsit: Item victoriam eorum tam insignem et amplam, quod Rephaym, Zuzim et 15 Emim devicerint: quod quinque civitates, devictis ipsorum regibus, spoliaverint.

Quis enim non miretur audacem conatum, quod solus Abraham cum trecentis decem et octo vernaculis, non adsuefactis ad bella, sed ad pecorum curam, et nunc primum armatis, hos quatuor reges victores eorumque exercitus persequitur, et audet invadere? Nonne impossibilis et incredibilis res est? 20

Consideremus igitur, qualis vir fuerit Abraham: prius ita pavidus, ut ob timorem mortis negaret Saram uxorem suam esse: Nunc autem ita fortis et magnanimus, ac spiritu sancto sic confirmatus, ut cum paucis, iisque non adsuefactis ad bellum, quatuor monarchas audeat insequi? Quid in omnium gentium historiis huic animo simile invenis? 25

Alexandri, Annibales, Scipiones inter se contendunt, quis gloria rerum gestarum vincat, sed ego Abrahamum antepono omnibus.

Non enim caeco impetu, aut temerario ausu: Sed in fide se hostibus opponit, atque ita vincit. Habuit enim cogitationem, quam neque Alexander, nec Scipio habere potuit: Domo per spiritum sanctum hanc opinionem secum 30 in aciem attulit, quod esset victurus, et redempturus fratrem Loth. Hoc in victoria hac maxime admirabile est, quo omnes omnium gentium victorias quantumvis splendidas vincit.

Reliqua si consideres, est pauper et peregrinus in terra Canaan: non enim vestigium pedis habet proprium. Sic autem imbecillo animo est, ut 35 metu mortis in Aegypto neget Saram uxorem suam esse. Hic autem per spiritum sanctum sic confirmatur, ut de quatuor monarchis sibi victoriam polliceatur: nec dubium est, hac fide profligasset totius mundi vires.

---

[1] *Nach Athanasius. Die Zahl 318 ist eine nach 1. Mose 14, 14 gebildete Legende; die Unterschriften unter dem Symbolum Nicaenum ergeben die Anwesenheit von etwa 220 Bischöfen.*

Quanta autem moderatio haec est, quod victis his monarchis se componit ad tranquillitatem, et deponit arma, cum posset terram Canaan, divinitus promissam, gladio vindicare.

Sed non facit hoc: Manet peregrinus et hospes, vi et armis nihil sibi
5 vindicat: In hos autem reges gladium stringit non cupiditate aliqua motus, sed ut fratrem liberet, quem videbat immerito involvi publicis malis.

Meminerimus igitur hic non proponi exemplum, quod imitemur. Sicut Muntzerus et seditiosi rustici, qui Abrahae exemplo volebant pugnare, cum Abrahae spiritum non haberent. Accipit enim gladium Abraham, et armat
10 suos: non temere, sed iussione spiritus sancti, alias peccasset.

Distinguendum est inter miraculum et exempla. Haec imitari debemus. Illa sine praesumptione imitari non possumus: Imo frustra et cum periculo imitamur.

In omnibus igitur actionibus hoc primum est, ut certus sis de iussione
15 Dei. Si non es certus, obmitte: aut senties malum.

Singularis igitur spiritus sancti motus hic describitur ad nostram consolationem, ut sciamus, quam mirabiliter Deus agat cum sanctis suis: ut discamus in tentatione sperare: extra tentationem autem moderari impetus. Liberato fratre deponit arma Abram: non effertur victoria, nec, cum facillime
20 posset, armis sibi comparat locum, in quo cum suis habitet. Tam praeclarus victor sua sorte contentus est, et exilium, ad quod se vocatum norat, non mutat. Haec digna sunt observatione.

Gessit Samson quoque res maximas et incredibiles pene, sed Abrahae victoria longe est clarior, ac merito extollimus insignem eius fidem, quod
25 non movetur suorum paucitate, non hostium multitudine: Sed simpliciter statuit victoriam suam fore, non quodam temerario motu, sed ex certa spe auxilii divini, quod Spiritus sanctus promittebat.

Non tamen negligit Abram usitata media. Prudenter et certo consilio rem aggreditur, et noctu securos et stertentes invadit. Excitati igitur peri-
30 culo hostes per Angelum Domini terrentur, et arripiunt fugam. Non enim norunt tam paucos esse.

Sic supra audivimus Pharaonem quoque territum. Hunc eventum praevidit fide Abraham, quod per Angelum suum hostes fugaturus esset Deus. Non igitur gladii et arma, sed fides Abrahae fundit hostes.

35 Fidei enim respondet gratia divina: Haec cum adest, iam parta victoria est, et tum demum consilia et arma fortunantur.

Militari stratagemate utitur, quod et noctu hostes invadit, et diviso exercitu invadit: Non in uno, sed in pluribus locis. Itaque metu et periculo turbati hostes putant infinitam adesse multitudinem, et in fugam se dant:
40 Arma eos terrent: Sed revera fides Abrahae et suorum vincit et fugat.

---

12 possumus] possimus *A*

Gedeon vocatur divinitus, et confirmatur etiam miraculis, et tamen trepidat. Abraham sine vocatione tali, sine exercitu, sine signis et miraculis tam potentes hostes invadit. Haec an non insignis fides, et vere Heroicus animus fuit.

Dan in finibus terrae Canaan est. Hobam dicit Moses esse ad 5 sinistram Damasci: Sed qualis locus fuerit, ignoramus. Relictis igitur castris et omni praeda Abraham sine periculo cum summa securitate hostium opibus potitus est.

Discamus igitur, quali favore suos complectatur Deus, et quam mira- biliter eos gubernet: ac in tentationibus huiusmodi exemplis nos consolemur. 10 Sinit Deus suos tentari varie, et vexari ad desperationem usque, tandem autem gloriose liberat, et magnifice exaltat. Abram non ausus fuit sperare tantam benedictionem: Satis ei fuit, si liberare fratrem posset: Nunc accedunt alia quoque commoda. Sic enim narrat Mose.

14, 16 **Et recuperavit omnem familiam: Sed et Loth fratrem suum, et** 15 **familiam illius reduxit: et mulieres atque populum.**

Sic scilicet unus vir Deo dilectus multorum beneficiorum aliis occasio et causa est. Erant homines in quinque civitatibus pessimi: Ideo Deus per bellum eos visitavit: Et tamen propter Abrahamum multi liberantur: Vere igitur fuit, ut supra dictum est, 'in benedictionem etiam malis'. Sicut econtra, 20 cum irascitur Deus. Saepe unius noxam luit tota natio aliqua.

Non solum igitur Heroicum virum Abrahamum fuisse statuemus: Plenus etiam fide fuit et spiritu: Ideo non solum foelix fuit: Sed etiam moderatissime victoria est usus, et humillime se gessit, ut sequentia ostendent. Potuisset, ut antea dixi, totam terram Canaan occupare post hanc victoriam: 25 Sed non intellexit promissiones suas tantum de corporali benedictione. Sustinuit enim in terra Canaan esse exul, et respexit ad benedictionem Joh. 8, 56 spiritualem: Sicut Christus dicit: 'Abraham vidit diem meum, et gavisus est'. Merito igitur celebratur, et praefertur omnibus mundi Monarchis.

Meminit textus captivarum mulierum, quas reduxit Abram. Ea enim 30 bellorum iniuria est, ut imbecillis sexus praedae sit, et impius miles in puellas et matronas pro libidine saeviat. Atque hoc fere tristissimi belli spectaculum est, quod coniugia dissolvit, et rapit prolem. Sed vult Deus istas peccatorum poenas extare: ut discamus resistere cupiditatibus carnis, et suae voci obedire. 35

Temperat autem iram mirabili bonitate, idque propter unum iustum hominem, quem eadem poena abripuerat. Fuerunt enim Sodomitae et vicini ipsorum pessimi homines, ideo bello visitabat eos Dominus, et premebat eos ira divina, et tamen sceleratis et ingratis his contingit insigne beneficium per Abram propter pium Loth, et restituuntur eis uxores, liberi, fortunae. 40

Ad hunc modum ornat Deus suos, ac saepe propter unum et alterum hominem pessimos et ingratissimos servat. Nec dubium est, totum mundum uno momento ruiturum, nisi quidam sancti opponerent se irae Dei, et Deum placarent orationibus suis.

Bene igitur finxerunt veteres Poëtae, sine dubio ex sanctorum patrum sermonibus, Atlanta portasse humeris coelum. Sunt enim semper in terra, qui iram domini portant, et propter quos Deus parcit mundo.

Sic Hierusalem non potuit capi aut subverti, dum in ea viverent et docerent Apostoli. Cum autem tempus captivitatis immineret, iubebantur fugere in montana, et in Galilaeam secedere.

Sic in Euangelio dicit Christus, exercitum a rege missum perdidisse Matth. 22, 7 homicidas: Et Angelus infra ad Loth dicit: 'Vade in Zoar, et salvare ibi: 1. Mose 19, 22 quia non potero facere quicquam, donec egrediaris illuc'.

Utrunque igitur verum est, quod et Deus malis parcit propter bonos: Et cum punit, malos punit.

Sed mundus haec neque credit, neque intelligit, Vide enim Turcam, qui habet incredibiles successus et victorias praeclaras contra nos, nonne sic iis inflatur, ut hoc uno argumento probet se meliorem et iustiorem esse quam nos. Atqui si haec ecclesia sanctorum non esset, non solum Turcam, sed totum terrarum orbem funditus everteret Deus.

Sicut per Abram igitur et propter Loth magna multitudo hominum servata est, qui post acceptam cladem, et patriam et reculas suas recipiunt, quod optare nunquam essent ausi: Ita adhuc hodie fit, quicquid boni mundus habet: hoc tantum beneficio Sanctorum et propter Sanctos in terra habet.

Recte igitur feceris, cum benedictionem Dei vides, si te confirmes, et cogites esse adhuc ecclesiam in terra, non periise sanctum semen in totum: etsi exiguum sit, propter quod Deus toti reliquo mundo benefaciat.

Impii enim contrarium faciunt, se putant causam benedictionis, ac sapientiae et iustitiae suae tribuunt cuncta. Ideo securi indulgent voluptatibus, comessantur, superbiunt, sicut Sodomitae. Igitur tandem poenas dant, Pii autem servantur.

Valet autem historia haec ad id quoque, ut videas, quomodo boni semper exercentur suis malis: Ut scilicet hoc modo magis ac magis purgentur: et quotidie meliores fiant. Electis enim omnia cooperantur in bonum, etiam virga et crux: Mortificatur enim caro, confirmatur fides, augetur Spiritus sancti donum.

Contra mali, etiam cum premuntur cruce, deteriores fiunt: Verum enim proverbium Germanicum est: Post morbum raro homines meliores fieri[1]: Ad horam quidem poenitent et anguntur, sicut Aegyptius Pharao: Sed postea

---

[1]) Da der Krank genas, er nie ärger was. *Vgl. Erl. Ausg. 35, 158 und Thiele, Sprich-wörter Nr. 478.*

relabuntur in priora vestigia, et peiores etiam fiunt. Haec impiorum natura est. Sodomitae hoc flagello eruditi debebant resipiscere. Sed deteriores fiunt, nec cessant, dum funditus deleantur.

Magna omnino haec humani animi perversitas est. In calamitatibus et periculis nihil pavidius, nihil deiectius homine impio: Mundus videtur eis 5 nimis angustus, ac si possent, perrumperent aeneos montes. Cum autem tempestas cessat, omni metu excusso redeunt ad ingenium.

Sicut narratur fabula de navita, qui correptus tempestate divo Nicolao, Patrono credito navigantium, vota fecit: Si servaretur, argenteam statuam ei positurum: Servatus autem, ne quidem ligneam posuit.   10

Verum igitur proverbium est: Post longinquas peregrinationes et diutinos morbos homines reddi deteriores. Qui enim non vere sunt morti-ficati, hi tantum extrinsecus humiliantur, sicut Comicus servulos pingit in faciem bonos, et observantes dominorum: Sed si terga vertant domini, statim redeuntes ad ingenium.   15

Meminerimus igitur Deum eo consilio mittere flagellum, ut humiliati agamus poenitentiam, et emendemur: Qui autem redeunt ad vomitum, hi cum Sodomitis gravius sibi malum accersent.

14, 17 Egressus est autem Rex Sodomae in occursum eius, postquam reversus est a caede Kedar Laomer et regum, qui cum eo erant, in 20 vallem planam, quae est vallis regis.

Hunc quoque regem Sodomorum vides humiliatum ad tempus: Procedit obviam Abrahae, quem fortasse antea ne quidem aspicere est dignatus: nec cogitabis solum obviam venisse: Comitatum secum traxit regium, et omnes provoluti ad genua sancti Patriarchae videntur agnovisse divinam 25 victoriam.

Quod si Moses gratulantium voces, et faustas acclamationes scripsisset, (agnoverunt enim et praedicarunt eum vere patriae patrem, et dignum regio sceptro, qui tantas res tanta successione gesserat), diceres ex Sodomitis, qui pessimi fuerant, esse factos sanctissimos: Sed quam diu durant haec? Agit 30 Abram annum circiter octuagesimum sextum. Anno centesimo Isaac ei nascitur. Sodoma autem eversa iacet.

Fruuntur igitur iam gratia et misericordia Abrahae, et fiunt participes alienae fidei et charitatis: Ac debebant hoc tum flagello, tum beneficio ad-moneri, ut desisterent a peccatis, et sancte viverent: ac quidem inicia se 35 recte habent, occurrunt Abrahae, gratitudinem singulari reverentia declarant: Sed post paucos annos ocio et pace dementati redeunt ad ingenium, obli-viscuntur calamitatis. Beneficii autem autorem Abrahamum non amplius agnoscunt, sed tribuunt id suae industriae, quod habitent Paradisum Dei et optimam partem mundi.   40

Securi igitur indulgent peccatis, et ingratitudine cumulant alia peccata. Non solum homines sancti, sed ipse quoque Deus omnem apud eos amittit gloriam.

Sicut igitur pii emendantur flagello Dei: Ita impii post calamitates 5 fiunt deteriores, et cogunt Deum ad extrema supplicia, ut penitus subvertantur. Sic nostro tempore Graecia per Turcam vastata et eversa est. Sic cum Germanis quoque fiet, virtute Ducum suorum non defendentur.

De valle regis multa disputant Grammatici: Lyra[1] secutus Chaldaeos dicit fuisse planitiem quandam, in qua Rex milites et equos exercuit ad 10 bellum: Item, in qua deambulare sit solitus.

Mihi verisimilius videtur, quod fuerit hoc certi loci nomen: Sicut nos vocamus regiam vallem ad Salfeldum, quod valde profunda vallis sit, Item Regium montem in Francis, quod insignis sit vitibus: Item Furstenfeld.

Vocata igitur est regia vallis, quod spaciosa esset: ad eam ex omnibus 15 vicinis locis concurrerunt, qui vel uxores, vel mancipia, vel res suas amiserunt: Nec dubito fuisse extra regionem regis Sodomorum in vicinia Hyerosolymae.

Nam Abraham a Damasco domum ad Hebron cum suis tendens reliquit Sodomam ad sinistram: Forte volens Hierosolimam ire ad Melchisedec, summum sacerdotem: acturus ibi gratias Deo, et nunciaturus de tanto Dei bene- 20 ficio, ac praeclara victoria divinitus donata.

Sed Melchisedec, postquam de victoria ex fama cognovit, ipse una cum suis Abrahae distribuenti praedam occurrit. Ea pulcherrima ecclesiae congregatio fuit ex omnibus gentibus. Itaque sacerdos et rex Melcisedec insignem concionem habet, in qua primum Dei beneficium sic benedicentis 25 Abrahamum magnifice praedicat. Vult enim agnosci hoc insigne donum, et Deo pro eo agi gratias. Deinde addit, ut in concionibus solet, orationem, et benedicit Abrahae.

Et Melchisedec, Rex Salem, protulit panem et vinum: Et hic erat 14, 18
Sacerdos Dei altissimi.

30   Hoc loco primum solet disputari, quis fuerit Melchisedec: Cum in Ebr. 7, 3 epistola ad Hebraeos capite septimo scriptum sit, fuisse sine patre, sine matre, sine genealogia, sine inicio et fine: Atque ideo typum esse sacerdotis nostri, Christi, qui est aeternus sacerdos.

Verum est, fit eius mentio hoc in loco valde abrupta: Simpliciter 35 dicit Moses, regem fuisse Salem, non commemorat genus, non tempus, quo caeperit regnare, non qui successerint in regno: Haec recte transfert epistola ad Hebraeos ad Christi regnum perpetuum.

Ex communi igitur sententia Hebraeorum concluditur hunc Melchisedec esse filium Noah, Sem. Etsi autem in eo non tantum sit positum, rectene

---

[1] *Lyra:* Habebat enim ibi rex manerium: a quo denominabatur vallis illa.

an secus sentiant: tamen libenter accedo ipsorum sententiae. Siquidem supputatio temporum historica comprobat, non solum vixisse tempore Sem: Sed etiam superstitem fuisse Abrahae, nec ita multum ante ingressum Iacob in Aegiptum extinctum esse.

Videte igitur, qualem gubernatorem habuerit Abraham reliquias sanctas primi mundi et diluvii. Itaque sine dubio saepius hoc triste irae Dei exemplum suis proposuit Sem.

Horribile autem est cogitatu, quod mundus ita brevi tempore tantum degeneravit: Sem enim, qui diluvium vidit, vidit paulo post, ab impiis aedificari turrim Babel, et confundi linguas, quo alia gravior calamitas ecclesiae 10 haud potuit incidere, si spectes ministerium verbi. Degenerat itaque totus Oriens a vero cultu. Abram cum Loth divinitus eripiuntur ex idolatria: Postea oriuntur bella regum, Loth abducitur, Sodoma et tota vicinia coelesti igni propter peccata evertuntur.

Ostendit autem hoc modo scriptura tecte, quanta tum fuerit malicia 15 mundi, et quam horribilis verbi contemptus. Deinde, quam fuerit eximia pietas et virtus Abrahae, qui forti fide perrumpens omnia haec scandala contemptum Sem amplectitur et honorat, tanquam solum Dei veri ministrum seu sacerdotem.

Consolantur autem nos talia exempla recte considerata, Si enim haec 20 summis istis viris acciderunt, ut tam paucos invenirent discipulos, quid mirum est, si hodie quoque tanta impiorum copia: Ecclesia autem sic rara et exigua est?

Placet igitur mihi communis sententia, quod Melchisedec sit Sem: quia eo tempore nullus, praesertim in rebus spiritualibus, fuit maior Patriarcha. 25 Publicus autem consensus ecclesiarum et populi ornavit eum hoc nomine, et appellavit *Melchisedec*, quod sonat iustum regem, ab officio, quod gessit.

Nam utrunque munus sustinuit, Regis et Sacerdotis: ac quanquam in Republica nihil immoderate fecit, sed iuste administravit omnia, tamen iusticiae nomen propter ministerium ecclesiasticum ei contigit. Docuit enim 30 de remissione peccatorum per futurum semen mulieris.

Hanc doctrinam cum aut nesciret, aut vanam iudicaret mundus, ac persequeretur, solus Sem appellatus est iustus rex. Hunc sanctum et venerabilem senem Salemitae sibi elegerunt in regem.

In vicinia fuerunt reges Sodomae, Gomorrae et alii, qui opibus et 35 dignitate multum antecelluerunt, ac sine dubio hunc pauperem, sed iustum regem contempserunt: Sed in sua ecclesia et apud suos Sem et Melchisedech, hoc est, iustus rex.

Reliqui autem sunt Tyranni, idolorum servi, scandalorum authores et iniusticiae reges, Ac apprehendit eos ira Dei, bella et gladius. Sem autem 40 est rex in Salem, hoc est, rex pacis.

---

27 Melchisedec] מַלְכִּי־צֶדֶק

Quia enim veram doctrinam de filio Dei plantat, conservat Ecclesias, cultum et disciplinam, ideo venit super eum pax non solum mundi, sed etiam Dei.

Haec est causa, quod amittit suum nomen, et consensu patrum ac piorum dicitur Melchisedec ab officio, et rex Salem a loco: Sicut Petrus 2. Petri 2, 5 Patriarcham Noah vocat praeconem iusticiae, 2. Petri 2., quod docuit, quo- 2. Petri 2, 5 modo coram Deo iustificemur.

Statuemus igitur Sem fuisse istorum temporum Pontificem summum, quem scriptura veris et pulcherrimis laudibus ornat, dum iusticiae nomen ei tribuit.

Noster Pontifex Romanus, qui se caput ecclesiae impudenter iactat, quid est collatus ad Sem? Nam extant eius quoque laudes et virtutum encomia, 2. Thessalonicenses 2., quod sit rex ἀνομίας et iusticiae adversarius. 2. Theff. 2, 3 f.

Sed nascitur hic alia quaestio de prolato pane et vino. Norunt Papistae Melchisedec esse typum Christi. Quia autem dicitur hic obtulisse panem et vinum, etiam hoc in similitudinem rapiunt, et dicunt esse typum sacrificii missae, in qua, exemplo Melchisedec, species panis et vini, revera autem corpus et sanguis Christi offertur in benedictionem offerentis et aliorum.

Hinc praesens historia canticis publicis celebratur, et solemniter decantatur. Ac Lyra[1], profecto non contemnendus Theologus, hanc sententiam magno conatu defendit.

Sed fallitur optimus vir, nec observat, quam similitudinis partem epistola ad Hebraeos maxime urgeat.   Hebr. 7.

De pane et vino seu prolato, seu oblato author ad Hebraeos prorsus nihil dicit.

In eo enim similitudinis ratio nulla est. Hoc autem ad similitudinem facit, quod hic rex habet nomen iusticiae, et quod est sacerdos quoque, ac sacerdos, qui benedicat: non secundum ordinem Levi, qui hic in corpore Abrahae decimatur, ac habet patrem ac genealogiam, cum Melchisedec sit sine patre, sine matre et ἀγενεαλόγητος.

In his igitur partibus similitudo consistit, ac maxime in vocabulo, quod sit aeternus sacerdos, non mortalis, sicut Levitae: sed aeternus Dei filius, in aeternum vivens, in aeternum regens suam ecclesiam, et tanquam sacerdos docens, reconcilians, orans, non temporalis, non commixtus cum peccatoribus: qui, etsi infirmitates carnis nostrae tulit omnes: tamen non moritur ultra.

Hanc similitudinem author epistolae ad Hebraeos notat: de pane et vino, tanquam de historica particula nihil est sollicitus.

---

31 ἀγενεαλόγητος] ἀγενεαλογητός A

[1]) Lyra: hec sacramenta nostrorum sacramentorum figura fuerunt.

Quorsum enim hoc sacrificium, etsi sacrificium esse permittamus? num cum illo Christi conferes, quod aeternum est: et semel factum valet in aeternum? Hic enim sacerdos semel intravit in sancta sanctorum, et consummavit uno sacrificio omnes sanctos.

Papistarum autem sacrificium ab illo Levitico nihil differt, siquidem 5 quotidie repetitur, et ideo recte, ut epistola ad Hebraeos dicit, imperfectum sacrificium existimatur.

Ps. 110, 4 Haerendum igitur est in vocabulo Psalmi: 'Tu es sacerdos in aeternum'. Habuerunt sacrificia et sacerdotes suos Levitae, sed temporales, ubi alius alii successit. Noster autem sacerdos et sine fine est, et sine successore, 10 imo etiam sine inicio: Est enim ab aeterno, et vivit in aeternum, aeternum quoque sacrificium habet, quo redempti sumus nos, qui vivimus ab initio mundi usque ad finem mundi.

Hoc vult considerari Epistola ad Hebraeos: et non panis et vini oblationem, seu oblationem sanguinis et corporis Christi, quam Papistae 15 somniant.

Lyra valde succenset Iudaeis, quod exponunt verbum *Hozi* protulit, quasi apposuerit mensam ad recreandos fessos et captivos, cum tamen textus clare dicat, relictam ab hostibus praedam, ex qua satis fuit, unde sustentarent se: contendit igitur intelligendum de oblatione. 20

Sed ego puto, Melchisedec protulisse panem et vinum, hoc est, instruxisse solenne convivium: sicut solet recens advenientibus hospitibus et amicis et ita egisse Deo gratias pro victoria Abrahae concessa.

Nam sicut ex Mose patet, mos fuit, ut laeti in gratiarum actionibus epularentur coram domino, Manebat sua pars sacrificii Levitis, reliquum, 25 quod erat, qui obtulerant, comedebant in solemni convivio.

Sic Melchisedec primo docet, et gratias agit Deo, deinde, ut publici gaudii testimonium extaret, instruit convivium, hoc modo gratulatur victoriam Abrahae, et invitat ad gratiarum actionem reliquam Ecclesiam.

Haec simplicissima sententia est, et convenit cum scriptura. Nam 30 cum loquitur de quotidiano et simplici cibo, sic fere dicit: 'Et posuit coram eo panem et aquam'. Hic autem de vino apposito dicit, ut significet solemne epulum, sicut nos quoque festis diebus lautius vivimus, quam cum facimus operas usitatas.

Quod si quis contendat oblatum panem et vinum a Melchisedec, non 35 valde repugnabo, modo hoc, quod res est, mihi concedat, Christum in coena non obtulisse panem et vinum: sed distribuisse. Non enim textus dicit: obtulit panem: Sed dedit discipulis. Nec quisquam sanus est tam impudens, qui contendat iussos Apostolos sacrificare panem et vinum.

---

7 sacrificium] sacrifiicium *A*　　　17 Hozi] הוֹצִיא

Papistae autem dum hoc affirmant, manifeste produnt animi morbum et insignem stulticiam, sicut faber Theocriti et Vergilii testimonio comprobat, faciendi verbo Christum hic usum pro sacrificare.

Sed indignae nugae hae sunt, quae refutentur. Quid enim ad missam, 5 quod Melchisedec panem et vinum profert? Qui inde sacrificium missae probare conatur, quid mirum, si etiam purgatorium, primatum Petri et indulgentias inde probet?

Allegoriam fortasse extruere inde aliquis posset, quod, sicut Melchisedec panem et vinum profert: Ita Christus profert panem vitae et vinum 10 laeticiae, hoc est, Spiritum sanctum cum suis donis, sed huiusmodi allegoriae nihil probant, et rectius docentur haec in propriis locis. Periculosum enim est, sic transformare sententias, et tam longe a litera discedere.

Consulo igitur simplicem et solidam sententiam amplectendam, quam ipsa verborum natura et circumstantiae afferunt, quod, Melchisedec postquam 15 concionatus est, et Deo gratias egit pro tam insigni victoria, instruxerunt tanquam in festo die laetum et splendidum convivium, ad invitandum alios quoque ad gratiarum actionem.

Ab hac simplici sententia cum discedunt Papistae, et de suo sacrificio, quod privatum et non publicum est, confirmando et extruendo cogitant, 20 etiam textum impudenter depravant. Inserunt enim hic causalem, quae tamen in textu non est.

Sic enim legunt: Melchisedec, rex Salem, protulit panem et vinum, erat enim sacerdos Dei altissimi, ut scilicet stet argumentum, quia fuit sacerdos, igitur, cum panem et vinum protulit, sacrificavit.

25 Sed permittamus hoc eis, quid inde? quid hoc ad Christum, qui panem et vinum non obtulit, sed distribuit discipulis, quid ad ecclesiam, quae Christi exemplo panem et vinum non offert, sed distribuit credentibus. Imo quid ad te, o sacricule, num tu panem et vinum offeres? si haec facis, quid magni facis? sin, ut somnias, offers corpus et sanguinem Christi, quid 30 hoc ad Melchisedeci sacrificium? An non aperies tandem oculos, et veritatem disces? Num tu offers corpus et sanguinem Christi? nam hoc ipse Christus fecit.

Est autem hoc Christi sacrificium aeternum secundum sententiam hanc: Una oblatione consummavit omnes, qui sanctificantur, Si igitur consummatum 35 est sacrificium, quod Christus semel obtulit, quid tibi relictum est? consummationine tu aliquid addes? Si, quod speras, addis aliquid: non iam consummatum est, sed imperfectum est Christi sacrificium, quod scilicet opus habet tuo sacrificio.

Haec prophanatio, qua sacrificium Christi blasphematur, sola digna 40 est, propter quam nos saeparemus ab ecclesia Papae. Cur enim a Christi

---

3 sacrificare] sacrificaret *A*

sacrificio discedamus, et hominis sacrificium, cuius nullum mandatum usquam in verbo Dei extat, amplectamur?

Luc. 22, 19   Christus dicit: 'Haec facite in mei memoriam', hoc est, Accipite, edite et bibite panem et calicem hunc, et annunciate mortem meam: non dicit, sacrificate panem et vinum: Unde igitur probabunt sacrificium suum?   5

Sic de Melchisedec hoc loco est, protulisse panem et vinum. Scu, ut vocabulum Hebraeum sonat, fecisse educi, seu eduxisse, sicut ex promptuario solet, panem et vinum.

De sacrificio novi Testamenti prorsus nihil dicitur. Quod si Melchisedec est typus Christi, non sequetur statim, Christum quoque debere panem et   10 Psal. 110, 4 vinum proferre: Et abunde constat ex epistola ad Hebraeos et ex Psalmo 110. cur Christus dicatur sacerdos secundum ordinem Melchisedec: non scilicet, quod panem et vinum offerat, sed quod sit aeternus sacerdos, et benedicat.

Docet autem haec depravatio scripturae, quomodo omnibus saeculis nomine Dei et scriptura Satan ad blasphemias sit abusus, et posteri paulatim   15 aberrarint a fide patrum.

Psalmus, ut dixi, meminit sacerdotii Melchisedec, et epistola ad Hebraeos erudite eam totam disputationem pertexit. At Papa quid fecit? Is, omissis istis, quae Spiritus sanctus praecipue voluit considerari, eo solo occupatur, quod panis et vinum a Melchisedec oblatum sit, inde extruit   20 sacrificium missae, quae summa profanatio et abominatio est.

Retinet igitur nomen salvatoris nostri, retinet Sacramenta: sed amisso spiritu his tantum ad blasphemias abutitur, et assumit nomen domini in vanum. Ex Sacramentis facit humanum opus: Promissionibus de remissione peccatorum addit conditionem dignitatis et satisfactionis: Ita omnia ad   25 abusum transfert.

Gratias igitur agamus Deo, quod ab his pestibus liberati sumus, et veram religionis noticiam scripturaeque genuinum sensum habemus.

Quod de pane et vino prolato hic dicitur, scimus historicum esse. Sed quod Melchisedec benedicit Abrahae, et Abraham ei decimas offert, id   30 vero caput esse scimus, quod Spiritus maxime voluit conspici ad sacerdotium Christi significandum, quod et aeternum est, et solum in benedicendo absolvitur, ut condonet peccata, et a morte liberet omnes, qui credunt in ipsum. Hic merito habet nomen iusti regis, et vere est rex *Salem*, seu pacis.   35

Sed hic quoque observandum est, quod Moses hic novo nomine appellat Deum. Dicit enim Melchisedec fuisse sacerdotem *Leel Elon*, Dei altissimi: Ac Psalmi saepius hac appellatione utuntur, quam puto factam a vocula *Al*, quae supra vel sursum significat, ad differentiam cultuum notandam, qui tum erant.   40

---

35 Salem] שָׁלֵם   37 Leel Elon] לְאֵל עֶלְיוֹן   39 Al] עַל

Nam Rex Sodomae, Gomorrae, Rephain, Babilonii et alii habuerunt suos certos Deos et cultus. Mundus enim semper variis sectis plenus fuit: Sed sancti Patres et posteri Eber coluerunt Deum *Elon*, hoc est altissimum, qui supra omnes est unicus et aeternus Deus.

5 Hinc Angeli quoque canunt: 'Gloria in excelsis Deo', Satan cum suis Lut. 2, 14 Angelis damnatis volitat in aëre. Sed verus Deus altiorem sedem habet, quam Satan non potest attingere.

Ad hunc modum voluerunt sancti patres hac appellatione varietatem Deorum et cultuum excludere et damnare: Siquidem eum solum coluerunt, 10 qui est summus et altissimus.

Sic Paulus Corinthiorum octavo: 'Multi dii sunt', hoc est, mundus 1. Kor. 8, 5 f. varios habet cultus: 'nobis autem unus Deus est', hoc est, nos in eo uno pendemus, qui pro nobis dedit filium suum, et per spiritum suum sibi ecclesiam in terra colligit.

15 Sententia igitur huius loci haec est: Melchisedec fuit sacerdos, Propheta, praedicator, qui permansit purus in cognitione illius Dei, qui est verus et altissimus Deus. Includit enim haec appellatio confutationem omnium aliorum Deorum et cultuum. Habuit mundus tum alios quoque sacerdotes: Sed Melchisedec fuit primarius sacerdos summi Dei: Is tum laetus de victoria 20 Abrahae divinitus concessa celebravit solenne convivium.

Et benedixit ei, et dixit: Benedictus Abram Deo excelso, posses-14. 19 sori coeli et terrae.

Hic iterum excludit Abrahae cultum et professionem ab omnium gentium cultibus, et confirmatur, quod supra in 12. dictum est, quod non solum sit 1. Mose 12, 3 25 Abraham benedictus, sed etiam aliis in benedictionem. Per ipsum enim salvati erant et benedicti adversarii, qui in maledictione et sub ira Dei erant, ac meritas peccatorum suorum poenas dura captivitate luebant.

Pertinent igitur haec ad consolandum Abrahamum, ac in fide et patientia confirmandum. Dederat Abram Deo gloriam inter gentes, professus veram 30 doctrinam publice: Igitur Deus eum vicissim glorificat in conspectu gentium tam praeclara victoria: ac accedit nunc praeco, sanctus Patriarcha, qui non ita nude, ut a Mose recitatur, hanc contionem absolvit: Sed addidit sine dubio argumenta dialectica et ornamenta Rhetorica omnia.

Quid, dixit, sunt vestri Dii, quos coluistis hactenus? Meus Deus est 35 solus excelsus Deus, ille hanc victoriam suo fideli servo donavit, et miraculum hoc, quod vidistis, fecit.

Nonne enim miraculum est hunc unum, tam paucis instructum sociis, tot et tam potentes reges: eosque maximis victoriis formidabiles fudisse, ac in fugam vertisse? Abiicite igitur turpia idola, quae vos dederunt diripiendos

---

3 Elon] כֵּלִירוֹן 39 diripiendos] diripienda A

Pf. 136,4 hostibus vestris, et hunc nostrum Deum amplectimini, 'qui solus mirabilia facit'.

Hanc contionem non absolvit Melchisedec in una hora, et quanquam in una hora absolvisse eam existimes: tamen permanavit postea ad vicinas gentes et varia loca: Estque ad hunc modum per hoc mirabile opus vera 5 ecclesia pulcherrime inter maximas difficultates confirmata.

Fuerat antea Abram contemptus, et ecclesia eius in oculis gentium despectissima. Ideo enim tocies migrare, et novas cogitur sedes quaerere: Sed nunc tam illustri victoria excitati omnes magno numero accurrunt, et videre gestiunt inquilinum hunc, quem sic adiuvit Deus in excelsis. 10

Epistola ad Hebraeos copiose hunc locum tractat, quod Abrahae benedixerit Melchisedec, nobis autem observanda Phrasis est, quod vocat benedictum Deo excelso.

Coram mundo, sicut historia ostendit, Abraham abiectus et vilis fuit, ac sine dubio maledixerunt ei multi. Sed Deo excelso fuit benedictus, qui 15 fuit haeres benedictionis, quam semen mulieris allaturum erat. Haec benedictio non temporalis, sed propria Dei fuit aeterna.

Pf. 144,12-15 Mundus admiratur corporalia, sicut in Psalmo 144.: 'Quorum filii sicut novellae plantationes, Filiae eorum compositae et circumornatae ut palatia, promptuaria eorum plena, oves eorum foetae, boves eorum crassae, etc. 20 Beatum dixerunt populum, cui haec sunt.' De tali benedictione Melchisedec hic nón loquitur: Sed de aeterna et spirituali, quae pertinet ad aeternam Pf. 144, 15 vitam, de qua praedictus Psalmus dicit: 'Beatus populus, cuius tu Deus es.' In hac benedictione acquiescit Abraham, temporalem autem permittit Deo. 25

Quod si temporalem solum spectasset, tam ei fuisset facile occupare in hoc tumultu terram Chanaan, quam facile fuderat hos quatuor reges: Sed in pacientia expectat hanc benedictionem, et se consolatur illa, quae Dei propria est, et habet promissionem spiritualium et aeternorum bonorum, nempe remissionis peccatorum per benedictum semen, et vitae aeternae. 30

Saeparatur igitur hac contione Melchisedeci Abraham ab omnibus aliis patribus, et insignitur eius domus seu familia maxime insigni nota, quod benedictio Dei ex eo certo sit expectanda, quod ecclesia nusquam sit, nisi in domo Abrahae et apud eos, qui se cum Abraha coniungunt.

Talem promissionem si haberet Papa, tum vere de ecclesiae nomine 35 posset gloriari. Ecclesia enim in domum Abrahae, ceu in editum et conspicuum montem collocatur, ut videatur, ubi Deus habitare velit, unde sit expectanda benedictio Dei et aeterna vita.

Ideó enim vocatur Abraham benedictus Deo excelso: Angeli, Principes mundi, ministri verbi, Iudices etiam appellantur Dii: quia divinum 40

---

26 solum] solam *A*

munus sustinent: Sed Deus dicitur (*Eleon*) excelsus seu altissimus, quia solus et unus est super omnia.

Melchisedec igitur toti mundo Abrahamum in hac concione proponit, quod apud ipsum, et in ipsius sola domo et familia sit ecclesia, regnum
5　caelorum, salus, remissio peccatorum et benedictio divina.

Huic insigni praedicationi occasionem dedit miraculosa haec victoria. Non igitur corpora tantum captivorum liberata sunt: Sed etiam infinitae animae salvatae ab aeterna morte, postquam didicerunt et ex manifesto miraculo, et ex tam luculenta contione verum Deum agnoscere, adeo non
10　sterilis, sed gloriosa et mirabiliter efficax haec victoria fuit, si diligenter eam inspicias.

Iuvenis ego memini me eam legere, sed quia rudis eram Theologus, nec contigerat Doctor idoneus, ceu aliquam Livii historiam, sine omni admiratione eam legebam, non videbam Abrahamum sic nobis commendari,
15　quod apud eum inveniretur benedictio divina. hoc est, remissio peccatorum et vita aeterna. Siquidem solus habet promissionem seminis, et ideo benedictus Domini vocatur.

Porro ad copiosiorem expositionem nominis Dei pertinet, quod subiicit de possessore coeli et terrae. Verbum (*Kana*) significat possidere. Hinc
20　est nomen *Cain* possessio. Significat autem Deum, qui coelum et terram, tanquam substantiam suam et possessionem, tenet, ut hoc quoque modo excludat omnes falsos deos: Imo etiam Angelos, Reges, sanctos Patres etc.

Tribuit enim huic uni excelso, quod sit paterfamilias, qui coelum et terram habitet, ac tanquam paterfamilias gubernet ac regat, quicquid usquam
25　est: Angelos, Diabolos, homines, Tyrannos, servos, sanctos, profanos. Hi omnes sunt in familia Dei, et coguntur eum tanquam patremfamilias agnoscere, et eius voluntatem sequi.

Talem Deum, inquit Melchisedec, habet Abraham, qui solus est verus Deus, quod si quis hoc non credit, is respiciat recens hoc miraculum, quod
30　cum trecentis vernaculis et decem et octo confoederatis quatuor potentissimos reges prostravit. Fatebitur nimirum in huius Dei manu esse omnes Tyrannos, imo Angelos et Diabolos omnes.

Similis fere descriptio Dei est apud Danielem: Cum ad regem Balsazar dicit: 'Deum, qui habet flatum tuum in manu sua et omnes vias tuas, non Dan. 5, 23
35　glorificasti.' Anhelitu et spiritu nemo ad momentum carere potest, hunc possidet Deus, inquit Daniel, nos non possidemus.

Ad hunc modum commendat divinam maiestatem Melchisedec, quod solus et summus sit Deus, qui in manu sua habeat et teneat potenter ac praesenter omnia: Siquidem in manus Abrahae mendici et peregrini quatuor
40　reges tradiderit. Cur igitur ipsi vos decipitis? Adoratis lapides et ligna,

1 (Eleon)] עֶלְיוֹן　　*19* (Kana) קָנָה　　*20* Cain] קַיִן

opera manuum vestrarum? Cur non convertimini ad Deum Abrahae, qui se visibiliter vobis ostendit, quod solus teneat et possideat coelum et terram?

Laudat igitur Deum benedicentem, et simul erudit Ecclesiam, ac revocat Gentes ab idolatria ad veram cognitionem Dei.

Nunc huic concioni subiicit gratiarum actionem, sicut fere solemus, ut munus sacerdotale plane absolvat. Abrahamum enim in fide confirmat, populum de vero Deo instruit et revocat ab idolatria, et Deo tam misericordi pro Verbo et aliis donis agit gratias.

14, 20ª **Benedictus Deus excelsus, qui tradidit hostes tuos in manus tuas.** 10

Grammatici hic rixantur de siliquis verborum. Sed nos retineamus simplicem et veram sententiam. Tribuit Melchisedec totum factum vero opifici Deo, quasi dicat: Magna fecisti, o Abraam: Sed Deus per te illa fecit: non tibi, sed Deo, possessori coeli et terrae, victoria haec adscribenda est. 15

Libenter autem audivit Abram, gloriam huius facti a se transferri in verum authorem. Satis ei fuit, quod esset benedictus Deo excelso, quod domus eius esset destinata verae Ecclesiae sedes. Gloriam igitur gratus reliquit Deo: Ipse pace in terra et bona voluntate hominum contentus fuit

Revocat igitur nos quoque scriptura ad hanc humilitatem, ne efferamur 20 donis: Sed statuamus, ea non nostra, sed Dei esse, ut scilicet uno ore omnes Deum laudemus, eique agamus gratias.

Vides admodum hanc esse brevem contionem, si verba numeres. Sed si quis eam explicet uberius, et secundum Rhetorum praecepta evolvat, videbit longissimam esse, et continere, quicquid de religione potest disputari. 25 Nam docet de vero Deo, confutat idolorum cultum, et hortatur ad humilitatem et gratiarum actionem, Siquidem omnia, quae habemus, tantum Dei munere et dono habemus.

14, 20ᵇ Et dedit ei decimas de omnibus.

Iudaei varie hunc locum exponunt, propterea quod verba souant, ac 30 si Melchisedec dedisset decimas Abrahae: Sed primum clarum testimonium Ebr. 7, 2 est epistolae ad Hebraeos, quae non solum asserit Abrahamum dedisse decimas: Sed etiam inde colligit Melchisedech sacerdotium longe dignius esse Levitico: Sicut etiam ipsa benedictio testatur. Nam minor non benedicit maiorem: sed maior minorem. 35

Quod autem additur, de omnibus dedisse decimas, id neutiquam ad praedam est referendum: Quia textus paulo post clare docet, neque cordulam, neque corrigiam voluisse Abrahamum accipere de praeda, cum offerretur a regibus.

Igitur particula 'de omnibus' non ad praedam est referenda, quam restituit Abraham suis possessoribus: Sed ad facultates Abrahae, de quibus non nunc primum: Sed singulis annis decimam partem sacerdoti Melchisedec dedit.

5 Nam etiam ante illam victoriam humiliter se Abraham gessit: et agnovit Sem sacerdotem altissimi, eique decimas dedit: Sicut etiam Loth et alii patres, qui eo tempore vixerunt: Hi omnes Melchisedecum honorarunt, tanquam maximum natu, et qui ministerio suo umbram regni Christi in terris futuri ostenderet.

10 Autor Epistolae ad Hebraeos argutissime et eruditissime disputat de Ebr. 7. decimis ab Abraha datis: Ac certum Spiritus sancti testimonium adest: Nemo enim vidisset ista, quae ipse vidit.

Ex Psalmo primum id accipit, quod sit Christus sacerdos secundum Pf. 110, 4 ordinem Melchisedec. Argute haec opponit: Igitur non secundum ordinem 15 Levi: Igitur non erit, ut Aaron, sacerdos temporalis, sed aeternus: Nam Melchisedec sine patre, sine matre fuit, nec habens inicium, nec finem.

Sequitur quoque Leviticum Sacerdotium prorsus cessaturum, et temporali sacerdotio successurum spirituale: Haec omnia erudite cogitata sunt, et refutari nulla ratione possunt.

20 Deinde de decimis disputat: Abraham est pater Levi: Si igitur Abraham dat decimas Melchisedec: Quis negabit Melchisedec longe esse supra Levi? Quis eius sacerdotium non fatebitur maius, dignius, praestantius esse Aaronico? Christus autem est Sacerdos secundum ordinem Melchisedech. Submittat igitur se Aaron, cedat cultus legalis tamquam umbra corpori, etc.

25 Sic plenissimo spiritu concludit sacerdotium legale necessario cessare: Siquidem promittitur sacerdos secundum ordinem Melchisedec: coram quo se humiliavit Abraham, pater Levi, et ei dedit decimas, cum Levi adhuc esset in lumbis eius. Sed cognoscat haec studiosus lector ex ipso authore. Nos pergemus ad caetera.

30 Et dixit Rex Sodom ad Abraham: Da mihi animas, et substan-14, 21—24 tiam ipsam tu tolle. Et respondit Abram regi Sodom: Levavi manum meam ad Dominum, Deum excelsum, possessorem coeli et terrae, si a filo usque ad corrigiam calciamenti et ex omnibus tuis aliquid accepero: Ne scilicet dicas: ego ditavi Abram: Ex-35 ceptis tantum his, quae comederunt pueri, et portione virorum illorum, qui mecum ierunt, Aner, Escol et Mamre. Isti accipiant suam partem.

Audivimus hactenus insignem concionem factam in conventu, in valle Regia: non tantum ipsius regis Sodomorum, sed etiam regis Salem, sacer-40 dotis summi Dei, et haud dubie aliarum quoque vicinarum urbium et nationum, quae victoriam tam insignem Abrahae sunt gratulatae, et gratias egerunt Deo pro tam excellenti dono.

Rex Sodomorum certe, velut conversus et eruditus hac contione regis Salem et miraculosa victoria Abrahae, amicissime nunc cum Abraha loquitur, quem ut mendicum et peregrinum, ac nihil in ea terra proprii habentem 5 antea contempserat: et non solum gratulatur ei victoriam tam insignem: sed etiam praemium victoriae offert totam praedam, eo abunde satiatus, si viva corpora dono accipiat.

Non autem putabimus exiguas fuisse opes: Nam isti quatuor reges longe lateque populati omnia fuerant: Tantas opes cum summa voluntate 10 offert Abrahae et petit, sibi concedi animas, hoc est, uxores, sorores, filias, cives, adolescentes, parvulos etc. Hoc enim significat (*Nèpesch*) Vocabulum autem (*Racusch*), quod nos substantiam vertimus, omne peculium significat, et possessionem omnem praeter hominem. Igitur iumenta, greges, vestes, aurum, argentum et quicquid praeterea est, hoc totum permittit Abrahae, eo 15 tanquam victor ut potiatur, sola corpora, seu animas hominum sibi petit restitui.

Sicut autem Rex Sodom merito laudatur ob liberalitatem hanc, quod agnoscit dignum talibus praemiis Abrahamum: Ita Abraham quoque, qui periculo, laboribus et sumptibus suis hanc victoriam pararat, tanquam sin- 20 gulare omnium virtutum exemplar toti mundo, praecipue autem toti Ecclesiae proponitur, quod oblatam conditionem tam liberaliter repudiat, et veteribus possessoribus omnia restituit, ne quidem filum, aut corrigiam calcei ex omni praeda sibi relinquens.

An non vides in eo animum vacuum ambitione, cupiditate, avaritia 25 aliisque viciis, quibus etiam magni viri laborare solent? Quam dissimilia sunt, quae Centauri nostri faciunt, per phas et nephas rapientes ad se, quicquid possunt. Principes si vel unum Pagum adiiciant suae ditioni, statim titulos et imagines suas illustrari et amplificari postulant. Itaque ne guttam quidem huius generosi sanguinis habent, gloriam, dignitatem, utilitatem etiam in 30 omnibus, quae suscipiunt, quaerunt.

Abraham autem simpliciter quaerit salutem proximi, non vult ditari, non vult vel filum addi suis possessionibus.

Phrasis haec nobis ignota est, sed admodum est significanter dictum: significat (*Hut*) filum. Est autem Synecdoche, ut si dicas, ferrum pro gladio. 35

Jof. 2, 18   Sic in Iosua legimus de filo coccini dependente ex fenestra, non autem filum fuit, ut Germanice loquimur, ein fabe, sed materiatum pro materia sumitur, et significat filum, filamentum, seu textile quiddam, ein rote schnur.

Hohel. 4, 3   Sic in Canticis: 'Labia tua sicut filum subtegminis', wie ein rotes schnürlin. Ad hunc modum hoc in loco intelligas, ut sit sententia, non 40

---

12 (*Nepesch*)] נֶפֶשׁ   13 (*Racusch*)] רְכוּשׁ   35 (*Hut*)] חוּט

solum non volo pecus, bovem, asinum, taceo animas hominum, seu captivos:
non solum non volo vestes, pallia, calceamenta tua, ne quidem ligulam volo,
qua constringimus vel calceos, vel vestes.

Fuit sine dubio usitata phrasis, sicut cum nos dicimus: Ich wolt mir
5 nit ein neftelftefft begeren.

Itaque Iohannes de Christo dicit: 'Non sum dignus solvere corrigiam Matt. 1, 7
eius.' Magnam significat humilitatem. In ministeriis videmus, quod servi
dominorum brachia, latera, pedes attingunt adiuturi eos. Hoc, inquit Ioannes,
mihi non sumo, indignus sum, qui corrigiam calceamenti solvam.

10 Hae figurae admodum gratae et mirabiliter significantes sunt, si phrasin
huius populi recte intelligamus.

Sed inquies: Cur tam superbe agit Abraham, et liberalitatem vicini
regis sic illiberaliter respuit? Profecto sumptus belli reposcere iustum fuit.
Nec sine ingenti labore et periculo quoque magno haec ei constitit victoria.
15 Cur igitur, quod summo iure sibi ut victor vendicare potuit, etiam donante
iam rege abiicit?

Argumentum hoc insigne est, ut videas, quomodo intellexerit Abraham
promissiones divinas.

Iudaei adhuc in ea opinione sunt, quasi promissiones scripturae sanctae
20 pertineant ad hanc miseram et calamitosam in hac terra vitam. At Abraham,
qui quidem promissionem corporalem de terra Canaan habet in manu sua,
divinum ius possidendi res illas omnes (erat enim victor), deinde etiam
donationem regis ultro dimittit. Quia scit aliam maiorem et diuturniorem
possessionem, scilicet semen benedictum. In hac acquiescit, reliqua permittit
25 voluntati Domini, non ad se ea rapit data occasione: sed expectat, dum
ipse Dominus ea in manus det.

Videt enim, quae sint voluntates hominum. Promittit quidem rex
Sodom in vera humilitate, ne ingratus esset erga Abrahamum, omnium rerum
possessionem, exceptis captivis: sed quid futurum erat, si Abraham oblatum
30 munus accepisset? Dicerent nimirum Gentes, sua liberalitate et magnificentia
ditatum esse Abraham: hoc autem esset infinitas et aeternas promissiones
Abrahae factas poenitus obscurare et obruere.

Recte igitur recusat conditionem hanc, et ne filum quidem accipit, ut
liquidum sit omnibus, quicquid postea Abrahae contingit, contingere tantum
35 ex benedictione Domini, non ex hominum favore.

Quia igitur certus est Abraham de benignitate Domini, quod ipso
benedicente plus terrarum et opum sit habiturus, quam rex Sodom, ut quisquam alius donare possit: Ideo donum hoc merito recusat.

Ne, inquit, facias mihi contumeliam hanc, ne hac me oneres infamia,
40 quod tu rex Sodom me ditaveris, quod, si absque te fuisset, Abraham nihil
haberet. Tolle praedam tuam, et vade. Mihi autem maneat integrum gloriari
in solo Deo, pio promittente, qui est possessor coeli et terrae, tu tantum

35 *

Sodomorum possessor es. Illum igitur datorem, benedictorem, salvatorem amplectar, te cum tuis, ut hominem, qui ipse tuis indiges, dimittam etc.

Vides igitur in sancto Patriarcha Abraham accumulatas omnes virtutes: servit in summa charitate iis, qui indigni erant ipsius beneficiis, propter nepotem Loth. Consecutus victoriam non studet augere opes et potentiam: sed habet animum vacuum ambitione, avaritia aliisque cupiditatibus, et tantum haeret in promissione vitae aeternae, et in possessore coeli et terrae.

Hoc caeci Iudaei considerare debebant in suo parente Abraham, quem hic iactant, et inde aestimare regnum Messiae, in quo solo Abraham, relicta terra Canaan et omnibus eius opibus, haeret, qui promissus est Abrahae: non ut obtineret regnum Sodomae, aut terram Canaan, ac similis esset aliorum regum: sed ut esset Deus altissimus, qui plus possit dare quam rex Sodomorum, qui quidem potuisset ditare Abrahamum: sed non potuisset contra peccatum et mortem salvare.

Quam igitur degeneravit impia posteritas a parente suo? Abraham in aeternis et spiritualibus bonis acquiescit, et temporalia superbe negligit: Illi praeter temporalia nihil vel expectant, vel requirunt, et de spiritualibus tam non sunt solliciti, ut etiam praedicationem Euangelii ideo persequantur et oderint, quia sit doctrina, quae non opes, non potentiam: sed solum remissionem peccatorum doceat.

Describitur igitur nobis hoc in loco Abraham plenus fide et spe de aeterna vita: Ideo hac temporali victoria utitur tanquam agro, aut alia quapiam re, quae tantum ad exercitium corporis pertinet, et animum non fatigat. Cor autem tenet suspensum in divina misericordia et promissione Pf. 62, 11 futuri seminis: secundum Psalmi sententiam: 'cum affluxerint diviciae, nolite cor apponere.'

Habet uxorem, servos, ancillas, sed omnia haec habet, tanquam non habens, et est verus Monachus, contemnit enim vere voluptates, glorias, divitias mundi, et toto animo occupatur expectatione promissionis de Christo: Eam solam desiderat et expetit: reliqua longe infra hanc ponit, et prae hoc excellenti dono fere negligit.

Recte igitur ponunt operam suam, et Ecclesiis utiliter consulunt, qui has vel historias, vel Legendas proponunt populo. Quid enim sunt omnes sancti, exceptis Prophetis, Apostolis, comparati ad Abrahamum, qui versatus in rebus humanis, et administrans tum politiam, tum Oeconomiam: tamen animo excelso, et haerente in divinis ac aeternis donis, eas conculcat et negligit: non veritus Reges mundi, non aliorum hominum iuditia: vult sibi hanc gloriam de Deo excelsissimo, possessore coeli et terrae, esse integram et salvam?

---

16 temporalia] temperalia A, ebenso Z. 17   20 remissionem] remissi A

Proximi autem curam sic habet, ut, cum ipse suum ius negligat: aliis tamen id velit esse integrum et salvum: Non vult sic esse integer et perfectus, ut aliis noceat. Ideo Anero, Escol et Mamre suam portionem esse vult integram et salvam, nec eis suo exemplo praeiudicat.

5 Haec aequitas etiam insignis virtus est. Multos enim perverse videas bonos, qui ad suum exemplum reliquos quoque volunt cogere. Ea insignis iniquitas est, et nullo modo ferenda. Ostenditur autem in familia Abrahae insignis tum pietas, tum obedientia.

Hi enim suo periculo socios pugnae se praebuerant, ac videntur ius 10 habuisse postulandae praedae, quam compararant ingenti labore: sed Abraham praeter cibum et potum nihil eis de praeda donat, nec ideo pii servi offenduntur aut murmurant: Sed Domini similes se probare volunt, eiusque pietatem et commoditatem libenter sequuntur.

Haec exempla fontes sunt, ex quibus Leges, Iura, decretales debebant 15 formari. Dedit enim Deus huic saeculo virum absolutae virtutis, ad quem nihil sunt illi a Gentibus celebrati Heroes, Aeneas, Achilles, Agamemnon etc.

Hic enim vides exemplum inimitabile summae fidei erga Deum, iustitiae autem et charitatis perfectae erga homines.

20 Nihil hic, ut in Pontificiis nugis, audis de Ieiunio, de certo ciborum delectu, de radendo capite, de forma vestium singulari. Cum suis comedit et bibit Abraham, quae offert tempus: fidem autem et dilectionem summo studio praestat.

Nec frustra illis temporibus hanc lucem accendit Deus. Hac enim 25 commoditate sine dubio multi ex Gentibus invitati sunt ad Deum Abrahae amplectendum.

Quod si hoc tam insigni exemplo aliqui non sunt moti, his recte accidit, quod in reprobum sensum sunt dati, ac puniet tandem ingratos Deus: sicut de Sodomis historia sequens testabitur.

30 Meminerimus igitur huius tam eximii exempli, atque id nobis in omni vita proponamus imitandum. Apostolorum et Prophetarum vocatio fuit singularis. Christus autem et Ioannes baptista sunt extra comparationem. Sed hi breve habuerunt curriculum. Abraham autem et longo tempore vixit, et multas ac mirabiles res gessit. Ideo recte caput aliorum sanctorum 35 existimatur.

Caput XV.

15,1 Post haec facta fuit verbum DOMINI ad Abraham in visione dicens: Ne timeas, Abram: Ego sum protectio tua, et merces tua copiosa valde.

Hoc principale caput est, et multa meditatione legendum. Sid distrahor **5** eum in modum negociis Ecclesiarum et aulae[1], ut non vacet mihi diligentius incumbere meditationi, legemus igitur id saltem grammatice.

Audivimus hactenus gloriosam victoriam Abrahae, ac admirabile opus Dei, quo se revelavit illi seculo, ut hoc modo omnes invitarentur ad amplectendum Deum Abrahae, qui solus altissimus et omnipotens est. **10**

Nunc sequuntur et tentationes et consolationes: eas sic cum historia victoriae coniungit Moses, ut parum de ordine historiae videatur cogitasse: sicut alioqui solet: lector non admodum peritus saepe iudicat male cohaerere conciones et narrationes Prophetarum. Sed periti rerum spiritualium nullum ordinem norunt veriorem et communiorem esse, quam quod semper conso- **15** lationes sequuntur nova pericula et novi motus.

Sic post praeclaram hanc Abrahae victoriam, qua sine dubio fides Abrahae egregie confirmata, et cor eius eximie erectum est, praesertim cum accideret tam gravis concio Pontificis Sem: sequitur nova alia tentatio, quae tamen qualis fuerit, non satis ex historia potest colligi. **20**

Hoc tamen certum et infallibile est: postquam Deus his verbis Abrahamum alloquitur, et iubet, ne timeat, non ociosa haec esse verba: sed Abrahamum laetum et victoriosum paulo ante nunc circumventum novis periculis, curis et terroribus.

Nisi enim vel desperavit pene de defensione vel protectione, vel de **25** remuneratione dubitavit, quid opus fuit illa cohortatione, ne timeat, et illa promissione copiosae mercedis?

Sequimur igitur hic generalem illam regulam, quam proponit Psalmus 30. **Pf. 30, 7—10** tanquam commune exemplum omnium sanctorum: 'Ego, inquit David, dixi in abundantia mea, non movebor in aeternum. Domine, secundum volun- **30** tatem tuam praestitisti virtutem monti meo. Avertisti faciem a me, et factus sum conturbatus. Ad te, Domine, clamabo, et Deum meum deprecabor. Quae enim utilitas in sanguine meo, si descendo in corruptionem? Pulvis non confitebitur tibi, nec annunciabit veritatem tuam' etc.

---

[1] *Im März 1539 stand Luther bei Cap. 19 (vgl. Enders-Kawerau, Briefwechsel Bd. XIII, S. 219; dementsprechend wäre die Bemerkung bei Köstlin-Kawerau II, S. 673 zu S. 425 zu ändern, wonach Luther im November 1539 bei Genesis Cap. IX gestanden habe, siehe De Wette, Briefe 5, 171, Lauterbach 88); Cap. XV mag in Anfang 1539 besprochen sein. Vgl. dazu wie zu den negociis Ecclesiarum et aulae (oben Z. 6) die Einleitung.*

Haec est generalis forma exercendi sanctos et pios homines. Ideo Psalmus quartus dicit Deum esse admirabilem in gubernandis sanctis suis. Ps. 4, 4 Abraham confirmatus iam miraculosa victoria in tanta laetitia spiritus et effusa securitate de Dei bonitate est, ut dicat in corde suo: 'Non movebor 5 in aeternum'. Statim autem invertuntur omnia: 'Avertisti, Domine, faciem tuam, inquit David, et factus sum conturbatus'.

Cur aut quomodo haec ita gubernat Deus? Cur non solidum hoc facit sanctis suis et perpetuum gaudium? Nescio: Nisi quod regulam hanc video, et exemplum commune in omnibus sanctis, etiam in ipso capite, 10 Christo, qui exultat aliquando in spiritu, et laetus Deo agit gratias in spiritu sancto. Postea iterum conturbatur spiritu, orat pro defensione, salvari se petit, queritur se derelictum in extremis, sicut videre est in Psalmo 8. 22. Ps. 8, 6 Ps. 22, 2

Discendum igitur hoc exemplum et forma haec sanctorum est, imo ratio haec, qua Deus suos sanctos gubernat.

15 Exultaverat Abraham in tam insigni victoria, fecerat ei Deus insigne nomen inter omnes vicinas gentes: Potuit igitur ei periculum imminere a vana gloria. Nihil enim minus natura haec potest ferre, quam suas glorias et beneficia Dei. Avertit igitur Deus paululum faciem, et relinquit hominem sibi: Ibi oritur statim angustia et labor.

20 Sic Paulus 2. Corinthiorum 1.: 'responsum mortis in nobis habuimus, 2. Cor. 1, 8 factum autem hoc est, ne fiduciam haberemus in nobis ipsis: sed in Deo, qui mortuos excitat'.

Odit enim Deus confidentiam, quam habemus de nobis ipsis. Ea autem naturale vicium est, quod omnes sanctos, ac praesertim summos vexat, 25 ut peccent contra primam tabulam.

Nam concupiscentia satis mortificata in eis est, quod attinet ad secundam tabulam, non furta, non adulteria, non caedes eos sollicitant: Ut iuvenes, quorum caro adhuc robusta est et integra. Sed alia graviora et difficiliora pericula eos exercent, illa scilicet sublimia peccata contra primam tabulam, 30 fiducia propriarum virium, arrogantia, opinio iustitiae et sapientiae. Cum his monstris depugnandum assiduo sanctis est.

In hac arena Abram, Moses, Aaron, David sudant, ut praesumptionem et superbiam doment et vincant.

In simili tentatione igitur, ut verba satis probant, Abraham videtur 35 fuisse: videns igitur Deus eum periclitari, ne in praesumptionem incideret, avertit faciem, et hoc modo medetur tentationi.

Hoc enim nobis omnibus vicium est, quod, cum Deus insignia dona dat, vetus Adam se effert, et superbit. Videt enim alios similibus donis carere. Ne autem hoc peccatum evertat sanctos, dat Deus Paulo Angelum 40 Satanae, qui eum colaphiset, ne extollatur revelatione. 2. Cor. 12, 7

Recte igitur illud de Episcopo quodam celebratur, qui cum necessitate cogeretur ad ministerium docendi, flexis genibus recusabat munus id, aut, si

Deus omnino id vellet suscipi a se, postulabat ab ambitione et studio vanae gloriae liberari.

Si enim Paulus, summus Apostolus, ab hac peste non liber est: Imo, si non nisi hoc medio, ut crucifigatur et colaphisetur a satana, liberari ab hoc morbo potest, quid nos non metuemus, qui longe infra eum sumus ⁵ positi?

Natura enim aliud non possumus, quam ut superbiamus in donis Dei: sicut e contra, cum eripiuntur nobis dona Dei, desperamus.

Neque hic opus est historias longius accersere: vide nostra tempora. Munzerum, Anabaptistas, Sacramentarios, Zuinglium et Oecolampadium quid ¹⁰ excitavit, nisi horribilis haec praesumptio et ambitio? Si quis quatuor graeca vocabula scribere, unum Psalmum explicare potest, scientia tanquam fermento inflatur, ut in nubibus sibi videatur incedere longe supra alios homines.

Hanc pestem satis mature didici videre, monitus tot sacrarum literarum ¹⁵ historiis. Igitur initio Euangelii, cum Deus in hanc, ut sic vocem, factionem praeter meam voluntatem per mirabiles occasiones me involveret, rogavi Deum ardentibus votis, ab hoc malo me ut liberaret, et exaudivit preces meas: nam ab hac tentatione me servavit liberum: quanquam non sic liberum, ut eam non sentirem: negotiis, curis, periculis, laboribus sic me ²⁰ exercuit, ut ambitio omnis facile excluderetur animo meo.

Hoc modo nisi Deus nos liberet, indomitum hoc monstrum omnes expugnat. Iuventus, deinde virilis aetas sentit sua mala, exercetur enim caro libidine: Animus avaritia, ira, odio et similibus affectibus, qui varie turbant mentes: sed haec certamina sunt secundae tabulae, et paulatim ²⁵ extinguuntur.

Cum igitur depugnatum videtur, haec nova et acrior pugna de prima tabula nos excipit, ut dimicemus contra praesumptionem, gloriam et fiduciam, quam ipsi de nobis propter dona nostra habemus.

Hanc pestem ut evadat Paulus, sentit stimulum Satanae in carne sua: ³⁰ 2. Kor. 12, 7 'Ne extollar, inquit, magnitudine revelationum, datus est mihi stimulus carnis, nempe Angelus Satanae, qui me colaphiset'.

Quis autem est, qui, cum Paulum inspiciat, cogitare possit, quod talem patiatur tentationem? quis non iam olim eam ab ipso credat superatam et prostratam? ³⁵

Röm. 7, 23 Atqui in Romanis maius periculum ostendit, quaeritur enim se captivari a peccato, seu lege peccati.

Haec cum in tanto Apostolo videas, num periculo te carere posse senties? Sic Abraham quoque adhuc in carne fuit. Ornatus igitur tam insigni victoria, quid mirum, si elatus est animo, si successu inflatus est. ⁴⁰ Ne autem extolleretur nimium, immisit ei Dominus aliquam fortem et gravem tentationem, qua frangeretur spiritus eius et humiliaretur.

Etsi igitur, qualis ea fuerit, nesciamus, tamen credibile est passum eum id Psalmi, quod supra allegavimus: Post partam victoriam laetus spiritu cecinit alta voce: Te Deum laudamus, dixit: 'non movebor in aeternum': Sed avertente Domino faciem venit tristitia, quae ita implevit et 5 fatigavit animum eius, ut victoriae tam praeclarae prorsus obliviceretur: et videretur sibi prorsus derelictus a Deo et abiectus.

Huiusmodi historiae diligenter sunt notandae, ut possimus consolari eos, qui sunt in tristitia. Immittitur enim tentatio, ne extollamur donis, quae habemus. Etsi autem grave est, sentire tantam animi perturbationem: 10 tamen eo nos erigere, et quasi levare damna illa debemus, quod scimus remissionem peccatorum illaesam et immutabilem esse. In hanc intueamur. Hoc donum aliis praeferamus, imo prae hoc dono alia omnia, quantumvis magna et splendida sint, contemnamus, sic fiet, ut animus paululum respiret.

Dat quidem Deus suis magna dona, sicut Abrahae hic dedit praeclaram 15 victoriam, sed tamen nondum effundit, nec dat se totum: et quanquam tu maiora habeas, quam vel Abraham, vel Moses: tamen ipsum Dominum nondum habes. Reservat, ac quasi subtrahit seipsum nobis, ut scilicet, cum sumus extra tentationem, et serena ac tranquilla omnia sunt: nos tamen eum timeamus, et non dicamus cum securis: 'non movebor'. Hanc cau- 20 cionem enim si canimus, statim sequitur: 'Avertisti faciem tuam, et conturbatus sum'.

Itaque qui extra paroxysmum sibi videntur invicti: hi arrepti tentatione immodice pavent.

Fiunt autem haec non ideo, quasi Deus mutaverit animum, quasi 25 averterit gratiam, et remissionem peccatorum neget. Voluntas eius firma et immutabilis manet, quod per filium, ad cuius regnum nos vocavit, nos velit salvare. Sed sensus huius misericordiae ad tempus subtrahitur.

Itaque qui in monasteriis hanc tentationem gustaverunt, appellarunt eam spiritum blasphemiae, alii suspensionem gratiae, mitiore et magis pro- 30 prio vocabulo. Ac legi quidem haec in ipsorum disputationibus iuvenis: sed non intellexi, priusquam scripturam sanctam coepi legere.

Neque autem exigua haec est consolatio. Scire, quod gratia non est sublata: sed vere est constans et immutabilis, quanquam sensus et experientia gratiae ad tempus tollitur, et irruit horror et pavor, deiiciens ac turbans 35 animum, ut homo vertatur ad impatientiam, et intolerabilem sibi statuat iram Dei esse, ac simpliciter ex Deo diabolum faciat.

Hanc tentationem Christus in horto sensit, ubi natura cum spiritu Matth. 26, 41 luctabatur, ac spiritus quidem promptus; Caro autem infirma erat, hoc est, terrebatur, pavebat, perturbabatur. Nemo enim vere tristatur, nisi descrente 40 Deo. Sicut e contra, Deo praesente, nemo potest tristis esse. Tristitia igitur signum est, discessisse Deum a nobis, et nos ad tempus deseruisse, sicut in Canticis sponsa queritur sponsum absconditum post parietem et per Hohel. 2, 9

Pf. 107, 27 cancellos respicere. Tum fit, quod in Psalᵢmo 106. scribitur: 'turbati sunt, et moti sicut ebrius, et omnis sapientia eorum devorata est'.

Weish. 3, 7   Contra cum, ut in libro Sapientiae scribitur, Deus per radios misericordiae lucet in corda nostra, tunc animi non possunt non laetari, etsi, ut Stephanus, rapiantur ad supplicia, ad mortem.

Ad haec igitur exempla respicere admodum utile est, quod sancti fortes in spiritu sancto fortiores sunt ipso Satana: Contra arrepti tentatione sic pavent, ut etiam a sonante folio metuant. Admonemur enim infirmitatis nostrae, ut, quantumvis magna habeamus dona: tamen non extollamur: sed maneamus humiles, et timeamus Deum. Qui enim hoc non faciunt, ab his avertit faciem, et sequitur perturbatio et confusio.

Haec praefari in hoc caput volui, in quo docemur de eo, quod quartus Pf. 4, 4 Psalmus dicit: 'Scitote, quoniam mirificavit Deus sanctum suum', hoc est, varie exercet suos, ne fiant haeretici, ne praesumant de donis et inflentur contra illos, qui ea non habent. Qui enim hoc faciunt, ruinae sunt proximi.

Qui igitur in Doctores Ecclesiarum deliguntur, ut gubernent alios, hi praecipue contra hanc tentationem orent, tanquam contra summum et periculosissimum malum.

Alia enim peccata, ut sunt: ira, impatientia, ebrietas, naturaliter secum pudorem adferunt ob turpitudinem. Qui enim talia admittunt, peccasse se norunt, atque ideo erubescunt. Sed vana gloria et fiducia propriae vel Luf. 18, 9—14 sapientiae, vel iustitiae tale peccatum est, quod pro peccato non agnoscitur, homines pro eo agunt gratias Deo, sicut Pharisaeus in Euangelio, et laetantur tanquam ex singulari spiritus sancti dono, est igitur malum prorsus insanabile et diabolicum.

Ab hoc malo praeservat Deus sanctum Abrahamum, siquidem tam clarum victorem in talem tentationem coniicit, ut divina voce eum consolari necesse sit. Etsi autem, ut dixi, qualis teutatio fuerit, non constat: tamen circumstantiae arguunt, admodum fuisse gravem, quam animus Abrahae prorsus deiectus est.

Fortasse, ut Abrahae verba ostendunt, de prole fuit sollicitus: Promiserat Deus terram Canaan et aeternam benedictionem: sed cum Sara sterilis esset, et spes prolis pene tota negaretur, cogitavit, quomodo fit, quod Deus tam misericors erga te tibi non dat filium? forte offendisti eum, et ipse mutavit animum etc.

An haec fuerit tentatio asserere non audeo. Generalem igitur regulam sequor, quod Deus sanctos suos laetificatos iterum facit tristes, ne efferantur et securi fiant, vivificatos deducit ad inferos, ut iterum inde reducat. Quod si in specie et individuo tentationem praesentem non attingimus, tamen de genere non erramus.

Verba admodum illustria sunt: 'Ne timeas, Abram', et arguunt fuisse in sancto viro ingentem pavorem, et ipsissimam tentationem diffidentiae.

Cur enim alioqui illa adderet: 'Ego sum protectio tua, et merces tua copiosa valde'. Cogitavit igitur: Forte Deus alium elegit, cum promissionem hanc praestabit, ac quis scit, an haec ipsa victoria sit hoc totum, quod tibi promisit?

5   Caro enim, subtrahente Deo manum, mirabilem dialecticam et rhetoricam sibi fingit. His quasi arietibus, quibus cor Abrahae concutitur, opponit Dominus tria magnifica verba. 'Noli timere. Ego sum protectio tua, et merces tua magna nimis'. Quasi dicat: quem timebis, si ego te prótego? Quid postulabis tibi addi, si ego sum merces tua? An non maius praemium

10 habes, quam sit vel terra Canaan, vel totus orbis terrarum. Est admodum insignis consolatio, et arguit insignem quoque tentationem et pavorem, quem sensit Abraham.

Quod textus dicit, 'in visione' Dominum locutum cum Abraha, eam phrasim in Mose nondum habuimus. In capite Duodecimo simpliciter scribitur
15 Dominum dixisse ad Abram. Postea scribitur Dominum apparuisse Abrahae. Hic quoque scribitur locutum cum Abraha Dominum: Sed additur novus modus *Bammahasae*.

Haec phrasium differentia docet nos de triplici genere Prophetiarum, seu tribus gradibus revelationum, quarum fit mentio clara. Numeri 12.,
20 ubi sic dicit Dominus: 'si fuerit vobiscum Propheta Domini, cognoscar ab 4. Mose 12, 6—8
eo in visione, atque in somno loquar cum eo: Non autem est talis servus meus Moses, qui in universa mea domo est fidelis. Nam ore ad os ei loquar, et in visione: Non autem in enigmatibus, aut similitudine videt Dominum'.

25   Visio seu apparitio in specie est, cum Deus apparet per imaginariam visionem, non tanquam in somnis, sed vigilantibus. Sicut profecto Abraham, cum haec ei loqueretur Dominus, non dormivit: Venit enim foras, et iussus est coelum intueri, ac stellas numerare. Haec imaginaria Idaea sine speculatione facta est, oculis apertis et vigilantibus.

30   Solent autem hae visiones esse figurae, quae interpretatione opus habent, sicut cum Amos videt formantem locustas, cum iam seges herbescit, Amos 7, 1 capite 7. Locustae significant regem Babel, et Deus est formator locustarum, qui infligit poenam hanc populo suo. Hoc vocat Moses speciem, seu apparentiam.

35   Infra hunc gradum sunt somnia, de quibus scriptura saepe meminit, cum scilicet homo dormit, neque utitur organis sensuum, et tamen offeruntur animo, dormiente corpore ac quiescentibus organis sensuum, imagines quaedam.

Sic Pharao et Nebucad Nezar dormientes vident futurorum eventuum
40 imagines.

---

17 Bammahasae] בַּמַּחֲזֶה

Et apud Augustinum suavis historia extat de quodam medico, qui articulum resurrectionis mortuorum et animae immortalitatem putabat esse dubiam: Dormienti ei apparet pulcherrimus iuvenis, ac familiariter cum alloquitur, et interrogat, num noverit: Id cum dormiens ille negat, et tamen fatetur, quod videat et audiat eum: quomodo, inquit adolescens, me vides, 5 cum oculi tui somno clausi sint? quomodo audis me, cum aures tuae non sint apertae, sed dormias?

Disce igitur et crede esse alios oculos spirituales, quibus credentes in Christum videant, cum per mortem isti corporis oculi clausi, vel potius prorsus extincti sunt. 10

Haec imago Medico illi dormienti oblata est, et testatur scriptura saepe Deum hoc modo revelasse piis futura.

Quaeritur autem hic, quae sint iuditia verorum somniorum: et cum obiiciuntur visiones, quomodo sciri possit, ex Deone sint, an ex Satana. Gentiles quoque viderunt varie ludi animos istis somniorum phantas- 15 matis. Ideo Cato monet, somnia ne cures, et Syrach 34.: 'Ne dederis in illis cor tuum: Multos enim errare fecerunt somnia, et falsi sunt sperantes in illis.'

Sir. 34, 6 f.

Qui autem superstitio et curiositas varie fatigant animos hominum, Satan etiam eam ob causam saepe homines ludit: Diiudicatio igitur non 20 semper facilis est.

Hanc tamen Analogiam historiae sacrae scripturae ostendunt, quod per divina somnia impressio fit in corda eiusmodi, ut non solum intellectus: sed etiam voluntas praeter solitum commoveatur. Nebucad Nezari sic percelluerat animum somnium, ut Magis mortem minaretur, si non, quale somnium 25 vidisset, exponerent: quiescere enim animus non potuit, nisi somnium et eius interpretatio revelaretur denuo.

Sicut autem tum somnia, tum visiones etiam Satan obiicit, quibus fallit incautos: Ita tertius revelationis gradus prorsus infallibilis est, cum Deus Mosi ore ad os loquitur, et addit spiritum sanctum, qui verbum infigat 30 cordi, et confirmet animum.

Abraham cum audit promissionem de semine benedicto, quia simul revelationem spiritus sancti accipit, non, ut Iudaei, eam tantum de carnali semine et carnali benedictione intelligit: sed in animo nova lux nascitur de remissione peccatorum, et reconciliatione cum Deo. 35

Hoc igitur revelationis genus, cum de ore ad os Deus loquitur, et spiritus sui radiis animos illuminat, longe certius est somniis et visionibus.

Quod autem hic dicitur in visione dominum locutum: sic intelligamus, quod Abraham audivit Deum loquentem in visione, hoc est, non tantum audivit verbum, sed verbum fuit adumbratum in quadam specie loquentis, 40 qualiscunque tandem ea fuit. Nam Moses id non ostendit.

Et dixit Abram: Domine, DOMINE, quid dabis mihi, cum ego 15, 2. 3
incedam absque liberis, et filius dispensans domum meam sit ille
Damascenus ElieEser? Et dixit Abram. En, mihi non dedisti
semen, et ecce, filius domus meae haeres meus est.

5   Haec aliquomodo ostendunt, cum quali tentatione colluctatus sit
Abram, ut necesse fuerit consolari eum divina voce, quod et defensurus et
abunde benedicturus eum esset Dominus.

Nihil autem mirum, si in illa ipsa cogitatione de posteritate paulatim
lapsus est Abraham, ut cogitaret Deum sibi iratum, sed dixi supra, etsi
10 Moses tentationem in specie non explicat, tamen scriptura sancta, dum
exempla sanctorum proponit, vestigia quasi ostendit, ex quibus iudicari
tentationes possunt. Genus igitur habemus, quod coeperit Abraham dubitare
de protectione et beneficentia Dei: sed huic cogitationi quae data fuerit
occasio, clare non scribitur.

15   Videtur tamen Moses subindicare, quod Eliezer, gubernator domus
Abrahae, sit factus insolentior, et certo promiserit sibi illam universam
benedictionem Abrahae obventuram: siquidem sterile haberet coniugium.

Hoc primum in eo ostenditur, quod Abraham sic tristis et non sine
gemitu et singultu queritur de orbitate: Non enim haec verba risus aut
20 laetitiae: sed ingentis doloris et luctus sunt: 'Incedo sine liberis: Damascenus
ille haeres meus erit'. Quid enim aliud in hac aetate et cum sterili coniuge
speraret? Dedisti victoriam praeclaram, benedixisti domui meae, inquit: sed
non das haeredem, servus meus nunc in eam spem erigitur, omnia haec me
mortuo sibi cessura. In hac cogitatione animus immodice perturbatus est.

25   Ac confirmat hanc sententiam responsum Domini dicentis: 'Non ille
erit haeres tuus: sed qui egreditur ex utero tuo'.

Vere igitur tentatio Abrahae fuit, quod metuit, ne derivaretur promissio a genere et semine suo in servum.

Haec tentatio non fuit levicula, praesertim cum servus illa spe effer-
30 retur. Caro enim et mundus ambitione mire corruptus est, et captat ingenti
studio dignitates: sic Cain contempto fratre sibi arrogabat regnum et sacerdotium, sic Ismael: sic Esau: Ac Sara indignata ob hanc causam matrem
cum filio eiicit e domo. Sic omnibus saeculis impii rapuerunt Ecclesiae
nomen et titulum, et eo se ipsos ornarunt.

35   Papistae, Anabaptistae, Sacramentarii, seditionum authores, Monetarius [1]
et alii, cum nihil minus sint, volunt tamen Ecclesia esse, et etiam sanguine
titulum hunc sibi vendicant.

At veri sancti, qui vera sunt Ecclesia, gemunt et contristantur, cum
vident impios sibi ita secure arrogare benedictionem et promissiones: sicut

---

[1] Monetarius = *Thomas Müntzer.*

hodie cogimur videre et ferre glorias Papae, qui se Ecclesiae caput iactat, cum certum sit, eum aliud agere nihil, quam ut mundum repleat idolatria.

Sensit hanc tentationem David quoque, cum pulsus regno iubet, ut Zadoc redeat in civitatem, et istuc secum arcam reportet: 'si inveni gratiam in oculis Domini, restituet me, et faciet me eam videre et habitaculum eius: Quod si mihi dixerit: Non placet: fiat, quod bonum est in oculis eius'.

Habebat David clarissimas et certissimas promissiones de aeterno regno, et tamen adeo fortis eum arripit tentatio, ut de eventu dubitet, an iterum sit restituendus in regnum: Idque Deo permittit.

Sicut igitur Impii ingenti securitate promissiones ad se rapiunt: Ita sancti humiliant se sub potentem Dei manum, et in timore ac reverentia se subiiciunt Deo.

Igitur Abraham quoque, etsi verbo Dei de futura benedictione fuerat confirmatus, tamen in dubitationem incidit: postquam et sterile suum matrimonium, et servi spem et consilia intuetur.

Vides igitur hunc esse casum et cursum Ecclesiae et regnorum mundi, ut de promissionibus inter se dimicent. Pontifex cum suis vult esse Ecclesia Dei. Turca etiam vult esse Ecclesia Dei, et tamen neutri sunt.

Sic haeretici, qui authores sunt scandalorum, et doctrinam sanam evertunt, 'qui sunt inimici crucis Christi', ut Paulus flens dicit, 'quorum Deus venter est' etc. hi certissimi sunt se esse Ecclesiam, et ideo gloriantur sine fine contra veram Ecclesiam.

Ad hunc modum in specie videtur tentatio Abrahae fuisse arrogantia, et contemptus vernaculi contra suum Dominum.

Etsi enim haberet manifestam promissionem de suo semine Abraham, sicut testatur Caput 13. et 12. tamen, ut solent haeretici, eluserunt promissiones illas, et fecerunt, ut haesitaret Abraham.

Sic enim dixerunt: Promissionem non esse intelligendam de naturali semine, sed de adoptivo et domestico: siquidem vetulus nunc erat Abraham: Sara autem sterilis, nec vel verbum, vel significationem aliquam dederat deus ducendae alterius uxoris.

Promissiones igitur erant certae: sed accedebat diabolica dialectica, quae divideret semen in naturale et adoptivum. Haec dialectica animum sancti Patriarchae perturbat et affligit, ut humiliet et subiiciat se Dei voluntati: sed non sine ingenti animi moerore et luctu. Iudicat enim se deseri a Deo, et mutatam voluntatem Dei.

Ideo Dominus consolatur eum, ac iubet, ne timeat: 'Ego ero protectio tua', inquit, defendam te a malis, et obruam benedictione, ac ex tuo utero egredietur, qui sit heres tuus.

Haec sunt analoga cum caeteris scripturae exemplis. Itaque etsi in specie erramus, tamen in genere sequimur analogiam scripturae.

2.Sam. 15, 25. 26

Phil. 3, 18. 19

Abraham igitur tristissimus est, et suis cogitationibus eo delabitur, ut concludat se a Deo desertum. Nam quod magnae promissiones ei erant factae, eas metuebat, ne in vernaculum transferrentur, qui fortasse et in illa pugna strenuam operam navaverat, et abundabat liberis.

5 Hoc exemplo movetur sanctus vir, et cogitat: Cur Deus mihi non dat liberos, cum det servo meo tam multos? Profecto ille mihi haeres erit etc. Ad hunc modum effundit coram Deo quaerelam suam: et perturbatissimi animi cogitationes.

Et ecce verbum DOMINI ad eum factum est dicens: Non erit 15,4
10 ille haeres tuus: sed qui egredietur de utero tuo, ille haeres
tuus erit.

Pertinent haec ad confirmandum Abrahamum, ut sciat de ipsa persona, cui obventura sit benedictio: Egredietur, inquit, haeres ille de sanguine et carne tua. Non igitur intelligas benedictionem, sicut ipsi eam interpretantur:
15 Erit semen tuum naturale. Mihi igitur, non illis crede.

Habet autem locus hic occultam consolationem et utilem doctrinam: Impii, ut diximus, hac ambitione laborant, ut ad se trahant, et sibi arrogent promissiones. Itaque premunt veram Ecclesiam, et affligunt.

Hic nihil aliud est, quod faciamus, quam ut commendemus causam
20 nostram Domino. Sicut Moses facit in illo gravi certamine contra Core, 4. Mose 16. Datan et Abyram, Num. 16.

Erant poenitus insanabiles et sic certi de sua causa, ut doceri nec vellent, nec possent. Refert igitur Moses rem ad sententiam divinam, ac precatur: Ne respiciat Dominus ad oblationem eorum, postea sequitur Inditium
25 Domini confirmantis veram Ecclesiam.

Sic Monetarius, Anabaptistae et alii magno conatu se nobis opposuerunt, lacerarunt immaniter famam nostram, et omni genere contumeliarum nos onerarunt.

Nos memores huius regulae mansimus in verbo constantes, et subiecimus
30 nos et causam nostram Deo. Gloriam autem et triumphos libenter concessimus adversariis. Nam de his sciebamus nobis non esse pugnandum. Verbi autem curam, ut illud purum et syncerum retineremus, sciebamus nobis divinitus commendatam. Hic dum noster labor et studium est, adversarii paulatim unus post alium cadunt, veritas autem stat immota.

35 Sicut igitur Abraham divina voce confirmatur, ut de promissione, quam depravabant domestici eius, certus esset: Ita semper solet Deus laboranti Ecclesiae adesse, et eam confirmare.

Est autem hic Grammatica lis de vocabulo (*Maesack*) eam ego relinquo huius linguae peritis. Sive enim hic Eleeser fuerit Oeconomus, seu pocillator

---

38 (Maesaek)] מֶשֶׁק

Abrahae, nihil refert: hoc nobis satis est, quod hic agitur de praecipua persona in domo Abrahae, arrogante sibi promissiones, quod et dignitate et numero liberorum praestaret.

Sicut Cain sub Adam: Esau sub Isaac: Ruben sub Iacob: Iudas sub Christo et inter Apostolos sibi arrogabat primum locum, et possessionem promissionum.

Porro nomen Elieser est idem cum Lazaro, et significat auxilium Dei: Eo fortasse quoque inflatus est vernaculus iste, ac visus est sibi tenere nomen conveniens cum rebus, siquidem praecipua eius erat dignitas in familia Abrahae, et quoque natus erat de celebri civitate Syriae. Visus igitur sibi est esse quidam infans Hispaniae prae reliquis, et superior ipso Abraha, qui neque tam superbum nomen, nec patriam tam nobilem, nec etiam benedictionem coniugii tam copiosam habebat.

Utut igitur de vocabulo (*Maesaek*) sit, si Grammaticam non attigimus: tamen Theologica attigimus melius, quam Rabini.

Est enim hic unus de coloribus veris, quibus sancti in scriptura pinguntur, quod patiuntur seditiones et sectas etiam inter domesticos. Vivunt enim inter impios, qui natura factiosi sunt, et se efferunt. Igitur affligunt sanctos, qui se submittunt Deo, et ipsi causam suam commendant: Qui *Luc. 1, 51* tandem venit, et humiles confirmat: 'superbos autem dispergit mente cordis sui, et eiicit.'

1. Joh. 2, 19 Sic Ioannes: 'Ex nobis exierunt: at ex nobis non fuerunt.' Non enim relinquit Satan sanctis et Ecclesiae Dei pacem: una secta vel deiecta, vel *Apg. 20, 29 f.* humiliata, nascitur alia: sicut Paulus dicit, Actorum 20.: 'Scio, quod egredientur post meum discessum lupi graves contra vos, non parcentes gregi, et ex omnibus istis excitabuntur viri loquentes perversa.'

Eadem passi sunt Adam, Abraham, Isaac, Iacob, Ipse Christus quoque, qui suum Iudam habuit, in cuius locum successit Papa, qui hodie ecclesiam perturbat et affligit varie. Commendemus igitur causam Deo, et invenient suo tempore iustum iudicem: sicut Core, Datan et Abyram.

15, 5 Et eduxit eum foras, et ait: Eia, intuere coelum, et numera stellas, si poteris eas numerare: et dixit illi: sic erit semen tuum.

Quia Deus tam multus est in loquendo et confirmando Abraha, et etiam signa addit, ideo non levis tentatio fuit, quae sanctum virum exercuit. Non enim Deus est vaniloquus. Satis fuisse iudicamus, quod promissio ita diserte exposita est de naturali filio Abrahae, qui nascatur ex ipsius corpore, sed additur etiam signum: educitur Abraham, iubetur intueri coelum et numerare stellas: ac promittitur ei innumerabilis posteritas.

Sicut igitur supra saepe dixi, has historias ideo excellere, quia Dei vox in iis sonat: Ita hic ipse locus propter tam copiosum Dei cum Abraha colloquium merito magni faciendus est. Non enim aliter cum Abraha fabulatur Deus, ac amicus cum bene noto et cum amico. Sic scilicet solet Deus, et haec est eius natura, ut, postquam bene afflixit suos, benevolentissimum se exhibeat, ac totum se effundat.

Quod stellas iubetur intueri Abraham, argumentum est, nocte visionem hanc apparuisse, gemente et plorante Abraha. Hoc enim sublimium tentationum proprium est, ut occupent animos, cum sunt soli. Ideo in scriptura sancta celebratur oratio nocturna et solitaria, cuius magistra est tentatio.

Ita Abraham arreptus his tristibus cogitationibus non potuit dormire: surrexit igitur et oravit, oranti autem ac ita tumultuanti secum apparet Deus, et cum eo colloquitur familiariter, ita ut vigilans Abraham totus extra se in illa visione rapiatur.

Sicut Petrus, Actorum duodecimo, cum liberatur ab Angelo ex carcere, Apg. 12, 7 ff. initio non sentit, revera hoc agi, quod agebatur, putabat se videre visionem aut somniare: sed paulo post ad se quasi veniens vidit veram rem geri.

Ita Abrahae obiicitur visio haec, et tamen sentit tandem rem vere sic geri, nec ludi se somno. Nam visionum talium proprium est, ut faciant homines extaticos: sicut Lucas de Petro significat, Cum dicit: γενόμενος ἐν ἑαυτῷ, cum ad se rediisset. Nam hactenus putaverat se visionem in somnis vidisse, non senserat rem vere sic geri, ut liberaretur vinculis et carcere.

In nocte igitur facta visio haec est, et tamen non fuit somnium: sed res vera: Audivit Abraham vocem Domini, prodiit ex cubiculo sub dium, intuitus est coelum stellis splendescens, et tandem audivit promissionem de innumerabili posteritate.

Porro supra dixi de differentia inter hanc promissionem et illam superiorem, in qua promittitur posteritas arenis maris similis. Occulte enim Moses ostendit, hic includi promissionem de semine spirituali et coelesti. Cum supra tantum loquitur de posteritate corporali. Ideo hoc in loco additur.

Et credidit DOMINO, et reputatum ei hoc est ad iusticiam. 15, 6

Hunc locum nemo melius, copiosius, lucidius, potentius tractavit, quam sanctus Paulus in capite ad Romanos tertio usque ad duodecimum. Ita autem eum tractat, ut ostendat promissionem hanc de posteritate non esse intelligendam tantum de semine legitimo corporali seu temporali: sed de spirituali et aeterna haereditate.

Moses enim ostendit similitudinem non terrenarum, aut temporalium rerum: sed coelestium. Ideo promissio quoque coelestis est non de filiis carnis, sed spiritus, seu, ut Paulus eos appellat, 'de filiis promissionis'. Röm. 9, 8 Haec sententia ex Paulo clara est.

---

2 natura] naura A Druckfehler   18 ἐν ἑαυτῷ] ἐν ἑαυτῶ A   22 vocem] vocē A

Quod autem Moses addit credidisse Abraham Deo, is primus locus scripturae est, quem hactenus de fide habuimus. Nam alii, quos supra commemoravit Moses, tantum requirunt fidem, non autem praedicant, aut commendant fidem, sicut illa de semine mulieris, Mandatum de extruenda Arca et comminatio de diluvio, Mandatum ad Abraham, ut exeat de terra ₅ sua etc.

Hae tum promissiones, tum comminationes omnes sunt verba fidei, quae requirunt fidem: Non autem commendant fidem, sicut praesens locus. Ideo est unus de principalioribus tocius scripturae locis.

Et Paulus non solum exposuit eum diligentissime, sed etiam Ecclesiae ₁₀
Röm. 4, 23 magna cura commendat, cum hoc addit elogium: 'Non scripta propter ipsum
Röm. 15, 4 Abrahamum', qui postea mortuus est: 'Sed propter nos, ut nos doceremur et confirmaremur.'

Hoc vero est apostolice tractare scripturas, et statuere illam universalem sententiam, ipsis inferorum portis formidabilem et invisam, quod omnes, qui ₁₅ credunt verbo Dei, sunt iusti.

Ne igitur optimum interpraetem meis disputationibus obscurem, brevius hic ero. Vos Paulum legite, et legite attentissime, ac videbitis ex hoc loco extruere eum praecipuum nostrae fidei articulum, mundo et Satanae intolerabilem, quod sola fides iustificet: Fidem autem esse promissionibus divinis ₂₀ assentiri, et statuere, quod verae sint.

Ex hoc fundamento author epistolae ad Hebraeos erudite omnium sanctorum res gestas includit in fidem, et dicit, ex fide ab eis gesta esse
Hebr. 11, 6 omnia. 'Sine fide enim impossibile est placere Deo', et Deus cum promittit aliquid, hoc exigit, ut id credamus, hoc est, ut verum esse fide statuamus, ₂₅ nec dubitemus eventum responsurum promissioni.

Si interroges igitur an Abraham ante hoc tempus fuerit iustus. Respondeo. Fuit iustus, quia credidit Deo. Hic autem diserte id Spiritus sanctus testari voluit, quia promissio est de spirituali semine, ut recta consequentia statuas, amplectentes hoc semen, seu credentes in Christum ₃₀ esse iustos.

Fuit fides in Abraha eximia, cum iussus deserit patriam, et se exilio committit: Sed non omnes iubemur idem facere: Ideo tum non addit: 'Credidit Abraham Deo, et reputatum est ei ad iusticiam'. Hic autem addit, cum de coelesti semine loquitur, ad ecclesiam omnium temporum ₃₅ confirmandam: quod, qui cum Abraha huic promissioni credunt, vere sunt iusti.

Hanc sententiam in hoc tanquam maxime proprio loco voluit Spiritus sanctus diserte et clare proponere, quod iusticia nihil sit, nisi credere promittenti Deo.
₄₀

---

19 mundo] mundum *A*

Hic magna disputatio oritur de lege et fide, an lex iustificet, an fides legem tollat etc.

Hic Paulus erudite urget circumstantiam temporis, quod Moses in hoc capite loquatur de iusticia et iusto Abraha seu iustificato ante legem, ante opera legis, imo ante populum legis, et antequam nasceretur Moses legislator. Igitur iusticiam non solum non esse ex lege: Sed esse ante legem, nec legem aut legis opera quidquam ad eam facere.

Quid igitur, lexne ad iusticiam inutilis est? Ita prorsus. Fides autem sola absque operibus iustificat? Ita prorsus: aut nega Mosen, qui ante legem, ante opera legis dicit Abraham esse iustum, non quod immolarit filium, qui nondum natus erat, non quod hoc aut illud opus fecerit, sed quod promittenti Deo crediderit.

Hic nulla ad gratiam praeparatio, nulla fides formata operibus, nullus habitus praecedens commemoratur. Hoc autem commemoratur, fuisse Abrahamum tum in mediis peccatis, dubitationibus et pavoribus, in summa animi perturbatione.

Quomodo igitur acquisivit iusticiam? Hoc solo modo, quod Deus loquitur, et Abraham loquenti Deo credit. Accedit autem Spiritus sanctus, testis fide dignus, et affirmat hoc ipsum credere seu hanc ipsam fidem esse iusticiam, seu imputari ab ipso Deo pro iusticia, et haberi pro iusticia.

Quia autem verba, quae Dominus loquitur, praecipue respiciunt semen spirituale, Christum: evolvit Paulus mysterium hoc, et clare pronunciat iusticiam esse per fidem in Christum. In hac igitur sententia acquiescamus, Gal. 2, 16 nec ab ea dimoveri nos furoribus Satanae et Pontificum sinamus.

Argumento autem est, quam Satan hanc sententiam oderit, quod non solum hodie per Pontificias larvas sic eam hostiliter impugnat, et impudenter blasphemat ac damnat. Sed Rabini Iudaeorum hic quoque suam stulticiam et furorem suum, quem contra Christum habent, patefaciunt.

Sic enim hunc locum legunt: Credidit Abraham in Deo, et cogitavit ei in iusticia, hoc est, Abraham credidit domino, et cogitavit Deum esse iustum et daturum ei semen, quia sit iustus, hoc est, quia respiciat merita et sanctitatem patris Abraham.

Digna profecto Rabinis et hostibus Christi cogitatio. Hoc enim modo tota sententia invertitur, excluditur promissio et gratia, ac stabilitur iusticia humana: Cum Paulus ex hoc ipso loco gravissime eam sententiam, tanquam falsam et impiam, oppugnet.

De verbo (*Haschab*) non valde repugno, sive id pro reputare, sive cogitare accipias, nam res eodem redit. Cum enim divina maiestas de me cogitet, me esse iustum, mihi esse remissa peccata, me liberum esse a morte aeterna, et ego cum gratiarum actione in fide hanc cogitationem Dei de me

---

22 mysterium] ministerium *Erl. Ausg.*   37 (*Haschab*)] חָשַׁב

apprehendo, vere sum iustus, non meis operibus, sed fide, qua apprehendo cogitationem divinam.

Nam Dei cogitatio est infallibilis veritas. Igitur cum eam apprehendo firma cogitatione, non vaga opinione et dubia, iustus sum.

Fides enim est firma et certa seu cogitatio, seu fiducia de Deo, quod per Christum sit propitius, quod per Christum cogitet de nobis cogitationes pacis, non afflictionis aut irae.

Relativa enim haec sunt, cogitatio Dei, seu promissio et fides, qua promissionem Dei apprehendo.

Recte igitur Paulus verbum (*Haschab*) reddidit per verbum λογίζεσθαι, 10 quod etiam ad cogitationem alludit, sicut reputandi verbum. Si enim tu Deo promittenti credis, Deus te reputat iustum.

Neque hic vel Legis, vel circumcisionis, vel sacrificiorum fit mentio, quod ea Deus dignari velit iusticia: Sola sua reputatio, sola illa gratiae de nobis cogitatio haec facit. 15

Datur enim iusticia Abrahae non operanti, sed credenti: Neque autem fidei, ut nostro operi, datur, sed propter cogitationem Dei, quam fides apprehendit.

Röm. 4, 4. 5 Scitum igitur est, quod Paulus sic urget reputandi verbum, 'Operanti, inquit, non imputatur merces ex gratia, sed ex debito: Non autem operanti, 20 sed credenti in eum, qui impium iustificat, imputatur fides eius ad iustitiam'. Röm. 3, 20 Et paulo ante: 'ex operibus legis nemo iustificatur.'

At notum est, quae sint opera legis: Summae scilicet et pulcherrimae virtutes. Hae igitur ad iusticiam nihilne faciunt.

Nihil, inquit Paulus, sed sola misericordia, repudiatis omnibus virtutibus 25 nostris, valet.

Etsi enim Deus exigit virtutes nostras, nec vult indulgere nos cupiditatibus carnis, sed serio mandat, ut eas non frenemus tantum, sed penitus mortificemus, tamen in iudicio Dei non possunt nobis prodesse. Sunt enim pollutae et contaminatae concupiscentia. Nisi igitur Deus avertat oculos a 30 peccatis nostris, imo etiam a iusticia et virtutibus nostris, et propter fidem, quae apprehendit filium, nos reputet iustos, actum de nobis est. Misericordia sola, seu reputatio sola nos servat.

Fundata igitur hic est doctrina nostra, quod iustificemur coram Deo tantum per misericordiam Dei reputantem. 35

Ex hoc fonte Paulus disputationes suas in Romanis et Galatis hausit, quibus iusticiam tribuit fidei, et non operibus, seu legi: Sed negligentiam, oscitantiam, imo caecitatem superiorum temporum vide, etiam Lyra[1] cum interpretatione sua depravat hunc locum.

---

29 concupiscentia] cocupiscentia *A*

[1]) *Lyra:* quia fides formata per dilectionem illa sola est, quae vere iustificat mentem formaliter.

Dicit enim fidem formatam charitate formaliter iustificare mentem. Statuit igitur fidem nudam, quae non sit formata charitate, et eam abiicit: hoc quid aliud est dicere, quam neglecta fide Deum respicere in dilectionem et opera.

5 Sed haec quomodo cum Mose, quomodo cum Paulo conveniunt? Si enim fides formatur charitate: igitur opera praecipuum illud sunt, quod respicit Deus. Si autem opera, ergo nos ipsi. Charitas igitur, seu opera sunt vivi colores. Fides est monogramma, res rudis et insuavis.

Hae insulsae cogitationes nascuntur ex alta ignorantia rerum sacrarum, 10 qua confunduntur lex et promissio, fides et opera, cum longissime inter se sint distinguenda.

Promissio caput est doctrinae et principale, huic adiungitur fides, seu, ut clarius dicam, hanc apprehendit fides. Apprehensio autem promissionis certa vocatur fides, et iustificat, non, tanquam opus nostrum, sed tanquam 15 Dei opus. Promissio enim est donatio, est cogitatio divina, qua Deus nobis aliquid offert: non est nostrum aliquod opus, cum nos Deo facimus aut damus aliquid, sed accipimus aliquid a Deo, idque tantum per ipsius misericordiam.

Qui igitur promittenti Deo credit, qui sentit eum esse veracem, et esse 20 praestiturum, quicquid promiserit, hic est iustus, seu reputatur iustus.

Postea est lex quoque. Deus enim non solum promittit, sed etiam iubet et mandat. Ad legem autem pertinet, ut accommodes voluntatem tuam, et iubenti Deo parens, seu obtemperes.

An non autem dices hanc perversitatem insignem, statuere, quod pro-25 missio et lex idem sit? Si autem distincta sunt, et sola fides promissionem amplectitur: opera autem legi serviunt, quae insania est, fingere fidem informem, et dicere, quod fides formata charitate iustificet? cur non utrunque relinquis intra suos certos limites?

Profecto fides aliud nihil est, nec aliud potest, quam assentiri pro-30 missioni. Si autem hic assensus reputatur pro iusticia, cur, insane sophista, asseris dilectionem, spem et alias virtutes?

Scio has esse insignia Dei dona divinitus mandata, per spiritum sanctum in nostris cordibus excitari et ali: Scio fidem sine his donis non existere, sed nunc nobis quaestio est, quid cuiusque proprium sit.

35 Tenes manu varia semina, non autem quaero ego, quae cum quibus coniuncta sint, sed quae cuiusque propria virtus.

Hic aperte dic, quid faciat sola fides, non cum quibus virtutibus coniuncta sit. Sola autem fides apprehendit promissionem, credit promittenti Deo, Deo porrigente aliquid admovet manum, et id accipit. Hoc 40 proprium solius fidei opus est. Charitas, spes, patientia habent alias materias, circa quas versantur, habent alios limites, intra quos consistunt. Non enim amplectuntur promissionem, sed mandata exequuntur. Audiunt

Deum mandantem et iubentem, non audiunt Deum promittentem, id fides facit.

Scripturae autem testimonium hic clarum et indubitatum est, quod fidei imputatur iusticia, hoc est, quod Deo credens Abraham reputatur a Deo iustus: Hoc non pronunciat scriptura de operibus. 5

Sic ex fontibus haec erant iudicanda, non ex stultis sophistarum opinionibus, qui cogitant sic: Ecce, non satis est, si credas, oportet etiam, ut bene opereris quasi vero nos statuamus Deum tantum promittere, non etiam legem dare, et imponere certa officia.

Sed cum Deus promittit, ibi ipse Deus nobiscum agit, nobis aliquid 10 dat et offert. Cum autem per legem iubet, requirit aliquid a nobis, et vult, ut nos aliquid faciamus.

Retinenda igitur distinctio haec est, quod fides, quae agit cum Deo promittente, et eius promissionem accipit, haec sola iustificat.

Charitas autem, quae agit cum Deo iubente et mandante, ea mandata 15 exequitur, et paret Deo. Sicut autem promissio et lex, sic fides et charitas, sic finis fidei et charitatis est distinguendus, et pestilens illa glosa explodenda de fide formata charitate, quae charitati tribuit omnia, fidei adimit omnia.

Attendendum autem scripturae sanctae est, quae abunde testatur, quod nemo possit satisfacere legi. Exigit lex, ut diligas Deum ex toto corde 20 *3. Mose 19, 18 tuo, et proximum sicut te ipsum. Sed quis, quaeso, est, qui hoc faciat? Nam etiam sanctorum dilectio imperfecta est, et saepe turbatur metu, saepe diffidentia, saepe impatientia in adversis. Ubi igitur manet tum fides formata charitate? Si enim te Deus non habiturus est pro iusto, nisi dilexeris eum ex toto corde, et praestiteris legem, nunquam iustificaberis. 25

Disce igitur iusticiam tribuere non tuae dilectioni, non tuis operibus et meritis. Haec enim semper contaminata, imperfecta et polluta sunt, ideo requirunt confessionem indignitatis, et humiliationem cum deprecatione veniae, sed soli misericordiae, soli promissioni de Christo, quam fides accipit, et se ea in iudicio Dei contra conscientiam tuetur ac defendit. 30

Haec est sana et vera doctrina. Contra, illa sophistica doctrina de fide informi et formata est ex diabolo, et extinguit fidei doctrinam, nosque involvit in Turcicos et Iudaicos errores. Abiiciamus igitur eam tanquam pestem infernalem.

Scimus quidem, quod fides nunquam est sola, sed affert secum chari- 35 tatem, et alia multiplicia dona. Qui enim in Deum credit, et certus est, quod faveat nobis. Siquidem et filium dedit, et cum filio spem aeternae vitae, quomodo hic non amaret ex toto corde Deum? quomodo eum non revereretur? quomodo non studeret declarare pro tantis beneficiis gratum animum? quomodo non probaret Deo obedientiam in adversis perferendis? 40

---

6 sophistarum] sopistarum A   40 obedientiam] obdientiam A

Sic fides chorum pulcherrimarum virtutum secum ducit: neque unquam sola est. Sed non ideo confundendae res, et, quod solius fidei est, aliis virtutibus tribuendum.

Fides ceu mater est, ex qua soboles illa virtutum nascitur. Haec nisi
5 prima adsit, frustra quaeres illas. Haec nisi amplexa fuerit promissiones de Christo, non Charitas, non aliae virtutes aderunt, etsi earum quasi simulachra hypocritae pingant ad tempus.

Discernenda igitur est promissio a lege. Promissio requirit fidem, lex opera. Promissio certa et firma est, ac certo fit: quia Deus eam facit. Lex autem
10 non fit, quia nos, qui eam facimus, sumus homines, hoc est, infirmi peccatores.

Iusticia igitur nostra non stat in lege et operibus, quia legem non possumus perfecte facere: Sed in promissione, quae firma et immutabilis est. Itaque cum eam apprehendit fides, certo fit, et impletur ac sequitur infallibili consequentia, quia sola fides promissionem amplectitur, quod sola fides iustificat.

15 Lex et opera non iustificant: et tamen lex docenda, ac opera docenda ac facienda sunt, ut intelligamus nostram miseriam, et tanto avidius amplectamur gratiam.

Haec Theologia non, ut blasphemi Papistae clamant, nobiscum nata, aut a nobis excogitata aut inventa est: tradit eam D. Paulus, et citat eius
20 testem Mosen, qui dicit Abrahamum credidisse Deo, et hoc ei reputatum ad iusticiam, hoc est, reputatum Abrahamum iustum, miserente Deo, cum crederet promissioni.

Porro omnis promissio Dei includit Christum, si enim absque hoc mediatore sit, Deus nihil nobiscum agit.

25 Differentia igitur fidei Abrahae et nostrae nulla alia est, nisi quod Abraham credidit in Christum exhibendum, nos credimus in exhibitum iam, et illa fide iustificamur omnes.

Et dixit ad eum: Ego Dominus, qui eduxi te de Ur Chaldeorum, 15, 7
ut darem tibi terram istam, et possideres eam.

30 Latina Ecclesia habet paucos Commentarios in Mosen. Lyra praecipuus est, ex eo nati sunt postea alii, Hugo Carrensis etc. Admonet autem hoc in loco de Canone quodam ad sacram Scripturam intelligendam pernecessario, quod multi loci scripturae habeant duplicem intellectum, Literalem unum de terrenis, alterum de spiritualibus et aeternis donis, atque in eo
35 numero praesentem quoque locum ponit.

Ac in scholis Theologorum notissima regula est, scripturam quadrupliciter intelligendam. Alium enim esse sensum historicum, seu literae: Alium tropologicum, alium anagogicum, alium allegoricum. Ego quidem facile patior unumquemque abundare suo sensu. Sed nostrum studium in

---

19 D|ivus [?] Paulus

hoc praecipue ponendum est, si sacra dextre tractare volumus, ut habeamus
unum simplicem, germanum et certum sensum literalem.

Nam plures sensus scripturae tribuere non solum periculosum esse
iudico, et ad docendum inutile, sed etiam scripturae authoritatem elevat,
cuius unam eandemque sententiam perpetuo esse convenit.   5

Etsi igitur cum Lyra non pugno hoc in loco, tamen eum sequi nolo.
Exponit promissionem minus principalem de possessione terrae Canaan, principalem autem de promissione spirituali et aeterna vita.

Pf. 89, 27 Sic Psalmi sententiam: 'Erit mihi in filium, et ego ei in patrem',
minus principali sensu exponit de Salomone, filio Davidis.   Principaliter   10
autem dicit intelligendum de Christo.

Adiuvari igitur discentium studia hoc Canone Lyra existimat, ut
evolvere se ex obscurioribus locis possint: Sed ego diversum iudico, et
statuo in Ecclesia hunc Canonem sequi neque tutum, nec utile esse.

Unus enim ubique certus et simplex historiae sensus captandus est,   15
quem si mutas, aut ab eo discedis, a scriptura te discessisse scias, atque
adeo incertam et dubiam sententiam sequi.

Quod igitur ad praesentem locum attinet, certum est, de utraque
possessione, et spirituali et corporali, loqui Mosen: Sed non, ut Lyra putat,
iisdem verbis, sed distinctis. Ita ut aliis verbis spiritualem, aliis corporalem   20
promissionem ostendat.

Sicut etiam supra in Capite duodecimo. Ibi contionatur Dominus de
1. Mose 12, 3 possessione terra Chanaan. Tandem autem addit particulam: 'In semine
tuo benedicentur omnes familiae terrae': In ea propriis verbis promissionem
spiritualem de Christo constituit.   25

Et gravis error est, si Lyra secundum suum Canonem verba in alium
sensum transformare, et minus principaliter de corporali Israel benedicendo
corporaliter exponere conetur.

Ad hunc modum hoc in loco principalis, unus et singularis sensus
est, loqui Dominum de promissione corporali terrae Chanaan, nec geminus   30
historiae seu literae sensus hic concedendus est.

Si quis allegoriam quaerat, et ex Ur Chaldaeorum faciat infernum,
peccatum et mortem, ex terra Chanaan autem vitam aeternam, eum peregrinam sententiam et a verbis alienam sequi nemo dubitabit.

Etsi autem ad docendum non inepta est allegoria, tamen sententia   35
infirma est, et ad pugnam inutilis. Quis enim prohibeat tales multas sententias fingere, sicut ex una cera multae possunt formae fingi?

Nobis autem cura debet esse certae et verae sententiae, ea alia non
potest esse, quam literae et textus, seu historiae. Sicut igitur paulo ante
de promissione spirituali et vera iusticia locutus est Moses, ita nunc loquitur   40
de terrae Canaan promissione: Neque allegoria hic opus est, ut interpraeteris
Ur peccatum, terram promissam immortalitatem, hoc enim iam antea de

Abraha dixit Moses, imputatum ei pro iusticia, quod Deo credidit, hoc est, remissa ei per fidem peccata, et donatam vitam aeternam.

Haec ipsa litera per se ostendit, si eam dextre tractes, quod sit Abraham haeres iusticiae et vitae aeternae per Christum. Iam quia Abraham non solus est, sed habet promissionem posteritatis, posteritas autem est, quae ex promissione est, hoc est, quae credit promissioni. Paulus a semine carnali ad credentes ex gentibus promissionem transfert: quia enim tota res in eo consistit, quod Abraham Deo credidit, et reputatum est ei ad iusticiam, hoc est, quod credendo factus est iustus et haeres aeterni regni, universalem hanc inde extruit, quod omnis, qui promissioni credit sicut Abraham, sit haeres aeterni regni et iustus, sive sit carnale Abrahae semen, sive non.

Hanc sententiam nisi ex literali et simplici sensu hausisset Paulus, nunquam eam vidisset. 'Cum fideli Abraham, inquit in Galatis, benedicentur Gal. 3, 9 omnes, qui sunt eiusdem fidei'. Item: 'qui sunt fidei, sunt Abrahae filii'. Gal. 3, 7 Contra: 'qui sub lege sunt, sunt sub maledicto' etc.   Gal. 3, 10

Unde ista disputat Paulus? Unde sumit ea? Ex hoc nimirum loco, quem nisi Apostolico spiritu suscepisset explicandum, omnes nos tanquam inutile et obsoletum dictum praeterivissemus.

Debetur igitur Paulo tanquam summo sacrae scripturae doctori praecipua gloria, et nos merito eum sequimur, neque ulla ratione ab eius sententia per mendaces Sophistas patiemur abduci.

Haec rudiorum causa dixi, qui cum incidunt in tales Doctorum locos, gemmam se repperisse putant, cum tamen periculo non careant, et a vera via abducant, hoc est, a litera et historico sensu, quae sola retinenda et urgenda est.

Et dixit: Domine Deus, unde scire possum, quod possessurus 15, 8
sim eam?

Mos est sacrae Scripturae addere promissionibus signa: Sic in Baptismo et coena Domini non verbum solum promissionis, sed etiam signum, seu opus, seu ceremonia est. Factus igitur familiarior Abraham Deo et confirmatus audet petere signum, quod alioqui tentatio Dei esset et peccatum.

Est enim tentatio coniuncta cum dubitatione. Itaque videtur virgo Maria rectius fecisse, quae credit promissioni, nec extorquet signum: Sed Angelus ultro ei signum offert de Elizabeta.

Sed aestimanda haec sunt non ex rationis iudicio persona inspicienda est, ea est fidelis, et haeres aeternae iusticiae: igitur Deo placet, quod signum cupit promissioni addit, quod si persona fuisset sine fide, signum petere fuisset peccatum.

Sic Gedeon, Sic David petunt signa, et fortunantur eorum consilia. Impius Achas etiam iussus a Domino signum non petit, sed persistit in usitata incredulitate.

27 Sic] Sc A

Sic iudicium vel a persona, vel, ut clarius dicam, ex ipso corde sumen-
Röm.14,23 dum est. 'Quicquid enim non est ex fide, peccatum est'. Contra quicquid
ex fide est, Deo placet.

David gerit bella, et fortunatur, alius infoeliciter pugnat. Manet enim
David in fide et vocatione, et occidens hostes servit Deo. Vocatio autem 5
non est unius formae: aut fit per signa, aut per verbum vocale, aut etiam
per internum motum spiritus.

David, Samson leones interficiunt, non iussi a quoquam, Sed impulsi
divino motu. Qui hunc motum non habet, et idem tentat, periculo certissimo
involvetur. 10

Sicut igitur haec singularia vocationis opera in exemplum trahenda
non sunt: Ita quoque hoc Abrahae exemplum non est omnibus sequendum.
Non ideo tu signum petere debes a Deo, quia Abraham signum petit.
Abraham describitur reputatione divina iustus et plenus spiritus sancti.
Ideo etiam cum signum petit non iussus, non peccat, sed placet Deo, et 15
Deus libens ei auscultat. Hoc tu, nisi habeas praelucentem solem Spiritus
sancti, nunquam facies, sed haerebis in voce et mandato Dei, id quovis signo
tibi certius esse debet.

Saepe autem monui, magna prudentia opus esse in iudicandis sanctorum
operibus. Saul cum insiliisset in eum Spiritus, dissecabat boves, ac mina- 20
batur, idem passuras illorum oves, qui ipsum et Samuelem non essent
1.Sam.11. secuturi ad bellum, 1. Sam. 11. Hunc heroicum motum et spiritu sancto
secutus est successus.

Monetarius in causa, ut sibi videbatur, non iniusta, postquam con-
citasset agricolas ad arma, etiam spe victoriae plenus erat, sed concidebat, 25
et iure. Ex suo enim Spiritu, non ex Dei spiritu gerebat ista, nec potuerunt
eum sublevare exempla sanctorum in veteri Testamento, quibus tamen
nitebatur.

Nam sanctorum exempla maxima ex parte sunt miracula, ea in
exemplum trahenda non sunt. 30

Mihi non est mandatum, ut cum Petro ambulem in mari, sed ut
diligam proximum, ut paciens sim in cruce etc. Haec cum facio, non erro,
et sum quoque extra periculum.

Describitur igitur Abraham hoc in loco, quod sit amicus Dei, qui
familiariter cum Deo loquitur, et Deo tanquam amico grata sunt omnia, 35
quae facit. Nos cum favemus alicui, omnia sustinemus et toleramus, nec
1.Kor.13,7 ulla re offendimur: Sicut Paulus dicit: 'Charitas omnia suffert'. At in
homine inimico et adversario displicent omnia, et ne quidem ad levissimum
erratum connivemus: Idem hic accidit: Abraham fiducia maxima, qua est
iustus, procedit, et petit signum, non propter se, ipse enim terram non erat 40
possessurus, sed propter posteros, ne fides eorum succumberet in horribilibus
istis persecutionibus et impedimentis, quae obventura erant.

Quae enim erat trepidatio, cum ex Aegypto essent educendi, et in ipsa Aegypto sic premerentur miseri. In ipso quoque deserto quoties per impatientiam murmurabant? Quid multa? ex tanta populi multitudine tantum duo ingrediuntur in terram Canaan. In tot periculis et difficultatibus nisi
5 haec promissio et similes suos confirmassent, quomodo potuisset eorum fides consistere? Necessaria igitur haec signi petitio et ecclesiae utilis fuit.

Respondit ei: Sume mihi vitulam triennem, et capram triennem, 15, 9—12 atque arietem triennem, turturem quoque et pullum columbae. Accepit igitur omnia ad se, et divisit ea per medium, posuitque
10 unumquodque membrum e regione comparis sui. Aves autem non divisit: Et cum volatilia descendissent super illa cadavera, abegit ea Abram: Cumque Sol occumberet, irruit sopor super Abraham: Et ecce, horror tenebrosus et magnus irruit super eum.

Hoc est signum, quod Dominus dat Abrahae, ex quo discat posteritas
15 eius, promissionem de terra Chanaan esse certam, utcunque eam differat Dominus. Moses sacrificii descriptionem satis copiosam ponit: Sine dubio autem ab ipso Adam ad posteros hic mos sacrificandi translatus est, et paulatim usurparunt eum gentes quoque, donec per legem confirmatus est denuo.

Apparet autem Abrahamum toto die apparatu huius sacrificii et
20 extruendis aris fuisse occupatum, donec tandem sub noctem fessum sopor obruit. Quod autem peculiariter Moses meminit de avibus coeli, et quid totum hoc signum sibi velit, ipse textus explicat.

Et dixit ad Abram. Certo scias, quod peregrinum futurum sit 15, 13—16 semen tuum in terra non sua, et servient eis, et illi affligent eos
25 quadringentis annis. Verum gentem, cui servituri sunt, ego iudicabo, et postea egredientur cum magna substantia: et tu vades ad patres tuos in pace, sepelierisque in canicie bona. Generatione autem quarta revertentur huc, quia nondum est completa iniquitas Aemorrei usque nunc.

30 Haec est signi interpraetatio. Mactata animalia sunt populus Israel, varie vexatus et afflictus in Aegypto. Aves devoraturae carnes sunt Pharao et Aegyptii. Abraham, qui pater huius populi est, depellit aves: Promissio enim Abrahae facta non sinit populum hunc penitus opprimi, etsi duriter prematur.

Sicut autem quatuor animalium genera mactantur, ita quadringentis
35 annis posteritas Abrae in Aegypto affligitur. Aves significant ultimam aetatem, qua Israel avolavit ex servitute in libertatem et terram promissam.

Si tempus consideres, durum est tam longa servitute premi. Sed hoc consolationis plenissimum est, quod certa promittitur tandem liberatio.

Itaque Abraham hoc signum sine dubio posteris suis assiduis con-
40 tionibus inculcavit et commendavit, ne fracti calamitatibus cederent. Sed

urgerent firma fide et inconcussa spe promissionem terrae Chanaan et liberationem: Hortatus quoque est, ut, sicut ipse abegit aves, ne polluerent
sacrificium: Ita posteri quoque scandalis se opponerent, et ea vincerent,
donec Dominus misericordia sua finem imponeret hisce malis, et hostes
populi sui perderet.   5

Sic non solum promissum Abrahae est temporale semen, antequam esset:
Sed etiam praedictae ei sunt passiones et vexationes praecessurae promissionem.

Abraham adhuc erat solus, sine haerede, sed coram Deo iam tum
natus erat populus, imo devorabatur ab avibus, aves quoque procul abactae
erant, imo demersae in mare, populus autem liberatus et incolumis. Sed 10
Abraham haec tantum in verbo et promissione videt, et credit, sic certo futura.

Haec est huius loci historica sententia, quod Dominus per hoc sacrificium Abrahae voluit signum dare, ex quo disceret futuros eventus, quasi
dicat: Populus hic erit mihi in mundo tanquam gratissimum sacrificium.
Aves coeli, seu gentes impiae non cessabunt in eum involare: Sed tu 15
depelles eos, hoc est, promissio mea tibi facta eum servabit incolumem: Ego
autem iudicabo gentes, et educam meum populum cum magna substantia.
Necessarium autem hoc signum fuit non propter Abrahamum, qui Deo
credebat et iustus erat, sed propter posteritatem, quae tam varie erat inter
gentes affligenda, ne desperaret aut frangeretur animus.   20

Porro hic locus pertinet eo quoque, ut discamus, quae Dei sit natura.
Est quidem servator et liberator ex morte: Sed priusquam servat, perdit, prius-
Hebr. 11, 3 quam vivificat, immergit in mortem, sic enim solet, 'ut ex nihilo faciat omnia'.

Sic cum populum hunc vellet extollere, et multiplicare supra numerum
stellarum, permittit prius, ut aves in eum involent, et varie vexent, premant 25
ac lacerent eum.

Hinc ista tyrannis in imponendis et exigendis operis, et crudelitas infinita, quae exercebatur iussu tyranni Aegyptii contra natos infantes.

Sic Mosen undis expositum Satan cogitavit devorandum. Vere igitur
comparatur populus hic victimae: quia subinde mortificatus est carne.   30

Huc facit terror, quo Abraham occupatur in ipsa nocte. Caro enim
non potest non dolere et gemere, cum sentit crucem.

Hic quaestio nascitur de isto numero annorum, unde incipiendus sit.
De fine certa res est, durasse eos usque ad exitum de Aegypto, sed de
initio sunt variae opiniones.   35

2. Mose 6, 16 ff. Lyra satis evidenter ex historia Exodi sexto convincit, quod Iudaei
non fuerunt quadringentis annis in Aegipto.[1] Levi enim habuit tres filios,

---

¹) *Lyra:* ... et adhuc si volumus habere praecise numerum annorum a principio
descensus in egyptum usque ad exitum: oportet subtrahere a praedictis CCCL annis
omnes annos, quibus vixit Caath antequam descenderet in egyptum: et annos, quibus
vixit amram postquam genuit moysen: ex quo patet, quod non fuerunt in egypto CCCC
annis, sed fuerunt ibi CCX annis tantum: ut dicunt hebrei ex aliis suis chronicis:

antequam in Aegyptum descenderet. Kahath vixit annos 133. natus in Canaan. Sed mortuus in Aegypto. Eius filius Amram vixit annis 137. in Aegypto natus et mortuus. Filius Amram est Moses, huius octuagesimo anno populus exiit ex Aegypto.

5 Non igitur supputatio haec ab ingressu in Aegyptum incipienda est, Hi enim anni tantum sunt, si totius vitae annos horum Patriarcharum annumeres 286.

Iudaei igitur a nato Isaaco supputationem incipiunt: Sed ibi quoque multi anni desiderantur.

10 Incipienda igitur est ab eo anno, quo Abram ex Ur Chaldeorum est vocatus. Nam inde usque ad descensum in Aegyptum praecise sunt anni 215. Mansio autem in Aegypto etiam sunt anni 215. Hi iuncti nunc faciunt annos 430. sicut numerantur Exodi 12. et Galatas 3.   2. Mose 12, 40 Gal. 3, 17

Erat Abraham annorum 75, cum egrederetur ex Ur, ab eo anno sunt 15 anni 25. usque ad centenarium, quo ei est natus Isaac. A nato Isaac autem usque in descensum in Aegyptum sunt anni 190. Hi iuncti faciunt annos 215. His si addas 215. mansionis in Aegypto, efficiuntur anni 430.

Hanc supputationem ego iudico veram esse: Nam Moses in Exodo et Paulus in Galatis numerant annos 430.

20 Quod autem hoc in loco tantum 400. annorum mentionem scriptura facit, non exacte supputat tempus: Sed significat circiter quadringentos annos exulaturum populum. Ita enim solemus, aliquando definite, aliquando indefinite numeramus aliquid.

Sed cur, inquies, ab egressu Abrahae ex Ur supputationem incipis, 25 cum textus diserte dicat semen Abrahae exulaturum tot annis.

Respondeo. Cum evocaretur Abraham ex Ur, iam tum declarabatur pater istius populi, et quod ad promissionem attinebat, iam erat pater, etsi adhuc sterilis esset.

Sic epistola ad Hebraeos dicit: 'Levi decimatum a Melchisedec, cum Hebr. 7, 9 30 adhuc esset in lumbis Abrae'. Abraham enim, qui per promissionem erat pater huius populi, cum solus decimaretur, decimabatur eius tota posteritas, quae adhuc in lumbis eius erat abscondita: Exulante Abraham, exulat eius posteritas: Afflicta posteritate Abrahae, affligitur ipse Abraham: et tamen circa finem, cum proxima esset liberatio, omnia perturbatissima et miserrima 35 fuerunt.

Sicut hodie, cum iam in vicino est dies Domini et vera ecclesiae liberatio, paroxismus vehementissimus et acerrimus est. Plus enim sanguinis a Turca et Pontifice funditur, quam ullis antea temporibus.

---

4 Amram] Amran A

quibus credendum est in talibus: quando ex textu biblic non potest veritas haberi: sicut in proposito: et eodem modo Hieronymus et alii doctores catholici in casu simili recurrunt ad historiam iosc.

Admonemur autem hic quoque de dignitate sacrarum historiarum. Quid enim simile invenis in omnium gentium libris? Praedicantur enim hic eventus quadringentorum annorum, ita ut Abraham depictam videat historiam suae posteritatis in tam longinquum tempus, quod et affligenda sit in Aegypto, et tandem cum gloria liberanda.   5

Röm. 4, 17   'Sic scilicet vocat Deus, quae non sunt, ut sint'. Non enim apud Deum est praeteritum, aut futurum, omnia sunt ei praesentia, quae nobis a longe futura sunt.

Igitur hoc caput unum est de principalioribus in tota scriptura sancta, ex quo multa per spiritum sanctum hauserunt Prophetae. Hinc Psalmus   10
Pf. 100, 3 dicit: 'Dominus fecit me, et non ipsi nos'. Hinc Psalmus: 'Domine, pro-
Pf. 139, 1 basti me', factus est. Hinc Prophetiae omnes de tribulationibus iustorum.

Mirabiliter enim potens hic textus est, si spiritus sanctus accedat, et
Pf. 139, 16 eum nobis explicet: 'In libro tuo, inquit David, omnes scribuntur, dies for-
mantur, et nemo in eis'. Huius sententiae nonne hic clarum habes exemplum?   15
Numerantur anni, praedicitur afflictio multiplex: sed nemo adhuc in eis,
nondum enim nati sunt, de quibus concionatur hic Dominus. Ad hunc
modum sancti Prophetae illustrati Spiritu sancto ex Mose hauserunt suas
contiones.

Maxima autem consolatio est, quod divina veritas neque in praeterito,   20
neque in futuro fallit: Igitur Abraham, etsi adhuc sine haerede est, tamen
per promissionem hanc certus est de possessione terrae· Canaan et universa
posteritate, Et quod ad fidem eius attinet, iam possidet terram.

Facit autem praesens locus etiam pro confirmatione fidei nostrae contra
Iudaeos. Si enim Deus semen Abrahae sic dilexit, ut certo tempore definierit   25
quando sint liberandi. Quomodo nostri Iudaei se defendent, quod nunc
annis plus mille quingentis sine omni Prophetia, sine omni temporis definitione in duro exilio, sine cultu et sine politia errant et vagantur, praesertim
Jer. 33, 17 cum extent gravissimae Prophetiae in Ieremia et alibi: 'Non declinet coram
Deo vir in throno David' etc.   30

In captivitate Babylonica, cum videretur populus prorsus abiectus,
tamen haerebant pii in prophetia Ieremiae, qui captivitatis tempus per
spiritum sanctum definierat, redituros in Canaan post annos 70.

An non autem cogentur Iudaei nostri fateri, quod a tempore Christi
crucifixi non fuit vir sedens in throno David coram facie Dei?   35

Quid igitur? num Deus mentitur? Non: Sed ipsi Iudaci mentiuntur,
negantes Christum venisse, et expectantes Messiam tot iam annis frustra.

Si autem vera ipsorum spes esset, et Messias in vicino esset, num
putas Prophetis carituros, qui de tempore adventus eos monerent? Quia
autem tam longo tempore ministerium Prophetarum eos destituit, et neque   40

---

12 Prophetiae] Prophetie A

certum, nec incertum tempus finiendae suae captivitatis norunt, certum est vanam eorum expectationem et irritam fidem esse: verbum autem Dei esse certum et firmum, quo promittitur, non defuturum de posteritate David, qui sedeat in throno David, usque dum veniat Messias.

5 Sequitur quoque Iudaeos non amplius esse populum Dei: sed esse abiectos a Deo propter incredulitatem, quod promissum et exhibitum Messiam non sunt amplexi.

Memineritis igitur huius argumenti, quod nulla ratione eludi potest. Deus est servans sui promissi, atque adeo servans, ut etiam illorum curam 10 habeat, qui nondum sunt nati. Sicut hoc in loco videmus. Quomodo igitur iam natos negligeret, et tanto tempore sine Prophetis errare sineret, si essent populus Dei vel semen Abrahae? Eventus igitur convincit eos, quod non sint populus Dei, sed reiecti a Deo.

Nam gentium Ecclesia etiam cum varie his ultimis temporibus 15 oppressa sit: tamen habet sua testimonia, quibus Deus sibi eam curae esse ostendit.

Turcatus et Papatus sunt potentissima monstra, quibus Ecclesia novissimis temporibus graviter affligitur: et tamen in mediis furoribus Draconis et Leonis manet Baptismus, manet Eucharistia, manet clavium potestas, 20 manet textus Bibliorum seu scriptura sancta: non quidem humana virtute, alioqui iamdudum utrique abolevissent haec: sed Deus sua virtute haec conservat, ut manente verbo et sacramentis maneat quoque fides et Ecclesia, invitis Papa et Turca.

Quia igitur nobiscum adhuc loquitur Deus, non deseruit Ecclesiam 25 suam, etsi affligi eam sinit.

Tale nihil Iudaei possunt afferre. Nam quod ipsi quoque scripturam sanctam habent, addita ea poena est, ut mensa ipsorum eis sit in laqueum. Pf. 69, 23

Ac comparat Esaias eos tenenti librum, sed imperito literarum, ut Jof. 29, 11 f. 30 legere non possit. Scripturam quoque vocat clausum librum et obsignatum, quem non possint aperire. Sunt igitur Iudaei in certo errore.

Deus enim semper populo suo ostendit per Prophetas certum tempus tum afflictionis, tum liberationis. Hoc igitur neque Dei, nec populi eius est, quod nunc ad annos mille et quingentos extorres et sine Prophetis sunt.

35 Contra nos Christiani certissimi sumus, nihil esse reliquum, quam extremum diem et redemptionem nostram: Interim nobiscum loquitur Deus, exhortatur et docet nos, ut simus parati omni die et hora. Haec certa ratio est, esse nos Dei populum et veram Ecclesiam, quam Deus adeo non deserit, ut etiam nondum natam posteritatem Abrahae de exilii tempore tam dili- 40 genter praemoneat.

Tam enim apud Deum futura, quam praeterita sunt praesentia: Posteritas Abrahae Deo tum vivebat: Ideo ad eam loquitur, et eam docet.

Ad hunc modum etiam mortui coram Deo sunt et vivunt. Sicut enim ego Deo vixi, antequam essem et antequam nascerer: ita etiam mortuus ei vivam, et ero.

Haec potenter asserit praesens textus, quod Deus sit Deus vivorum, et quod tam vivant Deo, qui nondum sunt, quam qui sunt, aut per mortem 5 inter vivos esse desierunt. Sancti Prophetae ex hoc loco multas conciones hauserunt.

Quod in textu sequitur: 'et tu vades ad Patres tuos', pulcherrima consolatio est. Sic enim cogitamus. Abraham exul moritur, et tanto tempore post ipsius mortem posteritas eius consequitur promissionem terrae Canaan: 10 ubi igitur manet, quod supra dixit: 'Noli timere: Ego enim merces tua magna nimis?' Mortuo quid haec prosunt? Hoc sane magnum est, quod mihi contingere precor, quod promittit de senectute suavi et placida morte. Sed quid haec ad promissionem tam magnificam?

Abraham illuminatus spiritu sancto intellexit hic resurrectionem mor- 15 tuorum et vitam venturi saeculi, cuius ceu signum, vel testimonium indicavit istam promissionem corporalem de terra Canaan. Statuit igitur Deum sibi mortuo iam et in pulvere terrae quiescenti fore mercedem copiosam.

Ac notanda in primis hoc in loco est descriptio mortis suavissima: Non appellat mortem, sed suavibus verbis eam quasi extenuat: 'Colligeris, 20 inquit, ad Patres tuos', et dormies cum Noah atque aliis heroibus. Item: 'sepelieris', hoc est, non rapieris, sicut Henoch, sed defodieris in terram, et redigeris in pulverem in placida senecta, cum iam satur dierum, et quasi defatigatus hac vita fueris.

Definit igitur, moriturum Abrahamum, et tamen promittit se eius 25 mercedem fore. Haec quomodo conciliabimus, si non statuemus post hanc vitam aliam meliorem et aeternam restare, ad quam per filium Dei ex ipso pulvere mortis excitabimur?

Tales notas futurae vitae habuerunt sancti Patres, quibus se in hac vita tam calamitosa et misera sustentarunt. Faciunt autem huc superiora 30 illa de iustitia imputata, hoc est, de gratuita remissione peccatorum et redemptione ex morte aeterna.

Röm. 4, 23 f.   'Non autem propter Abrahamum haec sunt scripta', inquit Paulus, Romanorum, 'sed propter nos', ut nos quoque credamus nobis repositam mercedem, ubi iam sepulti iacebimus in terra, ac talem quidem mercedem, 35 ut cum Deo vivamus, quam diu ipse vivet, hoc est, in aeternum. Hac spe contentus Abraham, etiamsi promissionem terrae Canaan non consequitur, tamen securo animo est, mortem negligit et contemnit. Scit enim victurum se in perpetuas aeternitates cum Deo.

Notabitis igitur diligenter hunc locum, qui ceu Oceanus et mare magnum 40 est multarum illustrium concionum in Prophetis de iustificatione, de redemptione a peccatis, de resurrectione mortuorum et aeterna vita.

Non enim, ut diximus, Abrahamo haec scripta sunt, nobis serviunt, ut cum Abraha credentes in semen mulieris spe hac superemus mortem, nec horreamus transitum ex hac vita. Defodientur quidem corpora nostra in terram, Imo in terra putrescent et redigentur in pulverem: Sed suo tempore
5 terra depositum hoc ei reddit, qui se promisit nostram mercedem fore. Haec spes certa et firma est.

Sententia ultima de iniquitatibus Aemorraeorum nondum completis pertinet ad patientiam Dei ostendendam. Sicut enim piis definita est portio in terra viventium: Ita impii habent definitam portionem suam in inferno.
10 Itaque feramus nos quoque ad tempus eorum iniquitates, non enim perpetuo manebunt impunitae.

Sic Papae et Turcae iniquitates nondum sunt completae. Deus longanimis et patiens non statim punit nocentes. Sed non ideo penitus evadunt: Determinatum tempus est, quo arripientur, et luent dignas poenas scelerum.
15 Sic Petrus servari dicit iniquos ad diem iuditii, ut puniantur: et 2. Petri 3, 7 Paulus docet, hoc consilio differri poenas, ut concedat Deus spatium Röm. 2, 4 poenitentiae. Sed imprudens et secura caro abutitur longanimitate Dei ad licentiam peccandi, ac quia poena non statim infligitur, somniat perpetuam securitatem.
20 Ad hunc modum de Cananaeis hoc loco Dominus promittit. Parcam adhuc eis, concedam spatium poenitentiae: Interim, mi Abraham, cum tuis patientiam habe, forte aliqui ex eis convertentur, et poenitentiam agent.

Et factum est, ut occideret Sol, et factae sunt tenebrae: et ecce, 15, 17—21 furnus fumans et lampas ignis pertransiens inter divisiones illas:
25 In die illa percussit DOMINUS foedus cum Abram dicens: Semini tuo dabo terram hanc a fluvio Aegypti usque ad fluvium magnum, fluvium Phrath, Cinaeum, et Kenizaeum, atque Cadmonaeum, Hittheum, et Pherizeum et Rephaym, et Aemorreum, et Chananaeum, Gorgasaeum atque Iebusaeum.
30 Ritus sacrificandi, non hic primum coepit: sed ab Adam et reliquis sanctis Patribus usque ad Abrahamum transmissus est. Extant in gentilium quoque literis testimonia, quod in pactis constituendis sacrificiis usi sunt. Et nota apud Ieremiam historia est de servis restituendis in libertatem. Mactata igitur hostia et divisa, qui inter se paciscebantur, transibant per
35 partes, post incendebant partem, partem servabant convivio.

Haec consuetudo etiam nostro saeculo usurpata est. Cum enim Maximilianus, Ludovicus, Galliarum rex, et Pontifex Iulius foedus, quod appellatum est sanctissimum[1], inter se ferirent, Eucharistiam diviserunt in tres

---

[1] *Luther denkt wohl an die heilige Liga 1511, die Julius II. 1503—13 mit Spanien und Venedig allerdings gegen Ludwig XII. von Frankreich schloß; 1508 in der Liga von Cambrai war Julius II. im Bund mit Ludwig XII.*

partes, et sumpserunt una. Sed tam religiosum foedus vix duravit sex mensibus.

Veterem igitur morem hunc iniendorum foederum esse apparet. Ac Deus quia cum Abraha paciscitur de terra Canaan posteritati ipsius certo tradenda, servat ipse quoque hunc morem, et transit per divisam hostiam 5 ceu flamma, atque incendit eam in signum, quod gratum ei hoc sit sacrificium.

Ad hunc modum confirmatus et constitutus est Abraham haeres aeternae et temporalis vitae in hoc capite, quod fateor longiore tractatione et diligentiore dignissimum. Sed occupationes non admittunt accuratiores cogitationes, et sunt utcunque ostensa semina maximarum rerum,·quas Moses hoc in loco 10 voluit extare.

Caput XVI.

16, 1. 2ᵃ Ac Sarai, uxor Abraham, non genuit ei, Habuit autem ancillam Aegyptiam, nomine Hagar: Dixitque Sarai ad Abram: Ecce, prohibuit me DOMINVS, ne parerem: Eia, ingredere ad ancillam 15 meam Hagar, si forte aedificer ex ea.

Postquam Abram liberatus est illa tentatione de haerede. Verebatur, ne Damascenus servus, siquidem haerede carebat ipse, in possessionem promissionis succederet, tanquam legitimus haeres et non naturalis. Ideo Dominus diserte ei promittit futurum, ut habeat naturalem, et ex suo utero 20 haeredem.

Nunc sequitur alia tentatio, quae exercet coniugem eius Saram. Fuit igitur piorum coniugum vita plena tentationibus et vexationibus perpetuis. Homines rudes et imperiti spiritualium rerum tantum oculos in id intendunt, quod ancillam in uxorem ducit: Quia enim ipsi libidine ardent, non in pro- 25 missionem, quae huic facto occasionem praebet, sed tantum in illas carnis sordes intuentur, sicut Iudaei quoque.

Sic audivi ego saepius in schola non solum ex Iure consultis, sed etiam ex Theologis. In Mose nihil contineri nisi libidines Iudaeorum, quia in Genealogiis describendis et connubiis iungendis admodum diligens est. 30

Sed huiusmodi iuditia arguunt animos impuros, iudicantes temere ex suo ingenio sanctorum facta. Non libidine incitati ad haec consilia decurrunt sancti coniuges, tentationi succumbunt, et quia de posteritate propter promissionem soliciti sunt, et avide expectant semen Adae in paradyso promissum: Ideo Sara, quae et effoetam et sterilem se esse novit, etsi de 35 promissione non dubitat, tamen de personis, quas velit Deus ad hoc opus eligere, dubitat, et, communicato cum Abram consilio, Agar ancillam ei adiungit, ex qua aedificetur.

Commendatur igitur hic fructus matrimonii, propagatio scilicet generis humani, quam etiam gentium literae magnifice commendant. Etsi enim mundus cogitationes has, quibus Abraham exercetur, intelligere non potest, tamen et probat coniugium, et vagas libidines damnat.

5 Ac semper honestorum parentum haec fuit voluntas, ut liberi honesto matrimonio alligarentur potius, quam ut scortarentur.

Ac primum ratio honestatem intelligit, quae in hac coniunctione legitima maris et foeminae erit. Deinde ducitur etiam ingentibus commodis, videt enim ex hoc fonte manare politias et Oeconomias, quas ruere et perire 10 necesse esset, si nulla legitima et certa connubia essent.

Sed Abraham non solum spectat posteritatis augendae occasionem: sed etiam redemptionem totius orbis terrarum, quam norat per promissum semen obventuram mundo. Hanc expetit quovis modo promotam.

Anno aetatis suae LXXV egressus est ex Ur Chaldaeorum: Hic 15 autem iam decimus exilii annus est, nec dum spes aliqua prolis apparet: Promissionem quidem habet, sed differtur ea, ac differtur quidem ipsius iuditio nimis diu.

Quod si res ipsius gestas aestimamus, tot scilicet peregrinationes et profectiones, deinde pugnam cum quatuor regibus, breve admodum hoc 20 decennium fuit: sed si ad promissionem dilatam respicias, sane longum fuit, mensis post mensem, annus post annum abiit, et Sara tamen mansit infoecunda.

Hic non cogitationes libidinis, sed anxia seminis expectatio torsit animum. Quae autem putamus hisce annis de hac tentatione fuisse inter 25 sanctos coniuges colloquia, gemitus, lachrymas, consolationes mutuas? Quanto enim dilata longius promissio est, tanto gravior incubuit crux, et tentatio intolerabilior est facta.

Moses igitur in hoc capite singularem Sarae tentationem voluit pingere. Exempta per promissionem Abrahae erat dubitatio de haerede. Norat enim 30 ex se nascendum esse. Certus igitur de prole sui corporis nunc de matre dubitat, nec nullam huius dubitationis causam habet, Sara enim natura sterilis, etiam aetatis ratione ad partum inepta erat.

Describitur igitur Sara, quod fuerit sapientissima mulier et fidissima marito, in exemplum omnium mulierum. Secuta fuerat maritum in exilium, 35 desertis amicis et cognatis omnibus. In exilio constanter ferebat incommoda et difficultates omnes. Humilis obediebat marito in omnibus. Nunc postquam circumstantiae omnes spem sobolis adimunt, non tamen abiicit fidem, non dubitat de promissione.

Etsi enim videt differri promissionem, et tum propter sterilitatem, 40 tum propter aetatem se matrem fore desperat, tamen in summa humilitate maternitatis gloriam resignat, et contenta est, si Hagar ancilla ex marito fiat gravida.

37*

Retinet igitur fidem et spem misericordiae divinae, in summa humilitate patiens est contumeliae huius, quod sterilis est, et volens cedit eam
laudem ancillae.

Hoc non fecisset uxor Iob, nec Tobiae, nec Davidis uxor, vocassent
hae in dubium promissiones divinas, et indignabundae dixissent se a Satana
delusas, rixatae essent cum Abrahamo, quod Satanae ludibriis inductus
deseruisset patriam. Quod si horum nihil fecissent: saltem de Dei erga se
benevolentia dubitassent, et sterilitatem signum irae Dei iudicassent.

Sed Sara pulcherrime distinguit inter dona Dei: etiam sterilis se amari
a Deo credit, et ideo volens gloriam foecunditatis cedit ancillae. Ita in
omnem partem eximia huius foeminae virtus est.

1. Petri 3, 6 Merito igitur a Petro proponitur, ut sit exemplar totius sexus foeminei.
Sed in Papatu huiusmodi historiae, quia cum coelibatu pugnant, contemptae
iacuerunt: cum tamen longe plures virtutes in hac coniuge videas, quam in
omni coelibatu omnium. Hoc enim quis pro merito explicare et ornare
poterit, quod resignat sua sponte gloriam maternitatis, et vult in hac parte
repudiata quasi haberi, modo maneat in gratia et miseratione divina, ac
promissio per aliam impleatur?

Abrahae quoque insignis sanctimonia est, qui, cum se usitato exemplo
tueri, et aliam ducere poterat (Polygamia enim tum in usu erat), tamen id
non facit, nisi uxore iubente, utrunque rari exempli res est. Potuit aliam
ducere Abram, quam illam servam Aegyptiam, forma praestantiorem, moribus comptiorem, conditione meliorem: sed acquiescit uxori, quae hoc consilio
ancillam ei adiungit, ut ipsa maneat mater et domina, ac habeat promissum
semen, si non naturale, tamen legitimum.

Observabis autem moderatam Sarae orationem: 'Dominus, inquit, prohibuit, ne parerem': Non, ut nos solemus, indignabunda accusat Satanam:
cum humilitate agnoscit Dei opus, Dominus, inquit, non voluit hactenus
mihi dare prolem.

Agnoscit igitur coniugium genus vitae esse, quod a Domino institutum
divinitus gubernatur, atque ultro aequo animo fert sterilitatem. Gratias
actura Deo summas, si benedixisset ipsius ventri.

Hebraea phrasis propter verecundiam admodum suavis est. 'In-
Pf. 51, 2gredere, inquit, ad Hagar.' Sic de David dicit scriptura: 'ingressus est
ad Bathseba'.

Aedificandi autem verbum significat benedictionem prolis, ideo, quia,
cum proles datur, aedificatur domus, et recte constituitur Oeconomia: norunt
enim parentes, quibus laborent, et quos suorum bonorum habituri sint
haeredes.

Ostenditur autem hic quoque fides sanctissimae foeminae, quae ideo
ancillam marito adiungit, ut sibi vindicet prolem tanquam suam, ut, cum
naturaliter mater esse non possit, tamen sit legitime mater.

Atque haec ratio Abramum movit, ut uxori solicitanti et iubenti pareret. Quia enim promissio aderat, et tamen naturaliter impossibile erat Saram parere, concludunt alia matre prolem quaerendam, ne impediatur promissio.

5   Porro ex hoc facto non est constituendum exemplum, quasi nobis eadem liceat facere. Circumstantiae enim considerandae sunt. Nobis non est facta promissio seminis, sicut Abrahae, et, ut maxime habeas sterile coniugium, nihil inde periculi est, etiamsi tota tua progenies, ita volente Domino, occidat.

10   Abraham autem non solum habebat promissionem seminis, sed constabat quoque Saram esse sterilem.

Hae circumstantiae apud te non habent locum. Igitur singulare hoc horum coniugum factum neutiquam in exemplum est trahendum, praesertim in novo testamento.

15   Nam vetus testamentum polygamiam etiam liberorum causa permisit, et extat in Mose lex, si quis viciaverit ancillam, ut eam retineat uxorem, 5. Mose 22, 29 ceremonialia, seu legalia cessarunt: et Abrahae casus longe alius est, quam ille, qui apud Mosen extat.

Et obedivit Abram voci Sarai. Tulitque Sarai uxor Abram 16, 2b. 3
20 Hagar, Aegyptiam ancillam suam, a fine decem annorum, quo habitavit Abram in terra Canaan, et dedit eam Abram, marito suo, in uxorem.

Diserto dicit Moses Abrahamum obediisse Sarae, non dicit, quod delectatus sit facto hoc. Ego quidem omnino iudico invitum cum paruisse
25 Sarae: amavit enim eam summo amore, ut ostendit historia, et tamen cedit eius rationibus, cum allegaret sterilitatem et senium, in obsequium uxoris igitur hoc facit, non ut in lege solebant polygami.

Et Moses non sine causa subinde Saram uxorem: Abramum autem maritum vocat, ut ostendat Abramum non factum adulterum, nec dissolutum
30 hoc novo contractu prius matrimonium inter Saram et Abramum: Manet Abram castissimae coniugis castus maritus: quod autem cum Hagar coniungitur, tantum eo consilio fit, ut promissio divina non impediatur.

Cum ingressus esset ad Hagar, concepit, et videns, quod gravida 16, 4 esset, despecta est Domina eius in oculis suis.

35   Hic nova tentatio incipit. Quod autem Moses decem annorum meminit, id Iudaei eo accommodant, quod sit regula et Canon, ut maritus decem annis cohabitet cum uxore quod si per decennium maneat sterilis, tum ius esse

---

30 contractu] *vielleicht* contracto *gemeint*

marito ducendae alterius, ne sine haerede decedat. Hoc sive ita servatum sit, sive non, ignoro.

Mihi tamen non probatur, quod in exemplum hanc historiam trahunt, quae, ut supra dixi, suas certas circumstantias habet.

Et cur Iudaei Abrahae exemplo polygamiam probent, cum ea in lege 5. Mose 25, 5 praecepta fuerit? fratris enim uxor sine liberis decedentis necessario a fratre ducebatur, ut fratri excitaret semen.

De hoc mandato cum cogitamus, fere in eam sententiam concedimus, ut putemus libidini multum licentiae inter Iudaeos datum, siquidem non solum permissa, sed etiam mandata polygamia fuit.

Sed mea alia sententia est: videmus enim, quid soleat natura. Statim, cum lege aliquid iubemur facere, inviti id facimus, et nitimur in vetitum.[1] Nec nulla fuerunt in hac re incommoda, videmus infirmitatem huius sexus infinitam. Affectibus indulgent et ducuntur: Alia iracunda et rixosa, alia elata animo est: Haec ad gubernationem Oeconomiae inepta: illa in educanda sobole negligens etc. Grave igitur fuit ducere fratris mortui coniugem, Nullo enim praetextu lex eludi poterat. Non igitur libidini licentia data, sed molestia, labor et curae auctae sunt hac lege.

Et per Adae inobedientiam natura sic contumax et rebellis facta est, ut nullam legem possit ferre. Sic cum matrimonium praeceptum sit, ut unusquisque ad vitandam scortationem habeat suam uxorem, experimur, et praedicari coelibatum ab aliis immodicis laudibus, et iuventutem proniorem ad vagas libidines.

Omnes, qui amant, inquit senex, apud Comicum[2], graviter sibi uxorem dari ferunt. Et exempla infinita ante oculos sunt, quod coniuges ardentissime inter se amantes facilimis occasionibus inter se oderunt, se mutuo deserunt, coniungunt se cum alienis.

Tam fera et corrupta est humana natura. Opus habet coniugio ceu remedio libidinis, et Deus per coniugium concedit usum foeminae, ac non tantum tegit peccatum, quo carere non possumus: Sed etiam benedicit coniunctioni maris et foeminae: et tamen hanc legitimam, divinitus institutam et Deo placentem coniunctionem refugit totus mundus, et sectatur potius vagas libidines, quae non uno genere mali nocent, prodiguntur opes, laeduntur gravibus morbis corpora, provocatur Deus ad horribiles poenas infligendas, et, quod caput est, dissipantur politiae et Oeconomiae.

Cur tot et tanta incommoda non declinamus? Cur non potius benedictionem Domini per legitimam coniunctionem quaerimus? quia scilicet natura nostra per peccatum corrupta, rebellis et legum impatiens est: nec vult domari aut frenari.

---

[1] *Erinnerung an den Ovidschen Hexameter:* Nitimur in vetitum, semper cupimusque negata. *Ars amatoria III, 4, 17. Vgl. Förstemann-Bindseil, Tischreden IV, Nr. 161, S. 134.* [2] *Terentius Afer in der Komödie Andria I, 2. 20.*

Adeo incnarrabilis et pestilens morbus est inobedientia originalis. Hinc nata illa Graecorum et Latinorum elogia, quibus damnant et dissuadent coniugium propter illas molestias carnis, quas affert, et tamen, qui cordatiores fuerunt, pluris fecerunt honestatem, ac definierunt, coniugium esse individuam coniunctionem maris et foeminae.

Haec coniunctio ex utriusque consensu et voluntate ut fiat necesse est, sic coniuncti coniuges postea conferunt consilia et operas, parant victum sibi et liberis, liberos educant in timore Dei, gubernant familiam.

Ad hunc modum cum conservatur disciplina Oeconomica, Ecclesiis parantur ministri, parantur gubernatores rerumpublicarum idonei, et propagatur Ecclesia, quae sola veram Dei notitiam habet.

Haec utiliter docentur, et saepe admonenda de his iuventus est, ut mature veras et honestas sententias amplectatur et discat.

Ac valet huc praesens locus: Nugae enim sunt, quae Iudaei de decem annis somniant, cum ad exemplum haec de Abraha trahunt.

Ad erudiendos animos de vera pietate pertinent, ut videamus, quo modo pii coniuges in tentatione conferant consilia, et maritus Abraham Sarae consiliis honestis et piis acquiescat, et uterque firmiter retineat spem et fidem de divina misericordia.

Difficilis res Abrahae fuit sic tenere amanti suam coniugem, cum qua tot annos vixerat, coniungi cum ancilla, eaque Aegyptia: et tamen vincit se, et Sarae obtestanti paret. Haec maxima humiliatio sancti Patriarchae fuit, sed quem eventum res habuit?

Sanctissima Sara non invidet Ancillae maritum, et sponte ei cedit maternitatis honorem: At ancilla mater facta incipit dominam Saram contemnere prae se. Sic sunt res humanae. Necessaria virtus est beneficentia, et digna laude, sed longe maior virtus est beneficentia, et digna laude, sed longe maior virtus magisque necessaria est non offendi ingratitudine, seu ferre ingratos. Hic enim nullum est medium. Aut Dei aut diaboli regnum est. Dei, benefacere, consulere, prodesse: imo etiam subesse et servire. Diaboli autem est accipere charitatem et omnia officia, et reddere ingratitudinem.

Observandus igitur hic perpetuus Canon est, si voles esse pius, et sperare futuram vitam, ut benefacias omnibus, ut misereris omnium calamitosorum, ut ipsa viscera et vitam impendas, et tamen nullam inde speres gratiam: sed animum certo obfirmes futurum, ut beneficii loco maleficium tibi rependatur.

Qui autem hoc non vult facere, quaerat alium mundum, in quo tantum sint grati homines, et sapientius de collocandis beneficiis deliberet, quam sancta Sara et humilis Abraham.

Experimur autem paucissimos esse, qui hoc modo obfirment animum. Omnes ex beneficiis speramus gratiam: Ea cum non redditur pro voto, sequuntur querelae, convicia, plagae et irreconciliabilis indignatio: Sicut etiam Poëtarum et maxime Tragicorum exempla ostendunt.

Cum ego Erphordiae discerem, summus Magistratus ab eo suspensus in patibulum est, quem ipse de patibulo liberarat. Et in Psalmo nota Christi querela est: 'Qui manducat panem meum, me conculcat pedibus'.

Pf. 41, 10

Non igitur in Ecclesia solum: sed etiam in Politia et Oeconomia haec regula servanda est, ut ingratis benefacias. Sic enim sunt res humanae, et merito pro proverbio usurpatur illud Christi: 'Qui manducat panem meum', hoc est, cui do victum et amictum, quem ut charissimum natum foveo, quem in sinu meo alo, 'hic me conculcat pedibus'.

Joh. 13, 18
Apg. 1, 16

Sic igitur instituenda vita est, ut primum sis Dei servus, hoc est, ut fidas in Deum, non solum, quod ad hanc temporalem vitam attinet, sed etiam, quod in aeternum sit noster Deus, quem, ut reliqua omnia desint et deficiant, in aeternum habituri et retenturi sumus.

Postea ut benefacias non solum amicis, sed etiam inimicis: Quod si egerunt tibi gratias, bene, tanto foelicius collocatum beneficium est: sin conculcarint pedibus, et pro gratia odium reponunt, non tamen periit beneficium, et tu in eo Patris coelestis exemplum secutus es, qui sinit solem suum oriri super bonos et malos.

vgl. Matth. 5, 45

Tales sunt res humanae: nec contingentia haec dixeris, sed necessaria, et impossibiliter aliter se habentia, ut Aristotelis verbo utar.

Nullum maius et praeclarius opus est recta et vera institutione: Es igitur Poedagogus tu, seu moderator scholae alicuius: Quid facies? Erudies, docebis, castigabis, monebis tuae fidei commissam iuventutem ea spe, quod aliqui sint facturi officium, aliqui non. Perdere enim beneficium debet, qui praestare beneficium vult. Semper enim maior eorum copia est, qui sana consilia aspernantur, quam qui sequuntur. Ac satis nobis sit, non in totum periisse beneficium, si inter decem laeprosos unus redit, et agnoscit beneficium, satis est.

vgl. Luc. 17, 18

Si inter decem discipulos unus est, qui corrigi se patitur, et studiose discit, satis est. Non enim periit prorsus beneficium, et Dei exemplo iubemur gratis et ingratis benefacere.

Hoc mundus nescit, aut saltem facere recusat: expectat gratitudinem, et offitia offitiis emi iudicat: Haec spes cum fallit, indignatur, imitatur Mysanthropum Timonem [1], qui pariter omnes odit, et nemini benefacit.

Haec inhumanitas fugienda est, et sic est benefaciendum aliis, ut non speres remunerationem in hac vita: sicut pater coelestis beneficus est erga ingratum mundum.

Huius exemplum sequamur, et non mundi. Verum enim verbum illud est: 'Qui comedit panem meum, me conculcat pedibus'. Et fallaces esse spes hominum, multa exempla comprobant.

---

[1] *Timon aus Athen zur Zeit des peloponnesischen Krieges führte den Beinamen ὁ μισάνϑρωπος; wurde um der vielen Anekdoten willen, die von ihm umgingen, und wegen der häufigen Erwähnung seines Menschenhasses bei den Komikern (Lukian z. B. zeichnet ihn in einer besonderen Schrift) zum allgemeinen Typus des finsteren Menschenverächters.*

Qui ambit uxorem, deligit studio sibi unam, quam sperat suis moribus bellissime responsuram. Sed latebrae animorum sunt imperscrutabiles, paulatim aperit se superbia, invidia, iracundia. Disce igitur talem esse mundum, sicut enim Deus Deus est, hoc est, beneficus et bonus: ita mundus est
5 mundus, hoc est, ingratus et malus. Qui igitur sub Deo volunt vivere, sint offitiosi in omnes, et adsuefaciant se ad ferendam ingratitudinem.

Monachi ignari Dei et hominum abdiderunt se in deserta, et ibi sibi vixerunt: sed hoc neutiquam Christianum est. Maneas in mundo et inter homines, ac feras mundi molestias et Satanae, nec vincaris a carne. Hoc
10 enim non viri tantum, sed Christiani est, vincere hominum malitiam.

Legendae seu historiae sanctorum, quas in Papatu habuimus, non sunt scriptae ad normam scripturae sanctae. Nihil enim est gestare cucullum [1], ieiunare et similia in speciem dura opera suscipere prae illis molestiis, quas Oeconomica vita affert, et sancti in patientia sustinuerunt et vicerunt: Sarae
15 merito doluit iniuria, quod empta ancillla, quae in hoc saeculo nihil habebat, nisi panem et vestem, non suis meritis, dignitate aut precio, sed tantum beneficentia et charitate suae Dominae erecta in hunc honorem, ut ex tanto Patriarcha susciperet prolem, inflatur et superbit contra Dominam suam.

Non dedignatur autem ista incommoda Oeconomica spiritus sanctus
20 describere nobis in consolationem, ut videamus, quae fuerint sanctorum exercitia in hac vita. Politicum malum erat, quod quatuor reges, populati totam terram Canaan: Loth captivum cum omni sua familia et substantia captivum abduxerant.[2] Hoc, quod Sara ab ancilla sic contemnitur, Oeconomicum est.

Etsi autem in speciem exigua et nullius momenti res videatur: tamen
25 spiritui digna visa historia est, quam prolixe describeret, in consolationem scilicet, exemplum et doctrinam omnium fidelium, ut similia expectent ipsi quoque, ac in patientia tolerent, et sperent tandem liberationem.

Huc pertinet historia de Hagar, quae misera et paupercula famula, cum ipsam vitam, ut sic dicam, ipsum habitum habeat a Domina sua, tamen
30 elevatur et effertur contra Dominam.

Disce igitur benefacere aliis, et tamen para te ad ingratitudinem ferendam. Non enim, quae optamus, eveniunt: falluntur spes nostrae, quas concipimus de aliis. Natura enim corrupta et depravata est, et mira animorum est inconstantia.

35 Nemo tam abiecti animi est, quin aspirante fortuna insultet, quibus possit: sicut Germanicum proverbium probat, quod nullum animal sit superbius, quam pediculus in scabioso capite.[3] Foedus et pusillus vermiculus

---

[1]) = Mönch werden. cucullus *hier spezifisch:* Mönchskappe.   [2]) *In späteren Ausgaben fehlt das erste* captivum; *so auch in Erl. Ausg., also:* Loth cum omni sua familia .... captivum abduxerat.   [3]) *Vgl.* Thiele, *Sprichwörter Nr. 189 und* Thiele, Luthers Fabeln in: Neudrucke deutscher Literaturwerke Nr. 76, 2. Aufl. 1911, S. 9; Unsre Ausg. Bd. 14, 358, 17.

ponit nidum suum in capite, ibi regnat et imperat: sic Hagar ingrata insultat Dominae. Sed quid Sara facit?

16,5 Et dixit Sarai ad Abram: Iniuria mea super te est: Ego dedi ancillam meam in sinum tuum, quae videns, quod conceperit, vilipendor ego in oculis eius, Iudicet DOMINVS inter me et inter te.

Haec est declamatio domestica, et iusta expostulatio cum marito. Non enim nullam irascendi causam habet Sara, quae tot annos cum marito vixerat, et tamen sine prole manserat: ac nunc ab ancilla, quae ipsius consiliis mater facta erat, despicitur: scilicet pediculus nidum reperit, et nunc sublimis in vertice dominatur.[1]

Huic malo occasionem praebuit Abraham, qui cum de haerede iam certus esset, liberalius tractabat ancillam gravidam, adhibebat eam mensae suae, ut non amplius Sarae famula, sed socia esset.

Fecit autem hoc Abraham iure naturali et divino. Sed servile ingenium, ut fit, abusum est Patriarchae bonitate, ac ideo se putat haberi liberalius, ut dominam non amplius agnoscat Dominam: sed contemnat et negligat prae se.

Ut igitur solet inter mulieres, Hagar sine dubio non nunquam in has prorupit voces, Ego vera Abrahae uxor sum, tu non: Tu enim sterilis es: Deus abiecit te, nec voluit tuo coniugio benedicere: Me autem elegit, quae statim sum facta gravida. Hoc enim divinae gratiae certissimum signum esse quis neget?

Intolerabilia autem Sarae haec fuerunt: Itaque accusat maritum: iniuria, inquit, mea super te est. Tu causa mihi huius mali es, quod servam non tractas serviliter.

Cum spiritus sanctus harum rixarum meminit? Nihilne fuit gravius aut utilius, quod scriberet?

Sed profecto non levis res hic agitur. Pingit spiritus sanctus in hac historia fontem omnium periculorum, quae tum in Oeconomia, tum in politia et Ecclesia existunt. In politia hoc invenies verum esse, quod fere eam administrent, qui minime sunt politici. Sic Ecclesiae gubernationem sibi vendicant, qui Ecclesia non sunt. Sic supra de Eliezer, Abrahae servo, audivimus, quod somniabat sibi haereditatem benedictionis Abrahae. Sic Hagar hic vult esse Domina.

Ad consolationem igitur haec pertinent, ne offendamur, cum similia nobis accidunt, quod aut Saram Hagar, aut Abramum Eliezer vult premere. Dominus enim mirabili consilio differt auxilium, et triumphant tandem, qui
Jcf. 28, 29 ipsius bonitate fidunt.

---

[1]) S. Anm. 3 zu S. 585.

Observabis autem, quod non solum cum Abraha marito expostulat
Sara: sed etiam contra eum invocat iudicem Deum. Magna igitur dissensio
inter coniuges fuerit, necesse est: sed talis est coniugum vita, non possunt
caveri offensiones omnes: sicut nec in politia, nec in Ecclesia: quanquam
5 ibi acerbiores et periculosiores sunt.

Pertinet igitur exemplum ad erudiendos nos de vita humana. Durus
profecto sermo: 'Iudicet Dominus inter me et te: sed expresserunt hanc
vocem insignes iniuriae, quas Sara norat magnum esse peccatum.

Hagar gravida voluit dominari, voluit haeres esse omnium, quae habebat
10 Abraham, nec potuit eam ulla ratione compescere Sara. Adeo superbiebat
dono prolis Hagar. Sed hic mihi inspice Abrahamum, tantum Patriarcham,
quid faciat, et quid respondeat:

Dixit autem Abram ad Sarai. Ecce, ancilla tua in manu tua. Fac 16, 6ᵃ
illi, quod bonum est in oculis tuis.

15 Hic maritus diligenter considerandus, et merito praedicandus et laudandus est. Potuit dicere: Mea Sara, quid ita commoveris animo? Patientia
ista vincenda erant, non erant tantae movendae lites: vides eam Dei dono
gravidam esse, et ex me habere prolem, quae promissionum mihi factarum
possessionem habitura est. Igitur tolera, et serva gravidam matrem, dum
20 pepererit: Postquam pepererit amplius deliberabimus.

Haec honesta et aequissima fuisset sententia, quam ego in simili casu
essem secutus. Mea domina, dixissem, tu es sterilis: Deus privavit te fructu
ventris, et huic dedit. Patere igitur aliquid etc.

Sed Abraham hoc non facit. Praefert suam sterilem et senem dominam
25 praegnanti matri. Permittit iuditium coniugi, ut faciat de ancilla, quod volet,
nulla habita ratione sobolis: ac vult potius matrem cum prole abiicere, quam
ut piam coniugem contristet.

Pertinet autem haec quoque particula ad descriptionem non tantum
periculorum coniugii et Oeconomiae, sed etiam tentationum.

30 Tentatus est Abraham de servo Eliezer, nec eam tentationem potuit
sanare, nisi Deus per verbum suum. Hic tentatur Sara, eam consolatur
Dominus per maritum. Adest igitur Dominus, inspector et gubernator coniugiorum, seu Oeconomiae, ac ostendit se delectari illo quasi lusu humanarum
rerum.

35 In Oeconomia oriuntur rixae et lites inter coniuges. In politia varie
turbatur pax. In Ecclesia excitantur sectae: ita ut, qui haec diligentius
intueatur, pene desperare de successu incipiat.

Sed historiae hae docent ac monent, ut paremus nos ad molestias
ferendas, et patientia superandas, neque in illorum numero simus, qui sine

---

7 me et te] me te *A*   21 fuisset] fuit *Erl. Ausg.*

tentatione mariti esse, aut rempublicam gubernare volunt. Frustra enim
haec ab hominibus huius vitae imperitis cogitantur.

Impossibile est, si es maritus, ut non habeas domi tuae vel Hagar,
vel Eliezer molestum.

Talis etiam est gubernatio Ecclesiastica, quam sectae et alia scandala 5
perturbant. Meminerimus igitur huius exempli, et cum fideli Abraha nos
quoque credamus Deo, et retineamus, quantum fieri potest, concordiam.
Nam cum inter homines eosque ingratos et malos vivendum sit occasiones
discordiarum et molestiae nusquam deerunt. Haec moralis huius loci sententia est, ad vitam regendam admodum utilis. 10

Complectitur autem Theologicam quoque sententiam, cum qua fere
Gal. 4, 29 f. convenit allegoria, quam Paulus in Galatis usurpat. Sicut enim Hagar,
quae conditione empta ancilla et mancipium erat, dono Dei inflabatur, et
Sarae imperitare volebat, eamque sibi subiicere: Sic falsa Ecclesia veram
Ecclesiam damnat, despicit, affligit, et titulum populi Dei sola usurpat. 15

Haec disceptatio domum Ecclesiae perpetuo exercet, Qui non sunt
Ecclesia, volunt Ecclesia esse: Contra qui vera Ecclesia sunt, a falsa vexantur
et opprimuntur.

Cain, Ham, Ismael, Esau, omnes hi Ecclesiae titulo superbiebant, et
promissiones ad se rapiebant, tanquam ipsi essent earum haeredes. 20

Et illa inter Apostolos Christi contentio, quid aliud erat, quam tentatio
de eminentia et dignitate? Ex hoc fonte nascuntur postea in Ecclesia
haereses et sectae.

Sicut autem Hagar occasione benedictionis inflatur contra Dominam,
ac iure se id facere existimat: Ita falsa Ecclesia, quia opibus et dignitate 25
ac potentia superior est, veram Ecclesiam destitutam his praesidiis ac
afflictam persequitur et damnat.

Hoc Moses pulchre ostendit in verbo videt: 'Videns Hagar se esse
gravidam, vilipendebat Saram'. Videndi verbum significat sensum doni, coniunctum cum superbia et elatione animi. 30

Agnoscere, quod sis eruditus, sapiens, dives, non malum est: Ingratitudo enim esset dona haec contemnere. Sed superbire propter dona illa
est diabolicum et ex peccato originali conceptum vicium.

Sic Adam et Eua habebant post peccatum apertos oculos, scientes
bonum et malum. Sed quos sanctus spiritus regit, hi quanto donis extollunt 35
magis, tanto sibi plus laborandum et aliis studiosius serviendum norunt, qui
talibus donis destituti sunt. Sed fere omnes sumus Hagar similes, super-
bientes propter donum et benedictionem contra inferiores.

Si Hagar dixisset, sum Dei beneficio gravida, sed non ideo desino
ancilla esse. Itaque, sicut antea, parebo Dominae meae, atque eo nunc id 40

---

12 Hagar] Sara *A*　　35 extollunt] *Ausg. Nürnberg 1552 und Erl. Ausg. haben* excellunt

studiosius faciam, quia ipsa sic volente et iubente mater sum facta. Ipsa
mihi maritum suum non invidit: vicissim igitur ei gratificabor quacunque
ratione potero. Hoc si fecisset Hagar, recte fecisset, sed sequitur corruptae
naturae morem, et superbit donis, quae habet, contra suam dominam. Certa
5 enim est se fore matrem promissi seminis, per quod benedictio veniat omnibus
gentibus.

Hanc iniuriam Sara videt, sed non dissimulat. Etsi enim patientia
praestanda est, et expectandum auxilium, tamen hoc omnino cavendum est,
ne iustifices aliorum peccata.

10 Sic fero ergo excommunicationem Papae et odium totius mundi: sed
non ideo probo, nec laudo, quasi recte hoc Papa faciat, quod se verae doctrinae
opponit, et Christi membra tantum ob retinendum regnum suum damnat et
occidit.

Sic Christus patiebatur iniurias omnes, sed non dissimulabat, libere
15 obiurgabat Pontificis servum, et dicebat: 'cur me cedis?' Coniungi enim Joh. 18, 23
debent patientia et confessio. Confessio enim si absit, proditur causa, quae
contra Satanam et mundum defendenda est.

Apparet autem hic, quanta sit infirmitas hominum. Sara recte queritur
de iniuria sua: et tamen patitur humanum aliquid, quod innocentem maritum
20 sic tractat duriter, et invocat contra eum iuditium Dei.

Non enim ea Abrahae fuit mens, quam ipsa fingit. Gavisus quidem
est de benedictione Domini, quod ex se tandem esset habiturus haeredem,
ac matrem, etsi serva esset, tractabat humaniter, sed non ideo abiiciebat
suam Saram.

25 Est igitur Oeconomicus paroxysmus hic, quales inter coniuges saepe
incidunt, cum altera pars nimis indulget affectibus aut superstitionibus, si
enim Abraham talis fuisset, qualis a Sara accusatur, sine dubio defendisset
Hagar, et dixisset ad Saram, quid ad te, si ego eam volo esse Dominam:
nihil tibi decedit. Maneas in tuo loco, quo antea, mihi autem permittas eam
30 ornare, quam video a Domino ornatam laeta benedictione.

Sed nihil horum audis, simpliciter resignat Abraham suam potestatem
in manum Sarae, et subiicit ei superbientem ancillam, ut pro suo arbitrio
cum ea agat.

Hoc factum liberat optimum Patriarcham omni suspitione libidinis, et
35 arguit, quod, quidquid fecit, fecit impulsu uxoris, ne promissio impediretur:
Et tamen sic diligit vetulam suam Saram, ut potius, quam cum ipsa dissideat,
etiam spem prolis abiiciat. Talem maritum tam amantem uxoris ac retinendae
concordiae Oeconomicae tam studiosum quis inveniet?

Hoc vero est gubernare uxorem in charitate et cum discretione, ut
40 Petrus loquitur. Si enim paria reddere, et commotae uxori durius respondere 1. Petri 3, 7

---

26 superstitionibus] spätere Ausgaben wie auch Erl. Ausg. haben suspicionibus

voluisset, et non cedere aliquid de suo iure, dissolutum esset vinculum matrimonii amoris.

Sed plenus spiritu sancto cogitavit: Ecce, ego sum vir: Sarai autem mea est mulier, infirmum vasculum. Per patientiam igitur servabo pacem etc.

Haec insignis virtus est, quod tantus vir sic amanter uxori cedit, ne 5 Asmodeus, quem vocant, Oeconomicus diabolus dominaretur. Homines imperiti, qui in eo laudem ponunt, si duriores sint erga uxorem et familiam, cum talis tentatio obiicitur indulgent irae, et conatus Satanae egregie adiuvant.

Prodest igitur huius Oeconomici exempli saepe et diligenter meminisse patremfamilias. Non enim sine huiusmodi turbis Oeconomia gubernari potest: 10 Sicut neque Ecclesia, neque politia. Consolatio autem retinenda est, futurum, ut per Angelum Domini defendamur et servemur.

16,6ᵇ   **Et cum humiliaret eam Sarai, fugit illa a facie eius.**

Verbum (*Ana*) significat humiliare, vexare, affligere, sic Christus vocatur

Sach. 9,9
4. Mose 12,3 (*Ani*) a Zacharia, pauper et afflictus, et de Mose idem dicitur, Numeri 12. 15

Sensus igitur hoc in loco est. Elevarat se Hagar, ac in loco Dominae Sarae voluerat sedere, ac possidere omnia. Sed impatiens iniuriae Sara humiliavit eam, iussit, ut obiret servilia offitia, ac forte pro more istius gentis, qui mihi ignotus est, eam castigavit. Valde autem acerbum est ex fastigio gloriae et dignitatis deiici, et redigi in ordinem. 20

Itaque haec humiliatio magis doluit Hagar, quam ullae plagae, et tamen sanari non potuit. Humiliatum corpus erat, sed mens non solum perstitit in superbia: sed etiam odium et iram adiecit ad superbiam.

Inflata enim Hagar, et quasi in furorem versa de vindicta cogitat, et non solum suum corpus, sed etiam prolem vult surripere Dominae: Sic enim 25 cogitat se habere bonum pignus secum, quod Abrahamum coacturum sit, ultro ut querat ipsam, et cum honore reducat in domum, ex qua sibi indigne videbatur eiecta.

Talis est revera iustitia legis, lex enim cum sola adest, inflat et ira-

Röm. 4,15 cundos reddit. Animi enim concitantur contra Deum, cum non permittit 30 fieri, quae volumus, et nos cruci subiicit. Ideo inquit Paulus: 'Lex operatur iram'. Pertinent autem ad legem civiles poenae et gladius: His enim coguntur mali, ut faciant nolentes officium: sicut scriptura quoque dicit, stultos corrigendos verberibus. Sicut autem pueri plagas sine lachrymis ferre non possunt: Ita impossibile est, ut adulti ferant poenas sine murmure 35 et odio.

Turcae sunt hodie fere totius orbis terrarum domini, hi suos in offitio severitate disciplinae retinent. Captivis ater datur panis et aqua, neque

---

2 amoris] *Ausg. von 1552 (Nürnberg) und Erl. Ausg. haben* matrimonii, amor scilicet.
14 (Ana)] עָנָה   *15 (Ani)]* עָנִי

quantum satis, laboris autem certum demensum praescribitur: Quod sicubi cessant, aut negligentiores sunt, coguntur fustibus.

Ac sane servilia ingenia aliter tractari nec possunt, nec debent. Et tamen verum est, quod hac ratione non sanantur. Hagar, quae prius bona 5 fuerat, beneficiis dominae ornata, insolescit, ac fit pessima: Huic malo cum mederi Sara cogitat, prorsus aufugit Hagar.

Habes igitur hic quoque statum mundi ceu in tabula depictum, videmus frustra moneri et corrigi homines verbis. Nam etiam plagae frustra sunt, sicut Esaias quaeritur de suis Indaeis: Hoc quidem solemus, cum Jef. 49, 4 10 sentimus plagas, ciulamus et querulamur. Sed primum propter peccata ciulandum erat, quae provocarunt iram Dei.

Cum totos septuaginta annos populus in Babylone inter gentes exulare cogeretur, non deerant querelae, lachrymae, gemitus, preces: Sed quid Prophetae dicunt? Imo Deus per Prophetas: 'Ego, inquit, mittebam Prophetas, Jer. 7, 25; 35, 15 15 clamabam, plorabam, ut vos revocarem in viam: Sed vos eos occidistis. Itaque vos quoque frustra plorare sinam'.

Sic Germania hodie non clamavit, non ploravit, non doluit hactenus super horribilibus peccatis, quae facimus. Cum autem poenae nunc se exerant, incipimus lamentari et eiulare. Atqui iam olim illud oportuit factum.

20 Nam cum poenae adsunt, frustra clamamus et ploramus. Qui autem, antequam poena veniat, plorant. Horum gemitibus Dominus movetur, et mitigat poenas. Sicut in Ezechiele capite nono promittitur: Ubi Deus Jef. 9, 4—6 sumpturus poenas de sacerdotibus et populo, iubet, excerpi et servari gementes propter idolatriam, ne una cum impiis pereant.

25 Est igitur Hagar exemplum carnalis hominis, qui nec flagris, nec beneficiis emendari potest: Beneficentia herae inflatur: castigata autem prorsus aufugit. Et tamen hic quoque proponitur exemplum misericordiae.

Invenit autem eam Angelus DOMINI iuxta fontem aquae in soli-16, 7—9 tudine, iuxta fontem, qui est in via Sur: Dixitque: Hagar, ancilla 30 Sarai: unde venisti, et quo' vadis? Dixit illa, a facie Sarai Dominae meae ego fugio: Dixitque ad eam Angelus DOMINI: Revertere ad Dominam tuam, et humilia te sub manibus eius.

Hoc pulcherrimum exemplum est, quod Deus amat Oeconomias et eas per ministerium Angelorum suorum servat. Satanae opus fuerat, quod Hagar 35 commota profugerat in solitudinem, et deseruerat dominam: sed Angeli, custodes huic patrifamilias additi, Hagar iterum reducunt, ut servetur promissio, qua Deus confirmarat, se Abrahae Deum fore et semini eius.

Sine dubio autem oraverunt tum Abram, tum Sara pro Hagar in tam grave peccatum lapsa. Non enim suum solum corpus subtraxerat Dominae: 40 Sed etiam commiserat plagium, quod Abrahae filium rapuerat.

Desertum Sur est inter Iudaeam et Aegyptum. Itaque cogitavit de repetenda Aegypto et patria Hagar, nec abiit consilium hoc nefarium sine ingenti perturbatione piorum coniugum. Saram poenituit, quod durior fuit in famulam gravidam: Abram quoque se repraehendit, quod nimium indulserit uxori. 5

Haec autem mirabilis commutatio est: qui sancti et sine crimine erant, sustinent conscientiam peccati. Hagar, quae sola omnium peccatorum causa erat, secura vivebat, ac si nihil peccasset.

Hoc quoque Oeconomicum, politicum et Ecclesiasticum malum est, quod, qui peccarunt, excusant se, et peccatum non agnoscunt. 10

Quis angelus fuerit, qui cum Hagar locutus est, Moses non explicat. Hilarius sentit fuisse ipsum Deum, et fere huiusmodi apparitiones Angelorum accommodat ad mysterium Trinitatis.

Etsi autem homines quoque vocantur Angeli: tamen Angelum indutum specie hominis hunc fuisse existimo. Cum enim se ostendunt hominibus, 15 speciem corporis, in qua apparent, assumunt.

Sic oculis cerni potuit Angelus, qui paradyso custos est additus. Item duo illi, qui eduxerunt Lothum e Sodomis: qui adsederunt ad sepulchrum Domini, qui docuerunt discipulos de reditu Christi ex nubibus.

Mos enim hic perpetuus est Angelis, ut appareant in forma humana, 20 sive iuvenili, sive senili. Sicut enim nos non semper eadem veste utimur: sed nunc hac, nunc alia induti nihil amittimus, aut mutamus de corpore nostro: Ita Angeli manent iidem spiritus, licet non semper eadem specie sese hominibus offerant, sed quasi vestem mutent.

Agnovit autem Hagar statim Angelum, a quo proprio nomine appellatur. 25 Quia enim longo tempore in domo sancti Patriarchae vixit, saepe ex eo audivit, gubernari humana per ministerium Angelorum. Demittit igitur cristas iam, quas in domo Abrahae contra dominam erexerat, et interrogata ab Angelo respondit se fugere Dominam Saram.

Itaque ipsa se accusat inobedientiae et rapinae, siquidem confitetur 30 fugam, et agnoscit Saram Dominam.

Angelus quoque ex ipsius verbis eam iudicat. Si, inquit, Sara est tua domina, revertere ad eam, et humiliare sub manu eius: hoc enim est ancillae officium.

Est itaque haec concio legis efficacis in operando terrore. Territa enim 35 Hagar veritatem dicit, quam non territa dixisset nunquam.

Ubi igitur Sara loquebatur cum ancilla Hagar, erat Mosi facies adhuc velata: sed hic cum Angelus loquitur, procedunt ex vultu Mosis cornua, seu radii intollerabilis lucis, ad quam expavescit misera foemina: ac sane esset mortua ex animi angoribus, nisi eam Angelus denuo erexisset et consolatus esset. 40

Sic solet lex, cum ferit animos radiis suis, simpliciter ad desperationem adigit: sicut in Iuda et Saul videmus. Dei igitur ineffabilis bonitas est,

quod non tantum per praedicationem legis terret: sed etiam erigit, et consolatur per promissionem.

Pertinet autem hic locus ad confirmationem Oeconomicae vitae, quod
Deo grata et curae sit. Non enim vult mutari vocationes aut deseri. Sicut
in Papatu religio habebatur, deseruisse usitatum vitae genus, et abdidisse se
in monasterium.

Sic Hagar quoque potuit in solitudine manere: sed Dominus eam vult
servire vocationi, et parere suae Dominae.

Nemo igitur arbitrio proprio, aut sua voluntate mutet conditionem suam.
10 Deus enim aut per mortem eam mutabit, aut voluntate et arbitrio eorum,
qui te superiores sunt. Hoc nisi fiat, peccant, qui vocationem deserunt.

Sic contrita Hagar non per velatam faciem Mosi: sed radiantem, una
cum Paulo dicit: 'Domine, quid vis ut faciam?' Ante hanc contritionem Apg. 9, 6
superba contempsit iussa dominae Sarae.

15 Nunc amplissimae consolationes sequuntur, quae non debentur Hagar
propter suam bonitatem: sed debentur Abrahae propter promissionem, cuius
semen erat Ismael.

Rursumque dixit ad eam Angelus DOMINI: Valde multiplicabo 16, 10
semen tuum, et non numerabitur prae multitudine.

20 Haec est insignis promissio, qua territa Hagar iterum erigitur. Hae
enim sunt vices divinae. Afflictionem sequitur consolatio: Desperationem
spes: Mortem vita.

Satan contrarium solet, Primo laetificat, postea perturbat, et securitatem
in peccatis sequitur tandem desperatio.

25 Nemo igitur perturbetur animo, cum sentit terrores et pericula: sed
erigat se in spem, futurum, ut Dominus iterum consoletur et erigat. Haec
spes quia in piis certa est: Ideo tam diligenter et ardenter pro liberatione rogant.

Caeterum promissio haec, etsi illi, quae Isaaco facta est, non par est,
tamen ab Hagarenis, qui se Saracenos nominant, magnifice est praedicata,
30 et praelata illi Isaaci. Hac enim nitentes efferunt se super omnes populos
terrae. Ac fingunt grande mendacium in suo Alcorano de Abraha parcente
Isaaco, ac volente ipsius loco immolare Ismaelem etc.

Haec fingunt tantum, ut promissiones Abrahae factas in se transferant,
et se legitimos Abrahae filios ostendant.

35 Ad hunc modum Pontifices quoque nugantur, et iactant omnes promissiones Christi in omnibus Apostolis occidisse, et in Petro tantum haesisse
ac stabilitas esse.

Tanta humanorum cordium est vanitas, ex ea, ceu ex fonte, natae sunt
hae gloriationes Saracenorum et Pontificum.

40 Porro Saracenorum magna potentia fuit, cum Turcorum nomen adhuc
mundo esset ignotum. Graeciam, Italiam et Aphricam duriter afflixerunt,

donec propter superbiam a Turcis in servitutem redacti tandem eadem cum
ipsis gens facti sunt.

Igitur hic quoque cernimus, quod superbia carnis, quando tueri se
verbo Dei potest, verbo Dei flagitiose abutitur, et intumescit.

Provocatur igitur Deus, ut exaltatos iterum deprimat, et humiliet 5
Hagarenos, qui ideo se posteritati verae Abrahae anteposuerunt: quod
Ismael esset primogenitus Abrahae.

Gal. 4, 23   Sed Paulus erudite disputat, non qui ex carne Abrahae, sed secundum
promissionem nati sunt, sunt filii Abrahae, hoc impiae gentes non viderunt,
et gloriati sunt de primogeniturae dignitate: huic tribuerunt promissiones, 10
ac certi fuerunt, ideo se nunquam ruituros.

Sed corporalis promissio iam olim est impleta. Sunt enim ex Ismael
nati duodecim reges, ac duravit ipsorum potentia longo tempore. Obtinuerunt
Orientem: Occidentem autem graviter afflixerunt, donec tandem Gog et
Magog, hoc est, Turcae eos humiliarunt.   15

16,11 **Dixitque ad eam: Ecce, tu praegnans es, et paries filium, et vocabis nomen eius Ismael. Audivit enim Dominus afflictionem tuam.**

Ex hoc loco mirabiles et stultas nugas finxerunt Iudaei. Dicunt enim
ex itinere defatigatam, et curis ac angoribus circumventam Hagar in deserto
abortivisse: deinde denuo concepisse foetum, ac suo tempore peperisse. 20
Huius autem miraculi esse hic Angelum nuncium, ut consoletur calamitosam
foeminam.

Huc trahunt, quod Angelus dicit: 'Dominus audivit afflictionem tuam',
id est, extinctionem foetus in utero. Sed indignae hae sunt nugae, quae
recitentur.   25

Afflictionem sine dubio vocat, quam Hagar afflictionem sentiebat esse,
nempe conditionem servilem, et quod castigata esset a Sara, quasi dicat:
Röm. 2,11 Ne graveris esse serva. Deus aequae diligit servas ac liberas. Non est
Eph. 6,9 apud eum acceptio personarum. Igitur feras hoc, subiiciaris Dominae,
Col. 3,25 etiamsi praegnans sis. Diligit Deus Saram, diligit te quoque, nec nocet tibi 30
haec vitae conditio apud Deum. Rependit incommodum hoc loco laetissima
benedictione. Ea te sustentes etc.

Haec mea de hoc loco sententia est. Qui de humilitate contritionis
legis volunt intelligere, per me licebit. Sed hoc simplicius est: Deus audit,
quod graveris te servam esse et mancipium, nec quidquam habere proprium. 35
Respexit autem miseriam tuam, et vult tibi benedicere: bono igitur sis
animo, nec desperes.

Ad hunc modum nos quoque invicem consolemur. Conditiones huius
vitae sunt dissimillimae. Pauper Lazarus esurit, et cruciatur morbo. Dives
splendide vivit, et gaudet. Suavior conditio videtur Regis, quam alicuius 40

hominis privati. Haec dissimilitudo saepe perturbat, et evertit quoque saepe animos, ut cum peccato conditionem mutent.

Sed retinenda erat haec consolatio, quae hic proponitur, ut cogites: Ecce, ego sum servus, serva, conflictor cum paupertate, obruor laboribus etc. 5 bene: consoletur autem me hoc, quod Deus meus aequaliter respicit Reges et servos, divites et pauperes, peccatores et iustos.

Est enim omnium Deus, ac vult omnes nos niti sua misericordia et favore. Differentia, quae apud homines in hac vita est, non facit differentes personas coram Deo. Aeque audit te Deus in servili statu, atque alium in 10 liberali statu.

Haec consolatio necessaria est et saepe inculcanda hominibus, confirmat enim animos, et prohibet periculosam vocationis desertionem, quae nunquam sine peccato tentatur. Animi enim natura fugiunt crucem, et coeca ambitione nituntur in altum.

15 Nomen *Ismael* significat, Deus audit, Gott hör, vel Gott hört, nos enim verba praeterita accipimus in praesenti. Est pulcherrimum, quod sine dubio etiam inflavit Saracenos. Nam Abrahae, Isaaci, Iacobi nomen non tam gloriosum est.

Docemur autem hic quoque, quod Deus optima sua dona distribuit 20 etiam in impios. Afflictam Hagar sic curat Deus, ut prae illa Abrahae et Sarae oblitus esse videatur. Imo nondum natum Ismael non curat solum, sed etiam opulentissima promissione ornat.

Ne tamen aequaretur ea promissioni Abrahae et eius vero semini factae, additur limitatio: nec satis est dixisse: 'multiplicabo semen tuum', 25 etiam descriptio additur, qualis Ismael et populus ex eo nascendus futurus sit. Haec limitatio singulari studio expendenda est.

Is erit homo sylvestris. Manus eius contra omnes, et manus 16, 12 omnium contra eum, et in facie omnium fratrum suorum habitabit.

Haec descriptio proprie ad Arabes pertinet, qui nullo certo in loco 30 consistunt. Sed omnia sua secum in plaustris vehunt, et ex rapina fere vivunt.

Vocabulum (*PERE*) est fere nostrum, ferus. Nam assueti solitudinibus et silvis feri sunt. Iudaei exponunt pro onagro: Id quale animal sit, nescio. Non enim vidi. Nos autem in translatione nostra Germanica Bibliorum pro nomine generali exposuimus 'Wild', ferum.

35 Primum igitur vides Ismaelem non habere certam et fixam terrae portionem, sicut Abrahamum, cuius posteritati diserte promittitur terrae Canaan.

Mores igitur et ingenium Ismaelis vere est contra omnes. Alii enim manent in certis civitatibus aut pagis, Ismael autem solitudines amat, est ferus et errabundus, hodie sub hac arbore, cras sub alia cum familia sua

---

15 Ismael] יִשְׁמָעֵאל   *31 (PERE*)] פֶּרֶא

38*

vivit: sicut hodie Arabes et Trogloditae, qui, ut Breytenbach[1] scribit, licere sibi iure putant, ut ex rapinis et latrociniis vivant.

Hoc significat Angelus, cum vocat (*Pere*) silvestrem hominem, qui non curabit civitates, non leges, non instituta necessaria ad societatem generis humani conservandam.

Et tamen cum Euangelium in mundum spargi coeptum est, in has quoque partes pervenit, et habuit ibi Dominus Ecclesiam numerosam. Anachoritae enim fere in has solitudines secesserunt, de quibus multa Hieronymus. Sic etiam spiritualis promissionis populus ad bellum natus et ferus, tandem est factus particeps. Romanos et Persas latrociniis suis saepe infestarunt.

Nugae Iudaeorum, de quibus supra dixi, arguunt eos nihil scire sacrarum rerum, et tamen trahunt secum magnos viros, sicut Lyram, et nostro tempore viros in ipsorum lingua doctissimos qui tales nugas saepe admirantur.

Accidit autem hoc Iudaeis ideo, quia amiserunt cognitionem rei. Notitiae enim duplices sunt: alia, quid nominis: alia, quid rei. Qui notitiam rei non habet, illum notitia nominis non sublevabit.

Vetus verbum est: Nihil dicas, quod non probe scieris. Exempla plurima protulit nostra aetas, multi enim doctissimi et facundissimi, quia loquuntur de rebus non intellectis, praeter modum inepti et ridiculi sunt.

Erasmus, homo ad miraculum usque eruditus et facundus, quoties de iustificatione et rebus fidei loqui incipit, miserrime balbutit et ineptit: in aliis rebus explicandis foelicissimus.

Idem in Sadoleto videas. Contra qui habet, quid rei, is etiamsi parum facundus et impeditae linguae sit, recte docet, afficit et persuadet.

Sic Ciceronem Cato in senatu vincit, etsi nihil loqueretur, nisi paradoxa, eaque horride proponeret sine omni Oratorio apparatu.

Idem Iudaeis evenit, nihil enim habent, nisi cognitionem, quid nominis: rem prorsus amiserunt.

Grammaticus cum audit proverbium: Lupus est in fabula[2], si expers rei est, cogitat, fabula est in ore: si autem lupus est in fabula, sequitur lupum in ore esse. Talem Doctorem quis non rideat, et tamen patiuntur idem magni homines in gravissimis disputationibus.

Iudaeus quia nescit perpetuam sententiam sacrae scripturae, quod Deus velit humiliari omnes inferiores sub superioribus, nugatur foedissime de afflictione, et fingit novum et inusitatum miraculum, ubi miraculo prorsus nihil opus est.

---

31 in (2.) fehlt A

[1]) *Gemeint ist wohl der Leipziger Jurist Georg von Breitenbach, vgl. Kroker, Tisch-reden Nr. 377.* [2]) *Vgl. Otto, Sprichwörter der Römer S. 199 f.*

Quanto rectius et ad vitam instituendam utilius esset, docere, quod Deus eos diligit, qui sciunt se castigare, ac benefaciat eis?

Castigatur Hagar a Domina Sara, ac Hagar castigationem hanc non fert aequo animo, sed fuga conatur sibi consulere. In hoc etsi peccat, tamen 5 Deus respicit afflictionem eius, et consolatur eam. Quid potuit dici magis φιλάνϑϱωπον.

Adsuescamus igitur ad patientiam, et feramus aequo animo etiam verbera et plagas: liberi a parentibus: subditi a Magistratu: discipuli a Magistro, Deo enim gratum est obsequium, si patiamur nos castigari.

10 Sed natura cum sentit plagas, non solum murmurat: sed etiam de gratia et misericordia Dei desperat. Haec mala nascuntur ex ignorantia sacrarum rerum.

Qui enim norunt respici se divinitus, cum sunt sub disciplina, et affliguntur vel a parentibus, vel a patrefamilias, vel magistratu: mitigabunt 15 ista spe dolorem et luctum, ac expectabunt benedictionem Domini, quam vident contingere Hagar etiam iniuste fugienti.

Ita si rem habeas bene notam, facilis est grammatica: sicut Horatius [1] quoque monet, verba non invita sequi, ubi res bene praevisa, cognita et meditata sit, ubi autem notitia, quid rei, non est, ibi notitia, quid nominis, 20 frustra est.

Ego autem verbosius vos de hac re admoneo, ut, cum legetis aliquando Rabinos, sciatis quales sequamini magistros. Norunt, quid nominis: quid rei, non norunt. Itaque nihil sani docere possunt.

Nos Dei benignitate habemus cognitionem rerum, ipsi excaecati sunt. 25 Etsi igitur grammaticam norunt, tamen sententiam veram scripturae non norunt. 'Est eis scriptura, ut Esaias ait, liber, quem non possunt legere'. Jef. 29, 12 Quis igitur eos sibi imitandos proponet?

Non autem accipienda haec eo modo sunt, quasi grammatices studium damnem, quod omnino necessarium est: sed nisi cum grammatica etiam 30 ipsas res discas, nunquam fies bonus Doctor. Oratio enim, ut ille dicebat, in pectore, non in ore nasci debet.

Habes igitur, quis sit Ismael, et qualis populi pater, qui scilicet sit sine legibus, assuetus solitudinibus, venationi, praedationibus, latrociniis etc.

Ad hunc enim modum explicat vocabulum (Pere) Esaias, cum vocat Jef. 18, 2 35 populum lacerum et commissum, diripientem et direptum. Diripuit omnes vicinas gentes, tandem a Turca etiam direptus est, qui ipse quoque est Ismaeliticus: Manus enim eius contra omnes etc.

---

35 commissum] convulsum *Ausg. Nürnberg 1552 und Erl. Ausg.*

[1]) *Ars Poëtica 311.*

16, 13. 14 **Et invocavit nomen DOMINI loquentis cum ea: Tu, Deus, vides me: Dixit enim, nonne hic vidi posteriora videntis me? Idcirco vocatus est puteus ille puteus viventis, et videntis me: Et hic est inter Cades et Bared.**

Verbum Dei nunquam est sine fructu. Itaque rebellis, superba, in- 5 obediens Hagar convertitur ad vocem Angeli, redit ad dominam, ac patienter fert eius imperium. Nec id solum, sed agnoscit Dei misericordiam, praedicat et invocat Deum novo nomine ad celebrandum beneficium eius, quo se erga ipsam declaraverat.

Sic in novo Testamento appellamus Christum redemptorem a suo 10 opere, quo se nobis patefecit. Spiritum sanctum vocamus Paracletum: sic Hagar Deum videntem vocat, qui respexerit humilitatem seu afflictionem suam.

Hoc quoque exemplum ad nos erudiendos est utile, ut unusquisque in sua vocatione discat beneficia Dei, et pro iis sit gratus, ac praedicet ea. Item ut patienter feramus castigationes superiorum: siquidem Deus illa 15 patientia delectatur, et opem mittit.

2. Tim. 3, 16 Sic scriptura, ut Paulus inquit, ad docendum est utilis: non est futilis grammatica, ubi de literis, punctis et vocabulis rixemur. Docemur enim exemplo Hagar nos quoque, ut Deo, qui nos consolatus est, demus nomen, et dicamus: Domine, tu me liberasti de morbo: Tu me ditasti, tu mihi 20 bonam adiunxisti uxorem etc.

Hoc est sacrificium laudis, et Deo gratissimus cultus. Si agnoscas et praedices beneficia eius, ac nomines (*ROI*) videns me, quasi dicas: Putavi me prorsus desertam a Deo: Sed nunc video, quod respexerit me, et calami-tosam non abiecerit. 25

Pulcherrimum hoc Dei nomen est, quod utinam omnes possimus Deo tribuere, hoc est, certo statuere, quod respiciat, quod curet nos Deus, tum maxime, cum videtur nostri oblitus, cum nos a Deo derelictos existimamus. Qui enim hoc in afflictione potest dicere: Deus videt me, habet veram fidem, et potest facere ac ferre omnia. Imo vincit et superat omnia. 30

Itaque omnino statuo numerandam Hagar inter sanctas mulieres. Nam Gal. 4, 30 quod Paulus eam cum Sara confert, ac ancillam vocat, quae non habeat locum in domo, nihil impedit.

Hoc enim in scriptura usitatum est, ut etiam sancti gerant figuram impiorum. Sic Esaias, Ieremias, Oseas gerunt figuram impiae Synagogae: 35 cum tamen ipsi sancti et pii sint. Ismaelem quoque et multos ex ipsius posteritate salvatos credo, nec nocet ei, quod mater Synagogae figura est.

Nam tota Ecclesia gestat figuram maledictionis aeternae, affligitur enim et occiditur crudeliter ab hostibus: sed non deseritur tamen.

---

23 (*ROI*)] רֳאִי   25 non *fehlt* A

Sic Christum vocat Simeon 'portentum', ex Esaiae capite 8. Item
'scandalum in ruinam'. Ad hunc modum Hagar iustificata et sanctificata
verbo Dei sine suo incommodo gerit figuram impiorum.

Particula: 'Nonne vidi posteriora videntis me'. Valde cruciat Grammaticos. Ego autem, priusquam de sententia aliorum opiniones refero, moneo
ne ullo modo Rabinorum expositiones legentes eis adhibeatis fidem. Grammatica quidem necessaria est et vera, sed ea non debet regere res, sed servire
rebus. Amiserunt autem Iudaei excaecati rerum cognitionem omnem, et
tantum de vocabulis Grammatice disputant.

Rabi Salomo putat Hagar mirari de Angelo in deserto, cum antea
solita sit Angelos videre in domo Abrahae.

Lyra sequitur Rabinum Kimalthi: et vertit hoc modo: vidi post visum
meum, hoc est. Initio Angelum non novi, sed cum subito evanuit ante
oculos. Ibi primum intellexi esse Angelum.

Sic quia rerum cognitionem nullam habent, tantum haerent in vocabulis
explicandis: sensum autem verum non attingunt. Non vident Hagar, quae
antea varie turbabatur, nunc erectam per Angelum, gratias Deo agere, et
hilari esse animo.

Res igitur primum inspicienda. Tu, Deus, inquit, vides me, non
deseris afflictam, sed visitas et consolaris. Quoties igitur de hoc fonte vel
cogitabo, vel ad eum veniam, praedicabo hoc ingens beneficium, quod hic
viderim eum, qui me vidit.

Est igitur vox laetantis et admirantis. Ah, inquit, quam fui ego incredula. Non existimabam me Deo esse curae, Putabam me videre non
faciem Dei, sed posteriora, hoc est, putabam Deum a me aversum. Sed
nunc intelligo, dorsum, quod mihi ostendit, esse faciem eius. Vidit me quidem antea, sed ego absorpta afflictionibus non potui perspicere: nunc agnosco,
quod me amet, quod curet me etc.

Est igitur ceu generale canticum omnium piorum hominum. Quando
enim afflictio adest, videmus Dei posteriora, hoc est, iudicamus Deum a nobis
aversum, sicut apud Esaiam dicit: 'In momento abscondi faciem meam: sed
in misericordia respexi ad te', hoc est, initio me sic gessi, quasi non agnoscam
te, quasi proiecerim te (Haec sunt posteriora, cum nihil sentimus, quam
afflictionem et errores) sed postea, cum tentatio abiit, apparet Deum eo ipso,
quo nobis posteriora ostendit, ostendisse faciem, non abiecisse nos, sed paululum oculos deflexisse.

Sic 1. Petri 1.: 'Prophetae testati sunt de prioribus passionibus, quae
sunt in Christo, et de gloria sequente postea'.

Hoc igitur totius Ecclesiae est canticum, ea canit cum Hagar: 'Vidi
hic posteriora videntis me', hoc est, dorsum mihi prius obvertit Deus, sic

enim in tentatione iudicamus, nos negligi a Deo, sed tandem cognoscimus,
illa posteriora fuisse veram Dei faciem: et quod non solum nos viderit
Dominus, sed nos quoque eum viderimus.

Qui hoc in Cruce non discit, desperat. Hinc enim sunt voces illae:
Pf. 31, 23 'Proiectus sum a facie tua', hoc est, Deus me non respicit, non curat me.　5
Pf. 31, 17 Item: 'ostende nobis faciem tuam. Praecedant nos facies tuae'.

In hoc sensu irae Dei animus fide se exuscitet, non sinat se frangi,
sed speret futurum, ut cum Hagar hoc canticum aliquando canat: 'vidi
posteriora videntis me', sunt enim verba tripudii et triumphantis animi, qui
nunc gaudio exultat, cum antea oppressus desperatione pene defecisset.　10

Qui vult quaerere Allegorias faciat sane, Ego hac literali sententia,
quam ipsa historia ultro offert, contentus sum.

Lyra dorsum vocat cognitionem Dei imperfectam: faciem autem cognitionem perfectam. Sed simplicius est, ut dorsum accipias pro irae signo,
cum scilicet se avertit a nobis Deus, nosque non dignatur aspectu, hoc est,　15
cum nostri⌐animi statuunt Deum iratum esse. Adversus autem vultus est
signum gratiae. Dicit igitur Hagar: Non intellexi servitutem et subiectionem
meam placere Deo. Iam autem video dorsum, quod ostendit mihi, fuisse
veram faciem, et me ei curae esse.

Hanc sententiam nobis dat non grammatica, quam solam Rabini habent,　20
sed rerum sacrarum cognitio. Ea cum destituantur Rabini, prorsus negli-
gendi sunt.

Vos curate, ut primo res bene habeatis notas, postea facile erit grammaticam discere. In ea qui peccat, peccat venialiter: sed in rebus peccare,
est peccatum mortale.　25

Porro voco notitiam rerum aliud nihil, quam notitiam novi testamenti,
eo bene cognito patet universa veteris testamenti scriptura. Quia autem
Rabini non solum ignorant Christum: sed in totum abiiciunt, quid possumus
ex eis discere? et tamen multi magni et docti viri hodie sapientiam magnam
iudicant, si nugas rabinorum omnes habeant notas.　30

Rhetores Oratorem vocant, qui non in sermone solum est copiosus,
sed in cognitione rerum: et nota sententia est: pectus disertos facit.[1] Quibus
enim verba nascuntur in ore, hi loquaces, non diserti sunt, Horum similes
sunt Rabini omnes, nullo excepto. Nihil habent, nisi fallaces siliquas verborum et inanes bullas.　35

Retineamus igitur sententiam huius loci, quam non ipsorum grammatica, sed rerum cognitio affert, quod scilicet sit canticum ad erudiendos
nos omnes, qui, dum sentimus afflictionem, iudicamus, nos a Deo abiectos
non respici, non curae esse Deo: sed laeti tandem canimus: 'vidi posteriora
videntis me'. Non abiecit, non neglexit me Deus, ut suspicabar: sed　40

---

[1]) *Vgl. Quintilian, 10, 7, 15. Otto, Sprichwörter der Römer S. 269 f.*

respexit me: hoc vidi post visa ipsius posteriora, hoc est, post afflictionem sublatam.

Porro in signum gratitudinis, quod velit confiteri Deum, et cultum meritum ei praestare propter beneficium sibi a Deo collatum, Dat simul et
5 Deo et loco nomen, et vocat puteum viventis, videntis.

Utrunque nomen plenum est consolationis, si enim Deus est vivens Deus: igitur nos, qui eius sumus populus, etiam vivemus ipsius, hoc est, aeternam vitam.

Hoc cum magnum sit beneficium, illud recte cum eo comparatur, quod
10 vivens Deus est videns Deus, qui non deserit afflictos, sed respicit et iuvat eos.

Hoc elogio ornat Deum sancta Hagar, ac puteum eum celebrat. Atque hic est verus cultus, quem tam beneficio Deo reddere debemus.

Cades est respectu terrae sanctae ad meridiem, in ea parte, quae postea tribui Iudae cessit, per eam ex terra sancta in Aegyptum iter est. Voluit
15 autem Moses tam insigne beneficium commendare suo populo, quia deserti loci, in quo puteus ille fuit, meminit.

Peperit autem Hagar ipsi Abram filium. Vocavitque Abram 16, 15. 16 nomen filii sui, quem peperit ei Hagar Ismael. Porro Abram erat filius octuaginta et sex annorum, cum Hagar pareret Ismaelem.

20 Vides rebellem Hagar et impatientem iugi post revelationem hanc prorsus aliam factam. Itaque redit domum, paret Sarae. Narrat ipsi Abram sermones Angeli, qui posuit nondum nato filio nomen: Ac placet Abrae factum. Ideo de nomine nihil mutat.

Addit autem Moses de aetate Abrahae, ut sciamus, adhuc ei expectandos
25 fuisse annos tredecim, dum ex ipsa Sara ei promissionis filius Isaac natus est.

Caput XVII.

Ut autem factus est Abram filius nonaginta et novem annorum, 17, 1 apparuit DOMINUS Abram, et dixit ad eum. Ego sum Deus omnipotens. Ambula coram me, et esto perfectus.

30 Hactenus recitavit Moses historiam Abrahae usque ad nativitatem Ismaelis, de quo satis luculenta promissio per Angelum Dei facta, qui matrem eius Hagar, impatientem herilis iugi et profugientem non solum persuasit, ut rediret, ac se submitteret dominae suae Hagar: sed etiam territam lege, et agnoscentem peccata promissione iterum erexit, et perduxit eam ad veram
35 Dei notitiam, ut crederet se Deo curae esse, et respici a Deo, qua fide sanctificata et a peccatis iustificata est.

Cum redit iu domum Abrahae, parit filium, cui suavissimum nomen imponitur Ismael, quo etiam testatur fidem suam, quod Deus afflictorum gemitus et vota exaudiat.

Nunc in historia pergit Moses, et totos annos tredecim silentio praeterit: Nihil scribens, quid eo toto tempore vel egerit, vel passus sit Abram. 5

Apparet autem Abramum nato Ismaele et acquievisse, et propter promissionem ab Angelo factam existimasse, quod Ismael sit haeres promissionis futurus, quam supra in Duodecimo capite Dominus fecerat.

Itaque Sara quoque hunc servae filium summo amore est complexa, et fovit diligentissime. Cum autem uterque iam animo securo sunt, et nato 10 Ismaele omnia in tuto esse videntur, aeterno silentio Moses involvit omnia, quae ab eo tempore usque ad annum Abrae nonagesimum nonum gesta sunt: cum tamen verisimile sit tantum virum non fuisse sine magnis et multis negotiis, post tam praeclaram victoriam, idque inter gentes et alienos a religione ipsius. 15

Quiescentibus autem et secure stantibus rebus venit Deus, et interpraetatur priores promissiones de semine nova concione, et totum excludit Ismaelem ab haereditate promissionis. Sic paulatim promissiones evolvuntur, et fiunt clariores.

Cum audiret Abraham illam in capite duodecimo, credebat se ex Sara 20 patrem fore. Sed praecedente tempore cum argumenta multa essent, Saram sterilem esse, adiungitur ei Hagar, ut saltem ex ancilla fiat pater.

Etsi autem hic non exigua tentatione excipitur, quod Hagar clam profugit, priusquam pariat: tamen reducta domum Ismahelem parit. Ibi Abram statuit promissioni satisfactum. Sinit enim Deus sanctissimos viros aliquandiu 25 simpliciter credere, etiamsi non intelligant omnia.

Orditur igitur hic novam historiam Moses, et omissis omuibus, quae tredecim annis interlabentibus acciderunt, primum docet de novo pacto circumcisionis in isto populo instituto: Deinde de promissione disertius explicata, quod Dominus sit Abrahae daturus semen ex ipsa sterili et effecta Sara. 30

Est igitur insigne hoc Caput propter institutam circumcisionem, quam solam Iudaei immodice efferunt, et mire de ea superbiunt. Imo Saraceni quoque hoc ipso nomine, quod circumcisi sunt, promissionis haeredes se esse statuunt.

Itaque Paulo tam vehemens contra Iudaeos pugna est, ut hanc prae- 35 sumptionem carnalem eis eximat: Imo ipsa circumcisione et lege durante 5. Mose 10,16 Prophetis et ipsi Mosi sedulo contra circumcisionem dimicandum fuit, cum Hef. 16,30 appellant populum incircumcisum carne et labiis, ac hortantur ad circumcisionem cordis.

Itaque saepe miratus sum, postquam Satan in odium Euangelii omnis 40 generis sectas hoc tempore excitavit, non extitisse hactenus, qui ad circumcisionem hortarentur, et eam necessariam ad salutem dicerent.

Si quis enim hoc caput gnaviter urgeat, inveniet suae sententiae suffragatores et discipulos infinitos. Adeo enim robusta et firma argumenta in hoc Capite pro circumcisione a Mose colliguntur, ut necesse fuerit Divo Paulo omni impetu se opponere.

5 Quod si Hierusalem non concidisset, et funditus esset vastata, et adhuc modicum floreret, Sicut Apostolorum tempore, tum sacerdotium, tum regnum Mosaicum, profecto vix multo labore possent contineri nostri, ne ipsi quoque circumciderentur, et Iudaei fierent.

Quantum enim Apostolis hic articulus unicus initio negotii fecit? cum 10 etiam pii, et promissionibus de Christo credentes necessariam circumcisionem iudicarent.

Et illa Pauli tonitrua: 'Si circumcidimini, nihil vobis proderit Christus, Gal. 5, 2-4 rei estis totius Legis, Amisistis Christum, excidistis a gratia': An non arguunt, magna contentione ab adversariis rem gestam esse?

15 Illa igitur pestis statim inicio regni Christi Ecclesiam concussit, quod Euangelion et lex ab hominibus indoctis ceperunt confundi. Sicut portentum Mahometicum, Alcoranus, ubi optimus est, nihil est nisi farcimen sententiarum legis et Euangelii. Utrinque enim phanatici homines decerpserunt suo instituto et carni servientia.

20 In Austria et Moravia[1] audio hodie quosdam iudaizantes urgere et Sabbatum et circumcisionem, hi si verbo Dei non praemunitos invaderent, certe magnum darent malum.

Itaque disputatio haec de circumcisione non negligenda, sed diligentissime est tractanda, non tam, ut confutemus Iudaeos, quam ut nostros 25 confirmemus et muniamus.

Divus Paulus duo praecipue argumenta circumcisioni opponit. Primum, quod finis legis sit Christus. Si enim lex in Christum respicit, et per ipsum Mosen Iudaei iubentur Christum audire, Deuteronomii decimo octavo: Se-5. Mose 18, 15 quitur, quod Christo praedicante lex tacere debeat, et qui antea legem audi 30 verunt, tanquam doctrinam ad salutem non sufficientem, nunc Christum audiant, cuius verbum est verbum vitae.

Alterum est, quod Abraham est iustus ante circumcisionem, et sine circumcisione ex fide. Ergo circumcisio ad iusticiam nihil valet.

Haec duo argumenta nemo unquam poterit solvere aut refutare. Non 35 igitur periculum est apud firmos Christianos et munitos verbo, si quis phanaticus urgeat circumcisionem.

Apud infirmos autem ingens periculum est, idque Papistarum culpa, qui pios et eruditos concionatores persequuntur, et in exilium agunt, ac miseros homines expositos Diabolo et omnibus sectis sive verbo errare 40 sinunt.

---

[1] Vgl. oben S. 520 Anm. 1.

Evenit igitur eis, quod stulto pastori, qui cum occidisset canes, lupum non poterat arcere ab ovibus, libere grassantem iam submotis custodibus. Quomodo enim, nisi verbo Dei praeclare instructus sis, negabis circumcisionem non esse aeternam legem, ad quam cogantur omnes, qui volunt esse populus Dei? 5

Primum igitur non frustra esse existimabis, quod Moses diserte de aetate Abrahae admonet, quod circumcisio praecepta sit tredecim annis post natum Ismael, et annis quindecim postquam fide iustificatus et sanctificatus est.

Deinde observanda quoque studiose est praefatio illa, qua utitur 10 Dominus, antequam praeceptum de circumcisione tradit.

Iudaei tanquam inutilem eam sicco pede praetereunt: Sed quis tam grandia verba putet sine certa causa pronunciata? 'Ego Deus omnipotens, ambula coram me, et esto perfectus'. Quid autem aliud voluit, quam ut Abraham in illa iusticia et fide, propter quam iustus pronunciatus erat, per- 15 maneret, et immaculatus, integer et perfectus esset.

Si autem ante legem circumcisionis requiritur, ut perfectus ambulet, quis non videt aut intelligit hoc pactum circumcisionis ad perfectionem non facere, sed hominem ante hoc pactum esse perfectum fide, et requiri tantum, ut hac in perfectione maneat? 20

Diximus autem aliquocies, quid sit ambulare coram Deo, et nota est Hebr. 11, 5 f. expositio, quam author Epistolae ad Hebraeos affert, cum dicit: 'habuisse eum testimonium, quod placeret Deo. Sine fide enim impossibile est placere Deo, et eos, qui ad Deum volunt accedere, credere debere, quod sit, et sit retributor quaerentium se'. 25

Antequam igitur iubetur Abraham circumcidi, inculcatur iustificatio fidei, quod fuerit tum iustus. Siquidem iubetur, sic, ut coeperat, manere iustus et perfectus.

Nam quod plurale nomen hic est, *Thamim*, sis vir perfectionum, seu integritatum, non inepte eos referes, quod sit duplex iusticia. Prima et per- 30 fecta, qua sumus iusti coram Deo fide. Secunda et imperfecta, qua sumus iusti coram Deo et hominibus, quod ad mores et opiniones attinet.

Hanc tam gravem praefationem coeci Iudaei praetermittunt tanquam frustra positam et nihil ad se pertinentem, ac tantum urgent circumcisionem, quasi per eam sola sit iusticia et salus. Cum pater ipsorum Abraham tanto 35 tempore ante circumcisionem fuerit iustus, cum adhuc in praeputio esset, et hic tantum moneatur, ut in ista iusticia fidei et incorrupta vita perseveret.

Nonne autem qui iam coram Deo iustus est, plus iam antea habet, quam circumcisio dare potest? Sed frustra haec dicuntur oculis atque auribus captis Iudaeis. 40

---

29 *Thamim*] תָּמִים

Nobis autem firmissimum argumentum subiiciunt, quod circumcisio non iustificet. Ita ex hoc ipso Capite, quod suae fidei firmamentum Iudaei somniant, destruitur circumcisio: Nam Moses antea affirmat iustum Abramum, et Dominus tantum hic monet, ut in iusticia olim caepta perseveret Abraham.
5 Igitur circumcisio invenit Abrahamum iam antea iustum, sanctum et perfectum coram Deo.

Quod autem mandatur ei circumcisio, tam non ex circumcisione iustificatur, quam non iustificatus est David, cum ei a propheta regnum promitteretur.

10 Certa igitur et indubitata sententia est, quod circumcisio non facit populum Dei, et sequitur ex ea certa et bona consequentia, quod non sint omnes gentes circumcidendae.

Quid igitur, inquies, est circumcisio? nihil aliud, nisi opus obedientiae et exercitium fidei, sicut immolatio Isaaci et alia similia, quae Deus certis 15 hominibus imposuit.

Ideo a Paulo non vocatur circumcisio iusticia, sed signaculum iusticiae. Nam iustificari per opera, et iustificatum facere opera non sunt similia.

Persona prius iusta est, postea ei datur mandatum, ut circumcidatur, non ut per circumcisionem iusta fiat. Haec diligenter considerata patefacient 20 Iudaeorum errorem et impiam superbiam.

Sed quorsum attinet nova Dei appellatio, qua hoc in loco primum Moses utitur? Appellavit antea Deum (*Elohim*) hic vocat (*Schadai*) sine dubio ad significandum mysterium aliquod. Id etsi pro singulorum opinione aliud ab alio fingi potest. Hoc tamen ego praecipuum iudico significatum 25 hac nova appellatione, quod hoc de circumcisione praeceptum non pertineat ad universam creaturam, sed hunc populum hoc modo fuisse separandum ab aliis terrae populis.

Vocabulum (*El*) fortem significat, usurpatur autem aliquoties substantive. Sicut in Deuteronomio: 'Alius rapiet tuum asinum coram te, Item bovem 5. Mose 28, 31 30 tuum abducet et mactabit, et non erit in manu tua (*El*) ut id prohibeas'. Proverbiorum tertio: 'Cum fuerit fortitudo tua in manu tua ad faciendum', hoc est, cum facultatem habebis, ut facias.

Sic in primo praecepto: 'Deus tuus Deus sum, fortis zelotes'. Hinc 2. Mose 20, 5 sunt Angelorum nomina Raphael, Uriel, Michael, Gabriel. Item de quo 35 paulo ante diximus, Ismael.

In summa significatur hoc nomine virtus et potentia Dei, quod solus sit potens, quod habet ex se sufficientiam omnium, quod sit compos omnium, quod nullius virtute indiget, quod omnia possit dare omnibus.

Altera appellatio (*Schadai*) fere transfertur omnipotens. Nec moror 40 hic grammatistarum rixas, unde derivetur. Nam quod ex pronomine et

---

22 (*Elohim*)] אֱלֹהִים   (*Schadai*)] שַׁדַּי   · 28 (*El*)] אֵל   33 Hinc] Ilic *Erl. Ausg.*

nomine componunt, quod significet sufficientiam ex se habentem, non sane repugno, etsi non credo. Cum nomine *Sched*, quo appellarunt Demonia, quibus Iudaei immolarunt, prorsus nihil commune habet, nec cum (*Schadad*) quod vastare significat.

Sed undecunque tandem trahat originem, mihi ideo videtur Moses ⁵ noluisse generali appellatione tocius generis humani (*Elohim*) uti: Sed singularem hanc et novam appellationem usurpasse ad significandum mysterium hoc, quod hoc pacto circumcisionis, quam hic praecipit, nolit teneri universum orbem terrarum, sed particulariter pertinere ad semen Abrahae. ₁₀

Praevenire igitur voluit Moses rabiosam Iudaeorum superbiam, qui ex hoc textu contendunt totum mundum esse circumcidendum, sed non sequitur bona consequentia: Iudaeis est mandata circumcisio, igitur omnes, qui volunt esse populus Dei, sunt circumcidendi.

Sunt enim clarissima exempla in oppositum. Ionas missus ad Ninivitas ₁₅ convertit eos, at non circumcidit: Crediderunt enim Deo, et emendaverunt vitam, atque ita sunt facti populus Dei sine circumcisione, quod nequaquam esset factum, si circumcisio sic esset praecepta, ut omnibus gentibus esset necessaria.

Sic Ioseph venditus in Aegyptum, et mirabiliter perductus ad culmen ₂₀ dignitatis, Sine dubio noticiam Dei veram in Aegypto plantavit, non autem circumcidit Aegyptios.

Patriarchae igitur bene intellexerunt, non latius patere mandatum de circumcisione, quam ad semen Abrae, nec in aeternum a semine Abrahae esse servandam, sed ad verum semen Abrahae, Christum. ₂₅

Ideo omnibus saeculis etiam non circumcisi venerunt in societatem Ecclesiae. Sicut Hiob, Cyrus Persa, vidua Sareptana, Naaman Syrus. Et tempore Christi adoraverunt multi in templo, ut Eunuchus, Cornelius et alii, qui tamen circumcisi non fuerunt.

Recte igitur Paulus contendit circumcisionem non transferendam in ₃₀ gentes, sed retinendam in (*El et Schadai*) hoc est, in isto populo adhuc sub Mose constituto, ante adventum veri seminis Abrahae.

Imposita enim haec de circumcisione lex Iudaeis est, non ut per eam iustificarentur, frustra enim sic promissus esset Christus, sed ut essent populus distinctus ab omnibus aliis populis, ut sciretur, ex quo populo, ex ₃₅ qua mundi parte nascendus esset salvator.

5. Mose 10, 16　Itaque Moses, qui tam diligenter describit initia circumcisionis, valde Iudaeos pungit, dum iubet, ut circumcidant praeputia cordium. Idem Pro-
Jer. 9, 26 phetae faciunt, Esaias et Ieremias: 'Omnes gentes, inquiunt, habent praeputia, sed filii Israel sunt incircumcisi corde'. ₄₀

---

2 *Sched*] שֵׁד　　　3 (*Schadad*)] שָׁדַד

Hoc an non contra gloriam circumcisae gentis atrox verbum est? Sed necessitas cogit Prophetas, hoc ut facerent, et pestilentissimam iusticiae fiduciam suis adimerent sic pertinaciter affirmantibus, quod circumcisio carnis faciat populum Dei, et iustificet.

5 Retineamus igitur hanc sententiam firmiter, quod circumcisio non pertinet ad alias gentes, sed tantum ad hanc unam gentem, cui facta est promissio de Christo. Sic autem ad eam pertinet, ut, postquam Christus promissus in carnem venit, et exhibitus est mundo, circumcisio tum plane cesset ac desinat.

Is enim quia ex mandato aeterni patris solus audiendus est, et non 10 circumcisionem, sed Baptismum docet: Baptizari posthac omnes, non circumcidi debent, qui volunt esse verus Dei populus.

Circumcisio enim servit promissioni, et est inclusa promissio in circumcisionem. Cum igitur promissio impleta est, quid amplius opus est circumcisione?

Sic nisi promissio inclusa esset in Baptismum, frustra baptizaremur. 15 Cum autem haec Baptismi promissio implebitur in futura vita, tum Baptismus quoque non amplius requiretur.

Ineptum, imo impium quoque est, quod quidam Iudaei *Schadai* dicunt appellatum a *Schadad*, vastare, quod solus vastet coelestia et terrestria. Hoc nomen cum hac sententia daemonibus verius convenit, quam Deo vitae et 20 lucis. Est enim Deus benefaciendi, non perdendi.

Rectius formatur a primitivo *Schad* quod mamma sonat, sicut Graeci vocarunt πολύμαστον, seu mammosam Deam, cui tribuerunt beneficium alimoniae: et nos Deum vocamus alumnum, qui alat universum genus humanum, qui non solum potentiam ex se habet: sed dat omnibus aliis sufficientiam, 25 ut se alant.

Haec significatio proprie ad Iudaeos pertinet, quibus solis facta erat promissio de terra Chanaan. Fuit igitur his *El*. Satis enim habuit potentiae ad defendendum populum suum contra gentes.

Fuit quoque *Schadai*, quasi dicas ubera ad fovendos et alendos eos. 30 Etsi enim gentes quoque defendit et aluit, tamen Iudaeos ex promissione cogebatur alere et defendere.

Haec mihi huius nominis ratio vera esse videtur. Etsi autem me harum rixarum inter grammaticos iudicem non constituo, tamen res convenit, quod Deus hunc populum fovit, defendit, et, ut Paulus 1. Timotheum sexto 1. Tim. 6, 17 35 loquitur: 'omnia contulit ad sufficientiam'.

Sicut igitur pactum hoc novum est cum novo et nascituro populo, ita etiam nova nomina, ceu novam vestem, et habitum novum circumdat sibi Deus, ut ostendat se pactum hoc condere, non cum omnibus populis, sed cum hoc uno, qui ex Abraha erat nasciturus.

40 Hoc libenter inculco. Nam haec de circumcisione quaestio admodum difficilis et impedita est. Ac nisi Divus Paulus intercessisset, eamque sic tractasset copiose et graviter, vix liberassemus nos erroribus.

Ita enim Actorum decimo quinto legitur, quod post resurrectionem Christi Iudaei conversi ad fidem urgebant legem, et cogebant baptizatos ad circumcisionem, imo etiam ad totam legem servandam, sic enim dicunt: 'oportet eos circumcidi, et mandare, ut servent legem Mosi'.

Apg. 15, 5

Fuit igitur haec gravis quaestio, quae, ut apparet in primitiva Ecclesia, ipsis Apostolis negotium fecit, et coegit Paulum, ut Hierosolymam iret, et cum Apostolis de ea conferret.

Porro non simplex, sed gemina haec in Actis quaestio est. Prima est, An homo iustificetur ex operibus. Altera est, an circumcisio sit necessaria.

Nam circumcisio posteritati Abrahae mandata est longo tempore ante legem. Ac lex non Iudaeos tantum, sed gentes quoque obligat: Est enim aeternum et immutabile Dei decretum de Deo colendo, et diligendo proximo. Ac fuit decretum Dei omnium hominum animis inscriptum a principio mundi. Operae pretium igitur fuerit videre, quomodo Paulus hanc disputationem tractet.

Quod ad circumcisionem attinet, est demonstratio haec perfecta, et indubitata propositio, et ex sacris literis per se nota, quod Abraham ante et sine circumcisione fuit iustus. Sequitur igitur, propter iusticiam circumcisionem non imponendam.

Sic de altera quaestione certa demonstratio est, qua idem Paulus utitur, eamque scite urget in Romanis et Galatis, quod Abraham reputatus iustus non propter opus aliquod, sed simpliciter, quia Deo credidit.

Aliud autem est reputatione divina esse iustum, et esse iustum suis operibus ac meritis.

Conveniunt igitur haec, ac non argute tantum et dialectice, sed demonstrative quoque probantur. Si Abraham non est iustus ex circumcisione, multo minus est iustus ex ulla lege Mosi, quae ipsa quoque nondum scripta fuit, cum Abraham pronunciaretur iustus.

Imo ipse Moses, et qui sub eo fuerunt, non sunt iustificati ex lege. Iusticia enim non est facere legem, sed credere promittenti Deo.

Sic unicam hanc voculam urget Paulus profecto erudite et prudenter. Quod si vel Papistae, vel Iudaei huic sententiae reclamant, faciunt id suo, non nostro vicio et peccato.

Haec enim clara et certa sunt. Abrahamum ante circumcisionem fuisse iustum, ac quia fide iustus reputatur, iusticia non ex lege aut operibus, sed simpliciter ex fide, seu fidutia in promissionem contingit.

Solis Iudaeis est data scripta lex: Gentes eam habuerunt scriptam in cordibus suis, hoc est, secum natam, et nos hodie revelato Euangelio cogimur diligenter docere legem, et inculcare populo, sed etiam natura duce et ex ipso rationis lumine possumus concludere, legem non iustificare.

Aristoteles disputat, opus non esse bonum, nisi fiat ex recta ratione et bona voluntate. Cum igitur voluntas mala sit, et ratio erret, sicut experientia testatur. Sequitur profecto operibus in speciem optimis hoc vicium voluntatis et rationis non corrigi.

Igitur Philosophi quoque concludunt, quod ante bona opera oportet personam esse bonam, hoc est, quod oporteat voluntatem esse bonam, et
5 rationem rectam esse, priusquam aliquid recte fiat. Nec potest refutari sententia haec.

Sed Iudaei contra urgent, quod hic est de sempiterno foedere, et quod additum est, quod non circumcisus eradicabitur ex hoc populo. In contradictione igitur consistit disputatio. Neganda est autem consequentia, quod
10 ideo iustificet circumcisio.

Cur igitur, inquiunt, data est? Respondet Paulus: ut esset signaculum Röm. 4, 11 iusticiae, hoc est, Oportuit hoc opus adesse ad signandam iusticiam, debuit esse circumcisio ceu chirographum in confessionem, quod promissio vera sit.

In summa fuit Sacramentum, quo admonerentur se esse Dei populum,
15 sed per circumcisionem non sunt facti Dei populus.

Rursus circumstantiam urgent Iudaei, quod circumcisio non ut opus ad Abrahamum solum pertinens mandata est, sed una cum Abraha toti eius posteritati imponitur, ac promissio totam posteritatem, non solum Abrahae personam includit. Sic enim dicit textus: 'ut sim tibi in Deum, et semini
20 tuo post te'.

Si ergo qui non circumcisi sunt, hac promissione coguntur carere, et non sunt populus Dei, sequitur a contrario sensu, quod per circumcisionem posteritas Abrahae fiat populus Dei.

Hoc argumentum non amplius philosophicum est, sicut illud prius,
25 quod recta ratio et bona voluntas requirantur ad bonum opus, et praecedant bonum opus, sed est Theologicum argumentum, contra quod praecipue Paulus pugnat, qui id optime intellexit.

Nec eludendum est, quod promissio sit accipienda de hac corporali vita tantum, loquitur enim Deus non cum lapidibus, lignis, bobus aut asinis,
30 cum hominibus et posteritate Abrahae loquitur, eique promittit, si hoc circumcisionis pactum servent, se eis Deum fore non solum in hac vita, sed in futura et aeterna vita.

Nam vocabulum Deus relative hic significat, qui scilicet creditur a semine Abrahae esse Deus, et vicissim se semini Abrahae ut Deum et aeter-
35 num benefactorem ostendit.

Neque enim cavillo hic locus est, aqua, sol, luna etiam intelligunt Deum, faciunt enim voluntatem Dei, nos hic loquimur de vero promissore et de verbo promissionis. Id verbum certe non sol, non ligna, non bos, non asinus intelligit.

40 Sequitur igitur (Sic enim arguunt Iudaei), quod circumcisio iustificat. Includit enim promissionem, imo ratam facit promissionem, quod Deus sit semini Abrahae futurus Deus. Nisi enim circumciderentur, promissio

locum non haberet. Nam non circumcisi sunt eradicandi, hoc est, non habent Deum.

Quid hic dicemus? cum enim dictum sit Abraham fuisse iustum ante circumcisionem, hic contrarium statuitur, quod circumcisio faciat, ut Deus nobis sit Deus.

Respondeo, Abrahamo est data circumcisio, ut per eum propagaretur in omnem posteritatem hoc signum foederis, igitur longe alia ratio fuit circumcisionis in Abraha, et alia in eius posteritate. Erat iam antea Deus, Deus Abrahae, sicut Moses clare testatur. Igitur per circumcisionem non primum coepit Abraham fieri Dei filius, et tamen, quia iussit Deus eum 10 circumcidi, nullo modo debuit voluntati Dei resistere.

Posteritati autem Abrahae circumcisio fuit symbolum, quod essent haeredes promissionis, quae Abrahae adhuc in praeputio erat facta.

Sic necessarium discrimen facimus inter opus et opus. Cum baptizaretur Christus et cum nos baptizamur, quod ad ipsum opus attinet, nihil 15 interest inter baptismum Christi et aliorum credentium, utrique abluuntur aqua in Iordane, utrisque proponitur consolatio, quod Deus velit ignoscere peccata: Sed personarum discrimen maximum est.

Christus baptizatur, non ut iustificetur, est enim filius Dei, et aeterna iusticia ornatus, ut nos iustificemur per ipsum. Sed baptizatur, ut sic dicam, 20 nobis in exemplum, ut praecedat nos, et nos eius exemplum secuti etiam baptizemur.

Ad hunc fere modum circumcisio sacramentum est posteritate Abrahae, quod cum promissionem habet, credentes huic promissioni, et utentes sacramento in fide iustificantur. Qui autem non credunt, non iustificantur, et circumciduntur. In 25 hunc finem Abraham non est circumcisus. Nam et promissionem ante hoc signum habuit, et per fidem in promissionem adhuc in praeputio existens iustificatus est.

Similia exempla multa possunt dari. Praeceptor suis discipulis proponit Grammatica, non ut ipse ea discat. Iam enim nota et usu confirmata habet Praeceptor ille, sed ut discipuli ea discant. Nos quoque sacra legimus 30 publice non propter nos. Nam ea in privato possumus discere, imo iam didicimus, sed propter auditores.

Ad hunc modum circumcisio praecepta Abrahae est, ut posteritati eius esset sacramentum, quo iustificarentur credentes promissioni, quam circumcisioni addiderat Deus. In Abraha, qui iam iustificatus erat, alia huius ratio 35 operis fuit, quanquam ipsi quoque signaculum iusticiae erat.

Ad hunc modum responderi potest. Sed Iudaeo nondum est satisfactum. Urget enim: si posteritati Abrahae occasio iustificationis fuit circumcisio, ergo sequitur omnes, qui volunt iustificari debere esse filios Abrahae. Hoc autem quia natura impossibile est, ut omnes nascantur ex carne et 40

---

30 ille] *vielleicht* illa *gemeint.*

sanguine Abrahae, relinquitur esse circumcidendos, et liberandos praeputio, ut secundum hoc opus, quod promissionem hanc habet, Abrahae fiant similes. Sicut fuerunt Proselyti in populo, Herodes et alii.

Hanc instanciam diluit Christus creditus, quod venerit. Ex veteri
5 Testamento homini contentioso vix satisfeceris. Sed qui credunt Christum venisse in carnem, hi norunt iustitiam non petendam ex circumcisione, sed a solo Christo, in quo omnes promissiones sunt Amen et ita. 2. Kor. 1, 20

Nam Christus circumcisionem, licet ipse circumcisus, non mandat, mandat autem, ut in suo nomine baptizemur. Haec ratio homini pio demon-
10 strationis loco est. Sed Iudaeis frustra proponitur non credentibus in Christum. Igitur alia via occurrendum eis est.

Utcunque enim sit de posteritate Abrahae et de praecepto circum- cisionis, hoc profecto Iudaeis impossibile probatu est, quod circumcisio sit gentibus necessaria ad iustificationem. Hoc enim solum efficient ex hoc
15 textu, quod semini Abrahae sit mandata, et quod, qui ex semine Abrahae sunt, hi Dei populus esse non possunt, nisi circumcidantur. Illud nullo modo efficient, quod nemo nisi Iudaei iustificentur, et sint Dei populus.

Nam primum ipse Moses dicit, quod Abram sit constituendus pater multarum gentium: si pater gentium, et non Iudaeorum, et Deus est Deus
20 seminis Abrahae: Igitur semen Abrahae erunt gentes quoque, et Deus etiam non circumcisorum Deus erit. Sic Iudaei urgentur, ut non possint aliud dicere, quam quod circumcisio sit necessaria carnali semini Abrahae.

Postea autem est alia demonstratio a posteriori, seu ex effectu. Sic enim recte argumentamur. Pharao, docente Iosepho Aegyptum, agnovit
25 Deum, et illa Dei noticia iustificatus est, cum tamen non esset circumcisus, clare enim textus dicit, quod abominatio sit Aegyptiis comedere cum Indaeis, propter circumcisionem. Igitur iustificantur, etiam qui non circumciduntur.

Sic Rex Nebucadnezar insigne testimonium habet, sicut Darius quoque et Cyrus, quod agnoverit, et tamen circumcisus non est.
30 Sic Iob, sic Sareptana vidua, sic Naaman Syrus iusti fuerunt. His exemplis obruuntur Iudaei, ut negare non possint, etiam gentes in praeputio esse populum Dei, et placere Deo, nec pertinere praeceptum circumcisionis ad gentes.

Quamdiu igitur Iudaei non credunt in Christum, sunt sub lege, et
35 tenentur ad circumcisionem. Sed ut gentes circumcidantur, probari ab eis non potest.

Huc respexit Christus, Matthaei 23., cum dicit: 'Vae vobis, scribae Matth. 23, 15 et Pharisaei, qui circumambulatis mare et aridam, ut faciatis proselitos, et cum factus fuerit, facitis ex eo filium gehennae duplo magis, quam vos estis'.
40 Tale nihil fecit Ionas docens Ninivitas. Helizeus mundans Naamanum. Imo reliquit eum in suo vitae genere, et permittit, ut cum rege suo intret templum Idoli, modo ipso corde Deum Israel adoraret, cuius fidei testimonium

erat terra ex templo Hierosolomitano translata ad gentes. Sic a posteriori
clare sequitur Deum non tantum Iudaeorum, sed gentium quoque.

Mirabilis autem res est. Ismaelis posteritas excluditur a circumcisione,
et tamen includitur in promissionem, quod Deus sit futurus Deus eorum.
Quae igitur illa vel coecitas, vel pertinacia est Iudaeorum, qui se solos Dei 5
populum esse gloriantur propter circumcisionem.

An non haec in contrarium adducta exempla clare docent circumcisionem
ante Christum natum fuisse necessariam Iudaeis, et non gentibus. Gentibus
autem ad salutem fuisse necessariam fidem promissionis, seu fidutiam in
promissum semen. Sicut ipse Abraham non per circumcisionem, sed in 10
praeputio per fidem in promissionem iustus reputatus est.

Cur igitur circumcisus est, inquis? Responde tu, cur baptizatus sit
Christus. Nos per Baptismum, cum credimus promissioni, iustificamur.
Christus, etsi baptizatus est, tamen per Baptismum non est iustificatus.
Baptizatus enim est non propter se, sed propter posteritatem credentium. 15

Sic Abraham quoque non propter se est circumcisus. Utor similitudine
hac ad patefaciendam rem, etsi agnoscam multa inesse dissimilia, de quibus
disputandi locus nunc non est, et mediocriter erudito per se patent.

Etsi igitur non possumus Iudaeis non credentibus in Christum adimere
circumcisionem in sua generatione, quam diu perstant in suo errore, quod 20
Christus non sit exhibitus, coguntur ferre circumcisionis onus: tamen certum
est circumcisionem ad gentes non pertinere. Peccat igitur, qui eam imponit
gentibus tanquam necessariam ad salutem. Sicut illi ex conversis Pharisaeis
in Actis fecerunt.

Qui autem norunt Christum, hi, quia habent etiam in Mose expressum 25
5. Mose 18, 15 mandatum, ut Christum audiant: 'Suscitabo, inquit enim, ex fratribus tuis
Prophetam, quem audies sicut me': hi norunt Christum esse finem legis, hi
norunt non circumcisionem solum, sed ipsam legem Mosi in Christo finiendam.
Kol. 2, 9
Joh. 1, 16 Christus enim est fac totum. 'In eo est plenitudo divinitatis'. 'Per
eum habemus gratiam pro gratia: ac accipimus omnes de eius plenitudine'. 30
Igitur possumus dicere Iudaeis, quod impleta sit promissio facta Abrahae,
Dan. 9, 24 nunc impletas Prophetias et visiones. Sicut apud Danielem est. Non igitur
Abrahamum, non circumcisionem, sed dominum utriusque regnare.
Röm. 2, 25 Atque huc facit, quod Paulus simpliciter dicit, Circumcisio nihil est,
Est enim data Abrahae in signum iusticiae non collatae in Abrahamum per 35
circumcisionem, sed propagandae in posteros, donec promissum semen,
Christus, veniret.

Nisi autem Iudaei sic essent excaecati, deberent singulariter moveri
1. Mose 17, 7 vocabulo, quod Dominus ubique hic addit. 'Erigam pactum meum inter te
1. Mose 17, 9 atque inter semen tuum post te in generationibus suis'. 'Tu custodies pactum 40

---

30 gratiam] gratam *A*

meum et semen tuum post te in generationibus suis'. Item: 'tibi et semini 1. Mose 17, 8
tuo post te dabo terram, in qua nunc peregrinus es'.

Hoc vocabulum: in generationibus suis, diligenter notandum erat.
Potuisset simpliciter dicere, sit foedus meum perpetuum inter te et semen
5 tuum post te. Sed quia addit in suis generationibus, significat certi temporis
durationem, ut sit sententia. Pactum hoc, seu ipsa circumcisio durabit, dum
vestra generatio durabit.

Porro certum est Abrahae semen amplius non durare. Nam post
captivitatem Hierosolimorum non regnum, non populus, non familia, non
10 sacrificium mansit. Quod si semen maneret, certe maneret domus, et forma
aliqua regni, quid enim Abrahae promisit Deus, si hoc non promisit?

Nunc autem, quod summum est, etiam totus Moses iacet et tacet.
Quomodo igitur poterit urgeri circumcisio, cum isti, qui circumcidendi sunt,
nulli sint, hoc est, non habent amplius generationem certam, non locum
15 certum, in quo consistunt. Postquam igitur Christus venit, debuit cedere
circumcisio, sicut umbra soli venienti cedit.

In quem usum igitur data est? ut innotesceret salvatorem ex hoc
circumciso populo, et non ex gentibus nascendum. A cunctis gentibus
desideratus non est in cunctis gentibus incarnatus, sed in hoc uno populo,
20 qui divinitus iussus erat circumcidi.

Ac peculiaris ritus ideo propositus est, ut esset toti mundo insigne
monitorium, Christum ex Iudaeis venturum. Iudaeis enim solus promissus
erat, etsi Iudaei non soli eo erant fruituri.

Dixi satis verbose de circumcisione. At Iudaei credentes venisse
25 Christum, facile concedent, quod tota lex cum circumcisione et omnibus
aliis ceremoniis non debent durare longius, quam usque ad Christum. Nam
Moses iubet, ut Christum audiant. Igitur Christus novam doctrinam et
novas ceremonias est allaturus, quas iubet Moses ut amplectantur sui, illis
legalibus dimissis, sicut certum Christi mandatum est: 'Ite docete omnes Matth. 28, 19
30 gentes, et baptizate eos in nomine meo'.

Sed Iudaei, qui retinent pertinaciter errorem suum, et expectant
Messiam, hos non solum circumcisione non poterimus liberare, sed quia se
Abrahae semen agnoscunt, totius legis rei et debitores sunt.

Sive autem credant Iudaei, sive non credant, sive maneant in circum-
35 cisione, sive non, manet salva nobis propositio haec, quod nos Gentes
sumus liberi a lege et a circumcisione, sicut ante legem et in lege multi
ex Gentibus sunt conversi ad Deum, et tamen a lege et circumcisione
manserunt liberi.

Multo autem magis nos Christiani sumus a lege liberi et a Circum-
40 cisione, qui scimus non Mosen, sed filium Dei ex mandato patris audiendum.
Is etsi circumcisus, tamen nos non circumcidi, sed baptizari iussit. Haec
sententia vera et firma est.

Sicut autem, cum promissio novi Testamenti in aeterna vita implebitur, non amplius Sacramento Baptismi opus habemus: Ita, cum per Christum promissio Abrahae facta sit impleta, non amplius circumcisione opus est.

Aut convertantur ergo Iudaei, aut damnentur sub legem, quam etiam ad literam servare eis impossibile est.

Consilium autem huius Capitis etiam considerandum est. Instabat multiplicatio seminis Abrahae, cui hic promittitur, futurum eum multarum gentium patrem. Qui autem non conveniebat, ut Deus singulis generationibus novum pactum faceret, et novas promissiones confirmaret, sicut Abrahae, Isaaco et Iacob, dat toti posteritati ex Isaac commune vel oraculum, vel signaculum, quo non solum discerneretur a caeteris gentibus. Sed etiam ceu sacramento admoneretur se esse Dei populum, et Deum vicissim ipsis futurum Deum, hoc est, benefacturum et in hac vita et aeterna, idque totum propter promissum semen mulieris, seu Christum.

Sunt igitur primum Iudaei populus per circumcisionem saeparatus ab omnibus populis, ne generatio ipsorum confunderetur cum aliis gentibus, et promissio de Christo certa esset, quibus esset exhibenda. Deinde circumcisio est eis signaculum iusticiae. Admonentur enim hoc ipso opere passivo (ut sic dicam) se Dei populum et Deo curae esse.

Inde, quaeso, vide, quam mirabilem propositionem Paulus colligat. Nam ex hac ipsa separatione seminis Abrahae ab universis gentibus, auctore Mose, colligit summam gentium coniunctionem cum Iudaeis et vero semine Abrahae. Sic enim dicit textus: 'In patrem multarum gentium dedi te'. Hoc quid aliud est, quam quod gentes tanquam filii et haeredes Abrahae ad possessionem promissionis Abrahae factae sint perventurae? Quomodo enim, hoc si non fiat, potest Abraham multarum gentium pater esse? Et tamen vides gentes a Iudaeis separatas. Nam semen Abrahae iubetur circumcidi: Gentes non iubentur circumcidi.

Haec pulcherrima consequentia ex ipso Mose sequuntur, quod cum Iudaeis, separatis per circumcisionem ab omnibus gentibus, gentes debent coniungi, ut fiant participes promissionis, et tamen non debent circumcidi.

Ad hunc modum Ismael separatur a semine Abrahae et non separatur, sicut aliae quoque gentes.

Quod enim attinet ad illam civilem societatem et ad carnalem congregationem, Ismael et Gentes separatae sunt a Iudaeis. Soli enim Iudaei habent illud iusticiae signaculum, sed ab ipso promisso semine gentes non sunt saeparatae.

Hinc nascitur Paulo illa erudita distinctio inter filios Abrahae, qui carnis filii sunt, et qui sunt filii promissionis. Ad quam Iohannes quoque Ioh. 1, 13 alludit, cum Dei filios vocat, 'non qui ex sanguinibus, neque ex voluntate viri aut carnis, sed ex Deo nati sunt'.

Facit autem hoc quoque ad circumcisionis mysterium ostendendum, quam gerunt Iudaei divinitus impositam in futurum Christum, et simul, dum Christus nondum exhibitus fuit, gerunt, ut caeterae quoque gentes ea admoniti haberent occasionem credendi eidem Deo, qui Abrahamo benedictum 5 semen promiserat, et sperandi in Christum.

Utrunque igitur fit, saeparantur et coniunguntur Iudaei cum gentibus. Nascitur autem ex hac ratione, ut dixi, illa praeclara sententia, quam Paulus gnaviter urget in 11. [*sic!*] ad Roma[nos, quod non satis sit esse filios Röm. 9, 6—8 Abrahae secundum carnem, sed requiri, ut ipsi Iudaei, qui carnale semen 10 sunt, fiant filii promissionis: Sicut dicit textus: 'In Isaac vocabitur tibi semen'.

Inde nascitur caput Theologiae, quod Deus sit Deus Iudaeorum et gentium, dives in omnes, etiam illo ipso tempore, quo lex et circumcisio floruit.

15 Nam aliae gentes audiverunt Abrahamum, audiverunt Prophetas, viderunt Hierosolymis cultum, et Deum Iudaeorum crediderunt solum et verum Deum esse.

Interim Iudaei soli habuerunt signaculum hoc iusticiae, quo fulgebant inter omnes gentes, ut, etsi gentes non circumciderentur, tamen eundem Deum 20 invocarent et colerent, qui per circumcisionem Iudaeorum populo se patefaceret.

Non igitur negligimus Divum Paulum, optimum et doctissimum Mosi interpretem. Sic enim de hoc capite nos docet, ·scripsisse hactenus Mosen de nato filio Ismael et semine Abrahae secundum carnem, sed semen id natum est sine promissione. Non enim Deus locutus est ad Abraham de 25 filio nascituro ex ancilla: Fuit id Sarae consilium, ut cum ancilla se consociaret Abraham, non fuit mandatum Dei, multo minus fuit mandatum cum promissione.

Humanum igitur consilium, seu, ut augustius aliquid dicamus, charitas ibi valuit, et non fides, nam promissio nulla adfuit de Ismaele ex serva.

30 Sed de Isaac alia res est, is ex promissione nascitur, et promissio in ipsum figitur. Haec differentia observata clarum lumen huic de circumcisione disputationi afferet.

Sed Iudaei, submersi in cogitationibus legis, promissionem non spectant, nec distinguunt inter legem et Euangelium: Imo Euangelium prorsus ignorant, 35 persequuntur et oderunt.

Et tamen negare non possunt, quod Ismael, secundum carnem verus Abrahae filius, et ex mandato Dei circumcisus quoque, tamen non reputatur in semen Abrahae. Sed solus Isaac, qui secundum promissionem est natus.

Non autem hoc ita accipiendum est, quasi ideo damnemus Ismahelem, 40 quem ego in noticia veri Dei mansisse et salvatum esse iudico. Hoc agitur, ut Iudaci, impia et superba gens, doceantur, quod nativitas carnis, de qua ipsi tantopere gloriantur, nihil valeat.

Joh. 3, 6   Sicut Christus dicit: 'Quod ex carne natum est, caro est'. Item:
Joh. 3, 3 'nisi quis renatus fuerit, regnum Dei non videbit'.

Haec necessaria doctrina est, et sola altos cervices Iudaeorum deprimit.
Non enim possunt negare, quod Ismael sit reiectus a possessione huius promissionis, et tamen fuit verum semen Abrahae, carnale scilicet. Sed id non 5
satis fuit. Oportuit enim, si salvari voluit, fieri fidelem filium fidelis Abrahae.

Ita clare conspicitur praerogativam nativitatis carnis nullam esse, ne
in Isaaco quidem. Nam omne pondus in promissione est. Promissio autem
sola fide accipi potest. Quod ad carnis nativitatem attinet, omnes nascimur
in peccatis: Renasci igitur oportet salvandos per aquam, id est, per Baptis- 10
mum, non per circumcisionem: et per spiritum, qui fidem in promissionem
accendit, et sic a peccatis liberat et salvat.

Quod autem circumciditur hic populus, fit, ut saepe iam dixi, ad
notandum et insigniendum eum, ut Gentes admiratione adductae Deum
Iudaeorum discerent agnoscere, donec Christus veniret et institueret novum 15
signaculum, quo simul Iudaei et gentes consignarentur tanquam socii aeternae
gratiae, quae per filium Dei obtingit, non privilegiatis privilegio carnalis
nativitatis, sed credentibus, seu per aquam et spiritum renatis.

Ad hunc modum accurate inspexit Mosis textum Paulus, quod et
separati Iudaei per circumcisionem sint a gentibus, et tamen Gentes cum 20
veris Abrahae filiis consociatae per fidem: In certum argumentum, quo toti
orbi terrarum innotesceret, quod nativitas carnis coram Deo nihil faciat ad
salutem, Et patere aditum ad gratiam etiam gentibus.

Sicut supra de Caini posteritate dictum est, qui etsi per peccatum a
promissione excidit, quae in pium Seth translata est, tamen verisimile est 25
multos ex posteritate eius, consociatos cum Seth, salvatos esse: sed hi sunt
salvati non certa promissione: sed, ut sic dicam, vaga: sicut Pharao in
Aegypto non quidem habuit certam promissionem, ut Isaac de salute sua,
et tamen, quia audit Iosephum, et eius Deum colit et invocat, servatur
ipse quoque.   30

Sic non habens promissionem, promissionem consequitur. Iudaei autem
habentes promissionem, sectando legem ad leges iustitiam, ut Paulus ait,
non pervenerunt.

Nemo igitur glorietur in nativitate carnali, in maioribus, in sapientia
Ier. 9, 24 sua, opibus, regno, sed 'in eo solo, quod norit Dominum'. Hieremiae nono. 35
Deus enim est Deus Iudaeorum et Gentium, et quanquam in eo discrimen
est, quod Iudaei promissionem habent, et sua certa insignia, quibus noscuntur,
quod sint Dei Populus, tamen Deus gentes a promissione non excludit, modo
eam fide amplectantur.

Sic posteritas Esau, qui sunt sapientes in Teman, habuit multos prae- 40
claros sanctos, etsi non essent circumcisi, nec legem Mosi agnoscerent: contenti hi erant promissione vaga, et pro ea egerunt Deo gratias.

Sic a principio usque ad finem multi ex gentibus salvati sunt, etsi promissio gentibus non esset facta. Imo, quod mirabilius est. Iudaei propter superbiam amiserunt promissionem, quae ipsorum erat propria et debebatur eis. Gentes autem, quibus non debebatur, arripuerunt eam, et successerunt 5 in locum eorum: secundum Iohannis dictum, Matth[aei 3: 'Genimina vipe- Matth. 3, 7. 9 rarum, dico vobis, potens est Deus ex lapidibus excitare filios Abrahae'.

Haec superbia et obstinatia evertit Iudaeos, quod contendebant se esse Dei populum, Causam si quaereres, respondebant, sumus semen Abrahae et circumcisi.

10 Haec ratio si valet, quid aliud sequitur, quam omnes gentes alias esse damnatas. Non enim sunt semen Abrahae, nec sunt circumcisae.

Itaque Paulus graviter hanc sententiam refutat. Dicit quidem Abrahae factam promissionem, et per circumcisionem separatum eius semen ab omnibus gentibus, sed, quia videt a Mose vocari Abrahamum patrem multarum gentium, 15 recte concludit gentes quoque esse populum Dei, si amplectantur cum fideli Abraha promissionem.

Circumcisae non sunt, non habent promissionem futuri Christi. Ea Iapheto et Chamo negata, soli Sem donata est: et tamen Iaphet habitat in tentoriis, et Chamitae quoque multi salvati sunt. Debuit enim Euangelion 20 spargi in omnes gentes.

Utrunque igitur verum est, salus ex Iudaeis est, sed non soli Iudaei salvantur. Veniunt ad salutis promissionem etiam gentes.

Ad hunc modum voluit spiritus sanctus errorem Iudaeorum praevenire, sed coeci id non animadvertunt. Hoc solum notant, quod mandatur circum- 25 cisio cum promissione, quod sint futuri Dei populus. Quod autem Abrahae dicitur, patrem eum fore multarum gentium, hoc non vident.

Non igitur spiritui sancto, qui huic errori studuit occurrere, sed ipsorum coecitati tam horribilis ruina est imputanda.

Sic praevenit spiritus sanctus Papistarum haeresin de coelibatu, siquidem 30 docet Dei institutione Adam copulatum cum Heua.

Ad hunc modum hoc in loco monentur Iudaei, ne praesumant de nativitate carnali. Filios enim Dei non nasci ex carne, sed ex gratia et misericordia Dei.

Sicut enim nondum natis ex misericordia signaculum et promissionem 35 dedit, non ex meritis: Ita gentibus quoque ex misericordia communicatur promissio et salus.

Sed frustra haec cum Iudaeis disputamus. Quia enim Christum non amplectuntur, manet velamen ante oculos Mosis, quod non tollitur, nisi in Christum credas, permittendi igitur sunt suo malo genio, sicut Turcae et 40 Papistae, qui dementati suis opinionibus, etiam clarissimo scripturae testi- monio, aut non vident, aut cavillantur. Haec de consilio seu statu huius capitis satis sint: nunc textum explicabimus.

Annus Abrahae nonagesimus nonus valde est insignis. Ea enim omnia
eo anno gesta sunt, quae Moses quatuor deinceps capitibus complectitur.
Instituta circumcisio, separata per eam posteritas Abrahae ab omnibus
gentibus. Ablegatus Ismael cum matre, Sodomitarum superbia et impietas
punita etc. Hae sunt grandes historiae, sicut postea patebit. Annus igitur 5
hic diligenter est notandus. De nominibus *El* et *Schadai* supra diximus.[1]

Quod iubetur Abraham ambulare coram Deo, et integer esse, etiam
in superioribus notum est. Complectitur enim utranque tabulam. Primam,
ut credat in Deum, ut invocet Deum, ut praedicet verbum et exerceat
pietatem. Haec omnia includit, cum iubet, ut coram Deo ambulet. 10

Cum autem addit, ut sit integer, etsi illa, quae ad cultum Dei pertinent,
includit, tamen respicit praecipue secundam tabulam.

Significat autem (*Tham*) perfectum et integrum, quod habet suos
numeros perfecte, et non est viciatum seu vitiosum, quod est incorruptum.

Positum autem hic est in plurali numero: 'sis perfecti', hoc est, sit 15
vita tua integra et incorrupta, ambules coram hominibus sine offensione.
Pluralis autem numerus non frustra est. Nam paterfamilias, et omnis, qui
est in aliqua administratione, non tantum est debitor suae personae, ne quid
peccet, sed etiam eorum, quos gubernat.

1. Tim. 3, 2   Sic Paulus Episcopum vult esse (*Thamim*), qui non solum ipse sit 20
inculpatae vitae, sed etiam suos coherceat severa disciplina, ne quid admittant
se indignum. Quod si qui corrigi nolunt, illi potius eiiciantur vel ex domo,
vel Ecclesia, quam ut scandalo sint aliis, sic omnis gubernator debet esse
Thamim non *Tham*, non tantum in uno praecepto, sed in omnibus sit
Thamim. Hactenus exhortatio ad integritatem vitae. 25

17, 2 Et dabo foedus meum inter me et inter te, et multiplicabo te
vehementer nimis.

Hic promittitur multiplicatio, sicut aliquoties supra, et additur confirmatio
promissionis, foedus seu pactum circumcisionis, cuius quis fuerit finis, satis
copiose diximus: sine dubio autem Abraham spem hanc habuit, Ismaelem 30
promissionis huius haeredem fore.

Etsi enim promissio per Angelum ipsi Hagar de Ismaele facta non
obscure significabat, aliam prolem Abrahae obventuram, tamen circumclusus
rationibus suis Abraham in Ismael acquievit. Quid enim speraret de Sara
nonagenaria iam et natura sterili? 35

Itaque diligenti institutione uterque parens gubernarunt filium, et summo
amore sunt complexi, tanquam stirpem, ex qua tam copiosa posteritas secutura
esset. Sed dominus de improviso supervenit, et plene instituit Abrahamum
de haerede promissionis, quod ex Sara ei sit nascendus filius.

---

13 (*Tham*)] הָם   20 (*Thamim*)] תמים

[1]) S. oben S. 605f.

Et cecidit Abram in faciem suam, et locutus est Deus cum eo, 17, 3—6
dicens. Ecce ego et foedus meum tecum, erisque in patrem multitudinis Gentium, nec vocabitur ultra nomen tuum Abram. Sed
erit nomen tuum Abraham, quia in patrem multitudinis gentium
5 dedi te. Ego faciam te crescere vehementer nimis, et ponam te
in gentes, et reges ex te egredientur.

Quod procidit Abraham in terram, non reverentiae solum, sed et
laetitiae et gratiarum actionis signum est. Intelligit enim sanctus Patriarcha
ingens beneficium, quod et corporalem vitam variis donis cumulaturus sit
10 Deus, et sublata maledictione, in qua propter peccatum omnes gentes erant,
benedictionem et aeternam vitam restauraturus.

Atque hic est textus, de quo supra dixi, quod Paulus erudite disputet.
Sicut per circumcisionem Iudaeorum populus ab omnibus gentibus separatus
est: Ita per promissionem gentes cum Iudaeis rursus uniti et coniuncti sunt,
15 ut sint idem et unus populus in eadem gratia, et sub eodem Deo.

Quod Deus Abrahae nomen mutat mysterio non caret. Prius nomen
est ·(Abram) id significat Pater excelsus. Posterius nomen crescit una litera
(Abraham), Nam (H) interponitur inter R et M in Haebraeo. Ac ostendit
Etymologiam ipse textus, quod sic vocetur ab (Hamon) quod multitudinem
20 significat. Igitur ex tribus voculis constat (AB Pater, HAM excelsus, et
Hamon multitudo.) Inde existit vocabulum Mammon, quod copiam, seu
multitudinem divitiarum significat. Dicendum autem erat Abram Hamon.
Sed cum syllaba am bis repetita insuavem vocem faciat, semel tantum
ponitur. Non autem carent haec mysterio: sicut forte post hac latius dis-
25 putabimus.

Locus de circumcisione maximi momenti est, itaque in eo prius explicando nobis laborandum est. De Iudaeis nihil sumus soliciti, seu retineant
circumcisionem, seu abiiciant. Nobis haec satis sunt contra ipsos, quod
primum non possint probare eam pertinere ad gentes. Nam semini Abrahae
30 mandatur.

Secundo non possunt negare, quin circumcisio non iustificaverit Abrahamum. Fuit enim iustificatus, antequam circumcideretur, sicut Moses supra
in decimo quinto capite ostendit. Si autem Abraham per circumcisionem
non est iustificatus, quomodo posteritas eius se ea iustificari affirmare audet?
35 Tertio, ut maxime iustificarentur Iudaei per circumcisionem, quod
tamen non est, tamen certum est non institutam, ut semper maneret: sed
tantum usque ad adventum Christi, hoc est, dum duraret generatio Abrahae,

---

17 (Abram)] אַבְרָם   18 (Abraham)] אַבְרָהָם   (H)] ה   R et M] ר et מ
19 (Hamon)] הֲמוֹן   20/21 (AB Pater, HAM excelsus, et Hamon multitudo.)] אָב Pater,
רָם excelsus, et הֲמוֹן multitudo.)   22 Abram Hamon] אַבְרָם הֲמוֹן

dum possideret terram Canaan, et esset populus seu regnum, hoc enim textus significat, et Moses testis est. Christum, cum venerit, aliud sigillum erecturum. Ideo monet Iudaeos, ut ei pareant eumque audiant. Haec tria certa sunt, ac diligenter notanda.

Quid igitur, inquiet Iudaeus, est circumcisio? Primum secundum 5 rationem naturalem, et Philosophice loquendo non potest dici, quod sit opus, sicut sunt cerimonialia et moralia. Nam moralia, quae vocant, ut sunt ex secunda tabula, obedientia liberorum erga Magistratus: ex prima tabula invocatio et gratiarum actio: haec ita sunt mandata, ut perpetuo fieri debeant singulis diebus, imo horis.   10

vgl. Apg. 2, 38; 8, 16; 10, 48 Röm. 6, 3 Gal. 3,27 Circumcisio autem semel tantum fiebat per totam aetatem, nec poterat repeti: sicut in novo Testamento semel in nomine Iesu baptisatum esse sufficit, et impietas est repetere baptismum.

Secundum hanc rationem differt circumcisio a moralibus operibus. Sic ceremoniae quoque repetuntur. Non satis erat semel sacrificasse, semel 15 adorasse in templo, semel reconciliatum esse Ecclesiae etc.

Secundo, circumcisio potius est passio et crux, quam opus. Qui enim circumciditur, non facit hoc, sed patitur ab aliis, et quidem cum dolore. Si igitur non est opus morale, non ceremoniale, quid igitur est?

Paulus egregius et bene dialecticus definitor est, definit enim circum- 20 cisionem esse signum seu signaculum iustitiae, quae fuit in praeputio Abrahae, priusquam circumcideretur, ac tale quidem signum impressum in ipsam Röm. 4, 11 carnem Abrahae et omnium masculorum ab ipso descendentium.

Quod si ceremoniam quis appellabit, tamen hoc permittet in eo a reliquis ceremoniis differre, quod sit passiva ceremonia: sicut baptismus.   25

Porro his sic positis, quod circumcisio sit signum, non iustificans Abrahamum, sed significans iustitiam, quae in Abraha iam antea est, nascitur quaestio: An signaculum hoc fuerit inane signum, an res cum sigillo repraesentata?

Ad eam sic respondeo. In Abraha circumcisionem esse merum signum, 30 sine repraesentatione, hoc est, sic esse signum, ut non faciat, quod significet. Sed tantum significet. Argumentum enim Pauli irrefutabile est, quo probat Abraham iustum fuisse ante circumcisionem. Ergo circumcisio est signum significans tantum iustitiam, non afferens. Invenit enim Abrahamum iam ante iustum, non facit iustum.   35

Sed alia ratio fuit posteritatis Abrahae. Eam circumcisio non invenit iustam, ut Abrahamum. Itaque sic fuit signaculum iustitiae, ut iustitia per eam repraesentaretur. Sic enim infra scriptum est: 'Masculus, in cuius carne praeputium non fuerit circumcisum, exterminabitur anima illa de populis suis, quia dissolvit pactum meum', significatur autem hic interitus spiritualis et aeternus. 40

Haec negativa infert affirmativam, quod masculus circumcisus octavo die salvabitur, et reputabitur in populo Dei. Quare circumcisio in posteritate

Abrahae fuit efficax, hoc est, attulit iustitiam, non ratione operis tantum, quod mere passivum fuit, sed promissionis Dei, quae cum hoc passivo opere coniuncta fuit.

Quod si promissionis ratione valuit circumcisio, et promissio non nisi
5 fide potest accipi, non solum hoc sequitur, quod parvuli circumcisi, recepti in populum Dei et iustificati sunt: sed quod parvuli cooperante spiritu sancto habeant fidem.

Hic locus est de pondere, ut aiunt, igitur bene est notandus. Clarum enim testimonium est, quod Deus infantes Iudaeorum suscepit in societatem
10 populi Dei et aeternae gratiae. De hac gloria circumcisionis Iudaei nihil norunt, tantum iactant de misera passione, ei iustitiam ceu meritum tribuunt: Non promissionem, non spiritus sancti opus, fidem considerant.

Haec magna coecitas est: Circumcisio enim ut circumcisio nihil facit, sed oportet accedere fidem in verbum. Haec cum adest, tum demum circum-
15 cisio est signaculum iustitiae, et repraesentat iustitiam.

Iudaei stultissimam rationem assignant circumcisionis. Ideo enim dicunt praeputium tolli, quia nulla alia pars in toto corpore humano sit superflua et inutilis, Quasi vero non sint alia, quae magis superflua iudicari possunt, ut pili, ungues, quos praecidimus, quia superfluos iudicamus. Aut
20 quasi Deus talis sit architectus, qui superflua condat.

Haec argumenta sunt excoecati animi, et nullam micam sani intellectus habentis. Nos igitur Paulum sequamur, qui vocat circumcisionem signaculum Röm. 4, 11 iustitiae, atque ita relative reducit circumcisionem ad fidem, ideo quia habet additam promissionem. Quando enim circumcisio separatur a fide, vere
25 mortua et nihil est. De tali circumcisione carnali sensu gloriantur Iudaei.

Nascitur autem hic alia quaestio. Si non circumcisi masculi Iudaeorum pereunt: qui sentiendum est de infantibus ante octavum diem extinctis? quid de altero sexu, de puellis? Item, quid sentiendum est de nostris infantibus, qui, antequam baptisentur, extinguuntur, vel in utero matris, vel post partum?
30 De extinctis infantibus ante octavum diem facilis responsio est. Sicut etiam de nostris infantibus, qui ante baptismum extinguuntur. Non enim peccant in foedus circumcisionis aut baptismi. Quia enim lex mandat octavo die circumcidi, quomodo damnaret Deus ante octavum diem extinctos?

Relinquendae igitur animae illorum sunt voluntati coelestis patris,
35 quem scimus misericordem esse. Et valet hic quoque, quod Paulus Roma- Röm. 5, 14 norum quinto mansuete dicit de iis: qui non peccaverunt ad similitudinem transgressionis Adae: et de Iacob et Esau dicit: 'Priusquam aliquid boni Röm. 9, 11 vel mali facerent'.

Etsi enim infantes afferunt peccatum innatum, quod Originale vocamus:
40 tamen magnum est, quod contra legem nihil peccarunt. Cum igitur Deus natura misericors sit, non ideo deteriore conditione eos esse sinet, quod vel circumcisionem in veteri Testamento, vel baptismum in novo consequi non potuere.

De foemellis apud Iudaeos facilis responsio est: quia enim signaculum hoc tantum masculino sexui est praeceptum, non pertinet ad foemellas, quae tamen, quia Abrahae semen sunt, a iustitia Abrahae non excluduntur, sed consequuntur eam fide. Qui autem adulti vel circumcisionem contempserunt, vel contemnunt baptismum, hi certo damnantur.   5

Notandum autem circumcisionis praeceptum est contra furores Ana-baptistarum. Hi enim ideo sentiunt repetendum baptismum, et non nisi adultos baptisandos, quod infantes non habent intellectum, ubi autem nullus intellectus est, ibi nec fidem esse.

Sed dic mihi, circumcisio, ut diximus, tantum prodest propter fidem: 10 iussi autem sunt infantes octavo die circumcidi, ac promissio admodum fortis est, Deum eos curaturum et servaturum. Aut igitur frustra fuit mandatum circumcisionis, aut infantes quoque, qui sine omni intellectu sunt, crediderunt, ac per circumcisionem consecuti sunt iustitiam fide, quam Abraham conse-cutus est adhuc in praeputio.   15

Circumcisis enim promittitur, quod sint populus Dei, et quod Deus velit ipsorum esse Deus, hoc est, sunt in consortio regni Dei, iustificati fide iustificante, quam eis Dominus donat per spiritum suum.

Hoc si cum Iudaeis in veteri testamento factum est, mediante circum-cisione, cur Deus non faceret idem cum gentibus, mediante baptismi novo 20 pacto?

Matth. 28, 19 Nam praeceptum universale est: 'Ite in universum mundum, docete et baptisate omnes gentes'. Ubi igitur circumcisio soli semini Abrahae man-data erat, Baptismus praecipitur omnibus gentibus cum promissione salutis, si credant.   25

Quod si semen Abrahae virtute promissionis habuit hanc benedictionem, ut octavo die circumcisi donarentur fide, et fierent Dei populus: Cur negaretur ea gentibus unitis iam Deo pacto baptismi?

Non enim Baptismi deterior conditio erit, quam fuit circumcisionis, praesertim cum circumcisio tantum masculorum esset: Baptismus etiam 30 alterum sexum complectitur.

Sicut autem Iudaeus per peccatum excidens ab isto pacto Dei non opus habebat denuo circumcidi, sed rediens ad pactum hoc, et promissione se confirmans receptus est in gratiam, sic excidentes per peccata a gratia non debent rebaptizari: promissioni semel factae debent firma fide inniti, et 35 per Christum sperare veniam.

Forte igitur hoc argumentum est contra eos, qui negant parvulos baptizandos: quia non intelligunt, nec credunt. Hic enim mandatur, ut circumcidantur parvuli octavo die, et additur promissio: 'Ego ero Deus eorum'.

Utrumque igitur, tum praeceptum, tum promissio testantur, imputatam 40 infantibus mediante circumcisione iustitiam: sicut Abrahae imputata erat ante circumcisionem per fidem. Nam sine fide impossibile est Deo placere.

Debuit autem pactum circumcisionis durare tantum ad Christum. Is quia Gentes quoque erat assotiaturus regno Dei, voluit veteri signo seu pacto abolito novum signum instituere, sicut dicit: 'Nisi quis renatus fuerit Joh. 3, 5 per aquam et spiritum, regnum Dei non videbit'.

5   Similitudo, quanquam non omnino perfecta, potest sumi ex civilibus negotiis. Aliquis strenuam operam in defendenda et servanda patria contra hostes praestitit. Huic propter virtutem Caesar donat insignia certa, donat oppida, pagos, arces. His donis fruitur tota eius posteritas, ac provocatur, ut virtute imitetur maiores.

10   Quod si degenerent: Imperator concessit maioribus dona propter virtutem, degeneri posteritati iterum potest eripere.

Sic Deus victoriosissimo Patriarchae, qui fide non solum hostes vicit: sed peccatum et mortem, dat circumcisionem ceu insigne quoddam virtutis, quod in carne sua gestet. Sed non ut vacuum signum. Posteri quoque eius 15 benedictione gaudere et frui debent: sic tamen, si sequantur virtutem patris.

Etsi igitur sola familia Abrahae hoc signum, seu insigne debuit portare coram toto mundo, tamen per id etiam gentes sunt invitatae, ut Deum Abrahae cognoscerent, et ei servirent.

Ideo Paulus dicit, Romanorum 4. esse datam ei circumcisionem in Röm. 4, 11 20 signum, ut esset signaculum iustitiae fidei, quae in praeputio erat. Ac addit Paulus statim, ut esset Pater omnium credentium per praeputium. Item, ut Röm. 4, 12 esset pater non circumcisionis solum: sed incedentibus in vestigiis fidei, quae fuit in praeputio patris nostri Abraham.

Haec est recta definitio circumcisionis, ut sit publicum insigne, quo 25 invitentur omnes, sive circumcisi, sive non circumcisi, ad vestigia Abrahae, seu ad fidem Abrahae imitandam.

Est enim communis pater gentium et Iudaeorum. Ideo insignitus novo signo, ut etiam gentes ad eum, tanquam ad signiferum accurrerent, et eundem Deum agnoscerent, confiterentur et colerent. Invitantur enim ad candem 30 iustitiam fidei etiam gentes, ut secundum promissionem Abraham fiat pater multarum gentium.

Sic Hiob, sic Pharao, sic infiniti alii toto tempore legis et ante salvati sunt, licet semen Abrahae non essent. Debuit enim Abraham pater esse non Iudaeorum tantum, sed gentium quoque, quae credunt.

35   Etsi enim non coguntur ad circumcisionem extranei, tamen recipiuntur ad communionem iustitiae. Circumcisio autem interim eo quoque valet, ut maneat certa forma populi, donec veniat ille, in quem omnia referuntur, qui erigeret novum vexillum, seu signum, non in uno aliquo populo, sed per universum orbem terrarum.

40   Non enim Ecclesia concludenda amplius est in unum aliquem angulum, Sicut Romanus Pontifex Ecclesias non agnoscit, qui ipsum non agnoscunt. Vexillum enim, quod Christus erexit, cum diceret: 'Ite in orbem universum', Matt. 16, 15

non est in uno aliquo certo angulo, aut in una aliqua familia. Ideo vocatur
Catholica Ecclesia. Et tamen haec Ecclesia est baptisatorum tantum. Extra
baptismum enim non est salus, sicut tum ex circumcisione salus fuit non
propter circumcisionem solum, sed propter fidem in promissionem, quae
circumcisioni erat adiuncta, et quasi incorporata.   5

Sic enim ab initio mundi sapientia divina ordinavit et disposuit, ut
semper aliquod publicum signum extaret, ad quod respiceretur ab universis
populis, et verum Deum invenirent, colerent et adorarent etiam gentes,
quanquam non omnes, qui signum illud haberent, crederent, et eo ad iustitiam
fruerentur.   10

Sic ante circumcisionem signa erant sacrificia, Abel et Cain fratres
sacrificaut. Abelo sacrificium est signaculum iustitiae, quia credit, Caino non
est signaculum iustitiae, quia non credit, et nudum opus sine fide retinet.

Ad hunc modum circumcisio erigitur in signum seu vexillum, quod
respiciatur ab illis, qui debent salvi fieri. Quia enim Abraham benedictione 15
divina erat multiplicandus in populos et regna, Ecclesia quasi incorporatur
ad tempus carni eius, et datur universaliter signum, quod sic ad Ecclesiam
pertinebat, ut tamen ab Ecclesia non excluderentur, qui signum hoc non
haberent, et crederent.

Augustinus Sacramentum definit, quod sit visibilis forma invisibilis 20
gratiae: Ac recte definit, et simul causam ostendit, quod fere contemnuntur
Jef. 65, 1 f. sacramenta ab iis, qui ea habent propria, sicut Esaias dicit: 'Inventus sum
a non quaerentibus me. Populus autem, ad quem expandi manus meas tota
die, incredulus est, et graditur in via non bona post cogitationes suas'.

Hoc est iuditium Dei, quod ferendum est. Erigit Deus signum gratiae, 25
ut agnoscatur a peccatoribus, ut peccatores salventur: sed fere fit, ut, quibus
hoc signum erigitur, contemnant.

Sic Baptismus est erectus in signum iustitiae omnibus, qui in Christum
credunt. Ac gloriantur de baptismo Papistae quoque: sed frustra, quia non
credunt, et iustitiae doctrinam damnant ac persequuntur.   30

Sic Ioannis vox in deserto clamans et baptismus erat erectum vexillum:
Jef. 11, 10 sed Pharisaei negligebant. Sic Esaias dicit radicem esse erigendam in
signum, sed Iudaei hoc signum reiiciunt. Gentes autem in eo sperant.

Idem quoque de circumcisione dicimus, qua non onerantur Gentes, sed
invitantur tamen ad eandem fidem, ut sit Abraham pater circumcisionis et 35
praeputii.

Multi igitur ex gentibus crediderunt. Iudaei autem retinuerunt corda
incircumcisa, sic circumcisio etiam gentibus occasio salutis et utilis fuit.
Opus enim habemus huiusmodi notis et signis: quibus deducamur ad cognitionem Dei. Nam ratio humana non potest Deum invenire, nisi talia signa 40

_____

7 aliquod] aliquid *A*

ab ipso Deo instituta nos quasi manuducant. Et periculosius nihil est, quam si quis ipse sibi iter ad Deum fingat, et suis speculationibus nitatur.

Sicut in Papatu soliti fuimus. Hic enim Romae, alius in Hispaniis, alius in alia mundi parte somniabat se Deum inventurum. Hoc cum singuli tentarent, factum est, 'ut declinaremus omnes, et fieremus inutiles', ut Psalmus Pſ. 14, 3 loquitur.

Cur enim non secuti sumus nostra signa ab ipso Domino ad nos in unitatem fidei colligendos instituta, hoc est, verbum Dei, Baptismum et coenam Domini?

Ad hunc modum cum Iudaei haberent templum, circumcisionem et certam cultuum formam, ad quam ceu ad signum militare unum Deum tanquam ducem agnoscentes colligerentur, his obmissis versi ad sua studia propriam singuli colendi Dei rationem sibi fingebant, et sequebantur cum certo suo exitio.

Quando enim Deus se patefacit in aliquo signo, qualecunque tandem id sit, est appraehendendus in eo. Sed Satan hoc perpetuo agit, ut vera signa ex conspectu removeat, et falsa signa proponat. Sicut noctu errantibus offert faces, quas dum incauti sequuntur, aut in praecipitia, aut aquas ruunt.

Itaque Christus, Matthaei 24, serio ad huiusmodi retia effugienda nos Matth. 24, 23 exhortatur. Cum dicit: 'Si dixerint, ecce hic est Christus, ecce ibi est, nolite credere'.

Ibi quaerendus est Christus, ubi se manifestavit, et agnosci voluit, ut in verbo, in baptismo, in coena: Ibi certo invenitur. Verbum enim fallere nos non potest. Sed fere fit, ut ratio illa signa negligat, et divertat ad meretricem, quae sedet in foribus. Proverbiis. 7. Spr. 7, 10 ff.

Meminerit igitur unusquisque eam viam ingredi, quam ipse Deus praescripsit, non quam nos eligimus ipsi. Nostra enim electio cum vitio et fallax est.

Sicut Propheta dicit: 'Haec omnia elegerunt in viis suis', et Paulus, Jeſ. 66, 3 Colossenses 2, damnat electitias religiones. Certum enim est, quod homo Kol. 2, 18. 23 per suam sapientiam non potest Deum invenire, et ex ea quoque parte ingens periculum est, quod Satan se transformat in Angelum lucis, et sibi circundat maiestatem divinam, dum signa et prodigia ad errores suos confirmandos facit.

Contra haec pericula sic tuti erimus, si illam formam visibilem, seu signa illa fuerimus secuti, quae ipse proposuit. In novo Testamento habemus formam visibilem filium Dei in gremio Mariae matris, passum et mortuum pro nobis, sicut Symbolum docet. Ultra hoc habemus alias visibiles formas, Baptismum, Eucharistiam et ipsum verbum vocale. Itaque non possumus queri, nos relictos.

Hoc autem agit primum Satan. Deinde eius ministri: Pontifex enim tota sua Ecclesia, ut ab his formis visibilibus divinitus institutis nos avocet ad suas formas, ad Canonisationem sanctorum, ad invocationem, et cultum mortuorum sanctorum, ad statuas in certis locis quaestus causa extructas etc.

Itaque confirmatos nos contra has insidias esse oportet, ut dicamus. Ego sicut nescio ante adventum Christi aliquam Ecclesiam praeter illam, quae fuit in domo Abrahae, et circumcisione notata fuit: Ita post Christi 5 adventum nihil scio, quam Christum, eumque crucifixum, qui se patefacit nobis in visibilibus formis, in usu clavium, in Eucharistia: Ibi scio, quod Deum invenio, ibi remissionem peccatorum consequor, et alibi nusquam.

Non, inquiunt Pontificii: Deus varia dona dedit sanctis suis. Quot miraculis ornata est aedes compostellaria divi Iacobi? Roma quot miraculis 10 est commendata? vult igitur Deus ibi quoque quaeri et inveniri. Sic Franciscus profecto sanctam post se reliquit regulam, quam qui observant, quomodo non possent Deo placere? et valent haec quoque consuetudine Patrum, qui approbaverunt ista etc.

Sic satagit Satan a formis divinitus praescriptis nos abducere. Sed tu 15 regulam hanc certam et infallibilem retineas et sequaris, quod dispositio divinae sapientiae haec est, manifestare se hominibus aliqua certa et visibili forma, quae cerni oculis, et manibus palpari potest: in summa, quae quinque sensibus exposita sit. Adeo se propinquum nobis divinum numen sistit.

Has formas visibiles firmiter retinere summa sapientia est. Docent 20 autem exempla omnium Patriarcharum, Prophetarum et piorum, hoc perpetuo Satanam agere, quomodo illas formas obscuret, et nobis alias proponat.

Sic circumcisio quoque fuit visibilis forma, non ab hominibus: sed ab ipso Deo instituta, ut Deus per eam agnosceretur, et non Iudaei solum, sed gentes quoque in eum Deum crederent, qui tali modo se revelarat Iudaeis. 25

In ea igitur sententia sum, ut credam omnes Iudaeorum infantes circumcisos, si in ista prima aetate extincti sunt, salvatos esse. Inventi enim sunt in sinu Abrahae, hoc est, in illa promissione, quod Deus velit eorum Deus esse.

Idem sentio de baptisatis nostris infantibus. Quia autem adulti patiuntur sibi fidem excuti per peccatum, ideo, etsi baptisati sunt, quia tamen 30 non credunt, non salvantur. Tale nihil patiuntur infantes, igitur in salute accepta manent, et salvantur.

Haec doctrina necessaria est, et egregie commendat Sacramenta, quae homines phanatici indigne extenuant, quia non observant verbum. Non enim ludus aut iocus est, quod toties hic de circumcisione repetitur: 'ego ero 35 Deus eorum et seminis tui post te'. Fuit circumcisio externum et visibile signum, quae Iudaei et in gentibus agnoscerentur, et inter se agnoscerent.

Sed non hoc solum circumcisio praestitit, ut politice colligeret hunc populum, et inter ipsos quasi tessera esset. Sed fuit etiam Sacramentum, hoc est, signum divinae voluntatis, igitur credentibus fuit signum salutis 40

---

37 in gentibus] ingentibus *A*

aeternae.   Ostendit enim Deum esse huius circumcisi populi Deum.   'Deus Matth. 22,32
autem non est mortuorum Deus, sed vivorum'.   Igitur per circumcisionem,
ad quam fides accedit, non solum sunt cives in ista politia ab aliis gentibus
instituta, sed haeredes aeternae vitae.   Deus enim immortalis et aeternus est.
5 Igitur immortalitatem suis donat.

Idem omnino statuamus de Baptismo in novo Testamento et de
Eucharistia, ne phanaticorum modo ea putemus esse externa signa, tantum
ad distinguendos Christianos ab aliis gentibus instituta, faciunt quidem
discrimen, sed non id solum: credentes promissioni et his signis utentes fiunt
10 Dei populus, et salvantur.

Notandum autem est, quod supra dixi circumcisionem tantum semini
Abrahae mandatam, atque uni tantum sexui masculino, et tamen a gratia,
quam circumcisio confirmabat, neque foemellae Iudaeorum, nec Gentes exclusae sunt.

15 Non enim circumcisio, ut opus, per se valebat, sed fides in promissionem
circumcisioni additam.

Ante circumcisionem sacrificia et verbi ministerium erant visibilia invisibilis gratiae signa, sub Abraha circumcisio instituta valuit usque ad adventum benedicti seminis.

20 Post Christi adventum habemus sanctum Baptisma, Eucharistiam,
claves, his signis patefacit se Deus, et fide eis utentes salvat.   Hanc fidem
cum posteri Caini, edocti verbo Dei, afferrent, salvati sunt.   Non enim Cain
sic abiectus est, ut posteritati eius negaret salutem Deus.

Eius iuditii alia causa fuit, ut scilicet Ecclesia certius notaretur et
25 agnosceretur, nec videretur duplex esse Ecclesia.   Oportuit enim unam
certam familiam omnibus saeculis existere, ex qua sola crederetur Christus
nascendus.

Hoc consilio Ismael quoque reiicitur, qui tamen in societatem promissionis admittitur.   Orat enim pro eo Abraham, et habet promissionem,
30 qui etiam Gentium multarum pater futurus sit.   Igitur non est exclusus a
salute et aeterna vita Ismael: ab illa gloria exclusus est, quod non sit futurus
pater Christi, qui tamen in populo eius futurus erat.

Et fuit hoc modo arcenda superbia carnalis nativitatis, ne gloriaretur
se esse filium Abrahae, sed appraehenderet fidem Abrahae, id quod omnino
35 factum esse existimo.

Sed redeamus ad explicationem textus.   Audit Abraham, utrunque
pactum confirmari, corporale de terra Canaan, et spirituale de benedictione
aeterna.   Agnoscens igitur divinam benevolentiam, quod Deus in familiam
suam velit locare Ecclesiam, in qua inveniatur certo Deus ab omnibus genti-
40 bus invocantibus eum, procidit in terram, et agit gratias.

Est enim amplissima et vere magnifica promissio, quod pacto confirmat Deus, ex Abrahae semine nascituram Ecclesiam, quae habitet in

terra Canaan, usque dum nascatur Christus, ut omnes tum gentes, tum Iudaei, qui credituri sunt, quod Abraham crediderat, salvi fiant.

In hoc enim signaculum circumcisionis ei datur, ut per iustitiam fidei, quae in Abraha est, salventur omnes, et transferatur Ecclesia a sacrificiis priorum Patrum in hanc unam circumcisam Ecclesiam.   5

Sunt verba mire ardentia. 'Ecce ego', quasi dicat. Non audis nunc alium Deum, quam prius, cum te evocarem ex UR Chaldaeorum. Promitto autem tibi, quod tua familia sit futura Ecclesia pro toto orbe terrarum, ut sit ceu gremium, et sinus gratiae, in qua omnes gentes, et non solum tua posteritas inveniant salutem: modo permanserint in fide tua.   10

In Christo enim, qui Abrahae promittitur, congregantur omnes populi, sive sint parvuli, qui per peccatum vivens in carne non decipiuntur, sive adulti, qui facile decipiuntur, et indulgent carni, atque ideo, ut Petrus ait, satius esset eis nunquam cognovisse gratiam, quam quod ab cognita gratia
2. Petri 2, 21 per Peccatum iterum excidunt.   15

Sed observa hic quoque firmum locum contra inanes Iudaeorum glorias de circumcisione. Mutatur nomen Abrae, et vocatur Abraham, hoc est, pater multarum gentium, priusquam ei mandatur circumcisio.

Vult igitur Deus propagari fidem Abrahae, non tantum in semen Ismaelis, Isaaci et alios filios ex Ketura natos: sed etiam in gentes, quae ex 20 carne Abrahae non sunt natae.

Non enim permittendum Iudaeis est, ut garriant: Nullam gentem salvari, nisi circumcisos, et quod omnes gentes oporteat legem servare, praecipue autem circumcisionem. Nugae hae sunt dignae excoecatis mentibus.

Nam Deus voluit Abrahamum hoc signum ferre pro semine, sic tamen, 25 ut ad fidem per illud etiam invitarentur gentes. Per circumcisionem enim non potuerunt gentes populus Dei fieri, sed per fidem in semen benedictum.

Sic Regina Saba, sic Hiram agnoverunt Deum Salomonis circumcisi, etsi Hiram maneret in praeputio. Hic igitur est sinus Abrahae, in quem colliguntur etiam gentes, fides scilicet Abrahae, qua ipsae quoque consequuntur 30 promissionem, etiamsi signum visibile promissioni additum non consequantur. Est enim id non gentibus, sed Abrahae semini imperatum.

De nomine Abrahae mutato supra diximus. Quicquid autem sit, mysterio non caret, quod litera He inserta est in medium dictionis. Ea est tenuis aspiratio, et quasi mollis sibilus. Fortasse voluit significare dominus, 35 blandissimo sibilo venturum spiritum sanctum, et vocaturum gentes ad societatem fidei et promissionis.

Sicut dicunt includere literam He, duo vocabula (Hamon Goim) multitudinem gentium, ut habeat Abraham nomen cum re, et ordinetur pater Ecclesiae ceu summus Pontifex, non propter circumcisionem, quae fuit 40

34 He] ה   38 (Hamon Goim)] חֲמוֹן גּוֹיִם

signaculum iustitiae tantum, non iustitia: sed propter fidem in promissionem Röm.4,11 de semine benedicto, quam fidem quicunque habent, sive in Aegypto, sive in terra Canaan vivant, sunt filii Abrahae, afflati eodem spiritu Dei, quo ipse pater gentium Abraham: ut sic maneat unitas et certitudo Ecclesiae, ac 5 una via, non multae atque adeo incertae et fallaces viae.

Quod additur: 'et faciam te crescere nimis nimis (bis enim ponitur nomen), et ponam te in gentes': etiam pugnat cum Iudaeorum somniis. Certa enim sententia est, non in unam gentem, sed in multas augendam posteritatem Abrahae, adeo ut multi reges ex eo egrediantur.

10 Gens autem vocatur: unus certus populus, qui politiam et caput suum ac leges habet. Multitudo latronum sine lege viventium, item Eremitae, item dispersi hodie Iudaei non possunt vocari Gens. Sunt enim sine capite, sine regno iam annis plus quingentis et mille, quasi exercitus in campo sine vexillo et sine duce.

15 Ideo exciderunt a promissione hac, utcunque iactent patrem Abraham: ac frustra est non solum circumcisio, sed quidquid ad legis formam faciunt, nec sunt amplius populus Dei.

Notandus autem hic textus est pro confirmatione Magistratus civilis. Populi et Reges non possunt esse sine legibus. Imponitur necessitas gerendi 20 bella, defendendi subditos, puniendi sontes, haec omnia hoc loco approbantur, ut iusta et legitima: Sicut ideo scriptura vocat: Iuditia Domini, bella Domini etc.

Habemus autem ad eundem modum etiam in novo Testamento politias approbatas authoritate Christi et Apostolorum. Non solum autem Magistratus, 25 qui in Ecclesia sunt, et fidem nobiscum profitentur, approbantur: sed etiam gentilium imperia. Sicut hoc in loco non solum regnum posteritatis Abrahae, sed Ismaelis quoque probatur, et vicinarum gentium ex ipso propagatarum.

Et erigam pactum meum inter me et inter te, atque inter semen 17,7 tuum post te, in generationibus suis foedere perpetuo, ut sim tibi 30 in Deum, et semini tuo post te.

Saepe dixi Historias Patriarcharum ideo excellere, quia Deus cum eis loquitur. Ac historia Abrahae ideo reliquis omnibus antefertur, quia cum nullo toties locutus Deus reperitur.

Recte igitur Patriarchae nomen gerit, quia est pater fidei et singularis 35 amicus Dei, cum quo sic familiariter Deus loquitur, cum toties promittit multiplicationem seminis, et non solum possessionem Canaan, et corporale regnum, sed Ecclesiam, quod ea tantum in ipsius posteritate sit habitatura, quam adeo insignivit circumcisione, ut certa nota et visibilis forma in mundo extaret, in qua Deus se ostenderet vel appareret, non tantum pro familia 40 Abrahae, sed etiam pro omnibus gentibus, quae hoc signum seu vexillum essent visurae in salutem, et hac occasione perventurae ad cognitionem Dei. Fuit igitur circumcisio causa salutis multorum ex gentibus.

De Principum epistolis proverbio dicitur ter eas legendas, sed profecto Dei Epistolae, sic enim appellat scripturam Gregorius, septis ter, imo septuagies septies, seu, ut plus dicam, infinities legendae sunt, quia sunt 5 divina sapientia, quae non statim primo intuitu potest comprehendi. Si quis obiter tanquam res notas et faciles legit, seipsum decipit.

Prophetas apparet profecto dies noctesque meditatos scripta Mosi, ac praecipue hasce Patriarcharum historias, ac mirabiles consequentias ex ipsis hausisse. Adiuvat enim diligentiam Spiritus sanctus. Ideo quoque, quoniam 10 Deum sic copiose cum Abraha colloqui non poenitet, paulo diligentius expendemus omnia.

Quod repetit de statuendo et confirmando pacto, non tantum, ut saepe iam dixi, intelligendum est de carnali semine Abrahae, sed etiam de gentibus credituris in Deum Abrahae, sicut rex Pharao temporibus Ioseph, et Abrahae 15 tempore Abimelech, et multi alii ex gentibus. verum Deum agnoverunt et salvati sunt.

Igitur verbum ('Ego erigam, vel suscitabo pactum') largissime accipiendum est. Quod autem addit, perpetuum fore foedus, id Iudaei eo detorquent, quod etiam gentes oporteat circumcidi, siquidem velint fieri populus Dei. 20 Sed volentes errant. Cur enim particulam additam non considerant: 'inter te et semen tuum post te, in generationibus suis'.

Igitur textus dicit, hoc pactum futurum in semine Abrahae, et in sempiternum non mutandum, dum durant generationes Abrahae.

Hic limes est additus, et quasi circumscriptum tempus, quod, dum 25 durabunt generationes seminis Abrahae, hoc est, dum manebit politia, regnum, sacerdotium et aliqua certa populi forma, hoc pactum debet manere immutabile.

Generatio igitur Abrahae terminatur in Christo, qui caput et author est novae generationis. Sicut autem prior generatio habuit circumcisionem 30 additam, qua agnosceretur: Ita nova Christi generatio habet alia signa, quibus agnoscitur.

Generatio Abrahae durabilis est ad certum tempus, sicut Maria in Lut. 1, 50 Cantico suo pulchre dicit: 'Misericordia eius a progenie in progeniem timentibus eum'. Significat enim Deum conservaturum hunc populum, si timeat 35 Deum: Sed cum timere Deum impia synagoga desineret, cum interficeret filium Dei, et verbum eius immani odio persequeretur, non tanti fuit circumcisio, ut propter eam tanta peccata manerent impunita.

Desiit igitur tum quoque carnalis generatio Abrahae, et successit Jes. 53, 8 generatio nova filii Dei, de qua Propheta dicit, Esaiae 53. 'Generationem eius 40 quis enarrabit'?

Circumcisio igitur et pactum hoc Abrahae habuit suam durationem, sed tamen fuit mutabilis et certi temporis, nec licuit ulli homini, stantibus adhuc generationibus Abrahae, eam mutare.

Sed Christus, author novae generationis, mutavit non pactum, sed signum pacti. Frustra igitur gloriantur Iudaei, quod circumcisio sit perpetua, hoc est, infinita in latitudinem et longitudinem, atque ideo imponenda gentibus quoque.

Certum tempus durationis habuit, quo retineretur in domo Abrahae. Postquam autem venit spirituale semen Abrahae promissum, cessavit generatio carnalis, et cessavit signum quoque carnalis generationis, quod institutum fuit non tantum propter Abrahae semen, sed etiam propter gentes, ut supra diximus. Hoc signum, quo ad homines, fuit aeternum et immutabile. Sed Deus tandem mutavit.

De particula: 'ut sim tibi in Deum', aliquoties supra dictum est. Complectitur autem non solum corporalem promissionem de tradenda terra Chanaan, sed spiritualem, de qua scriptura dixit: 'Ego ero protector tuus, 1. Mose 15, 1 et merces tua copiosa nimis'.

Significat enim evidenti pacto et clarissimis verbis, quod Ecclesia debeat esse in domo Abrahae, et quod domus Abrahae sit futura in terra Chanaan, in qua tamen ipse Abraham peregrinus fuit. Nam 'Deum esse' non est solum creatorum rei esse, sed includit cultum Dei.

Est quoque gentium Deus, nam eos condidit: sed a gentibus non agnoscitur nec colitur.

Quod igitur dicit: 'Ero tuus Deus', significat, quod Abraham in sua familia et domo sit semper habiturus verbum Dei, ex quo agnoscere posteritas Deum discat, et Deum vero cultu colat.

Sic in primo praecepto est: 'Ego Dominus Deus tuus', hoc est, ego patefacio me per verbum, et tu coles me, et agnosces me.

Relative igitur nomen Dei accipiendum est, ut significet Deum cultum et adoratum, non absolute secundum suam essentiam et Maiestatem. 'Ero Deus tuus', hoc est, in tua domo erigam cultum meum, et ero apud te et tuos cultus Deus, qui me manifestabo apud tuam posteritatem signis et visibilibus notis, miraculis et portentis, ut me certo norint, meque adorent et colant. His enim duobus absolvitur cultus Dei verus.

Adorare est converti ad Deum, cum adversa facie Deum invocas in tribulatione, cum gratias agis pro liberatione, cum recolis et praedicas beneficia eius, quod sit creator, benefactor, promissor, servator.

Sicut hunc sensum naturali instinctu etiam gentes habent, quod sit aliquod supremum numen, quod colendum, invocandum, laudandum, ad quod in omnibus periculis confugiendum sit, sicut Paulus dicit, Romanorum 1: 'Gentes agnovisse Deum natura'. Röm. 1, 21

Haec enim notitia divinitus plantata est in omnium hominum animis, quod vocant Deum auxiliatorem, beneficum, placabilem, etiamsi in eo postea errent, quis nam ille Deus sit, et quomodo velit coli.

Quando autem ad hunc modum agnoscitur Deus, quod sit propicius, placabilis, beneficus: tunc egredior foras, et faciem a Deo averto ad homines, hoc est, curo vocationem meam. Si rex sum, administro Rempub[licam. Si Oeconomus, guberno familiam. Si praeceptor, doceo discipulos, et formo mores eorum et opiniones ad pietatem.

Haec opera recte dicuntur cultus Dei. In his enim omnibus servimus Deo, qui voluit nos talia facere, et in hanc quasi stationem nos collocavit.

Haec de cultu Dei doctrina admodum necessaria est. Quae enim portenta finxerunt Papistae, toti orbi notum est, donec tandem cultum statuerunt sepeliri in veste monastica. Sed haec vera sunt pietatis et 10 religionis verae capita. Fides erga Deum, qua accipimus remissionem peccatorum, invocatio, gratiarum actio, confessio. Deinde vocationis opera erga proximum, ut regas, instituas, doceas, consoleris, exhorteris, pares victum labore etc.

Sophistae disputarunt in scholis, an Deus esset in praedicamento ali- 15 quo? Sed huiusmodi delyria ostendunt, quam nihil intellexerint sacrarum rerum. Qui enim de Deo vult quaerere, quid sit, respiciat ad cultum Dei, Matth. 4,10 qui omnis in adoratione et servitute constituitur, Math[aei 4.

Secundo non satis est ad hunc modum docere de Deo, quod sit Deus cultus, qui se per verbum suum patefacit: Etiam hoc addendum est, hunc 20 Deum, qui nos de cultu suo docet, esse donatorem immortalis vitae. Sicut Matth. 22,32 Christus contra Sadducaeos disputat Math[aei 22. Nam cultus et adoratus Deus (sic enim docendi causa loquor) est una et necessaria pars, quae pertinet ad hanc vitam.

Sed cultus ille, seu adoratio haec non debet esse Sadducaeica, aut 25 Epicurea. Hi enim statuunt Deum esse mortuorum Deum: Contra Christus Matth. 22,32 docet, Deum esse Deum vivorum. Igitur piorum Deus est, ut Abrahae, Isaaci, Iacobi, hi vivunt et non sunt mortui, quanquam nobis sint mortui.

Vocat igitur Dominus hoc verbo, quo promittit se Deum Abrahae fore, non solum ipsum Abrahamum, sed etiam omnem eius posteritatem, imo 30 etiam gentes omnes, exemplo fidelis Abrahae credentes, in spem aeternae vitae, quod tam diu sint victuri, quam diu ipse Deus vivit, hoc est, in sempiternum.

Huius sententiae habemus autorem ipsum Dei filium, qui dicit: 'Deus est vivorum Deus': Ergo Abraham, Isaac, Iacob etiam mortui iam, tamen 35 vivunt, ac quidem aeternam vitam.

17,8 Dabo quoque tibi et semini tuo post te terram peregrinationis tuae, nempe totam terram Chanaam in possessionem perpetuam, Eroque illis in Deum.

Haec videntur pugnare. Promittitur Abrahae possessio terrae Chanaan 40 in sempiternum, et tamen dicitur esse peregrinus, hoc vere est, quod veteres

dialectici dicebant, oppositum in adiecto. Sed hoc medio pugnantia inter se recte concordantur, quod Deus Abraham est Deus viventium: Itaque Abraham in hac vita adorans Deum et serviens Deo erat peregrinus, et tamen simul habebat possessionem terrae Chanaan in promissione. Mor-
5 tuus vero non mortuus est, sed vivit, ac per semen suum possidet terram promissam.

Sic Stephanus, Actorum 7.: 'Non dedit Deus Abrahae haereditatem in Apg. 7, 5 terra Canaan, ne quidem vestigium pedis', Igitur utrumque verum est, Abrahamum mortuum possidere terram, et vivum peregrinum esse in terra,
10 atque ita mortuum non esse mortuum, sed vivere iuxta promissionem: 'Ero tibi in Deum'.

Ex his facile statuimus, quis Abrahae fuerit animus, et quales habuerit cogitationes, vidit promissionem, eamque sensit indubitatam et veram esse, vidit quoque se nihil tenere proprium, sed esse peregrinum in terra.

15 Quia autem promissio fallere non potuit, et ipse, dum hic viveret, possessionem terrae Chanaan non est consecutus, certo statuit, se moriturum, sed non extinctum iri penitus, sed resurrecturum et vivificandum in sua persona.

Quid enim aliud cogitaret aut sentiret? peregrinus est in hac vita, et
20 tamen promittitur ei possessio terrae Chanaan: Igitur certum hoc argumentum est, non moriturum esse. Nam pronomen diserte ipsius personam notat: 'Tibi dabo', ne dicamus Abrahamum in sua persona mortuum vivere et possidere terram in posteritate sua. Haec Sophistica solutio est: Nam Deus privatim et personaliter ad Abrahamum dicit: 'Tibi et tuo semini', et non
25 semini tantum, sed ipsi quoque Abrahae possessio terrae Chanaan cessura fuit, et tamen non cessit viventi: Igitur mortuum oportuit vivere, ut haeres esset terrae Chanaan.

Habet igitur promissionem hanc, quod Deus cultus et adoratus in hac vita, mortuo ipso, sit mansurus in sua domo et posteritate. Domus autem
30 mansura in terra Chanaan, se autem mortuum tum victurum, tanquam possessorem verum istius terrae.

Tam magnus thesaurus est verbum Dei, tamque mirabiles revelationes de rebus invisibilibus et impossibilibus affert, ut Abraham certo statuat se mortuum victurum, et terram, quam in hac vita possessurus non erat, posses-
35 surum post mortem, atque ita in aeternum victurum cum Deo.

Quomodo igitur non gauderet, quomodo Deo non ageret gratias? postquam certus est mansuram Ecclesiam, et fidem consignatam circumcisione in domo sua et apud posteros suos, invitis Satana et mundo, et mansurum se quoque in aeterna vita cum Deo.

40 Laetus igitur expectavit horam sui transitus, et quid potuit aliud per totam vitam, quam DEO agere gratias, et praedicare misericordiam eius, qui sic amice cum eo loquitur, qui sic familiariter eum consolatur?

Si ego ad hunc modum possem cogitare, et certo statuere (quod tamen ut possim, quotidie Deum rogo, et scio, quod exaudiet me), quod, cum

vgl.Pf.118,17 moriar, non moriar, sed vivam, et narrabo opera Domini: Item, quod in istis discipulis, quos moriens relinquo, mansurum sit verbum et verus Dei cultus, ipsique sint futuri causa salutis toti orbi terrarum, quo animo putas 5 me accepturum mortem? Num putas trepidaturum, et non potius cum

Lut. 2,29 Simeone dicturum: 'Nunc dimittis me, Domine, in pace'?

Ideo Abraham vere mirabilis vir est in sua fide, nec mirum, si in periculis praesenti animo et tolerantissimus malorum fuit. Scivit enim Ecclesiam mansuram in certo loco, in certis personis, et ad certum tempus, 10 scilicet usque ad Christum, qui non erat de generationibus huius mundi, se autem scivit post mortem victurum aeternam vitam, et tamen nondum habebat filium, in quo benedictio ista deberet incipere, quae non solum Iudaeos complectebatur, sed omnes gentes volentes adorare, et credere in Deum Abrahae. 15

Haec dixi, ut intelligeretis, quid sit Deum esse: ac convenit sententia

2. Theff. 2, 4 cum eo, quod Daniel de Antiocho: Paulus autem de Antichristo dixit, quod scilicet elevabitur super omne, quod Deus est, et omnem cultum. Antichristus, hoc est Papa et Turca, non extolluntur super Deum in substantia

Jef. 45, 15 sua, qui est incognitus et 'absconditus Deus' ut Esaias appellat: Sed super 20 Deum in praedicamento relationis, qui est Deus praedicatus verbo, et manifestatus cultu.

Uterque enim verbum et cultum Dei non negligit solum, sed odit et persequitur. Itaque extulit se Papa supra Deum, et constituit se in locum Dei, ita ut adoretur loco Dei, oppresso verbo, et serviatur ei, oppresso 25 cultu divino.

Inspice enim Canones, et videbis, quod longe severius puniuntur transgressiones traditionum Papae, quam transgressiones legis divinae. Imo Christum Deum solum adorandum et colendum, hunc conculcat pedibus, et blasphemat, vult autem coli sua dogmata, se vult timeri, vult confidi iis, 30 quae ipse docet. Hoc vere est constituere se supra Deum dictum et cultum: Ideo recte vocatur Antichristus.

Quam multos fuisse putas ante Euangelii lucem etiam ex doctoribus, qui nossent numerare praecepta decalogi, aut precationes orationis dominicae? Premebantur enim cervices omnium traditionibus humanis, quibus cum satis- 35 fecissemus, putabamus cultum perfecte absolutum.

Hoc vere fuit extolli supra Deum, et sedere in templo Dei, non in coelo Dei substancialis, ubi Deus non revelatus, sed absconditus habitat: Sed in loco Dei praedicati, qui verbo docetur, et Dei culti, cui servitur.

Coniugium divinitus institutum non solum abstulit, sed omnino con- 40 taminavit, ac si esset genus vitae profanum et Deo displicens.

Ex sacramento Eucharistiae non solum calicem sustulit, et contra phas ademit Ecclesiae. Sed testamentum Christi commutavit in sacrificium et quaestuosum opus, et, ut semel omnia dicam, Christum prorsus sepelivit, et tribuit iustitiam suis traditionibus et cultibus praeter et contra verbum constitutis. Hoc vere est se elevare super omne, quod Deus dicitur.

Deum autem intelligo relative Deum adoratum, ad quem vertimus faciem, cui gratias agimus, quem invocamus tanquam authorem omnium bonorum, corporalium et spiritualium. Cui denique servimus in charitate, offitiis erga proximum, dum paremus magistratui et parentibus, dum servimus liberis alimonia conquirenda et fideli institutione etc. Haec enim omnia
10 debent fieri propter Deum, qui se manifestavit in verbo suo.

Hoc Papa, Turca, Iudaei non faciunt, sed super Deum se elevant contemnendo iussa eius, et cum sibi maxime videntur sancti, Deum praesumunt colere et intelligere in sua substantia. Sed a tali Deo non potest sperari vita, quia talis Deus nobiscum non loquitur. Deus autem, qui se patefecit
15 visibilibus notis, qui dedit verbum promissionis, et instituit Sacramenta, ille est verus Deus et salvator, quem apprehendere et intelligere possumus.

Cavendum autem hoc est, ne quid vel addas, vel adimas iis, quibus se Deus manifestavit. Quod si a Deo hoc, quem ponimus in praedicamento relationis, discesseris, et scrutatus fueris Deum in praedicamento substantiae
20 vel quantitatis, opprimeris a maiestate: Si quaesiveris in praedicamento qualitatis, consumeris. 'Est enim Deus ignis consumens' et 'habitans lucem ^{Hebr. 12, 29} ^{1. Tim. 6, 16} inaccessibilem'.

Maneto igitur apud Deum in praedicamento relationis, super quem extollitur Antichristus, hoc est Papa Romanus, et Turca quoque: quanquam
25 Turca verius bestia est, quia est extra Ecclesiam, et manifeste persequitur Christum.

Antichristus autem sedet in templo Dei: Ideo proprie loquendo, et definitione dialectica est Antichristus, qui in Ecclesia sedet, ubi visibiles Dei formae apparent, quas ipse conculcat, et fingit novas formas etc.
30 Videmus igitur, qualis et quantus vir fuerit Abraham tantis promissionibus ornatus, ex quibus statuit certo se in aeternum victurum. Nam quod dicit Dominus: 'Ego ero Deus tuus, et seminis tui post te': Hic non solum Ecclesiae certum locum in familia Abrahae designat, sed promittit simul immortalitatem, et addit signum in corpore Abrahae circumcisionem.
35 Magna haec essent, si a Principe aliquo mundi promitterentur, quod vellet nobis esse clementissimus Caesar vel Rex, et adderet testimoniales literas promissioni, et tamen fieri posset, ut homo mutaretur, sicut proverbio Germanico principum benevolentia comparatur tempestati Aprilis[1], quae et non expurgatur, et inconstantissima est. Et multorum exempla ad omnem
40 posteritatem memorabilia sunt, qui a Regibus et principibus unice adamati

---

[1]) *Vgl. Unsre Ausg. Bd. 19, 301, 3. Thiele, Sprichwörter S. 51ff.*

in crucem tandem acti sunt, aut aliis suppliciis adfecti. Ita etiam in fallacibus et mutabilibus hominibus admodum grata est etiam benevolentia simulata et fallax.

Sed Abraham habuit Deum promissorem, quem sciebat mutari et
fallere non posse. Is promittit: Mi Abraham, modo serva pactum meum, 5
et ambula corum me in integritatibus et perfectus, et certo scito, me velle
tuum esse Deum, et seminis tui post te, imo propter te etiam omnium
gentium, qui ad tuum exemplum in me credent.

Haec scilicet sunt verba non tantum huius vitae, sed immortalis. Ac
cogitamus nos, si eadem ad nos diceret Deus, nos facile superaturos spe, 10
quicquid malorum in hac vita potest obiici, et tamen hanc ipsam promissionem habemus longe opulentius, quam ipse Abraham.

Abraham cum suis brevem tantum angulum occupavit, in quo sonaret
Dei vox, et signa visibilia Dei conspicerentur. Hodie totus orbis terrarum
Jes. 6, 3 his Dei signis repletus est, sicut Seraphin apud Esaiam canunt: 'Plena 15
omnis terra gloria eius'.

Abraham habuit circumcisionem, signum promissionis huius, nos Baptismum habemus, longe augustiore forma institutum. Baptizamur enim in
nomine patris, filii et spiritus sancti.

Hoc signo gratiae non contentus filius Dei testamento reliquit Ecclesiae 20
suum corpus et sanguinem suum, ac corpore in hac vita ad aeternam vitam
pasci, sanguine autem potari nos voluit, ne ulla relinqueretur dubitatio,
salutem passione et morte filii Dei partam ad nos pertinere, et non tantum
(sicut doctrina pontificis corrupti in Papatu cogitabamus) ad Petrum, Paulum,
Marcum et alios virtutibus excellentes Dei servos. 25

Reliquit enim Pontificis doctrina nos incertos de salute, imo religiosum
fuit, dubitare sisne in gratia vel non. Hanc dubitationem Christus non
solum verbo suo, sed etiam his visibilibus signis gratiae nobis voluit eximere:
Ideo signis his tam claras addidit promissiones, quae singulis applicantur,
cum signis hisce utuntur. 30

Sicut igitur Abraham circumcisionem habuit, et additum circumcisioni
hoc magnificum verbum: 'Ego ero Deus tuus, et seminis tui post te': Ita
nos habemus notas visibiles plures, primum ipsum Baptismum, ornatum
gravissima et suavissima promissione, si credamus salvos nos fore. Quia
autem in hac imbecillitate nostra facillime labimur, additae sunt baptismo 35
claves seu ministerium verbi (non enim separanda haec sunt), quod ipsum
quoque nota visibilis gratiae est, alligata voci Euangelii secundum Christi
Matth. 18, 18 institutionem: 'Quaecunque solveritis super terram, soluta erunt et in coelis',
hoc verbum fide cum apprehendis, iterum restitueris in gratiam, et per
peccatum amissa vita redditur. 40

Matth. 26, 26. 27 Idem fit in usu sacrae Eucharistiae. Nam verba haec: 'corpus meum
pro vobis traditum, sanguis meus effusus in remissionem peccatorum

vestrorum' neutiquam inania sunt, sed confirmant praeclare spem remissionis peccatorum.

Ad hunc modum vides multo nos opulentius habere promissionem aeternae gratiae, quam ipsum Abrahamum. Debebamus igitur nos quoque hoc dono superbire contra Satanam et mundum, et hac consolatione in omnibus adversis nos erigere, sicut sanctus Patriarcha fecit.

Sed impedimur misera et peccatrice carne, et incidimus in novissima tempora omni genere malorum depravata: itaque aut non videmus, aut non admiramur has divitias aeternas.

Divus Stephanus, divus Laurentius, Sebastianus, Fabianus et similes hac una ratione vicerunt mortem et cruciatus omnes. Hi quia retinuerunt fidem Abrahae, et his signis visibilibus gratiae se consolati sunt, cruces omnes, sicut vincentii dictum quoddam celebratur, eis ludus et iocus, ac quasi puerilia exercitia fuerunt.

Adeo magna res est fides, cum se Deus per promissionem patefacit, et animi eam amplectuntur serio. Haec ipsa: 'ero Deus tuus', assidue sonat in Ecclesia: Itaque Apostoli et Prophetae eam diligenter sunt meditati, ac concionibus suis egregie illustrarunt: Docuerunt vitam hanc conferendam ad obsequia proximi, ut quam plurimi pertrahantur ad cognitionem Dei, Ac si quid durum obiicitur, retinendam spem liberationis, ac invocandum nomen Domini. Quia enim is se Deum credentium in se fore promisit, consecuturam miserias huius vitae corporalis aeternam laeticiam et vitam.

Et dixit Deus ad Abraham: Et tu pactum meum custodies, et tu, 17, 9 et semen tuum post te in generationibus suis.

Prolixe satis tractamus hunc locum, sed valde necessarium, non tantum propter Iudaeos, quos facile contemnere possumus, sed etiam propter conscientias. Ideo Paulus quoque de ipsa circumcisione, et deinde de tota lege tam accurate disputat.

Ac sane sapientia sapientiarum est, posse recte distinguere inter legem et Euangelium, ac bonum in hac parte dialecticum esse. Distinctae quidem sua natura res sunt, sed in certamine conscientiae non ita facile est videre, quatenus lex liget, quatenus non liget.

Iudaeus dicit esse divinitus mandatam circumcisionem, ac fatemur nos Abrahae tanquam vexillifero, hoc signum seu pactum commendatum, ut per circumcisionem omnes gentes haberent certum locum et certam personam, in qua Deus visibiliter appareret, et cum qua se coniungentes verum Deum invenirent, nusquam alibi in toto orbe terrarum inveniendum.

Hoc ingens beneficium Dei fuit: Sed consideranda etiam reliqua sunt, vides personas diserte notari: 'Tu pactum meum custodies, tu et semen tuum post te'. Item: 'in generationibus suis'. Haec toties inculcata et ingeminata indicant circumcisionem circumscriptam, et quasi limitibus certis conclusam, nec pertinere ad gentes, quas semen Abrahae non esse constat.

Item quod de semine dicitur custodiendum pactum hoc in ipsius generationibus, certo probat, non imponi hoc onus ceu aeternum. Exemplum enim ante oculos est, quod generationes nunc annis amplius mille et quingentis desierint, sunt enim sine templo, sine Sacerdotio, sine regno, hoc profecto est desinere generationes. Quae igitur stultitia est, urgere adhuc circumcisionem?

Sic igitur praecepta est circumcisio, ut habeat suum certum tempus, quomodo debeat durare, nec est urgenda, ut lex immutabilis et aeterna.   10

Tempus affert secum dispensationem: Quia enim generationes desierunt, desinit circumcisio necessaria esse. Quin dum ipsa lex ferretur, dispensatio legis necessaria fuit. Mandantur enim masculi circumcidendi octavo die, et tamen Ismael anno aetatis suae decimoquinto, Abraham autem anno nonagesimo nono circumciditur.   15

Haec in legibus videre, ubi stricte servandae, ubi dispensatio adhibenda sit, magna sapientia est. Recte igitur dicitur, Principum literas ter legendas, ac multo magis divinas literas. Aliae principum, aliae privatorum cogitationes et opiniones sunt. Principum omnia grandia, privatorum autem exigua et tenuia sunt. Itaque bene expendendum est, si quid principes vel scribunt,   20 vel loquuntur: Quanto autem hoc facimus dignius in iis, quae sapientia divina mandat et iubet'.

Solvitur igitur hic ipsa Dei voce argumentum Iudaeorum, qui circumcisionem perpetuam esse contendunt, et volunt, eam quoque gentibus imponendam. Diserte enim dicit: 'Tu et tui posteri custodient pactum tuum'.   25 Igitur pactum hoc nihil ad gentes. Deinde dicit: 'in suis generationibus', hoc est, dum durabit regnum et sacerdotium.

Si vel generale hoc mandatum esset, vel aeternum, profecto non adderentur limitationes hae, non sic diserte mandaret de servis emptitiis in domo Abrahae, complecteretur in genere omnes gentium masculos et servos.   30

Certum igitur est, quod gentes, qui sunt extra domum Abrahae, non sunt circumcidendae. Circumcisio enim est particularis ad domum Abrahae, et temporalis ad certam et ad definitam durationem generationum Abrahae. Hoc sanus Iudaeus, si modo quisquam sanus est, nunquam negabit.

Atque haec ipsa res, quod sic particularis circumcisio fuit, sine dubio   35 Abrahamum bene exercuit et afflixit. Eligitur ipsius domus in Ecclesiam, in quam Deus quasi immigrat per visibilem formam circumcisionis, ut in ea habitet. Siue dubio autem Abraham ex hac Dei ordinatione sensit tentationem, ut solicitus esset de reliquis gentibus extra suam domum.

Sic enim cogitavit: Si domus mea sola erit Ecclesia, in qua Deus   40 habitabit. Num igitur gentes reliquae omnes damnabuntur? Num Deus eas deseret? Nam ea nostra natura est, ut non possimus de aliis non esse soliciti.

Sic Petrus, cum de se audisset Domini sententiam, interrogat statim, Joh. 21, 18 ff. quid de Ioanne futurum sit. Ac magna haec quaestio est, an hi tantum salvi fiant, qui habent circumcisionem et legem, an etiam alii, qui legem non habent?

Videtur autem ista diserta personae denotatio: 'Tu et semen tuum' simpliciter excludere omnes gentes a divina misericordia et salute, eamque concludere tantum in domum Abrahae. Haec vel disputatio, vel tentatio Abrahae hic brevibus verbis ostenditur: Sicut infra cum dicit: 'Forte nullus 1. Mose 20, 11 hic est, qui Deum timeat'.

10 Quia enim dicit Deus: Tu servabis pactum meum, et tua posteritas, quid igitur de reliquis gentibus fiet? cogitavit. Neque haec fuit levis tentatio, intentum esse suae vocationi, et de aliis non esse curiosum.

Papa cum suis huic tentationi succubuit: Habuit propositam salutis viam, fidem in Christum, eam deseruit, et delegit sibi alias vias, sacrificium 15 missae, vota et similia.

Sic singulorum certe vocationes sunt, quibus dum serviunt, Deo serviunt. Rex diligenter suos curans et regens, materfamilias fovens infantem, paterfamilias labore victum parans, discipulus sedulo discens Deo serviunt.

20 Hanc certam pietatis vitam deseruerunt monachi et Nonnae, seu monachae: iudicabant enim nimis exilia esse opera, et quaerebant alia in speciem graviora, ita simul et a fide discesserunt, et Deo sunt facti inobedientes.

Magna igitur sapientia est, cum homo facit, quod Deus praecipit, et 25 non habita ratione aliorum, quid faciant, ipse vocationi serio servit, sed profecto pauci hoc faciunt. Maior pars illud agunt, quod Poëta repraehendit: Optat ephippia bos piger, optat arare caballus.[1]

Paucissimi sunt, qui sua sorte vivunt contenti: Qui laicus est, optat clerici vitam, discipulus vult esse magister, civis vult esse consul, et fasti-30 dimus singuli nostram vocationem. Cum tamen alia via serviendi Deo nulla sit, quam incedere in simplici fide, et postea urgere diligenter vocationem, ac retinere bonam conscientiam.

Sic Abraham videt se et suos posteros gravari circumcisionis lege, eam accipit in humilitate et cum gratiarum actione. Curam autem de gen-35 tium salute permittit Deo, nec curiose de eis inquirit.

Sic etiam potuit tentari de altero sexu, quid foemellae? nonne has quoque Deus aliquo signo, sicut masculos nostros, notabit? Sed remittit hanc quoque curam, et intentus in id est, ut faciat, quod sibi praeceptum norat. Interim hanc spem animo fovens et retinens, quod, ut Petrus, 40 Actorum 10. dicit: Deus non sit προσωπολήπτης, qui inter homines discernat, Apg. 10, 34

---

[1] Horaz, Episteln I, 14, 43.

sed quod omnis in omni gente, qui ipsum metuit et iustitiam facit, sit ei acceptus. Sic tentationem sanctus vir vincit.

Illi autem, qui laborant in vinea, et aequale praemium vident una hora laborantibus distribui, vincere hanc tentationem non possunt, et ideo incurrunt in indignationem patrisfamilias, volunt enim propter certi temporis ₅ operas reliquis anteponi.

Potuit igitur cogitare Abraham, sicut tentationes variae obiiciuntur piis: Ecce, ego deligor cum meis, ut circumcidar, et promittit Deus se mihi Deum fore. Quid igitur de gentibus fiet? Num eas damnabit aut abiiciet Deus? sicut Iudaei in Euangelio dicunt: Nos aestum solis et operas diei sustinuimus: ₁₀ igitur soli sumus sancti. Sed spiritus Dei eum gubernat, ne in hac tentatione peccet, et alias cogitationes ei suggerit, ut cogitet: Quid ad me, quid Deus cum gentibus facturus sit. Si circumcisionem eis negat, non ideo negat salutem. Mihi imponit, quod ipsi libet, Igitur id feram et faciam, ac de aliis non ero curiosus. ₁₅

Joh. 21,21.22 Plane in hac tentatione Petrus est, cum de Ioanne quaerit: 'Hic autem quid'? Sed respondet ei Dominus: 'Quid ad te, si volo eum manere, dum venio'?

Sic Dominus voluit me esse concionatorem, hoc est, voluit, ut sustinerem propter verbum invidiam et odium mundi. Aliis imponit laborem ₂₀ manuum, eos cum intueor, videntur mihi beati. Labor enim eis iucundus est, vivunt sine cura, sine vexatione graviore, et ingrata esset eis ociosa vita. Labore autem confirmantur corpora, et servatur valetudo. Ego autem, dum alius, quasi puer septem annorum, ludens facit suas operas, graviter exerceor periculis et tentationibus, et tamen Moechanicus ille aeque atque ₂₅ ego salvatur.

Quid igitur? Impaciensne fiam? aut detrectabo vocationem? Non. Sic cogitabo potius, quod Deus habet multifarias vel gratias vel formas agendi, easque pro sua voluntate distribuit. Nostrum autem est, ut vocanti Röm. 12, 6
1. Petri 4, 10 Deo pareamus. Romanorum 12. Petri 4. ₃₀

Manus videntur in duriore esse conditione, quam oculi, quia laborare coguntur. Pedes autem totum corpus sustinent et gestant, ac, si onus spectes, miserrimum totius corporis membrum sunt. Melior linguae condicio, quae sentit sua commoda, et laute pascitur. Sed dona sunt varia, onera autem, prout cuique imposita sunt, ferenda sunt, Deo suppetente ferendi facultatem, ₃₅ 2. Kor. 12, 9 et cogitandum illud Pauli: 'sufficit tibi gratia mea', utcunque soli pedes sustineant molem corporis, tamen ex corpore habent facultatem et sanitatem, et gaudent omnibus beneficiis corporis, nec possunt oculi, utcunque praetiosum membrum sint, hoc, ut in speciem apparet, exiguum et leve ministerium subire: Aliter enim et ad alium usum sunt conditi. ₄₀

Regula igitur haec servanda est, ut unusquisque maneat in sua vocatione, et suo dono contentus vivat: De aliis autem non sit curiosus.

Monachorum illa fatuitas est, ut omnibus pedibus unius formae calceum aptent, et ad unam regulam omnes gubernent. Sic cum ego ingrederer monasterium, dicebant ad me: Sicut mihi factum est, ita fiat tibi quoque. Quanto autem rectius Augustinus dicit: Non aequaliter omnibus, quia non
5 aequaliter habetis omnes?

Proportio Arithmetica est, quoniam oculi et pedes unius corporis membra sunt, ut eadem et paria onera sentiant. Sed haec ἀναρχίαν efficit, et evertit imperia. Igitur Geometrica proportione utendum est in hisce politicis et Oeconomicis negotiis.

10 Arithmetica autem proportio in regno Dei locum habet. Ibi recte aequaliter distribuuntur omnia inaequalibus, quia, ut supra ex actis citavimus, Deus non est προσωπολήπτης. Omnes nos invenit peccatores: etsi aliis alii cautiores, moderatiores, et, ut sic dicam, cicuri magis sunt.

Haec dona, quia ratio magni facit, putat Deum iniquum esse, aequaliter
15 distribuentem gratiam suam. Itaque illi in Euangelio, qui plus laborant, iactant onus diei et aestus, et aegre ferunt idem praemium distribui in eos, qui una tantum hora laborarant.

Sed non sic facit pius patriarcha. Sine omni fastu et superbia est, et consilium Dei admiratur ac laudat. Non dicit: Cur mihi imponitur circum-
20 cisio, et non imponitur gentibus: Imo, cur non imponitur fratris filio Lotho, et eius familiae habitanti in vicinia? Gaudet eos esse socios fidei, et onus sibi singulariter impositum cum summa voluntate gestat, tanquam singulare benevolentiae divinae signum, quo etsi gentes careant, tamen scit eos esse in gratia, si credant.

25 Sicut id infra patebit. Nam Gomorra et Sodomitae circumcisionem non habebant, et tamen sperat Abraham inter eos esse quinquaginta iustos. Si autem circumcisio eo tempore, quo maxime floruit, per Patriarcham Abraham non gentibus, non Lotho agnato imposita est: imo, si ipse Abraham in praeputio adhuc existens iustificatus est, quid miseri Iudaei contendunt
30 de onerandis gentibus?

Conclusio igitur haec est, ut unusquisque videat suam vocationem, et eam sequatur. Fieri potest, quod Antonius et alii Heremitae fuerint sancti homines, Sed graviter peccas, si tu deserta tua vocatione etiam te abdis illorum exemplo in latebras. Aliud enim est, quod Dominus te iussit facere,
35 ut scilicet parcas parentibus, magistratui, praeceptoribus tuis.

Sic vocatio fuit Iudaeorum ante natum Christum, ut circumciderentur, hanc oportuit eos sequi, non oportuit eam imponere aliis.

Nunc generalis vocatio est, non circumcidi, sed credere in Christum, et baptizari in nomine eius. Hoc qui facit, postea, si mater, si pater, si
40 princeps est, studiose faciat partes suas, et sic salvabitur. Nunc sequitur ipsa lex circumcisiouis.

17,10.11 Hoc est pactum meum, quod observabitis inter me et inter vos, atque inter semen tuum post te: Circumcidetur in vobis omnis masculus, et circumcidetis carnem praeputii vestri, et erit in signum faederis inter me et inter vos.

Totus hic locus habet quinque partes, Primum iubet circumcidi masculos, 5 ergo foemellae a lege hac excluduntur, excluduntur gentes quoque, quae non sunt semen Abrahae, aut in domo Abrahae.

Pf. 118, 10-12   Verbum (*Mol*) ambiguum est, Psalmo 118. Significat gladio succidere, sicut solent succidi arbores, Ut diserte igitur res ostendatur, addit incidendam seu praecidendam carnem praeputii, ita ut reliqua membra corporis totius 10 maneant illaesa, ea secunda pars huius loci est, quod Deus hanc corporis partem solam deligit.

Tertio, exclusis sic mulieribus, gentibus et omnibus corporis partibus, destinatur circumcisioni octava dies a nativitate.

Quarto, semini Abrahae adduntur empticii servi, et nati in domo 15 Abrahae, hos etiam iubet circumcidi.

Quinto additur legi promissio et comminatio. Promissio: Ego ero Deus tuus. Comminatio: anima eius eradicabitur e populo, qui habuerit Matth. 19,17 praeputium. Sunt enim relativa haec civiliter et Theologice. 'Si vis vitam ingredi, dicit Christus, serva mandata'. Hic inclusa comminatio est, quod, 20 qui mandata non servat, ingredietur infernum. In Politia dicitur, si vis habere pacem, honora gladium. Haec promissio habet inclusam commina-tionem, quod, qui gladium honore non afficiunt, gladio peribunt.

Hinc dixerunt veteres doctores. Concionatori in omnibus contionibus respiciendum ad haec quatuor, ut constituat vicia et virtutes, poenas et 25 praemia. Ac non male haec monuerunt, si modo tenuissent Christum. Lex enim versatur circa haec quatuor, circa vitia contra legem, circa virtutes secundum legem, circa poenas secundum legem, et praemia secundum legem. Sed haec doctrina non facit Christianos. Est legis doctrina, quae non ad perfectum ducit, coniungendum autem cum hac legis doctrina est Euangelion 30 gratiae, ibi demum absolvitur Christianus.

Quod igitur masculos solos lex praecipit circumcidendos, afferunt Iudaei hanc rationem, quod nulla alia humani corporis pars sit superflua, qua carere corpus possit. Sed dixi hoc argumentum extremae coecitatis in Iudaeis esse.

Historica autem et vera ratio haec est, quod Deus voluit masculum 35 damnare, non foeminam, ideo scilicet, quia masculus peccavit. Si enim Eua sola fuisset, et Adam non consensisset, aut obiurgasset uxorem, declinasset poenam. Quia autem in peccatum uxoris consentit, ideo causa mali est, et recte per circumcisionem ducitur ad poenam, dimissa foemina, quae tamen ipsa quoque suam portionem poenarum sustinet. 40

---

8 (*Mol*)] מול

Ita significat Deus per circumcisionem masculis impositam, quod peccatum originale ex primo parente in universum genus humanum manaverit, sicut Paulus quoque Romanorum 5. Ubique Adamum peccati auctorem Röm. 5, 12 ff. nominat, Euam tacet.

5   Quaestionem de mulieribus, quae sunt altera generis humani pars, item de infantibus ante octavum diem extinctis, dixi supra, et agitat eam etiam Magister sententiarum, quomodo sine circumcisione sint salvatae foeminae.

Sed simplex responsio est, lex ipsa excludit mulieres, et tantum praecipit de masculis, ergo mulieris cum non circumciduntur, non peccant contra
10 hanc legem, sicut nec parvuli, qui octavum diem non attingunt. Nam lex ad circumcisionem tantum illos cogit, qui octavum diem attigerunt.

Igitur et mulieres et infantes ante octavum diem extincti excluduntur quidem a circumcisione, sed a salute et fide Abrahae non excluduntur: Ideo incircumcisae mulieres cohabitant cum circumcisis maritis, et ambo fide sal-
15 vantur. Sic Ruth secuta socrum Nahemi dicit: 'Populus tuus, populus meus, Ruth 1, 16 et Deus tuus, Deus meus'. Haec etsi de populo sancto non esset, erat enim Moabitis, tamen, quia fide adhaesit Deo Israël, salva facta est.

Habent mulieres suam circumcisionem satis duram et gravem, de qua Moses: 'Tu in dolore paries filios tuos', Ibi circumciduntur usque ad mortem.
20 Ira est in 'dolore', misericordia autem in verbo 'paries'.

Etsi enim propter peccatum originale etiam foemininus sexus damnatur, tamen non ideo tollitur aut perit penitus. Hoc onus non uni Euae impositum est, sed omnibus parentibus: Itaque fideles matronae hac cogitatione se consolatae sunt in doloribus, quod, etsi dolores hi sint certum argumentum
25 peccati et irae Dei, tamen haec benedictionis divinae certa nota est, quod per partum genus humanum et ipsa Dei Ecclesia restauratur.

Si enim Deus tantum voluisset irasci et punire, non etiam ignoscere et misereri, dixisset: mancas sterilis, aut ego creabo novam Euam, quae non sit peccatrix, sed sancta. Sed misericors Deus hoc non facit, dat hanc
30 misericordiae vocem: paries filios, et tamen, ne impune sit peccasse, addit: 'paries in dolore et aerumnis'.

Confirmata igitur hac voce Eua spem salutis concepit certam, siquidem et semen sanctum erat promissum, et benedictio pariendi ac multiplicandi relicta, quam Deus non sustulit, etsi inflexit nonnihil, cum addidit dolores,
35 qui in integra natura non erant futuri.

Inde factum est, quod sanctae mulieres partum pro magno signo gratiae omnibus saeculis habuerunt. Rahel importuna et nimium molesta est marito, cum dicit: 'Da mihi liberos, aut moriar'. Ostendit enim se dolore extinctam 1. Mose 30, 1 iri, quia videt signum irae esse sterilitatem.
40   Et in Psalmo 137, magnifica sobolis commendatio est: 'Ecce haereditas Ps. 127, 3 Domini filii, Merces (hoc est, Dei donum est) ventris fructus'. Profecto augustum nomen, quod liberi sint Dei donum.

41*

1. Sam. 1, 10
Lut. 1, 25

Ideo Anna 1. Reg[um 1. Sic miserabiliter plorat: et Elizabet, mater Ioannis vetula, gaudio exaltans gloriatur: 'Tulit Dominus opprobrium meum'.

Sterilitas igitur irae signum, partus autem gratiae habitum est illis temporibus, cum adhuc mundus esset melior.

Sed paulatim abusibus libidinis etiam apud Iudaeos obscurari hoc reliquum benedictionis divinae coepit. Sicut hodie multos invenias avaros, qui numerosam sobolem pro poena habent.

Sed sanctae matres semper pro magna gloria hoc donum habuerunt, quando fuerunt foecundae. Sicut e contra pro signo irae habuerunt sterilitatem, et opprobrium iudicaverunt.

Itaque misera Sara hac tentatione pene absumpta est, quod videt se sterilem, ac sine dubio pius Abraham saepe consolationibus suis eam erigere coactus est. Per poenam igitur doloris damnatus est sexus, sed non ideo benedictio prorsus sublata.

Ad poenam damnata sunt membra muliebria, sed non damnata ad fructum. Idem in circumcisione cum masculis factum est. Postulantur ad eam masculi, et per praeputii circumcisionem ostenditur maledicta nativitas ac peccatis plena, et tamen additur consolatio: 'Ego Dominus Deus tuus'.

Sic Ecclesiam cruce premit et occidit Deus secundum carnem, et tamen per fidem iustificat et vivificat secundum spiritum: Ita poenae promissio, terroribus autem consolatio addita est, qua se in periculis et malis pii erigerent.

Gentes et poénae et benedictionis oblitae horribilia libidinum portenta secutae sunt. Sed sancti patres viderunt calamitates per peccatum inundantes in genus humanum: Itaque humiliarunt se, et carnis cupiditates constrinxerunt. Deinde se consolati sunt illa Dei moderatione, quod reliquit post se benedictionem aliquam. Haec de eo, quod masculis tantum imposita est circumcisio.

Quod autem praeputii carnem Deus iubet circumcidi, ac lege membrum, ut vocamus, turpitudinis, quod pertinet ad generationem totius generis humani, apprehendit, ac non vel particulam auris, vel labii, vel capillum, vel barbam, quae honesta membra sunt, et conspectum hominum non fugiunt, de eo disputat magister Sentenciarum, quod Deus voluerit significare maiorem huius membri abusum et inobedientiam, quam reliquorum, id quantum valeat, alii iudicent.

Fons mali omnis inde est, quod corda plena sunt impietate et incredulitate. Inde non solum in abusum corporis hoc membrum, sed omnia alia membra veniunt, et si quis collationem accuratam faciat, nonne gravius peccat lingua? nonne oculi, nonne aures cupiditates excitant?

Ergo haec verior ratio est: Hoc membrum est membrum propagationis universae carnis, et tantum generationis causa conditum est: Ideo id apprehendit Deus, ut significetur peccatum originale, et non actuale, quod ingenitum est nobis, et nobiscum accrescit.

Haec causa est, cur masculus damnetur in eo membro, unde dicitur masculus, et tamen non est vere haec damnatio, magis est comminatio et ostensio irae, videtur enim damnare Deus totum membrum, et tamen conservat eius usum.

5 Haec est historica ratio, quae convenit cum aliis Dei operibus. Sicut enim partum damnat et salvat, sicut mortificat et vivificat, sicut comminatur et promittit: Ita masculinum membrum simul damnat per circumcisionem, et servat: Est enim mirabilis in suis consiliis et factis.

Significatur autem hic mysterium incarnationis filii Dei, propter unam 10 enim virginem Mariam, ex qua nascendus erat Christus, parcit toti sexui faemineo, et tantum masculi ad circumcisionem flagitantur. Futura enim erat foemina, quae sine viro pareret. Propter hanc parcit Deus toti sexui, et lege hac in speciem stulta tantum onerat masculos.

Circumcisio igitur tale signum fuit, in quo Deus totam Theologiam 15 adumbravit, hoc est, peccatum et gratiam in utroque sexu, circumcisio enim in membro tam turpi non solum admonet peccati, quod simus natura filii irae, et habeamus peccatum nobiscum natum, sed etiam in eo gratiae signum est, quod non membrum totum, sed particula membri praeciditur, et generatio salvatur necessaria Ecclesiae et politiae.

20 In altero sexu, cui circumcisio non imponitur, est gratiae significatio. Ostenditur enim nasciturus ex muliere, qui circumcisionem tollat, et a peccato et morte salvet. Haec mysteria Iudaei non intelligunt, a nobis autem diligenter sunt inquirenda et notanda.

De tertia particula quaestio est: quare Deus voluerit octavo die circum- 25 cidi masculos, ac tractarunt eam magister Sententiarum et scholastici doctores magno, ut ipsis videtur, studio.

Ego autem praecidendam eam existimo: Quid enim hoc ad me, cur Deus ita voluerit, cum satis sit, quod constat eum ita voluisse? Non voluntatis divinae ratio quaerenda est: sicut neque sapientiae eius, nec omnipotentiae 30 et bonitatis. Sunt enim inscrutabilia haec, et conditio nostra postulat, non ut quaeramus, quare? sed ut praecipienti pareamus.

Haec simplex et vera solutio est, qua nobis uti licet contra spiritus sediciosos, et praesumentes de sapientia sua: Et tamen sine periculo fidei licet imaginari, et quaerere aliquam rem similem, et vel ad docendum, vel 35 ad consolandum utilem rationem.

Hoc autem ante omnia nobis certo statuendum est, masculos ante octavum diem extinctos non esse damnatos ratione huius legis. Nam in hanc legem nihil peccarunt, sicut nec foeminae, quae non circumcisae, tamen fuerunt pars populi Dei.

40 Magister sententiarum et alii doctores disputant perire tales infantes, sed nos clarum textum hic habemus, cui tuto inniti possumus, quod Deus non damnat incircumcisos infantes, nec post octavum diem. Quod si de

Originali peccato infantium disputes, ea alia quaestio est, hic de circumcisione quaerimus, de qua sententiam fert Dominus, quod infans, cuius caro praeputii octavo die non circumciditur, eradicanda sit anima eius ex populo Dei.

Haec comminatio non est extendenda aut dilatanda ultra, quam dila- 5 tavit eam Deus. Sequitur autem bona consequentia per hanc legem, quae de infantibus post octavum diem non circumcisis loquitur, non damnari eos, qui octavum diem non attingunt.

Et nota regula est: Favores ampliandos, rigores autem restringendos. Id in hac causa facimus cum Dei gloria. Est enim eius natura ignoscere 10 et misereri, non igitur statuimus eum duriorem esse in sui populi infantes, 1. Tim. 2, 4 quos mors praevenit, quo minus pactum hoc possint consequi. 'Vult enim, omnes homines salvos fieri'.

Haec sententia opponenda est doctoribus istis, et promissiones largissime dilatandae. Ira autem et rigor restringendus. Hoc praeceptum ex ipso usu 15 Matth. 7, 11 Luc. 11, 13 vitae civilis depromptum quanto rectius hic valebit? 'Si enim vos, inquit Christus, qui mali estis, bona potestis dare filiis vestris, quanto magis pater vester caelestis dabit spiritum sanctum petentibus se'?

Non igitur disputemus de parvulis incircumcisis ante octavum diem, sed relinquamus eos bonitati divinae. Disputemus autem de rebus non 20 incertis et incompertis, sed de iis, quae divina voce nobis mandata sunt. Quid cum aliis agat Deus, ne simus soliciti. Nos Christum audiamus, sicut vox patris de coelo iubet. Secreta autem divinae Maiestatis, quae non revelavit nobis in verbo suo Deus, transeamus, et relinquamus intacta: Sic non praecipitabimur. 25

Sir. 3, 22 Recte igitur monet Syrach: 'Altiora te ne quaesieris': non est nobis Spr. 25, 27 commissum scrutari maiestatem, nec etiam expedit. 'Qui enim scrutatur maiestatem, opprimitur ab ea'.

vgl. 1. Tim. 6, 16 Deus enim, ut saepe dixi, in praedicamento substantiae est incompraehensibilis, et habitat lucem, ad quam ne cogitationibus quidem accedere possu- 30 mus, et velle scrutari iuditia eius vere est ad impossibilia tendere.

Resistendum igitur est in verbo, Ibi audiendum, quid promittat nobis, quid comminetur nobis. Haec cum fructu fiunt, sicut primus Psalmus et 119. docent. Caetera, quae verbo non sunt patefacta, simpliciter relinquenda sunt, sine periculo enim tentari non possunt. 35

Haec libenter et saepe inculco: Est enim doctrina maxime necessaria propter peccatum Originale, Satanam et fanaticos spiritus. Quod si Adam hanc esset secutus regulam, non esset lapsus in peccatum. Quia autem discedit a praecepto, quod ei Dominus proposuerat, et attendit Satanae disputanti de causis, cur hanc arborem prohibuerit Deus attingi, praecipitatur 40 in peccatum et in mortem. Non enim quaerendae erant rationes praecepti divini. Hoc enim est iudicare divinam voluntatem, et pervestigare vias eius, quae sunt impervestigabiles, et compraehendere iudicia eius, quae sunt incompraehensibilia.

Nec dubito, quin aliquid tale fuerit peccatum Luciferi, quod voluit plus scrutari et scire, quam pro sua conditione, de Deo incognito, hoc est,
5 non revelato et patefacto per verbum, scire aliquid, quid sit, quid faciat, quid velit: ad me non pertinet. Hoc autem ad me pertinet, ut sciam, quid praeceperit, quid promiserit, quid comminatus sit. Haec cum meditaris studiose, invenis Deum, imo ipse te colligit in suum gremium: ex quo si excidis, hoc est, si aliquid ultra illa, quae verbo revelata sunt, praesumis
10 scire, ruis in abyssos inferni.

Recte igitur ille Heremita monuit: Si videris, inquit, iuvenem Monachum ascendere ad coelum, et iam quasi ponere alterum pedem in coelum, retrahe eum statim, si enim ambos ibi posuerit pedes, non in coelo, sed in inferno se esse videbit.
15 Haec vox aliud nihil monet, quam ut moderemur curiositatem, et maneamus intra certos limites praefixos a Deo. Non enim in nubibus, sed in terra voluit nos ingredi, voluit verbum revelatum studiose disci, non voluit cogitari de iis, quae altiora sunt nobis: Voluit verbum et mandatum suum nos sequi, non voluit scrupulosius mandatorum suorum causas inquiri.
20 Hoc dum Adam et Eua faciunt, pereunt, constituunt enim se in locum creatoris Dei, et obliviscuntur se esse creaturas.

Sicut Satan dicit: 'Eritis tum sicut Dii'. Non eritis amplius creaturae, cum soliciti eritis de mandatis Dei exequendis, ipsi eritis Dii, iudicabitis Deum, et facietis alia, quae solum Deum decent.
25 O miseram divinitatem, quam nobis per peccatum Satan circumdedit, hoc unicum agens, ut praecepta et promissiones Dei negligamus. Fieri igitur Deum est peccatum originale. Contra hunc morbum pugnandum nobis est per omnem vitam, et cum Paulo dicendum: 'Nihil scio, nisi Iesum Christum, 1. Cor. 2, 2 eumque crucifixum'.
30 Fortasse quidam ex vobis legent illas disputationes sententiariorum: Discite igitur, ne eis indulgeatis, et manete cum vestris Ecclesiis in promissionibus et praeceptis Dei, ne secundum Satanae venenatam promissionem Diis similes evadatis. Sinite Deum cognoscere bonum et malum, vos autem manete eius humiles creaturae.
35 Quod igitur ad quaestionem propositam attinet de infantibus ante octavum diem extinctis, hoc scio, quod per hanc de circumcisione legem non damnantur. Quid autem Deus cum eis faciat, respondeo, quod scio, me id nescire, si octavum diem attingerent, et non circumciderentur, non pertinerent ad populum Dei: Sed cum ante octavum diem extinguntur, pertinet id ad
40 Dei iuditium, quod ego ignoro, et supra me est, nisi quod scio Deum esse misericordem: Hoc bonum voluit me Deus scire, ita enim in verbo suo docet, alia non voluit scire.

Sic manemus in via, quam monstravit nobis ipse Deus per praeceptum et promissiones. In ea impossibile est errare, cum e contra, qui hac via omissa ad Deum contendunt, praecipitantur et opprimuntur: Non enim bonum est, ut inquit Syrach, comedere multum mellis.

Spr. 25, 27

Prima igitur responsio ad hanc quaestionem sit, cur octavo die 5 circumcidi Deus voluerit infantes, quia sic placuit Deo. Deinde possunt rationes assignari verisimiles, et non periculosae. Quod Deus rationem habuerit debilitatis infantis, ne moreretur, qui iam laboribus partus attritus est.

Commendatur igitur in hoc φιλανθρωπεία Dei, et ingens misericordia, 10 quae sic solicita est pro infantulis, ut circumcisionem eis non imponat prius, quam convaluerint aliquantulum, et eam tolerare possint.

Pf. 30, 6

Discis igitur hic quoque, quod Psalmus dicit: 'vita in voluntate eius'.

Ez. 18, 23

Item: 'non vult Deus mortem peccatoris'.

Etsi igitur historica haec ratio sit, tamen valet ad commendationem 15 misericordiae divinae, et ad alendam et augendam fidem in piis: Sicut e contra, quod in diluvio et in sodomitarum eversione etiam infantes pereunt, valet id ad terrendos impios et praefractos.

Mystica ratio, quam Magister sententiarum et alii Doctores afferunt, tolerabilis est. Ideo enim circumcisionem dicunt in octavum diem reiectam, 20 quia in resurrectione (quae octavo die significatur) perfecte circumcidemur, ut simus ab omni peccato mundi.

Hanc cogitationem non solum non reprobamus, sed confirmamus, ut piam et eruditam. Octavus enim dies significat Allegorice vitam futuram. Christus enim in sabbato, hoc est, septimo die integro quievit in sepulchro, 25 resurrexit autem die sequente sabbatum, quae octava est et initium novae hebdomadae, nec numeratur ultra eam alia dies. Christus enim conclusit hebdomadas temporum sua morte, et octavo die ingressus est aliud genus vitae, in quo non numerantur amplius dies, sed est una et aeterna dies sine vicibus noctis.

30

Haec sapienter, erudite et pie cogitata sunt, quod octava dies sit aeterna dies. Christus enim resurgens non est amplius sub diebus, mensibus, hebdomadis, aut ullo dierum numero, sed in nova et aeterna vita, cuius initium cernitur et numeratur, finis autem nullus est: In illa vita implebitur circumcisio vera. Non enim tum praeputium cordis tantum, quod hic per 35 fidem fit, circumcidetur, sed universa caro, et omnis eius substantia ab omni corruptione, ignorantia, cupiditate, peccato, foetore purgabitur, ut posthac sit immortalis caro.

Haec allegoria est prophetia, quod resurgente Christo futura sit circumcisio spiritualis et vera, ac perfecta extra tempus in aeterna vita: septenarius 40 enim numerus in scriptura sancta significat temporis revelationem: Nam cum ad septimum diem ventum est, denuo repetitur numerus.

Ideo chronici fere diviserunt mundum in septem aetates, ceu in septem dies, quibus hebdomas huius finitae vitae absolvitur. Prima numeratur ab Adam ad Noah. Secunda a Noah ad Abraham. Tertia ab Abraha ad Mosen. Quarta a Mose ad Davidem. Quinta a Davide ad Christum. Sexta a Christo usque ad finem mundi. Septimam autem dixerunt dormientium, credo ad Christi exemplum, qui Sabbato quievit in sepulchro.

Hae divisiones arbitrariae sunt, itaque non sunt accipiendae tanquam articuli fidei. Octava aetas continet resurrectionem in vitam aeternam.

Et filius octo dierum circumcidetur in vobis: Omnis scilicet 17, 12. 13 masculus in generationibus vestris. Filius familias, et qui pecunia emptus est a quocunque extraneo filio, qui non est de semine tuo, circumcidendo circumcidetur filius domus tuae, et qui acquisitus est pecunia tua, eritque foedus meum in carne vestra foedere perpetuo.

Haec fere pertinent ad quartam partem praecepti de circumcisione, distinximus enim totum hunc locum in quinque partes. Definit autem quinam sint circumcidendi, ac facit tria distincta masculorum genera.

Masculus de stirpe, hoc est, natus ex carne Abrahae cum ipsa stirpe Abraha. Masculus natus in domo ex servis propriis. Masculus non natus in domo, sed in domum emptus.

Haec distincta personarum notatio argumentum est, circumcisionem non pertinere ad omnes masculos: Quae igitur Iudaeorum insania est contendentium, quod etiam gentes sint circumcidendae?

Deinde probat hic locus diversas huius vitae conditiones: Si fortunam spectes, melior est conditio patrisfamilias, quam servi, melior manumissi, seu donati libertate, quam qui adhuc mancipii loco est: Sed quia Deus sine differentia omnes iubet circumcidi, et per circumcisionem confirmat se eis Deum fore, nonne, qui in mundo conditionibus differentes sunt, eiusdem gloriae et gratiae apud Deum sunt sotii?

Non igitur efferamus nos super alios, quia conditione praestamus, agnoscamus multiformes esse gratias huius vitae, et vocationum genera diversa. Deum autem eundem esse omnium, sive sint servi, sive liberi, sive sint divites, sive sint pauperes, modo amplectantur verbum et in fide perdurent.

Haec utilis doctrina est, qua confirmantur diversa genera vitae, et declaratur misericordia Dei, ex aequo omnium miserentis et neminem reiicientis, sive ex Abraha sit natus, sive ex servo Abrahae, modo ad exemplum fidelis Abrahae credat.

17, 14 Et praeputium habens masculus, in cuius carne praeputium non fuerit circumcisum, exterminabitur anima illa de populis suis, eo quod pactum meum dissolvit.

Haec comminatio additur, ne hoc signum gratiae in spetiem non solum exiguum et vile, sed etiam stultum, contemneretur. Quantumvis enim contemptibilis in speciem ritus, tamen in multorum salutem positus est, non solum circumcisorum, sed etiam credentium ex gentibus.

Porro hic quaeri solet, an intelligendus locus sit de civili an spirituali morte. Ac quidam indicant Mosen loqui de eradicatione civili, quod parvulus non circumcisus debeat excludi ex politia, submoveri ab aris et sacrificiis, nec frui communibus tum legibus, tum privilegiis huius populi, sed falsa haec interpraetatio est, ac arguit, tales doctores non intelligere, quid Deus per circumcisionem voluerit.

Intelligenda igitur sunt verba de eradicatione Ecclesiastica, quae tamen nihil ad gentes pertinet, id quod saepius nunc monuimus, Gentes enim etsi a circumcisione exclusae sunt, non tamen exclusae sunt a benedictione, si cum fideli Abraha credant.

Iudaeis autem ultra fidem etiam circumcisio corporalis fuit necessaria, aut, si circumcisionem neglexerunt, desierunt esse populus Dei, nec tantum exclusi sunt a politia huius populi, sed a benedictione, quam semen circumcisis promissum allaturum erat. Clausum est eis caelum, retenta eis sunt peccata, merces eorum fuit infernus et gehenna: Hoc vere est excludi ex populo Dei.

Haec sententia non involvit, sicut etiam supra docuimus infantes ante octavum diem extinctos: Etsi enim habent peccatum originale, tamen misericors Deus inveniet medium, sicut cum aliis peccatoribus, quo liberentur. Quod autem ad hanc comminationem attinet, sunt ab ea liberi, quia in legem circumcisionis nihil peccarunt. Manet in eis reatus nativitatis, seu peccati originalis, et non reatus circumcisionis.

Idem sentiendum de parvulis, qui parentum vel negligentia, vel malitia non sunt circumcisi, ac si qui hodie non baptizentur, sicut de Clemente VII. Pontifice constans rumor fuit, non baptizatum fuisse. Tales parvuli commendandi sunt bonitati Dei, quae de eis dispensabit. Quae enim parvulorum in hanc legem culpa est, qui aut moriuntur, aut ab impiis parentibus negliguntur. Relinquantur igitur bonitati Dei, non damnentur, sicut eos damnarunt scholastici. Haec de quinta parte huius loci satis sint: nunc videamus, quae de Sara addantur.

---

9 indicant] indicant *Ausg. Nürnberg 1552 und Erl. Ausg.*

Et dixit Deus ad Abraham: Sarai, uxorem tuam, non vocabis [17. 15. 16]
Sarai: sed Sara erit nomen eius: Et benedicam ei, Dedi quoque
ex ea tibi filium, benedicam eam, eritque in gentes, et Reges
populorum ex ea nascentur.

Praeceptum de circumcisione absolvimus, quam Deus ita circumscripsit
suis limitibus, ut excluderet non solum gentes, sed totum sexum foemininum,
item masculos ante octavum diem extinctos. Frustra igitur clamant Iudaei,
qui circumcisionem volunt esse universalem. Definita quoque pars corporis
est, quae circumcidatur. Frustra igitur sacerdotes Baal corpus circumciderunt
et lacerarunt.

Haec lex Christo veniente est abrogata, non enim data est circumcisio
in perpetuam legem, sed in conservationem seminis Abrahae, dum nasceretur
ex eo Christus. Hoc nato cessavit non solum circumcisio, sed tota lex cum
suis ceremoniis et cultibus.

Quae iam sequuntur, promissionem de Christo explicant: Haec enim
paulatim coepit clarior et illustrior fieri. Dubitavit primum Abraham de
haerede, ac venit in suspicionem, si sine haerede decedat, Damascenum servum usurpaturum benedictionem. Sed postea divina voce certificatur nascendum ei haeredem ex suo corpore. Hanc promissionem cum sic explicatam
habet et certam, sequitur alia dubitatio de Sara crescente annis et sterili
Itaque eius consilio acquiescens coniungit se cum Hagar ancilla, et ex ea
suscipit Ismaëlem, quem omnino existimat benedictionis haeredem fieri: Sed
nunc tandem etiam eo errore liberantur sancti coniuges, promittitur enim
Abrahae soboles ex ipsa annosa et sterili Sara.

Progressu temporis promissio derivatur in Iacob, non in Esau, et cum
Iacobo essent haeredes duodecim, soli Iuda promissio cedit. Tandem definitur
haeres promissionis David, de cuius domo fuit beata virgo Maria, mater
Christi, qui fuit finis legis et circumcisionis.

Nihil igitur agunt Iudaei pugnantes et pro aeternitate circumcisionis,
quasi perpetuo debeat durare, et pro eius infinitate, ut sic dicam, quasi in
omnes gentes sit spargenda.

Opus ea fuit ad certum tempus tanquam aliquo visibili signo, ad quod
respicerent filii Dei, ad quod recurrerent, audituri et adoraturi Deum, sicut
antea, signi loco ad quod gentes colligerentur, fuerant sacrificia patrum.

Hae notae, quibus Deus se manifestavit orbi, pluris faciendae sunt,
quam ulla miracula. Ibi enim Deum etiam gentes audiverunt loquentem per
sua organa, et salvatae sunt credentes verbo. Igitur magna misericordiae
Dei haec commendatio est, quod non est passus genus humanum ire, et
errare in suis cogitationibus: Sed posuit metuentibus se publica signa, ad
quae colligerentur.

In hunc finem circumcisus est Abraham et tota eius posteritas, ut allicerentur gentes, et consequerentur ipsae quoque salutem. Merito igitur Deo tam misericordi agimus gratias, qui omnibus saeculis sic se patefecit, et Ecclesiam sibi collegit.

Valent autem haec quoque contra horribiles tenebras traditionum humanarum. Ratio enim quaerit Deum, et vagatur per infinitos errores suorum studiorum, ut eum inveniat. Hinc nati sunt tot Monachorum ordines, quorum singuli se Deo proximos esse statuerunt. Hinc tam multiplex cultuum et operum forma. Sed frustra haec omnia suscipiuntur. Non vult enim nos Deus errare in nostris cogitationibus: sed ostendit se non solum in invisibili cogitatione cordis, sed etiam signis visibilibus et palpabilibus.

Sicut in novo testamento sunt Baptismus, claves, Eucharistia: Is qui utitur fide, non frustra credit, non aberrat a Deo, sed Deum certo audit et invenit.

Haec igitur signa discenda, sequenda et summo studio retinenda sunt. 2. Mose 20,24 'In quocunque loco ego memoriam mei faciam, ibi veniam', dicit Dominus. Igitur alia loca, alii cultus, adinventiones et studia alia frustra quaeruntur, Deus ibi non invenitur: ubi autem ipse memoriam sui nominis facit, hoc est, ubi sonat verbum Dei, ibi venit, non maledicens, sed benedicens.

Hoc diligenter inculcandum est contra horribiles furias Satanae, qui non cessat seducere orbem, ornatus divina et Angelica specie, ut obscuret, aut penitus ex oculis removeat illa dulcissima signa gratiae, quibus se Deus patefecit generi humano.

Deberemus igitur ex animo Deo gratias agere, quod audire verbum eius, et signa eius videre atque iis uti possumus. Sed, proh dolor! vilescunt assiduitate, fastidiuntur, sicut quotidianus cibus: Pluris fiunt cucullus niger aut candidus, et similia ab hominibus sine verbo instituta, quam haec infallibilia gratiae aeternae signa. Dignus igitur est mundus, qui subinde altius immergatur in errores et pericula ob hanc extremam ingratitudinem. Sed de Sara videamus.

Sicut Dominus nomen Abrae mutat ratione promissionis de benedictione: Ita etiam Sarae nomen mutat. Est autem factum a verbo (*Sarah*) quod dominari, luctari, vincere, triumphare significat. Hinc nomen Israel, quod Iacob luctatus sit cum Deo. Gen[esis 31. Et Sara significat luctatricem, pugilem, Dominam, principissam. Vocalis *i* in fine addita possessivum pronomen est. Itaque Sarai est latine domina mea. Sicut Itali dicunt Madonna, misersi, hera mea. Radix igitur verbi huius pugnare significat, et usurpatur per metalepsin pro dominari, vincere, gubernare. Hinc Sarae nomen est, sicut apud germanos vocabulum Frau, quod non tantum significat sexum, sed matremfamilias.

---

32 (*Sarah*)] שָׂרָה

Quemadmodum autem Dominus novo nomine Abrahamum patrem vocat, ut solus paternitatis nomen propter benedictionem possideat. Ita Sara vocatur Domina et gubernatrix domus, ut sola sit mater infinitarum familiarum in Ecclesia.

5   Pertinet igitur appellatio haec ad commendationem unitatis Ecclesiae, non enim vult Deus multitudinem Ecclesiarum: Ideo omnes gentes sic coniungit, ut unus earum pater sit, Abraham, et una earum mater, Sara. Atque ita individuum fiat genus generalissimum et tamen maneat unitas perfecta, ut, sicut unus Deus est, ita etiam una sit Ecclesia congreganda ex multis
10 regibus et populis, quorum pater sit Abraham, mater Sara.

Sic eo tempore nulla fuit Ecclesia extra Abrahae domum, et tamen in domo Abrahae non solus fuit Isaac, sed et Ismael, imo etiam ex gentibus empti servi, Imo etiam foemellae, virgines, uxores, quae omnes ad illam Ecclesiam pertinebant, et eiusdem Dei erant populus.

15   Sic in novo testamento dicit Christus: 'Nolite vocari Rabbi, unus Matth. 23, 8 enim magister vester in coelis'. Et Iacobus: 'Nolite effici plures magistri'. Jac. 3, 1 Non enim vult Deus, ut plures sint magistri, ut in pluribus domibus aut familiis sit Ecclesia, non quod personae non possint esse multae, habuit enim Christus duodecim Apostolos, et magna Prophetarum turba fuit in
20 sancto populo: sed ne unusquisque praesumat Ecclesiam facere. Contra haereticos igitur sententiae hae sunt pronunciatae, quasi dicat: Nolite mihi discerpere Ecclesiam meam, et sectas facere, ut 1. Corinthiorum 1.: Volo, 1. Cor. 1, 10 ut, sicut unus Deus, unus Christus, unum Baptisma est: Ita etiam sit unus tantum pater Abraham, et una mater Sara.

25   Porro promissio, quae hic Sarae facta est, inaestimabilis prorsus est. Nobis quidem, qui securo animo legimus hasce veteris testamenti historias, prima facie non apparet, quid maxime eximium sit. Sed D. Paulus diligenter inspexit eas. Igitur rhetorice amplificat hunc locum.

'Abraham non est infirmatus fide, et neque corpus suum iam mortuum Röm. 4, 19 ff.
30 respexit, centum pene annorum existens, neque mortuam Sarae matricem: respexit autem in promissionem Dei, nec dubitavit per incredulitatem: sed corroboratus est fide, dans gloriam Deo, et certus, quod, qui promisit, potens est et facere: Ideo reputatum est ei ad iustitiam. Non autem scripta haec sunt propter ipsum solum, quod reputatum est ei: sed et propter nos, quibus
35 etiam reputabitur credentibus in eum, qui excitavit Dominum nostrum Iesum Christum, ex mortuis' etc.

Considerat Paulus circumstantiam, quod promissio adhuc in verbo tantum est, res autem nondum adest: Non igitur leviter commoti sunt pii coniuges? quid enim sperari potuit ex matrice mortua, et ad partum etiam per aetatem
40 inutili: Cadaveri enim similis Sara fuit, ex quo sperari fructus non potest.

---

7 carum (1.)] corum A und Erl. Ausg.

Ideo similitudinem resurrectionis mortuorum historia haec proponit, siquidem ex mortua matrice non solum proles, sed masculus nascitur, qui pater multarum gentium constituitur, multorum Regum et populorum.

Est igitur historia maxime insignis, in qua praecipue spectandum est verbum Dei, quod Deus tam copiose et familiariter cum Abraha loquitur, 5 ut lector quasi cogatur oblivisci Maiestatis divinae, et cogitare de conviva, aut familiari amico.

Observandum autem praecipue hoc est, quod hae promissiones includunt ipsum Christum, imo aeternam vitam, etsi non de Christo, sed de Isaaco videantur loqui. Ideo Paulus in Romanis addit: 'scripta haec non propter 10 Abrahamum, sed propter nos credituros Abrahae exemplo': Nam promissio temporalis est, ceu nux, quae tegit nucleum Christum et aeternam vitam: Itaque veniente Christo testa seu cortex, in quam nucleus inclusus est, frangitur, hoc est, cessat promissio temporalis, et succedit spiritualis.

Abraham promissiones has non vidit impleri, vidit Isaacum filium, et 15 suos ex eo nepotulos Esau et Iacob. Sara autem, antequam hi nascerentur, ex hac vita evocata est. Haec, inquies, quid sunt ad tam magnificas promissiones? Profuerunt hae non Abrahae et Sarae, sed posteris.

Sic cogitamus fere, ac Iudaeorum praecipue hoc scandalum est, qui tantum vident testam, ipsum nucleum Christum, et aeternam vitam inclusam 20 in hanc quasi testam seu corticem corporalis promissionis de terra Chanaan et posteritate Abrahae non vident.

Sed scriptura sancta non obscure significat, promissionibus corporalibus includi aeternas et spirituales: Non enim sumus conditi, sicut boves et asini, sed sumus conditi ad aeternitatem. Igitur cum Deus promissor nobiscum 25 loquitur, non tantum temporalium causa nobiscum loquitur, non solam ventris curam suscipit: Animam vult conservare ab interitu, et aeternam vitam donare.

Sunt igitur externae promissiones ceu putamen. Substantia autem nucis et veritas est Christus et aeterna vita. Quia Deus promissor loquitur non cum asinis et bobus, sicut Paulus dicit: 'Num Deo cura de bobus'? 30 1. Corinthiorum 9 sed cum creatura intelligente, condita ad similitudinem Dei, ut cum Deo in aeterna vita vivat.

Temporales autem promissiones sunt ceu nuces et poma, quibus allicimus ad nos pueros. Sic ducimur et allicimur ad amorem aeternarum rerum, et quasi alitur spes immortalitatis promissionibus temporalibus. 35

Sic dat panem et aquam, non ut comedam et bibam, sicut equus aut mulus, in quibus non est intellectus: Sed ut ex hoc corporali dono agnoscam benignitatem Dei, et ea me etiam in aliis periculis erigam atque consoler: Si enim tantum donaret te stipula, tamen vult agnosci abs te, quod sit aeternus Deus, ac immensae bonitatis. Hoc cum credis, habes vitam aeternam. 40

Röm. 4, 23 f. (left margin, line 10)

1. Kor. 9, 9 (left margin, line 30)

---

19 fere] vere *Erl. Ausg.*

Etsi igitur Abraham istas promissiones se vivente non vidit, tamen credidit Deo: Ideo habuit aeternam vitam, nec potuit mori, sed adhuc vivit. Credidit enim Deo promittenti Reges, populo et filium haeredem benedictionis. Clausis igitur oculis abdidit se in tenebras fidei, in quibus invenit aeternam
5 lucem.

Ad hunc modum promissiones amplificandae sunt, ut, etsi de corporalibus rebus tantum loquantur, tamen eas applicemus ad aeternam vitam propter personam loquentis. Is enim aeternus est, et etiam corporalium rerum occasione excitat nos, ut sibi credamus. Qui autem Deo credit, is vivit
10 aeternam vitam. Non enim est bos aut mulus: Intelligit et videt Deum esse bonum, haec autem notitia est aeterna vita.

Sed hic quoque cum Iudaeis disputemus aliquantisper. Negare non possum, quin temporalis haec promissio iam finem habeat. Testa enim soluta et confracta, ac palea seu gluma granis et frumento detracta est, sicut
15 Iohannes Baptista in concione sua vaticinatur futurum. Necesse enim fuit frangi nucem, patefacto nucleo, ac elapsi iam sunt anni mille quingenti, interea non regem, non locum certum habuerunt. Cultus autem everso templo prorsus sublatus est.

Quaero igitur, quae retineant vestigia, aut quas notas promissionis
20 Sarae et Abrahae factae? Nam quod penitus Iudaeorum populus deletus est, et per omnem terram dispersi sunt, hoc nihil pro eis facit. Regnum promittitur Abrahae.

Intelligimus autem regnum non materialiter, sed formaliter nempe Rempublicam constitutam legibus in certo loco, cum omnibus iis, quae ad
25 populum seu gubernationem et administrationem populi pertinent. Multitudo latronum certe non possunt dici regnum, etsi sibi deligant caput, et certum locum occupent: In regno, ut in corpore humano sunt diversae functiones et ministeria diversa, quae tamen omnia in eum finem sunt comparata, ut corpus integrum constet, et recte valeat. Corpus autem laniatum in partes,
30 ubi non manus, non oculi, non pedes offitium faciunt, rectius cadaver, quam corpus appellatur. Cadaveri igitur similis est Iudaeorum posteritas, non regno, etiam ipsis testibus. Quae enim similitudo est ad illum populum, qui ante et post captivitatem usque ad Christi adventum extitit?

Quid igitur dicemus? Deus non mentitur, promissiones eius sunt
35 verae et firmae. Hae non promittunt aliquas feces populi ex Abraha venturas, sed Reges et populos. Ubi igitur regnum hisce annis mille quingentis mansit? ubi manserunt leges, instituta patriae, cultus? Quid aliud hodie sunt Iudaei, quam corpus misere dilaniatum, et sparsum per totum orbem terrarum? Non habent locum certum, non ministeria constituendae Reipublicae
40 necessaria: Servi sunt, et tantum peccatis victum quaerunt: Aut igitur mentitur

_____

13 possum] possunt *(wohl richtiger) Ausg.* 1552 *Nürnberg und Erl. Ausg.*

Deus in promissione sua, aut Iudaei non amplius sunt populus Dei, sed abiecti a Deo, et extra Ecclesiam positi?

Facit igitur promissio haec ad confirmandam nostram fidem, ut certi simus, postquam Iudaei sine regno sunt, et putamen nucis confractum est, necessario exhibitum Christum, et in Iudaeorum locum plenitudinem gentium 5 successisse.

Nam promissio Sarae facta non potest mentiri: 'Reges et gentes ex te egredientur'. Da mihi autem unum vel Regem, vel principem, quem habuerunt Iudaei annis iam mille et quingentis.

Hoc quidem ipsa res coget fateri, saepe tentatam restaurationem populi 10 et regni esse, sed infoelicissime. Deberent autem praecipue tenere possessionem Canaan. Sed quia exciderunt ab ea, et in miserrima servitute sunt dispersi per totum orbem terrarum, res loquitur eos non amplius esse populum Dei, nec semen Abrahae, cui regna promisit Deus, et dedit quoque usque ad Christi tempora. 15

Nam quod tam pertinaciter adhuc sperant regnum et restitutionem terrae Canaan, prorsus absurdum est, nec quidquam eos sublevat. Primum nullam habent promissionem, frustra igitur sperant. Deinde quomodo possibile est, ut sperent reditum in terram Canaan, ex qua longiore tempore nunc exulant, quam in ea habitarunt? Qualis autem haec promissio est, quae 20 diuturnior sine impletione est, quam cum impletione?

Quod autem extra terram Canaan sunt, et tamen circumcisionem retinent, et lege utuntur, non recte faciunt, lege enim uti non debent, nisi in terra Chanaan. Circumcisio enim sicut tota lex manere debet, dum manet populus, dum manent generationes, dum manet possessio terrae Chanaan. 25

Pertinet igitur haec ipsa promissio ad confirmandam nostram fidem, et ad Iudaeorum pertinaciam retundendam. Dicimus enim impletam iam olim stante adhuc ipsorum politia promissionem tum testae, tum nuclei, hoc est, corporalem et spiritualem, quae in corporalem, ut diximus, inclusa est.

Egressi sunt ex utero Sarae non Reges solum, David, Salomo etc., 30 Sed etiam populi Edomitae et alii, qui censentur in posteritate Esau. Haec est corporalis promissio: spiritualis quoque impleta est, cum Christus ex Maria virgine est natus.

Illud enim verum tempus benedictionis fuit, quo fuerunt Reges virtutum, Apostoli et successores eorum. Deinde accesserunt gentes, quae ipsae quoque 35 propter fidem in semen benedictum sunt posteritas Abrahae, non carnalis Röm. 11, 17 aut naturalis, sed 'insititia', sicut Paulus appellat, Romanorum undecimo.

Ac promissio quidem magis respicit semen spirituale, hoc est, credentes, quam carnalem posteritatem. Ac ipse Isaac etsi natus est ex carne Abrahae, tamen promissionis filius fuit, quia non est natus secundum carnem, 40 siquidem utriusque corpus, Sarae et Abrahae, quo ad generationem, quasi emortuum fuit.

Sicut autem recte eum appellamus fidei filium, non carnis (si enim carnem respicias, Abraham et Sara sunt quasi duo cadavera, et tamen generant, non virtute cadaveris, sed fidei), Ita omnes, qui credunt ad exemplum Abrahae, sunt semen Abrahae et participes benedictionis, sive Gentes, sive Iudaei, sive circumcisi, sive in praeputio. Haec est Apostolica disputatio, quae tum durante adhuc populo plena invidiae et odii fuit, exaequabat enim gentes Iudaeis: Sicut Paulus Ephesios 2. vocat: 'condomesticos Eph. 2, 19 Prophetarum et Apostolorum'.

Sed hodie, postquam Iudaei populus esse desierunt, et misere per
10 orbem terrarum dissipati sunt non videtur tanti esse haec disputatio. Scimus igitur impletam promissionem. Ubicunque enim Christus, benedictum semen, regnat, ibi est Ecclesia, ibi sunt Reges et populi nati ex fide cadaverosi Abrahae, habentes promissionem et credentes. Carnalis autem posteritas Abrahae, quia noluit Christum promissum suscipere, reiecta est secundum
15 Mosis et aliorum Prophetarum oracula, ut Oseae 2.: 'vocabo non populum Hos. 2, 23 populum': et Mosis: 'Irritabo te in gente aliena': et Christus: 'Transferetur 5. Mose 32, 21 a vobis regnum, et tradetur genti facienti fructus eius'.   Matth. 21, 43

Idem accidit nostro tempore Papistis. Repulerunt scientiam, noluerunt docere, noluerunt Episcopi esse: voluerunt autem dominari, et esse principes
20 mundi. Igitur his reiectis, erexit nos Deus de stercore et luto, et collocavit cum principibus populi sui, ut per nostrum ministerium Germania assotiaretur regno Dei, et perveniret ad veram Dei notitiam. Deus enim pompam et schema mundi non curat. Si uncti et vocati nolunt docere, doceant, qui non sunt uncti. Retineant ipsi nomen, nos rem: Indigne quidem hoc ferunt,
25 et clamant perturbari harmoniam, quae in Ecclesia esse debet.

Sic Iudaei quoque faciebant: sed dissipatis Iudaeis mansit Ecclesia gentium. Ita abiectis Papa, Cardinalibus, Episcopis, Abbatibus, Monachis, Doctoribus, manet Ecclesia apud pauperem, contemptam et miseram turbulam credentium, secundum Prophetae dictum: 'Repulisti scientiam, repellam ego Hos. 4, 6
30 te quoque'. Non enim de opibus, de dignitate, sed de scientia queritur Dominus, sicut alio in loco: 'Scientiam Dei volo magis, quam holocaustum', Hos. 6, 6 vult doceri populum, ut discant agnoscere Deum, et sic perveniant ad vitam aeternam. Igitur si nos quoque in Pontificiorum gratiam taceremus, excitaret Deus ligna et lapides potius, quam ut nulla vera Dei notitia, et per conse-
35 quens nulla in mundo Ecclesia esset.

Et cecidit Abraham in faciem suam, et risit, et dixit in corde 17, 17 suo: Num centum annos nato nascetur proles? et nunquid Sara, quae nonaginta annos nata est, pariet?

Hic locus plenus affectibus, et insigne fidei exemplum est. Ideo pro
40 dignitate a me tractari non poterit. Mihi quidem videtur, quod ad hunc

Joh. 8, 56 ipsum locum respexerit Christus, cum diceret: 'vidit Abraham diem meum, et gavisus est'.

Hactenus enim Abraham, etsi de promissione non dubitavit, tamen in persona erravit. Iudicabat enim Saram non parituram, et in Ismaelem promissionem derivandam. Sed hic quasi perfectus circulus clauditur, et Abraham videt ex Sara nascendum sibi verum haeredem. Igitur plenus gaudio in pulcherrima et perfectissima fide exultans et triumphans in terram procidit et ridet, ac admirabundus dicit: Mihine centenario adhuc nascetur filius, idque ex Sara?

Haec neutiquam dubitantis, sed admirantis et gaudio gestientis verba 10 sunt, sicut etiam risus abundantis animi gaudio argumentum est. Superant igitur haec omnem eloquentiam, et pertinent ad experientias spirituales. Sicut enim tristitiam mentium afflictarum verbis nemo potest assequi: ita quoque haec spiritus exultatio et laetitia prorsus ineffabilis est.

Iam removet ex oculis atque animo Ismaelem Abraham, hactenus 15 tenerrime adamatum tanquam spem benedictionis, et oblitus sui emortui corporis, etiam cadaverosae Sarae, certo videt ex Sara sibi nascendum haeredem. Ideo ridet et laetatur, ac postea ex hoc ipso risu et hoc spirituali et ineffabili gaudio inditur nomen filio, et vocatur Isaac, ad perpetuam memoriam et monumentum aeternum tam pulchrae firmae et certae fidei, quod ad hanc 20 vocem vixdum emissam a Domino tanto gaudio sanctus vir impletur.

Quod enim in terram cadit et ridet, est, sicut Christus Ioannis octavo exponit, gestus animi exultantis et exuberantis gaudio, quod nunc demum certus est, se patrem, Saram autem matrem fore Iesu Christi, filii Dei, per quem salus et benedictio toti orbi terrarum sit obventura.   25

Non igitur terrore concidit, nec etiam risit dubitans de promissione: sed ingenti perfusus laetitia et gaudio.

1. Mose 45, 26 Infra cum nunciatur Iacob de Ioseph, quod vivat in Aegypto, dicit textus, eum quasi e gravi somno excitatum, non tamen credidisse: Ideo nulla aedidit laetitiae signa. Sed postquam vidit currus et munera, quae 30 miserat Ioseph, ibi demum revixit spiritus eius, Genes[is 45. Insignes et subiti affectus, seu sint gaudii, seu luctus, quasi attonitos et stupidos reddunt, ac extant historiae quosdam subito gaudio extinctos. Ita Abraham quoque gaudio plenus cadit in terram, et ridet, gratias Deo agens pro beneficio suo tam insperato. Quid enim aliud potest, quam id admirari, et de eo gaudere? 35

Porro cum legimus tales historias, merito nostri nos pudere deberet, quod similis fervor spiritus in nobis non sentitur, qui tamen, sicut supra quoque dixi, quod ad dona Dei attinet, vel pares Abrahae, vel etiam superiores sumus. Habemus enim nos quoque Deum loquentem nobiscum in verbo, in baptismo, in communione.   40

---

20 firmae *fehlt Erl. Ausg.*

Quid autem est, quod nobiscum loquitur? num terret? num minatur? num accusat? neutiquam: Quin perpetuo sonat illa vox in Ecclesia: 'Con-Matth. 9, 2 fide, fili, remissa sunt tibi peccata tua', sum tibi propitius per filium meum, haeres eris aeternae vitae etc.

In tanta opulentia cum habeamus verbum Dei, tamen corda nostra sunt duriora incude, et ceu petrosa terra radicem verbi retinent sine succo et sine fructu. Cum sancti Patriarchae ad stuporem usque hanc Dei benignitatem ineffabilem sint admirati.

Ego ipse sentio in me hanc animi duritiem, et odi eam, quotidie etiam 10 contra eam oro. Sicut enim Esaias dicit: 'Est populus gravi corde, et Jef. 6, 10 dormitantibus oculis': Ita in tanta opulentia verbi sentimus nos quoque graves aures et corda, ac oculos gravatos somno.

Est autem haec culpa non Dei, qui familiariter nobiscum loquitur, et, ut ad Titum 3. Paulus dicit humanissime nobiscum conversatur, dans Tit. 3, 4 15 ministerium verbi, dans Sacramenta sua, pignora aeternae gratiae, sed nos stertentibus oculis, et surdastribus auribus sumus, et ceu quotidianam ac vilem rem contemnimus. Ac quod longe atrocius et indignius est, occupamur interim studio Decretalium et traditionum humanarum.

Rogandus igitur Deus est, ut det laetum cor ad promissiones tam 20 laetas, ut nos quoque cum sancto Abraha exultemus ac gaudeamus, quia sumus Dei populus: sed o miseram carnem et perditam, quae reprimit spiritum, et non permittit, ut rideamus. Quod si caro nos non impediret, et essemus veri Christiani, nihil possemus canere per omnem vitam, quam Magnificat, Confitemini: Gloria in excelsis Deo: Sanctus Sanctus, etc.

25 Ego quidem sanctum Patriarcham primo in stuporem coniectum arbitror et quasi in extasin prae magnitudine gaudii ac cohorruisse. Deinde illachrymasse prae gaudio, donec tandem quasi colligens animum risit, tum demum capiens gaudium hoc pacato corde, qui sensus vitae aeternae portio est.

30 Sic HISKIA apud Esaiam, cum ex Propheta audit de spe vitae, et morbo curando, miratur Dei opus, et ipse secum disputat: 'Quale hoc est 2. Kön. 20, 8 signum? Iterum ascendam in domum Domini?' Erat enim insperata salus. Ad hunc modum Abraham quoque secum loquitur: Quid? ex Sara mihi nascetur filius? etc. Hoc gaudium spiritus sine fide experiri nemo potest.

35 Monui autem supra quoque circumstantiam hanc bene considerandam, quod de promissionibus his nihil adhuc impletum est, verbum habent Abraham et Sara, id audiunt, rem nondum habent, et tamen credunt. Imo Sara praeter Isaacum nullam posteritatem vidit. Abraham duos nepotes vidit: Indicat igitur haec ipsa corporalis promissio promissionem spiritualem aeternae 40 vitae. Mortuis enim non fit promissio, quia non credunt, imo non sunt. Promissor autem est aeternus, et qui promissori aeterno credit, vivet ipse quoque fide sua in aeternum.

42*

Sic etiam corporales promissiones, cum non feruntur in opera nostra, seu conditionem legalem non habent, includunt promissionem vitae aeternae. Sed promissiones, quae gratuitae non sunt, sed meritoriae, hoc est, quae habent conditionem legis additam. Sicut illa ad populum de terrae Canaan possessione, si servent legem Mosi, hae sunt merae temporales: includunt enim nostra opera, et opus est ad eas obtinendas tolerantia divina. Tales non sunt gratuitae promissiones, quae tantum Dei misericordia nituntur, ubi Deus solus vult facere et operari, ac a nobis nihil requirit, quam fidem. Hae etsi corporales sunt, tamen includunt aeternam salutem, quam Deus vult nobis dare, non respectu nostrorum meritorum, sed suae gratiae, quam 10 Hab. 2, 4 sola fides intuetur et accipit. 'Iustus autem ex fide sua vivet', inquit Propheta.

Röm. 4, 5 Hanc promissionum distinctionem facit Paulus, Romanorum quarto. Cum dicit: Non operanti, sed credenti imputari fidem ad iustitiam. Abrahae sunt factae gratuitae promissiones de rebus corporalibus, sed non tantum in 15 corporales res intuitus est, est enim mortuus non adeptis, sed a longe quasi salutatis his promissionibus. Sicut Epistola ad Haebraeos dicit, cap[ite 11.: Hebr. 11, 10 'et expectavit civitatem habentem fundamenta, cuius architectus Deus est'.

17, 18 **Et dixit Abraham ad Deum: Utinam Ismael vivat coram te.**

Promisit Deus Abrahae filium ex vetula Sara, et addidit promissionem, 20 Saram sic benedicendam, ut ex ea reges et populi nascantur. Haec cum audit Abraham, longe maiora accipiens, quam unquam ausus esset petere: 'utinam, inquit, Ismael coram te vivat': quasi dicat: O Domine, quare tanta mihi promittis, quae cum summa gratitudine et laetitia accipio. Ego enim fuissem contentus, et satis tum gratiae, tum benedictionis habere me existi- 25 massem, si vixisset coram te Ismael. Itaque quoniam ex Sara daturus es filium, verum haeredem, hunc quoque aliquo in loco esse sinas, non abiicias eum. Apparet igitur hic Ismaelem Abrahae fuisse charissimum, siquidem tam de ipso solicitus est, et ita accurate pro eo intercedit.

17, 19—22 **Et dixit Deus. Imo Sara uxor tua pariet tibi filium, vocabisque** 30 **nomen eius Isaac, et ego erigam pactum meum cum illo in foedus perpetuum, et cum semine eius post ipsum. Et super Ismael quoque audivi te: Nam benedixi ei, et faciam illum crescere, multiplicaboque eum vehementer nimis: duodecim Duces gene-rabit, et ponam illum in Gentem magnam. Pactum vero meum** 35 **erigam cum Isaac, quem pariet tibi Sara tempore hoc, in anno altero. Et desiit loqui cum illo, et ascendit Deus ab Abraham.**

Saepe moneo historias has non tam aestimandas ex ipsis rebus, quam ex sermone Dei, quod Deus sic copiose cum sancto Patriarcha loquitur.

Videre autem hic licet, quod Deus semper plus largitur, quam nos vel petere, vel intelligere possumus.

Discendum igitur, ut, qui vere orare volunt, adsuefaciant se, ut confidenter petant, neque vel magnitudine rerum donandarum, vel indignitate orationis suae absterreantur.

Nota Pauli sententia est, Ephe[sios 3.: 'Ei, qui potens est facere supra Eph. 3, 20 quam petimus aut intelligimus'. Titulus igitur Dei: et verum nomen est, quod sit exauditor precum. Nostrum autem nomen, qui petitores sumus, est: nescimus, quomodo, aut quid petamus. Sunt enim corda nostra infirmiora, quam ut possimus appraehendere magnitudinem rei: angimur, quo tempore, quo loco, quibus mediis nos Deus audire velit. Haec sic angusto modo nobis praeformamus, ut assidua nobis cum infidelitate lucta sit.

Igitur haec duo incomparabilia, ut vocant, nobis coniungenda sunt, proportio infiniti et proportio finiti. Nostrae angustae preces, et desyderia ac vota nostra sunt finitum, et nimis pusilla ad illam infinitam et immensam retributionem Dei, qua erga nos vult perpetuo uti.

Abraham, ut de nobis taceam, nunquam intellexit, nedum petere ausus fuit, aut cogitare tantam et tam opulentam promissionem, suspirat quidem pro prole, et contentus est, quod ex ancilla ei nascitur Ismael. Hoc putat commodum et unicum medium benedicendae posteritatis. Sed Deus utitur alio et magis grato, sed insperato medio, et dat ei filium, non solum ex sua carne, sed etiam ex annosa, sterili et emortua Sara, quam fuit impossibile concipere, cum adhuc annis minor esset, et aetatis ratione ad partum aptior: neque hoc satis est. Additur ad hanc promissionem promissio de remissione peccatorum et aeterna vita. Haec quomodo potuit cogitare Abraham aut quomodo petere ausus fuit?

Sumus igitur infirmi, nec intelligit cor nostrum infinitam Dei misericordiam. Itaque fit, ut sic gemamus, cum sentimus premi nos a Turca. Cum videmus Pontificis odium, et insaciabilem nostri sanguinis sitim, cum cogitamus de Satanae furore et malicia, qui hoc agit, ut Ecclesias penitus subvertat, et nos redigat in nihilum. Utrinque terremur, et magnitudine praesentium malorum, et amplitudine futuri boni petendi.

Cogitamus igitur, quid faciemus miseri, qui in omnibus peccatis contra primam et secundam tabulam viximus? Scilicet peccatores nos brevi temporis, Psal[mo 103. accedemus ad Deum infinitum et aeternum, et petemus, Pf. 103, 16 ut haec mala mitiget? etc.

Tales revera sunt omnium hominum animi, et tamen discendum est, quod etiam in desperatissimis malis debemus petere, et sperare insperabilia et impossibilia. Atque ob hanc causam proponuntur haec sanctorum Patriarcharum exempla, quae ostendunt ipsos quoque conflictatos cum variis curis et tentationibus, et tamen plus accepisse boni, quam vel intelligerent, vel petere essent ausi.

Habemus enim Deum, qui potens est dare supra quam intelligimus vel petimus. Etsi igitur nos nescimus, quid et quomodo petamus, tamen spiritus Dei inhabitans corda piorum suspirat et gemit intra nos pro nobis gemitibus inenarrabilibus: et impetrat etiam res inenarrabiles et incompraehensibiles.

Haec utiliter docentur. Quia corda nostra, etsi incipimus credere et orare, tamen magnitudine rerum, quae petuntur, deinde etiam persona auditoris deterrentur. Excitent igitur historiae hae animos nostros, ut aperiamus os nostrum ad Deum, et confidenter oremus, non deterriti, quod nos, qui nihil sumus, ad eum accedimus, qui est omnia.

Iacobus et Iohannes etiam petebant, ut unus a sinistris, alter a dextris sederet, Christus autem dicit eis: 'Nescitis, quid petitis', et tamen exauditur ipsorum quantumvis stulta petitio, sed longe alio modo, quam ipsi iudicaverant. Non enim sunt in sinistra aut dextra alicuius mundani regni, sed sunt principes et iudices in extremo die totius orbis terrarum.

Si igitur definire volumus nostras orationes, revera aliud nihil sunt, quam balbae voces infantium postulantium panem aut offam ante mensam. Nescimus enim, quid petamus. Res enim, quas petimus, sunt supra nostrum captum, et maior est, qui largitur, res quoque sunt maiores, quam ut angusta nostra pectora possint capere.

Sic extat pulcherrimum exemplum de Monica, Augustini matre, quae orans pro filio aliud nihil petebat, quam ut liberatus a Manicheorum insania baptisaretur. Ac tanquam solicita mater curabat ei puellam despondendam in coniugem, si hac ratione posset reduci in viam, sed quo orabat magis, hoc pertinatior et obstinatior fiebat filius, ac, ut apparebat, oratio fiebat ei in peccatum. Cum autem tempus exaudiendae solicitae petitionis advenisset, (Deus enim solet differre auxilium) non solum convertitur Augustinus et baptisatur, sed totum se ad studium Theologiae confert, et fit talis Doctor, qui usque in hunc diem in Ecclesia lucet, eamque docet et instituit.

Hoc Monica petiverat nunquam, satis ei fuerat, liberari filium ab errore, et dare nomen Christo: Sed Deus vult maiora dare, quam possumus petere, modo non defatigemur orando.

Non enim, ut iudicant imperiti, exiguus labor est orare. Spiritualium rerum periti dixerunt. Nullum laborem conferendum cum labore orandi. Orare enim non est recitare numerum Psalmorum, aut boare in templis, sicut Monachi solent, sed est seria cogitatio, quam animus proportionem facit inter personam orantis et exaudientis, et certo constituit, etsi sumus miseri peccatores, tamen Deum propitium futurum, et mitigaturum poenas, ac exauditurum preces.

Etsi autem animi spiritu et verbo Dei confirmati hoc statuunt, tamen omnino verum est, neminem tam esse audaci animo, ut petere hoc audeat, quod Deus constituit dare. Sic haeremus utrinque. Magnitudo largientis et indignitas orantis impedit orationem, ut vere non intelligamus, quod petimus.

Matth. 20, 22

Oratio de pane quotidiano inter reliquas est infirma, et tamen, si sciremus quanta esset petitio, nemo nostrum auderet os suum aperire, sed Christus eam intellexit, cum dixit, Lucae 12.: 'Noli timere, pusille grex, Luf. 12, 32 quoniam placuit patri vestro dare vobis regnum', quasi dicat: Ne timeatis, 5 neque ut gentes sitis soliciti pro rebus huius vitae. Placuit enim patri dare vobis non temporale regnum, sed aeternum. De coelesti igitur regno cogitate, de victoria contra mortem et peccatum, haec sunt de pondere et digna, quae a Deo, patre vestro, expectetis.

Significat igitur hic quoque neminem intelligere, quid petat, nec Deum 10 exigua ista daturum, quae ab eo petimus, Maiora et augustiora cupere et velle dare. In eo adiuvat nos spiritus sanctus gemens pro nobis gemitibus, quos non compraehendere, ac minus multo enarrare possumus.

Non ergo desperandum nobis est in his furoribus Satanae et mundi, contra quos orant nostrae Ecclesiae, contentae ipsae quoque levi et exiguo 15 dono. Spero autem, quod non solum Deus exiguas et angustas nostras preces exaudiens defendet doctrinam nostram, sed etiam propagabit, et faciet per eam adhuc mirabilia, ut Papistae utcunque nunc gloriosi in nihilum redigantur. Sic Turcam Ecclesiae preces conterent, ex experiemur Deum maiora dare, quam petere, imo quam intelligere potuimus.

20 Dicuntur autem haec a me ad excitandos nos, ne desperemus, vel ob indignitatem nostram, vel ob maiestatem Dei, quem orantes appellamus, vel ob magnitudinem rerum, quas petimus, vel, ut rectius dicam, quas petentes non intelligimus, sicut Abraham profecto plus accepit, quam petiit, nobis in exemplum, ne desistamus ab oratione, aut statuamus eam sine fructu esse, 25 videt enim Deus intima cordis, et intelligit istos gemitus inenarrabiles, qui in nobis sunt, et tamen a nobis non intelliguntur, qui similes sumus infantibus ad mensam balbutientibus.

Promissio, quae hic fit Ismaeli, sine dubio a Saracenis valde amplificata est, qui eam urserunt per suos Doctores contra Mosen et Prophetas. Nam 30 statim impleri haec promissio coepit, nec ita dilata est diu, sicut ea, quae est Isaaco facta, etsi autem Sarae promittitur egressuros ex ea reges, tamen hic definiuntur reges duodecim.

Sed Isaac in eo vincit, quod pactum Domini cum eo manet. Ab eo quia excluduntur Ismaelitae, non ideo, ut supra quoque aliquoties dixi, 35 excluduntur a gratia et promissione salutis. Hoc solum agitur, ut una certa linea sanguinis constituatur, in qua inveniatur Ecclesia, et ex qua nascatur suo tempore Christus. Haec negatur Ismaeli, et relinquitur in domo Abrahae et Isaac.

Temporalis igitur est exclusio, quod Ecclesia non sit quaerenda vel 40 in domo Ismaelis, vel liberorum Keturae. Sed in linea Isaac: Sicut nos

---

12 quos] quas A

gentes non habemus eloquia Dei, non promissiones nobis factas, Christus
non est natus ex nostro sanguine, et tamen credentes in Christum non
excludimur ab Ecclesia et promissione salutis.

Tantum non gloriemur in nostra sapientia, sed accedamus, in qua
voluit Deus ad certum tempus Ecclesiam esse. Ibi inveniemus angularem
lapidem, qui coniungat utrosque, Iudaeos et gentes. Ideo haud dubie mansit
religio et notitia Dei apud plures posteros Ismaelis, sicut apud sacerdotem
Midian, item Potipharem Aegyptium, qui magni homines fuerunt, sic tamen,
si se fide cum Ecclesia Isaac coniunxerunt.

Hodie posteritas Ismaelis cum Turcis permixta est, et sicut Iudaei [10]
inciderunt ipsi quoque in horribiles tenebras, et extremam prophanationem
Mahometis. Itaque nihil hodie invenies simile, quod cum hac promissione
possit conferri.

Sed hic digna quaestio obiicitur. Quare Deus hoc in loco manifeste
distinguat Pactum a pacto. Meminit enim duorum pactorum. Primum est [15]
circumcisionis, ad id etiam admittitur Ismael, imo servi quoque vel in domo
Abrahae nati, vel empti. .Ideo etiam Ismaelis posteritas retinuit circumcisionem, quae totum pene orientem et tres Arabiae partes implevit, felicem,
petream et desertam, quae omnes nomine patris Abrahae gavisae sunt.

Alterum pactum hic cum Isaac constituitur, ex quo diserte excluditur [20]
Ismael. Evidens igitur hic textus est, quod ultra circumcisionis pactum
aliud restet, quod ad solum Isaac, et non, ut circumcisionis pactum, ad
Ismaelem quoque pertineat.

Quale igitur hoc pactum esse dicemus? Promissionem scilicet de
Christo. Hanc bene intellexit Abraham. Atque hoc est, quod dixi, Deum [25]
semper promissionibus corporalibus admiscere et includere spirituales et
aeternas: corporale pactum habet nomen, ut scilicet tota Abrahae posteritas
circumcidatur, hoc secundum pactum non habet nomen, nec est certo aliquo
opere insignitum, et tamen est pactum spirituale de futuro salvatore.

Convincit igitur textus hic clare Iudaeos de duplici pacto. Circum- [30]
cisionis pactum, quod tanti faciunt, tantum est pactum legis, et temporale.
De eo non Isaac solum, sed Ismael quoque et Ismaelis posteritas gaudet,
sed alterum pactum, quod cum solo Isaac, excluso Ismaele, feritur, est
spirituale et aeternum. Circumcisionis pactum datur nostro operi ante legem
Mosi, et confirmatur certo populo et in terra certa et ad tempus certum, [35]
dum scilicet sint generationes Abrahae. Sed Isaaci pactum non datur nostro
operi, sed mere est gratuitum sine nomine, sine tempore, et tamen ex Isaaci
semine, ne aliunde expectes benedictionem.

Ex hoc igitur loco exuxerunt sancti Prophetae conciones suas de regno
Christi, quod videbant ab Ismaelis domo abalienatum, qui tamen circum- [40]

---

4 zu accedamus vielleicht zu ergänzen ad eam gentem

cisionis erat socius. Prae huius magnitudine et maiestate circumcisionem
et legem libere abiecerunt, tanquam ad salutem insufficientes, tribuerunt
autem omnia filio Dei, nascituro ex Isaaci domo.

Pertinet igitur locus hic ad promissionem de Christo, quae superat
5 vota et petitionem Abrahae. Male autem faciunt Iudaei, quod tantum in
pacto circumcisionis haerent, et alterum pactum non potius amplectuntur,
similes, aut potius deteriores Ismaelitis, qui per circumcisionem non quae-
sierunt salutem, sicut Iudaei, sed per promissionem de Christo, quam fide
acceperunt. Certum enim est, quod, qui acceperunt circumcisionem, cum
10 fide in Christum sunt salvati.

Hoc loco observandum est vocabulum (*Moed*), quod fere reddidimus
Germanico nomine Stifft, latina translatio habet tabernaculum testimonii:
hoc in loco significat certum et statum tempus, sicut etiam in Genesi: 'sint 1. Mose 1, 14
(*Lemoadim*)' in certa tempora. Quia enim luna certum tempus habet, quo
15 nascitur, quo augetur, quo minuitur eius lumen, est aptissima temporis nota.

Hinc (*Moed*) etiam locum certum significat, in quo tabernaculum
foederis erat constitutum, ubi Deus fecerat memoriam sui, hoc est, ubi mandaverat doceri verbum suum, et coli se. Memoria enim Dei nihil est, quam
praedicatio de Deo, in eam vult homines esse intentos, sicut Christus dicit:
20 'hoc facite in mei memoriam'. Ubi enim ipse habet suos Doctores, qui Lut. 22, 19
praedicent nomen suum, ibi vult inveniri, audire et benedicere.

Mandat autem hoc Dominus ideo, ne vagarentur Iudaei variis idolatriis
et cultibus. Non vult sub quacunque arbore conventum, ibi vult conveniri,
ubi ipse fecerit habitare nomen suum. Hoc est (*Moed*), certus, definitus
25 locus, sicut Germanice vocamus, Ein Stifft. Sic Psalmo LXXIIII: 'De- Psl. 74, 8
leamus omnes dies festos de terra'. In Hebraeo est: exuremus omnes *Moed*
terrae: non tantum significat festa et plenilunia, sed etiam Synagogas et
scholas. Ita enim in lege mandatum erat, ut in singulis civitatibus levitae
certis diebus legerent et docerent. Ea loca dedicata huic studio vocant
30 *Moadim*. Sed ad sacrificia locus deputatus erat Ierosolymis, ibi non tantum
docebatur, sed etiam sacrificabatur. In eodem Psalmo: 'Gloriati sunt, qui Psl. 74, 4
te oderunt, in medio solennitatis tuae', rectius verteretur: In medio Ecclesiarum tuarum, hoc est, domorum tuarum, ubi docetur verbum tuum. Sed
hoc in loco tempus significat, idque certum et definitum.

35 **Et cum consumasset loqui cum eo, ascendit Deus ab Abraham.** 17, 22

Hanc clausulam addidit Moses, ut nobis commendaret hanc historiam,
in qua tam longum cum Abraha Dei colloquium est. Hoc enim principale
est, quando Deus loquitur, Ab hoc proximum, sed longo intervallo dissitum
est, ubi a nobis omnia fiunt secundum verbum Dei.

---

11 (*Moed*)] מוֹעֵד   14 (*Lemoadim*)] לְמוֹעֲדִים

Arguit autem clausula haec Deum apparuisse in aliqua visibili specie, quando hoc colloquium cum Abraha habuit. Hoc quidem usitatissimum est, ut per Patriarchas et eos, qui in ministerio publico verbi sunt, loquatur Deus. Deinde solet apparere in somnis, sicut in BethEl et Ai. Nonnunquam per visionem in extasi, cum videtur homo extra se raptus. Sicut cum ⁵ supra eduxit Abrahamum ad numerandas stellas. Hic autem apparuit in aliqua spetie visibili, et in propria persona est locutus cum Abraha, non per hominem aut Angelum.

Atque haec causa est, quod scriptura sancta tribuit Abrahae hanc Jes. 41, 8 gloriam, et vocat amicum et familiarem Dei apud Esaiam. Sicut Christus ¹⁰ Matth. 12, 49 Apostolos suos non servos, sed amicos appellat. Maximum autem est habere colloquentem et conversantem nobiscum Deum.

Neque nos hoc dono destituimur. Etsi enim Deus nobis non apparet singulari specie, ut Abrahamo, tamen communis apparitio, et maxime amica et familiarissima est, quod se nobis offert in verbo, in usu clavium, in ¹⁵ Baptismo, in coena. Sed accidit nobis, quod proverbio dicitur: Nimia familiaritas contemptum parit. Item minuit praesentia famam. Item vilescunt quotidiana: et Salomo Proverb[iis 20.: 'Malum, malum, dicit omnis emptor, et cum recesserit, gloriabitur'.

Nemo nostrum est, qui non ex animo cupiat videre Mosen, Davidem, ²⁰ aut etiam Augustinum, Ambrosium et similes heroas: Sed si adessent ac nobiscum viverent unum aut alterum annum, profecto contemnerentur: Imo si Angeli nobiscum conversarentur, idem eis accideret, non quidem culpa deficientis gloriae, sed fastidientis et contemnentis naturae nostrae.

Possemus igitur nos quoque gloriari ut Patriarcha Abraham. Imo ²⁵ ipse Abraham, si vidisset illam Philanthropiam Dei, sic nobiscum loquentis et conversantis quotidie per ministerium in baptismo et in coena, usque ad mortem eam admiraretur, et de ea gauderet.

Monachi celebrant Patrum suorum: Benedicti, Bernhardi legendas. Sed profecto Deus in genere cum quovis Christiano multo copiosius loquitur, ³⁰ et familiarius conversatur, quam illi iactant de suis patribus. Imo si in manu mea res esset, non vellem Deum mihi loqui de coelo, aut apparere mihi. Hoc autem vellem, et tendunt huc quotidianae meae preces, ut in digno honore habeam et vere aestimem donum baptismi, quod sum baptisatus, quod video et audio fratres, qui habent gratiam et donum spiritus sancti, ³⁵ qui consolari, erigere verbo possunt, exhortari, monere, docere. Quam enim tu optas meliorem et utiliorem Dei apparitionem?

Sed proh dolor, superbi spiritus contemnunt haec, et nos quoque communes has apparitiones in verbo, Baptismo, coena, etc. non ponimus eo loco, quo debebamus. Id autem duceremus nobis gloriosum, si, ut Munzerus ⁴⁰ gloriabatur, Deus nobis loqueretur visibiliter, sed eventus ostendit, qualis Deus fuerit: Satan scilicet affectans Maiestatis gloriam.

Haec inculcanda sunt saepius, et non sine causa a me repetuntur Abraham si conferatur nobiscum, qui vivimus in novo Testamento, magna ex parte, modo rem aequa lance expendas, nobis minor est. Privata quidem dona in eo maiora sunt. Sed Deus non se exhibuit illi propriorem aut
5 familiariorem, quam nobis. Sit sane magna gloria habere apparitiones illas: quid inde habuit Abraham maius aut melius, quam quod Deus cum ipso locutus est? Hoc autem nobis quoque, et quidem quotidie accidit, quoties et quocunque in loco volumus. Hominem quidem audis, cum baptisaris, cum coena sacra uteris: sed verbum, quod audis, non hominis: sed viventis Dei
10 verbum est. Is te baptisat, is te absolvit a peccatis, is iubet, ut speres in sua misericordia.

Magna autem ingratitudo est, has Dei facies, ut scriptura vocat, negligere, et quaerere interim apparitiones et revelationes alias. Itaque tales in Papatu dederunt sane dignas poenas, dum Satan stultis, ineptis et absurdis appa-
15 ritionibus eos ludificatus est, quas tamen Monachi magnifice efferunt et ornant. Pontifices autem suo testimonio comprobarunt et confirmarunt.

Sed cum iuditio talia legenda sunt, nec statim credendum, quid quis-que dicat: Ad normam fidei examinandae sunt omnes apparitiones, et quae-rendum, sintne analogae fidei, an vero, ut plerunque accidit, cum verbo
20 revelato pugnent. Ad hunc enim modum Moses etiam Prophetas vult iudicari, ut, si quid contra revelatum verbum afferunt, non audiantur, etsi signa et miracula faciant, Deut[eronomio decimo tertio.

Pono autem aliquas apparitiones esse veras, quales feruntur de Dionysio et aliis, tamen eas non curo. Non quidem, quod poenitus contemnam, sed
25 quia scio, quod nihil sunt ad baptismum, ad coenam Domini. Imo ad colloquium pium, quod habere possum cum quolibet pio fratre. Hae enim apparitiones sunt generales et certissimae, quae fallere non possunt.

Disce igitur hoc, quod in omni vita, opere et re maxime spectandum sit verbum Dei. Patriarchis et Prophetis Deus singulariter apparuit, sive
30 in somnis, sive in visione, seu per Patriarcharum, nonnunquam etiam Ange-lorum vocem. Tales revelationes seu apparitiones nos non desideramus, sed sumus contenti, ac Deo gratias, quam possumus maximas, agimus pro nostris apparitionibus et faciebus Dei, quas videmus in Baptismo et toto verbi ministerio. Ibi enim frater frati fit Angelus: absolvit eum a peccatis, con-
35 solatur, instruit, munit, monet, exhortatur etc.

Hae sunt nostrae apparitiones, quas merito facimus maximi. Agnoscimus enim per eas Deum, et consequimur vitam aeternam. Distinguendae igitur sunt legendae seu vitae hominum. Si enim Deus nunquam mihi apparet visibiliter, sicut Abrahae, ne quidem id cupio, et quod plus est, credere
40 nollem Deum esse, nisi manifesto cogerer. Quia ad salutem aeternam mihi satis est, quod sum baptisatus, quod audio Euangelium, quod virtute clavium absolvor.

Quod si Deus vult me alloqui in somnio, et monere de rebus temporalibus, sicut monebat Magos redituros ad Herodem. Bene. Sed ad vitam
aeternam nulla alia revelatione mihi opus est, nullam igitur cupio: Et si
offerretur, suspecta mihi esset ob Satanae insidias, qui se in Angelum lucis
transformare solet. Abunde enim se mihi Deus ostendit in Baptismo et   5
ministerio.

Tit. 3, 4 ff.   'Apparuit, inquit Paulus Tit. 3. Philanthropia servatoris nostri Dei,
salvantis nos non ex operibus, quae sunt in iustitia, quae fecimus nos: sed
secundum misericordiam suam per balneum regenerationis et renovationis
spiritus sancti, quem effudit in nos opulenter per Christum Iesum, servatorem   10
nostrum, ut iustificati ipsius gratia haeredes fiamus secundum spem vitae
aeternae'.

Hic certus sermo est. Si igitur legeris historias sanctorum, et inveneris
in eis mirabilia opera et mirabiles apparitiones, cum iuditio eas lege, ac
certo hoc statue, nullam apparitionem gloriosiorem esse et augustiorem, nobis   15
quoque conducibiliorem illa generalissima omnium Christianorum, per quam
consistit, alitur et conservatur tota Ecclesia. Haec substantialis est et
universalis. Illa Abrahae et Prophetarum accidentalis et particularis.

Taceo de nugis Monachorum, indignis luce et memoria. Sunt enim
maxima ex parte praestigiae Satanae ad fallendum et nocendum instructae.   20
Ideo examinandae sunt ad analogiam fidei, et scripturae Canonem. Apparitiones Gregorii admodum sunt celebres, quas ipse credidit veras, et implevit
suo exemplo Ecclesiam infinitis erroribus. Credidit enim sanctorum animas
se videre, et audire postulantes suffragia, non Christi, sed superstitum in
terra: item operum praesidia, eleemosinas, Missas, ieiunia.   25

Sed examinentur haec ad scripturae Canonem, quid haec omnia ad
mortuos et futuram vitam? Sed Gregorius neglecto hoc Canone credidit
ista vera esse, et dedit exemplum omnibus Monachis sequendi ista, et docendi
in Ecclesia. Obscurata igitur gloria ministerii verbi et verarum ac salutarium
apparitionum est, et amplificatae nugae istae: imo Satanae pernitiosae im-   30
posturae.

Magnum autem donum est, quod divina misericordia hanc lucem verbi
nobis iterum accendit, ut sciamus, ubi quaerendus et vere inveniendus Deus,
non Romae, non in Hispaniis ultimis, sed in baptismo, in Euangelii voce,
in usu clavium, imo quoque apud quemlibet fratrem, qui mecum confitetur   35
et credit in filium Dei. Hae sunt Epiphaniae, seu apparitiones omnibus
Christianis communes. Ac in ista particulari apparitione, quam Moses hoc
in loco describit, nihil est augustius et maius, quam quod Deus cum Abraha
loquitur, tanquam cum familiarissimo amico.

Atqui idem si volumus, habemus nos quoque et quidem copiosius,   40
quam Abraham. Si igitur viveret, sine dubio indignaretur, quod tantas
glorias et tantas divinae misericordiae opes tam indigne contemneremus.

Ideo Moses quoque hoc beneficium magnifice praedicat, Deut[eronomio 4.: 'Non est alia Gens, quae habeat Deos appropinquantes sibi, sicut Deus adest 5. Mose 4, 7 cunctis obsecrationibus nostris'. Sic Esaias gloriatur, quod Deus habeat sedem et ignem suum in Hierusalem, Esaiae 32.   Jes. 31, 9

5   Sed profecto maior nostra gloria est in novo Testamento: non solum habemus Deum appropinquantem nobis, sed etiam corporaliter inhabitantem in nobis. Quod si persona eius non apparet, ut eum de ore ad os videamus, tamen apparent verbum et opera eius. Sequitur iam commendatio obedientiae Abrahae, quod proponitur nobis ad imitationem.

10 Et Abraham tulit Ismael filium suum, et omnes vernaculos suos, 17, 23—27 omnemque pecunia emptum, omnes masculos, qui erant in viris domus Abrahae, et circumcidit carnem praeputii illorum in illa die: quemadmodum locutus erat Deus cum eo. Et ipse Abraham erat natus annos nonaginta novem, quando circumcidebatur caro praeputii eius. Ismael vero, filius eius, erat natus annos tredecim, quando circumcisus est ipse in carne praeputii sui. In illa ipsa die circumcisus est Abraham et Ismael filius: Sed et omnes viri domus eius, vernaculi domus, et qui empti erant pecunia ex filiis alienigenarum, circumcisi sunt cum eo.

20   Pertinent haec omnia ad commendationem obedientiae Abrahae, quae tamen sic inspicienda est, ne statuamus Abrahamum per eam iustificatum. Non enim opera faciunt iustam personam: sed iusta persona facit iusta opera, et tamen opera hoc praestant, ut fides in eis exerceatur, et per ea quasi augescat et pinguescat. Dum enim praestat obedientiam hanc Abraham, 25 et cum suis domesticis circumciditur, recordatur fides Dei promittentis et recipientis nos.

—   Sic Petrus iubet, ut certificemus electionem nostram per bona opera. 2. Petri 1, 10 Sunt enim Testimonium, quod gratia in nobis sit efficax, et quod vocati et electi simus. Contra fides ociosa, quae non exercetur, moritur et extinguitur 30 cito, extincta autem fide, dubium est, an simus vocati et electi. Qui autem in assiduo fidei exercitio progreditur, is concludit: non sum in exercitu contra Christum, sed pro Christo: non nego verbum, non persequor Ecclesiam: Igitur sum vocatus ad regnum Dei, et electus.

Quod si per infirmitatem cado, resurgo, doleo de peccato, et veniam 35 precor. Sic per ipsa opera poenitentiae et charitatis intelligo me esse unum de raptis ex incendio Babel, seu ex colluvie mundi. Ad hunc modum, etsi obedientia haec non iustificat, tamen fidem certificat, et quasi illustrat, ut possit conspici. Hinc dicit Apocalypsis: 'Qui iustificatur, iustificetur adhuc'. Off. 22, 11 Sicut enim, qui exercentur operibus incredulitatis, subinde magis ac magis 40 increduli fiunt, et peccatum quasi robur illo exercitio assiduo accipit: Sic e contra, qui pietatem exercent, in his sumit incrementa fides, ut certo statuant se ad Ecclesiam pertinere.

Porro non vulgare obedientiae exemplum hic proponitur. Quid enim potest dici ineptius, stultius, absurdius, addo etiam turpius et obscoenum magis, quam quod centenarius pene Abraham statim hoc ipso die circumciditur cum tota domo sua. Non disputans secum, non scrupulose quaerens: ut solemus omnes. Sed cum primum discedit ab eo Deus, convocat suos, et exequitur mandatum Domini. Hanc obedientiam merito nobis proponimus in exemplum.

Monachi varia disputarunt de obedientia, quod quaedam obedientia 10 habeat aliquid de suo, quaedam parum habeat de suo. Saepe enim mandantur, quae cum voluptate facimus, et sine aliqua animi molestia, ut cum Monachus iubebatur prodire in publicum, haec obedientia non magnifiebat, et dicebatur habere aliquid suum. Contra, cum imperabantur vel iniusta, vel difficilia ac molesta, et tamen suscipiebantur prompto ac hilari animo: haec obedientia 15 dicebatur nihil sui habere, et praeclare ornabatur, quantumvis in stulta et puerilia opera poneretur.

Sed si perfectum obedientiae exemplum videre postulas, intuere Patriarcham Abraham, exercentem fidem suam in circumcisione. Quod si voluisset ratione agere et disputare, dixisset: Quae utilitas est, in hac parte corporis 20 circumcidi? Cur non aliam partem elegit Deus honestiorem? Haec sine turpitudine attingi non potest, praesertim in adultis.

Adamum certe haec una cogitatio decepit, quod non contentus divino mandato etiam causam quaesivit, cur iuberet Deus abstinere ab una tantum arbore. In hanc cogitationem cum ventum est, aut omittitur opus mandatum, 25 aut contraitur, et diversum fit. Pernitiosa igitur et pestilens cogitatio est de Quare, ac certum affert interitum, praesertim cum ascendimus altius, et de praedestinatione volumus Philosophari.

Sed meminerimus exempli Abrahae, quo docemur, quod coram Deo sit repuerascendum, et non disputandum, quomodo aut quare Deus 30 aliquid praecipiat. Sed simpliciter in eo haerendum, quod Deus ita iusserit, et parendum. An non enim disputandi causam habuit Abraham quoque, si voluisset sequi suum sensum? Quam enim commendationem boni operis habet circumcisio? Non solum utilitas nulla in ea est, non splendor, non dignitas aliqua, sed etiam ignominiosa, turpis, inutilis et 35 absurda est.

Itaque iudicat ratio longe utilius, commodius, splendidius, melius aliquid Deum potuisse praecipere, qua rectius tum fidem, tum obedientiam exerceret Abraham, quam in tam stulto opere, quod centenario iam Abrahae sine turpitudine manifesta perficere non fuit possibile. Sed sanctus vir nihil 40 disputat. Satis ei est, quod scit Deo placere, ut hoc faciat. Sine mora igitur obedit, non suum, non aliorum iuditia veritus. Haec est obedientia

digna laude, et quae proponatur nobis in exemplum, ut quae nihil de suo
habet. Sed simpliciter inhaeret mandato Dei.

Ergo postquam divina misericordia sumus iustificati, et vocati in con-
cortium sanctorum, ut militemus sub Deo, faciamus sine disputatione, quae
5 nobis sunt praecepta, et secuudum Syrach: 'Altiora nobis ne quaesiverimus': Sir. 3, 22
Qui autem scrutare se altiora non desinit, et solicite disputat: Quare hoc
praecipit? is per illud Quare eiicietur ex Paradyso, sicut Adam. Est enim
divinae maiestati prorsus intolerabile et nobis impossibile.

In ultima coena, cum Dominus lavare discipulorum pedes inciperet,
10 et ad Petrum ventum esset, recusat id Petrus pati: 'Num tu, inquit, lavabis Joh. 13, 6
mihi pedes?' Haec inobedientia nascebatur ex sapientia carnali, quod non
videbat finem operis, quod Christus instituerat. Christus autem non vult
longius cum eo disputare, cur hoc faciat, praecidit quaestionem, et hortatur
ad obedientiam: 'Nisi te lavero, non habebis partem in regno meo'. Ibi
15 desiit disputare Petrus, et etiam totum corpus potius lavari postulabat.

Idem nos quoque cogitemus, ut sine disputatione Deo mandanti pareamus. Ita faciemus certam vocationem nostram, quae vel ocio, vel disputationibus et speculationibus non fit certa, sed penitus amittitur.

Sed Satanae molitionibus et insidiis impeditur obedientia. Quia enim
20 a Deo aversus est, vellet nos quoque a Deo averti. Ideo obedientiam impedit, et hoc agit, ut inutilibus et periculosissimis quaestionibus nos excruciet.
Hinc infinitum disputationum mare in Papatu extitit, ita ut, si doctrinam
Papistarum omnem uno verbo complecti velis, recte dicas eam nihil esse,
nisi unum Quare?

25 Tenendum igitur contra hanc tentationem exemplum hoc est, quod
Abraham iam centenarius de turpi, obscoeno, stulto opere, in obscoeno
membro, nihil disputat, sed quia audivit ita Deum velle, sine quaestione seu
disputatione obedit, et tum filium, tum familiam omnem ad eandem obedientiam cogit.

30 Saul iubetur occidere Amalechitas omnes, et omnem praedam eorum.
De hoc praecepto, quia Saul disputare incipit, bonumne sit parere, offenditur
ratio absurditate, et putat dispensari posse: gratiorem enim Deo clementiam,
quam Tyrannidem. Servat igitur Regem, servat potiorem praedae partem,
et quidem hoc consilio, ut Dei cultus possit splendidior esse. Sed haec
35 inobedientia sic speciosa efficitur, ut Saul reprobetur et tota eius posteritas.
'Gratior enim Deo obedientia, quam victima'.   1. Sam. 15, 22

Nemo igitur adscribat praeceptis Dei odiosam et exitialem hanc voculam
Quare? Sed cum de praecepto constat, sine disputatione statim obediamus,
ac statuamus Deum prudentiorem esse nobis. Qui enim disputat, quare
40 Deus aliquid praecipiat, vere dubitat, sitne Deus sapiens, iustus et bonus.

---

34 haec] gemeint ist wohl hac

Quod autem potest esse atrotius peccatum, et Deo intolerabilius? Credere igitur debemus, id est offitii nostri, non disputare: Altiora enim haec sunt, quam ut a nobis possint disputari.

Sic Deus nostra consilia sequeretur, hac hora Turcam et Papam occideret, nec sineret Satanam sic furere, et grassari licenter. Hoc omnes iudicarent salutare et bonum opus. Sed sapientia Dei arguit, hanc stultam esse cogitationem, alioqui eveniret ita. Quaeris igitur, quare tam diu toleret impios Deus, satis est dixisse, sic ei placet, sic utile, sic salutare est, alioqui diversum faceret. Qui hac ratione contentus non est, et scrutatur de rationibus consilii divini, is ei periculo se exponit, quo Adam in Paradyso oppressus est.

Crucifigamus igitur hanc pestem Quare: et dicamus soli sapienti Deo gloria: nobis autem confusio. Aperuit nobis in paradyso oculos Satan, nunc omnis labor in eo nobis est, ut eos iterum claudamus et obturemus. Nam quod Adam apertos oculos habuit, ea toti posteritati eius occasio et causa mortis et damnationis est.

Moses ergo magnifice commendat fidem et obedientiam Abrahae, quod omnia impedimenta et scandala praecidit, et sine disputatione iubenti Deo paret. Non cogitat, quod nos: Cur Deus hoc mandat? quae utilitas in turpi et obscoena re? An salvari non possum, nisi centenarius circumcidar? Pestilens hoc Quare simpliciter iugulat, et radicitus ex corde evellit. Captivat rationem, et in eo uno acquiescit, quod is, qui praecepit, iustus, bonus, sapiens est: igitur non potest praecipere, nisi quae iusta, bona et sapientia sunt, utcunque iudicet ratio, utcunque ratio non intelligat. Iuditia enim Dei incompraehensibilia sunt. Ratio ea assequi non potest. Si igitur de iis disputat, non solum fallitur, sed etiam in blasphemiam labitur. Satis igitur nobis sit, quod audimus verbum, et intelligimus, quid praecipiat, etsi causam non intelligamus, cur praecipiat.

Pulcherrimum igitur hoc exemplum est et admirabile, non tantum propter Abrahae personam, sed quod tantum in eo fuit autoritatis, ut totam familiam permoveret, ne offenderetur isto turpi et obscoeno facto. Apparet igitur fuisse domum Abrahae nihil aliud, quam Ecclesiam sanctissime institutam, et assuefactam ad Dei cultum et obedientiam verbi. Non igitur mirum, quod maximas res cum sua Ecclesia gessit, et quatuor potentissimos Reges fudit.

Quod si nos unum talem haberemus ducem, an dubitas, quin profligaturi simus Turcam? Magna enim res est, ita credulum esse et in fide simplicem, quod sine disputatione praecipienti Deo tota familia paret et obsequitur, nec offenditur turpitudine: Sed pii patrisfamilias et Parochi sui exemplum sequitur.

Discamus igitur nos quoque omnibus positis quaestionibus, simpliciter ire in nomine Domini, et facere, quicquid Deus praecepit, sive sit stultum,

sive scandalosum, sive periculosum. Si enim accessit mandatum Dei, etiam turpe et obscoenum coram ratione opus pulcherrimum et sanctissimum est, Non enim est maior aut melior ornatus, quam verbum Dei. Hunc ornatum quia habuit circumcisio, sanctum et Deo gratissimum opus fuit.

5 Dixi autem supra circumcisionem fuisse non infiniti, sed certi temporis. Igitur in novo Testamento cessavit. Mansit autem allegoria eius, nempe mortificatio carnis et peccati. Caro enim variis tentationibus et offendiculis obiicitur, ut eximatur securitas, et occasio non desit exercendi verbi et invocationis.

10 Scandalosum autem est, quod, qui soli Dei populus sunt, et veritatis possessione recte gaudent, subiiciuntur cruci, occiduntur a pontificiis, et exercentur varie. Contra hostes Dei et Satanae mancipia triumphant, et sunt in gloria.

Accedunt autem ad haec scandala privata incommoda, quae sancti et 15 in animo et corpore circumferunt. Sed patere tu haec, ora, et fac opus tuum, et cogita. Ecce, Abrahamus sine disputatione circumcidi se passus est, et infantes octo dierum eidem cruci subiecti fuerunt: feramus igitur nos quoque nostram portiunculam. Sic Abraham non tantum iustificationis, sed etiam obedientiae in speciem absurdae exemplum nobis praebet.

20 Riserunt sine dubio gentes tam senem Patriarcham, qui sine dolore sustinere circumcisionem non potuit. Sed Abraham non erubescit, facit, quod Deus praeceperat, nec offenditur, quod tam diu sine circumcisione vixerit, et ea nunc centenario sit subeunda. Sic Ismael natus annos 13. non erubescit nudari, non recusat dolorem, sic vernaculi et servi empti omnes in puerili 25 et simplici sensu illam turpitudinem sine quaestione sustinent. Deo igitur placent, et salvantur fide in semen benedictum. Huic exemplo qui non parent, ut simplici et puerili obedientia verbum amplectantur, et ei obediant, hi exemplo Adae per exitiale et pestilens Quare praecipitabuntur in inobedientiam et mortem.

Nachträge und Berichtigungen.

Zu S. 4 Z. 37. — scapham scapham dicere *ist nicht ein Schulwitz der Humanisten, sondern eine alte Wendung, die anscheinend von den attischen Komödiendichtern geprägt worden ist; Otto Stählin macht mich auf das älteste Zeugnis bei Th. Kock, Comicorum Atticorum fragmenta vol. III p. 165f., 451 aufmerksam. Sinn: das Ding beim rechten Namen nennen.* [O. B.]

Zu S. 4 Anm. — *Das angeführte Zitat Unsre Ausg. Bd. 25, 181, 1 muß lauten: Bd. 25, 187, 1 Lesart.* [G. Ko.]

Zu S. 51 Z. 7. — zuzen s. v. a. Zitzen, Brustwarzen.

Zu S. 202 Z. 20 Anm. 1 'Mendacem oportet esse memorem'. — *Die Anmerkungen sind insofern in Verwirrung geraten, als auch Anm. 2 noch zu Anm. 1 gehört und auf die Stelle Unsre Ausg. Bd. 30², 334, 28:* Wer liegen wil, der sol ein gut gedechtnis haben (sprechen die Griechen) *hinweist; dort ist auch auf eine Stelle aus Quintilian IV, 2, 91 verwiesen. Statt der in Anm. 1 genannten Erl. Ausg. Bd. 32 ist jetzt auf die weitere Anmerkung in Unsrer Ausg. Bd. 23, 304 zu verweisen.* — *Dann hat*

Zu S. 202 Z. 25 die Anmerkung zu lauten: Sprichw.; *vgl. Unsre Ausg. z. B. Bd. 18, 209 Anm. 3; Bd. 41, 535, 7; Bd. 45, 376, 11.* [O. B.]

Zu S. 204 Z. 6 Anm. 1. — *Ein Beleg für dieses Sprichwort ist aber auch bei Luther bis jetzt noch nicht gefunden.* [O. B.]

Zu S. 375 Z. 17. Das dich die raben freffen. — *Vgl. hierzu noch Unsre Ausg. Bd. 37, 353, 25.* [O. B.]

Zu S. 413 Z. 8. Similes similibus facile congregari. — *Vgl. hierzu:* Gleich und gleich gefellet fich gern *Unsre Ausg. Bd. 30², 470, 28 und Wander I S. 1714 Nr. 47—88.* [O. B.]

Zu S. 457 Z. 13 Anm. 1 ist noch hinzuzufügen: Unsre Ausg. Bd. 7, 637, 11; Bd. 10¹, 279, 5 und Bd. 30¹, 69, 25. [O. B.]

Zu S. 533 Z. 38 Anm. 1. Da der krank genas, er nie ärger was. — *Als weiteren Beleg bei Luther vgl. noch Unsre Ausg. Bd. 16, 133, 9f.* [O. B.]